In demselben Verlage sind ferner erschienen:

Dr. C. F. Koch:

rbuch und Kommentar zum Notariats-Gesetz,

instrumentirende Gerichts-Personen und Notarien,

aben über die Erfordernisse der einzelnen Urkunden und mehreren als Anhang beigefügten Tax-Instrumenten.

bente neu überarbeitete und vermehrte Ausgabe.

1866. Preis circa $2\frac{1}{3}$ Thlr.

---

ch des Preußischen gemeinen Privatrechts.

Dritte vermehrte und verbesserte Auflage.

2 Bände. 1857. 1858. Preis 7 Thlr. 18 Sgr.

---

zur Preußischen Prozeß-Praxis mit Beispielen.

für angehende Praktiker, Gerichtspersonen und Rechtsanwälte.

2 Bände. 1860. 1861. Preis 8 Thlr. 10 Sgr.

lichen Klagen und Einreden. $5\frac{2}{3}$ Thlr.

hren mit Einschluß der Referirkunst unter Zugrundelegung eines fingirten Pro-
$2\frac{2}{3}$ Thlr.

---

ines Landrecht für die Preußischen Staaten.

ng der obsoleten oder aufgehobenen Vorschriften und Einschaltung der jüngeren noch geltenden Bestimmungen,

herausgegeben mit

Kommentar in Anmerkungen.

4 Bände mit Register. 1862—64. Preis 27 Thlr.

(Band I in 4. Aufl. Bände II—IV in 3. Aufl.)

---

eß-Ordnung nach ihrer heutigen Geltung.

ng der obsoleten oder aufgehobenen Vorschriften und Einschaltung der
h geltenden Bestimmungen, mit den Präjudizien des höchsten Gerichts,

so wie

mit nachweisenden und erläuternden Anmerkungen.

Fünfte vermehrte und verbesserte Auflage mit Register.

1865. Preis 6 Thlr.

---

er Preußische Civilprozeß.

Zweite vermehrte und verbesserte Ausgabe.

1854. Preis 4 Thlr.

D

Preußisch

au

gemeinen de

entr

Dr. C.

Erste A
(Bogen

Be
Verlag von
18

Die zweite Abtheilung (

Formul
fü
mit kurzen An

S

Lehrb

Anleitun
Ein Handbu

I. Die geri
II. Das Ver
zesses

Allgem
Unter Andeu

Pro
Unter Weglas
jüngeren n

Z

Einleitung.

Wird eine Person ihrem Wirkungskreise durch den Tod entrissen, so kann es der Fall sein, daß sie überhaupt gar keinen Angehörigen hat, oder daß von ihren Angehörigen Niemand bei ihrem Tode anwesend ist. Gleichwohl treten, ohne noch weiter an das Schicksal ihrer Verlassenschaft denken zu können, zwei Anforderungen an die augenblickliche Gegenwart, welche sofortige Befriedigung unabweislich fordern, nämlich die Bestattung der Leiche und die Sicherung der Verlassenschaft gegen unberechtigte Eingriffe. In Rom sah man diese Angelegenheiten nicht für solche an, um welche sich der Staat und seine Behörden von Amts wegen zu kümmern hatten, vielmehr waren sie gewissermaßen, für den vorausgesetzten Fall, „dem Schutze des Publikums empfohlen", und alles Weitere war rein privatrechtlich.

I. Eine Leiche, um welche sich kein Angehöriger bekümmerte, konnte Jeder aus dem Volke bestatten, und damit Leichen nicht unbeerdigt blieben, noch auf fremde Kosten beerdigt würden, hatte der Prätor in seinem Edikte bekannt gemacht: Wenn Kosten der Leiche wegen verwendet worden seien, so werde er behufs deren Zurückforderung wider den, den die Sache angehe, eine Klage ertheilen [1]). Der Prätor oder die Munizipalobrigkeit mußte aus den bereitesten Mitteln des Nachlasses die Kosten zur Leichenbestattung, allenfalls durch Verkauf oder Verpfändung von vorfindlichen Nachlaßstücken, anschaffen und anweisen [2]), und dafür, daß der Leichenbestatter nicht an der Verrichtung des übernommenen Geschäftes irgendwie gehindert oder dabei beunruhigt wurde, hatte der Provinzialpräsident von Amts wegen zu sorgen [3]). Außerdem konnte, wer an Beisetzung

1) L. 12, §§. 2, 3 D. de religiosis et sumtibus (XI, 7).

2) L. 12, §. 6, L. 13, L. 14 pr. §. 1 D. eodem.

3) L. 38 D. eodem.

eines Todten verhindert wurde, sich entweder gleich des Interdikts de mortuo inferendo, wodurch verboten wird, ihm Gewalt anzuthun, bedienen, oder er konnte auch die Leiche wo anders beerdigen, und nachher in factum klagen auf dasjenige, um wie viel er dabei betheiligt war, nicht verhindert worden zu sein. Dabei kam in Berechnung der Werth des gekauften Platzes, sowie der Werth des eigenen Ortes, falls der Bestatter einen solchen dazu verwendet hatte und den man nicht, ohne dazu genöthigt zu sein, religiös gemacht haben würde [4]). Wie es mit der Bestattung von Leichen solcher Personen, welche vermögenslos waren, keinen Angehörigen hatten und um welche sich Niemand kümmerte, gehalten wurde, weiß man nicht.

Aehnlich verhielt es sich in früheren Zeiten mit der Verlassenschaft eines Verstorbenen. Vor Hadrian galt eine Verlassenschaft, so lange sich dazu noch kein Erbe eingefunden hatte, nicht allein in der Theorie für herrenlos, sondern wurde auch thatsächlich so behandelt: jeder aus dem Volke konnte die noch von keinem Anderen okkupirten Sachen der Erbschaft willkührlich in Besitz nehmen und durch den Besitz von Einem Jahre mittelst der pro herede usucapio lucrativa eigenthümlich erwerben, ohne Unterschied, ob die Sache ein Grundstück oder ein Mobile war, und ohne daß auf den guten oder bösen Glauben des Okkupanten irgend etwas ankam [5]). Diese Anordnung hatte den Zweck, indirekt zu erreichen, was heutzutage durch obrigkeitliche Einmischung direkt erreicht wird, nämlich den Erben zu zwingen, sich schleunigst um den Verstorbenen zu bekümmern, na-

4) L. 9 D. eodem.

5) Gajus, Inst. II: „§. 52. Rursus ex contrario accidit, ut qui siat alienam rem se possidere, usucapiat: velut si rem hereditariam, cujus possessionem heres nondum nactus est, aliquis possederit; nam ei concessum est usucapere, si modo ea res est, quae recipit usucapionem, quae species possessionis et usucapionis pro herede vocatur. §. 53. Et in tantum haec usucapio concessa est, ut et res, quae solo continentur, anno usucapiantur. §. 54. Quare autem hoc casu etiam soli rerum annua constituta sit usucapio, illa ratio est, quod olim rerum hereditariarum possessione velut ipsae hereditates usucapi credebantur, scilicet anno; lex enim XII tabularum soli quidem res biennio usucapi jussit, ceteras vero anno, ergo hereditas in ceteris rebus videbatur esse, quia soli non est, quia neque corporalis est; quamvis (autem) postea creditum sit, ipsas hereditates usucapi non posse, tamen in omnibus rebus hereditariis, etiam quae solo tenentur, annua usucapio remansit. §. 55. Quare autem omnino tam improba possessio et usucapio concessa sit, illa ratio est, quod voluerunt veteres maturius hereditates adiri, ut essent, qui sacra facerent, quorum illis temporibus summa observatio fuit, et ut creditores haberent, a quo suum consequerentur. §. 56. Haec autem species possessionis et usucapionis etiam lucrativa vocatur: nam sciens quisque rem alienam lucrifacit.“

nentlich das Begräbniß desselben zu besorgen [6]). Das änderte sich unter Hadrian. „Sed hoc tempore (wo Gajus schrieb) etiam non est lucrativa (usucapio), nam ex auctoritate Hadriani senatusconsultum factum est, ut tales usucapiones revocarentur, et ideo potest heres ab eo, qui rem usucepit, hereditatem petendo perinde eam rem consequi, atque si usucapta non esset" [7]). Damit war die willkührliche Okkupation nicht abgeschafft und die usucapio lucrativa nicht aufgehoben, sie hatte nur dem Erben gegenüber ihre Wirksamkeit verloren und konnte der hereditatis petitio nicht mehr entgegengesetzt werden. Erst unter Marc Aurel verbot ein Senatuskonsult die Okkupation durch Einführung des crimen expilatae hereditatis, welches auf Restitution der in Besitz genommenen Sachen und zugleich auf außerordentliche Bestrafung gerichtet war [8]). Seitdem findet sich kein Antriebsmittel für jenen Zweck.

II. In dem modernen Staate hat die ausgebildete Idee der Obervormundschaft die Staatsbehörden dazu berufen, sich von Amts wegen in diese Privatangelegenheiten zu mischen. In Preußen ist jenes römische Volksrecht, wonach Jeder aus dem Volke befugt war, sich der Beerdigung und des Nachlasses eines ohne Angehörigen Verstorbenen anzunehmen, in die allgemeine Bürgerpflicht verwandelt, den Sterbefall dem Gerichte anzuzeigen. Es ist verordnet, daß es den im Sterbehause gegenwärtigen Verwandten oder Hausgenossen des Verstorbenen, ingleichen seinem Hauswirthe obliege, über die sich ereignenden Sterbefälle und die dabei eintretenden Umstände, welche eine Versiegelung von Amts wegen nothwendig machen, mündliche oder schriftliche Anzeige bei den Gerichten zu thun, wenn sie sich gegen die Erben, oder die Gläubiger des Verstorbenen, außer Verantwortung setzen wollen [9]). Diese Vorschrift soll von Zeit zu Zeit durch die Amtsblätter in Erinnerung gebracht werden [10]). Für was diese Personen im Unterlassungsfalle verantwortlich sein sollen; ob sie prinzipaliter oder subsidiarisch; ob sie Alle solidarisch oder nur

6) „— ut essent, qui sacra facerent." S. die vor. Note 5, §. 55.

7) Gajus l. c. §. 57. Vergl. L. 1 pr. D. quorum bonorum (XLIII, 2): „Ait Praetor: quorum bonorum ex edicto meo illi possessio data est, quod de his bonis pro herede aut pro possessore possides, possideresve si nihil usucaptum esset, — — id illi restituas" —.

8) L. 1, 4 D. de expil. heredit. (XLVII, 19); L. 12 C. ex quibus causis infamia (II, 12).

9) A. G.O. II, 5, §. 23.

10) R. vom 8. Juni 1839 (J.M.Bl. S. 208).

in der beliebten Ordnung der Aufzählung Einer nach dem Andern haften sollen; welcher Grad der Verschuldung sie verantwortlich machen soll: — wer das wüßte könnte es sagen. Auf diese Anzeige muß in Fällen, da die Siegelung von Amts wegen zu verfügen ist, dieselbe sogleich, ohne den geringsten Verzug, veranlaßt werden, noch an demselben Tage, oder, wenn außerhalb des Ortes des Gerichts, sobald es nach der Entfernung möglich ist [11]). Von Amts wegen muß die Siegelung veranlaßt werden: 1) wenn die vermuthlichen nächsten Intestaterben unbekannt, ungewiß, oder sämmtlich von dem Orte, wo der Erblasser verstorben, abwesend sind; 2) wenn die vermuthlichen nächsten Erben sämmtlich fremde und nicht preußische Einwohner sind; 3) wenn unter den vermuthlichen nächsten Erben Minderjährige, Wahn- oder Blödsinnige, oder gerichtlich erklärte Verschwender sich befinden, — gleichviel, ob dieselben schon bevormundet sind oder nicht, weil die Vormünder keine freie Administration ohne besondere Sicherstellung und Regelung haben, — und der Verstorbene keinen Ehegatten hinterlassen hat [12]). In diesen Fällen muß, wie gesagt, der Richter auf der Stelle die Siegelung von Amts wegen veranlassen, sobald ihm von einem der bezeichneten Hausbewohner, oder von einer andern Person, z. B. von einem Arzt oder Polizeibeamten [13]), der Sterbefall angezeigt wird. Außerdem hat der Richter die diskretionäre Gewalt, auch in anderen Fällen die Siegelung von Amts wegen zu veranlassen, wenn besondere Zeit- oder andere Umstände es nothwendig machen, mit vorzüglicher Sorgfalt zu verhindern, daß nichts aus dem Nachlasse weggebracht, vielmehr Alles in dem Stande, worin es sich zur Zeit des Todes befand, erhalten werde [14]). Von der Regel, daß in der Verlassenschaft nichts gerührt werden soll, machen letztwillige Verordnungen oder eine Rekognition über ein gerichtlich niedergelegtes Testament, ferner baare Gelder, Pretiosen, Werthpapiere und Urkunden über Forderungen, Ausnahmen: dergleichen Gegenstände soll der Siegelungskommissarius, wenn sich bei der Versiegelung eine Anzeige oder Muthmaßung hervorthut, daß solche vorhanden seien, mit Zuziehung der gegenwärtigen Verwandten, Freunde oder Bedienten des Verstorbenen, an dem Ort, wo man sie vermuthet, auf-

---

11) A. G.O. a. a. O. §. 22. Wie dabei zu verfahren, giebt m. Formularbuch No. LXXXI an.

12) A. G.O. a. a. O. §. 4.

13) R. vom 17. Januar 1838 (Jahrb. Bd. LI, S. 156).

14) A. G.O. a. a. O. §. 5.

suchen und was davon gefunden wird, dem Gerichte zur Verwahrung, beziehlich weiteren Verfügung überliefern [15]. — Bei der Versiegelung hat der Gerichtskommissarius das Erforderliche wegen Bestattung der Leiche anzuordnen, namentlich diejenigen Stuben und Kammern, welche zur Leiche und zum Gebrauche der Leidtragenden und Bedienten nöthig sind, offen zu lassen, von den vorgefundenen Geldern soviel wie zum Begräbniß rc. erforderlich ist, herauszulegen und Jemandem unter den Gegenwärtigen zur Aufsicht und künftigen Berechnung anzuvertrauen [16]. — Findet sich Niemand, welcher die Beerdigung besorgen will, so muß die Polizeibehörde veranlaßt werden, einzuschreiten.

III. Mit der Versiegelung und Inbesitznahme der außer Sperre gelassenen Gegenstände hat der Richter den Verpflichtungen, welche ihn von Amts wegen zu Handlungen nöthigen, Genüge geleistet. Er darf sich bis zur Wiederaufsiegelung und Ausantwortung des Nachlasses keiner Verfügung über denselben von Amts wegen anmaßen, außer was etwa auf die Anzeige des Kommissars wegen vorhandener, dem Verderben unterworfener Sachen, oder wegen anderer unvermeidlicher und dringender Umstände, zur Konservation des Nachlasses nothwendig geschehen muß [17], oder wenn der Fall eintritt, wo die Anordnung einer Nachlaß-Kuratel gesetzlich vorgeschrieben ist, oder wo mit der Publikation des Testaments von Amts wegen verfahren werden muß [18]. Wegen Aufnahme eines gerichtlichen Verfahrens über Verhältnisse, welche in Folge des Erbfalles eintreten und auf die Regulirung des Nachlasses Einfluß haben, sowie wegen Einleitung der gerichtlichen Nachlaßregulirung selbst sind die Anträge einer Partei abzuwarten [19]. Die Frage: was zu den Begräbnißkosten zu rechnen sei und wie hoch sie sich belaufen dürfen, so wie die: wer dieselben zu tragen gehalten sei, zu erörtern ist hier nicht der Ort; beide Fragen kommen im Rechtssysteme unter verschiedenen Gesichtspunkten zur Erörterung und lassen sich nicht außer ihrem Zusammenhange mit anderen verwandten Materien erschöpfend behandeln.

---

15) Ebenda, §. 32 u. Anh. (zu §. 5) §. 432; R. vom 15. Februar 1814 (Jahrb. Bd. III, S. 32).

16) A. G.O. a. a. O. §§. 25, 26.

17) Ebenda §. 35.

18) A. L.R. I, 12, §§. 216, 217.

19) Vergl. R. vom 31. Mai 1839 (J.M.Bl. S. 201).

IV. Nach diesen Vorerinnerungen wird das Erbrecht selbst in vier Büchern abgehandelt werden. Das Erste Buch wird allgemeine Lehren darstellen, das Zweite wird von der Erbfolge, das Dritte von der Erwerbung und von dem Verluste der Erbschaft, und das Vierte von den Rechtsmitteln des Honorirten und von der Erbsonderung handeln.

Erstes Buch.
Allgemeine Lehren.

---

§. 1.
I. Quellen und Literatur.

I. Quellen. Die Grundlage des preußischen Erbrechts ist im Allgemeinen wesentlich das römische Recht, doch finden sich im Einzelnen viele und erhebliche Abweichungen und Umgestaltungen, welchen deutsche Rechtsanschauungen zum Grunde liegen und die nur einzeln nachgewiesen werden können. Es läßt sich auch nicht auf bestimmte Abschnitte in den römischen Rechtssammlungen oder in den deutschen Volksrechten als auf ein zusammenhängendes Ganze hinweisen, da die dem Erbrechte angehörigen Lehren und Sätze zwar das Vermögen zum ausschließlichen Gegenstande haben d. h. daß Familienverhältnisse nicht zu den Gegenständen des Erbrechts gehören (sich nicht vererben), aber doch unter dem Einflusse des Familienrechts stehen und daher nicht außer aller Verbindung mit den Familienverhältnissen bleiben können, daher sie vereinzelt und zerstreut gefunden werden. Nur in den Institutionen von Justinian findet sich, nach dem Muster der Gajus'schen Institutionen, das Erbrecht in Einer Folge abgehandelt (Lib. II, Tit. 10 bis Lib. III, Tit. (13) 12, entsprechend den Kommentarien von Gajus II, §. 97 bis III, §. 87), doch in der Ausführung unbefriedigend und in einer untergeordneten Stellung, indem es wörtlich nur als Erwerbungsgrund des Eigenthums aufgeführt wird (L. II, Tit. 9, §. 7: videamus itaque nunc, quibus modis per universitatem res nobis (vobis) adquirantur), wiewohl es für die Anwendung ganz einerlei ist, ob in einem Nachlasse Eigenthum von körperlichen Sachen — denn solche werden gemeint — vorhanden ist oder nicht. — Das Allg. Landrecht, die alleinige Quelle des preußischen Erbrechts, hat die Art der zerrissenen Darstellung mit den römischen Rechtssammlungen gemeinsam, nur in einem noch höheren Grade. Die Institutionen tragen das gesammte Erbrecht, wenn auch in der genaueren Ausführung unbefriedigend und für das Bedürfniß unseres heutigen Rechts vielleicht nicht ganz zweckmäßig, unter einem untergeordneten Gesichtspunkte doch im Ganzen ununterbrochen vor. Dagegen das A. L.R. nimmt zwei Bestandtheile des Erbrechts an zwei verschiedenen Stellen unter zwei verschiedenen sehr untergeordneten Gesichtspunkten auf, nämlich die für das preußische Rechtssystem praktisch werthlose Lehre von der Erwerbung der Erbschaft unter den Erwerbungsarten des Eigenthums und noch dazu unter den unmittelbaren [1]), da doch die Erbfolge eine Succession ist; und die Lehre von Testamenten, Kodizillen und Erbverträgen unter den Titeln zur Erwerbung des Eigenthums, welche aus Verordnungen von Todes wegen entstehen [2]), obgleich doch das Erbrecht (im subjektiven Sinne) nach dem A.L.R. nicht ein bloßer Titel sondern zugleich eine Erwerbungsart, und eine solche nicht bloß zur Erwerbung des Eigenthums sondern aller möglichen Vermögensrechte ist. Die Intestaterbfolge wird bei dem Familienrechte als integrirender Theil davon an verschiedenen Stellen eingeflochten [3]). Was unter diese Gesichtspunkte gar nicht paßt, ist, wenn überhaupt aufgenommen, zerstreut an vielen Stellen gelegentlich erwähnt. Andere neue Gesetzgebungen schließen sich zwar auch dem System der Institutionen mehr oder weniger wesentlich an, aber sie behandeln doch das ganze Erbrecht beisammen, in einer ununterbrochenen Folge, wie namentlich das österreichische Gesetzbuch [4]) und der Code Napoleon [5]) thun. Die Stellung, welche die verschiedenen Bestandtheile des Erbrechts in dem Landrechte erhalten haben, findet zum Theil eine Rechtfertigung in dem angenommenen System dieses Gesetzbuchs [6]).

II. Die Literatur des preußischen Erbrechts ist arm. Die erste Schrift darüber erschien 1798 zu Nürnberg, von D. Carl August Gründler, Professor der Rechte zu Erlangen, unter dem Titel: die Erbfolge nach Grundsätzen des gemeinen preußischen Rechts. Sehr dürftig. — Dann ist auf das preußische Erbrecht Rücksicht genommen von Gönner in einer Abhandlung über die Erbfolge nach

1) A. L.R. I, 9, §§. 350 ff.

2) Ebend. Tit. 12.

3) Th. II, Tit. 1, §§. 500 ff. u. §. 903; Titt. 2, 3 u. 4.

4) §§. 531—824. Es wird im Sachenrechte als letztes (achtes) dingliches Recht aufgeführt und abgehandelt.

5) Artt. 718—1100.

6) Darüber s. m. Preuß. Privatrecht §. 8, Nr. IV.

dem Code Nap., verglichen mit den römischen und preußischen Rechten aus dem Gesichtspunkte der Legislation. In dessen Archiv für die Gesetzgebung (4 Bde., Landshut 1808—14), Bd. II, H. 1, Nr. V. Der Gesichtspunkt deutet an, welchen Dienst die Abh. bei dem Studium und bei Anwendungen des preußischen Erbrechts zu leisten bestimmt ist. —- Zuletzt ist erschienen: System des preußischen Erbrechts mit vergleichender Hinweisung auf das römische und gemeine Erbrecht; nebst einen Anhange den Erbschaftsstempel betreffend, von L. Crelinger, Oberlandsgerichts-Rathe. Breslau, 1834. Diese Schrift, sagt der Verf. in der Vorrede, „hat den einfachen Zweck, den Anfängern auf der Laufbahn des vaterländischen Rechts einen Leitfaden zur näheren Kenntniß des Erbrechts darzubieten und die Schwierigkeit beseitigen zu helfen, welche durch die Zerstückelung derselben (?) in den preußischen Gesetzbüchern für das erste Studium hervorgerufen wird." — Wird noch Schröters Systemat. Repertorium des Allg. Landrechts Iste Lieferung: Preußisches Erbrecht, Berlin, ohne Jahreszahl, erwähnt, so ist eine allgemeine Literärnotiz über den Gegenstand dieser Schrift vollständig gegeben.

II. Allgemeine Begriffe.

§. 2.

1. Begriff von Erbrecht, Erbschaft, Erbe und Legatar.

I. Das Erbrecht im objektiven Sinne ist das Rechtsinstitut, welches die Bestimmung des Schicksals der Habe einer Person nach dem Tode des Eigners zum Gegenstande hat. Die Gesammtheit der Habe oder der Inbegriff aller äußeren Mittel, welche dem Beherrscher derselben die Macht geben, Etwas auszurichten, zu „vermögen", heißt darnach treffend „Vermögen" (facultates [1]), bona [2])). Diese Güter (bona) sind wesentlich eine künstliche Erweiterung der Persönlichkeit oder individuellen Freiheit, d. i. Sicherung der freien Thätigkeit ihres Besitzers, also eine Machterweiterung; sie haben daher nur durch ihre Verknüpfung mit einer Person rechtliche Bedeutung, indem sie derselben die Macht darüber zu herrschen und damit ein entsprechendes Ansehen in der bürgerlichen Gesellschaft geben. Die rechtliche Bedeutung dieses Vermögens muß daher mit

1) L. 14, §. 3 D. de muner. (L, 4); L. 16 pr. D. ad SCt. Trebell. (XXXVI, 1); L. 31, §. 1 D. de reb. auct. jud. (XLII, 5); L. 60 D. de jure dot. (XXIII, 3); L. 12 i. f. D. de vulg. et pupill. (XXVIII, 6) u. v. A.

2) L. 208 D. de verb. signif. (L, 16); L. 3 pr. D. de B. P. (XXXVII, 1).

dem Wegfalle des Herrn und Trägers nothwendig aufhören, die Bestandtheile desselben gehen in ein anderes Vermögen über. Die Berechtigung, in das erledigte Vermögen als in ein Ganzes einzutreten, heißt Erbrecht (successio, hereditas) im subjektiven Sinn [3]). Den gleichen Begriff verbindet das Landrecht mit dem Worte Erbrecht [3 a]).

II. Die erledigte Vermögensmasse eines Verstorbenen heißt, sagt das Allg. Landrecht, dessen Verlassenschaft; in Beziehung auf denjenigen, welcher dergleichen Inbegriff überkommt, wird solcher Erbschaft genannt [4]). Diese Unterscheidung ist doktrineller Natur und gehört in die Rechtsphilosophie; sie bezieht sich auf die römische Rechtsidee, daß der Erblasser sich selbst, d. i. seine eigene vermögensrechtliche Persönlichkeit, die untheilbar ist und nicht halb oder zu einem andern Theile als das was sie ist gedacht werden kann, weil einzelne Theile eines organischen Ganzen dem Ganzen nicht gleichartig sein können [4 a]), — vererbt, auch sind die Bezeichnungen treffend. Das Vermögen einer Person, als ein Rechtsbegriff gedacht, wird durch den Tod seines Trägers, durch dessen Person es eine Rechtseinheit ist, verlassen, daher ist es seine Verlassenschaft, und eine solche setzt voraus, daß ihr bisheriger Herr schon verstorben sei [4 b]). Die Verlassenschaft bezieht sich also auf die Vergangenheit. In Erwartung ihres neuen Herrn, nach der Seite der bevorstehenden Wiederbelebung, in der Richtung auf die Zukunft, gestaltet sich die Verlassenschaft zur Erbschaft, welche der Erbe ergreifen und durch Eintritt in die vermögensrechtliche Person des verstorbenen Herrn diese Person fortsetzen und das freigewordene Vermö-

3) „Nihil est aliud hereditas, quam successio in universum jus, quod defunctus habuit." L. 24 D. de verb. sign. (L, 16); L. 62 D. de reg. jur.

3 a) I, 12, §§. 256, 360, 363. Vergl. Tit. 11, §§. 457, 458, 484, 487, 488, 492, 501, 503.

4) I, 2, §§. 34, 35. Ebenso das östr. Gesetzb. §§. 531, 532.

4 a) Das gilt von jeder beweglichen Sache, ja von jeder Sache mit Ausnahme des bloßen Erdbodens (solum), denn jeder durch äußere Merkmale abgegrenzte Theil der Bodenfläche bleibt ein „Grundstück", und kann als solches für sich besessen werden; es gilt mithin namentlich auch von einer Erbschaft, die als Ganzes von Mehreren nur pro indiviso erworben und besessen werden kann. L. 8 i. f. D. de rei vind. (VI, 1): „Quae distinctio (ob ein gewisses Grundstück von Mehreren gemeinschaftlich — in communione —, oder in bestimmten Abtheilungen — certis regionibus — besessen wird) neque in re mobili, neque in hereditatis petitione locum habet: numquam enim pro diviso possideri potest." Vergl. L. 19 pr. D. communi dividundo (X, 3).

4 b) Hereditas viventis non datur; — viventis hereditas non est — ist der Ausdruck der Regel bei den Neuern. Vergl. L. 1 D. de hered. vend. (XVIII, 4); L. 19, L. 27 D. de acquir. vel omitt. hered. (XXIX, 2); L. 4 C. de postlim. reversis (VIII, 51).

gen (die Verlassenschaft) neu beleben soll. Die Verlassenschaft als die vermögensrechtliche Person des Verstorbenen ist untheilbar, die Erbschaft ist eine theilbare Masse. „Familia und hereditas sind also," wie Huschke treffend sagt [4c]), „dieselbe Sache, und sind es auch nicht, je nachdem man die Sache ansieht. Sie sind dasselbe dem Objekte nach, sie sind verschieden der Richtung nach. Das Objekt ist die Vermögensfreiheit des Erblassers; aber gleichwie die Gegenwart zugleich als die Vergangenheit beschließend und die Zukunft beginnend betrachtet werden muß, wie sie von der Zukunft nur als ein ihr zugeneigtes Moment erfaßt werden kann, dann aber doch ganz, d. h. auch mit ihrem der Vergangenheit zugewandten Momente, in sie übergeht und so dennoch ein lebendiger Uebergang der Vergangenheit in die Zukunft statt findet, so wird auch die vom Erblasser als familia hinterlassene Vermögensfreiheit vom Erben als hereditas begriffen; indem er sie aber als solche ergreift, hat er sie zugleich als familia." Diese Darlegung schien nothwendig, um die Bedeutung der Bezeichnungen „Verlassenschaft" und „Erbschaft", welche der römischen familia und hereditas entsprechen, aufzuweisen. Das Landrecht gebraucht dieselben in seinen Anwendungen nicht weiter als juristische Kunstausdrücke und bindet sich nicht an die hier gegebene Begriffsbestimmung, daher darauf bei den einzelnen Sätzen und Vorschriften kein besonderes Gewicht gelegt werden darf; der Sinn, in welchem der eine oder der andere Ausdruck gebraucht worden ist, muß jedesmal aus dem Zusammenhange entnommen werden. Denn die Verfasser der preußischen Gesetzbücher gebrauchen die Worte: Nachlaß, Verlassenschaft, Erbschaft, als gleichbedeutende Ausdrücke in beiden Beziehungen [5]), und stehen somit im Einklange mit der Ausdrucksweise der gemeinrechtlichen Schriftsteller und mit dem gemeinen Sprachgebrauche. Die juristische Bezeichnung des durch den natürlichen oder fingirten Tod ihres bishe-

---

4c) Ueber die Rechtsregel: nemo pro parte etc., im Rhein. Museum, Bd. VI, S. 278.

5) Vergl. u. A. §. 350, I, 9, wo „Erbschaft" für Verlassenschaft gebraucht ist; §§. 356, 360 ebenfalls und §. 357 heißt es in derselben Beziehung wieder Verlassenschaft; §§. 358, 361, 365 wird die „Verlassenschaft" Nachlaß und in den §§. 362, 363 in derselben Beziehung wieder Erbschaft genannt. Im §. 463, 472, 473, 474 wird der Ausdruck Nachlaß für „Verlassenschaft" oder für „Erbschaft", und im §. 481 bestimmt für „Erbschaft" gebraucht. In der A. G.O. II, 5, §§. 3 u. 12 wird für „Erbschaft" das Wort Nachlaß gebraucht, in den folgenden §§. heißt die „Verlassenschaft" gewöhnlich Nachlaß, und der Erbschaftsbesitzer wird einmal „Besitzer der Erbschaft" (§. 8), das andere Mal wieder Besitzer des „Nachlasses" (§. 9: „Jemand als Erbe im Besitze des Nachlasses") genannt.

rigen Herrn erledigten Vermögens einer Person, im Sinne des Allg. Landrechts, ist Erbschaft[6]), gleichbedeutend mit dem Ausdrucke der Neuern: hereditas im s. g. objektiven Sinne, in welchem derselbe bei den römischen Klassikern nur beiläufig vorkommt[7]).

Das individuelle Vermögen einer Person gilt im Röm. Recht als ein ideelles Ganze im Gegensatze seiner Bestandtheile, gegründet in der Person und getragen von der Person des Herrn, als eine untrennbare Einheit von Sachen und Rechten, als ein universum jus ([3]), omne jus[8]), familia pecuniaque[9]), als ein reiner Rechtsbegriff (juris nomen), völlig unabhängig von dem Vorhandensein oder Nichtvorhandensein einzelner Werthgegenstände, und fortbestehend, auch wenn augenblicklich Alles mangelt oder überschuldet ist[10]). Dieses universum jus, welches die Neuern als universitas juris bezeichnen, hieß nach dem Tode seines Herrn hereditas und mußte vermöge seiner untheilbaren Natur nothwendig als Ganzes auf den neuen Herrn übergehen. Dies war das Grundprinzip des römischen Civilrechts. Hiervon weicht nun das preußische Recht wesentlich ab, indem es die deutsche Rechtsauffassung aufrecht erhalten hat, welche das Vermögen einer Person und Erbschaft als ein ideelles Ganze nicht kannte[11]); aber es thut dies in einer eigenthümlichen Weise, nämlich so, daß es den Begriff des Vermögens und beziehungsweise der Erbschaft nach beiden Auffassungen anerkennt, somit beide Systeme neben einander stellt und mit einander verschmilzt. Den Grundsatz stellt es fest im §. 33, Tit. 2, Th. I:

---

6) I, 9, §. 350.

7) L. 13, §. 5 D. quod vi aut clam (XLIII, 24): „utputa hereditas jacebat, postea adiit hereditatem Titius;“ — „hereditas dominae locum obtinet.“ — L. 8, §. 5 D. de leg. II: „Si cui certam partem hereditatis legavero.“

8) L. 208 D. de verb. sign. (L, 16): „Universitatem quandam et jus successionis, et non singulares res demonstrat.“ — L. 37 D. de acquir. vel omitt. hered. (XXIX, 2): „Heres in omne jus mortui, non tantum singularum rerum dominium succedit.“

9) Gajus, inst. II, §. 102, 104: — „amico filiam suam, mancipio dabat“ — — „in qua re his verbis familiae emtor utitur: familiam pecuniamque tuam — recipio.“ — Cicero, Topic. cap. 6: „Hereditas est pecunia, quae morte alicujus ad quempiam pervenit jure.“

10) L. 119 D. de verb. sign. (L, 16): „Hereditatis appellatio sine dubio continet etiam damnosam hereditatem.“ — L. 50 pr. D. de hered. petit. (V, 3): „Hereditas etiam sine ullo corpore juris intellectum habet.“

11) Sächs. Landrecht B. I, Art. 5: „Myt welkeme Gute de man ersterbet, dat heitet alles erve.“ — Art. 6: „Wey dat erve nemet, de sal dorch recht de schulde gelden, also vere als dat erve waret, an varnder have (soweit das Erbe reicht mit der fahrenden Habe). Dure, roff, oder dobelspel, en is he nicht plichtig to geldene, noch nyne schult, dan der he underſtandinghe entfeet, ader borghe (Bürge) worden was.“

„Der Inbegriff aller einzelnen Sachen und Rechte, die einem Menschen zugehören, kann als ein einzelnes Ganze angesehen werden[12]."

Es kann, aber es ist nicht nothwendig. Daran schließt sich die Begriffsbestimmung der Erbschaft im §. 35: „Der Inbegriff der Sachen und Rechte eines Verstorbenen wird — Erbschaft genannt." Also auch die Erbschaft kann, aber sie muß nicht, als ein einzelnes Ganze angesehen und behandelt werden. Wovon das Eine oder das Andere abhängt, werden wir weiterhin bei Feststellung des Prinzips des preußischen Erbrechts (§. 3) sehen. Ehe wir den Begriff von Erbschaft verlassen, ist noch einer Eigenschaft der Erbschaft zu gedenken, die ihr nach römischem Rechte zugeschrieben wird und die wir im preußischen Rechte nicht wieder finden. Bekanntlich muß, mit Ausnahme des Falles des suus heres — ein dem preußischen Rechte fremder Begriff — die Erwerbung der Erbschaft eine Zeit lang nach dem Anfalle, auf sich warten lassen. Darnach wird eine angefallene (hereditas delata)[13]) und eine erworbene (hereditas acquisita) unterschieden, eine im preußischen Rechte nur nominelle Unterscheidung; und in dieser Zwischenzeit heißt es: hereditas jacet (7), oder bona jacent[14]). Dieser hereditas jacens wird fast allgemein juristische Persönlichkeit zugeschrieben, durch welche der Erblasser repräsentirt sein soll. Dies ist die in allen juristischen Büchern wiederkehrende gewöhnliche Lehre. In neuester Zeit ist hiergegen Widerspruch erhoben und es als ungerechtfertigt bezeichnet, diese allgemeine Fiktion als einen Bestandtheil des heutigen römischen Rechts darzustellen, da man doch nur in einzelnen Fällen zur Aufrechthaltung gewisser Rechtshandlungen eines Erbschafts-Sklaven eine ähnliche Fiktion zu Hülfe genommen habe, welche für das heutige Recht als praktisch werthlos sei[15]). In der That wird auch das Recht des Erben, welcher angetreten hat, im römischen Rechte[16]) gerade so betrachtet, als hätte es unmittelbar nach

---

12) Wiederholt im §. 350, Tit. 12 mit den Worten: „Die Erbschaft eines Verstorbenen, oder für todt Erklärten, besteht aus dem Inbegriffe aller seiner hinterlassenen Sachen, Rechte und Pflichten." Das fakultative Merkmal bleibt unberührt.

13) „Delata hereditas dicitur, quam quis potest adeundo consequi." L. 151 D. de verb. sign. (L, 16).

14) L. 1 D. de bonor. poss. furioso (XXXVII, 3); L. 1 pr. D. de successorio edicto (XXXVIII, 9); L. 4, §. 17 D. de fideic. libert. (XL, 5).

15) v. Savigny, System, Bd. II, S. 363—373. Dagegen: Mühlenbruch, in Glück's Kommentar, Bd. XLIII, S. 41 ff.

16) L. 193 D. de reg. jur. (L, 17): „Omnia fere jura heredum perinde

dem Tode des Erblassers angefangen, so daß überhaupt kein Zeitpunkt vorhanden ist, in welchem das Vermögen nicht unter der Herrschaft entweder des Erblassers, oder des Erben wirklich gestanden hätte[17]). Dem sei wie ihm wolle, für das preußische Recht ist es entschieden, daß die Erbschaft zu keiner Zeit, selbst nicht in dem Falle einer Erbeseinsetzung von einer gewissen Zeit an, oder unter einer aufschiebenden Bedingung[18]), als herrenlos oder als juristische Persönlichkeit anzusehen ist; das erledigte Vermögen geht unmittelbar mit dem Tode des bisherigen Herrn ipso jure, also ohne Handlung selbst, ohne Bewußtsein des berufenen Nachfolgers, auf diesen über[19]).

III. Erbe (heres) im Sinne des römischen Rechts ist derjenige, welcher in das juristische Ganze von Sachen und Rechten eines Verstorbenen, „in universum jus, quod defunctus habuit"[20]), „in omne jus mortui, non tantum singularum rerum dominium succedit, cum et in ea, quae in nominibus sint" (dies ist das Kennzeichen des Erben)[21]), d. h. also in die vermögensrechtliche Persönlichkeit des Verstorbenen, im Gegensatze zu jedem einzelnen Rechte, welches ihm an jedem einzelnen Gegenstande seines Vermögens zustand[22]), eintritt, welcher als wahrer Herr des Vermögens die Person des Verstorbenen lebendig fortsetzt, mit ihm einerlei ist[23]). Das hat bekanntlich nicht den Sinn, daß nur Eine Person Erbe sein könne, sondern die Untheilbarkeit der in der Universitas enthaltenen juristischen Einheit bedeutet, daß, wenn Mehrere zugleich zu Erben berufen sind, Jeder in universum jus, in das Ganze eintritt, Jeder

---

habentur, ac si continuo sub tempus mortis heredes exstitissent." — L. 138 pr. D. eodem: „Omnis hereditas, quamvis postea adeatur, tamen cum tempore mortis continuatur." — L. 54 D. de adquir. vel omitt. heredit. (XXIX, 2): „Heres quandoque, adeundo hereditatem, jam tunc a morte successisse defuncto intelligitur."

17) L. 54 cit.; L. 24 D. de novat. (XLVI, 2). — v. Savigny a. a. O. S. 363.

18) A. L.R. I, 9, §. 369 verbunden mit §§. 259 u. 478, Tit. 12.

19) A. L.R. I, 9, §§. 367, 368. Vergl. Tit. 18, §. 506 u. Th. II, Tit. 4, §. 206.

20) L. 24 D. de verb. sign. (L, 16); L. 62 D. de reg. juris (L, 17).

21) L. 37 D. de acquir. vel omitt. hered. (XXIX, 2).

22) L. 208 D. de verb. signif. (L, 16): „Universitatem quandam et jus successionis, et non singulares res demonstrat."

23) L. 59 D. de reg. jur. (L, 17): „Heredem ejusdem potestatis jurisque esse, cujus fuit defunctus, constat." — L. 22 D. de usurpat. et usuc. (XLI, 3): „Heres et hereditas, tametsi duas appellationes recipiunt, unius personae tamen vice funguntur," — i. e. „defuncti locum obtinere." L. 31 i. f. D. de hered. instit. (XXVIII, 5).

die Person des Erblassers ungetheilt vorstellt und darin nur räumlich oder quantitativ von Jedem der Miterben (cóheredes) beschränkt wird, woraus dann folgt, daß mit dem zufälligen Wegfall des Einen oder Anderen der durch diesen den Uebrigen beschränkt gewesene Raum ipso jure für diese erweitert wird, selbst gegen ihren Willen, denn sie sind schon Erben auf das Ganze und können nicht aufhören es zu sein. Dies ist das sogenannte jus accrescendi, ohne welches ein Erbe nicht gedacht werden kann, daher es von dem Willen des Erblassers unabhängig ist. — Hierin wird durch den Umstand, daß der Erbeseinsetzung eine Theilbestimmung oder die Anweisung auf einen einzelnen Gegenstand für einen oder jeden der mehreren Miterben (coheredes) beigefügt ist, in keiner Beziehung etwas geändert, eine solche Bestimmung wird nicht auf den untheilbaren Rechtsbegriff des Ganzen, sondern auf den Inhalt oder die Bestandtheile desselben bezogen und als Theilungsvorschrift in Beziehung auf diese behandelt[24]). Auch die Restitution einer fideikommissarischen Erbschaft ist seit dem S. C. Trebellianum eine Universalsuccession[24a]). Die dabei eintretenden Verhältnisse werden weiterhin gehörigen Ortes zur Erörterung kommen. Ginge die Absicht des Erblassers bei der Berufung Mehrerer zu seiner Erbschaft jedoch dahin, daß der Eine oder Andere in der That nicht auf das Ganze (in universum jus) eingesetzt, sondern im Gegensatze davon nur zu einer einzelnen Sache oder Summe, welche letztere auch durch eine Quote der Erbschaft bestimmt sein kann, ohne daß hierdurch die bedachte Person zum Erben wird (legatarius partiarius), berufen sein soll; so ist derselbe nur mittelbarer Nachfolger, nämlich durch den Erben Nachfolger in einzelne Gegenstände (Singular-Successor) und heißt Legatarius[25]). Soviel von dem römischen Rechte. Stellen wir nun den Begriff des Erben und des Legatars nach preußischem Rechte fest, um gehörigen Orts zu befinden, inwiefern die Konsequenzen der römischen Begriffe Geltung haben müssen.

Die Verfasser der preußischen Rechtsbücher sagen an keiner

---

24) L. 13, §. 1 D. de heredibus instituendis (XXVIII, 5): „Paterfamilias distribuere hereditatem in tot partes potest, quot voluerit." — §. 5 J. de heredibus instituendis (II, 14): „Non autem utique duodecim uncias (Erbtheile) esse oportet; nam tot unciae assem efficiunt, quot testator voluerit." — Pauli sent. rec. L. III, Tit. IV, B. §. 6: „In quot vult uncias testator hereditatem suam dividere potest."

24a) Gajus, Inst. II, §§. 252, 253. — A. L.R. I, 12, §§. 462 ff.

25) §. 11 J. de testamentis ordinandis (II, 10): „Legatarii — — non juris successores sunt", nämlich nicht universi juris. Vergl. L. 9, §. 1 D. de edendo (II, 13).

Stelle, wer ein Erbe sei; dies soll aus Anwendungen des vorausgesetzten Begriffs gefolgert werden. Dahin gehören folgende Stellen:

§. 4, Tit. 12, Th. I: „Jede Erklärung eines Testators, woraus erhellet, daß er, nach seinem Tode, den Inbegriff seines Nachlasses einer oder mehreren Personen zuwenden wollte, ist für eine Erbeseinsetzung zu achten."

§. 254 ebd: „Hat Jemand einer oder mehreren Personen seinen Nachlaß dergestalt beschieden, daß die Absicht, ihnen **den ganzen Inbegriff desselben** allein zuwenden zu wollen, daraus erhellet; so sind die gesetzlichen Erben für gänzlich ausgeschlossen zu achten."

§. 3 ebd.: „Jede einseitige Willenserklärung, wodurch Jemand zum Erben einer Verlassenschaft berufen wird, heißt ein Testament."

§. 34, Tit. 2: „**Der Inbegriff der Sachen und Rechte** eines Verstorbenen heißt dessen Verlassenschaft."

Im Gegensatze hiervon wird gesagt:

§. 256 a. a. O.: „Hat aber der Erblasser nicht über das **Erbrecht** selbst, sondern ausdrücklich nur über gewisse Stücke, Summen oder Antheile seines Nachlasses verordnet; so gelangt das **Erbrecht** auf die gesetzlichen Erben, und diesen fällt alsdann alles zum Nachlasse Gehörige, soweit darüber nicht verfügt ist, anheim."

§. 257: „Es ändert darunter nichts, wenn auch der Testator diejenigen, welchen er dergleichen bestimmte Theile, Stücke oder Summen zuwendet, Erben genannt hat." §. 258: „Vielmehr sind dieselben, im Verhältnisse gegen den Intestaterben, immer nur als Legatarii zu betrachten."

§. 263: „Ebenso wird derjenige, welchem (von den mehreren zu Erben eingesetzten Personen, §. 261) nur eine bestimmte Sache oder Summe im Testamente zu seinem Erbtheile ausdrücklich angewiesen worden, im Verhältnisse gegen die übrigen Erben, als ein bloßer Legatarius betrachtet."

§. 5: „Einseitige Willenserklärungen, durch welche Jemand nur über einzelne und bestimmte Stücke, Summen, Rechte oder Pflichten, auf den Todesfall verordnet, führen den Namen der Kodizille.“ §. 6: „Einzelne bestimmte in einem Testamente oder Kodizille Jemandem hinterlassene Sachen oder Summen, werden Legate oder Vermächtnisse genannt.“

Hieraus ist zu folgern und auch in der Rechtsanwendung wirklich gefolgert[26]):

Erbe ist derjenige, welchem die Rechte und Pflichten eines Verstorbenen als ein Ganzes zufällt; **Legatarius** dagegen derjenige, welchem in einem Testamente oder Kodizille bestimmte Sachen oder Summen, wenn auch die Summen nach einem Verhältnisse zum Ganzen (Theil, Quote) bestimmt sind, zugewendet werden.

Somit hätten wir also als Erben im Sinne des preußischen Rechts ebendenselben successor per universitatem, successor in universum jus, ebendenselben Repräsentanten der vermögensrechtlichen Persönlichkeit des verstorbenen Herrn, welchen das römische Recht heres nennt. Dies ist gegen verschiedene Einwürfe zu beweisen.

1. Man hat auf die formelle Aufhebung des römischen Satzes nemo pro parte etc. im §. 45, Tit. 12 hingewiesen[27]), wo es heißt:

„Er kann aber auch über einen Theil seines Nachlasses verordnen, und es in Ansehung des Ueberrestes bei der gesetzlichen Erbfolge lassen;“

und dies so aufgefaßt, daß, wenn z. B. Jemand verordnete: „Ich setze den A. auf den dritten Theil meines Nachlasses zum Erben ein,“ und weiter nichts, alsdann dieser A. und die Intestaterben zusammen wahre Erben, qualitativ gleichberechtigte Nachfolger seien ([27]). Davon enthält die Stelle nichts, sie berührt die Frage: wer als Erbe im eigentlichen Rechtssinne zu betrachten, gar nicht, sie sagt bloß: diese Verordnung solle gegen jenen Satz gelten, der Bedachte solle wirklich nur soviel und nicht mehr erhalten als einen Betrag, welcher dem dritten Theile des nachgelassenen Vermögens gleichkomme; in Ansehung des Uebrigen bleibe es bei der gesetzlichen Erb-

---

26) R. vom 24. Januar 1836 (Jur. Wochenschr. 1836, S. 190).

27) Gans, Beiträge zur preuß. Gesetzgebung, S. 137.

folge. Klar ist hier wenigstens soviel, daß aus der Erklärung nicht die Absicht des Erblassers erhellet, er habe dem Begünstigten den ganzen Inbegriff seines Nachlasses allein zuwenden wollen (§. 254). Dann darf dies auch nicht angenommen werden, um so weniger, als nichts gegen die entgegengesetzte Absicht des Erblassers, über den „einen Theil" eine Singularsuccession eintreten zu lassen, spricht und der §. 45 im Uebrigen ganz ausdrücklich auf die gesetzliche Erbfolge, also auf die Intestaterben verweist. Die ab intestato Berufenen nehmen mithin den Nachlaß als Erben und geben jenen Betrag daraus an den Begünstigten her. Daß dieser als qualitativ gleichberechtigter Erbe, als Miterbe im Rechtssinne neben den Intestaterben gelten solle, ist nicht gesagt, und daher kann der ihm zugedachte bestimmte Betrag durch den Wegfall der Intestaterben oder Eines von ihnen nicht wachsen, er kann nie mehr als den Betrag des dritten Theils des Inhalts der Erbschaft erhalten, er ist eben nicht zur Nachfolge in die Einheit, in die Universitas, berufen. Der Erblasser hat hier, wie ihm nach §. 33, Tit. 2 freistand, über sein Vermögen „als über ein einzelnes Ganze" absichtlich nicht verfügt (Nr. I), und in diesem Falle ist er, obgleich die Zuwendung ein „Antheil", „ein bestimmter Theil" des Nachlasses ist, nach den oben vorgeführten §§. 256, 257 u. 258, nur Legatar[27a]), selbst wenn er „Erbe" genannt worden ist; der „Antheil", der „bestimmte Theil" löst hier eine bloße Quantitätsfrage, bestimmt nur eine gewisse Summe und ist einer einzelnen Sache, den „gewissen", „bestimmten Stücken oder Summen", gleichgestellt.

2. Es ist hervorgehoben, daß nach §. 263 derjenige, welchem nur eine bestimmte Sache oder Summe im Testamente zu seinem Erbtheile ausdrücklich angewiesen worden, im Verhältnisse gegen die übrigen Erben, als ein bloßer Legatarius betrachtet werden solle, und hat daraus den Schluß gezogen, daß das Rechtsverhältniß zwischen demselben als einem Erben und den Erbschaftsschuldnern dadurch, daß ihm eine bestimmte Sache rc. als Erbtheil ausgesetzt worden, nicht geändert werde, wenngleich den übrigen Erben das ausschließliche Eigenthum des ganzen Nachlasses zufallen solle[28]). Der Ausdruck, welcher an sich hier überflüssig ist, möchte freilich geeignet sein, Mißverständniß zu veranlassen, wenn der §. 263 die Stelle wäre, wo der Gesetzgeber den Begriff des Legatars bestim-

27a) Vergl. jedoch unten die Anm. 37.

28) Das Oberlandesgericht zu Magdeburg, in einem Berichte an das Justizministerium v. J. 1836 (Jur. Wochenschr. 1836, S. 191).

men wollte. Das ist jedoch nicht der Fall, der Begriff ist schon anderswo ganz allgemein und absolut dahin bestimmt worden, daß der auf eine bestimmte Sache, oder Summe, oder Quote Angewiesene doch nur ein Legatarius sei, wenngleich Erbe genannt[29]). Hiervon macht der §. 263 nur eine Anwendung auf eine Verordnung, worin mehrere Personen unter dem Namen von Erben eingesetzt worden sind (§§. 261—263). Drei Fälle werden unterschieden: a) der Fall, wo die Einsetzung ohne nähere Bestimmung geschehen: dann theilen sie die Erbschaft nach Köpfen (§. 261); b) der Fall, wenn einem der Miterben vor den Uebrigen eine bestimmte Sache oder Summe vorausbeschieden worden ist: dann ist dieser in Ansehung dessen, nämlich des Vorausbeschiedenen, als ein Legatarius anzusehen; c) der Fall, wenn dem Einen überhaupt nur eine bestimmte Sache oder Summe zu seinem Erbtheile angewiesen worden ist: dann wird er als ein bloßer Legatarius betrachtet (§. 263). Hier ist nun der Zwischensatz „im Verhältnisse gegen die übrigen Erben" eingeschoben, bei dem Falle b (§. 262) fehlt er. Beide Fälle stehen jedoch in Ansehung der „bestimmten Sache oder Summe" ganz gleich; wenn also der Zwischensatz in dem Falle b zur Bestimmung des Rechtsverhältnisses unnöthig, so hat er auch in dem Falle c keine besondere Bedeutung und ist nur eingeflossen, weil hier überhaupt von dem Verhältnisse zwischen mehreren unter dem Namen von Erben eingesetzten Personen gehandelt wird und ein Rechtsverhältniß zwischen einem nur sogenannten Erben, aber in Wahrheit „bloßen Legatar" und Dritten, bezüglich auf die Erbschaft, selbstverständlich gar nicht besteht. Diese Auslegung findet in den §§. 267 u. 283 volle Bestätigung. Beide verordnen: „Erben, die bloß als Legatarii zu betrachten sind (§. 263), bleiben von der Theilnehmung an einem solchen Anfalle ausgeschlossen." Hierdurch ist ebendemselben sogenannten Miterben, welcher im §. 263 als Legatarius charakterisirt wird, die Erbesqualität abgesprochen nicht bloß im Verhältnisse gegen die übrigen Erben, sondern absolut, im Verhältnisse gegen Jedermann schlechthin, indem ihm das wesentliche Merkmal eines eigentlichen Erben, das Zuwachsrecht fehlen soll, mithin wegen desselben die dingliche Erbschaftsklage (hereditatis petitio) gegen Dritte versagt ist.

3. Man hat Gewicht auf die Bestimmung des §. 285:

„Hat der Testator den Zuwachs ausdrücklich verboten, so fällt die erledigte Portion jedesmal an die Intestaterben."

29) I, 12, §§. 5, 6, 256, 257.

gelegt und gesagt: Damit die erledigte Erbportion an die Intestaterben falle, müsse der Testator den Zuwachs ausdrücklich verbieten; es würde also ein Widerspruch entstehen, wenn von zwei Berufenen der Eine auf eine bestimmte Summe eingesetzt sei, dieser schon deshalb nur ein Legatar sein, folglich nicht in den vakant werdenden Theil eintreten solle; der Intestaterbe aber auch nicht succediren könne, wenn der Testator den Zuwachs nicht ausdrücklich verboten habe[30]). Daraus soll denn zu folgern sein, daß der auf eine bestimmte Sache, Summe oder Quote eingesetzte Erbe nicht, wie der §. 263 sage, ein bloßer Legatar, sondern ein wahrer Erbe sei, es sei denn, daß der Testator das Zuwachsrecht ausdrücklich ausgeschlossen habe. Diese Ausführung beruht jedoch auf einer nicht als richtig anzuerkennenden Auffassung des §. 285. Es ist nirgend unbedingt gesagt, der Testator müsse den Zuwachs ausdrücklich verbieten, damit die erledigte Erbportion an die Intestaterben falle, d. h. daß der auf eine Quote berufene sogenannte Erbe doch nicht Erbe, sondern nur Legatar sei, wie der §. 263 bestimmt. Der §. 285 ist aus dem Zusammenhange gerissen. Der Gedankengang des Landrechts in dieser Beziehung ist folgender: Personen, welche auf den ganzen Inbegriff des Nachlasses eingesetzt sind, sind Erben. Mit welchen Worten solches geschehen, ist gleichgültig, wenn nur diese Absicht des Erblassers aus der Erklärung zu entnehmen ist; die Bezeichnung „Erbe" allein entscheidet nicht[31]). Das Prinzip ist also, wenn der Erblasser über sein Vermögen wie über ein einzelnes Ganze verfügen will[32]), das römische: nur derjenige ist Erbe (heres), welcher allein (ex asse) oder mit Anderen zugleich in universum jus, in das untrennbare Ganze, zur Nachfolge berufen ist. Es ist auch klar ausgedrückt, daß, wenn dieses geschehen ist, wenn über das Erbrecht selbst als über ein einzelnes Ganze verordnet worden ist, alsdann der ganze Inbegriff dem eingesetzten Erben verbleibt, wenn von mehreren Berufenen auch nur Einer die Erbschaft annimmt oder wenn, falls der Testator Theilungsvorschriften gegeben hat, der Nachlaß dadurch nicht erschöpft ist, mit anderen Worten: Intestaterben und Legatarien sind von den vakant werdenden Erbtheilen und Ueberresten gänzlich ausgeschlos-

30) Gans, a. a. O. S. 137, 138.

31) Zu vergleichen die §§. 4, 254, 256, 257, 263, Tit. 12, Th. I.

32) Das steht lediglich in seinem freien Willen. Tit. 2, §. 33. Es versteht sich, daß er daneben auch über gewisse Gegenstände wie über einzelne Sachen verfügen kann; dadurch wird die Einsetzung eines heres in universum jus nicht geändert.

sen [33]). Das Zuwachsrecht ist mithin als ein Attribut des wahren Erben, gerade so wie es im römischen Rechte geschieht, anerkannt. Da aber das Landrecht für die Erbeseinsetzung eine bestimmte Formel nicht kennt und jede wie immer gefaßte Erklärung, aus welcher die Absicht des Erblassers, über den Inbegriff seines Nachlasses als über ein einzelnes Ganze verfügen zu wollen, erhellet, für genügend nimmt [34]); so fragt sich, wie es zu halten, wenn der Erblasser sich widersprechend erklärt hat. Gesetzt, es verordnete Jemand: „Ich setze den A. und den B. zu meinen Universalerben zu gleichen Theilen ein. Den Zuwachs verbiete ich ausdrücklich." Beide Sätze sind deutlich und an sich verständlich ausgedrückt, aber der zweite hebt den ersten in seiner juristischen Bedeutung wieder auf. Denn wenn Zweie in solidum Universalerben, Erben in die Universitas, in universum jus sein sollen, so kann der Eine (da die beigefügten „gleichen Theile" sich auf die Auseinandersetzung der Zweie wegen der in dem Inbegriffe vorfindlichen einzelnen Sachen und Rechte bezieht, welche Vorschrift auch hätte wegbleiben können) von der halben Universitas, die ja nicht denkbar ist, nicht ausgeschlossen werden. Da nun die Konsequenz des Satzes nemo pro parte etc. im römischen Rechtssinne nicht gilt, so ist, nach den vorhin festgestellten Begriffen von Erbschaft, Erbrecht, Erbe und Legatar, die vorliegende Verordnung ein Kodizill, die sogenannten Universalerben sind „bloße Legatare" in bestimmte Antheile des Nachlasses, der wahre Erbe ist der Intestaterbe und wir haben es mit einer Erbschaft zu thun, welche durch Legate erschöpft ist. Zu diesen juristischen Schlüssen würden wir kommen, wenn wir darüber keine Bestimmung hätten. Nun ist aber gerade dieser Fall vorgesehen. Der §. 285, welcher von der Voraussetzung ausgeht, daß aus den Worten des Erblassers die Absicht erhelle, er habe den bezeichneten Personen den ganzen Inbegriff seines Nachlasses allein zuwenden wollen, schreibt dann vor: „Hat der Testator den Zuwachs ausdrücklich verboten, so fällt die erledigte Erbportion jedesmal an die Intestaterben." Der anstößige §. 285 giebt somit eine Auslegungsregel, die mit dem vorhin gefundenen Resultat unserer Auslegung übereinstimmt und nach den Gesetzen der Logik übereinstimmen mußte,

---

33) §§. 254—256, 264—267, 281, 283, Tit. 12, Th. I.

34) §§. 4, 254, 256 a. a. O. Vergl. Pr. des Obertr. vom 4. Dezember 1844 (Entsch. Bd. XII, S. 419); vom 24. November 1851 (Arch. f. Rechtsf. Bd. IV, S. 110); vom 24. November 1852 (ebend. Bd. VII, S. 159); vom 9. November 1853 (ebend. Bd. XI, S. 318); und vom 15. Juni 1860 (ebend. Bd. XXXVII, S. 287).

da die bezeichnete Voraussetzung hier ja eben nicht zutrifft und die Absicht des Testators, daß er den ganzen Inbegriff seines Nachlasses den beiden sogenannten Universalerben allein habe zuwenden wollen, keineswegs erhellet. Hiermit ist nachgewiesen, daß der §. 285 das Wesen und den Begriff des Erben und des Legatars gar nicht berührt, daß er zu dessen Feststellung gar nichts beiträgt, daß er vielmehr diese Begriffe als bereits fertig festgestellt voraussetzt, folglich zur Begriffsbestimmung nicht mehr herangezogen werden kann. Eine Bemerkung über die Wirkung der Aufhebung der Regel nemo pro parte läßt sich hier anknüpfen. Wenn der vererbende Wille vollständig ausgesprochen, ihm aber ein solcher Zusatz beigefügt ist, welcher, wie im §. 285 geschieht, jenen Willen auf einen Theil des untheilbaren Ganzen (der familia) beschränkt; so muß nach der gedachten Regel, deren Grund die natürliche Einheit und Untheilbarkeit der vermögensrechtlichen Persönlichkeit des Erblassers — der familia — ist, der dem zuerst ausgesprochenen Willen angehängte widersprechende Wille als der schwächere nachstehen und wird deshalb als für nicht ausgesprochen angesehen. Die Aufhebung jener Regel verhindert die Nichtbeachtung des zusätzlichen Willens, beide müssen zur Geltung kommen, aber doch nur soweit es der rechtlichen Natur der Sache nach möglich ist, beide zu vereinigen. Die Wirkung der Aufhebung der Regel ist nun die, daß der erste vererbende Wille als eine Verordnung über einzelne Sachen oder Bestandtheile aufgefaßt und so zur Ausführung gebracht wird.

4. Weiter ist zur Begründung der Meinung, daß ein auf einen bestimmten Antheil Eingesetzter, wenn nicht der Zuwachs ausdrücklich verboten, kein bloßer Legatar, sondern ein wahrer Erbe sei, behauptet worden: es werde ausdrücklich gesagt, daß man **im Testamente** auch nur über einen Theil des Nachlasses verordnen könne." Hieraus wird gefolgert: „es würde also hiernach ein Testament auch diejenige letzte Willenserklärung heißen, worin nur Ein Erbe zu einer Quote eingesetzt ist: somit aber, wenn dies keine Erbeseinsetzung sein soll, ein Testament geben, worin gar keine institutio heredis vor sich geht, und Testament und Kodizill darnach zusammen fallen." Gegen diese Theorie wird dann gestritten [35]). Jene Behauptung aber ist nicht gegründet, mithin fällt auch die als Widerlegung der hier als richtig vertretenen Meinung darauf gebaute Zurückführung dieser Meinung ad absurdum hinweg. Jene

---

35) Gans, Beiträge rc., S. 139.

Behauptung, daß man in einem Testamente auch über einen Theil des Nachlasses verordnen könne, soll nämlich durch den §. 45 [36]) bewiesen werden. Allein der §. 45 lautet: „Er (der Erblasser) kann auch über einen Theil seines Nachlasses verordnen —". Daß eine solche Verordnung ein Testament im Sinne des §. 3 sei, wird nicht gesagt, darf aber nicht willkührlich hineingelegt werden, da die ganze Paragraphenreihe 44 bis 49 nach der Ueberschrift verordnet: „Was und wie in einem Testamente oder Kodizille verordnet werden könne." Somit ist dieser ganze Beweisgrund völlig beweisunkräftig [37]). Endlich

5. wird die hier vertretene Meinung für völlig unpraktisch erklärt und gesagt: „Wäre es aber auch ausgemacht, daß das Landrecht einen, auf eine Quote eingesetzten Erben nicht für einen heres, sondern nur für einen Legatar hält, so dürfte man behaupten, daß die Distinktion sich als eine völlig unpraktische bewähren möchte. Denn wenn ich den Cajus zu einem Drittel meines Vermögens zum Erben ernenne, so würde dies nach jener Theorie eine Erbeinsetzung sein, je nachdem daraus hervorginge, daß ich den ganzen Inbegriff meines Nachlasses demselben habe zuwenden wollen oder nicht. Nach welchen Auslegungsregeln soll dies beurtheilt werden? Soll etwa vermuthet werden, daß, wenn der Testator über den größten Theil seines Nachlasses verfügte, er auch den Rest dem Instituirten habe geben wollen; wenn aber weniger wie die Hälfte vermacht worden ist, alsdann die Intestaterben die eigentlichen Erben seien? Dies würde die Frage: ob eine Erbeinsetzung stattfinde oder nicht, aus dem qualitativen Unterschiede in den quantitativen hineinführen [38])". — Dieses ganze Bedenken ist nicht juristischer, es ist rein thatsächlicher Natur und auch in dieser Hinsicht ohne allen Boden. Wenn Jemand den Cajus zu einem Drittel seines Vermögens zum Erben ernennt und weiter nichts sagt, so ist die Frage nach Auslegungsregeln und Vermuthungen, mit deren Hülfe festgestellt werden könne: ob Cajus auch den Rest erben solle, ganz unberechtigt und deshalb unzulässig. Die Absicht, daß der ganze Inbegriff des Nachlasses als ein Ganzes dem Berufenen allein zugewendet werden solle, muß ja aus der

---

36) In der Note 4 S. 139 bei Gans steht als Allegat nur durch Druckfehler §. 5 anstatt §. 45.

37) Hiermit soll nicht gesagt sein, daß in der Weise, welche der §. 45 für zulässig erklärt, ein wirklicher Erbe nicht eingesetzt werden könne. Der Erblasser darf diesen seinen Willen nur in einer unzweifelhaften Erklärung aussprechen. S. unten, §. 3, I, Nr. 2 a. E.

38) Gans, a. a. O. S. 140.

Erklärung des Erblassers erhellen, aus der vorliegenden Erklärung erhellet ja aber das Gegentheil.

§. 3.

2. Grund des Erbrechts.

a) Regel.

I. Jedermann ist nach dem im Occident herrschenden Prinzip freier Herr seines Vermögens unter Lebendigen, er hat an sich volle Vermögensfreiheit. Das Vermögen einer Person ist wesentlich ein Gebiet unabhängiger Herrschaft über dasselbe, von ihrer willkührlichen Verfügung ist das Schicksal desselben in seinen einzelnen Bestandtheilen bei ihrem Leben rechtlich abhängig, ihr Wille ist daher der alleinige Grund des Ueberganges der darin befindlichen Güter auf andere Personen. Welche Geltung dieser Wille nach dem Tode des Herrn haben soll, hängt ab von dem Prinzip, welches in dem betreffenden Staate gesetzlich vorherrscht. Aus Gründen des öffentlichen Rechts kann dem Fortwirken der Verfügungsfreiheit mit dem Tode seine Grenze gesetzt werden. In Rom wirkte das Freiheitsprinzip nach dem Tode fort, wenn nämlich der letzte Wille bei der Errichtung desselben gesetzlich bestätigt worden war; nach deutscher Ansicht erlosch der Wille auch in Beziehung auf die Verlassenschaft des Verstorbenen mit dem Tode. Die neue französische Gesetzgebung (Code civil), auf welche das droit coutumier einwirkte, beruht auf deutscher Ansicht, es nimmt dem Erblasser das Recht, Erben (héritiers) zu ernennen und schränkt seine Befugniß, einzelne Gegenstände und Summen zuzuwenden (zu legiren), auf einen bestimmten Theil der Verlassenschaft ein. Das Landrecht hat das römische Freiheitsprinzip nicht allein als das vorherrschende beibehalten, sondern in gewisser Beziehung noch erweitert. An die Spitze stellt es den Grundsatz [1]):

> „Soweit Jemand unter Lebendigen über sein Vermögen zu verfügen fähig und berechtigt ist, soweit kann er in der Regel auch auf den Todesfall Verfügungen treffen."
>
> „Der Befugniß dazu kann er sich durch einen rechtsgültig geschlossenen Erbvertrag begeben."

Diese beiden Sätze sind nicht Gegensätze, sie verhalten sich zu einander auch nicht wie die Ausnahme zur Regel, sie beziehen sich vielmehr auf zwei verschiedene Formen der Willenserklärung oder zwei verschiedene Erkennungsarten des Willens des Erblassers und bestimmen

1) I. 12, §§. 9, 10.

das Verhältniß derselben zu einander dahin, daß die Form des bloßen Zeugnisses des Willens (testamentum) von der Vertragsform ausgeschlossen wird. Erst in Ermangelung einer solchen Willenserklärung folgt das, was „die Vorschriften der Gesetze“ darüber bestimmen [2]). Soweit stimmt das Landrecht mit dem alten römischen Rechte überein. Dieses trug das Eintreten eines heres in die Verlassenschaft eines Verstorbenen gerade so vor, daß dabei zuerst der Wille desselben, wie er legassit, als maßgebend hingestellt und in zweiter Linie das, was in Ermangelung einer Erklärung dieses Willens geschehen sollte, folgte [3]). Hier bleibt jedoch näher festzustellen: wie der gesetzliche Wille im Sinne des preußischen Rechts aufzufassen; wie er sich zu dem ausdrücklich ausgesprochenen Willen des Erblassers verhalte; und auf welche Gesetze bei Feststellung des gesetzlichen Willens zu sehen sei.

1. Die Römer hielten beide Willen, den Privatwillen des Erblassers und den Gesetzeswillen, für gleichartig, doch in ihrem Sinne; sie nahmen beide, sowohl den Privatwillen wie den Staatswillen, für gesetzliche, in Beziehung auf die Form [4]). Nach der unmittelbaren gesetzlichen Anordnung gaben aber gewisse bestehende Verhältnisse, welche mit dem öffentlichen Rechte in Beziehung standen, das Recht, in Ermangelung eines Testamentes in das Vermögen eines Verstorbenen einzutreten (legitima hereditas), wobei das stärkere Verhältniß, wenn es vorhanden war, das schwächere ganz ausschloß, auch wenn der dem stärkeren Verhältnisse angehörige Nächste keinen Gebrauch davon machen wollte [5]); ein Aufeinanderfolgen der verschiedenen Arten der Blutsverwandtschaft kommt nicht vor [6]). Der Staatswille nahm also nur politische Rücksichten und der Privatwille, wenn er von anderen Rücksichten geleitet wurde, bedurfte der gesetzlichen Bestätigung. Eine Bestätigung kann aber auch abgelehnt werden. Hiernach hat das römische Testament die Bedeutung eines

---

2) I, 9, §. 367: — „fällt die Erbschaft an denjenigen, welchen rechtsgültige Willenserklärungen des Erblassers oder in deren Ermangelung die Vorschriften der Gesetze dazu berufen.“

3) „Uti legasset super pecunia tutelave suae rei, ita jus esto.“ Ulpian. XI, 14; L. 120 D. de verb. signif. (L, 16). — „Si intestato moritur, cui suus heres nec ... (muthmaßlich fehlt hier, wie man annimmt, exstabit oder sit), agnatus proximus familiam habeto.“ Ulpian. XXVI, 1. Also zuerst der suus und dann die Agnaten nach der Nähe des Grades.

4) L. 130 D. de verb. signif.: „Lege obvenire hereditatem, non improprie quis dixerit et eam, quae ex testamento defertur, quia Lege XII Tabular testamentariae hereditates confirmantur.“

5) — „in legitimis hereditatibus successio non est.“ Ulpian. XXVI, 5.

6) Ulpian. XXV, §§. 1 et 5; Hugo, Rechtsgeschichte (9. Aufl.) S. 200.

Privilegiums, der Staatswille ist die Regel und steht mithin dem Privatwillen gegenüber und beherrscht denselben. Davon weichen unsere heutigen Ansichten und öffentlichen Rechtsverhältnisse ganz ab. Das Gesetz über die Intestaterbfolge im Sinne des Landrechts spricht nur den vermuthlichen Willen des schweigend verstorbenen Erblassers aus. Aber woraus soll dessen Wille vermuthet werden? Aus der Liebe, dem Wohlwollen, der Zuneigung, die der Erblasser gegen gewisse Personen gehabt hat, denn diese Gemüthszustände sind die Beweggründe, Andere zu begünstigen, ihnen Vortheile zuzuwenden [7]). Auf diese Personen schließt das Gesetz aus den Verbindungen, in welchen der Erblasser mit ihnen gestanden hat. Jeder Einzelne im Staate steht mit Andern in einer Genossenschaft entweder des Blutes und der Abstammung, oder des Geschlechts, oder der Hülfe, des Schutzes, befindet sich mithin in irgend einem näheren oder entfernteren Kreise von Angehörigen, von der engsten Bluts- oder Geschlechtsgemeinschaft bis zur weitesten Gemeinschaft der Staatsangehörigkeit, also in einer auf einem Rechtsverhältnisse beruhenden Verbindung. Das Gesetz schließt: je enger oder näher die Verbindung eines Menschen mit Anderen, je größer wird die gegenseitige Liebe und Zuneigung; und trifft hiernach seine subsidiären Anordnungen. Diese sind allemal als der Ausdruck des eigenen Willens eines ohne Testament Verstorbenen anzusehen. Denn Nichttestirenwollen ist auch ein Wille und ein Belassenwollen bei der Berufung des Gesetzes macht diese Berufung zum eigenen Willen des Erblassers [8]). Sonach beruhet die testamentarische Erbfolge wie die Intestaterbfolge auf dem eigenen Willen des Erblassers und die beiden verschiedenen Berufungsarten sind nur Erkennungsarten eines und desselben Willens. Der Grund alles Erbrechts nach preußischem Rechte ist somit in der Regel allein der Wille des Erblassers. Die Ausnahme wird weiterhin (II) behandelt werden.

2. Wie der ausgesprochene Wille des Erblassers und der Wille des Gesetzes sich zu einander verhalten? An sich muß es nicht in jedem Rechte nothwendig sein, daß zwei Erben, von welchen der Eine

---

7) Quintilian L. V, cap. 16: „Quem quis heredem suum esse voluit, carum habuit.“ — L. 5 D. de alimentis vel cibariis (XXXIV, 1): „Verba testamenti, omnibus libertis nostris cibaria praestabitis pro arbitrio vestro, non ignorantes, quot ex his caros habuerim.“

8) Das liegt auch in der Bestimmung der XII Tafeln über die Intestaterbfolge: si intestatus moritur, cui suus heres non escit, proximus agnatus familiam habeto. Es heißt nicht mortuus est, sondern moritur. Das Sterben ist die Handlung eines Lebenden, welcher intestatus so handelt; er stirbt mit Willen ohne Testament, wissend, daß sein nächster Agnat sein Erbe werden soll.

durch die ausdrücklich ausgesprochene Erklärung des Erblassers auf einen Theil der Erbschaft, der Andere durch das Gesetz auf den andern Theil in universum jus, in das Ganze des nachgelassenen Vermögens (Verlassenschaft), berufen ist, zusammenkommen. Nach römischer Rechtsansicht jedoch standen beide Willen miteinander vollständig in Widerspruch, so daß man deren Vereinigung für absurd weil mit sich selbst streitend hielt [9]). Beide waren sich so entgegengesetzt, daß nie Beide zusammen in derselben Verlassenschaft statt finden konnten, was durch die Regel: nemo pro parte etc., ausgedrückt wird, und so weit ging, daß, wenn Jemand auch nur über einen geringen Theil seines Vermögens verfügt hatte, er als testatus verstorben angesehen wurde und zwar so, daß der auch nur mit einer Kleinigkeit Bedachte das Ganze erhielt und nicht etwa der Ueberrest an den Intestaterben fiel oder herrenlos wurde. Aus allgemeinen Vernunftgründen ist es nicht findbar, warum zwei Erben nicht aus zwei verschiedenen Successionsgründen sollen in das Ganze eintreten können, warum z. B. nicht eben so gut, wie Jemand zwei Testamentserben einsetzen kann, auch ein Testamentserbe zu einem Theile, und der Intestaterbe zum andern Theile in solidum (in universum jus) sollen succediren können. Das ist ein Räthsel, zumal die Römer selbst jene gemischte Succession ausnahmsweise, z. B. bei der lex Falcidia und allgemein bei dem Soldaten-Testament, für möglich und zulässig erklärt haben. Bisher ist es der großen Anzahl von Versuchen ungeachtet nicht gelungen, dieses Geheimniß zu enthüllen und den tiefen Grund jenes Fundamentalgesetzes des römischen Erbrechts allgemein befriedigend aufzuzeigen [10]).

Bei uns, die wir den letzten Grund des absoluten Widerstreits beider Willen, des testamentarischen und des gesetzlichen, nicht kennen, findet dieser Widerstreit kein Verständniß, wir finden beide mit einander vereinbar, sehen sie sogar, wie vorhin gezeigt worden ist, wesentlich für identisch an und halten beide Formen nur für verschiedene Erkennungsarten des Willens desjenigen, welcher bis an seinen Tod Herr des zu vererbenden Vermögens war. Dieser Wille ist also, wie gesagt, in der Regel der alleinige Grund des Erbrechts. Daher kann die testamentarische und die Intestaterbfolge nach dem

---

9) L. 7 D. de regul. jur. (L, 17): „Jus nostrum non patitur, eumdem in paganis et testato et intestato decessisse: earumque rerum naturaliter inter se pugna est, testatus et intestatus."

10) Der jüngste geistreiche Versuch ist von Huschke: Ueber die Rechtsregel: Nemo pro parte testatus pro parte intestatus decedere potest; im rheinischen Museum, Bd. VI, S. 257 ff.

Landrechte[11]) allerdings zugleich und zusammen eintreten. Ob dies geschehen solle, ist eine Frage rein thatsächlicher Natur, nämlich die: ob dies der Wille des Erblassers ist. Auf die Feststellung dieser Thatsache beziehen sich die vorhin (§. 2, No. III) behandelten Stellen und wir sind nun zu folgenden Sätzen gelangt:

a) Die Untheilbarkeit der Verlassenschaft bezieht sich nach dem Landrechte nicht auf die Successionsgründe, vielmehr können ein Testaments- und ein Intestaterbe als wahre Miterben in den ganzen Inbegriff des Vermögens eines Verstorbenen eintreten, wenn dieses der Wille des Erblassers ist.

b) Dieser Wille wird daraus nicht erkannt, wenn der Erblasser über **„gewisse Antheile"** seines Nachlasses verordnet hat, obgleich er diejenigen, welchen er dergleichen „**bestimmte** Theile" zuwendet, Erben genannt hat. (§§. 256, 257, 45.)

c) Dieser Wille ist als vorhanden anzunehmen, wenn der Erblasser einer oder mehreren Personen seinen Nachlaß dergestalt beschieden hat, daß die Absicht, ihnen den ganzen Inbegriff desselben **allein** zuwenden zu wollen, daraus erhellet, mag dann auch der Nachlaß durch eine hinzugefügte Theilungsvorschrift nicht völlig erschöpft sein (§§. 254, 255, 264, 281—283); nur darf in diesem Falle der Zuwachs nicht ausdrücklich verboten sein (§. 285)[12]).

Mit der Gewinnung dieser das Prinzip des preußischen Erbrechts enthaltenden drei ganz folgegerechten Sätze ist zugleich der dem Landrechte gemachte Vorwurf des Widerspruchs und der „entschiedenen Prinziplosigkeit", sowie der den Verfassern nachgerühmte „Mangel juristischer Wissenschaft und juristischer Kunst"[13]), abgewiesen. Außerdem erhellet, daß in der Weise, welche der §. 45 für zulässig er-

---

11) Auch das östr. bürgerl. G.B. hat dieses Prinzip angenommen, doch weniger logisch durchgeführt; denn es können danach Fälle eintreten, wo ein Theil der Verlassenschaft herrenlos wird, z. B. wenn im Falle des §. 562 auch der gesetzliche Erbe den eventuellen Anfall ausschlägt. Dies kommt daher, daß der auf einen bestimmten Theil eingesetzte Erbe ein wahrer Erbe sein und doch kein Zuwachsrecht haben soll. Diesen Widerspruch hat das Landrecht vermieden.

12) Denn hier ist ein Zweifel über die Willensmeinung des Erblassers durchaus unmöglich, es erhellet jene Absicht nicht nur nicht, sondern er spricht geradezu das Gegentheil aus. Die s. g. Erben sind somit nur Legatarien und die Intestaterben die eigentlichen Erben.

13) Gans, in seinen Beiträgen zur preußischen Gesetzgebung, S. 146.

klärt (§. 2, III, Nr. 1), ein wahrer Erbe auf einen Theil des Nachlasses allerdings eingesetzt werden kann; indem nur durch entsprechenden Ausdruck, etwa durch das Gebot des Zuwachses, jeder Zweifel über die Willensmeinung des Testators unmöglich gemacht zu werden braucht. Eine Verordnung z. B.: „Ich setze den A auf den dritten Theil meines Nachlasses zum Erben ein; das Zuwachsrecht soll nicht ausgeschlossen sein", würde den A. ganz gewiß zum wahren Universal-Miterben neben dem Intestaterben machen. — Wir kommen zur letzten Frage:

3. welche Gesetze hierbei als die bestimmenden angesehen werden müssen, ob nämlich die, welche an dem Wohnorte des Erblassers (das persönliche Recht), oder diejenigen, welche an den verschiedenen Orten, wo sich etwa einzelne zur Verlassenschaft gehörige Stücke befinden (die s. g. Real-Statuten), gelten? Nach der Bedeutung, welche die Gesetze über die Intestaterbfolge in Beziehung auf den Willen des Erblassers als das allein maßgebende Gesetz für die Nachfolge in die Universitas seines Vermögens, zufolge der bisherigen Ausführung, haben, muß diese Frage als eine unzulässige angesehen werden. Denn der Gesetzgeber gibt seine Vorschriften für seine Staatsangehörigen, namentlich für die Einwohner des Ortes oder Gebietes, wo seine Gesetze Geltung haben sollen. Wenn daher der Inhalt der Erbfolgegesetze als eine Erkennungsart des Willens eines schweigend verstorbenen preußischen Erblassers aufzufassen sind, wie darf man daher fragen: ob nicht etwa die russischen oder die französischen Gesetze, die der Erblasser nicht kennt, diesem Willen Ausdruck zu geben hätten, deshalb, weil etwa ein Stück seiner Verlassenschaft zufällig in Rußland oder Frankreich liegt! Da ließe sich nicht mehr von einer Universalsuccession und auch nicht mehr von einer Beziehung der Intestaterbfolge auf den Willen des Erblassers sprechen. Dennoch ist hierüber in neuerer Zeit unter den preußischen Schriftstellern ein lebhafter Streit geführt worden [14]). Es muß aber der Satz als der allein richtige aufrecht gehalten werden, daß nach allgemeinen Rechtsgrundsätzen *die Gesetze des letzten Wohnortes des Erblassers über die Intestaterbfolge die bestimmenden sind*. Die Beweisgründe sind schon früher anderswo aufgewiesen [15]), werden indeß der Vollständigkeit wegen hier nochmals zusammengestellt.

14) Die Stimmen für und wider sind zusammengetragen in den *Ergänzungen* rc. (2. Ausg.) Bd. I, S. 116—121. Hinzu tritt noch für unsern Satz: v. *Savigny*, System, Bd. VIII, S. 316—324.

15) Privatrecht, Bd. I, §. 40, Nr. II und meine in der Literatur zu §. 40

a) Der Satz, auf welchen wir durch die bisherige Ausführung von selbst geführt worden sind, ist eine nothwendige Folge der Universalsuccession; dieser römische Begriff liegt, wie vorhin ausführlich aufgezeigt worden ist, dem preußischen Erbrecht zum Grunde; das Landrecht kennt keinen als Erben, außer nur den Nachfolger in den ganzen Inbegriff des Nachlasses; jeder andere bei der Theilung der Vermögens masse ist ihm ein Legatar, der mit der Repräsentation der Person des Erblassers gar nichts zu thun hat.

b) Das Landrecht spricht darüber: welche Gesetze über die Intestaterbfolge zur Anwendung kommen sollen, einen als allgemein geltenden Satz nirgend aus; was dafür von den Gegnern ausgegeben wird, soll weiterhin gesagt werden. Dieses Schweigen im allgemeinen Theil erklärt sich vielleicht daraus, daß das Erbrecht im Zusammenhange als ein Ganzes keine Stelle gefunden hat. Indessen wird in mehreren Stellen der preußischen Gesetzgebung der gemeinrechtliche Grundsatz anerkannt oder vorausgesetzt. Dahin gehören:

aa) der §. 121, Tit. 2, Th. I der Allg. Gerichtsordnung:

„Der Gerichtsstand einer Erbschaft, als eines Inbegriffs von Sachen und Rechten, ist da, wo der Erblasser, zur Zeit seines Ablebens, seinen ordentlichen persönlichen Gerichtsstand gehabt hat,"

womit der §. 392, Th. I, Tit. 9 zu verbinden, wonach die Erklärung über Antretung und Entsagung der Erbschaften bei dem Gerichte, unter welchem der Erblasser zuletzt seinen persönlichen Gerichtsstand gehabt hat, abzugeben ist. Dort muß der Erbe auch sein Erbrecht, welches er auf die gesetzliche Erbfolge gründet, durch Aufweisung des Grades seiner Verwandtschaft mit dem Verstorbenen, gehörig nachweisen (§. 484 a. a. O.)

Hierdurch ist anerkannt, daß stets nur Eine Erbschaft vorkommen kann, während nach der Meinung der Gegner soviel Erbschaften desselben Erblassers vorhanden und folgeweise auch so viel verschiedene Gerichtsstände dafür angenommen oder doch angeordnet sein müßten, als der Erblasser Grundstücke hinterließ, welche in verschiedenen Gerichtsbezirken liegen; jedes dieser Gerichte hätte mithin

---

angeführte ältere Abhandlung über die geschriebenen Rechtsquellen und die Anwendung geschriebener Rechte; in der juristischen Zeitung Jahrg. 1833, S. 278, Nr. 2. Ferner: m. Allg. Landrecht, Anm. 30 zu §. 23 u. Anm. 42 zu §. 32 der Einleitung.

ein Inventarium aufzustellen, die Erbeslegitimation zu prüfen und über die Erbtheilungsklage zu entscheiden [16]).

bb) Das Landrecht verordnet bezüglich auf die Substitution, Th. I, Tit. 12, §§. 536, 537:

„Sind Jemandem mehrere Personen, die ihn auch ohne Testament beerben würden, ohne weitere Bestimmung substituirt worden; so ist die Verordnung unter den Substituirten nach den Regeln der gesetzlichen Erbfolge zu deuten."

„Diese Erbfolge wird, bei obwaltender Verschiedenheit, nach den Gesetzen desjenigen Gerichtsstandes, welchem ein Jeder, dem substituirt worden, für seine Person unterworfen war, beurtheilt."

„Dabei," sagt v. Savigny, „ist augenscheinlich vorausgesetzt, daß ausschließend der Wohnsitz die Intestaterbfolge bestimme, ohne Ausnahme der etwa auswärts liegenden Grundstücke [17])." Hiergegen hat Bornemann, der hauptsächliche Gegner, nichts anderes vorzubringen als: es habe auf die §§. 536 uud 537 sich außer Schröter Niemand zu beziehen gewagt; die Redaktoren seien dabei von der Prämisse ausgegangen: der Testator habe nur einen einzigen Substituten zulassen wollen [18]), was nicht verständlich ist und v. Savigny für eine dem Testator ganz willkührlich untergeschobene Absicht erklärt [19]).

cc) Bei der Erbfolge der Eheleute wird unser Grundsatz geradezu ausgesprochen. Nachdem vorher der drei Erbrechtstitel: Vertrag, Testament und Gesetz, Erwähnung geschehen [20]), sagt der §. 495:

„Haben die Eheleute die Erbfolge weder durch Verträge, noch durch letzte Willensverordnungen bestimmt: so wird nach den Statuten oder Provinzialgesetzen des letzten persönlichen Gerichtsstandes des Verstorbenen verfahren."

Dies ist eine einzelne Anwendung des Grundsatzes [21]). Hierzu ist später ein Zusatz erschienen, womit es folgende Bewandtniß hat. Der I. Senat der damaligen Kleveschen Regierung hatte nach diesem

16) Vergl. v. Savigny, System, Bd. VIII, S. 323.

17) S. 324 a. a. O.

18) Preuß. Civilrecht (2. Ausg.) Bd. VI, S. 60 u. Juristische Wochenschrift, 1840, S. 9.

19) S. 324, Note k a. a. O. — v. Savigny hat es doch auch „gewagt", aus den §§. 636, 637 Beweis zu führen.

20) A. L.R. II, 1, §. 438.

21) „Nichts ist einfacher und natürlicher, als dieses Gesetz für eine einzelne Anwendung unseres Grundsatzes anzusehen, und also eine Bestätigung dieses Grundsatzes darin zu finden," sagt dazu v. Savigny a. a. O. S. 322.

Grundsatze erkannt (1793). Der II. Senat kam, als er in der Appellationsinstanz erkennen sollte, auf den Zweifel: ob nicht die Vorschrift des §. 495 mehr ein neues Gesetz, als eine Bestimmung einer in den Gerichtshöfen obgewalteten zweifelhaften Meinung nach §. 9 des Publikationspatents enthalte, weil er dafür hielt, daß die Meinung derjenigen Rechtsgelehrten, daß in Immobilibus nach den legibus loci rei sitae geurtheilt werden müsse, durch den Gerichtsgebrauch angenommen und auch im Allg. Gesetzbuch, Einleitung §. 36 (entsprechend dem gleichlautenden §. 32 der Einleitung des Landrechts, wovon sogleich näher gesprochen werden soll) bestätigt sei, der §. 495 also eine Ausnahme mache. Er legte daher der dermaligen Gesetzkommission die Frage vor: ob bei der Erbfolge unter Eheleuten in Ansehung des unbeweglichen Vermögens auch nach den Gesetzen des Wohnorts, oder nach den Gesetzen der Gerichtsbarkeit, wo sich dasselbe befindet, zu verfahren sei. Die Gesetzkommission ging auf die Gründe gar nicht ein, sondern antwortete genau der Frage entsprechend, daß bei der Succession unter Eheleuten, auch in Ansehung des unbeweglichen Vermögens, nicht die Gesetze des Ortes, wo die Sache gelegen, sondern die des Wohnorts der Eheleute zur Richtschnur dienen müßten [22]). Daraus ist der Zusatz zum §. 495, Anh. §. 78 entstanden, welcher folgende Fassung hat:

> „Von dieser Bestimmung (des §. 495) macht auch das unbewegliche Vermögen der Eheleute keine Ausnahme, ob dieses sich gleich unter einer anderen Gerichtsbarkeit befindet."

Diese Entstehungsgeschichte des Anh. §. 78 ist der Beweis der Gegner für ihre Behauptung, daß der §. 495 eine Ausnahme von der Regel, für den einzelnen Fall der Erbfolge der Eheleute vorschreibe [23]). Die Gegner haben aber eine Regel, will sagen einen Grundsatz, noch nicht aufgewiesen, dieser soll erst aus dem ganzen Zusammenhange, aus einzelnen Anwendungen und Voraussetzungen abgeleitet werden, auch gehen sie darüber hinweg, daß die Erbfälle, wo der nachgebliebene Ehegatte ganz allein succedirt, sehr selten sind, daß vielmehr der Ehegatte mit den andern Intestaterben konkurrirt, nichts anderes als Einer von mehreren Miterben aus dem nämlichen Titel ist, mithin nach der Meinung der Gegner die Re-

---

22) Konkl. vom 20. Mai 1794 (Klein, Annal., Bd. XIII, S. 3—6).

23) Bornemann a. a. O. S. 58—60. Sehr gut sagt v. Savigny a. a. O. S. 323, Note g dazu: „Die Gesetzkommission gab ihre Entscheidung, ohne auf die Ausführung der Gründe einzugehen, und dadurch soll sie stillschweigend die falsche Meinung der Regierung zu Kleve gebilligt, und die Entscheidung selbst als bloße Ausnahme anerkannt haben."

gel und die Ausnahme zugleich auf dieselbe Erbschaft zur Anwendung kommen müßte, so oft ein Ehegatte des Erblassers sich unter den Intestaterben befände, und das müßte sich zugleich auch wieder ändern, wenn hinterdrein im Laufe der Erbtheilung der Ehegatte die Erbschaft noch ausschlüge. Darin liegt kein juristischer Sinn, der Verwirrung in der praktischen Durchführung nicht zu gedenken.

dd) Witte, gleichfalls ein Vertreter unseres Grundsatzes, hebt als ein Argument dafür noch die Bestimmungen des Landrechts über das Erbrecht des Fiskus hervor. Es sind die §§. 28, 29, Th. II, Tit. 16:

„Besaß der Verstorbene Vermögen an verschiedenen Orten, wo verschiedenen Behörden das Recht, erblose Verlassenschaften in Besitz zu nehmen, zukommt: so gebührt jedem Berechtigten das zur Zeit des Todes in seinem Bezirk befindliche bewegliche und unbewegliche Vermögen."

„Ausstehende Kapitalien aber gebühren demjenigen, welcher an dem letzten eigentlichen Wohnorte des Erblassers zur Einziehung erbloser Verlassenschaften berechtigt ist."

Derselbe bemerkt hierzu, daß, wäre die Ansicht der Gegner die richtige, es sich von selbst verstanden haben würde, daß bei einem durch mehrere Provinzen oder Staaten zerstreuten Vermögen dem Fiskus jedes Ortes die dort belegenen Grundstücke zufielen, folglich es hierüber keiner besonderen Bestimmung bedurft hätte [24]). Das ist richtig. Bekanntlich sind die verschiedenen Meinungen über die auf das Erbrecht anwendbaren Gesetze auf drei Hauptklassen zurückgeführt worden. Die älteste Meinung ist die, nach welcher die Erbschaft in alle Sachen, bewegliche und unbewegliche, von dem Gesetze des Landes, in welchem die Sachen sich befinden, geordnet werden soll, welchem zufolge Anfangs die ausländischen Erben von dem Landesherrn ganz ausgeschlossen wurden (droit d'aubaine, jus albinagii) [25]), und erst später diese Erbschaftsstücke nur unbedingt noch der Erbfolgeordnung des dortigen Gesetzes unterworfen blieben [26]). Dieses System wendet das Landrecht an auf Erbschaften, wozu kein Erbe sich findet. — Die zweite Meinung schließt sich der vorigen an, nur überläßt sie die beweglichen Sachen den Gesetzen des letzten Wohnortes des Erblassers und diese Meinung ist es, wel-

24) Das preußische Intestaterbrecht, S. 50.

25) Eichhorn, Deutsches Recht, §. 75.

26) v. Savigny a. a. O. S. 300.

che die Gegner zum Prinzip des Landrechts machen wollen, wie sogleich näher behandelt werden soll. Die dritte jüngere Meinung, welche seit dem achtzehnten Jahrhundert stets zunehmend zur allgemeinen Anerkennung gelangt ist [27]), ist die, welche eben als der Grundsatz des Landrechts hier vertreten wird. Wäre nun die vorhergehende vermittelnde Meinung das Prinzip des Landrechts, wie die Gegner angeben, so würde die Verordnung des vorhin vorgeführten §. 28, die Grundstücke betreffend, völlig überflüssig sein, während sie, wenn unser Grundsatz der richtige ist, absolut nothwendig war. Dies ist eine Inkonsequenz, welche als Ausnahme von der Regel aus publizistischen Rücksichten, um den berechtigten Privat-Gerichtsherren ihr hergebrachtes Recht zu nehmen, aufzufassen ist. Wie sich die Sache in der praktischen Durchführung bei vorkommenden Fällen, die höchst selten eintreten, stellt, soll unten, bei dem Erbrechte des Fiskus, gezeigt werden.

II. Die Gegner vermeinen ihr angeblich allgemeines Prinzip hauptsächlich mit dem §. 32 der Einleitung des A. L.R. zu beweisen. Dieser lautet:

> „In Ansehung des unbeweglichen Vermögens gelten, ohne Rücksicht auf die Person des Eigenthümers, die Gesetze der Gerichtsbarkeit, unter welcher sich dasselbe befindet.“

Diese Stelle berührt jedoch unsere Streitfrage gar nicht; sie bezieht sich, wie ich schon früher an andern Orten ausführlicher nachgewiesen habe, lediglich auf Rechtshandlungen unter Lebendigen und auf einzelne Sachen; sie steht in einer Paragraphen-Reihe (§§. 22—33), in welcher von den persönlichen Eigenschaften und Befugnissen eines Menschen; von der Handlungsfähigkeit desselben (§§. 23—25); von der Gültigkeit der Rechtsgeschäfte (§§. 26, 27) 1) bei beweglichen Sachen (§§. 28 —31); 2) bei unbeweglichen Sachen (§. 32); und endlich von den äußeren Feierlichkeiten einer Rechtshandlung (§. 33) gehandelt wird. Aus diesem Zusammenhange erhellet klar die Beziehung des §. 32 auf Rechtsgeschäfte unter Lebenden; in der ganzen Einleitung kommt kein Wort vor von Verlassenschaft, Erbschaft, Erbfolge, und der §. 32 spricht von dem „Eigenthümer“, welcher sich in Ansehung seines unbeweglichen Vermögens nach den Gesetzen der Gerichtsbarkeit richten soll, unter welcher sich dasselbe befindet; es ist also kein Gedanke an die Succession von Todes wegen bei dieser Vorschrift gewesen. Dieses ist auch die Meinung v. Savigny's,

27) v. Savigny a. a. O. S. 302 und die in der Note h u. i angeführten Schriftsteller.

für welche er auch das Zeugniß der entsprechenden Stelle in dem vorhergehenden gedruckten Entwurf, Einleitung §. 30, beibringt, wo die Vorschrift folgende Fassung hat:

„Was die Provinzialgesetze und Statuten in Ansehung der liegenden Gründe verordnen, ist auf alle in der Provinz oder unter der ordentlichen Obrigkeit des Ortes gelegene Grundstücke anzuwenden; ohne Rücksicht auf den Ort, wo der Besitzer wohnt, oder der Vertrag darüber geschlossen worden."

Hier sei augenscheinlich bloß an den Verkehr unter Lebenden gedacht, hebt v. Savigny hervor, und führt dann überzeugend aus, daß bei dem veränderten Ausdruck im Landrecht eine weitere Ausdehnung des Objekts der Vorschrift nicht habe beabsichtigt werden können und der veränderte Ausdruck nur einen redaktionellen Zweck gehabt habe; daß aber selbst dann, wenn man in der Auslegung der Stelle die Beschränkung auf den Verkehr unter Lebenden aufgeben und das Gebiet der Succession von Todes wegen mit herein ziehen wollte (was jedoch nicht einzuräumen sei), doch noch eine andere in ihren Worten liegende wichtige Beschränkung übrig bleiben würde, nämlich die Beschränkung auf die Nachfolge in Lehen, Fideikommisse u. s. w. Denn der §. 32 spreche nur von „Statuten in Ansehung der liegenden Gründe", von Gesetzen, die „in Ansehung des unbeweglichen Vermögens" gelten sollen, und dieser Ausdruck bezeichne ganz offenbar die wahren Realstatuten, die principaliter auf unbewegliche Sachen sich beziehen, welcher Begriff dem Landrechte, wie es die Gegner selbst einräumten, sehr bekannt und geläufig sei. Diese Eigenschaft aber könne man unmöglich einem Gesetze über die gewöhnliche Intestaterbfolge bloß deswegen zuschreiben, weil in dem Vermögen zufällig auch Grundstücke enthalten sein könnten. Dagegen sei diese Eigenschaft vorhanden bei gewissen, die Succession von Todes wegen betreffenden Gesetzen, nämlich bei den Gesetzen über die Nachfolge in Lehen, Fideikommisse u. s. w., Gegenstände, welche zum Vermögen, also auch zur Erbschaft nicht gehörten. Die Gesetze nun, welche über diese Nachfolge verordnen, seien in der That wahre Realstatuten, und wenn man auf sie den §. 32 beziehe, so handele man ihrem wahren Sinne gemäß, möchten die Verfasser dabei an diesen besonderen Gegenstand gedacht haben oder nicht[28]).

Ein anderer Grund der Gegner für ihre Meinung ist die so eben erwähnte Abänderung der Fassung des §. 30 im Entwurfe.

---

28) Ebenda, S. 317 u. folg. — Vergl. auch S. 305.

Man habe nämlich gegen diesen §. 30 erinnert, daß in Erbschaftsfällen, in soweit von dem Erbrechte und der Vertheilung des Nachlasses die Rede sei, immer die Rechte des Wohnortes gelten sollten, da sonst der Fall eintreten könne, daß eine Verlassenschaft auf zweierlei Weise getheilt werden müsse. Darauf habe v. Grolmann bemerkt, daß dies kein so großes Unglück sein würde, da dasselbe ja bei Lehen, Fideikommissen u. dergleichen ohnehin häufig genug geschehe, und Suarez habe das Monitum ohne nähere Erörterung für unerheblich erklärt. Hierdurch soll die beabsichtigte Konsequenz des §. 30 (32) in Bezug auf das Erbrecht deutlich ausgesprochen sein[29]. In der Wirklichkeit aber ist das Gegentheil ausgesprochen. Denn wenn Suarez das Monitum als unerheblich verwarf, ohne ein Wort weiter zu verlieren, so hat er ganz recht, weil das Monitum nicht paßte, indem der §. 30 sich auf das Erbrecht und die Nachlaßtheilung augenscheinlich bezog; und was v. Grolmann darauf bemerkte, die gleiche Eigenschaft hatte, da Lehen und Fideikommisse zur Erbschaft nicht gehören und der Vertheilung des Nachlasses nicht unterliegen, vielmehr vor derselben als fremde Sachen herausgenommen werden.

Weiter soll die angebliche Beziehung des §. 32 auf das Erbrecht noch dadurch bestätigt werden, daß in Betreff des beweglichen Vermögens für den Fall, daß Jemand einen doppelten Wohnsitz hat, in den §§. 29 u. 30 der Einleitung Bestimmungen getroffen seien, dies dagegen in Ansehung des unbeweglichen Vermögens nicht geschehen sei, obwohl die Beantwortung der Frage, wie es bei einem doppelten Gerichtsstande zu halten, für Immobilien eben so wichtig wie für Mobilien gewesen wäre, wenn die Redaktoren angenommen hätten, daß die Erbfolge auch quoad immobilia nach den Personalstatuten zu beurtheilen sei[30]. Dieses Argument ist völlig fehlsam. Die §§. 29 u. 30 verhalten sich lediglich über die Frage: nach welchen Gesetzen die Gültigkeit der Rechtsgeschäfte über bewegliche Vermögensstücke zu beurtheilen sei[31]; die Erbfolge ab intestato wird doch aber wohl Niemand für ein Rechtsgeschäft halten, welches nach diesen Gesetzen gültig und nach jenen ungültig sein kann. Hierzu tritt der Umstand, daß da, wo unser Grundsatz zufällig zum Ausdruck gekommen ist, nämlich bei der Erbfolge der

29) Bornemann a. a. O. u. Juristische Wochenschrift Jahrg. 1840, S. 5.

30) Ebenda.

31) Man vergleiche die §§. 23—27 mit §. 28, welcher a. E. auf jene verweist.

Eheleute, doch auch keine Bestimmung über die Frage getroffen worden ist, wie es bei einem doppelten Gerichtsstande zu halten sei. Hier muß jedenfalls diese Frage nach allgemeinen Grundsätzen gelöst werden, da das Landrecht über diesen Fall eben nirgend eine Bestimmung hat, folglich darauf gar kein Gewicht gelegt werden kann, daß, „wenn die Redaktoren angenommen hätten, daß die Erbfolge auch quoad immobilia nach den Personalstatuten zu beurtheilen sei", die Frage hinsichtlich des doppelten Gerichtsstandes entschieden worden sein würde. Die Redaktoren haben dies nicht bloß angenommen, sondern im §. 495, II, 1 ausdrücklich und ganz unzweideutig ausgesprochen, und doch haben sie jene Frage nicht entschieden. Es fehlt eben an Bestimmungen über allgemeine Grundsätze in Betreff des Erbrechts überhaupt, weil diese Lehre nicht in Einem Zusammenhange vorgetragen worden ist.

Endlich wird zur Ausdeutung des §. 32 im Sinne der Gegner darauf Gewicht gelegt, daß darin nicht von einzelnen Immobilien, sondern vom unbeweglichen Vermögen die Rede ist. Die Redaktoren würden, wenn sie eine Abweichung von der (vermeintlichen) Praxis beabsichtigt hätten, sicherlich nicht einen Ausdruck gewählt haben, der nach dem einfachen Wortsinn eine Bestätigung der damaligen (angeblichen) Praxis enthalte[32]. Dem liegt eine unjuristische Auffassung und eine irrige faktische Voraussetzung zum Grunde. „Unbewegliches Vermögen" und „einzelne Immobilien" sind hier zwei Ausdrücke für dieselbe Sache. Das „unbewegliche Vermögen" einer Person ist keine juristische Universitas, sondern bedeutet alle diejenigen einzelnen Stücke des Inbegriffs seines gesammten Vermögens, welche in liegenden Gründen bestehen, also nicht mehr und nicht weniger als alle seine „einzelnen Immobilien". Das Argument löst sich also in Nichts auf.

Ein letzter Beweisgrund ist geschichtlicher Natur. Es wird gesagt, daß zur Zeit, als das Landrecht abgefaßt wurde, die unserem Grundsatze entgegengesetzte Lehre in der Praxis herrschend war, ein Anschließen an diese Praxis aber in dem Gesetze angenommen werden müsse, wo nicht eine davon abweichende Bestimmung deutlich ausgesprochen sei[33]. Hierbei ist es mit der historischen Wahrheit nicht gar peinlich genommen. Schon v. Savigny[34]) hat dagegen

32) Bornemann a. a. O. S. 5.

33) Ebenda S. 4 u. 5. Vergl. das System Desselben, Bd. I, §. 36, Nr. 2, Anm. **.

34) Bd. VIII, S. 322, Note e.

bemerkt, daß kurz vor Abfassung des Landrechts Pufendorf, der doch auch ein Praktiker war, die Verkehrtheit jenes Systems sehr gründlich dargestellt hatte [35]). Diesen Schriftsteller zählt Bornemann zum Beweise seines Thema's, in Vergleich zu den Redaktoren des Landrechts, zu den „neuern Lehrern des gemeinen Rechts", welche unsern Grundsatz erst aufgebracht hätten [36]). Ferner ist zu bemerken, daß die Praxis zur Zeit der Abfassung des Landrechts sich keineswegs für den von den Gegnern behaupteten Grundsatz gleichförmig entschieden hatte und daß die Behauptung, auch Koch gebe in der successio ab intestato §. 14 zu, daß die Meinung, in immobilibus ex statutis loci succedi, in foro recipirt sei [37]), ein quid pro quo ist, indem mit diesen „statutis loci" gerade das Gegentheil von dem was man damit beweisen will, nämlich die Gesetze des Wohnorts gemeint sind. Koch erörtert nämlich, nach welchen Gesetzen in den Nachlaß einer eximirten Person zu succediren sei und sagt: „altera quaestio est: utrum privilegiatae seu exemtae personae e. g. clerico, juxta statuta loci, in quo habitavit defunctus, succedatur." Er führt darauf die verschiedenen Meinungen auf und darunter heißt es: „Alii, quorum opinio in foro recepta est, — in haec (immobilia) ex statutis loci succedi — ajunt." — Eben so unrichtig ist die Behauptung, daß in den preußischen Gerichtshöfen, vor der Redaktion des Landrechts, der Vorzug der Realstatuten bei der Succession in Immobilien anerkannt worden sei [38]), vielmehr kommen widersprechende Urtheile vor. Ein solches Urtheil kommt z. B. in der Sache, welche zu der oben erwähnten Anfrage der Klevesсhen Regierung Anlaß gegeben hatte, vor: der Erste Senat dieser Regierung hatte 1792 nach Gemeinem Rechte, denn das Allg. Gesetzbuch hatte damals noch keine Geltung, dem entgegengesetzten Grundsatze gemäß gesprochen [39]). Daß die meisten Schriftsteller [40]), sowie die meisten Gerichte unseren

---

35) Pufendorf, Observat., Tom. I, obs. 28.

36) Bornemann a. a. O. (s. o. Note 32). Pufendorf's Observationen erschienen zum ersten Male 1744—1748; zum zweiten Male 1756—1770; zum dritten Male gerade zur Zeit der Redaktion des Landrechts 1780—1784 und darauf noch ein Nachdruck 1786—1787.

37) Bornemann, System, a. a. O. Note **.

38) Derselbe, in der juristischen Wochenschrift 1840, S. 5.

39) Klein's Annalen, Bd. XIII, S. 4, unten.

40) Vielleicht der älteste hiervon ist Merkel, dessen Meinungsäußerung zugleich als ein Zeugniß für die vorlandrechtliche Zeit gelten kann. Dieser alte Praktiker, dessen oberrichterliche Wirksamkeit in jene Zeit zurückreicht, spricht in seinem Kommentar zum A. L.R. (zuerst erschienen 1804) von der Sache als von einer

Grundsatz als den richtigen annehmen, wird von den Gegnern selbst als Thatsache anerkannt[41]).

III. Nach der bisherigen Ausführung ist der Standpunkt gewonnen, von welchem auch für das Rechtsgebiet des Landrechts, gerade so wie für die Länder des römischen Rechts, das Gesetz des Wohnortes des Erblassers das bestimmende ist, und zwar für die Immobilien bei der Intestaterbfolge nicht allein, sondern für das Erbrecht überhaupt, weil das Landrecht ebenfalls, wie das römische Recht, das Erbrecht auf das Vermögen als ein Ganzes bezieht, d. h. den Uebergang eines Vermögens, bei dem Tode des Herrn, auf Andere als Universalsuccession behandelt. In Ländern, wo die deutschrechtliche strenge Unterscheidung des unbeweglichen von dem beweglichen Vermögen beibehalten ist, wie z. B. in Frankreich, England, Amerika, gilt dieser Grundsatz nicht und dieses ist auch der Fall in Provinzen des preußischen Staats, wo gewisse Provinzialgesetze zur Aufrechthaltung des Glanzes des Adels[42]), oder zur Erhaltung eines kräftigen Bauernstandes, anordnen, wer und unter welchen Maßgaben in die Landgüter succediren solle. Dergleichen Gesetze sind wahre Realstatute, gegen deren Geltung und Anwendung bisher Niemand ein Wort gesagt hat. Aber diese beziehen sich lediglich auf die in ihrem Geltungsbereiche liegenden Güter und haben bei der Erbtheilung nur die Bedeutung einer Theilungsvorschrift, ähnlich einer solchen, welche ein Erblasser in seinem Testamente über die Ueberweisung seines Landgutes an einen seiner Erben gegeben hat. Unsere Gegner dagegen wollen den §. 32 der Einleitung zum Landrecht zu einem allgemeinen Grundsatz des preußischen Erbrechts machen, welcher Anwendung finden soll auf Grundstücke, sie mögen liegen wo sie wollen, sei es in Asien, Afrika oder Amerika. Ein solches Recht kennt kein Kulturvolk. Kein Staat giebt Gesetze über

ihm nicht anders vorgekommenen. Zum §. 32 der Einleitung verweist er auf §. 484, Tit. 9 und in der Anm. zum §. 484, wo von der Legitimation des Intestaterben die Rede ist, sagt er: „Daß die Rechte desjenigen Gerichts zu berücksichtigen sind, unter welchem der Erblasser seinen letzten persönlichen Gerichtsstand hatte, folgt aus dem §. 392 d. T. und aus dem §. 32 der Einleitung zum Landrecht.“

41) Bornemann, System (2. A.), Bd. VI, S. 54 u. 62; und Juristische Wochenschrift, 1840, S. 10 unten. Ein sehr gründliches Urtheil ist das des I. Sen. des damaligen Oberlandesgerichts zu Glogau, vom 1. Mai 1828 (m. Schles. Archiv, Bd. II, S. 79 ff.) und ein anderes in: Ulrich u. Sommer, neues Archiv, Bd. VI, S. 476 ff., wo die Stellen 481, 507, 508 die entscheidenden sind.

42) Wie z. B. im Herzogthum Westphalen die Erblandesvereinigung von 1590, welche den Töchtern die Erbfolge in adelige Güter versagt; ebenso das ehemalige westpreußische Provinzialrecht.

Grundstücke, welche außerhalb seiner Grenzen liegen; Erbfolgegesetze können nur als Personalstatute im bekannten Rechtssinne, niemals als Realstatute beabsichtigt sein; für Realstatute sorgt der Staat, in dessen Gebiet die Grundstücke liegen. — Auf unserem Standpunkte bleibt nun noch die im Landrechte gleichfalls unberührte Frage zu lösen: welche Erbfolgegesetze zur Anwendung kommen sollen, wenn der Erblasser einen doppelten Wohnsitz[43]) im Sinne des Landrechts gehabt hat, und an jedem verschiedene Rechte gelten. Für die gewöhnlichen Fälle, wenn Jemand in einem seiner Wohnsitze stirbt, kann man auf unserem Standpunkte nicht zweifelhaft sein, von welchem der Wille des schweigend verstorbenen Erblassers als identisch mit dem Willen des Erbfolgegesetzes angesehen wird; in diesem Falle ist es natürlich, anzunehmen, daß er dasjenige im Sinne gehabt haben wird, welches an seinem Sterbeorte gilt. Zweifel können nur aufkommen, wenn der Erblasser an einem dritten Orte, etwa während einer Seereise auf einem Seeräuber im stillen Ozean, gestorben ist. Nach Analogie des vorhergedachten Falles ist es natürlich, anzunehmen, daß er, wenn er vor seiner Abreise für den möglichen schlimmsten Fall doch nicht sprach, die Gesetze des Wohnsitzes, von welchem er ausreis'te, im Sinne hatte, denn dieser war der letzte vor seinem Tode. Auf diesen verweiset auch das Landrecht bei einer freilich nicht verwandten Lehre. Bei Einleitung der Vormundschaft über die Kinder eines Verstorbenen nämlich, welcher einen doppelten persönlichen Gerichtsstand hatte, soll die Bevormundung demjenigen Gerichte gebühren, unter welchem der Vater bei seinem Ableben wirklich gewohnt hat[44]). Eine Analogie für unsere Frage ist dies nicht, denn die Kompetenzbestimmungen für die Gerichte sind

---

43) Ein Begriff, welcher in der Rechtsökonomie ein sehr überflüssiger Luxus ist. Wenn Jemand einen doppelten Wohnsitz haben kann, so kann er auch einen dreifachen, vierfachen, zehnfachen, ja hundertfachen haben. Man denke einen ledigen Herrn, der in sehr verschiedenen Gegenden und Gebieten zehn Landgüter hat, an jedem eine eingerichtete Haushaltung mit einer Maitresse und ihren Kindern, der sich auch regelmäßig in jedem Jahre an jedem dieser Landsitze eine Zeit lang als Hausherr und Hausvater aufhält. Wo ist nun sein eigentliches Domizil? Hat er zehn, oder hat er gar keins? Ein eigentliches Domizil kann man nur Eins oder keins haben. Auch von manchen älteren römischen Juristen wurde die Möglichkeit eines mehrfachen Domizils geleugnet. „Labeo judicat, eum, qui pluribus locis ex aequo negotietur, nusquam domicilium habere." — „Celsus — tractat, si quis instructus sit duobus locis aequaliter —: ubi domicilium habeat, existimatione animi esse accipiendum: ego (Ulpian.) dubito, si utrobique destinato sit animo, an possit quis duobus locis domicilium habere." Schließlich wurde es denn doch angenommen, „licet difficile est." L. 5, L. 6, §. 2, L. 27, §. 2 D. ad municipalem (L, 1).

44) Th. II, Tit. 18, §§. 57 ff.

von Privatwillkühr ganz unabhängig, mithin steht diese Bestimmung zu dem muthmaßlichen Willen des Erblassers in gar keiner Beziehung. Wir bedürfen einer solchen Analogie auch weiter nicht, nachdem wir die Lösung der Frage bereits in der Natur der Intestaterbfolge-Gesetze und deren Verhältniß zum letzten Willen des Erblassers gefunden haben. Der Gesetzrevisor[45]) ist der Ansicht, daß eine Bestimmung, daß die Gesetze zur Anwendung kommen, welche mit dem Allg. Landrechte am meisten übereinstimmen, wohl derjenigen vorzuziehen sei, daß, wie bei Einleitung der Vormundschaften, der Ort entscheiden soll, wo der Erblasser zuletzt gewohnt hat. Denn wenn man letzteres annehme, möchten zunächst die faktischen Ausmittelungen, an welchem seiner verschiedenen Wohnsitze der Erblasser zuletzt wirklich gewohnt habe, nicht immer ein genügendes Resultat geben. Sodann scheine es auch nicht zu billigen, ein so wichtiges Recht, als das Erbrecht, von einem so zufälligen Umstande abhängig zu machen; überdies aber stelle das Allg. Landrecht bei dem Zweifel der Anwendung oder Auslegung verschiedener Gesetze immer den Grundsatz auf, daß in solchen Fällen die Vorschriften des Landrechts selbst, oder diejenigen Gesetze, welche demselben am nächsten kommen, zur Entscheidung dienen sollen. Diese Betrachtung ist nur de lege ferenda, sie befaßt sich nicht mit der Lösung unserer Frage aus den bereits gegebenen Rechtszuständen. Aber auch in jener Beziehung hält sie sich oberflächlich. Das erste Bedenken in faktischer Hinsicht ist ganz grundlos; das Sterben und Begrabenwerden ist eine Thatsache, welche sich öffentlich unter den Augen des Publikums vollzieht; und wenn wir den Ort, an welchem dieses vorgegangen ist, als einen der verschiedenen Wohnsitze des Verstorbenen kennen, so wissen wir auch, daß dort der Erblasser „zuletzt wirklich gewohnt hat". Denn wer sich an seinem Wohnsitze leiblich aufhält, der w o h n t eben dadurch. Das zweite Bedenken geht über die Sache hinweg. Der Wille des Erblassers ist kein zufälliger Umstand und die Beachtung desselben wäre nicht bloß zu billigen, sondern es wäre geradezu unrecht, wenn man denselben mißachten wollte. Das dritte berührt unsere Frage nicht. Es handelt sich nicht um Auslegung verschiedener Gesetze, sondern wir suchen erst das Gesetz, welches zur Anwendung kommen soll; wir suchen den Sitz des Erbrechts. Haben wir diesen gefunden, so vermögen wir auch den Willen des Erblassers zu erkennen, und dieses ist es allein, auf was es uns ankommt.

45) Gesetzrevision, Pensum XVI, S. 4 ff.

§. 4.
b) Ausnahme.

Als regelmäßiger letzter Grund des Erbrechts ist nunmehr der freie, ausdrücklich erklärte oder stillschweigend angenommene Wille des Erblassers aufgewiesen. Hiervon macht eine Ausnahme der sogenannte Pflichttheil, d. i. ein bestimmter Vermögenstheil, welchen der Erblasser, zufolge gebietender Anordnung positiver Gesetze, selbst wider seinen Willen, gewissen Personen unbeschwert hinterlassen muß. Man bezeichnet diese Erscheinung wohl als einen Ueberrest des Familieneinflusses auf das Vermögen, allein man trifft die Sache eher, wenn man darin die Wahrung des gemeinen Staatsinteresses, das zugleich auch in den Interessen der Familien wurzelt, erkennt, und welches sich damit nicht verträgt, daß der Einzelne aus bloßer Laune oder aus einer unedlen Leidenschaft [1]) sein Vermögen seinen Nachkommen ganz entziehe und dadurch die Familie dem Verkommen überlasse. Diese Beschränkung der reinen Willkühr ist so alt wie das römische Recht selbst, welches dazu noch andere eigenthümliche Gründe des öffentlichen Rechts hatte als wir. Das älteste Recht wird immer so dargestellt, als hätte es völlig in der unbegrenzten Willkühr eines Testators gestanden, seine nächsten Angehörigen und Verwandten, selbst die Sui, auf jede beliebige Art auszuschließen oder zurückzusetzen, denn „uti legassit — ita jus esto“; und die erste Einschränkung hierin, daß die Sui auf irgend eine Art ausdrücklich von der Erbschaft ausgeschlossen werden (exheredes scribi, exheredari) mußten, wenn sie nicht Erben sein sollten, habe mehr zum eigenen Besten der Testirer gereicht, als daß sie ihre Willkühr geändert hätte, damit es nicht zweifelhaft scheinen könne, ob der Erblasser sie wirklich habe ausschließen wollen, oder ob er nur nicht an sie gedacht, vielleicht gar nichts von ihnen gewußt habe [2]). Aber man übergeht, daß das „uti legassit“ gar nichts galt, wenn es nicht der Gesetzgeber jedesmal besonders ausdrücklich bestätigt hatte [3]); denn jedes Testament mußte damals in die Form eines Spezialgesetzes gebracht werden. Der Gesetzgeber hatte es also in der Hand, jede mit den Staatsinteressen in Widerspruch tretende letztwillige Ver-

1) Modestin nennt dies eine Quasi-Verrücktheit. „Hoc colore inofficioso testamento agitur, quasi non sanae mentis fuerunt (die Testatoren), ut testamentum ordinarent. Hoc non dicitur, non quasi vere furiosus vel demens testatus sit, — sed non ex officio pietatis.“

2) Hugo, Rechtsgeschichte, (9. Ausg.) S. 193; (11. Ausg.) S. 249.

3) Vergl. L. 130 D. de verborum signif. (L, 16).

ordnung zu verhindern, und es diente wohl ebenso gut zur Erleichterung der Kontrole des Staats als zum Besten des Testirers, daß dieser bei Strafe der Nichtigkeit seines Testaments gehalten war, die Sui, welche er enterben wollte, ausdrücklich namhaft zu machen. Ließ dieses die Volksversammlung durchgehen, so war eben dieser Privatwille und das „uti legassit" Gesetz geworden, und hatte keine andere Natur als die des Gesetzes, welches dem intestatus einen Agnaten zum Erben giebt. Nachdem diese Testamentsform verschwunden, war es selbstverständlich, daß der unverständigen Willkühr durch allgemeine Anordnungen die erforderlichen Schranken gesetzt werden mußten. So wird es uns auch überliefert. Pomponius[4]) berichtet: durch die Worte der XII Tafeln: „uti legassit" etc., scheine die ausgedehnteste Gewalt gegeben worden zu sein, sowohl Erben einzusetzen, als Vermächtnisse und Freilassungen zuzuwenden, auch Vormundschaften anzuordnen. Aber es ist dies theils durch Gesetze[5]), theils durch die Autorität der Rechtsgelehrten (jura constituentium) beschränkt worden. Insoweit war denn in der That nicht der Wille des Erblassers, sondern das positiv gebietende Gesetz von zwingender Natur Grund des Erbrechts. Hieraus hat sich die Lehre von dem Pflichttheile und von dem Notherbenrechte entwickelt. Die Sache ist in das Landrecht übergegangen, hat jedoch einen eigenthümlichen Bildungsgang genommen und ist ebensowenig wie das Erbrecht selbst irgendwo im Zusammenhange dargestellt worden. Die genauere Darstellung dieser Lehre ist erst im zweiten Buche in Verbindung mit den Titeln des Erbrechts möglich, hier kam es nur darauf an, als regelmäßigen Grund des Erbrechtes den Willen des Erblassers, und die zum Besten gewisser Personen bestehende Beschränkung dieses Willens als eine durch das öffentliche Interesse gebotene Ausnahme nachzuweisen. Nur das sei gleich hierbei bemerkt, daß diese exceptionelle Erbfolge unmittelbar aus dem Gesetze nicht von der Intestaterbfolge unbedingt absorbirt wird, vielmehr noch neben derselben, wenn auch der Erblasser gar keine letztwillige Verordnung hinterlassen hat, in Betreff der inoffiziösen Handlungen desselben unter Lebenden ihre Wirksamkeit äußert.

---

4) L. 120 D. eodem.

5) Spätere, versteht sich, namentlich durch die lex Furia. Voconia. Falcidia. L. 1 D. ad legem Falcidiam (XXXV, 1).

§. 5.

3. Inhalt der Erbschaft. Erste Regel.

Gegenstand des Erbrechts ist die Erbschaft; es giebt die rechtliche Möglichkeit, in die Vermögensrechte des Erblassers als in ein ideelles Ganze, in alle aktiven und passiven Vermögensverhältnisse desselben, in welchen der Verstorbene wirklich stand, einzutreten und so die vermögensrechtliche Person desselben juristisch fortzusetzen. Daher sind zunächst alle Verhältnisse, in welchen der Verstorbene in Folge von Familien- und Standesrechten stand, oder in welche er, wenn er am Leben geblieben wäre, getreten sein würde, ausgeschlossen. Es kann z. B. eine Ehe, in welche der Verstorbene zur Erfüllung eines verbindlichen Ehegelöbnisses getreten sein würde, von dem Erben auch nicht hinsichtlich ihrer rechtlichen Wirkungen und Folgen nach dem Tode hergestellt werden [1]). Diese Art von Rechtsverhältnissen sind mithin selbstverständlich von der Erbschaft gänzlich ausgeschlossen; sie sind mit dem Untergange der Person, an welche sie als Eigenschaften derselben untrennbar gebunden waren, erloschen. Es bleiben eben nur die reinen vermögensrechtlichen Verhältnisse für die Erbschaft übrig, doch bedarf es auch hierbei noch einer genaueren Bestimmung hinsichtlich mehrerer Gegenstände, da eine durchgreifende Regel ohne Ausnahme bisher noch nicht gefunden ist. Die römische Definition der Erbschaft als eines „universum jus quod defunctus **habuit** [2]), schließe, so ist gesagt worden, schon durch den Ausdruck **habuit** die Beziehung auf die persönlichen Rechte aus, weil man diese nicht eigentlich **habe** [3]); doch giebt das keinen näheren Anhalt. Denn wenn schon es richtig, daß die persönlichen Rechte eigentlich nicht besessen werden, sondern die Person nur zu dem machen was sie **ist**, mithin nur Eigenschaften sind; so trügt es doch, gegensätzlich anzunehmen, daß Alles und Jedes, was ein Gegenstand des Vermögens sein, was man also **haben** kann, zur Verlassenschaft des Besitzers, also zur Erbschaft nach ihm, gehöre. Das ist z. B. mit dem Besitze, mit dem Nießbrauche, mit dem

1) Doch hat man darüber gestritten, was als ein Kuriosum angesehen werden kann. Dieser Rechtsfall mit einem Plenarbeschlusse des Obertribunals ist in den Entscheidungen des Obertribunals, Bd. XXII, S. 264 ff. mitgetheilt.

2) L. 24 D. de verborum signif. (L, 16); L. 62 D. de reg. juris (L, 17). Beide Stellen sind gleichlautend, bis auf das Schlußwort, welches in der zweiten „habuerit" lautet. Der Sinn bleibt derselbe. Denn wenn er es auch erst erlangt haben würde, wenn er noch gelebt hätte, wird doch vorausgesetzt, daß er das Recht dazu schon beim Tode hatte.

3) **Huschke**, „nemo pro parte etc.; im rhein. Museum, S. 274, Not. 30.

Alimentenrechte nicht der Fall, obgleich sie doch unzweifelhaft Gegenstände des Vermögensrechtes sind, welche der Erblasser hatte. Näher führt die Begriffsbestimmung des Landrechts:

„Die Erbschaft eines Verstorbenen, oder für todt Erklärten, besteht aus dem Inbegriffe aller seiner hinterlassenen Sachen, Rechte und Pflichten [4])."

Doch läßt sich auch hieraus noch nicht erkennen, was für Sachen, Rechte und Pflichten als hinterlassene anzusehen sind; dies muß von anderswoher in Erfahrung gebracht werden. Der §. 360 a. a. O. sucht dies zu bestimmen dahin:

„Rechte, Verbindlichkeiten, Lasten und Strafen, welche bloß an der Person des Erblassers haften, sind zu seiner Erbschaft nicht zu rechnen,"

wobei auf die §§. 102—104 der Einleitung und auf §. 40, Tit. 2 verwiesen wird. Diese Stellen lauten:

§. 102. „Rechte, welche nur der Person ankleben, verschwinden durch deren Tod."

§. 103. „Rechte aber, welche zum freien Eigenthum gerechnet werden, gehen mit dem Tode des Besitzers auf Andere, nach näherer Bestimmung der Gesetze, über."

§. 104. „Die bloß an den Stand gebundenen Rechte können von dem Besitzer, aus eigener Macht, auf Andere nicht übertragen werden, und gehen mit dem Stande verloren."

§. 40. „Rechte, die bloß an den Stand gebunden sind, werden einem Inbegriffe von Sachen und Rechten, im gesetzlichen Sinne nicht beigezählt."

In diesen Stellen wird immer dasselbe mit anderen Worten ausgedrückt. Was für Rechte ꝛc. sind solche, „welche bloß an der Person haften", „welche nur der Person ankleben"? Sind sie verschieden von den Rechten, „die bloß an den Stand gebunden sind"? und wie unterscheiden sie sich von diesen? Das Landrecht hat hier augenscheinlich römische Rechtsanschauungen zur Grundlage, aber es geht einen eigenen Weg, dieselben darzustellen und es lassen sich die Gedanken nicht aus einzelnen Stellen des Gemeinen Rechts faßlich nachweisen und entwickeln. Soviel erhellet, daß es Standesrechte, d. h. Rechtsverhältnisse und Eigenschaften oder Befugnisse, welche aus dem Status einer Person entspringen, von Rechten, welche zum Vermögen derselben gehören, bestimmt unterscheidet (§. 104 und

4) I, 9, §. 350. Vergl. §§. 34, 35, Tit. 2.

§. 40), wogegen es diese Vermögensrechte in zwei Klassen bringt: in solche, welche der Person anhaften und durch den Untergang der Person verschwinden (§. 360, Tit. 9 und §. 102 der Einleitung); und in solche, „welche zum freien Vermögen gerechnet werden", daher „hinterlassen" sind und auf Andere übergehen, d. h. zur Erbschaft gehören (§. 350, Tit. 9 und §. 103 der Einleitung). Die Schwierigkeit einer näheren Bestimmung dessen, was zu der einen oder der anderen Klasse gehöre, liegt in der Findung von unterscheidenden Kennzeichen des Einen und des Andern; sie wird jedoch dadurch erleichtert, daß das „freie Vermögen" ein negativer Begriff ist und von selbst erkennbar wird, wenn es gelingt, den Gegensatz klar zu stellen. Das Nähere knüpft sich an folgende Regeln:

I. Nur vermögensrechtliche Gegenstände und Verhältnisse gehören zur Erbschaft. Ausgeschlossen sind also:

1) Amtliche Berufsverhältnisse. Erbämter sind nicht Gegenstände des Privatrechts; auch aus dem Gesichtspunkte des neuen Verfassungsrechts sind Erbstaatsämter eine Anomalie [5]); sie kommen nur noch als Ueberreste der früheren Erbstaatsämter in einigen Dorfgemeinden unter dem Namen Lehnschulze, Erbrichter, Freirichter, Freischulze vor, und hängen mit gewissen Bauerngütern zusammen, deren Erwerbung jedoch auch nur noch die Befugniß zur Erlangung des Amtes selbst giebt, wenn der neue Erwerber oder Erbe tauglich dazu ist [6]). Das Nähere hierüber gehört in die Darstellung des Verfassungsrechtes und der besonderen Vermögensrechte, mit denen diese Aemter zusammenhängen [7]). Erbhofämter kann jedes Staatsoberhaupt nach seinem Ermessen errichten; sie vererben sich nach Vorschrift der Errichtungs- und Verleihungs-Urkunde und gehören daher nur insofern zur Erbschaft im Sinne des Privatrechts, als nur vermöge Erbgangsrechts die bezeichnete Person eintreten kann.

2) Familienverhältnisse. Folgen davon sind z. B.

a) Aus einem Eheverlöbnisse kann die oder der Verlobte gegen die Erben des Anderen nicht auf Erfüllung klagen [8]). Das ist frei-

---

5) Verfassungs-Urkunde vom 31. Januar 1850, Art. 4.

6) A. L.R. II, 7, §§. 48—50, u. m. Anmerkk. 55—60 dazu.

7) Wildvogel, de feudo scultetico, Jenae 1709 (auch in: Jenichen, Thes. juris feud., Tom. III, Sect. 40). — Struv., de feudis scultetorum. Berol. 1776. — Hymen, von Schulzenlehen oder Lehnschulzengerichten in der Mark Brandenburg, in: Beiträge zur juristischen Literatur, Samml. VIII, S. 356 ff.

8) A. L.R. II, 1, §§. 82, 123.

lich nicht so zu verstehen, daß die Erben nicht sollen gezwungen werden, den anderen Theil zu heirathen, das versteht sich; es ist vielmehr nur in Frage: ob nicht der überlebende Theil durch Richterspruch in die rechtliche Lage eines Wittwers beziehlich einer Wittwe solle versetzt und mit den Erben solle konkurriren können. Darüber hat man gestritten, und zwar auf Grund eines durch Beischlaf bekräftigten formlosen Eheverlöbnisses. Es ist indeß schließlich ein solcher Anspruch für unzulässig erkannt worden[9]). Das Familienverhältniß sammt der Klage daraus erlischt durch den Tod des einen Theils gänzlich und es können aus dieser Erlöschung nur Forderungen nach der Form causa data causa non secuta, oder aus dem Rechtsgrunde der Schadloshaltung, oder ex stipulato (ex pacto adjecto), entspringen. Daß diese aktiv und passiv zur Erbschaft gehören, ist nach allgemeinen Rechtsgrundsätzen[10]) unzweifelhaft; hier aber finden sich Inkonsequenzen, auf welche näher eingegangen werden muß. Es wird unterschieden der Fall, wenn die Erfüllung des Ehegelöbnisses durch den Tod des einen Verlobten gehindert wird, von dem Falle, wo das Eheverlöbniß durch Repudium aufgehoben worden ist. aa) In dem ersten Falle hat der Ueberlebende die Wahl: ob er die empfangenen Geschenke behalten, oder sie zurückgeben und die seinigen wieder fordern wolle[11]). Hat er seine Wahl getroffen und sich für die erste Alternative entschieden, so ist die Sache erledigt; hat er die zweite gewählt, so geht sein Forderungsrecht selbstverständlich gegen die Erben des Verstorbenen und wenn er vor Realisirung desselben stirbt, so gehört es zur Erbschaft. Zweifelhaft könnte der Fall sein, wenn der Ueberlebende stirbt, bevor er sich über die Wahl entscheidend ausgesprochen hat; ein Präjudizialtermin ist nicht bestimmt. Man könnte sagen und man hat es bezüglich auf den Widerruf einer außergerichtlichen Schenkung gesagt, daß die Zurückforderung als ein Recht der freien Willkühr des Berechtigten, nicht aber als ein Vermögensrecht zu betrachten, und ebensowenig wie der individuelle Wille eines Menschen, vererbt werden könne[12]). Dies ist hier nicht so. Zufolge des §. 123 entsteht durch den Tod des einen Verlobten für den Ueberlebenden ein vollgültiges Forderungsrecht an die Erben des Verstorbenen; die Forderung ist nur

9) Pr. des Obertr. 1827, vom 1. Februar 1847 (Entsch. Bd. XV, S. 299). Plenarbeschl. dess. (Pr. 2328), vom 15. November 1851 (Entsch. Bd. XXII, S. 264).

10) A. L.R. I, Tit. 5, §§. 416—418. Vergl. Tit. 9, §§. 355, 356, 362.

11) A. L.R. II, 1, §. 123.

12) Entsch. des Obertr. Bd. XXII, S. 258.

eine bedingte und von der Willkühr des Schuldners unabhängige, bedingt nämlich dadurch, daß der Gläubiger das Empfangene zurückgiebt. Eine solche Forderung ist unzweifelhaft ein Vermögensrecht und wird in ihrer Beschaffenheit auf die Erben transmittirt, auch bei einer Potestativ-Bedingung, wenigstens ist dies nach römischem Rechte außer allem Zweifel [13]). Wer die Geltung dieses Grundsatzes für das preußische Recht aus buchstabengläubiger Aengstlichkeit nicht anerkennen wollte, weil es im Landrechte hierbei nicht ausdrücklich gesagt ist, müßte doch gegen die Stellen, welche das Prinzip aussprechen oder in sich schließen oder voraussetzen, Beweis führen. Dahin gehört:

α) Der §. 103 der Einl. zum Landrechte: „Rechte, welche zum freien Eigenthume gerechnet werden, gehen mit dem Tode des Besitzers auf Andere über." Das in Rede stehende Forderungsrecht ist unbestreitbar ein Vermögensrecht und gehört zum freien Eigenthume des Gläubigers, dessen Uebergang auf den Erben durch die von der Willensbestimmung des Gläubigers abhängige Ausübung desselben nicht gehindert wird [14]); die Ausübung gehört nicht zur Perfektion, sie setzt vielmehr ein bereits perfektes Rechtsverhältniß voraus.

β) Der §. 362, Tit. 9: „Rechte und Pflichten aus Verträgen werden in der Regel der Erbschaft beigerechnet;" und der §. 415, Tit. 5: „Die Rechte und Pflichten aus Verträgen werden durch den Tod des einen oder des anderen Kontrahenten in der Regel nicht geändert, sondern gehen auf die Erben über." Eine Ausnahme machen nur sogenannte nichtfungible Handlungen [15]). Eine solche ist in unserem Falle die Zurückgabe des Empfangenen nicht, wenn der Erbe nur in der Lage ist, zurückgeben zu können, was vielleicht nicht der Fall ist, wenn die empfangenen Geschenke sich nicht mehr in der Erbschaft befinden.

γ) Die §§. 161 u. 162, Tit. 4: „In allen Fällen, wo das

---

13) §. 4 Inst. de verbor. obligat. (III, 15 [16]): — „Si quis ita stipuletur: si in Capitolium non ascendero, dare spondes? perinde erit ac si stipulatus esset, cum moreretur sibi dari. Ex conditionali stipulatione tantum spes est debitum iri: eamque ipsam spem in heredem transmittimus, si prius quam conditio exstet, mors nobis contigerit." — §. 25 Inst. de inutilibus stipulationibus (III, 19 [20]): „Cum quis aliqua conditione stipulatus fuerit, licet ante conditionem decesserit: postea existente conditione heres ejus agere potest." Vergl. L. 115, §§. 1 et 2 D. de verbor. obligat. (XLV, 1).

14) So sagt ganz richtig das Obertr. in dem Erk. vom 15. März 1845, nur in einer nicht richtigen Anwendung. (Entsch. Bd. XXII, S. 259.)

15) I, 5, §§. 416—423 u. m. Anmerkungen dazu. Vergl. die §§. 106 u. 107 ebd.

Recht selbst, welches den Gegenstand der Willenserklärung ausmacht, auf die Erben übergehen kann, treten diese auch in Ansehung der Befugniß, die Bedingung oder den Zweck zu erfüllen, in die Rechte des Erblassers." — „Ist aber die Bedingung an die Person des Berechtigten gebunden, und stirbt dieser vor der Erfüllung, so verliert die Erklärung selbst ihre Wirkung [16])."

δ) Der §. 485, Tit. 12: „Soweit überhaupt ein unter Bedingung eingeräumtes Recht auf die Erben des Berechtigten übergehen kann; soweit findet ein Gleiches zu Gunsten der Erben des bedingungsweise eingesetzten Erben oder Legatarii statt. (Tit. 4, §§. 161, 162)."

Hieraus ist wohl klar, daß in unserem Falle der Erbe des überlebenden Verlobten innerhalb der Verjährungszeit ebenso wie sein Erblasser selbst die Forderung unter Erfüllung der Bedingung gegen die Erben des Vorverstorbenen zu jeder Zeit geltend machen kann; nur wird diesen freistehen, ihm dazu schon vorher eine verhältnißmäßige Frist durch den Richter bestimmen zu lassen [17]). — bb) In dem zweiten vorhererwähnten Falle, wo der Tod erst nach Aufhebung des Eheverlöbnisses durch Repudium, vor Austrag der Sache, eintritt, ist die Rechtslage die gleiche; nach den soeben entwickelten allgemeinen Rechtsgrundsätzen müßten die dem Unschuldigen durch den Verlöbnißbruch erworbenen Forderungen wegen Abfindung, Entschädigung, Konventionalstrafe und Kosten, wie jedes andere freie Vermögensrecht, auf den Erben übergehen. Hier begegnet man jedoch den vorhin angedeuteten Inkonsequenzen. Als Regel wird hingestellt: diese Forderungsrechte gehen aktiv und passiv auf die Erben n i c h t über [18]). Davon sind zwei Ausnahmen gemacht, die eine zum Besten der Erben des Unschuldigen: diese sollen eintreten, insofern und nur insofern, als die fragliche Forderung ihrem Erblasser bereits rechtskräftig zuerkannt war [19]); die andere zum Besten des Unschuldigen selbst gegen die Erben des Schuldigen: der Unschuldige soll seine Forderung gegen die Erben durchführen dürfen: a) wenn er die Klage a u s d e m E h e g e l ö b n i s s e, also auf Vollziehung gegen den schuldigen Theil angestellt hatte und dieser darauf seine Weigerung, die Ehe zu vollziehen, gerichtlich oder doch schriftlich erklärt

16) Das Nähere hierüber s. m. im Rechte der Forderungen, §. 93, Nr. II, 5, Bd. II, S. 247 der 2. Ausg.

17) A. L.R. I, 12, §§. 495, 496. Ueber die Form des Verfahrens s. m. Recht der Forderungen, a. a. O. S. 248.

18) A. L.R. II, 1, §. 124.

19) Ebenda §. 127. Der noch unentschiedene Prozeß erlischt somit wegen der Hauptsache durch den Tod des Klägers.

hatte[20]; oder b) wenn der Schuldige noch vor seinem Tode sich an eine andere Person wirklich verheirathet hatte[21].

b) Der Erbe eines verstorbenen Ehegatten kann dessen durch den Tod aufgelöste Ehe nicht als nichtig oder ungültig anfechten. Eine solche Anfechtungsklage wäre auch gegenstandslos, weil die Ehe nicht mehr besteht, gesetzt auch, eine solche Klage wäre vererblich. So würde es nach allgemeinen Rechtsgrundsätzen sein. Dadurch würde der Erbe nicht gehindert, aus eigenem Rechte, vermöge seines Erbrechts mit denjenigen Rechtsmitteln, die er zum Schutze seines Erbrechts hat und von dem Erblasser nicht erbt, weil dieser sie nicht hat, der Legitimation des überlebenden Ehegatten, wenn dieser als Miterbe konkurriren wollte, entgegenzutreten. Hier treffen wir jedoch wieder auf Inkonsequenzen. α) Die Anfechtungsklage des verletzten Ehegatten soll auf dessen Erben übergehen, wenn solche bereits anhängig gemacht war als derselbe starb. Dies ergiebt der Gegensatz des §. 42, Th. II, Tit. 1, welcher lautet:

> „Ist der angeblich gezwungene, betrogene, oder sonst im Irrthume gewesene Theil verstorben, ohne die Nichtigkeit der Ehe zu rügen, so kann die Ehe von dessen Erben nicht mehr angefochten werden[22].“

Hiernach soll also eine nicht zum Vermögensrechte gehörige Klage ein Bestandtheil der Erbschaft sein. β) Die Nichtigkeitsklage wegen Zwanges soll, auch ohne daß sie von dem Verstorbenen bereits angebracht war, auf den Erben übergehen, wenn aus der Ehe kein Kind vorhanden ist[23]. Auch hier dieselbe Erscheinung unter zwei Voraussetzungen, nämlich: wenn Zwang der Nichtigkeitsgrund war, und wenn kein Kind vorhanden ist; eine analoge Anwendung auf andere Nichtigkeitsgründe ist unzulässig, weil Anomalien eine analoge Anwendung niemals gestatten; auch versteht sich, daß die Anfechtung seitens des Erben wegfällt, wenn der angeblich gezwungene Ehetheil die Ehe nach Wegfall des Zwanges genehmigt hatte. Die ausgesprochene Absicht bei diesen Anomalien ist, zu verhindern, daß

20) Ebenda §. 125. Vermuthlich ist mit dieser Erklärung die Klagebeantwortung gemeint. Wer es wüßte könnte es sagen.

21) Ebenda §. 126. In diesem Falle kann bereits auf Ehevollziehung geklagt worden sein, oder nicht. War schon geklagt, so erlischt die Klage und muß in der Hauptsache zurückgenommen werden, weil ein Verheiratheter nicht zur Ehevollziehung verurtheilt werden kann.

22) Vergl. §. 976 d. T., wonach unter der Rüge die Anstellung der Anfechtungsklage verstanden werden muß. Vergl. auch das Erk. des Obertr. vom 8. Juli 1850 (Entsch. Bd. XX, S. 245).

23) A. L.R. a. a. O. §. 43.

der Betrüger, oder der, welcher einen strafbaren Zwang ausgeübt hat, aus seinem facto illicito mit dem Schaden des rechtmäßigen Erben des unschuldigen Theiles lukrire [24]). Allein hierzu bedarf der Erbe keiner ererbten Statusklage des Erblassers; er kann aus eigenem Rechte jedem ihm entgegentretenden Erbprätendenten quaestionem status et legitimationis machen.

c) Die Illegitimitätsklage des Ehemanns gegen ein von seiner Ehefrau in stehender Ehe geborenes Kind gehört nicht zur Erbschaft nach dem Ehemanne. Den Erben aber ist aus eigenem Rechte auch hier ausdrücklich gestattet, ein unechtes Kind unter den Voraussetzungen, unter welchen der Ehemann selbst die uneheliche Geburt eines solchen Kindes würde haben anfechten können, von der Erbschaft auszuschließen [25]).

d) Die Ehescheidungsklage zum Zwecke der Ehetrennung geht weder passiv noch aktiv auf die Erben über. Das ist freilich ganz selbstverständlich, da eine Ehe nicht getrennt werden kann, welche nicht mehr besteht; das Ehetrennungsverfahren muß daher, auch wenn es bereits im Gange ist, durch den Tod des einen Ehetheils nothwendig beendigt werden. Allein in Beziehung auf die davon abhängigen ehelichen Güterverhältnisse ist die Sache nicht erledigt. Eine Ehescheidungsklage ist bekanntlich dem römischen Rechte fremd, die beliebige Trennung war in die Hand eines jeden Ehetheils gelegt, der Gebrauch dieses Rechts hatte nur verschiedene vermögensrechtliche Folgen, je nachdem der Sichscheidende dazu einen sittlichen Grund gehabt hatte oder nicht. Zur Geltendmachung derselben hatte das vorjustinianeische Recht ein eigenthümliches Klagerecht, das judicium oder die actio de moribus [26]), wenn Sittlichkeitsvergehen gegen das eheliche Verhältniß die Scheidung veranlaßten, oder der eine Theil ohne Grund die Ehe getrennt hatte [27]). Die Vermögensnachtheile bestanden im Verluste der Dos, der donatio propter nuptias, oder bei deren Ermangelung in einer Quote des Vermö-

24) Gesetzrevision, Pens. XV, Motive zu §. 33 des Entwurfs, S. 71.

25) So und anders nicht ist der §. 20, II, 2 des A. L.R. aufzufassen: „Die Erben des Mannes können die eheliche Geburt eines solchen Kindes nur innerhalb der Zeit, und nur aus den Gründen anfechten, wo und aus welchen der Verstorbene selbst dazu berechtigt sein würde. (§§. 2, 3, 4, 7.)" Dies geschieht nicht mit der Illegitimitätsklage des Verstorbenen, welche eben unvererblich ist, sondern mit dem eigenen Klagerecht des Erben, wenn das Kind ein Erbrecht in Anspruch nimmt, in der prozessualischen Form der Exception.

26) L. 15, §. 1 D. soluto matrimonio (XXIV, 3) vergl. mit L. 1 Th. C. de dotibus (III, 13).

27) Justinian hob dieses judicium de moribus auf. L. 11, §. 2 i. f. C. de repudiis (V, 17).

gens. Das Nähere interessirt für unsern Zweck nicht; das Landrecht schließt sich nur im Wesentlichen an und trifft seine eigenen Bestimmungen, daher kann der gemeinrechtliche Streit: ob die Privationsstrafen auch noch von den Erben des unschuldigen, und gegen die Erben des schuldigen Ehetheils verfolgt werden können oder nicht, wenn die Ehe bei deren Leben nicht geschieden wurde, übergangen werden. Das Landrecht hat drei Fälle vorgesehen:

aa) Wenn die Scheidungsklage bereits angestellt war, als der unschuldige Theil starb. Dieser Fall steht dem gleich, wo, nach röm. Recht, der eine Ehegatte bereits durch seine Schuld die Scheidung veranlaßt oder ohne allen Grund die Ehe getrennt hatte, als der andere Theil starb. Nach älterem Rechte war hier die actio de moribus in Verbindung mit der rei uxoriae actio das geeignete Rechtsmittel auf Privation des schuldigen Ehegatten, welches aktiv und passiv auf die Erben überging[28]), und nach Abschaffung desselben durch Justinian trat die actio ex stipulatu an dessen Stelle[29]), die unstreitig zur Erbschaft gehörte; aber daß wirklich ein Repudium erfolgt sei, ist als Bedingung der Vererbung auch in den jüngsten Verordnungen aufrecht erhalten[30]), weil sonst eine erfolgte Wiederaussöhnung oder wohl gar ein Lenocinium des Mannes angenommen wurde. Das kanonische Recht hat hierin nichts geändert, nur konnte es wegen des Dogma vom Ehesakramente nicht ein wirkliches Divortium zur Bedingung machen, sondern mußte sich mit der Scheidung von Tisch und Bett, oder mit der faktischen Trennung bis zum Tode begnügen[31]). Dies ist eben das römische Repudium oder Divortium, mithin steht das kanonische Recht mit dem römischen dem praktischen Erfolge nach im Einklange und es verschlägt nichts, daß es dabei der Konsequenz wegen den Grund der Privatstrafe nicht in die Ehetrennung, die es nicht anerkennen kann, sondern in die Ursache der Scheidung (Vergehen oder Kränkung) selbst setzt. — Das Landrecht[32]) schließt sich mit folgender Bestimmung an:

„Die Erben des beleidigten Ehegatten sind befugt, die Scheidungsklage, zum Behufe der Auseinandersetzung des Vermögens, zu verfolgen, insofern der Erblasser erst nach fruchtlos angestelltem Sühneversuche gestorben ist."

28) L. 15, §. 1; L. 38 D. soluto matrimonio (XXIV, 3).

29) L. unica §. 1 C. de rei uxoriae actione (V, 13). L. 8, §§. 3, 4 C. de repudiis (V, 17).

30) Novelle CXVII, Kap. 8 u. 9.

31) C. 4 X. de donatione inter virum et uxor. (IV, 20).

32) Th. II, Tit. 1, §. 827.

Die Fassung entspricht nicht genau dem Rechtsverhältnisse. Gemeint wird, daß der Verstorbene das Repudium (die Aufkündigung der Ehe) vor seinem Tode ganz entschieden und bestimmt ausgesprochen haben müsse, und als ein Kennzeichen davon wird der fruchtlose Erfolg des Sühneversuchs bezeichnet. Dies ist jedoch nicht das ausschließliche Kennzeichen, es kann vorkommen, daß der Sühneversuch nicht mehr gemacht werden konnte, daß aber doch nichtsdestoweniger der feste Wille des beleidigten Ehegatten schon ganz bestimmt ausgesprochen war. Daß dieses genüge, hat die Praxis bereits in letzter Instanz angenommen [33]), und zwar mit Recht. Denn es ist ganz richtig, daß das trennende Element der Wille (das Repudium) ist, nur soll dieser Wille nach heutigem Rechte einen vom Gesetze gebilligten Grund haben. Die juristische Bedeutung der Ehescheidungsklage ist daher nur die, daß der trennende Wille als ein gerechtfertigter durch Richterspruch anerkannt werde. Diese Bedeutung verschwindet durch den eingetretenen Tod des einen Ehetheils; der Richter kann nun nicht mehr erkennen, daß das Band der Ehe, die nicht mehr besteht, zu trennen. Daher hat der Ausdruck: „Die Erben sind befugt, die Scheidungsklage — zu verfolgen", Anstoß gegeben. Aus richtigem Rechtsgefühl äußerte der König (1812) in Folge einer Immediatvorstellung, es sei aufgefallen, daß überhaupt Ehescheidungsprozesse von Erben fortgesetzt werden könnten, da der Hauptgegenstand derselben durch den Tod des Klagenden erledigt sei. Das Obertribunal und der Justizminister erklärten sich jedoch für die Beibehaltung des Gesetzes, weil es 1) in Ansehung des schuldigen Theils vollkommen rechtlich, daß ihm der Vortheil der Beerbung, auf welche er nur unter der Bedingung der treuen Erfüllung seiner ehelichen Pflichten gegründete Ansprüche hatte, entgehe, wie denn auch in der ganzen Materie der Grundsatz durchgeführt sei, daß der Schuldige aus dem Ehevertrage, den er verletzte, keine Vortheile ziehen solle; 2) auf die Erben des Beleidigten aber die Befugniß, den schuldigen Theil von der Erbschaft auszuschließen, wie alle andere Vermögensrechte übergehen müsse. Man könne auch nicht sagen, daß durch den Tod der Hauptgegenstand des Ehescheidungsprozesses erledigt sei, indem vielmehr mancher Ehescheidungs-

33) Das Obertr. hat durch das Pr. 87, vom 27. April 1835, den Satz festgestellt: „Des fehlenden Sühneversuchs ungeachtet kann der Ehescheidungsprozeß von den Erben des verstorbenen Ehegatten fortgesetzt werden, wenn nur der ernstliche Wille desselben, die Ehe nicht fortsetzen zu wollen, konstirt." (Präj.-Samml. I, S. 159.)

prozeß unterbleiben würde, wenn nicht die Rettung des Vermögens den beleidigten Theil dazu vermöchte. Ferner verordne das Landrecht hierin nichts neues, vielmehr gestatte das gemeine Recht den Erben sogar die Klagen auf die Vermögensstrafen; wogegen das A. L.R. hier schon den gemäßigten Mittelweg einschlage, daß die Erben die Scheidungsklage nur behufs der Auseinandersetzung fortsetzen, die Vermögensstrafen aber nur dann fordern könnten, wenn sie ihm schon zuerkannt waren 34). Die hierin vertretene Rechtsansicht ist im Wesentlichen richtig, der juristische Zusammenhang aber ist dieser: Nach Justinianeischem Rechte forderte nach erfolgtem Repudium der unschuldige Ehegatte die ihm gegen den Schuldigen zustehenden Vermögensansprüche mit der an die Stelle der rei uxoriae actio gesetzten actio ex stipulatu de dote 35). Zur Begründung dieser Klage war jedoch der Beweis einer bestimmten, gesetzlich gebilligten Scheidungsursache vor Gericht erforderlich 36), nicht als ob die Scheidung hätte gerichtlich geschehen müssen, denn diese war schon durch das außergerichtlich ausgesprochene Repudium gültig geschehen, mochte dazu eine gesetzliche Ursache oder keine vorhanden gewesen sein: sondern um den anderen Theil als den schuldigen zu überführen und gegen ihn als solchen die vermögensrechtlichen Vortheile zur Geltung zu bringen. Daher war, wenn der Beklagte die Scheidung einseitig ausgesprochen hatte, die Klage auch begründet durch das Leugnen des Vorhandenseins einer gesetzlichen Ursache. Dieser Vermögensanspruch ward durch den Ausspruch der Scheidung dem unschuldigen erworben und ging mithin auch ohne Weiteres auf und beziehungsweise gegen die Erben über 37). Dieser

34) Gesetzrevision, Pensum XV, Motive zu Abschn. 8, §. 127 des Entwurfs, S. 450 ff., auch in den Ergänzungen, (2. A.) Nr. 2 zu §. 827 d. T.

35) L. unica §. 4 C. de rei uxoriae actione (V, 13): „Sancimus omnes dotes per ex stipulatu actionem, sive scripta fuerit stipulatio, sive non: ut intelligatur re ipsa stipulatio esse subsecuta."

36) In der L. 8, §. 3 C. de repudiis (V, 17) heißt es nach Aufzählung der Scheidungsgründe: — „tunc enim necessario discedendi permittimus facultatem, et causas discidii legibus comprobare. §. 4. Si vero causam probaverit intentatam (sc. uxor), tunc eam et dotem recuperare, et ante nuptias donationem lucro habere, aut legibus vindicare censemus."

37) L. un. §. 4 C. de rei uxoriae actione (V, 13): „Maneat ex stipulatu actionis jus ad successores, et sine mora transmissionis incorruptum" Die rei uxoriae actio stand nämlich, wenn die geschiedene Ehefrau vor der Rückgabe der Dos und ohne Bewirkung der Litiskontestation verstorben war, den Erben der Ehefrau nur dann zu, wenn der Ehemann bei der Rückgabe der Dos in mora war. Ulpian., Fragm. Tit. VI, §. 7. Diese Beschränkung der Vererbung der neuen actio ex stipulatu de dote soll nach der Bestimmung des §. 4 wegfallen. Vergl. hierüber Glück, Kommentar, Bd. XXVII, S. 140, Note 91, S. 145, Note 4 u. S. 165.

Rechtsstand ist die Grundlage des Landrechts. Die von uns sogenannte Ehescheidungsklage ist wesentlich die römische actio ex stipulatu de dote und hat, wie in jenem Gutachten des Obertribunals ganz richtig hervorgehoben wird, Vermögensrechte zum Hauptgegenstande. Soweit sie sich über die Ehetrennung verhält, bezweckt sie nur die Feststellung der Gültigkeit der Scheidungsgründe, und der Theil des darauf ergehenden beifälligen Urtheils ist, juristisch betrachtet, nur deklaratorischer Natur und dient, wie ein Präjudizium, zur Begründung des Hauptanspruchs. Daher kann, wenn die Erben des unschuldigen Klägers eintreten, der richterliche Ausspruch nicht mehr auf Trennung der Ehe lauten, sondern nur präjudiziell feststellen, daß der Erblasser derselben wohl befugt gewesen sei, die Trennung der Ehe zu verlangen und daß der andere Ehetheil für schuldig zu erachten. Der Inhalt der Klage und des entsprechenden Urtheils muß, weil die Materie von der römischen Dos und der donatio propter nuptias nicht aufgenommen ist, von dem der römischen actio ex stipulatu de dote abweichen, er wird in unserem §. 827 durch den Ausdruck: „zum Behufe der Auseinandersetzung des Vermögens", bestimmt bezeichnet: die Klage geht auf Privation der Vermögensvortheile, welche der Schuldige aus dem Nachlasse des vorverstorbenen Ehetheils vermöge vertragsmäßigen, oder testamentarischen, oder gesetzlichen Erbrechts zu erwarten hatte, sowie aller Begünstigungen, welche dem hinterbliebenen Ehegatten bei der Auseinandersetzung mit den Erben gesetzlich zustehen, es wird zum Zwecke der Auseinandersetzung fingirt, daß der Verstorbene noch lebe, d. h. die Auseinandersetzung erfolgt nicht nach den bei Trennung der Ehe durch den Tod vorgeschriebenen Grundsätzen, sondern nach denjenigen, welche im Falle der Ehetrennung durch richterlichen Ausspruch gelten, mithin nach den Vorschriften der §§. 766 ff. d. T. [38]); doch bleiben die Vorschriften der §§. 783—810 wegen der Abfindung in der Regel außer Anwendung, denn die Abfindung sollen die Erben nur in dem zu cc erwähnten Ausnahmefalle zu fordern haben [38a]). — Nach der bisherigen Darlegung versteht es sich von selbst, daß die Erben des als schuldig angeklagten Ehetheils, wenn dieser vor rechtskräftig entschiedener Sache stirbt, passiv in den Prozeß eintreten und denselben behufs der Auseinandersetzung durchzu-

38) §. 829, Th. II, Tit. 1 A. L.R.

38a) Daher hat der Umstand, daß der unschuldige Ehegatte der Abfindung oder Ehescheidungsstrafe entsagt hatte, auch auf das Schicksal der nach §. 827 auf die Erben übergegangenen Ehescheidungsklage gar keinen Einfluß. R. v. 3. Dezember 1798 (Stengel, Bd. X, S. 420; Rabe, Samml., Bd. V, S. 250).

führen haben. Genügt es ihnen, den Vorwurf der Schuld ihres Erblassers abzuweisen, und war derselbe in erster Instanz für schuldig erklärt worden; so wird behufs der Auseinandersetzung fingirt, daß der Verstorbene noch lebe und geschieden worden sei, d. h. die Auseinandersetzung erfolgt nach den für den Fall, wenn kein Theil für den schuldigen erklärt worden, gegebenen Vorschriften §§. 751 ff. [39]); denn die Scheidung ist rechtskräftig, weil der Kläger dagegen nicht appellirt hat und appelliren konnte, wenn nach seinem Willen erkannt worden, und die Erben des Verklagten gegen die Scheidung zu appelliren nicht legitimirt waren; die Schuld des Verstorbenen aber demnächst nicht festgestellt worden ist. War dagegen noch kein dem Verstorbenen ungünstiges Erkenntniß ergangen oder war der Kläger abgewiesen, als der Beklagte starb, und setzt der Kläger behufs der Auseinandersetzung den Prozeß gegen die Erben fort, so ist ein Unterschied gemacht, je nachdem die Schuld des Verstorbenen endgültig festgestellt wird, oder nicht. Wird die Schuld festgestellt, so erhält der Kläger sein vertragsmäßiges, oder in Ermangelung eines Erbvertrags sein gesetzliches Erbtheil ungeschmälert, als wenn gar nichts vorgefallen wäre; und die etwa vorhandenen schmälernden letztwilligen Verordnungen des schuldigen Ehetheils gelten dem Unschuldigen gegenüber für nicht geschrieben; wird die Schuld nicht festgestellt, so konkurrit der hinterbliebene Ehegatte mit den übrigen Erben nach Maßgabe der Verträge und der Anordnungen des Erblassers unbeschadet seines Pflichttheils, eventuell nach den gesetzlichen Vorschriften [40]). — Noch eine Frage ist hier aufgeworfen. Eine Ehefrau hatte gegen ihren Mann auf Scheidung geklagt und sich bei dem Erkenntniß erster Instanz, welches die Trennung aussprach und der Frau den sechsten Theil von dem Vermögen des Mannes als Abfindung zuerkannte, beruhigt. Der Mann appellirte, starb aber vor der Entscheidung über seine Appellation. Ob die Erben die Appellation zurückgenommen hatten, oder ob das erste Erkenntniß bestätigt worden war, ist nicht gesagt. Die Frau verlangte nun aus dem Nachlasse des Mannes die statutarische Portion mit Einem Drittel. Der Berichterstatter fragt: ob sie dies konnte; nach §. 833 scheine der unschuldige Ehegatte aus

39) Vergl. das Erk. des Obertr. v. 5. Januar 1857 (Entsch. Bd. XXXIV, S. 236).

40) A. L.R. a. a. O. §. 833: „Stirbt der schuldige Ehegatte vor rechtskräftig entschiedenem Prozesse; so sind alle von ihm hinterlassene letztwillige Verordnungen, soweit dieselben auf Schmälerung des dem Unschuldigen aus Gesetzen oder Verträgen zukommenden Erbtheils abzielen, unkräftig."

dem Nachlasse des Schuldigen, noch außer der Abfindung, ein Erbtheil zu fordern zu haben[40a]). Das Letztere ist nicht richtig; die Abfindung wird nach §. 783 d. T. dem unschuldigen Ehetheil dafür gegeben, daß ihm sein künftiges Erbrecht durch die Scheidung entgeht; und der §. 833 sichert ihm eben sein Erbrecht ungeschmälert in dem vorausgesetzten Falle, folglich kann von einer Abfindung für das, was er wirklich in Natur erhält, nicht die Rede sein. Die Frage aber, von welcher weiter nicht berichtet wird: ob darüber gestritten und entschieden worden, ist zu verneinen, weil die Ehe schon rechtskräftig geschieden war und sie also nicht mehr die Ehefrau des Beklagten war, als dieser starb. Es folgt daraus, daß sie als hinterbliebene Ehefrau eine statutarische Erbportion nicht zu fordern, mochte die Zuerkennung der Abfindung von Einem Sechstel gleichfalls rechtskräftig geworden oder abgeändert sein; denn in dem letzteren Falle hätte sie gar nichts aus dem Nachlasse zu fordern gehabt. Eine andere Frage ist es, ob die Frau, falls der Mann auch gegen die Scheidung appellirt hatte, was nicht erhellet, nicht die Klage nach dem Tode des Mannes, um ihn als ungeschiedene Ehefrau zu beerben, noch hätte zurückziehen können.

Der Fall kann auch in umgekehrter Weise, nemlich so eintreten, daß der eine Ehetheil das Repudium ohne rechtmäßigen Scheidungsgrund, „wegen unüberwindlicher Abneigung“ ausspricht, daß der also beklagte Ehetheil sich die Scheidung gefallen läßt, daß der Richter darauf hin die Ehetrennung ausspricht und keinen Theil für den schuldigen erklärt. Dadurch ist jeder Theil seines Erbrechts in den Nachlaß des Anderen verlustig geworden. Wenn nun der beklagte schuldlose Theil vor der Rechtskraft des Urtheils stirbt, so ist die Ehe in der That durch den Tod getrennt worden. Aber der überlebende Theil kann sich das durch sein Repudium verwirkte Erbrecht nicht etwa dadurch, daß er die Klage zurückzieht und den Eintritt der Rechtskraft des Urtheils in Beziehung auf die vermögensrechtlichen Folgen verhindert, wieder verschaffen[40b]), er könnte in dieser Beziehung nur durch Fortsetzung des Prozesses gegen die Erben des Verstorbenen eine Aenderung des ihm ungünstigen Urtheils, wenn diese nach der Sachlage überhaupt möglich wäre, herbeiführen.

bb) Wenn der Tod die Ehe trennte, ehe der unschuldige Ehetheil auf Ehescheidung geklagt hatte. In diesem Falle vererbt sich

---

40a) Merkel, Kommentar zu §. 833 d. T.

40b) So sehr richtig entschieden durch drei gleichlautende Erkenntnisse. S. Erk. des Obertr. vom 18. September 1863 (Entsch. Bd. LI, S. 244).

die Ehescheidungsklage nicht, vielmehr verordnet der §. 828 und 829 a. a. O:

„Auch können sie (die Erben) selbst auf die Herausgabe des gesammten Vermögens ihres Erblassers klagen, wenn der überlebende Ehegatte den Tod des Erblassers verursacht, oder ihn durch gewaltsame Mittel zu klagen verhindert hat.“

„In beiden Fällen §§. 827 (dies ist der soeben abgehandelte Fall aa), 828 muß die Absonderung des Vermögens nach den Vorschriften §§. 766 ff. erfolgen und der schuldige Ehegatte verliert alle Vortheile, die er sonst aus dem Nachlasse des Verstorbenen zu erwarten hatte.“

Diese Satzung gehört nicht hierher, der Ausdruck „können sie selbst — klagen“ sagt auch deutlich, daß es sich nicht um eine ererbte Klage handele. Verwandt damit sind die §§. 599, 600, Th. I, Tit. 12:

„Hat aber der Erbe oder Legatarius, durch Vorsatz oder grobes Versehen, den Tod des Testators verursacht: so wird derselbe, auch ohne ausdrücklichen Widerruf, des ihm zugedachten Vortheils verlustig.“

„Doch findet das Gegentheil statt, wenn ausgemittelt werden kann, daß der Erblasser dem Erben oder Legatario das Versehen, wodurch der Unglücksfall entstanden ist, verziehen habe.“

Dazu gehört auch der §. 219, Tit 18, Th. II:

„Kann oder will ein solcher Legatarius (welcher zugleich zur Vormundschaft testamentarisch berufen ist) sich der Vormundschaft nicht unterziehen: so verliert er das in dieser Rücksicht (welche vermuthet wird, §. 218) ihm zugedachte Vermächtniß[41].“

Alle diese Sätze sind Bruchstücke aus der als ein Ganzes nicht aufgenommenen Lehre von der Ereption wegen Unwürdigkeit des Bedachten; sie treten als Singularitäten auf und unser §. 828 ist die einzige Anwendung des Prinzips auf das Intestaterbrecht. Wegen dieser Ablösung der Sätze von ihrem Prinzip und ihrer Isolirtheit in ihrer Singularität kann davon keine analoge Anwendung auf andere Fälle gemacht werden, es kann z. B. die Bestimmung des §. 600, Tit. 12, Th. I, betreffend die Verzeihung des Versehens von Seiten des Erblassers, nicht unserem §. 828 d. T. untergelegt werden. Die verwandten Stellen bleiben hier bei Seite, indem wir uns mit der Erklärung unseres §. 828 befassen. Derselbe sagt:

41) Vergl. L. 28, §. 1 D. de excusationibus (XXVII, 1); L. 5, §. 2 D. de his, quae ut indignis (XXXIV, 9).

„wenn der überlebende Ehegatte den Tod des Erblassers verursacht.“ Es ist gleichviel, ob er selbst der Thäter oder ob er nur der Urheber ist[42]). Das Verursachen schließt jedoch die Absicht in sich, die Bestimmung kann daher nicht Anwendung finden, wenn der Tod nur durch ein Versehen veranlaßt worden ist. Darauf weiset auch der andere Fall, den der §. 828 dem verursachten Tode gleichstellt: „oder ihn durch gewaltsame Mittel zu klagen verhindert hat.“ Diese Thatsache allein ist Grund zur Exeption des Erbtheils, es wird gar nicht gefragt: was oder warum der seiner Freiheit beraubte oder sonst gewaltsam verhinderte Ehegatte zu klagen hatte, doch wird festzustellen sein, daß er gegen den anderen Ehetheil klagen wollte.

Es ist noch übrig, die rechtliche Natur der Klage zu bestimmen, welche dem Erben als eine ihm eigene zugestanden wird. Den Erbtheil hat der hinterbliebene Ehegatte bereits ipso jure erworben, solcher muß ihm also wieder entrissen werden. Die Klage setzt selbstverständlich voraus, daß der Ehegatte sich im Besitze befinde. Denn wäre das nicht der Fall, so würde ihm die Klage auf Erlangung des Erbtheils versagt, d. h. er würde mit seiner hereditatis petitio partiaria auf die Exception der Unwürdigkeit abgewiesen[43]). — Ueber das Prinzip der Klage, welche dem Erwerber des Ereptoriums zur Geltendmachung seines Anspruchs zusteht, ist unter den neueren Rechtsgelehrten Meinungsverschiedenheit, die sich auf zwei sich geradezu widersprechende Hauptansichten zurückführen läßt. Nach der einen soll die Klage nur eine persönliche und keine andere als eine condictio ex lege sein; eine Realklage könne es nicht sein, weil der zur Entziehung Berechtigte kein erworbenes Realrecht habe und die hereditatis petitio gegen den Unwürdigen, der doch immer Erbe bleibe, nicht gebraucht werden könne[44]). Nach der anderen Ansicht soll im Gegentheil die Klage keine persönliche sein können, wie schon daraus hervorgehe, daß von einem vindicare solcher Erb-

---

42) Das ist auch der Sinn der Quelle: L. 3 D. de his quae ut indignis (XXXIV, 9); L. 7, §. 4 D. de bonis damnatorum (XLVIII, 20).

43) Vergl. L. 9 pr. D. de jurejurando (XII, 2).

44) Zu den Anhängern dieser Meinung gehört u. A.: Schweppe, röm. Privatrecht, (4. A.) §. 978, Bd. V, S. 492; Faber, de error. pragmat., Dec. 38, err. 9. — Man beruft sich auf ein Arg. aus L. 3, §. 1 D. de fideicomm. heredit. petitione (V, 6). Hier ist jedoch keinesweges von der Klage, die dem Berechtigten gegen den Inhaber der herauszugebenden Erbschaftsgüter zur Erlangung der letzteren, sondern von den Klagen die Rede, welche demjenigen, dem eine Erbschaft herausgegeben worden ist, gegen Dritte (wegen Forderungen und einzelner Stücke) zustehen.

portionen in den Schriften der klassischen Juristen gesprochen werde[45]), daher denn von einer condictio ex lege nicht weiter die Rede sein könne, vielmehr die Klage eine actio in rem sein müsse[46]). Doch ist man über die Spezies dieser Klage wieder nicht einig. Eine Meinung will wenigstens für den Fall, wo der Berechtigte in ein Erbrecht des Indignus eintritt, demselben zur Geltendmachung seiner Ansprüche nicht allein gegen diesen, sondern auch gegen Andere die hereditatis petitio zuschreiben[47]). Hiergegen wird von anderer Seite nicht ohne Grund eingewendet, daß nach römischen Rechtsgrundsätzen der Indignus nicht aufhöre Erbe zu sein, noch nach der Ereption die Erbschaft erwerben könne, und daß der Berechtigte nicht Erbe werde; das Eintreten des Berechtigten an die Stelle des Indignus habe nur die Bedeutung, daß er ipso jure Eigenthümer der Einzelsachen werde, und zwar nur durch Singularsuccession, wie bei den Legaten[48]). Von dieser Seite wird für die dem Erwerber des Ereptoriums aus der Singularsuccession entstehenden Eigenthumsansprüche, gleichwie bei den Caduca, mit welchen die Lehre von den Ereptorien zusammenhänge, als die allein richtige Klage die actio in rem — die gewöhnliche Bezeichnung für die wahre Eigenthumsklage zur Zeit der klassischen Juristen — bezeichnet[49]). — Wir kommen nun auf unsere landrechtliche Bestimmung des §. 828. Darnach sollen die Erben des von dem anderen Ehetheile getödteten oder vergewaltigten Ehegatten berechtigt sein, „selbst auf die Herausgabe des gesammten Vermögens ihres Erblassers zu klagen." Darin ist zunächst enthalten, daß der hinterbliebene unwürdige Ehetheil aus der Erbschaft nichts erhalten und daß dessen Antheil, den er sonst daran gehabt haben würde, auf die Miterben übergehen soll.

45) Dafür beruft man sich auf L. 21 u. L. 25, §. 1 D. his, quae ut indignis (XXXIV, 9); L. 32, §. 28 D. de donat. inter virum (XXIV, 1); L. 8, §. 14 D. de inoff. testamento (V, 2); L. 7, §. 4 D. de bonis damnat. (XLVIII, 20), wo allerdings der Ausdruck „vindicari fisco" für die Einziehung konfiszirter Gegenstände gebraucht wird.

46) Löhr, im Archiv für civilistische Praxis, Bd. V, S. 387, Note 11; Heimbach, in Weiske's Rechtslexikon, Bd. IV, S. 51. Vergl. L. 43 D. de jure fisci (XLIX, 14).

47) Marezoll, Abh.: mit welcher Klage kann der Fiskus oder sonstige Dritte auftreten, um sein aus der Indignität des Berufenen hervorgehendes Erbrecht geltend zu machen; in Linde's Zeitschrift für Civilrecht u. Prozeß, Bd. I, S. 380 ff.

48) Ulpian., Fragm., Tit. XIX, §. 17 vergl. mit §. 2; L. 1, §. 1 D. de jure fisci (XLIX, 14).

49) Heimbach, a. a. O. S. 51; Duroi, noch einige Bemerkungen über die actio in rem und actio in personam etc., im Archiv für civilistische Praxis, Bd. VI, S. 252 ff.

Von einer Erwerbungsart ist weiter keine Rede. Aus den Grundsätzen des Landrechts läßt sich nichts aufweisen, was der Annahme der zuletzt erwähnten römischen Rechtsansicht entgegenstehen könnte, daß nämlich der Uebergang, die Erwerbung ex lege, von Rechtswegen, ohne eine Thathandlung dazu von Seiten des Erwerbers geschieht; im Gegentheil, wir haben das gleiche Analogon, wie im römischen Rechte, nämlich den Erbschaftskauf, bei welchem derselbe Grundsatz über die Erwerbung des Eigenthums[50]) gilt. Der Erwerber des Ereptoriums tritt demnach, wenn auch nur durch eine Singularsuccession, von Rechts wegen in alle Rechte und Pflichten des Unwürdigen und hat folgerecht auch alle Klagen, welche diesem selbst zustehen würden, wenn ihm sein Erbrecht nicht entrissen worden wäre, gleich einem Cessionar; er kann folglich auch die hereditatis petitio gegen einen Dritten gebrauchen, wenn das Erbrecht und die Erbschaft selbst streitig gemacht wird. Dieselben Klagen aber, welche der Unwürdige gegen Dritte gehabt haben würde, können auch gegen ihn selbst gerichtet werden, wenn er es ist, welcher dem Erwerber des Ereptoriums entgegentritt. Diese Klagen sind, wenn es sich um die Erbschaft als Ganzes handelt und der unwürdige Ehetheil im Besitze ist, die hereditatis petitio; wenn Einzelsachen der Gegenstand sind, die Eigenthumsklage oder die dem Gegenstande sonst eigene dingliche Klage. Der §. 828 sagt ausdrücklich: „sie (die Erben) können selbst (aus eigenem Rechte) auf die Herausgabe des gesammten Vermögens ihres Erblassers klagen." Gegen wen? ist nicht gesagt. Zunächst ist freilich wohl an den hinterbliebenen Ehetheil zu denken, doch ist nicht anzunehmen, daß die Klage ausschließlich nur gegen diesen und sonst gegen Niemand gerichtet werden könne; sie soll „auf die Herausgabe des gesammten Vermögens" gerichtet werden können, folglich muß der Beklagte dazu in der Lage sein, er muß das Vermögen hinter sich haben, also Besitzer oder Inhaber desselben sein. Der hinterbliebene Ehegatte braucht es nicht nothwendig zu sein und wird es auch nicht immer sein, wenn eine verschuldete Tödtung vorgefallen ist. Die Klage muß mithin gegen jeden Dritten gerichtet werden können, eine actio in rem sein.

Ueber deren Anwendung in folgenden Fällen ist noch zu bemerken: Ist der unwürdige Ehetheil im Besitze der Erbschaft, so ist die hereditatis petitio auf das Ganze anwendbar. Zwar kann der

---

50) A. L.R. I, 11, §. 474.

Beklagte sein Miterbrecht einwenden und damit die Erbschaftsklage in tantum bestreiten; doch wird dieser Einwand, der sich prozessualisch als eine zum Theil negative Litiskontestation darstellt, durch die Exception der Unwürdigkeit entkräftet und es dient zur Abkürzung der Sache, den Anspruch auf die ganze Erbschaft in der Klageschrift von vorn herein in der äußeren Form einer anticipirten Replik zu begründen. Unterliegt der Beklagte, so folgt dann die Ausantwortung nach denselben Grundsätzen (§§. 766 ff.), wie in dem Falle aa, wenn der hinterbliebene Ehetheil für schuldig erkannt worden ist. — Ist der unwürdige Ehegatte nicht im Besitze der ganzen Erbschaft, sondern hat er nur die Einzelsachen, welche ihm sonst zukommen und verbleiben würden, hinter sich, so ist die wahre Eigenthumsklage (Reivindikation) die richtige Klage und wird in gleicher Weise begründet, wie vorhin in Betreff der Erbschaftsklage gesagt worden ist. — Befindet sich ein Dritter im Besitze, so vereinfacht sich die Sache dadurch, daß die Erbschaftsklage oder die Eigenthumsklage, je nachdem es sich um den ganzen Inbegriff oder um einzelne Gegenstände handelt, ohne weitere Erwähnung des Verhältnisses zu dem unwürdigen Ehetheile angebracht wird. Macht der Beklagte eine Legitimationseinrede aus der Person des Unwürdigen, ohne seinen Besitztitel von ihm ableiten zu können, so ist das eine unzuständige exceptio de jure tertii; weiset er seinen von dem Unwürdigen herkommenden Besitztitel nach, so ist der Einwand durch die Replik der Unwürdigkeit des Autors zu entkräften und es kommen dann weiter die Grundsätze über den guten Glauben und dessen Wirkungen in Betracht.

cc) Der Anspruch des unschuldigen Ehetheils auf Abfindung vererbt sich auch nach ausgesprochenem Repudium nicht, ausgenommen in dem Falle, wo ihm derselbe bei seinem Leben bereits, wenn auch nur unter der Bedingung einer Eidesleistung [51]), zuerkannt war, gleichviel, ob das Urtel auch noch vor seinem Tode oder erst später rechtskräftig wurde [52]). Man hat dies als einen gemäßigten Mittelweg bezeichnet, durch den das Landrecht sich überall so vortheilhaft auszeichne [53]); es ist indeß, da es an einem vermittelnden Prinzip, aus dem es folgen könnte, ganz fehlt, nur eine In-

---

51) Erk. des Obertr. vom 15. April 1861 (Archiv f. Rechtsf. Bd. XLI, S. 169).

52) A. L.R. a. a. O. §. 830.

53) S. das oben im Texte zu Note 34 erwähnte Gutachten des Obertribunals.

konsequenz, an welche sich eine zweite Inkonsequenz der Praxis anknüpft, nämlich die, daß dem vorgesehenen Falle der, wo auf Trennung der Ehe erkannt, der eine Ehegatte für den schuldigen Theil erklärt und in die gesetzliche Scheidungsstrafe verurtheilt, die Publikation des Urtheils aber auf ein Jahr ausgesetzt worden, und hinterher noch vor der Publikation des Urtheils der unschuldige Ehegatte verstorben ist, gleichgestellt wird [54]). Denn ein nichtpublizirtes oder nichtinsinuirtes Urtheil ist ein noch nicht gesprochenes, sondern, wenn schriftlich aufgesetzt, ein bloßer Entwurf in der Tasche, der willkührlich wieder verworfen oder verändert werden kann; er steht einem nicht ausgedrückten Gedanken völlig gleich.

Dieselbe Inkonsequenz erscheint wieder bei der Abfindung der dazu berechtigten außerehelich Geschwängerten, nur zufällig wieder etwas verändert. Der Anspruch der Geschwächten darauf soll sich nämlich nur in sofern vererben, als derselbe der Erblasserin bereits rechtskräftig zuerkannt war [55]). Diese Bestimmung ist aufgehoben und es ist an deren Stelle nichts bestimmt, vielmehr verordnet, daß der abfindungsberechtigten Geschwängerten der Anspruch auf das im §. 785 ff. d. T. vorgeschriebene höchste Maß der Abfindung auch dann, wenn ein Ehehinderniß vorhanden ist, oder wenn sie die Eingehung der Ehe mit dem Schwängerer verweigert, verbleibe [56]). Der Anspruch ist hier also als ein vollständig erworbenes unbedingtes Forderungsrecht aufgefaßt und muß sich daher nach der Regel vererben [57]).

e) Die Vormundschaft gehört nicht zur Erbschaft, auch die römische tutela legitima vererbte sich nicht, der nächste Verwandte des Vormundes trat aus eigenem angeborenen Rechte ein, auch wenn er nicht Erbe war [58]). Nach preußischem Rechte kann auch ein solches Eintreten nicht vorkommen, weil ihm nur die Dativtutel als ein von der Obrigkeit aufgetragenes Amt bekannt ist, welches mit dem Tode des Vormundes völlig erlischt [59]).

---

54) Pr. des Obertr. 2085, vom 18. Dezember 1848 (Präj.-Sammlung I, S. 228).

55) A. L.R. a. a. O. §. 1088.

56) G. v. 24. April 1854, §. 1 am Ende.

57) Die Forderung ist in den Fällen, wo sie zugestanden wird, eine Forderung auf Ersatz eines aus einer unerlaubten Handlung entstandenen Schadens, welche der §. 362, Tit. 9, Th. I A. L.R. in der Regel, d. h. wenn das Gesetz keine Ausnahme macht, der Erbschaft beirechnet.

58) L. 16, §. 1 D. de tutelis (XXVI, 1): Rudorff, Recht der Vormundschaft, Bd. I, §. 28, S. 195.

59) A. L.R. II, 18, §. 900. Die volljährigen Erben haben nicht einmal

§. 6.

F o r t s e t z u n g. Z w e i t e R e g e l.

II. N u r **insoweit** g e h ö r e n d i e V e r m ö g e n s r e c h t e z u r E r b s c h a f t, a l s d e r E r b l a s s e r d a r ü b e r z u r Z e i t s e i n e s T o d e s f r e i v e r f ü g e n d a r f. Dies ist der Sinn des Ausdrucks im §. 103 der Einleitung: „Rechte, w e l c h e z u m f r e i e n E i g e n t h u m e g e r e c h n e t w e r d e n, gehen mit dem Tode des Besitzers auf Andere — über." Die Regel folgt aus dem Rechtsgrundsatze: „Nemo plus commodi heredi suo relinquit, quam ipse habuit [1])", welchen das Landrecht im §. 101 der Einleitung, in Verbindung mit dem §. 103, also gleichfalls in Beziehung auf die Erbschaft, mit den Worten wiedergiebt: „Niemand kann dem Anderen mehrere Rechte übertragen, als er selbst besitzt." Aus dieser Regel folgt, daß Sachen, welche an und für sich res commercio exemtae oder dem Verkehre entzogen, dieserhalb von der Erbschaft nicht ausgeschlossen sind. Folgende Bestimmungen:

> §. 14, Tit. 4: „Soweit eine Sache dem Privatverkehr entzogen ist, soweit kann sie kein Gegenstand einer Willenserklärung sein," und
>
> §. 58, Tit. 5: „Verträge über Sachen, welche dem Verkehr entzogen worden, sind in sofern gültig, als das Hinderniß gehoben werden kann,"

welche sich eben auf die Verfügungsfreiheit, nicht auf das Eigenthum beziehen, bestätigen unsere Regel. Nach derselben gehen ohne Zweifel z. B. folgende vermögensrechtliche Gegenstände auf den Erben über, obwohl sie weder zu profanen Zwecken benutzt, noch Anderen überlassen werden können.

1. F a m i l i e n- und E r b b e g r ä b n i s s e [2]). Das Landrecht kennt beide Arten. Im §. 185, II, 11 verordnet es, daß bei Verlegungen der Begräbnißplätze diejenigen, welche bisher e r b l i c h e Fa-

---

die Pflicht, die von dem Vormunde bereits angefangenen Geschäfte fortzuführen, wie es die L. 1 pr. D. de fidejussoribus (XXVII, 7) u. a. vorschreiben; die Erben haben nur Schlußrechnung zu legen und im Rechnungsprozeß ihren Erblasser zu vertreten. §§. 906, 913 a. a. O.

1) L. 120 D. de reg. juris (L, 17). L. 160, §. 2 D. eodem: „Absurdum est, plus juris habere eum, cui legatus sit fundus, quam heredem, aut ipsum testatorem, si viveret." Vergl. L. 54, 59, 175 in fine D. eodem.

2) „Familiaria sepulchra dicuntur, quae quis sibi familiaeque suae constituit; hereditaria autem, quae quis sibi, heredibusque suis constituit, v e l q u o d p a t e r f a m i l i a s j u r e h e r e d i t a r i o a d q u i s i i t." L. 5 et 6 pr. D. de religiosis (XI, 7).

milienbegräbnisse besessen haben, die unentgeltliche Anweisung eines schicklichen Platzes dazu auf dem neuen Kirchhofe fordern können, eine Verordnung, welche sich auf das Verhältniß der Eigenthümer zur Kirchengemeinde oder Religionsgesellschaft bezieht, denn die Beaufsichtigung der Leichenbestattung ist heutzutage ein Attribut der Religionsgesellschaften; und der §. 461 a. a. O. setzt fest, daß, wer ein Erb- oder Familienbegräbniß außerhalb des Kirchspiels hat, verlangen kann, daß sein und der Seinigen Leichname dahin abgeführt werden, unbeschadet der Kirchen- und Pfarrgebühren: dies bezieht sich auf den Pfarrzwang. Im Uebrigen ist Stillschweigen über diese Eigenthumsrechte, es hat daher bei dem bestehenden Rechtszustande sein Bewenden behalten. Dieser Rechtsstand ist daher aufzuweisen.

Die ursprüngliche Gründung der Begräbnißplätze war nach römischem Rechte lediglich der Privatwillkühr überlassen, gewöhnlich war der Ort ein Privatgrundstück, nur war aus polizeilichen Gründen das Bestatten einer Leiche innerhalb einer Stadt verboten [3]). Das Nähere kann für unsere Aufgabe übergangen werden. Denn nach kanonischem Rechte [4]) ist es keiner Privatperson gestattet, einen Begräbnißplatz oder einzelne Gräber zu errichten. Bei den Evangelischen ist man der gleichen Meinung, indem die ganze Angelegenheit der Kognition der Konsistorien unterliegen soll [5]); doch nicht ohne Widerspruch, nur daß man von dieser Seite durch Anlegung eines Privatbegräbnisses außerhalb des kirchlichen Begräbnißplatzes den Berechtigungen der Kirche und Pfarre wegen der Begräbnißgebühren kein Präjudiz erwachsen lassen will [6]). Dieser Meinung hat das Landrecht sich angeschlossen mit folgenden Verordnungen im Tit. 11, Th. II:

> §. 186. „Ohne Anzeige bei den geistlichen Obern sollen Leichen anderswo, als auf einem öffentlichen Kirchhofe, nicht begraben werden."

3) L. 3, §. 5 D. de sepulcro violato (XLVII, 12); Capitolinus, in vita Antonini Pii, cap. 12; Paulus, rec. sentent. I, 21, §. 2; L. 12 C. de religiosis et sumpt. fun. (III, 44), u. v. a. Stellen, schon in den XII T. nach Cicero, de leg. II, cap. 23.

4) C. 3 X de sepulturis (III, 28), wonach die Absonderung von den alten kirchlichen Begräbnißplätzen „contra consuetudinem patrum veteris testamenti, qui cum patribus suis sepulti esse leguntur." — Vergl. Gen. 47, 30; 49, 29 et 31; 50, 5 et 13 u. v. andere Stellen.

5) Stryk, Usus modernus, L. XI, tit. 7, §§. 12, 13; u. in Not. ad jus ecclesiasticum, Brunnem. L. II, c. 2, §. 12, verb.: extra coemeterium; Carpzov., Definit., L. II, def. 386, No. 2.

6) Just. Henn. Boehmer, jus parochiale, Sect. IV, c. 2, §. 13.

§. 187. „Niemand kann, durch Veranstaltung eines solchen Privatbegräbnisses, der Kirchenkasse und der Geistlichkeit die ihnen zukommenden Abgaben entziehen.“

§. 456. „Ueberhaupt kann jeder Eingepfarrte sein und der Seinigen Begräbniß auch außerhalb seiner Parochie wählen.“ Einzelne Gräber auf Privatgrunde können hiernach von Jedermann angelegt werden, wenn er den Platz dazu besitzt oder erwirbt, und die vorgeschriebene Anzeige macht. Dergleichen Grabstellen kann der Eigenthümer allezeit auch wieder in Verkehr bringen. Anders verhält es sich mit den besonderen Grabstellen, welche in der Kirche oder auf einem öffentlichen Begräbnißplatze erworben werden. Dergleichen Privatbegräbnisse können nur durch besondere Titel begründet werden, sowohl durch die erste Fundation der Kirche oder des Begräbnißplatzes, als auch später durch besondere Titel. Wird eine solche Begünstigung nicht auf die einzelne Person beschränkt, sondern auf deren Nachkommen oder noch weiter auch auf die Erben ausgedehnt, so entstehen Familien- und Erbbegräbnisse, welche ein wirkliches Vermögensrecht des Erwerbers werden und zu seiner Verlassenschaft gehören. Zwischen Familien- und Erbbegräbnissen, welchen schon bei den Römern große Aufmerksamkeit gewidmet wurde, ist einiger Unterschied in Beziehung auf die Berechtigung zur Einsetzung der Leichname, sowie hinsichtlich der Vererbung. Beide Arten haben das mit einander gemeinsam, daß die Begräbnißstätte selbst als eine res religiosa außer Verkehr [6a]), das Recht darauf aber, einen Leichnam einzusetzen, im commercio ist und daher auch einem Anderen z. B. vermacht, nämlich in der Art vermacht werden kann, daß er nach seinem Tode darin beigesetzt werde [7]), wodurch jedoch ein etwaiges Widerspruchsrecht der Agnaten bei Stamm- oder Geschlechtsbegräbnissen auf Grund der Stiftungsurkunde nicht ausgeschlossen wird.

Familienbegräbnisse sind nach römischen Rechtsansichten Begräbnisse, welche Jemand für seine Familie im römischen Rechtssinne [8]), d. h. für den Inbegriff aller Agnaten des Gründers, auch wenn sie nicht seine Erben waren, errichtet hatte; aber auch seine nicht zu den Agnaten gehörigen Erben konnten daselbst beigesetzt

---

6a) Daher findet keine Subhastation einer solchen Begräbnißanstalt statt. K.O. v. 14. April 1840 (J.M.Bl. S. 143); welches auch von jüdischen Begräbnißplätzen gilt. K.O. v. 26. Oktober 1840 (J.M.Bl. S. 340).

7) L. 14 C. de legatis (VI, 37): „Monumenta (Grüfte) quidem legari non posse manifestum est; jus autem mortuum inferendi legare nemo prohibetur.“

8) L. 5 D. de religiosis (XI, 7).

werden [9]). Auch in Deutschland ist es nach diesem Vorgange Sitte geworden, ständige Begräbnisse für Geschlechter und Familien, auf eigenem Grunde und Boden, oder auf öffentlichen Begräbnißplätzen, mehr zum Pomp und eitlem Gepränge aus Ueberhebung, als aus Bedürfniß zu errichten und dazu auf den öffentlichen Gottesäckern den erforderlichen Platz, nicht im Sinne der christlichen Kirche, die eine solche Absonderung nicht billigt und den Verkauf von Grabstellen verbietet [10]), käuflich zu erwerben. Dadurch gehen denn dergleichen Stellen zu dem besonderen Zwecke, darauf eine Gruft zu errichten, in das Privateigenthum des Erwerbers über, und es steht ihm folglich an sich frei, darin aufzunehmen wen er will, insofern ihm darüber in dem Erwerbungsakt keine Grenzen gezogen sind. Für seine Erben und Nachfolger ist erst seine Stiftungsurkunde bestimmend. Daraus muß der engere oder weitere Sinn, in welchem der Ausdruck „Familie" zu verstehen, entnommen werden. Hiernach unterscheidet man zwischen „Stamm- oder Geschlechtsbegräbniß", d. h. ein Begräbnißort für die von dem Stifter abstammenden Agnaten, „so eines Stammes, Namens, Schildes und Helmes sind" [11]), und schlechten Familienbegräbnissen. In ein Begräbniß-Gewölbe der ersten Art eingesetzt zu werden, haben nur, — so hat man auf Grund des römischen Rechts (9) angenommen — die von dem Stifter ehelich abstammenden männlichen Descendenten ein Recht, wenn sie auch nicht zu seinen Erben gehören und sogar enterbt worden sind; doch wird auch den unverheirathet gebliebenen Töchtern desselben die Aufnahme zugestanden [12]). Zur Aufnahme der Leiche eines Fremden wird die Zustimmung sämmtlicher Familienglieder verlangt [13]), welches jedoch nicht auf die Anordnung des Stifters selbst zu beziehen ist. — Schlechte Familienbegräbnisse müssen Alle aufnehmen, welche von dem Stifter abstammen, wenn sie auch nicht zu den Erben gehören; Kognaten und Affinen jedoch nur dann, wenn sie zu Erben eingesetzt worden sind [14]), falls

9) L. 195, §. 2 in fine D. de verborum signif. (L, 16); L. 6 D. de religiosis (XI, 7); L. 13 C. eodem (III, 44).

10) C. 13, qu. II, c. 13; C. 13 X. de sepulturis (III, 12).

11) Stryk, Usus mod., L. XI, tit. 7, §. 24; J. H. Boehmer, Jus parochiale, Sect. IV, c. 2, §. 15.

12) Stryk l. c. §. 26 u. Knipschild, de fideicomm., c. 10, nr. 119.

13) Stryk l. c. in fine u. Brunnemann, de jure eccles., L. II, c. 2, §. ult. in not. fin.

14) L. 8 C. de religiosis (III, 44). Manche beziehen diese Stelle nur auf den Stifter, weil sonst der Begräbnißort kein sepulchrum familiare, sondern ein hereditarium sein würde, z. B. Stryk l. c. §. 27.

darüber die Stiftungsurkunde nichts bestimmt. — Diese Begräbnisse fallen, wenn sie sich in Kirchen oder auf Kirchhöfen befinden, mit dem Erlöschen der Familie an die Kirche zurück[15]).

Erbbegräbnisse sind solche, welche man für sich und seine Erben, wer sie auch seien, ursprünglich eingerichtet oder titulo hereditario erworben hat; sie gehen auf jeden von mehreren Erben, seien sie Testaments- oder Intestaterben, gleichviel wie groß oder klein ihre Erbtheile sind, auf die Kinder des Erblassers ohne Unterschied des Geschlechts und Grades selbst dann, wenn sie die Erbschaft ausschlagen, ganz und ungetheilt über, und es können darin von den Besitzern auch fremde Leichname aufgenommen werden[16]). An den Fideikommissarius braucht der Fiduziarius das Erbbegräbniß nicht herauszugeben, der Fiduziarius ist wahrer Erbe und bleibt es auch nach der Restitution der Erbschaft, — „sine dubio heres manebit, qui semel extitit"[17]). Hieran hat das Landrecht nichts geändert, der fideikommissarische Substitut ist Singularsuccessor geblieben und hat nur Herausgabe der Erbschaftsstücke nach Maßgabe der letztwilligen Bestimmungen des Erblassers von dem Erben zu fordern[18]). Dieser behält seine Erbesqualität und Alles, was davon als eine natürliche Folge untrennbar ist; und dazu gehört insbesondere das Begräbnißrecht in dem Erbbegräbniß. „Restituta hereditate jura sepulchrorum apud heredem remanent"[19]). Das Recht der Todtenbeisetzung behält also der Erbe für sich und seine Erben. Davon ist die Frage: ob der Erbe nicht berechtigt sei, die bauliche Anlage (Gewölbe und Grüfte) mit zu übergeben, denn diese und deren Instandhaltung sind eine Last der Erbschaft. Daraus folgt, daß der Erbe, welcher die ganze Erbschaft herausgeben soll, auch die Abnahme dieser Last fordern kann[20]). In diesem Falle wird dem Fideikommissarius das Einsetzungsrecht nicht bloß wie einem Legatar für seinen eigenen Leichnam, sondern auch für seine Erben, auf welche ja künftig das Erbbegräbniß übergehen muß, einzuräumen sein. Man findet es nicht zweifelhaft, daß Erbbegräbnisse, unter Beibe-

15) Arg. A. L.R. II, 11, §. 683. — Ueber gemeines Recht: Hagemann, Handbuch des Landwirthschaftsrechts, §. 92 a. E., S. 153; Glück, Kommentar, Bd. XI, S. 403; Stryk, Usus mod., L. XI, tit. 7, §. 38.

16) L. 6 D. de religiosis (XI, 7).

17) L. 7, §. 10 in fine D. de minoribus (IV, 4). Vergl. L. 88 D. de heredibus instituendis (XXVIII, 5).

18) Anm. 90 zu §. 466, Tit. 12, Th. I des A. L.R.

19) L. 42, §. 1 D. ad SC. Trebellianum (XXXVI, 1).

20) L. 1 D. eodem.

haltung ihrer religiösen Bestimmung und mit Konsens der kompetenten Kirchenbehörde, auf jede Art wie andere Sachen unter Lebenden übertragen, sowie einzelne Stellen zur Aufnahme fremder Leichen darin an Andere überlassen werden können[21]; ohne solchen Konsens kann dies jedoch nicht als zulässig erachtet werden, ausgenommen, wenn das Begräbniß Zubehör eines Hauses oder Gutes ist[21a]; man hat auch angenommen, daß erbliche Privatbegräbnisse, welche auf eigenem Grund und Boden von einem Gutsbesitzer errichtet sind, bei dem Verkaufe des ganzen Gutes als ein Zubehör mit übergehen, wenn sie nicht vorbehalten werden[22]; mit s. g. dinglichen, welche als Pertinenz dazu gehören, ist dies auch der Fall, wenn sie sich auf Kirchhöfen befinden[22a]. Die Erwerbung durch Verjährung ist heutzutage nicht ausgeschlossen, nur wird die Verjährungszeit eine verschiedene sein, je nachdem sie gegen eine Privatperson, oder gegen die Kirche gerichtet ist[23]. Das Landrecht hat hieran nichts geändert, weder durch besondere Bestimmungen, noch durch neue allgemeine Grundsätze in der Lehre von der Verjährung, und auch die Analogie aus den Bestimmungen in der verwandten Materie von den erblichen Kirchstellen führt nicht zur unbedingten Ausschließung der Verjährung. (S. unten, Num. 2.) Dennoch sind gelegentlich Aeußerungen gefallen, aus welchen eine abfällige Meinung entnommen werden könnte. Das Obertribunal hat in den Entscheidungsgründen eines Nichtigkeitsurtels vom 17. April 1863 (Archiv f. Rechtsfälle Bd. XLIX, S. 167) gesagt: „Nach der K.O. vom 14. April 1840 (J.M.Bl. S. 143) sind Begräbnißplätze dem bürgerlichen Verkehre überhaupt entzogen, und nach §. 581, Tit. 9, Th. I des A. L.R. kann eine durch Gesetz dem bürgerlichen Verkehre entzogene Sache durch keine Verjährung erworben werden;" und S. 168: „Kann nun aber eine Begräbnißstelle, als eine dem bürgerlichen Verkehre entzogene Sache, mittelst Verjährung durch Besitz nach den allgemeinen gesetzlichen Vorschriften nicht erworben werden" —. Diese geschichtlichen Sätze sind nicht ganz richtig. Die Begräbnißplätze werden durch kein Gesetz dem bürgerlichen Verkehre überhaupt entzogen; jener in einer einzelnen Subhastationssache im Beschwerdewege ausgewirkte Kabinetsbefehl ist kein Gesetz. Das

21) Stryk, Usus modernus, L. XI, tit. 7, §. 30 sqq.

21a) Arg. A. L.R. II, 11, §. 685. — R. vom 7. Dezember 1841 (M.Bl. d. i. Verwalt., Jahrg. 1842, S. 13).

22) Stryk l. c. §. 31. Vergl. Mevii Consil. 105, Nr. 87.

22a) Arg. §. 685, II, 11 des A. L.R.

23) Stryk l. c. §. 33; Glück, Kommentar, Bd. XI, S. 400, Note 51.

Obertribunal sagt in der Ausführung zur Begründung seines Pr. 2592, vom 5. Januar 1855 (Entsch. Bd. XXX, S. 200), mit Beziehung auf einen erblichen Kirchensitz, selbst: „Da das gedachte Recht auf einen Kirchenstuhl nach §. 685, Th. II, Tit. 11 des A. L.R. dem bürgerlichen Verkehre nicht ganz entzogen worden ist, mithin das im §. 581, Tit. 9, Th. I des A. L.R. erwähnte Hinderniß der Ersitzung nicht vorhanden ist, so tritt auch hier die Regel ein, wonach Rechte jener Art — mittelst Verjährung durch Besitz, und zwar, wie im vorliegenden Falle, gegen eine Kirche durch 44jährigen Besitz erworben werden können." Dies bezog sich auf ein Real-Kirchenstuhlrecht. Das Gleiche führt das Obertribunal aber auch in Betreff eines erblichen Personal-Kirchensitzes aus, indem es in dem Erkenntnisse vom 31. März 1856 (Entsch. Bd. XXXII, S. 44) darüber sagt: „Das A. L.R. hat diese Frage (ob ein solches vererbliches Recht durch Verjährung erworben werden könne) unentschieden gelassen. — Man muß daher auch hier auf die allgemeinen Bestimmungen zurückgehen, welche über die erwerbende Verjährung von Rechten handeln, wonach dann auch das vorliegende, dem Verkehr nicht völlig entzogene Recht auch ohne Titel, der gerade durch die Verjährung ersetzt wird, gegen die Kirche durch 44jährigen Besitz erworben werden könnte." Dabei ist denn u. A. auch jener §. 581 aus Tit. 9, Th. I allegirt, welcher lautet: „Wenn eine Sache durch Gesetze dem bürgerlichen Verkehre ganz entzogen worden, so kann sie durch keine Verjährung erworben werden." Hiermit ist die Inkorrektheit des geschichtlichen Vortrages in jenem Erkenntnisse vom 17. April 1863 aufgewiesen. Für den dadurch entschiedenen Fall hatte sie gar nichts auf sich, denn die Frage: ob ein erbliches Begräbnißrecht durch Ersitzung erworben werden könne, lag nicht zur Entscheidung vor, vielmehr war zu entscheiden, ob dem Besitzer eines Erbbegräbnisses der Gebrauch auf die Weise, daß man die gemeinen Begräbnißutensilien in das Innere stellte, mittelst Verjährung durch Besitz entzogen werden könne. Das verneint das Obertribunal unter den nicht ganz richtigen Voraussetzungen. Deshalb ist darauf für die uns hier vorliegende Frage kein Gewicht zu legen; diese Frage ist auch dem Obertribunale noch offen. — Daß ein Erbbegräbniß auf mehrere Erben ganz und ungetheilt übergeht, da auch diejenigen, welchen nur ein sehr geringer Erbtheil beschieden ist, doch das gleiche Recht zur Beisetzung haben [24]), ist bereits gesagt; doch besteht kein Hinderniß, daß Erben sich über die ausschließliche Benutzung einzelner Abtheilungen des Grabgewöl-

24) L. 6 pr. D. de religiosis (XI, 7).

des einigen, wie dies auch in der Wirklichkeit an manchen Orten vorkommt, wo sogar Verkäufe einzelner Abtheilungen, sogenannter Schwibbogen, vorkommen[25]). — Der Verlust des Erbbegräbnisses tritt ein aus denselben Gründen, aus welchen Eigenthum und Rechte erlöschen. Durch Nichtgebrauch soll — so ist gesagt worden — das jus sepulchri privati erlöschen, wenn es in Kirchen oder öffentlichen Begräbnißplätzen zusteht, weil es hier die rechtliche Natur einer Servitut habe[26]). Dies ist als richtig nicht anzuerkennen, das jus sepulchri privati ist weder eine Personalservitut, weil es sich vererbt, noch eine Grundgerechtigkeit, weil ein herrschendes Grundstück fehlt; es ist vielmehr ein unvollkommenes Eigenthum oder erbliches Besitzrecht, und ein solches kann, so lange der Besitz nicht verloren ist, durch bloßen Nichtgebrauch nie erlöschen. Ebenso wenig läßt sich nach preußischem Rechte, welches Verbannung nicht kennt, der sonstige Verlust des Staatsbürgerrechts als Erlöschungsgrund für Privatrechte anerkennen. Aber das Erlöschen der Familie des Gründers will man nach preußischem Rechte auch für Erbbegräbnisse als Erlöschungsgrund geltend machen, wenn sie nicht dingliche sind[26a]).

2. Erbliche Kirchstellen oder Kirchbänke, auch Kirchensitze, Kirchstühle, Kirchstände genannt. Dergleichen Stellen werden ursprünglich durch Verleihung von der Kirche erworben[27]); ob sie nur durch Verleihung und nicht auch durch Verjährung gegen die Kirche erworben werden können, soll zweifelhaft sein, wegen §. 581, Tit. 9, Th. I des A. L.R., welcher verordnet, daß, „wenn eine Sache durch Gesetze dem bürgerlichen Verkehre ganz entzogen worden, sie durch keine Verjährung erworben werden kann." Der Zweifel hat keinen rechtlichen Grund; die Fassung des §. 581 und der Ausdruck „ganz" beseitigt ihn völlig, da erbliche Kirchstellen so wenig wie Erbbegräbnisse dem bürgerlichen Verkehr ganz entzogen sind. Dies ist auch in der Praxis angenommen[28]). Zur Ersitzung ist nach preußischem Rechte ein 44jähriger

25) Stryk l. c. §. 35 bezeugt dies von Halle und Leipzig.

26) Vergl. Stryk l. c. §. 36.

26a) Auf Grund des §. 683, II, 11 des A. L.R., der sich auf Kirchstellen bezieht. R. v. 7. Dezember 1841 (M.B.Bl. 1842, S. 13). Darnach würden Familien- und bloße Erbbegräbnisse identisch sein, was zu bezweifeln sein möchte, da das Landrecht darüber nichts Neues enthält.

27) A. L.R. II, 11, §. 681. Vergl. J. H. Boehmer, Jus parochiale, Sect. V, c. 2, §. 4.

28) Pr. des Obertr. 2592, v. 5. Januar 1855 (Entsch. Bd. XXX, S. 197), u. Erk. dess. vom 31. März 1856 (Entsch. Bd. XXXII, S. 40). Ist auch ge-

Besitz erforderlich[29]). Die erblichen Kirchensitze sind entweder dingliche, oder persönliche. Dingliche sind diejenigen, welche einem bestimmten Hause oder Gute zugeschrieben sind. Diese gehen als Pertinenz mit dem Hause oder Gute auf jeden Besitzer desselben über, auch wenn er einer anderen Religionspartei angehört[30]), sie sind also, mit der Hauptsache zugleich, auch verkäuflich, können jedoch nicht abgelöst und als selbstständige Sachen veräußert werden[31]). Bei den persönlichen Kirchensitzen unterscheidet man nach gemeinem Rechte, wie bei den erblichen Begräbnissen, solche, welche nur einer gewissen Familie verliehen sind und wenigstens allen Personen, welche von dem ersten Erwerber abstammen, zustehen, von solchen, welche ganz allgemein auf die Erben, wer sie immer seien, verschrieben sind, mögen sie von der Familie sein oder nicht[32]). Das Landrecht hat diesen Unterschied nicht aufgenommen, es kennt nur „Kirchstellen, welche gewissen Personen oder Familien erblich verliehen sind, da können die Eigenthümer — sie auf ihre Nachkommen vererben"[33]). Die Vererbung auf Erben, die nicht zu den Nachkommen gehören, ist hiernach nicht gestattet, wenn nicht die Verleihungsurkunde darüber etwas Anderes enthält. — Erbliche Kirchensitze, persönliche wie dingliche, können an Andere vermiethet oder sonst zum Gebrauche überlassen werden[34]), was selbst den Besitzern solcher Stühle, welche auf Lebenszeit verliehen sind, nicht verwehrt werden kann[35]); nur die Veräußerung des Rechts selbst durch ein Rechtsgeschäft unter Lebenden ist nicht zulässig. Die Instandhaltung der erblichen Stände liegt nach allgemeinen Rechtsgrundsätzen den Besitzern ob. — Persönliche Kirchstellen fallen mit dem Erlöschen der damit beliehenen Familie, andere schlichte Erbstellen dann, wenn der letzte Besitzer ohne „Nachkommen" stirbt, an die Kirche zurück[36]); dies soll nach dem Landrechte auch geschehen, wenn er

meinen Rechtens. J. H. Boehmer, Jus parochiale, Sect. V, c. 2, §. 7. Vergl. Jus eccl. protest. II, 26, §. 48.

29) A. L.R. I, 9, §. 629 u. die in der vor. Anm. 28 angeführten Rechtssprüche.

30) A. L.R. II, 11, §. 685.

31) Arg. §. 682 a. a. O.

32) J. H. Boehmer, Jus parochiale, Sect. V, c. 2, §. 4; Schulz, de eo quod justum circa paroch., c. 4, §. 29; Harpprecht, Responsa, Vol. nov., cons. XXII, nr. 15.

33) A. L.R. §§. 681 u. 182 a. a. O.

34) A. L.R. §. 681 a. a. O.

35) J. H. Boehmer l. c. §. 6.

36) A. L.R. §. 683 a. a. O. — J. H. Boehmer l. c. §. 6, verb.: „Caeterum differentia"; Schilter, Instit. jur. can., T. II, c. 7, §. 6.

„die Parochie verläßt“ [37]). Das Letztere paßt nicht auf erbliche Besitzrechte, da der Besitzer ja den Gebrauch Anderen einräumen darf und er selbst oder seine Nachkommen allezeit zurückkehren können. Die Bestimmung ist aus der Magdeburger Polizeiordnung, Kap. 24, §§. 10 und 11 entnommen, wo jedoch nur von solchen Kirchensitzen die Rede ist, die nicht „erblich, sondern allein auf des Besitzers Leben vergünstiget“; und hat schon Streitigkeiten veranlaßt [38]). Auch die Veräußerung unter Lebenden ist bei schlichten Erbkirchensitzen nur der Kirche gegenüber unzulässig; der Erbe hat kein Anfechtungs-, kein Vindikationsrecht [39]), nur die Kirche hat ein Vindikationsrecht nach dem Tode des Veräußerers [40]). — Durch einseitige Entsagung des Besitzers kann eine Erbkirchenbank nicht auf die Kirche übertragen werden, weil man sich von der Erhaltungslast einseitig nicht befreien kann.

3. Das weltliche Kirchenpatronat, d. i. dasjenige, welches einem Laien als Eigenthum zusteht. Man versteht darunter den Inbegriff der Rechte, welche einer weltlichen Person auf eine Kirche, ein Kirchenamt oder eine Kirchenpfründe, besonders hinsichtlich der Erhaltung, beziehungsweise Verleihung zustehen; man hat den Begriff auch auf andere milde Stiftungen ausgedehnt. In der ersten Zeit der Entstehung dieses Rechtes bezog sich das Eigenthum auf die Kirchengebäude und die Kirchengüter, aus welchen dem Patrone Nutzungen und Ehrenrechte zuflossen. Damals war dieses Eigenthumsrecht im freien Verkehre, welches man verkaufen und sonst unter Lebenden auf Andere übertragen konnte. Erst im zwölften Jahrhundert stellten die Päbste den Satz hin, das Patronatrecht sei eine geistliche (spirituelle) Sache, zu deren Innehabung kein Laie fähig sei [41]). In Folge dessen wurde das Patronatrecht eine res sacra, mithin eine res extra commercium, daher unter Lebenden nicht übertragbar. Das Eigenthum an den Kirchen ist seitdem verschwun-

37) §. 683 a. a. O.

38) M. s. das R. v. 7. Juli 1800 u. die Resolution der Regierung zu Emmerich v. 20. Juni 1800 (Rabe, Bd. VI, S. 174 u. Neues Archiv, Bd. I, S. 206), wo der Fall dahin entschieden ist, daß, insoweit der Berechtigte noch zur Kirche jura stolae entrichte oder die Kirchenbedienten dafür entschädige, der §. 683 auf ihn nicht Anwendung finde. Der Grund ist nicht triftig, da man dafür keine jura stolae zahlt; die Bestimmung ist überhaupt nicht anwendbar auf erbliche Besitzrechte.

39) Leyser, Med. ad Pand., Sp. XXII, m. 4. Vergl. Mevii Comment. ad jus Lubec., L. I, tit. 10, art. 6, nr. 75.

40) J. H. Boehmer, Jus parochiale, l. c. §. 5, nr. 4.

41) C. 16, 19 X. de jure patronatus (III, 38).

den und von den Nutzungsrechten ist nur noch die Kompetenz des verarmten Patrons übrig geblieben[42]). — Dieses Patronatrecht kann mit einem Gute, und zwar immer nur untrennbar, verbunden sein, und dann ist es mit dem Gute zugleich eine im freien Verkehre befindliche Sache, ohne Rücksicht auf die Religion des neuen Erwerbers, die nur auf die Ausübung der einzelnen darin enthaltenen Befugnisse Einfluß hat[43]). Eine Ausnahme von dieser Untrennbarkeit ist aus publizistischen Gründen gemacht bei zu verkaufenden Staatsdomänen, von welchen das Patronatrecht dem Staate vorbehalten werden soll[44]). Das mit einem Grundstücke verbundene Patronat nennt man ein dingliches (subjektiv dingliches) oder Real-Patronat. Das Patronatrecht kann aber als Eigenthum auch einer Person gehören, und dann ist es ein persönliches oder Personal-Patronat[45]). Dieses kann wahrhaft erblich sein, entweder so, daß es auf alle Erben übergeht (jus patronatus hereditarium), oder so, daß es nur den Mitgliedern der Familie als solchen zusteht (Familienpatronat, j. p. gentilitium). Dieses geht nicht auf Frauen der Familie über und fällt mit dem Tode der letzten Mannsperson zurück[46]), wenn darüber die Erwerbungsurkunde keine besondere Bestimmung hat. Das Landrecht kennt alle diese verschiedenen Arten des Patronatrechts, ohne wegen der Vererbung besondere Bestimmungen zu treffen[47]); dasselbe stimmt auch mit dem kanonischen Rechte darin überein, daß das Patronatrecht nicht allein durch Verleihung (des Staats), sondern auch durch konstitutive Verjährung erworben werden könne[48]), sowie, daß das Personal-Patronat für sich allein eine res extra commercium ist, welche, ohne Mitwirkung der Gemeinde und der Kirchenobern, nicht verkauft oder vertauscht werden kann[49]). Folgerechterweise müßte daher auch die translative Verjährung ausgeschlossen sein[50]); und so ist es auch. Das Landrecht scheint zwar das Gegentheil anzuordnen, wenn es, nachdem im

---

42) Auch im A. L.R. II, 11, §§. 595 — 597 anerkannt und geregelt.

43) §§. 579 — 583 a. a. O. — V. v. 30. August 1816 (G.S. S. 207).

44) K.O. vom 9. Januar 1812 (G.S. S. 3).

45) C. 7, 13 X. de jure patronatus (III, 38).

46) Clem. 2 de jure patronatus (III, 12). — Jo. Ge. Pertsch, Elem. jur. canon., P. I, §. 861.

47) §. 578 a. a. O.

48) §§. 573, 574, 575 a. a. O. u. meine Anmerkungen dazu.

49) A. L.R. §§. 580, 581 verb. mit §. 610 a. a. O. — A. M. ist Boehmer, Jus eccl. prot. III, 38, §. 120 u. Schilter, Inst. jur. can. I, 14, §. 15 in f.

50) A. L.R. Th. I, Tit. 4, §. 14; Tit. 5, §. 58; Tit. 9, §. 581.

§. 575 über die Zeit der konstitutiven Verjährung Bestimmung getroffen worden, im §. 576 weiter sagt:

„Wenn aber zwei oder mehrere Privatpersonen über den Besitz des Patronatrechts mit einander streiten: so ist die gemeine Verjährung hinreichend."

Indeß scheint dies auch nur. Denn es ist ausdrücklich nur von Besitzstreitigkeiten die Rede, wobei nicht gerade nur an die possessorischen Interdikte gedacht werden darf, es können auch Rechte zum Besitz Gegenstand der Streitigkeiten sein; aber die Abforderung des Patronatrechts selbst auf Grund der Erwerbung durch translative Verjährung wird dadurch nicht gestattet. Nur einzelne unter dem Patronatrechte begriffene Befugnisse können dem Patron durch eine gegen ihn angefangene und vollendete Verjährung durch Besitz entzogen werden, sagt der §. 612 a. a. O. ausdrücklich. — Durch Erbgangsrecht geht das Patronat auf die Erben ex testamento wie ab intestato, ohne Unterschied des Geschlechtes und der Religion über; von mehreren Erben erhält es Jeder als ein untheilbares Recht ganz, d. h. übt die einzelnen Rechte des Patronats ganz aus [51]); nur bei der Präsentation haben sie, wenn ihr Erblasser nur Mitpatron war, zusammen nur die Stimme desselben [52]). Ob das Patronatrecht seitens des Erben an einen Universal-Fideikommissarius mit herauszugeben sei, ist unter den Kanonisten streitig. Einige [53]) bestreiten es auf Grund der Bestimmungen des römischen Rechts über Erbbegräbnisse (oben Num. 1); Andere behaupten es, in der Meinung, daß das Patronat, zumal nach den Ansichten der evangelischen Kirche, ein freies Eigenthumsrecht sei, welches quocunque titulo willkührlich an Andere übertragen werden könne [54]). Diese Gründe treffen nach dem Landrechte nicht zu; „Niemand kann, ohne ausdrückliche Einwilligung der Gemeinde, und ohne Genehmigung der geistlichen Obern, des Patronatrechts und der damit verbundenen Obliegenheiten sich begeben," verordnet der §. 610 a. a. O.; durch die Restitution einer Erbschaft an einen Fideikommissarius, welcher ein Singularsuccessor ist, würde aber das Patronatrecht an eine fremde Familie nicht titulo universali kommen können, und dieses brauchen sich die Gemeinde und die geistlichen Obern nicht gefallen

51) C. 21. 36. C. XVI, qu. 7; — c. 1. 13 X. de jure patronatus (III, 38). — A. L.R. §. 606 a. a. O.

52) A. L.R. a. a. O. §§. 352, 607; — Cl. 2 de jure patronatus (III, 12).

53) Z. B. Finkelthaus, de jure patronatus, c. 5, n. 70 seqq., §. 100.

54) Diese Meinung vertritt z. B. Boehmer, Jus eccl. protest., L. III, tit. 38, §. 119 in fine verb. mit §. 117 in fine.

zu lassen. Tritt dieser Fall ein, so ist der Erbe (Fiduziarius) berechtigt, von der Erbschaft sich soviel vorzubehalten, wie zur Bestreitung der Patronatslasten erforderlich, da das Patronat eine Erbschaftslast ist. — Gänzlicher Verlust des erblichen Patronatrechts kann, so lange die Kirche besteht, nach dem Landrechte nicht eintreten, namentlich nicht durch einseitige Entsagung[55]) und nicht durch Extinktivverjährung; nur einzelne darunter begriffene Befugnisse können, doch auch nicht durch bloßen Nichtgebrauch, sondern nur durch gegentheilige Akquisitivverjährung, verloren gehen[56]). Für seine Person verliert der Patron 1) das Wahl- und Präsentationsrecht, bei dieser und allen Vakanzen, wenn er, „um Bestechung und anderer unerlaubter Vortheile willen Jemand zu einer Pfarrstelle präsentirt" (Simonie)[57]); an seine Stelle treten die geistlichen Obern[58]). Die Entscheidung über den Verlust dieses Privatrechts steht den ordentlichen Gerichten zu. Er verliert 2) die Ausübung des Patronatrechts überhaupt, wenn er von bescholtenem Rufe ist und namentlich durch rechtskräftiges Erkenntniß zur Zuchthausstrafe verurtheilt, oder ihm die Ausübung der bürgerlichen Ehrenrechte ganz oder auf Zeit untersagt worden ist[59]): in diesem Falle wird das Patronat von der Staatsbehörde verwaltet und die Entscheidung über die Anwendung des Gesetzes steht der Bezirksregierung zu[60]); 3) wenn er ein Jude ist: in diesem Falle ruht das Patronatrecht gänzlich, als ob kein Patron vorhanden wäre; die Lasten aber werden hier wie in dem vorigen Falle von dem Patron getragen[61]).

4. Die Erb-Hofämter. (S. oben, §. 5, Nr. 1 a. E.)

5. Alles das, wofür der Erblasser verantwortlich war, wenngleich er darüber nicht verfügen durfte. „Quaedam, quae non possunt sola alienari, per universitatem transeunt — ad heredem; et res, cujus aliquis commercium non habet, nam etsi legari ei non possit, tamen heres institutus dominus ejus efficitur[62])." Dahin gehören z. B. eingebrachte Gegenstände der hin-

55) A. L.R. a. a. O. §. 610.

56) Ebenda §§. 611 u. 612. Vergl. den Rechtsfall im Archiv f. Rechtsf., Bd. VI, S. 165 u. Anm. 97b zu §. 612 m. L.R.

57) A. L.R. a. a. O. §. 613. — Vergl. c. 6 X. de jure patronatus (III, 38).

58) A. L.R. a. a. O. §. 614.

59) Ges. vom 8. Mai 1837, §§. 1, 3, 6, 12 (G.S. S. 99); Str.-G.-B. §§. 11, 12, 22.

60) Ges. vom 8. Mai 1837, §§. 7—9.

61) Verordnung vom 30. August 1816 (G.S. S. 207).

62) L. 62 D de acquirendo rerum dominio (XLI, 1).

terbliebenen Ehefrau [63]); Sachen, welche dem Erblasser geliehen [64]), verpfändet [65]), oder bei ihm deponirt waren [66]) und seiner Gewahrsam entzogen worden sind. Der Erbe kann sie mit der hereditatis petitio von dritten Personen abfordern: „— placuit — — in hoc judicium venire — — non tantum hereditaria corpora, sed et quae non sunt hereditaria, quorum tamen periculum ad heredem pertinet, ut res pignori datae defuncto, vel commodatae depositaeve — [67])."

§. 7.

Fortsetzung. Dritte Regel.

III. Vermögensverhältnisse, welche ein menschliches Bewußtsein und Handeln zur Erhaltung, oder individuelle Willensbestimmung zur Begründung unmittelbar voraussetzen, gehen nicht auf die Erben über. Darnach gehört nicht zur Erbschaft:

1. Der Besitz des Erblassers. — „possessionem hereditas non habet, quae facti est et animi; sed nec heredis est possessio, antequam possideat, quia hereditas in eum id tantum transfundit, quod est hereditatis, non autem fuit possessio hereditatis [1])." — Mit dem Tode des Erblassers geht also dessen Besitz verloren, selbst alsdann, wenn ein Stellvertreter den Besitz für den Verstorbenen ausübte [2]); der Erbe muß mithin den Besitz an den einzelnen Gegenständen der Erbschaft durch körperliche Besitzergreifung (naturaliter) besonders erwerben, er setzt sonach nicht den erloschenen Besitz des Erblassers fort, sondern beginnt einen neuen, ursprünglichen. Das Landrecht setzt dies Alles voraus, ohne es ausdrücklich zu sagen. Die Stellen sind die §§. 368, 370, I, 9 und lauten:

---

63) A. L.R. II, 1, §. 543. Vergl. L. 1, §. 1 D. de fundo dotali (XXIII, 5); L. 62 D. de acquirendo rerum dominio (XLI, 1).

64) A. L.R. I, 21, §. 248.

65) Ebd. I, 20, §§. 184—186, 193.

66) Ebd. I, 14, §§. 35—40.

67) L. 18 in f., L. 19 pr. D. de heredit. petit. (V, 3). — Vergl. L. 19, §. 2 D. eodem. — Vergl. A. L.R. I, 9, §§. 358, 359.

1) L. 1, §. 15 D. si is qui testam. liber (XLVII, 4).

2) L. 23 pr. D. de acquir. vel amitt. possess. (XLI, 2): „Quum heredes instituti sumus, adita hereditate omnia quidem jura ad nos transeunt, possessio tamen, nisi naturaliter comprehensa, ad nos non pertinet." — L. 30, §. 6 D. eodem: „Quod per colonum possideo, heres meus, nisi ipse nactus possessionem, non poterit possidere; retinere enim animo possessionem possumus, adipisci non possumus."

„Dieser (der Berufene) erlangt das Eigenthum der Erbschaft, nebst allen damit verbundenen Rechten und Pflichten, ohne daß es einer Besitzergreifung bedarf."

„Stirbt der Erbe, noch ehe er die Erbschaft in Besitz genommen hat, so geht dennoch sein Recht daran auf seinen Erben über."

Es wird hier sehr bestimmt Eigenthum und Besitz unterschieden; beide sind von einander unabhängig. Das Erstere wird ipso jure, ohne Zuthun, selbst ohne daß der Erbe davon etwas weiß, erworben; der Besitz kann nur mit Bewußtsein und Willen (animo) durch Herstellung des thatsächlichen Zustandes der Gewahrsam erlangt werden. Darüber ist auch die Praxis im Klaren. Aus dem Gesagten folgt nun:

a) Die possessorischen Rechtsmittel stehen dem Erben, vor der wirklichen Besitzergreifung, in soweit zu, als sie schon vor dem Tode des Erblassers begründet waren [3]). Es ist jedoch zwischen den Rechtsmitteln wegen Wiedererlangung des gänzlich entzogenen Besitzes (remedia recuperandae possessionis), und den Rechtsmitteln zum Schutze des ruhigen Besitzes (wegen Besitzstörung, remedia retinendae possessionis) zu unterscheiden. Die Possessorienklage wegen einer noch bei Lebzeiten des Erblassers vorgefallenen Besitzentziehung geht unbeschränkt aktiv und passiv auf den Erben über [4]). Dagegen kann die Possessorienklage wegen bloßer Störung nur in soweit, als ihr Prinzip zugleich auch das Interesse betrifft, sich vererben, denn hinsichtlich der Hauptsache (Schutz im Besitze gegen fernere Störung) ist der Uebergang des Interdikts nicht denkbar, weil der zu schützende Besitzer nicht mehr vorhanden ist. Nach diesem Rechtsstande kann das Obertribunal mit seinem Ausspruche, daß die nach dem Tode eines gestörten Besitzers in dessen Possessorienprozeß eingetretenen, aber noch nicht im Besitze befindlichen „Erben im Besitze zu schützen" [5]), vor dem Richterstuhle der Kritik nicht bestehen. Es ist widersinnig, eine Person im ruhigen Besitze schützen wollen, die noch niemals in diesem bestimmten Besitze war. Die Entscheidungsgründe gehen alle fehl, obgleich von richtiger Voraussetzung ausgegangen wird. Es wird gesagt (S. 242): „Hört auch der Besitz des Erblassers mit dessen Tode auf, so hindert dies doch keineswegs den Uebergang der Rechte, welche aus der Besitzentsetzung resp. Störung

3) A. L.R. I, 9, §. 361.

4) Ebd. I, 7, §§. 148, 149.

5) Erk. vom 10. Mai 1861 (Arch. f. Rechtsf. Bd. XLI, S. 241).

entsprungen und vom Erblasser bereits verfolgt sind." Wer behauptet das? Aus dem an sich richtigen Schluß wird eine unlogische Anwendung gemacht, indem verschiedenartige Dinge zusammengefaßt werden. Die unrechtmäßige Besitzentsetzung hat die Wiedereinsetzung zur rechtlichen Folge; wenn inzwischen der Entsetzte abgegangen ist und einen Erben hat, so kann dieser eingesetzt werden, wodurch er den Besitz erwirbt. Wenn aber der Besitzer im Besitze ist und nur beunruhigt wird, so hat seine Possessorienklage nur den Zweck, den Störer zu zwingen, seine störenden Handlungen einzustellen. Hört inzwischen das Dasein des Besitzers auf, so ist so viel handgreiflich, daß der Richterspruch nicht auf den Schutz von Personen im Besitze lauten kann, die gar nicht im Besitze sind. Das würde ein Hysteron-proteron sein. Denn der Besitz vererbt sich nicht, wie ja das Obertribunal voranschickt und dadurch, daß „dies doch keineswegs den Uebergang der Rechte hindert", kommen die Erben nicht in Besitz, die Rechte mögen immerhin auf sie übergehen, hier aber ist die Rede vom Besitz und diesen müssen sie erst besonders erwerben. Die logische Schlüssigkeit fehlt also in der Ausführung. Von den weiter zur Begründung des Spruches hingestellten Sätzen ist nicht ein einziger passend oder zutreffend. Es heißt nämlich weiter: „Der Erbe erwirbt nach §. 368, I, 9 des A. L.R. das Eigenthum der Erbschaft, ohne daß es weiter einer Besitzergreifung bedarf. Die Erbschaft eines Verstorbenen besteht aber gemäß §. 350 a. a. O. aus dem Inbegriffe aller seiner hinterlassenen Sachen, Rechte und Pflichten." Hiergegen ist noch nie etwas gesagt worden. Was soll dieses für die vorliegende Frage beweisen? Dieses: „Hiernach müssen nicht nur das Recht zum Besitze (ist außer Streit), sondern auch die aus dem Besitze hervorgegangenen Befugnisse (ebenfalls unstreitig), jura possessionis[6]), zu denen hauptsächlich das possessorium gehört, unter die zum Nachlasse gehörigen Rechte fallen und ohne Weiteres auf die Erben übergehen." In dieser Allgemeinheit ist das eine petitio principii. Es soll sogleich gesagt werden, warum es hinsichtlich des interdicti retinendae possessionis aus einem natürlichen Grunde keine Wahrheit sein kann. „Dieses" — ist beigefügt — „wird auch durch

6) Wer es wüßte könnte es sagen, woher die Idee rührt, daß die jura possessionis zur Erbschaft gehören, während der Boden davon, nämlich die possessio, selbst nicht dazu gehört. Einige ältere Rechtsgelehrte hegen diese längst vergessene oder eine ähnliche Idee, z. B. Leyser, welcher sich in seinen Med. ad Pand., Sp. 371, m. 4, 5 so äußert: „Etsi vero possessio ipsa, seu corporalis rei detentio non transeat in heredem, jus tamen possessionis in eum transit."

§. 361 a. a. O. bestätigt, welcher verordnet, daß, in sofern selbst aus Rechten und Pflichten, welche mit dem Tode des Erblassers erlöschen, noch bei seiner Lebenszeit Folgen entstanden sind, die ein nach Gelde zu schätzendes Interesse begründen, dieses Interesse zum Nachlasse gehöre." Wahr. Aber welche Folgen sind denn aus der Störung des Besitzes, der mit dem Tode des Erblassers erloschen ist, entstanden? Zwei. Erstens soll der Besitzer für die Zukunft gegen wiederholte Störungen geschützt; zweitens soll er für die Vergangenheit wegen der erlittenen Störungen entschädigt werden. Daß der zweite Anspruch zur Erbschaft gehöre, weil er in einer Geldforderung besteht, ist schon oben gesagt; diese Folge der Störung ist also außer Frage. Aber könnte denn das Obertribunal wohl den Geldwerth des Interesses angeben, daß der Besitzer aufgehört hat zu leben, ehe er geschützt werden konnte? Was soll hier „zum Nachlasse gehören"? Der Todte kann nicht mehr im Besitze geschützt werden, und Lebende, die noch niemals im Besitze waren, können es auch nicht. Zuletzt wird dann noch die spezielle Bestimmung des §. 149, I, 7 des A. L.R. vorgeführt, welche über die aktive Vererblichkeit des possessorii keinen Zweifel übrig lassen soll. Ja, welches possessorii? Die hier vorliegende Frage wird von dem §. 149 gar nicht berührt, er betrifft das interdictum recuperandae possessionis, die Wiedererlangung des gänzlich entzogenen Besitzes. Der §. 148 sagt: „Vorstehende Rechte (§§. 146, 147) kommen demjenigen, welcher solchergestalt seines Besitzes zur Ungebühr entsetzt worden, nicht nur gegen den Entsetzenden und seine Theilnehmer, sondern auch gegen deren Erben zu. (Tit. 6, §. 28 ff.)." Und nun die Fortsetzung im §. 149: „Auch gehen diese Rechte auf die Erben des Entsetzten über." Gegen die hier festgestellte Vererblichkeit der noch bei Lebzeiten des Erblassers begründeten interdicta recuperandae possessionis hat bisher keiner ein Wort gesagt, aber von dem Interdictum uti possidetis, wegen Störung des Besitzes, kommt hier keine Silbe vor, davon ist erst in den §§. 150 ff. die Rede und hier kommt gar nichts von der Vererblichkeit dieses Schutzmittels, weder von der aktiven, noch von der passiven, vor. Hiergegen hilft sich das Obertribunal mit der Behauptung: „Daß dieses (das Uebergehen auf die Erben, wovon der §. 148 u. 149 spricht) auch in Bezug auf die Erben des Gestörten der Fall ist, ergiebt sich daraus, daß der §. 150 a. a. O. alle dem Entsetzten zustehenden Rechte auch dem im Besitze Gestörten beilegt." Nein, das ergiebt sich daraus nicht. Der Wortlaut des §. 150 ist: „Alle Rechte, welche demjenigen beigelegt sind, der seines Besitzes durch Gewalt, heimlich oder mit List entsetzt worden, kommen auch dem zu, welcher in seinem Besitze solchergestalt zur Ungebühr gestört wird." Alle Rechte sind eben „vorstehende Rechte (§§. 146, 147)", welche der §. 148 dem „Entsetzten" und der §. 149 auch dessen Erben zuerkennt, und dieselben Rechte legt der §. 150 dem Gestörten bei; daß aber die Rechte, welche dem „Gestörten" zustehen sollen, auch der Erbe habe, sagt der §. 150 gar nicht, wie es doch der §. 149 in Betreff des interdicti recuperandae possessionis thut, und was er nicht sagt, darf ihm nicht willkührlich untergeschoben werden; der Gesetzgeber bekräftigt sein Schweigen im §. 151 damit, daß er wiederholt den „Gestörten" und keinen Andern als denjenigen bezeichnet, welcher geschützt und zwar „gegen den Störer" geschützt werden soll. Von einer Vererbung der Besitzstörungsklage, sei sie aktiv oder passiv, ist nirgend die Rede und kann auch die Rede nicht sein, aus einem natürlichen Grunde, wie vorhin angedeutet wurde. Dieser Grund ist das völlige Verschwinden des Hauptgegenstandes mit dem Tode der einen Partei. Stirbt der Gestörte, so ist sein Schutz im Besitze nicht mehr möglich; stirbt der Störer, so fällt alle weitere Störung fort, der Besitzer hat nun für immer Ruhe vor ihm, das Objekt des Zwanges ist nicht mehr vorhanden; die Sache ist nun in die Lage gekommen, wo das Judizium (der Prozeß) nicht mehr bestehen kann [7]). Den Verfassern des Landrechts also die Anordnung der Vererblichkeit dieser Klage unterschieben, heißt ihre Rechtskenntniß sehr gering schätzen.

b) Die possessorischen Rechtsmittel stehen dem Erben nicht zu, wenn während der Zeit von der Erwerbung d. i. von dem Anfalle bis zur Besitznehmung der Erbschaft Handlungen vorgekommen sind, welche einen Besitzer zur Anwendung der possessorischen Rechtsmittel berechtigen würden. Diese Konsequenz ist für das preußische Recht außer Zweifel. Das Obertribunal hat vorlängst den Rechtssatz festgestellt: „Die Besitzstörungsklage setzt voraus, daß der Erbe, wenngleich derselbe ohne besondere Besitzergreifung in alle Rechte des Erblassers tritt, sich selbst für seine Person faktisch im Besitze, in welchem er gestört sein will, befunden habe [8]); und dieser Rechtssatz ist gegen neue Anzweiflung durch einen Plenarbeschluß bestätigt worden [9]).

7) L. 11 D. de judiciis (V, 1): „Si a me fuerit adrogatus, qui mecum erat litem contestatus, vel cum quo ego: solvi judicium, Marcellus libro tertio Digestorum scribit: quoniam nec ab initio inter nos potuit judicium consistere." Die Glosse fügt hinzu: „quia in eum casum pervenit, a quo non esset incipere."

8) Pr. 1190, vom 13. September 1842 (Präj.-Samml. I, S. 252).

9) Pl.-Beschl. (Pr. 2161) vom 7. Novbr. 1849 (Entsch. Bd. XVIII, S. 3).

Kann nun auch der Erbe die eigentlichen possessorischen Rechtsmittel gegen faktische Eingriffe Dritter in Erbschaftssachen zur Erlangung oder Erhaltung des Besitzes, den er noch nicht hatte, eben deshalb, weil er nicht im Besitze war, nicht begründen, so fehlt es ihm doch nicht an Rechtsmitteln, um sich den Besitz der Gegenstände zu verschaffen, die vor seiner Besitzergreifung Dritte sich angeeignet hatten [10]. 1) Er kann die einzelnen Stücke von dem Dritten als einem possessor pro possessore vindiziren, denn er ist Eigenthümer, wenn es der Erblasser war, oder er kann, wenn das Eigenthum bestritten wird, dieselben mit der Erbschaftsklage abfordern [11]. 2) Er kann von dem interdictum quorum bonorum Gebrauch machen [12]. 3) Er kann, wenn er ein äußerlich fehlerfreies förmliches Testament für sich hat, eine missio in bona fordern [13], wenn auch sein Erbrecht noch bestritten wird, oder übergangene Notherben auftreten und gegen die missio des Testamentserben in bona Widerspruch erheben [14].

c) Der Usukapionsbesitz des Erblassers und damit die von ihm angefangene aber noch nicht vollendete Ersitzung müßte unterbrochen sein. Allein hierin ist von der Regel eine Ausnahme „jure singulari", wie es heißt [15], ausdrücklich gemacht worden: „Coeptam usucapionem a defuncto posse et ante aditam hereditatem impleri constitutum est [16]." Die Ersitzung soll also sogar noch vor der Erwerbung der Erbschaft vollendet werden können, folglich kann sie auch der Erbe nach der Besitznehmung der Erbschaft vollenden, wobei die Zwischenzeit (das vacuum tempus) [17] zur accessio possessionis mitgerechnet wird, „quia possessio defuncti quasi — nur quasi in Folge einer Fiktion — juncta, descendit ad heredem [18];" jedoch nicht anders, als wenn der Erbe oder dessen Erbe [19] unmit-

10) Mühlenbruch, in Glück's Kommentar, Bd. XLIII, S. 81 ff.

11) L. 16, §. 4 D. de hereditatis petit. (V, 3).

12) A. L.R. I, 9, §. 492; L. 2 et 3 C. quorum bonorum (VIII, 2).

13) A. L.R. I, 12, §. 244; L. 3 C. de edicto D. Hadriani tollendo (VI, 33).

14) R. vom 18. April 1797 (Stengel, Bd. V, S. 101; Rabe, Bd. IV, S. 97).

15) L. 44, §. 3 in f. D. de usurpation. (XLI, 3).

16) L. 40 D. eodem.

17) So heißt es in der L. 31, §. 5 D. eodem.

18) L. 30 pr. D. ex quibus causis majores (IV, 6); L. 7 pr. D. pro emtore (XLI, 4).

19) L. 2, §. 18 D. eodem; L. 65 D. de verb. sign. (L, 16); L. 194 D. de reg. jur. (L, 17).

telbar nach dem Erblasser, d. h. ohne Dazwischenkunft eines Dritten, zum Besitze gelangt ist[20]). Dieses Recht hat in dem Landrechte Aufnahme gefunden. Die Stellen sind die §§. 613 u. 616, I, 9, welche lauten:

§. 613. „Jeder Nachfolger im Besitze, er sei Erbe oder nicht, kann die Verjährung seines Vorfahren fortsetzen, insofern er nur selbst ein redlicher Besitzer ist."

§. 616. „Dem Erben, welcher die Verjährung des Erblassers fortsetzt, kommt bei der Berechnung des Zeitraums auch die gesetzliche Ueberlegungsfrist zu Statten."

Nur eine Rechtsveränderung ist hierbei eingetreten. Nach römischem Rechte ist der Usukapionsbesitz des Erben lediglich eine Fortsetzung von dem Ersitzungsbesitze des Erblassers und wird daher ganz nach dem Besitze des Erblassers beurtheilt. Daher kommt nach der Regel: mala fides superveniens non nocet, auf den eigenen Glauben des Erben nichts an. Das soll nach dem §. 613 anders sein, der Erbe soll die Ersitzung des Erblassers nicht fortsetzen können, insofern er nicht selbst ein redlicher Besitzer ist. Dies ist beabsichtigt worden. Man sagte zur Begründung der Veränderung: „Quod secus de jure Romanorum": sie sagten, „der Erbe sei kein tertius, sondern repräsentire den Erblasser, er continuire also dessen bonam fidem, wenn er gleich malae fidei possessor wäre. Ob sich gleich dies ratiocinium vertheidigen läßt: so ist es doch unnatürlich, und gar kein Grund vorhanden, ein Gesetz beizubehalten, durch welches ein Betrüger begünstiget wird[21])." Wie man sich einen rechtmäßigen Erben, der nur glaubt, daß der Besitz seines Erblassers an einem einzelnen Stücke fehlerhaft erworben sei, als einen Betrüger hat denken können, das muß dahin gestellt bleiben, aber gewiß ist es, daß diese improvisirte Verbesserung des römischen Rechts wieder, wie es gewöhnlich, eine Verballhornung ist, denn sie bringt einen Riß in den inneren Zusammenhang, ohne ihn durch vermittelnde Bestimmungen zu heilen, weil man sich dessen nicht bewußt gewesen ist. Wie soll es mit der Ersitzung des Erblassers gehalten werden, deren Zeit während des vacuum tempus abläuft? Soll die Ersitzung beendet sein, oder soll sie bis zur Besitzerwerbung seitens des Erben, der die Erbschaft antritt, nachdem sie vielleicht von Mehreren nacheinander ausgeschlagen worden ist, ruhen? Wird sie als vollendet angesehen,

20) L. 20 D. de usurpat. (XLI, 3); L. 6, §. 2 D. pro emtore (XLI, 4) L. 13, §. 4 D. de acquir. vel amitt. poss. (XLI, 2).

21) Simon u. v. Strampff, Zeitschrift, Bd. III, S. 432.

so kann auf die Unredlichkeit des Besitzes, welchen der endlich annehmende Erbe ergreift, nichts ankommen, denn er hat „die Verjährung des Erblassers“ nicht mehr fortzusetzen, weil sie bereits vollendet ist; soll sie ruhen, so kann dem Erben, welcher die Verjährung des Erblassers fortsetzt, bei der Berechnung des Zeitraums die gesetzliche Ueberlegungsfrist — die möglicherweise lang werden kann, wenn mehrere Entsagungen eintreten — nicht zu Statten kommen. Man könnte eine vermittelnde Meinung annehmen und sagen: Nach dem Landrechte tritt eine eigentliche Besitzlosigkeit der Erbschaft nicht ein, ein Erbe ist immer vorhanden, nur ist uns seine Person gegenwärtig nicht im Bewußtsein. In diesem Falle ergreift der von dem Erbschaftsrichter angeordnete Sequester für ihn die Gewahrsam und setzt in dessen Namen die Ersitzung des Erblassers fort und vollendet sie als Stellvertreter dessen, der sich künftig als Erben ausweisen wird. Das hilft jedoch über den Riß nicht hinweg. Denn da es auf die persönliche Redlichkeit des Erben ankommen soll, ob er die Ersitzung des Erblassers fortzusetzen und zu vollenden fähig ist; so kommt in dieser Beziehung auf den Glauben und die Besitzhandlungen des Geschäftsführers gar nichts an[22]). Die Rechtslage bleibt wie sie ist, diese: ob durch den Ablauf der noch übrigen Ersitzungsfrist vor der Besitzergreifung des Erben die Ersitzung wirklich vollendet und Eigenthum erworben ist, hängt davon ab, ob der später eintretende Erbe selbst den Besitz des betreffenden Erbstückes in gutem Glauben erwirbt[23]). — Bei Vermächtnissen gilt in Ansehung der accessio possessionis und der Einrechnuug des besitzlosen Zwischenraums das Gleiche[24]).

2. Der Widerruf einer außergerichtlich geschlossenen, also nicht vollgültigen, aber doch durch die Uebergabe vollzogenen Schenkung, welcher dem Schenker innerhalb sechs Monaten nach der Uebergabe freigestanden haben würde, wenn er so lange gelebt und sein

---

22) A. L.R. I, 7, §. 21.

23) Das östr. Gesetzbuch hat eine solche Zerreißung vermieden. Darnach wird die Erbschaft erst durch die Antretung erworben, und bis dahin wird die Verlassenschaft so betrachtet, als wenn sie noch von dem Verstorbenen besessen würde. (Die römische Fiktion.) §. 547. Die Ersitzung kann daher, gerade so wie nach röm. Rechte, während das vacuum tempus vollendet werden. Ist sie bis zur Besitznehmung der Erbschaft nicht vollendet, so kann der Erbe, wenn er die betreffende Sache redlich übernimmt, die Ersitzungszeit seines Vorfahren, also auch das dazu gehörige vacuum tempus, mit einrechnen. §. 1493. Hier greift Alles gehörig in einander.

24) L. 14, §. 1 D. de usurpation. (XLI, 3): „In re legata in accessione temporis, quo testator possedit, legatarius quodammodo quasi heres est.“

Wohlwollen, d. h. sein individueller Wille sich geändert hätte[25]). Das Obertribunal ist anderer Meinung. Nach ihm soll der Widerruf sich nicht auf die Person des Erblassers beschränken, sondern wie ein gewöhnliches Vermögensrecht auf seine Erben übergehen[26]). Wir wollen zuerst die Gründe für unsere Meinung vortragen und darauf die Gründe des Obertribunals für seine Meinung würdigen. Nach dem neuesten römischen Rechte ist eine Schenkung, bei welcher die „Insinuation", d. h. die gerichtliche Erklärung zum Protokolle, nicht beobachtet worden ist, an sich null und nichtig, so als wenn überhaupt nichts geschehen wäre, d. h. insoweit als die Schenkung denjenigen Werth, oder die Summe, wo diese Form gefordert wird, übersteigt, denn bis dahin bleibt die Schenkung gültig[27]), was hier weiter nicht interessirt. Aus der absoluten Nichtigkeit folgte, daß für das Uebermaß die Schenkung kein Ersitzungstitel sein konnte, daß der Geber, wenn er die Schenkung bereute, den ungültigen Theil durch eine Vindikation, oder, je nachdem die geschenkte Sache selbst, oder nur deren Werth, noch bei dem Empfänger vorhanden war, durch eine Kondiktion zurückfordern konnte, und daß, weil eben gar keine Veränderung in dem Vermögen des Gebers juristisch eingetreten war, dieses Abforderungsrecht auch auf den Erben übergehen mußte[28]). So ist die Rechtslage nach dem Landrechte nicht; sie ist die gleiche, wie sie nach der lex Cincia war. Der Rechtsgrund der Schenkung ist lediglich der freie auf Wohlwollen beruhende Wille des Gebers; hat er sein Wohlwollen durch Hingabe des Gegenstandes zum Abschluß gebracht, so ist die Angelegenheit völlig erledigt. Eine Rückforderung ist an sich rechtlich undenkbar, kann also auch nicht vererbt werden. Dies ist der Standpunkt der lex Cincia. In Folge des Rechts dieser Lex waren Schenkungen, bei welchen die vorgeschriebenen Beschränkungen und erschwerenden Formen unbeachtet gelassen waren, keineswegs nichtig, der Geber konnte die geschenkte Sache nicht etwa vindiziren, sie war ja mit seinem freien Willen in das Vermögen des Empfängers übergegangen. Aber dem Geber, wenn er die Schenkung bereute, wurde gegen seinen gutmüthigen Leichtsinn durch künstliche Mittel geholfen, je nachdem es der Lage der Sache dienlich war. Dies geschah, wenn der Schenker von dem Beschenkten in Anspruch genommen

25) A. L.R. I, 11, §. 1090.

26) Pr. 1554, vom 15. März 1845 (Entsch. Bd. XI, S. 256).

27) L. 34 pr. C. de donat. (VIII, 54).

28) v. Savigny, System, Bd. IV, S. 218, 220, 224.

wurde, durch die Zuerkennung der legis Cinciae exceptio, statt deren auch eine in factum exceptio erwähnt wird [28 a]). Diese exceptio konnte nach Umständen auch in der Form einer replicatio gebraucht werden. War der Schenkende durch Hingabe des Gegenstandes in die Lage gekommen, daß ihm eine Exception nichts helfen konnte, so wurde ihm auf der Grundlage der legis Cinciae exceptio eine actio rescissoria oder eine besondere condictio gegeben, um dem Beschenkten die Vortheile der Schenkung wieder zu entziehen [28 b]). Dieser unsichere Zustand sollte jedoch nicht lange dauern, indem erstens der Mangel in der Form durch eine kurze Verjährung gehoben werden konnte [28 c]), und zweitens das Recht, die formwidrige Schenkung willkührlich, aus bloßer Sinnesänderung, zu widerrufen, ein reinpersönliches Recht des Gebers sein sollte; hatte der Schenker seinen Willen vor seinem Tode nicht verändert, so konnte sein Erbe daran gar nichts ändern, er mußte diesen Willen achten und, soweit es noch nicht geschehen, ausführen [28 d]). — Ganz ähnlich ist der Rechtszustand nach dem preußischen Landrechte, welches I, 11 verfügt:

§. 1063. „Schenkungsverträge sollen gerichtlich abgeschlossen werden."

§. 1064. „Aus einem außergerichtlichen, wenn auch schriftlichen Schenkungsvertrage kann daher in der Regel auf Erfüllung nicht geklagt werden."

§. 1065. „Ist hingegen eine geschenkte bewegliche Sache oder Summe dem Geschenknehmer bereits übergeben worden, so findet deren Rückforderung aus dem Grunde der Ermangelung eines gerichtlichen Vertrages nicht statt."

§. 1066. „Ist eine unbewegliche Sache auf dem Grunde eines schriftlichen, wenngleich außergerichtlichen Schenkungsvertrages,

---

28 a) Fr. Vat. §. 310: „Perficitur donatio in exceptis personis sola mancipatione vel promissione, quoniam neque Cinciae legis exceptio obstat, neque in factum si non donationis causa mancipavi vel promisi me daturum." — §. 266: „. . . . . nam semper exceptione Cinciae uti potuit . . . ."

28 b) Fr. Vat. §. 266: „. . . Unde si quis contra legem Cinciam obligatus non excepto solverit, debuit dici, repetere eum posse . . ."

28 c) Fr. Vat. §. 293: „. . . . quae mancipi sunt, usucapta — — avocari non possunt." Eine Anwendung der usucapio pro donato.

28 d) Fr. Vat. §. 259: „. . . morte Cincia removetur." — L. 266: „. . . nisi forte durante voluntate decessit donator." — §. 312: „— cum imperfectam (donationem) perseverans voluntas per doli mali replicationem confirmat." — §. 294: „. . . exceptionem (l. Cinciae) voluntatis perseverantia doli replicatione perimit."

dem Beschenkten übergeben worden, so kann der Geschenkgeber dieselbe wegen Ermangelung eines gerichtlichen Vertrages nicht zurückfordern."

§. 1067. „Vielmehr hat in diesem Falle der schriftliche außergerichtliche Vertrag die Kraft einer Punktation."

Hiernach ersetzt die Uebergabe die vorgeschriebene gerichtliche Form, das Schenkungsgeschäft ist durch die hinzugetretene Uebergabe rechtsgültig vollzogen. Der §. 1090, eine positive Vorschrift, räumt aber, gerade wie das ältere römische Recht, dem Geber eine Zeit ein, sich die Sache noch zu überlegen, um ihn, falls er sich im gutmüthigen Leichtsinne übereilt haben und es ihm gereuen möchte, gegen die Folgen der Uebereilung zu schützen, indem er ihm binnen sechs Monaten eine völlig willkührliche Zurücknahme der außergerichtlich vollzogenen Schenkung gestattet. Der Grund der Zurücknahme ist lediglich die individuelle Gesinnung und Meinungsänderung des Gebers, der Umschlag seines persönlichen Wohlwollens gegen den Empfänger. Beharrt er bei der Absicht zu schenken bis an sein Ende, bestätigt er durch seinen Tod seinen bereits vollzogenen Willen, so ist dies sein letzter Wille, den sein Erbe aus der Person des Erblassers unmöglich ändern kann, denn die Seele, die Gesinnung und die Gefühle desselben gehen in den Erben nicht über, aus ererbtem Rechte vermag er also an dem Willen des Erblassers nichts zu ändern, er erbt und hat eben nichts weiter, als was ihm der stillschweigende oder erklärte Wille des Erblassers beschieden hat; ja er müßte sogar selbst die noch nicht durch Thathandlung des Erblassers vollbrachte Absicht desselben zu schenken noch vollziehen, wenn ihm dieses der Erblasser auch nur mündlich befohlen hätte[28e]), er kann mithin durch Widerruf des bereits vollzogenen Willens seines Erblassers gar nichts erwerben. — Betrachten wir jetzt die Gründe des Obertribunals für die entgegengesetzte Meinung. Der erste Grund ist negirend. Es wird bestritten, daß die Befugniß zum Widerruf ein höchst persönliches, nur seiner Person anhangendes Recht sei. Zwar wird anerkannt, daß an den Mangel der gerichtlichen Form n i c h t die Ungültigkeit des Geschäfts geknüpft, daß sogar die Rückforderung im eigentlichen Sinne ausgeschlossen sei (§. 1065). Allein im Wesentlichen laufe auch das Widerrufsrecht aus §. 1090 darauf hinaus; und wenn dasselbe eben an die mangelnde Form gebunden sei, so liege hier das Moment, welches den Schenker zum

---

28e) A. L.R. I, 12, §. 172.

Widerrufe berechtigt, völlig außerhalb seiner Persönlichkeit. Das ist irrig. Der Mangel der Form ist nicht Rechtsgrund des Widerrufs, sonst könnte das Geschäft nicht gültig sein, er ist nur die faktische Voraussetzung, unter welcher die Befugniß zum Widerruf möglich ist, die Bedingung der Entstehung des Widerrufs; aber der Entstehungsgrund des Widerrufsrechts ist Bereuung einer Uebereilung. Ist die erschwerende Form der gerichtlichen Verlautbarung beobachtet worden, so kann der Grund nicht eintreten, weil das Gesetz annimmt, daß eine Unbedachtsamkeit, eine leichtsinnige Uebereilung nicht hat stattfinden können. Es ist ja aber nicht nothwendig, daß, wenn die Feierlichkeit der gerichtlichen Form vernachlässigt worden ist, allemal Leichtsinn, Uebereilung und dergleichen Gemüthsfehler die Schenkung veranlaßt haben. Warum soll ein besonnener Mann nicht wohlüberlegt und mit ernster Absicht eine Schenkung machen können, ohne daß er erst von dem Richter an die Folgen der Handlung erinnert wird? Jedenfalls kann nicht eine dritte Person in seiner Seele den einzigen Rechtsgrund des willkührlichen Widerrufs, nämlich die veränderte Gesinnung, die Reue und Rüge, und noch dazu im eigenen Interesse, für ihn schaffen; so lange er selbst diesen Grund nicht gelegt hat, giebt es keinen Widerruf; bereut und rügt er nicht, so fehlt es eben an dem Grunde zum Widerruf. Was nun das Obertribunal wortreich weiter sagt, knüpft sich Alles an die petitio principii, daß die Befugniß zum Widerruf — auch ohne daß der Geber seine Gesinnung geändert hat — „unbedingt unter den Vermögensrechten des Geschenkgebers für mitbegriffen zu erachten ist." Das soll ja eben erst bewiesen werden. — Ein zweiter Grund soll sein, daß nach §. 362, Tit. 9 u. §. 415, Tit. 5 Rechte und Pflichten aus Verträgen in der Regel der Erbschaft beigezählt werden, und aus diesem Gesichtspunkte sei insofern auch das in Rede stehende Widerrufsrecht des Geschenkgebers zu betrachten, als es jedenfalls durch einen Vertrag, der bei Ausübung desselben eben nur wegen seiner Ungültigkeit angefochten wird, bedingt erscheine. Das ist sehr inkorrekt ausgedrückt und in der Sache selbst ein Rechtsirrthum. Es ist eine Inkorrektheit, daß der Vertrag in der Ausübung begriffen und wegen seiner Ungültigkeit angefochten werde. Daß die Schenkung gültig sei, hat das Obertribunal kurz vorher selbst gesagt, und von der „Ausübung eines Vertrages" kann man nicht mehr sprechen, nachdem er vollständig erfüllt und damit abgethan ist. Daß aber das Widerrufsrecht aus einem Vertrage entstehe, ist, wie gesagt, ein Rechtsirrthum; die Bestimmung des §. 1090 ist gar keine Konsequenz der gültigen Schenkung, sie gründet ein positives Institut. Was sich weiter daran reiht, sind eitel Worte. — Zuletzt aber heißt es: der unbedingte Uebergang der durch den §. 1090 dem Geschenkgeber beigelegten Befugniß auf seine Erben lasse sich daher (?) nicht bestreiten; vielmehr sprächen dafür auch noch die Vorschriften der §§. 1162, 1163, wonach außer dem Falle des Uebermaßes eine vor oder bei der Schenkung, sowie selbst bei der Uebergabe geschehene Entsagung des Rechts zum Widerrufe, auch wenn sie eidlich bestärkt worden, dennoch weder den Schenkenden, noch den Erben desselben, an der Ausübung jener Befugnisse hindere, indem hierdurch der Uebergang des Revokationsrechtes auf die Erben im Allgemeinen und in allen Fällen, wo die Gesetze hiervon nicht eine besondere Ausnahme machten, ausgesprochen sei. — In der That fehlt es dieser Meinung eigentlich an allen Gründen und eine solche Meinung kann nicht widerlegt werden, weil eine wissenschaftliche Widerlegung keinen Gegenstand hat. Es genügt daher, auf die bestimmte Beziehung des §. 1162 hinzuweisen, um diesem Beweisgrunde den nur scheinbaren Boden völlig zu entziehen. Im Justinianeischen Rechte kommt nämlich der Widerruf einer Schenkung aus besonderen Gründen nur noch wegen Undankbarkeit vor. Hierbei entstand die Frage: ob die Klage auf Rückgabe, selbst wenn die Bedingung derselben vorhanden, nicht dennoch für den Fall ausgeschlossen sei, wo bei der Schenkung selbst dem Widerrufe entsagt worden. Einer solchen Entsagung wird als einem pactum turpe jede Wirksamkeit abgesprochen[28 f)], und diesen Satz nimmt das Landrecht, indem es denselben am Schluß der Lehre vom Widerruf wegen Undanks mit dieser Lehre unmittelbar verbindet und darin lediglich das Gemeine Recht bestätigt, mit folgenden Worten auf:

> §. 1162. „Eine vor oder bei der Schenkung, oder auch bei der Uebergabe, geschehene Entsagung des Rechts zum Widerrufe hindert, wenn sie auch eidlich bestärkt worden, dennoch weder den Schenkenden, noch dessen Erben, an der Ausübung desselben."

In diesem Zusammenhange wird hier kein Rechtsverständiger die Entscheidung über die Vererblichkeit der Widerrufsklage im Allgemeinen suchen und finden, zumal gerade kurz vorher gesagt ist, daß dem

---

28 f) Nach Analogie von L. 27, §. 4 D. de pactis (II, 14). Vergl. v. Savigny, System, Bd. IV, S. 235 u. 278; Heimbach, in Weiske's Rechtslexikon, Bd. IX, S. 708.

Erben dieselbe nicht unbedingt zustehe; der §. 1162 bestimmt weiter nichts, als daß die Entsagung des Rechts zum Widerruf — wenn eine Bedingung des Widerrufs vorhanden — dem Widerruf nicht entgegenstehe, weder dem Entsagenden für seine Person, noch seinem Erben, wenn nämlich auf den Erben die Widerrufsklage übergegangen ist, was hier ganz unentschieden bleibt und in Beziehung auf den Widerruf wegen Undanks schon vorher entschieden worden ist.

3. Der Widerruf einer an sich (formell) gültigen Schenkung wegen Uebermaßes, ausgenommen, wenn schon der Erblasser seinen Entschluß zu einem solchen Widerrufe gerichtlich erklärt hatte: dieser bereits in der bestimmten Form festgestellte Widerruf des Erblassers selbst hat das Zurückforderungsrecht bereits begründet und gehört ebendeshalb zur Erbschaft[28g]). Der Fall, wenn durch die übermäßige Schenkung die nothwendigen Erben in ihrem Pflichttheile verletzt worden sind[29]), gehört nicht hierher; diese Erben haben nicht ein ererbtes, sondern ein eigenes Recht zur Anfechtung der inoffiziösen Schenkung[30]). Vergl. die folgende Nummer 4, lit. d.

4. Die Klagerechte, welche die Neuern actiones quae vindictam spirant nennen, weil sie Ausgleichung einer Verletzung der persönlichen Würde, oder Genugthuung wegen einer sonst zugefügten Kränkung bezwecken. Dabei ist zwar meistens ein Vermögensrecht unmittelbarer Gegenstand des Anspruchs, dies dient jedoch nur als Mittel, um einen entfernteren sittlichen Zweck zu verfolgen; die Grundlage selbst besteht nicht in einem Vermögensrechte, sondern in einem ganz individuellen Verhältnisse[31]). Die meisten dieser Klagen sind vor dem heutigen Criminalrechte völlig verschwunden; folgende wenige sind noch heute vorhanden:

a) Die Injurienklage. Sie gehört überhaupt nicht zu den Vermögensrechten und hat im preußischen Rechte auch nicht mehr eine Privatstrafe zum Gegenstande; sie geht auf die Erben aktiv nur dann über, wenn sie bereits bei Lebzeiten des Erblassers angestellt war[32]).

b) Die Klage des beleidigten Verlobten und des beleidigten Ehegatten auf Abfindung wegen unverschuldeten Repudiums. Von

---

28g) A. L.R. a. a. O. §. 1112 u. m. Anm. 57 dazu, u. Anm. 58 zu §. 1113.

29) Ebenda, §. 1113 u. m. Anm. 58 dazu.

30) Das Nähere s. m. in der Anm. 58 zu §. 1113 a. a. O.

31) v. Savigny, System, Bd. V, §. 212, S. 60 u. §. 230, S. 199.

32) A. G.O. I, 7, §. 51; A. L.R. II, 20, §. 605; Str.G.B. §. 160 u. m. Anm. 85, lit. a dazu. Vgl. L. 13 pr., L. 28 D. de injuriarum (XLVII, 10).

diesem Ueberreste der alten actio de moribus ist schon oben gesprochen. (§. 5, I, Nr. 2.)

c) Die Klage auf den Widerruf einer vollgültigen Schenkung oder eines verbindlichen Schenkungsversprechens wegen Undanks. Sie hat gleichfalls die Natur einer Strafklage ex lege wegen zugefügter Schmach oder sonstiger Kränkung und der eingeklagte Vermögenswerth wird nur als Mittel zur Vindikta gebraucht. Daher hat das Recht zu dieser Klage nur der Schenker selbst und nur gegen den undankbaren Geschenknehmer; der Widerruf steht weder den Erben noch gegen die Erben zu, doch genügt zur aktiven Vererbung der Klage schon die bloße Erklärung des Willens zum Widerruf[33]). Diese Bestimmungen finden sich im Landrechte wieder, mit Zusätzen über die Form des erklärten Widerrufs. Wegen groben Undanks des Beschenkten kann der Geber die Schenkung widerrufen[34]). Seine Erben können die Sache auch nach seinem Tode fortsetzen: aa) wenn er seinen Willen, die Schenkung zu widerrufen, noch bei seinem Leben gerichtlich erklärt hatte[35]); oder bb) wenn er eine dergleichen Erklärung zwar nur außergerichtlich verlautbart hatte, jedoch „erhellet", daß er an der gerichtlichen Rüge nur durch den Tod verhindert wurde[36]). Neu, wenigstens in diesem Zusammenhange neu hinzugefügt ist die dritte Ausnahme, cc) wenn der Schenker durch den Beschenkten sein Leben oder den Gebrauch seiner Verstandeskräfte verloren hat[37]). Dies ist ein vereinzelter Indignitätsfall.

d) Die Inoffiziositäts-Querel gegen ein Testament. Der Endzweck dieser Klage nach röm. Rechte war, die Ehrenkränkung, welche in der ungerechtfertigten Ausschließung des Intestaterben liegt, indem eine solche Ausschließung die öffentliche Meinung von unehrenhaften

33) L. 10 C. de revocandis donationibus (VIII, 56): „Generaliter sancimus, omnes donationes lege confectas firmas illibatasque manere, si non donationis acceptor ingratus circa donatorem inveniatur. — Ex his enim — causis — etiam donationes — everti concedimus —. Hoc tamen usque ad primas personas (Geber und Empfänger) tantummodo stare censemus, nulla licentia concedenda donatoris successoribus hujusmodi qüeremoniarum primordium instituere. Etenim si ipse, qui hoc passus est, tacuerit, silentium ejus maneat semper, et non a posteritate ejus suscitari concedatur, vel adversus eum, qui ingratus esse dicitur, vel adversus ejus successores." — L. 7 C. eodem: „nec in heredem detur, nec tribuatur heredi."

34) A. L.R. I, 11, §. 1151.

35) Ebenda, §. 1158.

36) Ebenda, §. 1159 u. meine Anmerkungen 17 u. 17a dazu.

37) Ebenda, §. 1157 u. m. Anm. 16 dazu.

oder lieblosen Handlungen des Ausgeschlossenen gegen den Erblasser erweckt, zu tilgen, und als Mittel dazu diente die Beseitigung der unbegründeten Ausschließung, nämlich die Eröffnung der Intestaterbfolge gegen den ungerechtfertigten letzten Willen des Erblassers. Deshalb konnte diese Klage, die überhaupt nicht in bonis war, sowenig wie die Injurienklage auf die Erben übergehen[38]. Justinian hat einen Uebergang auf die Descendenten des zur Querel berechtigten Enterbten angeordnet[39], doch ist daraus eine Kontroverse entstanden und überhaupt für unser Recht nichts zu gewinnen. Das Landrecht entfernt sich in dieser Materie von dem röm. Rechte geflissentlich, indem es das Notherbenrecht vereinfachen will. Dem Pflichttheilsberechtigten, welcher in seinem Rechte verletzt worden ist, steht eine Klage auf Verabfolgung oder Ergänzung seines Pflichttheils aus der Erbschaft zu. Name und Charakter dieser Klage sind nicht näher bestimmt, auch findet sich auf die Fragen: ob die Klage in bonis des Pflichttheilsberechtigten sei und daher zu dessen Verlassenschaft gehöre, und ob sie im Falle eines Verzichts auf den Nächstberechtigten übergehe, keine bestimmte Antwort[40]. Indessen sind die Untersuchungen hierüber erst weiterhin in Verbindung mit dem Pflichttheil möglich.

§. 8.

Fortsetzung. Vierte Regel.

IV. **Besondere Rechte und Verhältnisse, welche Vortheile oder Nachtheile für den leiblichen Menschen bezwecken, erlöschen durch den Tod der betroffenen Person, können also auf dessen Erben nicht übergehen.** Dahin gehören:

1. Persönliche Privilegien. Unter der Benennung von Privilegium kommen zwei ganz verschiedene Verhältnisse vor, die jedoch den Namen, die Natur der Ausnahme von einer Regel und die Dauer miteinander gemein haben. Beide Arten können mit einer Sache oder Forderung verknüpft sein, oder auch nur der Person des ursprünglichen Erwerbers zustehen, wonach man privilegia causae

38) L. 6, §. 2; L. 7; L. 15, §. 1 D. de inoff. testam. (V, 2).

39) L. 34 C. de inofficioso testam. (III, 28).

40) Gärtner (in Simon u. v. Strampff Zeitschrift rc. Bd. II, S. 447, Note 62) meint zwar, daß in dem §. 453, Tit. 2, Th. II der Transmission der Rechte der Pflichttheilsberechtigten auf deren Erben als einer sich von selbst verstehenden Folge gedacht werde, doch bezieht sich der §. 453 nicht auf die Pflichttheilsklage, sondern auf die Nullitätsklage wegen Uebergehung aus Irrthum.

und privilegia personae unterscheidet[1]). Die erste Art von Privilegien sind einzelne individuelle Ausnahmen, welche die Staatsgewalt gegen Entgelt (titulo oneroso) oder ohne ein solches (titulo lucrativo) als eine absolute Berechtigung durch einen Spezialakt beigelegt hat. Hiervon sagt das Landrecht §. 63 der Einleitung:

„Privilegien, welche einer bestimmten Person verliehen worden, erlöschen mit dem Abgange des Privilegirten."

Die zweite Art von Privilegien beruht auf positiven Rechtsvorschriften, welche für gewisse Klassen von Personen oder Rechtsverhältnissen eine Ausnahme von der allgemeinen Rechtsregel begründen. Diese Ausnahmen nennt man gewöhnlich auch Benefizien[2]), Rechtswohlthaten, Vorrechte, Vorzugsrechte, wobei in den angeführten Stellen ([2]) an die persönlichen privilegia exigendi gedacht wird. In sofern sie an die Person des ursprünglichen Inhabers geknüpft sind, können sie nur von ihm selbst, oder falls ihm durch Cession das Privilegium zu Statten kommt, auch von seinem Cessionar[3]) geltend gemacht werden, stehen aber regelmäßig nicht den Erben zu, was nach der ratio juris auf alle successores mortis causa, namentlich auch auf Vermächtnißnehmer auszudehnen ist; denn: „ubi personae conditio locum facit beneficio, ibi deficiente ea beneficium quoque deficiat[4])." Ob ein gewisses Privilegium ein persönliches oder ein dingliches sei, ist in jedem einzelnen Falle als eine Frage rein thatsächlicher Natur besonders festzustellen, eine rechtliche Vermuthung für die eine oder die andere Art erkennt das Landrecht nicht an[5]); es stellt nur fest, daß Privilegien, welche einer bestimmten Person verliehen worden, mit dem Abgange des Privilegirten erlöschen[6]). Diese Stelle bezieht sich geradezu nur auf die Privilegien der ersten Art, die als Privilegien im engern Sinne, als eigentliche Privilegien des heutigen Rechts bezeichnet werden können. Ueber Privilegien der zweiten Art giebt das Landrecht in Beziehung auf de-

---

1) L. 196 D. de reg. jur. (L, 17): „Privilegia quaedam causae sunt, quaedam personae: et ideo quaedam ad heredes transmittuntur, quae causae sunt, quae personae sunt ad heredem non transmittuntur."

2) L. 42 D. de administr. tutorum (XXVI, 7); L. 1, §. 2 D. ad municipal. (L, 1); L. 68 D. de reg. juris (L, 17).

3) L. 42 D. de administr. tutor. (XXVI, 7), wo von einem Falle Rede ist, in welchem der Cedent kein Interesse dabei hat, daß sein Privilegium auf den Cessionar übergeht. Ferner: L. 68 D. de reg. jur. (L, 17). — A. L.R. I, 11, §§. 403—406.

4) L. 68 D. de reg. jur. (L, 17). Vergl. A. L.R. Einleit. §. 102.

5) Vergl. m. Anm. 79 zu §. 66 der Einleitung.

6) Einleitung §. 63.

ren Vererbung gar keine allgemeine Antwort, es ist aus der Natur des Rechtsverhältnisses, aus dem Inhalte der betreffenden Vorschrift und deren Zusammenhange mit vorhergehenden oder nachfolgenden Bestimmungen zu entnehmen: ob das Benefizium oder Vorrecht nur zur Rechtshilfe für die Person des Begünstigten dienen, oder als ein freies Vermögensrecht vererblich sein soll. Die Berücksichtigung des vorlandrechtlichen Zustandes ist hierbei nicht unbedingt ausgeschlossen, es ist für sich allein nicht entscheidend, daß die Frage im Landrecht mit Stillschweigen übergangen ist, es bleibt dann festzustellen, ob das Landrecht sich geflissentlich von dem damals geltenden Rechte in der Materie entfernt hat, oder ob allgemeine Grundsätze desselben zu einer abweichenden Konsequenz führen. Aus bloßer Buchstabengläubigkeit den Uebergang auf die Erben zu erkennen, weil die Unvererblichkeit doch nicht gesagt ist, würde eben so willkührlich sein wie das Gegentheil, denn dieses ist auch nicht gesagt. Aus diesem Standpunkte folgen einige Beispiele:

a) Ein Alimentationsberechtigter hat das Privilegium, dem Schuldner, welcher Beamter ist, wegen der laufenden Alimente Abzüge bis zur Hälfte seines Gehaltes ohne Unterschied des Betrages machen zu lassen [7]). Dieses Privilegium ist ein persönliches und kann deshalb nicht auf die Erben übergehen; sobald der Gläubiger stirbt, sind die noch nicht bezahlten Rückstände eine Nachlaßforderung. Dieses Vorrecht, sowie das darauf sich beziehende prozessualische Privilegium, das Erkenntniß erster Instanz, welches den Schuldner zur Zahlung einer solchen Alimentenschuld verurtheilt, der Appellation ungeachtet provisorisch vollstrecken zu lassen [8]), sind ganz eigentlich solche Begünstigungen, in Beziehung auf welche Papinian sagt: nicht dem Rechtsverhältnisse, sondern der Person, die diese besondere Begünstigung verdiente, kommt man hier zu Hülfe [9]). Aus der Praxis ist die entgegengesetzte Meinung bekannt geworden. Ein Steueraufseher war auf die Klage seiner geschiedenen, im Laufe des Prozesses verstorbenen Ehefrau in erster Instanz verurtheilt worden, der Klägerin, jetzt deren Erben, monatlich 4 Thlr. Alimente vom Mai 1832 bis zum Todestage, Ende Juli 1834, zu zahlen. Der Appellation des Beklagten ungeachtet wurde auf den Antrag der Erben wegen dieser seit der Klageanmeldung aufgelaufenen Alimente, die Hälfte

7) Anh. z. A. G.O. §. 168 (zu §. 108, Tit. 24).

8) A. G.O. Th. I, Tit. 14, §. 6, Nr. 1.

9) „. . . non enim causae, sed personae succurritur, quae meruit praecipuum favorem." L. 42 D. de administr. tut. (XXVI, 7).

seines Gehalts, welches nur 218 Thlr. betrug, im Wege der provisorischen Exekution in Beschlag genommen. Hiergegen rekurrirte der Beklagte an das Appellationsgericht, indem er die Anwendbarkeit jener Vorschriften auf den vorliegenden Fall, wo der Alimentationskläger bereits verstorben, bestritt. Die Beschwerde wurde jedoch zurückgewiesen, indem man dafür hielt, daß die in Rede stehenden Privilegien der Alimentenforderungen nicht rein persönlicher, sondern dinglicher Natur seien, deshalb auf jeden Besitzer derselben, mithin im vorliegenden Falle auf die Erben der Klägerin übergingen, und durch den Tod der Letzteren nicht erloschen seien. — Diese Gründe sind nach dem vorhin Gesagten ganz irrig und von Schweikart zutreffend widerlegt worden [10]). Allein die Entscheidung des Appellationsgerichts ist doch aus einem anderen Rechtsgrunde gerechtfertigt, nämlich aus dem unbeachtet gebliebenen Grunde der Rechtshängigkeit der Sache (Litiskontestation). Diese bewirkt, daß die Verurtheilung mit derselben Wirkung und in demselben Umfange, wie die Voraussetzungen, welche zur Zeit der Klageanstellung vorhanden waren, solche rechtlich erforderten, geschehen muß, damit der Kläger oder dessen Erben durch die Dauer des Rechtsstreites nicht Nachtheil erleiden [11]).

b) Ein ähnliches Privilegium gegen dieselbe Klasse von Personen (Beamten) ist den Forderungsrechten beigelegt, welche aus unerlaubten Handlungen des Schuldners entstanden sind; bei Schulden dieser Art soll gegen den schuldnerischen Militär oder Civilbeamten die Exekution ohne Rücksicht auf die Person und ohne Ausnahme irgend eines Vermögensstücks, sowie ohne Rücksicht auf einen dem Schuldner sonst zu belassenden Theil seines Einkommens vollstreckt werden [12]). Daß dieser Vortheil des Gläubigers ein privilegium causae und sich vererbt, ergibt der Wortlaut.

c) Das prozessualische Privilegium der Medizinalpersonen, ihre Forderungen für ihre Besuche und Operationen auf ihre bloße Angabe hin im Wege des Mandatsprozesses einzuklagen [13]). Dieses „Vorrecht" ist ein rein persönliches, denn die Liquidationen müssen von den ärztlichen Personen aller Klassen, mit spezieller Angabe der Dienstleistungen aufgestellt sein. Es kommt sonach zur Be-

---

10) In der Juristischen Wochenschrift, Jahrg. 1836, S. 710.

11) §. 1 in fine Inst. de perpet. (IV, 12); L. 87 D. de reg. jur. (L, 17); L. 29 D. de novat. (XLVI, 2). — A. L.R. I, 9, §, 361.

12) Anh. z. A. G.O. §. 157 (zu §. 70) u. §. 169 (zu §. 108, Tit. 24).

13) K.O. vom 19. Juni 1836, Nr. 7 (G.S. S. 198).

gründung der Mandatsklage auf die persönlich gemachte Angabe der Medizinalperson an, indem ihr eine Glaubwürdigkeit in eigener Sache beigelegt ist, die nicht auf die Erben übergehen kann, wie denn Vorrechte des Gläubigers, die sich bloß auf die äußere Prozeßform und auf andere die Prozeßführung betreffende Verhältnisse beziehen, von anderen Personen nicht geltend gemacht werden können [14]).

d) Das Privilegium, welches den Militärpersonen und Civilbeamten, zum Nachtheile ihrer Gläubiger, bei der Exekutionsvollstreckung in ihr Mobiliarvermögen und in ihr Diensteinkommen oder ihre Pensionen zusteht [15]), ist lediglich mit den Personen verknüpft.

e) Das privilegium exigendi der Ehefrau wegen ihrer Illaten- (Dotal-) Forderungen. Dieses war ihr nach Justinianeischem Rechte nur für ihre Person gegeben und vererbte sich deshalb nicht [16]); doch ließ es der gemeine Gerichtsgebrauch auf Grund einer Stelle, in welcher im Falle einer Konkurrenz der Kinder der verstorbenen Ehefrau mit der Stiefmutter den Ersteren der Vorzug gegeben wird [17]), in allen Fällen auch auf die Descendenten, nicht aber auf andere Erben, übergehen [18]). In dieser Ausdehnung hat sich das Privilegium als ein unvererbliches auch im preußischen Rechte bis auf die neueste Zeit erhalten [19]). Wie es damit nach dem Rechte der neuen Konkursordnung von 1855 stehe, ist die Frage. Der Entwurf (§. 89) hatte das Vorrecht der Ehefrau, soweit sie wegen ihres eingebrachten Vermögens nicht vermöge ihres Abforderungs- oder Pfandrechts befriedigt werden könnte, ganz unterdrückt und in Folge dessen wird in den Motiven, S. 78, gesagt: „Durch die Grundsätze des Entwurfs erledigen sich zugleich die bisherigen besonderen Vorschriften über das Vorrecht in Ansehung der Erben oder Cessionarien der Ehefrauen (A. G.O. Th. I, Tit. 50, §§ 432, 433). Nun fügte aber der Zufall, daß bei der Berathung der Konkursordnung in der Plenarsitzung der II. Kammer zu dem §. 80 plötzlich

14) A. L.R. I, 11, §. 404.

15) Anh. z. A. G.O. §§. 155, 156 (zu §. 70, Tit. 24), u. §§. 160 u. flg. (zu §. 108 a. a. O.).

16) §. 29 Inst. de action. (IV, 6); L. 12, §. 1 C. qui potior. in pign. (VIII, 18).

17) L. 12, §. 1 in fin. C. eodem; Auth. Ut exact. C. eodem; Nov. 91, cap. 1.

18) Pufendorf, Obs. jur., Tom. IV, obs. 66; v. Kamptz, Revision der Lehre vom Uebergange des Brautschatz-Privilegii auf die Descendenten der Ehefrau, Berlin 1811; Glück, Kommentar, Bd. XXVII, S. 170 ff.

19) A. G.O. I, 50, §. 413.

und ohne alle Vorbereitung folgendes Alinea als Amendement eingebracht und auch ohne Weiteres angenommen wurde:

„Der Ehefrau des Gemeinschuldners, mit Ausnahme der Ehefrauen von Handelsleuten, Schiffsrhedern und Fabrikbesitzern, gebührt wegen ihres gesetzlich in die Verwaltung und Nutznießung des Ehemanns gekommenen Vermögens, soweit sie nicht vermöge ihres Rückforderungs- oder Pfandrechts befriedigt wird, ein gleiches Vorrecht mit demjenigen der Kinder und Pflegebefohlenen."

Damit war das alte Privilegium wieder hergestellt, die Grundsätze des Entwurfs waren durchbrochen und die dadurch wieder entstandenen Fragen in Ansehung der Erben und Cessionarien der Ehefrauen, welche bei den Grundsätzen des Entwurfs von selbst weggefallen waren, sind unbeantwortet geblieben; auch hat man in der Hast vergessen, sich über die Dauer des Privilegiums nach Auflösung der Ehe auszulassen. In Betreff der Cessionarien entsteht, wie hier beiläufig bemerkt werden mag, aus dem Wegfalle der alten Vorschrift ([19]) keine Rechtsungewißheit, da die landrechtliche Bestimmung: „Auch besondere Vorrechte, welche der cedirten Forderung in Rücksicht ihrer Natur und Beschaffenheit beigelegt sind, gehen, selbst ohne ausdrückliche Uebertragung, auf den neuen Inhaber mit über. Dahin gehören auch solche Vorrechte, welche der Forderung selbst, in Rücksicht auf die persönliche Eigenschaft ihres ersten Inhabers, zukommen[20]," in Geltung ist und wesentlich das Nämliche, was jener §. 413 der alten Konkursordnung enthält, allgemein feststellt. Allein hinsichtlich des Ueberganges auf die Erben, womit wir es hier zu thun haben und auf welchen aus der Cessibilität des Vorrechts kein Schluß zulässig ist, ist nun eine Lücke im Gesetze vorhanden, welche durch Auslegung und Praxis ausgefüllt werden muß. Berücksichtigt man die Entstehungsart der plötzlich eingeschobenen Satzung und das ausgesprochene wie bethätigte Bestreben der Gesetzgebung, die bisherigen Vorrechte für persönliche Forderungsrechte „auf das Bedürfniß zu beschränken"[21], so ist ohne Zweifel so viel gewiß, daß durch die Satzung, welche man, ohne Vorbereitung und ohne die Zerreißung des inneren Zusammenhanges im Bewußtsein zu haben, hat dazwischen fallen lassen, das bis dahin der Frau zugestandene persönliche Vorrecht nicht hat erweitert oder verändert

---

20) A. L.R. I, 11, §§. 403, 404. In meiner Anmerkung 53c, Abs. 1 zu §. 80 der Konk.-Ordnung (5. Ausg. der Prozeßordnung) sind die Worte: „und Cessionarien", zu streichen.

21) Motive zum Entwurfe der Konkursordnung §. 78, S. 58 unten.

werden sollen; man geht daher sicher, wenn man festhält, daß dieses Vorrecht geblieben was es bis dahin war, nämlich ein rein persönliches, in Beziehung auf welches der römische Jurist, wie vorhin erwähnt wurde, sagt: „quod nec heredi datur: non enim causae, sed personae succurritur, quae meruit praecipuum favorem [22]“. Damit steht der Wortlaut der besprochenen Satzung: „die Ehefrau des Gemeinschuldners“, ganz im Einklange. — Es fragt sich noch, wie es mit den beiden Ausdehnungen, welche die alte Konkursordnung an dieses Vorrecht knüpft, nach dem neuen Rechte zu halten, nämlich mit der Ausdehnung auf die Descendenten und mit der auf alle sonstigen Erben in dem Falle, wenn die Frau die Eröffnung des Konkurses erlebt hat ([19]). Zur ersten Ausdehnung liegt kein Bedürfniß und kein innerer Grund vor. Das Bedürfniß wird von dem Gesetzgeber ausdrücklich bestritten, indem er sagt: „Enthalten Vorrechte einzelner Gläubiger immer zugleich Nachtheile für andere Gläubiger, so leuchtet ein, daß sie nur aus allgemeinen Rücksichten auf das öffentliche Wohl und auf besondere Schutzbedürftigkeit einzelner Rechtsverhältnisse im Interesse der Rechtsordnung, überall aber nur unter der Voraussetzung stattfinden können, daß der Berechtigte nichts unterlassen hat, was er unter den obwaltenden Verhältnissen zur Sicherung seiner Befriedigung selbst hätte thun können; denn Nachlässigkeit eines Gläubigers hat auf besonderen gesetzlichen Schutz gerade am wenigsten Anspruch [23]).“ In diesem Falle befinden sich die Descendenten der Frau. Sind dieselben zugleich die Kinder des Gemeinschuldners, so haben sie selbst schon für ihre Person das gleiche Vorrecht wegen ihres Muttererbes, in welches sich das Vermögen der Frau verwandelt hat; sind sie nicht die eigenen Kinder des Gemeinschuldners, so mögen sie persönlich oder durch ihre Vormünder von den Rechtsmitteln, welche die Gesetze dem Erben zur Erlangung und Sicherung der Erbschaft geben, unverzüglich Gebrauch machen; es fehlt mithin das Bedürfniß eines besonderen Schutzes auf Kosten anderer Gläubiger gänzlich. Der Rechtsgrund fehlt, weil derselbe bis dahin nicht in einer juristischen Konsequenz, sondern in einer willkührlichen positiven Bestimmung lag. An dieser fehlt es nun in dem neuen Rechte. — Die andere Ausdehnung ist die Anwendung einer der Wirkungen

---

22) L. 42 D. de administrat. et periculo tutor. (XXVI, 7).

23) Motive zum Entwurfe der Konkursordnung, S. 8 oben.

der Litiskontestation und der daraus folgenden Vererbung der Prozesse, welche dadurch bedingt ist, ob man die Eröffnung des Konkurses der Einleitung eines gewöhnlichen Civilprozesses gleichstellen darf. Ist dieses der Fall, so fordert die juristische Konsequenz den Uebergang der ganzen Sache unverändert auf die Erben, was um so billiger ist, als nach Eröffnung des Konkurses die Erben gar nicht mehr in der Lage sind, etwas zur Sicherung ihrer Befriedigung selbst thun zu können; sie müssen die rechtshängige Sache in der Lage nehmen, in welcher sie sich befindet.

f) Das privilegium exigendi der Pflegebefohlenen in dem Vermögen ihrer Pfleger in Ansehung der diesen aus der Pflegschaftsverwaltung zur Last fallenden Defekte. Nach römischem Rechte war dieses Vorrecht unbestritten ein reines privilegium personae, welches nicht auf die Erben des Pfleglings überging[24]). Die preußische Gesetzgebung hat jedoch dasselbe von jeher[25]) als ein privilegium causae behandelt oder vielmehr nur das den Pflegebefohlenen zugleich nebenher zustehende stillschweigende Pfandrecht (jetzt Titel zum Pfandrecht) als ein privilegium causae festgehalten und in dieser Gestalt ist es noch heute vorhanden[26]).

g) Das Privilegium gewisser Personen oder Klassen von Personen, mehr als gesetzlich allgemein erlaubte Zinsen zu bedingen und zu nehmen. Dieses ist dergestalt an die Person des Privilegirten geknüpft, daß es mit dem Wegfall desselben für die Zukunft auch in Ansehung der bereits entstandenen Forderungsrechte erlischt. Die Darlehnsgeschäfte z. B., welche ein Jude, der nicht Staatsbürger ist, auf 8 Prozent Zinsen abgeschlossen hat und auf einen Erben, der selbst dieses Privilegium nicht hat, übergehen (von Cessionarien ist nicht Rede), erleiden vom Todestage ab eine Reduktion hinsichtlich des Zinsfußes auf 5 Prozent von Rechtswegen; wollte der Erbe für die Zeit, wo er selbst schon Gläubiger war, 8 Prozent einklagen, so würde ihm die exceptio usurariae pravitatis mit Erfolg entgegengesetzt werden können.

h) Das beneficium competentiae. Dessen Erlöschung mit dem Tode des Berechtigten spricht die Pandektensammlung mehrmals ganz bestimmt aus[27]). Auch die preußische Prozeßordnung spricht

24) L. 19, §. 1 D. de rebus auctor. jud. (XLII, 5): „. . . ipse autem pupillus habet privilegium, sed ejus successores non habent."

25) Preuß. Landrecht, P. I, Buch 1, Art. 49, §. 17; Corp. juris Frider. Th. IV, Tit. 12, §. 73; A. G.O. Th. I, Tit. 50, §. 421.

26) Konk.=Ordnung von 1855, §§. 80 u. 81.

27) L. 12—13 D. soluto matrimonio (XXIII, 3): „Maritum in id quod

den Satz aus: „die Kompetenz kann aufhören — durch den Tod des Gemeinschuldners“ [28]); allein dieser Titel ist bei Einführung der Konkursordnung v. 1855 in Pausch und Bogen aufgehoben und aus diesem neuen Gesetze würde man es nicht erfahren, wenn man es noch nicht wüßte: ob das Benefizium vererblich sei, oder nicht. In den Motiven wird zu den betreffenden Bestimmungen §§. 434 ff. gesagt: „Die Vorschriften der Allg. Gerichtsordnung über die Rechtswohlthat der Kompetenz, welche ihren Ursprung ebenfalls aus dem römischen Rechte herleiten, haben in dem Entwurfe eine angemessene Vereinfachung gefunden [29]).“ Die Vereinfachung besteht in der Unterdrückung einiger Fälle, im Uebrigen in der Uebergehung der rechtlichen Natur des Instituts. Dieses muß daher als unverändert angesehen werden. Die Erlöschung des Benefiziums mit dem Tode des Schuldners folgt dann daraus und aus dem §. 435, nach welchem die Kompetenz, die nur bestimmten Gläubigern gegenüber gefordert werden kann, auf solche Personen beschränkt ist, unter welchen eine gesetzliche Verpflichtung zur Alimentation besteht; und die Art der Kompetenz, welche allen Gläubigern gegenüber gefordert werden kann, mit der Person des Schuldners ebenfalls von selbst wegfällt, da das Recht besonderer persönlicher Rücksichten wegen nur von dem Privilegirten selbst ausgeübt werden kann.

Diese Beispiele mögen genügen, auf Vollständigkeit macht die Zusammenstellung keinen Anspruch.

2. Rechte, welche nur zur Nothdurft einer bestimmten Person bewilligt werden, namentlich das Gebrauchsrecht und das Wohnungsrecht: diese Rechte erlöschen mit dem Tode des Berechtigten [30]).

3. Der Nießbrauch. Ein solcher kann ohne eine Person nicht gedacht werden [31]) und deshalb muß er mit dem Tode desjenigen,

---

facere potest condemnari, exploratum est, sed hoc heredi non esse praestandum: quia tale beneficium personale est, et cum persona exstinguitur.“ — L. 24, §. 1 D. de re jud. (XLII, 1): „Si maritus solvendo non fuerit, licet ipsi marito prosit, quod facere non possit (id enim personae praestatur), heredi ejus non prodest.“ — L. 25 D. eodem: „Sciendum est, heredes earum personarum non in id, quod facere possunt, sed in integrum teneri.“ — Vergl. L. 7 pr. D. de exception. (XLIV, 1).

28) A. G.O. I, 49, §. 23.

29) Motive zum Entwurfe, S. 148, Nr. II.

30) A. L.R. I, 19, §. 22. — Erk. des Obertr. vom 19. September 1862 (Arch. f. Rechtsf. Bd. XLVI, S. 134). — L. 10 D. de capite minutis (IV, 5): „. . . si habitatio legetur, morte — legatarii legatum intercidit.“

31) „Ususfructus sine persona esse non potest.“ L. 26 D. de stipulatione servor. (XLV, 3). — „Ususfructus — sine persona constitui non potest.“ L. 61, §. 1 D. de acquir. rerum dom. (XLI, 1).

dem er ursprünglich bestellt worden war, nothwendig verschwinden [32]). Dieses geschieht selbst dann, wenn der Nießbrauch auf eine bestimmte Zahl von Jahren bestellt worden ist und der Nießbraucher vor Verlauf derselben stirbt: „tunc etenim ad posteritatem ejus usumfructum transmitti non est possibile, cum morte usumfructum penitus exstingui, juris indubitati sit [33])." Diese Rechtssätze finden sich im Landrechte Th. I, Tit. 21 wieder, aber mit einer scheinbaren Modifikation, denn es heißt:

§. 176. „Jeder Nießbrauch hört mit dem Tode des Berechtigten auf, und geht in der Regel auf die Erben desselben nicht über [33a])."

§. 177. „Auch wenn der Nießbrauch auf eine gewisse Zeit, oder bis zu einem gewissen Erfolge verliehen wäre, erreicht selbiger dennoch mit dem früheren Ableben des Nießbrauchers seine Endschaft."

Die Erlöschung des Nießbrauchs durch den Tod des Berechtigten soll also nur die Regel sein, es muß mithin eine Ausnahme geben, und davon ist auch sogleich die Rede im

§. 178. „Sind die Erben des Berechtigten zum Nießbrauche ausdrücklich mit berufen: so ist dieses dennoch, im zweifelhaften Falle, nur von den Erben des ersten Grades zu verstehen."

Dieser Fall, gleichfalls aus dem römischen Rechte entnommen, ist nur uneigentlich eine Ausnahme zu nennen. Wenn Jemand sammt seinen Erben zu einem Nießbrauche berufen wird, was auch durch Vertrag möglich ist, so geschieht es entweder so, daß er und sein muthmaßlicher Erbe den Nießbrauch gemeinschaftlich haben sollen, oder so, daß der Erbe erst nach dem Tode des Nießbrauchers in die Nutznießung eintreten soll. In dem ersten Falle bleibt der Nießbrauch derselbe und es ändert sich bei dem Abgange des Hauptberechtigten weiter nichts als daß der Erbe desselben, der schon Mitberechtigter war, nun allein den ganzen Nießbrauch hat. In dem zweiten Falle hingegen war der Nießbrauch des Erben ein neuer Nießbrauch, welchen der Eigenthumserbe diesem s. g. Nießbrauchserben besonders zu bestellen hatte, und wofür der neue Nießbraucher eine neue Kaution leisten mußte [34]). Daß es, abgesehen von dem heutigen Wegfalle

32) §. 3 Inst. de usufructu (II, 4); L. 3, §. 3; L. 21 D. quib. mod. ususfr. amitt. (VII, 4).

33) L. 12 pr. C. de usufruct. et habit. (III, 33).

33a) Vergl. §. 421, Th. I, Tit. 12.

34) L. 3, §. 2; L. 9 pr. D. ususfructuar. quemadmodum caveat (VII, 9);

der Kautionsleistung, nach preußischem Rechte anders sein solle, verordnet der §. 178 nicht, er berührt vielmehr diesen Gegenstand überhaupt gar nicht, sondern nimmt lediglich Justinians Entscheidung einer Kontroverse auf. Einige Klassiker hielten nämlich ein solches Legat als der Natur des Nießbrauchs zuwiderlaufend nicht für zulässig; ein solcher Nießbrauch, der von Erben zu Erben gehe, könne nach dem alten Grundsatze auf die gewöhnliche Weise nicht erlöschen und sei folglich kein Nießbrauch mehr. Justinian entschied diesen Streit dahin, daß zwar ein solches Vermächtniß gültig sein, der Nießbrauch jedoch in der Person des unmittelbaren Erben erlöschen solle[35]). Dies ist es, was der §. 178 im Wesentlichen enthält, doch so, daß die unbedingte Beschränkung auf den nächsten Erben nicht aufgenommen ist, vielmehr in den Worten: „im zweifelhaften Falle", eine beliebige Reihe von weiteren Uebertragungen auf die künftigen Generationen freigestellt wird. Nur würde eine solche Veräußerung keine Nießbrauchsbestellung, sondern die Konstituirung eines erblichen Besitz- und Nutzungsrechts, einer Art unvollkommenen Eigenthums sein, also einer Eigenthumsform, welche von der neuen Gesetzgebung abgeschafft ist[36]).

Wie der Nießbrauch, so endet mit dem Tode des Berechtigten auch die Leibzucht oder das Leibgedinge und das Witthum[37]), ebenso der Auszug oder Altentheil aus bäuerlichen Gütern[38]).

4. Das Vorkaufsrecht und das Wiederkaufsrecht, wenn dessen Ausübung an keine bestimmte Zeit gebunden ist, erlischt nach preußischem Rechte[39]) gleichfalls mit dem Tode des Berechtigten, was nach Gemeinem Rechte nicht behauptet werden kann[40]). Der einzige innere Grund für die Unvererblichkeit möchte sein, daß dem Käufer kein fremder Kontrahent für den künftigen Vorkauf und Wiederkauf aufgedrungen werden könne; allein dieser Grund paßt doch

---

L. 38, §§. 10, 12 D. de verbor. oblig. (XLV, 1). — Duareni Comment. ad h. legem u. Glück, Kommentar, Bd. IX, S. 314 ff.

35) „. . . usumfructum una cum herede finiri, et illo moriente, vel aliis legitimis modis eum amittente, expirare." L. 14 C. de usufructu (III, 33).

36) Ablösungsgesetz vom 2. März 1850, §. 91 (G.S. S. 77).

37) A. L.R. II, 1, §. 470.

38) Ebd. I, 11, §. 602.

39) A. L.R. I, 20, §. 596; I, 11, §. 316. Auch nach dem österr. bürg. G.B. §§. 1071, 1072, 1074.

40) Das Obertr. thut dies in dem Pr. 2377, vom 24. Mai 1852 (Entsch. Bd. XXIII, S. 336), ohne es zu beweisen. Aeltere Schriftsteller haben darüber für und wider gestritten, das ist Alles. S. Recht der Ford. §. 247; Uebergang der Forderungsrechte, §. 17, Nr. 1, lit. d u. Nr. 2 u. die dort angef. Schriftsteller.

nicht bei einem Geschäft, dessen Essentialien meistens schon voraus feststehen und welches durch eine einmalige Leistung und Gegenleistung völlig erledigt wird, keineswegs aber ein dauerndes Verhältniß gründet.

5. Institute, deren Eigenthümlichkeit, wie ein römischer Jurist sich ausdrückt, in facto potius quam in jure consistit[41]), womit gemeint ist, daß sie eine weniger juristische Natur haben, als die gewöhnlichen Rechtsinstitute[42]). Hierher gehören:

a) Rechte (Obligationen), „quae naturalem praestationem habere intelliguntur"[43]), insofern man hierunter Leistungen versteht, welche die Ernährung und Erhaltung des leiblichen Menschen bezwecken[44]). Dergleichen Institute sind:

aa) Das Legat von Alimenten, nicht zu verwechseln mit dem legatum annuum. Das Alimentenlegat erlischt mit dem Aufhören des Bedürfnisses, spätestens mit dem Tode des Bedachten[45]).

bb) Ein noch vorhandener Nachklang des römischen Dotalrechts der Ehefrau. Die alte actio rei uxoriae hatte Obligationen zum Gegenstande, der die Grundlage einer naturalis praestatio auch nach aufgelöster Ehe sein sollte[46]); sie war daher unvererblich. Inwiefern die Unvererblichkeit des heutigen Anspruchs des unschuldig geschiedenen Ehegatten noch besteht, ist bereits oben (§. 5) dargestellt; hier ist noch eines Falles zu gedenken, wo die Abfindung geradezu in eine Obligation verwandelt worden ist, „quae naturalem praestationem habere intelligitur", oder doch die Bestimmung hat, die Grundlage einer naturalis praestatio zu sein, nämlich wo statt der Abfindung — die an die Stelle der der Frau entgehenden Na-

41) L. 10 D. de cap. minutis (IV, 5).

42) v. Savigny, System, Bd. II, S. 91.

43) L. 8 D. de capite minutis (IV, 5).

44) Wie v. Savigny a. a. O. S. 105. Andere, wie Cujac., Observat. XXII, 14, denken sich unter diesem Kunstausdruck Klagen, die auf freies billiges Ermessen des Richters gestellt sind; noch Andere, wie de Pfordten, de obligationis civilis in naturalem transitu (Lips. 1843), p. 50, beziehen ihn auf Klagen aus dem Peregrinenrechte; der preuß. Gesetzrevisor bezeichnet sie als Klagerechte, welche sich auf die Verhältnisse der Person als solcher beziehen (Motive zu Abschn. 8, §. 127 des Entw., S. 450 ff. u. Erg. z. A. L.R. [3. A.] zu §. 827, Nr. 2, Th. II, Tit. 1, S. 205), wobei man sich gar nichts Bestimmtes denken kann.

45) A. L.R. I, 12, §. 441. — L. 14 pr. D. de alim. leg. (XXXIV, 1); L. 8, §. 10 D. de transaction. (II, 15).

46) L. 8 D. de cap. min. (IV, 5): „Eas obligationes, quae naturalem praestationem habere intelliguntur, palam est capitis diminutione non perire, quia civilis ratio naturalia jura corrumpere non potest. Itaque de dote actio" — —. v. Savigny, System, Bd. II, S. 116.

turalverpflegung, für die der Ehemann zu sorgen hat, und ihres vereitelten eventuellen Erbrechtes zu treten bestimmt ist — auf Verpflegungsgelder erkannt ist. Hierüber verordnet das Landrecht II, 1, §. 832: „Ist statt der Abfindung auf standesmäßige Verpflegungsgelder erkannt, so können die Erben nur die bis zum Ableben des Erblassers etwa verbliebenen Rückstände fordern." Also nur diese Rückstände gehören zur Erbschaft. Dabei ist zu bemerken, daß der Todestag als solcher nicht der terminus ad quem ist, weil Alimente pränumerando gezahlt werden müssen. Tritt also der Tod im Laufe des Zeitraums, für welchen die Alimente jedesmal vorausbezahlt werden müssen, ein, und ist am letzten Verfalltage richtig bezahlt worden, so ist nichts zurückzuzahlen; ist aber die Zahlung rückständig geblieben, so müssen die Alimente nicht bloß bis zum Todestage, sondern für den ganzen Zeitabschnitt gezahlt werden; durch seine Mora kann der Schuldner nichts gewinnen[47].

cc) Die Alimentationsverbindlichkeit unter nahen Verwandten. Diese ruhet lediglich auf dem bestimmten Verwandtschaftsverhältnisse, erlischt also mit der Auflösung desselben, folglich bei der Blutsverwandtschaft mit dem Tode der einen oder der anderen der verbundenen Personen, kann sich also nicht vererben, weder aktiv noch passiv[48]; die Alimentationspflicht des Gebers geht nur dann auf seine Erben über, wenn es sein Wille war[49]. Hiervon macht nach neuem preußischen Rechte der Alimentationsanspruch eines unehelichen Kindes gegen seinen präsumtiven Erzeuger eine Ausnahme[50], zu welcher man in der irrigen Meinung kam, daß hierin das Landrecht einer Verbesserung bedürfe. Dieses erwähnt nur des Anspruchs der Geschwächten auf Ausstattung als eines solchen, welcher auch gegen die Erben des Schwängerers verfolgt werden könne[51]; in Ansehung dessen, was noch an der vollendeten Erziehung des Kindes bei dem Eintritte des Todes des Vaters fehlt, ist in dem Kapitel von den Rechten des Kindes auf den Nachlaß des Vaters Vorsehung getroffen, wo von einer ererbten Verbindlichkeit der Erben

47) A. L.R. I, 16, §. 63. Vergl. östr. G.B. §. 1418.

48) A. L.R. I, 9, §. 360; Erk. des Obertr. vom 8. Oktober 1848 (Archiv f. Rechtsf. Bd. XXXI, S. 35). — L. 8 D. de agnoscendis et utend. lib. (XXV, 3).

49) L. 5, §. 17 D. eodem; L. 16 pr. D. de aliment. vel cibar. legat. (XXXIV, 1); L. 9 D. de probation. (XXII, 3).

50) Ges. vom 24. April 1854, §. 19 (G.S. S. 193). Auch nach dem österr. G.B. §. 171.

51) II, 1, §. 1089.

gar keine Rede ist, vielmehr ein Aussatz aus dem Nachlasse verordnet wird [52]). Das ist den Verhältnissen entsprechend. Nun kommt die vermeintliche Verbesserung durch das neue Gesetz über die Folgen des unehel.chen Beischlafs vom Jahre 1854 ([50]), welche lautet:

„Weder in den Ansprüchen der Geschwängerten, noch in denen des Kindes wird durch den Tod des Schwängerers etwas geändert; diese Ansprüche können vielmehr auch gegen dessen Erben verfolgt werden,"

und diese Neuerung wird so gerechtfertigt: „Die Vorschrift des §. 16 (im Gesetze 19), wonach durch den Tod des Schwängerers weder in den Ansprüchen des Kindes, noch in denen der Geschwächten etwas geändert werden soll, diese Ansprüche vielmehr auch gegen dessen Erben sollen verfolgt werden können, ist allgemeinen Rechtsgrundsätzen gemäß, und giebt das, was aus diesen folgt, vollständiger wieder, als der §. 1089 ([51]), welcher nur der Ausstattung der Geschwächten erwähnt [53])." Die gemeinten „allgemeinen Rechtsgrundsätze" sind nicht bezeichnet. Gegen die positive Rechtsvorschrift und deren Geltung kann nichts gesagt werden, aber der Verfasser der Motive war kein Rechtsverständiger. Aus „allgemeinen Rechtsgrundsätzen" folgt die neue Satzung nicht; hätte man zur Rechtfertigung derselben gesagt, das bisherige Recht entspreche dem Bedürfnisse nicht, es sei deshalb eine Ausnahme von der Regel zu machen, eine anomale Vorschrift nothwendig, so wäre die Sache in gesetzgeberischer Beziehung in Ordnung, aber als eine Konsequenz aus „allgemeinen Grundsätzen" läßt sich die Vorschrift in den Zusammenhang des Rechtsbaues nicht einfügen. Daß man sich der Tragweite der Neuerung auch nicht bewußt gewesen, daß eine gewisse Gedankenlosigkeit dabei gewaltet hat, mag folgender Fall zeigen: Ein junger Handwerker wird Wittwer, seine Frau hinterläßt ihm ein ganz junges Kind. Er nimmt eine Wirthin in seinen Haushalt und stirbt nach einigen Jahren. Die Wirthin hat drei uneheliche Kinder und behauptet, der Verstorbene sei der Vater, sie erstreitet auch Erkennt-

52) II, 2, §§. 647 ff. Ueber die rechtliche Natur dieses Aussatzes wird freilich gestritten. S. m. Anm. 48 zu §. 647. Ebenso unklar ist die ähnliche Bestimmung Justinian's in der Nov. 89, Kap. 12, §. 6, betr. die Ernährung der Konkubinenkinder nach dem Tode ihres Vaters. Da ist auch nicht von einer vererbten Nachlaßschuld, sondern von dem Erbrecht solcher Kinder und, falls sie von ehelichen Nachkommen ausgeschlossen würden, von den Leistungen aus dem Nachlasse „secundum substantiae mensuram a bono viro arbitratam, quod — viri boni arbitratu dicitur" die Rede; es war also eine Art erbrechtlichen Anspruchs, keinesweges ein absoluter Anspruch aus einer vererbten Schuld.

53) Motive, S. 16 u. m. Anm. 33 zu §. 19 des Gesetzes (A. L.R. II. 1, 3. Ausg. S. 267).

nisse, wonach für jedes ihrer Kinder monatlich 4 Thlr. Alimente bis zum zurückgelegten 14ten Jahre desselben gezahlt werden sollen. Die ganze Erbschaft des einzigen erst fünfjährigen ehelichen Kindes beträgt aber nur 1000 Thlr. Diese reichen zur Tilgung jener angeblich auf den Erben übergegangenen Schuld des Erblassers nicht aus, das eheliche Kind, welches ältere und wenigstens gleichberechtigte Ansprüche auf Erziehung und Ernährung mit seinen unehelichen Geschwistern hat, ist nun als gänzlich arm dem Elende preisgegeben und dem öffentlichen Mitleiden empfohlen, während die unehelichen Abkömmlinge seines Vaters zwar kein Erbrecht haben, aber absolute Gläubiger sein sollen, als welche sie die ganze Erbschaft nehmen und den legitimen Erben ganz ausschließen. Von welchen „allgemeinen Rechtsgrundsätzen" dieses eine Konsequenz sein soll, bleibt nachzuweisen.

dd) Der Anspruch der Kinder an die Eltern auf Ausstattung. Das römische Recht kannte nur die Klage der Tochter gegen den Vater auf Dotation[54]). Das Landrecht erkennt einen Anspruch auf Dotation (Mitgabe oder Brautschatz) nicht an; dagegen verpflichtet es die Eltern subsidiarisch zur Verabreichung einer „Ausstattung" an die Kinder, Söhne und Töchter, und versteht darunter bei Söhnen, welche eine abgesonderte Wirthschaft anfangen, die Mittel, welche zu deren ersten Einrichtung, und zur Anschaffung der zum Betriebe ihres Gewerbes unentbehrlichen Geräthschaften erforderlich sind; und bei heirathenden Töchtern das, was zur Hochzeit und zur ersten Einrichtung ihres Hauswesens nöthig ist[55]). Stirbt der Vater, so geht seine Verbindlichkeit nicht auf die Erben über, sondern die Mutter tritt aus eigener Verbindlichkeit für ihn ein[56]). Daß die Kinder ihrerseits ihren Anspruch nicht aktiv auf ihre Erben übertragen, ist selbstverständlich, da der Todte keiner Ausstattung bedarf und bei den Erben des Verstorbenen die Voraussetzung der Verbindlichkeit, die Kindschaft, nicht vorhanden ist; wenn sie aber zufällig vorhanden wäre, z. B. in der Person einer Schwester des Erblassers, diese nicht die Ausstattung des Verstorbenen, sondern eine Ausstattung aus eigenem Rechte zu fordern haben würde. In Frage kann die aktive Vererblichkeit der Klage kommen, wenn eine Ausstattung oder eine Mitgabe (Brautschatz) entweder unter Lebenden ausdrücklich ver-

---

54) L. 19 D. de ritu nupt. (XXIII, 2).

55) A. L.R. II, 2, §§. 232 — 234 u. 243.

56) Ebend. §. 236.

sprochen[57]), oder von Todeswegen zugewendet (legirt) worden ist[58]). Nach römischem Rechte ist hierbei nichts Zweifelhaftes; denn es ist anerkannter Rechtsgrundsatz: „sine nuptiis nulla dos intelligitur“ [59]), und daher wird angenommen, daß eine vor Eingehung der Ehe gegebene promissio dotis stillschweigend die Bedingung enthalte: si nuptiae sequantur, dergestalt, daß mit dem Zeitpunkte, ubi conditio deficit, das Versprechen ipso jure erloschen ist, woraus dann folgt, daß die versprochene Dos pendente conditione nicht eingefordert werden kann[60]), die freiwillig in Voraus gegebene aber im Falle des Defektus in der Bedingung zurückgegeben werden muß[61]). Dieselben Grundsätze kommen auch bei einem vermachten Heirathsgut (legatum dotis) zur Anwendung[62]). Nach römischem Rechte ist also der Rechtsstand einfach dieser: Aktiv vererbt sich der Anspruch auf ein Heirathsgut, mag dieses nach dem Gesetze, oder aus einem Versprechen unter Lebenden, oder aus einem Vermächtnisse gefordert werden können, gar nicht, wenn die Person, welche es hätte fordern können, vor ihrer gültigen Verheirathung stirbt; passiv vererbt sich die gesetzliche Verbindlichkeit zu dotiren auch nicht, wenn der Vater vor der Verheirathung der Tochter gestorben ist, aber die durch ein Versprechen unter Lebendigen begründete Verbindlichkeit geht auf die Erben des Schuldners über[63]). — Auch nach dem Landrechte steht die Sache nicht anders, wenngleich die Frage nicht besonders hervorgehoben worden ist. Der Umstand, daß das römische Dotalrecht nicht ohne wesentliche Modifikationen auf-

57) Ebend. I, 11, §§. 1047, 1048.

58) Ebend. I, 12, §. 447.

59) L. 20 C. de donation. ante nuptias (V, 3). Vergl. L. 3 u. L. 76 in f. D. de jure dotium (XXIII, 3).

60) L. 4 D. de pactis (II, 14): Pr. „Item — conventiones etiam tacite valent ... §. 2. Hujus rei argumentum etiam stipulatio dotis causa facta est: nam ante nuptias male petitur, quasi si hoc expressum fuisset, et nuptiis non secutis ipso jure evanescit stipulatio.“ — L. 21 D. de jure dot. (XXIII, 3): „Stipulationem, quae propter causam dotis fiat, constat habere in se conditionem hanc: si nuptiae fuerint secutae; et ita demum ex ea agi posse, quamvis non sit expressa conditio: si nuptiae, constat, quare, si nuncius remittatur, defecisse conditio stipulationis videtur.“ — L. 41, §. 1 D. eodem: „Sed si nuptiae secutae non fuerint, ex stipulatu agi non potest.“

61) Das Rechtsmittel darauf ist die condictio causa data causa non secuta, nicht die actio de dote, weil eine Dos nicht existirt. L. 1 C. de condict. ob causam dator. (IV, 6). Vergl. L. 7, §. 3, L. 8, L. 59, §. 2, L. 74 D. de jure dot. (XXIII, 3); L. 7 D. de condict. causa data (XII, 4).

62) L. 31 D. de conditionibus (XXXV, 1).

63) L. 5 C. de dotis promissione (V, 11): „Si pater marito tuo stipulanti promiserit dotem, non tibi, sed marito contra successores soceri competit actio.“

genommen worden ist, hat auf unsere Frage keinen Einfluß. Denn daß es eine eheliche Ausstattung, eine Mitgabe oder ein Heiraths-gut (Brautschatz), Illaten (eingebrachtes Vermögen) der Ehefrau ohne Ehe nicht geben kann, liegt im Begriffe, wie im Begriffe der römischen Dos, der Rechtssatz also, daß das Versprechen eines dieser Heirathsgüter die Bedingung: „wenn die Ehe geschlossen wird", dem Begriffe gemäß stillschweigend in sich hält, ist eine Rechtswahrheit so gut nach heutigem wie nach römischem Rechte. Nun hat das Landrecht I, 4, §. 162 den allgemeinen Grundsatz:

„Ist die Bedingung oder der Zweck an die Person des Berechtigten gebunden, und stirbt dieser vor der Erfüllung, so verliert die Erklärung selbst ihre Wirksamkeit."

Dieser Satz ist dem römischen Rechte entnommen, welches davon auf unseren Fall folgende Anwendung macht:

„Nam cum uni ita legatum sit: Titio, si Sejam uxorem duxerit, heres meus centum (tausend Sestertien) dato: si quidem Seja moriatur, defectus conditione intelligitur; at si ipse decedat, nihil ad heredem suum eum transmittere, quia morte ejus conditio defecisse intelligitur[64])."

Hierin hat das Landrecht nichts geändert, man sollte daher meinen, es könne in der Sache ein Zweifel nicht aufkommen. Dennoch ist manches Ungehörige zu Tage gebracht worden, welches sich an den §. 488, I, 12 angeknüpft hat. Dieser lautet:

„Wenn Jemandem **etwas** zur Aussteuer oder Ausstattung vermacht worden, so ist ein solcher Beisatz eher für die Bestimmung eines Zweckes, als für eine aufschiebende Bedingung zu achten."

Dies ist eine Auslegungsregel, nach welcher die thatsächliche Frage nach der muthmaßlichen Willensmeinung des Testators entschieden werden soll; und es liegt vor Augen, daß die Frage, wie es mit dem Legate gehalten werden solle, wenn der Zweck in der Person des Bedachten nicht mehr erfüllt werden kann, weil sein Tod ihn der Ausstattung überhoben, gar nicht berührt wird. Hierzu macht Merkel in seinem Kommentar folgende Anmerkung:

„Confer. §. 512 h. t. — Wenn ein Vater seinen ausgestatteten Kindern, einem jeden 300 Thlr., als so viel auch jedes Ausgestattete bekommen hat, zur Ausstattung prälegirt, ein solches Kind stirbt aber, bald nach dem Vater, ehe es ausgestattet werden kann: so erbt die Mutter von ihm die 300 Thlr., so gut wie

64) L. 31 D. de conditionibus (XXXV, 1).

dessen übriges Vermögen. Wiewohl der §. 162, Tit. 4, Th. I dies bedenklich macht, besonders wenn ein Universalhaupterbe etwa vorhanden ist: so folgt dies doch schon daraus, daß der §. 303, Tit. 2, Th. II des A. L.R., statt der ehemaligen Kollation, schon selbst das Praecipuum einführt, welches mit dem übrigen Erbtheile gleiche Rechte und Qualität bekommt."

Der §. 512 gehört nicht hierher, er behandelt den Fall, wo der Legatar lebt aber den Zweck ohne seine Schuld nicht erfüllen kann: hier soll er dennoch den ihm zugedachten Vortheil behalten. So ist es auch nach römischem Rechte; unsere Frage wird dadurch nicht berührt, vielmehr ist es ein Gegensatz derselben [65]). Die Einführung des Praecipuum statt der Kollation hat mit unserer Frage gleichfalls gar nichts zu thun, der §. 303 sagt nur: wie eine wirklich gegebene (verwendete) Ausstattung, anderen Gleichberechtigten gegenüber, ausgeglichen werden soll, enthält aber keine Silbe darüber, wie es mit einer nicht zur Verwendung gekommenen oder kommenden Ausstattung gehalten werden soll. Daß aber die unausgestatteten Gleichberechtigten das Praecipuum nicht unbedingt und schließlich, wenn sie nicht zur Ausstattung gelangen, gar nicht erhalten, ist im Landrechte ausdrücklich entschieden. In dem Falle nämlich, daß in dem Nachlasse des verstorbenen Vaters nicht so viel vorhanden, daß die noch unversorgten Kinder die vorhin beschriebene nothdürftige Ausstattung daraus erhalten können, müssen die ausgestatteten Geschwister das daran Fehlende ergänzen, und dieser den unversorgten Geschwistern von den Ausgestatteten zu leistende Beitrag muß sogleich bei der Erbtheilung ausgemittelt und festgesetzt werden. Nun heißt es aber weiter:

„Doch bleibt derselbe bei denjenigen, die ihn zu leisten haben, so lange ohne Verzinsung stehen, bis der Fall, wo die unversorgten Geschwister wirklich ausgestattet werden sollen, eintritt."

„Stirbt das unausgestattete Kind, ehe es der Ausstattung wirklich bedarf; so fällt der ausgesetzte Beitrag in das Vermögen desjenigen, der zu dessen Leistung verbunden war, zurück [66])."

Ein anderer Kommentator [67]) des Landrechts bringt, wie es scheint unter dem Einfluß der Merkel'schen Bemerkung, zum §. 488,

65) Dieselbe L. 31 fährt nämlich fort: „... utroque autem vivente, si quidem ipse nolit uxorem ducere, quia ipsius facto conditio deficit, nihil ex legato consequitur; muliere autem nolente nubere, cum ipse paratus esset, legatum ei debetur."

66) A. L.R. II, 2, §§. 313—319.

67) Bielitz, Kommentar, Bd. III, S. 186.

Tit. 12 Folgendes vor: „Nach der Bestimmung des §. 162, Tit. 4 kann es zwar scheinen, als gehe das, was Jemandem zur Ausstattung vermacht worden ist, auf die Erben der dieser Art bedachten Person, wenn sie vor ihrer Verheirathung verstirbt, nicht über. Allein der gegenwärtige §. 488, welcher diesen Beisatz für die Bestimmung eines Zwecks erklärt, bringt das Gegentheil mit sich, weil der Legatar in diesem Falle nicht erst, wie bei der aufschiebenden Bedingung, zur Zeit der Ausstattung, sondern gleich nach dem Tode des Testirers Eigenthümer der legirten Sache wird.“ Dabei allegirt er, wie Merkel, als Beweisstelle den §. 512 d. T. — Der Kommentator muß wohl den §. 162, Tit. 4 entweder nicht gelesen oder nicht verstanden haben, denn diese Stelle enthält das gerade Gegentheil von dem was er behauptet, sie sagt ausdrücklich, daß in dem vorausgesetzten Falle von dem Zwecke wie von der Bedingung das Gleiche gelte, folglich ist es für den vorausgesetzten Fall, daß der Begünstigte vor der Ausstattung verstorben ist — der §. 512 setzt, wie gesagt, das Leben desselben voraus (65) — völlig einerlei, ob der §. 488 den Beisatz für die Bestimmung eines Zwecks, oder für eine Bedingung erklärt. — Noch ein anderer Schriftsteller[68]) unterscheidet, ob die Ausstattung selbst, oder nur Etwas zur Ausstattung vermacht worden ist. In dem ersten Falle liege dem Legate bei Frauenspersonen die stillschweigende Bedingung der Heirath, und bei Männern die der eigenen Wirthschaft zum Grunde[69]); in dem anderen Falle nehme das Gesetz an, „daß die Aussteuer nur als Zweck beigefügt sei“. Als Gesetz ist angemerkt: Th. I, Tit. 6, §§. 123—125; Th. II, Tit. 1, §. 1039 (1051), und unser §. 488, Tit. 12. Die beiden ersten Stellen gehören gar nicht hierher, sie bestimmen die Entschädigung für körperliche Verunstaltung und Entjungferung, bedingungslos; die dritte Stelle ist die eben schon besprochene, es wird aber von diesem Schriftsteller keine Folgerung an die Zweckbestimmung geknüpft und seine Meinung darüber: ob das Vermächtniß sich vererben soll oder nicht, ist nicht bekannt gegeben. — Die Praxis des höchsten Gerichts erkennt die hier dargelegte rechtliche Natur des in Rede stehenden Versprechens für richtig an, denn es hat, anknüpfend an den entscheidenden §. 162, Tit. 4, den Satz festgestellt, daß, wenn der bäuerliche Gutsabtretende in dem Uebertrags- und Altentheilsvertrage seinen übrigen Kindern gegen den Gutsüber-

68) Geyert, die Lehre von den Vermächtnissen, §. 48, Nr. 4.

69) Dabei sind die §§. 232, 233, Th. II, Tit. 2 allegirt, wo von der gesetzlichen Ausstattungspflicht die Rede ist.

nehmer eine Abfindung an Geld und Naturalien bei deren Verheirathung oder erreichtem dreißigsten Lebensjahre ausbedingt und bis zum Tode des berechtigten Kindes keiner dieser beiden Fälle eingetreten ist, dann die Abfindung auf dessen Erben nicht übergehe[70]. Hier wird also angenommen, daß das Versprechen der Heirathsausstattung die Bedingung: „wenn geheirathet wird", stillschweigend in sich enthalte.

ee) Das ursprüngliche Leibrentenverhältniß. Dieses erlischt, nach dem ihm zum Grunde liegenden Prinzip: Leibgut schwindet Hauptgut[71]), mit dem Tode des Leibrentenberechtigten, dieser mag natürlicher oder gewaltsamer Weise erfolgt sein, wenn er nur nicht von dem Verpflichteten vorsätzlich veranlaßt ist, vollständig[72]), dergestalt, daß weder die Renten auf die Erben des Berechtigten übergehen, noch eine Rückzahlung auf das Rentenkapital gefordert werden kann. Positive Vorschriften haben jedoch eine Erweiterung des Verhältnisses gestattet, unter anderem auch die Verabredung, daß die Rente von der Lebensdauer einer anderen Person als der des Berechtigten, namentlich von der des Verpflichteten (des Verkäufers), oder der eines Dritten, abhängig sein soll oder auch daß das Leben mehrerer Personen die Dauer der Rente bestimmen solle. Stirbt in einem solchen Falle der Berechtigte früher, so treten allerdings seine Erben an seine Stelle.

ff) Das Rechtsverhältniß auf persönliche Handlungen und Dienstleistungen, namentlich:

α) das Erzieher- und Lehrerverhältniß[73]);

β) das Dienstbotenverhältniß: dieses erlischt auch durch den Tod des Dienstherrn, doch sind die Erben berechtigt (nicht aber gehalten), das Gesinde ausdienen zu lassen; wenn sie dies nicht wollen, haben sie Lohn und Kost bis zum Ende des laufenden, beziehungsweise nächsten Quartals zu entrichten[74]).

b) Das Prekarium. Dieses erlischt nach römischem Rechte durch den Tod des Prekaristen, nicht auch durch den Tod des Gebers[75]).

70) Erk. des Obertr. vom 30. Juni 1856 (Archiv für Rechtsf., Bd. XXII, S. 66).

71) Phillips, deutsches Privatrecht, Th. I, S. 410.

72) A. L.R. I, 11, §§. 619—624.

73) A. L.R. II, 5, §. 188; I, 5, §. 416. — L. 6, §. 7 D. de statuliberis (XL, 7): „... caeterum (conditiones) quae sunt in faciendo, non transeunt, ut puta si filium ejus literas edocuerit: hae enim personis eorum cohaerent, quibus adscribantur."

74) Ges.-Ordn. vom 8. November 1810, §§. 100, 101 (G.S. S. 101). — Sachs.Sp. Buch I, Art. 22.

75) L. 12, §. 1; L. 8, §. 1 D. de precario (XLIII, 26).

Nach dem Landrechte[76]) ist dieses Verhältniß faktischer Natur und kann von dem Geber, folglich auch von dessen Erben zu allen Zeiten willkührlich widerrufen werden. Vgl. unten Nr. 6, lit. c.

c) Solche Verhältnisse, welche von den römischen Juristen aufgefaßt werden als Verhältnisse, die an sich bloß faktischer Natur sind, und nur durch enge Verbindung mit eigentlichen Rechten an der juristischen Natur derselben Theil nehmen. Dahin werden gerechnet[77]):

aa) Die Sozietät. „Sie besteht nach v. Savigny ([77]) in einer fortgehenden faktischen Verbindung zu gemeinsamen Unternehmungen, wobei die Rücksicht auf die Eigenschaften des natürlichen Menschen (seine Redlichkeit und Geschicklichkeit) vorherrschend ist; sie selbst also ist, ihrem allgemeinen Dasein nach, verschieden von den daraus entstehenden Obligationen, die durch die actio pro socio verfolgt werden.“ Aus dieser Unterscheidung der Sozietät selbst von den daraus entspringenden Obligationen allein wird es erklärt, daß die Sozietät als Verbindung durch jede faktische Unterbrechung der Vereinigung untergehen muß und daher unvererblich ist[78]), wogegen die bereits entstandenen Obligationen sich wie gewöhnlich vererben. Durch das Ausscheiden auch nur Eines der Mitglieder ist die ganze Gesellschaft aufgelöst, insoweit in dem Gründungsvertrage nicht etwas Anderes festgesetzt worden ist. „Morte unius societas dissolvitur, etsi consensu omnium coita sit, plures vero supersint, nisi in coëunda societate aliter convenerit, nec heres socii succedit. Sed quod ex re communi postea quaesitum est, item dolus et culpa in eo, quod ex ante gesto pendet, tam ab herede, quam heredi, praestandum est[79]).“ Die Fortsetzung der Verbindung ist eine neue Sozietät[80]). Hiermit stimmt das neue preußische Recht über Handelsgesellschaften überein, indem es verordnet: „Die Gesellschaft wird aufgelöst: 2) durch den Tod eines der Gesellschafter, wenn nicht der Vertrag bestimmt, daß die Gesellschaft mit den Erben des Verstorbenen fortbestehen soll[81]).“ Hinsichtlich derjenigen Gesellschaft aber, welche nicht Handelsunternehmungen zum Gegenstande haben, ist das Gegentheil positiv vor-

76) A. L.R. I, 21, §§. 231, 232.

77) v. Savigny, System, Bd. II, S. 134.

78) L. 4, §. 1 D. pro socio (XVII, 2): „Dissociamur renunciatione, morte, . . . et egestate.“

79) L. 65, §. 9 D. eodem.

80) L. 58, §. 3 D. eodem.

81) Handelsges.B. Art. 123.

geschrieben [82]). Der dabei leitend gewesene Gedanke ist nicht bekannt.

bb) Das Mandat und die Geschäftsbesorgung ohne Auftrag (negotiorum gestio) haben mit der Sozietät eine ähnliche Natur, daher erlischt das faktische, auf persönliches Vertrauen zu dem natürlichen Menschen gegründete Verhältniß in der Regel durch den Tod des Mandanten und des Mandatarius, wenn es nicht ausdrücklich auf die Erben gerichtet ist [83]), es vererben sich aber die daraus entstandenen Obligationen, welche durch die mandati actio, beziehungsweise negotiorum gestorum actio zur Geltung gebracht werden. Eine Ausnahme macht die Vollmacht in Prozeßangelegenheiten: diese erlischt nicht durch den Tod des Machtgebers [84]).

cc) Das Kompromiß und Rezeptum des Schiedsrichters. Dieses Verhältniß hat darin die gleiche Natur mit dem Mandat, daß es auf die natürlichen Eigenschaften der Person des Schiedsrichters gerichtet ist und von dem Verhältniß selbst die daraus entstehenden Obligationen, die von jeder anderen Obligation hinsichtlich der Vererblichkeit nicht verschieden sind, unterschieden werden müssen. Das Institut ist aus dem römischen Rechte unverändert aufgenommen, ohne daß die Gesetzgebung über dessen rechtliche Natur Bestimmungen getroffen hätte, daher denn namentlich über die hier vorliegende Frage die Praxis schwankend und unsicher ist. Um hierüber ins Klare zu kommen, wird man nicht fehl gehen, wenn man sich die römischen Rechtsgrundsätze vergegenwärtigt und dann untersucht, ob Bestimmungen in den preußischen Gesetzbüchern vorkommen, welche jenen Grundsätzen zuwiderlaufen. Wären solche Bestimmungen nicht nachzuweisen, so würde es Willkühr sein, die gedachten Grundsätze deshalb, weil sie nicht vorgeschrieben seien, abzuweisen und an deren Stelle Etwas zu setzen, was auch nicht vorgeschrieben ist und dazu die rechtliche Natur des Instituts gegen sich hat. — Die Hauptstellen des römischen Rechts in Beziehung auf unsere Frage sind die L. 27, §. 1 D. de receptis, qui arbitrium (IV, 8) und L. 49, §. 2 D. eodem, in Betreff der Parteien:

„Si heredis mentio, vel caeterorum (successorum), facta in compromisso non fuerit, morte solvetur compromissum.“

„Si ab altera duntaxat parte heredis mentio comprehensa

---

82) A. L.R. I, 17, §§. 278 u. flg.

83) L. 26 pr., L. 57, L. 58 pr. D. mandati (XVII, 1); L. 15 C. eodem (IV, 35); §. 10 Inst. eodem (III, 27). — A. L.R. I. 13, §. 186.

84) Ebenda §. 192; A. G.O. I, 3, §. 59; R.A. von 1654, §. 99.

fuerit, compromissum solveretur morte cujusque ex litigatoribus, sicut solveretur altero mortuo, si neutrius heredis persona comprehenderetur."

Damit stimmt überein das kan. Recht, c. 14 X. de arbitris (I, 43): „Compromissum non extenditur in compromittentis heredes, si de ipsis non caveatur ibidem."

Bestimmter findet sich nicht leicht eine Frage entschieden: das Kompromiß erlischt durch den Tod Eines der Kompromittenten, wenn dasselbe nicht ausdrücklich auf die Erben gerichtet ist; es erlischt auch dann durch den Tod Eines der Kompromittenten, wenn es auf die Erben nur Eines von ihnen gerichtet ist. Das Letztere ist uns vielleicht nicht recht verständlich. Warum soll, fragen wir, das Kompromiß erlöschen durch den Tod dessen, der ausdrücklich für seinen Erben nicht kontrahirt hat? Darauf sagt Baldus: „non debet claudicare," und Godofred notirt dazu: „Aequitas inter partes servanda est in arbitriis et compromissis [85]." Dies wird verständlich daraus, daß, wenn die Kompromittenten, deren Uebereinkunft hinsichtlich des Gegenstandes und der handelnden Personen das Gesetz für den Schiedsrichter ist, ausgemacht hatten, daß ihre Prokuratoren (Geschäftsbesorger) zugezogen werden sollten, oder wenn auch der Erben in dem Kompromisse Erwähnung geschehen, der Schiedsrichter auch diese zuziehen konnte [86]. Die Stellung der Parteien wurde also für eine ungleiche angesehen, wenn nur von einer Seite die präsumtiven Erben mit zugezogen werden konnten und die eine Partei während des Verfahrens starb. Diese Frage ist indeß als eine rein prozessualische für unseren heutigen Rechtszustand unerheblich und bleibt daher hier auf sich beruhen, wie sie denn ja auch von dem kanonischen Rechte nicht mehr aufgenommen worden ist. Festzuhalten aber ist die Konsequenz aus der Natur des Rechtsinstituts, daß das Kompromiß in seinem allgemeinen Dasein sich nicht vererben kann, wenn es nicht ausdrücklich auf die Erben gerichtet worden ist. — Suchen wir nun nach Bestimmungen in unserer Gesetzgebung, welche dieser Konsequenz widersprechen, so sind keine aufzufinden. Wäre das Rezeptum, d. h. der zwischen dem Schiedsrichter und den Parteien geschlossene Vertrag, vermöge dessen der Letztere sich verpflichtet, den ihm vorzutragenden Rechtsstreit nach Inhalt des Kompromisses zu entscheiden, ein Mandatsverhältniß, so

---

85) Eine Anwendung von diesem Grundsatze macht die L. 21, §. 11 in fine D. de arbitris (IV, 8).

86) L. 32, §§. 18, 19 D. eodem.

würde die Analogie auf den §. 215, I, 13 führen, welcher in Beziehung auf mehrere Machtgeber verordnet: „Der Tod Eines Machtgebers hebt die Vollmacht nicht auf.“ Aber dieser Satz ist keine dem Landrechte eigenthümliche Bestimmung, er ist buchstäblich aus dem römischen Rechte aufgenommen, kann mithin nicht als eine jenen Konsequenzen zuwiderlaufende Bestimmung angesehen werden, da er sonst gerade im römischen Rechte selbst, wo er neben den Grundsätzen über das Kompromiß und Rezeptum seine Heimath hat, seine Wirkung in dieser Richtung hätte äußern müssen. Das konnte er jedoch nicht, denn es ist unnachweisbar, daß irgend ein römischer Jurist das Rezeptum jemals als ein Mandatsverhältniß angesehen und darnach beurtheilt hätte; man faßte vielmehr das Institut als ein eigenthümliches, dem öffentlichen Rechte angehöriges, auf, welches unter der besonderen Aufsicht und Fürsorge des Prätors stand[87]). Diesen Charakter hat das Institut im Wesentlichen auch im preußischem Rechte behalten, es greift noch jetzt ins Prozeßrecht ein, es ist somit gar kein Grund findbar, die Konsequenzen desselben zu verwerfen. Hören wir nun, was das Obertribunal für seine Behauptung, daß der Tod des Einen der Kompromittenten den Anderen nicht berechtige, von dem Kompromisse abzugehen, sagt: „Doch konnte von einer Verletzung dieser nicht rezipirten Gesetze[88]) keinenfalls die Rede sein und zugleich wird auch durch sie die von dem Imploranten daraus gezogene Folgerung keinesweges gerechtfertigt. Denn das Kompromiß ist zwar allerdings an sich nur der von den Parteien, welche einig geworden sind, einen unter ihnen entstandenen Streit der Entscheidung eines Schiedsgerichts zu unterwerfen, hierüber errichtete Vertrag oder Vergleich. Doch leidet es zunächst keinen Zweifel (?), daß die Unwirksamkeit desselben unter den angegebenen Voraussetzungen durch die erwähnten Bestimmungen des römischen Rechts nur den Schiedsrichtern selbst gegenüber, welche in diesen wie in anderen außerdem namhaft gemachten Fällen — die Ausführung desselben sollten ablehnen, für ausgesprochen zu erachten ist. Dies geht schon daraus hervor, daß der ganze Titel, dem jene Stellen angehören, im Wesentlichen bloß von den Schiedsmännern handelt, sowie resp. nur ihr Verhältniß zu den Parteien berührt, und es wird am klarsten durch die §§. 2, 3, 4 L. 17

87) L. 3, §. 1 D. eodem: „Tametsi neminem Praetor cogat arbitrium recipere, — attamen, ubi semel quis in se receperit arbitrium, ad curam et sollicitudinem suam hanc rem pertinere Praetor putat.“

88) Die banale Formel: „es ist nicht vorgeschrieben“! Etwas Anderes, die Behauptung des Obertribunals, ist auch nicht vorgeschrieben!

D. IV Tit. 8 außer Zweifel gesetzt. (Folgen die Worte dieser §§., worin einige Fälle, in welchen der Arbiter nicht soll gezwungen werden können, einen Ausspruch zu thun u. s. w. angeführt werden und dann wird fortgefahren:) Hier ist von der Gültigkeit oder der Ungültigkeit des Kompromisses ganz offenbar nur in dem Sinne der Erzwingbarkeit oder der Nichterzwingbarkeit der von den Schiedsrichtern zu fällenden Entscheidung die Rede und aus einem anderen Gesichtspunkte lassen sich die auch von den Imploranten herangezogenen Stellen (wo von der Erlöschung des Kompromisses durch den Tod Einer der Parteien gesprochen wird) nicht betrachten. — In gleicher Art müssen die oben wiedergegebenen Bestimmungen des dem römischen Rechte sich anschließenden kanonischen Rechts — aufgefaßt werden, und (nun folgt die Konklusion) es läßt sich daher weder aus ihnen, noch aus den von den Imploranten bezeichneten Stellen des römischen Rechts entnehmen, daß der Tod der einen Partei die andere berechtigte, von dem geschlossenen Kompromisse ihrer Seits zurückzutreten[89]." Ein seltsamer Syllogismus! Er läßt sich in keine der bekannten syllogistischen Figuren bringen und liefert auch die Materie eines Schlusses nicht so vollständig, um daraus ein Urtheil (die Konklusion, den Schlußsatz) herleiten zu können, selbst wenn der Vordersatz eine Wahrheit wäre, was er keineswegs ist. Schulgerecht konstruirt hat dieser Syllogismus folgende Figur:

> Das Kompromiß begründet unter den Kompromittenten kein Rechtsverhältniß, es spricht nur dem Schiedsrichter gegenüber aus, in welchen Fällen er nicht gezwungen werden könne, einen Ausspruch zu thun. (Der Untersatz fehlt, er müßte aus der vollständig mitgetheilten Ausführung durch irgend eine Konjektur ersetzt werden.) Da nun ein solcher Fall (was für einer?) vorliegt, so folgt, daß der Tod der einen Partei die andere — nicht berechtige, von dem geschlossenen Kompromisse ihrer Seits zurückzutreten.

Man sollte meinen, nach der logischen Konsequenz müßte der Schlußsatz gerade entgegengesetzt lauten, nämlich dahin, daß „die andere Partei" gar keine Verbindlichkeit aus dem Kompromisse, dem Erben des Andern gegenüber, auf sich habe, da dasselbe ja „nur die Verhältnisse des Schiedsrichters zu den Parteien zum Gegenstande hat", unter den Parteien also irgend ein Verhältniß weder zu begründen noch zu regeln haben soll. Hiernach ließe sich ja von einem Zurücktreten Seitens des einen oder des anderen Kompromittenten

---

89) Erk. des Obertr. vom 30. April 1861 (Entsch. Bd. XLV, S. 442 ff.).

von dem Kompromisse sprechen, da keiner von Beiden dem anderen gegenüber gehalten ist. Der Obersatz in jenem Syllogismus ist aber keine historische Wahrheit, es ist auch nicht richtig, daß der Pandektentitel de receptis „im Wesentlichen bloß von den Schiedsmännern handelt", vielmehr handelt er in genügender Ausführlichkeit auch über das Kompromiß in Beziehung auf die daraus entspringenden Verbindlichkeiten der Parteien gegeneinander und namentlich ist in der L. 21, §. 11 D. h. t. zu lesen, daß, wenn der Schiedsrichter in einem Falle, wo er nach dem Kompromisse keinen Ausspruch zu thun hatte, dieses auf den Antrag der einen Partei dennoch gethan hat, die andere Partei aus dem Kompromisse zu Nichts gehalten sei, wenn sie sich an einen solchen Schiedsspruch nicht kehre. Die Ausführung bewegt sich sonach in Irrthümern und Widersprüchen. Dies nun sind die Gründe, aus welchen das Obertribunal die Erlöschung des Kompromisses durch den Tod Eines der Kompromittenten nicht gelten lassen will. Eine andere hier nicht zu erwägende Frage ist es, ob die überlebende Partei wegen des Todes der anderen von dem Kompromisse einseitig abzugehen befugt sei, wenn der Erbe der verstorbenen und der gewählte Schiedsrichter das Kompromiß ausgeführt wissen wollen.

Daß das Rezeptum und damit auch das Kompromiß durch den Tod des Schiedsrichters erlösche[90]), ist wohl selbstverständlich und auch nicht bestritten[91]), obgleich das Gesetz ([90]) auch „nicht rezipirt", und auch sonst „nicht vorgeschrieben ist".

dd) Das Depositum. Das demselben zum Grunde liegende rein faktische Verhältniß, nämlich die Festhaltung der Gewahrsam des Gegenstandes, kann sich nicht vererben. Was auf den Erben passiv übergeht, ist die aus dolosem Verhalten des Erblassers bei der Aufbewahrung der bei ihm niedergelegten Sache entsprungene Verbindlichkeit zur Schadloshaltung des Niederlegers[92]). Wird die Gewahrsam der Sache von dem Erben ergriffen, so haftet er aus seinen eigenen Handlungen so, als wenn er selbst den Verwahrungskontrakt geschlossen hätte, nicht aber als Erbe des Verstorbenen[93]).

ee) Der natürliche Besitz des Erblassers. Davon ist schon vor-

90) L. 45 D. eodem: „In compromissis arbitrium personae insertum personam non egreditur."

91) Vergl. das Erk. des Obertr. vom 4. Juli 1851 (Archiv f. Rechtsf. Bd. III, S. 35).

92) A. L.R. I, 14, §§. 12 u. 60. — L. 7, §. 1 D. depositi (XVI, 3); L. 1, §. 1 D. eodem.

93) A. L.R. a. a. O. §. 61; L. 9, 10 et 22 D. eodem.

hin unter einem anderen Gesichtspunkte gehandelt worden. (§. 7, Nr. 1).

6. Persönliche Begünstigungen. Hierher gehören:

a) Die allgemeine Bestimmung, daß, wenn ein Vertragsantrag ausdrücklich nur auf persönliche Begünstigung desjenigen abzielte, welchem derselbe gemacht wurde, und dieser vor der Annahme stirbt, seine Erben zu der Annahme nicht berechtigt sind[94]).

b) Die Spezialbestimmung, daß ein noch nicht angenommenes Geschenk von den Erben dessen, für den es bestimmt war, nicht mehr für den Schenkenden bindend acceptirt werden kann; willigt der Schenkende darin, so ist dies als ein neuer Antrag an die Person des Erben anzusehen[95]).

c) Das Prekarium. Dieses ist schon unter einem anderen Gesichtspunkte oben, Nr. 5, lit. b vorgetragen. Da das Verhältniß ein rein faktisches, nämlich das der Detention ist (der Prekarist ist nur Inhaber), so kann es auch aus diesem Grunde auf den Erben nicht übergehen, ohne daß er die Gewahrsam des Gegenstandes ergreift; diese körperliche Besitzergreifung in der Absicht, das Prekarium fortzusetzen, würde ohne die Zustimmung des Einräumenden eine fehlerhafte sein, im Falle der Einwilligung desselben aber würde sie ein neues Prekarium begründen.

7. Die Zufügung sinnlicher Uebel (öffentlicher Strafen). In poenam heres non succedit[96]). Dadurch wird jedoch — so sagt man — nicht ausgeschlossen, daß die gegen den Erblasser selbst bereits festgestellten Vermögensstrafen, als eine Passivschuld an den Fiskus, aus der Verlassenschaft eingezogen werden. In dieser Hinsicht gilt Folgendes:

a) Geldstrafen (mulctae). Gemeinrechtlich beschränkt man die Verpflichtung der Erben zur Entrichtung der durch Geldbuße ihres Erblassers verwirkten Strafgelder aus der Erbschaft auf den Fall, wenn derselbe noch bei seinem Leben dazu verurtheilt worden ist, insoweit das Urtheil, wenn auch erst nach seinem Tode, rechtskräftig wird[97]). Das Landrecht ging noch etwas weiter, indem es verordnete I, 9, §. 363:

„Geldstrafen sind aus der Erbschaft nur insofern zu entrichten,

94) A. L.R. I, 5, §. 107.

95) Ebenda I, 11, §. 1061.

96) L. 22 in fine D. de operis n. nuntiatione (XXXIX, 1); §. 1 Inst. de action. (IV, 12).

97) Quistorp, Grundsätze des peinl. Rechts, §. 87; Meister, Princ. juris crim., §. 59; Feuerbach, Lehrbuch, §. 139.

als sie gegen den Erblasser wirklich schon erkannt, oder doch die Untersuchung gegen ihn schon so weit geschlossen worden, daß der rechtlichen Festsetzung ferner nichts im Wege steht."

Damit näherte es sich der von Einigen[98]) vertretenen Meinung, daß es, um die verwirkte Geldstrafe aus der Erbschaft einzuziehen, genüge, „wenn der Krieg Rechtens bei Lebzeiten des Erblassers bereits befestiget worden." Es ließen sich aber auch Stimmen für die entgegengesetzte Meinung vernehmen, wonach der Tod alle Strafe, also auch die Geldstrafe unmöglich macht, weil kein empfindendes Subjekt mehr vorhanden sei und der Zweck, Sicherung gegen künftige Verletzungen, undenkbar werde (eigentlich wohl schon erreicht ist; der Todte beschädigt nicht mehr); daher sei es einerlei, ob das Urtheil bei Lebzeiten des Uebelthäters schon gesprochen worden sei oder nicht[99]). Dies ist wohl nicht ohne Einfluß gewesen auf den ersten Entwurf eines neuen Strafrechts von 1827, der im §. 132 den allgemeinen Grundsatz vorschlägt: „Der Tod des Verbrechers tilgt dessen Strafe", eine fast wörtliche Uebersetzung der L. 11 cit. ([99]), welche auch in den Entwurf von 1843 §. 105 übergegangen war. Indeß ließ man bei der Revision von 1845 den Satz als vermeintlich überflüssig weg und kehrte zu dem vorhin mitgetheilten §. 363 des A. L.R. zurück[100]), welcher auf der jener abweichenden Meinung ([98]) zum Grunde liegenden Vorstellung beruht, daß die Verpflichtung zur Straferleidung, also auch zur Zahlung einer Geldstrafe, ipso jure durch die Uebelthat entstehe[101]). Man verwechselte also die Begriffe einer Obligation auf Schadensersatz mit der öffentlichen Strafe wegen einer Uebelthat. Davon kam man in den späteren Entwürfen zurück und es ist schließlich der §. 20 des Str.G.B. zum jetzt gültigen Gesetze geworden, welcher im ersten Absatze verordnet:

„Geldstrafen können in den Nachlaß eines Angeschuldigten nur dann vollstreckt werden, wenn derselbe bei Lebzeiten rechtskräftig verurtheilt worden ist."

Die rechtskräftige Verurtheilung des Erblassers noch bei seinen Lebzeiten ist nunmehr Voraussetzung und Bedingung einer Geldstraffor-

98) Faber, Lib. IX, Tit. 2, def. 5, nr. 3 u. Tit. 10, def. 2, nr. 4; Carpzov, P. IV, const. 42, def. 12; Mevius, Decis., P. V, dec. 392.

99) Tittmann, Handbuch der Str.-Rechtswissenschaft, §. 60. Das sagt auch die L. 11 D. ad leg. Jul. majest. (XLVIII, 4) mit den Worten: „... extinguitur — crimen mortalitate."

100) Revision von 1845 S. 226.

101) Suarez sagt in der revisio monitor. zu §. 363: „Die Strafe war durch das Verbrechen schon verwirkt." Bornemann, System, Bd. VI, S. 14.

derung des Fiskus an die Erbschaft, nicht auch an die Person des Erben als solchen. Man hat hier also eine Geldforderung ohne persönlichen Schuldner, ein Moment, welcher für die Richtigkeit der Tittmann'schen Meinung (99) ins Gewicht fällt. Muß ja jede rechtskräftige Verurtheilung, welche ein anderes Strafmittel zur Anwendung bringt, unvollstreckt bleiben, wenn das Strafobjekt untergegangen oder unerreichbar ist, weil es absurd ist, nunmehr die Strafe an einem anderen Objekte zu vollziehen; und eine solche Vollziehung unterbleibt eben deshalb, weil der Strafwürdige davon nichts empfindet. Von der Entreißung der Geldsumme aus der Erbschaft empfindet der Verstorbene auch nichts, so wenig wie davon, daß man seinen Leichnam noch hängt, köpft oder durchschießt. — Unter der rechtskräftigen Verurtheilung ist nicht unbedingt ein Erkenntniß der ordentlichen Gerichte zu verstehen, vielmehr ist jede Strafsestsetzung der kompetenten Verwaltungsbehörden, namentlich der Steuer-, Post- und Polizeibehörden, gegen welche zur Zeit des Todes des Kontravenienten kein Rechtsmittel mehr zulässig ist, als eine rechtskräftige Verurtheilung in dem hier gemeinten Sinne anzusehen[102]. — Alternativ mit Gefängnißstrafe nach Wahl des Verurtheilten wird auf Geldstrafe nicht mehr erkannt.

b) Konfiskation. Diese ebenfalls zur Gattung der Vermögensstrafen gehörige Strafe besteht in der Vereinigung von Vermögensrechten mit dem Vermögen des Staats. Das Eigenthum an dem von der Konfiskation betroffenen Gegenstande geht, insofern es dem Uebelthäter zusteht[102a], in der Regel[103] mit dem Augenblicke der begangenen That unmittelbar von Rechts wegen (ipso jure) auf den Fiskus über und der Besitz kann mit der Vindikationsklage sowohl gegen jeden Dritten wie gegen den Erben verfolgt werden[104]. Dieses Prinzip hatte man in das Landrecht II, 20 aufgenommen:

102) R. vom 29. Januar 1814 (Jahrb. Bd. III, S. 18); R. vom 3. September 1819 (Jahrb. Bd. XIV, S. 58).

102a) Ausgenommen die bei einer Jagdkontravention gebrauchten Jagdgeräthe und Hunde, solche mögen gehören wem sie wollen. Str.-G.B. §. 277. Pferde und Wagen sind nicht genannt.

103) Eine Ausnahme macht nur der §. 22 des Zollgesetzes vom 23. Januar 1838, wonach das Eigenthum der Gegenstände erst in dem Augenblicke, wo dieselben in Beschlag genommen worden sind, auf den Staat übergeht.

104) L. 14 D. de publicanis (XXXIX, 4): „Commissa vectigalium nomine etiam ad heredem transmittuntur, nam quod commissum est, statim desinit esse ejus qui crimen contraxit; dominiumque rei vectigali adquiritur, eapropter commissi persecutio, sicut adversus quemlibet possessorem, sic et adversus heredem competit." — Das älteste deutsche Gesetz, welches die Konfiskation einführt, ist vermuthlich das Capitulare II v. J. 805, c. VII (in

§. 285. „Von jeder Kontrebande oder Defraudation ist die Konfiskation der Waaren oder Sachen, woran selbige verübt worden, die unmittelbare Folge."

§. 297. „Das Eigenthum der verfallenen Waaren geht auf den Staat, oder den von diesem Berechtigten, sogleich, und ohne Rücksicht auf die Zeit der Publikation des Straferkenntnisses, über."

§. 299. „Gegen einen dritten redlichen Besitzer hingegen ist die Vindikation nur in soweit, als sie überhaupt nach allgemeinen gesetzlichen Vorschriften gegen einen solchen Besitzer stattfinden kann, zulässig; und der Uebertreter haftet hauptsächlich für den Werth. (Th. I, Tit. 15, §. 24 sqq.)"

Diese Bestimmungen finden sich in den jüngeren Zoll- und Steuergesetzen wieder[105]). Hieran schließt sich die erbrechtliche Vorschrift des §. 364, Th. I, Tit. 9:

„Sachen aber, die wegen eines daran begangenen Verbrechens dem Fiskus verfallen sind, müssen demselben aus dem Nachlasse verabfolgt werden, auch wenn der Erblasser den Abschluß der Untersuchung und die Eröffnung des Konfiskationsurtels nicht mehr erlebt hat."

Bei der Revision des Strafrechts von 1845 fand man die Wiederaufnahme des diesen Vorschriften zum Grunde liegenden Prinzips erforderlich und schlug folgenden Satz vor:

„Die Konfiskation einzelner Gegenstände tritt als Folge des Verbrechens von selbst ein, und ist auch nach dem Tode des Verbrechers in dessen Nachlaß geltend zu machen[106])."

Der ständische Ausschuß nahm die Vorschrift in dieser Fassung an, schlug aber zusätzlich vor, noch auszudrücken, daß der Richter, der von selbst eintretenden Konfiskation ungeachtet, die einzelnen Gegenstände im Urtel zu bezeichnen habe[107]). Der letzte Entwurf, welcher Gesetz geworden, weicht jedoch davon ab, und der an die Stelle der §§. 285, 297, 299 des aufgehobenen Tit. 20, Th. II getretene zweite Absatz des §. 20 des Str.G.B. lautet:

Heineccii Corp. jur. german. antiqui, p. 697): „Et ut arma et bruneas (Harnische) non ducant ad venundandum. Quod si inventi fuerint portantes omnis substantia eorum auferatur ab eis, dimidia quidem pars partibus palatii alia vero medietas inter jam dictos Missos et inventorem dividatur."

105) Zoll- u. Verbrauchssteuer-Ordnung vom 26. Mai 1818, §§. 136 bis 138 (G.S. S. 135); Ges. wegen Untersuchung u. Bestrafung der Zollvergehen, vom 23. Januar 1838, §. 22 (G.S. S. 84).

106) Entwurf von 1846, §. 28; von 1847, §. 29.

107) Verhandlungen des ständischen Ausschusses, Bd. II, S. 299.

„Die Konfiskation einzelner Gegenstände kann nach dem Tode des Angeschuldigten in dessen Nachlaß geltend gemacht werden, selbst wenn zu seinen Lebzeiten noch kein Urtheil ergangen ist." Hierdurch ist nur der Gegensatz der Konfiskate von den die Bedingung einer rechtskräftigen Verurtheilung voraussetzenden Geldstrafen ausgedrückt, der Grund aber, warum bei Konfiskaten diese Bedingung wegfalle, weil nämlich das Eigenthum davon schon in dem Augenblicke der That ipso jure auf den Fiskus übergegangen, ist übergangen. Daraus folgt nun aber keineswegs eine Nichtanerkennung dieses Prinzips, vielmehr ist dasselbe in den stehen gebliebenen Steuergesetzen (105) noch formell ausgedrückt und ist nach wie vor in dem erbrechtlichen Gesetz des §. 364, Tit. 9, Th. I enthalten und überdies in dem §. 20 des Str.-G.B. deutlich vorausgesetzt. Die Rechtslage ist nun diese: Erlebt der Angeschuldigte seine rechtskräftige Verurtheilung, so ist die in dem Urtheile enthaltene Bezeichnung der konfiszirten Gegenstände nur deklaratorischer Natur; enthält das Urtheil keine dergleichen Bezeichnung, oder stirbt der Angeschuldigte vor seiner rechtskräftigen Verurtheilung, so vindizirt der Fiskus sein Eigenthum „adversus quemlibet possessorem et adversus heredem" (104), gegen den Erben selbstverständlich nicht als Erben, sondern auch nur wenn er Besitzer ist, oder arglistig aufgehört hat es zu sein, oder insofern er durch den Verkauf in gutem Glauben bereichert ist.

c) Die Kosten des Strafprozesses und der Verpflegung soll der Nachlaß eines, während der Untersuchung verstorbenen Angeschuldigten in allen Fällen erstatten, sobald erhellet, daß der Verstorbene zu der Untersuchung auch nur durch Versehen, oder unvorsichtiges Betragen gegründeten Anlaß gegeben habe[108]). Diese Forderung ist ihrer rechtlichen Natur nach eine Entschädigungsforderung, bezüglich auf die Verpflegung eine Forderung aus der Geschäftsführung ohne Auftrag, und muß sich daher passiv vererben. Sie kann jedoch nicht mehr in der Weise wie früher prozessualisch geltend gemacht werden. Die Bestimmung, welche das Prinzip feststellt (108) und noch formelle Geltung hat, setzt voraus, daß noch nach dem Tode des Angeschuldigten, wenn es sich um Geldsachen handelt, im Untersuchungsverfahren ein Urtheil gefällt werden kann[109]). Das ist nach dem heutigen Prozeßrechte nicht mehr möglich. Im Anklageprozeß läßt sich nach dem Tode des Angeklagten kein Schritt mehr

---

108) A. L.R. I, 9, §. 365; Krim.-Ordn. §. 610.

109) A. L.R. a. a. O. §. 363.

thun. Sollte noch über den Kostenpunkt erkannt werden, so müßte dies entweder ohne Zuziehung und Anhörung des Angeklagten geschehen, was nicht denkbar ist, da gegen einen Todten nicht in contumaciam verfahren werden kann. Oder der Erbe müßte zur weitern Verhandlung über den Kostenpunkt vorgeladen werden. Dafür giebt es auch keinen Rechtsgrund, die anhängige causa criminalis vererbt sich nicht und läßt sich daher wegen eines accessorischen Nebenpunkts nicht fortsetzen, mithin ist in diesem Verfahren eine rechtskräftige Entscheidung über die Entschädigungsforderung nicht auszuwirken. Da aber ohne eine rechtskräftige Verurtheilung in die Kosten die Einziehung der Kostenforderung rechtlich unmöglich ist[110]), so kann der Fiskus nichts anderes thun als was jeder Privatgläubiger thun muß, und ihm auch bei der Vindikation der noch nicht in seinen Besitz gelangten Konfiskate zu thun nur übrig ist, nämlich seinen Anspruch auf Kostenerstattung im Civilverfahren geltend zu machen. Dabei ist der Umstand, daß nach dem §. 48 des Tarifs zum Kostenerhebungsgesetze ([110]) auch der Betrag (die Höhe, wie es heißt) des Kostenansatzes durch das rechtskräftige Erkenntniß bestimmt werden muß, kein Hinderniß, da hierüber der kompetente Civilrichter ebensogut wie bei jeder anderen Entschädigungsforderung zu erkennen befähigt ist. Auch der im Interesse des Erben erhobene Einwand, daß der Angeklagte in der Untersuchung, wäre sie beendet worden, seine Nichtschuld hätte darthun und damit auch seine Freisprechung von den Kosten hätte bewirken können[111]), ist unerheblich; der Kläger muß hier den Grund der Klage (die Schuld des Verstorbenen) so gut wie der Ankläger im Strafprozesse beweisen, und die Lage des Erben im Civilprozesse ist günstiger als die des Erblassers im Strafverfahren insofern, als jener einen zweifelhaften Beweis möglicherweise durch einen Ignoranzeid völlig entkräften kann. Aber eine materielle Rechtsänderung hinsichtlich des Fundaments dieser Entschädigungsklage ist zu Gunsten des Erben eingetreten. Nach älterem Rechte ([108]) genügte ein bloßes Versehen, ja ein unvorsichtiges Betragen des Erblassers als Anlaß zur Untersuchung, um den Erben zur Erstattung der Kosten zu verpflichten; und in dieser Hinsicht war der Erbe nicht schlimmer gestellt als der Erblasser selbst, denn auch dieser mußte bei völliger Freisprechung von der Strafe die Kosten bezahlen, wenn er durch ein unbesonnenes

110) V. vom 3. Januar 1849, §. 178. — Tarif zum G., betr. den Ansatz u. die Erhebung der Gerichtskosten, vom 10. Mai 1851, §. 48.

111) Carnot, Instr. crimin., T. I, p. 64.

oder unredliches Betragen selbst gegründete Veranlassung zur Untersuchung gegeben hatte [112]). Diese Verbindlichkeit war es daher auch nur, welche auf den Erben überging. So ist es auch geblieben, aber mit dem Unterschiede, daß die vererbliche Verbindlichkeit des Angeschuldigten eine andere geworden ist. Jetzt heißt es: „Wird der Angeklagte für nicht schuldig erklärt, so hat derselbe die Kosten des Verfahrens nicht zu tragen [113]).“ Nur diese Verbindlichkeit kann auf den Erben übergehen, der Anspruch an denselben auf Erstattung der Kosten des Untersuchungsverfahrens muß daher auf die Behauptung gegründet werden, daß der Erblasser sich die betreffende Uebelthat habe zu Schulden kommen lassen — wie bei jeder Deliktsklage —, worüber Kläger selbstverständlich den Beweis zu erbringen hat, ebenso wie bei der Verfolgung der Konfiskate.

Die Verbindlichkeit des Angeschuldigten zur Entrichtung der Vertheidigungsgebühren geht in allen Fällen auf den Erben über, mag der Erblasser verurtheilt, oder freigesprochen, oder vor der Fällung eines Urtheils verstorben sein. Der §. 616 der Kriminalordnung, wonach der Angeschuldigte zur Erstattung der Auslagen, welche auf die Vertheidigung verwendet worden sind, nicht schuldig ist, wenn er ganz freigesprochen worden ist, bezieht sich auf die Auslagen, welche das Gericht von Amts wegen in dem Inquisitionsverfahren, jetzt noch in der Voruntersuchung, etwa gemacht hat. Die Verbindlichkeit zur Bezahlung des Vertheidigers hingegen entspringt im Falle der Wahl aus dem Mandatskontrakte, und im Falle der gebotenen Zuordnung durch den Richter von Amts wegen bei verweigerter Wahl aus der vom Gesetz [114]) autorisirten Geschäftsführung (negotiorum gestio) [115]).

Die Klagen auf Privatstrafe, wo eine solche noch vorkommt und zugleich den Schadensersatz enthält, wie z. B. bei Hütungskontraventionen [116]) und die Konventionalstrafe [117]), sind in allen Fällen vererblich. Die Holzdiebstahlsstrafen gehören nicht hierher, sie werden neben dem Schadensersatze ausgesprochen [118]) und ha-

112) Krim.-Ordnung §. 609.

113) V. vom 3. Januar 1849, §. 178 (G.S. S. 45).

114) V. vom 3. Januar 1849, §. 16.

115) So ist das Verhältniß auch schon von dem Justizministerium aufgefaßt in einem R. vom 6. April 1832 (Jahrb. Bd. XXXIX, S. 473), nur ist dort der Fall der Zuordnung ex officio unrichtig als „nützliche Verwendung“ qualifizirt.

116) Feldpolizei-Ordnung vom 1. November 1847, §. 11 (G.S. S. 376).

117) A. L.R. I, 9, §. 366.

118) Ges. v. 2. Juni 1852, §. 18 (G.S. S. 309).

ben den Charakter der öffentlichen Strafen, obgleich die einziehbaren Geldstrafen und die an Stelle derselben tretenden Strafarbeiten, wenn diese vollstreckbar sind, dem Beschädigten zu Gute kommen [119]).

8. Der Wechselarrest. Er ist gegen die Erben eines Wechselschuldners nicht zulässig [120]).

9. Verleihungen von Ordens- und Ehrenzeichen. Diese äußeren Zeichen, sowohl preußische als ausländische, sind nicht im Vermögen und daher von den Erben des Ausgezeichneten an die General-Ordenskommission [121]), die Denkmünzen von 1813, 1814 und 1815, sowie das Düppeler Sturmkreuz von 1864 und das Alsenkreuz von 1864 an das Kirchspiel, welchem der Verstorbene zuletzt angehörte [122]), abzuliefern. — Ausnahmen hiervon machen: a) Ordensdekorationen in Brillanten; b) Duplikate von Insignien, welche die Besitzer sich aus eigenen Mitteln angeschafft haben; c) französische Ordenszeichen; d) fremde Verdienstmedaillen [123]); e) die von dem Könige selbst vollzogenen Ordenspatente [124]); f) die durch die K.O. vom 16. Januar 1842 justifizirten Auszeichnungen für pflichttreue Dienste in der Landwehr [125]); g) das Patent zu der von der freien Stadt Hamburg aus Anlaß des dortigen großen Brandes gestifteten Erinnerungsmedaille [126]); h) die 1863 gestiftete Erinnerungs-Kriegsdenkmünze, welche zum ehrenden Andenken an die Beliehenen (welche nur Krieger aus den Feldzügen der Jahre 1813, 1814, 1815 sein können), nach deren Ableben „im Besitze ihrer Familien" verbleiben [127]); i) die Kriegsdenkmünze für den Feldzug von 1864, welche gleichfalls bei dem Tode der Inhaber in dem Besitze ihrer Familien verbleibt [128]). — Diese Gegenstände brauchen nicht zurückgegeben zu werden. Ob solche zur Erbschaft gehören oder als von dem gemeinen Verkehre ausge-

119) Ebenda §. 42 (G.S. S. 315).

120) Allg. D. Wechs.-Ordnung, Art. 2, Nr. 1.

121) R. vom 24. November 1817 (Jahrb. Bd. X, S. 250); Bekanntmachung der General-Ordenskommission, vom 20. Mai 1840 (J.M.Bl. S. 195).

122) K.O. vom 7. Februar 1815 (G.S. S. 10); Statut vom 18. Oktober 1864, Nr. 5 (G.S. S. 606), u. Statut vom 7. Dezember 1864 (G.S. S. 709).

123) Bekanntmachung der General-Ordenskommission vom 21. Juli 1840 (J.M.Bl. S. 252).

124) R. vom 25. Mai 1841 (J.M.Bl. S. 186).

125) R. vom 18. Februar 1842 (J.M.Bl. S. 66).

126) Cirk. vom 20. August 1844 (J.M.Bl. S. 187).

127) Stiftungsurkunde vom 17. März 1863, Nr. 2 (G.S. S. 104).

128) Statut vom 10. November 1864 (G.S. S. 641).

schlossene Andenken der Familie verbleiben sollen, ist mit Ausnahme der Erinnerungs-Kriegsdenkmünzen sub lit. h und i, in Beziehung auf welche dies ausdrücklich bestimmt ist, zweifelhaft. Die Frage hat jedoch nur bei den Ordenszeichen in Brillanten (lit. a) ein Vermögensinteresse; die übrigen Gegenstände haben keinen Geldwerth; bei jenen aber muß, in Ermangelung einer entgegenstehenden Vorschrift, das Gewicht auf den nicht unbedeutenden Vermögenswerth gelegt werden, da dergleichen Dekorationen zu den Kostbarkeiten und Kleinodien zu zählen sind, gleich anderen Kostbarkeiten, welche von hochstehenden Personen als Dank für ihnen geleistete Dienste gegeben werden und ohne allen Zweifel zum Vermögen des Empfängers gehören.

§. 9.

Fortsetzung. Fünfte Regel.

V. **Rechtsverhältnisse, deren Eingehung ein durchaus persönliches Vertrauen des einen in den anderen Kontrahenten voraussetzt, mag sich dasselbe auf tugendhafte Gemüthseigenschaften, oder auf besondere Geistesfähigkeiten, oder auf besondere technische Fertigkeiten (Geschicklichkeit) gründen, vererben sich nicht passiv, meistens auch nicht aktiv.** Passiv können sie auf den Erben nicht übergehen, weil die vorausgesetzte Individualität des Erblassers sich nicht vererben kann, und aktiv läßt sich das durchaus persönliche Vertrauen des Berechtigten zu dem Andern, welches der alleinige Beweggrund zur Eingehung des Verhältnisses war, auch nicht auf den Erben des Forderungsberechtigten übertragen. Unter diese Regel fallen:

1. Das Sozietäts-, das Mandats- und das Schiedsrichterverhältniß, wovon schon unter einem anderen Gesichtspunkte (oben, §. 8, Nr. 5, lit. c) gesprochen worden ist.

2. Der Vertrag über Arbeiten und Handlungen, bei welchen auf die besondere Geschicklichkeit, Fähigkeiten und Verhältnisse des zur Arbeit oder Handlung Bestellten Rücksicht genommen zu werden pflegt. Der Tod dieses Kontrahenten hebt den Vertrag auf und es gehen nur die von dem Erblasser für bereits geleistete Arbeiten erworbenen Forderungen, sowie die gegen ihn schon entstandenen Ansprüche aus versäumter oder mangelhafter Erfüllung auf die Erben über[1]). Die Erben des Bestellten sind sonach, vermöge ihres Erb-

---

1) A. L.R. I, 5, §§. 416—422. — Vergl. östr. G.B. §. 1162 u. L. 6, §. 7 D. de statuliberis (XL, 7).

rechts, nicht befugt, einen Anderen zu substituiren; geschieht dies mit Einwilligung des Bestellers, so ist das ein neuer Vertrag mit dem Erben. Eine eigenthümliche Vorschrift gibt hier das Landrecht im §. 423 a. a. O., welche so lautet:

„Sind bei den Bedingungen eines lästigen Vertrages dem Erblasser, in Rücksicht seiner persönlichen Eigenschaften, und eines darauf gegründeten persönlichen Vertrauens, gewisse in Geschäften dieser Art sonst nicht gewöhnliche Vortheile zugestanden worden, und fällt durch seinen Tod der Grund dieses Vertrauens weg; so müssen die Erben entweder dieser Vortheile sich begeben, oder dafür, daß sie dem Vertrage ebenso, wie es von dem Erblasser zu erwarten war, ein Genüge leisten werden, annehmliche Sicherheit bestellen."

Ueber das Verhältniß dieser Bestimmung zur Vorschrift des §. 416 (¹) ist mancherlei gesagt worden [2]), was als unzutreffend hier nicht in Betracht kommen kann; für unsere Aufgabe genügt es, bestimmt hervorzuheben, daß der §. 423 sich auf Rechtsgeschäfte bezieht, welche gar nicht unter unsere Regel fallen, also nicht auf Lohnverrichtungen (Arbeiten, persönliche Leistungen, Handlungen), bei welchen eine gewisse technische Fertigkeit des Bestellten vorausgesetzt wird, auf welche sich das besondere persönliche Vertrauen des Bestellers gründet. Diejenigen lästigen Verträge, welche der §. 423 meint, werden durch den Tod „des Verpflichteten", von welchem der §. 416 spricht, überhaupt gar nicht aufgehoben, weil die Leistung, die den Gegenstand des Vertrages ausmacht, an sich von der Art gedacht wird, daß dem Vertrage ein Jeder Genüge zu leisten vermag, daher die Genügeleistung auch den Erben gestattet ist; nur müssen sie das Plus der Gegenleistung fallen lassen, wenn sie es nicht dem Erblasser gleich thun [3]).

Daß der Tod des Bestellers eine Aufhebung des Vertrages zur Folge haben solle, wird nicht gesagt (¹); der alte Rechtsstand ist mithin unverändert geblieben, wonach die Erben des Bestellers in die Stelle ihres Erblassers treten und den Vertrag fortsetzen, oder den Bestellten entschädigen, d. h. ihm soviel zahlen müssen, als er bei anderweiter ihm zu Gebote gestandener Verwerthung seiner Zeit und Fähigkeiten weniger verdient hat [4]).

---

2) M. s. die Ergänzungen zum A. L.R. §. 423 a. a. O. Nr. 1.

3) Vergl. m. Recht der Forderungen §. 139.

4) L. 19, §. 9 D. locati conducti (XIX, 2): „Cum quidam exceptor (Privatsekretär) operas suas locasset, deinde is qui eas conduxerat, decessisset,

§. 10.

4. Erweiterung und Verminderung des Inhalts der Erbschaft.

Die Beschränkungen des Ueberganges, selbst der vermögensrechtlichen Verhältnisse des Erblassers auf die Erben sind nun aufgezeigt. Der Erbe kann aber auch vermöge seines Erbrechts Rechte erhalten, welche dem Erblasser überhaupt gar nicht, oder doch nicht in derselben Weise zustanden, in welcher sie der Erbe auszuüben berechtigt ist, welche also der Erbe nicht geerbt, folglich nicht aus dem Rechte des Erblassers, vielmehr aus eigenem Rechte in der Eigenschaft als Erbe üben kann.

I. Die Erbschaft ist, wie ein Vermögen, ein Organisches, ihr Inhalt kann daher, bevor sie der Erbe mit seinem Vermögen verschmilzt (konfundirt), stetig wechseln, ohne daß dadurch die Erbschaft als solche etwas Anderes wird; dieses Wachsen oder Abnehmen gehört mithin zum Wesen der Erbschaft. „Hereditas juris nomen est, quod et accessionem et decessionem in se recipit: hereditas autem vel maxime fructibus augetur[1]).“ Die Vergrößerung oder Verminderung der Erbmasse kann aus natürlichen wie aus juristischen Ursachen eintreten. Um sich dieses zu erklären, muß die Erbschaft einen Herrn haben. Die römischen Juristen fingirten, um eine rechtlich wirksame Geschäftsführung für die Erbschaft in der Zwischenzeit bis zur Erwerbung derselben möglich zu machen, bekanntlich die Fortsetzung der Persönlichkeit des Erblassers[2]) und das prätorische Edikt verordnete zu diesem Zwecke: „Si quis negotia alterius, sive quis negotia, quae cujusque cum is moritur (moreretur) fuerint, gesserit, judicium eo nomine dabo[3]);“ und Ulpian erklärt diese Stelle so: „Haec verba: sive quis negotia, quae cujusque cum is moritur fuerint, gesserit, significant illud tempus, quo quis post mortem ne-

---

imperator Antoninus cum Divo Severo rescripsit ad libellum exceptoris in haec verba: Cum per te non stetisse proponas, quo minus locatas operas Antonio Aquilae solveres, si eodem anno mercedes ab alio non accepisti, fidem contractus impleri aequum est.“ Vergl. §. 6 Inst. de locato et conducto (III, 25). — Das östr. bürg. G.B. hat diesen Satz, den das L.R. im §. 416 stillschweigend durch Hervorhebung des Gegensatzes andeutet, ausdrücklich auszusprechen für nöthig gefunden im §. 1162 a. E.: „Stirbt der Besteller einer Arbeit, so müssen seine Erben den Vertrag fortsetzen, oder den Bestellten schadlos halten.“

1) L. 178, §. 1 D. de verborum signif. (L, 16). — Vergl. L. 20, §. 3 D. de heredit. petitione (V, 3).

2) §. 2 Inst. de heredib. instit. (II, 14); L. 34 D. de acquir. rer. dominio (XLI, 1); L. 1 D. de relig. (IX, 7).

3) L. 3 pr. D. de negotiis gestis (III, 5).

gotia gessit; de quo fuit necessarium edicere, quoniam neque testatoris jam defuncti, neque heredis, qui nondum adiit, negotium gessisse videtur. Sed si quid accessit post mortem, utputa partus et foetus et fructus, vel si quid servi acquisierint, etsi his verbis non continentur, pro adjecto tamen debent accipi[4])." Der Schlußsatz, daß die Vorschrift des Edikts nicht etwa nur auf die Geschäfte zu beschränken, welche bereits bei Eintritt des Todes begonnen waren, sondern auch auf einen späteren Vermögenszuwachs zu beziehen ist, war darauf berechnet, eine Geschäftsführung für die herrenlose Erbschaft möglich zu machen. — Das Landrecht hat keine ähnliche Bestimmung, weil sie nach preußischem Rechte nicht nöthig ist. Im römischen Rechte war sie nöthig, weil solche Geschäftsführung, wie Ulpian vorhin sagt, eigentlich weder für den Verstorbenen, der nicht mehr vorhanden, noch für den künftigen Erben, der noch nicht Herr des Vermögens ist, geschieht, ohne einen dominus negotiorum aber nicht möglich ist; nach preußischem Rechte hingegen tritt ein vacuum tempus bei der Erwerbung der Erbschaft gar nicht ein, Alles, was zur Erhaltung der Erbmasse geschieht, wird auf die Person des noch nicht bekannten oder doch abwesenden Erben bezogen, der dominus negotiorum fehlt daher nicht, der Zusammenhang für die vermögensrechtlichen Verhältnisse des Erblassers bis zum Zeitpunkt des Ueberganges dieses Vermögens an den neuen Herrn war im rechtlichen Sinne niemals unterbrochen.

1. Aus natürlichen Ursachen kann eine Erbschaft vor der Besitznehmung Seitens des Erben vermehrt werden: durch Alluvion, Zuwachs von Früchten, Geburtsfälle von Thieren; — vermindert werden durch Avulsion, Erdfälle, Erdbeben, Sterbefälle von Thieren u. s. w. Dieser natürliche Wechsel erhält seine Begränzung durch den Rechtssatz: „— ea, quae post aditam hereditatem accedunt, si quidem ex ipsa hereditate, puto hereditati accedere; si extrinsecus, non, quia personae possessoris accedunt. Fructus autem omnes augent hereditatem, sive ante aditam, sive post aditam hereditatem accesserint[5])." Der hier gemachte Unterschied vor und nach Antretung der Erbschaft fällt nach dem Landrechte hinweg, es verhält sich hiernach alles so wie es für die Zeit nach der Antretung bestimmt ist; die Regel aber

4) L. 3, §. 6 D. eodem.

5) L. 20, §. 3, L. 25, §. 20, L. 26, L. 40, §. 1 D. de heredit. petit. (V, 3).

hinsichtlich des natürlichen Wechsels ist ausdrücklich anerkannt durch folgende Bestimmung:

„An den Befugnissen und Lasten eines Inbegriffs nehmen alle einzelne darunter begriffene und demselben in der Folge zuwachsende oder einverleibte Stücke Theil."

„Wenn aber ein einzelnes im ordentlichen Laufe der Natur oder der Geschäfte von dem Ganzen abgesondert worden, so hört die Theilnehmung desselben an den Rechten und Lasten des Inbegriffs auf."

„Durch den Zutritt oder Abgang einzelner Stücke werden die Rechte und Verbindlichkeiten in Ansehung des Ganzen nicht geändert[6])."

„Was wegen eines Inbegriffs von Sachen und Rechten überhaupt vorgeschrieben ist, findet auch bei Erbschaften Anwendung (Tit. 2, §. 32 sqq.)[7])."

2. Aus rechtlichen Gründen kann die Erbmasse sich verändern durch Verwaltung.

a) Ist der Erbe bekannt und willens- oder handlungsunfähig, so tritt eine vormundschaftliche Verwaltung ein, von welcher hier etwas Besonderes nicht zu sagen ist[8]). b) Das Gleiche gilt, wenn der Erbe handlungsfähig aber abwesend (verschollen) ist, es wird dann, wenn es noch nicht geschehen, eine Abwesenheitskuratel über den Erben eingeleitet, welcher die Verwaltung nach den Vorschriften der Vormundschaftsordnung obliegt[9]). c) Ein dritter Fall ist der, daß der Erbe gar nicht bekannt ist. Dann wird ein curator hereditatis bestellt[10]). Diese cura ist eine Inkonsequenz, denn sie setzt eine hereditas jacens im römischen Rechtssinne voraus, die augenblicklich herrenlos, eine res nullius ist, daher die cura wesentlich nur eine cura custodiendae rei causa ist. Diese rechtliche Natur derselben erkennt auch das Landrecht an, indem es verordnet: „Wegen Verwaltung des Nachlasses hat zwar ein solcher Kurator überhaupt die Rechte und Pflichten eines Vormundes. — Doch muß er soviel als möglich dahin sehen, daß der Nachlaß in derjenigen Lage, in welcher er sich bei dem Ableben des Erblassers befunden hat, erhalten werde[11])." Indeß hat diese Verordnung doch keinen

6) A. L.R. I, 2, §§. 36—38.

7) Ebend. I, 9, §. 351.

8) Ebend. §. 390; Th. II, Tit. 18, §§. 354 u. flg.

9) Ebend. I, 9, §§. 465 ff.

10) Ebend. §§. 471, 487, 490 u. A. G.O. I, 20, §. 4.

11) A. L.R.. I, 9, §§. 473, 474.

Einfluß auf unsere Frage, da alle Handlungen des Kurators auf den Erben bezogen werden, indem der §. 472 a. a. O. wieder einlenkend vorschreibt: „Dieser (Kurator) muß, wegen Antretung der Erbschaft und Aufnehmung eines Inventarii die Rechte des unbekannten Erben beobachten." Der Erbe also, obgleich seine Person uns nicht im Bewußtsein, ist der dominus negotiorum, mithin kann dieser Kurator auch für ihn erwerben. Diese drei Fälle bieten mithin gar keine Schwierigkeiten. Nicht so ganz einfach aber doch nicht juristisch zweifelhaft ist der Fall: d) wenn ein selbstständiger Geschäftsführer ohne Auftrag sich der Erbschaft mit Wohlwollen in Abwesenheit des Erben annimmt. Hier kommen die Grundsätze über die negotiorum gestio zur Anwendung, ganz so wie bei der Geschäftsführung für einen Lebenden, denn der Geschäftsherr, der Erbe, ist ein Lebender, mag er schließlich sein wer er sei. Es entsteht mithin aus einer solchen Geschäftsführung eine negotiorum gestorum obligatio. „Qui negotia hereditaria gerit, quodammodo sibi hereditatem seque ei obligat[12])." Der Unterschied zwischen dem römischen und preußischen Rechte hierbei besteht darin, daß die durch diese Geschäftsführung begründeten Obligationen auf den künftigen Erben nach römischem Rechte erst durch die Antretung der Erbschaft übergingen, während nach preußischem Rechte der Erbe unmittelbar in die Rechte und Verbindlichkeiten eintritt, auch wenn er ein Handlungsunfähiger ist[13]). Auch derjenige, welcher in diesem Stadium der Verlassenschaft ohne Auftrag das Begräbniß der Leiche des Erblassers besorgt, kann nach den Grundsätzen des Landrechts seine Auslagen unmittelbar von dem Erben mit der negotiorum gestorum actio contraria einfordern, was nach dem römischen Rechte nicht möglich war. Denn für einen noch nicht vorhandenen Erben (vor der Erbschaftsantretung) konnte ein negotium nicht geführt werden, weil der dominus negotiorum fehlte; als Geschäft des Verstorbenen konnte die Handlung auch nicht angesehen werden, weil vivus nemo sepelitur[14]); ebensowenig war das Begräbniß ein Geschäft der Art, „quae cujusque, cum is moritur, fuerint"[15]). Deswegen hatte der Prätor dieserhalb eine besondere Klage, die funeraria actio,

12) L. 21, §. 1 D. de negotiis gestis (III, 5).

13) „— nihil refert, an etiam pupillus heres existat, quia id aes alienum cum ceteris hereditariis oneribus ad eum transit." L. 21, §. 1 D. eodem. Denn für die Begründung der negotiorum gestorum obligatio ist der Konsens des dominus negotiorum nicht erforderlich, wie überall nicht, „ubi ex re actio venit." L. 46 D. de obligat. et action. (XLIV, 7). — Vergl. A. L.R. I, 13, §. 231.

14) Anton Faber, Rational. in Pand., Lib. IX, tit. 7 ad L. 1, p. 561.

15) L. 3, §. 6 D. de negot. gestis (III, 5).

eingeführt, die sich auf die Fiktion eines noch mit dem Erblasser selbst geschlossenen Kontraktes stützte [16]). Diese Umwege fallen nach dem Landrechte weg, weil der dominus negotiorum, der Erbe, schon im Augenblicke des Todes vorhanden ist. e) Der Geschäftsführer ohne Auftrag kann sich aber auch in böser Absicht eindrängen. Diesen Fall hat das Landrecht besonders vorgesehen: „Wer ohne Richter und Recht in die Verwaltung einer fremden Erbschaft sich eindrängt, muß sowohl dem Erben, als den Gläubigern, für allen auch durch das geringste Versehen entstandenen Schaden haften.“ „Hat er bei Führung der Administration sich den Verdacht der Treulosigkeit zugezogen, oder die Masse mit seinem Vermögen dergestalt vermischt, daß der wahre Betrag des Nachlasses nicht mehr zuverlässig ausgemittelt werden kann, so haftet er den Gläubigern und Legatarien als Selbstschuldner.“ „Auch dem wahren Erben muß er den wahrscheinlichen Ueberrest des Nachlasses herausgeben, und der Erbe wird zur eidlichen Erhärtung dieses Betrages, auf eine nach den Umständen von dem Richter zu ermäßigende Summe, zugelassen [17]).“ Der Text sagt nicht deutlich und geradezu, auf was für eine Person es abgesehen ist. Dieses erfahren wir von Suarez, welcher sagt: „Es ist die Rede von einem Menschen, der sich fälschlich und eigenmächtig pro herede gerirt. Wenn dieser sich einer Treulosigkeit bei seiner Administration verdächtig macht, und diesen Verdacht nicht ablehnen kann, so verdient er keine Schonung. Ist der wahre Betrag durch sein factum illicitum verdunkelt worden, daß solcher nicht mehr ausgemittelt werden kann, so können die Interessenten darunter niemals das Geringste leiden [18]).“ — Wir haben es hier also mit einem unredlichen Erbschaftsbesitzer zu thun. Dieser hat mit jedem anderen Erbschaftsbesitzer, der die Erbschaft ganz oder zum Theil als possessor pro herede oder pro possessore besitzt, bezüglich auf die Geschäftsführung das gemeinsam, daß sie nur für eigene Zwecke Geschäfte führen; die dadurch der Erbschaft verschafften Vortheile, sowie Ersatz für Schaden aus nachtheiligen Handlungen kann der Erbe nicht mit der negotiorum gestorum actio, sondern nur mit der hereditatis petitio fordern, und auf deren Inhalt beziehen sich die vorhin ausgehobenen Bestimmungen für den Fall, daß der Besitzer ein unredlicher ist ([17 u. 18]). Was der wahre Erbe mit dieser

16) L. 1 D. de religiosis (XI, 7): „Qui propter funus aliquid impendit, cum defuncto contrahere creditur, non cum herede.“

17) A. L.R. I, 9, §§. 457—459.

18) Ges.-Revis., Pensum XVI, Mot. zum Tit. 9, Abschn. 8, S. 36.

Klage von dem Erbschaftsbesitzer zu fordern berechtigt sei, hängt von der Beschaffenheit der Handlungsweise und von der Redlichkeit oder Unredlichkeit des Besitzers, sowie davon: ob etwas vor oder nach der Einleitung des Prozesses geschehen ist, ab und kann erst weiterhin gehörigen Orts näher dargestellt werden. Hier, wo davon gesprochen wird, daß die Erbmasse durch die Verwaltung vermehrt und vermindert werden könne — inwieweit? läßt sich erst bei der Erbschaftsklage erörtern — mag nur vorweg bemerkt werden, daß die bekannte, von Neuern gebildete allgemeine Regel: res succedit in locum pretii et pretium succedit in locum rei, weder für universitates juris im römischen Rechte Geltung hat[19]), noch im Landrechte Anerkennung findet[20]).

3. Besitz kann erworben und verloren werden für den Erben in den Fällen, wo eine Kuratel die Verwaltung besorgt, weil die Kuratel eben den handlungsunfähigen Erben aus gesetzlicher Nothwendigkeit repräsentirt. Ein selbstständiger Geschäftsführer ohne Auftrag und ein Erbschaftsbesitzer kann das nicht, er kann den Besitz nur für sich selbst erwerben, weil zum Besitzerwerb durch freie Stellvertretung immer Bewußtsein dessen gehört, dem er erworben werden soll[21]), und ein Geschäftsführer ohne Auftrag mit dem Geschäftsherrn in keiner Beziehung steht. Bei dieser Geschäftsführung muß daher der Geschäftsherr den Besitz, den der Geschäftsführer erworben hat, schließlich besonders für sich ergreifen. Insofern nun durch die Verwaltung für den Erben gehörig Besitz erworben wird, sei dies unmittelbar oder mittelbar durch die spätere Uebertragung Seitens des selbstständigen Geschäftsführers resp. Erbschaftsbesitzers, muß folgerecht auch die Ersitzung mit dem Augenblicke der ursprünglichen Besitzerwerbung beginnen. Diese Konsequenz wird auch von Papinian in einer Stelle anerkannt[22]), indeß wird dieses Anerkenntniß dadurch wieder gehoben, daß ebenderselbe in einer anderen Stelle wieder das Gegentheil sagt[23]), woraus denn für das römische Recht, wie es in den Quellensammlungen vorliegt, Ungewißheit entsprungen ist. Für das preußische Recht ist dies unerheblich, weil in demselben der Grund

19) Dies behauptet Crelinger in seinem preußischen Erbrecht mit vergleichender Hinweisung auf das römische Erbrecht, §. 5.

20) Vergl. über vereinzelte positiv vorgeschriebene Anwendungen des Satzes, der keine Regel ist, meine Anm. 26 zu §. 36, Tit. 2, Th. I des A. L.R.

21) Pauli receptae sent., L. V, tit. 2, §. 1: „ignoranti possessio non quaeritur.“

22) L. 44, §. 3 D. de usurpation. (XLI, 3).

23) L. 45, §. 1 D. eodem.

des Zweifels und der Rechtsunsicherheit, nämlich eine hereditas jacens im römischen Rechtssinne, eine res nullius oder Erbschaft absolut ohne Herrn während des vacuum tempus nicht besteht. — Daß durch Vollendung eines schon von dem Erblasser selbst begonnenen Verjährungsbesitzes die Erbmasse vermehrt werden könne, ist schon gesagt. (§. 7, Nr. 1, lit. c.)

4. In gleicher Weise wie von der Verwaltung einer Erbschaft die Masse durch Vollendung der Seitens des Erblassers angefangenen Verjährung vermehrt werden kann, ist die Masse auch einer Verminderung durch Vollendung der gegen ihn angefangenen Verjährung während des vacuum tempus oder der Verwaltungszeit unterworfen, weil der Tod dessen, gegen welchen die Verjährung gerichtet ist, den Lauf derselben nicht hemmt[24]). Auch vertragsmäßige Fristen laufen in diesem Zeitraum ab und die daran geknüpften Vermögensnachtheile, z. B. Konventionalstrafen, treten ein[25]).

5. Durch rechtsverletzende Handlungen Dritter während der Zeit zwischen dem Tode des Erblassers und der Besitznahme der Erbschaft Seitens des Erben wird die Erbmasse erweitert durch die dadurch gegen den Dritten erworbenen Ansprüche. Dahin gehören:

a) Ansprüche aus der Besitzverletzung nach Einleitung einer Kuratelverwaltung so wie nach der Einmischung eines selbstständigen Geschäftsführers oder Erbschaftsbesitzers. Der Kurator als Rechtsvertreter erwirbt unmittelbar für den Erben durch die Besitznahme der Erbschaft den Besitz derselben. Macht er also nicht noch während seiner Verwaltungszeit, wie es ihm obliegt, Gebrauch von den possessorischen Rechtsmitteln, so gehen diese bei der Auslieferung der Erbschaft am Ende seiner Verwaltung mit auf den Erben von selbst über, und dieser kann, wenn sie noch nicht erloschen sind, die ihm zweckmäßig erscheinende Anwendung davon machen. — Der selbstständige Geschäftsführer, der ja auch als bloßer Inhaber für sich selbst die possessorischen Rechtsmittel hat, und der bloße Erbschaftsbesitzer müssen dieselben ausdrücklich mit übertragen, wie dies ja auch mit dem Naturalbesitz selbst nothwendig ist.

b) Ansprüche auf Ersatz von Schäden, welche an Erbschaftssachen durch unerlaubte Handlungen verübt worden sind[26]), oder welche der Erbschaft durch Entwendung von Sachen aus derselben

24) A. L.R. I, 9, §§. 536 ff.

25) L. 15 pr. D. de in diem addict. (XVIII, 2); L. 77 D. de verborum obligat. (XLV, 1); L. 9 D. de nautico foenore (XXII, 2).

26) L 43 D. ad legem Aquil. (IX, 2).

oder aus der Gewahrsam eines Dritten, z. B. eines Nutznießers, Pfandinhabers, Prekaristen, Leihers, Handwerkers oder Arbeiters, zugefügt worden sind [27]).

II. Dem Erben stehen, vermöge seiner Eigenschaft als Erben aus eigenem Rechte, von Rechts wegen, gewisse Rechte und Befugnisse zu, welche der Erblasser selbst nicht hatte und daher auch nicht vererben konnte. Dahin gehören:

1. Die Erbrechtsklage (hereditatis petitio), eine durch eine eigenthümliche Natur ausgezeichnete zwar dingliche [28]) aber doch nur gegen einen Besitzer, welcher pro herede oder pro possessore besitzt [29]), anstellbare Universalklage, mittelst welcher der Erbe alle zur Erbschaft gehörigen Sachen und Rechte als ein Ganzes geltend macht [30]). Das Landrecht kennt sie nur als allgemeine Eigenthumsklage [31]). Die nähere Darstellung wird gehörigen Orts folgen.

2. Das beneficium inventarii, nach welchem der Erbe unter Errichtung und Niederlegung eines gehörigen Inventariums über den Bestand der Erbschaft gewisse Vortheile gegen die Erbschaftsgläubiger und Legatarien erlangt. Von Justinian zum Schutze gegen die Folgen einer unvorsichtigen Erbschaftsantretung eingeführt [32]) ist es gedankenlos in das Landrecht aufgenommen [33]), in dessen System es nicht paßt. Die Zusammenstellung des Prinzips von der Erbschaftserwerbung ipso jure mit dem beneficium inventarii und dessen gleichfalls ipso jure eintretendem Verluste ist schon Vielen verhängnißvoll geworden. Das Volk hat dafür kein Verständniß, daß es nicht genüge, von einer eröffneten schlechten Erbschaft seine Hände zu lassen, um keine Verbindlichkeit auf sich zu laden; es meint, daß hierzu eine Einmischung nothwendig sei und man also völlig sicher gehe, wenn man sich von einer solchen Erbschaft fern halte. Wenn es dann zu spät erfährt, daß man gerade dadurch in die Falle gegangen sei und nun alle Schulden des vielleicht kaum gekannten Verstorbenen bezahlen müsse; so darf es nicht Wunder nehmen, wenn harmlose

27) L. 2, §. 1, L. 6 D. expil. heredit. (XLVII, 19); L. 68—71 D. de furtis (XLVII, 2).

28) L. 27, §. 3 D. de rei vind. (VI, 1); L. 25, §. 18 D. de heredit. petit. (V, 3); L. 29 D. eodem.

29) L. 9, 10, 11 D. eodem.

30) L. 10, §. 1 D. eodem. — L. 1, §. 1 D. si pars heredit. petatur (V, 4).

31) A. L.R. I, 15, §. 3.

32) L. 22 C. de jure deliberandi (VI, 30).

33) A. L.R. I, 9, §§. 420 u. flg.

Leute an der menschlichen Gerechtigkeit ihren Glauben verlieren. Das Prinzip der Erbschaftserwerbung von Rechts wegen, ohne eine Handlung Seitens des Erben, ja ohne dessen Bewußtsein, ist nur mit der deutschen Nachlaß-Spezifikation, die an keine Frist gebunden ist, vereinbar. „Wer das Erb nimmt, der soll zu Rechte die Schuld gelten, als ferne das Erb weret [34]." „Quo jure etiam gaudet heres in foro Saxonico absque inventarii confectione, juramento tamen, ut vires hereditatis indicet, obstrictus," zu der Zeit nämlich, wo er wegen einer Erbschaftsschuld gerichtlich angesprochen wird [35]). Von einem Verluste der Befugniß zu diesem Nachweise, der ipso jure, ohne Bewußtsein des Erben, eintreten könnte, ohne daß ihm dazu eine Veranlassung gegeben worden wäre, ist überall keine Rede.

3. „Die Erben eines jeden Vormundes sind nur für ein grobes von ihrem Erblasser begangenes Versehen zu haften verbunden. — Ist aber die Klage noch bei der Lebenszeit des Erblassers angestellt, und von diesem beantwortet worden: so müssen die Erben eben den Grad der Schuld vertreten, wozu er selbst verbunden gewesen wäre [36])." Dies ist eine fast wörtliche Uebersetzung der mißverstandenen L. 1 C. de heredibus tutorum vel curatorum (V, 54): „Die Erben von Vormündern sollen nicht wegen einer Nachlässigkeit, die einer groben Fahrlässigkeit nicht gleichgestellt werden kann, verurtheilt werden, außer wenn bereits gegen den Vormund der Prozeß angefangen ist." Die Absicht hierbei war nicht, die Erben für weniger haftbar zu erklären als den Erblasser selbst. Denn dieser war in allen Fällen nur diejenige Sorgfalt in Angelegenheiten seines Mündels anzuwenden gehalten, welche er in seinen eigenen zu beobachten gewohnt war (diligentiam rebus suis consuetam); überließ er sich also gewohnheitsmäßig einer großen Sorglosigkeit, so mußten sich diese auch seine Mündel gefallen lassen; er durfte daher auf den Vorwurf einer in abstracto verantwortlich machenden Nachlässigkeit nur antworten, daß das gerügte Thun oder Lassen so seine Gewohnheit sei, und man mußte ihm dann nachweisen, daß er eigene Sachen sorgfältiger behandelt habe. Dies ist aber ein Kennzeichen der lata culpa, und da Erben aus der Gemüthsbeschaffenheit des Verstorbenen heraus überhaupt nicht zu antworten vermögen, so verordnete die gedachte L. 1, daß gegen den in Anspruch genommenen Erben bald geradezu culpa lata zu behaupten sei. Das Landrecht dagegen geht davon aus,

---

34) Sächs. Landrecht, B. I, Art. 6.

35) Carpzov, Jurisprud., P. I, const. 8, def. 8 in fin.

36) A. L.R. II, 18, §§. 293 u. 294, u. m. Anm. 14 dazu.

daß ein Vormund culpa levis in abstracto zu leisten habe [37]), und so stellt sich die Bestimmung des §. 293 als eine ganz singuläre unmotivirte Ausnahme von der Regel heraus. Suarez hält sie für den beibehaltenen Satz des juris communis, der ihm sehr billig erscheint. Die Ausmittelung des gradus culpae, ob levis oder levissima vorhanden, sei schon an sich sehr schwierig; wieviel mehr müsse sie es sein, wenn Erben über Handlungen des Erblassers, wobei demselben culpa levis imputirt würde, Rede und Antwort geben sollten [38]). Das trifft auch bei den Erben der Beamten zu und doch sollen dieselben für den Schadensersatz des Erblassers ebenso wie für andere Schulden derselben haften [39]).

4. „Die Erben des (Vormundschafts-) Richters sind, wegen ihrer Vertretungsverbindlichkeit, nach eben den Gesetzen wie die Erben des Vormundes zu beurtheilen," wobei auf die so eben besprochenen §§. 293, 294 verwiesen wird [40]). Diese Bestimmung ist zwar ebenfalls aus dem römischen Rechte entnommen, dort war sie aber auch keine Ausnahme von der Regel; denn der Magistrat selbst, der es vernachlässigt hatte, den Vormund Kaution bestellen zu lassen, haftete nur wegen culpa lata [41]).

5. Die Erben des Ausstellers eines Schuldscheins über ein Darlehn brauchen nach Verlauf von 10 Jahren nach dem Todestage ihres Erblassers oder nach dem Verfalltage, wenn dieser später eintritt, diesen Schuldschein gegen sich nicht gelten zu lassen, vielmehr muß der Inhaber desselben nicht allein das Darlehn auf andere Art beweisen, sondern auch darthun, daß dasselbe während der Lebenszeit des Ausstellers nicht getilgt worden sei [42]). Die Satzung ist neu und willkührlich, sie stößt daher bei Korrealverbindlichkeiten und bei der ehelichen Gütergemeinschaft, an welche Verhältnisse man nicht gedacht hat, überall an.

6. Der Aussteller einer Quittung kann den Erben des Schuldners zum Gegenbeweise der darauf nicht geleisteten Zahlung, nach Verlauf von drei Monaten nach der Ausstellung, keinen Eid zuschieben [43]). Auch diese Satzung ist neu und willkührlich.

---

37) Ebend. §§. 275, 276.

38) Ges.-Revis., Pensum VII, S. 151.

39) A. L.R. II, 10, §. 145; Depositał-Ordnung Tit. 1, §. 55.

40) A. L.R. II, 18, §. 304.

41) L. 4, L. 6 D. de magistrat. conveniendis (XXVII, 8); L. 2 C. eodem (V, 75).

42) A. L.R. I, 11, §§. 752—755 u. meine Anm. dazu.

43) Ebend. I, 16, §. 107.

7. Die Erben eines Verwalters können wegen offenbar im Zusammenrechnen oder Abziehen vorgefallener Rechnungsfehler, und wegen eines bei der Verwaltung begangenen Betruges, von dem Prinzipal, nach Ablauf von zehn Jahren nach gelegter und abgenommener Rechnung, nicht in Anspruch genommen werden, während der Verwalter selbst, wenn er noch lebte, dafür aufkommen müßte [44]). Die Satzung hat keine Geschichte und keinen Rechtsgrund.

8. Das Gleiche soll zu Gunsten der Erben gelten wegen offenbarer, bloß in einem irrigen Zusammenziehen oder Abziehen bestehender Rechnungsfehler, wenn über die streitige Rechnung ein Vergleich geschlossen worden ist [45]).

44) Ebend. I, 15, §§. 151, 153.
45) Ebend. I, 16, §. 432.

Zweites Buch.

Von der Erbfolge.

§. 11.

I. Von der Erbfolge im Allgemeinen.

I. Das Eintreten in die Verlassenschaft eines Verstorbenen vermöge Erbrechts (§. 2, Nr. I) heißt Erbfolge (successio). Diese ist entweder ein Eintritt in die Erbschaft als ein Ganzes in dem oben (§. 2) angegebenen Sinne (successio per universitatem), oder ein Eintritt in einzelne Erbschaftsstücke oder Summen (successio in rem s. singularis). Die erstere, die Universalsuccession, kann eine unmittelbare (direkte), oder eine mittelbare sein. Die unmittelbare Erbfolge ist diejenige Art von Universalsuccession, welche ohne Zwischenperson von dem Erblasser auf den Erben gehet. Nur sie bewirkt eine successio in omne jus mortui und die vermögensrechtliche Repräsentation des Erblassers, und sie ist die Grundlage jeder anderen Art von Succession. Die Singularsuccession ist immer eine mittelbare, ohne Uebergang von Schulden und Forderungen. Eine andere unwichtige Eintheilung der Erbfolge ist die ex asse, wenn Jemand Alleinerbe wird, und die pro parte, wenn Mehrere als Miterben (coheredes) zur Universalsuccession berufen sind.

II. Das Recht zur Erbfolge setzt ganz allgemein die Fähigkeit zur Erbfolge voraus. Absolut unfähig sind nach heutigem preußischen Rechte:

1. Alle, welchen die Eigenschaft einer Person im Rechtssinne fehlt: nur eine Person, physische oder juristische (moralische), kann Erbfolger sein [1]). Einer sogenannten Mißgeburt, d. h. einem Geschöpfe ohne menschliche Form und Bildung, kann eine Erbschaft nicht beschieden werden [2]), ebensowenig einer Personenmehrheit als

1) A. L.R. I, 12, §. 4, verb.: „einer oder mehreren Personen". Vergl. §. 56.

2) Ebend. I, 1, §. 18.

solcher, der die Eigenschaft selbstständiger Persönlichkeit fehlt, denn erbfähig kann nur ein wirklich und individuell existirendes Rechtssubjekt sein. Daher kann z. B. eine der Korporationsrechte entbehrende Religionsgesellschaft oder sogenannte „freie religiöse Gemeinde" als solche nicht zur Erbin eingesetzt werden [3]), zur Begründung juristischer Persönlichkeit aber ist die Anerkennung oder Genehmigung der betreffenden Gesellschaften und Anstalten von Seiten der Staatsgewalt erforderlich [4]). Daher entsteht die Frage: ob noch nicht existente, erst durch das Testament selbst errichtete milde Stiftungen zu Erben berufen werden können. Nach den Quellen des römischen Rechts kann für das Gemeine Recht als unstreitig angenommen werden, daß reine Wohlthätigkeitsanstalten, als: Armenhäuser, Waisenhäuser, Krankenhäuser, Findelhäuser, eigentliche Hospitäler, von dem Erblasser in seinem Testamente ursprünglich gestiftet, d. h. angeordnet, und zugleich zur Erbschaft oder zu einem Vermächtnisse berufen werden können [5]). Man hat das so aufgefaßt, daß hier die pia causa, d. h. der Zweck der Zuwendung, der reine Wohlthätigkeitszweck selbst, als Subjekt der Erbeseinsetzung anzusehen sei, und daß folglich dem Testator auch freistehen müsse, die Anstalt selbst, wodurch er seinen Zweck erreichen will, z. B. ein zu errichtendes Armen- oder Waisenhaus, als Subjekt der Erbeseinsetzung zu bezeichnen [6]). Daraus ist von Mehreren gefolgert, daß die Stiftung durch das Testament zugleich Persönlichkeit, d. h. die Eigenschaft einer juristischen Person erhalte, indem die Grundbedingung aller Erbfähigkeit ist, daß der Erbe als Person existire. Von Anderen ist diese Folgerung aus dem Grunde bestritten, daß eine juristische Person durch keine Privatwillkühr zum Dasein kommen könne. Von dieser Seite ist geltend gemacht, daß hier das römische Recht eine ganz andere Anomalie zulasse, indem es überhaupt keine Person sei, die zum Erben eingesetzt werde, daß der bloße Wohlthätigkeitszweck das Subjekt der Erbeinsetzung sei, wenn das Gesetz die Einsetzung der Armen oder Kranken u. s. w. gestatte, indem die Armen ꝛc. weder eine juristische Person bildeten, noch als Individuen in Betracht kämen [7]). Indeß läßt sich hierdurch

3) Erk. des Obertr. vom 13. Juli 1864 (Archiv f. Rechtsfälle Bd. LIII, S. 328).

4) A. L.R. II, 6, §§. 25, 26; Verf.-Urk. vom 31. Januar 1850, Artt. 31 u. 13. — Vergl. L. 1 pr. D. quod cujusque universitatis nomine (III, 4).

5) Man beruft sich dafür auf L. 23, L. 19 C. de sacrosanctis eccles. (I, 2); L. 24, 28, 35, 46, 49 C. de episcopis et clericis (I, 3); Nov. 131, c. 11 et 15.

6) Mühlenbruch, in Glück's Kommentar, Bd. XXXIX, S. 451—466; Bd. XL, S. 3 u. 47 ff.

7) Mühlenbruch a. a. O. Bd. XXXIX, S. 465; Bd. XL, S. 47, 48.

doch keineswegs abweisen, daß ein Subjekt der Erbeseinsetzung, also ein Rechtssubjekt, nur als eine Persönlichkeit rechtlich gedacht werden kann. Das ist auch die Rechtsauffassung des Obertribunals, da es ausgesprochen hat: „man müsse für das römische Recht allerdings die pia „causa“, den frommen Zweck der Stiftung, auf der Basis des zu diesem Zweck vorhandenen Vermögens, als dasjenige Moment ansehen, an welches durch die Fiktion des Rechts die künstliche Persönlichkeit der Stiftung geknüpft wird;“ wobei es die Meinung derjenigen Rechtslehrer für die richtige annimmt, welche für diese Fiktion eine spezielle landesherrliche Konzession nicht für erforderlich halten, sondern diese Konzession in einem allgemeinen Rechtssatze finden [8]). Dieselben Grundsätze erklärt das Obertribunal auch für das preußische Recht als geltend, welchem nach den bestehenden Vorschriften [9]) Beifall zu geben ist. Zwar ist die landesherrliche Genehmigung für Stiftungen von der hier in Rede stehenden Art erforderlich [10]); allein sie hat nur die Bedeutung einer beaufsichtigenden Bestätigung, nicht die eines konstitutiven Faktors für die juristische Persönlichkeit der Stiftungen und kann auch stillschweigend erfolgen; sie ist daher nur zur Fortdauer der bereits durch die Stiftung existent gewordenen juristischen Persönlichkeit, nicht aber zur Verleihung derselben erforderlich [11]). Hieraus ergiebt sich, daß gegen die Erbfolgefähigkeit einer zur Zeit der Testamentserrichtung noch nicht existenten, sondern erst in demselben Testamente, welches solche zur Erbin beruft, errichteten milden Stiftung aus dem §. 43, Tit. 12, Th. I des A. L.R. kein Grund hergeleitet werden kann. Denn dieser Paragraph, welcher nur zur Zeit des Erbanfalls, nicht zur Zeit der Testamentserrichtung die Erbfähigkeit eines Erben oder Legatarii fordert, ist nicht bloß auf physische, sondern auch auf juristische Personen zu beziehen, und da die Stiftung zur Zeit der Testamentseröffnung, also in dem Augenblicke des Erbanfalls schon existent, folglich auch erbfähig war, so ist die Zeit der Entstehung des Erben ebenso gleichgültig bei juristischen, wie bei physischen Personen [12]). — Das bisher Gesagte be-

8) Erk. vom 14. Juni 1852 (Entsch. Bd. XXIII, S. 347) u. vom 14. Nov. 1854 (Entsch. Bd. XXX, S. 66); Erk. vom 23. Januar 1858 (Arch. f. Rechtsf. Bd. XXXI, S. 263); Erk. vom 29. November 1858 (Entsch. Bd. XL, S. 79).

9) A. L.R. II, 19, §§. 33 ff.

10) Ges. vom 13. Mai 1833 (G.S. S. 49); K.O. vom 23. Mai 1845 (J.M.Bl. S. 178).

11) Erk. des Obertr. vom 23. Januar 1858 (Arch. f. Rechtsf. Bd. XXXI, S. 268).

12) Ebend. S. 259, 262.

zieht sich nur auf „milde Stiftungen". In neuerer Zeit hat man aber auch andere bloß gemeinnützige Stiftungen und Anstalten, z. B. reine Kunstinstitute, Museen rc. mit zu den piis corporibus gerechnet. Inwiefern diesen eine gleiche Erbfähigkeit wie jenen zuzugestehen sei, ist in neuerer Zeit, aus Anlaß des angefochtenen und durch den Erbstreit bekannt gewordenen Testaments des Kaufmanns Städel zu Frankfurt a. M. vom Jahre 1815, von verschiedenen Seiten sehr heftig für und wider verhandelt worden, ohne daß die Kontroverse durch einen Rechtsspruch letzter Instanz zum Austrage gekommen wäre[13]). Nach den Grundsätzen des preußischen Rechts ist die Frage zu verneinen; eine analoge Anwendung der Bestimmungen über fromme Wohlthätigkeitszwecke, eigentliche piae „causae", auf bloße gemeinnützige Institute kann nicht als zulässig angesehen werden, und dann können dergleichen Anstalten ohne besondere staatliche Genehmigung keine selbstständige Persönlichkeit erhalten, folglich auch nicht erbfähig sein; denn die Existenz der Person ist das allererste Erforderniß der Fähigkeit. Die Gesetzgebung aber hat zureichenden Grund, die anomalen Bestimmungen über die Entstehung der juristischen Persönlichkeit der frommen Stiftungen auch auf die gemeinnützigen Stiftungen auszudehnen, da diese ja ebenfalls Wohlthaten sind, die dem allgemeinen Wohle erwiesen werden. In der „causa" findet sich kein Unterschied zwischen beiden Arten.

Eine andere Frage ist die: ob ein Unfähiger nicht unter der Bedingung oder ausdrücklich auf den Fall künftiger Fähigkeit zur Erbfolge mit rechtlicher Wirkung berufen werden könne, z. B. eine bestimmte schon bestehende Religionsgesellschaft oder sogenannte „freie religiöse Gemeinde" auf den Fall ihr Korporationsrechte verliehen würden. Nach gemeinem Rechte ist die gemeine Meinung dafür, auf Grund folgender Pandektenstelle: „In tempus capiendae hereditatis institui heredem posse benevolentiae est,. veluti: Lucius Titius, cum capere potuerit, heres esto. Idem est in legato[14])." Nachdem die Regel, daß an Zeitbestimmungen Erbeseinsetzungen nicht geknüpft werden durften, von ihrer Strenge verloren hatte, galt der unbestimmte Termin als Bedingung[15]), und seitdem war das „cum capere potuerit" eine Bedingung, wie denn

13) Der Streit wurde durch Vergleich beendigt. Eine Würdigung desselben von Mühlenbruch findet sich in Glück's Kommentar, Bd. XL, S. 3—108.

14) L. 62 pr. D. de heredibus instituendis (XXVIII, 5). Vergl. L. 51 pr. D. de legatis II.

15) „Dies incertus conditionem in testamento facit." L. 75 D. de condition. et demonstrat. (XXXV, 1).

die Einsetzung eines erwarteten Posthumus ja auch nichts anderes ist als eine Einsetzung unter einer Bedingung, nämlich unter der Bedingung, wenn das zur Zeit noch gar nicht erbfähige, weil noch nicht selbstständig lebende Subjekt künftig lebensfähig und als menschlich gestaltetes Wesen zur Welt kommen, also erbfähig sein würde[16]). So kam man über die für die unmittelbare Erbfolge, sowohl für die testamentarische wie für die gesetzliche, noch im Justinianeischen Rechte geltende Regel: Wer zur Zeit des Todes des Erblassers noch nicht existent ist, kann dessen Erbe nicht sein, durch die Bedingung der künftigen Fähigkeit hinaus, vorausgesetzt, daß der in Aussicht genommene Erbe zu der Zeit schon konzipirt war[17]). Für juristische Personen aber sieht man von dieser Voraussetzung ab, aus dem Grunde, weil von einem „Kunstembryo" („embryo moralis", „uterus moralis"), im Gegensatze des uterus physicus, im Ernste nicht zu reden ist[18]). Indeß läßt sich in dieser Beziehung doch eine Analogie in der Weise finden, daß man die Gesellschaft, die Anstalt, welche unter der Bedingung der künftigen Fähigkeit bedacht werden soll, als bereits vorhanden oder bestehend, d. h. in der äußeren Erscheinung gegründet und organisirt, beziehungsweise errichtet, vorauszusetzen hätte, nicht aber z. B. eine Fabrikanstalt, welche nach der Idee des Testators erst künftig nach seinem Tode eingerichtet werden soll, zum Erben einsetzen könnte. Die Meinung also, daß für noch nicht existirende juristische Personen die Zulässigkeit bedingter Erbeinsetzungen unbedenklich anzunehmen sei, auch wenn noch gar kein Anfang zu einer als Substrat dienenden Gesellschaft oder Anstalt gemacht worden[19]), ist willkührlich und ohne allen positiven Anhalt. Dagegen ist anzuerkennen, daß der Testator, welcher eine schon bestehende erbunfähige Gesellschaft oder Anstalt zum Erben einsetzen will, die Bedingung, „wenn ihr die juristische Persönlichkeit gewährt wird", seiner Einsetzung hinzufügen muß, wenn auch nicht geradezu mit den Worten: er setze „die freie religiöse Gemeinde" u. s. w. unter der Bedingung künftiger Fähigkeit ein, so doch in einer Fassung,

---

16) In der L. 29 pr. D. de lib. et posthumis (XXVIII, 2) wird die Formel, wie nachgeborene Enkel zu Erben eingesetzt werden könnten, so angegeben: „Si filius meus vivo me moreretur, tunc si quis mihi ex eo nepos post mortem meam in decem mensibus proximis natus erit, heres esto." Vergl. L. 28, §. 3 D. eodem u. A. L.R. I, 1, §. 12 u. I, 9, §. 371.

17) §. 8 Inst. de hereditat. quae ab intestato deferuntur (III, 1); A. L.R. I, 12, §. 529.

18) Vergl. darüber Mühlenbruch, in Glück, Komm. Bd. XL, S. 73 ff. und Bd. XXXIX, S. 420.

19) Mühlenbruch a. a. O. Bd. XL, S. 76; Bd. XXXIX, S. 420.

aus welcher mit Bestimmtheit zu entnehmen ist, daß er dies habe sagen wollen [20]). — Daß das bezüglich auf juristische Personen so eben Gesagte nicht auch im preußischen Rechte Geltung habe, läßt sich nicht behaupten; vielmehr befinden sich die allgemeinen Grundsätze des Landrechts in dieser Beziehung mit dem Gemeinem Rechte in Uebereinstimmung und es ist namentlich der Grundsatz, daß jede Erbeseinsetzung mit voller Wirkung auch unter einer Bedingung geschehen könne, ganz allgemein festgestellt [21]). Nur der wichtige Unterschied zwischen beiden Rechtssystemen findet sich hier, daß nach preußischem Rechte die Frage: wer bei der bedingten Erbeseinsetzung Erbe sein werde, einstweilen nicht, wie es nach römischem Rechte der Fall ist, in der Schwebe bleibt, vielmehr der Intestaterbe unmittelbarer Erbe wird und der bedingt eingesetzte Testamentserbe in das Verhältniß eines Fideikommißerben tritt [22]). Wird die Bedingung nicht erfüllt, so behält der Intestaterbe die Erbschaft für immer [23]).

2. Alle, welche die Fähigkeit, Vermögen zu erwerben oder zu behalten, verloren haben. Eine ganze Klasse solcher Personen ist in Wegfall gekommen, nämlich diejenigen Verbrecher, welche nach dem alten Strafrechte mit der Vermögenskonfiskation belegt wurden, sind aus der Reihe der Unfähigen verschwunden, denn im neuen Rechte findet die Strafe der Vermögenseinziehung nicht mehr statt [24]). In diese Kategorie von Erbunfähigen gehören nur noch: a) diejenigen, welche zur Zeit des Erbanfalls das Gelübde der Armuth abgelegt haben, namentlich Mönche und Nonnen [25]). Die Erbunfähigkeit dieser Personen ist durch den Art. 10 der Verf.-Urkunde keineswegs, wie behauptet worden ist, aufgehoben [26]), sie setzt aber die Ablegung eines wirklichen Klostergelübdes in der Bedeutung voraus, daß damit der Eintritt in ein wirkliches Kloster, also in eine geistliche Gesellschaft, welche die Genehmigung des Staats erhalten und dadurch

20) L. 51 pr. D. de legat. II. Mühlenbruch a. a. O. Bd. XL, S. 76.

21) A. L.R. I, 12, §. 61.

22) Ebend. §. 478 u. I, 9, §. 369.

23) Das Erk. des Obertr. vom 13. Juli 1864, wodurch die Erbeseinsetzung der freien religiösen Gemeinde zu Frankfurt a. O. für ungültig und die Intestaterbfolge für eröffnet erklärt wird (Arch. f. Rechtsf. Bd. LIII, S. 333), berührt die hier behandelte Frage gar nicht. Die „freie religiöse Gemeinde" ohne Korporationsrechte war unbedingt zum unmittelbaren Erben eingesetzt worden, und diese Einsetzung war eben wegen Erbunfähigkeit dieses direkten Erben unzweifelhaft ungültig.

24) Verf.-Urk. vom 31. Januar 1830, Art. 10; Str.-G.B. §. 19.

25) A. L.R. II, 11, §§. 1199 ff.; I, 18, §. 370.

26) Erk. des Obertr. vom 4. Februar 1861 (Arch. f. Rechtsf. Bd. XL, S. 230).

die Eigenschaft einer Korporation erhalten hat, bewirkt werden soll; der Eintritt in eine Anstalt zur Erziehung und zum Unterricht der weiblichen Jugend, oder zur Pflege alter, schwächlicher Personen unter Leitung einer geistlichen Gesellschaft, macht nicht vermögensunfähig, wenn auch der Eintritt unter Ablegung des Gelübdes der Armuth geschehen ist [27]). Die Anordnung der Erbunfähigkeit der Klosterpersonen ist neu und bezweckt, zu verhindern, daß Mönche und Nonnen Erbschaften erwerben und dadurch auf ihr Kloster bringen können [28]). b) Einwohner derjenigen fremden Staaten, in welchen nach den Gesetzen derselben hiesige Einwohner zur Erwerbung einer Erbschaft oder eines Vermächtnisses für unfähig erachtet werden [29]).

Von der relativen Unfähigkeit wird das Erforderliche bei den einzelnen Successionsarten vorgetragen werden.

III. Das Recht künftig zu succediren ist höchst persönlich, daher unübertragbar und unvererblich, es erlischt also mit dem Tode der berufenen Person [30]). Erst wenn diese Person den Erbanfall erlebt hat, transmittirt dieselbe das ihr angefallene Recht auf seine Erben [31]), und zwar auch dann, wenn der Anfall ein bedingter ist [32]); es wird immer die Zeit des Todes des Erblassers festgehalten, wenn es sich fragt: welche Person diejenige sei, welche als unter einer aufschiebenden Bedingung berufen anzusehen und folglich auf ihre Erben den Anfall transmittirt habe [33]). Dies gilt namentlich in den Fällen, wo der Testamentserbe unter einer Resolutiv-Bedingung oder bis zu einem bestimmten Termin eingesetzt ist, oder wenn die zunächst Berufenen die Erbschaft ausschlagen. Für diese Fälle giebt das römische Recht eine Doppelregel. Es wird unterschieden: ob der Erblasser ein Testament hinterlassen hat, oder ab intestato verstorben ist. Ist er, ohne ein Testament zu hinterlassen, verstorben, so soll bei der Frage, wer der nächste Verwandte sei, auf die Zeit des Todes des Erblassers gesehen werden; ist er mit Hinterlassung eines Testaments verstorben, so wird auf den Zeitpunkt ge-

---

27) Erk. des Obertr. vom 27. November 1860 (Arch. f. Rechtsf. Bd. XXXIX, S. 233).

28) Suarez, Revisionsbemerkungen (Jahrb. Bd. VII, S. 230).

29) A. L.R. I, 12, §. 40. Vermöge des Retorsionsrechtes. Einl. §§. 43, 44.

30) L. un. §. 7 C. de caducis toll. (VI, 51).

31) A. L.R. I, 1, §. 39; Anh. z. A. G.O. §. 270 (zu §. 23, Tit. 36); A. L.R. I, 9, §. 367; I, 12, §§. 43, 522, 527, 546, 551.

32) A. L.R. I, 9, §§. 369 u. 370.

33) Ebend. I, 12, §§. 43, 522, 527.

sehen, wo es gewiß geworden, daß aus dem Testamente Niemand werde Erbe werden. Warum dieses? Weil dann erst Jemand eigentlich als testamentlos verstorben angesehen werde[34]). Es wird hinzugefügt, daß sich dies zuweilen erst nach langer Zeit herausstelle, und daß während dieses Zeitraums es oft geschehe, daß nach dem unterdeß erfolgten Ableben des ursprünglich Nächsten derjenige der Nächste werde, der es bei dem Tode des Erblassers nicht war. Es leuchtet ein, daß, wenn dem ursprünglich Nächsten die Erbschaft bedingt oder eventuell angefallen war, wie es nach preußischem Rechte Regel ist[35]), sein eventuelles Recht auf seine Erben übergeht, folglich darauf nichts ankommt, ob zu der Zeit, wo der eventuelle Fall eintritt, Jemand vorhanden ist, der dem Erblasser näher steht als der Erbe des ursprünglich Nächsten. Hier reicht also das preußische Recht, wenn das Gesagte gültiges preußisches Recht ist, von dem römischen Rechte bedeutend ab. Die Geltung ist jedoch in Frage gestellt, indem die Gültigkeit der gedachten römischen Doppelregel auch für das preußische Recht Vertretung gefunden hat[36]). Es wird daher auf die Gründe für die eine und die andere Meinung ankommen. Witte sagt a. a. O. ([36]): „Der Ansicht (daß die Berufung zur Intestaterbfolge immer nach der Zeit des Todes des Erblassers, im Gegensatze zu jener römischen Regel zu entscheiden sei) könnte es günstig scheinen, daß an mehreren Stellen die Zeit des Todes (des Erblassers) als normirend für die Bestimmung, welcher von Mehreren zur Succession berufen sei, genannt wird (§§. 522, 546, 551). So ungewiß nun aber auch die betreffenden Paragraphen (womit §. 406, I, 9 und §. 278, I, 12 gemeint ist) lauten, so dürfte die entgegengesetzte Ansicht dennoch die richtigere sein. Hat der Erblasser den Testamentserben nur bis zu einer gewissen Zeit, oder unter einer Resolutiv-Bedingung eingesetzt, so hat er damit, unserem Rechte zufolge, den Intestaterben immer eventuell, wenn auch stillschweigend mitberufen; diesem ist also nach preußisch-rechtlicher Ansicht die Erbschaft schon beim Tode des Erblassers, wenn auch sub conditione, angefallen, und es ist natürlich, daß er sie auf seine Erben transmittirt. Hat der Erblasser dagegen den Testamentserben definitiv und ohne ihm etwa den Intestaterben zu substituiren, berufen, so hat er seine Absicht, dem Letzteren seinen Nachlaß zuzuwenden,

34) „— tunc enim proprie quisque intestatus decessisse intelligitur." §. 6 Inst. de legitima agnator. successione (III, 2). Vergl. Gajus III, §. 13.

35) A. L.R. I, 9, §§. 369, 370.

36) Witte, das preuß. Intestaterbrecht, S. 27—28.

durch nichts an den Tag gelegt; von einem bedingten Erbanfall zur Zeit des Todes des Erblassers kann also nicht die Rede sein; sondern erst wenn der Institutus ausschlägt, beruft das Gesetz den Intestaterben, und zwar den zu jener Zeit am nächsten stehenden." Dieses „und zwar" ist eine petitio principii, das Beweisthema, was eben bewiesen werden soll. Der Beweisgrund ist, nachdem eingeräumt worden, daß der Wortlaut der betreffenden Legalstellen die gemachte Unterscheidung nicht unterstütze, einzig und allein die Behauptung, daß der Testator, der einen Testamentserben definitiv ernenne, ohne ihm einen Substituten zu bestellen, seine Absicht, dem Intestaterben seinen Nachlaß eventuell zuzuwenden, durch nichts an den Tag gelegt habe. Von dem Standpunkte des preußischen Rechts aus muß das gerade Gegentheil behauptet werden. Nach dem oben (§. 3) nachgewiesenen Grunde des Erbrechts ist die testamentarische Erbfolge und die Intestaterbfolge ihrem rechtlichen Grunde nach gleichartig, sie beruhen beide auf dem Willen des Erblassers, sie stellen nur zwei verschiedene Erkennungsformen dar. Wer einen Testamentserben ohne Weiteres definitiv einsetzt, der will diesen lieber haben als den Intestaterben. Entzieht jener sich dem ausdrücklich ausgesprochenen Willen, ohne daß der Erblasser für diesen Fall eine ausdrückliche Willenserklärung beifügt, so läßt er es bei dem bewenden, was er nicht erst noch ausdrücklich zu sagen braucht, sein unausgesprochener Wille stimmt also mit dem, was eventuell das Gesetz anordnet, überein. Somit ist gerade der Umstand, daß der Erblasser dem Testamentserben keinen Substituten bestellt hat, ein Beweis für seine Absicht, falls der Berufene nicht Erbe sein wolle oder könne, den Intestaterben folgen zu lassen. Wäre seine Absicht durchaus gegen den Intestaterben gerichtet gewesen, so hätte er das mit zwei Worten sicher stellen können. So viel zur Entkräftung des einzigen Beweisgrundes für die Witte'sche Meinung. Damit ist jedoch die hier vertretene Meinung noch nicht bewiesen. Dieser Beweis wird dadurch geführt werden, wenn nachgewiesen wird, daß das preußische Landrecht jene Unterscheidung des römischen Rechts nicht macht, folglich den bezeichneten Unterschied nicht kennt und die Rechtsansicht, welche dieser Unterscheidung zum Grunde liegt, unserer Rechtsauffassung nicht entspricht. Die Rechtsansicht nämlich, daß Jemand erst in dem Zeitpunkt als ohne Testament verstorben zu erachten sei, wo der Berufene die Erbschaft ausgeschlagen habe, ist eine uns fremde Fiktion; auch ist es nach landrechtlichen Grundsätzen thatsächlich nicht richtig, daß kein Testament mehr existire, im Gegentheil, es bleiben alle Anordnungen des Testators in Kraft, nur daß an die Stelle des verschmähenden Erben aus zweiter Linie eine andere Person tritt, die den guten Willen des Erblassers nicht verschmäht [37]). — Die vorhin von Witte als „ungewiß" bezeichneten §§. lauten:

> §. 406. „Soweit ein Erbe der Erbschaft gültig entsagt, tritt derjenige, welchen der rechtsbeständige Wille des Erblassers oder in dessen Ermangelung die Gesetze, als den nächsten nach ihm, berufen, an seine Stelle."

> §. 278. „Ein Gleiches geschieht (nämlich daß der ganze Nachlaß an die Intestaterben fällt), wenn zwar mehrere Erben eingesetzt sind, diese aber insgesammt die Erbschaft nicht annehmen können oder wollen, und kein auf diesen Fall ernannter Substitut vorhanden ist."

Ungewiß lassen diese Stellen nur den Zeitpunkt, auf welchen bei Bestimmung des Nächsten der Intestaterben gesehen werden soll, deshalb aber ist dieser Zeitpunkt nicht ungewiß, denn er ist an anderen Orten bestimmt ([31]). Gewiß ist jedoch, daß in dieser Beziehung gar kein Unterschied gemacht wird zwischen den beiden Fällen, wo Jemand testatus und wo er intestatus verstorben ist. Alle Ungewißheit aber auch hinsichtlich des fraglichen Zeitpunkts verschwindet vor der Bestimmung des §. 375, Tit. 9, Th. I des A. L.R., welcher lautet:

> „Kommt keine lebendige Leibesfrucht zur Welt, so wird die Sache so genommen, als wenn der Anfall sofort an diejenigen gediehen wäre, welche zur Zeit des Todes, durch Gesetze oder Willenserklärungen, nächst der Leibesfrucht dazu berufen waren."

Die Stelle umfaßt also ausdrücklich auch den Fall, wo der Erblasser auch mit Hinterlassung eines Testaments verstorben ist, also auch den Fall, daß der erwartete Posthumus testamentarisch berufen ist und schließlich nicht Erbe wird; dieselbe enthält mithin eine direkte Entscheidung der vorliegenden Frage und wird von Witte ganz übersehen. Daß bei der „Zeit des Todes" nicht etwa an die todtgeborene Leibesfrucht, sondern an den Tod des Erblassers zu denken ist, das erhellet, wäre es auch nicht schon aus sich selbst klar, aus dem §. 371: „Hängt die Frage: wem eine Erbschaft angefallen sei, davon ab: ob eine bei dem Tode des Erblassers vorhandene Leibesfrucht lebendig zur Welt kommen werde, so muß die-

37) A. L.R. I. 12, §. 279.

ser Erfolg abgewartet werden." Davon ist der §. 375 eine Fortsetzung.

Wir kommen zurück zum Ausgange unserer Erörterung, nämlich zur Unübertragbarkeit des Rechts zur künftigen Erbfolge [38]), um daran den Nachweis einer anderen erheblichen Abweichung des preußischen Rechts von dem römischen Rechte in dieser Beziehung zu knüpfen. Die Unverfügbarkeit dieses Rechts galt nach römischem Rechte für so unantastbar, daß selbst eine Verzichtleistung auf dasselbe vor dem Anfalle, nach der Regel: ejus est nolle, qui potest velle [39]), für null und nichtig erklärt ist [40]). Dieses soll durch das kanonische Recht abgeändert worden sein. Der Pabst Bonifaz VIII erklärt nämlich (um das Jahr 1299): obwohl die weltlichen Gesetze den Vertrag, wodurch eine Tochter bei ihrer Verheirathung dem Vater verspricht, daß sie sich mit der ihr bestimmten Mitgift begnügen und keine weiteren Ansprüche an die väterliche Verlassenschaft machen wolle, für ungültig erklärten, so müsse ein solcher Vertrag dennoch erfüllt werden, wenn ihn die Tochter eidlich bestärkt habe, ohne hierzu durch List oder Gewalt bewogen worden zu sein [41]). Der Pabst ändert also das bürgerliche Recht nicht ab, sondern er verordnet nur, daß der gültig geleistete Eid gehalten werden müsse. Es ist jedoch gemeinrechtlich die Meinung zur Geltung gekommen, daß man auch ohne Eid auf künftige Erbschaften verzichten könne. Das preußische Recht hat sich dem angeschlossen und erklärt Verzichte auf das künftige Erbrecht gegen und ohne Abfindung sowohl dem künftigen Erblasser gegenüber [42]), als auch gegen künftige Mit- oder Nacherben [43]) für zulässig. Das A. L.R. geht damit über die gemeinrechtliche opinio communis hinaus, ist also in so weit neues, erfundenes Recht, bei dessen Schaffung die rechtliche Natur des in

---

38) Das Prinzip ist ausgesprochen im §. 50, Tit. 3, Th. II des A. L.R.: „Eltern, die vor dem Erblasser verstorben sind, verfällen dabei niemals ihr Erbrecht auf ihre Kinder." Das östr. bürg. G.B. sagt §. 536 bestimmter und allgemeiner: „Stirbt ein vermeintlicher Erbe vor dem Erblasser; so hat er das noch nicht erlangte Erbrecht auch nicht auf seine Erben übertragen können."

39) L. 3 D. de reg. juris (L, 17).

40) L 13 pr. §. 2 u. L. 94 D. de acquir. vel omitt. heredit. (XXXIX, 2); L. 16 D. de suis et legit. (XXXVIII, 16); L. 35, §. 1 C. de inoff. testam. (III, 28); L. 3 C. de collat. (VI, 20). Vergl. Pauli Sent. rec. IV, 5, §. 8.

41) C. 2 de pactis in 6. (I, 18).

42) A. L.R. II, 2, §. 484. Pr. des Obertr. 1076, vom 29. November 1841 (Entsch. Bd. VII, S. 237).

43) A. L.R. I, 12, §§. 649 ff. Erk. des Obertr. vom 31. Januar 1851 (Entsch. Bd. XX, S. 143, 150).

Rede stehenden Rechts verleugnet worden ist, indem es dem künftig Erbfolgeberechtigten möglich gemacht worden ist, dieses völlig ungewisse Recht, eine bloße mit der Person erlöschende Aussicht, schon bei Lebzeiten des Erblassers zu verwerthen und dadurch in Verkehr zu bringen, obgleich es vielleicht durch seinen vor dem Anfalle eintretenden Tod ganz verschwindet. Das A. L.R. geht damit über die gemeinrechtliche opinio communis hinaus[43a]).

IV. Das Recht zur Erbfolge bestimmt sich nach dem am Wohnsitze, eventuell am Sterbeorte des Erblassers geltenden Rechte, ohne Unterschied zwischen unbeweglichen und beweglichen Gegenständen. Dies ist in Beziehung auf die Intestaterbfolge bereits oben (§. 3, Nr. I, 3) ausgeführt. Bei der mittelbaren Erbfolge machen einige Liegenschaften eine Ausnahme, namentlich Lehen, welche den Realstatuten folgen, nur bei feudis extra curtem wird die Folge der Lehnsberechtigten nach dem jure curiae, nicht nach dem jure feudi siti bestimmt[44]); ferner sind Kolonate und Familienfideikommisse den Realstatuten hinsichtlich der Nachfolge in dieselben unterworfen[45]). Nachzutragen ist hier, daß auch bei der testamentarischen Erbfolge die gleiche Regel, wie bei der Intestaterbfolge gilt, ohne alle Ausnahme. Das ist in Beziehung auf die Form der Testamente streitig, nach einer Meinung soll über die Form die Regel: locus regit actum, maßgebend sein. Dafür hat sich auch in letzter Instanz das Obertribunal ausgesprochen[46]). Neue Gründe bringt dasselbe nicht bei und die bekannten Gründe, welche die Anhänger dieser Meinung geltend machen, vermögen von der Richtigkeit derselben nicht zu überzeugen. Ich habe bereits an einem anderen Orte[47]) die Gründe für beide Meinungen ziemlich ausführlich vorgetragen und gewürdigt, und muß, um hier nicht unnütz zu wiederholen, darauf zurückweisen, nur mag dazu noch Folgendes nachgetragen werden: Die erst in neuerer Zeit (etwa seit dem sechszehnten Jahrhunderte) gefundene Regel ist durch das Bedürfniß, auch

---

43a) Das östr. bürg. G.B. schließt sich schlechthin an, indem es §. 551 bestimmt: „Wer über sein Erbrecht selbst gültig verfügen kann, ist auch befugt, im voraus darauf Verzicht zu thun. Eine solche Verzichtleistung wirkt auch auf die Nachkommen." Vergl. §. 538.

44) Pr. des Obertr. 1236, vom 16. Juli 1832 und vom 20. Dezember 1842 (Präj.=Samml. I, S. 102).

45) Hierauf bezieht sich der §. 32 der Einl. zum A. L.R. Vergl. oben §. 3, No. I, 3.

46) Erk. vom 6. März 1855 (Arch. f. Rechtsf. Bd. XVI, S. 270), und vom 3. April 1857 (Entsch. Bd. XXXV, S. 368).

47) Anm. 44 zu §. 33 der Einl. zum A. L.R. No. IV.

außerhalb des Wohnortes Rechtsgeschäfte, Negotia, rechtsverbindlich eingehen zu können, nach und nach eingeführt worden und paßt auch nur auf dergleichen Geschäfte unter Lebenden. Eine Rechtshandlung auf den Todesfall ist kein Negotium, sie ist ein legislatorischer Akt, ein Spezialgesetz, welches Privatpersonen zu errichten, nur durch die positive Gesetzgebung des Staats gestattet worden ist. Diese Handlung gehört daher dem jus publicum an[47 a]), wie denn ja auch der Staat als solcher ein besonderes Interesse daran nimmt und durch besondere Maßregeln gesichert hat, daß ein solches Spezialgesetz nicht unbefolgt, nicht unvollzogen bleibe[47 b]). An sich ist es nicht selbstverständlich, daß Jemand nach seinem Tode, also ein Verstorbener, noch das Schicksal der Habseligkeit, die ihm bei seinem Leben zur Verfügung stand, beeinflussen könne. Manchen Kulturvölkern ist das ganz unbekannt. Es ist also eine ganz positive Staatsanordnung, wenn in einem Lande den Privatpersonen gestattet ist, einen einseitigen Akt zu errichten, welcher gleich einem Gesetze nach ihrem Tode in Vollzug gesetzt werden soll. Steht diese Anordnung bei der Gesetzgebung, so hängt es auch von ihr ab, unter welchen Bedingungen sie eine solche Befugniß gestatten will; sie kann z. B. die Förmlichkeiten, absolut gebietend, bei Strafe der Nichtanerkennung des Akts, vorschreiben[47 c]). Das hat das Landrecht gethan, es hat im §. 139, I, 12 entscheidend verordnet: „Die vorstehend bestimmte Form eines Testaments ist — zur Gültigkeit eines gerichtlichen Testaments oder Kodizills dergestalt nothwendig, daß, wenn sie verabsäumt worden, der letzte Wille nicht bestehen kann." Daß man auch im Auslande nach den dort üblichen Formen ein für Preußen gültiges Testament errichten könne, ist, mit einer Ausnahme zu Gunsten der im Auslande residirenden Gesandten[48]), nicht gestattet, wie es wohl in manchen anderen Gesetzgebun-

47 a) „Testamenti factio non privati sed publici juris est." L. 3 D. qui testamenta facere poss. (XXVIII, 1).

47 b) „— publice enim expedit, suprema hominum judicia exitum habere." L. 5 D. testamenta quemadmodum (XXIX, 3). Vergl. L. 1 pr. D. si quis omissa causa testamenti (XXIX, 4); L. 1 C. de sacrosanct. eccl. (I, 2). Vergl. A. L.R. I, 12, §§. 218 ff.

47 c) „Quid est testamentum? ut opinor: voluntas defuncti consignata jure legibusque civitatis. Non dixerim ergo testamentum, cui numerus signatorum deest, non dixerim" etc. Quinctil., Declamat. CCCVIII. Vergl. L. 2, § 1 D. testam. quemadm. (XXIX, 3).

48) Gesetz über die Testamente der preußischen Gesandten und gesandtschaftlichen Personen bei fremden Höfen, während ihres Aufenthalts im Auslande, vom 3. April 1823 (G.S. S. 40). Dieses Ausnahmegesetz selbst ist eine Bestätigung der Regel, da, wenn die andere Meinung richtig wäre, es kein Bedürfniß gewesen sein würde.

gen vorkommt[49]). Das preußische Testament ist sonach gleich dem römischen, ein actus legitimus, der außerhalb der als wesentlich vorgeschriebenen Formen nicht zur rechtlichen Existenz kommen kann. Und dafür hat Suarez, wie ich a. a. O. mitgetheilt habe, gewichtige Gründe geltend gemacht[50]).

II. Von den Titeln zur Erbfolge.

§. 12.

1. Die einzelnen Titel.

Als Titel des Erbfolgerechts sind die Erkenntnißquellen des Willens des Erblassers (§. 3) aufzufassen. Diese Erkenntnißquellen sind zweierlei Art: die ausdrückliche Willenserklärung und die stillschweigende, nämlich die eventuelle Anordnung des Gesetzes, welche der Erblasser sich eben stillschweigend gefallen läßt, wenn er sich nicht ausdrücklich erklärt. Das römische Recht kennt nur eine Form der ausdrücklichen Willenserklärung, die einseitige (testamentarische); die vertragsmäßige, die s. g. hereditas pactitia der Neuern, erklärt es für unzulässig und den Vertrag, wodurch der künftige Erblasser den anderen Paszizenten zu seinem Erben einsetzt, für nichtig, selbst eine beigefügte Konventionalstrafe[1]), mit Ausnahme des Uebereinkommens in Ehepakten, wonach, wenn die Frau in der Ehe stirbt, das Heirathsgut dem Ehemanne verbleiben solle[2]). Eine andere Ausnahme hat man in der L. 19 C. de pactis (II, 3) finden wollen, worin der Kaiser einen Vertrag zweier Soldaten, die einander im Beginne eines Gefechts zu Erben ernennen, für gültig erklärt, aber nicht als Erbvertrag, sondern als privilegirtes Soldaten-Testament, welches hätte widerrufen werden können, wenn nicht der Eine geblieben wäre. Die gemeinrechtliche Doktrin hat jedoch, abgesehen von einzelnen deutschrechtlichen Instituten, als Einkindschaften, Erbverbrüderungen, Familien-Fideikommissen &c., das Rechtsinstitut der s. g. akquisitiven Erbverträge als einen allgemeinen Erbrechtstitel ausgebildet, wodurch Jemand durch einen Vertrag mit dem künftigen Erblasser zu dessen Erben wirksam berufen werden könne. Von den neueren deutschen Ge-

49) Z. B. im Code civil Artt. 970, 999, vergl. mit Art. 1317. Auch das röm. Recht hatte den Fall vorgesehen. Unten §. 15.

50) Jahrbücher, Bd. XLI, S. 77.

1) L. 61 D. de verb. obligat. (XLV, 1); L. 15 C. de pactis (II, 3), L. 34 C. de transact. (II, 4); L. 5 C. de pactis conventis (V, 14); L. 4 C. de inutil. stipul. (VIII, 39).

2) L. 6 C. de pactis conventis (V, 14).

setzgebungen ist dasselbe jedoch nicht überall in gleichem Umfange aufgenommen worden. Das österreichische Gesetzbuch erkennt dasselbe als Titel zur unmittelbaren Universalerbfolge nur unter Eheleuten an[3]). Das Allg. Landrecht dagegen stellt den Erbvertrag in dieser Hinsicht ganz allgemein dem Testamente gleich[4]); es hat daher zwei Erkenntnißformen für die ausdrückliche Willenserklärung, so daß im preußischen Rechte drei regelmäßige Erbrechtstitel gelten: die einseitige letztwillige Verordnung (das Testament oder Kodizill), der Erbvertrag, und das Gesetz. Das Pflichttheilsrecht, welches eine Ausnahme von dem regelmäßigen Grunde des Erbrechts macht (§. 4), ist kein allgemeiner Titel zur Erbfolge. Bei der Intestaterbfolge verschwindet es, weil es von derselben absorbirt wird, und bei der Testamentserbfolge wirkt es nur als Modifikation des letzten Willens zu Gunsten der berechtigten Personen, ohne denselben ganz auszuschließen.

§. 13.

2. Verhältnisse zu einander.

In dem Punkte betreffend die Verhältnisse der verschiedenen Titel zu einander findet sich zwischen dem römischen und dem preußischen Rechte keine Aehnlichkeit; hier trifft man durchgehends auf diametrale Gegensätze. Das römische Civilrecht hatte die beiden entsprechenden Fundamentalsätze: das gesetzliche Pflichterbrecht des filius suus praeteritus ist gegen die Testamentserbfolge ausschließend, und: die Testamentserbfolge ist gegen die Intestaterbfolge ausschließend. Diesen beiden Abstufungen folgt auch das prätorische Erbrecht, das Recht der bonorum possessio, indem der Prätor drei Klassen der B. P. machte: die contra tabulas, welche er dem präterirten suus und dem Emanzipirten, der ohne Emanzipation suus sein würde; die secundum tabulas, welche er dem Testamentserben, und die ab intestato, welche er dem Intestaterben gab. Jede von ihnen galt gegen die folgende ausschließlich, niemals konnte die eine mit der anderen zum Theil konkurriren[1]), etwa in der Weise, daß die Testamentssuccession und Intestatsuccession in dieselbe Erbschaft, jede zu einem gewissen Theil, gleichzeitig nebeneinander stattfand[2]). Nach preu-

3) Oestr. G.B. §§. 602, 1249—1254.

4) I. 12, §§. 617, 631; I, 9, §. 367; II, 1, §§. 438, 481.

1) L. 3, §. 11; L. 10, §. 6 D. de B. P. contra tabulas (XXXVII, 4); L. 4, §. 3, L. 5 D. eodem; L. 84 D. de acquir. vel omitt. hered. (XXIX, 2); — L. 1 pr. §. 2, L. 3 D. si tabulae testamenti nullae exstabunt (XXXVIII, 6).

2) §. 5 Inst. de hered. instituendi (II, 14); L. 7 D. de regul. jur. (L, 17).

ßischem Rechte gilt das Gegentheil: alle drei Titel des Erbrechts, nämlich der Erbvertrag, das Testament und das Gesetz können insoweit, als der vorhergehende Titel die Erbschaft unerschöpft läßt, nebeneinander bestehen, so daß dem einen Erben ein Verhältnißantheil aus dem Erbvertrage, dem Anderen aus dem Testamente, und einem Dritten aus dem Gesetze gebührt. Dies ist eine richtige Konsequenz des letzten Grundes des preußischen Erbrechts [3]). Enthält der ausdrücklich erklärte Wille des Erblassers eine Einsetzung eines oder mehrerer Erben auf das Ganze, so schließt der Erbvertrag die testamentarische, und das Testament die Intestaterbfolge gänzlich aus [4]), unbeschadet jedoch des Pflichttheils, welcher etwanigen nothwendigen Erben, die gar nicht oder nicht genügend berücksichtigt wurden, gebührt; diese konkurriren also gegen den ausdrücklich ausgesprochenen Willen des Erblassers mit den berufenen Erben. — Noch eine andere erhebliche Abweichung des preußischen Rechts von dem römischen findet sich hier. Ist der nächste Intestaterbe in einem Testamente als Alleinerbe berufen, so steht ihm nach römischem Rechte die Wahl des Titels, auf welchen er antreten will, frei, er kann also die testamentarische Erbschaft ausschlagen und die Erbschaft ab intestato antreten [5]), nur muß er zuvor die Erbschaft aus dem Testamente ablehnen, ehe die Antretung ab intestato rechtlich möglich ist [6]); schlägt er zuerst die Erbschaft als gesetzlicher Erbe aus, obwohl er weiß, daß er auch testamentarisch berufen sei, so wird angenommen, er habe die Berufung aus beiden Titeln abgelehnt [7]). Der Testamentserbe war hiernach in der Lage, die ihm zugedachte aber belastete Erbschaft frei von den Belastungen als gesetzlicher Erbe an sich zu bringen, da das Testament destituirt war und dadurch auch die Vermächtnisse wegfielen. Diesem Benehmen trat später der Prätor auf den Fall, wenn die Erbschaft aus dem Testamente in der arglistigen Absicht aufgegeben wurde, um die Erbschaft frei von Belastungen ab intestato zu erwerben und der Erbe die Erbschaft, wenn auch nur zum Theil, ab intestato wirklich in Besitz genommen hatte, mit einem eigenen Edikt entgegen, wodurch er den Legataren die actio utilis ex testamento oder utilis actio legatorum auf Leistung

---

3) Oben, §. 3. Ebenso das östr. bürg. G.B. §. 534.

4) A. L.R. I, 9, §. 367; I, 12, §. 627; II, 1, §§. 438, 481, 495.

5) L. 17, §. 1, L. 77 D. de acquir. vel omitt. heredit. (XXIX, 2); L. 91 D. de regul. juris (L, 17).

6) L. 39 D. de acquir. vel omitt. hereditate.

7) L. 17, §. 1 D. eodem.

der Vermächtnisse gegen den Erben und dessen Nachfolger im Besitze gab [8]). — Das Landrecht behandelt den Fall anders. Wer eine ihm durch Erbvertrag oder Testament angetragene Erbschaft ablehnt, kann dieselbe nicht als Intestaterbe annehmen, vielmehr ist sie dem Nächsten nach ihm angefallen [9]), wobei sich versteht, daß das destituirte Testament als Kodizill durch stillschweigende Kodizillarklausel [10]) bei Kräften bleibt und in Ansehung der Vermächtnisse und sonstigen Nebenverordnungen, die nicht bloß an die Person des eingesetzten Erben gebunden sind, von dem Intestaterben erfüllt werden muß [11]). Daß die Repudiation auf beide Erbschaften bezogen wird, ist konsequent, weil beide auf gleichem Grunde ruhen, nämlich auf dem Willen des Erblassers, und dieser Wille eben verschmäht worden ist; aber zur Sicherung der Anordnung des letzten Willens des Erblassers in Ansehung der Vermächtnisse ꝛc. war es nicht nothwendig, den Repudianten von der Intestaterbfolge auszuschließen, da das Testament vermöge der stillschweigenden Kodizillarklausel als Kodizill bestehen bleibt und ohne die Bedingungen des Dolus und des Besitzes, von welchen jenes prätorische Edikt die Entrichtung der Vermächtnisse ꝛc. abhängig macht, erfüllt werden muß. Kann der testamentarisch Berufene noch aus einem besonderen, von dem Willen des Erblassers unabhängigen Grunde Anspruch an die Verlassenschaft machen, so geht ihm dieser durch die Repudiation der ihm durch diesen Willen angetragenen Erbschaft nicht verloren [12]). Daher kann der Pflichttheilsberechtigte seinen Pflichttheil oder dessen Ergänzung auch nach jener Erbschaftsentsagung fordern [13]); ebenso wird die Nachfolge in Lehen, Fideikommisse oder andere Vermögensstücke, welche nach Verträgen oder Gesetzen, ohne Rücksicht auf die Eigenschaft eines Erben zukommen, durch die Repudiation nicht berührt [14]). Auch ist verordnet, daß, wer einer durch Testament ihm angetragenen Erbschaft entsagt, dadurch noch nicht sein durch einen Vertrag erworbenes Erbrecht verliert [15]). Dies ist, auch was den einseitigen Erbeinsetzungsvertrag betrifft, keine Inkonsequenz, obwohl der Grund dieser Erbeseinsetzung wesentlich ganz derselbe wie bei der Testaments-

8) L. 1 pr. D. si quis omissa causa testamenti (XXIX, 4).
9) A. L.R. I, 9, §§. 401, 406; I, 12, §§. 641, 642.
10) S. Suarez, Revisionsbemerkk., in den Jahrb. Bd. XLI, S. 80.
11) A. L.R. I, 12, §§. 279, 280.
12) Ebend. I, 9, §. 403.
13) Ebend. §. 402; I, 12, §. 642; II, 1, §. 498.
14) Ebend. I, 9, §. 404.
15) Ebend. §. 405.

und Intestaterbfolge, nämlich der freie Wille des Erblassers ist. Denn die vertragsmäßige Erbfolge geht der testamentarischen vor und ist unabänderlich. Könnte der künftige Erblasser später ein Testament errichten, worin er den Vertragserben zur Erbschaft riefe, so würde er diese auch durch Vermächtnisse rc. belasten und somit den Vertrag einseitig abändern können. Daher kann der Vertragserbe durch Zurückweisung des ihm ungünstigen Testaments nichts verlieren. — In einem anderen Punkte habe ich hier meine frühere Meinung zu berichtigen. Der §. 403, I, 9 enthält den schon erwähnten Grundsatz (Text zu Note 12) mit diesen Worten: „Die Entsagung einer Erbschaft begreift die Begebung solcher Forderungen, welche den Erben an den Nachlaß aus einem andern Grunde zukommen, nicht unter sich." Zu dem Worte „andern" habe ich im A. L.R. angemerkt: „Z. B. aus einem Vermächtnisse (Prälegate). Der ausscheidende Testamentserbe muß von dem an seine Stelle tretenden Erben (Miterben) das ihm ausgesetzte Legat erhalten." Dies halte ich jetzt, nach neuer Prüfung, für irrig, der Grund, auf welchem das Vermächtniß ruhet, ist kein „anderer", es ist ebenderselbe, vermöge dessen ihm die Erbschaft angetragen wird, nämlich der eine und nämliche Wille des Erblassers. Auch nach der Meinung mehrerer römischer Klassiker sollte in dem gesetzten Falle nach der Zurückweisung der Erbschaft das Legat nicht können gefordert werden; eine andere Meinung fand dies jedoch sehr hart und diese Meinung ist in den Pandekten gebilligt [16]). Hieraus kann jedoch für das preußische Recht nichts gefolgert werden, weil dasselbe eine andere Folge an die Ausschlagung der durch Testament angetragenen Erbschaft knüpft. Nach römischem Rechte bleibt, wie wir vorhin gesehen haben, die Intestaterbfolge von der Repudiation unberührt, nach dem Landrechte aber gilt auch diese für ausgeschlagen; nur was aus einem „anderen" Grunde als dem zurückgewiesenen letzten Willen des Erblassers gebührt, geht durch die Erbschaftsentsagung nicht verloren, und der Voraus ist in diesem Sinne ein Theil der ausgeschlagenen Erbschaft. — Zuletzt ist noch einer Uebereinstimmung des Landrechts mit dem Gemeinen Rechte in Betreff der Konkurrenz mehrerer Erbfolgetitel zu gedenken. Diese Konkurrenz ist keine Kumulation, vielmehr wirken die zusammentreffenden verschiedenen Titel immer alternativ, so daß Niemand aus zwei verschiedenen Anfallsgründen zugleich Erbe sein kann. Hat z. B. ein Pflichttheilsberechtigter die ihm

16) L. 87, 88 D. de legatis (XXX).

testamentarisch angetragene Erbschaft ohne Vorbehalt angenommen, so kann er nicht mehr auf seine Pflichttheilsberechtigung zurückgreifen[17]). Nur die bloße Annahme eines Legats wird als eine Abschlagszahlung auf den Pflichttheil angesehen[18]).

III. Von der unmittelbaren (direkten) Erbfolge.

§. 14.

Einleitung.

Die direkte Erbfolge kann durch ausdrückliche Willenserklärung angeordnet werden, sowohl in Vertragsform als auch durch einseitige Anordnungen, und tritt immer ein, wenn es an einer solchen Verordnung fehlt, d. h. die Intestaterbfolge ist immer eine direkte. In der nun folgenden Darstellung von den verschiedenen Titeln der direkten Erbfolge wird zuerst von den ausdrücklichen Willenserklärungen gehandelt werden, weil diese die stillschweigende (die Intestaterbfolge), insoweit sie den Gegenstand erschöpfen, ausschließen. Aus diesem Grunde müßte eigentlich auch die Lehre von den Erbverträgen dem Kapitel von den Testamenten vorangestellt werden. Es erscheint jedoch als zweckmäßig, die umgekehrte Folge eintreten zu lassen, weil das jüngere Institut, der Erbvertrag, die Kenntnisse des älteren voraussetzt. Deshalb wird von Testamenten im ersten Abschnitte, von Erbverträgen im zweiten, und von der Intestaterbfolge im dritten Abschnitte gehandelt werden.

Erster Abschnitt.

Von Testamenten.

§. 15.

I. Begriff vom Testamente.

Testament (testamentum) heißt im römischen Rechte eine in der vorgeschriebenen Form gefaßte ausdrückliche letzte Willenserklärung, durch welche eine direkte Erbfolge in die Verlassenschaft des Er-

---

17) A. L.R. I, 12, §§. 611, 612. Vergl. Pr. des Obertr. 1253, vom 5. Januar 1843 (Entsch. Bd. VIII, S. 313) und Erk. dess. vom 3. Juni 1848 (Entsch. Bd. XVI, S. 307).

18) A. L.R. II, 2, §. 439. Vergl. Erk. des Obertr. vom 3. Juni 1848 (Entsch. Bd. XVI, S. 315); Erk. v. 1. Juli 1859 (Arch. f. Rechtsf. Bd. XXXIV, S. 125); vom 8. März 1858 (Entsch. Bd. XXXVIII, S. 212). Das Gleiche gilt gemeinrechtlich nach L. 35, §. 2 C de inoff. testamenti (III, 28).

klärenden angeordnet wurde [1]), so genannt, weil es als ein Zeugniß des Willens aufgefaßt wurde [2]); es wird aber auch die über dieses Zeugniß errichtete Urkunde testamentum genannt [3]). Im Gegensatze von dieser Art einseitiger letzter Willenserklärung hat das römische Recht eine formlose Art derselben von jüngerem Ursprunge [4]), in welcher ohne Beobachtung der Testamentsform, deshalb aber auch nur solche andere Verfügungen als die Einsetzung oder Ausschließung eines direkten Erben getroffen werden konnten, welche eine direkte Erbfolge zur Grundlage hatten [5]). Diese Art nannte man, nach ihrer Briefform, immer in der Mehrheit codicilli [6]); wofür im Deutschen der Ausdruck, bekanntlich nur in der Einheit, Kodizill gebräuchlich ist. — Das Landrecht hat diese Eintheilung der einseitigen letztwilligen Verordnungen und auch die verschiedenen Benennungen dafür beibehalten. „Jede einseitige Willenserklärung, wodurch Jemand zum Erben einer Verlassenschaft berufen wird, heißt ein Testament; einseitige Willenserklärungen, durch welche Jemand nur über einzelne und bestimmte Stücke ꝛc. auf den Todesfall verordnet, führen den Namen der Kodizille [7]).“ Diese Unterscheidung ist jedoch bedeutungslos, denn es findet sich zwischen beiden Arten kein praktischer Unterschied. Das römische Kodizill ist eine formlose, an den direkten, gleichviel ob Testaments- oder Intestat-Erben gerichtete Anordnung, vermöge welcher es dem Erblasser möglich war, an Orten, wo es ihm nicht möglich war, die für Testamente vorgeschriebenen Förmlichkeiten zu beobachten, letztwillige Verfügungen zu treffen, nur mit alleiniger Ausnahme der direkten Erbeseinsetzung oder der Enterbung, denn diese beiden Bestimmungen konnten nur in der absolut vorgeschriebenen Form des Spezialgesetzes, Testament genannt, zur rechtlichen Existenz kommen. Dadurch war dem im Auslande befindlichen Erblasser die rechtliche Möglichkeit nicht entzogen, dennoch die Erbschaft

1) L. 1 D. qui testamenta facere (XXVIII, 1); Ulpiani Fragm. XX, §. 1.

2) Pr. Inst. de testam. ordinandis (II, 10): „Testamentum ex eo appellatur, quod testatio mentis est.“ Vergl. Gellius, Noct. Attic., L. VI, c. 12.

3) Tit. D. testamenta quemadmodum aperiantur (XXIX, 3); L. 2 D. de lege Corn. de falsis (XLVIII, 10); L. 16, 17 C. eodem (IX, 22).

4) Diese formlose Art soll angenommen worden sein, um es möglich zu machen, auch auf Reisen im Auslande letztwillig zu verfügen. Pr. Inst. de codicillis (II, 25).

5) §. 2 Inst. de codicillis (II, 25): „Directo hereditas codicillis neque dari, neque adimi potest.“

6) L. 148 D. de verb. signif. (L, 16): „— semper plurativo numero profertur: sicut — et codicilli.“

7) I, 12, §§. 3 u. 4.

per universitatem einem anderen als seinem indirekten Erben zuzuwenden, nämlich per indirectum, indem er seinem direkten Erben durch ein Kodizill ein Universal-Fideikommiß auflegte. Damit war für das Rechtsbedürfniß auch im Auslande ausreichend gesorgt. Das landrechtliche Kodizill ist etwas anderes. Zwischen ihm und dem sogenannten Testamente ist in Ansehung der Form im Allgemeinen gar kein Unterschied [8]), es ist auch gleichviel, wie der Erblasser eine in dieser Form errichtete Verordnung genannt hat, denn eine von ihm Kodizill genannte Anordnung, worin er die in einem früheren Testamente enthaltene Erbeinsetzung abändert, gilt als ein neues Testament [9]), und umgekehrt ein feierlich errichtetes sogenanntes Testament, welches keine Erben per universitatem beruft, ist im Sinne des Landrechts ein Kodizill, neben welchem die Intestaterbfolge eröffnet ist [10]). Der Code civil hat diese Inkonsequenz vermieden. Er nennt jeden Akt, worin Jemand für eine Zeit, da er selbst nicht mehr sein wird, über sein ganzes Vermögen, oder einen Theil desselben, oder über einzelne Erbstücke verordnet, ein Testament und unterwirft solchen letzten Willen in allen diesen Fällen denselben Förmlichkeiten und Bedingungen [11]).

§. 16.

II. Subjekt des Testaments.

Bei Errichtung eines Testaments kommt als Subjekt der Testirer und der Honorirte in Betracht. Hauptsubjekt ist jedoch, da das Testament eine einseitige Willenserklärung ist, der Testirer, nach seiner Person wird daher Alles beurtheilt, was sich auf die Willenshandlung bezieht. Nicht Jeder ist fähig, ein Testament zu errichten und nicht Jeder ist fähig, aus einem Testamente zu erwerben. Die Römer nennen beides testamenti factio von testamentum facere [1]), die Neuern nennen die Fähigkeit, ein Testament zu errichten, testamenti factio activa, und die Fähigkeit, darin bedacht zu werden, testamenti factio passiva. Die Testamentifaktion ist juris publici [2])

---

8) Ebend. §§. 66 ff.

9) Vergl. das Erk. des Obertr. v. 21. Juni 1844 (Entsch. Bd. X, S. 125).

10) Das östr. bürg. Gesetzbuch verfällt gleichfalls dieser Inkonsequenz, indem es §. 553 verordnet: „Wird in einer letzten Anordnung ein Erbe eingesetzt, so heißt sie ein Testament; enthält sie aber nur andere Verfügungen, so heißt sie Kodizill", aber doch für beide Arten die gleichen Formen vorschreibt. §§. 577 ff.

11) Code civil, Art. 895.

1) §. 4 Inst. de herede qualit. et different. (II, 19); L. 4, L. 16 pr. D. qui testamentum facere poss. (XXVIII, 1).

2) L. 3 D. eodem.

und daher von jeder Privatwillkür unabhängig, ebenso wie die vorgeschriebene Form [3]); sie ist von der Person desjenigen, dem sie zusteht, untrennbar, folglich auf keinen Andern übertragbar; man kann sich derselben auch nicht begeben. Hierin hat das Landrecht nur das geändert, daß Erbverträge ein gültiger allgemeiner Erbfolgetitel sind und die vertragsmäßige Erbfolge die testamentarische, soweit sie kollidiren, ausschließt. Soweit also Jemand durch einen förmlichen Erbvertrag verfügt, begiebt er sich des Rechts, testamentarisch zu verordnen [4]). Durch einen bloßen Entsagungsvertrag kann man sich nicht testamentsunfähig machen [5]).

§. 17.
A. Von der aktiven Testamentifaktion.

I. Im alten römischen Rechte waren nicht allein Fremde [1]), sondern auch ganze Klassen römischer Mitbürger, namentlich die Freigelassenen und die Römerinnen, von der Fähigkeit, ein Testament zu errichten, ausgeschlossen. Erst das Zwölftafelgesetz hob diese Ungleichheit der Staatsangehörigen auf, doch waren auch nachher noch die Römerinnen, durch die vorgeschriebene Form von selbst, an der Theilnahme des Rechts zu testiren gehindert [2]). Im Justinianeischen Rechte ist das staatsrechtliche Erforderniß verschwunden und die Unfähigkeit nur noch aus privatrechtlichen und aus natürlichen Rücksichten aufrecht gehalten. Justinian sagt nicht, wie manche die Regel ausdrücken: Jedermann habe das Recht, ein Testament zu machen, dem es nicht verboten ist; sondern er stellt den Satz an die Spitze: nicht Jedem ist erlaubt, ein Testament zu machen, und läßt dann ein Verzeichniß der Unfähigen folgen. Voran stellt er diejenigen, „qui alieno juri subjecti sunt, welche mit Ausnahme der Soldaten ꝛc. dergestalt unfähig sind, daß sie selbst mit Zustimmung der Eltern nicht zu Recht testiren können [3]). Dies folgt daraus, daß das Recht der

---

3) L. 4 D. eodem; L. 88, §. 17 D. de legatis II (XXXI).

4) A. L.R. I, 12, §. 10.

5) Vergl. Erk. des Obertr. vom 28. September 1860 (Archiv f. Rechtsfälle Bd. XXXVIII, S. 255).

1) In Frankreich ist in der Regel noch jetzt der Fremde ohne Testamentifaktion und, wenn er dort stirbt, dem Heimfallsrechte (droit d'aubaine) unterworfen. Code civil, Art. 11. — Zachariä, Handbuch des franz. Civilrechts, Bd. I, §. 58, S. 38; Bd. IV, §. 553, S. 194.

2) Hugo, Rechtsgeschichte, 11. Aufl. S. 243, 244.

3) Pr. Inst. quibus non est promissum, facere testamentum (II, 12). — Vergl. L. 6 pr. D. qui testam. facere possunt (XXVIII, 1); L. 3, §. 1 C. eodem (VI, 22); L. 8, §. 5 C. de bonis quae liberis (VI, 61).

Testamentifaktion von der Person des Befähigten absolut untrennbar und einem Unbefähigten in keiner Weise mitgetheilt werden kann; der Vater kann also auch den Mangel der Testamentsfähigkeit des in seiner Gewalt befindlichen Sohnes durch seine Auctorität nicht ergänzen. Diese Klasse von Testamentsunfähigen ist im preußischen Rechte nicht mehr vorhanden, dieses hat den Grundsatz: „Soweit Kindern, die noch unter väterlicher Gewalt sind, der Mangel des gesetzmäßigen Alters nicht entgegen steht (III, 1), bedürfen dieselben überhaupt, selbst auch in Ansehung des nicht freien Vermögens, keiner Einwilligung des Vaters [4]).“ Die Fassung ist der Art, daß man glauben könnte, es sei der Privatwillkühr möglich, durch Einwilligung die Testamentsfähigkeit einem Testamentsunfähigen mitzutheilen. Das kann jedoch nicht gemeint sein, das Landrecht kennt keinen Rechtssatz, nach welchem ein an sich Testamentsfähiger zu seiner letztwilligen Verordnung die Einwilligung irgend eines Menschen nöthig hätte [5]), oder wonach ein Unfähiger durch die Auctorität eines Andern fähig gemacht werden könnte.

II. Das Landrecht geht bei den Bestimmungen über die aktive Testamentsfähigkeit von einem anderen Grundsatze aus als das römische Recht, nämlich von dem Satze: „So weit Jemand unter Lebenden über sein Vermögen zu verfügen fähig und berechtigt ist, so weit kann er *in der Regel* auch auf den Todesfall Verfügungen treffen [6]).“ Diese Regel erschöpft den Gegenstand nicht (III). Sie setzt die aktive Testamentifaktion als ganz allgemein zuständig voraus, ohne Unterschied des Geschlechts, der Staatsangehörigkeit, der staatsbürgerlichen (politischen) Rechte und des religiösen Glaubens, und betrifft nur die Personen, welche unter Lebenden verfügungsfähig sind, um die Ausnahmen, wo in concreto einer solchen Person Schranken gesetzt sein können, offen zu halten. Dergleichen besondere Ausnahmen, wo einer völlig verfügungsfähigen Person eine relative Testamentsunfähigkeit entgegentritt, sind folgende:

1. Wer unter seinen Hinterbleibenden Pflichttheilserben hat, ist nicht berechtigt, über seinen ganzen Nachlaß nach Willkühr letztwillig zu verfügen; er muß gegen seinen Willen diesen Personen den ihnen gebührenden Pflichttheil unbedingt und unbelastet hinterlassen, wi-

4) A. L.R. I, 12, §§. 16 u. 18.

5) Das Gegentheil liegt dem §. 19 a. a. O. zum Grunde: „Bei Frauenspersonen ist, auch an Orten, wo sie keine Verträge ohne Geschlechtsvormund schließen können, die Zuziehung eines solchen Kurators bei ihren letzten Willensverordnungen nicht nothwendig.“

6) Ebend. §. 9. Vergl. §. 1.

drigenfalls sein Testament, insoweit dasselbe dieses absolut gebietende Gesetz ohne rechtmäßigen Grund verletzt, aber auch nur insoweit kraftlos ist [7]).

2. Soweit Jemand durch einen förmlichen Erbvertrag über seinen dereinstigen Nachlaß verfügt hat, hat er sich der Testamentifaktion unwiderruflich begeben; eine bloße Entsagung oder ein Verzicht auf die Ausübung des Rechts zu testiren ist ohne rechtliche Wirkung [8]).

3. Personen, welchen das Verbot eines positiven Gesetzes, welches sich nicht auf einen Mangel der natürlichen Fähigkeit zur Willenserklärung bezieht, entgegensteht, können nicht testiren [9]). Hierher gehören nach preußischem Rechte Klostergeistliche (Mönche und Nonnen). Vor Ablegung des Klostergelübdes können sie nach Gemeinem Rechte letztwillig über ihr Vermögen verfügen [10]), und das können sie auch nach preußischem Rechte [11]). Nach abgelegtem Gelübde gilt nach beiden Rechtssystemen ein verschiedenes Recht. Gemeinrechtlich nehmen diese Personen, welche nicht testirt haben, das Vermögen mit in das Kloster hinein, können aber, wenn sie Kinder haben, dasselbe noch immer unter dieselben vertheilen, so jedoch, daß sie selbst sich Kindestheil für das Kloster vorbehalten [12]). Nach preußischem Rechte dagegen werden Mönche und Nonnen nach abgelegtem Klostergelübde in Ansehung aller weltlichen Geschäfte als verstorben angesehen [13]). Das hat jedoch nicht die Bedeutung, daß nun gleich ihr Nachlaß, an welchen das Kloster überhaupt keinen Anspruch hat [14]), in das Vermögen ihrer Testaments- oder Intestaterben überginge; denn das Gelübde kann wieder aufgehoben, das Kloster kann säkularisirt werden und mit dem Eintritte einer solchen Begebenheit leben die bürgerlichen Rechte der betroffenen Klosterpersonen wieder auf [15]), weshalb deren natürlicher Tod abzuwarten ist. Es bedeutet nur, daß diese Personen unfähig sind, „Eigenthum oder andere Rechte zu erwerben, zu besitzen, oder darüber zu verfügen," daß mithin „bei Erb- und

7) Ebend. II, 2, §§. 391, 398, 501, 513; II, 1, §§. 498, 632.

8) Ebend. I, 12, §. 10. Vergl. Erk. des Obertr. vom 28. September 1860 (Arch. f. Rechtsf. Bd. XXXVIII, S. 255).

9) §. 13 a. a. O.

10) Novelle 5, Kap. 5.

11) A. L.R. II, 11, §. 1182.

12) Novelle 5, Kap. 5 u. Novelle 123, Kap. 38.

13) A. L.R. II, 11, §. 1199.

14) §§. 1185, 1187, 1195 a. a. O. — Erk. des Obertr. vom 4. Februar 1861 (Arch. f. Rechtsf. Bd. XL, S. 230).

15) A. L.R. a. a. O. §§. 1206 ff. — K.O. vom 10. April 1806 (N. C.S. Bd. XII, S. 127).

anderen Anfällen diejenigen an ihre Stelle treten, denen ein solcher Anfall zukommen würde, wenn jene gar nicht mehr vorhanden wären [16])," damit das Kloster verhindert werde, die Klosterperson zu repräsentiren und dadurch den Anfall an sich zu bringen [17]). Hiernach ist hinsichtlich der praktischen Behandlung neuer Anfälle kein Zweifel. Was aber das Vermögen, welches die Klosterperson zur Zeit der Ablegung des Gelübdes besitzt, betrifft, so ist es keinesweges klar, wie es damit gehalten werden soll, wenn dasselbe nicht sofort, wenigstens nicht unbedingt und endgültig, deren alsdann vorhandenen Erben zufallen soll, da sie, die Klosterperson selbst, unfähig ist, Eigenthum und andere Rechte zu besitzen. Die Vorfrage ist hierbei allerdings nach dem Zeitpunkte, mit welchem die Erbfolge nach der Klosterperson als eröffnet zu betrachten ist, ob nämlich mit dem Augenblicke nach Ablegung des Gelübdes, oder erst nach deren natürlichem Tode. Die einzige etwa hierher zu ziehende Bestimmung des §. 1199 a. a. O.: „Nach abgelegtem Klostergelübde werden Mönche und Nonnen, in Ansehung aller weltlichen Geschäfte, als verstorben angesehen," entscheidet die Frage nicht; sie sagt nur: die Klosterperson ist unfähig, weltliche Geschäfte zu machen; und der Folgesatz §. 1200: „Sie sind unfähig, Eigenthum oder andere Rechte zu erwerben, zu besitzen, oder darüber zu verfügen," erklärt sie für besitz- und verfügungsunfähig; die Vererbung ihres Vermögens bleibt ganz unberührt. Dagegen weisen mehrere Bestimmungen auf die Zeit des natürlichen Todes hin. Der §. 1194 a. a. O. kennt eine Ausnahme der Besitzunfähigkeit und verordnet über die Vererbung dieses Besitzthums: Die unter den Sachen und Effekten, welche der in das Kloster tretenden Person zu ihrem eigenen Gebrauche mitgegeben werden, befindlichen Juwelen und Kostbarkeiten fallen, nach dem Abgange der Klosterperson, nicht dem Kloster, sondern deren **alsdann vorhandenen nächsten** Erben zu. Es soll also bei Bestimmung des nächsten Erben auf die Zeit des natürlichen Todes des Erblassers gesehen werden. Weiter setzen die §§. 1206 ff. die Zulässigkeit und Möglichkeit der Aufhebung des Gelübdes oder eine Entbindung davon und die Wiederauflebung der bürgerlichen Rechte voraus, und verordnen für den eintretenden Fall keineswegs etwas über das Vermögen, welches die Klosterperson schon hatte und nur ihrem Be-

16) A. L.R. a. a. O. §§. 1200 u. 1201 vergl. mit I, 12, §. 43. — Entsch. der Ges.-Kommission vom 15. Oktober 1784 (Rabe, Samml., Bd. I, Abth. 7, S. 418). Vergl. A. L.R. I, 18, §§. 370—374.

17) Suarez, Revisionsbemerkungen, in den Jahrb. Bd. LII, S. 130.

sitze und ihrer Verfügung entzogen war, sondern über die neuen Anfälle, welche wegen ihrer derzeitigen Erwerbungsunfähigkeit an ihr vorübergehen mußten, Folgendes: §. 1207. „Auch kann er die Herausgabe der während seines Klosterstandes an ihn gekommenen Anfälle von denjenigen, welche dieselben in Ermangelung seiner nach §. 1201 überkommen haben, verlangen." Daß er auch die Herausgabe des eigenen Vermögens von Jemandem verlangen könne, wird nicht gesagt, es steht aber auch nirgend, daß dasselbe an irgend Jemand habe verabfolgt werden dürfen. Das Vorhandensein desselben im früheren Zustande ist mithin vorausgesetzt. Ist dem also, und wird die Erbschaft erst mit dem natürlichen Tode auch eines solchen Erblassers eröffnet, so folgt, daß nach Ablegung des Gelübdes eine vormundschaftliche Verwaltung über das Vermögen der verfügungsunfähig gewordenen Klosterperson in gleicher Weise, wie es über jedes Vermögen, dessen Herr verfügungsunfähig wird, geschehen muß, einzuführen ist.

Nach früherem preußischen Rechte konnte, ebenso wie nach Gemeinem Rechte[18]), die Unfähigkeit zu testiren, als Folge gewisser Strafen eintreten, sie war namentlich allemal eine Folge der Vermögenskonfiskation[19]). Nach neuerem Rechte findet die Entziehung der Testamentifaktion in dieser Weise nicht mehr statt[20]).

4. Das römische Recht erklärte Personen, welche sich gewisser unerlaubter Handlungen schuldig machten, zur Strafe für intestabiles, also für testamentsunfähig. Dahin gehörten verurtheilte Pasquillanten[21]), Apostaten, Ketzer[22]). Die Testamentsunfähigkeit scheint hier nur eine thatsächliche Folge gewesen zu sein; denn so wenig ein intestabilis selbst fähig war, als Solennitätszeuge bei einem Rechtsgeschäft zu dienen[23]), so wenig konnte er für sich selbst Andere zu Testamentszeugen mit rechtlicher Wirkung zuziehen[24]); sein Vorha-

---

18) L. 13, §. 2 D. qui testam. facere possunt (XXVIII, 1); L. 8, §. 4 D. eodem; Novelle 134, Kap. 13; Carolina Art. 218.

19) A. L.R. I, 12, §. 15.

20) Verf.-Urk. vom 31. Januar 1850, Art. 10; Str.-G.-B. §. 19.

21) L. 18, §. 1 D. qui testam. facere poss. (XXVIII, 1): „Si quis ob carmen famosum damnetur, SCto expressum est, ut intestabilis sit; ergo nec testamentum facere poterit." Vergl. L. 26 D. eodem.

22) L. 4, §. 3 C. de haeret. (I, 5); L. 1 C. de apostatis (I, 7).

23) L. 18, §. 1 i. f. D. qui test. facere poss. (XXVIII, 1); §. 6 Inst. de testam. ordinandis (II, 10).

24) L. 26 i. f. D. qui testam. facere poss. (XXVIII, 1): „Cum lege quis intestabilis jubetur esse, eo pertinet, ne ejus testimonium recipiatur, et eo amplius — neve ipsi dicatur testimonium."

ben, ein Testament zu machen, mußte daher an der Unmöglichkeit scheitern, tüchtige Testamentszeugen zu finden. — Hieran erinnert nun eine Stelle des Landrechts, der §. 14, Tit. 12, Th. I: „In sofern die Unfähigkeit zu testiren als die Strafe einer gesetzwidrigen Handlung anzusehen ist, erstreckt sich dieselbe auch auf vorher errichtete letztwillige Verordnungen zurück." Das stimmt mit dem römischen Rechte in Betreff der Testamente der Intestabilen überein, indem die Testamentsfähigkeit sowohl zur Zeit der Errichtung des Testaments, als zur Zeit des Todes des Testirers vorhanden sein mußte, mithin das Testament einer Person, welche demnächst als intestabilis starb, ungültig war. Diese Vorschrift des Landrechts ist jedoch gegenstandslos geblieben, denn im preußischen Rechte ist die Entziehung der Testamentsfähigkeit niemals als Strafmittel geradezu angewendet worden. Dagegen ist ein hierher gehöriger Fall der relativen Testamentsunfähigkeit aus dem römischen Rechte herüber gekommen und die Vorschrift darüber findet noch praktische Anwendung. Derjenige nämlich, welcher sich der Eingehung einer blutschänderischen und verbotenen Ehe schuldig machte, sollte weder dem anderen Ehetheil, noch den mit ihm erzielten Kindern, noch auch Fremden (extraneis) etwas letztwillig hinterlassen können, sondern die „testandi facultas" allein zu Gunsten seiner etwanigen Kinder aus einer rechtmäßigen Ehe oder sonstiger Personen, die ihm als Intestaterben rechtmäßig und gesetzlich succediren können und bei der Eingehung jener Ehe nicht mitwirkten, haben [25]). Fremde waren in diese Ausschließung mit begriffen, um zu verhindern, daß jenen Unfähigen durch Vorschiebung eines Dritten irgend etwas hinterlassen würde. Das Landrecht verschärft und dehnt dieses Verbot einerseits aus, andererseits mildert es dasselbe [26]). Verschärft ist es darin, daß Blutschande auch ohne Eheschließung, wenn sie nur gerichtlich festgestellt worden ist, ausgedehnt ist es darin, daß auch Ehebruch, wenn dessenwegen eine Ehe getrennt, oder der Erblasser sonst des Ehebruchs gerichtlich überführt worden ist [27]), testamentsunfähig machen; eingeschränkt und gemildert ist es darin, daß diese Testamentsunfähigkeit 1) überhaupt nicht über die Person der beiden Uebelthäter hinausgeht, indem nur sie einander durch letztwillige Verordnungen nichts, folglich z. B. auch

25) L. 6 C. de incestis et inutilibus nuptiis (V, 5).

26) A. L.R. I, 12, §. 35.

27) Dieser zweite Fall kann nicht vorkommen, weil außerdem, daß Ehescheidung eintritt, der Ehebrecher nicht zum gerichtlichen Ueberführtwerden kommen kann. Str.-G.-B. §. 140.

kein legatum debiti[28]), hinterlassen können, so daß mithin nicht allein die aus deren verbotenem Umgang entsprossenen Kinder[29]), sondern auch Fremde willkührlich von ihnen honorirt werden können; 2) daß die als Folge des Ehebruchs eintretende relative Intestabilität durch die nach vorgängiger Dispensation zwischen den ehebrecherischen Personen geschlossene Heirath wieder gehoben wird[30]).

III. Die nun behandelte Regel mit ihren Ausnahmen (II) bezieht sich, wie gesagt, auf Verfügungsfähige, d. h. auf solche Personen, welche unter Lebenden über ihr Vermögen selbstständig zu verfügen fähig sind. Damit sind Personen, welche zwar unter Lebenden nicht selbstständig verfügen können, doch aber an sich handlungsfähig sind, d. h. denken und wollen können, von der Befugniß, von Todes wegen über ihr Vermögen zu verfügen, also von der Testamentsfähigkeit noch nicht ausgeschlossen; vielmehr ist jene Regel (II) dahin zu ergänzen: andere handlungsfähige Personen können gleichwohl auf den Todesfall verfügen, soweit ihnen kein Hinderniß entgegensteht. Ein solches Hinderniß kann in einem natürlichen Mangel, welcher eine Person unfähig macht, ihren Willen zu erklären, als unreifes Alter, Vernunftlosigkeit, körperliche Gebrechen, oder in dem Verbot eines positiven Gesetzes, namentlich in der Interdiktion, bestehen[31]). Diese Hindernisse sind nun einzeln zu betrachten.

1. Unreifes Alter. Der neugeborene Mensch ermangelt des Vernunftgebrauchs. Sehr allmählich entwickelt sich die Fähigkeit zu denken und mit Bewußtsein zu wollen. Für die Vollständigkeit der Entwicklung giebt es kein allgemeines Erkennungszeichen, wegen der ungleichen Entwicklung verschiedener Menschen, und wegen Mangels äußerer Merkmale. Für die Rechtsanwendung würden nun zwei Wege offen sein, die vollendete Entwickelung der Willensfähigkeit festzustellen, nämlich entweder die Expertise in jedem zweifelhaften Falle, oder eine auf der Erfahrung beruhende durchschnittliche Regel. Diesen Weg ist das römische Recht gegangen. Dieses nimmt

28) Erk. des Obertr. vom 30. Mai 1851 (Arch. f. Rechtsf. Bd. II, S. 153).

29) Vergl. das in den folg. Instanzen bestätigte Erk. des ostpreuß. Hofgerichts zu Insterburg, vom 5. April 1796 (Stengel, Beiträge, Bd. X, S. 31), wo ausgeführt ist, daß die poena incestus quoad testamentifactionem tam activam, quam passivam, dahin gemildert worden: daß nur diejenigen, welche mit einander incestum getrieben, sich nichts im Testamente sollen hinterlassen können; daß mithin nach diesem neuen Gesetze liberi incestuosi fähig, ihren Vater zu beerben.

30) V. vom 28. Februar 1811 (G.S. S. 156).

31) A. L.R. I, 12, §§. 12, 13.

an, mit der Geschlechtsreife sei zugleich auch der volle Vernunftgebrauch wirklich vorhanden und der Mensch völlig handlungsfähig [32]). Die Frage nach dem Vorhandensein ist zwar auch thatsächlicher Natur, und es fehlte nicht an Vertretern der Meinung, daß diese Thatsache in jedem konkreten Falle durch Besichtigung festgestellt werden müsse [33]). Doch fand schließlich die Meinung der Prokulianer gesetzliche Anerkennung, daß ohne Rücksicht auf individuelle Reife in allen Fällen eine Mannsperson nach vollendetem vierzehnten, und eine Frauensperson nach vollendetem zwölften Jahre für mündig und damit für testamentsfähig gehalten werden solle [34]). Dieser Grundsatz ist, obgleich er für das hiesige Klima nicht paßt [35]), in das Landrecht aufgenommen, nur mit der unerheblichen Veränderung, daß das für Mannspersonen bestimmte Alter für beide Geschlechter gelten soll. Es heißt: „Minderjährige, ohne Unterschied des Geschlechts, welche das vierzehnte Jahr zurückgelegt haben, können letztwillige Verordnungen gültig errichten, ohne daß dazu die väterliche oder vormundschaftliche Einwilligung erfordert wird [36])." Die Entbehrlichkeit der väterlichen wie der vormundschaftlichen Einwilligung ist nach der Natur der Testamentifaktion, die, wenn sie fehlt, nicht durch die auctoritas irgend eines Andern ertheilt werden kann, und wenn sie vorhanden ist, keiner Bekräftigung von Seiten eines Anderen bedarf, sowie nach der Natur eines letzten Willens, der des Testators ureigener, selbstständiger sein muß und von Niemand beeinflußt oder bestätigt werden kann, eine sich ganz von selbst verstehende Sache, wovon in der Justinianschen Rechtssammlung nirgend Rede ist. Eine Bedeutung ist dieser Vorsorge nicht beizulegen, und Veranlassung dazu mag die Glosse [37]) oder der Grundsatz des vorjustinianeischen Rechts gegeben haben, daß Frauenspersonen, welche unter Tutel standen, zum Testiren der tu-

---

32) v. Savigny, System, Bd. III, S. 24.

33) Doch nur bei Mannspersonen wollten dies die Kassianer. Ulpian., Fragm. XI, §. 28.

34) L. 3 C. quando tutores vel curat. esse desinunt (V, 60). Pr. Inst. quib. mod. tut. finit. (I, 22). — L. 5 D. qui testam. facere possunt (XXVIII, 1); L. 4 C. eodem (VI, 22).

35) Deshalb hat das östr. bürgerl. G.B. §. 569 das vollendete 18te Jahr als Mündigkeitstermin festgestellt.

36) A. L.R. I, 12, §. 16.

37) Nur die Glosse zu L. 4 C. qui testam. facere (VI, 22) merkt an: „Non potuit, nec etiam cum tutore, quia tutor datur ut vivo, non ut ei mortuo consulat. Tu dic, quod imo propterea, quia ultima voluntas non debet pendere ex alieno arbitrio."

toris auctoritas bedurften [38]). Dies konnte sich jedoch nur auf die äußeren solennen Förmlichkeiten beziehen. — Ueber den Zeitpunkt, mit welchem die Testamentsmündigkeit begann, findet sich unter den gemeinrechtlichen Juristen keine Uebereinstimmung: die hierüber in den Pandekten vorhandene Stelle von Ulpian [39]) lautet: „A qua aetate testamentum vel masculi, vel feminae facere possint, videamus. Verius est, in masculis quidem quartum decimum annum spectandum, in feminis vero duodecimum completum. Utrum autem excessisse debeat quis quartum decimum annum, ut testamentum facere possit, an sufficiat complesse? Propone aliquem Kalendis Januariis natum, testamentum ipso natali suo fecisse quartodecimo anno: an valeat testamentum? Dico valere. Plus arbitror, etiam si pridie Kalendarum fecerit post sextam horam noctis, valere testamentum: jam enim complesse videtur annum quartum decimum, ut Marciano videtur.“ Einige sagen: pridie Kalendarum Januarii post sextam horam noctis sei der Anfang des 31. Dezembers, also die abgelaufene sechste Mitternachtsstunde vom 30. Dezember, nach unserer Zeiteintheilung der erste Zeitmoment nach 12 Uhr in der Nacht vom 30. zum 31. Dezember, „nam ultimus dies coeptus habetur pro completo [40]).“ Andere führen aus, der ultimus dies sei nicht der 31. Dezember, sondern der 1. Januar, dieser werde angefangen schon für vollendet gehalten. Pridie heiße immer der letzte Monatstag, pridie Kalendarum Januarii sei also der 31. Dezember und post sextam horam noctis davon sei der so eben angefangene 1. Januar, also der neue Geburtstag, mit dessen Beginn die Testamentsmündigkeit eingetreten sei [41]). — Das Landrecht hat keine Spezialbestimmung für den Beginn der Testamentsmündigkeit, es hat aber das allgemeine Prinzip über die civile Zeitberechnung aus dem römischen Rechte, welches mit der besprochenen Spezialbestimmung zusammenfällt, aufgenommen. Dieses ist, daß, wenn durch den Ablauf des Zeitraums ein Recht erworben werden soll, wie bei der Usukapion, der Testamentifaktion, der Manumission, alsdann die vorhergehende Mitter-

38) Ulpian., Fragm. XX, §. 15; Gajus, Comment. II, §. 118.

39) L. 5 D. qui testam. facere possunt (XXVIII, 1).

40) L. 15 D. de diversis temporibus (XLIV, 3). — Koch, Belehrungen über Mündigkeit zum Testiren (Gießen 1786), S. 26, 78—96; Glück, Kommentar, Bd. XXXIII, S. 410 ff. u. Bd. II, S. 219; Hagemeister, über die Mündigkeit zum Testiren (in Hugo, civil. Magazin, Bd. III, No. I) u. A.

41) Schultes, über die Mündigkeit zu testiren, Jena 1800; Unterholzner, Verjährungslehre, I, S. 305 ff.; besonders v. Savigny, System, Bd. IV, S. 382 ff.

nacht vor dem letzten Tage als juristischer Endpunkt anzunehmen ist[42]). Dieses Prinzip nimmt der §. 46, I, 3 auf: „Ist die Erwerbung eines Rechtes an einen gewissen Tag gebunden, so wird dasselbe, sobald der Tag angefangen ist, für erworben geachtet." Das Landrecht behandelt aber die Erlangung der Handlungsfähigkeit als Erwerbung eines Rechtes, indem es §. 18, I, 5 feststellt: „Bei Minderjährigen endigt sich die Unfähigkeit, lästige Verträge zu schließen, mit dem Anfange desjenigen Tages, an welchem sie die Volljährigkeit erreichen." Also mit dem Anfange desjenigen Tages, welcher auf den letzten Tag des 24sten Lebensjahres folgt. Die Testamentsmündigkeit ist eine Art der Volljährigkeit bezüglich auf die Testamentserrichtung, also darf an den „lästigen Verträgen" kein Anstoß genommen werden. Von selbst erhellet nun zwar, daß aus diesen Bestimmungen sich nicht entnehmen läßt, welcher Tag denn als der letzte, der angefangen für vollendet angenommen werden soll, angesehen werden soll. Man muß also auch für das preußische Recht sich für eine der beiden vorhin vorgetragenen Meinungen entscheiden. Es ist nicht schwer, die zweite für die richtige zu erkennen; es ist durch eine einfache Rechnung zu beweisen. Wäre Jemand z. B. am 1. Januar Mittags 12 Uhr geboren, so ist doch klar, daß 14 Jahre seines Lebens erst am 1. Januar des angefangenen 15. Jahres um 12 Uhr Mittags vollendet sind. Das wäre die mathematische Zeitrechnung. Nun soll aber nach der civilen Zeitrechnung, bei welcher nicht wie bei der mathematischen, a momento ad momentum, sondern a die ad diem gerechnet wird, nur auf den Tag als einen ungetheilten Zeitmoment gesehen werden; wird dieser erreicht, so ist der Zeitraum erfüllt. Es kommt mithin, nach der civilen Zeitrechnung, nicht darauf, daß an dem entsprechenden 1. Januar auch noch die 12te Mittagsstunde, sondern nur darauf, daß der Anfang des 1. Januar erreicht sei, an. Denn der angefangene Tag wird für vollendet genommen, d. h. es kommt auf die Stunde und Minute, mit welcher der Zeitraum bei mathematischer Berechnung erfüllt sein würde, nicht an.

2. Vernunftlosigkeit. Die Vernunftlosigkeit, d. i. der Geisteszustand eines Menschen, in welchem der Vernunftgebrauch ruhet, ist ein natürliches Hinderniß für freie Handlungen. Die Beurtheilung ist hier zum Theil schwierig, denn zwischen den beiden Grenzen der bloßen Geistesschwäche oder Stumpfsinnigkeit und dem höchsten Grade der Sinnlosigkeit, wie sie durch Ausbrüche von Wuth und

---

42) v. Savigny, System, Bd. IV. S. 351, 375, 387, 404, 410 ff.

Raserei in die äußere Erscheinung tritt, liegen viele Abstufungen eines geisteskranken Zustandes, deren Grenzen oft zweifelhaft und schwer zu bestimmen sind. Das Gemeine Recht kennt zur Beseitigung dieser Schwierigkeit keine positiv durchgreifenden Regeln, wie bei dem Alter, sondern überläßt diese Beseitigung dem Gebiete des Thatsächlichen und kommt nur darin zu Hülfe, daß es die verschiedenen Zustände der Vernunftlosigkeit, ohne Rücksicht auf die Benennung derselben[43]), juristisch gleichbehandelt[44]). — Das preußische Recht weicht hiervon wesentlich ab. Der Gattungsbegriff der Geisteskranken wird mit „Personen, welche des Gebrauchs ihrer Vernunft beraubt sind", bezeichnet[45]), welches dem „mente captus" der Römer zu entsprechen scheint, und als Arten werden Rasende, Wahnsinnige und Blödsinnige genannt[46]). Rasende und Wahnsinnige sind gleichgestellt, Blödsinnige werden anders beurtheilt, doch nur bei Rechtshandlungen und Lebenden[47]); bei letztwilligen Verordnungen dagegen werden alle Geistesgestörte ohne Unterschied der verschiedenen Benennungen der gleichen Beurtheilung unterworfen. Die wesentliche Abweichung des preußischen Rechts besteht nun darin, daß das Landrecht hier durch eine positive Regel, ähnlich wie bei dem Lebensalter, durchgreift, in der Weise, daß, sobald die Geisteskranken unter Vormundschaft gestellt sind, sie während der Dauer dieses Zustandes eigentlich zu den Interdizirten gehören, denn der Grundsatz lautet:

> „Personen, die wegen Wahn- oder Blödsinns unter Vormundschaft genommen worden, sind, so lange die Vormundschaft dauert, letztwillige Verordnungen zu errichten, unfähig[48])."

Es kommt also im Falle auf die thatsächliche Wahrheit gar nichts an; wer wegen Geisteskrankheit unter Vormundschaft gestellt ist, dem ist die Testamentifaktion schlechthin untersagt, mag er noch so lange lichte Zwischenräume haben. Diese Rechtsänderung ist mit Ueberlegung beabsichtigt. Der ungedruckte Entwurf enthielt nur den römi-

43) Es kommen die zwei Ausdrücke furiosus und demens, aber nicht immer in der gleichen Bedeutung, zur Bezeichnung der Vernunftlosen, bald als gleichbedeutend (L. 7, §. 1 D. de cur. fur., XXVII, 10; L. 14 D. de off. praes., I, 18), bald als besondere Benennung für Tobsüchtige, beziehungsweise für stille Wahnsinnige (L. 25 C. de nuptiis, V, 4; L. 8, §. 1 D. de tut. et cur., XXVI, 5) vor. Der Ausdruck mente captus scheint eine allgemeine Bezeichnung für einen Geisteszerrütteten überhaupt gewesen zu sein. L. 25 C. de nuptiis (V, 4); L. 17 D. qui testam. facere possunt (XXVIII, 1).

44) L. 25 C. de nuptiis (V, 4).

45) I, 1, §. 27; I, 12, §. 20.

46) I, 1, §§. 27 u. 28; II, 18, §§. 12, 815.

47) Ebenda §. 29; I, 5, §§. 23 u. 26.

48) I, 12, §. 21.

schen Rechtssatz: „Personen, die nur zuweilen ihres Verstandes beraubt werden, können in lichten Zwischenräumen gültig testiren [49].“ Damit war Suarez nicht einverstanden. Er wollte, daß es bei Testamenten nach den allgemeinen Grundsätzen, nach welchen die Dispositionen solcher Personen ungültig seien, ohne Rücksicht ob sie in dilucido intervallo gemacht worden, oder nicht, gehalten werden solle; und er meinte, daß der Geisteszustand bloß darnach beurtheilt werden müsse, ob die Person unter Kuratel genommen sei, oder nicht [50]. In Folge dessen wurde jener Satz aufgenommen. Nur in Beziehung auf solche Testamente, welche vor der Bevormundung des Testirers errichtet worden sind, ist jener römische Rechtssatz beibehalten [51]. Bei diesen Testamenten kommt es dann gewöhnlich auf die Feststellung des streitigen Gemüthszustandes des Testirers an. Das Landrecht regelt für diesen Fall die Beweislast in folgender Art: Es ist zu unterscheiden zwischen letztwilligen Verordnungen in regelmäßiger gerichtlicher Form, sei es daß sie mündlich zu Protokoll erklärt, oder schriftlich übergeben seien, und außergerichtlichen oder privilegirten Verordnungen. 1) Bei den Verordnungen in gerichtlicher Form ist die Prüfung und Feststellung des Gemüthszustandes des Testirers dem Richter bei der Errichtung zur Pflicht gemacht und er muß das Resultat im Protokolle aufzeichnen [52]. Hierbei gilt nun schon im Allgemeinen die Vermuthung, daß Personen, welche mit Anfällen einer Geisteskrankheit behaftet sind, so lange ihnen noch kein Vormund bestellt ist, ihren Willen bei völliger Verstandeskraft, und nicht während eines Anfalles ihrer Krankheit erklärt haben [53]. Hierzu tritt bei letztwilligen Verordnungen in gerichtlicher Form der auf vorangegangener Prüfung urkundlich niedergelegte Befund des Richters. Daher ist die Anfechtung eines gerichtlichen Testaments einer solchen Person aus dem Grunde, daß der Testator zur Zeit der Errichtung seines letzten Willens wegen Geisteskrankheit nicht handlungsfähig gewesen sei, ausgeschlossen, es sei denn, daß behauptet und natürlich auch bewiesen würde, daß der Richter den Mangel der Geistesfähigkeit gewußt und dennoch pflichtwidrig die

---

49) Entnommen dem §. 1 i. f. Inst. quibus non est permissum (II, 12): „Furiosi autem si per id tempus fecerint testamentum, quo furor eorum intermissus est, jure testati esse videntur.“ Vergl. L. 9 C. qui testam. facere possunt (VI, 22).

50) Bornemann, System, Bd. VI, S. 15, 2. Ausg.

51) A. L.R. I, 12, §. 20.

52) Ebenda §. 20 u. §. 145.

53) Ebenda I, 4, §. 24.

Willenserklärung von dem Willensunfähigen an- oder aufgenommen habe[54]). 2) Bei außergerichtlichen oder in einer privilegirten Form errichteten letztwilligen Verordnungen solcher Personen, welche demnächst wegen Geisteskrankheit unter Vormundschaft gestellt worden sind, muß, wenn solche Verordnung erst innerhalb des letzten Jahres vor der Bevormundung des Testirers errichtet ist, derjenige, welcher daraus einen ihm nicht auch ab intestato zukommenden Vortheil fordert, beweisen, daß der Verfügende damals, als er die letztwillige Verordnung errichtete, seines Verstandes mächtig gewesen sei[55]).

Die für den Fall des Wahnsinns vor der Bevormundung des Geisteskranken gegebene Regel findet auch auf jeden andern gleichartigen Zustand, d. i. auf jeden Zustand eines Menschen, worin ihm der Vernunftgebrauch fehlt, Anwendung, ohne Rücksicht auf die Entstehungsursache. Als solche Zustände bezeichnet man das Fieber-Delirium, das Nachtwandeln, den Somnambulismus, heftige Leidenschaften, namentlich der höchste Grad von Zorn, ein hoher Grad der Berauschung. Wie in diesen Zuständen eine letztwillige Verordnung soll fertig gebracht werden können, ist nicht leicht einzusehen. Nur die Trunkenheit ist zweifelhafter Natur, da in ihrem Zustande eine menschliche Thätigkeit und gleichzeitiger Mangel des Vernunftgebrauchs vorhanden sein kann[56]). Es kommt daher auf den Grad des Rausches, gleichviel durch welche Stoffe er erzeugt worden ist, an. Das Landrecht will nur, und zwar mit Recht, weil der Zustand ein wahnsinniger sein muß, einen solchen Zustand der Trunkenheit berücksichtigen, in welchem man des Gebrauchs der Vernunft beraubt ist[57]). Damit meint das Gesetz einen sinnlosen Zustand. Das Obertribunal sagt dagegen: es folge aus der im §. 30[58]) aus-

---

54) I, 12, §. 22, verb „außergerichtliche"; §. 24. — Pr. des Obertr. 1998, vom 27. März 1848 (Rechtsf. Bd. III, S. 450) u. Erk. vom 18. Januar 1856 (Arch. f. Rechtsf. Bd. XX, S. 61).

55) I, 12, §. 22. Der Vorschlag ging auf alle vor Anordnung der Vormundschaft errichtete außergerichtliche oder privilegirte Dispositionen, wurde jedoch nur mit der Beschränkung auf die innerhalb des letzten Jahres errichteten angenommen. Bornemann a. a. O.

56) c. 7 C. XV, qu. 1 sagt zutreffend: „Nesciunt quod loquantur, qui nimio vino indulgent."

57) I, 4, §. 28: „Personen, welche durch den Trunk des Gebrauches ihrer Vernunft beraubt worden, sind, so lange diese Trunkenheit dauert, den Wahnsinnigen gleich zu achten."

58) „Daß Trunkenheit oder Leidenschaft bis zu einem solchen Grade gestiegen sind, wird nicht vermuthet."

gedrückten Ansicht[59]) des Gesetzgebers nicht, daß der Zustand der Trunkenheit, von welchem der §. 28 handelt ([58]), ein sinnloser gewesen sein müsse[60]). Dann weiß es das Obertribunal besser als der Gesetzgeber, was dieser gemeint. Suarez wollte für Testamente keine Bestimmung über die Anfechtung wegen Trunkenheit aufnehmen, weil der Fall nicht vorkommen könne, „da nach §. 28, Tit. 4 nur ein solcher Grad von Trunkenheit, welcher Jemandem den Gebrauch seiner Vernunft raubt, eine Willenserkärung vitiire; wer aber in einem solchen Grade der Trunkenheit ist, gewiß auch nicht im Stande sein werde, eine testamentarische Disposition, selbst eine privilegirte, zu errichten, und den actum depositionis zu vollziehen; daher sei zu bezweifeln, ob der Fall jemals vorkommen könne[61]).“ — Das Landrecht stellt hiermit den Zwang durch Gewalt und Drohungen, den Irrthum und Betrug zusammen als Ursachen, wodurch der Mensch in einen Zustand versetzt werden könne, in welchem er der freien Willensfähigkeit ermangelte[62]), und verordnet bezüglich auf die Testamentifaktion, daß die Anfechtung gerichtlich an- und aufgenommener Verordnungen aus dem Grunde, daß der Testirer zur Errichtung seines Testaments durch Gewalt und Drohungen gezwungen, oder durch Irrthum, Betrug, in der Trunkenheit, oder in heftigen Leidenschaften verleitet worden, nicht stattfinde, ausgenommen, wenn der Richter um einen solchen Mangel bei der Willenserklärung des Testators gewußt, und dieselbe dennoch von ihm an- und aufgenommen habe[63]). Dies hat der Kläger zur Begründung der Anfechtungsklage, beziehungsweise der Beklagte zur Begründung seines Einwandes zu behaupten und zu beweisen. — Außergerichtliche und privilegirte letztwillige Verordnungen können wegen eines solchen Mangels insoweit und unter denselben Umständen, wie Willenserklärungen unter Lebenden, nach den allgemeinen Grundsätzen von Willenserklärungen überhaupt angefochten werden[64]).

3. Körperliche Gebrechen. Nach älterem römischen Rechte waren Taube oder Stumme, mochten sie mit diesen Gebrechen geboren sein oder erst später Sprache oder Gehör verloren haben, unbedingt

59) Eine auffallende Sprachweise. Das Gesetz äußert keine „Ansicht“, sondern trifft über die Beweislast Bestimmung.

60) Erk. vom 19. September 1862 (Arch. f. Rechtsf. Bd. XLVII, S. 49).

61) Ges.-Revis., Pensum XVI, S. 82.

62) I, 4, §. 29. Ebenso wie die L. 20 D. de aqua (XXXIX, 3) sagt: „nulla enim voluntas errantis est.“

63) I, 12, §§. 23, 24.

64) Ebenda §. 25 u. I, 4, §§. 31 — 51.

testirunfähig [65]), weil sie die Form nicht beobachten konnten [66]). Die taubstumm Geborenen waren es noch aus einem anderen Grunde, nämlich weil man annahm, daß sie des Vernunftgebrauchs entbehrten [67]). Daher ließ Justinian, nachdem jene Form außer Gebrauch gekommen war, es hinsichtlich der taub und stumm Geborenen bei dem alten Rechte bewenden, erklärte aber diejenigen, welche das Gehör und die Sprache durch eine spätere Krankheit verloren hatten, für den Fall, daß sie des Schreibens kundig wären, für testirfähig. Die deutsche Notariatsordnung v. J. 1512 läßt den Unterschied zwischen taub und stumm Geborenen oder erst später Gewordenen fallen und verordnet im §. 4: „Es gehöret zu einem jeden Testament, daß der oder die, so Testament machen, mit verständlichen Worten reden, oder aber schreiben: denn welcher deren keins könnte, der wird darin einem Todten gleich geacht, und mag kein Testament machen." Das Landrecht schließt sich hier an, indem es verordnet: „Tauben oder stummen Personen, welche sich schriftlich oder mündlich ausdrücken können, stehen die Gesetze bei Errichtung ihres letzten Willens nicht entgegen [68])." Taube und zugleich stumme (taubstumme) Personen sind hier übergangen. Es wird aber hinsichtlich ihrer Handlungsfähigkeit überhaupt unterschieden zwischen solchen, welche taubstumm geboren oder doch vor vollendetem vierzehnten Jahre in diesen Zustand gerathen, und denjenigen, welche erst in späteren Jahren taubstumm geworden sind und schreiben, auch Geschriebenes lesen können. Die letzteren werden für handlungsfähig gehalten; die ersteren hingegen sowie die erst später taubstumm Gewordenen, welche nicht schreiben und Geschriebenes nicht lesen können, gelten für ganz handlungsunfähig und müssen bevormundet werden [69]). Hier ist man augenscheinlich von der Ansicht der römischen Juristen über die taub und stumm Geborenen ausgegangen. Zur Entstehungszeit des Landrechts kannte man noch keine Erziehungs- und Unterrichtsinstitute für Taubstumme, daher als selbstverständlich vorausgesetzt wird, daß angeborene oder in jungen Jah-

65) L. 6, §. 1 D. qui testam. facere poss. (XXVIII, 1); L. 6 pr. D. eodem; L. 8, §. 3 D. de jure codicillorum (XXIX, 7); L. 9, §. 1 D. Unde cognati (XXXVIII, 8).

66) „Mutus, surdus — testamentum facere non possunt, mutus, quoniam verba nuncupationis loqui non potest, surdus, quoniam verba familiae emtoris exaudire non potest." Ulpian., Fragm. XX, §. 13.

67) L. 12, §. 2 D. de judiciis (V, 1); L. 65, §. 3 i. f. D. ad SCtum Trebell. (XXXVI, 1).

68) I, 12, §. 26.

69) A. L.R. II, 18, §§. 15, 16, verb. mit A. G.O. II, 3, §. 7.

ren eingetretene Taubstummheit Geistesschwachheit zur Folge habe, wiewohl jetzt aus diesen Instituten taub und stummgeborene Zöglinge hervorgehen, deren Geistesfähigkeit ganz entwickelt ist und die mittelst der Schriftsprache sich völlig verständlich machen können. Dennoch wird es in jedem einzelnen Falle schwierig sein, deren Dispositionsfähigkeit sogleich außer Zweifel zu setzen. Das entscheidende Merkmal der Testirfähigkeit bei solchen Taubstummen, mögen sie auch schreiben können, ist sonach, wie bei Geisteskranken, die Aufhebung resp. Nichtanordnung der Vormundschaft. — Es fehlt nicht an gemeinrechtlichen Juristen, welche dafür halten, daß diesen Personen, auch ohne der Schriftsprache mächtig zu sein, die Testirfähigkeit einzuräumen sei, wenn sie sich, mit Hülfe solcher Personen, welche sie verstehen, durch eine Zeichensprache verständlich machen können [70]. Diese Meinung ist nicht ohne Einfluß auf preußische Rechtsinterpreten geblieben. Ein Reskr. des Justiz-Ministers vom 24. Juni 1802 [71] und ein zweites vom 10. Mai 1806 [72] erklärt im Einverständniß mit den anfragenden Obergerichten, daß ein Stummer, wenn er nicht schreiben könne, sich durch seine ihm eigenthümliche Zeichensprache verständigen und ein Testament machen könne. Für sich hat diese Auslegung die auch unter dem Einflusse jener Meinung stehende Vorschrift des §. 7, Tit. 3, Th. II der A. G.O., welche sich auf Verträge bezieht. Allein dabei ist nicht wahrgenommen, daß jene Meinung einiger gemeinrechtlicher Juristen und das A. L.R. auf ganz verschiedenem Boden stehen. Jene Meinung hat den Standpunkt der Thatfrage und deren Feststellung; das Landrecht steht auf dem Boden der Interdiktion und schreibt für die Fälle, welche in die Zeit vor der Interdiktion (Bevormundung) fallen, besondere Verständigungsmittel (Schriftsprache) vor. Die neuere Praxis trifft daher das Richtige, indem sie, unter Abweisung jener Reskripte, weil sie keine Gesetzeskraft haben, den Satz aufstellt, daß Taubstumme keine Testirfähigkeit haben, außer wenn sie schreiben und Geschriebenes lesen können [73] und, muß hinzugefügt werden, nicht wegen Handlungsunfähigkeit unter Vormundschaft gestellt sind.

Körperkrankheiten, an denen die Seele ursprünglich keinen An-

70) Glück, Kommentar, Bd. XXXIII, S. 372 u. die dort in den Noten 15 u. 16 Angeführten.

71) Neues Arch. Bd. III, S. 5 u. Rabe, Samml., Bd. VII, S. 177.

72) N. C. C. Tom. XII, S. 345, Nr. 60; Neues Arch. Bd. IV, S. 250 u. Rabe, Bd. VIII, S. 591.

73) A. L.R. I, 12, §. 26 verb. mit §. 123; Pr. des Obertr. 2260, vom 3. März 1856 (Entsch. Bd. XXXII, S. 64 u. Arch. f. Rechtsf. Bd. XX, S. 231).

theil zu nehmen scheint, haben nach der Behauptung der Aerzte gleichwohl, durch Rückwirkung auf sie oder sogenannte Mitleidenheit, Wirkung auf Erkenntniß, Selbstbewußtsein und Selbstbestimmung, wenngleich vorübergehend [74]). Mit dieser Erfahrung mag es zusammenhängen, daß nach älterem deutschen Rechte Testamente keine Geltung hatten, die auf dem Krankenbette gemacht worden waren, und daß die Sitte vielmehr von dem Testator die Ablegung von Proben seiner physischen Kraft forderte, ehe er testiren konnte [75]). Das römische Recht verdrängte diese Sitte und setzte an deren Stelle seinen Grundsatz: „in adversa corporis valetudine mente captus, eo tempore testamentum facere non potest [76])," mit dem Gegensatze: „Senium quidem aetatis, vel aegritudinem corporis, sinceritatem mentis tenentibus testamenti factionem certum est non auferre [77])." So ist es auch nach preußischem Rechte. Auf Kranke, welche sich in einem vorübergehenden Zustande der Geistesverwirrung befinden, und auf deren letztwillige Verordnungen, finden die Grundsätze Anwendung, welche in Beziehung auf Wahnsinnige und Blödsinnige, die noch nicht bevormundet sind, gelten; dergleichen Personen, welche in ihrer Krankheit von dem fieberhaften Delirium befallen werden, stehen denjenigen, die nur zuweilen ihres Verstandes beraubt sind, ganz gleich. Hat der Richter, welcher zu einem Kranken behufs Aufnahme eines Testaments abgeordnet ist, vorschriftsmäßig festgestellt, daß der Testator, obgleich körperkrank, seines Verstandes mächtig sei [78]), so wird das gerichtliche Testament weges Mangels der Dispositionsfähigkeit nur unter der Behauptung anfechtbar sein, daß der Richter diesen Mangel erkannt und dennoch die letzte Willenserklärung von dem geisteszerrütteten Kranken an- oder aufgenommen habe [79]). Wer eine außergerichtliche Willenserklärung eines Kranken wegen mangelnder Dispositionsfähigkeit anfechten will, muß diesen Klagegrund beweisen [80]).

---

74) Mende, Handbuch der gerichtlichen Medizin, Th. VI, S. 126 ff. u. 230 ff.

75) Nach dem Sachs.Sp. B. I, Art. 52 sollte er mit einem Schwert umgürtet und mit einem Schilde auf ein Roß kommen können von einem Stein oder Stock, einer Daumellen (halben Spanne) hoch, ohne Hülfe, nur daß man ihm das Roß und den Stegreif hielt. Vergl. Kaiserrecht II, 36.

76) L. 17 D. qui testam. facere possunt (XXVIII, 1).

77) L. 3 C. eodem (VI, 22).

78) A. L.R. I, 12, §§. 145 ff.

79) Ebenda §§. 23, 24. — Pr. des Obertr. 1998, vom 27. März 1848 (Rechtsf. Bd. III, S. 450) u. Erk. dess. vom 18. Januar 1856 (Arch. f. Rechtsf. Bd. XX, S. 61).

80) A. L.R. I, 4, §. 24. Vergl. L. 39, §. 1 D. de legatis III.

4. Die Interdiktion trifft nach preußischem Rechte Personen, welche gerichtlich für Verschwender erklärt worden sind, so lange sie unter Vormundschaft stehen, Zuchthaussträflinge während der Strafzeit, und gewisse schwere Verbrecher.

a) Der Prodigus des römischen Rechts wird in einer Stelle dem Wahnsinnigen gleichgestellt [81]), und darauf gründet sich der Grundsatz: „Prodigus, cui bonorum suorum administratio interdicta est, testamentum facere non potest [82]).“ — Das Landrecht bestimmt das Verhältniß so, daß der Verschwender den Minderjährigen gleich geachtet wird [83]). Darnach müßte der Verschwender die Testirfähigkeit eines Minderjährigen haben. Das ist nicht der Fall. Eine positive Satzung bestimmt abweichend davon: „Personen, welche für Verschwender erklärt worden, können während der Vormundschaft, zum Nachtheile ihrer gesetzlichen Erben, nur über die Hälfte ihres Nachlasses gültig verordnen. — Auch alsdann, wenn ein Verschwender bloß unter diesen gesetzlichen Erben testirt, kann er keinem derselben mehr, als die Hälfte desjenigen, was ihm nach den Regeln der gesetzlichen Erbfolge zukommen würde, entziehen. — Hat ein Verschwender, diesem zuwider, über seinen ganzen Nachlaß, oder wegen des gesetzlichen Erbantheils eines seiner Verwandten verfügt: so gilt die Verordnung nur so weit, als er nach vorstehenden Bestimmungen zu verfügen berechtigt war; und im Uebrigen treten die Regeln der Intestaterbfolge ein. Testamente und Kodizille, welche ein Verschwender während der Vormundschaft errichtet hat, erhalten ihre volle Gültigkeit, wenn die Vormundschaft vor dem Tode des Testators wieder aufgehoben worden ist. Ein Gleiches findet statt, wenn der Verschwender zwar noch unter der Vormundschaft verstirbt, aber weder Ehegatten noch Verwandten innerhalb des sechsten Grades, mit Inbegriff desselben, hinterläßt. Auch ein Verschwender kann die sowohl vor als während der Vormundschaft gemachten letztwilligen Verordnungen widerrufen [84]).“ Das findet Anwendung auf diejenigen letztwilligen Verordnungen, welche erst nach geschehenem Antrage auf Prodigalitätserklärung, oder nach einer Verwarnung „eines solchen Menschen“ noch vor der gerichtlich

81) L. 40 D. de reg. juris (L, 17): „Furiosi, vel ejus cui bonis interdictum est, nulla voluntas est.“

82) §. 2 Inst. quibus non est permissum (II, 12). — L. 18 pr. D. qui testam. fac. poss. (XXVIII, 1); Ulpian., Fragm. XX, 13.

83) I, 1, §. 31.

84) I, 12, §§. 27, 28, 29, 30, 31.

nachgesuchten Prodigalitätserklärung von Seiten der Verwandten, worüber ein Notariatsinstrument errichtet worden ist (welche übrigens unausführbar, da „ein solcher Mensch" dem Notar ja nicht Stand zu halten braucht), gemacht worden sind [85]). Diese Inkonsequenz wird damit gerechtfertigt, daß dafür gesorgt werden müsse, daß ein solcher Mensch nicht aus gewohntem Leichtsinne, oder vielleicht gar aus Rache gegen seine Verwandtschaft, die ihn pro prodigo hat erklären lassen, derselben nach seinem Tode Alles entziehe und solches den Gefährten seiner Ausschweifungen zuwende [86]). Indessen macht das nicht begreiflich, wie Menschen, welche mit einem reichen Lebemann im sechsten, sage sechsten Grade verwandt sind, dazu kommen sollen, die Hälfte seines Vermögens zu fordern, weil er für einen Verschwender erklärt worden, während sie, wenn das nicht geschehen wäre, nicht Einen Pfennig zu fordern und auch nicht zu hoffen gehabt hätten. Diese Satzungen sind Auslobung einer Prämie für Verfolgung einer solchen Person mit Anträgen auf Prodigalitätserklärung. Darin ist kein juristischer Gedanke zu finden [87]). Es ist jedoch unsere Sache, diesen außerhalb der ganzen Rechtslehre stehenden, willkührlich erfundenen, so eben wörtlich mitgetheilten Bestimmungen diejenigen Rechtssätze abzugewinnen, auf welche sie sich zurückführen lassen, wenn sie auch inkonsequent sind. 1. Es ist davon auszugehen, daß der Verschwender die Testimentifaktion wie jeder andere Minderjährige wirklich hat. Dieses Prinzipium enthält der §. 31, indem er festsetzt: Testamente und Kodizille kann der Verschwender machen; er kann also auch, da Niemand, ihm gegenüber, für passiv testamentsunfähig erklärt ist, darin einsetzen wen er will; er kann auch zu allen Zeiten die von ihm selbst schon vor der Bevormundung errichteten letztwilligen Verordnungen widerrufen (§. 34). 2. Hat er einen Ehegatten und Verwandte innerhalb des sechsten Grades, so bleibt diesen Personen die Hälfte seines Vermögens vorbehalten und die letztwillige Verordnung, welche diesen Vorbehalt schmälert, wird nur insoweit als dieses geschieht kraftlos (§§. 27. 29); ist aber die Vormundschaft vor dem Tode des Testators wieder aufgehoben worden, so fällt dieser Vorbehalt von selbst hinweg und die Verordnung hat volle Gültigkeit, unbeschadet der Rechte der etwa vorhandenen Pflichttheilsberechtigten (§. 30). 3. Die Hälfte des Vermögens,

---

85) Ebenda §§. 32, 33.

86) Suarez, Schlußrevision, in den Jahrb. Bd. XLI, S. 79.

87) Sehr gut darüber: Gans, von der Testamentifaktion der Verschwender, in seinen Beiträgen zur preußischen Gesetzgebung, S. 147 ff.

welche jenen Intestaterben ungeschmälert verbleiben muß, hat nicht die Natur des Pflichttheils, wird auch nirgend so genannt, sondern ist ein wahrer Vorbehalt im Sinne des französischen Rechts[88]), welcher der Verfügung des Testators ganz entzogen ist; er ist ein Erbrecht ab intestato, welches der Testator durch letztwillige Verfügungen nicht weiter zu beschränken oder aufzuheben berechtigt ist, als es der ihm zur Verfügung freigelassene Theil des Gesammtvermögens gestattet. Daraus folgt, daß der Testator keinen derjenigen, welchen der Vorbehalt gleichsam wie ein Eigenthum gebührt, aus besonderen Gründen, wie einen Pflichttheilsberechtigten, zu enterben Macht hat; er ist diesen Intestaterben gegenüber, soweit er den ihm freigelassenen Gegenstand überschreitet, intestabilis. Er kann demzufolge auf die ihm zur Verfügung freistehende Hälfte auch keinen wahren Erben, d. h. einen solchen, dem ein Zuwachsrecht nach der Seite der gesetzlichen Erben zustände, einsetzen, sondern die bezeichneten Personen sind wahre Erben ab intestato, nur mit den letztwilligen Zuwendungen an Fremde bis zur Hälfte der Erbschaft belastet.

b) Zuchthaussträflinge sind von Rechts wegen unfähig, „während der Strafzeit ihr Vermögen zu verwalten und unter Lebenden darüber zu verfügen; sie werden nach den Formen, die zur Ernennung der Vormünder vorgeschrieben sind, unter Vormundschaft gestellt[89]).“ Diese neue Bestimmung läßt das Verhältniß dieser Klasse von Interdizirten zu anderen Personen, welche wegen unreifen Alters bevormundet sind, ebenso unbestimmt wie es die alten Vorschriften thaten[90]), und doch ist die Geschäftsunfähigkeit dieser Bevormundeten nicht in den verschiedenen Altersstufen die gleiche, man weiß daher nicht, ob die Zuchthäuslinge in dieser Hinsicht den Unmündigen oder den Minderjährigen gleichgeachtet werden sollen. Die neue Redaktion dieses Rechtssatzes ist eine Nachbildung des Art. 29 des Code pénal, aber eine unvollkommene, denn dieser verordnet: „— condamné sera — pendant la durée de sa peine, en état d'interdiction légale; il lui sera nommé un curateur pour gérer et administrer ses biens, dans les formes prescrites pour la nomination des curateurs aux interdits.“ Hieraus erfährt man sogleich geradezu, woran man ist. Der Interdizirte wird in Hinsicht auf seine Person und sein Vermögen einem Minderjährigen

88) La reserve, auch la portion disponible — indisponible. Code civil, Artt. 915, 921.

89) Str.=G.B. §. 11, Abs. 2.

90) Krim.Ordn. von 1805, §. 53 u. §. 568.

gleichgeachtet; die Gesetze über die Vormundschaft der Minderjährigen sind auf die Vormundschaft der Interdizirten anwendbar [91]); ein Minderjähriger unter vollen 16 Jahren kann nicht testiren; ein Minderjähriger über 16 Jahren kann nur über die Hälfte desjenigen Vermögens, worüber ein Volljähriger zu verfügen berechtigt ist, einen letzten Willen errichten [92]). Die Unbestimmtheit des Grades der Nichtdispositionsfähigkeit unter Lebenden im preußischen Recht kann hier auf sich beruhen; in Betreff der Testirfähigkeit, mit der wir es zu thun haben, besteht Rechtsgewißheit. In den älteren verschiedenen Entwürfen eines Strafgesetzbuches bis zu dem von 1846, mit Ausnahme des von 1830, findet sich die Untersagung der Dispositionsbefugniß inter vivos, gegründet auf die entsprechenden Vorschriften der Kr. O. §§. 53 und 568 und des Code pénal Art. 29. Streitig blieb in der Immediat-Kommission, ob nicht auch die Unfähigkeit auf alle Dispositionen mortis causa auszudehnen sei. Nachdem indeß vom Staatsrathe die Nichteinführung der Vermögenskonfiskation beschlossen worden war, nahm man an, daß die Testamentsunfähigkeit als Regel jeden Boden verloren habe, da sie im römischen Rechte, nach Beseitigung der servitus poenae, und im A. L.R. nur als Folge der Vermögenskonfiskation behandelt werde [93]). Der Grund ist nicht zutreffend. Die Vermögenskonfiskation ist nicht Grund der Testirunfähigkeit, sondern die mit der Konfiskation des ganzen Vermögens verbundene Besitz- und Rechtsunfähigkeit; und umgekehrt folgt aus der Testamentsunfähigkeit nicht, daß das Vermögen, über welches der Besitzer nicht letztwillig verfügen darf, an den Fiskus fallen müsse. Man ging auch beim Hoch- und Landesverrath auf die Testamentsunfähigkeit wieder zurück und der Entwurf von 1850 sowie nach ihm das Strafgesetzbuch §. 73 haben sie wieder aufgenommen (lit. c). Allein als Accessorium und besonderes Merkmal der Zuchthausstrafe ist sie nicht aufgenommen, der §. 11 erklärt den Zuchthaussträfling nur für unfähig, über sein Vermögen unter Lebendigen zu verfügen, entzieht ihm aber nicht die Dispositionsfähigkeit von Todes wegen.

c) Ein Verbrecher, welcher wegen Hochverraths oder Landesverraths zum Tode oder zu lebenslänglichem Zuchthaus verurtheilt worden, verliert von dem Tage an, wo das Urtheil rechtskräftig

91) Code civil, Art. 509.

92) Art. 903, 904 ibidem.

93) Goltdammer, Materialien zum Straf-Gesetzbuche für die preuß. Staaten, Bd. I, S. 101.

wird, die Fähigkeit, über sein Vermögen unter Lebenden und von Todes wegen zu verfügen[94]). Damit hat ihm ohne Zweifel die Testamentifaktion überhaupt entzogen werden sollen, so daß er keine gültige Erklärung seines letzten Willens, z. B. auch nicht über Pupillarsubstitution, über die Tutel seiner Kinder, über sein Begräbniß u. dergl. machen kann. Der Antrag, daß auch alle schon früher errichteten Dispositionen inter vivos et mortis causa nichtig sein sollten, wurde von beiden Kammern des Landtags von 1850 abgelehnt[95]). Daß der zu lebenslänglicher Zuchthausstrafe Verurtheilte durch eine ihm zu Theil werdende vollständige Begnadigung die Testamentsfähigkeit mit dem Augenblicke seiner Entlassung aus dem Zuchthause wieder erhält, darf nicht bezweifelt werden. Denn die Interdiktion ist ein verschärfender Bestandtheil, oder, wie sie in den Berathungen der verschiedenen Entwürfe genannt wird[96]), ein Accessorium der erkannten Strafe und die Strafe wird, insoweit sie noch nicht vollstreckt ist — und sie ist noch nicht völlig vollstreckt, so lange der Sträfling noch lebt — durch die vollständige Begnadigung völlig getilgt[97]). Dieser Grundsatz ist namentlich in Beziehung auf die Erbfolgefähigkeit, damit auch in Beziehung auf die aktive Testamentifaktion, gemeinrechtlich ausdrücklich ausgesprochen[98]) und im preußischen Rechte nicht reprobirt, folgt vielmehr aus der Tilgung des noch nicht vollstreckten Straftheils.

IV. Es ist noch zu erörtern übrig: nach welchem Zeitpunkte die Fähigkeit oder Unfähigkeit zu testiren beurtheilt werden müsse. Die Fähigkeit oder Unfähigkeit beruhet immer auf irgend einer Verände-

---

94) Str.-G.B. §. 73, Abs. 2. Vergl. östr. bürg. G.B. §. 574.

95) Goltdammer a. a. O. Bd. II, S. 73.

96) Goltdammer a. a. O. Bd. I, S. 101.

97) Kr.O. §. 592: „Wird der Verbrecher begnadigt, so muß der Richter sofort alle gegen denselben wegen fernerer Bestrafung erlassene Verfügungen aufheben."

98) L. 1 D. de sententiam passis (XLVIII, 23): „Ad successionem liberti patronus deportatus et restitutus admittitur. §. 1. Sed si in metallum damnatus restituatur, numquid servitus poenae exstinguat jus patronatus etiam post restitutionem? et magis est, ut non exstinguat servitus jus patronatus —." L. 4 D. eodem: „In metallum damnata mulier cum quem prius conceperat, edidit, deinde a Principe restituta est, humanius dicetur, etiam cognationis jura huic restituta videri." — Das Prinzip ist auch angewendet bei der relativen Testamentsunfähigkeit zwischen Ehebrechern in der K.O. vom 28. Februar 1811 (G.S. S. 156), wonach diese Personen in Folge der ihnen ertheilten Dispensation von dem Eheverbot und demnächst erfolgter Eheschließung die volle Testamentsfähigkeit wieder erlangen. Die Bestimmung des §. 35, I, 12, wodurch den Ehebrechern die Testamentifaktion gegenseitig entzogen wird, ist nun aber als eine für sich bestehende Strafverfügung zu betrachten, welcher gegenüber die Dispensation als Begnadigung erscheint.

rung, welche entweder in Thatsachen, oder in den Gesetzen vor sich geht[99]).

1. In Beziehung auf Veränderungen in physischen oder juristischen Thatsachen hat das Landrecht den Grundsatz: „Die Fähigkeit oder Unfähigkeit eines Erblassers muß nach dem Zeitpunkte, wo er seinen letzten Willen errichtet hat, beurtheilt werden[100]).“ Doch ist derselbe nicht durchgeführt, vielmehr wird unterschieden zwischen den natürlichen Eigenschaften und der persönlichen Fähigkeit des Testators in Beziehung auf Rechtsverhältnisse, oder, wie es im Landrecht ausgedrückt ist, zwischen natürlichen Mängeln und Hindernissen durch Verbot eines positiven Gesetzes[101]). Darin befindet es sich mit dem römischen Rechte in Uebereinstimmung.

a) Die natürlichen Hindernisse sind: Unmündigkeit, Geisteskrankheit, angeborene Taubstummheit ohne angelehrte Fähigkeit, sich schriftlich verständlich zu machen, fieberhaftes Delirium, Rausch im hohen Grade, Unfähigkeit zu sprechen und zu schreiben. Von Personen, welche sich in einem dieser Zustände befinden, gilt nach gemeinem Recht der Grundsatz: Ein Testament, welches von Jemand in diesem Zustande gemacht worden ist, ist und bleibt ungültig, wenn auch später vor dem Tode des Testators Mündigkeit eintritt, beziehungsweise die Willensunfähigkeit verschwindet und der Testator es nach dieser Veränderung seines Zustandes bei dem Testamente mit Bewußtsein von dem Inhalte bewenden läßt, und umgekehrt bleibt das Testament, welches ein Geistesgesunder errichtet hat, gültig, wenn er auch später in einen verstandeslosen Zustand verfällt und in demselben stirbt.

> „Nec ad rem pertinet, si impubes postea pubes, aut furiosus postea compos mentis factus fuerit et decesserit. Furiosi autem, si per id tempus fecerint testamentum, quo furor eorum intermissus est, jure testati videntur; certe eo, quod ante furorem fecerint, testamento valente: nam neque testamentum recte factum, neque ullum aliud negotium recte gestum, postea furor interveniens perimit[102]).“

Diese Lehre macht das Landrecht zu der seinigen im §. 12 a. a. O.:

---

99) Vergl. v. Savigny, System, Bd. VIII, S. 479.

100) I, 12, §. 11.

101) Ebenda §§. 12 u. 13.

102) §. 1 Inst. quibus non est perm. (II, 12). — Vergl. L. 2, L. 6, §. 1, L. 20, §. 4 D. qui testam. facere (XXVIII, 1); L. 8, §. 3 D. de jure codicill. (XXIX, 7); L. 1, §§. 8, 9 D. de bon. poss. sec. tab. (XXXVII, 11).

„War zu dieser Zeit (der Testamentserrichtung) der Erblasser, wegen eines natürlichen Mangels, seinen letzten Willen zu erklären unfähig, so bleibt die Verordnung ungültig, wenn auch dieser Mangel in der Folge gehoben worden.“

Darin findet sich der an die Spitze gestellte Grundsatz ([100]) richtig angewendet.

b) Die juristischen Bedingungen der Testamentifaktion sind nach römischem Rechte der Besitz gewisser Standeseigenschaften und Vermögensfähigkeit, d. h. die Fähigkeit, Vermögen zu haben und zu hinterlassen. Der Mangel dieser Fähigkeit machte z. B. die Kinder in väterlicher Gewalt unfähig, für sich ein Testament zu machen, denn sie konnten für sich in der Regel nichts erwerben und folglich auch nichts hinterlassen. Streitig ist unter den Rechtsgelehrten, in welchem Zeitpunkte diese beiden Bedingungen der Testimentifaktion vorhanden sein müssen; die Meinung der meisten neigt sich dahin, daß die juristische Fähigkeit, ein Testament zu machen, in beiden Zeitpunkten vorhanden sein müsse, nämlich zur Zeit der Testamentserrichtung und zur Zeit des Todes des Testators[103]). Hierin weicht das preußische Recht von dem römischen Recht und auch von seinem eigenen Prinzipium ([100]) ab, indem es §. 13 a. a. O. verordnet:

„Stand ihm aber nur das Verbot eines positiven Gesetzes, welches sich nicht auf einen Mangel der natürlichen Fähigkeit zur Willenserklärung bezieht, dabei entgegen: so wird die Verordnung gültig, wenn das Hinderniß in der Folge hinweggefallen ist.“

Hiernach soll auf den Zeitpunkt der Testamentserrichtung, wie es das Prinzipium (§. 11 d. T.) vorschreibt, gar nicht gesehen werden, es soll allein darauf ankommen, ob zur Zeit des Todes des Testators ein solches Hinderniß bestanden habe. Das preußische Recht kennt zwei Klassen von Personen, welche unter diese Regel fallen können: Klostergeistliche und Verschwender. Errichtet eine Klosterperson nach abgelegtem Gelübde ein Testament und wird sie vor ihrem Tode von dem Gelübde durch Dispensation oder durch Säkularisation ihres Klosters wieder entbunden, so muß ihr Testament nach dieser Regel gültig sein[104]). Und testirt ein bevormundeter Verschwender, dessen Einschränkung in der Fähigkeit zu testiren

103) Ueber die Gründe für und wider s. m. besonders: Mühlenbruch, in Glück's Kommentar, XXXIX, S. 14 f.; v. Savigny, System, Bd. VIII, S. 451 ff.

104) Vergl. K.O. vom 10. April 1806 (N. Ed.S. Bd. XII, S. 127).

das preußische Recht keinesweges so wie das römische auf Willensunfähigkeit gründet, und der daher nicht der Regel a unterworfen ist, über sein ganzes Vermögen zu Gunsten von Fremden, statt daß er die Hälfte seinen Verwandten freilassen müßte, und wird die Vormundschaft und somit die auf ihm ruhende Interdiktion wegen seiner Besserung vor seinem Tode wieder aufgehoben, so ist das ganze Testament gültig. Dies bringt nicht allein die Regel b mit sich, sondern ist zum Ueberfluß noch besonders ausgesprochen[105]).

Nach einer anderen Meinung soll nicht in allen Fällen, wo die juristische Fähigkeit zu testiren wegfällt, das vorher errichtete Testament ungültig (irritum) werden, vielmehr wird dies nur für den Fall eingeräumt, wenn die Testirunfähigkeit Wirkung des eingetretenen Zustandes der bürgerlichen Rechtsunfähigkeit, wie er in Folge der capitis diminutio magna eintrete, sei[106]). Mit dieser Meinung trifft die so eben angegebene Regel des Landrechts (§. 13) zusammen, da im preußischen der Ausnahmefall, wo die Testirunfähigkeit Folge der Vernichtung der bürgerlichen Rechtsfähigkeit ist, gar nicht vorkommt. Dagegen finden sich hier wie im römischen Rechte einige Fälle, wo Jemand der aktiven Testamentsfähigkeit zur Strafe beraubt wird. Hier wird nun für das römische Recht zugegeben, daß der Gesetzgeber dabei beabsichtigt haben könne, auch den bereits errichteten Testamenten des Verurtheilten ihre Wirkung zu entziehen und daß diese Absicht auch nicht gerade buchstäblich brauche ausgesprochen zu werden, sondern aus dem Gesammtinhalte der Strafverfügung erkannt werden könne. Aber daß die Beraubung der aktiven Testamentifaktion auch eine Ungültigkeit schon vorhandener Testamente zur Folge habe, wird in den Quellen nirgend gesagt, und daß es sich von selbst verstehe, ist bestritten; es wird von dieser Seite behauptet, daß dergleichen Bestimmungen als für sich bestehende Strafverfügungen zu betrachten, und daß in ihnen keine allgemeine Regel angewandt sei, mithin, wenn ein Strafgesetz Jemanden überhaupt nur für unfähig zur Testamentshandlung erkläre, dies ebensowenig auf die von ihm bereits rechtsgültig errichteten Testamente bezogen werden dürfe, als dies in Ansehung des Testaments eines Prodigus der Fall sei, welcher doch ebenfalls für intestabilis erklärt

105) A. L.R. I, 12, §. 30: „Testamente und Kodizille, welche ein Verschwender während der Vormundschaft errichtet hat, erhalten ihre volle Gültigkeit, wenn die Vormundschaft vor dem Tode des Testators wieder aufgehoben worden."

106) Mühlenbruch a. a. O. S. 19 u. flg.

werde[107]). Diese Ausführlichkeit war erforderlich, um das Verständniß für eine dritte Regel des Landrechts, die sich auf diese Fälle bezieht, vorzubereiten. Diese lautet:

„Insofern die Unfähigkeit zu testiren als Strafe einer gesetzwidrigen Handlung anzusehen ist, erstreckt sich dieselbe auch auf vorher errichtete letztwillige Verordnungen zurück[108]).“

Diese Regel schließt sich der erstgedachten Meinung den Worten nach an, aber der Sache nach hat es bei der letztgedachten Meinung doch sein Bewenden behalten, denn die Regel hat nirgend Anwendung gefunden. Es ist nun zwar nicht richtig, daß diese Verordnung mit der Beseitigung der Vermögenskonfiskation gegenstandslos geworden[109]), denn die Vermögenskonfiskation ist nicht der einzige Fall, den die Regel vermeintlich beherrschen sollte. Allein das preußische Recht hat überhaupt keinen Fall gehabt und hat ihn auch jetzt nicht, wo die Ungültigkeit der vor der Entziehung der Testamentifaktion errichteten Testamente Wirkung dieser Regel gewesen wäre. Das preußische Recht kennt als Fälle, wo die Testirfähigkeit zur Strafe entzogen wurde und noch entzogen wird, jene Vermögenskonfiskation, den Fall des Ehebruchs und das Verbrechen des Hoch- und des Landesverraths.

aa) Die Vermögenskonfiskation hatte keinesweges eine absolute Ungültigkeit der vorher errichteten Testamente zur Folge, sondern es war verordnet: „Nur soweit, als ein Verbrecher sein Vermögen verwirkt hat, ist er von der Befugniß, Testamente und Kodizille zu errichten, ausgeschlossen[110]). Von der Ungültigkeit der vorher errichteten Testamente ist keine Rede, nur der vermögensrechtliche Gegenstand wird entzogen und insofern dieser Gegenstand ganz und gar entzogen wird, wie im Falle des Hoch- und Landesverraths[111]), wird die letztwillige Verordnung eines Menschen, der ganz vermögenslos stirbt, hinsichtlich der vermögensrechtlichen Zuwendungen ganz gegenstandslos. In Betreff anderer Anordnungen, namentlich über Pupillarsubstitution, Tutel 2c., ist Stillschweigen, und in den entscheidenden Stellen ([111]) ist von der Entziehung der Testa-

107) Mühlenbruch a. a. O. S. 20—22.

108) A. L.R. I, 12, §. 14.

109) So behauptet der Hr. Dr. v. Daniels in seinem Lehrbuch des gemeinen preußischen Privatrechts, Bd. III, S. 21, Note 1; auch die dortige Bemerkung über §. 13 (die obige Regel zu Anfang des Abs. b), daß der §. 13 keine Bedeutung mehr bei der jetzigen Lage der Gesetzgebung habe, ist ganz unzutreffend.

110) A. L.R. I, 12, §. 15.

111) Ebend. II, 20, §§. 95, 99 u. 103.

mentsfähigkeit zur Strafe gar nicht die Rede, es ist nur auf das Vermögen abgesehen, die bürgerliche Rechtsfähigkeit oder Testamentsfähigkeit bleibt unberührt, also ist dieser nun beseitigte Fall nicht ein solcher, auf welchen die Regel des §. 14 anwendbar war.

bb) Die Strafbestimmung des §. 35 d. T., wonach Personen, die Ehebruch oder Blutschande mit einander getrieben haben, einander durch letztwillige Verordnungen nichts hinterlassen können, trifft ebenso wie die ähnliche Verordnung der Kaiser Arkadius und Honorius, wodurch denjenigen, welche eine incestuose Ehe eingehen, die Testamentifaktion zum Theil entzogen ist[112], unzweifelhaft auch die bereits errichteten Testamente, doch nicht sowohl kraft jener Regel ([108]), als vielmehr weil positiv verordnet ist, daß solche Personen einander nichts hinterlassen können. Damit ist denn das bereits vorhandene Testament, insoweit es zu Gunsten des Complicen Verfügungen trifft, von selbst hinfällig; dem Begünstigten ist zugleich die passive Testamentifaktion entzogen, folglich ist er zur Zeit des Anfalls unfähig, Erbe oder Legatar des Complicen zu sein[113].

cc) Daß die den wegen Landes- und Hochverraths Verurtheilten zur Strafe treffende Testamentsunfähigkeit sich nicht auf die bereits vorhandenen Testamente bezieht, ist schon dargelegt[114]. Die besondere Regel ist demnach völlig müßig.

2. Ueber den Einfluß der Veränderung in den Gesetzen auf die Testamentsfähigkeit des Erblassers findet sich weder im römischen noch im preußischen Rechte eine allgemeine bleibende Bestimmung. Die verschiedenen Publikationspatente und Einführungsgesetze zum Allg. Landrecht enthalten nur Uebergangsbestimmungen in Ansehung der Form und des Inhalts der schon vorhandenen Testamente[115]; über die persönliche Fähigkeit des Testators ist überall Schweigen. Nur die Uebergangsbestimmung des Patents von 1794 §. 12 kann auch hierauf bezogen werden, indem dort, ganz allgemein und ohne Form und Inhalt zu unterscheiden, gesagt wird, daß alle bereits errichtete Testamente „nach den Vorschriften der älteren Gesetze durchgehends beurtheilt werden sollen." In Beziehung auf die Form stimmen damit alle späteren Patente überein und die persönliche Fä-

112) L. 6 C. de incestis nuptiis (V, 5).

113) A. L.R. I, 12, §. 43.

114) Oben, No. III, 4, lit. c.

115) Publ.-Pat. von 1794, §. 12; die drei Patente von 1803, §. 6; Pat. von 1814 für die Provinzen jenseits der Elbe, §. 6; Pat. für Westpreußen, von 1816, §. 8; Pat. für das Herzogthum Westphalen von 1825, §. 18.

higkeit des Testators gehört zur faktischen Seite des Testaments. Somit fände sich auch hinsichtlich der Veränderung in den Gesetzen eine mehrmalige übereinstimmende Anwendung der Regel des §. 11 d. T.: „Die Fähigkeit oder Unfähigkeit eines Erblassers muß nach dem Zeitpunkte, wo er seinen letzten Willen errichtet hat, beurtheilt werden." Diese Regel bezieht sich zwar nur auf Veränderungen in den Thatsachen; allein nach dem Vorgange des Gesetzgebers selbst in Betreff der persönlichen Fähigkeit des Honorirten kann die analoge Anwendung derselben auch auf Veränderungen in den Gesetzen kein Bedenken haben. Der §. 43 d. T. bestimmt: „Bei Beurtheilung der Fähigkeit eines Erben oder Legatars muß auf die Zeit des Erbanfalls gesehen werden." Dies bezieht sich ebenfalls nur auf Veränderungen in den Thatsachen, aber der Gesetzgeber hat den nämlichen Grundsatz auch bei Veränderungen in den Gesetzen vorgeschrieben[116]. Beiderlei Veränderungen unterliegen demnach den gleichen Regeln.

§. 18.
B. Von der passiven Testamentifaktion.

I. Unter der passiven Testamentifaktion wird die juristische Fähigkeit verstanden, aus einem letzten Willen etwas zu erwerben. Dieselbe beruht nach römischem Rechte auf der gleichen Testamentifaktion, wie die des Testators, auf der testamenti factio cum testatore, d. h. auf der sich auf ihn beziehenden, auf dem beiden gemeinsamen commercio, von welchem die testamenti factio nur eine Anwendung ist[1]). Denn das Manzipationstestament wurde aufgefaßt als ein Rechtsgeschäft (negotium) des Testators mit dem Erben, als ein fingirter Erbvertrag, wobei der Erbe durch den emtor familiae vertreten wurde. Obgleich im Justinianeischen Rechte die Standesfähigkeit und der Gedanke der Manzipation als Grundlage der Testamente verschwunden war, ist diese Lehre inkonsequenter

---

116) Patent für Westpreußen von 1816 (G.S. S. 217) §. 8: „Auch der Inhalt der Testamente ist gültig, insofern nicht Prohibitivgesetze zur Zeit des Erbanfalles entgegenstehen. In letzterer Rücksicht ist insbesondere die Lehre von der Erbfähigkeit der instituirten Erben und vom Pflichttheil nach den zur Zeit des Erbanfalles geltenden Gesetzen zu beurtheilen." Gleichlautend: Pat. für Posen von 1816, §. 8 (G.S. S. 225); Pat. für die Sächsischen Provinzen von 1816, §. 8 (G.S. S. 233); Pat. für das Herzogthum Westphalen von 1825, §. 18 (G.S. S. 153).

1) Ulpian. XXII, §. 1: „Heredes institui possunt, qui testamenti factionem cum testatore habent." — XIX, §. 4: „Mancipatio (Testamentsform) locum habet inter — — — eosque, quibus commercium datum est. §. 5. Commercium est emendi vendendique invicem jus."

Weise doch beibehalten [2]). Für das Verständniß des heutigen Rechts, welchem jene Voraussetzungen der Testamentifaktion völlig fremd sind, ist daraus nichts zu gewinnen. Das preußische Recht hat den Grundsatz: „Wer im Staate Vermögen zu erwerben fähig und berechtigt ist, dem können auch Erbschaften und Vermächtnisse hinterlassen werden [3]).“ An dieser allgemeinen Fähigkeit wird durch den Umstand nichts geändert, daß Jemand vermöge seines Standes gewisse Sachen oder Güter zu besitzen nicht fähig ist; diese Besitzunfähigkeit hat nur zur Folge, daß ein solcher Erbe oder Legatarius sich entweder die Fähigkeit zum Besitze verschaffen, oder sein aus der letztwilligen Verordnung erworbenes Recht einem anderen Fähigen abtreten, beziehungsweise die Sache, gewöhnlich ein Grundstück, welches er nicht besitzen darf, verkaufen muß, wozu ihm die Frist eines Jahres nach dem Tode des Erblassers gegeben ist [4]). Daher ist dieser Umstand und die Versagung oder Ertheilung der Konzession zum Besitze ohne allen Einfluß auf den Zeitpunkt, auf welchen bei der Beurtheilung der passiven Testamentifaktion solcher Personen zu sehen ist. Wird die Konzession versagt, so ist der fragliche Gegenstand nichtsdestoweniger im Eigenthume des Honorirten, und dieser nur genöthigt, denselben in Dinge umzusetzen, zu deren Besitz er einer Konzession nicht bedarf [5]). Dieser Regel unterliegen folgende, zum Theil schon wieder beseitigte Fälle, wie sich aus der Aufzählung ergeben wird:

1. Wenn ein Erbzinsgut einer Person anfällt, welche unfähig ist, dem Gute durch sich selbst oder durch andere gehörig vorzustehen, und welche keine von den nächsten gesetzlichen Erben des Verstorbenen ist, so kann der Erbzinsherr den Erwerber zur Veräußerung des Guts anhalten [6]). Dieser Fall kann wegen Unterdrückung der Besitzform der Erbzinsgüter durch Aufhebung des Obereigenthums des Erbzinsherrn nicht mehr vorkommen.

2. Ein zum Besitze eines bäuerlichen dienstpflichtigen Guts be-

---

2) §. 10 Inst. de testam. ordin. (II, 10): „— quia totum hoc negotium, quod agitur testamenti ordinandi gratia, creditur hodie inter testatorem et heredem agi.“ Entnommen aus Gaji instit. II, §. 105: „— quem propter veteris juris imitationem totum hoc negotium, quod agitur testamenti ordinandi gratia, creditur inter familiae emtorem agi et testatorem, quippe olim — — is, qui familiam testatoris mancipio accipiebat, loco heredis erat.“ §. 103: „— olim familiae emtor — heredis locum obtinebat.“

3) A. L.R. I, 12, §. 36.

4) Ebenda §§. 41, 42.

5) Vergl. §§. 452 — 456 a. a. O.

6) A. L.R. I, 18, §§. 705 u. 706.

rufener Erbe, welchem es an Vermögen und Tüchtigkeit, der Wirthschaft vorzustehen, und die Dienste gehörig zu leisten, ermangelt, oder welcher wegen seiner schlechten Wirthschaft, Faulheit, Liederlichkeit, oder Widerspenstigkeit schon bekannt ist, kann von der Gutsherrschaft von dem Besitze ausgeschlossen und zur Veräußerung gezwungen werden [7]). Dies ist als eine Folge der Gutsunterthänigkeit mit der Aufhebung derselben und der daraus entsprungenen Beschränkungen des Grundbesitzes weggefallen [8]).

3. Wenn einer Person bürgerlichen Standes ein adliges Gut, welches sich nicht schon im Besitze eines konzessionirten Bürgerlichen befand, anfiel, so wurde sie, im Fall ihr die Konzession zum Besitze nicht ertheilt wurde, genöthigt, dasselbe innerhalb Jahresfrist, vom Todestage des Erblassers angerechnet, an einen Adligen aus freier Hand zu überlassen oder es wurde auf Antrag des Fiskus subhastirt [9]). Das ist völlig aufgehoben [10]).

4. Ausländer, welche im preußischen Staate zum Besitze eines ihnen angefallenen adeligen Gutes gelangen wollen, bedürfen dazu einer Spezialkonzession des Ministeriums des Innern [11]). Dies ist noch in Geltung [12]).

5. Juden, welche nicht Staatsbürger sind, konnten nur mit Genehmigung der Staatsregierung Grundbesitz erwerben [13]). Seit 1850 ist der Genuß der bürgerlichen und staatsbürgerlichen Rechte von dem religiösen Bekenntnisse unabhängig [14]).

6. Glaubensgenossen, namentlich Mennoniten, welche den ganzen Umfang ihrer Bürgerpflichten, insbesondere die Wehrpflicht, zu erfüllen durch Religionsbegriffe verhindert werden, waren unfähig zum Grundbesitz, insofern sie nicht durch besondere Gesetze oder Spezialkonzessionen darin eine Nachsehen erlangt hatten [15]). Die Verf.-Urkunde ([14]) stellt die Besitzfähigkeit bedingungslos her; dagegen verordnet sie ebenfalls absolut, daß den bürgerlichen und staatsbür-

---

7) A. L.R. II, 7, §§. 274, 278, 279.

8) Kultur-Ed. vom 14. September 1811, §. 1 (G.S. S. 300).

9) A. L.R, II, 9, §§. 68—71.

10) Edikt vom 9. Oktober 1807 (G.S. 1807, S. 171); K.O. vom 7. Februar 1845 (G.S. S. 96).

11) K.O. vom 28. März 1809 (Rabe, Samml., X, S. 77).

12) R. des J.M. vom 12. September 1836 (Jahrb. Bd. XLVIII, S. 266).

13) Darüber ausführlich: Koch, die Juden im preuß. Staate (Marienwerder, 1833), S. 222—306.

14) Verf.-Urk. vom 31. Januar 1850, Art. 12.

15) Ed. vom 9. Oktober 1807, §. 1, Abs. 2 (G.S. 1807, S. 171).

gerlichen Pflichten durch die Ausübung der Religionsfreiheit kein Abbruch geschehen darf.

7. Wer eine Apotheke erbt, welcher nicht approbirter Apotheker ist, muß, mit Ausnahme der Wittwe des Erblassers, wenn dieser ein privilegirter Apotheker war, während ihres Wittwenstandes, und der minorennen Kinder desselben bis zu ihrer Großjährigkeit, dieselbe binnen einem Jahre bis höchstens anderthalb Jahren auf einen privilegirten Apotheker bringen [16]). Dies ist noch geltendes Recht.

8. Mitglieder der Provinzial-Domänen-Verwaltungen und Domänen-Rentbeamte sind unfähig, ohne vorgängige Dispensation des Ressortministeriums Domänen-Grundstücke in ihrer Provinz zu erwerben [17]). Ebenso soll kein im Staatsdienst stehender Forstbediente, ohne Unterschied seines Ranges, befugt sein, ein Grundstück zu erwerben, welches in den seiner Aufsicht und Verwaltung anvertrauten Forsten und Revieren ein Holzungs-, Hütungs- oder sonstiges Recht hat, oder mit demselben grenzt [18]). Beide Verbote beziehen sich nach der Fassung und dem Ausdrucke „ohne vorgängige Dispensation" auf die Erwerbung durch ein Geschäft unter Lebenden. Fällt aber ein solches Grundstück einem der genannten Beamten durch Erbgangsrecht zu, so ist die Folge nicht Ungültigkeit des Anfalls, sondern nur der Veräußerungszwang, wenn nicht höhere Genehmigung oder Amtsversetzung erfolgt.

Alle diese Besitzbeschränkungen beruhen auf staatswirthschaftlichen resp. sanitätspolizeilichen (Nr. 7) Rücksichten und haben mit Rechtsgrundsätzen nichts zu thun.

II. Korporationen und andere juristische Personen hatten ursprünglich keine Erbfähigkeit und keine Testamentifaktion [18a]). Später legte ein Senatuskonsult den Munizipalstädten die Fähigkeit bei, von ihren Freigelassenen zu Erben eingesetzt zu werden und diese Erbschaft durch Stellvertreter zu erwerben, sowie schon vorher das Intestaterbrecht der Städte in den Nachlaß ihrer Freigelassenen zugelassen worden war [19]). Die allgemeine passive Testamentifaktion wurde

16) Apotheker-Ordnung vom 12. Oktober 1801, Tit. 1, §§. 3, 4 (N. C.S. Bd. XI, S. 555; Rabe, Bd. VI, S. 610).

17) K.O. vom 29. Februar 1812 (G.S. S. 16); Min.-R. vom 18. Januar 1837 u. vom 4. Dezember 1837 (v. Kamptz, Annal., Bd. XXI, S. 28 u. 891).

18) K.O. vom 5. September 1821 (G.S. S. 158).

18a) Ulpian. XXII, §. 5: „Nec municipia, nec municipes heredes institui possunt: quoniam incertum corpus est, ut neque cernere universi, neque pro herede gerere possint, ut heredes fiunt." — Plinius, epist., V, 7: „Nec heredem institui nec praecipere posse rempublicam constat."

19) Ulpian. XXII, §. 5; L. un. pr. u. §. 1 D. de libertis universitatum (XXXVIII, 3).

den Städten erst durch eine Konstitution von Leo v. J. 469 beigelegt[20]), andere Korporationen (collegia, corpora) haben dieselbe niemals erlangt, nur einzelne von ihnen waren durch besondere Privilegien der Erbeinsetzung für fähig erklärt[21]) und durch ein Senatuskonsult zu Zeiten des Kaisers Markus war es erlaubt worden, den Korporationen und Kollegien, die sich erlaubter Weise gebildet hatten, Vermächtnisse auszusetzen[22]), welche Befähigung auch durch ein besonderes Reskript von Markus den Dörfern beigelegt wurde[23]). Nachdem das Christenthum herrschend geworden war, traten nicht bloß für die Kirchen, sondern auch für alle kirchliche Stiftungen (pia corpora) neue Grundsätze ein, ihnen allen sollten Erbschaften und Legate unbeschränkt zugewendet werden können und ohne Rücksicht auf die Beschränkung der incertae personae sollte der fromme und milde Zweck selbst, die pia causa das ideale Rechtssubjekt, der Träger des Rechts (oben §. 11) sein[24]). Im heutigen Gemeinen Rechte wird die Erbfähigkeit nun allen juristischen Personen zugeschrieben; manche neuere Gesetzgebungen haben indeß die Erwerbungen der todten Hand aus politischen und volkswirthschaftlichen Rücksichten überhaupt wieder beschränkt; dergleichen Beschränkungen sind jedoch nur partikular rechtlich.

Nach dieser Uebersicht kommen wir zum preußischen Recht. In diesem gilt der Grundsatz: wer im Staate Vermögen zu erwerben fähig ist, dem können auch Erbschaften und Vermächtnisse hinterlassen werden, im Allgemeinen auch für alle juristische Personen. Allein die preußische Gesetzgebung gehört zu denjenigen, welche die Vermögensübertragungen ad manus mortuas aus den so eben angegebenen Gründen einschränken, doch in einer Weise, daß dadurch die passive Testamentsfähigkeit der fingirten Personen nicht absolut beschränkt, sondern nur bedingt wird; denn die Begrenzung der Erwerbsfähigkeit derselben ist in die Diskretion der Staatsregierung gestellt, indem die Gültigkeit der Zuwendung von deren ganz willkührlichen Genehmigung abhängt. Die Aufzählung des Einzelnen ist zwar nicht belehrend, aber wegen des praktischen Zwecks dieser Darstellung nicht zu umgehen, weshalb dieselbe hier folgt.

20) L. 12 C. de hered. instit. (VI, 24).

21) L. 8 C. eodem: „Collegium, si nullo speciali privilegio subnixum sit, hereditatem capere non posse dubium non est.“

22) L. 20 D. de rebus dubiis (XXXIV, 5).

23) L. 73, §. 1 D. de legatis I.

24) L. 1, L. 26 C. de SS. ecclesiis (I, 2); L. 24. L. 49 C. de episcopis (I, 3).

1. Ausländische Korporationen und andere juristische Personen, auch Kirchen und geistliche Gesellschaften, können Grundeigenthum innerhalb der preußischen Lande, und überhaupt Erbschaften und Vermächtnisse, soweit der Gegenstand sich in hiesigen Landen befindet, ohne Unterschied ihres Betrages, nur mit unmittelbarer landesherrlicher Genehmigung erwerben. Die Verabfolgung beweglicher hier befindlicher Gegenstände entzieht zwar dieselben dem Einflusse dieses Verbots, aber sie wird an demjenigen, welcher die Verabfolgung veranstaltet hat, durch eine Geldstrafe gerügt, welche dem doppelten Betrag der Zuwendung gleichkommen kann[25]).

2. Inländische Korporationen und andere öffentliche Anstalten, sowie Kirchen und geistliche Gesellschaften, unterliegen folgenden Bestimmungen[26]):

a) Beträgt die Zuwendung mehr als Eintausend Thaler, so ist zur Gültigkeit derselben ihrem vollen Betrage nach die landesherrliche Genehmigung, welche nicht etwa vormundschaftlicher, sondern polizeilicher Natur ist, erforderlich[27]). Die Worte: „ihrem vollen Betrage nach", sind zweideutig; sie können den Sinn haben, daß die Ablehnung der Genehmigung die Annahme des ganzen Betrages hindere, aber die Annahme der Summe bis 1000 Thaler einschließlich nicht verbiete, da es dazu einer Genehmigung überall nicht bedarf, so daß nur das Mehr wegfalle. Das war das Prinzip des alten Rechts nach dem Edikt vom 22. Juni 1753[28]), welches die im Gemeinen Rechte unbeschränkte Freiheit, den geistlichen Stiftungen, Kirchen und piis corporibus Vermächtnisse zuzuwenden, auf eine Summe von 500 Thalern schlechthin einschränkte und nur das Mehr für ungültig erklärte, welchem auch die landrechtliche Bestimmung entspricht: „Auch inländische Kirchen dürfen, ohne besondere Einwilligung des Staats, Geschenke und Vermächtnisse, welche die Summe von 500 Thalern übersteigen, nicht annehmen. — Dergleichen Geschenke oder Vermächtnisse zur todten Hand können nur insofern auf die Genehmigung des Staats Anspruch machen, als sie die Summe von 500 Thalern nicht übersteigen. Mehrere Zuwendungen von einerlei — Erblasser werden, wenn sie auch zu verschiedenen Zeiten bestimmt worden, in Eine Summe zusammengezogen und

25) A. L.R. II, 11, §§. 195, 196; Ges. vom 13. Mai 1833, §. 11 (G.S. S. 49); Ges. vom 4. Mai 1846, §. 1 (G.S. S. 235).

26) Ges. vom 13. Mai 1833 (G.S. S. 235).

27) §. 2 a. a. O. u. V. v. 21. Juli 1843, Nr. 2 (G.S. S. 322).

28) N. C. C. Tom. I. c. D. p. 506.

auf obigen Betrag herabgesetzt[29])." Jene Worte können aber auch den Sinn haben sollen, daß in Entstehung der Genehmigung das Vermächtniß ganz und gar ungültig sei, welches denn dahin führen würde, daß die bedachte Anstalt, wenn ihr 1000 Thaler vermacht worden wären, 1000 Thaler erhielte ohne Genehmigung; wenn ihr aber 1001 Thaler ausgesetzt worden wären, sie gar nichts erhielte, was doch dem Princip, daß man 1000 Thaler nach dieser Richtung verfügungsfrei hat, widersprechen würde. Da eine ausdrückliche Erklärung des Gesetzgebers das bis dahin geltend gewesene Princip nicht geändert hat, so ist es unbedenklich, jenen Ausdruck dahin aufzufassen, daß die Befugniß, eine Zuwendung bis zu 1000 Thalern einschließlich zu erwerben, unbedingt geblieben und nur das etwaige Plus anzunehmen durch Ertheilung der Genehmigung bedingt ist.

b) Hat ein Erblasser in mehreren letztwilligen Verordnungen aus verschiedenen Zeiten einer und derselben Anstalt oder Korporation Zuwendungen gemacht, so werden diese Zuwendungen als ein Ganzes und als aus Einem Akt hervorgegangen angesehen und zusammengerechnet, um zu beurtheilen: ob die landesherrliche Genehmigung erforderlich sei[30]).

c) Zuwendungen, welche in fortgesetzt wiederkehrenden Hebungen bestehen, werden mit vier Prozent kapitalisirt, und wenn der Betrag alsdann die erlaubte Summe übersteigt, bis auf so weit herabgesetzt[31]).

d) Ohne Unterschied des Betrages der Zuwendung ist die landesherrliche Genehmigung erforderlich, wenn dadurch eine neue öffentliche Anstalt gestiftet (also eine neue juristische Person geschaffen), oder wenn einer vorhandenen Anstalt etwas zu einem anderen, als dem bereits genehmigten Zwecke gewidmet werden soll[32]).

e) Bei Zuwendungen zu Messen ist die dem Betrage nach erforderliche Genehmigung des Staats durch das Ministerium der geistlichen Angelegenheiten zu ertheilen[33]).

f) Erst mit dem Tage, an welchem die erforderliche Genehmigung dem Erben bekannt gemacht worden, nimmt die Verbindlichkeit

---

29) A. L.R. II, 11, §§. 197, 200, 201. Vergl. auch §. 202.

30) K.O. vom 10. April 1836 und J.M.R. vom 28. Mai 1836 (Jahrb. Bd. XLVII, S. 504). A. L.R. §. 201 a. a. O.

31) A. L.R. a. a. O. §. 202; Ges. vom 13. Mai 1833, §. 3.

32) §. 5 dess. Gesetzes.

33) K.O. vom 22. Mai 1836 (G.S. S. 195).

zur Entrichtung des Vermächtnisses, resp. zur Uebergabe der Erbschaft ihren Anfang. Mit der zugewendeten Sache müssen zugleich die davon seit dem Todestage des Erblassers wirklich erhobenen Nutzungen verabfolgt werden [34].

g) Würden durch ein Vermächtniß an eine Anstalt oder Korporation Personen, welchen der Erblasser während seines Lebens Alimente zu geben gesetzlich verpflichtet war, wegen Unzulänglichkeit des Nachlasses daran Abbruch leiden, so sollen die Einkünfte des Vermächtnisses, soweit dieselben dazu erforderlich sind, zur Ergänzung des solchen Personen zukommenden Unterhalts verwendet werden [35].

h) Was gegen das Gesetz gezahlt worden ist, gilt bei versagter Genehmigung als zu einem unerlaubten Zweck gegeben und kann, falls nicht der Geber die Rückforderung begründen kann [36], seitens des Fiskus ob injustam causam kondizirt werden [37].

i) Diesen Bestimmungen unterliegen solche Zuwendungen nicht, die zwar einer öffentlichen Anstalt oder einer Korporation beschieden, aber zur Vertheilung an Einzelne gelangen, außer wenn nur der Ertrag, z. B. an Arme, vertheilt werden soll. Auch gehört hierher dasjenige, was für Seelenmessen, die gleich nach dem Tode zu lesen sind, den katholischen Priestern entrichtet wird [38]. Diese Ausnahme beruhet darauf, daß dergleichen Zuwendungen nicht zur todten Hand geschehen, sondern ihrem Gegenstande nach im Verkehre verbleiben, mithin der Grund der Beschränkung wegfällt. Dennoch ist schon nach einigen Jahren die Beschränkung auf solche Zuwendungen, deren Vertheilung an Einzelne der Geber weder ausdrücklich bestimmt, noch ausgeschlossen hat, jedoch nach dem Beschlusse der bedachten Anstalt oder Gesellschaft an Einzelne erfolgt, ausgedehnt und die landesherrliche Genehmigung bei einem Betrage von mehr als 1000 Thalern für erforderlich erklärt [39].

k) Das Verfahren behufs Kontrolirung der Anordnung und Nachsuchung der Genehmigung, wo sie erforderlich, ist folgendes: 1) Die Vorsteher der bedachten öffentlichen Anstalten oder Korpora-

34) §. 4 des Ges. vom 13. Mai 1833.

35) §. 8 a. a. O.

36) Etwa wegen Irrthums auf Grund des §. 183, I, 16 des A. L.R., oder wegen eines gemachten Vorbehalts.

37) A. L.R. §. 205 a. a. O. Vergl. das Schr. des J.M. an das geistliche Departement, vom 11. November 1833, zu 3 (Ergänz. z. A. L.R. II, 11, §§. 197 bis 216, Nr. 4, lit. c).

38) §. 6 des Ges. vom 13. Mai 1833; R. v. 28. Februar 1849 (Min.Bl. d. i. V. 1849, S. 44).

39) V. vom 21. Juli 1843, Nr. 2 (G.S. S. 322).

tionen haben, bei Ordnungsstrafe, die letztwilligen Zuwendungen, welche 1000 Thaler auch nicht übersteigen, ausgenommen solche, welche an Einzelne vertheilt werden und nicht über 1000 Thaler betragen, der vorgesetzten Behörde anzuzeigen [40]. 2) Uebersteigt die Zuwendung den erlaubten Betrag oder ist die Genehmigung ohne Unterschied des Betrages erforderlich (lit. d), so berichtet die Behörde an das Ressortministerium um Einholung der Genehmigung und muß in dem Berichte folgende fünf Punkte erörtern: a) ob nicht das Vermögen des betreffenden Instituts ꝛc. durch die Zuwendung zum Nachtheil des öffentlichen Verkehrs im Allgemeinen übermäßig vermehrt werde; b) ob nicht die betreffende Anstalt Mittel anhäufe, welche deren durch ihre Bestimmung begrenztes Bedürfniß überschreite; c) ob keine gemeinschädliche Anordnung an die Zuwendung geknüpft sei; d) ob dabei keine Verletzung einer Pflicht gegen hülfsbedürftige Angehörige (vergl. oben lit. g), oder e) eine Ueberredung zur Kränkung der Rechte dritter Personen stattfinde [41].

3. Denselben Bestimmungen sind Schulen, Universitäten, Erziehungs-, Kranken- und Armen-Anstalten und Hospitäler, welchen früher Zuwendungen ohne Einschränkung auf eine gewisse Summe gemacht werden konnten [42], nunmehr unterworfen [43].

4. Stadt- und Dorfgemeinden, Korporationen und privilegirte Gesellschaften sind in ihrer Erwerbsfähigkeit unbeschränkt, einestheils weil ihr Vermögen nicht außer dem allgemeinen Verkehr ist, anderntheils, weil sie aus bestimmten Personen bestehen, welche auch abgesehen von der der Korporation beiwohnenden Rechtsfähigkeit im Interesse der Gesammtheit so gut wie die Mitglieder einer erlaubten Privatgesellschaft ohne Korporationsrechte Rechte erwerben können [43a]. Sie müssen zwar zur Erwerbung unbeweglicher Sachen die besondere Einwilligung der ihnen vorgesetzten Behörde erwirken [44]; indeß hat diese Genehmigung nur die Natur einer vormundschaftlichen, während die Genehmigung bei Vermächtnissen an Kirchen, Klöster und pia corpora polizeilicher Natur ist [45].

---

40) Nr. 1 ders. Verordnung u. §. 1 des G. vom 13. Mai 1833.

41) K.O. vom 1. Februar 1834 u. R. vom 22. Mai 1834 (Ergänz. z. A. L.R. II, 11, §§. 197—216, Nr. 4, lit. d, 3. A. Bd. V, S. 576).

42) A. L.R. I, 12, §. 38 u. Tit. 11, §. 1075; II, 19, §. 44.

43) Ges. vom 13. Mai 1833, Einleitung.

43a) Vergl. Entsch. des Obertr. Bd. XL, S. 99.

44) A. L.R. II, 6, §. 83, und die in meiner Anm. 56 dazu verzeichneten Ministerial-Verfügungen.

45) Vergl. R. des Min. des Inn. vom 4. Oktober 1826 (v. Kamptz, Annal., Bd. X, S. 1070) a. E.

III. In Betreff der relativen Testamentsunfähigkeit ist für uns aus dem römischen Rechte keine Belehrung zu schöpfen; keiner der Fälle desselben, die im alten Rechte weit häufiger als im neueren waren, kommt noch im preußischen Rechte vor. Dieses kennt nur drei Fälle, von welchen zwei an ähnliche des römischen Rechts erinnern. Diese sind:

1. Wer mit dem Testirer Blutschande getrieben hat und dieser Uebelthat gerichtlich für schuldig gesprochen worden ist, oder wer mit ihm Ehebruch getrieben und dadurch Ursach zur wirklichen Trennung einer Ehe gegeben, auch demnächst sich mit ihm, nach vorgängiger Dispensation, nicht verehelicht hat, kann aus dessen letztwilliger Verordnung gar nichts erwerben [46]). Dieser Fall erinnert an die Intestabilität derjenigen nach römischem Rechte, welche in incestuosen Ehen lebten [47]).

2. Eine Ehefrau zur linken Hand kann von ihrem Manne, welcher bei Eingehung der Ehe mit ihr Kinder aus einer rechten Ehe hatte, wenn dieselben auch später sterben, aus einem Erbvertrage oder Testamente desselben, mag es auch ein wechselseitiges sein, nicht mehr als den zehnten Theil seines eigenthümlichen freien Nachlasses erwerben [48]). Dies ist eine Nachbildung der Verordnung Justinian's [49]), daß ein Mann, welcher eheliche Kinder hat, seiner Konkubine und den Kindern von ihr zusammen nur ein Zwölftel, und ihr allein nur ein Vierundzwanzigstel seines Vermögens letztwillig solle zuwenden können; denn die heutige Ehe zur linken Hand ist das römische Konkubinat in moderner Form.

3. Wer seine Pflegebefohlene oder die Pflegebefohlene seines Vaters ohne Konsens der Obervormundschaft heirathet oder wer sein minorennes Adoptivkind vor Auflösung der Adoption heirathet, kann aus der letztwilligen Verordnung, welche dieselbe vor erreichter Volljährigkeit errichtet hat, gar nichts erwerben [50]). Eine ganz neue Erfindung und darum auch nicht ohne juristische Gedankenunklarheit. Die Worte des Verbots lauten:

---

46) A. L.R. I, 12, §. 35; V. vom 28. Febr. 1811 (G.S. 1811, S. 156).

47) L. 6 C. de incestis nuptiis (V, 5).

48) A. L.R. II, 1, §§. 904, 905. Die Frau könnte ja wohl sonst das Leben der Kinder gefährden, wenn sie ein Interesse dabei hätte, daß sie den Vater nicht überleben, sagen die Verf. des L.R. in einer Note zum Entwurf, Th. I, Abth. 1, S. 137. Das könnte ja wohl auch eine zweite rechte Ehefrau fertig bringen.

49) Novelle 89, Kap. 12, §. 2.

50) A. L.R. II, 18, §§. 982 u. 985.

§. 982. „Alle Zuwendungen, welche die Frau einem solchen Manne in einem vor erreichter Volljährigkeit gemachten Vertrage oder Testamente bestimmt hat, sind ungültig.“

§. 983. „Nach erlangter Volljährigkeit hängt es von dem freien Entschlusse der Frau ab, was sie von ihrem Vermögen dem Manne einbringen, oder sich vorbehalten wolle.“

§. 984. „Ist während der Minderjährigkeit einer solchergestalt gesetzwidrig verheiratheten Person die Ungültigkeit der Ehe nicht gerügt worden: so bleibt ihr selbst das Recht dazu noch innerhalb sechs Monaten nach zurückgelegtem vier und zwanzigsten Jahre vorbehalten.“

Nach §. 984 bleibt die Ehe bis zur Volljährigkeit der Frau und noch sechs Monate darüber im Zustande der Ungültigkeit; wird die Ehe bis dahin rescindirt, so sind damit Eheverträge und Testamente der Frau gefallen. Wird aber die Ehe durch Ablauf der Zeit gültig, so entsteht die Frage nach der Wirksamkeit des Testamentes. Der §. 983 berührt die Frage nicht, er ist keine Fortsetzung des §. 982, sondern behandelt einen ganz andern Gegenstand, der mit den letztwilligen Zuwendungen nichts zu thun hat und niemals in Kollision tritt; es läßt sich also aus dem §. 983 nicht beweisen, daß das Testament der Frau, nachdem die Ehe durch stillschweigende Genehmigung gültig geworden, ungültig bleibe und deshalb wiederholt werden müsse. Die Entscheidung der Frage läßt sich sonach nur aus dem §. 982 schöpfen und dieser sagt nur: „Alle Zuwendungen, welche die Frau einem solchen Manne in einem vor erreichter Volljährigkeit gemachten Testamente bestimmt hat, sind ungültig.“ Warum? aus welchem Rechtsgrunde? Das wird nicht angedeutet, und doch hängt die Entscheidung davon ab: wo, auf welcher Seite, der Ungültigkeitsgrund zu finden ist. Dieser kann in der aktiven, er kann aber auch in der passiven Testamentifaktion liegen sollen. Wird die Bestimmung so aufgefaßt, daß der Mann unfähig sein solle, etwas aus dem Testamente der Frau in dem Zustande der Ungültigkeit der Ehe zu erwerben, so fehlt ihm die Erbfähigkeit, wenn die Frau während dieses Zustandes stirbt, sie fehlt ihm zur Zeit der Testamentserrichtung und zur Zeit des Anfalls. Für diese Auffassung spricht der Umstand, daß nach Absicht des Gesetzes „ein solcher Mann“ zur Strafe seinen eigennützigen Zweck nicht erreichen soll; auch wäre es widersinnig, der schuldlosen Frau ihre aktive Testamentifaktion zu entziehen, das würde eine Strafe für sie sein. Nach dieser Auffassung muß dann aber angenommen werden, daß, wenn der Anfall erfolgt, nachdem die Ehe vollgültig geworden und der Mann nicht mehr erbunfähig nach seiner Frau ist, die ihm bestimmte Zuwendung von ihm erworben werden kann, woraus denn folgt, daß die letztwillige Verordnung der Frau, die ja an einer mangelhaften aktiven Testamentifaktion nicht gelitten hat, nicht wiederholt zu werden braucht, denn es ist zur Gültigkeit des Testamentes nicht erforderlich, daß der Honorirte zur Zeit der Testamentserrichtung passive Testamentsfähigkeit habe. Faßt man hingegen die Ungültigkeitserklärung im §. 982 so auf, als läge der Grund der Ungültigkeit in dem Mangel der aktiven Testamentifaktion, so kann dies nur mit Hülfe einer Fiktion geschehen, indem man nämlich ein natürliches Hinderniß der Willensfreiheit der Testatrix (oben §. 17, Nr. III, 2 a. E.), namentlich Ueberredung oder Zwang annähme, denn alsdann bliebe die Verordnung ungültig, wenn auch das Hinderniß in der Folge gehoben worden[51]), und müßte folglich in geistesfreiem Zustande wiederholt werden. Etwas dergleichen kommt in den Verhandlungen der Verfasser des Landrechts vor, aber nur in Betreff dieser Heirath und auch nur hypothetisch, denn Suarez äußert in einer Revisionsbemerkung hierzu:

„Submitto: ob der Grund, warum nach römischem Rechte matrimonium tutoris cum pupilla verboten war, nach unserer heutigen Verfassung noch stattfinde. Dieser Grund war kein anderer, als das periculum intervertendarum rationum. Bei uns sorgt die Obrigkeit ex officio für richtige Legung und Abnahme der Vormundschaftsrechnungen; und ich sehe nicht ein, was das Vermögen der Kurandin für Gefahr laufen könne, wenn eben die Person, die es vorhin als tutor administrirt hat, dasselbe nunmehr als maritus verwaltet. Wollte man der Besorgniß, daß die Kurandin zu einer solchen Heirath überredet oder gezwungen werden möchte, zum Grunde nehmen, so würde man wenigstens die obrigkeitliche Dispensation nachlassen müssen, da gewiß sehr viele Fälle vorkommen, wo die Kurandin ohne Zwang oder Ueberredung zu einer solchen Heirath inkliniren kann, und dem bono publico daran gelegen ist, die Menge der Ehehindernisse möglichst zu vermindern[52])."

Der Vorschlag wegen der Dispensation wurde angenommen. In Beziehung auf die letztwilligen Verordnungen findet sich über den Ungültigkeitsgrund keine Andeutung und es würde rein willkührlich

51) A. L.R. I, 12, §. 12.

52) Bornemann, System, Bd. V, S. 337.

sein, die im Gesetze nicht angeordnete Fiktion der Ueberredung und des Zwanges anzunehmen und damit den Grund der Ungültigkeit der Zuwendungen in die mangelhafte aktive Testamentsfähigkeit der Frau, statt in die fehlende passive Fähigkeit des Mannes zu legen. Die Zuwendung ist nicht eigentlich ungültig, sondern sie wird durch die Unfähigkeit des Mannes vereitelt, wenn der Mann zur Zeit des Anfalls noch unfähig ist ([55]), indem die vorausgesetzte Bedingung der Erwerbsfähigkeit fehlschlägt. Das hat mit der aktiven Testamentsfähigkeit nichts zu thun, es liegt lediglich in der Person des Honorirten.

IV. Nach der Grundlage des römischen Testamentes (oben I) mußte das Kommerzium oder die passive Testamentifaktion des Honorirten in drei Zeitpunkten vorhanden sein: zur Zeit der Testamentserrichtung, zur Zeit des Anfalles oder bei bedingten Einsetzungen zur Zeit der Erfüllung der Bedingung und zur Zeit der Erwerbung. Dies ist die Lehre der tria tempora. Doch schadete eine vorübergehende Unfähigkeit in dem Zeitraume zwischen dem ersten und zweiten Zeitpunkte nicht, und hierauf bezieht sich das Rechtssprichwort: „Media tempora non nocent[53]).“ Dagegen mußte die Fähigkeit zwischen dem zweiten und dritten Zeitpunkte ohne Unterbrechung fortdauern, weil sonst die Erbschaft mit dem Eintritte der Unfähigkeit irgend einem Anderen (Substituten oder Intestaterben) deferirt wurde. Diese Lehre ist vollständig in folgender Stelle enthalten: „In extraneis heredibus illa observantur, ut sit cum eis testamenti factio — —: et id in duobus temporibus inspicitur: testamenti facti, ut constiterit institutio (wegen der Manzipationsform), et mortis testatoris, ut effectum habeat; hoc amplius, et cum adibit hereditatem, esse debet cum eo testamenti factio — —. Nam jus heredis eo vel maxime inspiciendum est, quo acquirit hereditatem: medio autem tempore inter factum testamentum et mortem testatoris — — mutatio juris heredi non nocet, quia, ut dixi, tria tempora inspicimus[54]).“ Diese Lehre hatte im Justinianeischen Rechte ihre Grundlage bereits verloren, sie beruhete nicht auf der Natur der Testamente und der Anerkennung eines inneren Bedürfnisses, sondern lediglich auf der Beibehaltung einer ehemaligen

53) L. 6, §. 2 D. de heredibus instituendis (XXVIII, 5): „Solemus dicere, media tempora non nocere, utputa civis Romanus heres scriptus, vivo testatore factus peregrinus, mox ad civitatem Romanam pervenit: media tempora non nocent.“ — Vergl. L. 50 pr. D. eodem.

54) L. 49, §. 1 D. eodem. — Vergl. §. 4 Inst. de hered. qual. et differ. (II, 19); L. 59, §. 4 D. de hered. inst. (XXVIII, 5).

Theorie, welche längst zu den Rechtsalterthümern gehörte. Nach allgemeinen Gründen ist bei Beurtheilung des Inhalts eines Testaments, wozu auch die persönliche Freiheit des Honorirten gehört, auf die thatsächlichen Verhältnisse zu der Zeit zu sehen, wo das Testament in das Leben treten und zur Erfüllung kommen soll, also auf die Zeit des Todes des Erblassers und auf die Zeit der Erwerbung der Zuwendung. Wo beide Begebenheiten, wie nach preußischem Rechte, in einen Zeitpunkt zusammenfallen, da vereinfacht sich die Sache noch mehr, daher ist die Bestimmung des Landrechts: „Bei Beurtheilung der Fähigkeit eines Erben oder Legatarii muß auf die Zeit des Erbanfalls gesehen werden [55]),“ ganz konsequent. Von selbst versteht sich, daß bei Nachgeborenen diese Zeit in die Zeit der Geburt fällt [56]).

III. Von der Errichtung letzter Willen.

§. 19.

A. Von der Willensbestimmung.

I. Der letzte Wille muß der individuelle eigene Wille des Testators sein, und dazu ist vor allem Freiheit in der Willensbestimmung erforderlich [1]). Was diese Freiheit beeinträchtigt, entkräftet auch die scheinbar vorhandene eigene Willensbestimmung, weil sie nicht das Ergebniß einer unabhängigen freien Entschließung ist. Zweierlei Arten von Umständen sind es hauptsächlich, welche auf die Willensbestimmung entkräftend wirken: Unwahrheit der thatsächlichen Voraussetzungen (Irrthum und Betrug) und äußere Beeinflussungen. Dies ist näher darzustellen.

1. Falsche Voraussetzungen, gleichviel, ob die unrichtige Vorstellung durch einen Anderen erweckt worden ist (Betrug) oder nicht (Irrthum), haben in der Regel Unwirksamkeit der dadurch veranlaßten Willensbestimmung zur Folge [2]). Es ist jedoch zu unterscheiden. Der Irrthum kann liegen in der falschen Vorstellung des Testators von den Eigenschaften des Honorirten, oder in den Beweggründen, oder in einer unrichtigen Vorstellung von dem Gegenstande, oder in den gebrauchten Ausdrücken und in irrig angegebenen Nebenbezeichnungen.

---

55) I, 12, §. 43. Vergl. Tit. 11, §. 452.

56) A. L.R. I, Tit. 1, §. 12; Tit. 9, §. 371; Tit. 12, §. 527.

1) L. 1 C. de SS ecclesiis (I, 2): „Nihil est —, quod magis hominibus debeatur, quam ut supremae voluntatis liber sit stylus.“

2) L 20 D. de aqua et aquae pluviae (XXXIX, 3): „nulla voluntas errantis est.“ — A. L.R. I, 12, §§. 23, 24, 25; I, 4, §§. 75 ff.

a) Betrifft der Irrthum die Person des Honorirten, wollte nämlich der Testator eine andere Person als die genannte bedenken, so liegt ein „error in corpore hominis“ vor und die Verordnung ist deshalb ungültig. „Quotiens volens alium heredem scribere, alium scripserit, in corpore hominis errans, veluti frater meus, patronus meus, placet, neque eum heredem esse, qui scriptus est, quoniam voluntate deficitur, neque eum, quem voluit, quoniam scriptus non est [3].“ Dasselbe bestimmt das Landrecht mit folgenden Worten: „Ein Gleiches (Ungültigkeit der Willenserklärung) gilt von einem Irrthume in der Person desjenigen, für welchen aus der Willenserklärung ein Recht entstehen soll, so bald aus den Umständen erhellet, daß ohne diesen Irrthum die Erklärung solchergestalt nicht erfolgt sein würde [4].“ Diese Bestimmung ist insofern noch praktischer, als sie zugleich über den zulässigen Beweis Vorsorge trifft: der Irrthum muß „aus den Umständen erhellen“, kann also außerdem nicht bewiesen werden. — Ungültigkeit der Zuwendung ist auch vorhanden, wenn der Testator die richtige Person, welche er wirklich meint, genannt hat, bei ihr jedoch irrthümlich gewisse Eigenschaften ausdrücklich voraussetzt, die ihr in der That fehlen. „Si pater tuus eum quasi filium suum heredem instituit, quem falsa opinione ductus, suum esse credebat, non instituturus, si alienum nosset, isque postea subditus esse ostensus est: auferendam ei successionem, divorum Severi et Antonini placitis continetur [5].“ Die irrig beigelegte Eigenschaft soll also Beweggrund der Zuwendung gewesen sein, so daß der Testator anders würde verfügt haben, wenn er über seinen Irrthum aufgeklärt gewesen wäre. Die Meinungen der Rechtsgelehrten des Gemeinen Rechts treffen jedoch darin nicht zusammen, ob dieser Umstand zu präsumiren sei [6], oder ob er bewiesen werden müsse, da man nicht wissen könne, ob der Testator nicht doch ebenso verfügt haben würde,

3) L. 9 pr. D. de hered. instit. (XXVIII, 5).

4) I, 4, §. 78.

5) L. 4 C. de heredibus instit. (VI, 24). Vergl. L. 7 C. eodem; L. 5 C. de testamentis (VI, 23).

6) Für diese Meinung beruft man sich auf §. 4 Inst. de vulgari substitut. (II, 15) u. L. 40 D. de heredibus instituendis (XXVIII, 5), wo über den Fall, wenn Jemand einen Sklaven, den er für einen Freien hielt, zum Erben einsetzt und ihm einen Substituten bestellt, gesagt ist, es werde angenommen (nihil aliud intelligitur), daß die Worte: wenn dieser nicht Erbe sein wird, nichts Anderes sagen sollten, als: wenn dieser die Erbschaft weder sich selbst erwarb, noch unter veränderten Verhältnissen einen Andern zum Erben machte, d. h. es wird oh- Beweis angenommen, daß der Sklave nicht eingesetzt worden sein würde, wenn man ihn nicht irrthümlich für einen Freien gehalten hätte.

wenn er den Mangel der Eigenschaft gekannt hatte. Diese Meinung beruhet darauf, daß der Irrthum in den vorausgesetzten Eigenschaften des Honorirten nur als ein Irrthum im Beweggrunde wirke. Das Landrecht verordnet über diesen Gegenstand in Ausdrücken, welche sich der ersten Meinung anschließen, nämlich: „Auch Irrthum in ausdrücklich vorausgesetzten Eigenschaften der Person vereitelt die Willenserklärung [7]." Die Bestimmung bringt den Mangel dieser Eigenschaften zu dem Irrthume im Beweggrunde, wovon an einer ganz andern Stelle [8]) gehandelt wird, in keine Beziehung, wie die zuletzt angeführte römische Stelle ([5]) thut, sie ist ganz absolut und erklärt den Mangel der irrthümlich vorausgesetzten Eigenschaften unbedingt für den vereitelnden Grund. In dem Testamente z. B., worin der Testator verordnete: „Ich ernenne meine beiden eheleiblichen Söhne Florian und Cantian zu meinen Universalerben", ohne zu wissen, daß sie nicht Beide seine Söhne sind, würde die Berufung des Florian doch sicherlich vereitelt sein, wenn sich nach dem Tode des Erblassers herausstellte, daß Florian ein untergeschobenes fremdes Kind sei; und man würde nach dem Beweise, daß er denselben nicht würde eingesetzt haben, wenn er den ihm gespielten Betrug gewußt hätte, nicht fragen. „Nihil aliud intelligitur" ([6]), vorausgesetzt, daß der Testator wirklich im Irrthum war. Legt er dem Honorirten wissentlich eine falsche Eigenschaft bei, nennt er ihn z. B. seinen „geliebten Bruder", während beide nicht Brüder waren, sondern nur etwa als Waffenbrüder in inniger Freundschaft lebten, so thut diese falsche Bezeichnung der Gültigkeit der Willenserklärung keinen Eintrag [9]). Denn falsche Benennungen oder Bezeichnungen machen die Verfügung des Erblassers nicht ungültig, wenn nur sonst die wahre Absicht desselben deutlich erhellet [10]).

b) Irrthum im Beweggrunde (falsa causa) macht bei letztwilligen Verordnungen die Willenserklärung immer ungültig, wenn ohne denselben die betreffende Verfügung unterblieben wäre [11]). An sich ist es nämlich gleichgültig, ob ein Beweggrund angegeben ist oder nicht, und ob der angegebene richtig ist oder nicht, weil der Beweg-

---

7) I, 4, §. 77.

8) §§. 145 u. flg.

9) L. 58, § 1 D. de hered. instit. (XXVIII, 5). Vergl. L. 33 pr. D. de condit. et demonstrat. (XXXV, 1).

10) A. L.R. I, 12, §. 518.

11) L. 14, §. 2 D. de liber. et posth. (XXVIII, 2); L. 72, §. 6 i. f. D. de condit. et demonstrat. (XXXV, 1); L. 4 C. de hered. instit. (VI, 24). Vergl. L. 9, 10 C. de testam. mil. (VI, 21).

grund mit der letztwilligen Zuwendung nicht zusammenhängt. „Falsam causam legato non obesse verius est: quia ratio legandi legato non cohaeret[12].“ Denn die causa ist die Absicht, freigebig zu sein, und dazu kann der Testator noch durch manche andere nicht ausgedrückte Gründe bestimmt worden sein[13]. Wenn aber aus den Umständen erhellet, daß ohne jenen Irrthum die Zuwendung nicht gemacht worden sein würde[14], so wird der Honorirte durch die doli exceptio ausgeschlossen[15], zu deren Begründung auch ein unförmlicher Widerruf genügt. Es ist zwar hierin nach römischen Rechte noch ein Unterschied zwischen Erbeinsetzungen und Legaten; doch kommt es darauf nach preußischem Rechte nicht an; das Landrecht hat die vorgetragenen Grundsätze ganz allgemein für alle letztwilligen Zuwendungen aufgenommen, indem es bestimmt: „Hingegen sind Willenserklärungen, woraus nur der, zu dessen Gunsten sie geschehen, allein den Vortheil ziehen würde, unkräftig, sobald erhellet, daß der ausdrücklich angeführte irrige Bewegungsgrund die einzige Ursache der Willensäußerung selbst gewesen sei[16].“ Dieses muß auch hier aus den Umständen hervorgehen. Eine Rückforderung des bereits Gegebenen findet auf Grund dieser Bestimmung nicht statt; dazu müssen die Erfordernisse der condictio indebiti nachgewiesen werden[17].

c) Der Irrthum in Beziehung auf den Gegenstand kann erstens in einer unrichtigen Vorstellung über das Eigenthum bestehen. Diesen behandelt das römische Recht, mit einer Ausnahme bezüglich auf die Ehefrau und die nächsten Verwandten[18], von welcher hier abgesehen werden kann, so daß, wenn Jemand eine fremde Sache, die er irrthümlich für seine eigene hielt, vermacht, dieses Vermächtniß nicht gilt, weil angenommen wurde, daß er diese Sache nicht vermacht haben würde, wenn er gewußt hätte, daß sie eine fremde

12) L. 72, §. 6 D. de condit. et demonstrat. (XXXV, 1).

13) §. 31 Inst. de legat. (II, 20); L. 17, §§. 2, 3 D. de condit. et demonstr. (XXXV, 1); L. 1—5 C. de falsa causa (VI, 44). Ebenso A. L.R. I, 4, §. 147.

14) L. 72, §. 6 D. de cond. et demonstr. (XXXV, 1): „— si probetur alias legaturus non fuisse.“ — L. 1 i. f. C. de falsa causa (VI, 44): „— nisi liquido probari possit eum non liberari debitorem voluisse, sed errore lapsum solutam sibi pecuniam existimasse.“

15) L. 72, §. 6 D. de cond. et demonstr. (XXXV, 1); L. 4, §. 10 D. de doli except. (XLIV, 4).

16) I, 4, §. 150.

17) Vergl. Erk. des Obertr. vom 24. April 1856 (Arch. f. Rechtsf. Bd. XXI, S. 128).

18) L. 10 C. de legatis (VI, 37).

sei[19]). Diese Lehre hat das Landrecht mit folgenden Worten aufgenommen: „Wenn er (der Testator) eine Sache, die wirklich eine fremde war, als seine eigene vermacht, so ist das Vermächtniß ohne Wirkung[20])." Im Prinzip ist also Uebereinstimmung. Die praktische Anwendung ist nicht ganz die gleiche. Kommt es über ein solches Vermächtniß zum Prozeß, so lautet die römische Regel: „Et verius est, ipsum qui agit, id est, legatarium probare oportere, scivisse alienam rem legare defunctum; non heredem probare oportere, ignorasse alienam: quia semper necessitas probandi incumbit illi, qui agit[21])." Auf diesem Standpunkte steht auch das Landrecht vermittelst einer Präsumtion, zu welcher es nach der nun überwundenen Vermuthungstheorie, unter dessen Einflusse die Verfasser standen, kam, und welche es so ausdrückt: „Im zweifelhaften Falle wird niemals vermuthet, daß der Testator eine fremde Sache habe vermachen wollen[22])." Es soll also gerade so wie nach römischem Rechte der Legatarius, welcher das Vermächtniß einer fremden Sache als ein gültiges fordert, die Bedingung der Gültigkeit, nämlich daß der Testator gewußt habe, die Sache sei eine fremde, beweisen. Nun stoßen wir jedoch auf eine Inkorrektheit der preußischen Praxis. Das Richtige ist nämlich Folgendes: Durch ein Vermächtniß wird ein obligatorisches Rechtsverhältniß begründet zwischen dem Erben und dem Legatar, vermöge dessen der Erbe gehalten ist, den im Nachlasse vorfindlichen vermachten Gegenstand dem Legatar auszuliefern. Denn der Legatar darf sich unbestritten auch nach preußischem Rechte nicht eigenmächtig in den Besitz derselben setzen. Zur Erlangung des Gegenstandes hat der Legatar die actio legatorum oder ex testamento. Als Parteien in dem desfallsigen Prozesse bezeichnet das römische Recht ([21]) ausdrücklich den Legatar als Kläger und den Erben als Beklagten. Der prozessualische Verlauf ist dann dieser, falls der Legatar nicht schon in der Klage die Replik anticipirt: Die Klage wird einfach auf den betreffenden Passus des Testaments gegründet. Der Beklagte excipirt die Ungültigkeit des Legats, weil der Gegenstand eine dem Testator fremde Sache sei, was der Beklagte zu beweisen hat. Der Kläger replicirt: der Testator habe dieses gewußt; und dies hat der Kläger zu beweisen. (Eine Nebenfrage kann noch die sein, zu welcher Zeit es der Testator ge-

19) §. 4 Inst. de legatis (II, 20).

20) I, 12, §. 384.

21) §. 4 Inst. de legatis (II, 20); L 21 D. de probationibus (XXII, 2).

22) I, 12, §. 383.

wußt haben müsse, welche hier auf sich beruhen bleibt.) Mißlingt der Beweis, so muß die Klage zurückgewiesen werden. So steht es mit der Sache. Das Obertribunal dagegen tritt mit dem Rechtssatze auf: „Das Legat einer Sache, welche der Testator als seine eigene besessen und hinterlassen hat, kann von dem Testamentserben nicht aus dem Grunde als wirkungslos angefochten werden, weil der Testator wirklich nicht Eigenthümer dieser Sache gewesen sei[23].“ Warum? Zuerst, weil das Gesetz, wie aus §. 377, Tit. 12: „Hat der Testator Jemandem eine fremde Sache ausdrücklich vermacht, so muß der Erbe dieselbe dem Legatar zu verschaffen sich möglichst angelegen sein lassen,“ hervorleuchte, sich hier unter einer fremden Sache eine solche, die sich im Besitze eines Dritten befindet, und die, um das Legat zu erfüllen, erst von dem Erben erworben und herbeigeschafft werden muß, denke, also eine fremde Sache, die der Testator als eine solche kenne, die er aber dennoch als seine eigene, nicht erst anzuschaffende, vermacht habe, und dies solle nicht vermuthet werden; eine solche Sache hingegen, welche sich bereits im Besitze des Testators befunden habe und als solche im Nachlasse sich vorfinde, könne im Sinne des Gesetzes nicht als eine fremde betrachtet werden. Allein diese sehr gewundene Ausdeutung ist rein willkührlich, sie widerspricht dem Wortsinne der Bestimmungen und dem rechtsgeschichtlichen Zusammenhange mit dem früheren Rechte, und hat keinen juristischen Gedanken. — Zum anderen wird behauptet, der Testamentserbe sei nicht befugt, das Legat aus dem Grunde, weil die vermachte Sache eine fremde sei d. h. einem Dritten zustehe, anzufechten; es wird also, wenn dies einen juristischen Sinn haben soll (denn von einer „Anfechtung“ ist ja überhaupt keine Rede, nur von einer Abwehr der nicht begründeten Klage), dem Erben die Passivlegitimation bestritten, während doch der Erbe zugleich auch für den richtigen Prozeßgegner anerkannt wird. Das ist vollends, gelinde ausgedrückt, eine unjuristische, rein willkührliche Behauptung, wie die vorhergehende quellenmäßige Entwicklung des Rechtsstandes darthut; nirgend bietet die preußische Rechtsgesetzgebung für eine solche Behauptung den mindesten Halt. — Endlich wird behauptet, der Erbe müsse eine solche Sache, die er nicht erst anzuschaffen habe, aus dem Nachlasse dem Legatar überliefern und es nach §. 301 a. a. O. diesem überlassen, die Ansprüche Dritter zu erwarten und zu bekämpfen. Nein, das muß er nicht nach §. 301,

---

23) Erk. vom 24. Januar 1849 (Entsch. Bd. XVII, S. 202).

welcher lautet: „Wenn zum Vermächtnisse ausgesetzte bestimmte Sachen oder Rechte von einem Erbschaftsgläubiger in Anspruch genommen werden: so muß der Erbe dem Legatario davon Nachricht geben; und dieser ist sodann schuldig, die Führung eines solchen Prozesses auf seine Kosten zu übernehmen." Die Bestimmung ist, wie der Wortlaut zeigt, für den sehr verschiedenen Fall der Vindikation einer vermachten fremden Sache seitens ihres Eigenthümers überhaupt nicht gegeben; wenn aber auch ihre analoge Anwendung darauf zugegeben würde, so sagt sie doch davon, daß der Erbe dem Legatar die Prozeßführung überlassen müsse, daß er keine Passivlegitimation habe, kein Wort, im Gegentheil, er ist befugt, dem Legatar die Prozeßführung zu überlassen und der Legatar ist ihm gegenüber schuldig, ihm solche auf eigene Kosten abzunehmen. Das ist etwas ganz anderes als was das Obertribunal daraus beweisen will [24]).

Zum Zweiten kann der Irrthum in der unrichtigen Angabe der gemeinten Quantität des Objekts liegen, z. B. der Testator will 100 zuwenden und schreibt aus Versehen 50, oder umgekehrt. Hierbei will das römische Recht, daß es nach der nachweisbaren wahren Willensmeinung des Testators gehen soll, es will also einen Beweis gegen die Wortangabe in der Testamentsurkunde zulassen [25]). Dies ist nach preußischem Rechte völlig unzulässig.

2. Der Einfluß des Zwanges auf die Willensbestimmung äußert sich anders als der des Irrthums. Bei dem wesentlichen Irrthume ist ein Wille, dessen Folge ein Rechtsverhältniß sein könnte, gar nicht vorhanden. Der Zwang macht den Gezwungenen nicht unfähig, sich nach eigener Wahl zu entschließen, entweder zu thun was der Vergewaltiger verlangt, und dann ist es ja eben sein Wille [26]), oder den Dränger abzuwehren, oder sich passiv zu verhalten. Deshalb gewährt das römische Recht verschiedene Mittel, um den schädlichen Folgen dieser Beeinflussungen entgegenzuwirken, indem es in den Fällen des wesentlichen Irrthums das Rechtsverhältniß als ipso

24) Hiernach ändert sich das, was ich über den Ausspruch des Obertr. in meiner Anm. 15 zu §. 384 a. a. O. gesagt habe.

25) L. 9, §§. 2—4 D. de hered. instit. (XXVIII, 5); L. 15 pr. D. de legatis I.

26) L. 21, §. 5 D. quod metus causa (IV, 2): „Si metu coactus adii hereditatem, puto me heredem effici, quia, quamvis si liberum esset noluissem, tamen coactus volui: sed per Praetorem restituendus sum, ut abstinendi potestas tribuatur." — L. 21, 22 D. de ritu nupt. (XXIII, 2): „Si patre cogente ducit uxorem, quam non duceret si sui arbitrii esset ..... maluisse hoc videtur."

jure nichtig behandelt, während bei dem Zwange Ungültigkeit der wirklich existent gewordenen Willensbestimmung und Erklärung per exceptionem angenommen und je nach den Umständen eine Klage, oder eine Exception gegen die Klage des Andern, oder auch Restitution dem Gezwungenen gegeben wird. In Anwendung auf Testamente ist die Wirkung des Zwangs im römischen Rechte nicht besonders behandelt, daher ist diese Lehre schwierig und die Meinung der Rechtsgelehrten sind hierüber sehr verschieden[27]). Für das preußische Recht ist daraus keine Belehrung zu schöpfen, das Landrecht geht hierbei seinen Weg, es unterscheidet nicht die Behandlung des Gegenstandes in Beziehung auf dingliche Rechte und Obligationen und in Beziehung auf letztwillige Verordnungen, sondern verordnet: Wieweit und unter welchen Umständen letztwillige Verordnungen, zu deren Errichtung Jemand durch Gewalt und Drohungen gezwungen worden, wegen eines solchen Mangels bei der Willenserklärung angefochten werden können, ist nach den allgemeinen Grundsätzen von Willenserklärungen überhaupt zu beurtheilen[28]). Hierbei müssen die verschiedenen Zwangsmittel, welche zur Einwirkung auf einen Menschen zur Anwendung kommen können, einzeln betrachtet werden. Man bezeichnet zwei verschiedene Arten, nämlich die direkte physische Gewalt, von den Neueren vis absoluta genannt, und die Einwirkung auf die Willensbestimmung durch Erregung von Furcht (Drohungen), durch Zufügung von Uebeln oder durch Gemüthsaufregungen, bei den Neueren vis compulsiva genannt.

a) Die rohe Gewaltthat hat bei Willenserklärungen keinen unmittelbaren Gegenstand, weil solche in einer geistigen Thätigkeit bestehen, die durch keine mechanische Einwirkung auf den Körper erzeugt und zur Erscheinung gebracht werden kann. Wird z. B. dem Vergewaltigten eine fertige Urkunde zur Unterschrift vorgelegt und mit seiner gewaltsam geführten Hand sein Name darunter gesetzt; so hat diese Operation mit seinem Willen gar nichts zu thun. Dies ist die s. g. absolute Gewalt, von welcher der §. 31, Tit. 4 a. a. O. sagt: „Außerungen des Willens, wozu Jemand durch physische Gewalt genöthigt worden, haben keine verbindliche Kraft." Dergleichen Willensäußerung ist nur eine scheinbare, an sich null und nichtig; es ist in rechtlicher Hinsicht dasselbe wie wenn Räuber Jemandem seine Uhr vom Leibe reißen, oder ihn gewaltthätig aus seinem Grundstück vertreiben. Hierbei kann von einer Anfechtung der Be-

27) Glück führt sie auf in seinem Kommentar, Bd. XXXIII, S. 426 ff.

28) I. 12, §§. 23—25. Dabei ist auf Tit. 4, §§. 31—51 verwiesen.

sitzentziehung oder einer gar nicht vorhandenen Willenserklärung keine Rede sein [29]). Bei einer in solcher Weise mit dem Namenszuge unterzeichneten Urkunde über eine letztwillige Verfügung bedarf es keines positiven Rechtsmittels zur äußerlichen Entwerthung des Schriftstücks, wenn solches der oder die Gewaltthäter an sich genommen haben; es ist juristisch Nichts geschehen, die Exception der erlittenen Gewalt schützt den Erben zu allen Zeiten gegen einen Anspruch daraus. Nach preußischem Prozeßrecht ist es jedoch auch zulässig, mit einer Klage auf Vernichtung des Machwerks gegen den Gewaltthäter vorzugehen; einfacher ist es, wenn der Gezwungene jene scheinbar vorhandene Willenserklärung für ungültig erklärt, nachdem er der Gewalt entkommen.

b) Anders verhält sich die Sache, wenn auf die Willensbestimmung des Handelnden durch Zufügung eines Uebels oder durch Erregung von Furcht vor einem Uebel eingewirkt worden ist. Entschließt sich der Fürchtende zu der ihm angesonnenen Erklärung, so ist dies sein Wille; „quamvis coactus, tamen voluit" ([26]), folglich besteht die Willenserklärung und ist an sich wirksam. Allein die Römer betrachten die Erzeugung von Willenserklärungen auf solchem Wege, zwar nicht als ein wirkliches unmittelbares Unrecht, aber doch als eine in das Rechtsgebiet störend eingreifende Unsittlichkeit, deren Abwehr durch positive Gegenwirkung als die Aufgabe des positiven Rechts angesehen wird [30]). Nach unserer Rechtsanschauung ist jeder unrechtmäßige Zwang, gegen einen Anderen ausgeübt, ein wirkliches Unrecht [30a]), und gefährliche Drohungen sind ein unerlaubtes strafwürdiges Attentat auf die persönliche Freiheit [31]), also um so mehr in ihren Erfolgen unwirksam zu machen. Nach dieser Vorbereitung wird die Bestimmung des Landrechs im §. 45, Tit. 4, Th. I verständlich sein: „Wer eine sonst rechtsbeständige Willenserklärung wegen erlittenen Zwanges anfechten will, muß dieses" u. s. w. Die Worte „sonst rechtsbeständige" schließen sich dem vorhergehenden

---

29) Das röm. Recht hat dafür das interdictum de vi, nicht die actio quod metus causa. L. 9 pr. D. quod metus causa (IV, 2) vergl. mit L. 5 D. de vi (XLIII, 16). — Vergl. Erk. des Obertr. vom 23. September 1861 (Entsch. Bd. XLVI, S. 25).

30) L. 116 pr. D. de reg. juris (L, 17): „Nihil consensui tam contrarium est, qui bonae fidei judicia sustinet, quam vis atque metus: quem comprobare contra bonos mores est." — L. 3, §. 1 D. quod metus causa (IV, 2): „.... vim accipimus ... quae adversus bonos mores fiat." — Vgl. v. Savigny, System, Bd. III, S. 104.

30a) A. L.R. I, 3, §§. 26, 27.

31) Str.-G.B. §§. 112, 113.

§. 44 an, wo der Fall behandelt ist, wo Jemand durch Furcht vor der drohenden Gefahr in den Zustand der völligen Willensunfähigkeit versetzt und einem Wahnsinnigen gleich geworden war, also überhaupt keinen Willen mehr hatte. Wer bei vollem Verstande sich durch Furcht zu einer Willenserklärung bestimmen läßt, dessen Willenserklärung ist eine von Rechtswegen rechtsbeständige, aber der §. 45 gestattet durch positive Anordnung, im Einklang mit dem römischen Rechte, die Anfechtung. Auch hinsichtlich der Bedingungen, unter welchen allein der Zwang diese Wirkung haben soll, schließt das Landrecht sich dem römischen Rechte an. Diese sind folgende:

aa) Entziehung der Nahrungs- und Heilmittel, der Freiheit, oder Zufügung körperlicher Schmerzen [32].

bb) Bedrohungen des Lebens, der Gesundheit, der Freiheit und Ehre [33]. Die Bedrohung der Ehre war im römischen Rechte ein zweifelhafter Restitutionsgrund; einmal wird gesagt: „Nec timorem infamiae hoc Edicto contineri [34];" an einer anderen Stelle dagegen wird die Androhung einer unzüchtigen Behandlung für einen gültigen Restitutionsgrund gegen das unter solcher Bedrohung gemachte Versprechen anerkannt [35]. Das Landrecht ([33]) setzt dies außer Zweifel. Doch wird nicht jede Androhung einer geringfügigen Injurie als ein zureichender Anfechtungsgrund gelten können, sondern das richterliche Ermessen wird in jedem einzelnen Falle zu entscheiden haben [36].

cc) Die Drohung muß eine gefährliche sein ([33]), und die dadurch erweckte Furcht eine gegründete. Dafür werden die Drohungen, welche unmittelbar Leben, Gesundheit, Freiheit und Ehre betreffen, gehalten, wenn die Ausführung derselben entweder an sich, oder auch nur nach der Meinung des Bedrohten in der Gewalt des Drohenden steht; es soll aber auch bei der Bestimmung des Einfluf-

32) A. L.R. I, 4, §. 32, entnommen aus: L. 22 D. quod metus (IV, 2): „Qui in carcerem quem detrusit, ut aliquid ei extorqueret;" L. 23, § 2 D. eodem: „Si — custodiendo athletam et a certaminibus prohibendo cavere compuleret;" L. 13 C. de transact. (II, 4): „— talem metum probari oportet, qui salutis periculum, vel corporis cruciatum contineat;" L. 7 C. de his quae vi (II, 20): „Si donationis — — confectum instrumentum — cruciatu corporis extortum — probare poteris" —.

33) A. L.R. §. 33 a. a. O. Vergl. L. 3, §. 1, L. 7, §. 1, L. 8 pr. §. 2 D. quod metus causa (IV, 2); L. 13 C. de transact. (II, 4); L. 7 C. de his quae vi (II, 20).

34) L. 7 pr. D. quod metus cuusa (II, 4).

35) L. 8, §. 2 D. eodem.

36) L. 3 D. ex quibus causis majores (IV, 6): „Sed non sufficit quolibet terrore abductum timuisse, sed hujus rei disquisitio judicis est."

ses der Drohung in den Willen des Bedroheten zugleich auf dessen Leibes- und Gemüthsbeschaffenheit Rücksicht genommen werden [37]). Dies ist das was die Römer so ausdrücken: „Metum autem non vani hominis, sed qui merito et in hominem constantissimum cadat, ad hoc Edictum pertinere dicemus [38]);" — „et hoc ex affectu ejus intelligitur [39])." Bei einem energischen unerschrockenen Manne muß freilich ein anderer Maßstab angelegt werden, als bei einer nervenschwachen hysterischen Frau.

dd) Auf diese Fälle beschränkt sich die Wirkung der Drohungen nach römischem Rechte, wie die Rechtsgelehrten meistens lehren, namentlich soll die Bedrohung der Ehre, oder auch des Vermögens, insbesondere die Bedrohung mit Kriminalanklagen oder mit Civilprozessen keinen Einfluß auf die Rechtsbeständigkeit der dadurch erlangten Willenserklärungen haben [40]). Doch besteht darüber keine Meinungsübereinstimmung. Es mag dahin gestellt sein, ob diese Meinung in dem römischen Rechtssystem durchgehends als die richtige nachweisbar sei, jedenfalls hat sie doch in der deutschen Rechtsauffassung nicht diese Starrheit bewahren können und das Landrecht hat sich derselben nicht angeschlossen, vielmehr den gemeinrechtlichen Rechtsanwendungen zugeneigt. Daß es Betreffs der Ehre ganz entschieden abweicht, ist bereits gesagt; es weicht aber auch hinsichtlich des Vermögens und der Kriminalanklage ab.

Hinsichtlich der Kriminalanklagen bestimmt dasselbe, daß die Drohung, Jemanden eines Verbrechens wegen, mit oder ohne Grund, gerichtlich angeben zu wollen, in der Regel jede darauf erfolgte Willenserklärung des Bedroheten vereitele [41]). Darin steht das Landrecht ganz auf römischem Rechtsboden. Dieses sagt: wenn Jemand, bei Ausübung eines Verbrechens ertappt, an denjenigen,

---

37) A. L.R. a. a. O. §§. 34, 37.

38) L. 6 D. quod metus causa (IV, 2). — Vergl. L. 7 pr., L. 9 pr. D. eodem; L. 184 D. de reg. jur. (L, 17).

39) L. 3 D. ex quibus causis majores (IV, 6).

40) v. Savigny, System, Bd. III, S. 106.

41) I, 4, §. 35. Eine richtige Anwendung hiervon macht das Obertr. in dem Rechtsspruch vom 30. Oktbr. 1848, wo es eine Schuldverschreibung für unwirksam erklärt, welche der Aussteller auf die Drohung des Andern, ihn wegen Veruntreuungen beim Kriminalgerichte denunziren zu wollen, nach dem Verlangen des Drohenden ausgestellt hatte. Denn, sagt dasselbe, erfolgt auf die Drohung die verlangte, vielleicht ganz ungerechte Vortheile bewilligende Erklärung, so wird dadurch die Strafe des Schuldigen mit abgekauft und der Schuldige wird durch die Furcht vor dieser Strafe und der Schande dazu getrieben, und der Unschuldige wird durch die Furcht vor Schande rc. dazu gedrängt, zu versprechen, was er gar nicht schuldig ist. (Entsch. Bd. XVII, S. 100.)

der ihn ertappte, etwas veräußert haben sollte, damit er ihn nicht anzeige, so werde ihm durch das Edikt quod metus causa Hülfe geleistet [42]). Es sagt weiter: daß, wenn Jemand aus gegründeter Furcht (justus metus) vor einer Untersuchung, zu welcher er nach der Drohung eines mächtigen Gegners geführt werden sollte, das, was ihm eigenthümlich gehörte, gezwungen verkauft hat, die Sache in ihre frühere Lage zurückzuversetzen sei [43]). Diese Stellen belehren zugleich, was das Landrecht meint mit den Worten „in der Regel" und worin die Ausnahme zu finden. Die Regel wird gebildet durch eine solche Furcht, welche auch einen sonst standhaften und unerschrockenen Mann ergreifen und zu dem ihm abverlangten Geschäft bewegen kann. Das muß aus dem Verhältnisse des gefürchteten Uebels zu dem Gegenstande seiner Erklärung geschöpft werden. Wo darin kein zureichendes Motiv gefunden werden kann, war kein justus metus vorhanden und dann tritt die Ausnahme ein.

In Betreff des Vermögens hat das Landrecht keine besondere und ausdrückliche Bestimmung, aber die allgemeine Verordnung: „Bei Drohungen, welche nicht unmittelbar Leben, Gesundheit, Freiheit oder Ehre betreffen, muß nach der Beschaffenheit des angedroheten Uebels an sich, und nach dem Verhältnisse desselben zu dem Gegenstande der Erklärung von dem Richter vernünftig beurtheilt werden: ob dadurch die Willensäußerung wirklich erzwungen worden sei [44])," trifft auch Bedrohungen des Vermögens, wodurch ja auch Leben, Gesundheit, Freiheit oder Ehre mittelbar getroffen werden, oder doch getroffen werden können, wie z. B. wenn Aufruhrzustände dazu benutzt werden, durch Androhung von Zerstörungen Versprechen zu erpressen. Hier ist dem richterlichen Ermessen ein sehr großer Spielraum gegeben und es sind nur einige negative Bestimmungen angereiht, die geradezu darauf hinweisen, daß diese Verordnung auch die Bedrohungen des Vermögens mit treffen soll. Dahin gehört der §. 38 a. a. O., daß die Drohung, sich seines Rechtes gesetzmäßig zu bedienen, niemals als Zwang angesehen werden könne, und §. 39, daß also eine Willenserklärung, wozu Jemand durch die Aeußerung des Anderen, sein Recht gerichtlich verfolgen zu wollen, bewogen worden, keineswegs für erzwungen zu erachten sei, Bestimmungen, welche aus den Lehrbüchern aufgenommen worden sind, und darauf beruhen, daß eine solche Drohung für recht-

42) L. 7, §. 1 D. quod metus causa (IV, 2).

43) L. 23, §. 1 D. eodem.

44) I, 4, §. 36.

mäßig zu erachten [45]). Die Drohung darf aber nicht in Ausdrücken gemacht werden, welche sagen, daß man den Anderen wegen ihm Schuld gegebener Veruntreuung gerichtlich angeben wolle, sonst droht man nicht mit der gesetzmäßigen Verfolgung seines Rechts, welches man durch eine solche Angebung nicht erlangen kann, sondern mit einer Kriminalanklage [46]). Ferner gehört hierher der §. 40 a. a. O.: „Die gedrohete Entziehung eines Vortheils, welchen der Drohende dem Anderen zwar zugedacht, aber noch nicht eingeräumt hatte, macht die Willenserklärung des Bedrohten niemals unkräftig." Hieraus erhellet, daß das Landrecht auch solchen Drohungen, welche nicht unmittelbar Leben, Gesundheit, Freiheit oder Ehre, sonder unmittelbar das Vermögen betreffen, eine entkräftende Wirkung auf die dadurch erzielte, die Forderung gewährende Willenserklärung beilegt. Dieses hat denn auch die Praxis in letzter Instanz angenommen [47]).

ee) Die Furcht, unter deren Einflusse eine Willenserklärung verlautbart wird, entkräftet dieselbe nur dann, wenn sie durch unrechtmäßige Einwirkung eines Drohenden absichtlich erregt worden ist, „si metus inveniatur illatus" [48]). Ist das nicht geschehen, ist z. B. der Erklärende aus ehrerbietiger Scheu in den Zustand von Furcht versetzt worden (s.g. metus reverentialis) [49]), oder ist Jemand durch eine drohende Gefahr, in welche er durch Kriegsbegebenheiten, Elementarereignisse, wie Ueberschwemmungen, und dergleichen gerathen ist, zu einer Willenserklärung veranlaßt worden [50]), ohne daß er durch die Einwirkung der Furcht seine Willensfähigkeit verloren hat [51]), so giebt es kein Rechtsmittel zur Anfechtung von Willenserklärungen, welche unter dem Einflusse jener Ehrfurcht gemacht, oder welche durch drohende Gefahren der genannten Art veranlaßt worden sind. War aber der Zustand der Furcht durch schuldvolle

45) „Juris enim executio non habet injuriam," sagt man hier mit der L. 13, §. 1 D. de injuriis (XLVII, 10). — Glück, Kommentar, Bd. IV (v. J. 1796) S. 173 wiederholt die Bestimmungen des Landrechts fast wörtlich und kann nicht als Quelle angesehen werden; er beruft sich aber nicht darauf, sondern stützt sich auf Donellus, Comment., Lib. XV, c. 39, nr. 30.

46) Vergl. Entsch. des Obertr. Bd. XVII, S. 101.

47) Erk. des Obertr. vom 29. Mai 1856 (Entsch. Bd. XXXIII, S. 23).

48) c. 28 X. de spontal. (IV, 1). Vergl. L. 14, §. 3, L. 9, §. 1, L. 21 pr. D. quod metus causa (IV, 2).

49) A. L.R. I, 4, §. 41: „Der Vorwand, daß Scheu oder Ehrfurcht die Willenserklärung veranlaßt habe, verdient keine Rücksicht." Vergl. L. 6 C. de his quae vi metusve causa (II, 20).

50) A. L.R. §. 43 a. a. O. Vergl. L. 9, §. 1 i. f. D. quod metus causa (IV, 2); L. 34, §. 1 D. de donationibus (XXXIX, 5).

51) Dann ist er einem Wahnsinnigen gleich zu achten. A. L.R. a. a. O. §. 44.

Drohung erregt worden, dann erstreckt sich jene Wirkung auch auf andere schuldlose Personen außer dem Urheber, d. h. die Anfechtungsklage wie die Einrede geht in rem. „In hac actione non quaeritur: utrum is qui convenitur, an alius metum fecit: sufficit enim hoc docere, metum sibi illatum [52]).“ — „Cum autem haec actio in rem sit scripta, nec personam vim facientis coerceat, sed adversus omnes restitui velit, quod metus causa factum est [53]).“ Das Wesentliche hiervon drückt das Landrecht so aus:

> „Erzwungene Willenserklärungen sind auch alsdann ungültig, wenn die Gewalt oder der Zwang nicht von dem, zu dessen Vortheil die Erklärung gereichen soll, sondern von einem Dritten verübt worden [54]).“

II. Die allgemeinen Grundsätze über die Wirkungen der Gewalt und des Zwanges auf Willenserklärungen überhaupt, auf welche in der Lehre von letztwilligen Verordnungen verwiesen ist, sind nun dargestellt. Es ist noch die praktische Anwendung davon und die prozessualische Behandlung aufzulegen. Hierbei verläßt das preußische Recht den römischen Rechtsboden gänzlich; es ist aber doch für die bewußte und sichere Rechtsanwendung nothwendig, den inneren Zusammenhang, das Organische der römischen Institute festzuhalten, da derselbe durch Benennungen und andere Aeußerlichkeiten nicht mehr erkennbar macht, gemäß der preußischen Prozeßregel, daß man „sich an die aus dem ehemaligen römischen Rechte hergeleiteten und von den Lehrern desselben gebildeten sogenannten Genera et Formulas actionum nicht ängstlich binden müsse [55]).“ Seitdem müssen sich denn die Richter selbst die ihnen durcheinander vorgetragenen Thatsachen zurecht legen, um daraus die Erfordernisse für die verschiedenen Rechtsmittel (Klagprinzipe) herauszufinden, und darnach die angewendete Klage juristisch zu qualifiziren. Zum bessern Verständniß für unsere Darstellung ist es nicht zu umgehen, zuerst wieder das Allgemeine über Anfechtung von erzwungenen Willenserklärungen überhaupt vorzutragen und darauf über die Anwendung davon bei letztwilligen Verordnungen zu sprechen, da auf diese nicht Alles davon paßt.

1. Was hier in Betreff der Willenserklärungen überhaupt folgt,

---

52) L. 14, §. 3 D. quod metus causa (IV, 2).

53) L. 9, §. 8 D. eodem. — Vergl. L. 4, §. 33 D. de doli mali except. (XLIV, 4).

54) I, 4, §. 42.

55) A. G.O. I, 5, §. 20.

bezieht sich lediglich auf die durch kompulsive Gewalt veranlaßten, bei welchen eine wirkliche selbstständige Geistesthätigkeit, eine Willensbestimmung vorhanden war. Die Fälle der absoluten rohen Gewalt bleiben bei Seite; bei diesen ergiebt sich die Rechtsfolge von selbst; es ist juristisch gar nichts geschehen[55a]).

a) Hinsichtlich der durch äußere unrechtmäßige Beeinflussung zu Stande gebrachten Willenserklärungen[56]), von welchen hier eben gesprochen wird, stellt in Betreff der Anfechtung derselben das Landrecht, welches hier keine Nichtigkeit ipso jure, sondern in Uebereinstimmung mit dem römischen Rechte, eine Ungültigkeit ope exceptionis annimmt, die Vorschrift an die Spitze:

„Wer eine sonst rechtsbeständige Willenserklärung wegen erlittenen Zwanges anfechten[56a]) will, muß dieses, sobald er einen Richter hat antreten können, spätestens aber binnen acht Tagen nach diesem Zeitpunkte, gerichtlich anzeigen." — „Ist der Erklärende gestorben, ehe er die vorläufige Anzeige hat machen können, so steht seinem Erben frei, noch innerhalb dreier Monate, nach erhaltener Kenntniß von dem Dasein der Willenserklärung, den Zwang anzuzeigen[57])."

Diese Anzeige muß die zur Sache gehörigen Umstände und die Angabe der Beweismittel enthalten und kann bei jedem inländischen Gerichte mündlich oder schriftlich angebracht werden[58]). Die zur Einbringung derselben gegebenen Fristen haben die rechtliche Natur von Prozeßfristen, welche erst von der Zeit an berechnet werden, wo der Partei das Ereigniß bekannt geworden ist, welches sie zum Handeln bestimmen soll[59]), und bei welchen die Regel gilt, daß noch am ganzen letzten Kalendertag gehandelt werden kann oder daß, wie

---

55a) Diese beiden Fälle sind in meinem Recht der Forderungen §. 75 nicht scharf unterschieden, wozu die gleichlautenden Ausdrücke des Landrechts veranlaßt haben. Die hier stattgefundene Darstellung kann daher zugleich als eine Berichtigung der dortigen dienen.

56) Daß nur auf diese die Vorschrift wegen der vorläufigen Anzeige der beabsichtigten Anfechtung der „sonst rechtsbeständigen Willenserklärung" bei Gericht (s. die folg. Note 57) zu beziehen sei, hat denn auch das Obertr., gegen die wunderliche Meinung eines Appellationsgerichts: die durch Gewaltthat erzwungene Flucht eines Grundbesitzers aus seinem Besitzthume (Dejektion) sei eine „sonst rechtsbeständige Willenserklärung", außer Zweifel gestellt. Erk. vom 23. September 1861 (Entsch. Bd. XLVI, S. 25).

56a) Was nichtig ist, kann nicht sonst rechtsbeständig sein und braucht nicht angefochten zu werden.

57) I, 4, §§. 45, 50.

58) Ebenda §. 46.

59) Vergl. L. 1, §. 15 D. quando appellandum sit (XLIX, 4).

es manche ausdrücken[60]), der erste Tag nicht mitgezählt wird[61]). In Beziehung auf den Erben wird als der Anfangspunkt der ihm gegebenen Frist hiernach richtig die Zeit bezeichnet, wo er von dem Dasein der Willenserklärung Kenntniß erhalten. Dies setzt voraus, daß er damals schon Erbe geworden war. Es kann sich auch umgekehrt verhalten: die Erbschaft kann ihm erst nach mehreren Entsagungen zu einer Zeit anfallen, wo er schon lange vorher das Vorhandensein der Willenserklärung des Erblassers zufällig erfahren, wo er aber zum Handeln gar keine Veranlassung und auch keine Legitimation hatte. In diesem Falle muß die ihm gegebene Frist erst von da an gerechnet werden, wo er von dem ihm gewordenen Anfall der Erbschaft Kenntniß erhalten. Die bezeichnete Natur der Frist bringt es auch mit sich, daß die im Laufe derselben oder gerade am Ende eintretenden Hindernisse unberücksichtigt bleiben, d. h. keine Unterbrechung oder Verlängerung zur Folge haben.

b) Die Versäumung der besprochenen Anzeige, oder die unterlassene vorschriftsmäßige Substantiirung derselben ([58]) haben nur den prozessualischen Nachtheil zur Folge, daß die Thatsache des Zwanges, d. h. der Beeinflussung der Willensbestimmung durch unrechtmäßige Drohungen, vollständig bewiesen werden muß, daß mithin ein unvollständiger Beweis nicht durch einen Ergänzungseid vervollständigt werden kann, auch ein angefangener Beweis nicht durch einen Reinigungseid des Gegners beseitigt zu werden braucht, und daß der Beweis auch nicht durch Eidesdelation geführt werden kann[62]). Die Unterlassung der Anzeige wird als ein Indizium gegen die Behauptung des Erklärenden angesehen. Dies ist der juristische Sinn der Vorschrift des §. 50 ([62]), daß durch die Unterlassung der Anzeige die dem Einwande entgegenstehende rechtliche Vermuthung dergestalt verstärkt werde, daß zur Ergänzung eines gegen diese Vermuthung nicht vollständig geführten Beweises kein Erfüllungseid stattfinden könne; aber es muß hinzugefügt werden, daß zur Widerlegung des unvollständigen Beweises auch kein Reinigungseid verlangt werden dürfe, weil ja der unvollständige Beweis die rechtliche Vermuthung nicht beseitigt und also so wenig ein nothwendiger Eid wie ein zugeschobener Eid als Beweismittel zugelassen werden soll.

---

60) Boehmer, Jus ecclesiast. Protest., Lib. II, Tit. 14, §. 5: „post diem insinuationis dilatio praescripta currere incipit.“ Auch Voet, Commentar., Lib. II, tit. 12, §. 14; Gensler, Archiv, Bd. IV, S. 197 u. A.

61) Ebenso die preuß. Verordnung vom 5. Mai 1838, §. 9: „Der Tag der Insinuation wird bei allen Fristen nicht mitgerechnet.“ (G.S. S. 273.)

62) A. L.R. I, 4, §§. 49, 50.

c) Abgesehen von dieser prozessualischen Vorschrift steht der Gebrauch der verschiedenen Rechtsmittel in der Wahl des Gezwungenen während der ganzen Verjährungszeit; die Erstattung der vorgeschriebenen Anzeige ist nicht Bedingung der Zulässigkeit der späteren Anfechtung der erzwungenen Willenserklärung [63]). Der Gezwungene kann entweder mit der direkten Anfechtungsklage gegen den, welcher sich des Zwanges oder der Gewalt schuldig gemacht hat, vorgehen, oder er kann den Anspruch aus der Willenserklärung abwarten und dagegen mit der Wiederklage auftreten oder auch nur die exceptio quod metus causa vorbringen, oder er kann sich die Beweismittel durch Aufnahme des Beweises zum ewigen Gedächtniß sichern [64]). Die direkte Anfechtungsklage ist die restitutorische actio quod metus causa und diese wirkt, auch als Exception und Replik angewendet, in rem, d. h. auch dann gegen den Promissar, wenn dieser an dem von einem Dritten zur Erlangung der Willenserklärung ausgeübten Zwange ganz unschuldig ist. Gleichwohl sagt hier das Landrecht ([64]): „Es hängt von dem Anzeigenden ab, die Ungültigkeit der Willenserklärung gegen den, welcher sich des Zwanges — schuldig gemacht hat, gerichtlich auszuführen, oder den Anspruch — — abzuwarten." Diese Worte können die Meinung veranlassen, daß nur der Urheber des Zwanges mit dieser Klage belangt werden könne. Es fehlt auch nicht an Vertretung dieser Meinung, weil bei uns sich keine Bestimmung finde, welche die römische Theorie annehme [65]). Allein es fehlt an solcher Bestimmung nicht, indem der §. 42 a. a. O. verordnet: „Erzwungene Willenserklärungen sind auch alsdann ungültig, wenn die Gewalt oder der Zwang nicht von dem, zu dessen Vortheil die Erklärung gereichen soll, sondern von einem Dritten verübt worden." Der

63) Das Obertr. sagt in einem Erk. vom 28. Februar 1853 (Arch. f. Rechtsf. Bd. VIII, S. 328): „Der zu einer Willenserklärung durch Drohung Gezwungene könne, wenn er von dem stattgehabten Zwange rechtzeitig Anzeige gemacht habe, die Ungültigkeit dieser Willenserklärung sowohl im Wege der Klage oder Wiederklage, als auch im Wege der Einrede ausführen. Darin ist wohl nur eine inkorrekte Fassung zu sehen. Die Ungültigkeit kann immer ausgeführt werden, wenn auch keine Anzeige gemacht worden ist.

64) A. L.R. §. 47 a. a. O.

65) So sagt Bornemann, Rechtsgesch., S. 111 (1. A.) mit folgenden Worten: „Nach röm. Rechte war die actio quod metus causa in rem scripta, es mußte daher auch der Dritte die an ihn gekommenen, durch Zwang abgenommenen Sachen, dem Gezwungenen zurückgeben. Bei uns findet sich keine Bestimmung, und es scheint bedenklich, die römische Theorie ohne Weiteres anzunehmen, da die Klage an sich bloß persönlich ist." Das angegebene Beispiel von „durch Zwang abgenommenen Sachen" ist wohl nicht zutreffend, das prätorische Edikt quod metus causa betrifft nur Willenserklärungen.

Gegner des Gezwungenen ist sonach immer der Promissar, mag dieser an der Verübung der Gewalt oder des Zwanges Theil genommen haben, oder nicht. Diese Lehre bezieht sich überhaupt nicht auf den redlichen Rechtsnachfolger, an welchen der Promissar seine Rechte aus der fraglichen Willenserklärung cedirt oder die ihm übergebene Sache weiter veräußert hat; auf diese Fälle kommen allerdings die Grundsätze des Landrechts über die Redlichkeit des dritten Erwerbers bei onerosem Titel zur Anwendung.

2. Das Gesagte bezieht sich auf Willenserklärungen unter Lebenden. Darauf verweiset das Landrecht auch bei Testamenten. Im römischen Rechte findet sich kein Beispiel einer Anwendung der Rechtsmittel gegen die Wirkungen erzwungener Willenserklärungen auf Testamente. Das erklärt sich daraus, daß dazu kein praktisches Bedürfniß vorhanden war; letztwillige Verordnungen, erzwungene oder nicht erzwungene, erzeugen gar keine Verbindlichkeit, sie können im nächsten Augenblicke wieder zurückgenommen oder vernichtet werden. Der Testator selbst bedurfte daher keines Rechtsmittels, um eine ihm mißliebige weil erzwungene letztwillige Verordnung zu beseitigen. Ließ er es aber dabei bis zu seinem Tode bewenden, so war dieselbe in der That sein letzter Wille. Nur für den Erben konnte der Fall eintreten, daß er gegen die Folgen einer erzwungenen letztwilligen Verordnung seines Erblassers Schutz zu suchen sich veranlaßt fand, besonders dann, wenn der Erblasser bis an seinen Tod unter dem Einflusse der Furcht und des Zwanges festgehalten worden war. Eine Klage auf direkte Anfechtung des Testaments oder Kodizills hat auch in diesem Falle der Intestaterbe gegen den Testamentserben, beziehungsweise der Erbe aus dem älteren Testamente gegen den jüngeren Testamentserben oder den Legatar, nicht, er bedarf derselben auch nicht; er kann die Erbschaft auf Grund seines Titels antreten. Gelingt es ihm, in den Besitz zu kommen, den er eigenmächtig ergreifen kann, so wehrt er den Anspruch des falschen Erben oder Legatars mit der exceptio doli ab; ist der Gegner im Besitz, so fordert der wahre Erbe ihm die Erbschaft mit der hereditatis petitio ab und beseitigt die exceptio testamenti desselben mit der replicatio doli.

Das preußische Recht gestattet dem Erben eine unmittelbare Anfechtungsklage; der Testator bedarf einer Klage gar nicht, da er nach Beseitigung des Zwanges seinen letzten Willen zu allen Zeiten widerrufen kann, und wenn der Zwang bis zum Tode fortdauert, er auch von der Klage nicht Gebrauch machen kann. Das Landrecht unterscheidet gerichtlich aufgenommene oder angenommene, und außergerichtliche oder privilegirte letztwillige Verordnungen.

a) Gegen gerichtliche Verordnungen ist wegen Zwang durch Gewalt und Drohungen allein weder ein Angriff noch ein Einwand zulässig; kommt aber hinzu, daß der Richter um einen solchen Mangel bei der Willenserklärung des Testators gewußt und dieselbe dennoch von ihm an- oder aufgenommen habe: so ist die ganze Handlung von Anfang an nichtig[66]). Daraus folgt, daß es einerlei ist: ob der in dieser Verordnung Bedachte an dem Zwange Theil genommen oder davon etwas erfahren habe, oder nicht, wie es wohl meistens der Fall sein wird, wenn z. B. ein Vater auf diesem Wege für seinen Sohn sorgt; er ist also immer der Prozeßgegner dessen, dem die Erbschaft anfallen muß, wenn die letztwillige Verordnung wegfällt. Es hat auch kein Bedenken, daß dieser eventuelle Erbe gegen ihn, nach preußischem Rechte, eine Nullitätsklage anbringen kann, um das ihm entgegenstehende Testament auch formell aus dem Wege zu räumen.

b) Außergerichtliche und privilegirte letztwillige Verordnungen können seitens des Intestaterben oder des Erben aus einem älteren rechtsgültigen Testamente gerade so behandelt werden, wie der Erklärende selbst seine ihm abgezwungene Willenserkärung unter Lebenden zu behandeln berechtigt ist; er kann sich also auch die gewöhnlichen Beweismittel, namentlich den Eidesantrag und den nothwendigen Eid über die angewendeten Zwangsmittel, welche umständlich anzugeben sind, durch die vorläufige Anzeige innerhalb dreier Monate nach dem Erbanfall und der erhaltenen Kenntniß von dem Dasein der erzwungenen Willenserklärung sichern[67]).

§. 20.

B. Von der Willenserklärung.

I. Der in der Absicht des Erblassers begründete, also ihm eigene individuelle Wille muß durch Worte oder andere allgemein verständ-

---

66) A. L.R. I, 12, §§. 23, 24. — Durch die Kollusion des Richters verliert die Handlung den Charakter einer gerichtlichen, der Richter wird Theilnehmer an der unerlaubten Handlung, der Urheber des Zwanges, während er amtlich dazu berufen war, den Testator dagegen zu schützen; er hat also sein Amt nur zu einer unerlaubten That gemißbraucht, folglich nicht in den Grenzen seines amtlichen Berufs gehandelt.

67) §. 25 a. a. O.: „Wie weit und unter welchen Umständen außergerichtliche und privilegirte letztwillige Verordnungen wegen eines solchen Mangels angefochten werden können, ist nach den allgemeinen Grundsätzen von Willenserklärungen überhaupt zu beurtheilen. (Tit. 4, §§. 31—51.)“

liche und deutliche Zeichen*) ausgedrückt werden [1]). Die Sprache, in welcher dieses geschieht, ist gleichgültig [2]); es kommt auch nicht auf gewisse Formeln [3]), oder auf große Korrektheit im Ausdrucke, sondern allein darauf an, daß daraus der Wille sicher erkennbar sei [4]). Aber das ist absolut wesentlich, daß der Erblasser *selbst*, in eigener Person, *vollständig* erkläre und dieses zu thun nicht einem Dritten überlasse. Das fordert die rechtliche Natur einer letzten Willensverordnung und der Testamentifaktion, aus derselben wird sich von selbst ergeben, welche Berechtigung die Meinungen, welche davon mehr oder weniger abweichen, für sich haben. Das Wesen eines Testamentes ist, wie schon oben einmal angedeutet wurde (§. 11), das eines Gesetzes, deshalb muß es in sich fertig sein, „nam satis constanter Veteres decreverunt, testamentorum jura ipsa per se firma esse oportere, non ex alieno arbitrio pendere [5]).“ Die Fähigkeit, ein solches Spezialgesetz über seine „familia“ zu geben (Testamentifaktion), ist von der Person unzertrennlich, auch in der Ausübung unübertragbar, es ist daher undenkbar, einem Anderen zu überlassen oder aufzutragen, das etwa Fehlende nach seinem Willen zu ergänzen, dem Willen des Erblassers nachzuhelfen. Das würde ja nicht „suae voluntatis sententia“ des Erblassers, sondern eine voluntas *aliena* sein. Darin ist auch Einstimmigkeit der Meinung der klassischen Juristen, von welchen wir in dieser Lehre unsere Weisheit haben, denn das Institut der Testamente ist nicht auf deutschem Rechtsboden gewachsen. Sie sind darin einverstanden, daß ein letzter Wille nichtig ist, wenn ein Dritter den Honorirten ernennen, oder in die vom Testator geschehene Einsetzung willigen soll, was ja auch nach dem Wesen der letztwilligen Verordnung widersinnig ist.

„Illa institutio: quos Titius voluerit, ideo vitiosa est, quod alieno arbitrio permissa est ([5]).“ — „Atquin si quis

---

*) Z. B. wenn auf einen Anwesenden mit dem Finger gezeigt oder er sonst auf eine kenntliche Art als der Honorirte bezeichnet wird. Vergl. L. 9, §. 8 D. de hered institut. (XXVIII, 5); L. 34 D. de condit. (XXXV, 1).

1) A. L.R. I, 4, §. 57.

2) L. 11 pr. D. de legatis III; L. 21, §. 4 C. de testamentis (VI, 23).

3) L. 15 C. eodem; L. 21 C. de legat. (VI, 37); L. 2 C. communia de legatis (VI, 43).

4) L. 2 D. de his quae pro non scriptis (XXXIV, 8); L. 73, §. 3 D. de reg. jur.

5) L. 32 pr. D. de heredibus institut. (XXVIII, 5).

ita scripserit: Si Titius voluerit, Sempronius heres esto, non valet institutio [6]."

Hierüber waren die Rechtsgelehrten in Betreff der Erbeseinsetzung einverstanden. Hinsichtlich der Vermächtnisse aber findet sich folgender Ausspruch Ulpian's:

„In arbitrium alterius conferri legatum, veluti conditio, potest. Quid enim interest, si Titius in Capitolium ascenderit, mihi legetur, an, si voluerit [7])?" Und:

„Legatum in aliena voluntate poni potest, in heredis non potest [8])."

An diesen Widerstreit mit dem unbestrittenen allgemeinen Grundsatze ([5] u. [6]) knüpfen sich seit der Glosse immer neue Versuche, den Ulpian'schen Satz mit jenem Grundsatze zu vereinigen und man ist bis auf den heutigen Tag noch nicht einig darüber: ob hier ein unvereinbarer Widerstreit zwischen diesen Stellen vorhanden, oder überhaupt kein Dissensus anzunehmen sei [9]). Zu diesen Wirren tritt noch ein Element des kanonischen Rechts, welches noch eine dritte Meinung erzeugt hat. Der Pabst Innocenz der Dritte antwortet nämlich dem Bischof von Auxerre, welcher vom Pabste das Privilegium hatte: quod ordinatio rerum clericorum ab intestato decedentium libere in ejus potestate ac dispositione permaneat, auf eine Anfrage bezüglich auf dieses Privilegium: daß man von Dem, welcher die Verfügung über seinen Nachlaß von dem Ausspruche eines Anderen abhängig macht, keineswegs sagen könne, er sei ohne letzten Willen verstorben [10]). Augenscheinlich bezieht diese Antwort sich auf den Zweifel, welchen der Bischof über seine Kompetenz in der Regulirung des Nachlasses solcher Personen seines Klerus, welche ohne letztwillige Verordnung verstorben, hatte, und der Pabst sagte ihm wohl ganz richtig: Wenn der Erblasser letztwillig einem Anderen die Regulirung seines Nachlasses übertragen hat, so ist deine Kompetenz aus dem Privilegium ausgeschlossen. Der Pabst dachte also gar nicht daran, das gemeine (römische) Recht

---

6) L. 68 D. eodem. Vergl. Ulpian., Fragm., XXII, § 4; L 9, §. 9; L. 62, §. 1 D. eodem; Paulus, Sent. recept., L. III, Tit. 4, B, §. 3.

7) L. 1 pr. D. de legatis II.

8) L. 43, §. 2 D. de legatis I. Vergl. L. 46, §. 2 D. de fideicommissar. libertatibus (XL, 5).

9) Diese Kontroverse hat eine sehr zahlreiche Literatur, von welcher Glück in seinem Kommentar, Bd. XXXIII, S. 441 u. flg. eine Uebersicht giebt.

10) C. 13 X. de testamentis et ultimis voluntatibus (III, 26): „In secunda quaestione dicimus, quod, qui extremam voluntatem in alterius dispositionem committit, non videtur decedere intestatus."

über die Ernennung der Honorirten zu ändern. Gleichwohl hat es nicht an Rechtsgelehrten gefehlt, welche behaupteten: durch diese päbstliche Entscheidung sei das römische Recht in diesem Punkte total geändert, es könne nach kanonischem und daher nach heutigem gemeinen Rechte der Testirer seine letztwilligen Verfügungen auf die Willkühr eines Anderen verstellen[11]).

II. Das war der Rechtsstand, welchen die Verfasser des Landrechts vorfanden. An sie trat die Aufgabe, diese Wirren zu lösen und einen sicheren Rechtsboden zu schaffen. Das haben sie mit gründlicher Rechtskenntniß und sicherem Takt vollbracht durch Feststellung des lakonischen Rechtssatzes:

„Der Willkühr eines Dritten kann die Ernennung eines Erben oder Legatarii nicht überlassen werden[12]).“

Der Satz enthält die Entscheidung nach beiden Richtungen: eine Abweisung der Lehre aus dem kanonischen Rechte durch sein Dasein und eine Erledigung des Streites in Betreff der Legate durch die Worte: „oder Legatarii“. Es haben sich jedoch auch hieran schon wieder abwegige Deutungen und Rechtsanwendungen gehängt, welche geeignet sind, das Wesen des Instituts zu verdunkeln, dadurch den Rechtszustand wieder unsicher zu machen und zu schlechten Rechtsanwendungen zu führen, weshalb ihnen entgegen zu treten ist.

1. Man hat hervorgehoben: das (so eben angeführte) Gesetz spreche nur von der Ernennung eines Erben oder Legatars, beziehe sich also wörtlich nur darauf, daß die Bestimmung der Person des Erben oder Legatars nicht der Willkühr eines Dritten überlassen werden solle; es frage sich daher: ob hiernach auch die Bestimmung der Erbportion oder des Betrages des Vermächtnisses für den vom Testator benannten Erben oder Legatar nicht in die Willkühr eines Dritten gestellt werden könne. Diese Frage hat man dann als sehr zweifelhaft darzustellen versucht und dabei den Rath gegeben, darüber eine ausdrückliche Bestimmung in dem neuen Gesetzbuche zu treffen, wenn die Vorschrift ([12]) beibehalten werden sollte[13]). Bei richtiger Auffassung der rechtlichen Natur des Testamentes aber, und bei der Untrennbarkeit der Testamentifaktion von der Person des Testators und der daraus von selbst folgenden rechtlichen Unmöglichkeit einer

11) Das Nähere hierüber ist behandelt von Glück a. a. O. Bd. XXXIII, S. 477 u. flg., u. Bd. XXXIV, S. 1—23.

12) I, 12, §. 49.

13) Temme, Abhandl. über die Frage: Kann der Testator die Bestimmung des Erbantheils oder des Betrages des Vermächtnisses der Willkühr eines Dritten überlassen? in der Juristischen Wochenschrift, Jahrg. 1842, S. 85, 101 ff., 126 ff.

Uebertragung, auch nur in der Ausübung, auf einen Anderen, kann die Infragestellung des in Rede stehenden Punktes, als völlig widersinnig, gar nicht für berechtigt und daher nur für unzulässig erachtet werden.

2. Das Obertribunal hat gesagt: die Bestimmung des §. 49 ([12]) beruhe auf dem Erfordernisse der Gewißheit des Willens auf Seiten des Testators. Daraus hat es gefolgert, es sei zulässig, wenn in einem Erbvertrage zwischen Eheleuten der eine Ehegatte den Erben des anderen Ehegatten ein Legat vermacht und dem Letzteren zugleich die Befugniß einräumt, den- oder diejenigen seiner Erben zu bestimmen, welchen das Legat ganz oder theilweise zufallen solle [14]). Weder der Vordersatz stimmt mit der rechtsgeschichtlichen Wahrheit überein, noch hat, auch wenn er richtig wäre, die daraus gezogene Folgerung, die ohnehin mit dem Wortlaute des §. 49 in geradem Widerspruche steht, die logische Konsequenz für sich. Dagegen ist es wohl zulässig, daß der Testator, welcher selbst den Honorirten ernannt und die ihm zugedachte Zuwendung bestimmt hat, gewisse Modalitäten in Beziehung auf die Verabfolgung, selbst die Entziehung der Zuwendung unter Angabe der Voraussetzung oder Bedingung, z. B. sittliche Aufführung, Wirthlichkeit, in das Ermessen eines Dritten stellt. Denn hier soll der Dritte nicht den lückenhaften Willen des Testators ergänzen, sondern er soll den ganz vollständigen Willen hinsichtlich einer bedingten Zuwendung vollziehen, er ist zum Amte eines Testamentsexekutors mit einer freien Verwaltung (mandatum cum libera...) berufen [15]). Auch in Ansehung der Theilung unter den von dem Testator eingesetzten mehreren Erben kann das Ermessen eines Dritten zum Maßstabe gemacht werden, ohne daß eine solche Verordnung als Verstoß gegen den §. 49 anzusehen ist [16]).

III. Der letzte Wille muß in der Regel vollständig in der Verordnung selbst ausgedrückt werden; er kann, insoweit er aus derselben nicht zu erkennen, nicht durch andere Beweismittel dargethan werden. Das römische Recht kennt jedoch einen Vorbehalt der künftigen näheren Bestimmung, selbst der Ernennung des Honorirten [17]),

---

14) Erk. vom 16. Juli 1862 (Arch. f. Rechtsf. Bd. XLVII, S. 16 ff.).

15) Vergl. den Rechtsfall Nr. 9 in den Entscheid. des Obertr. Bd. XXXIX, S. 81.

16) Ein solcher Fall ist in dem Archiv für Rechtsfälle, Bd. XXVI, S. 142 mitgetheilt.

17) L. 77 D. de heredibus institut. (XXVIII, 5); L. 10 pr. D. de condit. institutionum (XXVIII, 7).

welches die Neuern eine heredis institutio **mystica** nennen. Streitig ist unter ihnen, ob die mystische Erbesernennung auch in einem **mündlichen** Testamente vorkommen könne. Dieser Streit kann hier auf sich beruhen, da das preußische Recht die dabei vorausgesetzten mündlichen Privattestamente nicht kennt. Dennoch aber ist diese Frage hier zu besprechen. Das Landrecht hat nämlich aus jener Lehre von den mystischen Testamenten folgende zwei Sätze, die freilich in seinem Sinne modificirt sind, aufgenommen:

> „Er (der Testator) kann die Person des Erben oder Legatarii durch bloße Beziehung auf einen anderen Aufsatz bezeichnen."
>
> „Ein solcher Aufsatz muß aber dem Testamente selbst, besonders versiegelt, beigelegt werden [18])."

Diese Bestimmungen sind veranlaßt worden durch folgende Pandektenstelle:

> „Proinde et si ita scripserit: cujus nomen codicillis scripsero, ille mihi heres esto, pari ratione dicendum erit, institutionem valere, nullo jure impediente [19])."

Was hierdurch hinsichtlich der Form der Willenserklärung hinsichtlich der Ernennung des Honorirten für zulässig erklärt wird, reprobirt das Landrecht. Dieses fordert, daß das besondere Schriftstück, auf welchem der Name oder die Bezeichnung des Honorirten geschrieben steht, eine Beilage der Testamentsurkunde sei. Die allgemeine Beziehung auf einen bestimmten Aufsatz, welcher sich im Nachlasse befinden und den Honorirten bezeichnen werde, enthält keine gültige Einsetzung, ein solcher Aufsatz ist nur ein außergerichtlicher und kann höchstens nur als ein außergerichtliches Kodizill gelten. Auch durch die allgemeine Bezugnahme auf ein zurückgenommenes, im Nachlasse noch vorhandenes Testament, welches durch die Zurücknahme zu einem werthlosen außergerichtlichen Schriftstück gesunken ist, können die in demselben ausgesetzten Vermächtnisse rechtliche Wirkung nicht wieder erlangen [20]). Diese Weise, in welcher nur allein die s. g. mystische Erbeseinsetzung zulässig sein soll, kommt der Abschaffung derselben beinahe gleich. Die Verweisung auf einen anderen Aufsatz ist nämlich ein Mittel für den Testator, seine Absicht hinsichtlich der Person seines Erben vor der Hand geheim zu halten, wenn ihm daran gelegen

18) I, 12, §§. 47, 48.

19) L. 10 pr. D. de condition. institutionum (XXVIII, 7). M. vergl. L. 77 D. de hered. institut. (XXVIII, 5); L. 36 D. eodem; L. 38 D. de condit. et demonstrat. (XXXV, 1); L. 12 D. de bonor. possess. sec. tabulas (XXXVII, 11).

20) Erk. des Obertr. vom 28. Dezember 1849 (Entsch. Bd. XIX, S. 171).

ist. Dieses Mittel ist ihm bei einem übergebenen schriftlichen Testament ganz und gar entbehrlich, denn das ganze Testament wird ja versiegelt angenommen und der ganze Inhalt, folglich auch die Person des Honorirten, bleibt den Gerichtspersonen verborgen. Bei schriftlichen Testamenten ist daher die s. g. mystische Einsetzung ohne alle Bedeutung, das ganze Testament ist ein mystisches in dem mit dieser Bezeichnung verbundenen Sinne. Es bleibt daher nur das mündliche Testament für die Anwendung der mystischen Einsetzung übrig, wenn der Testator bei der Erklärung seines letzten Willens vor den Gerichtspersonen die Person seines Honorirten nicht bekannt geben will, „si heredes non palam, ita ut exaudiri possint, nuncupare“ (nollet) [21]). Hierbei müssen nun aber alle Analphabeten von dem Gebrauche dieses Mittels ausgeschlossen werden, weil es völlig ungewiß ist, ob der versiegelte Zettel, welchen der Testator als Beilage zu seinem Testamente übergiebt, seinen Willen enthält; derjenige, welchen er mit der Aufzeichnung betraut hat, kann wol auch statt des ihm genannten Namens seinen eigenen Namen hingeschrieben haben. Der versiegelte und folglich nicht verlautbarte Aufsatz ist daher völlig beweisunkräftig, ein solcher Testator muß nothwendig seine „heredes palam, ita ut exaudiri possint, nuncupare.“ Es bleiben mithin nur solche Personen, welche schreiben und Geschriebenes lesen können und mündlich testiren, übrig, denen an der s. g. mystischen Form etwas gelegen sein kann, und bei diesen ist auch in den höchst selten eintretenden Fällen, wo sie zur Geheimhaltung Veranlassung haben können, noch kein Bedürfniß zum Gebrauche dieses Mittels vorhanden, da sie in solchem Falle gleich das ganze Testament aufschreiben und versiegeln können. Es verlohnt sich daher nicht, hierüber erst ein Gesetz zu haben. Ueberdies kann es kommen, daß bei der Behandlung eines solchen „anderen Aufsatzes“, welcher dem mündlichen Testamente beigelegt werden soll, gefehlt und dadurch das ganze Testament vereitelt wird. Das Verfahren ist hierbei nicht vorgeschrieben. Da der versiegelt übergebene Aufsatz gerade den wesentlichen Theil des Testaments, die Erbeseinsetzung, enthält, so ist zur rechtsgültigen Errichtung eines solchen Testaments das gleiche Verfahren mit dem versiegelten Aufsatze anzuwenden, wie es bei der Uebergabe eines versiegelten schriftlichen Testaments vorgeschrieben ist.

21) L. 21 pr. D. qui testamentum facere poss. (XXVIII, 1).

§. 21.

C. Von mehreren letzten Willen eines Verstorbenen.

Finden sich mehrere gerichtlich deponirte letzte Willensverordnungen eines Verstorbenen vor, so ist hinsichtlich der Behandlung derselben zu unterscheiden, ob in der letzten die vorhergehenden gänzlich aufgehoben sind, oder nicht. Auf die außergerichtlichen bezieht sich diese Unterscheidung nicht, sie werden alle an das Erbschaftsgericht ausgeliefert, von welchem sie publizirt werden.

I. Der Fall, wie mit den Verordnungen, welche in der letzten gänzlich aufgehoben worden, seitens des Gerichts, in dessen Verwahrung sie sich befinden, zu verfahren sei, ist in dem Landrechte nicht vorgesehen. Als sich bald nach Einführung desselben ein solcher Fall ereignete, war das Gericht unsicher, ob es das aufgehobene ältere Testament publiziren, oder versiegelt an den Intestaterben des Testators aushändigen solle. Das Obergericht gab ihm auf desfallsige Anfrage den Bescheid, daß weder das Eine noch das Andere geschehen dürfe, vielmehr das ältere Testament uneröffnet liegen bleiben müsse, indem das spätere Testament noch binnen 30 Jahren als nichtig angefochten werden könne [1]). Daraus ist die spätere gesetzliche Vorschrift hervorgegangen:

> „Finden sich nach dem Tode des Erblassers zwei gerichtlich deponirte Testamente, und ist in dem letzten das erste gänzlich aufgehoben, so muß das ältere binnen der Frist uneröffnet liegen bleiben, binnen welcher das später deponirte noch als nichtig angefochten werden kann [2])."

Hieraus folgt, daß, wenn aus dem publizirten Testamente sich ergiebt, daß noch ein älteres vorhanden, welches darin nicht *gänzlich* aufgehoben ist, dasselbe ebenfalls publizirt werden muß [3]). Uebrigens ist es ohne Einfluß auf die Wirksamkeit der Testamente, wenn auch zufällig das ältere Testament publizirt worden ist, bevor man das Vorhandensein eines späteren kannte und dieses also erst nach dem älteren publizirt wurde. Hebt dieses das bereits publizirte ältere gänzlich auf, so wird dasselbe bei den Akten durch die Verjährungsfrist aufbewahrt und kommt zur Geltung, wenn das jüngere für nichtig erklärt wird und auch als Widerruf nicht bestehen kann [3a]).

1) Bescheid des Kammergerichts vom 8. November 1798 (Stengel's Beiträge, Bd. XIV, S. 291). Bestätigt durch das J.M.R. vom 6. Oktober 1802 (Rabe, Samml., Bd. VII, S. 259).

2) Anh. z. A. L.R. §. 39 (zu I, 12, §. 217).

3) R. vom 11. November 1833 (Jahrb. Bd. XLII, S. 284).

3a) A. L.R. I, 12, §. 581.

II. Soweit die älteren Verordnungen nicht gänzlich durch die letzte aufgehoben worden sind, machen alle zusammen einen einzigen letzten Willen aus, als wenn sie sämmtlich, nach der Zeitfolge in Einer Urkunde zusammengefaßt wären, und ihre Widersprüche werden als Widersprüche in Einem letzten Willen behandelt. So war der Rechtsstand, den das Landrecht vorfand:

> „Sed etsi in duobus codicibus simul signatis alios atque alios heredes scripserit, et utrumque exstet: ex utroque quasi ex uno competit bonorum possessio: quia pro unis tabulis habendum est, et supremum utrumque accipiemus [4]).“
>
> „Si tabulae in pluribus codicibus scriptae sunt, — unum testamentum est [5]).“

Diesen Grundsatz hat das Landrecht angenommen [6]), es gelten mithin alle letztwilligen Verordnungen für Eine, soweit sie nicht gänzlich durch eine spätere aufgehoben sind, und es kommt bei den Widersprüchen der Grundsatz zur Anwendung, daß, insoweit eine frühere und eine spätere Verfügung nicht nebeneinander bestehen können, die frühere von der späteren ausgeschlossen wird. Die Frage: ob und inwiefern eine ältere Verfügung von der späteren gänzlich aufgehoben wird, ist an sich thatsächlicher Natur, welche durch die Auslegungskunst festgestellt werden muß. Hierfür giebt jedoch das Landrecht folgende besondere Regeln.

1. Wird in dem späteren Testamente die in dem vorigen enthaltene Erbeseinsetzung abgeändert; so verliert das frühere Testament seine Gültigkeit dergestalt, daß auch die in dem früheren Testamente ausgesetzten Vermächtnisse, die in dem neuen Testamente nicht ausdrücklich aufrecht erhalten sind, wegfallen [7]). Es ist also ganz aufgehoben, denn die wiederholten oder bestätigten Vermächtnisse gehören dem neuen Testamente an. Bei dieser Regel kann man nun fragen: was ist unter einer Abänderung der Erbes-

4) L. 1, §. 6 D. de bonorum possessione secundum tabulas (XXXVII, 11). — Vergl. §. 13 Inst. de testam. ordin. (II, 10), wo das „simul signatis“ fehlt. In der That kann doch auch nur eins nach dem anderen gemacht werden und der Fall ist ja auch bedacht, daß beide nicht übereinstimmen. L. 47 D. de legatis II. Und doch werden beide für eins genommen. Die Länge des dazwischen liegenden Zeitraums ist gleichgültig.

5) L. 3, §. 1 D. de tabulis exhibendis (XLIII, 5).

6) I, 12, §§. 572 u. flg.

7) Ebenda §§. 572, 573. Die in dem aufgehobenen Testamente enthaltene sogenannte Kodizillarklausel hält die in demselben ausgesetzten Legate nicht aufrecht. §. 576 a. a. O.

einsetzung zu verstehen? Ist die alte Erbeseinsetzung schon abgeändert, wenn der ernannte Erbe A auf Ein Drittel des Ganzen eingesetzt war, was ja eine vollgültige Erbeseinsetzung ist, zumal wenn zu mehrerer Sicherheit der Zuwachs angeordnet worden, da die übrigen zwei Drittel an die Intestaterben von selbst fallen, — ist es also eine Abänderung einer solchen Erbeseinsetzung, wenn in dem neuen Testamente weiter gar nichts steht als: „B soll mein Erbe sein"? Das kann B ganz gut, ohne daß A verdrängt wird. Das erfahren wir aus der zweiten Regel, welche lautet:

2. Hat aber der Testator in dem späteren Testamente deutlich erklärt, daß auch die Erbeseinsetzung des früheren bei Kräften bleiben, und also der später eingesetzte Erbe nur zugleich mit den früher benannten sein Erbe sein solle: so bestehen auch die Legate aus dem früheren Testamente, insofern selbige durch das spätere nicht ausdrücklich aufgehoben sind, und einer solchen ausdrücklichen Aufhebung ist es gleichzuachten, wenn der Testator eben dieselbe bestimmte Sache, welche er in dem früheren Testamente einem Legatario vermacht hat, in dem späteren einem Anderen ganz zuwendet[8]). Die zweite Verordnung: „B soll mein Erbe sein", verändert allerdings die Erbeseinsetzung, denn der im alten Testamente eingesetzte A mit Zuerkennung des Zuwachses war wirklicher Erbe in universitatem, nicht Legatar[9]), und nun soll B Erbe ohne Einschränkung auf einen Theil sein. A würde nur Miterbe bleiben, wenn der Testator solches in dem späteren Testamente deutlich erklärt hätte, nun hat er ihn aber ganz übergangen. Daraus läßt sich nicht entnehmen, daß der Testator die Absicht gehabt habe,

8) Ebenda §§. 574 u. 575.

9) Wäre die ältere Verordnung nur ein Kodizill, so würde es neben dem späteren Testamente bestehen d. h. mit ihm Eine letztwillige Verordnung ausmachen, wenn es nicht ausdrücklich aufgehoben wurde. Erk. des Obertr. vom 16. August 1798 (Stengel's Beiträge, Bd. VI, S. 329; Mathis, juristische Monatsschrift, Bd. VI, S. 204). Das röm. Recht verordnete hierüber anders. §. 1 Inst. de codicillis (II, 25): „— Sed cum ante testamentum factum codicilli facti erant, Papinianus ait, non aliter vires habere, quam si speciali postea voluntate confirmentur. Sed Divi Severus et Antoninus rescripserunt: ex iis codicillis, qui testamentum praecedunt, posse fideicommissum peti, si appareat, eum, qui testamentum fecit, a voluntate, quam in codicillis expresserat, non recessisse." M. vergl. L. 5 D. de jure codicill. (XXIX, 7). Hiernach soll der Testator irgendwie zu erkennen geben, daß er es bei den schon vorher errichteten Kodizillen bewenden lasse; nach preußischem Rechte soll nur nicht eine widersprechende Absicht kundgegeben worden sein. Das Uebergehen der älteren Kodizille mit Stillschweigen hat also nach den beiden Rechten eine entgegengesetzte Wirkung.

den A als Miterben neben B beizubehalten; möglich ist es wohl, aber es ist gar nicht zu erkennen, und das ist genug, das alte Testament für ganz aufgehoben zu erachten. Hätte aber der Testator in dem neuen Testamente weiter nichts gesagt als: „B soll gleichfalls mein Erbe sein", so wäre das wohl eine hinlänglich deutliche Erklärung seiner Absicht, daß B nicht Alleinerbe sein, sondern nur als Miterbe dem bereits eingesetzten A zur Seite treten solle; und nur auf die ausgedrückte Absicht, nicht auf eine in bestimmte Worte gefaßte Formel kommt es an. Wird angenommen, daß beide Testamente zusammen wie Eins gelten, so läßt sich fragen: an wen fallen die zwei Drittel des B, wenn B die Erbschaft ausschlägt, das neue Testament also destitut wird. Es ließe sich folgern, daß nun das alte Testament allein übrig sei und danach die Intestaterben einzutreten hätten. Doch würde dieser Schluß ein falscher sein. Durch Hinzutritt der neuen Erbeinsetzung zur alten war das Ganze (As) der Erbschaft erschöpft, A und B waren Miterben auf das Ganze aus Einem Testamente geworden, die Intestaterben waren durch die zusätzliche Verfügung ganz ausgeschlossen und diese Ausschließung bleibt stehen, wenn auch B ausschlägt. A ist nun vermöge des Zuwachsrechtes, welches ihm der größeren Gewißheit wegen schon von Anfang an beigelegt war, um seine wahre Erbesqualität außer Zweifel zu setzen, in Ermangelung eines Substituten für B, Alleinerbe geworden.

Ein anderer Fall. Das ältere Testament lautet: „A soll mein Universalerbe sein." Es findet sich ein jüngeres Testament, welches verordnet: „Ich ernenne B zu meinem Universalerben auf die Hälfte meines Nachlasses; der Zuwachs ist nicht ausgeschlossen." B ist hiernach unzweifelhaft zum wahren Erben eingesetzt; das alte Testament ist mit gänzlichem Schweigen übergangen, der darin eingesetzte Erbe A ist ignorirt. Wer ist nun der Miterbe des neuen Erben B in Beziehung auf die andere Hälfte der Erbschaft? denn B soll nur auf die eine Hälfte zum Erben berufen sein. An einer anderen Stelle[10]) habe ich bereits gesagt, daß hier keine Abänderung der im vorigen Testamente enthaltenen Erbeseinsetzung vorliege; das neue Testament ernenne keinen anderen Erben, sondern nur einen zweiten Erben auf eine bestimmte Quote, also einen Miterben. Diese Meinung halte ich aufrecht; die Richtigkeit derselben leuchtet noch mehr ein, wenn man in Betracht zieht, daß die Sache nothwendig gerade

10) Anm. 64 zu §. 574, Th. I. Tit. 12 des A. L.R.

ebenso zu stehen kommen müßte, wenn beide Verfügungen hintereinander in einer und derselben Testamentsurkunde geschrieben ständen.

3. Die Erbeinsetzung in dem älteren Testamente bleibt gültig und die in dem späteren Testamente erfolgte Abänderung derselben fällt aus, wenn der Testator zu dieser Abänderung durch den angeführten aber irrigen Beweggrund veranlaßt worden war, daß der früher eingesetzte Erbe verstorben sei. Dieser besondere Satz ist aus den Pandekten aufgenommen:

„Pactumejus Androsthenes Pactumejam Magnam filiam Pactumeji Magni ex asse heredem instituerat, eique patrem ejus substituerat. Pactumejo Magno occiso[11]), et rumore perlato, quasi filia quoque ejus mortua, mutavit testamentum, Noviumque Rufum heredem instituit, hac praefatione: Quia heredes, quos volo habere mihi, continere non potui, Novius Rufus heres esto. Pactumeja Magna supplicavit imperatores nostros; et cognitione suscepta, licet modus institutione contineretur, quia falsus non solet obesse, tamen ex voluntate testantis putavit imperator ei subveniendum: igitur pronunciavit, hereditatem ad Magnam pertinere, sed legata ex posteriore testamento eam praestare debere, perinde atque si in posterioribus tabulis ipsa fuisset heres scripta[12])."

Die Aufrechthaltung der Vermächtnisse folgte nicht aus der gewöhnlichen Rechtsregel, nach welcher mit der Erbeseinsetzung auch die Legate ausfallen mußten; man ließ hier jedoch die Billigkeit eintreten und fingirte, als sei die Magna selbst in demselben Testamente zur Erbin eingesetzt. — Das Landrecht verfügt über diesen besonderen Fall wie folgt:

„Hat der Testator in dem späteren Testamente selbst, oder bei dessen gerichtlicher Uebergabe, ausdrücklich erklärt, daß er die Erbeseinsetzung bloß um deswillen geändert habe, weil der in dem früheren ernannte Erbe gestorben sei; und es findet sich, daß dabei ein Irrthum zu Grunde gelegen: so ist das spätere Testament ungültig. — Ist in diesem Falle das frühere Testament in gerichtlicher Verwahrung zurückgeblieben, so behält dasselbe seine völlige Gültigkeit. — Die in dem späteren Testa-

11) Commodus Antoninus hatte ihn mit sechs anderen Konsularen hinrichten lassen. Lampridius, Vitae, cap. VII.

12) L. 92 D. de heredibus institut. (XXVIII, 5). — M. vergl. L. 28 D. de inoff. testam. (V, 2).

mente enthaltenen Verordnungen gelten also nur in soweit, als dadurch Verordnungen des früheren Testaments, außer der Erbeseinsetzung aufgehoben werden[13]."

Hiernach weicht das Landrecht von dem römischen Rechte nur in Betreff der Vermächtnisse ab, das spätere Testament ist ganz hinfällig, mit Ausnahme der Verordnungen, welche als Widerruf von Nebenverfügungen des früheren Testaments anzusehen sind. Was das Landrecht hierdurch noch besonders festgesetzt hat, folgt für die spätere Erbeinsetzung schon aus seiner gewöhnlichen Rechtsregel[14]; nur hinsichtlich der Wiederherstellung des älteren Testaments und der Ungültigkeitserklärung der im späteren Testamente ausgesetzten Legate, in Ansehung welcher dasselbe sonst nach dem Vorbilde der römischen Bestimmung noch als Kodizill könnte angesehen werden, ist diese Spezialbestimmung ([13]) nicht überflüssig; sie ist auch konsequent, da ja der Testator die in dem späteren Testamente ausgesetzten Vermächtnisse nicht seinem zuerst berufenen Erben, den er nun für todt hielt, sondern dem später Berufenen, der jetzt wegfällt, auflegen wollte und das spätere Testament überhaupt nicht ohne seinen Irrthum errichtet haben würde.

4. Das Landrecht giebt ferner die Interpretationsregel: „Außer diesem Falle (Nr. 3) kommt das frühere Testament, welches durch ein späteres aufgehoben worden, wenn auch dieses letztere nicht bestehen kann[15]), dennoch nicht wieder zu Kräften, sondern es findet die gesetzliche Erbfolge statt. — Wenn aber bei dem späteren Testamente nicht einmal die Erfordernisse eines gültigen Widerrufs anzutreffen sind[16]), so behält das frühere seine Gültigkeit[17])." Diese Regel ist an sich klar; es finden sich dabei bei richtiger Beziehung keine Schwierigkeiten[18]). Ist das neue Testament als solches nicht zu Recht bestehend, so ist doch durch den darin ausdrücklich oder stillschweigend enthaltenen Widerruf das alte

---

13) I, 12, §§. 577 — 579.

14) I, 12, §. 150.

15) Z. B. wegen Formfehler, oder wegen dem neuen Erben fehlender passiven Testamentifaktion.

16) Z. B. aus Mangel der Willensfreiheit wegen Gewalt oder Zwanges rc., Irrthums oder Mangels der Handlungsfähigkeit, oder verlorener Testamentifaktion.

17) I, 12, §§. 580, 581.

18) Die Schwierigkeiten, welche ich in meiner Anm. 70 zum §. 581 hervorgehoben habe, verschwinden, wenn beachtet wird, daß diese Bestimmungen sich gar nicht auf den vorausgesetzten Fall, wo Jemand ein neues Testament macht, weil er wähnt, der in seinem früheren Testamente eingesetzte Erbe sei verstorben, beziehen.

Testament entkräftet, der Testator will die darin bezeichneten Honorirten nicht haben, folglich ist nun gar kein Testament vorhanden; ist aber auch der Widerruf nicht zu beachten ([16]), so besteht das alte Testament in seinen Würden nach wie vor.

5. Ist das spätere Testament zurückgenommen, das frühere hingegen in gerichtlicher Verwahrung aufbehalten worden; so bleibt letzteres, wenn es nicht sonst auf eine rechsbeständige Art widerrufen ist, gültig[19]). Diese Regel ist aus dem prätorischen Rechte beibehalten, auch mit der dort angenommenen Fiktion.

„— voluntas, quae defecerat, judicio recenti rediisse intelligitur: non secus, ac si quis aliud testamentum fecisset, ac supremas tabulas incidisset, ut priores supremas relinqueret[20]).“

Liegt die vernichtende Handlung vor, so wird angenommen (intelligitur), daß der Testator damit die Absicht verbunden habe, das unversehrt vorhandene ältere Testament als seinen letzten Willen zu hinterlassen. Die Zurücknahme eines gerichtlich niedergelegten Testaments steht der physischen Vernichtung in den Wirkungen gleich. Bemerkenswerth ist, daß hier ein Prinzip festgestellt ist, welches man auf einem anderen verwandten Gebiete, wo darüber Schweigen ist, nämlich auf dem Gebiete der Staatsgesetzgebung, nicht allgemein anerkennen will. Nach einer Meinung soll ein Gesetz, welches durch ein späteres Gesetz außer Wirksamkeit gesetzt wurde, mit der Aufhebung dieses hemmenden Gesetzes wieder in Kraft treten, gerade, wie hier ein früheres Testament durch die Zurücknahme des späteren. Von anderer Seite soll das nicht der Fall sein, es soll dann über den Gegenstand jede Bestimmung fehlen. —

6. In Ansehung der Kodizille gilt die Regel, daß frühere durch spätere nicht aufgehoben werden. „Codicillos et plures quis facere potest[21]).“ Das heißt, es müssen alle in den verschiedenen Kodizillen ausgesetzten Legate entrichtet werden, in sofern nicht die spätere Verfügung die frühere ausdrücklich aufhebt, oder sonst von der Art ist, daß die frühere damit unmöglich bestehen kann[22]). Ist der Fall aber so, daß in dem späteren Kodizille einer

---

19) I, 12, §. 582.

20) L. 11, §. 2 D. de bonorum poss. secundum tabulas (XXXVII, 11).

21) L. 6, §. 1 D. de jure codicill. (XXIX, 7); §. 3 Inst. de codicillis (II, 25).

22) A. L.R. I, 12, §§. 583, 584, 575.

schon in einer früheren Verfügung bedachten Person ein Legat angewiesen wird, so kommt diese Regel nicht zur Anwendung, wenn nicht aus der Fassung der späteren Disposition erhellet, daß der Legatar beide Vermächtnisse erhalten solle; denn ein anderweiter Beweis dieser Absicht aus mündlichen oder stillschweigenden Willenserklärungen des Erblassers vor oder nach der Errichtung des jüngeren Kodizills ist nicht zulässig[23]). Das Landrecht verläßt in dem in Rede stehenden Falle seine Grundlage und schafft eigenthümliche Grundsätze. Das römische Recht berücksichtigt nur den Fall, wenn einer und derselben Person in verschiedenen letztwilligen Urkunden verschiedene Summen ausgesetzt werden. „Binae tabulae testamenti eodem tempore exemplarii causa scriptae, ut vulgo fieri solet, ejusdem patrisfamilias proferuntur; in alteris centum, in alteris quinquaginta aurei legati sunt Titio. Quaeris: utrum et quinquaginta aureos, an centum duntaxat habiturus sit? Proculus respondit: In hoc casu heredi parcendum est: ideoque utrumque legatum nullo modo debetur, sed tantummodo quinquaginta aurei[24]).“ Es sollen also bei legirten Summen nur die niederen als die geltenden angenommen und die größeren nicht beachtet werden, ohne auf die Zeitfolge der einzelnen Vermächtnisse zu sehen; bei anderen Gegenständen sind beide oder sämmtliche Legate zu entrichten. — Das Landrecht hat den Grundsatz: nur das spätere Vermächtniß ist der Legatarius zu fordern befugt, das frühere gilt also für aufgehoben, wenn nicht aus der Fassung der späteren Disposition ein Anderes erhellet[25]). Die Zeitfolge der verschiedenen Dispositionen würde, wenn darüber ein Streit entsteht, wie jede andere Thatsache durch Beweis festgestellt werden müssen. Hierbei kommt jedoch das Landrecht mit einer Fiktion für einen Fall zu Hülfe: „Wenn ein Testament und Kodizill zugleich übergeben worden, so wird, wenn nicht aus den beigefügten Datis ein Anderes erhellet, angenommen, daß das Kodizill später, als das Testament errichtet sei[26]). Aber die gleichzeitig übergebenen letztwilligen Verordnungen können ja beide Kodizille sein, wenn sie sich auch Testamente nennen, oder sie können auch beide wirkliche Testamente sein, da ja jedes eine Erbeseinsetzung auf einen Verhältniß-

---

23) Erk. des Obertr. vom 12. Oktober 1863 (Archiv f. Rechtsf. Bd. LII, S. 24).

24) L. 47 D. de legatis II.

25) I, 12, §. 586. — M. vergl. die Anm. 23.

26) Ebenda §. 585.

theil zum Ganzen enthalten kann. Für diese Fälle läßt die Fiktion im Stiche, wenn derselben Person in jeder der beiden Verordnungen ein Legat angewiesen worden ist. Der zweite Fall ist nicht zweifelhaft, weil für jedes der beiden Legate ein anderer Belasteter (Schuldner) vorhanden sein wird, woraus von selbst folgt, daß beide Legate entrichtet werden müssen. Im ersten Falle wird der Beweis über die Zeit der Errichtung zugelassen werden müssen und wenn derselbe ohne Resultat bleibt, folgt aus der Gleichzeitigkeit der Zuwendung, daß beide Vermächtnisse zu entrichten sind, gleich als wenn der Testator in Einer Disposition eine Person doppelt bedacht hätte, wenn auch in verschiedenen Sätzen, da das Ganze für Eine Erklärung gilt und die beiden verschiedenen Zuwendungen keine sich widersprechenden Gegensätze sind.

IV. Von den Nebenbestimmungen letzter Willen.

§. 22.

Vorbemerkung.

Eine jede Willenserklärung, mit Ausnahme der Eheschließung, kann den Umfang, welchen der darin ausgesprochene Wille des Erklärenden an und für sich haben würde, durch Hinzufügung von Nebenbestimmungen willkührlich einschränken. Davon macht, im geraden Gegensatze vom römischen Rechte*), auch die Erbeseinsetzung keine Ausnahme[1]). Man kann einen Erben einsetzen unter einer aufschiebenden Bedingung[2]), oder von einem gewissen Tage an[3]), oder unter einer auflösenden Bedingung[4]), oder mit einem Endtermin[5]); man kann das Nähere mitunter auch in das Ermessen eines Anderen stellen. Der Grundsatz des römischen Rechts: semel heres semper heres, gilt also in Beziehung auf den Vermögenserwerb im preußischen Rechte nicht, aber hinsichtlich anderer, nicht zu den übertragbaren Vermögensrechten gehörigen Gegenstände ist der Charakter des Erben doch nicht zu tilgen[6]). Die möglichen Selbstbeschränkungen des Willensumfangs sind: Bedingungen, Zeitbe-

---

*) L. 34 D. de heredibus instit. (XXVIII, 5): „Hereditas ex die vel ad diem non recte datur." — M. vergl. L. 23 pr. D. eodem; §. 9 Inst. eodem (II, 14). Die Einsetzung sub conditione war möglich. §. 9 Inst. l. c.

1) A. L.R. I, 12, §§. 61, 62.

2) §. 478 a. a. O.

3) §. 486 a. a. O.

4) §. 489 a. a. O.

5) §. 259 a. a. O.

6) Vergl. unten, §. 25, No. II.

stimmungen, Auflage eines Zwecks (Modus) und das Ermessen eines Andern. Hiervon soll nun gehandelt werden.

A. Von Bedingungen.

§. 23.

1. Von Bedingungen überhaupt und deren Zulässigkeit.

I. Das Landrecht verweist hinsichtlich der Bedingungen bei letztwilligen Verordnungen auf die Vorschriften, welche es über bedingte Willenserklärungen überhaupt gegeben hat [1]). Gleichwohl überhebt die schon früher von mir gegebene Darstellung der Lehre von den Bedingungen bei Willenserklärungen im Allgemeinen [2]) nicht der Auseinandersetzung der Eigenthümlichkeiten, welche diese Lehre bei den letztwilligen Verordnungen erhält. 1. Vorausgesetzt wird hier überall nur eine wahre (eigentliche) Bedingung, d. h. solche, welche nicht in einen Umstand gesetzt ist, dessen Verwirklichung schon in der Natur der Verwirklichung einer Disposition selbst liegt, also sich von selbst versteht (conditio, quae inest), z. B. die Erbeseinsetzung mit dem Zusatze: „wenn er will." Ein derartiger Zusatz macht die Verfügung nicht zu einer bedingten [2a]). Bei dem römischen suus war der Zusatz „si voluerit" eine wirkliche Bedingung, weil er Erbe werden mußte, wenn dies nicht in seinen freien Willen gestellt war [3]). Dies ist dem preußischen Rechte fremd. Das römische Recht läßt aber das „si voluerit" auch bei Singular-Vermächtnissen, nicht auch bei Universalfideikommissen [4]), welche wie die Einsetzung eines heres extraneus in dieser Beziehung behandelt werden, als eine wahre Bedingung gelten, so daß der Legatar ein solchergestalt bedingtes Legat nicht auf seinen Erben transmittiren kann, wenn er vor der Erklärung der Annahme stirbt, weil der Erbe die Bedingung, als an die Person des Legatars gebunden, nicht erfüllen kann.

„Si ita expressum erit: Titio, si voluerit, do, lego: apud Labeonem Proculus notat, non aliter ad heredem legatarii pertinere, quam si ipse legatarius voluerit ad se pertinere: quia conditio personae injuncta videtur [5])."

1) I, 12, §. 61.

2) Mein Recht der Forderungen, §§. 92 ff., 2. A. Bd. II, S. 234 ff.

2a) L. 3 D. de leg. I; L. 7, §. 5, L. 22, §. 1 D. quando dies leg. (XXXVI, 2). Ebenso A. L.R. I, 4, §. 126. Vgl. Entsch. des Obertr. Bd. XVIII, S. 151.

3) L. 12 D. de condition. institutionum (XXVIII, 7); L. 4 D. de hered. instit. (XXVIII, 5); L. 4 C. de institut. et substit. (VI, 25).

4) L. 85 D. de condition. et demonstrat. (XXXV, 1).

5) L. 69 D. de condition. et demonstrat. (XXXV, 1). — M. vergl. L. 65, § 1 D. de legatis I.

Damit verhält es sich nach preußischem Rechte nicht anders. „Ist — die Bedingung — an die Person des Berechtigten gebunden, und stirbt dieser vor der Erfüllung, so verliert die Erklärung selbst ihre Wirksamkeit [6]).“

2. Bei den Bedingungen wird vor Allem auf die wahrscheinliche Absicht, auf den eigentlichen Willen des Testators gesehen, ohne es mit inkorrekten Ausdrücken gar zu ängstlich zu nehmen [7]).

„In conditionibus primum locum voluntas defuncti obtinet, eaque regit conditiones [8]). „— in conditionibus testamentorum voluntatem potius, quam verba considerari oporteat. — Conditionum verba, quae testamento praescribuntur, pro voluntate considerantur: et ideo, cum tutores testamento dati, quoniam interea puer adoleverat, id egerint, ut curatores ipsi constituerentur, conditio fideicommissi talis praescripta: Si tutelam in annum octavum decimum gesserint, defecisse non videbitur [9]).“

Hieraus wird klar, was das Landrecht unter dem Rubrum: „von unbestimmten Bedingungen“, mit folgender Vorschrift sagen will:

„Falsche Benennungen oder Bezeichnungen machen die Verfügung des Erblassers nicht ungültig, wenn nur sonst die wahre Absicht desselben deutlich erhellet [10]).“

Diese Vorschrift bezieht sich unmittelbar auf Bedingungen, bildet aber zugleich das Prinzipium der sich unmittelbar anschließenden Auslegungsregeln für letztwillige Verordnungen. Die durch unpassende Ausdrücke vorgeschriebene Bedingung, wenn sie daraus der Absicht des Testators entsprechend erkannt werden kann, ist also eine gültige Bedingung, wie sie der Testator gewollt hat.

3. Die bedingende Vorschrift kann aber auch ganz unverständlich oder widersprechend in sich selbst sein, z. B. wenn Jemand verfügte: „Wenn Titius Erbe sein wird, soll Sejus Erbe sein; wenn Sejus Erbe sein wird, soll Titius Erbe sein [11]).“ Der-

6) A. L.R. I, 4, §. 162.

7) „— non enim in causa testamentorum ad definitionem (id est, ad propriam verborum significationem, nach L. 18, §. 3 D. de instructo vel instrum. leg. XXXIII, 7: „non propriam verborum significationem scrutari, sed imprimis, quid testator demonstrare voluerit“) utique descendendum est, cum plerumque abusive loquantur, nec propriis nominibus ac vocabulis semper utantur.“ L. 69. §. 1 D. de legatis III.

8) L. 19 pr. D. de conditionibus et demonstrationibus (XXXV. 1).

9) L 101 pr., §. 2 D. eodem.

10) I, 12, §. 518. M. vergl. I, 4, §§. 66, 67, 69, 70, 71.

11) L. 16 D de condition. institutionum (XXVIII, 7).

gleichen Bedingungen nennt man bekanntlich conditiones perplexae. Diese sind unmöglich, die ersteren, weil sie nicht verstanden werden, die letzteren, weil ihnen das logische Gesetz entgegensteht (11). Man könnte zwar in dem Beispiele einen ungeschickten Ausdruck für den Gedanken finden, daß der Testator Beide oder Keinen zu Erben habe haben wollen, so daß, wenn Einer ausschlägt, der Andere nicht berufen sein soll; wenn aber Beide antreten, die Bedingung erfüllt ist. Allein das positive römische Recht behandelt solche Bedingungen als unmögliche[12]). Das Landrecht schließt sich dieser Auffassung an, indem es verordnet: „Bedingungen, die ganz unverständlich gefaßt, sind den unmöglichen gleich zu achten[13])." Der perplexen Bedingungen geschieht nicht Erwähnung, aber es findet sich kein Grund, anzunehmen, daß sich dabei das Landrecht von dem bisherigen Rechte habe entfernen wollen, d. h. die ganze Verfügung ist nichtig[13a]).

4. Wenn der Testator in seinem letzten Willen Jemanden unter Vorbehalt einer Bedingung, welche weiterhin folgen sollte, honorirte, die angekündigte Hinzufügung aber doch unterließ, so ist eine solche Verfügung einer verschiedenen Auffassung empfänglich. Römische Juristen sagen: eine solche Erbeseinsetzung sei ungültig, denn unbedingt habe sie der Testator nicht gewollt und bedingt sei sie nicht erfolgt, folglich sei sie nicht existent geworden[14]). Der Kaiser Valerian geht davon aus, daß die Hinzufügung der angesagten Bedingung unterblieben sein könne, weil der Testator in Beziehung darauf seinen Willen geändert haben könne, und verordnet: „Si testamentum ita scriptum inveniatur: Ille heres esto secundum conditiones infra scriptas; siquidem nihil est adjectum, neque alia conditio in testamento posita est, supervacuam esse conditionum pollicitationem sancimus, et testamentum puram habere institutionem[15])." Das Landrecht findet, eine vorbehaltene aber nachher nicht ausgedrückte Bedingung lasse sich nicht erfüllen, folglich sei sie eine unmögliche, und schreibt vor: „Bedingungen, die — zwar überhaupt vorbehalten, aber worin sie bestehen sollen, nicht ausgedrückt worden, sind den unmögli-

---

12) Andere Beispiele sind: L. 39 D. de man. test. (XL, 4); L. 88 pr. D. ad leg. Falcid. (XXXV, 2).

13) I, 12, §. 64.

13a) Ebend. I, 4, §§. 129—132; I, 12, §. 504. Hiernach ändert sich der Schluß des §. 95 des Rechts der Forderungen.

14) L 9, §§. 5, 6 D. de heredibus instituendis (XXVIII, 5).

15) L. 8 C. de institutionibus et substitutionibus (VI, 25).

chen gleich zu achten [16]).“ — Möglich ist der Fall, daß der Testator zur Aufstellung von Bedingungen durch einen Irrthum bewogen worden ist, dergestalt, daß er ohne diesen falschen Beweggrund an die Hinzufügung einer Bedingung zu seiner Zuwendung gar nicht gedacht haben würde. Hierbei gilt die Regel: „Sed si conditionem addidit dum nollet, detracta ea heredem futurum, nec nuncupatum videri, quod contra voluntatem scriptum est [17]).“ Im Grundsatze weicht hiervon das preußische Recht nicht ab, allein gegen gerichtlich an- oder aufgenommene letztwillige Verordnungen ist die Beweisführung über einen solchen Irrthum in der Regel nicht zulässig [18]); es ist jedoch hiergegen auch ein materielles Bedenken [18 a]).

5. Kommt eine Wiederholung der nämlichen Verfügung vor, einmal unbedingt, das andere Mal bedingt, oder mit verschiedenen Bedingungen, so werden die über eine derartige Anordnung der Bedingung entstehenden Zweifel im römischen Rechte wie folgt gehoben: Man unterscheidet die Erbeseinsetzung von den Vermächtnissen. Bei der Wiederholung der Erbeseinsetzung in Einem Testamente erhält die unbedingte vor der bedingten den Vorzug, mag die unbedingte voranstehen oder nachfolgen [19]); die verschiedenartigen Bedingungen gelten alternativ, so daß die zuerst eintreffende Bedingung die andere erübrigt [20]). Bei Vermächtnissen ist stets die letzte Verordnung allein maßgebend [21]). Das Landrecht behandelt diesen Fall nicht besonders, aber es hat im Allgemeinen den Grundsatz angenommen, daß von mehreren vorhandenen letztwilligen Verfü-

---

16) I, 12, §. 64.

17) L. 9, §. 5 D. de heredibus instit. (XXVIII, 5). — M. vergl. L. 2, §. 7 i. f. D. de bonor. possess. secundum tabulas (XXXVII, 11): „— pro non scripta est, quod scribi noluit.“ Die Frage ist jedoch bestritten. Vgl. v. Savigny, System, Bd. III, S. 192.

18) I, 12, §§. 23, 24.

18 a) M. s. unten, II, Nr. 2, lit. b, Abs. 2.

19) L. 27, §. 1 D. de hered. instituendis (XXVIII, 5): „Sed si te heredem instituero, et deinde eundem te sub conditione instituam, nihil valere sequentem institutionem, quia satis plena prior fuisset.“ — L. 67 D. eodem: „Si ita scriptum fuerit: Tithasus si in Capitolium ascenderit, heres esto; Tithasus heres esto, secunda scriptura potior erit: plenior est enim quam prior.“

20) L. 27, §. 2 D. eodem: „Sed si plures institutiones ex eadem parte sub diversis conditionibus fuerint factae, utra prior conditio exstiterit, id faciet, quod supra diximus (m. s. die vor. Note 19), si pure et sub conditione idem instituatur.“ — L. 17 D. condit. institutionum (XXVIII, 7): „Si plures institutiones ex eadem parte sub diversis conditionibus fuerint, conditio, quae prior exstiterit, occupabit institutionem.“

21) L. 12, §. 3 D. de legatis I; L. 87, 89 D. de condit. et demonstrat. (XXXV, 1). — M. vergl. auch L. 40, §. 2 D. eodem.

gungen, in soweit sie sich widersprechen, die letzte die entscheidende ist [22]).

II. Hinsichtlich der Zulässigkeit der Bedingungen entfernt sich das Landrecht sehr von dem Gemeinen Rechte. Die Zulässigkeit hängt theils von der Art der Verfügung, welcher die Bedingung beigefügt werden soll, theils von der Beschaffenheit des Umstandes, welcher zur Bedingung gemacht wird, ab.

1. In Ansehung der Dispositionen kann nach heutigem römischen Rechte sowohl die Erbeseinsetzung als ein Vermächtniß unter einer Suspensivbedingung angeordnet werden [23]), aber nicht unter einer Resolutivbedingung anders als daß man diese in die umgekehrte Suspensivbedingung verwandelte [24]). Diesen Unterschied macht das Landrecht nicht, vielmehr verordnet es: „Ist eine Erbschaft oder ein Vermächtniß unter einer auflösenden Bedingung erlassen, so steht der Erbe oder Legatarius gegen den, welchem bei dem Eintritte der Bedingung die Erbschaft oder das Vermächtniß, nach der Verordnung des Testators, oder nach den Gesetzen anheimfällt, in eben dem Verhältnisse, wie der eingesetzte Erbe oder Legatarius gegen den fideikommissarischen Substituten [25]).

2. Bezüglich auf die Beschaffenheit der Umstände, welche zur Bedingung gemacht sind, gelten folgende besondere Grundsätze.

a) Unerlaubte Bedingungen gelten nach römischem Rechte für nicht geschrieben, wenn sie auf die unerlaubte Handlung des Bedachten selbst gestellt sind [26]); sie haben Geltung und wirken, wenn sie auf die Unterlassung des Unerlaubten, oder auf Handlungen Dritter gestellt sind, wenigstens steht keine gesetzliche Vorschrift entgegen. — Das Landrecht stimmt hiermit im Wesentlichen überein, indem es verordnet:

> „Was selbst kein Gegenstand einer Willenserklärung sein kann, das kann auch Niemandem als eine Bedingung auferlegt werden [27]).“

Diese unerlaubten Gegenstände werden in den §§. 6 bis 13 a. a. O.

---

22) I, 12, §§. 572 — 586. — M. vergl. oben §. 21.

23) §. 9 Inst. de hered. instit. (II, 14); L. 4 pr. §. 1, L. 6 D. de condit. institut. (XXVIII, 7); L. 41 D. de condit. et demonstr. (XXXV, 1).

24) §. 9 Inst. l. c.; L. 88 D. de hered. instit. (XXVIII, 5); L. 107 i. f. D. de condit. et demonstrat. (XXXV, 1).

25) I, 12, §. 489.

26) L. 9 D. de condition. institutionum (XXVIII, 7); L. 20, 22 D. de condition. et demonstrat. (XXXV, 1).

27) I, 4, §. 136.

verzeichnet[28]), woraus nachher eine Folgerung gezogen werden soll. Nun sind über die verschiedenen Wirkungen der unerlaubten Bedingungen nach den verschiedenen Arten der Willenserklärungen folgende Bestimmungen gegeben:

für Verträge: „Unerlaubte Bedingungen, welche nach den Gesetzen bei Willenserklärungen überhaupt nicht stattfinden, entkräften einen jeden Vertrag, welchem sie beigefügt sind[29]."

für letztwillige Verordnungen: „Was nach den Gesetzen einer Willenserklärung als gültige Bedingung nicht beigefügt werden darf; das wird, wenn es in letztwilligen Verordnungen einem Erben oder Legatario gleichwohl aufgelegt worden, für nicht beigefügt angesehen[30]."

Aus der letzten Bestimmung erhellet die Uebereinstimmung mit dem römischen Rechte in dem Punkte, daß die beigefügte Bedingung für nicht beigefügt anzusehen, insofern der Bedachte eine Handlung begehen soll, zu welcher er sich durch einen Vertrag nicht würde verpflichten können. Hieran schließen sich ein Zweifel und eine Kontroverse. Der Zweifel betrifft die Zulässigkeit der fraglichen Bedingung, wenn sie auf die Unterlassung des Unerlaubten, oder auf Handlungen eines Dritten gestellt sind. Die Kontroverse betrifft die Frage: ob die Bestimmung, daß die beigefügte Bedingung in Frage für nicht beigefügt zu erachten, nur auf einseitige letztwillige Verordnungen zu beziehen, oder auch auf Erbverträge auszudehnen sei und also Erbverträge unter einer solchen Bedingung, wie Verträge überhaupt, völlig unkräftig seien, oder die Bedingung als gar nicht vorhanden angesehen werden müsse.

aa) Die Zulässigkeit einer Bedingung, welche darin gestellt ist, daß Jemand eine unerlaubte, unsittliche Handlung unterlassen solle, ist nirgend anerkannt, aber auch nicht verboten, und auf den letzteren Umstand allein wird gemeinrechtlich die Meinung gegründet, daß das Unterlassen des Unerlaubten zur Bedingung gemacht werden könne. Das würde nicht anzuerkennen sein, wenn die Gleichstellung des Unsittlichen mit dem Unmöglichen richtig wäre. Denn dann würde das Unterlassen von etwas Unmöglichem zur Bedingung gemacht werden, wenn das Unterlassen einer unsittlichen Handlung Bedingung sein sollte, folglich keine wahre Bedingung, sondern eine

---

28) Das Nähere darüber s. m. in meinem Recht der Forderungen, Bd. II, §. 95, Nr. 5 (2. A. S. 265 ff.).

29) I, 5, §. 227.

30) I. 12, §. 63.

nothwendige, also gar keine Bedingung sein. „Ist eine unmögliche Bedingung in der Art, daß solche nicht eintreffen solle, beigefügt, so wird die Erklärung für unbedingt geachtet[31]." Jene Gleichstellung gilt also nicht allgemein, sondern nur insofern sie zur Aufrechthaltung der Sittlichkeit dient[32]). Das Landrecht geht nun davon aus, daß die bedingungsweise Zumuthung einer Handlung oder Unterlassung, zu welcher man sich nicht durch Vertrag würde verbindlich machen können, unzulässig sei ([27. 28]). Ob und inwiefern die Bedingung, eine dergleichen Handlung zu unterlassen, wirksam sei, ist eine offene Frage. Daraus ließe sich freilich folgern, eine solche Bedingung sei zulässig, weil sie nicht verboten. Doch ist dies nicht als Regel anzuerkennen, vielmehr muß an jeden einzelnen Fall jener Maßstab angelegt werden, um zu erkennen: ob die Unterlassung einer unerlaubten Handlung zu einer rechtlich wirksamen Bedingung gemacht werden könne. So würde z. B. die Bedingung eines Vermächtnisses: „wenn der Bedachte seine Schwester nicht nöthigen wird", als Verheißung einer Prämie für die Unterlassung einer Schandthat, wohl nicht für eine zulässige Bedingung angesehen werden können. „Si ob maleficium, ne fiat, promissum sit, nulla est obligatio ex hac conventione[33])." Dagegen würde die Bedingung: „wenn der Bedachte sich nicht von seiner Frau trennen wird", eine zulässige und wirksame Bedingung sein, weil sie die Aufrechthaltung der Sittlichkeit bezweckt[34]), während die entgegengesetzte Bedingung: „wenn er sich von seiner Frau geschieden haben wird", unzweifelhaft für nicht beigefügt zu erachten ist[35]). — Die Bedingung, welche die Unterlassung einer schlechten Handlung bezweckt, kann auch in eine Handlung des Belasteten gestellt sein. Eine fideikommissarische Substitution oder ein Vermächtniß zu Gunsten der Frau des Erben unter der Bedingung: „wenn er sich von seiner Frau trennen oder ohne rechtmäßigen Grund scheiden oder ihr Grund zur Scheidung geben wird", ist vollkommen gültig. Begeht er die Handlung, die dem Willen des Testators zuwider ist, so muß er die Erbschaft, beziehungsweise das Vermächtniß an die Frau herausgeben, sonst nicht.

31) I, 4, §. 130. — L. 50, §. 1 D. de hered. instituendis (XXVIII, 5): „Si in non faciendo impossibilis conditio institutione heredis sit expressa, secundum omnium sententiam heres erit, ac si pure institutus esset." — Vergl. L. 20 pr. D. de condit. institut. (XXVIII, 7); L. 7 D. de verb. obl. (XLV, 1).

32) v. Savigny, System, Bd. III, S. 172 ff. — Das Nähere hierüber s. m. in meinem Recht der Forderungen, Bd. II, §. 95, Nr. 5 (2. A. S. 265 ff.).

33) L. 7, §. 3 D. de pactis (II, 14). — M. vergl. A. L.R. I, 16, §. 206.

34) A. L.R. II, 1, §. 175.

35) L. 5 C. de institut. et substitutionibus (VI, 25).

Das ältere römische Recht verbot die legata poenae nomine relicta, Justinian hat sie im Allgemeinen zugelassen, auch für den Fall, daß dadurch der Erbe genöthigt werden sollte, eine schlechte Handlung zu unterlassen oder eine Pflicht zu erfüllen[36]). In diesem Sinne hat das Landrecht die Bestimmung beibehalten: „Verordnungen eines Testators, wodurch er dem Erben oder Legatario gewisse Nachtheile auflegt, wenn sie seinem letzten Willen — zuwider handeln würden, sind niemals auf den Fall auszudehnen, wenn bloß die Gewißheit und Richtigkeit des letzten Willens von ihnen bezweifelt wird[37]).“ Außerdem ist also das legatum poenae nomine relictum anerkannt. — Ebenso kann die Bedingung auf die schlechte Handlung eines Dritten mit rechtlicher Wirkung gestellt werden[38]).

bb) Ob ein Erbvertrag, wie ein jeder Vertrag, nach der Vorschrift: „Unerlaubte Bedingungen, welche nach den Gesetzen bei Willenserklärungen überhaupt nicht stattfinden, entkräften einen jeden Vertrag, welchem sie beigefügt worden[39])“, durch eine beigefügte unerlaubte Bedingung vernichtet werde, oder ob diese Bedingung, wie bei einseitigen letztwilligen Verordnungen, für nicht beigefügt zu erachten[40]), ist streitig. Ich bin der ersten Meinung[42]), das Obertribunal[43]) behauptet das Gegentheil. Die Gründe für jene Meinung sind im Wesentlichen folgende: Unwiderrufliche Erbverträge haben ganz die Natur von Verträgen überhaupt und müssen also nach den gesetzlichen Bestimmungen über Verträge beurtheilt werden[44]). Bei Verträgen wird auf den Willen eines jeden gesehen; beide Kontrahenten stimmen also über etwas überein, was nicht erlaubt ist, sie konsentiren somit darin, daß überhaupt gar nichts abzuschließen. „Non solum stipulationes impossibili conditione adplicatae, nullius momenti sunt; sed etiam caeteri quoque

---

36) §. 36 Inst. de legatis (II, 20); L. un. C. de his quae poenae nomine (VI, 41).

37) I, 12, §. 457.

38) M. vergl. v. Savigny, System, Bd. III, S. 175.

39) A. L.R. I, 5, §. 227.

40) Ebend. I, 12, §. 63.

42) Schon Grävell, Generaltheorie der Verträge, S. 56, und von den Neueren: Buddeus, in Weiske's Rechtslexikon, Bd. IV, S. 42; Beseler, Lehre von den Erbverträgen, S. 269; Hartmann, zur Lehre von den Erbverträgen (Braunschweig 1860), S. 51.

43) Dieses hat Bielitz, Kommentar, Bd. I, S. 500 auf seiner Seite. — Bornemann hat geschwankt.

44) v. Savigny, System, Bd. VIII, S. 492.

contractus — impossibili conditione interpositi aeque nullius momenti sunt, quia in ea re, quae ex duorum pluriumve consensu agitur, omnium voluntas spectetur: quorum proculdubio in hujusmodi actu talis cogitatio est, ut nihil agi existiment apposita ea conditione quam sciant esse impossibilem[45])." Ganz ebenso ist es bei unsittlichen oder unerlaubten Bedingungen[45a]). Unerlaubte Bedingungen entkräften daher einen jeden Vertrag, dem sie beigefügt sind. Für Erbverträge macht davon das Landrecht keine Ausnahme. Der Titel 12, Th. I berührt diese Frage gar nicht. Die Bestimmung, daß unerlaubte Bedingungen, wenn sie in letztwilligen Verordnungen vorkommen, für nicht beigefügt anzusehen, steht im ersten Abschnitte, welcher von Testamenten und Kodizillen handelt, und bezieht sich nach der Spezialüberschrift neben §. 44 insbesondere auf Testamente und Kodizille; Erbverträge sind überhaupt auch keine „Verordnungen". Von Erbverträgen handelt erst der zweite Abschnitt dieses Titels (§§. 617 ff.) und hier kommen besondere Bestimmungen nur über die Form und über die Aufhebung derselben in der Art vor, daß auf Vorschriften ausdrücklich zurückverwiesen wird. Ueber die Zulässigkeit und Wirkung der verschiedenartigen Bedingungen wird nicht zurückverwiesen, auch nichts besonderes bestimmt, folglich ist daraus nach logischen Gesetzen zu schließen, daß es damit gehalten werden soll, wie bei Verträgen überhaupt. — Das Obertribunal hat sich auf diese Gründe gar nicht eingelassen, sogar gesagt, daß ich meine Meinung nur auf die gar nicht näher motivirte Behauptung stütze, daß die Erbverträge nur in Beziehung auf die Aufhebung, nicht aber in Beziehung auf die Entstehung den Testamenten gleichständen, welche Ansichten auch durch die nicht gehörig beachteten und in Beziehung auf die streitige Frage wesentlichen Bestimmungen des Allgemeinen Landrechts klar widerlegt würden. Diese wesentlichen Bestimmungen, die zugleich statt des Beweises für die eigene Behauptung des Obertribunals dienen sollen, würde man vergeblich im Landrecht suchen, wenn sie nicht von ihm bezeichnet worden wären. Diese sind geeignet, in Erstaunen zu setzen. Solche sind keine anderen, als die beiden einleitenden doktrinellen Sätze der §§. 1 u. 2, Tit. 12 und lauten:

„Ueber alles, was der freien Veräußerung eines Menschen

---

45) L. 31 D. de obligat. et actionibus (XLIV, 7).

45a) L. 137, §. 6 D. de verbor. obligat. (XLV, 1); L. 15 D. de condit. institutionum (XXVIII, 7).

unterworfen ist, kann derselbe auch auf den Todesfall nach Gutbefinden verfügen."

„Dergleichen Verfügungen können sowohl durch einseitige Willenserklärungen, als durch Verträge getroffen werden."

Das sind die wesentlichen Gesetze, welche nach der Anschauung des Obertribunals die streitige Frage klar entscheiden[46]). Einer Würdigung dieser Beweisführung kann ich mich hier, um unnütze Wiederholungen zu vermeiden[47]), überheben, da der Wortlaut dieser „in Beziehung auf die streitige Frage wesentlichen Bestimmungen" genügend lehrt, daß diese „wesentlichen Bestimmungen" mit der streitigen Frage so wenig zu thun haben wie das Vaterunser. Das lakonische österreichische Gesetzbuch behandelt die Frage besonders, und weil es eine wissenschaftliche Autorität ist, folgt hier dessen, auf unserer Seite stehender Ausspruch: „Was von Bedingungen bei Verträgen überhaupt gesagt worden ist, muß auch auf Erbverträge angewendet werden[48])." Das ist nicht neue Erfindung, sondern im früheren Rechtssysteme dort schon gegründet[49]). In Preußen ist gar Nichts nachweisbar, was hiervon abwiche; die Behauptung des Obertribunals ist ohne geschichtlichen und ohne positiven Rechtsboden.

b) Ueber die Behandlung der unmöglichen Bedingungen bestand unter den römischen Juristen eine Spaltung. Die Prokulejaner wollten die dadurch bedingten Verträge und Testamente gleich behandelt und beiderlei Rechtsgeschäfte durch den solchergestalt bedingten Inhalt als völlig entkräftet angesehen wissen[50]), weil, da man wisse, daß das Sein oder Nichtsein der bedingenden Thatsache das Sein oder Nichtsein des dadurch bedingten Rechtsverhältnisses zur Folge haben solle und daher eine bedingende unmögliche Thatsache, z. B. die öfter erwähnte Bedingung: si digito coelum tetigerit, den Eintritt des davon abhängig gemachten Rechtsverhältnisses von Anfang mit Gewißheit ausschließe, — es mit einer solchen Erklä-

46) Erk. vom 19. Februar 1858 (Archiv f. Rechtsf. Bd. XXVII, S. 293). M. vergl. auch das Erk. dess. vom 2. Juni 1856 (Arch. Bd. XXVI, S. 13 ff.).

47) Eingehend habe ich diese Beweisführung schon gewürdigt in dem Rechte der Forderungen, §. 95, Nr. 5 (2. Ausg. Bd. II, S. 271). Dort sind, S. 273, auch die hier für die von mir vertretene Meinung kurz angegebenen Gründe weiter ausgeführt.

48) Bürg. G.B. §. 1251.

49) Linden, das frühere in Oesterreich übliche gemeine Recht, §. 1251.

50) Gajus, III, §. 98: „.... diversae scholae auctores non minus legatum inutile existimant, quam stipulationem. Et sane vix idonea diversitatis ratio reddi potest." Durch den Zusatz erklärt Gajus die Meinung der Prokulejaner für logisch konsequent, er selbst hielt jedoch zu den Sabinianern.

rung nicht Ernst gewesen sein könne[51]). Die Sabinianer[51a]) wollten dies nur bei Verträgen gelten lassen, die in solcher Weise bedingten Testamente aber als unbedingte aufrecht halten und zu diesem Zwecke die beigefügte Bedingung als gar nicht vorhanden behandeln. Dieser Meinung hat Justinian den Vorzug gegeben[52]), nachdem sie in der Praxis schon vorher herrschend geworden war[52a]). Eine befriedigende Erklärung dieser ungleichen Behandlung der unmöglichen Bedingungen nach der Art der Willenserklärung, der sie beigefügt sind, ist noch nicht gefunden. Gewöhnlich erklärt man sie aus einem favor testamentorum. v. Savigny versucht die Erklärung so, daß er annimmt, es sei ursprünglich die Rede von den unsittlichen Bedingungen gewesen, und nachdem man diese als nicht geschrieben anerkannt hatte, sei dieselbe Behandlung auf die unmöglichen übertragen worden, mit denen man, eben zu diesem Zwecke, die unsittlichen identifizirte. Sei diese Herleitung zu rechtfertigen, so werde dadurch zugleich ein anderer Anstoß beseitigt. Es lasse sich nämlich schwerlich annehmen, daß in römischen Testamenten die absolut unmöglichen Bedingungen oft genug vorgekommen sein sollten, um dieser Frage irgend eine Erheblichkeit zu geben. Dagegen möchten die Fälle unsittlicher Bedingungen häufig genug vorgekommen sein; hier sei es von praktischem Interesse gewesen, Rechtsregeln auszubilden, und deren vollständige Behandlung habe dann weiter zurück auf die unmöglichen Bedingungen geführt. — Wer ein Testament mache, habe die Absicht freigebiger Austheilung des Vermögens. Fände sich also eine solche Verfügung unter einer unsittlichen Bedingung, so sei es sehr wahrscheinlich, daß der Testator zwar das Schlechte bei dieser Gelegenheit durchsetzen wollte, aber auch davon abgesehen denselben bedacht haben würde, indem er ohnehin daran war, Erben oder Legatare zu ernennen, anstatt daß bei einem Vertrage kein anderer Beweggrund zu irgend einem Versprechen vorlag, als eben die Beförderung der unsittlichen Handlung[53]). Es sei

---

51) L. 31 D. de obligat. et action. (XLIV, 7).

51a) Schon Quint. Mucius nach L. 16 D. de injusto (XXVIII, 3).

52) §. 10 Inst. de hered. instit. (II, 14); L. 3, L. 6, §. 1 D. de condit. et institut. (XXXV, 1); L. 1, 6, 20 pr. D. de condition. institut. (XXXVIII, 7); L. 16 i. fine D. de injusto (XXVIII, 3); L. 104, §. 1 D. de leg. I; L. 5, §. 4 D. quando dies (XXXVI, 2).

52a) L. 3 D. de condition. et substit. (XXXV, 1): „Obtinuit, impossibiles conditiones testamento adscriptas pro nullis habendas.“ — M. vergl. auch Paulus, sent. receptae, III, 4 B, §. 1.

53) Derselbe Gedanke ist in der L. 2, §. 7 D. de donationibus (XXXIX, 5) bei dem Falle einer Schenkung ausgedrückt.

zwar zweifelhaft, ob der Testator diesen Gedanken hatte, oder ob er vielmehr, wenn die schlechte Absicht nicht zu erreichen war, lieber das ganze Legat fallen lassen wollte; allein gerade für solche zweifelhafte Fälle bestehe die Regel, daß für die Aufrechthaltung des letzten Willens gesprochen werden solle[53a]). Sei nun auf diese Weise die Sache entschieden gewesen für die unsittlichen Bedingungen, so sei man weiter zurückgegangen auf die unmöglichen, die ja eine entfernte Verwandtschaft mit jenen hätten. Auf die absolut unmöglichen Bedingungen paßten diese Betrachtungen zwar nicht, aber diese seien so selten und unerheblich, daß sie auf eine besondere Vorsorge durch Rechtsregeln keinen Anspruch haben könnten. Anders verhalte es sich mit den relativ unmöglichen, wenn der Testator die Unmöglichkeit nicht kenne, wenn er z. B. von dieser Bedingung nichts wisse: ich setze den Gajus zum Erben ein, wenn er zuvor dem Sejus eine Wohnung gebaut haben wird, während doch Sejus damals schon ohne Wissen des Testators verstorben war. Hier seien die meisten der bei den unsittlichen Bedingungen aufgestellten Gründe gleichfalls anwendbar, theilweise sogar in noch höherem Grade. Nachdem man nun durch diese Erwägungen dahin gekommen, die relativ unmöglichen und die unsittlichen Bedingungen in Testamenten nach einer gleichen Regel, und zwar ganz anders als in Verträgen zu behandeln, so habe es dann sehr nahe gelegen, in diese Regel auch die (praktisch unbedeutenden) absolut unmöglichen Bedingungen mit aufzunehmen. — Dies im Wesentlichen die v. Savigny'sche Erklärung[54]). Grundlage derselben ist die fingirte irrige Voraussetzung des Testators bei der gestellten unmöglichen Bedingung.

Das Landrecht ist in Betreff der unmöglichen Bedingungen zur Prokulejanischen Lehre zurückgekehrt: die unmögliche Bedingung macht die letztwillige Verfügung, welcher sie beigefügt ist, ganz ungültig[55]), ohne zu unterscheiden: ob der Testator die Unmöglichkeit gewußt habe, oder nicht. Die Verfasser sagen: „Der im römischen Rechte hier (bei den unmöglichen Bedingungen) gemachte Unterschied zwischen Verträgen und letztwilligen Verordnungen hat in der Natur der Sache keinen Grund[56])." Das ist derselbe Gedanke, welchen Gajus, nachdem er die von seiner Schule abweichende Lehre der Prokuleja-

53a) L. 24 D. de rebus dubiis (XXXIV, 5).

54) System des heutigen römischen Rechts, Bd. III, S. 196 — 201.

55) A. L.R. I, 4, §§. 129 — 132; I, 12, §. 504.

56) Entwurf eines allgem. Gesetzbuchs, Th. II, Tit. 1, Anm. zu §. 119, S. 31.

ner vorgetragen: „diversae scholae auctores non minus legatum inutile existimant, quam stipulationem“, doch beifällig so ausdrückt: „Et sane vix idonea diversitatis ratio reddi potest[57]).“ Suarez rechtfertigt die Rückkehr ausführlicher so: „Nach römischem Rechte[58]) vitiirt eine conditio naturaliter impossibilis absolute talis den Kontrakt; in einem Testamente aber wird sie pro non adjecta gehalten. Hier (im Landrechte) ist angenommen, daß eine jede Willenserklärung durch die Beifügung einer solchen Kondition entkräftet werde. Cfr. Tit. XII, §§. 504—507. Der Grund fällt in die Augen. Wenn man annimmt, es sei keine voluntas seria vorhanden, wenn ich filio 100 Thlr. verspreche, wenn er in den Mond fliegen wird, so ist doch eine solche voluntas seria auch gewiß alsdann nicht da, wenn ich filio 100 Thlr. in meinem Testamente unter der Bedingung vermache, daß er in den Mond fliege. Der Unterschied im jure Romano liegt in der fast abergläubischen Aengstlichkeit, mit welcher die Römer dafür sorgten, daß ja kein Testament destituirt werden möchte, weil dieses für einen großen Schimpf gehalten wurde. Unsere Denkungsart ist anders[59]).“ Die Erklärung des Unterschieds im Schlußsatze ist zwar ein Fehlgriff, denn ein Testament unter einer solchen Bedingung war nach der Lehre der Prokulejaner nicht destitutum, sondern inutile, nullum, und das machte keinen Schimpf. Aber sein Grund ist zutreffend, es ist ebendasselbe, wie es Gajus in seiner so eben ([57]) angeführten Weise ausdrückt. Auch ein möglicher Irrthum des Testators kann in der Sache nichts ändern. Entweder hat er sich in seiner Voraussetzung getäuscht, oder er hat die Unmöglichkeit gekannt. Hat er sie gekannt, so kann es ihm mit seiner Zuwendung kein Ernst gewesen sein, er hat sie also in Wirklichkeit nicht gewollt, sich ein bloßes Spiel mit Worten gemacht; oder er hat sich die vorausgesetzten Thatsachen irrthümlich als vorhanden gedacht, denn es ist ganz ungewiß, ob er, wenn ihm die wirklichen Umstände bekannt gewesen wären, die Verfügung so wie geschehen getroffen haben würde. Der Nachweis eines Irrthums hierin kann mithin gar nicht zur Gültigkeit der Verfügung, d. h. zur Gewißheit der Willensmeinung des Testators führen. Hiergegen ist von preußischen Juristen, die von der Lehre der Prokulejaner keine Notiz genommen haben, gesagt wor-

57) Gajus, Instit., L. III, §. 98.

58) Damit meint er selbstverständlich die von Justinian approbirte Lehre der Sabinianer.

59) Vorträge über die Revision des G.B., in den Jahrb. Bd. XLI, S. 4.

den, daß die Absicht des Testators, dem Bedachten etwas zuzuwenden, als das Prinzipale angenommen werden müsse, daß also die der prinzipalen Bestimmung beigefügte Klausel (von Klausel ist nicht die Rede), da sie der obigen Absicht geradezu entgegen sei, nur auf einen Irrthum sich gründen könne[60]. Das ist gerade die Frage. Daß der Testator sich geirrt habe, wissen wir nicht. Fingirt kann es nicht werden, da eine dergleichen Fiktion nirgend vorgeschrieben ist und Fiktionen nur vermöge einer Gesetzesbestimmung bestehen. Die thatsächliche Richtigkeit, die möglicherweise durch Beweis festgestellt werden könnte, vermag auch nichts zu ändern, weil kein Mensch wissen kann, ob der Testator bei dem s. g. Prinzipale stehen geblieben wäre, wenn er die Wirklichkeit der Umstände gekannt hätte, oder ob er dann nicht vielmehr das s. g. Prinzipale würde haben ganz fallen lassen. Eine solche Unterschiebung würde ja dahin führen, Etwas ganz gegen den Willen des Testators durchzusetzen, anstatt den wahren Willen desselben gegen das Hinderniß gewisser Formen oder willkührlicher Deutungen und Ergänzungen zu schützen. — Durch den von dem Landrecht angenommenen Grundsatz der Prokulejaner[61]) werden zugleich viele Nebenfragen erledigt, namentlich kommt nichts darauf an: ob die Bedingung nur theilweise unmöglich, oder ob sie an sich wohl möglich aber schwer zu erfüllen sei, oder ob die Möglichkeit eine bleibende Natur habe oder vom Wechsel der Zeit oder der Umstände abhänge; die Zuwendung weicht unter allen Umständen der Bedingung, die Bedingung muß also schlechterdings vollständig erfüllt werden, oder die Zuwendung ist ganz und gar vereitelt[62]). Die unmögliche Bedingung wird nicht wie eine nothwendige, sondern wie eine wahre Bedingung behandelt[63]).

War die Erfüllung der Bedingung an sich möglich, aber noch bei Lebzeiten des Testators unmöglich geworden (vereitelt worden), so war nach der Meinung der Prokulejaner die Zuwendung vereitelt, weil die Bedingung nicht erfüllt werde, ohne darauf Rücksicht zu nehmen, ob die Bedingung erfüllt werden könne oder nicht, und ob der

---

60) Gans, Beiträge zur Revision der preuß. Gesetzgebung, S. 153, mit Bezugnahme auf Bornemann in dem Citat 4.

61) Darin hat das A. L.R. auch das östr. bürg. Ges.B. §. 698 (vergl. mit §. 897) auf seiner Seite.

62) A. L.R. I, 12, §. 491: „Ist die der Verordnung beigefügte Einschränkung für eine wirkliche Bedingung zu achten, dergestalt, daß das Recht des Erben oder Legatarii von dem Ereignisse, welches eintreffen oder nicht eintreffen soll, abhängig gemacht worden; so muß dieselbe schlechterdings erfüllt werden."

63) A. L.R. I, 4, §. 126 verglichen mit §. 131.

Testator die eingetretene Vereitelung gewußt habe oder nicht. Sabinus und Cassius dagegen sagten, daß diese Bedingung als gleichsam unmögliche dem Testamente als nicht beigefügt anzusehen sei [64]). Das Landrecht mußte nun konsequenter Weise sich der ersten Meinung anschließen. Das hat es auch gethan, jedoch mit einer Unterscheidung. War nämlich die eingetretene Unmöglichkeit dem Erblasser bekannt geworden, so wird, wenn er in seiner Verordnung nichts geändert hat, die Bedingung für erlassen geachtet, d. h. dies wird ohne Zulassung eines Gegenbeweises angenommen (fingirt). Dies ist eine Milderung der prokulejanischen Strenge. War aber die eingetretene Unmöglichkeit dem Testator unbekannt geblieben, oder gar erst nach dessen Tode entstanden, so wird die Erbeseinsetzung oder das Vermächtniß entkräftet [65]). Dies ist konsequent. Der Bedachte kann hiergegen den Beweis der Wissenschaft des Testators führen. — Diese Unterscheidung hat ihre Quelle in der vereinzelten Meinung des Leipziger Professors Joh. Tob. Richter [66]).

§. 24.

2. Erfüllung.

Ueber die Erfüllung der Bedingungen bei letztwilligen Verordnungen ist den allgemeinen Regeln von Erfüllung der Bedingungen [1]) Folgendes nachzutragen:

I. Jede Bedingung ist in der Regel nur dann für erfüllt anzusehen, wenn die Handlung oder die Begebenheit genau so, wie sie der Erblasser vorschrieb, geschehen ist; dem Begünstigten steht namentlich nicht zu, nur einen Theil, oder nur einige von mehrern ihm zusammen aufgelegten Bedingungen zu erfüllen und dagegen auch nur einen Theil des ihm zugedachten Vortheils zu verlangen [2]). Von dieser Regel werden folgende Ausnahmen, in welchen die Erfüllung fingirt wird, gemacht:

1. Paulus sagt: „Si pars rei legatae usucapta sit, an in solidum parendum sit? Dubito: et potest dici, pro parte pa-

---

64) L. 6, §. 1 D. de conditionibus et demonstrat. (XXXV, 1).

65) A. L.R. I, 12, §§. 505, 506.

66) Jo. Tob. Richter, D. de impossibili conditione contractum non vitiante. Lips. 1747.

1) Recht der Forderungen, §. 93 (2. Ausg. B. II, S. 243).

2) A. L.R. I, 12, §§. 491 u. 492. — L. 56 D. de condit. et demonstr. (XXXV, 1): „Cui fundus legatus est, si decem dederit, partem fundi consequi non potest, nisi totam pecuniam numerasset."

rendum ex sententia testatoris [3])." Darauf hin schreibt Voet [4]): „Sunt et conditiones aliae dividuae, aliae individuae. Individuae dicuntur, quae in totum impleri debent: qua ratione si uni, cui fundus legatur, imposita conditio dandi decem, quinque praestando non recte dimidiam petit fundi partem, nisi dimidia fundi pars jam ab alio usucapta, vel a vivo testatore alienata sit, et ob id desierit ex causa legati debita esse: tunc enim etiam conditio minuitur, sicut et, si legatarius totum capere nequeat, quod sub conditione dandi relictum erat, aut pars relicti ei a tertio per bonorum possessionem ablata sit." Hieraus haben die Verfasser des Landrechts folgende ganz allgemein gehaltene Sätze geschöpft [5]):

„Ist — der dem Erben oder Legatario zugedachte Vortheil vor, oder (bei einer auflösenden Bedingung) während der Zeit seines Besitzes, durch Zufall, ohne sein auch nur geringes Versehen vermindert worden: so kann derselbe eine verhältnißmäßige Minderung der ihm aufgelegten Lasten fordern."

„Können jedoch dergleichen Lasten zu Gelde nicht angeschlagen werden, und bestehen sie auch nicht in gewissen zur bestimmten Zeit zu wiederholenden Prästationen, so muß selbst in einem solchen Falle die Bedingung vollständig erfüllt werden [6])."

Der einzelne Fall, von welchem die Quelle handelt, läßt zwar freilich eine analoge Anwendung auf ähnliche Fälle der theilweisen Entziehung des Gegenstandes, z. B. durch Erdfall, Bergsturz, Avulsionen, Inundationen und dergl. zu, wobei man annehmen kann, der Erblasser würde, wenn er daran gedacht hätte, die zur Bedingung gemachte Auflage nicht so hoch gegriffen haben. Aber das berechtigt doch nicht, an seine Stelle zu treten und aus seiner Person seinen Willen zu ändern. Das ist ja eine Uebernahme der von seiner Person ganz untrennbaren Testamentifaktion. Wer vermag zu wissen, ob er anders verfügt hätte, wenn er sich den möglichen Fall gedacht, daß etwa die Hälfte des Grundstücks von dem Flusse ganz weggerissen würde; er konnte den Ueberrest noch immer für preiswürdig halten für die Bedingung. Und dann liegt zu einem solchen Eingriff in den Willen des Erblassers gar kein zwingender Grund vor, es ist ja

3) L. 44, §. 9 D. eodem.

4) Commentar. ad Pandectas, L. XXVIII, Tit. 7, §. 5.

5) Nach Band XXVII, S. 229 der Materialien, wie die Revisoren der Ges. mittheilen. (Pensum XVI, S. 192.)

6) A. L.R. I, 12, §§. 493, 494.

nichts geschehen, wo ein judicium duplex nothwendig wäre, welches jedenfalls den bestehenden Zustand ändern und anderweit regeln müßte. Der Bedachte darf die Zuwendung ja nur einfach ausschlagen, nichts zwingt ihn, die Bedingung zu erfüllen, wenn er sie zu lästig findet. Nun verfügt aber der zweite Satz auch noch, daß nicht bloß im Falle eine Geldleistung zur Bedingung gemacht worden, sondern auch wenn „zur bestimmten Zeit zu wiederholende Prästationen" den Inhalt der Bedingung ausmachen, sie vollständig erfüllt werden muß. Gesetzt, Jemand hätte verfügt: ich vermache mein Landgut dem Gajus unter der Bedingung: wenn er meine Wittwe und Kinder an allen jetzt bestimmten Kirchen- und öffentlichen Feiertagen mit einer vierspännigen Kutsche zur Stadt fahren läßt und dort im Gasthause, welches sie bestimmen werden, mit einem standesmäßigen Diner einschließlich Wein nach Wahl derselben frei hält, bis zum Tode meiner Wittwe. Denkt man sich, daß demnächst der Strom die halbe Feldmark weggerissen hat, und die übrig gebliebene Hälfte noch mehr als das Zehnfache des Werthes dieser Bedingung aufwiegt, wie soll dann eine dritte Person dazu kommen, eine Theilung der Bedingung vorzuschreiben, und in welcher Weise soll sie das? Sollen gewisse Tage ausfallen? oder sollen weniger Pferde genommen werden? oder sollen einige Personen zurückbleiben? oder soll vom Diner etwas abgenommen werden? etwa der Braten oder der Wein oder was sonst? Hierbei ist an eine Theilung nicht zu denken. Hat der Bedachte, welcher unter solcher Bedingung die Zuwendung angenommen hat, auch nur Einmal die Leistung verweigert, so hat er die Bedingung nicht erfüllt, folglich die Zuwendung von Stunde an verloren, denn die Bedingung ist erst mit dem Tode der Wittwe erfüllt; es können daher für den eventuellen Fall die erforderlichen Sicherungen, z. B. durch Eintragung in das Hypothekenbuch, gefordert werden. Diese Bedingung hat somit den Charakter einer Resolutiv-Bedingung. Uebrigens sind dergleichen Fälle nur Phantasien, die auf die Aufmerksamkeit der Gesetzgebung und auf eine wissenschaftliche Betrachtung keinen Anspruch haben; sicher ist während der ganzen Dauer des Landrechts noch nicht ein einziger Fall in der Wirklichkeit vorgekommen, auf welchen jene Sätze hätten angewendet werden können. Daher verlohnt es sich nicht, über dieselben weiter nachzudenken.

2. Die Bedingung gilt für erfüllt, wenn derjenige, welcher durch die Erfüllung verlieren würde, diese verhindert. Die römischen Rechtsquellen drücken dieses so aus: „quotiens per eum, cujus interest conditionem non impleri, fiat quo minus impleatur,

perinde haberi, ac si impleta conditio fuisset [7]).“ Das Landrecht nimmt dieses mit Beschränkungen auf, indem es verordnet;

„Hängt die Bedingung von einem bloßen Zufalle ab, so dürfen weder der Berechtigte, noch der Verpflichtete, ein jeder bei Verlust seines Rechtes, etwas vornehmen, wodurch das Eintreten des Zufalles hervorgebracht oder verhindert wird.“

„Hängt die Bedingung von einer freien Handlung des Berechtigten oder eines Dritten ab, und hindert der Verpflichtete vorsätzlich, daß die Bedingung nicht zur Wirklichkeit gelangt, so ist dieselbe in Ansehung seiner für erfüllt zu erachten.“

„Ein Gleiches findet statt, wenn der Verpflichtete durch Betrug oder andere unerlaubte Mittel den Entschluß bewirkt, nach welchem die Bedingung fehlschlägt.“

Nun folgt die hauptsächliche Abweichung:

„Wenn aber der Verpflichtete sich erlaubter Mittel zur Bewirkung dies Entschlusses bedient hat, so ist er dem Berechtigten dafür nicht verantwortlich [8]).“

Der dolose entgegenwirkende Verpflichtete soll also seinen eigennützigen Zweck nicht erreichen, deshalb wird die Erfüllung der durch ihn deficient gewordenen Bedingung fingirt. Wie das „vorsätzliche“ Hindern aufzufassen sei, ist durch das Obertribunal streitig gemacht worden. Nach den Rechtsquellen ist es nicht zu bestreiten, daß darunter ein Unternehmen mit der eigennützigen Absicht, das Recht des Anderen zu schmälern oder zu vereiteln, zu verstehen. Paulus, unsere Quelle, sagt:

„Non omne ab heredis persona interveniens impedimentum statulibero (dem unter einer Bedingung Freien) pro expleta conditione cedit: sed id dumtaxat, quod impediendae libertatis causa factum est [9]).“

Ueber die Auffassung dieser Stelle in dem vorhin gedachten Sinne findet sich keine Meinungsverschiedenheit. „Der Grund der Fiktion liegt in dem Dolus desjenigen, der aus Eigennutz den durch die Willenserklärung in die Bedingung gelegten Charakter der Zufälligkeit und Ungewißheit aufhebt; dieser Dolus soll ihm keinen Vortheil

7) L. 161 D. de regul. juris (L, 17); L. 24 D. de condit. et demonstrat. (XXXV, 1). M. vergl. L. 66, 81, 110 D. eodem; L. 85, §. 7 D. de verb. obl. (XLV, 1); L. 50 D. de contrah. emt. (XVIII, 1); L. 5, §. 5 D. quando dies (XXXV, 2); L. 3, L. 4, §. 4, L. 20, L. 23, §. 1, L. 34, §. 1 D. de statulib. (XL, 7); L. 3, §. 9 D. de cond. causa data (XII, 4); Ulpian., II, 5.

8) A. L.R. I. 4, §§. 104—107.

9) L. 38 D. de statuliberis (XL, 7).

bringen [10])." Das Landrecht selbst stellt ja auch das „vorsätzliche" Hindern, das unmittelbare Dazwischentreten des Verpflichteten dem Betruge, durch den der Verpflichtete den Entschluß bewirkt, nach welchem die Bedingung fehlschlägt, ganz gleich und stellt der Anwendung dieser unerlaubten Mittel den Fall gegenüber: „wenn der Verpflichtete sich erlaubter Mittel zur Bewirkung dieses Entschlusses bedient hat" [11]). Daraus erhellet klar, daß das Gesetz von Handlungen spricht, die nicht bloß mit Bewußtsein und Vorsatz, sondern in der bestimmten Absicht, das Eintreffen der Bedingung zu verhindern, unternommen sind. Dagegen sagt das Obertribunal: unter dem vorsätzlichen Hindern sei nur ein Vornehmen zu verstehen, welches an sich den hindernden Erfolg habe; dabei sei eine auf die Hinderung des Eintretens der Bedingung gerichtete Absicht nicht erforderlich [12]). Damit widerspricht es nicht nur dem unzweifelhaften Sinne der Gesetze, sondern sich selbst, denn einige Jahre früher hat es ausgeführt: der §. 105 a. a. O. setze ein vorsätzliches Hindern des Eintritts der Bedingung, mithin eine auf Herbeiführung der Entscheidung bezüglich der pendenten Bedingung gerichtete eigennützige Absicht des Verpflichteten voraus, eine auf Schmälerung oder Vereitelung des Rechts des Anderen gerichtete Absicht [13]). Wenn diese beiden Aussprüche sich nicht geradezu widersprechen, so giebt es in der Welt keinen Widerspruch, und doch sagt das Obertribunal, dem jüngeren Anspruche stehe die in Bezug genommene Entscheidung von 1858 nicht entgegen; dort sei davon die Rede gewesen, daß der Verkäufer sich verpflichtet hätte, einem Kommissionär für die Vermittelung des Kaufs ein Proxenetikum zu berichtigen, wenn der Rest des Kaufgeldes bezahlt sein würde und daß der Verkäufer die Zahlung des Proxenetikums verweigert hätte, weil der Käufer nicht bezahlt habe und der Kaufvertrag wieder aufgehoben worden sei. Auf diesen Fall sei der §. 105 a. a. O. nicht für anwendbar erachtet worden, weil derselbe eine auf Herbeiführung der Entscheidung bezüglich der pendenten Bedingung gerichtete eigennützige Absicht des Verpflichteten voraussetze (also doch!), eine solche Absicht jedoch in der Wiederaufhebung des Vertrages, von welchem das bedingte Recht des An-

---

10) v. Savigny, System, Bd. III, S. 141.

11) I, 4, §§. 106, 107.

12) Erk. vom 11. September 1863 (Entsch. Bd. L, S. 24, u. Archiv f. Rechtsf. Bd. LI, S. 78).

13) Erk. vom 28. Januar 1858 (Arch. f. Rechtsf. Bd. XXVII, S. 257).

deren abhängig gewesen sei, allein nicht gefunden werden könne[14]). Erst aus dem Schlusse wird man gewahr, wo der Fehler des Obertribunals steckt: dasselbe hat in dem jüngeren Ausspruche das rechtliche Erforderniß der eigennützigen Absicht mit dem Beweise desselben verwechselt. Die fragliche Absicht kann, da sie sinnlich nicht wahrnehmbar ist, freilich nur durch Schlußfolgerungen aus dem „Vornehmen" und aus den sonstigen Umständen festgestellt werden, und wenn das Obertribunal meint, daß der Beweis nicht geführt sei, so ist es doch etwas ganz anderes, wenn es sagt: bei dem Vornehmen sei eine auf die Hinderung des Eintreffens der Bedingung gerichtete Absicht nicht erforderlich. Welches von Beidem nun das Obertribunal eigentlich meint? wer es wüßte könnte es sagen.

3. Die Bedingung gilt für erfüllt, wenn derjenige, zu dessen Vortheil sie beigefügt ist, die Erfüllung erläßt. Dies erfordert einen näheren Nachweis, da es im Landrechte nicht gerade ausgesprochen ist. Eine Reihe von römischen Legalstellen drücken dies so aus: wenn derjenige, dessen Vortheil die Erfüllung der Bedingung bezweckt, den Verpflichteten an der Erfüllung hindert, z. B. die Leistung oder Handlung zurückweiset, so fällt die Bedingung hinweg, die Zuwendung ist unbedingt geworden, indem man annimmt, die Erfüllung sei unmöglich, also die Bedingung für nicht beigefügt zu erachten[15]). Das Landrecht, welches den unmöglichen Bedingungen die entgegengesetzte Wirkung beilegt, muß konsequenter Weise das Gegentheil von dem wollen, was das römische Recht vorschreibt, und so ist es auch; denn es verordnet:

> „Ist ein Vortheil, der einem Dritten verschafft werden soll, zur Bedingung gemacht, so findet die Vorschrift Tit. 4, §§. 112, 113 Anwendung[16])." Dort heißt es:
>
> „Ist ein Vortheil, der einem Dritten verschafft werden soll, zur Bedingung gemacht worden, so muß auch diese schlechterdings erfüllt werden." — „Es kommt also dem bedingungsweise Berechtigten nicht zu Statten, wenngleich der Dritte den Vortheil ausschlägt, oder sich selbst an dessen Erlangung hindert."

Dieses entspricht genau den Ausdrücken des römischen Rechts; es ist

14) Entsch. Bd. L, S. 28 u. Arch. f. Rechtsf. Bd. LI, S. 79.

15) L. 5, §. 5 D. quando dies (XXXVI, 2); L. 78 pr. D. de condition. et demonstrat. (XXXV, 1); L. 14, L. 31 D. eodem; L. 23, L. 11 D. de condition. institut. (XXVIII, 7); L. 34, §. 4 D. de legat. II; L. 1 C. de his quae sub modo (VI, 45); Ulpian., fragm., II, §. 6: „. . . si is, cui jussus est dare . . . nollet accipere."

16) I. 12, §. 507.

hier wie dort nur von einer Ablehnung, Zurückweisung, Verhinderung des angebotenen Vortheils die Rede. Dadurch wird der Fall nicht getroffen, wo der Dritte den ihm zugedachten Vortheil achtungsvoll annimmt, demnächst aber den Gegenstand sofort wieder verschenkt. Wenn z. B. die Bedingung auf ein Geben gerichtet ist und der Dritte die empfangene Sache oder Summe sogleich irgend einer anderen Person schenkt, so berührt dies die Erfüllung der Bedingung gar nicht, die Bedingung ist richtig erfüllt und der Empfänger kann mit seiner Sache machen was er will. Warum soll er sie nicht auch ins Wasser werfen oder lieber dem bis dahin Verpflichteten schenken dürfen? Und wenn er dieses darf, warum soll es ihm nicht erlaubt sein, sich die Mühe des körperlichen Nehmens und Wiedergebens zu sparen und denselben Zweck durch ein pactum remissorium zu erreichen? Das römische Recht läßt einen solchen Erlaß einer Bedingung oder Auflage ausdrücklich zu[17]).

4. Im römischen Rechte giebt es Fälle, in welchen eine Bedingung ausnahmsweise durch eine der vorgeschriebenen aber unmöglich gewordenen Handlung oder Begebenheit ähnliche (per aequipollens) als erfüllt angenommen wird. In wiefern dies im preußischen Rechte zulässig sei, ist schon anderwärts dargestellt[18]); darauf hier näher einzugehen, würde unnütze Wiederholung sein.

II. Es kommt vor, daß mehreren Bedachten Eine gemeinschaftliche Potestativ-Bedingung aufgelegt wird. Ueber diesen Fall bestanden Zweifel bei den römischen Juristen, ob Alle dieselbe zugleich gemeinschaftlich erfüllen müßten, oder ob die Einzelnen jeder allein verhältnißmäßig nach seinem Vortheile die Bedingung mit rechtlicher Wirkung erfüllen dürfe. Die Stellen lauten:

„Cui fundus legatus est, si decem dederit, partem fundi consequi non potest, nisi totam pecuniam numerasset: dissimilis est causa, cum duobus eadem res sub conditione legata est. In hac quaestione statim a testamento, quo pluribus conditio apposita est, divisa quoque in singulas personas videri potest: et ideo singuli cum sua parte et conditioni parere, et legatum capere possunt, nam quamvis

---

17) L. 1 D. de servis exportandis (XVIII, 7): „Si fuerit distractus servus: ne aliquo loci moreretur, qui vendidit in ea conditione est, ut possit legem remittere, ipse Romae retinere. Quod et Papinianus — respondit, propter domini enim (inquit) securitatem custoditur lex, ne periculum subeat."

18) Recht der Forderungen, Bd. II, §. 93, Nr. II, 2 (in der 2ten Ausg. S. 244).

summa universae conditionis sit adscripta, enumeratione personarum potest videri esse divisa [19]).“

„Si Stichus et Pamphilus decem dederit, liberi sunto: potest alter quinque dando liber esse, quamvis alter non dederit [20]).“

„Si ita fuerit servis duobus libertas data: „si insulam aedificaverint vel si statuam posuerint“, dividi haec conditio non poterit. Solummodo illud habebit dubitationem, an altero faciente satisfactum voluntati videatur: ideoque ad libertatem perveniat? Quod magis est, nisi aliud expressit testator; faciendo tamen sibi conditionem implevit, alteri non: quinimo extinguitur ei conditio: nec enim amplius parere conditioni potest [21]), cum semel expleta sit. Idem quaeri potest, et si fabris duobus vel pictoribus, si membrum depinxissent vel si fabricassent navem, quid adscriptum sit, nam voluntatis erit quaestio, num alteri alterius facti conditionem junxerit? quae res efficit, ut quod alter cessat, alteri quoque, qui facere paratus, condicio deficiat. Quodsi ex his, quae scripsit vel dixit, ostenditur contentus esse testator, vel alterum facere, res erit expedita: nam alter faciendo, aut et sibi et socio proderit, aut sibi tantum, prout voluisse testatorem apparuerit. Haec quaestio et in eo tractatur, si quis libertatem dederit servis duobus, si rationes reddiderint. Julianus enim tractat, si alter reddere sit paratus alter non sit: an alter per alterum impediatur; et rectissime ait: si quidem separatim rationes gesserunt, sufficere ad libertatem adipiscendam ei, qui suas rationes reddit; si vero simul, non alias, videri alterum paruisse, nisi utriusque reliqua exsolverit. In reliquis accipere debemus, ut et ipsa volumina rationum (die Bücher) reddantur [22]).“

„Paterfamilias testamento duos heredes instituerat: eos monumentum facere jusserat in diebus certis; deinde ita scripserat: qui eorum non ita fecerit, omnes exhe-

19) L. 56 D. de condition. et demonstrat. (XXXV, 1).

20) L. 11, §. 1 D. de manumissis testamento (XL, 4).

21) Aus diesem Grunde folgt für das preußische Recht das Gegentheil, nämlich der Wegfall der Freiheit des Einen, der nicht erfüllt hat und nun nicht mehr erfüllen kann.

22) L. 13 pr., §§. 1, 2 D. de manumissis testamento (XL, 4); L, 13, §. 2 D. de statuliberis (XL, 7).

redes sunto. Alter heres hereditatem praetermiserat; reliquus heres consulebat: cum ipse monumentum instruxisset, numquid minus heres esset ob eam rem, quod coheres ejus hereditatem non adiisset? Respondit: neminem ex alterius facto hereditati neque alligari neque exheridari posse; sed uti quisque conditionem implesset, quamvis nemo adiisset praeterea, tamen eum heredem esse [23])."

„Tales conditiones: si monumenta (puta) fecerint, pluribus propositae, non possunt nisi in omnibus simul personis existere. — — cum duobus fundus legatus sit, si decem dedissent, et alteri dando partem, legatum quoque debeatur [24])."

Hieraus ergeben sich für den Fall, daß mehreren Personen zusammen eine gemeinschaftliche Potestativ-Bedingung aufgelegt ist, ohne daß der Testator sich darüber näher erklärt hat, wie es zu halten, wenn nicht Alle gleichzeitig die ganze Handlung oder Leistung vollziehen, folgende Sätze: a) Ist die Leistung theilbar, z. B. eine Geldzahlung, so kann Jeder den ihm zugedachten Vortheil durch Leistung des entsprechenden Theils erwerben. b) Ist die Handlung oder Leistung untheilbar, z. B. die Errichtung eines Grabmals oder die Setzung einer Bildsäule, so ist die Sache unklar. Einmal wird gesagt: wenn auch nur Einer die Bedingung erfüllt, so gilt sie für Alle erfüllt ([21]); ein anderes Mal heißt es: wenn Einer die Bedingung erfüllt, so hat er sie für sich erfüllt ([23]); wer daran nicht Theil genommen, hat für sich die Bedingung unerfüllt gelassen ([24]). c) Wenn die Bedingung nur durch ein gemeinschaftliches Wirken erfüllt werden kann, z. B. eine Rechnungslegung über eine gemeinschaftliche Geschäftsführung, und der Eine ist dazu willig und bereit, wird aber durch den Andern, der seine Mitwirkung versagt, gehindert, so deficirt die Bedingung für Alle ([22]). — Justinian will jene Ungewißheit (lit. b) durch folgende Verordnung beseitigen:

„Si plures personae unam conditionem implere fuerint jussae, apud Ulpianum dubitabatur, utrumne omnes simul eandem facere debeant, an singuli quasi soli implere eam compellantur? Videtur autem nobis unumquemque necessitatem habere conditionem implere, et pro portione sibi contingente accipere quicquid ex hoc commodi est: ut hi quidem, qui compleverint jussa, ad lucrum vocentur, qui

23) L. 44 D. de heredibus instituendis (XXVIII, 5).

24) L. 112 pr., §. 2 D. de condition. et demonstrat. (XXXV, 1).

autem neglexerint, sibi imputent, si ab hujusmodi commodo repellantur[25])."

Darnach sollen diejenigen, welche bei der Erfüllung der Bedingung nicht mitgewirkt haben, ausfallen.

Aus diesem Material sind folgende Bestimmungen des Landrechts[26]) hervorgegangen:

§. 498. „Ist Mehreren zusammen genommen eine Bedingung aufgelegt worden, welche von Einem derselben, nach der aus der Verordnung und den Umständen erhellenden Absicht des Erblassers, vollständig erfüllt werden kann: so kommt die von Einem unter ihnen geleistete Erfüllung den übrigen zu Statten."

§. 499. „Soll die Erfüllung von Allen geleistet werden, und das Vermächtniß ist dem ganzen Inbegriffe der Legatarien zugedacht; so wächst der Antheil der Nichterfüllenden den übrigen zu."

§. 500. „Hat aber der Testator den Antheil eines Jeden an dem Legate ausdrücklich bestimmt, so fällt die Portion des Nichterfüllenden in den Nachlaß zurück."

Diese Bestimmungen beziehen sich, wie jene des römischen Rechts, auf eine Potestativbedingung, welche aus einer einzigen Handlung besteht. Daraus ergeben sich folgende Regeln:

1. Ist von zwei Legataren Jedem eine besondere Sache oder Portion unter der Bedingung vermacht, daß sie zusammen und gemeinschaftlich eine bestimmte Summe an Jemand zahlen, so ist die Bedingung nicht erfüllt, wenn der Eine einen Theil, etwa die Hälfte, und der Andere nichts zahlt; der, welcher zahlte, hat dadurch auch nicht für sein Legat die Bedingung erfüllt. Diese Regel ist die entgegengesetzte des römischen Rechts[27]) und folgt daraus, daß eine Theilzahlung nicht angenommen zu werden braucht[28]) und beide Legatare Mitschuldner sind. Bezahlt dagegen der Eine das Ganze, so kommt dies auch dem Anderen zu Statten, wenn nicht eine andere Absicht des Erblassers erhellet[29]). Der Zahlende hat gegen den Anderen die Geschäftsführungsklage oder auch die Theilungsklage

25) L. 6 C. de conditionibus insertis (VI, 46).

26) I, 12, §§. 498 — 500.

27) M. s. oben den Text zur Note 20.

28) A. L.R. I, 16, §. 57.

29) M. s. den angeführten §. 498. Dies ist eine Anwendung des §. 435, I, 5: „Was in Ansehung der schuldigen Sache oder Handlung von dem einen Verpflichteten gethan worden, gereicht allen übrigen zum Vortheil."

(actio communi dividundo), weil die Schuld eine gemeinschaftliche war, vorausgesetzt, daß der Andere das ihm bestimmte Legat annimmt. Thut er dies nicht, so verbleibt das Legat dem Nachlaß[30].

2. Ist Zweien gemeinschaftlich und ungetheilt eine Sache vermacht und ihnen zusammen eine untheilbare Handlung aufgelegt, welche von Allen geleistet werden soll, z. B. dem Erblasser ein Grabmal zu setzen, der Eine betheiligt sich dabei jedoch nicht, so erhält der Andere, welcher die Bedingung erfüllt, das ganze Legat allein[31].

3. Dieselbe Regel tritt auch ein, wenn Zweien eine Sache zu bestimmten Antheilen, z. B. jedem zur Hälfte vermacht ist unter der Bedingung, daß Beide eine untheilbare Handlung vollziehen, z. B. dem Erblasser ein Monument setzen. In den vorhin wörtlich angeführten Paragraphen ist diese Regel nicht enthalten, vielmehr tritt der §. 500 nach seinem Wortlaut entgegen, indem er bestimmt: „Hat aber der Testator den Antheil eines Jeden an dem Legate ausdrücklich bestimmt, so fällt die Portion des Nichterfüllenden in den Nachlaß zurück." Allein hierbei ist stillschweigend vorausgesetzt, daß die Leistung, welche zur Bedingung gemacht worden, theilbar sei. Ist das nicht der Fall, wie in dem gesetzten Beispiele, so treten andere Regeln ein. In diesem Falle kann keiner von Beiden das ihm zugedachte Legat erwerben, wenn nicht das Monument vollständig hergestellt wird. Verweigert der Eine seine Theilnahme dabei, und der Andere allein führt es aus, so hat er zunächst für sich die Bedingung erfüllt. Aber die andere Hälfte ist ausgefallen, weil der Andere sie nicht annehmen (erwerben) konnte und sie ist nun durch die Erfüllung der Bedingung des Mitlegatars bedingungsfrei geworden. Daher kommt nun der Grundsatz zur Anwendung, welcher in folgender Vorschrift des Landrechts festgestellt ist und auf dem Zuwachsrechte beruhet:

„War ein Vermächtniß mehreren Personen zugleich und ungetheilt beschieden, so wächst der ausfallende Antheil des Einen (welchen der Mitlegatar nicht annehmen kann [weil er nicht erfüllt hat]) — den übrigen Mitgenossen zu. — Dieser Zuwachs geschicht nach eben dem Verhältnisse, nach welchem der Testator die Quoten eines jeden Legatarii an dem ganzen Vermächtnisse bestimmt hat[32]."

---

30) Vergl. den so eben angeführten §. 500.

31) Dies ist der Fall des angeführten §. 499 und entspricht der Justinianschen Entscheidung, Note 25.

32) I, 12, §§. 368, 369.

Danach ist es nicht zu bezweifeln, daß der Mitlegatar, welcher allein die daran geknüpfte Bedingung erfüllt und dadurch das ganze Legat bedingungsfrei gemacht hat, den ausfallenden Antheil des Anderen, den er nicht erwerben konnte, weil er die Bedingung nicht erfüllte, ebenfalls erhält.

4. Ist die Erfüllung einer Bedingung einem Jedem der Mitlegatare aufgelegt, z. B. es soll Jeder dieselbe Statue setzen lassen, und hat der Testator den Antheil eines Jeden an dem Legate ausdrücklich bestimmt, so verbleibt der Antheil desjenigen, der keine Statue setzen läßt, dem Nachlasse oder vielmehr dem Erben; den Mitlegataren ist nicht gestattet, auch noch diese Statue zu setzen und dadurch den ausfallenden Antheil an sich zu bringen, weil sie nicht mehr erwerben können, als ihnen der Testator zugedacht hat[33]).

III. Die einer Berufung oder Zuwendung beigefügte Bedingung kann aus mehreren Thatsachen oder Handlungen bestehen, und diese können entweder konjunktim oder disjunktim zur Bedingung gemacht werden. Sind dieselben vereinigt (konjunktim) aufgelegt, so müssen sie alle erfüllt werden, „quia unius loco habentur[34])" — weil sie alle zusammen genommen für Eine angesehen werden und „es hängt von einem solchen Erben oder Legatario nicht ab, nur einen Theil, oder nur einige von mehreren ihm zusammen aufgelegten Bedingungen zu erfüllen, und dagegen auch nur einen Theil des ihm zugedachten Vortheils zu verlangen"[35]). Von den disjunktim zur Bedingung gemachten Thatsachen oder Handlungen genügt es, wenn nur Eine nach der Wahl des Honorirten erfüllt wird; denn so bestimmt es das Landrecht, in Uebereinstimmung mit dem römischen Rechte, ausdrücklich wie folgt:

„Hat der Erblasser unter verschiedenen aufgelegten Bedingungen eine zu wählen, ohne weitere Bestimmung, freigelassen; so steht die Wahl bei demjenigen, welcher mit der Bedingung beschwert worden[36])."

Die Wahl steht dem Honorirten in der Regel auch dann zu, wenn

---

33) Dies ist der eigentliche Inhalt des oben angeführten §. 500, verbunden mit §. 499; er hat eine geringe praktische Bedeutung, da der Fall in der Wirklichkeit vielleicht niemals vorkommt.

34) L. 5 D. de conditionibus institutionum (XXVIII, 7). M. vergl. §. 11 Inst. de hered. instit. (II, 14).

35) A. L.R. I, 12, §. 492.

36) Ebend. §. 490. — M. vergl. §. 11 Inst. de hered. inst. (II, 14); L. 5 D. de condition. institut. (XXVIII, 7); L. 78, §. 1 D. de condition. et demonstrat. (XXXV, 1).

seine Berufung zu demselben Gegenstande in einer letzten Willensverordnung mehrmals, jedesmal unter einer anderen Bedingung vorkommt [37]). Bei Legaten wird im römischen Rechte auf das zuletzt Verordnete gesehen, doch kömmt es auch dabei auf den Willen des Erblassers, wie er aus der Fassung mit Wahrscheinlichkeit zu entnehmen ist, an [38]). Das Landrecht macht in dieser Beziehung keinen Unterschied zwischen Erbeseinsetzungen und Vermächtnissen. Von der getroffenen Wahl kann nicht wieder abgegangen werden [39]).

Das Gesagte setzt voraus, daß die verschiedenen Bedingungen alle erlaubt und möglich sind [40]). Ist eine davon unerlaubt oder unmöglich, so treten andere Regeln ein.

1. Sind mehrere Bedingungen konjunktim auferlegt und eine davon ist unerlaubt, so gilt diese für erlassen und es bleiben nur die übrigen zu erfüllen; ist aber eine davon unmöglich, so ist die ganze Verordnung nach preußischem Rechte ungültig; denn alle Bedingungen zusammengenommen sind nur für einzelne Handlungen einer einzigen Bedingung anzusehen ([34]), und wenn eine davon unmöglich ist, so ist die ganze Bedingung unmöglich, folglich ist die ganze Verordnung unkräftig [41]).

2. Sind mehrere Bedingungen disjunktim auferlegt, und eine davon ist unmöglich, so ist die ganze Verordnung ebenfalls unkräftig, weil eine Wahl nicht möglich ist, denn die unmögliche Bedingung wirkt Ungültigkeit. Ist aber die eine Bedingung oder vielmehr Handlung nur unerlaubt, so ist die Verordnung unbedingt, weil die unerlaubte Bedingung, die der Bedachte ja wählen kann, erlassen (remissa conditio), d. h. für nicht geschrieben zu erachten ist [42]).

IV. Rücksichtlich der Zeit der Erfüllung gilt gemeinrechtlich der Grundsatz, daß der Honorirte die Erfüllung erlebt haben muß, wenn die bedingte Zuwendung wirksam sein soll; denn erst nach der Er-

---

37) L. 27, §. 2 D. hered. instit. (XXVIII, 5): „Si plures institutiones ex eadem parte sub diversis conditionibus fuerint factae, utra prior conditio exstiterit, id faciet, quod supra diximus (valere institutionem).“ — L. 17 D. de conditionibus institutionum (XXVIII, 7): „Si plures institutiones ex eadem parte sub diversis conditionibus fuerint: conditio, quae prior exstiterit, occupabit institutionem.“

38) L. 12, §. 3 D. de legat. I; L. 40, §. 2, L. 87, 89 D. de condition. et demonstrat. (XXXV, 1).

39) Arg. §. 400, I, 12 des A. L.R.

40) Ebend. I, 4, §. 139, verb.: „Sind mehrere erlaubte Bedingungen“ 2c.

41) Ebend. §. 131 verb. mit I, 12, §. 504 u. §. 492.

42) L. 8 pr. §§. 1—5 D. de conditionibus institut. (XXVIII, 7); L. 20, L. 26 pr. D. de condit. et demonstrat. (XXXV, 1). — A. L.R. I, 12, §. 63.

füllung ist der bis dahin suspendirt gewesene Vortheil dem Honorirten wirklich deferirt.

„Hujusmodi legatum: „Sive illud factum fuerit, sive non fuerit, illi do, lego“, ad heredem non transit, nisi alter casus vivo legatario exstiterit: quoniam causa, ex qua debeatur, praecedere semper debet: nec quia certum est, alterutrum futurum, omnimodo debebitur: nam tale legatum: „cum morietur heres dato“, certum est debitum iri, et tamen ad heredem legatarii non transit, si vivo herede decedat[43].“

„Sin — aliquid sub conditione relinquatur, vel casuali, vel potestativa, vel mixta: quarum eventus ex fortuna, vel ex honoratae personae voluntate, vel ex utroque pendeat, vel sub incerto die: expectari oportet conditionis eventum, sub qua fuerit derelictum, vel diem: ut tunc cedat, cum vel conditio impleatur, vel dies incertus extiterit. Quod si in medio is, qui ex testamento lucrum sortitus est, decedat, — hoc, quod ideo non praevaluit, manere disponimus — apud eos, a quibus relictum est[44].“

Die Auffassung, von welcher diese Bestimmungen ausgehen, daß nämlich eine bedingte Zuwendung erst nach dem Eintritt der Bedingung für wirklich deferirt anzusehen und folglich der Honorirte, wenn er früher stirbt, nichts erworben hat, mithin auch nichts vererben kann, — ist auch dem Landrechte eigen, indem es bestimmt:

„Ist ein Vermächtniß unter einer aufschiebenden Bedingung verlassen, so geht das Eigenthum der vermachten Sache, — so wie das Recht, Früchte oder Nutzungen davon zu fordern, erst mit dem Tage, wo die Bedingung erfüllt wird, auf den Legatarium über[45].“

Allein in Ansehung der Transmission des bedingten Legats auf den Erben des Legatars verläßt es den römischen Rechtsgrundsatz. Das römische Recht behandelte die bedingten Rechtsgeschäfte unter Lebenden anders als die bedingten Zuwendungen von Todes wegen. Bei der ersteren galt der Grundsatz: „quodsi pendente conditione emtor vel venditor decesserit, constat, si exstiterit conditio, he-

---

43) L. 13 D. quando dies legator. (XXXVI, 2). M. vergl. L. 4 D. eodem; L. 109 D. de condition. et demonstrat. (XXXV, 1).

44) L. un. §. 7 C. de caducis tollendis (VI, 51).

45) I, 12, §§. 482, 483.

redes quoque obligatos esse, quasi jam contracta emtione in praeteritum [46])." Der Grund war der, daß die causa der Hoffnung einer künftigen Verbindlichkeit (debitum iri) bei Rechtsgeschäften unter Lebenden die Uebereinkunft der Kontrahenten war, also in der Vergangenheit lag und daher vererbt werden konnte, während bei letztwilligen bedingten Zuwendungen die causa, debitum iri, in der Zukunft lag. Daher sagt der Jurist, die Aussicht auf ein bedingtes Legat vererbe sich nicht, „quoniam causa, ex qua debeatur, praecedere semper debet" ([43]). Vinnius erklärt den Unterschied so: „— existimandum est testatorem in legando personam tantum legatarii cogitasse, eique soli, non etiam heredi ejus, qui incertus est, beneficium conferri voluisse. At in pactis et in contractibus non tam ad personas paciscentium, quam ad rem familiarem respicitur, crediturque quisque eo animo esse, ut non tantum sibi, verum etiam heredibus suis prospectum velit [47])." Dieser Erklärungsgrund ist subjektiv nach der möglichen Absicht der Parteien; der römische Jurist (Pomponius) giebt einen objektiven Rechtsgrund an. Das Landrecht läßt diese Unterscheidung fallen, es will die bedingten Zuwendungen von Todes wegen mit den bedingten Obligationen und anderen Rechten gleich behandelt wissen und verordnet zu diesem Ende:

> „Soweit überhaupt ein unter Bedingung eingeräumtes Recht auf die Erben des Berechtigten übergehen kann, soweit findet ein Gleiches zu Gunsten der Erben des bedingungsweise eingesetzten Erben oder Legatarii statt. (Tit. 4, §§. 161, 162) [48])."

Hiernach muß der unter einer, nicht an seine Person gebundenen Bedingung eingesetzte Legatar, wenn er den Erblasser überlebt, sein Recht auf seine Erben transmittiren, wenngleich er vor Eintritt der Bedingung stirbt, ohne Unterschied, ob die gestellte Bedingung eine Potestativ- oder eine Kasualbedingung ist [49]). Der Rechtsgedanke, welcher zu dieser Abweichung von dem römischen Rechte geführt hat, ist nicht bekannt, der Natur der Sache entspricht diese Neuerung nicht. Der bedingt eingesetzte Testamentserbe nimmt die Stellung

---

46) L. 8 pr. D. de periculo et commodo (XVIII, 6). — M. vergl. L. 73, §. 1 D. ad legem Falc. (XXXV, 2); L. 57 D. de verborum oblig. (XLV, 1); §. 25 Inst. de inutil. stipulat. (III, 20); §. 4 Inst. de verb. obligatione (III, 16).

47) Commentar. ad Institutiones, P. II, pag. 121, Col. 2, Nr. 6.

48) I, 12, §. 485. Das Nähere hierüber s. im Rechte der Forderungen, §. 95, Nr. II. 5 (2. Ausg. Bd. II, S. 246).

49) Erk. des Obertr. vom 25. Januar 1854 (Archiv f. Rechtsfälle, Bd. XI, S. 268). — M. vergl. auch A. L.R. I, 9, §. 369.

eines Fideikommissars gegen den Intestaterben ein[50]) und der bedingt berufene Legatar hat die Stellung eines Gläubigers unter einer aufschiebenden Bedingung gegen den Erben[51]).

Ueber den Zeitpunkt, in welchem die Bedingung zu erfüllen sei, entscheidet in erster Linie

1. der Wille des Testators. „In conditionibus primum locum voluntas defuncti obtinet, eaque regit conditiones[52]).“ Diese Regel bezieht sich auf positive Handlungen desjenigen, welchem dieselben als potestative Bedingungen aufgelegt sind[53]), nicht auf Unterlassungen, die nicht auf einen bestimmten Zeitmoment zu beschränken; diese bedingen immer eine ununterbrochene Fortsetzung durch einen bestimmten Zeitraum, z. B. Gajus soll mein Erbe sein, wenn er vom Tage der ihm geschehenen Publikation meines Testaments Ein Jahr hindurch keinen Wein trinkt. Sodann

2. entscheidet die Natur der Bedingung. Mäcian lehrt über die Bedingungen, welche in die Zukunft gestellt werden, sie seien von dreifacher Natur, indem sie entweder auf die Zeit bezogen werden können, wo der Testator noch lebt, oder auf diejenige, welche nach seinem Tode anfängt, oder auf beide Zeiträume zugleich; die Zeit werde entweder bestimmt oder unbestimmt ausgedrückt. Alles dieses könne bei Fideikommissen, bei Erbeinsetzungen und Vermächtnissen eintreten, so daß die Bedingung: der Titia, wenn sie mich geheirathet hat, nur bei Lebzeiten des Testators, die: wenn er zu meinem Leichenbegängniß gekommmen sein wird, nur nach dessen Tode, die aber: wenn sie meinen Sohn geheirathet hat, sowohl bei Lebzeiten als nach dem Tode des Erblassers erfüllt werden könne. Die erste und dritte der gedachten Bedingungen begriffen eine unbestimmte Zeit, denn sie möge den Testator oder den Sohn heirathen wenn sie wolle, die Bedingung werde erfüllt; die zweite dagegen sei auf eine bestimmte Zeit beschränkt[54]).

3. Bedingungen der in Rede stehenden Art, welche nach dem Tode des Testators zu erfüllen sind, müssen sofort nach dem Bekannt-

50) A. L.R. I, 12, §§. 479, 480; I, 9, §§. 369, 370.

51) I, 12, §§. 482—484.

52) L. 19 pr. D. de conditionibus et demonstrat. (XXXV, 1).

53) A. L.R. a. a. O. §. 495: „Hängt die Bedingung von demjenigen ab, welcher damit beschwert worden ist; und hat der Erblasser keine Frist dazu bestimmt: so ꝛc.“

54) L. 91 D. de condition. et demonstrat. (XXXV, 1). M. vergl. L. 19 pr. D. eodem.

werden der letztwilligen Verordnung erfüllt werden, jedoch wird dies so verstanden: „so bald er kann": ein eintretendes Hinderniß, welches abzuwenden der Beschwerte nicht in seiner Macht hat, wird ihm nicht zum Nachtheil gerechnet[55]; dem Zögernden kann Jeder, welcher dabei ein Interesse hat, durch den Prätor, heutzutage das Gericht, eine Frist bestimmen lassen, binnen welcher er die Bedingung zu erfüllen gehalten, unter dem Rechtsnachtheil, daß die Erfüllung als ermangelnd, folglich das Bedingte als weggefallen angesehen wird[56]. Diese Maßregel ist von dem Landrechte aufgenommen, in der Verordnung: „Hängt die Erfüllung der Bedingung von demjenigen ab, welcher damit beschwert worden ist: so können diejenigen, welchen daran gelegen ist[57], auf richterliche Bestimmung einer verhältnißmäßigen Frist antragen[57a]." Dies geschicht in Form eines ordentlichen Klagelibells mit dem Antrage: dem Beklagten eine angemessene Frist zur Erfüllung der Bedingung bei Vermeidung des erwähnten Rechtsnachtheils zu bestimmen und ihm die Kosten des Verfahrens aufzulegen. Es ist selbstverständlich, daß, so lange dies nicht geschehen, der solchergestalt bedingt Berufene durch die ganze ordentliche Verjährungsfrist hindurch die Bedingung erfüllen kann. Das Landrecht hat darüber diese ausdrückliche Bestimmung, deren Nutzen zweifelhaft ist, weil sie gegen eine Hauptbedingung der Verjährung verstößt:

> „So lange dieses nicht geschehen ist, kann der bedingt eingesetzte Erbe oder Legatarius noch innerhalb dreißig Jahren, vom Tode des Erblassers an, die Bedingung erfüllen, und sich dadurch den zugedachten Vortheil verschaffen[58]."

Daß hier von der Verjährung durch Nichtgebrauch die Rede ist, wird wohl nicht bezweifelt werden. Nun ist es aber Grundsatz: „Keine Art der Verjährung kann gegen den anfangen, welcher von seinem Rechte nicht hat unterrichtet sein können[59]." Wie soll es als möglich gedacht werden, daß eine dem Erblasser fremde Person, die viel-

---

55) L. 29, L. 40 pr. D. eodem.

56) L 23, §. 1 D. de heredibus instit. (XXVIII, 5); L. 4 pr. D. de rebus auct. judicis (XLII, 5).

57) Dies ist der Staat bei solchen Bedingungen, bei deren Hinzufügung der Erblasser die Beförderung des gemeinen Besten unmittelbar zum Augenmerke gehabt hat. A. L.R. I, 12, §§. 514, 515.

57a) A. L.R. a. a. O. §. 495.

58) Ebend. §. 496.

59) Ebend. I, 9, §. 512. — Vergl. Erk. des Obertr. vom 17. Dezember 1851 (Arch. f. Rechtsf. Bd. III, S. 370), wonach es genügt, daß dem Berechtigten sein Recht unbekannt geblieben.

leicht nicht einmal seinen Tod erfährt, davon, daß sie unter einer Bedingung zum Erben von ihm berufen ist, am Todestage, wo Niemand den Inhalt des Testamentes zuverlässig wissen kann, zumal wenn es ein schriftliches ist, Wissenschaft gehabt habe! Die Testamente können am Todestage in der Regel noch nicht publizirt werden, die Depositaleinrichtung und der gerichtliche Geschäftsgang sind unübersteigliche Hindernisse. Daher ist diese Bestimmung unerklärlich. Denn wenn in einzelnen Fällen durch ungewöhnliche Schritte auch noch am Todestage die Publikation des Testaments ermöglicht und erreicht wird, so kann auf solche höchst seltene Fälle doch keine allgemeine Rechtsregel gegründet werden. — Man hat gefragt: der §. 496 (die Verjährung) sei wohl auch dann anwendbar, wenn es sich frage: binnen welcher Zeit ein Erbe oder Legatar ein im Testament ihm freigelassenes Wahlrecht ausüben solle[60]). Die Frage ist für eine einfache Antwort zu allgemein. Der Berechtigte, wenn ihm die Wahl zusteht, hat das Wahlrecht genau so lange sein Anspruch noch nicht durch Verjährung erloschen ist. Ob aber auf diese Verjährung gerade der §. 496 mit seinem unpassenden Anfangstermin anwendbar sei, ist eine Frage, zu deren Bejahung kein wissenschaftlicher Grund zu finden ist.

4. Bedingungen, welche auf die Vergangenheit oder Gegenwart gestellt sind (in praeteritum vel praesens collatae, relatae, conceptae conditiones), sind keine wahren Bedingungen, sie wirken aber wie wahre Bedingungen, die bereits entschieden sind, in der Art, daß, wenn das bezeichnete Ereigniß Dasein hat, die Verfügung als eine unbedingte gilt; wenn es aber demnächst als vereitelt sich zeigt, die Verfügung entkräftet ist. Pomponius lehrt darüber: Für die Vergangenheit gefaßt, wird die Bedingung so gesetzt: wenn Titius Konsul war. Ist das wahr, d. i. war Titius Konsul, so ist diese Erbeseinsetzung gültig. War aber Titius nicht Konsul, so ist das nicht der Fall. Wenn aber für die Gegenwart eine Bedingung der Erbeinsetzung hinzugefügt wurde, z. B.: wenn Titius Konsul ist, so hat dies dieselbe Wirkung, so daß, wenn er Konsul ist, der Eingesetzte Erbe sein kann; ist er es nicht, so wird auch das frühere Testament nicht umgestoßen[61]). Der Fall ist ausführlich

---

60) Merkel, Kommentar, Th. I, Tit. 12, §. 496.

61) L. 16 D. de injusto (XXVIII, 3). — So auch L. 10, §. 1 D. de condition. institutionum (XXVIII, 7): „Si quem ita institutum ponamus: „„Ille, si eum codicillis scripsero, ille mihi heres esto““: valet institutio. — cum nulla sit conditio, quae in praeteritum confertur, vel quae in praesens, veluti: si rex Parthorum vivit; si navis in portu

vorgetragen, weil er im Landrechte bei Testamenten übergangen ist, nach demselben aber kraft eines logischen Gesetzes gerade ebenso behandelt werden muß, da das Landrecht in Uebereinstimmung mit dem römischen Rechte das Wesen einer wahren Bedingung in ein künftiges ungewisses Ereigniß setzt[62]). Bei Willenserklärungen unter Lebenden ist des Falles gedacht. Dort ist gesagt, daß, wenn die vergangene, zur Bedingung gemachte Begebenheit klar erwiesen sei (was selbstverständlich ist, hier aber wohl durch das klar einen unvollständigen Beweis beseitigen soll), alsdann die Willenserklärung wie eine unbedingte wirken, und wenn die vergangene Begebenheit zu einer auflösenden Bedingung gemacht worden, das Dasein derselben das dagegen eingeräumte Recht von Anfang an ungültig machen solle[63]). Dies ist im praktischen Erfolge ebendasselbe, was das römische Recht darüber enthält, es erhält aber erst durch die Lehren des römischen Juristen seine richtige Verständigung.

Verschieden hiervon ist der Fall, wenn der Erblasser seine Zuwendung an eine Bedingung knüpfte, die zur Zeit der errichteten Verfügung bereits erfüllt war, ohne daß er es wußte; denn wußte er es, so war die Verfügung von Anfang unbedingt. Also wenn er es nicht wußte, war die Zuwendung eine bedingte. Hierbei wird unterschieden zwischen an sich zufälligen und potestativen Bedingungen.

a) Zufällige Bedingungen, die sich bereits erfüllt hatten, machen die Zuwendung nicht unbedingt, sondern gelten für erfüllt. „Si sic legatum sit: si navis ex Asia venerit, et ignorante testatore navis venerit testamenti facti tempore: dicendum, pro impleta haberi[64])." Das Nämliche drückt das Landrecht so aus: „Ist die Bedingung schon bei dem Leben des Erblassers, oder vor der Publikation seines Testaments eingetroffen, so hat es dabei sein Bewenden[65])." Die Bedingung gilt also für richtig erfüllt. Wie steht es aber, wenn die Bedingung bereits vereitelt war, ohne daß es der Testator erfahren hatte? Dann ist die Bedingung eine unmögliche geworden, die nach römischen Rechte für nicht beigefügt

---

stat." Und L. 3, §. 13 D. de bonis libertorum (XXXVIII, 2): „Si tamen in praeteritum collata sit conditio, vel ad praesens, non videtur sub conditione institutus: aut enim impleta est, et pure institutus est, aut non est et nec heres institutus est."

62) I, 4, §§. 100, 126; I, 12, §§. 478, 491.

63) I, 4, §§. 140—143.

64) L. 10, §. 1, L. 11 pr. D. de condition. et demonstrat. (XXXV, 1).

65) I, 12, §. 501.

erachtet wird, nach preußischem Rechte aber die ganze Verfügung entkräftet [66]).

b) Bei potestativen Bedingungen, welche bereits bei Lebzeiten des Testators in Erfüllung gegangen sind, wird von einer Wiederholung nach dem Ableben desselben gesprochen, weil eine zufällig schon früher einmal geschehene Vollziehung der Handlung nicht in der Absicht, den Willen des Erblassers zu erfüllen, geschehen sei; „nam ut paruisse quis conditioni videatur, etiam scire debet hanc conditionem insertam, nam si fato fecerit, non videtur obtemperasse voluntati [67]).“ Dies bezieht sich auf Handlungen, deren willkührliche Wiederholung möglich ist, z. B. Zahlung einer Geldsumme an eine bestimmte Person. Läßt aber die Natur der Handlung eine öftere Wiederholung nach Willkühr nicht zu, z. B. die Bedingung: „meiner Tochter —, wenn sie geheirathet hat“, so erscheint die Bedingung auch dann als erfüllt, wenn die Tochter nach geschehener Testamentserrichtung noch bei Lebzeiten des Testators sich gültig verheirathet, „cum conditio haec talis est ut semel impleri debeat [68])“, wenn auch später die Ehe wieder getrennt werden sollte [69]). Wußte jedoch der Testator zur Zeit der Testamentserrichtung, daß seine Tochter schon verheirathet, und er stellte dennoch diese Bedingung, so wird angenommen, daß er den Fall im Sinne gehabt, wenn sie sich zum anderen Male verheirathen würde; es soll dann eine weitere Ehe abgewartet werden, wobei es einerlei ist, ob sie noch bei Lebzeiten oder nach dem Tode des Testators zu einer neuen Ehe schreitet [70]).

Das Landrecht schließt sich hier mit folgenden Verordnungen an:

„Besteht jedoch die Bedingung in einer Handlung des Erben oder Legatarii, welche von ihm wiederholt werden kann; so ist derselbe zu dieser Wiederholung verpflichtet.“

„Wenn aber aus dieser Wiederholung entweder an sich, oder in Beziehung auf die aus der Verordnung oder den Umständen sich ergebende Absicht des Testators, kein Nutzen zu erwarten ist,

66) Ebend. §. 506: „Ist die eingetretene Unmöglichkeit dem Erblasser unbekannt geblieben, oder gar erst nach dessen Ableben entstanden, so wird die Erbeseinsetzung oder das Vermächtniß entkräftet.“

67) L. 2 in fine D. de conditionibus et demonstration. (XXXV, 1). — M. vergl. L. 11, §. 1 D. eodem.

68) L. 10 D. eodem; L. 45, §. 2 D. de legatis II.

69) L. 7 C. de conditionibus et substitut. (VI, 25).

70) L. 68 D. de condition. et demonstrat. (XXXV, 1).

so hat es bei den Vorschriften des Vierten Titels §§. 133—135 sein Bewenden [71]."

Der bedingt Berufene soll also bei dem Richter auf die Erlassung der Wiederholung antragen können, wenn von der zu wiederholenden Handlung kein Nutzen zu erwarten ist. Eine willkührliche, den Willen des Testators brechende Satzung, zu welcher man durch das vielleicht anstößig gefundene, in den römischen Quellensammlungen öfter gebrauchte Beispiel: „wenn er auf das Kapitolium gestiegen ist", gekommen sein mag. Eine Verbesserung ist in dieser willkührlichen Abänderung des letzten Willens einer freien Person für das Recht nicht zu finden. Denn die römischen Juristen wußten so gut wie unsere Legislatoren, daß von einer an sich zwecklosen Thurmbesteigung kein materieller Nutzen abzusehen, aber ihnen stand der sittliche Werth des Gehorsams, den der Erbe durch die ihm geheißene, an sich nutzlose, Handlung seinem Erblasser und Wohlthäter bewies, höher als der Mangel eines Nutzens; und es ist in der That von dem Standpunkte des Rechts nicht zu begreifen, wie Jemand sich für berechtigt halten kann, den unter der Bedingung des Gehorsams Begünstigten von dem Gehorsam gegen den Erblasser zu entbinden und ihm doch den dadurch bedingten Vortheil zuzusprechen, als wenn nicht der Testator sondern er, dieser Jemand, über den Nachlaß des erstern willkührlich zu verfügen hätte. Der Testator ist dem Bedachten gar nichts schuldig, erst die von dem Testator verlangte Handlung ist die causa, aus welcher der Begünstigte den ihm zugedachten Vortheil zu fordern berechtigt ist, mit dem Wegfall dieser causa fällt auch der Vortheil [72].

Die beiden Paragraphen ([71]) beziehen sich lediglich auf eine Handlung, welche willkührlich wiederholt werden **kann** (conditio promiscua). Von Handlungen, welche sich nicht wiederholen lassen, wie z. B. die, „wenn Titia sich verheirathet haben wird", ist weiter nicht die Rede, von diesen gilt der Grundsatz: es hat bei der bereits geschehenen Handlung sein Bewenden [73]. Der Fall, wo der Testator davon bei der Errichtung seines Testaments Wissenschaft gehabt und doch dieselbe Handlung, also deren Wiederholung, zur Bedingung gemacht hat ([70]), ist übergangen, und doch kann er vorkommen. Es läßt sich nicht behaupten, daß eine Bedingung: **wenn meine verheirathete Tochter Titia in den Fall kommen**

71) I, 12, §§. 502, 503.

72) Text zur Note 43.

73) Text zur Note 65.

sollte, von neuem heirathen zu können, und wenn sie dann wirklich heirathet, so erhält sie u. s. w., für ungeschrieben zu erachten sei, denn darin ist nichts unsittliches, nichts unerlaubtes, nichts verbotenes, nichts unmögliches findbar. Wenn das also, in dieser Ausführlichkeit ausgedrückt, eine zulässige Bedingung ist, deren Erfüllung abgewartet werden muß; so läßt sich nach den Gesetzen der Logik nicht begreifen, wie es anders sein sollte bei einer so ausgedrückten Bedingung: wenn meine Tochter Titia verehelichte Sejus heirathet (oder wieder heirathet), so u. s. w. Denn daß ihre dem Testator als bestehend bekannte Ehe erst aufgelöst sein müßte, ehe sie sich (wieder) verheirathen könnte, ist ja eine Nothwendigkeit, folglich selbstverständlich, eben so wie die: Sempronius soll mein Erbe sein, wenn er will. Dieser Wille versteht sich von selbst, der Zusatz ist also überflüssig. Das Resultat dieser Betrachtung ist also, daß es in diesem Punkte nach preußischem Rechte nicht anders sein kann als nach römischem, wenn es auch nicht im Landrechte steht. Was nach logischen Gesetzen von selbst folgt, braucht nicht gesagt zu werden.

§. 25.

3. Wirkung.

Die Wirkung einer Bedingung bei letztwilligen Verordnungen kann sich erst nach dem Tode des Erblassers zeigen. Außer den allgemeinen Regeln von Erfüllung und Vereitelung der Bedingungen, auf welche zurückverwiesen werden muß [1]), um unnütze Wiederholung zu vermeiden, ist hier Folgendes zu bemerken:

I. Bei einer aufschiebenden (suspensiven) Bedingung ist pendente conditione nach römischen Rechte ein Recht noch gar nicht vorhanden, kann also auch nicht auf die Erben des bedingt Berechtigten übertragen werden, wenn derselbe in dieser Zeit stirbt. Davon ist das Landrecht abgegangen, es gehen darnach sowohl überhaupt unter Bedingung eingeräumte Rechte, als auch bedingt zugewendete Erbschaften und Vermächtnisse auf die Erben des Bedachten über, wenn dieser den dies cedens auch nicht erlebt, ausgenommen wenn die Erfüllung der Bedingung an seine Person gebunden war [2]). Wird es aber gewiß, daß die Bedingung nicht eintritt (deficit conditio, vereitelte Bedingung), so ist die Verfügung erloschen; es tritt zunächst der Substitut, sonst das jus accrescendi [3]) ein,

1) Recht der Forderungen, §§. 94, 95 (Bd. II, 2. Ausg. S. 252 ff.).

2) Oben, §. 24, Nr. IV; A. L.R. I, 9, §. 369; I, 12, §. 485.

3) A. L.R. I, 12, §. 497, §§. 281—287, §§. 366—372. — L 27 pr. D. de hered. instit. (XXVIII, 5); L. 54, §. 1 D. de condit. (XXXV, 1).

und wenn keine Mitlegatarien vorhanden sind, verbleibt das Vermächtniß dem Onerirten und die Erbschaft dem Intestaterben (6). Tritt aber das zur Bedingung gestellte Ereigniß ein (impleta oder expleta conditio, erfüllte Bedingung), so ist das davon abhängig gemachte Rechtsverhältniß völlig existent geworden [4]). Nun ist zwischen Erbeinsetzungen und Vermächtnissen zu unterscheiden, das preußische Recht geht in beiden Rechtsverhältnissen seine eigenen Wege, namentlich in Beziehung auf die gemeinrechtlich bestrittene Frage: ob die Wirkung der erfüllten Bedingung auch rückwärts auf die Zwischenzeit zwischen dem Tode des Erblassers und der Erfüllung der Bedingung zu beziehen sei, und ob die in dieser Zwischenzeit entstandenen Früchte mit der Sache selbst herausgegeben werden müssen.

1. Bei der bedingten Erbeinsetzung wird gemeinrechtlich alles auf den Todestag zurückbezogen [5]), woraus folgt, daß der Erbschaftsbesitzer alle An- und Zuwüchse und Früchte mit der Erbschaft herausgeben muß. Nach preußischem Rechte verhält es sich damit ganz anders. Ist Jemand unter einer aufschiebenden Bedingung zum Erben eingesetzt, so ist der Intestaterbe unmittelbarer Erbe, und bleibt, wenn nicht der Testator ein anderes vorgeschrieben hat, so lange, bis die Bedingung eintritt, im Besitze und Genusse der Erbschaft. Ist der Intestaterbe seiner Person oder seinem Aufenthalte nach unbekannt, so wird der Nachlaß für dessen Rechnung, durch einen Kurator, unter gerichtlicher Aufsicht, verwaltet [6]). Die ganze Verwaltung bezieht sich also auf den Intestaterben; zwischen ihm und dem bedingt eingesetzten Testamentserben besteht eben das Verhältniß wie zwischen dem eingesetzten und dem fideikommissarisch nachgesetzten Erben [7]). Kaution kann der bedingt eingesetzte Erbe in keinem Falle von dem Intestaterben fordern, wenn es bloß von ihm abhängt, die Bedingung zu verwirklichen; steht dies aber nicht in seiner Willkühr, so muß ihm auf Verlangen der Intestaterbe gegen bevorstehende Beschädigung oder Verringerung der Substanz hinlänglich sicher stellen, sobald wahrscheinliche Besorgnisse eines Mißbrauchs oder einer Vernachlässigung eintreten [8]). Wird die Bedingung vereitelt, so behält der Intestaterbe, wie gesagt, die Erbschaft endgül-

4) L. 26 D. de condition. instit. (XXVIII, 7): „... conditione expleta, pro eo est, quasi pure ei hereditas vel legatum relictum sit."

5) L. 54 D. de acquir. vel omitt. heredit. (XXIX, 2); L. 138 pr., L. 193 D. de reg. juris (L, 17).

6) A. L.R. I, 12, §§. 478 u. 479.

7) Ebend. §. 480 u. §§. 466 ff.

8) Ebend. §§. 481, 472 verb. mit Tit. 21, §. 20.

tig; tritt die Bedingung ein, so restituirt er dieselbe dem Testamentserben nach den über die Auseinandersetzung des eingesetzten Erben mit dem fideikommissarischen Nacherben (7) getroffenen Bestimmungen, behält mithin die gezogenen Nutzungen, gleich einem Nießbraucher.

2. Bei bedingten Legaten unterscheidet das römische Recht die in der Zwischenzeit von Seiten des Erben vorgenommenen Veräußerungen und Belastungen der vermachten Sache, und die entstandenen Früchte derselben, obgleich dasselbe nach der Sabinianischen Meinung [9]) für alle Legate den Erben als Eigenthümer anerkennt, so lange die Bedingung noch schwebt, woraus ein freies Verfügungsrecht desselben über die Sache folgt [10]).

a) Hat der Erbe in der Zwischenzeit die vermachte Sache veräußert oder, z. B. ein Landgut mit Dienstbarkeiten belastet, so wird die Wirkung der eingetroffenen Bedingung auf den Todestag des Erblassers zurückbezogen, dergestalt, daß die Veräußerungen von Anfang vernichtet sind, und die Dienstbarkeiten wie Hypothekenbestellungen erlöschen [11]). — Nach preußischem Rechte ist es hierin anders. Das Eigenthum der vermachten Sache geht auch nach Landrecht erst mit dem Tage, wo die Bedingung erfüllt wird, auf den Legatarium über, folglich bleibt der Erbe bis dahin Eigenthümer [12]), aber die Wirkung der erfüllten Bedingung wird nicht retrotrahirt, es bleiben mithin alle von Seiten des Erben getroffenen Verfügungen über die Sache an sich bestehen, gleichwie die Verfügungen, welche der Fiduziarerbe über einzelne Erbstücke vollzogen hat. Dies ist in Beziehung auf die analoge fideikommissarische Substitution, auf welche hier bei den bedingten Vermächtnissen ausdrücklich hingewiesen wird [13]), auch von der Praxis in letzter Instanz dahin anerkannt: Der Eintritt des Substitutionsfalles (d. h. der Bedingung

9) Gajus, Commentar., II, §. 200.

10) L. 66 D. de rei vind. (VI, 1): „Non ideo minus recte quid nostrum esse vindicabimus, quod abire a nobis dominium speratur, si conditio legati — exstiterit.“ — L. 29, §. 1 D. de liberali causa (XL, 9): „Sub conditione servus legatus, pendente conditione pleno jure heredis est.“ — L. 12, §. 2 D. familiae erciscundae (X, 2): „Res, quae sub conditione legata est, interim heredum est, et ideo venit in familiae erciscundae judicium, et adjudicari potest.“ — M. vergl. L. 12, §. 5 D. de usufructu (VII, 1).

11) L. 11, §. 1 D. quemadmodum servitus (VIII, 6); L. 81 pr. D. de legatis I; L. 105 D. de condition. et demonstrat. (XXXV, 1); L. 3, §. 3 C. communia de legatis (VI, 43).

12) I, 12, §§. 482, 483, verb. mit §. 478.

13) Ebend. §. 482: „Ist ein Vermächtniß unter einer aufschiebenden Bedingung verlassen, so finden eben diese Vorschriften (§. 480, wo auf das Verhältniß zwischen den Intestaterben und dem bedingt eingesetzten Erben verwiesen wird) zwischen dem Erben und dem Legatario Anwendung.“

des Erbrechts des fideikommissarischen Substituten) hat keine rückwirkende Kraft; vielmehr kommt dieses Eintritts ungeachtet für die Zeit vor demselben der belastete Erbe als Eigenthümer in Betracht. Daher bleiben die in dieser Zeit von dem belasteten Erben als Eigenthümer vorgenommenen Rechthandlungen, insbesondere die Veräußerungen, dem im guten Glauben erwerbenden Dritten gegenüber zu Recht bestehen [14]). Ob und inwiefern der Erbe wegen solcher Verfügung dem Legatar Rechenschaft schuldig, ist eine besondere Frage. — Die cautio legatorum servandorum cautio ist abgeschafft, der Legatar kann nur unter eben denselben Voraussetzungen von dem Erben Kaution fordern, unter welchen der bedingt eingesetzte Testamentserbe dazu berechtigt ist, bei einer reinen Potestativbedingung also in keinem Falle [15]).

b) Die rückwirkende Kraft der eingetroffenen Bedingung bezieht sich jedoch nach römischem Rechte nicht auf die Früchte der Zwischenzeit, wenn dieses der Testator nicht ausdrücklich verordnet hat [16]), denn man nahm sonst an, die Bedingung solle zugleich die Bedeutung einer Zeitbestimmung haben [17]). — Nach preußischem Rechte folgt dies aus dem Wegfall der rückwirkenden Kraft von selbst, und es ist auch die Vorschrift konsequent, daß der Legatarius Verzinsung (von Geldsummen), oder Herausgabe der Früchte und Nutzungen, nur von der Zeit an verlangen könne, wo er dem Erben die Erfüllung der Bedingung gemeldet, und sie nöthigenfalls gehörig nachgewiesen hat [18]). Was als ein „gehöriger" Nachweis zu erachten sei, ist nach der Beschaffenheit und den Umständen des konkreten Falles zu beurtheilen.

II. Bei einer auflösenden (resolutiven) Bedingung ist das darunter stehende Rechtsverhältniß einfacher: von Anfang ist es nach allen Richtungen wie ein unbedingtes, bei Eintritt der Bedingung verschwindet es ipso jure so vollständig als wenn es nicht vorhanden gewesen wäre [19]). Nach römischem Rechte könnte der Erbeinsetzung weder eine Resolutivbedingung noch ein Endtermin beigefügt

14) Erk. des Obertr. vom 17. Oktober 1856 (Arch. f. Rechtsf. Bd. XXXIII, S. 9).

15) A. L.R. I, 12, §§. 481 u. 482. — M. vergl. oben den Text zu Note 8.

16) L. 15, §. 6; L. 24, §. 1; L. 88, §. 3 D. ad legem Falc. (XXXV, 2); L. 18 pr., L. 33, L. 57 pr. D. ad SC. Trebell. (XXXVI, 1).

17) L. 22 pr. D. quando dies (XXXVI, 2): „... per conditionem tempus demonstratur."

18) A. L.R. I, 12, §. 484.

19) M. s. das Nähere darüber im Recht der Forderungen, Bd. II, §. 94, Nr. II (2. Ausg. S. 258).

werden, ein solcher Zusatz galt für nicht geschrieben. „Hereditas ex die, vel ad diem non recte datur, sed vitio temporis sublato manet institutio [20].“ Die Erbeseigenschaft ist untilgbar. „... cum semel heres exstiterit, non potest adjectus efficere, ut qui semel heres exstitit, desinat heres esse [21].“ „... sine dubio heres manebit, qui semel exstitit [22].“ Daher die Regel der Neueren: Semel heres, semper heres. Praktisch ist die Bedeutung dieser Regel aber durch die spätere Einführung der Fideikommisse in Beziehung auf die vermögensrechtlichen Vortheile, welche eine Erbschaft gewähren kann, beseitigt worden, indem dadurch der unmittelbare Erbe verpflichtet werden kann, den ganzen vermögensrechtlichen Inbegriff der Erbschaft unter einer, für ihn auflösenden, und in Beziehung auf den Fideikommissar aufschiebenden Bedingung (oder nach einer bestimmten Zeit), herauszugeben. Aber Erbe blieb er immer, was noch in Beziehung auf Gegenstände und Rechte, die nicht im gemeinen Verkehr stehen, Bedeutung behielt. Auch bei Legaten war es nach älterem Rechte unmöglich, dieselben durch Resolutivbedingung oder Endtermin wieder aufzuheben [23], aber auch diese Beschränkung fiel durch die Einführung der Fideikommisse [24], wenn der Testator nicht die Form verfehlte. Diesen Unterschied in den Formen hob Justinian in folgender ganz konsequenter Verordnung auf:

„Illud, quod de legatis, vel fideicommissis temporalibus, utpote irritis, a legum conditoribus definitum est, emendare prospeximus: sancientes etiam talem legatorum, vel fideicommissorum speciem valere, et firmitatem habere. Cum enim jam constitutum sit, fieri posse temporales donationes et contractus: consequens est etiam legata, vel fideicommissa, quae ad tempus relicta sunt, ad eandem similitudinem confirmari: post completum videlicet tempus ad heredem iisdem legatis, vel fideicommissis remeantibus, necessitatem habente legatario, vel fideicommissario cautionem in personam heredis exponere, ut ei post trans-

20) L. 34 D. de hered. instit. (XXVIII, 5). — M. vergl. §. 9 Inst. de hered. instit. (II, 14).

21) L. 88 D. eodem.

22) L. 3, §. 10 D. de minor. (IV, 4). M. vergl. L. 3, §. 2 D. de liberis (XXVIII, 2): „... quoniam post aditam hereditatem voluit eum summotum, quod est impossibile.“

23) Ulpian., fragm., XXIV, §. 20; Gajus, II, §. 271.

24) Gajus, II, §. 271.

actum tempus res non culpa ejus deterior facta restituatur[25])."

Diese Verordnung erwähnt ausdrücklich zwar nur den Endtermin, sie trifft aber auch die Resolutivbedingung, da dieselbe zugleich einen Endtermin (dies) enthält. Das Justiniansche Recht läßt es also zu, daß dem praktischem Erfolge nach, vermittelst der fideikommissarischen Substitution, sowohl Erbeinsetzungen als Vermächtnisse unter eine Resolutivbedingung gestellt werden können.

Das Landrecht schließt sich dem an, aber so, daß der Zweck nicht auf einem Umwege, sondern geradezu mit Uebergehung der Theorie erreicht wird, indem es verordnet:

„Ist eine Erbschaft oder ein Vermächtniß unter einer auflösenden Bedingung verlassen, so steht der Erbe oder Legatarius gegen den, welchem bei dem Eintritte der Bedingung die Erbschaft oder das Vermächtniß, nach der Verordnung des Testators, oder nach den Gesetzen anheim fällt, in eben dem Verhältnisse, wie der eingesetzte Erbe oder Legatarius gegen den fideikommissarischen Substituten (§§. 466 seqq.)[26])."

Die Schlußbestimmung Justinian's wegen der Kautionsbestellung ist auch hier ausgelassen, es gilt mithin darüber eben das, was bei der Erbeinsetzung und den Vermächtnissen unter einer Suspensivbedingung Rechtens ist. Zu bemerken ist aber noch, daß der §. 489 zwei verschiedene Fälle zusammenfaßt, nämlich den der Zuwendung unter einer Resolutivbedingung, von welchem allein hier die Rede ist, und den einer fideikommissarischen Substitution, welcher hätte übergangen werden könnnen, da darüber an einer anderen Stelle Vorsorge getroffen ist. Bei der bloßen Erbeinsetzung unter einer auflösenden Bedingung kann beim Eintritt der Bedingung die Erbschaft an keinen Anderen fallen als an denjenigen, welcher dazu berufen gewesen sein würde, wenn der Erblasser testamentlos gestorben wäre, also an den damals nächsten Intestaterben, der auch seine Anwartschaft auf seine Erben überträgt, wenn er selbst den Eintritt der Bedingung nicht erlebt. Hierauf beziehen sich die Worte: „welchem bei Eintritt der Bedingung die Erbschaft, oder das Vermächtniß, nach — den Gesetzen anheimfällt." Hat der Erblasser eine andere, fremde Person bezeichnet, an welche die Zuwendung herausgegeben werden soll, so ist das eine fideikommissarische Substitution.

25) L. 26 C. de legatis (VI, 37).

26) A. L.R. I, 12, §. 489.

§. 26.

B. Von Zeitbestimmungen.

Zu dem, was über Zeitbestimmung (Termin, dies) im Allgemeinen bereits an einem anderen Orte [1]) vorgetragen ist, bleibt hier in Beziehung auf letztwillige Verordnungen Folgendes beizufügen. Das Landrecht ist in diesem Punkte sehr dürftig.

I. Was den Anfangstermin, den Zeitpunkt ex die, betrifft, so verordnet es nur: „Was vorstehend von der aufschiebenden Bedingung verordnet ist, gilt auch alsdann, wenn Jemandem eine Erbschaft oder Vermächtniß nur von einem gewissen Tage an beschieden worden [2])." Da hiernach für Zeit und Bedingung dieselben Regeln gelten, so können wir in diesem Punkte das gemeine Recht, welches für Zeit und für Bedingung ganz verschiedene Regeln aufgestellt hat, auf sich beruhen lassen. Es ist ganz einerlei, ob der terminus a quo ein dies certus oder ein dies incertus ist, die Zuwendung wird in allen Fällen von dem Bedachten auf die Erben transmittirt, wenn er selbst nur den Tod des Testators erlebt. Diese Vereinfachung ist eine Folge davon, daß jede Erbeinsetzung und jedes Vermächtniß unter einer Bedingung und auch mit einem gewissen oder ungewissen Anfangstermine geschehen kann. Nur eine positive Nachhülfe hat man für nöthig gefunden: „Doch findet in diesem Falle (Note 2) die Verzinsung oder Herausgabe der Früchte und Nutzungen von diesem Tage an, ohne weiteres Anmelden des Erben oder Legatarii, statt (§. 484) [3])." Diese Bestimmung bezieht sich erstens auf einen dies certus, d. h. auf einen künftigen Kalendertag, welcher gewiß eintreffen muß, z. B. auf ein Vermächtniß, welches dem Legatar an seinem fünfundzwanzigsten Geburtstage, den 1. Januar 1870, beschieden ist. Hat der Legatar diesen schon vor dem Todestage des Erblassers erreicht, so ist das Legat mit dem Todestage des Erblassers erworben und fällig; tritt dieser Tag erst nach dem Ableben des Erblassers ein und der Legatar erlebt diesen Tag, so ist der Fall der Bestimmung eingetreten, und der Erbe muß von diesem Tage an, wenn er nicht leistet, Zinsen und beziehungsweise Früchte und Nutzungen mit der Sache geben. Ist der Tag nicht als Bedingung, wenn der Legatar ihn erlebt, sondern nur als Fälligkeitstermin beigefügt, so kann der Erbe auch früher leisten [3a]). Dagegen ist die Bestim-

1) Recht der Forderungen, Bd. II, §. 96 (2. Ausg. S. 275).

2) I, 12, §. 486.

3) Ebend. §. 487. Vergl. §§. 330, 331, 309, 310 a. a. O.

3a) Ebend. §. 330. Vergl. L. 1, §. 1 D. de condit. et demonstr. (XXXV, mung nicht anwendbar auf den Fall, wenn der Tag mit einem Ereigniß verbunden ist, welches nicht nothwendig eintreffen muß, also ungewiß ist, z. B. auf das Vermächtniß: mein Erbe soll dem Gajus an dessen Hochzeitstage 1000 als Vermächtniß zahlen. Das ist eine Suspensivbedingung, welche sich in der Person des Legatars erfüllen muß und der Inhalt des Vermächtnisses lautet: wenn Gajus sich verheirathet, so erhält er an seinem Hochzeitstage 1000. Nun ist es ja aber nicht nothwendig, daß der Erbe diesen Tag, wenn er ihm nicht gemeldet und das Ereigniß glaubhaft nachgewiesen wird, wissen muß. Folglich tritt die Verbindlichkeit erst ein, wie es bei der Suspensivbedingung vorgeschrieben ist [4]). — Zweitens enthält die Bestimmung einen Widerspruch darin, daß sie auch den Erben zur Auslieferung der Früchte und Nutzungen verpflichtet. Wenn Jemand zum Erben vom zehnten Jahrestage des Todestages des Erblassers an eingesetzt ist, so ist das doch ohne Zweifel ein gewisser Tag (dies certus). Aber der Intestaterbe ist doch unmittelbar Erbe und Eigenthümer der Erbschaft, er steht zu dem Testamentserben ex die in dem Verhältnisse des Fiduziarerben zum fideikommissarischen Substituten [5]), und braucht die Nutzungen von der Erbschaft durch die zehn Jahre nicht herauszugeben [6]), er bleibt sogar Eigenthümer der Erbschaft für immer, wenn der Testamentserbe den zehnten Jahrestag nicht erlebt. Der §. 487 (Text zu Note 3) enthält daher offenbar einen Redaktionsfehler, wie daraus um so sicherer erhellet, als in dem Allegat ausdrücklich auf den §. 484 hingewiesen wird, der nur von der Verzinsung oder Herausgabe der Früchte und Nutzungen spricht, welche ein unter einer Suspensivbedingung bedachter Legatarius zu fordern hat.

Noch eine Spezialbestimmung in Betreff des dies ex quo hat das Landrecht: „Wenn Jemandem etwas zur Aussteuer oder Ausstattung vermacht worden, so ist ein solcher Beisatz eher für die Bestimmung eines Zweckes, als für eine aufschiebende Bedingung zu achten [7]).“ Dies ist Willens-Interpretation für den Fall, daß die Absicht des Testators aus seinen Ausdrücken nicht klar ist [8]), beweist

---

1); L. 17 D. de reg. juris. — Dieser Fall gehört eigentlich nicht zu den Zeitbestimmungen in dem hier gemeinten Sinne, sondern zu den Zahlungsterminen.

4) Text zur Note 18, §. 25.

5) A. L.R. I, 12, §. 486, verb. mit §. 480.

6) Ebenda §§. 466, 467.

7) Ebend. §. 488.

8) Vergl. L. 9 D. de regul. juris (L, 17).

aber, daß das Landrecht den dies incertus für die quaestio an und noch mehr den dies incertus für die quaestio an und für quando, gar nicht unter die Zeitbestimmungen rechnet, sondern für wahre Bedingungen, auf welche die so eben vorhin hervorgehobene Bestimmung wegen der Verzinsung oder Herausgabe der Früchte und Nutzungen (Note 3) unanwendbar ist, worin es sich mit dem römischen Rechte im vollen Einklange befindet[9]).

II. Ueber den dies ad quem bestimmmt das Landrecht gar nichts. Daraus folgt, daß es bei dem bis dahin in Geltung gewesenen Rechte verblieben ist, insofern nicht allgemeine Grundsätze des Landrechts entgegen stehen. Das ist nicht der Fall. Daher sind alle an einem Endtermin gebundenen Zuwendungen ebenso zu behandeln, wie die unter eine Resolutivbedingung gestellten. (Oben, §. 25, Nr. II.)

§. 27.

C. Vom Modus (Zwecke).

I. Auch die Beifügung eines Modus ist eine Art der Selbstbeschränkung des Willens, indem der voran erklärte Wille der Zuwendung durch die dann hinzugefügte Auflage wieder beschränkt wird, indem sich der Werth der Zuwendung durch den Beisatz vermindert. Die allgemeinen Regeln vom Modus [1]) finden auch bei letztwilligen Verordnungen statt, ja der Modus ist sogar bei Testamenten ursprünglich ausgebildet, da bei Verträgen dazu kein Bedürfniß war. Ein Modus ist im Allgemeinen eine beigefügte Bestimmung des Testators über die Verwendung der Zuwendung von zwingendem Charakter. Er steht in der Mitte von Bedingung und Rath oder Wunsch. Von der Bedingung unterscheidet er sich darin, daß die Bedingung suspendirt, aber nicht zwingt, der Modus dagegen zwingt, aber nicht suspendirt [2]), auch schadet dem unter einem Modus Begünstigten

9) L. 21 pr. D. quando dies legatorum (XXXVI, 2): „Si dies adposita legato non est, praesens debetur —; adjecta, quamvis longa sit, si certa est, veluti Kalendis Januariis centesimis (nach 100 Jahren), dies quidem legati statim cedit, sed ante diem peti non potest. At si incerta (quasi cum pubes erit, cum in familiam nupserit, cum magistratum inierit, cum aliquid demum, quod — sit commodum, fecerit), nisi tempus conditiove obtigit, neque res pertinere, neque dies legati cedere potest.“ — L. 8 C. de testamentaria manumissione (VII, 2): „Cum testator libertatem tempore nuptiarum filii sui, vel filiae servo dari jussit: non tempus praestandae libertatis praestituit, sed potius conditioni locum fecit, ut non insecutis nuptiis libertas jure posci non possit.“ — M. vergl. L. 56 D. de condictione indebiti (XII, 6); L. 22 pr. D. quando dies (XXXVI, 2); L. 36, §. 1 D. de condition. et demonstrat. (XXXV, 1); L. 49, §§. 2, 3 D. de legatis I.

1) Recht der Forderungen, Bd. II, §§. 97—100 (2. Ausg. S. 278 ff.).

2) L. 44 D. de manumissis testam. (XL, 4); L. 80 D. de condit. et de-

die von ihm nicht verschuldete Unmöglichkeit der Erfüllung nicht[3]). So auch das L.R.:

„Auch der Endzweck, zu welchem Jemandem ein Vortheil zugedacht worden, muß in der Regel von ihm erfüllt werden. — Kommt der Erbe oder Legatarius zu dieser Erfüllung durch eigenes Verschulden außer Stand: so verliert er den ihm zugedachten Vortheil. — Wird die Erfüllung des Zwecks ohne Schuld des Erben oder Legatarii unmöglich: so muß der Vortheil zu einer anderen Bestimmung, welche der aus der Verordnung oder aus den Umständen sich ergebenden Absicht des Testators am nächsten kommt, verwendet werden. — Kann auch dieses nach den Umständen nicht geschehen: so behält der Erbe oder Legatarius dennoch den ihm zugedachten Vortheil[4]).“

Es muß also zuvörderst noch eine Konversion des vorgeschriebenen unmöglichen Modus in einen ähnlichen versucht werden, und zwar unter Zuziehung und Zustimmung des damit belasteten Honorirten und der Interessenten[5]), worin das Landrecht ebenfalls dem römischen Rechte folgt[6]). Ist die Erfüllung des Modus nur zum Theil ohne Schuld des Belasteten unmöglich, so genügt die Leistung des Möglichen[7]). Gemeinsam ist dem Modus und der Bedingung, daß, wenn er auf etwas Unsittliches[8]) oder Thörichtes[9]) geht, er für nicht beigefügt erachtet wird. — Von dem bloßen Rathe oder Wunsche des Testators, womit die Zuwendung begleitet wird, z. B. damit der Bedachte sich dafür etwas kaufe oder ein Haus baue, unterscheidet

---

monstr. (XXXV, 1). Die zweite Stelle ist wegen des non schwierig, wenn es nicht gestrichen wird.

3) L. 92 D. de legatis I; L. 8, §. 7 D. de condition. institut. (XXVIII, 7). — L. 1 C. de his quae sub modo (VI, 45).

4) I, 12, §§. 509—512.

5) Erk. des Obertr. vom 21. Dezember 1857 (Arch. f. Rechtsf. Bd. XXVIII, S. 155).

6) L. 16 D. de usu et usufr. (XXXIII, 2): „... quodsi non licet, iniquum esse hanc quantitatem, quam in spectaculum defunctus destinaverit, lucro heredum cedere: igitur adhibitis heredibus et primoribus civitatis dispiciendum est, in quam rem converti debeat fideicommissum, ut memoria testatoris alio et licito genere celebretur.“ — M. vergl. L. 4 D. de administratione rerum (L, 8).

7) L. 6 pr, L. 27, L. 37 D. de condit. et demonstr. (XXXV, 1); L. 16 D. de usu et usufr. (XXXIII, 2).

8) L. 7 in fine D. de ann. leg. (XXXIII, 1): „.... haec omnia debent, si non ad turpem causam ferantur, ad effectum perduci.“ — M. vergl. L. 20 D. de condition. et demonstr. (XXXV, 1).

9) L. 113, §. 5 D. de legatis I: „Ineptas voluntates defunctorum circa sepulturam (veluti vestes, aut si qua alia supervacua ut in funus impendantur) non valere Papinianus — scribit.“

sich der Modus dadurch, daß er keine Verpflichtung begründet, es sei denn, daß dies die Absicht des Testators gewesen sei, was eine thatsächliche Frage ist[10]). Ist diese Absicht festzustellen, so ist der Beisatz ein Modus oder eine Bedingung. — Vom Modus zu unterscheiden ist ein bloßer Auftrag, welcher den Beauftragten, der den Auftrag angenommen hat, zur Rechnungslegung und Herausgabe des vom Vorschusse gebliebenen Ueberschusses an den Erben verpflichtet.

„A te peto, Titi, fideique tuae committo, uti curam condendi corporis mei suscipias, et pro hoc tot aureos e medio praecipito. Quaero, an si Lucius Titius minus quam decem aureos erogaverit, reliqua summa heredibus proficiat? Respondi, secundum ea quae proponerentur, heredum commodo proficere[11]).“

II. Nach dem Gesagten ist die Unterscheidung des Modus von den zu beiden Seiten liegenden Rechtsformen für jeden einzelnen Fall praktisch wichtig, aber schwierig. Denn da gerade die Absicht des Testators, die ihm gewiß in den allermeisten Fällen selbst nicht klar gewesen ist, weil er die Unterschiede nicht kennt, dabei entscheidend ist, so kommt es lediglich auf die Feststellung dieser Absicht an, und daher ist die Frage nach der Bedeutung eines solchen Beisatzes facti magis, quam juris quaestio[12]), weshalb nicht die gebrauchten Worte, die selten in solchen technischen Bezeichnungen von Unkundigen korrekt gebraucht werden, sicher führen, vielmehr die Umstände die wahre Absicht andeuten müssen[13]). In dieser Hinsicht kommen dem Richter einzelne Winke des Gesetzgebers zu Hülfe. So sagt z. B. Gajus: „Quod si cui in hoc legatum sit, ut ex eo aliquid faceret, veluti monumentum testatori, vel opus aut epulum municipibus faceret, vel ex eo ut partem alii restitueret, sub modo legatum videtur[14]).“ Weiter sagt Julian: „Titio decem donavi ea conditione, ut inde Stichum sibi emeret. Quaero, cum homo, antequam emeretur, mortuus sit: an aliqua actione decem recipiam? Respondit: facti magis, quam juris quaestio est, nam

---

10) L. 13, §. 2 D. de donation. inter vir. (XXIV, 1); L. 71 pr. D. de condition. et demonstr. (XXXV, 1); L. 2, § 7 D. de donat. (XXXIX, 5). — M. vergl. den im Arch. f. Rechtsf. Bd. XXVIII, S. 150 ff. mitgetheilten Rechtsfall, besonders S. 153 ff.

11) L. 88, §. 1 pr. D. de legatis II.

12) L. 2, §. 7 D. de donationibus (XXXIX, 5).

13) L. 44 D. de manumissis testamento (XL, 4).

14) L. 17, §. 4 D. de conditionib. et demonstr. (XXXV, 1).

si decem Titio in hoc dedi, ut Stichum emeret, aliter non daturus, mortuo Sticho, condictione repetam; si vero alias quoque donaturus Titio decem, quia interim Stichum emere proposuerat, dixerim in hoc me dare, ut Stichum emeret, causa magis donationis, quam conditio dandae pecuniae, existimari debebit, et mortuo Sticho pecunia apud Titium remanebit[15]).“ — Diese Interpretationsregel hat das Landrecht aufgenommen und an mehreren Stellen wiederholt:

I, 4, §. 152. Wenn aus dem Inhalte der Willenserklärung, oder aus den Umständen erhellet, daß der Erklärende bei demjenigen, was er dem Anderen zu thun oder zu unterlassen auferlegt, den eigenen Vortheil desselben zur Absicht gehabt habe, so ist eine solche Bestimmung eher für einen Endzweck als für eine Bedingung zu achten.

I, 12, §. 488. Wenn Jemandem etwas zur Aussteuer oder Ausstattung vermacht worden, so ist ein solcher Beisatz eher für die Bestimmung eines Zweckes, als für eine aufschiebende Bedingung zu achten.

Ebenda, §§. 512, 513. (Kann der Endzweck nicht erfüllt werden, so behält der Erbe oder Legatarius dennoch den ihm zugedachten Vortheil); es wäre denn, daß aus der Verordnung oder den Umständen klar erhellete, daß der Erblasser dem Erben oder Legatario den Vortheil gar nicht zugewendet haben würde, wenn er die Nichterfüllung des bestimmten Zwecks vorausgesehen hätte.

In diesem zuletzt gedachten Falle wird also der Beisatz als eine Bedingung aufgefaßt.

III. Das ältere römische Recht machte keine Unterschiede zwischen den verschiedenen Arten des Modus, namentlich wird der Modus, welcher dem Erben oder Legatar eine Leistung an einen Dritten auflegt, mit anderen Arten des Modus zusammengeworfen und gleichartig behandelt (Text zur Note 14). Anfangs hatte der Dritte kein Klagerecht, um die Erfüllung der Auflage für sich zu erzwingen, man ließ verschiedene indirekte Zwangsmittel, z. B. Verweigerung der Klage des Erben oder Legatars vor Erfüllung oder Sicherstellung des Modus[16]), eintreten. Später faßte man den zu Gunsten eines Dritten beigefügten Modus geradezu als Legat

15) L. 2, §. 7 D. de donationibus (XXXIX, 5).

16) L. 40, §. 5; L. 71 pr., §§. 1, 2; L. 80 D. de condition. et demonstr. (XXXV, 1); L. 48 D. de fideicomm. libert. (XL, 5).

oder Fideikommiß auf und gestattete dem Dritten die Legats- beziehungsweise Fideikommißklage. Die Verordnung ist vom Kaiser Gordian und lautet:

„Ex his verbis: Titio decem millia, vel insulam relinquo, ita ut quinque millia ex his, vel eandem insulam Maevio restituat, licet antea neque legati, neque fideicommissi petitio nascebatur, tamen in libertate a D. Severo hoc admissum est. Sed et in pecuniariis causis voluntatis tuendae gratia non immerito recipiendum est, ut etiam ex hujusmodi verbis, sive ad conditionem, sive ad modum respiciant, sive ad dandum, vel faciendum aliquid: fideicommissi actio omnifariam nascatur, videlicet in conditionibus post exitum earum [17]).“

Hinsichtlich der Art des Modus, welcher in einer Leistung der Allein-Erben zu Ehren oder zum Gedächtniß des Erblassers besteht, blieb der Rechtsstand unverändert, es gab kein direktes Zwangsmittel, weil ihm kein Interessent gegenüberstand; in manchen Fällen schritt die Obrigkeit ex officio mit außerordentlichen Zwangsmitteln ein; waren Miterben vorhanden, so konnte Jeder den Anderen durch die actio familiae erciscundae zur Erfüllung des Modus zwingen [18]); einen mit einem solchen Modus belasteten Legatar zur Erfüllung zu zwingen hatte der Erbe als Vertreter des Verstorbenen in der Hand. — Ein Modus, welcher nur den Vortheil des damit Belasteten bezweckte, war in der Regel nicht erzwingbar, außer wenn aus der Verordnung oder aus den Umständen die auf eine Verpflichtung gerichtete Absicht des Erblassers zu erkennen war: dann fand im Falle der Nichterfüllung eine Rückforderung der Zuwendung von Seiten des Erben oder dessen, der dabei ein rechtliches Interesse hatte, statt [19]).

Hieraus ist folgende Lehre der Neueren hervorgegangen: Es ist zu unterscheiden der modus simplex und der modus qualificatus. Der modus simplex ist derjenige, welcher den alleinigen Vortheil des Honorirten bezweckt; modus qualificatus ist derjenige benannt, der zum Vortheile entweder des Testators, oder einer dritten Person gereichen soll. Bei dem modus simplex ist es rein in die Willkür

17) L. 2 C. de his quae sub modo (VI, 45).

18) L. 7 D. de ann. legat. (XXXIII, 1): „interventu judicis“; L. 50, §. 1 D. de hered. petit. (V, 8): „principali aut pontificali auctoritate“; L. 8, §. 6 D. de condition. instit. (XXVIII, 7); L. 1, §. 3 D. ubi pupill. (XXVII, 2).

19) L. 13, §. 2 D. de donation. inter vir. (XXIV, 1); L. 71 pr. D. de condition. et demonstr. (XXXV, 1); L. 2, §. 7 D. de donation. (XXXIX, 5).

des Empfängers gestellt, ob er denselben erfüllen will oder nicht (es sind damit also nur die Fälle getroffen, wo der Beisatz des Testators nur als Rath oder Wunsch aufgefaßt wird, nicht aber auch die, wo der Testator eine Verpflichtung beabsichtigt hat [Note 19]). Dagegen legt der modus qualificatus eine erzwingbare Verpflichtung zur Erfüllung auf[20]). — Diese Lehre ist, wie wir gesehen haben, in zwei Beziehungen nicht zutreffend, einmal nämlich in Betreff des Modus, welcher in einer Leistung an einen Dritten besteht: dieser wird nach Justinian'schem Rechte ganz als Legat oder Fideikommiß aufgefaßt, scheidet mithin bei der Lehre vom Modus aus, so daß für den modus qualificatus nur noch die Auflage, welche zum Vortheile des Testators beigefügt ist, übrig bleibt. Zweitens paßt sie nicht auf die Fälle des modus simplex, wo der Erblasser eine wirkliche Verpflichtung des Honorirten zur Erfüllung, wenn auch zu dessen Besten, beabsichtigt hat.

Das Landrecht hat sich dieser Lehre nicht angeschlossen. Dasselbe läßt, in Uebereinstimmung mit dem römischen Rechte, die Auflage, Etwas an eine dritte Person oder zum Gedächtniß des Erblassers zu leisten, bei der Lehre vom Modus ganz aus und gedenkt nur des Modus simplex der Neuern, es weicht aber darin ab, daß auch dieser Modus, ohne Unterschied der Fälle, wenn nicht etwa der Erblasser ein Anderes ausdrücklich bestimmt hat, in der Regel erfüllt werden muß, ausgenommen, wenn die Erfüllung durch Zufall unmöglich wird und auch die versuchte Konversion mißlingt[21]). In diesem Ausnahmefall unterbleibt die Erfüllung und der Erbe oder Legatarius behält dennoch den ihm zugedachten Vortheil, „es wäre denn, daß aus der Verordnung oder den Umständen klar erhellete, daß der Erblasser dem Erben oder Legatario den Vortheil gar nicht zugewendet haben würde, wenn er die Nichterfüllung des bestimmten Zweckes vorausgesehen hätte[22]).“ In diesem Fall hat nämlich der Beisatz die rechtliche Natur einer Bedingung und zwar einer auflösenden. Das gilt auch von dem besonders ausgezeichneten Falle, wenn Jemandem etwas zur Aussteuer oder Ausstattung vermacht worden. Ist dabei die in Rede stehende Absicht erkennbar, so ist der Beisatz von Anfang eine aufschiebende[23]) Bedingung, sonst aber

---

20) M. s. z. B. Glück, Kommentar, Bd. IV, S. 464 ff.; Thibaut, Pandekten, §. 130 (6. Ausg.); Weiske, Rechtslexikon, Bd. VII, S. 231.

21) I, 12, §§. 508, 509, 510.

22) Ebend. §§. 512, 513.

23) M. vergl. §. 488 a. a. O.

ein Modus, welcher sich, nachdem die Zuwendung geleistet worden, in eine auflösende Bedingung verwandelt, wenn der Bedachte die Nichterfüllung des Zweckes verschuldet. Denn das Landrecht schreibt allgemein vor: „Kommt der Erbe oder Legatarius zu dieser Erfüllung durch eigenes Verschulden außer Stand: so verliert er den ihm zugedachten Vortheil [24])." Er hat dann den empfangenen Vortheil nach den Grundsätzen über die Auseinandersetzung zwischen dem eingesetzten Erben oder Legatarius und dem fideikommissarischen Substituten zu restituiren [25]), woraus folgt, daß er Früchte, Nutzungen und Zinsen bis zu dem Zeitpunkt, wo die verschuldete Unmöglichkeit der Erfüllung des Modus eingetreten ist, behält. Der mit dem Legate sub modo belastete Erbe hat eine Klage auf Rückgabe des auf dieses Legat Geleisteten, und bei einer sub modo hinterlassenen Erbschaft kann der Intestaterbe die Herausgabe derselben mit der Fideikommißklage fordern.

IV. In Betreff der Ausführung des Modus ist Folgendes zu bemerken:

1. Ist einem Alleinerben ein lediglich auf seinen Vortheil gerichteter Modus auferlegt, so ist die Anwendung eines Zwanges zur Erfüllung gegen ihn nicht denkbar, weil kein dazu Berechtigter vorhanden ist. Möglich ist der Fall, daß der Erblasser ihn gar nicht eingesetzt haben würde, wenn er die Nichterfüllung des bestimmten Zweckes vorhergesehen hätte, z. B. die Einsetzung eines leichtsinnigen Menschen mit der Bestimmung, für das bedeutende Kapitalsvermögen ein Landgut für sich zu kaufen, und dasselbe, so lange er lebt, nicht zu veräußern und nicht zu verschulden, alles in der Absicht, ihn und seine Familie gegen Verarmung und dadurch die Kommune gegen Belastung des Armen-Unterstützungsfonds zu sichern [26]). Eine derartige Einsetzung ist eine bedingte, unter einer Resolutivbedingung und der Intestaterbe hat die Anwartschaft auf die Erbschaft, ist also auch befugt, dem eingesetzten Erben eine Frist zur Erfüllung des Modus durch den Richter bestimmen zu lassen [27]). Sind Miterben vorhanden, so kann, wenn sie gemeinschaftlich mit dem Modus belastet sind, Jeder den Andern zur Erfüllung zwingen (Note 18), und wenn nur Einer einen Modus zu erfüllen hat, so haben die Uebrigen, kraft des jus accrescendi, ein Interesse dabei, wenn die

24) Ebend. §. 510.
25) Ebend. §§. 489, 466 ff.
26) Ebend. §. 513. M. vergl. oben zu Note 19.
27) Oben, §. 24, Nr. IV, 3.

Erfüllung ausbleibt, und sie können daher auch Schritte thun, um die Entscheidung herbeizuführen.

2. Soll ein Legatar oder Fideikommissar einen Modus erfüllen, so kann ihn dazu der Erbe anhalten, weil die Verpflichtung zur Erfüllung die Natur einer Obligation sub modo zwischen Beiden hat. Der Erbe kann zwar für die Erfüllung, nach preußischem Rechte, keine Kautionsbestellung fordern, wie es nach römischem Rechte geschehen konnte (Text zu Note 16), nach welchem dieses Recht des Erben sogar das regelmäßige Zwangsmittel war; aber der Erbe hat nach preußischem Rechte eine direkte Klage gegen den Honorirten auf Erfüllung.

3. Dem eingesetzten Erben sowohl wie dem Legatar kann auch ein Modus vorgeschrieben sein, welcher auf die Beförderung des gemeinen Besten gerichtet ist. In Beziehung darauf hat das Landrecht besonders vorgeschrieben:

> „In allen Fällen, wo der Erblasser bei Hinzufügung — eines Zweckes die Beförderung des gemeinen Besten unmittelbar zum Augenmerke gehabt hat, ist der Staat auf dessen Erfüllung zu dringen berechtigt[28]."

Nach den Grundsätzen des Landrechts wäre diese Bestimmung nicht nöthig gewesen, denn ein solcher Modus ist danach ja ein Legat oder Fideikommiß für den Staat, mithin steht dem Fiskus konsequent die Legats- beziehungsweise die Fideikommißklage zu, indeß ist die Bestimmung immerhin nützlich. Folgerecht muß das gleiche Recht einer Kommune, wenn zu deren Besten ein Modus beigefügt ist, zustehen. Noch ist hierbei der Fall der Kollusion zwischen dem eventuellen Fideikommissar, d. i. dem Substitut des Staats oder der Kommune für den Fall der Nichterfüllung, und dem mit dem Modus Belasteten, besonders vorgesehen durch folgende Bestimmung:

> „Macht derjenige, welchem, bei unterbleibender Erfüllung (des Zweckes), das Erbtheil oder Vermächtiß zufallen würde, sich eines Verständnisses mit dem Belasteten zur Vereitelung der gemeinnützigen Absicht schuldig: so hat der Staat das Recht, für deren Erfüllung aus der dazu bestimmten Sache oder Summe selbst zu sorgen[29]."

Aus welchen juristischen Gedanken diese Bestimmung hervorgegangen, ist nicht zu ergründen. Daß eine Kollusion in dem beschiedenen Rechte gar nichts ändern kann, ist nach allgemeinen Grund-

28) I, 12, §. 514.

29) Ebenda §. 515.

sätzen selbstverständlich. Das dem Staate oder der Kommune beschiedene Recht bleibt davon unberührt und die zuständigen Klagen können nach wie vor angewendet werden.

§. 28.

D. Von dem Ermessen eines Dritten bei letzten Willen (Arbitrium.)

I. Daß die Ernennung eines Erben oder Legatars nicht der Willkür eines Dritten überlassen werden kann [1]), ist bereits näher ausgeführt [2]). Bei Fideikommissen war dies nach römischem Rechte zulässig. Z. B. so: „Si ita adscriptum sit: si Sejus voluerit, Stichum liberum esse volo,“ war eine vollgültige Verordnung, denn Ulpianus sagt dazu: „mihi videtur posse dici, valere libertatem: quia conditio potius est, quemadmodum si mihi legatum esset: si Titius Capitolium ascenderet [3]).“ Der Grund lag darin, daß Fideikommisse von jeder bestimmten Form hinsichtlich der Willenserklärung befreit waren und die Willensfreiheit dabei gar keiner formellen Beschränkung unterlag. Davon ist in das Landrecht nichts übergegangen, die fideikommissarischen Substitutionen sind an die Testamentsform gebunden.

II. Die Regulirung beliebiger Nebenpunkte kann der Erblasser, welcher dieselben nicht selbst bestimmen wollte oder konnte, dem arbitrium boni viri eines Dritten überlassen. Ein solcher Beisatz enthält eigentlich nur den Auftrag zur Ausführung des an sich vollständig ausgesprochenen Willens des Erblassers, nach dem vernünftigen Ermessen des Betrauten, cum libera facultate. Beispiele sind folgende Fälle:

1. Wenn einem Unmündigen ein Legat so vermacht wird: nach dem Ermessen der Vormundschaft, so erklärt der Jurist dasselbe für ein gültiges Legat ohne Bedingung und ohne Zeitbestimmung. Denn die Stellung auf Ermessen eines Anderen, so sei angenommen, sei von unparteiischem Ermessen, nicht von Willkür zu verstehen, und enthalte die Bestimmung des Quantums, nämlich nach Maßgabe der Kräfte des Vermögens [4]). Die Größe des Legats soll also gewissermaßen durch Quotisation gefunden werden, was

---

1) L. 32, L. 68 D. de hered. instit. (XXVIII, 5); L. 52 D. de condition. et demonstr. (XXXV, 1). — A. L.R. I, 12, §. 49.

2) Oben, §. 20, No. II, 2.

3) L. 46, §. 2 D. de fideicommissis libertatibus (XL, 5).

4) L. 1, §. 1 D. de legatis II.

an sich nicht unzulässig sein würde. Allein dazu ist erforderlich, daß der Dividendus und der Divisor bekannt sei. Der Dividendus ist angegeben: die Summe des Vermögens; aber der Divisor ist nicht bezeichnet, auch ist nicht angedeutet, wie er zu finden sei. Daher ist die Bestimmung zur praktischen Anwendung nicht geeignet. Das Landrecht hat sie nicht aufgenommen.

2. Ist Jemandem eine jährliche Rente hinterlassen worden, ohne eine Summe hinzuzufügen, so wird angenommen, daß alsdann dasjenige vermacht sei, was der Testator ihm gewöhnlich zu geben pflegte; wenn er bisher nichts gegeben hatte, müsse es nach dem Stande des Honorirten festgesetzt werden. Dies ist die im Justinian'schen Rechte bestätigte Meinung; eine andere Meinung wollte das Legat als nicht geschrieben angesehen wissen[5]). Dieser Fall findet sich in folgenden näheren und beschränkenden Bestimmungen des Landrechts wieder:

„Sind Jemandem, der sich selbst nicht verpflegen kann, Alimente vermacht, so müssen ihm dieselben, so lange er sich in diesem Zustande befindet, gereicht werden."

„Sind also einem Kinde Alimente ohne weitere Bestimmung vermacht, so dauert die Verbindlichkeit des Erben so lange, als der Legatarius sich selbst seinen Unterhalt nicht erwerben kann."

„Der im Testamente nicht näher bestimmte Unterhalt muß, wenn der Erblasser den Legatarium schon vorhin verpflegt hatte, nach der Art, wie dieses geschehen ist, und nach der Lebensart, wozu der Erblasser den Legatarium hat vorbereiten wollen, festgesetzt werden."

„Außerdem ist auf den Stand des Legatarii, welchen derselbe zur Zeit des errichteten Testaments hatte, Rücksicht zu nehmen[6])."

Das Ermessen des Richters soll hier also den letzten Willen in Ansehung des Quantums ergänzen.

3. Ist einer Frauensperson eine Aussteuer oder Ausstattung ohne weitere Bestimmung vermacht, so ist auch ein solches Legat gültig, die fehlende Bestimmung über den Betrag muß nach den Umständen und dem Stande der Legataria, ohne Rücksicht auf deren

---

5) L. 14 D. de annuis leg. et fideicommissis (XXXIII); L. 22 pr. D. de alim. legatis (XXXIV, 1).

6) A. L.R. I, 12, §§. 441—444.

eigenes Vermögen durch das Ermessen Dritter (Sachverständiger und des Richters) ergänzt werden [6a]).

4. Jemand hatte zwei Töchter und einen Sohn zu gleichen Theilen zu Erben eingesetzt und in einem Kodizill Folgendes bestimmt: „Pollianus, welcher meinen Willen kennt, soll darauf sehen, daß meine Tochter Crispina, welche sich nur so verheirathen soll, wie meine Freunde und Verwandten es billigen werden, dann mit gleicher Summe ausgesteuert wird, mit welcher ich ihre Schwester ausgestattet habe." Pollonius gab ihr ein günstiges Zeugniß, und daß die jüngere Tochter also nach dem Willen des Vaters eben so viel als Heirathsgut erhalten solle, als die ältere Tochter erhalten habe. Es wurde angefragt: ob die Miterben der jüngeren Tochter noch außer ihrem Erbtheile eine gleiche Summe als Heirathsgut gewähren müßten. Der Jurist antwortete: der erkennende Richter werde erachten, daß der jüngeren Tochter eben so viel aus der Erbmasse zum Voraus als Heirathsgut zu entrichten sei [7]). Der Fall war also der, daß ein Dritter durch sein Befinden darüber: ob die Prälegataria sich so, wie es der Erblasser gewollt hatte, verheirathet habe und die für solchen Fall beschiedene Zuwendung fordern könne, den letzten Willen des Erblassers zum Abschluß bringen sollte. Dies wurde für zulässig erklärt. — Dieser Fall liegt der folgenden Bestimmung des Landrechts zum Grunde:

> „Hat der Erblasser das Betragen des Erben oder Legatarii der Aufsicht gewisser Personen unterworfen; und von diesen wird ein dem Willen des Testators offenbar zuwider laufendes Betragen des Begünstigten dem Richter angezeigt und nachgewiesen: so geht, nach einer fruchtlos erfolgten gerichtlichen Warnung, die Erbschaft oder das Vermächtniß verloren [8]).

Hierdurch ist aus dem Spezialfall ([7]) eine allgemeine Regel abstrahirt und damit für zulässig erklärt worden, daß die in sich nicht abgeschlossene letzte Willenserklärung des Erblassers durch das Befinden des Vertrauensmannes über das Betragen des Begünstigten in der Art, wie es der Erblasser angedeutet hat, zum Abschluß und zur Durchführung gebracht werden könne. Zugleich ist das Verfahren vorgeschrieben für den Fall, daß der Ausspruch des Vertrauensmannes ungünstig für den Begünstigten ausfallen sollte. Dieses Ver-

6a) Ebend. §§. 447—449, aus L. 69, §. 4 D. de jure dot. (XXIII, 3) u. L. 43 D. de legatis III aufgenommen.

7) L. 14 D. de dote praelegata (XXXIII, 4).

8) I, 12, §. 517.

fahren ist aber undurchführbar. Der Vertrauensmann kann zwar das dem Willen des Testators zuwiderlaufende Betragen des Begünstigten dem Gerichte anzeigen, doch wird ein geschäftskundiger Mann sich damit schwerlich befassen. Wenn doch eine solche Anzeige eingeht, so kann das Gericht damit weiter nichts thun, als davon dem dabei Betheiligten, dem Gegner des Begünstigten, Nachricht zu geben, denn dem Vertrauensmanne kann doch der Richter ohne alle prozessualische Form keinen Nachweis abfordern, und er kann von Amtswegen auch keine Warnung erlassen. Dazu ist ein Parteiantrag erforderlich, und der Vertrauensmann ist nicht Partei, er wird sich hüten, bei Gericht als Partei gegen den Begünstigten aufzutreten und auf seine Gefahr und Kosten eine Beweisführung, d. h. einen Prozeß zu übernehmen, wenn er auch dazu legitimirt wäre, was stark zu bezweifeln ist. Dergleichen Parteirolle steht nur dem Betheiligten zu; dieser ist bei einer Erbeseinsetzung unter diesem Vorbehalte der Intestaterbe, und bei einem Vermächtnisse der Erbe. Was man sich bei dieser Vorschrift gedacht habe, ist nicht klarzustellen. Jedenfalls ist das Verfahren so, wie geschrieben steht, prozessualisch unmöglich. — Uebrigens würde es ein unberechtigter Eingriff in die Testirfreiheit, d. h. in die Rechte eines Erblassers sein, über sein Vermögen, wenn er keine nothwendigen Erben hat, ganz nach seinem Gefallen von Todeswegen frei zu verfügen, wollte man für die endgültige Feststellung der thatsächlichen Frage über den Eintritt oder Nichteintritt der von dem Erblasser gestellten Bedingung von Staatswegen eine andere Sicherheit fordern, als der Erblasser vorgeschrieben hat, was ja ebenfalls mit zu seiner Bedingung gehört. Nichts hindert ihn, Jemandem ein Legat unter der Bedingung zuzuwenden, wenn derselbe z. B. von seinen Vorgesetzten oder der Polizei ein Zeugniß beibringt, daß er sich durch eine gewisse Zeit sittlich gut geführt habe. Kann er das nicht, so fällt eben das Legat hinweg und keine Macht kann diesen Willen durch die Forderung brechen, daß der mit der Beaufsichtigung Betraute den Beweis führe, sein Ermessen über die Führung sei begründet. Der Testator will eben nur den Ausspruch dieses Vertrauensmannes, nichts weiter; wenn nicht, dann nicht; kein Anderer darf sich an dessen Stelle setzen, was doch durch jenen verlangten Nachweis eigentlich geschehen soll, indem der Richter über die Richtigkeit des Ausspruchs zu urtheilen und sein Ermessen an die Stelle des Ausspruchs des Vertrauensmannes zu setzen berufen wird, während doch der Legatar gar kein Recht außer dem, so wie geschehen, ausgesprochenen einseitigen Willen des Erblassers hat. Dies ist von der Praxis in letzter Instanz richtig gewürdigt worden. Jemand hatte in seinem Testamente verschiedene Legate ausgesetzt und dabei bestimmt, daß die Legatarien des ihnen ausgesetzten Legats verlustig gehen sollten, wenn sie sich bis zu ihrer erreichten Großjährigkeit der Verschwendung ergeben, großen Leichtsinn zeigen, oder überhaupt unfähig erscheinen würden, selbst Vermögen zu verwalten; daß die Entscheidung über den Eintritt dieser Bedingungen ausschließlich in das freie Ermessen der bestellten Testamentsexekutoren gestellt sein und daß kein Gericht sich in diese Angelegenheit mischen solle. Die Exekutoren schlossen Einen der Legatare von dem ihm unter diesen Bedingungen beschiedenen Legate aus, und dieser wendete sich darob an die Gerichte mit dem Antrage, die Exekutoren zur Auszahlung seines Legats anzuhalten. Die beiden Instanzgerichte ließen sich auch dazu herbei, weil nach der Vorschrift des §. 517 hätte verfahren werden müssen. Das Obertribunal aber faßte zutreffend die nebensächliche Vorschrift des §. 517 über das Verfahren als eine nur subsidiäre auf, welche nur dann eintrete, wenn das Testament keine Bestimmung in dieser Beziehung enthält, was hier nicht zutreffe; und wies den Anspruch zurück [9]).

In den bisher genannten Fällen wird die Verordnung des Erblassers, nicht etwa nur die Bedingung, vereitelt, wenn der Dritte es ablehnt, sich mit der Angelegenheit zu befassen; die Zuwendung fällt dann aus wie bei einer unmöglichen Bedingung.

5. Der Erblasser kann die Wahl zwischen mehreren Eventualitäten bei der Erbtheilung und bei der Entrichtuug eines Legats nach Wahl in das Ermessen eines Dritten stellen.

a) Eltern hatten in ihrem Testamente ihre fünf Kinder zu Erben eingesetzt und vorgeschrieben, daß Eines derselben ihr ganzes beiderseitiges Vermögen allein übernehmen und an seine Geschwister bestimmte Geldsummen zahlen; daß aber der Uebernehmer von den beiden ernannten Vormündern, und, wenn sie uneinig, von dem Geistlichen. als Obmann gewählt werden solle. Der älteste Sohn wollte die Bestimmung des Testaments über die Wahl des Uebernehmers für nicht geschrieben, beziehungsweise für vereitelt erachtet wissen; der Angriff wurde jedoch, gegen die Meinung des Gerichts erster Instanz, in letzter Instanz zurückgewiesen und die Testamentsklausel für zulässig erklärt [10]). — Wird in einem solchen Falle die

9) Erk. des Obertr. vom 25. Juni 1858 (Entsch. Bd. XXXIX, S. 79).

10) Erk. dess. vom 17. Juli 1857 (Arch. f. Rechtsf. Bd. XXVI, S. 142).

Uebernahme der Wahl seitens der dazu Berufenen abgelehnt, oder nimmt der Gewählte die auf ihn gefallene Wahl nicht an, so ist damit die Erbeinsetzung nicht vereitelt, denn diese ist unbedingt. Vereitelt ist nur die Vorschrift über die Auseinandersetzung. Deshalb muß diese nun nach den gesetzlichen Vorschriften erfolgen.

b) Die Wahl einer außer mehreren vermachten Sache kann dem Ermessen eines Dritten überlassen werden. Die alten Juristen waren in dem Falle, wenn der bestimmte Dritte nicht wählen wollte oder konnte, verschiedener Meinung darüber: ob das Vermächtniß erlösche, oder die Auswahl dem Ermessen eines boni viri überlassen bleibe. Justinian gab hierüber folgende Verordnung:

„Sed et si quis optionem servi vel alterius rei reliquerit, non ipsi legatario, sed quem Titius forte elegerit, Titius autem vel noluerit eligere, vel non potuerit, vel morte fuerit praeventus, et in hac specie dubitabatur apud veteres quid statuendum sit: utrum legatum exspiret, an aliquod ei inducatur adjutorium, ut boni viri arbitratu procedat electio? Censemus itaque, si intra annale tempus ille, qui eligere jussus est, hoc facere supersederit, vel minime potuerit, vel quandocunque decesserit: ipsi legatario videri esse delatam electionem, ita tamen, ut non optimum ex servis, vel aliis rebus quidquam eligat, sed mediae aestimationis, ne dum legatarium satis esse fovendum existimamus, heredis commoda defraudentur [11]."

Diese Verordnung findet sich im Wesentlichen in folgendem Paragraphen des Landrechts wieder:

„Kann oder will der Dritte nicht wählen, so gebührt zwar die Wahl dem Legatario, dieser muß sich aber alsdann mit einer für ihn brauchbaren Sache von mittlerem Werthe begnügen [12]."

Die Fristbestimmung bezüglich auf die Wahl durch einen Dritten ist ausgelassen, dieser muß daher dazu besonders aufgefordert werden.

6. Wenn es streitig ist, was unter der von dem Erblasser bestimmten Qualität oder Quantität einer Sache gemeint sei, ist die Verfügung durch das Ermessen der Sachverständigen zu ergänzen, wenn sonst nicht erwiesen werden kann, was der Erblasser mit seinen Ausdrücken gemeint habe [13].

---

11) L. 3, §. 1 C. communia de legatis (VI, 43).

12) I, 12, §. 396.

13) Ebenda §§. 554, 555, aus L. 69, §. 1 D. de legatis III.

§. 29.
V. Von der Interpretation letzter Willen.

Die allgemeinen Auslegungsregeln über Willenserklärungen und Rechtsgeschäfte finden auch bei letztwilligen Dispositionen Anwendung, soweit nicht die Natur dieser Dispositionen als einseitiger Verordnungen zu eigenthümlichen Auslegungen geführt hat, die dann zuerst anzuwenden sind [1]). Das Gemeine Recht bietet deren eine große Anzahl, wovon das Landrecht nur die vornehmsten aufgenommen hat.

1. An erster Stelle wird die Regel gegeben, daß weniger auf die Worte, als auf die Absicht des Testators zu sehen. „Facit totum voluntas defuncti; quid senserit spectandum est [2])." — „Sane — in fideicommissis voluntas magis quam verba plerumque intuenda est [3])." Dies drückt das Landrecht so aus:

> „Falsche Benennungen oder Bezeichnungen machen die Verfügung des Erblassers nicht ungültig, wenn nur sonst die wahre Absicht desselben deutlich erhellet [4])."

Woraus die wahre Absicht deutlich erhellen müsse, wird nicht gesagt. In einer anderen Stelle [5]) wird gesagt: „Erhellet aus der Disposition, oder kann sonst bewiesen werden" rc. Dort ist die Frage: ob die Kinder des vor dem Erblasser verstorbenen Legatars als dessen Substituten zu betrachten seien. Hierbei wird ausdrücklich ein anderweiter Beweis, außer dem Inhalte der Disposition, zugelassen. Nach römischem Rechte ist die Zulässigkeit eines solchen Beweises unstreitig: „Sane quoniam in fideicommissis voluntas magis, quam verba plerumque intuenda est, si quas pro rei veritate praeterea probationes habes, ad commendandam hanc patris voluntatem quam fuisse adseveras, apud praesidem provinciae experiri non vetaris [6])." Aber die Vorbedingung einer solchen Infragestellung der Absicht des Testators ist, daß die vorliegende Willenserklärung des Testators in unbestimmten, zweifelhaften oder mehrdeutigen Ausdrücken gefaßt sei: „Cum in verbis nulla ambiguitas est, non debet admitti voluntatis

1) A. L.R. a. a. O. §. 556 und I, 4, §§. 65 ff. — M. Recht der Forderungen, Bd. II, §. 91 (2. Ausg. S. 221 ff.).

2) L. 35, §. 3 D. de hered. instit. (XXVIII, 5).

3) L. 16 C. de fideicommissis (VI, 42).

4) I, 12, §. 518.

5) Ebenda §. 531.

6) L. 16 C. de fideicommissis (VI, 42).

quaestio." — „Non aliter a significatione verborum recedi oportet, qnam cum manifestum est, aliud sensisse testatorem [7])." Von der gleichen Voraussetzung geht auch das Landrecht in beiden Stellen (Note 4 u. 5) aus, nur daß es in der einen Stelle von der Zulässigkeit eines anderweiten Beweises spricht, in der anderen aber ganz übergeht, woher die Erhellung kommen darf. Gewiß ist also, daß hierdurch kein im Allgemeinen zulässiges Aufhellungsmittel ausgeschlossen ist. Nur folgt soviel aus der Natur der Sache, daß der Eid nicht als direktes Beweismittel für die Wahrheit der angeblichen Absicht des Testators gebraucht werden kann, da dadurch Nichts aufgehellt wird; der Beweis muß auf Umstände gerichtet werden, aus welchen die fragliche Absicht erhellet. Als werthvolle Aufhellungsmittel werden beispielsweise bezeichnet:

a) Formlose Privataufsätze des Testators. Z. B. er hat eine Sache vermacht, deren er mehrere unter demselben Namen hatte, ohne zu erklären, welche er meinte. Oder er hatte einem Freunde mit Nennung des Zunamens desselben etwas vermacht, da er doch mehrere Freunde desselben Namens hatte; oder er hatte im Namen, Vornamen oder Zunamen, nicht aber in der Person geirrt, und er erklärt in einem Aufsatze, an was oder an wen er in seiner Verordnung dachte. Diese Aufklärung ist entscheidend; denn, sagt der Jurist, er giebt oder legirt damit nichts, sondern erklärt bloß näher, was oder wem er gegeben, legirt haben will. Eben so ist es, wenn der Testator sich über die ausgelassene Summe, oder den Namen des Legatars, den er beizufügen vergessen hatte, oder über die Münzsorten, die er zu bezeichnen unterlassen, in einem solchen Aufsatze erklärte. Denn, sagt der Jurist, man würde, wenn er dieses nicht aufgezeichnet hätte, doch immer durch Schlüsse (conjectio, conjectura) entweder aus verwandten Schriften oder aus Gewohnheiten des Familienvaters oder der Gegend, dieses habe feststellen müssen [8]).

b) Der Sprachgebrauch des Testators, oder des Ortes, oder der Gegend seines Aufenthalts [9]). Das bezieht sich auf die Bezeichnung von legirten Sachen. Das Landrecht nimmt dies auf und verordnet, es solle darüber, was unter der vom Erblasser bestimmten Qua-

---

7) L. 25, §. 1; L. 69 pr. D. de legatis III.

8) L. 21, §. 1 D. qui testamentum facere poss. (XXVIII, 1).

9) L. 18, §. 3 D. de instructo vel instrumento legato (XXXIII, 7): „. . . optimum esse. Pedius ait, non propriam verborum significationem scrutari, sed in primis, quid testator demonstrare voluerit; deinde in qua praesumptione sunt, qui in quaque regione commorantur."

lität oder Quantität einer Sache gemeint sei, das Gutachten von Sachverständigen den Ausschlag geben; wenn aber erwiesen werde, daß der Erblasser mit der im Testamente gebrauchten Benennung eine gewisse Art von Sachen zu bezeichnen gewohnt gewesen, so gehe diese Auslegung dem Urtheile der Sachverständigen vor[10]). Der Fall ist nach preußischem Rechte von untergeordneter Wichtigkeit, weil bei gerichtlich aufgenommenen Testamenten der Richter die Ausdrücke des Testators allgemein verständlich übersetzt. Nur bei schriftlich übergebenen Testamenten und bei außergerichtlichen Kodizillen kann es wohl vorkommen, daß mit Anwendung dieser Interpretationsregel die Unverständlichkeit einer Bezeichnung gehoben wird[11]).

2. Eine andere durchgehende Regel ist stets: „Letztwillige Verordnungen sind im zweifelhaften Falle so zu deuten, wie sie nach den Vorschriften der Gesetze am besten bestehen können[12]).“ Die letztwillige Verfügung soll sonach möglichst aufrecht erhalten werden, ihre Dunkelheit kann daher nur im äußersten Falle zur gänzlichen Unwirksamkeit der Verordnung führen, wobei dann aber nur der unverständliche Passus wegfällt, wogegen das Uebrige seine unbeschränkte Geltung behält[13]).

3. Besteht ein Zweifel über eine letztwillige Bestimmung, der zu Gunsten des Honorirten, aber auch zu Gunsten des Onerirten gelöst werden kann, so soll, in Ermangelung anderer, in dem konkreten Falle sorgfältig aufzusuchender[13a]) Entscheidungsgründe, zu Gunsten des Letzteren, also für den Erben gegen den Legatar interpretirt werden. „Cum tempus in testamento adjicitur: creden-

10) A. L.R. I, 12, §§. 554, 555.

11) In dem außergerichtlichen Kodizill eines alten Fräuleins hieß es u. A.: „Auch vermache ich meinen Lieblings-Schleifer meiner Freundin N. zum Andenken.“ Durch das Zeugniß der Bedienung wurde festgestellt, daß „Schleifer“ ein schwarzer Kater war. — Ein anderes Beispiel erzählt Siewer in seinen Materialien, H. III, S. 135. Ein Testator hatte Jemandem seine „sämmtlichen Möbeln“ legirt. Der Legatar forderte sämmtliche Mobilien, während der Erbe nur die „Möbeln“ im Sinne des §. 14, Tit. 2, Th. I des A. L.R. herausgeben wollte. Es wurde durch Zeugen festgestellt, daß der Erblasser mit dem Ausdruck „Möbeln“ seinen gesammten Hausrath bezeichnet und auch geäußert habe, daß alles dieses dem Legatar gehören solle.

12) A. L.R. I, 12, §. 519. M. vergl. I, 4, §. 74 u. c. 26 X. de sent. et re jud. (II, 27): „Duobus judicibus diversas sententias proferentibus, tenet pro reo, non pro actore sententia, nisi in causa favorabili, puta — — testamento, pro ipso fuerit promulgata.“ — L. 5 D. testamenta quemadmodum (XXIX, 3). — L. 24 D. de rebus dubiis (XXXIV, 5).

13) L. 2 D. de his quae pro non scriptis (XXXIV, 8): „Quae in testamento scripta essent, neque intelligerentur, quid significarent, ea perinde sunt, ac si scripta non essent: reliqua autem per seipsa valent.“ — M. vergl. A. L.R. I, 12, §. 64.

13a) L. 13 pr. D. de reb. dubiis (XXXIV, 5).

dum est pro herede adjectum, nisi alia mens fuerit testatoris." — „Semper in obscuris, quod minimum est, sequimur [14])." Das Landrecht drückt diese Regel so aus: „(Auch) muß im zweifelhaften Falle die Auslegung zum Vortheile des eingesetzten Erben gemacht werden [15])." Dabei hat man wohl ohne Zweifel das Verhältniß des Erben als des Schuldners im Verhältnisse zum Legatar als dem Gläubiger vor Augen gehabt; denn in der absoluten Allgemeinheit, welche die Fassung ausdrückt, hat die Regel keinen juristischen Grund und keinen geschichtlichen Boden.

4. Eine weitere Regel des Landrechts lautet: „Soweit (aber) die gesetzliche Erbfolge durch die letztwillige Verordnung nicht aufgehoben worden, wird, nach den Regeln der ersteren, die in letzterer fehlende Bestimmung ergänzt [16])." Diese Regel kommt nicht aus dem römischen Rechte, sie gehört dem Juristenrechte an [17]) und ist in ihren Beziehungen keineswegs klar, auch sind die Juristen, welche dieselbe ausgebildet haben, selbst darin nicht einig, namentlich gehen die Meinungen darüber auseinander: ob, wenn der Testirer die Personen, welche ihn ab intestato beerbt haben würden und diese in der Intestaterbfolge ungleiche Theile würden erhalten haben, ohne Bestimmung der Erbtheile zu seinen Erben eingesetzt hat, diese alsdann gleiche Theile, oder die ungleichen Theile, welche ihnen als Intestaterben zugefallen sein würden, zu erhalten haben. Vinnius, nachdem er vorausgeschickt, daß, wenn mehrere Erben eingesetzt seien, nullis partibus nominatis", alle zu gleichen Theilen Erben seien [18]), fährt fort:

> „Quin etiam eandem voluntatis interpretationem, aequalemque partitionem sequimur, et si qui sine partibus instituti sunt, non facto testamento in stirpes aut portionibus inaequalibus, ab intestato fuissent successuri: quia testamento facto jam non jure proximitatis aut repraesentationis veniunt, sed titulo et jure institutionis ex judicio et voluntate defuncti, qui legitimae successioni per testamentum suum derogare voluisse credendus est, nisi ex conjecturis contrarium elici possit [19])."

---

14) L. 17, L. 9 D. de reg. juris (L, 17).

15) I, 12, §. 520, eine Anwendung des Prinzips I, 5, §. 268 auf Testamente.

16) Ebenda §. 521.

17) Averanii interpret., Lib. IV, c. 1.

18) So heißt es §. 6 Inst. de heredibus instit. (II, 14).

19) Commentar. in Inst. L. II, tit. 14, ad §. 6 No. 1, wobei er als Gleich-

Bei Lauterbach[20]) hingegen heißt es, nachdem über die Theilnahmerechte mehrerer „uniformiter" eingesetzter Erben gesprochen:

„Notandum tamen, an conjuncti cum disjunctis mixti sint: v. gr. Titius heres esto; Sejus et Mevius heredes sunto. Hoc casu hereditas in duos semisses dividitur, quorum alter conjunctim duobus datur, quia conjuncti unius personae potestate funguntur. Sed quaeritur: Si quis fratrem et alterius fratris mortui filios heredes instituat, an in capita, an in stirpes succedant? Disting. an simpliciter; et fratris liberi collective sumti unum semissem accipient[21]), quia in dubio testator juris communis dispositionem secutus videtur; — an addita particula „aeque" „simul", instituerit? et hoc casu omnes ex virilibus portionibus in capita instituti censentur[22]), quod idem est, si testator quotquot in familia cognatos instituat, ut simul succedant, tunc proximiores non possunt excludere remotiores."

Die Differenz zwischen beiden Meinungen bezieht sich also auf eine Frage mehr faktischer als rechtlicher Natur, nämlich auf die Frage: ob die gesetzliche Erbfolge durch die letztwillige Verordnung aufgehoben worden sei, oder nicht. Die Anhänger der zuerst gedachten Meinung sagen: sie ist eben durch das Testament aufgehoben, die Berufenen haben nur den Testamentstitel, wenn sie ihn nicht zurückweisen, folglich versteht es sich, daß sie, wenn sie ohne Beifügung einer Bestimmung über die Erbtheile der Einzelnen berufen sind, lediglich nach der Regel, daß die auf solche Weise eingesetzten Miterben zu gleichen Theilen berufen sind, Erben sein sollen, sonst hätte das Testament keinen Zweck, keine Bedeutung. Die Anderen sagen: wenn nicht ausdrücklich „aeque", „simul" beigesetzt ist, so ist die Intestaterbfolge nicht abgeändert. Diese Frage entscheidet jene Bestimmung des Landrechts (Note 16) nicht, und daher ist denn auch jener Meinungsstreit auf das preußische Recht richtig übergegangen. Es ist behauptet worden: es sei allgemeines Rechtsprinzip, daß die gesetzlichen Bestimmungen in der Intestatsuccession als Grund-

---

gesinnte post alios nennt: Wesenbeck hic, et in Paratit. Pand. eodem Nr. 6; Mantica, de conjecturis ultimarum voluntatum, L. IV, tit. 11, Nr. 11.

20) Colleg. theorico-pract., LXXVIII, tit. 2, §. 14.

21) Hierbei citirt er Durant., de art. test., T. IV, caut. 3.

22) Dafür ist allegirt L. 13 pr. D. de liberis et posthumis (XXVIII, 2). Dort kommt jedoch von „aeque" und von „simul" gar nichts vor.

regel und Basis der Erbfolge betrachtet werden müßten, welche auch bei der Existenz eines Testaments, soweit der Testator das Gesetz nicht aufhebe, bestehen blieben, und welche daher allemal die Norm bei Vertheilung des Nachlasses da abgeben müßten, wo in der letztwilligen Verordnung nur Intestaterben ohne Bestimmung ihrer Erbportionen in quanto oder quota eingesetzt seien [23]). Aber das behauptete Rechtsprinzip ist falsch; das entgegengesetzte Prinzip ist in Geltung. In erster Linie steht der ausdrücklich erklärte Wille des Erblassers, und erst wenn er schweigend gestorben ist, will er das, so wird angenommen, was über die Vererbung seines Nachlasses das Gesetz subsidiär verordnet hat. Hat er sich ausdrücklich erklärt, durch ein Testament Personen, die sonst wohl auch seine Intestaterben hätten werden können, zu seinen Erben zu berufen, so hat er es ja nicht bei den subsidiären Bestimmungen bewenden lassen, er hat diese Personen zu seinen Testamentserben gemacht, und ihnen damit diejenigen Antheile an seinem Nachlasse zugewendet, welche die testamentarische Erbfolge bei der Einsetzung mehrerer Erben ohne Bestimmung ihrer Erbtheile von selbst mit sich bringt. Damit hat er in der That die gesetzliche Erbfolge ausgeschlossen, die Bestimmung über die Erbtheile fehlt durchaus nicht, sie ist eben in der Berufung Aller, ohne Bevorzugung oder Zurücksetzung Einzelner enthalten. Die Auslegungsregeln sollen nicht dazu dienen, feststehende Grundsätze zu vereiteln, sie sollen aus dem Zweifel helfen, wenn man nicht weiß, was man aus der Erklärung machen soll; außerdem kommen sie nicht in Betracht. Ein Beispiel: Jemand wird voraussichtlich eine Wittwe und eine Tochter hinterlassen. Er will die Existenz seiner Wittwe sichern. Dazu ist ein Viertel seines Nachlasses (die gesetzliche Portion) nicht hinlänglich, aber die Hälfte würde gerade genügen, wobei der Tochter schließlich nichts abgeht, da sie auch die Tochter der Frau, also einmal deren Erbe ist. Nun könnte er seine Tochter auf den Pflichttheil einsetzen, aber diese gehässige Form gefällt ihm nicht. Er testirt also, daß seine Ehefrau Friederike und seine Tochter Lotte seine Erben sein sollen. Er ist nun sicher, daß Jede die Hälfte seines Nachlasses, nach dem bekannten Grundsatz, erhalten muß. Nun soll nach seinem Tode ein Lejulegus kommen dürfen und sagen: der Erblasser hat die gesetzliche Erbfolge nicht aufgehoben, weil er nicht „aeque“ oder „simul“ gesagt hat, folglich muß diese eintreten (§. 521), die Wittwe kann also nur ein Vier-

23) Matthis, juristische Monatsschrift, Bd. III, S. 306.

tel und die Tochter muß drei Viertel erben! Das ist absurd. Der Testator hat eben durch seine Erbeinsetzung die gesetzliche Erbfolge mit Bewußtsein aufgehoben und dabei ist nach der klaren Fassung der Verordnung gar keine Dunkelheit oder ein Zweifel. Wittwe und Tochter sind eben Testamentserben und nicht Intestaterben, und es fehlt daran keine Bestimmung, welche aus der Intestaterbfolge zu ergänzen bliebe; der Fall der Auslegungsregel ist also gar nicht vorhanden. — In der Praxis fehlt es nicht an sich widersprechenden Rechtssprüchen, auch nicht an Widersprüchen des Obertribunals als Gefolge der vom Landrecht gegebenen, ganz außerhalb des Rahmens des Rechtssystems liegenden, wenn unrichtig aufgefaßten, Interpretationsregel, welche auf eine Verwischung der Grenzen der Testamentserbfolge und der Intestaterbfolge hinausläuft. Das Richtige in diesem Wirrniß wird in dem Erkenntniß des Obertribunals vom 6. April 1839 gesagt, in einem Falle, wo Jemand seine Brüder zu Erben eingesetzt hatte und die Kinder eines vor ihm verstorbenen Bruders als dessen Repräsentanten Miterben zu sein beanspruchten, und zwar auf Grund der Auslegungsregel §. 521. „Hier," heißt es, im §. 521, „wird also der Fall vorausgesetzt, daß in der zu interpretirenden letztwilligen Verordnung eine Bestimmung fehlt, die dann nach den Regeln der gesetzlichen Erbfolge ergänzt werden soll. Von einer solchen Ergänzung kann aber hier, wenn sich der Richter nicht eine Willkürlichkeit zu Schulden kommen lassen soll, gar nicht die Rede sein. Es fehlt keine nothwendige Bestimmung im Testamente des Erblassers, ihre Erben sind klar bezeichnet; und wer an ihre Stelle tritt, wenn sie nicht sämmtlich Erben sein können, bezeichnet das Gesetz eben so unzweifelhaft. Nur diese gesetzliche, durch das jus accrescendi begründete Substitution darf eintreten, nicht eine, von dem Testator nicht angeordnete, im Testamente nicht enthaltene, sondern hineingetragene[24])." Aber einen Sinn hat der §. 521, bei richtiger Beziehung, doch, und davon ist unten Nr. 8 die Anwendung gemacht.

5. Hat der Testator, ohne weitere Bestimmung, seinen Ver-

24) Schles. Archiv, Bd. III, S. 617. Dabei ist die ältere abweichende Entscheidung, welche in Simon's und v. Strampff's Rechtssprüchen, Bd. II, S. 61 mitgetheilt ist, gewissermaßen desavouirt, indem gesagt wird: „Die gedachte Entscheidung giebt, da sie sich nur auf das damals vorliegende faktische Verhältniß bezieht, nicht auf ein allgemeines Rechtsprinzip, für den jetzigen Fall ein Prinzip nicht ab." Nach dem damaligen faktischen Verhältnisse fehlte aber auch keine nothwendige Bestimmung; die Erbeseinsetzung war ebenso wie in diesem Falle vollständig und klar. — An dieser Irritirung ist die inkorrekte Fassung der Interpretationsregel schuld, besser aber wäre es, sie wäre ganz ausgelassen.

wandten etwas zugedacht, so versteht man darunter die nächsten oder gleich nahen. Der Fall kommt häufig in wechselseitigen Testamenten vor, in der Weise, daß die Fälligkeit erst nach dem Tode des Letztversterbenden eintreten soll. Hierbei findet sich Meinungsverschiedenheit darüber: auf welche Zeit bei Beurtheilung der Nähe der Verwandtschaft zu sehen sei. Einige [25]) wollen auf den Tod des Letztlebenden gesehen wissen, weil das Legat oder Fideikommiß, auf eine ungewisse Zeit gestellt, ein bedingtes sei, also vor dem Eintritte dieses Todesfalls nicht deferirt oder transmittirt werden könne, folglich nur denen deferirt werde, welche zur Zeit des Todes des Letztlebenden noch am Leben und die nächsten Verwandten des Testirers seien. Für das preußische Recht sind die Gründe nicht treffend, da hiernach auch bedingte Legate in der Regel transmittirt werden, wenn der Bedachte den Erblasser überlebt. Andere [26]) sehen bei der Frage, welche die nächsten Erben eines jeden der zwei Testatoren sind, auf den Zeitpunkt des Todes eines jeden derselben, von dessen Erben die Rede ist; wo aber das Testament so eingerichtet ist, daß die beiderseitigen gesetzlichen Erben nach dem Tode der Testirenden als Erben eingesetzt sind, da ist der Tod des Erstverstorbenen für die Frage entscheidend, indem die Verwandten des Erstverstorbenen schon bei dessen Tode das Erbrecht erwerben und auf ihre Erben transmittiren. Bezüglich hierauf giebt das Landrecht folgende Auslegungsregel: „Hat der Testator, ohne weitere Bestimmung, seinen Verwandten etwas zugedacht, so fällt dasselbe denjenigen, welche zur Zeit seines Ablebens zu seiner gesetzlichen Erbfolge die nächsten oder gleich nahe sind, ohne Unterschied des Standes oder Geschlechts, anheim." Nicht ohne Unterschied des Standes oder Geschlechts soll es anfallen, wenn der Testator zum Besten oder Flor seiner Familie etwas ausgesetzt, und er von Adel ist: dann soll vermuthet werden — Gegenbeweis ist also zulässig —, daß die Zuwendung nur seiner männlichen Nachkommenschaft zu Gute kommen solle; war er aber nicht von Adel: so soll der Vortheil auch seiner Nachkommenschaft von der weiblichen Seite zu Statten kommen [27]). — Diese Auslegungsregel bezieht sich nur auf den Fall, wenn der Testator *seinen* Verwandten etwas zugedacht hat. Sind die Verwandten eines Anderen ohne nähere Bestimmung berufen, so muß die wahre

25) Z. B. Mühlenbruch, in Glück's Kommentar, Bd. XXXV, S. 74.

26) Z. B. Mittermaier, Grundsätze des deutschen Privatrechts (5. Ausg.), §. 462, No. VIII u. IX und die dort Angeführten.

27) I, 12, §§. 522—524.

Absicht des Testators aus den Umständen erforscht werden [28]). (Unten, Nr. 10 a.)

6. Was unter der Benennung „Kinder" (liberi), wenn der Ausdruck in einer letztwilligen Verordnung vorkommt, zu verstehen sei, behandelt das Landrecht ausführlich. Das römische Recht sagt darüber:

„Liberorum appellatione nepotes et pronepotes caeterique, qui ex his descendunt, continentur: hos enim omnes suorum appellatione Lex XII Tabularum comprehendit; totiens enim leges necessarium ducunt cognationum singularum nominibus uti, veluti filii, nepotes, pronepotes, caeterorumve, qui ex his descendunt, quotiens non omnibus, qui post eos sunt, praestitum voluerint, sed solis his succurrent, quos nominatim enumerent. At ubi non personis certis, non quibusdam gradibus praestatur, sed omnibus, qui ex eodem genere orti sunt, liberorum appellatione comprehenduntur [29])."

Die Kollektivbenennung „liberi" bezog sich danach auf heredes sui des Testators oder des Honorirten, auch wurden darunter die postumi vel postumae in utero begriffen, falls sie lebendig geboren wurden [30]).

Nach diesem Vorbilde verordnet das Landrecht Folgendes:

„Unter dem Ausdrucke: Kinder, werden, wenn derselbe in einer letztwilligen Verordnung gebraucht worden, in der Regel auch die an deren Stelle tretenden ferneren Descendenten, insofern denselben nach den Gesetzen ein Pflichttheil aus dem Vermögen ihrer unmittelbaren Eltern zukommen würde, mit begriffen; es mag nun von des Erblassers eigenen, oder von den Kindern des Erben oder Legatarii die Rede sein [31])."

Hierbei wird auf folgende Paragraphen des Titels 11 verwiesen:

§. 1145. „Unter dem Ausdrucke: Kinder, werden alle Descendenten aus einer Ehe zur rechten Hand verstanden, insofern ihnen nach den Gesetzen ein Pflichttheil aus dem Nachlasse des Geschenkgebers gebühren würde."

---

28) Erk. des Obertr. v. 21. März 1845 (Jurist. Wochenschrift 1845, S. 639). M. vergl. §. 540 a. a. O.

29) L. 220 pr. D. de verbor. significatione (L, 16). — M. vergl. L. 6 D. de testamentaria tutela (XXVI, 2); §. 5 Inst. qui testamento tutores dari poss. (I, 14).

30) §. 5 Inst. eodem; L. 5 D. de testament. tutela (XXVI, 2); L. 164 pr. D. de verbor. signif. (L, 16).

31) I. 12, §. 526.

§. 1146. „Ob Kinder durch Geburt oder Legitimation diese Rechte ehelicher Descendenten erlangt haben, macht keinen Unterschied."

§. 1147. „Dagegen giebt die von dem Geschenkgeber geschehene Adoption eines Fremden Ersterem noch kein Recht zum Widerrufe."

Somit ist Folgendes bestimmt: a) Nur solche Descendenten, mit Einschluß der Nachgeborenen, die beim Tode des Erblassers bereits empfangen waren, werden hier unter dem Ausdrucke „Kinder" verstanden, welche aus dem Nachlasse des Testators oder des eingesetzten Erben oder Legatars einen Pflichttheil zu fordern haben, es muß also zwischen dem entfernteren Desscendenten und dem Erblasser in der Linie keine Mittelsperson stehen. Das stimmt mit dem römischen Rechte, welches dabei die sui im Sinne hat, überein. b) Unter dem Ausdrucke „Kinder" sind nur Descendenten aus einer Ehe zur rechten Hand in der Regel zu verstehen; bei Müttern gehören dazu auch Descendenten aus ihrer Ehe zur linken Hand und wenn einer zur Erbin eingesetzten Person weiblichen Geschlechts ihre Kinder substituirt sind, so bezieht sich die Substitution auch auf deren uneheliche Kinder, wenn sie nicht ausdrücklich auf eheliche beschränkt ist [32]). c) Unter dem Ausdrucke „meine Kinder", oder, bezüglich auf den Erben oder Legatar, „seine" oder „eigene" Kinder, sind Adoptivkinder nicht begriffen, wenn die betroffene Person leibliche Kinder hat [33]). d) Unter den eigenen Kindern des Erblassers oder des Erben oder Legatars sind Stiefkinder desselben nicht begriffen, weil nur Pflichttheilsberechtigte gemeint sind [34]). — Ein anderer Fall ist folgender:

Hat der Erblasser den Kindern eines Anderen, der nicht von ihm zum Erben oder Legatar berufen ist, ohne weitere Bestimmung, etwas vermacht, so gebührt dasselbe denjenigen, welche zur Zeit des Erbanfalls geboren, oder im Mutterleibe vorhanden waren. — Auch in diesem Falle treten die weiteren Abkömmlinge solcher Kinder, die vor dem Erblasser verstorben sind, in Beziehung auf das Vermächtniß, so weit an die Stelle der Eltern, als sie dazu bei dem Nachlasse ihrer eigenen Großeltern, oder weiteren Ascendenten berechtigt

32) I, 11, §. 1148; II, 2, §. 656. — Erk. des Obertr. vom 30. Mai 1862 (Entsch. Bd. XLVII, S. 123 u. Archiv f. Rechtsf. Bd. XLVI, S. 121).

33) I. 12, §. 526 in Verbindung mit dem dort allegirten §. 1147, Tit. 11.

34) Vergl. Erk. des Obertr. vom 17. März 1852 (Arch. f. Rechtsf. Bd. V, S. 107).

sein würden. — Doch gilt auch dieses nur von solchen weiteren Abkömmlingen, welche bei dem Tode des Testators schon geboren, oder im Mutterleibe vorhanden sind[35]). — Zwischen diesem Falle und dem vorigen, wo von den Kindern des Erblassers, des Erben und des Legatars die Rede war, ist eine Verschiedenheit nicht zu entdecken. — Noch ein dritter Fall wird ausgezeichnet, nämlich:

„Hat der Erblasser den Kindern eines Dritten — dieser Dritte ist kein anderer als der „Andere" in dem vorigen Falle — einen gewissen Genuß bestimmt, welcher ganz oder zum Theil erst in künftigen Zeiten fällig wird, so nehmen auch die nachgeborenen Kinder daran Theil[36])." Welche Nachgeborenen? Diejenigen, welche schon beim Tode des Erblassers (beim Erbanfall) im Mutterleibe vorhanden waren? Oder auch diejenigen, welche bis an das Ende der Tage des „Dritten" erst noch empfangen wurden? Wenn die Vorschrift nicht völlig müssig sein soll, so muß das Zweite angenommen werden; denn daß die zur Zeit des Todes des Erblassers schon Empfangenen mit berufen sind, ist selbstverständlich. Ist also logisch nothwendig das Zweite gemeint, so ist die Satzung zwar neu, aber doch der wahrscheinlichen Absicht des Erblassers gemäß; denn dieser würde die später erzeugten Kinder von dem künftigen Genuß wohl nicht ausgeschlossen haben, wenn er einmal die Kinder des „Dritten" damit bedenken wollte[37]).

7. Stirbt ein Legatar vor dem Erblasser, so treten die Kinder des Legatars, soweit sie seine Erben geworden sind, an seine Stelle, wenn aus der Disposition erhellet, oder sonst hinlänglich erwiesen werden kann, daß es der Wille des Testators gewesen sei, durch das Legat zugleich die Kinder des Legatars zu bedenken[38]). Diese Interpretationsregel ist insoweit, als es sich nur um Aufhellung einer dunkeln oder mehrdeutigen Aeußerung in der Disposition des Testators handelt, auch bei der Erbeseinsetzung anwendbar, denn

35) A. L.R. I, 12, §§. 527—529.

36) Ebenda §. 530.

37) In diesem Sinne ist auch der Rechtsfall entschieden, welchen Merkel in seinem Kommentar z. A. L.R. I, 12, §. 461 in den Nachträgen (2. Ausg. Th. I, S. 910) erzählt. Ein Testator hatte verordnet: es sollten nach dem Tode seiner Frau seine Bruderskinder, welche sodann noch am Leben sein würden, zwei Drittel seines Nachlasses erhalten. Bei dem Tode der Frau war auch ein Enkel des Einen der Brüder vorhanden, der erst neun Jahre nach dem Tode des Testators geboren worden war. Das Oberlandesgericht zu Glogau sprach ihm den 23. Dezember 1811 ein Theilnahmerecht zu. Ob diese Entscheidung in letzter Instanz bestätigt worden, wird nicht gemeldet.

38) A. L.R. I, 12, §. 531.

es soll ja eben erforscht werden, was der Testator mit seinen zweifelhaften Ausdrücken habe sagen wollen. Wenn aber das „oder sonst kann hinlänglich bewiesen werden", so verstanden werden soll, als sei damit der Beweis eines außergerichtlichen, mündlich geäußerten Nachtrages zur Einsetzung, etwa die Einsetzung eines Nacherben oder eines Substituten, wovon die formelle letztwillige Verordnung gar keine Andeutung enthält, zulässig, so muß eine solche Auffassung abgelehnt werden. Ein solcher Beweis würde auch ganz vergeblich sein, da durch außergerichtliche mündliche Erklärungen an einer förmlich errichteten letztwilligen Verordnung nicht das mindeste verändert, namentlich derselben nichts hinzugesetzt oder abgenommen werden kann. Wenn aber ein solcher Beweis unzulässig ist und die Erforschung nur darauf gerichtet ist, was der Testator mit seinen im Testamente oder Kodizille gebrauchten Ausdrücken gemeint habe: so ist in der That zwischen Erbeseinsetzungen und Vermächtnissen in der in Rede stehenden Beziehung ein Unterschied nicht findbar; dem gemeinen Rechte ist er unbekannt, und nach logischen Gesetzen ist es auch nicht zu erklären, warum eine für einseitige letztwillige Verordnungen gegebene Interpretationsregel bei der Zuwendung eines Vermächtnisses anwendbar, dagegen bei der Zuwendung der Erbschaft unanwendbar sein soll [39]). Ist der eingesetzte, vor dem Erblasser verstorbene Erbe ein Kind desselben, so versteht sich das Eintreten seiner Abkömmlinge an seine Stelle von Rechtswegen [39a]).

8. Hat ein Erblasser etwas für eine gewisse Familie auf künftige Zeiten bestimmt; so ist dergleichen Verordnung der Errichtung eines Familienfideikommisses gleich zu achten; wieweit eine solche Verordnung gelten könne, ist nach den Gesetzen über Fideikommisse und fideikommissarische Substitutionen zu beurtheilen [40]). Hieran schließt sich eine Auslegungsregel in Beziehung auf stillschweigende fideikommissarische Substitution, welche vom römischen Rechte abweicht. Dieses Recht erkennt in dem einfachen Verbot der Veräußerung der zugewendeten Sache, ohne weitere Bestimmung, zu wessen Gunsten dieses Verbot hinzugefügt sei, kein Fideikommiß, welches, wenn auch das Verbot auf die Lebenszeit des Honorirten ausgedehnt ist, nach dessen Tode an Jemanden zu restituiren sei. Es heißt:

---

39) Das Obertr. hat sich für die Unzulässigkeit der Anwendung bei der Erbeseinsetzung erklärt. Erk. vom 17. März 1852 (Arch. f. Rechtsf. Bd. V, S. 107). Ein Grund dafür wird nicht angegeben. Man vergl. dagegen unten §. 41, III, Abs. 2.

39a) A. L.R. II, 2, §. 443.

40) A. L.R. I, 12, §§. 532, 533.

„Fundum a filio, quoad vixerit, vetuit venundari, donari, pignerari. — Quaesitum est, cum vivus filius eum fundum secundum voluntatem patris retinuerit: an, defuncto eo, non ad heredes scriptos a filio, sed ad eos, qui de familia sunt, pertineat? Respondit, hoc ex voluntate defuncti colligi posse, filium, quoad viveret, alienare vel pignerare non posse: testamenti autem factionem et in eo fundo in extraneos etiam heredes habiturum [41]).“

Anders, wenn eine Bestimmung hinzugefügt ist:

„Cum pater, filio herede instituto, ex quo tres habuerat nepotes, fideicommisit: ne fundum alienaret, et ut in familia relinqueret; et filius decedens, duos heredes instituit, tertium exheredavit, eum fundum extraneo legavit: Divi Severus et Antoninus rescripserunt: verum esse, non paruisse voluntati defuncti filium. — Sed et — putat Marcellus, posse exheredatos petere fideicommissum [42]).“

Das Landrecht dagegen verordnet:

„Ein ohne weitere Bestimmung gegebenes Verbot des Verkaufs enthält eine Willenserklärung des Erblassers, daß die Sache bei der Familie des Erben oder Legatarii bleiben solle. — Unter dem Verbote des Verkaufes ist jede andere Veräußerung und Verpfändung begriffen [43]).“

Das Landrecht nimmt also ein „tacitum fideicommissum“ als schon in dem Verbote des Verkaufs auch ohne weitere Bestimmung des Zweckes oder der Person, zu deren Gunsten das Verbot gegeben worden, vorhanden an. Daraus wird gefolgert, daß der Erbe auch nicht von Todes wegen zu Gunsten eines Fremden (extranei) verfügen darf, woraus denn von selbst folgt, daß der unter solchem Verbote zugewendete Gegenstand in der Familie desselben bleibt. Daß dies nur bis auf den zweiten Substituten reicht [44]), ist selbstverständlich, da eine nur stillschweigend (tacite et implicite) angeordnete fideikommissarische Substitution nicht länger bestehen kann als eine ausdrücklich vorgeschriebene. Eine andere Frage ist: wem der Gegenstand in der Familie restituirt werden soll, da hierüber nun ebenfalls die Bestimmung des Testators fehlt, also dem Erben nichts vorgeschrieben ist. Darüber giebt das römische Recht folgenden Aufschluß.

---

41) L. 38, §. 3 D. de legatis III. M. vergl. Leyser, Medit., Sp. 400.

42) L. 114, §§. 15, 16 D. de legatis I.

43) I, 12, §§. 534, 535.

44) Ebenda §. 55.

Nachdem gesagt worden, daß, wenn der mit einem Veräußerungsverbote belastete Testamentserbe das gewisse Grundstück zwar nicht veräußert, aber an einen Fremden vermacht habe, der von seinen Söhnen Enterbte dasselbe dem Legatar abfordern könne, nämlich mit der actio fideicommissi, heißt es weiter:

„Sed si omnes filii heredes instituti sint ex disparibus partibus, non possunt petere fideicommissum ex minore parte scripti, ut viriles, non hereditarias partes in eo habeant: verum est enim in familia reliquisse, licet uni reliquisset. — Item si unum heredem (von seinen Nachkommen) instituisset, nec quicquam (den Uebrigen) legasset, exheredati nihil interim, quamdiu in familia res est, petere possunt [45]."

Der Testamentserbe hat hiernach den Willen des Testators erfüllt, wenn er auch nur Einem von seinen Nachkommen die fragliche Sache restituirt hat, denn alsdann hat er dieselbe in der Familie belassen und Weiteres war ihm nicht auferlegt worden. Dies ist jedoch im preußischen Rechte nicht zu verwenden. Denn hauptsächlich hat hier der Fideikommissarius eine andere Stellung gegen den Fiduziarius als im römischen Rechte, er hat sein Recht vom Testator und der Fiduziar vermag daran nichts zu ändern. Denn wenn auch die ursprüngliche moralische Verpflichtung gegen den Verstorbenen, aus Treue und Pietät den Wunsch oder die Bitte des Testators zu erfüllen, zuletzt in eine erzwingbare Obligation, dem Fideikommissar gegenüber, überging, so ging diese doch nicht weiter als der Testator sich ausgesprochen hatte. Daher konnte der Jurist auf jene an ihn gestellte Frage (Note 45) logisch richtig antworten, der Fiduziar habe den Willen des Testators erfüllt, wenn er auch nur Einem aus seiner Nachkommenschaft die betreffende, in der Familie zu erhaltende Sache restituirte. Im preußischen Rechte steht, wie gesagt, das Verhältniß anders, der Fideikommissarius erhält sein Recht unmittelbar von dem Testator, gleich einem Legatar, und daher hat darüber der Fiduziar nichts mehr zu verfügen. Es verstände sich nun nach logischen Gesetzen von selbst, daß bei einem Fideikommiß, will sagen bei einer fideikommissarischen Substitution für die Familie des Fiduziars dem Fiduziar nicht die Auswahl Eines der Glieder derselben zugestanden werden kann, vielmehr die sämmtlichen gleich nahen Glieder die Fideikommissare sein müssen. Allein das

---

45) L. 114, §§. 17, 18 D. de legatis I.

Landrecht hat in seiner Kasuistik noch zwei Spezialverordnungen gegeben, welche dieses nebensächlich aber konsequent sagen. Die eine ist die schon oben Nr. 4 besprochene allgemein hingestellte Interpretationsregel: „Soweit die gesetzliche Erbfolge durch die letztwillige Verordnung nicht aufgehoben worden, wird, nach den Regeln der ersteren, die in letzterer fehlende Bestimmung ergänzt[46].“ Hier, bei dem Fideikommiß für die Familie, ohne weitere Bestimmung, findet sie ihre passende Anwendung. Die Bestimmung darüber: wer aus der Familie der Fideikommissar sein solle, fehlt in der letztwilligen, ja auch nur als implicite vorhanden angenommenen Verordnung, und der Fiduziar kann die fehlende Bestimmung nicht ergänzen, folglich muß das Intestaterbfolge-Gesetz subsidiarisch eintreten. Die andere Spezialbestimmung schließt sich, zur Entfernthaltung aller Zweifel, unmittelbar an die Bestimmung über das fideicommissum implicitum an und lautet: „Sind Jemandem mehrere Personen, die ihn auch ohne Testament beerben würden, ohne weitere Bestimmung substituirt worden; so ist die Verordnung unter den Substituirten nach den Regeln der gesetzlichen Erbfolge zu deuten[47].“ Ist also in dem stillschweigenden Fideikommiß die „Familie“ des Erben substituirt, so versteht sich, daß nicht die ganze bekannte Sippschaft zusammen, sondern die dem Fiduziarerben nächsten, nach der Intestaterbfolge, substituirt sein sollen. Angeschlossen ist noch die Bestimmung: „Diese Erbfolge wird, bei obwaltender Verschiedenheit, nach den Gesetzen desjenigen Gerichtsstandes, welchem ein jeder, dem substituirt worden, für seine Person unterworfen war, beurtheilt[48].“ Diese Bestimmung hat Verwirrung veranlaßt, weil man sie unrichtig bezogen hat. Es ist nicht zu übersehen, daß sie sich der Bestimmung über ein fideicommissum tacitum anschließt, dem jede Bestimmung über bestimmte Personen der Fideikommissarien mangelt: die „Familie“ ist Fideikommissaria. Bei der ersten Restitution ist kein Zweifel, die Fideikommissarien sind die gleichberufenen Intestaterben des Fiduziars nach dem Rechte seines Wohnsitzes. Aber diese stillschweigende fideikommissarische Substitution hat, in Ermangelung einer einschränkenden Bestimmung des Testators, zwei Grade, die ersten Substituten müssen das ihnen zu Theil gewordene Fideikommiß wieder an ihre Intestaterben restituiren; und wer diese sind, bestimmt das per-

46) I, 12, §. 521.

47) Ebenda §. 536.

48) Ebenda §. 537.

sönliche Recht der ersten Substituten [49]). Das ist der Sinn dieses §. 537.

9. Hat Jemand seinen Kindern, welche zur Zeit des errichteten Testaments keine Nachkommenschaft hatten, substituirt, so wird dies von den römischen Juristen unter der stillschweigenden Bedingung verstanden: „sofern sie ohne Descendenten sterben sollten“:

> „Cum acutissimi ingenii vir, et merito ante alios excellens Papinianus in suis statuerit responsis [50]): si quis filium suum heredem instituit, et restitutionis post mortem oneri subegit, non aliter hoc videri disposuisse, nisi cum filius ejus sine sobole vitam suam reliquerit; nos hujus sensum merito mirati, plenissimum ei donamus eventum: ut si quis haec disposuerit, non tantum filium heredem instituens, sed etiam filiam, vel ab initio nepotem, vel neptem, pronepotem, vel proneptem, vel aliam deinceps posteritatem, et eam restitutionis post obitum gravamini subjugaverit: non aliter hoc sensisse videatur, nisi ii, qui restitutione onerati sunt, sine filiis, vel filiabus, nepotibus, vel neptibus, pronepotibus, vel proneptibus fuerint defuncti: ne videatur testator alienas successiones propriis anteponere [51]).“

Diese Auslegungsregel ist im Landrechte in folgender Fassung aufgenommen:

> „Hat Jemand seinen Kindern, welche zur Zeit des errichteten Testaments keine Nachkommenschaft hatten, substituirt; so ist anzunehmen, daß die Substitution erloschen sei, wenn das eingesetzte Kind erbfähige Nachkommen erhalten und hinterlassen hat. — Außer diesem Falle muß bei der Frage: wann eine fideikommissarische Substitution eintrete oder erlösche, der Inhalt der letztwilligen Verordnung, soweit die Gesetze nicht entgegenstehen, genau befolgt werden [52]).“

Daß unter den erbfähigen Nachkommen eines Sohnes auch uneheliche aber vollgültig legitimirte Kinder desselben zu verstehen seien, er-

49) Oben, §. 10, No. I, 3, S. 29 ff. — M. vergl. Code civil, Art. 110: „Le lieu où la succession s'ouvrira, sera determiné par le domicile.“ Nämlich des Verstorbenen. Art. 822 u. Code de procedure, Art. 59.

50) L. 102 D. de condit. et demonstrat. (XXXV, 1).

51) L. 30 C. de fideicommissis (VI, 42). — M. vergl. L. 6 C. de institution. et substitution. (VI, 25).

52) I, 12, §§. 538, 539.

scheint nicht zweifelhaft, wohl aber ist dies bei weiteren Abkömmlingen zu bezweifeln, z. B. wenn ein Sohn des Instituirten vor ihm wieder stirbt und ein uneheliches Kind legitimirt oder adoptirt hinterlassen hat. Das geht den Großvater nichts an, dieser wird nicht von einem solchen Enkel beerbt[53]), folglich kann durch einen solchen Nachkömmling auch nicht die Substitution erlöschen. Das Gleiche gilt von einer Tochter des Instituirten, welche vor ihrem Vater verstirbt und ein uneheliches Kind hinterläßt. Dieses beerbt zwar die Mutter, aber nicht deren Vater, den Instituirten, also tritt der Substitut ein. — Uebrigens ist die Vorschrift: „so ist anzunehmen", nichts weiter als eine Auslegungsregel, wenn der Testator sich über den eventuellen Fall, daß seine Kinder, welchen substituirt worden, noch Nachkommen erhalten und hinterlassen, nicht erklärt hat. Ist das geschehen, so muß nach seinem Willen verfahren werden. Die Substitution erlischt auch dann nicht, wenn zur Zeit der Testamentserrichtung die eingesetzten Kinder bereits Nachkommenschaft hatten, die demnächst wieder verstarb und durch eine neue ersetzt wurde; denn der Testator hat die Nachkommenschaft der Instituirten eben nicht berücksichtigen wollen und darum den Instituirten substituirt.

10. Für nicht genau bestimmte Ernennungen zum Erben oder Legatario werden im Zweifel, wen der Testator berufen habe, folgende besondere Auslegungsregeln gegeben:

a) Wenn z. B. dem Aeltesten von zwei Gleichbenannten, die jedoch in gleichem Alter stehen, oder dem Freunde Sempronius, während zwei dieses Namens in gleichem Verhältnisse zu dem Testator stehen, ein Vermächtniß ausgesetzt ist, oder aber, wenn Zweien gleiches Namens, z. B. Sempronius, ein Vermächtniß ausgesetzt, nachher aber dem Sempronius dasselbe entzogen worden, und nicht zu ermitteln ist, wem es genommen sei; so betrachten die Römer die Zuwendungen als wegfallend, die Zurücknahme aber in Ansehung beider Personen als gültig[54]). Das Landrecht hingegen schreibt vor:

53) A. L.R. II, 2, §§. 604 u. 681.

54) L. 10 pr. D. de rebus dubiis (XXXIV, 5); L. 62, §. 1 D. de heredibus instituendis (XXVIII, 5): „Quotiens non apparet, quis heres institutus sit, institutio non valet: quippe evenire potest, si testator complures amicos eodem nomine habeat, et ad designationem nominis singulari nomine utatur: nisi ex aliis apertissimis probationibus fuerit relevatum, pro qua persona senserit." L. 3, §. 7 D. de adimendis vel transferendis legatis (XXXIV, 4): „Si duobus Titiis separatim legaverit et uni ademerit, nec appareat cui ademtum sit, neutri legatum debetur, quemadmodum et in dando, si non appareat cui datum sit, dicimus neutri legatum." — Einige haben „utrique legatum debetur"; die Richtigkeit der Lesart „neutri" ergiebt sich aber aus L. 10 pr. in fine D. de rebus dubiis (XXXIV, 5).

„Ist es zweifelhaft, wen der Testator durch eine nicht genau bestimmte Ernennung zum Erben oder Legatario berufen habe, so hat unter Mehreren derjenige den Vorzug, welcher mit dem Erblasser in näherer Verbindung und Bekanntschaft gestanden hat. — Familienverbindungen gehen in einem solchen Falle bloßen Amts- oder freundschaftlichen Verhältnissen vor. — Ist das Verhältniß vollkommen gleich, so muß die Erbschaft oder das Vermächtniß unter diejenigen, auf welche die Beziehung gedeutet werden kann, gleich getheilt werden. — Ist eine untheilbare Sache vermacht, so entsteht in dem letztgedachten Falle unter den Personen, welche mit gleichem Rechte darauf Anspruch machen können, ein gemeinschaftliches Eigenthum. (Tit. 17, Abschn. 1.) [55]."

Hiernach müssen die Mehreren, wenn der eigentlich Gemeinte unter ihnen nicht zu erkennen ist, Miterben, beziehungsweise Mitlegatarien zu gleichen Theilen werden und folglich das Zuwachsrecht haben. Diese Interpretationsregel muß also immer die Aufrechthaltung der Verfügung zur Folge haben. Inwiefern über die Meinung des Erblassers Beweis zulässig sei, s. m. unten, §. 41, Nr. II. — Wie es zu halten sei, wenn Einem von den Ununterscheidbaren das Legat wieder entzogen worden ist, das bleibt in Frage, die doch wohl nach der römischen Regel (Note 54 a. E.) zu entscheiden sein wird.

Nach dieser Regel bleibt auch festzustellen, wen der Testator gemeint habe, wenn er ohne nähere Bezeichnung der Personen schlechthin die Erben oder Verwandten eines noch lebenden Dritten berufen hat. (Oben Nr. 5.) Ist „den Armen" ohne Bestimmung des Orts etwas vermacht, so sind unzweifelhaft die Armen des Orts gemeint, wo er testirte und zugleich wohnte, wenn er dort auch starb. Wenn er aber nach Errichtung des Testaments seinen Wohnort veränderte, so kann gefragt werden, welchen Ortes Arme das Legat in Anspruch nehmen können. Dabei ist zu beachten, daß ein Legat an die Armen ein Legat an die Kommune zur Verwendung für ihre Armen ist, und daß der Testator doch wahrscheinlich nur an die Kommune gedacht haben kann, mit welcher er als Mitglied derselben bei seinem Tode verwandt war. Das führt denn dahin, daß diejenige Kommune, als deren Mitglied (Verwandter) er gestorben ist, Anspruch auf das Legat hat [56]. Dagegen läßt sich nicht sagen, daß der Testator bei

55) I, 12, §§. 540—543.

56) Arg. §. 548 a. a. O.

Errichtung des Testaments nicht an einen Domizilwechsel gedacht haben werde. Das kann kein Mensch wissen; jedenfalls aber hat er an diejenigen gedacht, die ihn dereinst zu Grabe geleiten werden.

b) Ist die Person des Legatarii bloß durch sein Verhältniß gegen den Erblasser bezeichnet; so kann nur der, welcher zur Zeit des Todes in einem solchen Verhältnisse mit dem Erblasser stand, das Legat von dem Erben fordern, wenn nicht aus dem Inhalte der Verordnung, oder sonst aus den Umständen erhellet, daß der Testator nicht bloß auf dies Verhältniß, sondern zugleich auf persönliche Zuneigung, bei Aussetzung des Legats, Rücksicht genommen habe. So lautet die Vorschrift [57]). Liegt also der Ausnahmefall „wenn nicht" vor, so kommt auf das Verhältniß zur Zeit des Todes nichts an. Wie soll man sich diesen Fall denken? Ein Vermächtniß z. B.: „meinem geliebten Freunde, gegen den ich die innigste persönliche Zuneigung habe, vermache ich" rc., ist doch völlig eitel. Aber das „bloß durch sein Verhältniß gegen den Erblasser bezeichnet" deutet doch den Gedanken an: z. B. ein Vermächtniß: „meinem Arzte und Freunde, oder meinem Beichtvater und Freunde, vermache ich" rc. Wäre nun in der letzten Krankheit und zur Zeit des Todes des Erblassers der gewöhnliche Arzt und Freund desselben, wegen einer zufälligen vorübergehenden Verhinderung, durch einen anderen Arzt, wie das oft geschieht, vertreten worden, so würde nicht dieser, sondern der gewöhnliche, s. g. Hausarzt und Freund des Testators das Legat zu fordern haben, nicht der zufällig zur Zeit des Todes zugezogene Arzt.

Diese Auslegungsregel ist schon nach dem Wortlaut ausgeschlossen bei der Erbeseinsetzung; die Ausschließung ist aber auch aus inneren Gründen geboten, weil incertae personae nicht als Erben eingesetzt werden können. Eine Erbeseinsetzung, z. B. derjenigen Person, welche zur Zeit meines Todes mein Arzt sein wird, ist die Einsetzung einer ungewissen Person, die vielleicht gar nicht existent wird, da der Testator auch ohne Beistand eines Arztes oder Beichtvaters sterben kann [58]).

Ist die Person des Legatarii nicht bloß durch sein Verhältniß

57) Ebenda §§. 546, 547.

58) Bielitz meint, es falle von selbst in die Augen, daß diese und die folgende Auslegungsregel auch bei der zweifelhaften Benennung des Erben gelten. Kommentar, Bd. III, S. 203. Dem ist aus den im Texte angegebenen Gründen zu widersprechen. „Heres institui, nisi ut certe demonstretur, nemo potest." L. 9, §. 9 D. de heredibus instit. (XXVIII, 5). „Ideoque incerta persona heres institui non potest. Incerta est, si dixero: qui primus ad funus meum venerit." Ulpian. XXII, §. 4.

gegen den Erblasser, sondern nach Namen, Stand u. s. w. so bezeichnet, daß die gemeinte Person unzweifelhaft zu erkennen ist, so kommt darauf nichts an, wenn das bezeichnete Verhältniß überhaupt niemals bestanden hat[59]), oder wieder aufgehört hatte zu bestehen, ehe der Erblasser starb[60]).

c) Eine spezielle Interpretationsregel giebt das Landrecht für das Gesindeverhältniß. Dieselbe hat eine eigene Entstehungsgeschichte. Die Prinzessin Amalie von Preußen hatte in einem Kodizille von 1786 unter Anderem verordnet: „7. Den beiden Kavaliers, einem jeden eine Dose mit Brillanten besetzt." Beide Kavaliere (Kammerherren) hatten etwa drei Monate vor dem Tode der Prinzessin, nachdem sie derselben eine lange Reihe von Jahren gedient hatten, erst nach Errichtung des Kodizills, ihre Entlassung mit Pension, auf ihr Ansuchen erhalten, und an ihre Stelle traten neue Kavaliere (Kammerherren). Etwa drei Monate später erfolgte der Tod der Prinzessin. Nun geriethen die alten und die neuen Kavaliere darüber in Streit: welchen von ihnen das Dosenlegat zukomme: ob den Alten oder den Neuen. Der Eine der Neuen verglich sich mit Einem der Alten; der Andere brachte den Streit mit seinem Gegner, durch Kompromiß, zur Entscheidung des Obertribunals. Dieses erkannte dem n e u e n Kavalier diese zu, weil die Zuwendung, ohne namentliche Bezeichnung des Honorirten, ein legatum dignitatis sei und die L. 19 pr. D. de rebus dubiis ([60]) für den entscheide, welcher zur Zeit des Todes des Erblassers sich zu demselben in dem bezeichneten Verhältnisse befunden habe. Der Grund ist irrig, wie der Wortlaut lehrt; der Jurist sagt ausdrücklich, es komme darauf an, ob zur Zeit der Testamentserrichtung das Verhältniß, durch welches der Legatar bezeichnet worden, bestanden habe. Er fügt zwar hinzu: „Certe, si quis testamenti facti tempore cognatus non fuit, mortis autem tempore factus est per adrogationem, f a c i l i u s legatum consequitur." Allein die Stelle bezieht sich überhaupt nicht auf den Fall, wenn der Legatar b l o ß durch sein Verhältniß zum Testator bezeichnet ist, sondern auf den, wenn zugleich ein Name beigefügt ist[61]). Die Entscheidung hat auch öffentliche An-

---

59) L. 17 pr. in f.; L. 33 pr., L. 34 pr. D. de condit. et demonstr. (XXXV, 1); §. 30 Inst. de legatis (II, 20).

60) L. 19 pr. D. de rebus dubiis (XXXIV, 5): „Si cognatis legatum sit, et hi cognati quidem esse desierint, in civitate autem maneant: dicendum, deberi legatum; cognati enim testamenti facti tempore fuerunt. — M. vergl. L. 33, §. 2 D. de condition. et demonstr. (XXXV, 1).

61) Vergl. oben lit. b am Ende.

fechtung erfahren [62]). Hieraus sind folgende Satzungen hervorgegangen:

„Was an Offizianten, Gesinde oder Hausgenossen des Testators, ohne weiteren Beisatz, vermacht worden, gebührt also [63]) der Regel nach denjenigen, welche sich bei dem Ableben des Erblassers in seinem Hause oder Dienste befunden haben [64]).“ — „Ist jedoch zur Zeit des Todes Niemand, welcher in dem angegebenen Verhältnisse mit dem Erblasser steht, vorhanden, so kann der, welcher zur Zeit des errichteten Testaments darin gestanden hat, auf das Vermächtniß Anspruch machen [65]).“

d) Wenn eine verheirathete oder verlobte [66]) Person ihrem Ehegatten oder Verlobten, ohne weiteren Beisatz, etwas vermacht; so kann derjenige, welcher erst nach errichtetem Testamente in eine solche Verbindung mit dem Erblasser getreten ist, auf das Vermächtniß keinen Anspruch machen [67]). — Diese Regel paßt so gut auf Erbeseinsetzungen wie auf Legate. Denn was ist für ein Unterschied in Beziehung auf die Gewißheit der Person des Berufenen zwischen einer Erbeseinsetzung wie: „ich ernenne meine geliebte Ehefrau zu meinem Erben“, wie man sie täglich in Testamenten findet, und der: „ich setze meine geliebte Braut zu meinem Erben ein“?

e) Wenn eine noch unverheirathete oder unverlobte Person ihrem Ehegatten oder Verlobten etwas vermacht; so ist darunter diejenige Person zu verstehen, welche mit dem Testator zur Zeit seines Ablebens solchergestalt verbunden ist [68]). — Diese Regel ist auf Er-

---

62) Klein, Annalen, Bd. II, S. 29 ff., u. Bd. IV, S. 303 u. flg.

63) Das „also“ bezieht sich „auf persönliche Zuneigung“, auf welche, nach der Voraussetzung des §. 547 a. a. O., der Testator noch neben dem Verhältnisse des Bedachten gegen den Erblasser, durch welches der Bedachte, ohne Hinzufügung des Namens desselben, bezeichnet worden ist, Rücksicht genommen habe.

64) Daß dieses Korollarium nicht aus der gedachten Entscheidung (Note 62) folgt, leuchtet ein, wenn berücksichtigt wird, daß der Testator bei Errichtung seiner Verordnung ganz unmöglich von einer persönlichen Zuneigung für eine Person, die er noch gar nicht kannte und von der er nicht voraussehen konnte, ob sie jemals zu ihm in ein solches Verhältniß treten würde, geleitet werden konnte. Vielmehr weiset die persönliche Zuneigung auf diejenigen hin, die zur Zeit der Testamentserrichtung dem Testator schon lange Jahre treu gedient hatten, und dann später nach ihrem Wunsche mit Gnadenbezeigungen entlassen werden mußten. Von einer persönlichen Zuneigung zu Personen, an welche man nicht denken kann, weil man sie nicht in Aussicht nimmt, läßt sich gar nicht sprechen. Anders im Fall e (Note 68).

65) I, 12, §§. 548, 549.

66) Wenn auch formlos verlobt, da es ja nur auf die Absicht des Testators ankommt.

67) I, 12, §. 550. Der zweite Ehegatte oder Verlobte sind also nicht berufen.

68) Ebenda §. 551.

beseinsetzungen unanwendbar, wegen der gänzlichen Ungewißheit der Person eines solchen Erben (58).

f) Dieselben Auslegungsregeln (d u. e) finden statt, wenn dem Ehegatten oder Verlobten eines Dritten, ohne weitere Bestimmung, etwas vermacht worden. — Es ist also auch in diesem Falle darauf zu sehen: ob der Dritte zur Zeit des errichteten Testaments im ehelichen oder verlobten Stande sich befunden habe [69]). — Bei den letzten drei Regeln kann die Frage entstehen: ob es bei der Zuwendung sein Bewenden habe, oder ob sie in Wegfall komme, wenn das Verhältniß oder die Verbindung, durch welche die Person des Honorirten bezeichnet worden ist, später wieder aufgelöst wird. Man könnte für die erste Alternative den Grund geltend machen, daß das Verhältniß nicht zur Bedingung der Zuwendung gestellt worden sei, sondern nur zur Bezeichnung des Honorirten gedient habe. Indessen ist dieser Grund in den Fällen d u. e nicht erheblich, weil in der Bezeichnung das eheliche und bräutliche Verhältniß doch als Bedingung stillschweigend enthalten ist, hauptsächlich aber, weil die Ehescheidung und das Repudium alle gegenseitigen letztwilligen Zuwendungen aufheben [70]). Der zweite Grund trifft in dem letzten Fall f nicht zu, aber der erste ist auch da vorhanden; denn es ist sehr wahrscheinlich, daß Titius der verlobten Braut seines Freundes Sempronius die 1000, die er ihr zugedacht, nicht vermacht haben würde, wenn er vorausgesehen hätte, daß sie ihren Verlobten, statt ihn zu heirathen, verlassen würde [71]).

11. „Ist einer von mehreren Erben oder Legatarien, ohne nähere Bestimmung, mit einem weiteren Vermächtnisse oder einer Abgabe belastet: so muß dergleichen weiteres Vermächtniß, im zweifelhaften Falle, von demjenigen geleistet werden, welcher die Gattung von Sachen, zu der das vermachte Stück gehört, überkommen hat. — Kann hiernach die Sache nicht entschieden werden; so trifft die Verbindlichkeit zur Entrichtung eines solchen weiteren Vermächtnisses, unter denen, auf welche der Wille des Erblassers gedeutet werden kann, denjenigen, der vor den Uebrigen am meisten begünstigt ist [72])." — Diese Interpretationsregel reicht für zwei Fälle aus: a) wenn dem Legatar ein Stück nach der Gattung vermacht worden ist, z. B. ein Pferd, ohne Bestimmung des Onerirten. Wenn

---

69) Ebenda §§. 552, 553.

70) II, 1, §. 489.

71) Arg. I, 12, §§. 488 u. 513.

72) Ebenda §§. 544, 545.

einer der Erben die ganze Gattung, also z. B. alle Pferde erhalten, hat er das Vermächtniß zu entrichten. Das ist wohl von Hause aus nicht zweifelhaft. Aber wenn Einer von drei Erben nicht alle Pferde erhalten muß, weil über die Theilung nichts bestimmt ist, und doch „Einer von ihnen" das Pferd dem Legatar geben soll, wer ist nun dieser Eine? Davon nachher unter lit. c. — b) Wenn die vorige Regel nicht ausreicht, so soll derjenige, welcher das Meiste erhält, der Belastete sein. Wenn nun aber c) Alle zu gleichen Theilen berufen sind, wer soll denn da der Eine sein, welcher mit dem weiteren Vermächtnisse belastet ist? Hier verläßt uns die Interpretationsregel und wir sind auf uns selbst angewiesen. Denn für wegfallend kann in diesem Falle das Legat nicht erachtet werden, der Erblasser hat die Entrichtung aus seinem Nachlasse ausdrücklich verordnet und nur Einen von seinen zu gleichen Theilen eingesetzten Erben damit belastet, ohne ihn zu bezeichnen. Die Verordnung lautet z. B.: „Zu meinen Erben ernenne ich den Gajus, den Titius, den Sejus. Ich vermache dem Sempronius 1000 Thlr., dem Pamphilus ein Pferd, nicht unter 1000 Thlr. an Werth oder auch 1000 Thaler nach Wahl des Pamphilus, welche Legate Einer von meinen Erben entrichten soll." Keiner der drei Erben will dieser Eine sein; das Loos unter sich entscheiden zu lassen, ist keiner geneigt. Aber der Legatar kehrt sich daran nicht, wie sich die drei Erben wegen Entrichtung seines Legats auseinandersetzen, ob sie diese Last durch das Loos auf die Schultern Eines von ihnen legen, oder ob sie dieselbe gleichmäßig vertheilen, d. h. von der Theilungsmasse vorweg abziehen wollen; der Legatar sagt mit Recht: Jeder von den Dreien ist Einer, ich wähle mir also diesen Einen von ihnen, ich habe nur nicht das Recht, alle zusammen in Anspruch zu nehmen, ich muß mich mit Einem von ihnen begnügen. Das ist richtig. Dem Legatar gegenüber ist Jeder der Eine und wie der in Anspruch genommene Eine mit seinen Miterben wegen des Geleisteten sich auseinandersetzen will, ist eine andere Frage. Wollen sie nicht würfeln, so müssen sie die gemeinsame Last unter sich theilen; die Verordnung des Erblassers ist eine Begünstigung des Legatars, denn es ist leichter, mit Einem fertig zu werden als mit Dreien gemeinschaftlich. Diese Auslegung ist auch die Interpretationsregel, daß derjenige, der am meisten begünstigt ist, der Belastete sein soll. Ist Keiner vor dem Anderen begünstigt, sind sie Alle gleich begünstigt, so sind sie unter sich gleich belastet, wenngleich, dem Legatar gegenüber, nur Einer von ihnen die Verbindlichkeit zur Entrichtung des Legats auf sich hat. In ihrem Interesse liegt es, Einen von ihnen dazu hervortreten zu lassen.

VI. Von dem Vollziehen letzter Willen.

§. 30.

A. Von der Eröffnung (Publikation) letzter Willen.

I. Die erste Handlung zum Zweck der Vollziehung und Durchführung eines letzten Willens ist die Eröffnung (apertura) und Verlesung (recitatio) desselben nach dem Tode des Testators. Diesen Akt nennen wir **Publikation**[1]). Bei den Römern heißt „publicare testamentum" die Erklärung (Verlautbarung) eines mündlichen Testaments vor der Behörde[2]), und die Eröffnung und Verlesung des Testaments nach dem Tode wird recitare genannt[3]), doch wird der Sprachgebrauch nicht immer streng beobachtet, denn es kommt auch der Ausdruck publicare für recitare vor[4]). Die gerichtliche Handlung der Publikation im heutigen Rechtssinne kam nur bei den feierlichen Privattestamenten vor; diese mußten längstens binnen 5 Tagen nach dem Tode des Testators an die Behörde gebracht, dort eröffnet, verlesen, mit dem öffentlichen Siegel wieder versiegelt und mit dem über die Handlung aufgenommenen Protokolle in dem Archive aufbewahrt werden[5]). Bei den Testamenten, welche mündlich vor Gericht errichtet (verlautbart) und zu Protokoll niedergeschrieben worden waren, war diese Publikationshandlung nicht nöthig.

Nach preußischem Rechte müssen sowohl die gerichtlich niedergelegten, wie die privilegirten und andere außergerichtlichen Dispositionen förmlich vor Gericht publizirt werden. Zu diesem Zwecke müssen die letzteren von dem, in dessen Händen sie sind, sogleich nach dem Ableben des Testators, dem ordentlichen Gerichte desselben eingeliefert werden[6]). Dabei muß derjenige, der die außergerichtliche Disposition bisher in Händen gehabt hat, sofort umständlich ver-

---

1) A. L.R. I, 12, §§. 208 ff.

2) L. 18, 19 C. de testamentis (VI, 23).

3) L. 6 D. testament. quemadmodum aper. (XXIX, 3); **Paulus**, Sent. rec. IV, 6, §§. 1, 2; L. 3, §. 18 D. de Senat. Cons. Silaniano (XXIX, 5); L. 1 C. quemadmodum testam. aperiantur (VI, 32).

4) L. 2, L. 18 C. de testam. (VI, 23). — M. s. v. **Savigny**, Geschichte des röm. Rechts im Mittelalter, Bd. I, S. 84, Note 198.

5) **Paulus**, Sent. rec. IV, 6; Tit. D. Testam. quemadmodum (XXIX, 3); Tit. C. eodem (VI, 32).

6) A. L.R. a. a. O. §. 241. Ueber Militärtestamente s. m. §. 240.

nommen werden: wie er zu dieser Gewahrsam gekommen, und was ihm von dem Hergange und den Umständen, welche bei Errichtung der Disposition vorgefallen sind, etwa bekannt sei. Das hierüber aufgenommene Protokoll muß, nach erfolgter Publikation der Verordnung selbst, denjenigen, welche bei der Sache ein Interesse haben, von Amts wegen vorgelegt oder abschriftlich mitgetheilt werden[7]). Dieses Verfahren bezweckt die Feststellung der Echtheit und Glaubwürdigkeit der Verordnung. — In der Regel werden alle von dem Erblasser hinterlassenen, mit dem Testamente in Verbindung stehenden verschiedenen Verordnungen mit diesem Testamente gleichzeitig publizirt[8]), und zwar eine jede bei dem Gerichte des Ortes, wo sich die Disposition befindet. Ist das publizirende Gericht nicht zugleich das letzte persönliche Gericht des Erblassers, so hat dasselbe das publizirte Testament, nebst der Annahme-Verhandlung und dem Publikationsprotokolle, sogleich nach der Publikation, ohne einen Antrag abzuwarten, mit Zurückbehaltung beglaubter Abschriften davon, an das Erbschaftsgericht zu senden[9]), es sei denn, daß der Erblasser ein Ausländer war, in welchem Falle das Testament bei dem publizirenden Gerichte in Verwahrung bleibt[10]). Sind mehrere Testamente vorhanden, so bleibt das ältere, welches von dem folgenden aufgehoben ist, durch die Verjährungszeit uneröffnet liegen, bis das spätere etwa für nichtig erklärt wird ([8]).

II. Kein Testament oder Kodizill darf publizirt werden, bevor nicht der Tod des Testators festgestellt ist; ist das Ableben desselben nicht notorisch, so muß der, welcher die Publikation nachsucht, den erfolgten Tod nachweisen[11]). Hat die Publikation aus Irrthum stattgefunden, so muß davon dem Testator, sobald man dessen inne geworden, von Amts wegen, d. h. kostenfrei, Nachricht gegeben werden. Schweigt dazu der Testator, so kann das eröffnete Testament, ohne Nachtheil für seine Gültigkeit, bei den Akten bleiben, es kann auch, auf Verlangen des Testators, ausgefertigt werden[12]). Fin-

7) A. G.O. II, 4, §. 13. — L. 4 C. Quemadmodum testam. aperiantur (VI, 32): „Codicillos, seu scripturam quolibet tenore formatam, ea oportebit observatione in publicum proferri, qua testamenta panduntur."

8) Anh. z. A. L.R. §. 39 u. I, 12, §. 241. — M. vergl. L. 11 D. Testamenta quemadmodum (XXIX, 3); L. 1, §. 2 D. de tabul. exhib. (XLIII, 5); L. 4 C. quemadmodum testam. (VI, 32).

9) A. L.R. a. a. O. §. 237; Anh. §. 40. — R. vom 25. August 1823 (Jahrb. Bd. XXII, S. 85).

10) R. vom 28. Oktober 1833 (Jahrb. Bd. XLII, S. 286).

11) A. L.R. §§. 208, 212, 213 a. a. O.; A. G.O. II, 4, §. 10. — L. 2, §. 4 D. testamenta quemadmodum (XXIX, 3).

12) Entscheidungen des Obertr. Bd. XI, S. 263.

det er für nöthig, eine andere Verordnung zu errichten, so muß der Richter, welcher aus grobem oder mäßigem Versehen zu früh publizirt hat, die Kosten derselben tragen [13]).

III. Wenn der Testator keine Hinausschiebung der Publikation des Testaments bis zu einer gewissen Zeit vorgeschrieben hat, was ihm zu thun freisteht [14]), so kann jeder Verwandte und wer sonst ein wahrscheinliches Interesse bei der Sache anzugeben vermag — eine Bescheinigung des Interesses wird nicht verlangt —, hauptsächlich aber derjenige, welcher den Schein über die gerichtliche Niederlegung der Disposition in Händen hat, gleich nach dem Tode des Erblassers auf die Publikation antragen [15]). — Hat binnen sechs Wochen nach dem notorischen Ableben des Erblassers Niemand die Eröffnung des Testaments oder Kodizills nachgesucht, so muß der Richter damit von Amts wegen verfahren, selbst wenn die gesetzlichen Erben Widerspruch dagegen erheben [16]). Der Grund ist das öffentliche Interesse, welches fordert, daß die etwa ad pias causas angeordneten Vermächtnisse zur Erfüllung kommen, und daß der Staat dafür sorge, daß die letztwilligen Verordnungen seiner Bürger, welche sie den Händen und der Obhut der Gerichte anvertraut haben, gehörig bekannt gemacht, und deren Vollziehung durch die unterbliebene Publikation nicht vereitelt werde [17]). — Ist diese förmliche Publikation auf Antrag oder von Amts wegen unterblieben; so muß der Richter, nachdem seit der Niederlegung des Testaments 56 Jahre verflossen und daher das Ableben des Testators zu vermuthen [18]), das Dasein eines solchen Testaments durch einmaliges Einrücken in die Zeitungen der Provinz öffentlich bekannt machen und die Interessenten zur Nachsuchung der Publikation auffordern. Meldet sich binnen sechs Monaten Niemand, so muß der Richter das Testament für sich eröffnen und nachsehen, ob darin Vermächtnisse für milde Stiftungen enthalten sind. Finden sich solche Vermächtnisse, so muß der Richter den Vorstehern der damit bedachten milden Anstalt davon Nachricht geben und ihnen überlassen, über Leben oder

---

13) A. L.R. I, 12, §. 211.

14) Ebenda §. 229; R. vom 27. Juli 1818 (Jahrb. Bd. XII, S. 5). — M. vergl. §. 3 Inst. de pupill. subst. (II, 16); L. 8 D. testam. quemadmodum (XXIX, 3); L. 3 C. eodem (VI, 32).

15) A. L.R. a. a. O. §§. 213, 214. — M. vergl. L. 1 pr. D. eodem.

16) A. L.R. a. a. O. §§. 216, 217.

17) Suarez, Schlußvorträge, in den Jahrb. Bd. XLI, S. 82.

18) Weil der Testator wenigstens 70 Jahre alt sein müßte. M. s. A. L.R. I, 1, §. 38.

Tod des Testators nähere Erkundigungen einzuziehen und eventuell die förmliche Publikation nachzusuchen. Nach solcher Benachrichtigung, sowie in dem Falle, wenn keine dergleichen Vermächtnisse sich finden, fügt der Richter dem Testamente ein Protokoll über den Akt bei, versiegelt es wieder und verwahrt es in seinem Archive bei den Akten[19]).

IV. Das Verfahren bei der förmlichen Publikation ist von dem römischen völlig abweichend, deshalb, weil es bei der preußischen ordentlichen Testamentsform keiner causae cognitio, d. h. Feststellung der Echtheit durch die Testamentszeugen oder andere Beweismittel bedarf. Nur bei privilegirten Testamenten und anderen außergerichtlichen Dispositionen kommt diese Feststellung vor, sie wird aber nicht mit dem Publikationsakt verbunden, sondern geht ihm voraus (Note 7). Zu einer jeden Testamentspublikation, sie geschehe von Amts wegen oder auf den Antrag eines Interessenten, müssen die dem Gerichte bekannten, am Orte befindlichen Intestaterben monitorisch vorgeladen; den unbekannten oder am Orte nicht anwesenden Interessenten muß von Amts wegen ein Stellvertreter, ein s. g. Mandatarius ex officio ad hoc, bestellt werden[20]), der gewöhnlich aus der Zahl der Subalternbeamten genommen wird. Der Zweck dieser Zuziehung ist, den Intestaterben Gelegenheit zu geben, das Testament, worin sie vielleicht übergangen sind, kennen zu lernen und nach Befund der Umstände die ihnen erforderlich scheinenden Maßnahmen zu treffen. Einer Agnition des Testaments seitens der Anwesenden bedarf es nicht, deshalb hat ihnen der Richter darüber keine Erklärung abzufordern, wie das oft zu geschehen pflegt. Ueberhaupt ist in Betreff der Gültigkeit des Testaments oder sonst bei der Publikation gar nichts zu verhandeln, und der Gerichtskommissarius ist nicht berufen, diese Interessenten zu belehren, oder auf vermeintliche Mängel des Testaments aufmerksam zu machen[21]). Die Bestellung des Stellvertreters für die Abwesenden ist auch kein so wesentliches Erforderniß, daß, wenn sie unterblieben, die Publikationshandlung nichtig wäre; die Handlung ist mehr faktischer als rechtlicher Natur, das Faktum der Bekanntmachung ist geschehen, mag gegenwärtig gewesen sein wer immer, kann dieser Akt doch nach gemeinem Rechte ganz ausbleiben, ohne daß dadurch die Wirksamkeit des Testaments das Mindeste einbüßt. — Nach der Bestellung des

19) A. L.R. I, 12, §§. 218—221.

20) Ebenda §§. 223, 224.

21) R. vom 17. Mai 1806 (Rabe, Samml., Bd. VIII, S. 595).

Mandatarius ex officio zeigt der Gerichtskommissarius das unmittelbar vorher von ihm selbst aus dem Gerichtsdepositorium in Empfang genommene Testament den anwesenden Interessenten oder deren Stellvertreter vor, um von ihnen die Unverletztheit der Siegel anerkennen zu lassen, eröffnet dann den Umschlag, zur Schonung der Siegel mittest Scheerenschnitts, zeigt diesen Personen die Unterschrift des Testators vor, und vermerkt, wie solches geschehen, im Publikationsprotokolle [22]). Eine Erklärung über die Anerkennung der Unterschrift wird nicht verlangt, kann auch in den meisten Fällen nicht verlangt werden, weil die zufällig Anwesenden, namentlich die Stellvertreter, die Handschrift des Testators gar nicht kennen, das Testament auch oft nur unterkreuzt ist. Dennoch ist die Vorzeigung nützlich, um die Ueberzeugung zu gewähren, daß die Testamentsurkunde äußerlich vollendet, d. h. unterschrieben ist. Es ist vorgekommen, daß die Unterschrift des Richters fehlte, und erst nach der Publikation, hinter dem Rücken der Interessenten, hinzugekommen war. — Daß das eröffnete Testament vorgelesen oder was daraus vorgelesen werden solle, ist in den preußischen Gesetzbüchern nirgend vorgeschrieben. Das römische Recht sagt darüber: „Tabulae testamenti aperiuntur hoc modo, ut testes, vel maxima pars eorum adhibeantur, qui signaverint testamentum: ut ita agnitis signis, rupto lino aperiatur, et recitetur [23]).“ „Testamentum ut dicis factum, proferatur, et publice recitetur, competens judex jubebit [24]).“ Man nimmt hiernach an, daß die vollständige Vorlesung bei den Römern regelmäßig erfordert worden sei; nur ausnahmsweise blieb Einzelnes aus besonderen Gründen von der Veröffentlichung ausgeschlossen [25]). Die spätere Praxis scheint die Verlesung auf die Anfangsworte beschränkt zu haben [26]). Ein wesentliches Erforderniß der Publikationshandlung ist also die Verlesung des ganzen Testaments nicht, ja man kann behaupten, es sei gar keine Verlesung wesentlich nothwendig, es genüge dem Rechtsbedürfniß, das verschlossene Testament eröffnet und nunmehr einem Jeden, der bei der Sache ein Interesse hat, zugäng-

---

22) A. L.R. a. a. O. §. 225.

23) Paulus, Sent. rec. IV, 6, §. 1. — M. vergl. L. 4, 5, 6 D. testamenta quemadmodum (XXIX, 3).

24) L. 1 C. quemadmodum testamenta (VI, 32).

25) L. 3 C. eodem. — M. vergl. L. 8 D. eodem; §. 3 Inst. de pupill. substitutione (II, 16); Gajus, II. §. 181.

26) v. Savigny, Abhandlung, vorgelesen in der Akad. der Wiss. von 1815 (Abh. der histor.-philolog. W., Berlin 1818), S. 70 flg.

lich gemacht zu haben, „atque ita describendi exempli fiat potestas [27]).“ Die gemeinrechtliche Praxis beobachtet die vollständige Verlesung [28]), worin die preußische Praxis gefolgt ist [28a]). Anträge zu stellen, ist nicht nothwendig, das Gericht hat von Amts wegen das Weitere zu verfügen, aber wer Abschrift (Ausfertigung) begehrt, muß es sagen.

V. Die Urschrift des eröffneten Testaments oder Kodizills bleibt, nach preußischem Rechte, in der Verwahrung des Erbschaftsgerichts [29]). Dasselbe hat behufs weiterer Bekanntwerdung der Verordnung Folgendes zu verfügen:

1. Allen, welchen ein Erbrecht oder Vermächtniß beigelegt ist, muß der Richter, wenn sie nicht bei der Publikation anwesend waren, von Amts wegen davon Nachricht geben. Abwesenden geschieht diese Benachrichtigung durch die Post; ihrem Aufenthalte nach Unbekannten durch einmalige Kundmachung in den Zeitungen der Provinz; Bevormundeten unter der Adresse des vormundschaftlichen Gerichts [30]).

2. Statt dieser durch den Richter von Amts wegen zu bewirkenden Bekanntmachung steht ihm auch frei, den abwesenden oder ihrem Aufenthalte nach unbekannten Interessenten einen Bevollmächtigten von Amts wegen zu bestellen. Dieser ist ein Anderer als jener zur Publikation zugezogene, es kann jedoch dieselbe Person dazu verwendet werden. Ihm liegt ob, die erforderlichen näheren Nach-

---

27) Paulus l. c. IV, 6, §. 1. — M. vergl. L. 1 D. testamenta quemadmodum (XXIX, 3).

28) Puchta, Handbuch des gerichtlichen Verfahrens in Sachen der freiwilligen Gerichtsbarkeit, Th. II, §§. 211—215.

28a) M. vergl. mein Formularbuch, No. LXXVIII, 8.

29) A. L.R. I, 12, §§. 226, 237. Anders nach römischem Rechte, welches den Erben für den Eigenthümer des Testaments ansieht. L. 2 pr., §. 8, L. 3 D. eodem. Hierzu paßt nicht, was Paulus, Sent. rec. IV, 6, §. 1 sagt, daß das eröffnete Testament, nachdem es verlesen und Gelegenheit gegeben worden, davon Abschriften zu nehmen, „deinde signo publico obsignatum in archivum redigatur: ut si quando exemplum ejus interciderit, sit, unde peti possit,“ womit von Vielen auch die L. 18 C. de testament. (VI, 23), in welcher Arcadius und Honorius verordnen: „Testamenta omnia, ceteraque, quae apud officium censuale publicari solent, in eodem reserventur, nec usquam permittatur fieri ulla translatio. Mos namque retinendus est fidelissimae vetustatis, quem si quis in hac urbe voluerit mutare, irritam mortuorum videri faciet voluntatem,“ in Uebereinstimmung gefunden wird. Diese Bestimmungen bezieht man, um sie mit jenem Rechte des Erben zu vereinigen, auf eine Aufbewahrung des Originals im öffentlichen Archive nur bis zu völlig regulirtem Erbverfahren, wogegen bei unbestrittenem Erbrecht oder nach beendigtem Streite das Testament den Erben auf ihr Verlangen auszuliefern war. Mühlenbruch, Fortsetzung von Glück's Kommentar, Bd. XLIII, S. 389.

30) A. L.R. a. a. O. §§. 230—232.

richten einzuziehen und die Bekanntmachung zu besorgen; er muß binnen sechs Wochen nach erhaltenem Auftrage über dessen Befolgung dem Richter berichten[31]).

3. Der Richter hat noch einen dritten Weg für diese Bekanntmachung: er kann nämlich dieselbe auch dem eingesetzten Erben überlassen, muß aber darauf sehen, daß der Erbe zu den Akten nachweise, daß und wie er dem übernommenen Auftrage Genüge geleistet habe[32]). Die Bestimmung spricht von der Genügeleistung des übernommenen Auftrages; der Erbe kann jedoch zur Uebernahme nicht angehalten werden, und wenn er sich damit nicht befaßt, so bleibt dem Richter nur übrig, selbst die Bekanntmachung zu besorgen.

Die Kosten der Publikation und der darauf von Amts wegen bewirkten Bekanntmachungen (Nr. 1 bis 3) werden aus der Erbmasse bestritten, mag die Publikation von Amts wegen oder auf Antrag geschehen sein[33]).

4. Jeder, welcher ein Interesse bei der Sache hat, ist berechtigt, beglaubte Abschriften (Ausfertigung) des publizirten Testaments nebst den Annahme- und Publikationsprotokollen[34]) zu fordern, versteht sich auf seine Kosten. Dergleichen Anträge von Personen, welche als Interessenten aus der letztwilligen Verordnung hervorgehen, finden gar keine Beanstandung. Das Gericht darf diesen Interessenten aber auch auf ihre Kosten keine Ausfertigung ohne ihr Begehren aufdringen[35]). Erhellet dagegen das Interesse einer Person, welche eine Abschrift verlangt, aus der Verordnung nicht, so muß deren Legitimation zuvor festgestellt werden. Nach römischem Rechte geschieht dieses durch das juramentum calumniae. „Ejus, quod ad causam novissimi patris vestri judicii pertinet, de calumnia tibi juranti — — inspiciendi ac describendi — Rector provinciae facultatem fieri jubebit[36]).“ Diesen Mo-

31) Ebenda §§. 233, 234.

32) Ebenda §§. 235, 236.

33) Ebenda §. 230. — M. vergl. Leyser, Med. ad Pand., Sp. 373, m. 4; Puchta a. a. O. S. 200.

34) Ueberhaupt mit allen Schriftstücken, welche dazu gehören, die Gültigkeit des Testaments zu übersehen, wozu namentlich auch die Aufschrift des Umschlages und des Annahmeprotokolls gehört. R. vom 3. Dezember 1812 (Jahrb. Bd. XL, S. 416).

35) R. vom 12. November 1819 (Jahrb. Bd. XIV, S. 172).

36) L. 3 C. quemadmodum testamenta (VI, 32). — M. vergl. L. 1 C. de jurejurando propter calumniam (II, 59); L. 1 pr. D. testamenta quemadmodum (XXIX, 3).

dus kennt das preußische Recht nicht, dieses bewilligt nur dem die Gestattung des Gesuches, „welcher ein gegründetes Interesse bei der Sache nachweisen kann[37]." Zur Beurtheilung eines solchen Nachweises haben wir keine Richteranstalt. Der Gegner des Gesuchstellers ist der Erbschaftsrichter, dieser ist also ein parteiischer Richter. Ob das Interesse ein gegründetes sei, läßt sich ohne kontradiktorisches Verfahren und ohne einen unbetheiligten Richter nicht endgültig feststellen. Das interdictum de tabulis exhibendis, womit Jeder, versteht sich nach Aufweisung seines Interesses, die Entnahme einer Abschrift nach römischem Rechte erzwingen konnte[37a], findet in Preußen keinen Richter; der Erbschaftsrichter kann nicht bei dem ordentlichen Richter belangt werden und der Beschwerdeweg bietet keine Gelegenheit zur Verhandlung. Die Gewährung des Gesuchs beruht also schließlich in der einseitigen Ansicht des parteiischen Erbschaftsrichters.

5. Als Interessenten werden auch die im Testamente ganz oder zum Theil übergangenen gesetzlichen Erben angesehen. Auch diese können verlangen, daß ihnen das Original unter gerichtlicher Aufsicht zur Einsicht vorgelegt werde. Entsteht über das Testament Prozeß und der Richter findet die Einsicht des Originals zur Aufklärung streitiger Thatsachen nöthig, so kann selbst ein Verbot des Testators die Vorzeigung des Originals an das erkennende Richterkollegium nicht hindern. „Ratio — hujus Edicti manifesta est. Neque enim — apud judicem exquiri veritas de his controversiis, quae ex testamento proficiscerentur, aliter potest, quam inspectis cognitisque verbis testamenti[38]." Das Verbot bezieht sich gewöhnlich auf Testamente, von welchen einzelne Stellen noch nicht haben publizirt werden dürfen, und auch bei diesen soll die Vorzeigung an den Richter unter der nöthigen Vorsicht durch dasselbe nicht verhindert werden.

VI. Die Publikation eines reciproken Testaments (welches nach preußischem Rechte nur Eheleute in Einer Urkunde errichten können)[39], erfolgt in der Regel nach dem Tode des Erstversterbenden. Eine Ausnahme macht das Verbot der Testatoren, die Verordnung

---

37) A. L.R. a. a. O. §. 227.

37a) L. 2, §. 8 D. eodem; L. 1, §. 1, L. 3, §. 10 u. 17 D. de tabul. exhib. (XLIII, 5); L. un. C. eodem (VIII, 7).

38) A. L.R. a. a. O. §. 228. — L. 1 pr. §. 1 D. testamenta quemadmodum (XXIX, 3).

39) A. L.R. a. a. O. §§. 614, 615.

vor dem Tode des Ueberlebenden zu publiziren, welches Verbot die Gerichte befolgen müssen[40]). Ein solches Verbot kann selbstverständlich nicht bloß in dem versiegelten Testamente angebracht werden, es muß auf dem Umschlage stehen, damit es schon aus dem Depositionsscheine entnommen werden kann, denn die Aufschrift muß wörtlich in diesen Schein aufgenommen werden. Ein solches Verbot ist in der Aufschrift eines schriftlichen Testaments so auszudrücken:

„Hierin ist unser wechselseitiges Testament. Die Publikation soll erst nach dem Tode des Letztversterbenden erfolgen." (Folgen die Unterschriften der Testatoren.)

Bei einem mündlich verlautbarten Testamente müßte, nachdem im Testamente selbst das Verbot ausgesprochen worden, weil sonst die von der Gerichtskommission allein verfaßte und vollzogene Aufschrift ohne Ermächtigung sein würde, die Ueberschrift etwa so lauten:

„Hierin ist das wechselseitige Testament des Titius und seiner Ehefrau Crispina. Die Publikation soll erst nach dem Tode des Längstlebenden erfolgen."

Ist ein wechselseitiges Testament nach dem Ableben des Erstversterbenden publizirt worden, so steht gar nichts dem Antrage des überlebenden Ehegatten entgegen, daß dasselbe, nach Vollziehung der erforderlichen Bekanntmachungen (Nr. V), wieder versiegelt und im Depositorium bis nach seinem Ableben aufbewahrt werde; denn es ist ja an sich gleichgültig, ob das Original offen bei den Akten im Archive, oder im Depositorium verwahrt werde, aber sicherer ist die zweite Aufbewahrungsart. Doch ist die Zulässigkeit der letzten Aufbewahrung so zweifelhaft befunden worden bei einem Obergericht, daß man sich in seiner Rathlosigkeit um Zurechtweisung „nach Hofe" gewendet hat. Darauf ist dann der Bescheid gekommen, daß in allen Fällen, wenn ein wechselseitiges Testament zweier Ehegatten nach dem Tode des Einen publizirt werde, den darin benannten Erben und Legatarien von dessen Inhalt sofort, ohne Unterschied, ob die Erbeseinsetzung oder das Vermächtniß von dem Verstorbenen oder von dem Ueberlebenden herkomme, auf die im A. L.R. Th. I, Tit. 12, §§. 230 ff. vorgeschriebene Weise Nachricht ertheilt werden müsse, und es in der Regel keiner ferneren besonderen Aufbewahrung eines solchen Testaments bedürfe, da dasselbe nach erfolgter Publikation doch nicht weiter geheim gehalten werden könne. Wenn jedoch der überlebende Ehegatte aus besonderen Gründen verlange,

---

40) R. vom 27. Juli 1818 (Jahrb. Bd. XII. S. 5).

daß die letztwillige Verordnung nach geschehener Publikation anderweitig wieder bis zu seinem Ableben versiegelt deponirt werde, so könne demselben hierunter zwar gewillfahrt werden, es müsse aber auch in diesem Falle vorher allemal die vorschriftsmäßige Bekanntmachung des Inhalts an sämmtliche darin benannte Erben und Legatarien erfolgen[41]). Dieser Bescheid ist demnächst zum Gesetz erhoben worden[42]). Die Bewilligung des Gesuchs ist also diskretionär, und auch in der Sache selbst völlig gleichgültig, sonst aber für den Fiskus wegen der nicht unerheblichen Sporteln einträglich.

§. 31.

B. Vom Beweise letzter Willen.

I. Ist über den letzten Willen eine Urkunde vorhanden, so wird dadurch, ihre Echtheit vorausgesetzt, der letzte Wille vollständig erwiesen. Hinsichtlich der Feststellung der Echtheit sind gerichtliche und außergerichtliche Willenserklärungen zu unterscheiden. Das gemeine Recht bietet in dieser Materie uns wenig Belehrung.

1. Gegen gerichtlich an- oder aufgenommene letztwillige Erklärungen findet eine Anfechtung aus dem Grunde, daß der Inhalt aus Irrthum etwas anderes besage als was der Testator wirklich erklärt habe oder habe erklären wollen, gar nicht statt, ausgenommen wenn behauptet und unter Beweis gestellt wird, daß der Richter von dem Irrthum oder Betruge gewußt, und dennoch die irrthümliche Erklärung von dem Testator an- oder aufgenommen habe[1]). Dadurch kann jedoch nie erreicht werden, daß der wahre Wille des Testators zur Geltung komme. Denn was niedergeschrieben worden ist, hat er nicht gewollt und ist, wird der Beweis erbracht, nichtig; was er aber gewollt, hat er nicht förmlich erklärt. — Auch wegen Fälschung ist Anfechtung zulässig.

2. Bei außergerichtlichen Verordnungen muß die bestrittene Echtheit der Privaturkunde bewiesen werden. Die Beweisführung geschieht hauptsächlich durch Zeugen, welche dabei mitgewirkt haben[2]). Sind dieselben vorweg gestorben, oder sind keine Zeugen zugegen gewesen, so kann die Richtigkeit des Schriftstücks durch Schriftver-

---

41) R. auf Spezialbefehl, vom 10. Dezember 1801 (Neues Archiv, Bd. III, S. 14).

42) Anh. z. A. G.O. §. 430 (zu §. 10, Th. II, Tit. 4).

1) A. L.R. I, 12, §§. 23, 24. M. vergl. A. G.O. I, 10, §. 126.

2) Anh. z. A. L.R. §. 34 (zu I, 12, §. 162). — M. vergl. das zum Grunde liegende R. vom 16. Februar 1801 (Rabe, Samml., VI. S. 451). — L. 4—7 D. testamenta quemadmodum (XXIX, 3).

gleichung festgestellt werden, wenn der Testator die Urkunde nach ihrem ganzen Inhalte ge- und unterschrieben hat und andere unbestritten von ihm herrührende Schriften vorhanden sind [3]).

II. Ist das Testament oder Kodizill verloren gegangen, oder unterschlagen, so behält Alles, was in demselben geschrieben war, seine Gültigkeit. „— Si totum testamentum non exstet, constat valere omnia, quae in eo scripta sunt [4]).“ — „Non idcirco minus jure factum testamentum suas obtinet vires, quod post mortem testatoris subtractum probatur [5]).“ Es ist gleichgültig: ob der Verlust sich vor oder nach dem Tode des Testators ereignet hat. Errichtet in dem ersten Falle der Testator ein anderes Testament, so ist dieses sein letzter Wille, wenn auch das verlorene wieder zum Vorschein kommen sollte. Erfährt er von dem Verluste nichts, oder unterläßt er die Errichtung eines neuen Testaments, so kommt es auf die Ausmittelung des Inhalts des verlorenen an. „Geht ein Testament oder Kodizill durch Zufall verloren, so ist die Ausmittelung des Inhalts durch Beweis zulässig [6]).“ Diese Ausmittelung scheint also von dem Landrechte auf den Fall des zufälligen Verlustes beschränkt sein zu sollen, als wenn der Fall der Unterschlagung oder boshaften Zerstörung damit ausgeschlossen wäre. Dies würde inkonsequent sein. Merkel [7]) erzählt folgenden Fall: Majorenne Kinder zeigten einst dem Gerichte an, daß sie zwar in dem Nachlasse ihres Vaters ein Kodizill vorgefunden, solches aber, weil es nichts Erhebliches enthalten, sofort kassirt hätten. Das Gericht hielt sie an, den Inhalt des Kodizills anzuzeigen und eidlich zu bekräftigen. Dieses Verfahren scheint von einer Vormundschaftsbehörde eingeschlagen zu sein und deutet an, daß das Gericht auch in diesem Falle den Inhalt des Kodizills ausgemittelt habe. In der That ist dies auch das Richtige. Der Ausdruck „durch Zufall“ ist nicht in dem gewöhnlichen Sinne gebraucht, daß darunter ein Begebniß ohne jedes menschliche Zuthun zu verstehen, z. B. eine durch Blitz verursachte Feuersbrunst, welche das ganze Gerichtslokal sammt allen Papieren und Testamenten vernichtet. Denn das Landrecht selbst spricht von einem Verlust, welcher durch Schuld des Gerichts ent-

3) A. G.O. I, 10, §. 149 a. — M. vergl. Nov. 73, c. 7 pr.

4) L. 1, §. 3 D. de his quae in testamento (XXVIII, 4). — M. vergl. L. 10, §. 2 D. testamenta quemadmodum (XXIX, 3); L. 1, §. 3 D. de bonor. poss. sec. tabb. (XXXVII, 11).

5) L. 11 C. de testamentis quemadmodum (VI, 23).

6) A. L.R. I, 12, §. 602.

7) Kommentar zum A. L.R. I, 12, §. 241, Nachträge, Th. I, S. 905.

standen ist. „Ist die Disposition durch ein grobes oder mäßiges Versehen der Gerichte verloren gegangen, so müssen diese die Kosten der Ausmittelung tragen [8].“ Was durch Schuld eines Menschen entstanden, ist nicht dem Zufalle in jenem Sinne zuzuschreiben; die Bestimmung läßt aber doch auch in diesem Falle die Ausmittelung ausdrücklich zu. Mit jenem Ausdruck hat nur der Gegensatz von einem Untergange oder Verluste, welcher von dem Erblasser selbst mit dessen Wissen und Willen verursacht worden, bezeichnet werden sollen; jeder nicht von ihm oder nicht mit seinem Willen herbeigeführte Verlust ist in Beziehung auf ihn und für die vorliegende Frage ein zufälliger.

1. Betreffs der Beschaffenheit des Beweises verlangen die meisten gemeinrechtlichen Juristen einen vollständigen Beweis und lassen weder den Ergänzungs- noch den Reinigungseid zu; Andere wollen auch Einen glaubwürdigen Zeugen und den Erfüllungseid für genügend gehalten wissen [9]. Das Landrecht hat sich jener Meinung angeschlossen: „Doch wird dazu ein vollständiger Beweis erfordert, welcher durch einen Erfüllungseid nicht ergänzt werden kann [10].“ Dieses bezieht sich nur auf die wirklichen Theile des Testaments oder Kodizills, namentlich nicht auf die nebensächlichen Schriftstücke, wie das Annahmeprotokoll: über den Inhalt eines verloren gegangenen Protokolls über die Annahme eines verschlossen übergebenen und gehörig überschriebenen Testaments ist auch ein durch den Erfüllungseid ergänzter Beweis statthaft [11].

2. Die zu einem vollständigen Beweise führenden Mittel werden meistens schwer zu finden sein. Bei einem mündlichen Testamente, welches zum gerichtlichen Protokolle aufgenommen worden, können die Gerichtspersonen, wenn sie noch leben und sich des Inhalts erinnern, einen vollständigen Beweis herstellen; wenn aber Einer bereits verstorben oder sich der Sache nicht mehr erinnert, so ist die Vernehmung des Anderen vergeblich, wenn nicht noch andere Beweismittel zur Hand sind; denn es müssen deren wenigstens zwei

---

8) A. L.R. a. a. O. §. 604.

9) Z. B. Berger, Oeconomia juris, L. II, Tit. 4, th. 3, Nota 5: „Immo nihil vetat, quo minus, vel uno teste extante, jurijurando suppletorio locus esse possit,“ wobei er den Rechtsspruch der Jenenser Fakultät und des Senatus Consil. vom Jahre 1700 anführt. — Pufendorf, Observat., Tom. I, obs. 138, §. 6. — Quistorp, Beiträge zur Erläut. verschiedener Rechtsmaterien, No. XVI, S. 231.

10) §. 603 a. a. O.

11) Erk. des Obertr. vom 25. Januar 1849 (Entsch. Bd. XVII, S. 224).

sein [12]). Die Gerichtsordnung schreibt zwar Nr. 6 a. a. O. ([12]) vor, es sei eine Thatsache für völlig erwiesen anzunehmen, wenn ein in Eid und Pflicht stehender Offiziant in Sachen, welche sein Amt unmittelbar betreffen, Auskunft giebt, und wider dessen Glaubwürdigkeit keine Einwendungen erregt, oder erweislich gemacht worden sind. Indeß betrifft ein Zeugniß über die Thatsache, was der Testator zu Protokoll erklärt habe, streng genommen nicht unmittelbar sein Amt; er war vermöge seines Amts nicht dazu berufen, Zeuge der Erklärung des Testators zu sein, sondern er war dazu im Amte, bei der Errichtung einer Urkunde darüber mitzuwirken; er allein kann den nun fehlenden solennen Akt nicht durch seine einfache Auskunft ersetzen; möglich daß die andere nicht mehr vorhandene Gerichtsperson, wenn sie hätte vernommen werden können, das Gegentheil davon ausgesagt hätte. — Bei schriftlich übergebenen Testamenten wird durch die Gerichtspersonen schwerlich etwas über den Inhalt ausgesagt werden können. Aber wenn der Testator ein Konzept oder ein Duplikat des versiegelt deponirten Testaments zurückbehalten hat, so giebt es vielleicht Personen, welche die Uebereinstimmung des zurückbehaltenen Exemplars mit dem versiegelten bezeugen können, wie es meistens der Fall sein wird, wenn der Testator sich eines Notars zur Abfassung seines letzten Willens bedient hat [13]). — Noch ein Mittel, welches zum vollständigen Beweise führen kann, ist der Aufsatz, welchen der mündlich Testirende der Gerichtskommission mit der Erklärung offen übergiebt, daß derselbe einen bloßen vorläufigen Vermerk der Punkte, wegen welcher er jetzt mündlich verordnen wolle, enthalte [14]). Nimmt er nach erfolgter Aufnahme des mündlichen Testaments dasselbe zurück, so läßt sich bei eintretendem Verluste des Testaments vielleicht durch Zeugen beweisen, daß diese in das Testament aufgenommen worden seien. — Ein letztes Mittel giebt es noch, dessen Zulässigkeit jedoch unter den gemeinrechtrechtlichen Schriftstellern streitig und im preußischen Rechte nicht geradezu und ausdrücklich außer Streit gesetzt worden ist: die Eideszuschiebung. Glück [15]) hält die Eideszuschiebung für kein zulässiges Beweismittel, um das in Streit gezogene Dasein eines mündlichen Testaments hierdurch außer Zweifel zu

---

12) c. 28 X. de testibus (II, 28): „Et canonica et civilia jura sequentes, districtius inhibemus, ne unius judicis, quantaecunque fuerit auctoritatis, verbo credatur in causis, sive super testamentis, sive quibuslibet aliis contractibus quaestio agitetur.“ — A. G.O. I, 13, §. 10, Nr. 3.

13) A. G.O. Th. III, Tit. 7, §. 38.

14) A. L.R. a. a. O. §. 111.

15) Kommentar, Bd. VII, §. 563, S. 508.

setzen, theils weil das hier eintretende besondere Interesse den Schwörenden zur Begehung eines Meineides anreize; theils weil auf solche Art dem Gegner zugemuthet würde, über ein fremdes Faktum zu schwören, welches die Gesetze selbst für unbillig und rechtswidrig erklärten; theils endlich, weil durch den Eid mittelbar jedes mündliche Testament, seinem Dasein und Inhalte nach, dem Gutdünken einer solchen Person, die in Ansehung ihrer Testamentshandlung für eine extranea im wesentlichen Verstande zu halten, wider die Vorschrift der Gesetze überlassen werde. — Diese Gründe sind für das preußische Recht nicht zutreffend. Der erste Grund beweist zuviel, nämlich daß die Eidesdelation überhaupt unzulässig sein müßte, denn das besondere Interesse findet sich als Reiz zum Meineide in allen Fällen, wo von diesem Beweismittel Gebrauch gemacht wird. Der zweite Grund paßt für das preußische Recht deshalb nicht, weil dasselbe den Eid de ignorantia zuläßt, was in anderen Rechtssystemen aus sehr logischen und praktischen Gründen nicht geschieht; der dritte Grund ist hergenommen aus den römischen Formvorschriften in Betreff der mündlichen Privattestamente, die im preußischen Rechte nicht vorkommen. — Quistorp[16]) dagegen führt aus, daß in Ermangelung eines vollständigen Beweises derjenige, der sich auf ein vorhanden gewesenes und angeblich wider Willen des Erblassers verloren gegangenes Testament beruft, wider den Intestaterben, oder den Besitzer der Erbschaft, ohne den mindesten Zweifel sich der Eidesdelation bedienen könne. — In der preußischen Gesetzgebung ist dieses besonderen Falles nicht gedacht, aber der allgemeine Grundsatz festgestellt, daß den Parteien freisteht, sich der Eidesdelation, statt anderer Beweismittel über eine streitige Thatsache, an den Gegentheil zu bedienen, mit Ausnahme der Fälle, wo durch besondere Gesetze bestimmt ist, daß dieses Beweismittel nicht zulässig sei[17]). Nun ist der bisher besprochene Fall nirgend zur Ausnahme gemacht und die Praxis hat in letzter Instanz angenommen, daß auch der Abschluß eines Rechtsgeschäfts, folglich auch die Errichtung eines Testaments und was darin bestimmt worden, eine Thatsache sei, über welche, wie über jede andere streitige Thatsache, die Eidesdelation gestattet sei[18]). — Der vollständige Beweis mit Ausschließung des nothwendigen Eides ist nicht bloß dann, wenn ein gerichtlich depo-

16) Beiträge zur Erläuterung verschiedener Rechtsmaterien, S. 232.

17) A. G.O. I, 10, §. 252.

18) M. vergl. Erk. des Obertr. vom 13. Januar 1860 (Archiv f. Rechtsf. Bd. XXXVI, S. 144).

nirtes Testament noch vor der Publikation, sondern auch dann, wenn das Testament erst nach erfolgter gehöriger Publikation, jedoch vor geschehener Ausfertigung desselben verloren gegangen ist, erforderlich [19]). Geht das Original nach vorschriftsmäßiger Ausfertigung verloren, so beweist jetzt die Ausfertigung den Inhalt desselben vollständig, und ist auch die Ausfertigung in Verlust gekommen, so läßt die Praxis die Beweisführung über den Inhalt nach den gewöhnlichen Beweisregeln zu, weil es nunmehr nicht sowohl auf die Feststellung des von dem Testator erklärten Willens selbst, als vielmehr auf die Feststellung des Inhalts derjenigen Urkunde ankomme, welche über den vorher unzweifelhaft schon festgestellt gewesenen Willen des Erblassers vorschriftsmäßig ausgefertigt worden, also selbst nur ein Beweisstück war [20]). Diese Unterscheidung hat keine Realität; der letzte Wille war schon unzweifelhaft festgestellt in dem Augenblick, wo das Testament fertig geworden war, und wenn es sich um den Beweis dieses letzten Willens handelt, so ist die Testamentsurkunde ebenfalls ein Beweisstück, welches durch die Ausfertigungen nur vervielfältigt wird. Nun ist nicht findbar, woher ein Unterschied in der vorgeschriebenen Beweisführung über den Inhalt kommen soll, je nachdem das Original vor der Vervielfältigung, oder erst nach der Vervielfältigung aber mit allen Exemplaren zusammen und zugleich verloren gegangen ist. Zufällig wird im zweiten Falle die Führung eines vollständigen Beweises wohl dadurch erleichtert sein, daß nun auch die Abschreiber den Inhalt bezeugen können.

3. Bezüglich auf das Resultat der Beweisführung darf das Erforderniß der Vollständigkeit des Beweises nicht so aufgefaßt werden, als müßte der ganze Inhalt des Testaments in allen seinen verschiedenen Punkten und Bestimmungen vollständig bewiesen sein, wenn der Beweis als gelungen erachtet werden solle; vielmehr ist der erbrachte Beweis in Ansehung jeder einzelnen Bestimmung für sich zu würdigen, und diejenigen Bestimmungen, welche für vollständig bewiesen erachtet werden müssen, sind zur Ausführung zu bringen, während diejenigen, deren Beweis nicht vollständig gelungen ist, wegfallen. Wird also z. B. die Erbeinsetzung vollständig bewiesen, die Legate aber werden es nicht, so kommt das Testament hinsichtlich der Erbeinsetzung zur Ausführung und die Legatare gehen leer aus [21]).

---

19) Erk. des Obertr. vom 15. Juni 1848 (Entsch. Bd. XVII, S. 208).

20) M. s. die Ausführung des Obertr. in dem in der vorigen Note angeführten Erkenntnisse, S. 219 a. a. O.

21) M. vergl. das Obertr. a. a. O. S. 222.

III. Bei mündlichen letztwilligen Verordnungen ist die Sache durch die preußische Gesetzgebung außerordentlich vereinfacht. Das preußische Recht kennt in dieser Form nur das von dem Erblasser dem gegenwärtigen Erben aufgetragene Vermächtniß, das sogenannte legatum heredi praesenti injunctum. Dieses setzt ein vorhandenes Testament oder einen Testamentserben nicht voraus, der Erblasser kann damit auch seinen Intestaterben belasten[22]). Ein zweiter Fall mündlicher Anordnung kommt vor bei der Ausscheidung des eigenthümlichen Vermögens der Kinder aus dem Nachlasse des Vaters in Betreff dessen, was auf dasselbe dem Kinde angerechnet werden soll. Kosten, welche der Vater auf die Kinder verwendet hat, werden denselben auf die Substanz ihres eigenthümlichen Vermögens nicht angerechnet. Wenn aber der Vater ausdrücklich, wenn auch nur mündlich, erklärt hat, daß dergleichen Verwendungen den Kindern auf ihr eigenthümliches Vermögen angerechnet werden sollen; so müssen diese sich solches insoweit gefallen lassen, als die Verwendungen den Nießbrauch, welchen der Vater von ihrem Vermögen gehabt hat, übersteigen[23]). — Ueber den Beweis eines dem anwesenden Erben von dem Erblasser, wohl meistens ohne Zeugen, aufgetragenen, von dem Erben in thatsächlicher Hinsicht bestrittenen, Vermächtnisses hat Justinian eine besondere Verordnung erlassen, worin es heißt: Wenn bei einem nicht schriftlichen und ohne Gegenwart von Zeugen hinterlassenen Fideikommisse der Fideikommissarius dem Erben, Vermächtnißnehmer oder Fideikommissar bei einem diesen allgemein oder speziell auferlegten Fideikommisse den Eid anträgt, soll der Erbe, Vermächtnißnehmer oder Fideikommissar verbunden sein, den Eid abzuleisten; sollte er aber die Eidesleistung ablehnen, und gleichwohl sich weigern, den dem Fideikommissar hinterlassenen Gegenstand offen darzulegen (und auszuantworten), so soll er als unterliegender Theil angesehen und zur Befriedigung des Klägers angehalten werden, da er in diesem Falle selbst zum Richter und Zeugen in seiner eigenen Sache gesetzt und auf seine Gewissenhaftigkeit und Zuverlässigkeit allein sie von dem Fideikommissar ohne Beibringung von Zeugen und andere äußere Beweismittel gestellt worden ist[24]). Hieraus ist Meinungsverschiedenheit darüber entstanden: ob der Honorirte auch durch andere Mittel den Beweis führen könne,

---

22) War bestritten. Pr. des Obertr. 1584, vom 6. Juni 1845 (Präj.-Samml. I, S. 74).

23) A. L.R. II, 2, §§. 287, 289 u. 290.

24) L. 32 C. de fideicommissis (VI, 42). — §. 12 Inst. eodem (II, 23).

oder ob er sich nur die Zuschiebung dieses Eides, den der Belastete weder durch Zurückschiebung, noch durch Gewissensvertretung mittelst Beweises des Gegentheils von sich abwenden kann, bedienen dürfe[25]). Das interessirt jedoch weiter nicht für das preußische Recht, das Landrecht hat auf jene Verordnung keine Rücksicht genommen, sondern einfach vorgeschrieben: „Vermächtnisse, deren Entrichtung der Erblasser dem gegenwärtigen Erben mündlich aufgetragen hat, verpflichten denselben, **wenn der Auftrag erwiesen werden kann**, bis auf den zwanzigsten Theil seiner Erbportion[26]).“ Ueber die Beweismittel ist hierbei gar keine, weder eine beschränkende noch eine die Beweisführung erleichternde Vorschrift gegeben, es bewendet folglich bei den allgemeinen Prozeßvorschriften über den Beweis.

C. Von Testamentsexekutoren.

A. L.R. I, 12, §§. 557—562. — Lauterbach, D. de executoribus ultimarum voluntatum (Disp. Vol. II, nr. 79). — F. G. Zoller, D. de eodem argumento. Lips. 1763. — Leyser, Meditat. ad Pandectas, sp. 374 (nicht 367, ein Fehler, den Heimbach dem Mühlenbruch nachgeschrieben hat). — Roßhirt, über Testamentsexekutoren, in seiner Zeitschrift für Civil- u. Kriminalrecht, Heft 2, S. 217 ff. — Scholz, über Testamentsvollzieher. Altenburg 1841. — Mühlenbruch, Fortsetzung von Glück's Kommentar, Bd. XLIII, S. 390—448. — Beseler, von den Testamentsvollziehern, in der Zeitschrift für deutsches Recht, Bd. IX, S. 144—228. — Derselbe, Lehre von den Erbverträgen, Th. I, S. 96 ff. 249 ff. — Heimbach sen., von Testamentsvollstreckern, in Weiske's Rechtslexikon, Bd. X, S. 1011 flg.

§. 32.

1. Historische Einleitung.

Unter Testamentsexekutoren, Testamentsvollstreckern, Testamentsvollziehern (executores testamenti) versteht man Personen, welchen eigens aufgetragen ist, für die Ausführung eines letzten Willens entweder seinem ganzen Umfange nach, oder in gewissen einzelnen Bestimmungen desselben zu sorgen. Das Institut ist neueren Ursprungs. Das römische Recht kennt weder den Namen, noch den Begriff, den wir damit verbinden. Was heutzutage dem Testamentsexekutor, wenn ein solcher bestellt ist, was überaus in den wenigsten Fällen geschieht, obliegt, das hatte der Erbe zu besorgen, und er konnte dazu von seinen Miterben, oder von dem durch die Auflage Begünstigten durch die ihnen zustehende Klage angehalten wer-

25) Kind, Quaestiones forenses, I, cap. 62 (1. A.).

26) I, 12, §. 172.

den; wenn aber die Bestimmung eine Klage nicht begründete und der Gegenstand wichtig genug für das öffentliche Interesse war, so schritt die Obrigkeit von Amts wegen ein. Man unterschied nämlich diejenigen Bestimmungen, welche eine obligatio und actio auf Erfüllung begründen, von denen, „quae ad auctoritatem duntaxat scribentis referuntur, nec obligationem pariunt [1]," d. h. welche keine Klage erzeugen, sondern das Ansehen des Testators in erlaubten Dingen für sich haben.[2]). Die wurden je nach ihrem besonderen Werthe und Zweck zur Ausführung gebracht oder unbeachtet gelassen. „Et in omnibus, ubi auctoritas sola testatoris est (wenn keine Klage aus der Bestimmung hervorging), neque omnimodo spernenda, neque omnimodo observanda est, sed interventu judicis (hieß wohl ursprünglich magistratus, bemerkt hierzu Mühlenbruch a. a. O. ohne Zweifel richtig) haec omnia debent, si non ad turpem causam referuntur, ad effectum perduci [3])." Die Obrigkeit intervenirte also nach ihrem Befinden in Betracht der Erheblichkeit der Auflage [4]), oder ließ die Bestimmung, wenn bei Erfüllung derselben ein verständiges Interesse für Niemanden ersichtlich war, auf sich beruhen [5]). Noch andere Fälle kommen vor, wo einem Legatar etwas aufgetragen war, was der Erbe hätte thun müssen und was der Erbe von ihm erzwingen konnte, z. B. die Besorgung des Leichenbegängnisses [6]), oder auch, wo einem sonst gar nicht Honorirten ein einzelnes Geschäft aufgetragen war [7]), z. B. die Vertheilung von Vermächtnissen [8]), wenn er sich damit befassen wollte; ferner unter den christlichen Kaisern die Intervention der

---

1) L. 7 D. de annuis legatis (XXXIII, 1).

2) M. vergl. Mühlenbruch a. a. O. S. 391, dessen Darstellung von Heimbach a. a. O. S. 1011 wörtlich aufgenommen und dadurch von ihm bestätigt ist.

3) L. 7 in fine D. de annuis legatis (XXXIII, 1).

4) Ein Beispiel hat L. 50 in f. D. de hereditatis petitione (V, 3): „— Quamvis enim stricto jure nulla teneantur actione heredes ad monumentum faciendum, tamen principali vel pontificali auctoritate compelluntur ad obsequium supremae voluntatis." — Ein Beispiel, wo einer von mehreren Erben Belastete von den Miterben zur Erfüllung angehalten werden kann, ist L. 7 D. de annuis legatis (XXXIII, 1), verbis: „Haec autem talia sunt, si te heredem solum instituam, — coheres tuus agere tamen poterit familiae erciscundae, ut facias, quoniam interest illius."

5) L. 114, §. 10 D. de legatis I; L. 38, §. 4, L. 93 pr. D. de legatis III.

6) L. 12, §. 4 D. de religiosis (XI, 7); L. 40, §. 5, L. 80 D. de conditionibus (XXXV, 1).

7) L. 17 pr. D. de legatis II.

8) L. 3, 8 D. de alimentis (XXXIV, 1); L. 78, §. 1 D. ad SCt. Trebell. (XXXVI, 1).

Bischöfe bei Vermächtnissen an die Armen und bei anderen milden Stiftungen. Aber daraus ist für uns nur die Belehrung zu schöpfen, daß auch dem späteren römischen Rechte der Gedanke nicht fremd war, es könne auch eine ganz unbetheiligte Person mit der Ausführung einer letztwilligen Bestimmung, deren Verwirklichung der Bedachte zu erzwingen außer Stande war, befaßt werden. — Man hat ferner den Keim des Instituts der Testamentsexekutoren nach heutigem Begriffe in dem mittelalterlichen Institute der Salmannen, Treuhänder, oder wie sie auch genannt werden, delegatores, mediatores, conservatores, executores, fideijussores, saleburgiones[9]) und Testamenter[10]), finden wollen, welche die Bestimmung hatten, die Veräußerung von Immobilien im Wege der gerichtlichen Auflassung, nach dem Willen dessen, der sie wählte, zu vollziehen und deren man sich auch zur Ausführung der Vergabungen von Todes wegen bediente[11]). Das Verhältniß dieser Personen zum Eigenthümer, welches man in der Form der gerichtlichen Auflassung einging[12]), war im Wesentlichen das eines einfachen Mandatars und hierin dem des Testamentsexekutors ähnlich. Allein solche Mandatarien waren doch etwas durchaus verschiedenes von Testamentsvollziehern, da sie eigentlich an die Stelle des Testirers traten und nachdem sie in dessen Namen das Grundstück durch gerichtliche Auflassung an den Begabten gebracht, ihren Auftrag erfüllt hatten. Daher kann das, was sich in den urkundlichen Nachrichten aus dem Mittelalter über das Geschäft der Salmänner und ähnlicher Vermittler des Willens eines Erblassers findet, als Norm für das geltende Recht nicht angesehen werden; denn mit dem Veranlassungsgrunde ist auch das Institut, nämlich der Begriff solcher Beauftragten, weggefallen und überdies war der wesentliche Theil dieses Auftrags auf etwas gerichtet, was regelmäßig zu den Geschäften eines heutigen Testamentsexekutors nicht gehört[13]). Die Distinktionen, welche man in dieser Lehre auf Begriffe, die dem heutigen Rechtsleben durchaus fremd sind, hat gründen wollen, sind unhaltbar[14]). — Endlich soll auch das Institut der Voigtei oder die Vor-

9) Albrecht, die Gewere, S. 245.

10) Ebendas. S. 246 u. Note 684.

11) Beseler, Erbverträge, Th. I, §. 7, S. 96 flg., u. §. 14, S. 249 flg.

12) Albrecht a. a. O. S. 246, Note 681.

13) Mühlenbruch a. a. O. S. 403 u. 405.

14) M. vergl. Roßhirt a. a. O. §. 6, Nr. a, u. Mühlenbruch a. a. O. S. 405, Note 55.

mundschaft bei der Entstehung des Instituts der Testamentsexekutoren von Einfluß gewesen sein [14a]).

Im kanonischen Rechte tritt der heutige Begriff der Testamentsexekutoren entschieden und bestimmt hervor. Dies ist eine Folge der Bestrebungen der Kirche, die Testamentssachen unter die geistliche Gerichtsbarkeit zu bringen und dadurch die geistlichen Behörden zu ermächtigen, die Ausführung der letztwilligen Verordnungen zu überwachen und von Amts wegen zu erzwingen, bei Bestimmungen ad pias causas sogar gegen das Verbot des Testators Testamentsexekutoren zu bestellen und zur Verrichtung des ihnen gemachten Auftrags anzuhalten ([17]). Schon die fränkischen Könige erkennen diese Gerichtsbarkeit in folgenden Worten an:

„Si heredes jussa testatoris non impleverint, ab Episcopo loci illius omnis res quae his relicta est auferatur cum fructibus et ceteris emolumentis, ut vota defuncti impleantur [15])."

Dieses caput hat eine Kirchenversammlung fast wörtlich zu ihrem Beschlusse erhoben:

„Si heredes jussa testatoris non adimpleverint, ab episcopo loco illius omnis res, quae eis relicta est, canonice interdicatur cum fructibus et caeteris emolumentis: ut vota defuncti adimpleantur [16])."

Der Sache geschieht schon in der Novelle Leonis 68 Erwähnung. Dort heißt es: Den Mönchen und Geistlichen sei zwar verboten, Vormund zu werden, weil sie durch die Verwaltung der Vormundschaft von ihrem geistlichen Berufe abgezogen würden und durch einen großen Theil ihres Lebens sich mit diesem lästigen Geschäfte befassen müßten. Es würden aber auch diejenigen, „quibus testatores, bona illorum existimatione moti, testamentarias de rebus suis praescriptiones committunt, ac post mortem earum executionem concredunt," Tutoren genannt, und es sei nun zweifelhaft geworden, ob auch „hanc demandatam curam" unter jenes Verbot falle. Dies wird verneint, weil diese später entstandene „tutelae species" nicht so sehr abziehe und „tum alioqui quanto hi illis, qui profanis rebus impure inhaerent, ac in terrenis sordibus voluntantur, cautius diviniusque vivunt: tanto melius cautiusque

14a) Kraut, teutsche Vormundschaft, I, S. 11, 31 ff. 263 ff.

15) Capitularium, additio III, cap. 87 (in Heineccii Corpus juris germanici antiqui, p. 1782).

16) cap. 6 X. de testamentis et ult. voluntat. (III, 26).

defunctorum praescripta expedienda esse spes est."
Der wahre Grund mag aber wohl das Interesse des Klerus gewesen sein, Mönche und Geistliche in Nachlaß- und Testamentssachen der Laien einzuführen, weil ihnen das Gelegenheit gab, die Vermögenszustände genau kennen zu lernen und sich Einfluß auf den Inhalt letztwilliger Verordnungen zu verschaffen. — Aber der heutige Name und Begriff findet sich zu allererst deutlich und bestimmt in der folgenden Dekretale:

„Joannes Clericus et P. Laicus, executores ultimae voluntatis O. Clerici S. Crucis, qui venerabilibus et piis locis de bonis suis in ultima voluntate legavit, mandans insuper, satisfieri creditoribus per eosdem, post mandatum susceptum per dioecesanum cogi debent, testatoris explere ultimam voluntatem [17])."

Die Kirche vermochte jedoch nicht, ihre Satzungen in Beziehung auf die Einwirkung ihrer Behörden, d. h. in Betreff ihrer Gerichtsbarkeit in Testamentssachen in Deutschland zur Geltung zu bringen, wenngleich das von ihr zur Klarheit herausgestellte Institut der Testamentsexekutoren Eingang fand. Für die Feststellung des Prinzips und die weitere Entwickelung des Instituts hat das kanonische Recht nichts gethan. Man schreibt zwar: „Die Geistlichen waren darauf angewiesen, für die Vollstreckung ihrer Testamente, da für sie die Einwirkung der Voigtei in ihrer privatrechtlichen Bedeutung ausgeschlossen war und an deren Stelle die hierarchische Unterordnung unter die Obern trat, — sich an das Recht der Salmannen anzuschließen und in deren Art freie Mittelspersonen als manufideles oder Treuhänder zu ihren Exekutoren zu ernennen. Sie fanden aber außerdem im kanonischen Rechte und dessen doktrineller Bearbeitung schon früh einen festen Anhalt, um das genannte Institut in bestimmter Weise zu entwickeln und für sich zurechtzulegen. So kam es für die geistlichen Testamente schon früh unter den Einfluß der römisch-italienischen Jurisprudenz, welche dasselbe zwar im allgemeinen so, wie sie es vorfand, anerkannte, aber es doch in ihrer Weise behandelte und namentlich in eine gewisse Beziehung zum römischen Rechte zu bringen suchte. — Unter den Laienständen war

17) cap. 19 X. eodem. — M. vergl. cap. 17 in fine X. eodem: „Cum igitur in omnibus piis voluntatibus sit per locorum episcopos providendum, ut secundum defuncti voluntatem universa procedant, licet etiam a testatoribus id contingeret interdici, mandamus, quatenus executores testamentorum hujusmodi, ut bona ipsa fideliter et plenarie in usus praedictos expendant, monitione praevia, compellas."

das Testament eigentlich nur für die städtischen Bürger von Wichtigkeit. — In den Städten wurde bei der steigenden Bedeutung der Fahrniß die letztwillige Verfügung bald ein sehr beliebtes Geschäft, und indem die im städtischen Gemeindewesen gelockerten Familienbande oft die Ernennung von Vormündern veranlaßten, wurden die Testamentsexekutoren in das Gebiet der Voigtei hineingezogen und erhielten dadurch eine bestimmte prinzipmäßige Ausbildung [18])." Aber von dieser Geschichte findet sich nirgend eine Ueberlieferung. Denn das Institut der Salmannen ist wesentlich etwas anderes als das der Testamentsvollzieher, die Geistlichen haben sich nicht daran angeschlossen, wenigstens ist davon keine Spur vorhanden, im kanonischen Rechte findet sich weiter nichts, als Name und Andeutung des Begriffs ([17]), es findet sich auch keine Entwickelung in bestimmter Weise und Zurechtlegung für die Geistlichen u. s. w., kurz Nichts von alle Dem was erzählt worden, die Schriftgelehrten suchen eben noch heute nach Prinzip und Entwickelung. Belehrend für die Entwickelungsgeschichte des Instituts ist besonders das lübische [19]) und das bremensche Recht [20]).

Gemeinrechtliche Bestimmungen, außer den bereits angeführten, namentlich solche, wonach die Rechtsfragen über Begriffsbestimmung, Eintheilung, Entstehungsgrund, Gegenstand, Rechte und Pflichten und Entlassung der Testamentsexekutoren entschieden werden könnten, fehlen. Die Reichsgesetze schweigen über das Institut ganz und so beschränken sich die Quellen des geschriebenen Rechts auf einige Stellen aus dem römischen Rechte, welche sich aber nur auf spezielle Geschäfte, theils auf Zuwendungen ad pias causas beziehen, und auf einige gelegentliche Aeußerungen des kanonischen Rechts. Die Entscheidung streitiger oder neuer Fragen muß sich also auf allgemeine Grundsätze und Analogieen stützen.

Das Allgemeine Landrecht ist eben so dürftig, es fertigt die ganze Lehre in sechs kurzen Paragraphen ab, ohne dieselbe zu erschöpfen. Freilich lag den Verfassern kein anderes brauchbares Material vor als was Lauterbach, Zoller und Leyser boten, und so ist die preußische Jurisprudenz meistens auf dieselben Quellen angewiesen, welche so eben als die gemeinrechtlichen bezeichnet sind, nämlich allgemeine

---

18) Heimbach a. a. O. S. 1019, nach der Erzählung von Beseler a. a. O. S. 152 ff.

19) Pauli, Abhandlungen aus dem lübischen Rechte, Bd. III, S. 330 ff.

20) Bremer Urtheile, in Oelrich's Sammlung alter u. neuer Gesetzbücher der Stadt Bremen, S. 226. — Albrecht, die Gewere, S. 215, Note 560.

Grundsätze und Analogieen. Das Landrecht gebraucht im Kontext nicht einmal den hergebrachten Namen, nur in dem Marginale zu jenen sechs Paragraphen heißt es: „Von Testamentsexekutoren"; im Kontext gebraucht es für die betreffende Person die Benennung „Testamentsvollzieher". Was ein Testamentsexekutor sei, sagt es nicht, es deutet also nur an, daß das, was es zu diesem Marginale sagt, sich auf den bekannten Begriff beziehen soll.

2. Geltendes Recht.

§. 33.

a) Prinzip der Lehre.

I. Dieses moderne Institut will in seiner Rohheit und seinem unfertigen Zustande zu dem aufgenommenen römischen Grundsatze, daß der Erbe, sei er Intestaterbe oder Testamentserbe, den Testator hinsichtlich seiner familia (Vermögensmasse) repräsentire, nicht wohl passen, es stellt eine fremde Person zwischen den Erblasser und den Erben. Die Gelehrten sind noch heute nicht einig, welche Stellung man den Testamentsexekutoren im Allgemeinen und besonders in ihrem Verhältniß zu dem Erben anzuweisen habe. Von den älteren Juristen hat Durandus[1]) die Auffassung dieser Stellung eingehend erörtert. Aus dessen Betrachtungen ist Belehrung zu schöpfen über die Lücken und Ungewißheiten des bestehenden Rechts, weshalb sie nicht zu umgehen sind. Er geht aus von der Vorschrift des kanonischen Rechts[2]), worin vom Auftrage gesprochen wird, und kennt keinen anderen Testamentsvollzieher als solchen, welcher es mit der Vollziehung von Zuwendungen ad pias causas zu thun hat. Er unterscheidet, wie Bartolus und andere ältere Ausleger, zuerst zwischen dem Falle, wenn kein Erbe eingesetzt und nur ein Intestatkodizill vorhanden ist, welches nur Verfügungen zu milden Zwecken enthält, und demjenigen, wo neben der Erbeseinsetzung dergleichen Zuwendungen angeordnet und der Vorsorge eines Testamentsexekutors anvertraut sind. In dem ersten Falle sei der Exekutor ein executor universalis und loco heredis, d. h. er repräsentire den Erblasser formell und selbstständig (als wenn es keinen Intestaterben in der Welt gäbe); in dem zweiten Falle dagegen ist der Exekutor neben dem Testamentserben ein executor particularis und bedarf eines speziellen Auftrages von dem Erblasser. Nun sucht

1) Speculum juris, Lib. II, p. 2, de instrumentorum editione, §. 14.

2) Oben, Note 17 zum vor. §. 32.

Durandus eine passende Analogie im römischen Rechte, um das Recht dieses executor particularis zu bestimmen. Die negotiorum gestio paßt ihm nicht, weil ein Auftrag vorhanden ist. Ein einfaches Mandat anzunehmen hat er Bedenken, obgleich der Exekutor ein Prokurator sei, weil er aus Auftrag handle. Denn wenn er ein wahrer Prokurator wäre, würde sein Auftrag mit dem Tode des Mandanten enden und er nicht gegen den Erben klagen können, wie doch geschehe; es sei aber absurd, daß der Prokurator gegen den Prinzipal (dominus) klagen könne, nämlich in Sachen des Prinzipals. Auch würde, wenn der Exekutor ein Prokurator wäre, der Erbe als Prinzipal den Auftrag beliebig zurücknehmen können und es so in der Macht des Erben liegen, den Willen des Erblassers zu vereiteln, was auch wieder absurd sein würde, da der Erbe selbst zur Erfüllung des Willens gezwungen werden könne. Durandus nimmt daher, und nachdem er die Unabhängigkeit des Exekutors von dem Willen des Erben und die Nothwendigkeit der Durchführung des Willens des Erblassers außer Zweifel gesetzt hat, an, daß eine gewisse Aehnlichkeit zwischen dem Exekutor und dem Legatar oder Fiduziar vorhanden sei. Auf die species tutelae der Leonischen Novelle 68 kommt er hierbei nicht, aber im Laufe der vorhergegangenen Darstellung hat er gerade auf dieses Institut großes Gewicht gelegt und daraus eingreifende Rechtssätze abgeleitet, auch darauf die bekannte Distinktion zwischen executores testamentarii, legitimi und dativi [3]) gegründet, sowie die Verpflichtung zur Rechnungslegung, Errichtung eines Inventars, die Möglichkeit, ihn als suspekt zu entfernen, und die Zulässigkeit, ihn zur Uebernahme des ihm übertragenen „officium" zu zwingen, wenn er nicht gesetzliche Exkutionsgründe vorbringen kann, gefolgert. — In späterer Zeit beherrscht die Analogie der Tutel und Kura die ganze Lehre und diese Theorie hatte wenigstens die alte Auffassung der gedachten Novella Leonis für sich [4]). Man drang darauf, das moderne Institut in seiner Eigenthümlichkeit anzuerkennen und seiner Natur gemäß nach Analogie der Vormundschaft zu beurtheilen [5]); und es kam als Regel

3) Von dieser Eintheilung sprechen auch Lauterbach, Leyser, Sp. 374, m. 4, bei welchem auch noch die conventionales als eine vierte Art hinzugekommen. M. s. unten §. 34.

4) Auf diese fußt auch Cujacius, ad Africanum tract. II ad L. 107 D. de legatis I (edit. Paris. Tom. I, p. 1308), nur in einer Weise, daß er die Exekutoren auch im römischen Rechte wieder findet und sie nach Regeln, welche sich direkt aus demselben für sie ableiten lassen, beurtheilt wissen will. Dies hat keinen bleibenden Eingang gefunden.

5) Ant. Faber, Errores pragmat., Dec. LXVI, Err. 6—10.

zur allgemeinen Anerkennung: executores ultimarum voluntatum tutoribus aequiparantur [6]). Allein im Laufe des achtzehnten Jahrhunderts trat ein vollständiger Umschwung in den Ansichten ein. Man fing an, die bisher benutzte Analogie der Vormundschaft als unpassend zu verwerfen und das Rechtsverhältniß der Testamentsvollstrecker unter dem Gesichtpunkte des Mandats zu behandeln [7]). Diese Theorie ist unter den neueren Romanisten vorherrschend, indeß keineswegs ausschließlich herrschend. Manche [8]) legen dem Verhältnisse zwar das Mandatsverhältniß zum Grunde, wollen es aber auf dieser Grundlage, soweit diese es zuläßt, als ein selbstständiges eigenthümliches Institut angesehen wissen.

II. Das Landrecht hat sich der Theorie angeschlossen, welche die Analogie des Mandatsverhältnisses zur Grundlage hat, jedoch für die Erledigung der einzelnen Rechtsfragen gar sehr wenig gethan. Es verordnet:

„Hat der Erblasser Jemandem die Vollziehung seines letzten Willens aufgetragen; so ist derselbe als ein Bevollmächtigter des Erblassers, und die letztwillige Verordnung selbst als seine Vollmacht und Instruktion anzusehen. (Tit. 13, Abschn. 1.) — Ist mit dieser Vollziehung zugleich die Verwaltung des Nachlasses ganz oder zum Theil verbunden, so ist der Vollzieher insoweit als ein Verwalter fremder Güter zu betrachten. (Tit. 14, Abschnitt 2.) [9]).“

Nach der Fassung könnte man annehmen, der Testamentsexekutor sei schlechthin, in allen Richtungen, nach den Vorschriften des Tit. 13, Abschn. 1 zu beurtheilen. Das verbietet sich jedoch von selbst. Schon bei der Eingehung des Rechtsverhältnisses stößt man auf ein unübersteigliches Hinderniß, weil es erst nach dem Tode des einen Kontrahenten entstehen soll, während das Mandat durch den Tod des einen der Kontrahenten erlischt und nicht auf die Erben übergeht. Zwar ist es bekannten Rechtens, daß Jemand mit einem Anderen ein Mandatsverhältniß in der Art eingehen kann, daß das aufgetragene Geschäft erst nach dem Tode des Auftraggebers vollzogen werden soll [10]). Allein dieser Kontrakt ist zwischen zwei lebenden Per-

---

6) Beseler a. a. O. S. 161 und die dort angef. Schriften.

7) Beseler a. a. O. S. 163; Heimbach a. a. O. S. 1024.

8) Z. B. Scholz, in seiner angef. Abhandlung über Testamentsexekutoren.

9) I, 12, §§. 557, 558.

10) „Idem Marcellus scribit: Si, ut post mortem sibi monumentum fieret, quis mandavit, heres ejus poterit mandati agere; illum vero, qui mandatum suscepit, si sua pecunia fecit, puto agere mandati, si non ita

sonen geschlossen. Hier dagegen soll der, welcher Mandatarius des Erblassers werden soll, sich dazu dem Todten verbindlich machen, soll also mit einem Verstorbenen kontrahiren. Das zu wollen oder zu sagen würde absurd sein. Die Vorschrift muß daher anders aufgefaßt werden, so zwar, daß nicht erst das Rechtsverhältniß des Testamentsexekutors nach dem Tode des Erblassers in dessen Namen und in den Formen des Mandatskontrakts, auf welche das Allegat verweiset, gegründet werden soll, sondern schon aus der Person des Testators noch bei dessen Leben seinen Anfang genommen hat, und zwar in der Form der letztwilligen Verordnung, in welcher er die bestimmte Person mit dem Geschäft der Testamentsvollziehung belastet hat. Der Testamentsvollzieher ist also ein im letzten Willen Onerirter, der in den meisten Fällen zugleich ein Honorirter, also ein Bedachter, dem zugleich wieder eine Last aufgelegt wird und dadurch den Charakter eines Fiduziars erhält, sein wird. Aber auch ohne Aussetzung eines besonderen Vortheils ist die Zuwendung der Funktion eines Testamentsvollziehers ein Vermächtniß, welches angenommen den Bedachten unmittelbar zum sofort fertigen Testamentsexekutor macht, ohne daß er in seine Funktion erst noch durch den Erben eingewiesen zu werden nöthig hat[11]). Daß auf dessen Verhältniß nicht die Grundsätze und Regeln über den Mandatskontrakt geradezu und unmittelbar anzuwenden sind, leuchtet von selbst ein, weil ja eben kein Kontrakt geschlossen ist, das Gesetz will also durch seine Verweisung auf den Titel vom Bevollmächtigungsvertrage nur anordnen, daß die einzelnen Fragen, welche aus dem eigenthümlichen Rechtsverhältniß entstehen, nach Analogie jener Bestimmungen, soweit es die Verschiedenheit beider Verhältnisse zuläßt, entschieden werden sollen.

§. 34.

b) Bestellung der Testamentsexekutoren.

I. In der älteren gemeinrechtlichen Theorie unterscheidet man nach dem äußeren Umfange ihrer geschäftlichen Funktionen allgemeine (universales) und besondere (particulares) Testaments-

---

ei mandatum est, ut sua pecunia faceret monumentum: potuit enim agere etiam cum eo, qui mandavit, ut sibi pecuniam daret ad faciendum, maxime si jam quaedam ad faciendum paravit." — „Idem est et si mandavi tibi, ut post mortem meam heredibus meis emeres fundum." L. 12, §. 17, L. 13 D. mandati (XVII, 1).

11) M. vergl. das Erk. des Obertr. vom 19. Dezember 1862 (Entsch. Bd. XLVIII, S. 95).

exekutoren, je nachdem ihnen die Ausführung einer letztwilligen Verordnung überhaupt, oder nur die einer oder einiger einzelner Bestimmungen aufgetragen ist. Diese Unterscheidung ist ohne praktische Bedeutung. — Dann werden, theils aus Analogie der Vormundschaft, theils unter Benutzung der bei der Geistlichkeit des Mittelalters über die Vollziehung der s. g. Seelgeräthe, d. h. Verwendung ihres Vermögens nach ihrem Tode zu frommen Zwecken (pro anima, pro animae salute, pro animae redemtione, pro animae remedio disponere) durch von ihnen bestellte manufideles geltenden Bestimmungen*), nach dem Entstehungsgrunde oder der Art ihrer Anordnung vier Arten derselben unterschieden, nämlich vertragsmäßige, testamentarische, gesetzliche und obrigkeitlich angeordnete [1]). a) Vertragsmäßige, sogenannte conventionales oder conventi, sind solche, welche der Testator „mandato aliisve pactis" bestellt hat [2]). Daran ist so viel Wahres, daß, da der Erbeinsetzungsvertrag mit dem Testamente im heutigen Rechte gleiche Geltung hat, auch die Vollstreckung dieses Geschäftes, ebenso wie die Testamente, von der Person des vertragsmäßigen Erben getrennt und einem Dritten übertragen werden kann, wobei sich versteht, daß dieser Dritte dem Vertrage beitreten müßte, wenn er zur Uebernahme der Funktion gehalten sein soll. Aber es sollen auch nach dem Tode des Erblassers noch durch die Erben oder Legatarien derartige Testamentexekutoren bestellt werden können: „Sed dantur praeter eos et alii, quos scilicet post mortem testatoris heredes, legatarii ceterique, quorum interest, conventione invicem inita, executores testamenti faciunt. Licebit hoc eis, sine dubio, quum pactum hujusmodi nihil, quod cum bonis moribus pugnet, contineat, atque adeo merito servandum sit [3])." Gewiß ist eine solche Uebereinkunft nicht unerlaubt, aber es ist nur eben ein Rechtsgeschäft, wie jedes andere, was der Erbe in seiner eigenen Angelegenheit mit Jemandem eingeht und sich gar nicht auf den Erblasser bezieht, während doch der Testamentsvollzieher seinen Auftrag als ein Vermächtniß von dem Testa-

*) Darüber ausführlich Glück, im Kommentar, Bd. XXXIV, S. 10—12.

1) Lauterbach, Diss. de executoribus ultimarum voluntatum, cap. 3, nr. 3; Leyser, Med. ad Pand., Sp. 374, m. 4; Hofacker, Principia juris civil. Rom. Germ., Tom. II, §. 1629; Günther, Principia jur. Rom. nov., §. 803, Nr. I. Unter den neuesten Schriftstellern hat diese Theorie noch in Mühlenbruch a. a. O. S. 406 einen Vertreter gefunden.

2) Der Erfinder dieser Art ist Lauterbach a. a. O. Begründet wird dieselbe durch L. 12, §. 17 u. L. 13 D. mandati (oben Note 10), wo von Vollziehung einer letztwilligen Verordnung gar keine Rede ist.

3) Leyser l. c.; Lauterbach l. c.

tor unmittelbar erhalten hat. Es ist denn auch zutreffend gesagt worden, daß die durch einen Vertrag mit den Erben bestellten Geschäftsführer keine Testamentsvollstrecker seien, da sie ja nicht an den Willen des Erblassers, sondern an den der Erben gebunden seien [4]). Darauf hat man zwar entgegnet, daß, wenn die Erben sich über einen Testamentsvollstrecker einigen, sie dadurch offenbar nichts anderes bezweckten, als daß des Erblassers Wille auf die rechte Weise durch eine dritte unparteiische Person in Vollziehung gesetzt werde [5]). Das ist jedoch unjuristisch. Ein solcher Auftrag ist nichts weiter als ein Rechtsgeschäft unter Lebenden zwischen den Erben und dem Andern, welches, als ein reines Mandat, jeden Augenblick widerrufen werden kann, also nicht von dem letzten Willen des Erblassers beherrscht wird. Nur Gegenstand des Auftrags ist die Vollziehung des Willens des Erblassers, aber nur so lange es die Erben in ihrem Interesse und es für sich bequem finden, aber von dem Erblasser geht, was wesentlich ist, dieser Auftrag nicht aus. b) Testamentarische Exekutoren sind eben diejenigen, welche von dem Erblasser selbst in seiner letztwilligen Verordnung ernannt sind, welcher Begriff keiner weiteren Erklärung bedarf. Diese Exekutoren haben hierin Aehnlichkeit mit den testamentarischen Vormündern, nur daß sie nicht, wie diese nach preußischem Rechte, der Bestätigung der zuständigen Staatsbehörde bedürfen. c) Gesetzliche oder executores legitimi werden solche genannt, welche durch das Gesetz unmittelbar zur Vollziehung letzter Willen berufen sind. Als Beispiel werden die Bischöfe genannt, denen das Gesetz die Ausführung der zum Besten von piae causae errichteten letztwilligen Verordnungen übertrage [6]), und der wahre executor legitimus sei der kompetente Erbschaftsrichter [7]). Allein die Vollziehung letzter Willen durch die geistliche Behörde, wie sie das kanonische Recht will, ist in Deutschland nicht recipirt worden, und wenn Behörden, unter deren Aufsicht und Verwaltung fromme Stiftungen stehen, auf die Entrichtung solcher Zuwendungen halten, so handeln sie nicht als legitimi executores testamenti, sondern sie fordern als Vertreter der pia causa, also loco legatarii, von dem Onerirten die Erfüllung der ihm obliegenden Verbindlich-

4) Scholz a. a. O. (s. die Literatur zum §. 32), S. 44.

5) Mühlenbruch a. a. O. S. 407.

6) L. 28, L. 49 C. de episcopis et clericis (I, 3); Nov. 131, cap. 11; c. 19 X. de testamentis (III, 26).

7) „Magistratus legitimus testamentorum executor est," sagt Leyser a. a. O. m. 9. — Auch Puchta, Handbuch des gerichtl. Verfahrens in Sachen der freiwilligen Gerichtsbarkeit, Th. II, §. 203 u. §. 211, S. 199, nimmt dies an.

keit. Sie also sind es nicht, welche den letzten Willen vollstrecken, sondern der, welcher, freiwillig oder gezwungen, giebt was er zufolge der Verordnung geben soll. d) Ein s. g. dativus executor ist derjenige, welcher von dem kompetenten Gerichte zur Vollziehung eines Testaments von Amtswegen eingesetzt ist. Dazu soll das Gericht in allen Fällen, wo dies zur rechten Ausführung der letztwilligen Verfügung angemessen erscheint, befugt sein [8]). Daß der also bestellte Vollzieher eigentlich ein Mandatar des Gerichts sei, und daß gegen seine Bestellung der Erbe einen Einspruch erheben könne, wenn die Erbschaft dadurch unnöthigerweise belästigt werde [9]), könne kein Grund sein, einem solchen dativus executor die Eigenschaft eines Testamentsvollziehers abzusprechen [10]). Etwas hiervon ist dem Landrechte angeflogen, nur nicht unter dem Gesichtspunkte dieser Theorie. Es ist die Bestimmung des §. 514, Th. I, Tit. 12: „In allen Fällen, wo der Erblasser, bei Hinzufügung einer Bedingung, oder eines Zwecks, die Beförderung des gemeinen Besten unmittelbar zum Augenmerke gehabt hat, ist der Staat auf deren Erfüllung zu dringen berechtigt.“ Dies ist ein Fall, wo es sich um die Ausführung einer zum Besten von piae causae, im Sinne des neueren Rechts, gereichenden Verfügung handelt. Aber dazu bestellt der preußische Richter keinen Kurator und auch keinen Testamentsexekutur, sondern benachrichtigt die Verwaltungsbehörde, zu deren Ressort die betreffende Sache gehört, von der letztwilligen Bestimmung und diese hat dafür zu sorgen, daß die pia causa durchgeführt werde. Dazu bestellt sie, wenn nöthig, dem Fiskus einen Anwalt, welcher gegen den Onerirten klagend einschreitet. Ein solcher Anwalt ist nichts weiter als der Prokurator einer Prozeßpartei, und die Behörde handelt nicht als ein legitimus executor testamenti, sondern als der gesetzliche Vertreter der noch mit keinem eigenen Vorsteher versehenen pia causa. (Vergl. oben, lit. c a. E.)

II. Das preußische Recht erkennt diese verschiedenen Arten von Testamentsexekutoren und die verschiedenen Entstehungsgründe oder Anordnungsarten nicht an, es weiß nur von dem einen Testamentsexekutor, dessen Ernennung von dem Erblasser selbst in seinem In-

8) Dafür beruft man sich auf L. 7 i. f. D. de ann. legat. (XXXIII, 1): „— interventu Judicis haec omnia debent — ad effectum perduci,“ und L. 3, D. de alim. legat. (XXXIV, 1): „Solent judices — unum eligere, per quem alimenta praestentur.“

9) Dies wird von anderer Seite gegen den Begriff eines executor dativus geltend gemacht. Scholz a. a. O. S. 44; Roßhirt a. a. O. S. 229.

10) Mühlenbruch a. a. O. S. 408.

teresse ausgeht, wie denn auch die ältere Theorie nur diese Art der Bestellung kennt. Diese Ernennung kann freilich auch in der Art geschehen, daß die Nachlaßbehörde ersucht wird, die Vollziehung des Testaments zu übernehmen oder einem Anderen zu übertragen; aber sie so wenig wie eine Privatperson ist zur Uebernahme dieses Auftrages verpflichtet, insofern die Verordnung nicht etwa Stiftungen ad pios usus oder andere gemeinnützige Zwecke enthält[11]).

Die gültige Ernennung geschieht regelmäßig in einem Testamente oder in einem Kodizill, auch in einem Intestatkodizill kann sie zur Ausführung desselben geschehen. Nach gemeinrechtlicher Theorie fällt die Bestellung des Exekutors, wie sie einen Theil des Inhalts des letzten Willens ausmacht, mit der nicht zu Recht beständigen letztwilligen Verordnung zusammen. Das ist nach preußischem Rechte nicht absolut der Fall. Die Praxis hat seit langer Zeit angenommen, daß zur Ernennung desjenigen, welchem der Erblasser die Vollziehung seines letzten Willens aufträgt, es hinreichend sei, wenn von der Gewißheit der Willensmeinung des Ernennenden hinlänglich konstirt, so daß es dazu keiner Formalitäten bedarf und auch eine Erklärung unter Lebenden genügt, indem das Landrecht besondere Förmlichkeiten deshalb nicht fordert[12]). Freilich ist die Ernennung eines Testamentsexekutors von dem Schicksale des Testamentes nicht so unabhängig wie z. B. die Ernennung eines Vormundes; denn sie kann durch Hinfall der letztwilligen Verordnung gegenstandslos werden, wenngleich sie formell gültig bleibt.

Ueber die Fähigkeit zur Uebernahme der Funktion eines Testamentsexekutors ist viel geschrieben worden. Die ältere Theorie hielt das Amt eines solchen für ein munus publicum und schloß deshalb Frauen und Geistliche davon aus. Diese Ansicht ist später vollständig aufgegeben worden und nach der neueren Theorie wird im Allgemeinen jede Person zur Uebernahme der Testamentsvollstreckung

---

11) R. vom 19. April 1806: „— ganz richtig von Euch geurtheilt, daß Euch freistehen müsse, bei den unter Eurer Gerichtsbarkeit belegenen Familienstiftungen und bei letztwilligen Verordnungen, in welchen die Erblasser in allgemeinen Ausdrücken Euch die Vollziehung ihres letzten Willens aufgetragen, diesen Antrag mit Ausschließung derjenigen Verfügungen, welche nach den Gesetzen von Amts wegen erlassen werden müssen, gänzlich abzulehnen, insofern eine solche Verordnung nicht etwa Stiftungen ad pios usus oder andere gemeinnützige Zwecke enthält, als in welchem Falle Ihr Euch dem gegebenen Auftrage unterziehen — könnet" (soll als Gegensatz wohl heißen: müsset; denn das können ist ja auch im anderen Falle nicht verboten). (N. C. C. Tom. XII, S. 133; Rabe, Sammlung, Bd. VIII, S. 512.)

12) R. vom 19. Mgi 1804, ad 3 (N. A. Bd. III, S. 262; Rabe, Samml., Bd. VIII, S. 60).

für fähig erachtet, welche passive Testamentsfähigkeit und die physische und juristische Fähigkeit hat, die ihr aufgetragenen Geschäfte auszurichten, namentlich sich überhaupt verbindlich zu machen und andere in bürgerlichen Geschäften zu vertreten, folglich werden auch Frauen dazu für fähig gehalten, außer insofern ihnen eigentliche negotia virilia, z. B. schiedsrichterliche Funktion, oder gerichtliche Vertretung ausdrücklich aufgetragen werden[13]). Nur wird bei verheiratheten Frauen die Zustimmung der Ehemänner vorausgesetzt. — Hiervon geht das preußische Reskriptenrecht ab, indem es sich der alten Theorie aber nicht deren Gründen zuwendet und die Frauen ausschließt, „da derjenige, welchem der Erblasser die Vollziehung seines letzten Willens aufträgt, zufolge des angeführten §. 557 (N. 9 zu §. 33) als Bevollmächtigter desselben angesehen werden muß, mit einem Bevollmächtigten aber, welchem die zur Schließung gültiger Verträge erforderlichen Eigenschaften mangeln, ein Dritter zufolge §. 32, Tit. 13, Th. I des A. L.R. sich einzulassen nicht schuldig ist, und wenngleich unverheirathete Frauenspersonen nach Maßgabe des §. 23, Tit. 5, Th. I des A. L.R. — bei Schließung der Verträge den Mannspersonen gleich geachtet werden, dennoch sowohl diese Ausnahme (?) als einige andere gesetzliche Modifikationen und Einschränkungen (welche denn?) jener ihnen verliehenen (?) Befugniß, denselben bei der Annahme und Ausübung eines solchen Auftrages und der damit verbundenen Pflichten entgegen stehen würden[14])." Dies ist die Antwort auf eine Anfrage des Obergerichts in Warschau: ob Personen weiblichen Geschlechts (nach dem A. L.R.) eben sowohl, wie Mannspersonen, zu Testamentsexekutoren ernannt werden könnten. Der Bescheid ist gedankenlos und prinziplos. Gedankenlos, weil der angegebene Grund thatsächlich unrichtig ist, indem unverheirathete Frauenspersonen nicht durch eine ausnahmsweise Verleihung, sondern prinzipmäßig eben so rechtsfähig sind wie die Männer, und verheirathete Frauen nur wegen ihrer Stellung in der ehelichen Verbindung der Zustimmung des Mannes bedürfen, um die gleiche Fähigkeit zu haben. Prinziplos ist er, weil er weder in die alte Theorie vom munus publicum, noch in die neuere, vom Landrecht angenommene Theorie vom Mandatsverhältniß paßt, da Frauenspersonen von der Eingehung der Bevollmächtigungsverträge im

13) Arg. c. 3 X. de testament. (III, 26). — Lauterbach l. c. cap. VI, nr. 3 sqq.; Roßhirt a. a. O. S. 227, lit. c; Mühlenbruch a. a. O. S. 415; Heimbach a. a. O. S. 1032 u. A.

14) R. vom 19. Mai 1804, ad 4 (N. A. Bd. III, S. 262; Mathis Bd. II, S. 10; Rabe Bd. VIII, S. 60).

Allgemeinen nicht ausgeschlossen sind. Außerdem ist, den Bescheid unter dem praktischen Gesichtspunkt betrachtet, kein Erfolg davon abzusehen, da die Bestellung eines Testamentsexekutors eine reine Privatrechtssache ist und gar keiner Bestätigung irgend einer Behörde bedarf. Es leuchtet also nicht ein, welche Macht meine testamentarische Verordnung: „zur Ausführung meiner letztwilligen Bestimmungen berufe ich meine Wittwe N. N. in der Eigenschaft als Testamentsvollzieherin," umstoßen könnte. Meine Erben und Legatarien können es nicht, weil sie kein anderes Recht haben als was und wie und unter welchen Modalitäten es ihnen das Testament giebt; wenn ihnen das nicht gefällt, müssen sie es ausschlagen. Eine Behörde kann sich auch nicht in die Privatsache von Amtswegen mengen. Es bleiben also nur die Einzelnen, mit welchen die Testamentsvollzieherin in Verhandlung treten will. Lassen sich diese mit ihr ein und schließen ein Rechtsgeschäft, so kann dasselbe aus keinem denkbaren Rechtsgrunde, der aus der persönlichen Fähigkeit der Vollzieherin wegen ihres Geschlechts hergenommen werden könnte, angegriffen werden; lassen sie sich nicht mit ihr ein, so wird sich finden, ob ihr Weigerungsgrund gültig ist. Nur Prozesse wird sie nicht selbst führen können, vielleicht nicht, aber das wird sie auch nicht mögen, sie wird die Bestellung eines Bevollmächtigten aus der Zahl der Rechtsanwalte schon von selbst vorziehen, wenn sie auch in Person auftreten könnte.

III. Von selbst versteht es sich, daß Niemand den Auftrag zur Vollziehung eines letzten Willens anzunehmen schuldig ist, man kann ein solches Vermächtniß wie jedes andere ausschlagen. Auch ein dem Testator unter Lebenden gegebenes Versprechen, den Auftrag annehmen zu wollen, verbindet nicht zur Uebernahme nach dessen Tode, weil das Mandat jederzeit re integra von dem Mandatarius einseitig aufgekündigt werden kann, folglich der ernannte Exekutor, ehe er das Geschäft übernimmt, den vermachten Auftrag auszuschlagen befugt ist. — Ist dem Exekutor zugleich ein persönlicher Vortheil zugedacht, so ist sein Verhältniß das eines im Testamente Honorirten und Onerirten; das Legat muß ungetheilt angenommen oder ausgeschlagen werden, man kann nicht den Vortheil nehmen und die Belästigung abweisen. Denn der Legatar, welcher zugleich mit der weiteren Verwendung oder Abgabe eines Vermächtnisses belastet worden, steht gegen den Berechtigten in dem Verhältnisse eines Erben[15]), und der Erbe kann seiner Annahmeerklärung

15) A. L.R. I, 12, §. 293.

keine Bedingungen mit rechtlicher Wirkung beifügen, er muß das Ganze, so wie es ihm zugedacht ist, annehmen und wenn seine Erklärung gegen diesen Grundsatz ausfällt, so wird sie für nicht geschehen erachtet [16]), d. h. das Legat gilt für ausgeschlagen, wenn nicht das Onus mit übernommen ist. Bei der testamentarischen Vormundschaft, mit welcher die Bestellung des Testamentsexekutors in der Entstehung des Rechtsverhältnisses große Aehnlichkeit hat, ist der Grundsatz geradezu ausgesprochen: „Kann oder will ein solcher Legatarius sich der Vormundschaft nicht unterziehen: so verliert er das in dieser Rücksicht ihm zugedachte Vermächtniß [17]).“ Ist aber die Uebernahme erfolgt, so findet gegen den Testamentsexekutor Zwang auf Erfüllung statt, wie gegen Jeden, der ein mit Lasten verknüpftes Vermächtniß angenommen hat. Das Rechtsverhältniß ist das gleiche, wenn dem Testamentsexekutor nichts für seine Person zugewendet wurde; wer ohne selbst honorirt zu sein eine ihm testamentarisch aufgelegte Last übernimmt, haftet ebenso wie ein onerirter Erbe oder Legatar [18]). Das Zwangsmittel ist schließlich die Bestellung eines Geschäftsführers, auf Gefahr und Kosten des widerwilligen Exekutors [19]), im Wege der Exekution durch den Prozeßrichter. Der Zwang setzt daher eine richterliche Verurtheilung des Exekutors zur Thätigkeit voraus und eine solche kann nur durch eine förmliche Klage erwirkt werden, die Nachlaßbehörde ist weder von Amtswegen noch auf Antrag einzuschreiten kompetent, da der Exekutor weder von den Gerichten bestellt, noch ihnen sonst aus irgend einem allgemeinen Rechtsgrunde suborbinirt ist, folglich von Aufsichts wegen durch Ordnungs- oder Disciplinarstrafen zu nichts angehalten werden kann [20]). Will die Vormundschaftsbehörde thätig werden, so muß sie den Vormund veranlassen, als Partei klagend vorzugehen. Die zuständigen Klagen und deren materieller Gehalt sind unten, §. 39, behandelt. Ein unmittelbares offizielles Einschreiten und Kontroliren ist unstatthaft.

IV. Der Testator kann mehrere Exekutoren bestellen, ganz nach seinem Gefallen. Dies kann so geschehen, daß alle gleichzeitig fungiren sollen, oder so, daß einer dem andern substituirt wird für

16) Ebend. Tit. 9, §§. 394—396.

17) Ebend. II, 18, §. 219.

18) L. 108, §. 12 D. de legatis I.

19) Nach Analogie der Vorschrift in den §§. 205—207, Th. II, Tit. 18 A. L.R. und nach direkter Vorschrift der Exekutionsordnung vom 4. März 1834, §. 9.

20) M. vergl. das R. vom 25. Januar 1796 (N. C. C. Tom. X, S. 55; Stengel, Beiträge, Bd. II, S. 308; Rabe, Samml., Bd. III, S. 248).

den Fall, daß der Ersternannte nicht handeln kann oder will. In dem ersten Falle entscheidet zunächst die Vorschrift des Testators. Schweigt darüber das Testament, so wird angenommen, daß sie alle gemeinschaftlich handeln müssen, gemäß der Vorschrift über mehrere, ohne nähere Bestimmung bestellte Bevollmächtigte[21]). Aber die Bestimmungeu über mehrere Bevollmächtigte reichen nicht aus für mehrere Testamentsexekutoren in dem Falle, wenn einzelne durch den Tod ausscheiden, oder durch Krankheit oder Abwesenheit verhindert werden, oder wenn Einer oder der Andere den Auftrag überhaupt nicht annehmen will. Tritt beim reinen Mandate der letzte Fall ein, kommt der Kontrakt nicht zu Stande, in beiden erstgedachten Fällen erlischt das Mandat, der Auftraggeber muß eine andere Anordnung treffen. Bei Testamentsexekutoren geht das nicht an, der letzte Wille würde also nicht erfüllt werden können, wenn das Nämliche auch hier gelten sollte. Deshalb müssen die Uebrigen das Geschäft besorgen dürfen, dies um so mehr, als der Testator gerade für den Fall des Wegfalls Eines Testamentsexekutors durch Ernennung Mehrerer dafür hat sorgen wollen, daß sein Wille nicht unabhängig von dem Erben unvollzogen bleibe und seine desfallsige Verfügung vereitelt werde. Hierüber bestimmt eine Dekretale von Bonifaz VIII Folgendes:

„Sane, pluribus a testatore simpliciter (ohne nähere Bestimmung) executoribus deputatis, uno eorum mortuo, vel in remotis agente, aut id exsequi forte nolente, ne voluntatem testatoris impediri, vel nimium differri contingat, poterit alius (nisi testator aliud expresserit) officium executionis injunctae libere adimplere[22]).“

Wenn also der Testator nicht ausdrücklich bestimmt hat, wie es in solchen Fällen gehalten werden soll, kann auch ein Einziger den letzten Willen vollziehen[23]). Ein anderes Auskunftsmittel hat auch das preußische Recht nicht, nicht weil es Bonifaz vorgeschrieben hat, sondern weil es der Natur der Sache entspricht. — Noch kommt hierbei in Frage, wie es zu halten, wenn mehrere Testamentsexekutoren darüber uneinig sind: ob eine gewisse Handlung überhaupt, oder wie sie ausgeführt werden solle. Ist über Beides eine ausdrückliche und bestimmte Vorschrift des Testators vorhanden,

---

21) A. L.R. I, 13, §§. 207, 208. M. vergl. cap. 6 de procuratoribus in 6 (I, 19); Lauterbach l. c. cap. IX, nr. 107—122.

22) cap. 2, §. 1 de testamentis in 6 (III, 11).

23) M. vergl. Mühlenbruch a. a. O. S. 434.

so sieht man gemeinrechtlich den Dissens des Einen oder des Anderen als bloße Remitenz an und hält auch einen Einzigen zur Ausführung der nach der Testamentsvorschrift eingerichteten Handlung für legitimirt. Dieser Ausweg ist auch nach preußischem Rechte einzuschlagen. In zweifelhaften Fällen dagegen wird von Vielen angenommen, daß Stimmenmehrheit entscheide und bei Stimmengleichheit die Sache dem Richter zur Entscheidung vorgelegt werden müsse [24]). Dafür giebt es im preußischen Rechte keinen Anhalt und kein Verfahren, es bleibt nur der ordentliche Weg Rechtens Jedem gegen Jeden, welcher der Vollziehung des letzten Willens hindernd entgegentritt, offen.

V. Gemeinrechtlich wird auch von Vielen behauptet, daß an die Stelle des vor Beendigung seines Geschäftes wegfallenden Exekutors das Gericht einen Anderen zu bestellen oder selbst, als supremus executor ultimarum voluntatum, die Vollstreckung zu übernehmen habe [25]). Darin spiegelt sich die ältere Theorie von dem munus publicum nach Analogie der Vormundschaft wieder. Diese Ansicht ist auch von einigen Partikulargesetzgebungen gesetzliche Norm geworden [26]). Von anderer Seite wird diese Ansicht, vom gemeinrechtlichen Standpunkte aus, bekämpft und ausgeführt, daß, wenn der Testator für solchen Fall nicht durch Substitution für einen Ersatz gesorgt habe, der Auftrag durch Wegfall des ernannten Exekutors erloschen sei und der Erbe in sein gesetzliches Recht trete. Dieses ist auch der Stand des preußischen Rechts.

c) Rechtsverhältniß der Testamentsexekutoren.

§. 35.

aa) Selbstständige Stellung derselben.

Der Testamentsexekutor ist nach der bisherigen Darstellung der Beauftragte des Erblassers; sein Mandatsverhältniß ist aber nicht, wie ein gewöhnliches Bevollmächtigungsverhältniß, durch Vertrag entstanden, sondern es ist ein unmittelbar testamentarisch ererbtes, „und die letztwillige Verordnung selbst ist seine Vollmacht und Instruktion [1]);" der Exekutor ist also von dem Erben in seinen Funktio-

24) Lauterbach l. c. cap. IX, nr. 122 und die dort angef. Schriftsteller. Man folgte darin der Analogie der Vorschriften über Schriftsteller. — M. vergl. Mühlenbruch a. a. O. S. 435.

25) Vertreter dieser Ansicht führt Beseler a. a. O. S. 179, N. 72 an.

26) Z. B. im württembergischen Landrecht, Tit. 27, §§. 5, 6; im bayerschen Landrecht, Th. III, Kap. 2, §. 17.

1) A. L.R. I, 12, §§. 557.

nen völlig unabhängig, er steht dem Erben selbstständig gegenüber, über den Umfang seiner Befugnisse entscheidet der letzte Wille des Testators, der in der Bestimmung der Grenzen völlig unbeschränkt ist, wenn von Pflichttheilserben abgesehen wird. Die Behauptung also, daß der Testator bei der Bestimmung der Rechte und Pflichten des Exekutors nicht gegen die Grundregel des Erbrechts in der Art verstoßen dürfe, daß er, der Erblasser, in Vermögensverhältnissen Dritten gegenüber allein durch den Erben repräsentirt werde, daß also die dem Erben als solchem obliegenden Rechte und Pflichten weder geschmälert noch andere Personen ihm darin untergeschoben oder an die Seite gesetzt werden könnten [2]), — diese Behauptung ist unerweislich. Der Testator kann vermöge seiner Testirfreiheit Personen, welchen er einen Pflichttheil zu hinterlassen nicht schuldig ist, unter Einschränkungen und Belästigungen, wie sie ihm gefallen, zu seinen Erben ernennen, er kann einen Exekutor mit der Gewalt bestellen, daß derselbe den ganzen Nachlaß in Besitz nehme, denselben realisire — wobei er den Erblasser selbstverständlich auch gegen Dritte in Vermögensverhältnissen zu vertreten hat — und daß durch seine Hände die so flüssig gemachte Erbschaft an den Erben gelange; er kann den Exekutor also mit einer Machtfülle versehen, die denselben einem Fiduziarerben gleichstellt. Besonders kommt dies bei Intestatkodizillen vor, in welchen der Nachlaß durch Vermächtnisse erschöpft, ein direkter Erbe nicht ausdrücklich ernannt, dagegen ein Testamentsexekutor cum plena et libera administratione et facultate bestellt ist [3]). Wenn das bei einer Erbeseinsetzung vorkommt und dem berufenen Erben nicht ansteht, so kann er weiter nichts thun, als die Erbschaft ausschlagen, aber er hat kein eigenes Recht, an diesem Willen etwas zu ändern, namentlich der Thätigkeit des Testamentsexekutors, sei es in einer Form wie immer, entgegen zu treten und die Besorgung der Erbschaftsangelegenheiten selbst in die Hand zu nehmen: dazu fehlt ihm jede Legitimation. — Dieses Prinzip wird von der preußischen Praxis in letzter Instanz richtig gewürdigt und

---

2) Heimbach a. a. O. S. 1033.

3) Ein Beispiel dieser Art kommt vor im Justinianschen Rechte bei der Einsetzung von „Gefangenen und Armen" in der L. 49, §. 4 C. de episcopis et clericis (I, 3): „Licentia omnino danda et in priore, et in secunda specie, et actionem movere, et debita exigere: ut in captivos, vel in aegrotantes consumantur. Si enim heredum eis et jus et nomen dedimus, sine Falcidiae tamen legis emolumento: necesse est eos debita exigere, et creditoribus respondere." Also ein Fiduziarius ohne eigenen Vortheil, zum Behuf der Vollstreckung des letzten Willens. — Dazu Bartolus: „Testamentarius executor actiones movere potest sicut heres."

anerkannt. Gesetzlich festgestellt ist, daß der Testamentsexekutor zwar schuldig, bei seinen Funktionen auf das Interesse und die Verfügungen des Erben insoweit zu achten, als das Testament keine Instruktion enthält, und daß er, so wenig als der Erbe selbst etwas gegen den Willen des Erblassers verfügen könne, befugt sei, in solche Verfügungen des Erben zu willigen [4]). Dadurch ist klar ausgesprochen, daß er lediglich an des Erblassers und nicht an des Erben Willen gebunden, und innerhalb der Grenzen der ihm von dem Erblasser ertheilten Vollmacht eben so befugt als verpflichtet sei, die Erbschaft aktiv und passiv zu vertreten [5]). Hiergegen ist wohl ausgeführt: Wenn der Testamentsexekutor als der Bevollmächtigte des Erblassers bezeichnet werde, so könne das nicht den Sinn haben, daß er bei den von ihm zu besorgenden Geschäften den letzteren vertreten solle, weil die Persönlichkeit eines Menschen mit dem Tode erlösche, und ein Verstorbener durch einen Bevollmächtigten keine Geschäfte mehr abschließen könne; die Bestimmung (Note 1) könne vielmehr der Natur der Sache nach nur die Bedeutung haben, daß der Testamentsexekutor nach der ihm vom Erblasser ertheilten Instruktion die einschlägigen Geschäfte *für den Erben* zu besorgen habe; denn mit dem Tode des Erblassers falle die Erbschaft an den ernannten Erben, und wenn das Gesetz den Testamentsexekutor einen Verwalter fremder Güter nenne, so könnten das nur die Güter des Erben sein. Der Testamentsexekutor, möchten seine Befugnisse noch so ausgedehnt sein, trete doch niemals an die Stelle des Erben, vielmehr besorge er nur dessen Geschäfte, nach Inhalt der ihm von dem Erblasser ertheilten Instruktion. Als Verwalter des Nachlasses könne er augenblicklich klagen, er sei aktiv und passiv legitimirt; die in diesen Prozessen vertretene Partei sei aber in Wirklichkeit der Erbe. Daraus folge, daß mit demselben Rechte, mit welchem jeder Machtgeber ungeachtet des Vorhandenseins eines Mandatars, seine Rechte selbst wahrnehmen könne, mit eben dem Rechte der Erbe *neben einem Testamentsexekutor* dazu befugt sein müsse, sofern ihm das nicht speziell untersagt sei, und selbstverständlich, sofern er dadurch nicht in den Geschäftskreis des Testamentsexekutors wider dessen Willen eingreife; wo der Testamentsexekutor sich passiv verhalte, könne der Erbe klagend auftreten [6]). Diese Folgerung ist ein Trug-

4) A. L.R. I, 12, §. 557 verb. mit §§. 559 u. 560.

5) Erk. des Obertr. vom 21. Januar 1852 (Arch. f. Rechtsf. Bd. VIII, S. 242).

6) So das Appellationsgericht zu Hamm in einem Erk. vom 11. März 1862 (Entsch. des Obertr. Bd. XLVIII, S. 97).

schluß und die vorausgehende Ausführung das Resultat einer Verkennung des in der bisherigen Erörterung behandelten Prinzips und des Begriffs vom Testamentsexekutorium. Das Obertribunal erklärt solche Rechtsauffassung für eine Nullität. „Denn" — sagt es — „der Testamentsexekutor ist wirklich Bevollmächtigter des Erblassers, nicht des Erben, er verwaltet den Nachlaß nicht im Auftrage des Erben, sondern des Erblassers, und wenn er gleich den Nachlaß, da dieser dem Erben eigenthümlich gehört [7]), im Interesse des Erben, statt seiner und in diesem Sinne für ihn verwaltet, so ist er doch keineswegs der Mandatar des Erben, der ihn nicht bestellt hat, und dem er vielmehr als eine Beschränkung der Erbeseinsetzung und der Befugnisse eines Erben, vom Erblasser bestellt worden ist. Daher ist die Folgerung des vorigen Richters, daß der Erbe mit demselben Rechte, mit welchem jeder Machtgeber, ungeachtet des Vorhandenseins eines Mandatars, seine Rechte selbst wahrnehmen könne, mit eben dem Rechte auch dazu befugt sein müsse, rechtlich unhaltbar und den gesetzlichen Bestimmungen widersprechend, nach welchen der Erbe eben nicht Machtgeber des Testamentsexekutors ist und daher auch nicht einem andern Machtgeber, ihm gegenüber, gleichgestellt werden kann. Auf dieser irrigen Schlußfolgerung beruhet aber auch die Annahme des vorigen Richters, daß der Kläger (Erbe), neben dem Testamentsexekutor, kraft des Gesetzes, ebenfalls zur Klage legitimirt sei. Denn ist er dies nicht, so bedarf es nicht erst einer speziellen Untersagung oder des Eingriffs in den Geschäftskreis des Testamentsexekutors wider dessen Willen [8])". Die Voraussetzung hierbei ist eine dem Testamentsexekutor übertragene freie Verwaltung und Realisirung der ganzen Erbschaft.

§. 36.

bb) Obliegenheiten.

I. An die Spitze dieser Lehre wird von den Juristen der Grundsatz gestellt, daß der Exekutor fides und ministerium, wie man es nennt, zu leisten habe, d. h. daß er zur treufleißigen Ausführung der ihm aufgetragenen Geschäfte verpflichtet sei [1]). Dabei hat er sich

7) Nicht einmal absolut immer, z. B. dann nicht, wenn der Exekutor die Eigenschaft eines Fiduziars hat. Oben, Note 3.

8) Erk. vom 19. Dezember 1862 (Entsch. Bd. XLVIII, S. 98).

1) Ant. Faber, Error. Pragmat., dec. 66, err. 6 in init.: „sic —, ut earum (personarum, womit er die dispensatores legatorum des röm. Rechts meint) potestatem et auctoritatem non tam implorare, quam fidem et nudum ministerium eligere videatur." M. vergl. Mühlenbruch a. a. O. S. 413.

nach dem Willen des Erblassers zu richten. Ist dieser Wille nicht bestimmt ausgesprochen und daher unklar oder zweifelhaft, so fragt sich, wem die Auslegung gebühre, wenn darüber der Testator schweigt. Manche nehmen an, es liege in der Natur der Sache, daß dem, welcher den letzten Willen vollziehen soll, es zunächst auch zustehe, den Sinn desselben zu bestimmen oder das Testament auszulegen, nur daß seine Interpretation selbstverständlich nicht die Kraft einer authentischen Auslegung, oder einer richterlichen Entscheidung haben könne, sondern wenn damit die Interessenten nicht übereinstimmten, hierüber richterliches Erkenntniß erwirkt werden müsse [2]). Doch wird dies von Einzelnen für unzulässig erklärt, indem der Meinung des Testamentsexekutors ein entscheidendes Gewicht beigelegt wird [3]); wogegen von anderer Seite bemerkt wird, daß man eine solche Befugniß dem Vollzieher nur dann einräumen könne, wenn der Testator angeordnet hätte, die von dem Testamentsexekutor angenommene Erklärung etwa zweifelhafter oder unbestimmter Ausdrücke solle so angesehen werden, als ob sie von ihm selber ausgegangen sei [4]). — Andere dagegen leugnen, daß der Exekutor schon kraft seiner Stellung im Allgemeinen zur Ertheilung einer Entscheidung oder maßgebenden Auslegung befugt sei; diese halten dafür, daß in solchen Fällen, wenn eine Verständigung der Betheiligten nicht zu erlangen sei, immer nur die Einholung der Entscheidung des zuständigen Gerichtes übrig bleibe. Auf diesen Meinungsstreit bezieht sich folgende Bestimmung des Landrechts:

> „Wenn über den Sinn einer Verordnung des Erblassers zwischen dem Testamentsvollzieher und dem Erben gestritten wird, so gebührt, im zweifelhaften Falle, der Meinung des Ersteren der Vorzug [5]).“

Dies bezieht sich also nur auf eine Meinungsverschiedenheit zwischen dem Vollzieher und dem Erben über den Sinn der Vorschrift des Erblassers darüber: wie dieselbe ausgeführt werden solle, und dabei liegt es allerdings wohl in der Natur der Sache, daß der mit der Vollziehung Beauftragte den Auftrag so ausführt, wie er ihn versteht. Dagegen kann der Erbe auch nichts thun, es wird sich bei der künftigen Rechenschaftsablegung finden, inwiefern der Vollzieher sich

2) Scholz a. a. O. §. 19 zu Anfang u. §. 21.

3) Lauterbach l. c. cap. IX, nr. 82.

4) Mühlenbruch a. a. O. S. 421, Note 91. — M. vergl. Leyser l. c. m. 8.

5) I, 12, §. 561.

verantwortlich gemacht habe. Wenn aber Streit unter mehreren Erben oder zwischen Legatarien und Erben entsteht, so kann darüber nur der kompetente Richter entscheiden und für diesen ist die Meinung des Testamentsvollziehers, wenn dieser nicht als Partei dem Erben gegenübersteht, über den Sinn der Testamentsvorschrift nicht maßgebend. Ob aber nicht der Erblasser dem Vollzieher auch wirkliche schiedsrichterliche Gewalt für solche Streitigkeiten unter seinen Erben und Legatarien übertragen könne, ist eine andere Frage, welche, unbeschadet der Rechte der Pflichttheilsberechtigten, aus gültigen und triftigen Gründen nicht bestritten werden kann [6]). Was dagegen gesagt worden ist, daß nämlich Privatpersonen in Hoheitsrechte nicht eingreifen könnten [6a]), ist nicht zutreffend, einestheils, weil diese Bestimmung sich auf Schiedsrichter gar nicht bezieht, sonst dieses Institut dadurch gänzlich abgeschafft sein würde, anderntheils, weil der Testator seinen Zuwendungen Modalitäten, wie sie ihm belieben, beifügen kann, wenn sie nur nicht in unsittlichen oder unerlaubten Dingen bestehen. Verfügt er also, die gerichtliche Einmischung ist bei der Regulirung meines Nachlasses gänzlich ausgeschlossen, Streitigkeiten unter den Erben oder Legatarien, oder zwischen den Erben und Legatarien sollen durch den Ausspruch meines Testamentsexekutors, nach Anhörung beider Theile, entschieden werden und der Rechtsweg soll nicht stattfinden; wer das nicht will, erhält nichts; so müssen sich die Bedachten diese Anordnung unbedingt gefallen lassen, wenn sie nicht den ihnen zugedachten Vortheil ausschlagen.

Eine bedenkliche Frage ist die: ob der Exekutor unter gewissen Umständen von der wörtlichen Vorschrift des Erblassers abweichen und auf andere Weise den muthmaßlichen Willen desselben zur Ausführung bringen dürfe. Einige nehmen dies an, wenn der Testator bei seiner Anordnung von einer Voraussetzung ausgegangen ist, die nicht zutrifft, und überhaupt, wenn eine solche Veränderung der Umstände eingetreten ist, welche vermuthen läßt, daß der Testator, wenn er dies vorausgesehen hätte, anders verfügt haben würde [7]). Es werde in Fällen dieser Art nur gegen die Worte, nicht gegen

6) Leyser l. c. med. 8; Mühlenbruch a. a. O. S. 419.

6a) Scholz a. a. O. §. 19, wegen L. 3 C. de jurisdictione (III, 13): „Privatorum consensus judicem non facit eum, qui nulli praeest judicio: nec, quod is statuit, rei judicatae continet auctoritatem.“

7) Mühlenbruch a. a. O. S. 431; Heimbach a. a. O. S. 1035. — Zu vergl. Lauterbach l c. cap. IX, nr. 84 seq.; Leyser l. c. med. 10; Scholz a. a. O. §. 25.

den Willen des Erblassers gehandelt, vielmehr nur dessen vermutheter Wille zur Ausführung gebracht [8]). Diese Meinung gründet sich auf folgende Pandektenstelle:

„Quintus Mutius ait: Si quis in testamento ita scripsit: Filii filiaeque meae ibi sunto ubi eos mater sua esse volet, eisque heres meus in annos singulos, inque pueros puellasque singulas damnas esto dare cibarii nomine aureos decem: si tutores eam pecuniam dare nolunt ei, apud quem pueri atque puellae sunt, nihil est, quod ex testamento agere possit: nam ea res eo pertinet, uti tutores sciant, quae voluntas testatoris fuit, uti possint eam pecuniam sine periculo dare. — Nec tamen semper voluntas ejus aut jussum conservari debet: veluti si Praetor doctus sit, non expedire pupillum eo morari ubi pater jusserit, propter vitium, quod pater forte ignoravit in eis personis esse, apud quas morari jussit — utile erit, et magis enim est, ut providentia filiorum suorum hoc fecisse videatur [9])“.

Die Vormünder wollten den in Gemäßheit des letzten Willens des Vaters von der Mutter gewählten Erziehungsort der Kinder nicht anerkennen, wozu sie wohl ihre Gründe hatten [10]), und der Jurist entscheidet, daß ihr Widerspruch Grund habe, da der Vater, der nur Vorsorge für das Beste der Kinder gehabt habe, anders verfügt haben würde, wenn er gewußt hätte, daß die Mutter ihre Kinder bei so lasterhaften Leuten unterbringen würde, und die Vormünder müßten am Besten beurtheilen können, was hierin dem wahren Willen des Vaters entspreche. Zwar kommen hier nicht eigentliche Testamentsexekutoren vor, sondern die Vormünder der Kinder verwalteten die Erbschaft und hatten für die Ausführung der letztwilligen Anordnung zu sorgen, indeß hält man eine analoge Anwendung der Bestimmung auf Testamentsexekutoren für ganz unbedenklich [11]). — Im Prinzip ist dieses für das preußische Recht anerkannt durch folgende Bestimmungen:

---

8) Scholz a. a. O. S. 64; Mühlenbruch a. a. O. und die Citate bei Beseler a. a. O. S. 197, N. 107.

9) L. 7 D. de annuis legatis (XXXIII, 1).

10) „Quid enim si judex cognoscit nunc esse sodomitas vel adulteratores illos, apud quos jussit pater filios suos morari, vel mater, ex jussu patris: quod quidem pater nesciebat tempore quo fecit testamentum?“ Viviani Casus ad h. leg. 7.

11) Leyser l. c. med. 10; Mühlenbruch a. a. O. S. 433, u. A.

„Wird die Erfüllung des Zwecks [12]) ohne Schuld des Erben oder Legatarii unmöglich [13]): so muß der Vortheil zu einer anderen Bestimmung, welche der aus der Verordnung oder aus den Umständen sich ergebenden Absicht des Testators am nächsten kommt [13a]), verwendet werden."

„Kann auch dieses nach den Umständen nicht geschehen: so behält der Erbe oder Legatarius den Vortheil [14]). Es wäre denn, daß aus der Verordnung oder den Umständen klar erhellete, daß der Erblasser dem Erben oder Legatario den Vortheil gar nicht zugewendet haben würde, wenn er die Nichterfüllung des bestimmten Zweckes vorausgesehen hätte [15])."

Die letzte Bestimmung (§. 513 a. a. O.) hat in ihrer Allgemeinheit eine unabsehbare Tragweite, welche soweit reicht, daß auch dem eingesetzten Erben das testamentarische Erbrecht bestritten werden kann. Hierüber zu befinden, liegt nicht in der Kompetenz des Testamentsexekutors; erhebt sich ein solcher Streit zwischen den Betheiligten, so muß er seine Thätigkeit bis zum Austrage einstellen, soweit dieselbe die Grenzen der Erhaltung und Verwaltung der Erbschaft überschreiten würde, wenn ihm diese Funktionen mit aufgetragen sind. — Wenn es sich aber nur um eine Abweichung in der Ausführung einer Bestimmung handelt, so fragt sich, wie dabei zu verfahren. Leyser meint, nur die Obrigkeit als supremus executor ultimarum voluntatum könne eine solche Abweichung vornehmen und deren Art und Weise bestimmen (Note 11). Diese Meinung hat jedoch im gemeinen Rechte keinen Boden und ist im preußischen Rechte vollends ohne Halt und Form. Es ist Sache des Vollziehers, wie er dem Willen des Testators am Entsprechendsten genügen zu können vermeint, ohne sich gegen diejenigen, welchen er schließlich Rechenschaft zu geben hat, verantwortlich zu machen, sicher aber würde er verantwortlich werden, wenn er in Fällen der gedachten Art nach dem Buchstaben der Verordnung verfahren wollte. Er muß hierin nach bestem Wissen und Gewissen verfahren und es auf den Ein-

12) Des Modus. Darunter ist auch die vorgeschriebene Modalität in der Ausführung der testamentarischen Vorschrift begriffen.

13) Die Unmöglichkeit kann auch in der Unsittlichkeit und Verderblichkeit für den Bedachten liegen, wie in dem Falle der Note 10.

13a) Also in dem vorhin behandelten Beispiel (Note 9 u. 10) durch Unterbringung der Kinder bei einem anderen Erzieher.

14) D. h. in unserem Falle: die betreffende Testamentsbestimmung bleibt unvollzogen, z. B. wenn die Zöglinge sterben.

15) A. L.R. I, 12, §§. 511—513.

spruch der Erben oder sonst Betheiligten, sowie auf den darauf folgenden Ausspruch des Richters ankommen lassen. Auch der übereinstimmende Wille der Erben und sonst Betheiligten ist durchaus nicht maßgebend für den Vollzieher zu einer Abweichung oder Nichtabweichung von der wörtlichen Vorschrift des Testators [16]) gegen seine eigene Ueberzeugung. Dies ist die Preußische Gerichtspraxis. Der Testamentsexekutor ist — so ist angenommen — lediglich an des Testators und nicht an der Erben Willen gebunden, und innerhalb der ihm von demselben vorgeschriebenen Grenzen eben so befugt als verpflichtet, seinen Auftrag zu vollziehen [17]); zweifelhafte oder unklare Vorschriften hat er selbst für sich auszulegen, sowie das Vorhandensein der Nothwendigkeit einer Abweichung von dem Wortlaute nach den Umständen zu befinden. Es wäre absurd, die Thätigkeit des Vollziehers durch den Willen des oder der Erben beschränken zu wollen, da es ja dann lediglich in deren Willkühr gestellt sein würde, die Ausführung des Willens des Testators, sofern dies in ihrem Interesse wäre, z. B. die Errichtung eines Monumentes für den Erblasser u. dergl., zu vereiteln, um den dafür zu machenden Kostenaufwand zu sparen.

Der Testamentsexekutor muß das ihm übertragene Geschäft persönlich ausrichten, er hat nicht die Macht, sich einen Substituten zu bestellen, wenn es ihm nicht ausdrücklich gestattet worden ist oder ein einzelnes Geschäft besondere Fachkenntniß voraussetzt, wie z. B. die Prozeßführung. Im Allgemeinen sind auch hier die Grundsätze vom Mandate maßgebend, doch ist man bei dem Testamentsexekutorium in diesem Punkte strenger als bei dem einfachen Mandatskontrakt unter Lebenden.

„Et quamvis alias is, qui constituitur ad negotia procurator, alium dare possit, in hoc tamen casu, propter magnum, quod ex facto tam arduo posset periculum imminere, non poterit deputare alium, nisi hoc eidem specialiter commissum [18])."

Das wichtige Negotium, wovon die Dekretale spricht, war zwar eine Eheschließung per procuratorem, doch hält man den Auftrag zur

---

16) Auch dieses behauptet Leyser l. c. med. 11, ohne Beifall Anderer. Die Stellen, worauf er sich dabei beruft, betreffen Rechte, worauf ein jeder Erbschaftsinteressent verzichten kann, ohne gegen den Willen des Testators zu verstoßen, z. B. L. 11 C. de fideicommissis (VI, 42); L. 88, §. 14 D. de legatis II.

17) M. vergl. Erk. des Obertr. vom 31. Januar 1852 (Archiv f. Rechtsf. Bd. VIII, S. 242).

18) cap. 9 de procuratoribus in 6 (I, 19).

Vollziehung einer letztwilligen Verfügung für nicht minder wichtig, da derselbe sicher ein ganz vorzügliches Vertrauen zu der Person des Gewählten und dessen Fähigkeiten voraussetze[19]). — Für das preußische Recht reichen die Grundsätze vom Mandate aus:

„Wer einen Auftrag angenommen hat, ist ihn in der Regel selbst auszurichten verbunden."

„Ueberträgt er das Geschäft, ohne Einwilligung des Machtgebers, einem Anderen: so muß er für die Handlungen und Versehen desselben, wie für seine eigenen haften[20])."

Die Haftung reicht, soweit er überhaupt selbst verantwortlich ist; sie ist eine hauptsächliche, nicht etwa nur eine subsidiäre, denn der Prinzipal steht zu dem Substituten in keinem Rechtsverhältnisse.

II. Der regelmäßige Umfang der Befugnisse und Obliegenheiten des Testamentsexekutors kann selbstverständlich durch die Bestimmungen des Testators erweitert oder beschränkt werden. Die Frage aber ist: welches ist dieser regelmäßige Umfang, d. h. der sich aus dem Auftrage von Rechts wegen ergebende Umfang, wenn darüber das Testament gar nichts enthält? Z. B. Jemand verordnet nach zahlreichen einzelnen Bestimmungen, bei einem großen Vermögen, schließlich: „Servius Sulpicius soll der Vollstrecker dieses meines Testamentes sein": was ist dieser zu thun oder nicht zu thun berechtigt und verpflichtet? welche Rechte und Verbindlichkeiten hat er? Darüber schweigen unsere Rechtsquellen. Das römische Recht kennt das Institut nach heutigem Begriffe überhaupt nicht, das kanonische Recht, welches den Begriff nur in Beziehung auf Zuwendungen ad pias causas zur Anwendung bringt, übergeht die Frage im Allgemeinen, weil dieselbe schon durch die pia causa beantwortet wird; neuere Gesetzgebungen, namentlich das preußische Landrecht gehen ebenfalls darüber hinweg, und das preußische Reskriptenrecht berührt die Frage nur einmal obenhin. Wir haben also zur Konstruirung des unfertigen Instituts kein anderes Material als die verschiedenen Meinungen der gemeinrechtlichen Juristen. Unter diesen Meinungen tritt gleich Anfangs ein Streit darüber entgegen: ob zu den regelmäßigen Pflichten des Testamentsexekutors die Anfertigung eines Inventars und Rechnungslegung gehöre, oder nicht[21]). Niemand aber kann ein Inventa-

---

19) Scholz a. a. O. §. 11, S. 37, Nr. 5. — Mühlenbruch a. a. O. S. 437.

20) A. L.R. I, 13, §§. 37 u. 38; I, 14, §§. 121, 122. — Zu vergl. L. 28 in fine D. de negotiis gestis (III, 5).

21) Lauterbach l. c. cap. IX, nr. 13—16 sagt ja, Andere, z. B. Scholz a. a. O. S. 47, S. 58 Nr. 3, und §. 22, sagt nein.

rium errichten über Dinge, die er nicht hinter sich hat und nicht kennt, die Vorfrage ist daher: ob es zu den sich von selbst verstehenden Rechten und Pflichten eines allgemeinen Testamentsvollziehers gehöre, daß er sich in die Gewahrsam der Verlassenschaft setze. Muß das bejaht werden, so versteht sich die Pflicht desselben, darüber ein Inventarium zu errichten, von selbst, und auch die Frage in Betreff der Rechnungslegung ist damit entschieden. Doch ist behauptet worden, die Rechnungslegung sei nur geboten, wenn dem Vollzieher eine eigentliche Verwaltung übertragen sei [22]). Hierdurch ist folgende preußische Bestimmung veranlaßt:

„Soweit der Vollzieher als Verwalter fremder Güter angesehen wird, ist er auch zur Rechnungslegung verpflichtet [23]).“

Das ist nicht zweifelhaft. Die Frage ist nur: in welchem Falle die Thatsache vorhanden, daß der Vollzieher als ein solcher Verwalter anzusehen sei. Denn zum Zwecke einer gewöhnlichen Vollziehung ist es erforderlich, daß der Vollzieher den Bestand des Vermögens genau kenne, es kann daher ein Fall kaum gedacht werden, wo nicht der Vollzieher schließlich Rechenschaft von seiner Amtsführung abzulegen hätte; und wenn er berechtigt und verpflichtet ist, sich in die Gewahrsam der Verlassenschaft zu setzen, so befindet er sich mit dieser Besitzergreifung auch ipso facto in der Verwaltung. Daher schreibt das kanonische Recht allgemein vor, daß Jeder, welcher mit der Vollstreckung eines letzten Willens beauftragt worden und diesen Auftrag angenommen habe, verbunden sei, über die Ausführung des Auftrages gebührend Rechenschaft zu geben [24]). — Das preußische Reskriptenrecht schließt sich dem an und sagt hierüber Folgendes: Giebt der Inhalt des Testaments, wodurch der Exekutor bestellt und worin seine Vollmacht gegeben worden, keine besonderen Ausdehnungen oder Einschränkungen an die Hand, und muß also bloß nach den gesetzlichen Begriffen und Vorschriften geurtheilt werden, so folgt zuvörderst von selbst, daß es in einem solchen Falle einer gerichtlichen Inventur nicht bedarf, sondern dem Exekutor die Aufnehmung eines Privatinventarii zu überlassen ist. Ebenso folgt aus diesen gesetzlichen Begriffen, daß die Ausmittelung, Konstituirung und V e r w a l t u n g des Nachlasses zu dem Amte und der Kompetenz des Exekutors gehört. — Er kann der eidlichen Bestärkung des Inventariums, auf Erfordern, ebensowenig als ein anderer Admi-

22) Scholz a. a. O. und die dort angeführten Schriftsteller.

23) A. L.R. I, 12, §. 562.

24) Clement. unica de testamentis et ultimis voluntatibus (III, 6).

nistrator rei alienae sich entbrechen. — Er muß in allen wichtigen Fällen mit den Erben Rücksprache nehmen. — Er muß wegen Veräußerung der Grundstücke, wegen Unterbringung der Kapitalien ꝛc. ꝛc. die gesetzlichen Vorschriften, soweit ein Interesse von Pflegebefohlenen dabei subversirt, beobachten. — Er ist ferner unstreitig Rechnung zu legen schuldig. — Er kann die Auseinandersetzung mit den Erben privatim anlegen und die den Minorennen wenigstens pro rata gehörenden Gelder, Aktivinstrumente und Kostbarkeiten, die sonst ad depositum gebracht werden müssen, (bis zum Schluß der Angelegenheit) in Händen behalten, weil ihm die Gewahrsam solcher gemeinschaftlichen Vermögensstücke nicht streitig gemacht werden kann [25]). Dem Testamentsexekutor muß der Nachlaß zur Inventur ausgeantwortet und die Theilung nach den testamentarischen Anordnungen überlassen werden [26]). Die regelmäßigen Verpflichtungen des Vollziehers sind hiernach folgende:

1. Zuvörderst hat der Vollzieher den Besitz der Erbschaftssachen zu ergreifen. Zu diesem Zwecke wird ihm das Recht eingeräumt, das Remedium ex L. ult. C. de edicto D. Hadriani tollendo, selbst gegen den ihm zuvorgekommenen Erben, utiliter zu gebrauchen, um sich durch gewöhnliche Immission in den Besitz setzen zu lassen [27]). Die Befugniß hierzu ist eine nothwendige und selbstverständliche Voraussetzung der ihm aufgetragenen Verpflichtungen, mit deren Erfüllung er nicht vorgehen kann, bevor er nicht die Erbschaft unter seiner Herrschaft hat. Die Praxis erkennt dies auch an (Note 26). Ueber die Beschaffenheit des von dem Testamentsvollstrecker ergriffenen Besitzes sind die gemeinrechtlichen Juristen nicht einig. Von einer Seite wird der Vollstrecker für einen bloßen faktischen Detentor gehalten, von anderer Seite wird ihm auch juristischer Besitz, mit der Wirkung der Interdikte, zugeschrieben. Zwar fehle ihm die auf das Eigenthum gerichtete Willensbestimmung und als Mandatar des Erben besitze er auch nicht; er besitze aber als Mandatar des Erblassers zu einem bestimmten Zwecke unabhängig vom Erben und es seien ihm deshalb auch die possessorischen Rechtsmittel ebensowohl

---

25) R. vom 25. Januar 1796 (N. C. C. Tom. X, S. 55; Stengel, Bd. II, S. 308; Rabe, Bd. III, S. 248). — Anh. z. A. L.R. (II, 18, §. 421) §. 157.

26) R. vom 31. Mai 1839 (J.M.Bl. S. 201). — M. vergl. R. vom 13. Mai 1842 (J.M.Bl. S. 138).

27) A. L.R. I, 12, §. 244. — Lauterbach l. c. cap. IX, nr. 25—30. — M. s. auch die Citate bei Beseler a. a. O. S. 211, N. 134. — Auch Partikularrechte folgen dieser Ansicht. Nr. 135, S. 211 ff. a. a. O.

einzuräumen, wie dem Faustpfandbesitzer, welcher auch für den Schuldner detinire, dennoch aber seines Pfandrechts wegen als juristischer Besitzer mit der Befugniß zum Gebrauche der possessorischen Rechtsmittel betrachtet werde. Sowie aber der Exekutor den Besitz der Erbschaft ergreifen könne, so habe er auch ein Recht auf die an sich dem Erben zustehenden Rechtsmittel, um die Immission in den Nachlaß zu erlangen. Konsequenter Weise sei in beiden Fällen anzunehmen, daß seine Befugniß, soweit solche eben zum Zwecke der Testamentsvollstreckung auszuüben sei, die des Erben ausschließe. Der hiergegen erhobene Zweifel und die Behauptung, daß juristischer Besitz dem Exekutor nie gegen den Erben zuerkannt werden könne[28], sei unrichtig. Werde der Testamentsvollstrecker einmal für befugt erachtet, sowohl Besitz des Nachlasses zu dem Zwecke, um der ihm gestellten Aufgabe zu genügen, zu ergreifen, als auch Immission in denselben zu verlangen, so müsse er auch damit gegen den Erben durchdringen können. Störe ihn der Erbe in dem ergriffenen Besitze oder setze er sich eigenmächtig in den Begriff von Sachen, welche der Exekutor inne habe, sei es durch Dejektion oder gewaltsame Ablation, so müßten dem Exekutor die deshalb zuständigen Rechtsmittel nach Analogie des Faustpfandgläubigers zustehen, und es sei diesfalls auch sein juristischer Besitz dem Erben gegenüber anzuerkennen und zu schützen[29]. — Diese Theorie ist zwar anzuerkennen, aber durch die Analogie des Faustpfandgläubigers nicht zu begründen. Der Faustpfandgläubiger hat an dem Pfandstücke einen von dem Eigenthumsbesitzer abgeleiteten Besitz, in der Sprache des Landrechts unvollständiger Besitz genannt, und er will für den, von welchem er denselben erhalten hat, zugleich den vollständigen Besitz als Vertreter des Pfandgebers fortsetzen. Der Testamentsexekutor hat keinen unmittelbaren Vorgänger (Auktor) im Besitz, der Besitz des Erblassers war erloschen, der Erbe hatte noch keinen Besitz erworben, konnte einen solchen auch an Niemand auflassen, und der Testamentsexekutor hatte von dem Erben nicht Auftrag, für ihn und in seinen, des Erben, Namen den Besitz zu ergreifen, also besitzt er auch nicht für ihn; er hat vielmehr den durch den Tod des Erblassers erledigten Besitz aus eigenem Rechte, kraft dieses erbrechtlichen Titels, freilich mit dem Onus der weiteren Uebertragung, für sich selbst ergriffen, er ist wirklicher Besitzer im eigenen Namen

28) Sintenis, Civilrecht, Bd. III, S. 504, §. 182, N. 6.

29) Heimbach a. a. O. S. 1041, und Beseler a. a. O. S. 212 ff.

und aus eigenem Rechte. Dieses eigene Recht ist das vom Erblasser ererbte Amt des Testamentsexekutoriums mit den damit verbundenen Vortheilen und Gebührnissen, und der Zweck dieses Amts und die dadurch vorgeschriebene Bestimmung und Verwendung der in Besitz genommenen Gegenstände ist ein Onus dieses Amtsvermächtnisses. Der Testamentsexekutor ist somit eine wirkliche und wesentliche Zwischenperson zwischen dem Erblasser und dem Erben. Die Analogie des Fiduziars ist es also, welche hier allein paßt und die Theorie jener Juristen hinlänglich begründet. Der Erbe muß daher erst von dem Testamentsexekutor Besitz erwerben und dazu den Zeitpunkt, welcher in dem Verlaufe der Amtsverrichtung des Vollziehers seine Bestimmung findet, abwarten. Hieraus ergiebt sich, was von der Ansicht derselben Juristen über den Gebrauch der possessorischen Rechtsmittel seitens des Testamentsvollziehers, Dritten gegenüber, gegen welche derselbe in den Fall kommt, solche gebrauchen zu müssen, zu halten. Hier, sagen sie, braucht er solche immer nur im fremden Interesse und namentlich in dem des Erben, daher auch dem Letzteren ein accessorisches Interventionsrecht Dritten gegenüber nicht zu versagen, auch eine Verbindlichkeit des Erkenntnisses über den Besitzstreit für den Erben, welcher an dem Prozesse nicht Theil genommen hat, nicht zu behaupten ist, da der Exekutor zunächst nur zum Schutze des von ihm ergriffenen Besitzes zum Zwecke der Lösung der ihm gestellten Aufgabe, nicht aber über das Recht des Erben streitet[30]). Die letzte Behauptung in Betreff der Wirkungslosigkeit des Urtheils für den Erben, der nicht Prozeßpartei war, ist allerdings, wie bekannt, ganz richtig, denn nur inter partes facit res judicata jus. Aber das Vorhergehende ist eine Inkonsequenz, ein Widerspruch mit sich selbst. Woher soll es kommen, daß der Vollzieher gegen den Erben aus seinem eigenen Recht und Interesse agiren darf, aber gegen einen Dritten nur im Interesse des Erben? Hier ist der logische Faden gerissen. Und was soll, wenn der Vollzieher zum Schutz seines eigenen Besitzes klagen darf und klagt, mit der accessorischen Intervention dabei heißen? Wie soll der Erbe dazu kommen? Hat denn der Vollzieher seinen Besitz von ihm und sich im Falle des fehlschlagenden Prozesses an ihn zu regressiren? Nichts von allem Dem.

2. Sodann liegt dem Testamentsvollzieher ob, dafür zu sorgen, daß die von ihm in Besitz genommenen Gegenstände gehörig ver-

30) Heimbach a. a. O. S. 1042; Sintenis a. a. O.

wahrt, gegen Eingriffe und Verluste gesichert und, sofern es deren Beschaffenheit mit sich bringt, gehörig verpflegt und verwaltet werden, da naturgemäß die Obliegenheit mit dem Besitze solcher Sachen verbunden ist.

3. Hiernächst muß er, wenn es vor seiner Einweisung in den Besitz noch nicht geschehen, mit Zuziehung der anwesenden Erbinteressenten, ein vorschriftsmäßiges Inventarium der Erbschaft, welches ein Privatinventarium sein kann, errichten, solches innerhalb der gesetzlichen Frist dem Erbschaftsgericht, zur Wahrung des beneficii inventarii, einreichen, auch den Erbinteressenten mittheilen, und auf Verlangen beschwören. Sind Minorenne unter den Interessenten, so kann er, nach eigener Wahl, das Inventarium dem Vormunde vorlegen, oder der Vormundschaftsbehörde einreichen [31]). Ein solches Inventarium ist die Grundlage seiner Verwaltung.

4. Ihm liegt nun ob, dafür zu sorgen, daß Jeder das erhalte, was ihm der Testator zugedacht hat [32]). Namentlich hat er die Anordnungen, welche nicht zum Besten einer bestimmten Person getroffen, also nicht eigentliche Vermächtnisse sind, genau auszuführen, z. B. das vorgeschriebene Monument zu errichten, unbestimmte milde Gaben oder gemeinnützige Stiftungen auszuführen, für die Bevormundung solcher Interessenten, die noch bevormundet werden müssen, zu sorgen u. dergl. Namentlich liegt ihm die Ausführung der Vermächtnißbestimmungen ob. Entstehen dieserhalb Zwistigkeiten zwischen den Erben und den Vermächtnißnehmern, und hat ihm der Erblasser darüber nicht ausdrücklich schiedsrichterliche Gewalt übertragen [33]), so muß er die Streitenden an den kompetenten Richter verweisen und dessen rechtskräftige Entscheidung abwarten. Denn mit dem Testamentsexekutor kann nicht über die Gültigkeit des Testaments, oder über den Betrag des Erbtheils eines einzelnen Miterben, sowie über dessen Eigenschaft als eines Pflichttheilserben [34]), und über die Gültigkeit eines Vermächtnisses, sei es dem Grunde oder dem Betrage nach [35]), gestritten werden: diese Frage betreffen die

31) R. vom 25. Januar 1796 (Note 25); A. L.R. I, 14, §. 133; A. G.O. I, 22, §. 29; Erk. des Obertr. vom 10. September 1846 (Entsch. Bd. XIII, S. 376).

32) Mevius, ad jus Lubec., Lib. II, tit. 1, Art. 15, nr. 6; Scholz a. a. O. §. 13.

33) M. vergl. oben den Text zu Note 6 u. 7.

34) Erk. des Obertr. vom 23. Januar 1856 (Archiv f. Rechtsf. Bd. XXI, S. 291).

35) M. vergl. den Rechtsfall und das Erk. des Obertr. vom 15. Februar 1861 (im Archiv f. Rechtsf. Bd. XLI, S. 14).

merita causarum, das Erbrecht selbst, und der Testamentsexekutor ist weder Vormund noch Mandatar des Erben oder der Vermächtnißnehmer, sein testamentarisches, von dem Erben völlig unabhängiges, Recht enthält davon gar nichts, folglich hat er gar keinen Beruf, sich in einen solchen materiellen Rechtsstreit zu mischen, der sein eigenes Recht gar nicht berührt. Sein Offizium beschränkt sich in diesem Punkte, nämlich dafür zu sorgen, daß Jeder das Seine erhält, auf die Funktionen eines Zahlmeisters: er leistet Jedem was er zu fordern hat; aber ob Jeder das Geforderte zu fordern habe, das zu entscheiden oder durchzuführen, ist bei entstehendem Streite nicht seine Sache. Hieraus ergiebt sich für den Testamentsexekutor, welcher sich gegen Verantwortlichkeit sichern will, die Nothwendigkeit, sich vor der Realisirung der Vermächtnisse mit dem Erben ins Einvernehmen zu setzen und die Ausantwortung derjenigen, bei welchen der Erbe Widerspruch erhebt, zu beanstanden, bis die endgültige Entscheidung des kompetenten Richters erfolgt ist. Sind die Mißhelligkeiten erledigt oder keine eingetreten, so haben diejenigen, zu deren Vortheil die Anordnung gereicht, es mit dem Erben überall nicht zu thun, sondern sie halten sich unmittelbar an den Vollzieher, der sich im Besitze der Erbschaft befindet und hier gleichsam als Onerirter zu betrachten ist. Er kann daher auch auf Ausantwortung des hinter ihm befindlichen Gegenstandes von dem Bedachten verklagt werden, nach dem Grundsatze: es kann Jeder onerirt werden, der etwas zu dem Nachlaß Gehöriges hat[36]); und gegen jeden Onerirten findet die actio ex testamento dem Prinzipe nach statt[37]). Die Verweisung an den Erben würde hier absurd sein, da ja dieser der Entrichtung nicht widerspricht, er selbst aber nicht in der Lage ist, das Vermächtniß auszuantworten, vielmehr der im Besitz des Gegenstandes befindliche Exekutor von dem Testator ausdrücklich mit der Ausrichtung onerirt ist. In Fällen also, wo die Leistung nicht deshalb, weil man die Gültigkeit der Vermächtnisse bestreitet, beanstandet wird, sondern nur aus bloßer Saumseligkeit oder bösem Willen unterbleibt, kann die Klage der Bedachten ex testamento ohne allen Zweifel gegen den Testamentsexekutor gerichtet werden[38]). —

---

36) Arg. L. 1, §. 6 D. de legatis III; L. 77 D. legatis I. — Zu vergl. Mühlenbruch a. a. O. S. 421, 422, Note 93.

37) L. 108, §. 12 D. de legatis I.

38) Auf diesen Fall bezieht sich das in der Note 35 angeführte Erk. des Obertr. vom 15. Februar 1861, wonach die Legatarien sich wegen ihrer Legate nur an die Erben sollen halten können, nicht. In jenem Falle war die Gültigkeit des Legats, dem geforderten Betrage nach, streitig, und ein solcher Streit

Uneinig sind die gemeinrechtlichen Juristen in dem Falle, wenn nicht der Exekutor, sondern die Erben im Besitze des Nachlasses sind, darüber: ob sich dennoch die Vermächtnißnehmer an ihn halten, ihn zur Klage gegen den Erben auf Hergabe der Mittel zu ihrer Befriedigung oder auch zur Abtretung von Klagen nöthigen können; denn einige ältere Juristen behaupteten, die Legatarien könnten nur ex jure cesso des Testamentsexekutors gegen den Erben klagen[39]). Vom Standpunkte des preußischen Rechts kann hiervon, wenn der Vollzieher nicht in die Erbschaft immittirt worden ist, gar nicht Rede sein, abgesehen von der freiwilligen Herbeilassung desselben zur Vermittelung zwischen den Legatarien und dem Erben, woraus für ihn keine Berechtigung und keine Verbindlichkeit, gegen den Erben in dieser Richtung klagend vorzugehen, entspringt. Wäre jedoch, ohne Immission des Vollziehers in die Erbschaft, dennoch in dem Testamente ausdrücklich vorgeschrieben, daß die Entrichtung der Vermächtnisse und die Ausführung anderer Anordnungen, z. B. der Errichtung eines Monuments und dergl. im Interesse des Testators, durch die Hände des Testamentsvollziehers gehen solle, so kann ein Zweifel dagegen nicht aufkommen, daß der Vollzieher berechtigt sei, den Erben im Wege Rechtens anzuhalten, ihm die dazu erforderlichen Mittel herzugeben; und daß in diesem Falle auch die Honorirten ihn zur Thätigkeit in dieser Richtung anhalten könnten. Er steht dann zu dem Erben in dem Verhältnisse eines im Testamente Honorirten zu dem Onerirten[40]); das Vertrauen, der ausdrückliche Auftrag des Erblassers ist sein Honos und die Auflage des Erben, die Mittel zu gewähren, ist dessen Onus. Der Vollzieher kann mithin gegen den Erben die actio ex testamento gebrauchen, um diesen zu zwingen, ihm die zur Ausrichtung des ihm anvertrauten Geschäftes erforderlichen Mittel zu gewähren, namentlich also die vermachten Gegenstände und Summen an ihn herauszugeben, wenn er sich durch Annahme des Auftrages zur unmittelbaren Auszahlung der Vermächtnisse und Ausführung anderer Anordnungen verpflichtet hat. Die Vermächtnißnehmer zwar kann der Vollzieher durch Cession seiner Klage gegen den Erben für sich abfinden, wenn sie damit ein-

---

gehört nicht zur Kompetenz des Exekutors. Anders, wenn er persönlich Schuld hat an der Hinhaltung der Legatarien: das ist aber seine eigene Sache.

39) M. s. Lauterbach l. c. cap. IX, nr. 48, der selbst dieser Meinung nicht ist.

40) Dies ist auch die Ansicht Mühlenbruch's a. a. O. S. 421 ff. — A. M. ist Sintenis, Civilrecht, §. 182, N. 9 (Bd. III, S. 504), aus unzureichenden Gründen.

verstanden sind, und wenn er vor Ausführung seines Auftrages wegfällt, so ist ipso jure das unmittelbare Verhältniß zwischen ihnen und den Erben hergestellt. Allein der Auftrag zur Ausführung von Anordnungen, welche der Testator im eigenen persönlichen Interesse getroffen hat, ist unübertragbar, und wenn der Vollzieher vor der Ausrichtung ausfällt, so ist die Ausführung lediglich in die Treue und Pietät des Erben gestellt, die zwangsweise Durchführung kann der Testator sich nur durch Ernennung von Substituten des Vollziehers sichern, was jedoch selten geschieht.

5. Weiter liegt dem Testamentsexekutor, kraft des ihm gegebenen allgemeinen Auftrages, die Regulirung der Erbtheilung ob, wenn nicht die Erben auf gerichtliche Erbauseinandersetzung bei dem kompetenten Erbschaftsgerichte antragen [41]). Zu dieser Regulirung gehört die Ausmittelung, Konstituirung und Verwaltung des Nachlasses [42]).

a) Zur Ausmittelung und Konstituirung ist, außer der Inventur, erforderlich:

aa) die Versilberung der Masse, aber nur mittelst öffentlicher Versteigerung. Der Testamentsexekutor ist also ermächtigt, den Mobiliarnachlaß zu verauktioniren und die Immobilien durch das zuständige Gericht subhastiren zu lassen, insofern nicht die Erben ein Anderes wollen, worüber er sich zu seiner Sicherheit gegen Verantwortlichkeit, vorher mit ihnen zu verständigen hat [43]).

bb) Die Einziehung der ausstehenden Forderungen und solcher Erbschaftssachen, die sich hinter Anderen befinden und zur Masse gehören, ebenfalls mit Zustimmung der Erben. Er ist auch zur Einklagung und Führung des desfallsigen Prozesses legitimirt; zu seiner Legitimation ad processum genügt das Testament als Vollmacht, so lange nicht die Erben Widerspruch erheben, denn deren Zustimmung, welche er sich zur Realisirung der Außenstände zu verschaffen

41) R. vom 25. Januar 1796 (oben Note 25): „— wenn (die Auseinandersetzung) von den Erben unter Vermittelung des Exekutors privatim angelegt wird, so muß der Vormund den Rezeß zur Prüfung und Genehmung des vormundschaftlichen Gerichts einreichen.“ — R. vom 31. Mai 1839 (J.M.Bl. S. 201): „Eine gerichtliche Erbauseinandersetzung tritt nur ein, wenn die legitimirten Erben eine solche — bei dem Erbschaftsrichter in Antrag bringen, — — — es hätte vielmehr dem Testamentsexekutor der Nachlaß zur Inventur mit Zuziehung des Vormundes ausgeantwortet, und demselben die Theilung nach den testamentarischen Anordnungen überlassen werden sollen.“

42) R. vom 25. Januar 1796, Abs. 3; Anh. z. A. L.R. (II, 18, §. 421) §. 157 a. E.

43) A. G.O. I, 46, §. 12, Nr. 1 u. §. 24.

hat, bezieht sich nur auf sein Verhältniß zwischen ihm und den Erben; Dritten gegenüber vertritt er in derartigen Prozessen aktiv und passiv die Erbschaft[44]). Bei anderen Prozessen ist das nicht der Fall, namentlich nicht in solchen, wo über Gegenstände und Rechte gestritten wird, welche Eigenthum und Belastung von Grundstücken und andere in der Erbschaft vorfindliche oder angeblich dazu gehörige Sachen betreffen. Dergleichen Streitigkeiten können zum Nachtheil des Erben mit dem Testamentsexekutor nicht ausgetragen werden[45]). Auch zu Handlungen, zu welchen die Gesetze eine Spezialvollmacht erfordern, wird der allgemeine Auftrag des Testamentsexekutoriums nicht für ausreichend gehalten. Daher soll der Testamentsexekutor nicht legitimirt sein, Zahlungen auf die ausstehenden Erbschaftsforderungen anzunehmen und darüber rechtsgültig zu quittiren, namentlich wird er nicht für befugt erachtet, über gekündigte Hypothekenkapitalien Quittung und Löschungskonsens zu geben[46]), und Nachlaßforderungen zu cediren[47]). Konsequent ist dies nicht, wenn man ihn kraft des allgemeinen Auftrags für berechtigt hält, die im Nachlasse befindlichen baaren Gelder, Pretiosen, Kostbarkeiten und Werthpapiere (Pfandbriefe, Staatspapiere, Aktien 2c.) in Besitz zu nehmen.

cc) Die Bezahlung der Nachlaßschulden gehört an sich auch zur Ausmittelung einer Erbschaftsmasse zum Zwecke der Vertheilung unter die Erben. Nach gemeinem Rechte zwar ist das nicht absolut zu behaupten, da die Schulden ipso jure getheilt sind und jedem Erbtheile pro rata anhaften. Aber das preußische Recht kennt eine solche Theilung nicht. Daher kommt regelmäßig nur das zur Vertheilung unter die Erben, was nach Abzug der Schulden übrig ist. Daher müßte es mit zu den Obliegenheiten des Testamentsexekutors gehören, den Betrag der Schulden festzustellen und dieselben vorweg zu bezahlen. Dennoch kann das aus inneren Gründen nicht in die Befugniß desselben gestellt werden, weil die Erben die Schuldner sind und durch den Exekutor nicht vertreten werden. Deshalb müssen die Ansprüche der Gläubiger unmittelbar gegen ihre Schuldner geltend gemacht werden. — Die gemeinrechtlichen Juristen sind über

44) Erk. des Obertr. vom 21. Januar 1852 (Archiv f. Rechtsf. Bd. VIII, S. 242); Erk. dess. vom 23. Januar 1856 (Archiv f. Rechtsf. Bd. XXI, S. 291).

45) Vergl. das in der vor. Note angef. Erk. vom 23. Januar 1856.

46) Pr. des Obertr. 600, vom 4. Januar 1839 (Präj.-Samml. Bd. I, S. 75).

47) Pr. des Obertr. 1644, vom 1. November 1845 (Entscheid. Bd. XII, S. 223).

die Frage: ob der ohne nähere Bestimmung eingesetzte Testamentsvollzieher als solcher Schulden bezahlen dürfe, nicht einerlei Meinung. Von Einigen ist es behauptet worden, auf Grund einer schon vorhin vorgekommenen Stelle des kanonischen Rechts, wo es heißt: „Joannes Clericus et P. Laicus, executores ultimae voluntatis O. Clerici — qui venerabilibus — locis de bonis suis legavit, mandans insuper, satisfieri creditoribus per eosdem, post mandatum susceptum per dioecesanum cogi debent, testatoris explere ultimam voluntatem [48]).“ Andere bestreiten es, ebenfalls auf Grund dieser Stelle, weil dieselbe einen Spezialauftrag zur Bezahlung der Schulden enthält. Dabei ist nicht zu übersehen, daß die Stelle von dem Testamente eines Geistlichen spricht, der sein Vermögen, ohne Erbeseinsetzung, an fromme Anstalten legirt hatte, so daß die Testamentsexekutoren, wie man es ausdrückt, gleichsam heredis loco waren. Daraus ist für unser heutiges Recht nichts zu folgern. Man meint zwar, es ließen sich doch Fälle denken, in welchen der Vollzieher sogar verpflichtet sein könne, Zahlung zu leisten, ohne daß er dazu durch besonderen Auftrag ermächtigt sei; z. B. wenn die Gläubiger auf ihre Befriedigung drängen, ihre Forderungen durchaus keinen Einwendungen ausgesetzt seien, ein Verzug aber ohne Noth Kosten und sonstige Nachtheile der Masse verursachen würde [49]). Allein diese Umstände berechtigen den Exekutor nicht, eigenmächtig zu zahlen. Einestheils kann er nicht wissen, daß der Schuldner (der Erbe) gar keine Einwendungen gegen die Forderung habe, anderntheils kann der Fall niemals so dringlich sein, daß nicht die Erklärung des Erben oder dessen Vertreters eingeholt werden könnte, ehe der Masse unnöthige nennenswerthe Kosten oder sonstige Nachtheile verursacht zu werden vermögen. Zahlt jedoch der Vollzieher, wiewohl er immer sicherer geht, nicht zu thun wozu er nicht beauftragt ist, denn dadurch kann er sich nie verantwortlich machen —, zahlt er aber und ist die Forderung wirklich unanfechtbar; so ist er gegen den Erben, welcher die Ausantwortung der Masse ohne Kürzung dieser ungeheißenen Zahlung fordert, durch die doli (generalis) exceptio geschützt [50]), nur daß er sich nun in die nachtheilige Lage versetzt hat, die Rechtmäßigkeit und Gültigkeit der bezahlten Forderung zu beweisen.

---

48) cap. 19 X. de testamentis (III, 26).

49) So meint Mühlenbruch a. a. O. S. 425.

50) Arg. L. 31 pr. D. de heredit. petit. (V, 3); L. 5 C. de petit. hereditatis (III, 31).

b) Die Verwaltung ist nur von geringem praktischen Interesse in gewöhnlichen Fällen; sie ist nur nebensächlich und drängt sich von selbst vorübergehend auf bei Gegenständen, welche ohne Pflege und Verwaltung nicht besessen und erhalten werden können, bis der Vollstrecker sich ihrer wieder, entweder durch Veräußerung oder in Folge der Erbtheilung, entschlagen kann; denn der Zweck der meistens in kurzer Zeit vorübergehenden geschäftlichen Funktionen desselben sind auf eine eigentliche Verwaltung gar nicht gerichtet. Daher wird er sicher gehen, wenn er seine verwaltende Thätigkeit auf die rechtliche Nothwendigkeit zur Erhaltung des status quo beschränkt, um die Verminderung der Masse abzuwenden; sich aber nicht auf spekulative Unternehmungen einläßt. Zu solcher rechtlichen Nothwendigkeit gehört der Verkauf aller dem Verderb ausgesetzten und auch solcher Sachen, quae servando servari nequeunt[51]); die Fortsetzung der Verwaltung derjenigen Grundstücke, welche der Erblasser selbst bewirthschaftete, in der hergebrachten Weise; Einziehung fällig werdender Pacht- und Miethszinsen; Erneuerung ablaufender Pacht- und Miethverträge auf kurze Zeit oder kurze Kündigung; rechtzeitiger Verkauf der aus der Wirthschaft eines verwalteten Guts gewonnenen Erzeugnisse, der ausgemerzten Inventarienstücke; Erneuerung der in Abgang gekommenen Stücke; Instandhaltung der Gebäude; verzinsliche Anlegung der überflüssigen Gelder in einer Weise, daß der Posten in kurzer Zeit und ohne Verlust am Kapital in Folge von Kursschwankungen, wieder flüssig gemacht werden kann, wozu jetzt die Sparkassen Gelegenheit bieten; u. dergl. m. In keinem Falle darf er ein neues Geschäft machen oder Rechtshandlungen unternehmen, welche entschieden nicht unter den Begriff von Administrationshandlungen zu bringen sind, z. B., wie es vorgekommen, ein im Nachlasse vorgefundenes Wechselblanket mit einer Wechselerklärung eines Dritten ohne dessen Wissen und Willen auf den Namen des verstorbenen Erblassers ausfüllen[52]).

c) Bei der demnächst vorzunehmenden Erbtheilung beschränkt sich die Kompetenz des Testamentsexekutors auf die Leitung der Verhandlungen, auf Vermittelung und zuletzt auf Errichtung der Urkunde über den zu Stande gekommenen Rezeß. Keineswegs gehört zu seinen Befugnissen irgend eine Entscheidung über materielle Rechte

---

51) A. L.R. I, 11, §. 218; I, 14, §§. 101, 102. — Zu vergl. Scholz a. a. O. §. 24 a. E.

52) M. s. den Rechtsfall und das Erk. des Obertr. vom 27. Juni 1857, mitgetheilt im Archiv f. Rechtsfälle Bd. XXV, S. 305.

der Erben, namentlich die Feststellung der Erbtheile, ihrem Betrage nach, und der Konferenda der einzelnen Erben. Bei der gerichtlichen Erbtheilung steht dem Erbschaftsrichter auch die Leitung derselben gesetzlich zu, niemals aber wird es dem diese Leitung führenden Gerichte einfallen, solche materielle Entscheidungen im Wege dieser Leitung, also durch Dekret, zu treffen, und mehr Befugnisse kann der Testamentsexekutor keines Falles haben [53]). Treten Meinungsverschiedenheiten zwischen den Erbinteressenten über ihre Erbrechte ein und führen die Vermittelungen des Vollziehers nicht zur Verständigung, so hat er seine Thätigkeit bis zur rechtskräftigen Entscheidung der kompetenten Gerichte einzustellen, und demnächst wieder aufzunehmen [54]). Von dem zu Stande gekommenen Erbrezesse hat der Vollzieher den Betheiligten die verlangten Exemplare auszuhändigen. Sollen auf Grund des Rezesses Eintragungen in die Hypothenbücher geschehen, so müssen die Interessenten, behufs der Beglaubigung, die Privaturkunde gerichtlich oder notariell rekognosciren.

6. Zum Schluß hat der Vollzieher gehörige Rechnung zu legen [55]). Die Rechnungsnehmer sind die Erben und sonst Betheiligten. Die Grundlage der Rechnungslegung bildet das Inventarium [55a]). Leugnet der Vollzieher seine Schuldigkeit zur Rechnungslegung, oder zögert er damit; so kann jeder [56]) dabei Betheiligte ihn dazu gerichtlich anhalten. Der Kläger hat dabei die Wahl zwischen dem Gerichtsstande, unter welchem die Verwaltung geführt worden ist, und dem ordentlichen persönlichen Gerichtsstande des Vollziehers [57]). Der Zeitpunkt der Rechnungslegung tritt ein nach vollendetem Geschäfte, sobald ein dabei Betheiligter den Vollzieher dazu auffordert [58]). Zieht sich jedoch die Verwaltung durch Jahre hin, so muß der Vollzieher die Rechnung sogleich nach Ablauf eines jeden Rechnungsjahres den Erbinteressenten einreichen und auf deren Abnahme antragen [59]). Durch diese Zeitbestimmung

53) So führt das Obertr. ganz richtig aus in dem Erk. vom 23. Juni 1856 (Entsch. Bd. XXXIII, S. 44).

54) A. G.O. I, 46, §§. 15, 25. — Zu vergl. oben, Nr. 4 am Anfange.

55) A. L.R. I, 12, §. 562. — Clem. un. de testamentis (III, 6).

55a) Zu vergl. A. L.R. II, 18, §. 655.

56) Erk. des Obertr. vom 25. Febr. 1850 (Entsch. Bd. XIX, S. 213) und Pl.-Beschl. dess. (Pr. 2325), vom 1. Dezember 1851 (Entsch. Bd. XXII, S. 136).

57) A. G.O. I, 2, §§. 154 u. 158.

58) A. L.R. I, 13, §. 61; Erk. des Obertr. vom 23. April 1863 (Archiv f. Rechtsf. Bd. XLIX, S. 173).

59) A. L.R. I, 12, §. 562, verb. mit I, 14, §. 139. — Zu vergl. II, 18, §. 647.

ist der Erbe nicht behindert, zu jeder beliebigen Zeit im Laufe des Jahres die Verwaltung durch Einsicht der Bücher und deren Abschluß — denn die Bücher enthalten die Rechnung — zu kontroliren, und die sofortige Deckung des sich etwa ergebenden Defekts zu fordern. Denn ein Wirthschaftsverwalter ist verpflichtet, jederzeit und ohne daß erst der Ablauf des Rechnungsjahres abzuwarten wäre, die Richtigkeit seiner Verwaltung und die Vollständigkeit der Bestände auf Grund der von ihm abzuschließenden Bücher dem Prinzipale nachzuweisen, und die dabei sich ergebenden Defekte zu vertreten [60]. — Zur Vollständigkeit einer Verwaltungsrechnung gehört die Beifügung bündiger Beläge über die einzelnen Positionen [61], welches bedeutet, daß der Rechnungsleger die Richtigkeit seiner Rechnung zu beweisen hat. Der Mangel der Beläge macht zwar die Rechnung nicht abnahmeunfähig, hat aber die Folge, daß der Rechnungsleger die Richtigkeit der bestrittenen Posten anderweitig auf seine Kosten beweisen muß, wenn der Mangel des Belags wirklich monirt wird [62].

Der Erlaß der Rechnungslegung nach Beendigung des Geschäfts von Seiten der Betheiligten ist selbstverständlich zulässig, er kann selbst stillschweigend eintreten, und daß dies geschehen, wird angenommen, wenn der Prinzipal dem Verwalter eine Rechnung abzufordern durch fünf Jahre unterläßt [63]. Der Erlaß hat die Wirkung, daß gegen die Verwaltung des Vollziehers nur noch solche Ausstellungen angebracht werden können, die auf einen verübten Betrug hinauslaufen [64]. — Ueber die Wirkung des Erlasses der Rechnungslegung von Seiten des Testators (Legat oder Fideikommiß, wodurch die Rechnungslegung erlassen wird) [65], ist man dahin einverstanden, daß dieselbe keine andere sei als bei Vormündern, welchen der Vater des Pupillen solche erlassen hat. Die Wirkung dieses Erlasses besteht allein darin, daß nicht Ansprüche wegen levis culpa an den Tutor oder Verwalter erhoben werden können. „Si servus vetitus est a testatore rationes reddere, non hoc

60) Pr. des Obertr. 1756, vom 29. Mai 1846 (Entsch. Bd. XIII, S. 210).

61) A. L.R. I, 14, §. 139.

62) Ebend. §§. 136—138. — Erk. des Obertr. vom 17. September 1860 (Archiv f. Rechtsf. Bd. XXXVIII, S. 225); vom 22. März 1845 (Entsch. Bd. XI, S. 296).

63) A. L.R. I, 14, §§. 158, 159.

64) Ebend. §. 157, verb. mit I, 12, §. 562.

65) Es kommt vor bei der testamentarischen Vormundschaft, etwa in der Formel: rationes exposci oder reposci oder exigi nolo, tutores aneclogistos esse volo, und in ähnlichen. L. 5, §. 7 D. de administrat. tut. (XXVI, 7); L. 23, §. 2 D. de peculio legato (XXXIII, 8).

consequitur, ut ne quod apud eum sit, reddat et lucrifaciat, sed ne scrupulosa inquisitio fiat, hoc est, ut negligentiae ratio non habeatur, sed tantum fraudium. Ideo et manumisso non videtur peculium legari per hoc, quod vetitus est rationes reddere[66])." Daraus folgt die Nothwendigkeit, daß doch durch ein Verzeichniß nachgewiesen werden müsse, worin das Vermögen bestehe, was verwaltet worden ist und nun herausgegeben werden soll. Damit stimmt das preußische Recht im Wesentlichen überein in folgenden Bestimmungen des A. L.R. Th. II, Tit. 18:

§. 871. „Hat der Erblasser der Pflegebefohlenen den Vormund nur in allgemeinen Ausdrücken von der Rechnungslegung befreit: so ist anzunehmen, daß derselbe dem Vormunde diese Pflicht nur in Ansehung des vormundschaftlichen Gerichts habe erlassen wollen. (§§. 693, 694.)"

§. 872. „Ein solcher Vormund kann sich also nicht entbrechen, Rechnungen zu halten, und dieselben, nach geendigter Vormundschaft, dem gewesenen Pflegebefohlenen vorzulegen."

§. 873. „Doch kann Letzterer gegen diese Rechnung nur solche Ausstellungen machen, die eine von dem Vormunde aus Vorsatz oder grobem Versehen ihm zugefügte Verkürzung betreffen."

§. 874. „Erhellet aber aus der Verordnung des Erblassers, daß der Vormund von aller Rechnungslegung, auch an den Pflegebefohlenen, befreit sein sollte: so hat es dabei lediglich sein Bewenden."

§. 875. „Ein solcher Pflegebefohlene muß mit einer allgemeinen Nachweisung der Substanz, sowie dieselbe zur Zeit der angetretenen Vormundschaft sich verhalten hat, und gegenwärtig beschaffen ist, sich begnügen."

§. 876. „Kann jedoch der gewesene Pflegebefohlene bestimmte Anzeigen einer bei einem einzelnen Geschäfte von dem Vormunde ihm vorsätzlich zugefügten Verkürzung anführen und einigermaßen bescheinigen: so kann der Vormund ihm über dieses Geschäft nähere Auskunft und Rechenschaft zu geben sich nicht entbrechen."

§. 877. „Wird der Vormund auch nur bei einem einzelnen Geschäfte eines unredlichen Verhaltens überführt: so ist er schul-

66) L. 119 D. de leg. I. — Zu vergl. L. 72, §. 3 D. de condit. et dem. (XXXV, 1); L. 5, §. 7 D. de administr. tut. (XXVI, 7); L. 41 D. eodem; L. 9, 20, §. 1 D. de liber. leg. (XXXIV, 3).

dig, dem gewesenen Pflegebefohlenen über seine ganze geführte Verwaltung vollständige Rechnung abzulegen."

Das Landrecht hat also den Grundsatz festgehalten, daß der testamentarische Erlaß den Verwalter nicht gegen Verantwortlichkeit wegen Dolus und, in der Regel, auch wegen culpa lata sichert, und daß der Verwalter bei der Administration in allen Fällen bona fides präſtiren und das in Besitz genommene Vermögen herausgeben muß. Daß dieses von ihm geleistet werde, läßt sich anders nicht übersehen, als wenn er durch eine Berechnung nachweiset, worin das Vermögen besteht, was er verwaltet hat[67]). Das Nämliche drückt der §. 875 mit den Worten aus: „Ein solcher Pflegebefohlene muß mit einer allgemeinen Nachweisung der Substanz, sowie dieselbe zur Zeit der angetretenen Vormundschaft sich verhalten hat, und gegenwärtig beschaffen ist, sich begnügen." Kennt man den Güterbestand am Anfange der Verwaltung und hat man das Verzeichniß von dem, was ausgeliefert wird; so läßt sich wohl erforschen, wo das Fehlende geblieben ist. — Gemeinrechtlich ist darüber kein Streit, daß bei dem Testamentsexekutorium auf die Analogie der testamentarischen Vormundschaft in dieser Frage zurückzugehen sei, wenngleich im Allgemeinen jene Theorie mit der des Mandats vertauscht worden ist; allein das Mandatsverhältniß bietet für diese Frage gar keine Analogie, weil es durch ein Rechtsgeschäft unter Lebenden entsteht, während das Testamentsexekutorium durch ein Testament seine Entstehung erhält. Es läßt sich für das preußische Recht kein Zweifelsgrund gegen die Heranziehung dieser Analogie finden, da sonst jeder Anhalt fehlen würde, auch ist in der That eine vollständige Aehnlichkeit zwischen der testamentarischen Vormundschaft und dem Testamentsexekutorium vorhanden, und außerdem nimmt das preußische Reskriptenrecht in anderen Fragen, namentlich bei der Beendigung des Rechtsverhältnisses des Testamentsvollziehers, ausdrücklich seine Zuflucht zu dieser Analogie[68]).

Ist der Testamentsexekutor gar nicht in den Besitz der Erbschaft gelangt und hat er mithin auch keine Verwaltung führen können, so genügt die Rechenschaft, wie sie der einfache Mandatar nach Beendigung des ihm aufgetragenen Geschäfts abzulegen verpflichtet ist[69]). Diese Rechenschaft bringt es nicht mit sich, daß der Bevollmächtigte

---

67) M. s. Glück, Kommentar, Bd. XXX, S. 266.

68) R. vom 25. Januar 1796 am Ende (N. C. C. Tom. X, S. 55; Stengel, Bd. II, S. 308; Rabe, Bd. III, S. 248).

69) A. L.R. I. 12, §. 562, verb. mit §. 61, Tit. 13.

unter allen Umständen eine förmliche, mit bündigen Belägen versehene, Rechnung zu legen, d. h. daß er allemal seine Angaben zu beweisen habe; vielmehr kommt es in jedem besonderen Falle auf die Beschaffenheit der Rechenschaft und den rechtlichen Gehalt der dagegen gemachten Ausstellungen an, um über die prozessualische Stellung der Angaben und der Einwendungen dagegen zu entscheiden[70]). Die Verpflichtung zur Ablegung dieser Art von Rechenschaft erlischt nicht, wie jene zur förmlichen Rechnungslegung über eine geführte Verwaltung (Note 63), durch stillschweigenden Erlaß, wenn auch das aufgetragene Geschäft mit Erhebung von Geldern und deren Verwahrung, Verwendung und Auszahlung verknüpft war[71]). Beide Fälle sind wesentlich durchaus verschieden[72]).

7. Der Testamentsexekutor haftet nach den Grundsätzen vom Mandatskontrakte, wenn er mit einer Verwaltung nichts zu thun hat. Ueber den Grad der anzuwendenden Aufmerksamkeit stimmt das preußische Recht mit dem Gemeinen nicht überein. Die römischen Juristen gehen davon aus, daß eine Geschäftsführung nicht ohne große Sorgfalt des Geschäftsführers wohl gelingen könne; sie nehmen deshalb an, daß derjenige, welcher sich zur Uebernahme eines fremden Geschäfts herbeiläßt, sich zur Anwendung alles Fleißes verbindlich gemacht habe. Darum muß er für culpa omnis haften. Das Landrecht setzt voraus, daß der Auftraggeber seinen Mann kennen müsse und daher sich mit dessen Art von Sorgfalt oder Fahrlässigkeit begnüge, wenn er ihm sein Vertrauen zuwende. Darum ist der Beauftragte nur zu demjenigen Grade des Fleißes und der Aufmerksamkeit, welchen er in seinen eigenen Geschäften derselben Art anzuwenden pflegt, verpflichtet. Nur wenn der Richter in Verlegenheit bei der thatsächlichen Feststellung dieser Frage ist, oder wenn der Beauftragte die Geschäftsbesorgung gegen Belohnung übernommen hat, soll auf Haftung nicht etwa für culpa omnis, sondern für culpa levis gehalten werden[73]). Nach römischem Recht ist diesfalls zwischen den Fällen: ob mit, ob ohne Verwaltung, kein Unterschied, das römische Recht kennt die Verwaltung fremder Sachen und

70) Erk. des Obertr. vom 4. Februar 1848 (Rechtsfälle, Bd. III, S. 389); Erk. dess. vom 20. November 1856 (Archiv f. Rechtsf. Bd. XXIII, S. 67).

71) Pr. des Obertr. 1892, vom 11. Juni 1847, u. Erk. dess. vom 22. April 1839 (Entsch. Bd. IV, S. 343).

72) Ueber die inneren Gründe zu dieser verschiedenen Behandlung beider Fälle s. m. meine Beurtheilung der Entscheidungen, S. 280 u. 281.

73) I, 13, §§. 55, 56. Die Modifikationen dieser Regel in Beziehung auf Kunst- oder Sachverständige ohne oder gegen Bezahlung interessiren hier nicht.

Güter nicht als ein eigenthümliches Rechtsverhältniß. Das Landrecht hat daraus ein besonderes Negotium gemacht, zusammengesetzt aus Verwahrungs- und Bevollmächtigungsvertrag; dasselbe geht daher von dem in jedem dieser beiden Rechtsverhältnisse zu leistenden Grade von Fleiß aus, je nachdem die betreffende Handlung oder Unterlassung unter das eine oder das andere derselben zu bringen ist; und darauf läßt es eine Anzahl von Einzelnfällen folgen, für welche besonders festgestellt ist, wodurch und wie der Verwalter sich verantwortlich macht. So z. B. wird er, wenn er ohne erhebliche Ursachen von der bisherigen Art des Betriebes des ihm aufgetragenen Geschäfts eigenmächtig abweicht, nicht etwa auch für den Zufall[74]), sondern „auch für ein geringes Versehen verantwortlich“[75]).

Bei der Frage: wem der Testamentsvollzieher verantwortlich sei, sind die einzelnen Verrichtungen und Gegenstände seiner Obliegenheit zu unterscheiden. Er ist Jedem, welcher bei der Erbschaft betheiligt ist und durch seine Arglist oder Fahrlässigkeit Schaden leidet, Ersatz dafür zu leisten schuldig. Daher können ihn nicht bloß die Erben und Vermächtnißnehmer, sondern unter Umständen auch Gläubiger und Schuldner des Erblassers, sowie überhaupt Jeder, welcher in seinen Vermögenverhältnissen durch die Geschäftsführung desselben beeinträchtigt wird, in Anspruch nehmen, wenn er eigenmächtig gehandelt oder ohne Dazwischenkunft der Erben in Dingen, welche keinem rechtlichen Zweifel unterliegen, seine Schuldigkeit zu thun unterlassen hat[76]). Die Frage nach der in jedem einzelnen Falle anwendbaren Klage, d. h. nach preußischem Rechte, wonach es auf den Namen der Klage nicht ankommt, nach dem dem Anspruche zu Grunde zu legenden materiellen Gehalt (Prinzip) der Klage, ist im Allgemeinen nicht zu beantworten; es kommt in jedem einzelnen Falle auf die besonderen Umstände und Verhältnisse an, was für ein Klageprinzip sich daraus ergiebt. Im Allgemeinen läßt sich sagen, daß die actio ex testamento vorherrschend ist. Etwas Näheres hierüber wird unten im §. 39 gesagt werden.

§. 37.

cc) Gebührnisse des Testamentsexekutors.

I. Dem Testamentsexekutor stehen folgende Forderungen zu:

74) Wie nach L. 11 D. de negot. gestis (III, 5).

75) I, 14, §§. 109—128.

76) M. vergl. Heimbach a. a. O. S. 1038.

1. Für seine Mühwaltung und Zeitversäumniß die ihm von dem Testator ausgesetzten Vortheile unter welchem Namen immer; es ist für die Natur des Rechtsverhältnisses gleichgültig, ob ihm der Testator ein Legat, Fideikommiß, ein Salair oder Honorar, eine Belohnung, oder wie er es sonst nennt, angewiesen hat. Findet sich eine derartige Bestimmung nicht in der letzten Willensverordnung, so kann er nach bekannten römischen Rechtsgrundsätzen vom Mandate keinerlei Belohnung oder Vergeltung für persönliche Bemühung und für Zeitverluste verlangen [1]). Damit war jedoch nur die actio mandati contraria ausgeschlossen. Dagegen war es Personen, welche für ihre Leistungen keine Klage hatten, z. B. den Professoren, Aerzten, Hebammen, Ammen, Schullehrern, Notaren und mehreren Anderen, gestattet, den Prätor oder Statthalter anzugehen, ihnen im außerordentlichen Rechtswege, d. h. ohne Bestellung eines judex, Lohn zuzusprechen [2]). Da dieser prozessualische Unterschied, der lediglich seinen Grund in der römischen Gerichtsverfassung hatte, gemeinrechtlich nicht besteht, so ist jener römischrechtliche Grundsatz über die Belohnung eines Mandatars praktisch nicht durchgeführt und es wird demnach von juristischen Schriftstellern angenommen, daß, wenn der Testator Geschäftsmänner, wie z. B. Advokaten, zu Testamentsvollziehern ernennt, diese selbstverständlich Belohnung fordern dürften, da sie solche Geschäfte um des Erwerbes willen übernähmen [3]). Aber gerade dieser Grund weiset darauf hin, daß ein wesentlicher Unterschied besteht zwischen der Thätigkeit des Mandatars und jener Personen, welchen das römische Recht einen Anspruch auf Lohn im außerordentlichen Rechtswege zugesteht. Der Mandatar hat es lediglich mit der Eingehung oder Vollziehung eines Rechtsgeschäfts als Stellvertreter des Prinzipals, des wahren Kontrahenten, zu thun; die Thätigkeit dieser Personen dagegen besteht in rein mechanischen Verrichtungen oder Leistungen, nicht in Rechtshandlungen. Diese Produktionen fallen, wenn ein Anderer sich solche zu Nutze macht, in die Kategorie der unbenannten Realkontrakte nach der Formel: facio ut des, können also nicht mittelst der actio mandati contraria zu Gelde gemacht werden; es ist vielmehr das erweiterte Prinzip der Entschädigung, auf welches der Anspruch auf Lohn für solche Leistungen, wofür eine Belohnung vorher nicht versprochen worden ist,

---

1) L. 1, §. 4 D. mandati (XVII, 1).

2) L. 1 D. de extraordinariis cognitionibus (L, 13).

3) Z. B. Heimbach a. a. O. S. 1037.

gegründet werden kann[4]). — Im preußischen Rechte sind die Grenzen zwischen diesen verschiedenen Handlungen verschwommen und der Mandatskontrakt ist, wenn Belohnung ausdrücklich versprochen, zum Verdingungskontrakt, und, wenn nicht ausdrücklich versprochen, unter Umständen zum unbenannten Realkontrakte geworden, er hat aufgehört, ein eigenthümlicher Kontrakt zu sein. Nach den landrechtlichen Grundsätzen vom Mandate kann der Testamentsexekutor für seine Mühwaltung und Zeitverwendung unversprochene Vergeltung fordern: a) wenn die Gesetze selbst einen Preis dafür bestimmen[5]); b) wenn die Ausrichtung solcher Geschäfte zu seinem ordentlichen Gewerbe gehört[6]).

2. Er kann fordern, daß ihm die zur Erfüllung seines Auftrages erforderlichen Mittel, namentlich die dazu angewiesenen Summen gewährt werden, und zwar noch vor Beendigung des Geschäfts vorschußweise[7]).

3. Er kann verlangen, daß er durch die Besorgung der ihm übertragenen Geschäfte nicht Schaden leide, und kann also fordern:

a) Erstattung der bereits gehabten Auslagen, nebst landüblichen Zinsen von dem Tage an, wo er dem Erben die mit den erforderlichen Belägen versehene Berechnung darüber zugestellt hat, falls er vorher keinen Vorschuß forderte; hatte er ihn gefordert, oder konnte er ihn vor Vollziehung des Geschäfts nach den Umständen des Falles nicht einziehen, so gebührt ihm landübliche Verzinsung von Zeit der Verwendung an[8]). Dadurch, daß von dem Rechte der Verzinsung der verauslagten Gelder nicht Gebrauch gemacht wird, verlieren die gemachten Auslagen nicht ihre Eigenschaft als Forderungen aus dem Mandatsverhältnisse, lassen sich also niemals aus dem Ge-

---

4) Aus diesem Grunde sprach auch die preuß. Gerichtspraxis des vorigen Jahrhunderts dergleichen Vergeltung zu. Ein Tribunalsurtel vom 14. August 1765 stellt den Grundsatz fest: Wenngleich regulariter in mandato eine von dem Mandanten versprochene unbestimmte Belohnung nicht gefordert werden kann: so leidet doch diese Regel, unter andern, auch alsdann ihren Abfall, wenn das ausgerichtete Negotium dergestalt beschaffen ist, daß der Mandatarius, im Fall er von dem Mandanten deshalb keine Vergütigung erhielte, Schaden leiden würde. Hymmen, Beiträge, VII, S. 103, Nr. 57. — Zu vergl. Pufendorf, Obs., Tom. II, obs. 5, §. 6; — Mühlenbruch, Lehrbuch der Pandekten, §. 408, Nr. I a. E.

5) Einen solchen Fall kann ich mir bei den Geschäften eines in allgemeinen Ausdrücken ernannten Testamentsexekutors nicht denken.

6) A. L.R. I, 13, §. 74. Bei diesem Falle ist an die Justizkommissarien (heutigen Rechtsanwälte) gedacht.

7) A. L.R. I, 13, §. 70.

8) Ebenda §§. 71, 73.

sichtspunkte wirklicher Darlehen betrachten[9]). Kapitalszahlungen, welche der Testamentsexekutor vorschußweise aus seinen eigenen Mitteln für die Erbschaft geleistet hat, müssen ihm unbedingt schon von der Zeit der geschehenen Verwendung an, auf Verlangen landüblich verzinset werden[10]). Unter Kapitalszahlungen sind nicht bloß solche Zahlungen zu verstehen, welche auf verzinsliche Schulden des Erblassers geleistet sind, vielmehr gehören dazu Zahlungen, durch welche die Erbschaft von einer Hauptschuld befreit wird, z. B. wenn der mit Berichtigung der Schulden beauftragte Vollzieher zu einer Zeit, wo er noch keinen Vorrath baarer Gelder hat, von einzelnen Gläubigern um ihre Befriedigung gedrängt wird, Zahlung leistet, oder kleine Legate an die darauf wartenden Vermächtnißnehmer, etwa Dienstboten u. dergl., aus eigenen Mitteln entrichtet. Der Grund der Zinsen ist in diesem Falle nicht Mora, denn der Vollzieher hat ja unaufgefordert die Verwendung an Dritte gemacht, wovon der Erbe vielleicht nicht einmal sobald etwas erfährt; vielmehr ist es der allgemeine Grund der gesetzlichen Zinsen überhaupt, nämlich Vergütung für den entzogenen Gebrauch einer Geldsumme zum Vortheil eines Anderen[11]), hier des Erben, dessen Erbschaft dadurch nicht allein von der Hauptschuld, sondern zugleich von den den Gläubigern gebührenden Verzugszinsen, durch deren Ersparung sich der Erbe ohne allen Rechtsgrund zum Nachtheile des Vollziehers bereichern würde, befreit worden ist und vielleicht noch erhebliche Einziehungskosten erspart hat.

b) Ersatz aller ihm unmittelbar oder mittelbar verursachten Kosten. Man hat angenommen, daß die Kosten, welche die Testamentsvollziehung verursacht, im Allgemeinen aus der Erbmasse zu bestreiten sind, diejenigen aber, welche durch die Ausführung besonderer Anordnungen veranlaßt werden, dem zur Last fallen, zu dessen Vortheil die Disposition gereicht[12]). Der Satz ist in dieser Allgemeinheit zu bezweifeln, jedenfalls berührt er nicht das Rechtsverhältniß des Testamentsvollstreckers, sondern betrifft nur die Verbindlichkeit der Parteien zur gegenseitigen Kostenerstattung; der Mandatarius für seine Person hat es nur mit seinem Machtgeber zu thun.

---

9) Erk. des Obertr. vom 10. März 1857 (Archiv f. Rechtsf. Bd. XXIV, S. 95).

10) A. L.R. a. a. O. §. 72.

11) M. vergl. L. 12, §. 9 D. mandati (XVII, 1).

12) Leyser, Sp. 374, med. 12; Scholz a. a. O. §. 21 a. E. (Nr. 5); Mühlenbruch, in Glück's Kommentar, Bd. XLIII, S. 448 a. E.

Der Testamentsvollzieher kann alle ihm durch seine Funktionen entstandenen Kosten unbedingt aus der Erbschaft erstattet verlangen. Tritt der Fall ein, daß ein Interessent, Schuldner oder Gläubiger in der ihn betreffenden Sache in die Kosten verurtheilt wird, so gehört es freilich zu den Obliegenheiten des Vollziehers, für die Wiederbeibringung der der Erbschafsmasse zu erstattenden Kosten zu sorgen.

c) Ersatz des Schadens in Unglücksfällen, welche den Vollzieher bei Verrichtung seiner Funktionen treffen, wenn dazu der Erbe auch nur durch ein geringes Versehen Anlaß gegeben hat; und auch des bloß zufälligen Schadens alsdann, wenn der Vollzieher die bestimmte Vorschrift des Testators nicht befolgen konnte, ohne sich der Gefahr einer solchen Beschädigung auszusetzen [13]).

4. Er kann Befreiung von allen gegen Andere in Ausübung seiner Funktionen übernommenen Verbindlichkeiten von den Erben fordern [14]). Es macht hinsichtlich dieser Obliegenheit der Erben keinen Unterschied, wenn der Vollzieher das Geschäft nicht im Namen der Erbschaftsinteressenten, sondern in seinem eigenen Namen abgeschlossen hat, wenn es nur der Erbschaft zu Gute gekommen ist, oder noch zu Gute kommt [15]).

II. Ist der Testamentsexekutor in den Besitz der Erbschaft gelangt, so darf er aus derselben alle ihm zustehenden Gebührnisse entnehmen und in Rechnung stellen; er ist selbst befugt, seine nicht aus dem Auftrage entsprungenen, an sich jedoch zur Kompensation geeigneten Forderungen an die Erbschaft im Wege der Kompensation in Abrechnung zu bringen [16]). Die wegen solcher Ausgabeposten entstehenden Mißhelligkeiten zwischen ihm und den Rechnungsnehmern werden im Rechnungsprozesse, namentlich im Defektatorienverfahren erledigt. — Hat er nicht die Erbschaft hinter sich, so erzwingt er seine Forderungen gegen die Erben oder die betreffenden Betheiligten durch Klagen (§. 39).

---

13) A. L.R. a. a. O. §§. 80, 81. Der zweite Satz ist nicht römisch, sondern mit Bewußtsein dem deutschen Gerichtsbrauche entlehnt. Zu vergl. Schilter, Praxis juris Rom., Exercitatio XXVIII, §. 93; L. 26, §. 6 D. mandati (XVII, 1).

14) A. L.R. a. a. O. §. 82.

15) M. vergl. das Erk. des Obertr. vom 8. Juni 1852 (Archiv f. Rechtsf. Bd. V, S. 297).

16) Zu vergl. Erk. des Obertr. vom 15. April 1856 (Archiv f. Rechtsf. Bd. XXI, S. 79) u. §§. 302 ff., Tit. 16, Th. I des A. L.R.

§. 38.

d) Beendigung des Rechtsverhältnisses.

Ist durch eine zu Recht bestehende letzte Willensverordnung und hinzugetretene Annahme seitens des Testamentsvollziehers das Testamentsexekutorium einmal existent geworden, so kann das Rechtsverhältniß nicht so wie das Mandatsverhältniß durch einseitigen Widerruf oder Aufkündigung wieder aufgelöst werden, von Seiten des Erben nicht, weil er nicht der Machtgeber ist; von Seiten des Vollziehers nicht, weil ein Erbe oder Vermächtnißnehmer, welcher Letztere der Vollzieher ist, nach der Annahme nicht wieder aufhören kann, ein solcher zu sein, wenigstens nicht, wenn res nicht mehr integra ist [1]), auch wäre, wenn man die Grundsätze vom Mandate und damit den Grundsatz der einseitigen Wiederruflichkeit oder Kündigung buchstäblich auf das Rechtsverhältniß des Testamentsvollstreckers anwenden wollte, ja jetzt eine an den Mandanten gerichtete Kündigung gar nicht möglich. Der renitente Testamentsexekutor kann daher von jedem Erbinteressenten zur Thätigkeit und Schadloshaltung durch den Richter angehalten werden [2]). Auch dadurch wird das Testamentsexekutorium nicht vereitelt, wenn der eingesetzte Erbe die Erbschaft nicht annehmen kann oder nicht will, mithin das testamentum destitutum ist; denn in diesem Falle tritt der Substitut, in dessen Ermangelung der Intestaterbe, an die Stelle des eingesetzten Erben und alle übrigen letztwilligen Anordnungen bleiben auszuführen [3]); und der eintretende Erbe muß alle schon vorher von dem Vollzieher vorgenommenen Geschäftshandlungen, z. B. Besorgung des Begräbnisses, Errichtung des Grabmals, Zahlung von unzweifelhaften Schulden, zweckmäßige oder ausdrücklich aufgetragene Veräußerungen gelten lassen [4]), sowie er auch Verantwortung, Rechenschaft und Schadensersatz wegen Vernachlässigungen von dem Vollzieher zu fordern berechtigt ist. — Regelmäßig endet das Rechtsverhältniß: 1. durch vollständige Ausführung der aufgetragenen Geschäfte; 2. durch den Tod des Vollstreckers, wenn kein Substitut vorhanden ist, denn die Funktionen als rein persönliche vererben

1) A. L.R. I, 9, §§. 416, 417, 412, verbunden mit §. 293, Tit. 12.

2) „— post mandatum susceptum (executores ultimae voluntatis) per dioecesanum cogi debent, testatoris implere ultimam voluntatem.“ Cap. 19 X. de testamentis (III, 26).

3) A. L.R. I, 9, §. 406; I, 12, §. 279.

4) Schon nach röm. Rechte, wenn die Vermächtnisse in einem destituirten Testamente durch die Kodizillarklausel aufrecht erhalten blieben. Zu vergl. L. 22 in fine D. de minoribus (IV, 4); L. 44 D. de re judic. (XLII. 1); L. 90 D. de solution. (XLVI, 3).

sich nicht; doch müssen die Erben desselben den Erbinteressenten von dem erfolgten Todesfalle sofort Nachricht geben, auch die angefangenen Geschäfte in der Zwischenzeit, bis anderweitige Vorkehrungen getroffen werden können, soweit fortsetzen, als es zur Abwendung eines sonst unvermeidlichen Schadens nothwendig ist [5]). Der Erbe des Testators tritt nun selbst in die Funktionen des verstorbenen Exekutors ein. Der Tod des Erben beendet das Rechtsverhältniß nicht, weil der Exekutor sein Offizium nicht von ihm hat. Also auch hier findet der desfallsige Grundsatz vom Mandate ebensowenig wie in Betreff des einseitigen Widerrufs statt. 3. Durch den Ablauf der für die Dauer der Exekution bestimmten Frist, z. B. bis zur Volljährigkeit des Erben. 4. Durch Eintritt der Bedingung, von welcher die Dauer der Exekution abhängig gemacht ist, z. B. „wenn die Erbtochter noch vor der Volljährigkeit heirathet." 5. Durch Uebereinkunft des Exekutors mit sämmtlichen dabei Betheiligten. 6. Durch Eröffnung des Konkurses über den ganzen Nachlaß. Der Exekutor hat dann sämmtliche in seiner Gewahrsam befindliche, den Nachlaß und seine Geschäftsführung betreffende Schriftstücke an das Konkursgericht abzuliefern, den Nachlaß, soweit er sich in seinem Besitze befindet, dem Verwalter der Konkursmasse auszuantworten und demselben auch Rechnung zu legen [6]). Damit ist das ganze Exekutorium gegenstandslos geworden. Das ist nicht der Fall, wenn nur über das Vermögen eines Miterben Konkurs ausbricht. Dann tritt die Gläubigerschaft dieses Miterben nur in die Stelle desselben, und der Konkursverwalter hat sich bei der Erbregulirung zu betheiligen. 7. Durch Entfernung von seinem Amte. Hierüber fehlt es an gesetzlichen Bestimmungen und deshalb lassen sich die Juristen auch nur unbestimmt und nicht übereinstimmend über die Frage aus. Der Eine sagt, die Entfernung finde statt, wenn Krankheit oder Geistesschwäche den Exekutor unfähig machen, oder besondere Gründe (wegen Unfähigkeit oder an den Tag gelegter Unredlichkeit) eintreten [7]). Ein Anderer sagt: „wenn der Exekutor unfähig zu weiterer Führung des Geschäftes wird. Die Entfernung des Testamentsvollstreckers durch richterliches Erkenntniß muß möglich sein, weil die Erbinteressenten ihm nicht einseitig kündigen können und es doch der

---

5) A. L.R. I, 13, §§. 186 u. 187. — Zu vergl. §. 10 Inst. de mandato (III, 26).

6) Konkursordnung vom 8. Mai 1855, §. 360, Abs. 1 u. 2.

7) Mühlenbruch a. a. O. S. 437, Nr. 5 u. S. 439; Scholz a. a. O. §. 16, S. 48.

Natur des Verhältnisses und dem muthmaßlichen Willen des Testators widerspricht, den Exekutor unter allen Umständen zum Schaden der Interessenten beizubehalten. Die Gründe zur Beantragung der Entfernung können Unfähigkeit, Unredlichkeit und Fahrlässigkeit (auch Fahrlässigkeit?) sein; doch dürfte nur culpa lata einen hinreichenden Grund abgeben, da sie dem Dolus gleichsteht, und wegen geringerer Grade der Fahrlässigkeit der Civilanspruch genügt, und eventuell auch Sicherheitsleistung von den Betheiligten verlangt werden kann, worauf der Anspruch jedoch besonders zu begründen ist[8]." Das Alles ist jedoch Willkühr, es läuft auf Abänderung des letzten Willens des Testators hinaus in einer reinen Privatsache, wobei das öffentliche Interesse gar nicht betheiligt ist. Wer vermag zu wissen, ob das dem Willen des Testators entspricht? Er kann die Unzuverlässigkeit seines Exekutors wohl gekannt (und gewiß hat er seinen Mann gekannt) und trotzdem ernannt haben, weil er eben den fremden Erben, denen er gar nichts zuzuwenden brauchte, nicht mehr zuwenden wollte, als was nach der Verwaltung dieses Exekutors für sie abfallen würde. Es ist schon viel, daß er sie so gestellt hat, den Exekutor wegen übler Wirthaft zur Rechenschaft ziehen und Ersatz der durch seine Verwaltungsart verursachten Nachtheile fordern zu können, er konnte, wenn er sie doch honoriren wollte, den Exekutor zum Fiduziar machen und sie zu Fideikommissarien für das, was übrig bleiben würde, einsetzen, dann hatten sie an ihn gar keinen Anspruch[9]). — Die preußische Gesetzgebung kennt die Frage nicht. Das Reskriptenrecht hat sich jenen Juristen angeschlossen, dabei aber doch etwas Positives ausgesprochen, indem es auf die alte Theorie zurückgreift, welche die Analogie der testamentarischen Vormundschaft zu ihrer Grundlage macht. Die Stelle lautet: „So lange — der Exekutor sich keines solchen Betragens schuldig macht, durch welches die Entlassung oder Remotion selbst[10]) eines testamentarischen Vormundes begründet werden würde, kann ihm — die Deposition solcher (gemeinschaftlicher) Vermögensstücke wider seinen Willen nicht angemuthet werden[11])." Also, wenn er sich eines

8) Heimbach a. a. O. S. 1039.

9) A. L.R. I, 12, §§. 468—471.

10) „Selbst", also sogar. Als wenn ein nur im öffentlichen Interesse bestellter Beamte, dessen Beibehaltung nur von der Wahrung des öffentlichen Interesses bedingt ist, eine größere Schonung in seinem persönlichen Interesse zu fordern hätte, als ein Privatberechtigter. Da würde ja die Rechtssicherheit aufhören.

11) R. vom 25. Januar 1796, am Ende (N. C. C. Tom. X, S. 55; Stengel, Bd. II, S. 308; Rabe, Bd. III, S. 248).

solchen Betragens schuldig macht, soll er von seiner Thätigkeit ausgeschlossen werden können. Es ist also doch wohl, in Betracht jener Meinung gemeinrechtlicher Juristen, hiermit ebenfalls gemeint, daß die Erbinteressenten auf Absetzung des Exekutors sollen gegen ihn klagen können, und zwar aus Gründen, aus welchen ein testamentarischer Vormund entlassen, oder removirt werden kann. Der große Unterschied zwischen einem Vormunde und einem Testamentsexekutor ist ganz ignorirt. Die Vormundschaft ist ein munus publicum und der Vormund ein Beauftragter des Staats, im öffentlichen Interesse; der Testamentsexekutor ein Privatbevollmächtigter in Form und mit dem Rechte eines Vermächtnißnehmers. Gegen diesen soll eine Privationsklage aus Gründen des öffentlichen Rechts zulässig sein. Wie kommt dazu eine Privatperson als bloße Civilpartei, einem Privatberechtigten gegenüber, der mit ihr den gleichen Rechtstitel und den gleichen Autor hat? Der Exekutor ist nicht Dienstmann des Erben. — Für diejenigen, welche dies als gültiges Recht anerkennen, müssen der Vollständigkeit wegen die Entlassungs- und Remotionsgründe bei einem Vormunde hier angegeben werden. Ein von der Staatsbehörde angestellter und verpflichteter Vormund, der überhaupt gar keinen privatrechtlichen Rechtstitel hat, kann entlassen werden: a) wenn nachgewiesen werden kann, daß seine längere Beibehaltung den Pflegebefohlenen schädlich oder gefährlich sein würde, falls er eine Person ist, die zu denen gehört, welche nach den Gesetzen zu Vormündern vorzüglich bestellt werden müssen, wozu in erster Reihe der testamentarisch ernannte Vormund gehört; andere Vormünder auch wegen eines geringen Grades von Nachlässigkeit oder Unordnung; b) wegen schuldbarer Verzögerung in Einbringung der schuldigen Rechnungen; c) wenn während der Vormundschaft Prozesse über wichtige Forderungen oder Rechte zwischen dem Vormunde und dem Pflegebefohlenen entstehen und das Vormundschaftsgericht dieses nach vernünftigem und billigem Ermessen für einen zureichenden Grund hält[12]). Removirt werden kann er: a) wegen unredlichen Betragens gegen den Pflegebefohlenen; b) besonders, wenn er Gelder und Vermögen des Pflegebefohlenen, ohne Vorwissen des Gerichts, für sich selbst genutzt hat[13]). — Wenn aber bei der Untersuchung dieser Remotionsgründe sich ein bloßes Versehen — ob eines geringen oder eines groben, ist nicht ausgesprochen — herausstellt; so kann er nicht removirt werden,

12) A. L.R. II, 18, §§. 920—923.

13) Ebenda §§. 924, 925.

sondern ist nur zur Vertretung des dem Pflegebefohlenen daraus entstandenen Schadens gehalten [14]). Die Unklarheit der Gedanken in diesen Bestimmungen tritt von selbst hervor. Während die Vormünder doch wegen einer geringen Nachlässigkeit wider ihren Willen durch Urtel und Recht entlassen werden können (oben lit. a), soll hier wieder nur Entschädigungsverbindlichkeit wegen eines Versehens, sei es eines groben oder geringen, eintreten. Doch dies nur nebenbei. Von selbst leuchtet ein, daß Alles dieses auf einen Testamentsexekutor nicht paßt.

§. 39.

e) Klagen aus dem Rechtsverhältnisse.

Ueber die aus dem Rechtsverhältnisse entspringenden Rechtsmittel zur Geltendmachung der wechselseitigen Rechte und Verbindlichkeiten zwischen dem Testamentsexekutor und den Erbinteressenten bestand von jeher kein Einverständniß [1]). Man wußte, wie Mühlenbruch vorträgt, dafür keinen bestimmten Namen, überhaupt kein bestimmtes Fachwerk im römischen Rechte zu finden und half sich daher mit gewissen allgemeinen Benennungen, als: imploratio officii judicis, actio in factum, condictio ex legibus, ex moribus u. dergl. m. [2]). Auf das vorliegende Rechtsverhältniß fand man jedoch alsdann, wenn es auf einem eigentlichen Mandate beruhte, mochte dies von dem Erblasser oder von den Erbinteressenten ausgegangen sein, die Mandatsklagen geradezu für anwendbar; der Erbe sollte mittelst der mandati actio directa auf gehörige Erfüllung, Schadensersatz wegen Versäumnisse und sonst verschuldeter Nachtheile, sowie auf Rechnungslegung, klagen, und der Exekutor mit der mandati actio contraria Erstattung seiner Auslagen und sonstigen Gebührnisse fordern können. Daß in dem Falle, wenn das Mandat von dem Erblasser ausgeht, das Verhältniß unaufkündbar, sollte hierauf weiter keinen Einfluß haben, als daß der Vollzieher mittelst der zuerst erwähnten Klage auch schon vor der Vollziehung des Auftrages fordern könne, daß ihm die dazu erforderlichen Mittel gewährt würden [3]). Dies hatte allerdings die Analogie des Mandats, welches nach dem Tode des Mandanten ausgeführt werden sollte. „Idem Marcellus scribit, si, ut post mortem sibi monu-

---

14) A. L.R. II, 18, §. 936.

1) M. s. Lauterbach l. c. cap. IX, nr. 37—55 u. nr. 166—178; Scholz a. a. O. §. 27.

2) Glück, Kommentar, Bd. XLIII, S. 441.

3) Mühlenbruch a. a. O. S. 442.

mentum fieret, quis mandavit, heres ejus poterit mandati agere; illum vero, qui mandatum suscepit, si sua pecunia fecit, puto agere mandati, si non ita ei mandatum est, ut sua pecunia faceret monumentum: potuit enim agere etiam cum eo, qui mandavit, ut sibi pecuniam daret ad faciendum, maxime si jam quaedam ad faciendum paravit[4])." Allein das paßt nicht geradezu auf den durch Testament ernannten Exekutor. Diesem räumt Mühlenbruch ([3]) als einem Honorirten, auch wenn ihm kein besonderer Vortheil zugewendet worden ist, die actio ex testamento gegen den Erben ein, um die Mittel zur Erfüllung seines Auftrages zu erlangen, wenn er z. B. zur Auszahlung der Vermächtnisse unmittelbar verpflichtet, namentlich dazu besonders im Testamente beauftragt worden ist. Mit derselben Klage soll der Exekutor auch das, was ihm selber der Testator zugewandt, oder das Salair, was er ihm seiner Bemühungen halber ausgesetzt hat, von dem Erben einfordern können, auch erscheine diese Klage anwendbar, wenn von Restitution des von dem Erben eigenmächtig ergriffenen Besitzes, der nach Anordnung des Testators für eine bestimmte Zeit, oder bis zur völligen Beendigung der Funktionen des Testamentsvollziehers bei diesem verbleiben soll, die Rede sei; auch möge man eine solche Klage eine in factum actio oder imploratio judicis nennen[5]). — Den verschiedenen Erbinteressenten schreibt er eine utilis ex testamento actio gegen den Exekutor zu, um ihn zur Erfüllung seiner Obliegenheiten anzuhalten. Denn da die Verbindlichkeiten des onerirten Legatars oder Fideikommissars im Wesentlichen denen des onerirten Erben gleich seien[6]), so könne man unbedenklich die Klage gegen jenen als utilis ex testamento actio bezeichnen, und wenngleich zur Zeit des ordo judiciorum hieraus keine eigentliche actio, sondern nur extraordinaria cognitio oder persequutio gegeben wurde[7]), so komme doch dieser Unterschied nach dem Standpunkte des neueren Rechts nicht weiter in Betracht. Hiernach dürfe denn auch die Klage gegen den testamentarischen Exekutor so benannt werden[8]). Diese Klage sollen gegen ihn anstellen können: a) Die Vermächtnißnehmer, welchen ihre Vermächtnisse von

---

4) L. 12, §. 17 D. mandati (XVII, 1).

5) Wie Lauterbach l. c. nr. 31.

6) L. 108, §. 12 D. de legatis I.

7) Gajus, Commentar., II, §. 278.

8) In Glück a. a. O. S. 444 u. Note 53. — Zu vergl. Lauterbach l. c. cap. IX, nr. 170.

dem Vollzieher unmittelbar gewährt werden sollen, vorausgesetzt, daß der Erbe nicht mit Einwendungen dazwischen tritt, wo denn dieser selbst der passiv Legitimirte sein würde; denn den Erben kann der Exekutor nicht vertreten. b) Die Erben, soferne ihr eigenes rechtliches Interesse erfordere, daß derselbe seinen Obliegenheiten nachkomme, z. B. daß er sie in den Besitz des Nachlasses setze, die Erbtheilung und die dieselbe vorbereitenden Handlungen vornehme, das Monument errichte, Rechnung lege u. dergl. ([8]). — Andere wollen eine Klage des Exekutors gegen den Erben ebensowenig statthaft finden, als der Exekutor dem Erben, den Legataren und Anderen wie ein Honorirter verpflichtet sei, weil Beides gegen die unantastbare Repräsentation des Erblassers durch den Erben verstoße[9]). Der Grund ist, wenigstens für das preußische Recht, nicht gültig, der Erblasser kann seinen Testamentserben einschränken wie er will, er ist in keiner Weise behindert, eine Person einzusetzen, durch welche er sich durch eine gewisse Zeit und zu einem bestimmten Zweck repräsentiren läßt. Eine solche Beschränkung des Erbrechts kann für nicht geschrieben erachtet werden.

Die Ansichten der gemeinrechtlichen Juristen sind zu dem Zwecke ausführlicher, als sonst nöthig gewesen wäre, vorgetragen, um eine Unterlage für den Standpunkt zu gewinnen, von welchem aus die Frage im preußischen Rechte zu beurtheilen ist; denn die preußische Gesetzgebung hat hier kein neues Institut geschaffen, sondern sich dem gemeinrechtlichen Juristenrecht angeschlossen und dabei eine der vorgefundenen Theorien zu der ihrigen gemacht, dabei aber sich darauf beschränkt, ein bestimmtes Prinzip festzustellen und alle weiteren Fragen, nach demselben zu lösen, der Jurisprudenz, versteht sich mit Rücksicht auf die sonstigen allgemeinen Grundsätze des preußischen Rechs, überlassen. Die Schwankungen in den Ansichten, welche aus der Verschiedenheit der Entstehungsgründe des Exekutoriums entspringen, je nachdem es durch einen Mandatskontrakt mit dem Erblasser, oder durch Auftrag des Erben, oder durch Ernennung der Obrigkeit, oder endlich durch testamentarische Anordnung begründet worden, fallen alle nach preußischem Rechte fort; dieses kennt nur das eine Testamentsexekutorium, welches durch letztwillige Verordnung des Erblassers gegründet worden ist. Nach preußischem Rechte ist dasselbe immer mit einem Vermögensvortheile für die persönliche Mühwaltung und für die Zeitversäumniß verbunden, und selbst

9) Heimbach a. a. O. S. 1040, nach Sintenis, Civilrecht, §. 182, N. 17 (Bd. III, S. 506).

wenn das nicht wäre, würde das Ehrenrecht, die Erbschaftsangelegenheiten zu reguliren, ein Gegenstand der Honorirung sein. Hiernach ist der testamentarische Vollstrecker nothwendig ein onerirter Honorirter, entweder ein Fiduziar oder ein Legatar, je nach dem Inhalte der letztwilligen Anordnung, wenigstens immer ein Honorirter. Daraus folgt denn konsequent, einmal, daß er das, was in den Bereich seiner ihm ertheilten erbrechtlichen Befugniß fällt, mit der Testamentsklage erzwingen kann, anderentheils, daß Alle, welche dabei ein rechtliches Interesse haben, ihn mittelst derselben Klage zur Erfüllung seiner Obliegenheiten anhalten können. Denn ein Legatarius, welcher zugleich belastet ist, steht denjenigen, zu deren Gunsten er belastet ist, in dem Verhältnisse eines Erben gegenüber [10], er kann also von diesen Unterlegataren oder Fideikommissaren, d. h. hier von denjenigen, in deren Interesse der Vollzieher seine Thätigkeit entwickeln soll, zur Erfüllung mit derselben Klage belangt werden, welche dem Legatar und Fideikommissar gegen den direkten Erben zusteht. Und ebenso läßt sich aus Rechtsgründen nicht bestreiten, daß dem Testamentsexekutor dieselbe Klage aus dem Testamente gegen Alle zustehe, welche ihn in der Ausübung seines eigenthümlichen erbschaftlichen Rechtes, den letzten Willen vorschriftsmäßig zu vollziehen, hindern.

VII. Von dem Inhalt des Testaments.

A. Von der Erbeseinsetzung.

§. 40.

1. Im Allgemeinen.

I. Der wesentliche Inhalt eines Testaments ist die Ernennung eines direkten Erben. (Oben, §. 2, Nr. III.) Dies hat jedoch im preußischen Rechte eine ganz andere Bedeutung als im römischen Rechte. Nach dem letzteren hängt die Gültigkeit und Wirksamkeit einer testamentarischen Verordnung in der Regel von der gültigen Einsetzung eines solchen Erben ab [1]) und es können, wenn die Erbeseinsetzung hinfällt, auch die übrigen Anordnungen des Testators nicht aufrecht gehalten werden, wenn die Kodizillarklausel fehlt. —

---

10) A. L.R. I, 12, §. 293.

1) §. 2 Inst. de fideicommiss. heredit. (II, 23): „In primis igitur sciendum est, opus esse, ut aliquis recto jure testamento heres instituatur, ejusque fidei committatur, ut eam hereditatem alii restituat: alioqui inutile est testamentum, in quo nemo heres instituitur." — Zu vergl. Gaji instit. LII, §. 248.

Im preußischen Rechte dagegen hat die Erbeseinsetzung gar keinen Einfluß auf die Gültigkeit einer letztwilligen Verordnung; jede solche Verordnung, welche in der vorgeschriebenen Form errichtet worden, ist von gleicher rechtlichen Wirksamkeit, mag sie eine gültige Erbeseinsetzung und die Kodizillarklausel enthalten oder nicht, und mag sie vom Testirer ein Testament oder ein Kodizill genannt worden sein. Das Gesetz sagt indeß: „Jede einseitige Willenserklärung, wodurch Jemand zum Erben einer Verlassenschaft berufen wird, heißt ein Testament. Einseitige Willenserklärungen, durch welche Jemand nur über einzelne und bestimmte Stücke, Summen, Rechte oder Pflichten auf den Todesfall verordnet, führen den Namen der Kodizille [2])." Diese verschiedene Benennung hat gar keine juristische Bedeutung. Es ist z. B. die, in einem mit den formellen Erfordernissen eines Testaments errichteten Nachzettel zu einem früheren Testamente enthaltene, Disposition für sich selbst, auch wenn dieses frühere Testament aus irgend einem Grunde nicht bestehen könnte, als ein gültiges Testament zu erachten, wofern aus derselben der Wille des Testators, den Inbegriff seines Nachlasses einer gewissen Person zuwenden zu wollen, deutlich erhellet [3]). Im französischen Rechte heißt jede letztwillige Verfügung ein Testament [4]), obgleich es Testamente im eigentlichen Sinne des römischen Rechts als allgemeine und regelmäßige Erbrechtstitel nicht kennt, weil die Testirfreiheit durch den Vorbehalt der gesetzlichen Erben eingeschränkt ist.

II. Die Gültigkeit der Erbeseinsetzung ist abhängig davon, a) daß der eingesetzte Erbe erbfähig sei, d. h. die s. g. passive Testamentsfähigkeit habe. Von diesem Erfordernisse ist bereits oben, im §. 18, gehandelt worden. b) Daß die Erbeseinsetzung auf gehörige Art geschehen, und c) daß die Rechte der Pflichttheilserben gehörig berücksichtigt worden. Von den beiden letzten Erfordernissen ist hier das Nöthige vorzutragen.

2. Von der gehörigen Art der Erbeseinsetzung.

§. 41.

a) Erfordernisse.

I. Das erste Erforderniß zur Einsetzung eines direkten Erben (heres), d. h. eines solchen Nachfolgers, welcher geradezu und unmittelbar, ohne Vermittelung und unabhängig von einer vorauf-

2) A. L.R. I, 12, §§. 3 u. 4.

3) Erk. des Obertr. vom 21. Juni 1844 (Entsch. Bd. X, S. 125).

4) Oben, §. 15 am Ende (S. 159).

gehenden Ernennung einer anderen Person, in die vermögensrechtlichen Verhältnisse des Erblassers eintritt, ist, daß der Berufene in den Inbegriff des Nachlasses (§. 15, Nr. III) berufen wird. Man nennt dies Institution. Hiermit wird gewöhnlich die römische Rechtsregel in Verbindung gebracht: nemo pro parte testatus, pro parte intestatus decedere potest [1]), oder nach Cicero: „Unius pecuniae plures, dissimilibus de causis, heredes esse non possunt, nec unquam factum est, ut ejusdem pecuniae alius testamento, alius lege heres esset [2]).“ Man hielt dies für eine Absurdität, für etwas mit sich selbst Streitendes, der Natur der Sache Widersprechendes [3]). Diese Regel hat für das preußische Recht nur ein historisches Interesse, weshalb die zahlreichen Erklärungsversuche auf sich beruhen bleiben können [4]). Allein mit dem Begriffe eines wahren Erben hängt die Regel nicht zusammen, sonst könnte das römische Recht nicht mehrere Erben in universum jus gleichzeitig nebeneinander anerkennen, es könnte juristisch nicht für zulässig halten, daß ein Soldat Testaments- und Intestaterben, wirkliche Erben in omne jus und Repräsentanten seiner vermögensrechtlichen Persönlichkeit, hinterlassen könne, es könnte ferner Papinian bei Gelegenheit einer nur theilweise durch die querela inofficiosi erfolgten Umstoßung des Testaments nicht sagen: „nec absurdum videtur, pro parte intestatum videri [5])“, um es zu rechtfertigen, daß in diesem Falle Testaments- und Intestaterben mit einander konkurriren. Der Umstand also, daß diese Regel im preußischen Rechte nicht gilt, daß vielmehr alle drei Erbrechtstitel, Testament, Erbvertrag, Gesetz, gleichzeitig nebeneinander bestehen können (§. 13), hat den Begriff des Universalerben in keiner Weise verändert. Nur kann dieser Umstand bei unbestimmten Ausdrücken darüber Zweifel erregen: ob im vorkommenden Falle Alle wirkliche Erben, oder Einer und der Andere nur Vermächtnißnehmer sein sollen. Hierauf also muß im preußischen Rechte die Willenserklärung gerichtet sein, wenn dem ersten

---

1) Mit Ausnahme des Soldaten; „— miles enim pro parte testatus potest decedere, pro parte intestatus.“ L. 6 D. de testamento mil. (XXIX, 1); §. 5 Inst. de hered. instituendis (II, 14).

2) Cicero, de inventione, II, 21.

3) L. 7 D. de reg. juris: „Jus nostrum non patitur, eundem in paganis et testato et intestato decessisse: earumque rerum naturaliter inter se pugna est, testatus et intestatus.“

4) Zu vergl. oben, §. 3, Nr. I, 2 (S. 27). Die werthvollsten Schriften darüber finden sich in Mühlenbruch's Fortsetzung von Glück's Kommentar, Bd. XL, S. 143, Note 40 verzeichnet.

5) L. 15 in fine D. de inofficioso testamento (V, 2).

Erfordernisse der Erbeseinsetzung entsprochen werden soll. In dieser Beziehung entscheidet der Gebrauch oder Nichtgebrauch des Namens „Erbe" gar nichts, es kommt lediglich auf eine Erklärung des Testators an, woraus erhellet, daß er über das Erbrecht selbst habe verfügen, den ganzen Inbegriff des Nachlasses nach seinem Tode dem oder den im Testamente Berufenen habe zuwenden wollen, und zwar ohne Ausschließung des Zuwachsrechts, welches ein charakteristisches Merkmal des wahren Universalerben ist [6]). Die Berufung auf den ganzen Inbegriff ist also das entscheidende Merkmal der Erbeinsetzung, gleichviel in welchen Ausdrücken. — Es bleiben noch einige Fälle besonders zu erwägen.

1. Nach römischem Rechte ist es angenommen, daß man zum Erben auf gewisse Gegenstände eingesetzt werden könne. „— receptum est, rerum (certarum) heredem institui posse, nec esse inutilem institutionem [7])." War Einer auf solche Weise so eingesetzt, so konnte ein Zweifel nicht aufkommen, denn vermöge der Regel: nemo pro parte etc., erhielt dieser Erbe die ganze Erbschaft. Dagegen waren die römischen Juristen über den Fall, wenn mehrere Erben eingesetzt waren und zwar Einer oder Einige auf eine bestimmte Sache, Andere auf einen bestimmten Theil oder auch schlechthin ohne nähere Bestimmung, verschiedener Meinung, ob und inwiefern der auf eine bestimmte Sache Eingesetzte nur als ein Legatar zu betrachten sei. Diesen Streit entscheidet Justinian: „Quoties certi quidem ex re certa scripti sunt heredes, vel certis rebus pro sua institutione contenti esse jussi sunt, quos legatariorum loco haberi certum est; alii vero ex certa parte, vel sine parte, qui pro veterum legum tenore ad certam unciarum institutionem referuntur: eos tantummodo omnibus hereditariis actionibus uti, vel conveniri decernimus, qui ex certa parte vel sine parte scripti fuerint, nec aliquam deminutionem earundem actionum occasione heredum ex certa re scriptorum fieri [8])." Dadurch ist jedoch unter den Neueren eine noch mehrfachere Verschiedenheit der Ansichten veranlaßt worden. Die Extreme sind auf der einen Seite, Justinian habe entschieden, daß die auf eine bestimmte Sache oder Quantität neben Anderen Eingesetzten in allem Betracht als Legatarien anzusehen seien [9]); auf der anderen Seite wird be-

6) Oben, §. 2, Nr. III (S. 16—21) u. §. 3, I, Nr. 2 (S. 28, 29).

7) L. 35 pr. D. de heredibus instituendis (XXVIII, 5).

8) L. 13 C. de heredibus instituendis (VI, 24).

9) Glossa „ex certis" ad L. 29 D. ad SCt. Treb. (XXXVI, 1); Ant. Fa-

hauptet, der heres in re certa sei in aller Beziehung wahrer Erbe, außer daß er seinen Erbtheil nur in gewissen Sachen erhalte [10]). — Die in der Mitte liegende gemeine Meinung ging von jeher dahin, daß die in re certa Eingesetzten nur in besonderen Beziehungen als Legatarien zu betrachten seien, im Uebrigen aber als Erben; doch war darüber: in was für Beziehungen der auf eine bestimmte Sache Eingesetzte nur als Legatar gelte, wieder kein Einverständniß vorhanden, gewöhnlich nahm man an: er sei in Ansehung des bestimmten Objekts selbst nur Legatar, sonst aber Erbe [11]). Dagegen stellt Leyser die Regel auf: „quoties is, qui in re singulari heres scriptus est, coherede alio vel simpliciter vel in parte certa dato, cum isto coherede concurrit, et simul consideratur, toties legatarii tantum juribus frueretur; at quando sine coherede illo solus, et intuitu aliorum extraneorum spectatur, tum vero in omnibus pro herede est habendus [12]).“ Also: in seinem Verhältnisse zu den Miterben ist er nur Legatarius, in jeder anderen Beziehung aber ist er wahrer Erbe. — Dies ist die Quelle der betreffenden landrechtlichen Bestimmung, welche lautet:

> „Derjenige, welchem (von mehreren zu Erben eingesetzten Personen) nur eine bestimmte Sache oder Summe im Testamente zu seinem Erbtheile ausdrücklich angewiesen worden, wird, im Verhältnisse gegen die übrigen Erben, als ein bloßer Legatarius betrachtet [13]).“

Das preußische Recht stimmt hiernach mit der gemeinen Meinung insoweit überein, daß ein solcher Erbe nicht bloßer Legatar, sondern nur in besonderen Beziehungen als solcher zu betrachten sei, und diese Beziehungen beschränkt es mit Leyser auf das Verhältniß zu den übrigen Miterben; im Uebrigen aber behält er seine Erbeneigenschaft. Hieraus folgert Leyser: a) der ex re certa eingesetzte Erbe verbleibt vermöge des Zuwachsrechts Alleinerbe, wenn alle übrigen Miterben die Erbschaft nicht annehmen, weil der, welcher zum Er-

---

ber, Error. Pragmaticor., Decade XIII, err. 5; Brunnemann, Comment. ad L. 13 C. l. c. — Glück hat seine beifällige Meinung (Bd. IX, S. 187, Note 33) später geändert. Bd. XXXIV, S. 360 ff.

10) Hennemann, Untersuchung zweier verwandter Rechtsfragen: 1) ob ein in gewisse Sachen eingesetzter Erbe neben einem ohne gleiche Beschränkung Eingesetzten als Legatarius anzusehen sei (Schwerin 1790), S. 8 ff. M. vergl. damit die zum Theil beifällige Meinung Mühlenbruch's, in Glück, Bd. XL, S. 175.

11) Mühlenbruch a. a. O. S. 171 u. Note 8.

12) Medit. ad Pandectas, Sp. 361, m. 9 in f.

13) A. L.R. I, 12, §§. 261 u. 263.

ben auf eine bestimmte Sache eingesetzt wurde, die ganze Erbschaft erhält, wenn ihm kein Miterbe gegeben wurde [14]), und weil sonst, wenn ein so Eingesetzter nur Legatarius und deshalb ohne Zuwachsrecht sein sollte, das ganze Testament wegen Mangels eines Erben zusammenfallen würde, was gegen die Absicht des Testators stritte [15]). Der zweite Grund kommt nach preußischem Rechte nicht in Betracht, da der Intestaterbe eintritt und das Testament, auch wenn es destituirt ist, in seinen übrigen Bestimmungen bestehen bleibt, der erste Grund aber ist eine Wirkung der Regel nemo pro parte etc., welche im preußischen Rechte nicht gilt. Wenn sich daher kein anderer Grund nachweisen läßt, so kann das Akkrescenzrecht dem Erben in re certa nicht zugestanden werden. Ein solcher Grund ist nicht aufzuweisen, im Gegentheil findet sich bestimmt: „Erben, die nur als Legatarii betrachtet werden müssen, haben an dergleichen (durch Wegfall eines Miterben entstehenden) Zuwachse keinen Antheil [16])", und dabei ist ausdrücklich auf die obige Bestimmung des §. 263 ([13]) verwiesen. Damit ist dem s. g. Erben in re certa die Eigenschaft eines wahren Erben in universum jus abgesprochen [17]). Das Landrecht folgt also in Wahrheit und der Sache nach doch der älteren Meinung, wonach ein solcher Erbe in allem Betracht als ein Legatarius anzusehen und A. Faber hat wohl nicht so Unrecht, wenn er sagt, es sei absurd und lächerlich, einer Person aus demselben Testamente hinsichtlich einer und derselben Sache die Doppeleigenschaft bald eines Erben, bald eines Legatars, beizumessen [18]). Weiter wird gefolgert: b) dem Institutus in re certa stehen gegen Dritte alle Klagen und Rechtswohlthaten zu, welche dem wahren Erben gegeben sind, namentlich also auch die hereditatis petitio, das remedium L. ult. C. de edicto D. Hadriani tollendo, das interdictum quorum bonorum, non quidem directum (hoc enim tantum ad universitatem bonorum petendam instituitur), bene vero utile [19]). — Auch dies findet im preußischen Rechte keinen Halt. c) Der heres singularis ist auch insofern pro legatario zu crachten, daß er die ihm angewiesene Sache nicht eigenmächtig in

---

14) L. 41, §. 4 D. de vulg. et pupill. substitutione (XXVIII, 6).

15) Spec. 361, m. 12.

16) A. L.R. I, 12, §. 283.

17) M. vergl. oben, §. 2, S. 18, Nr. 2 u. 3, und §. 267 des A. L.R. a. a. O.

18) Error. Pragmat., Dec. 14, error. 6, et Decade 15 per totam fere.

19) Leyser, medit. 19 l. 6.

Besitz nehmen darf, sondern die Ueberweisung seitens des Universalerben abwarten muß [20]). Das stimmt mit dem preußischen Rechte überein, denn dieser s. g. Erbe steht dem Universalerben gegenüber unzweifelhaft in dem Verhältnisse eines Legatarii, es paßt dazu aber nicht die Folgerung b, wonach ihm die hereditatis petitio etc. zugeschrieben wird, vielmehr kann er sich nur actionibus legatariorum an den Erben halten. d) Die erbschaftlichen Klagen gehen weder aktiv noch passiv auf den heredem singularem über, sie stehen allein dem Universalerben und gegen ihn zu [21]). Das gilt im Allgemeinen auch für das preußische Recht und betrifft hauptsächlich Erbschaftsschulden und Erbschaftsforderungen, doch kommt es im Besonderen auf den einzelnen Fall an, ob der Singularerbe zu einer Parteirolle legitimirt sei. Dies hängt davon ab: ob er bei der Sache ein rechtliches Interesse hat, oder nicht. Ein testamentarischer Miterbe z. B., welchem für seinen Theil ausschließlich der Nießbrauch des Nachlasses beschieden ist, ist bei allen Ansprüchen, welche auf die Verminderung der Vermögenssubstanz hinauslaufen und folglich auch seinen Nießbrauch schmälern, als Mitbeklagter passiv legitimirt [22]), obgleich, wie man gemeinrechtlich gewöhnlich annimmt, der im Nießbrauch Eingesetzte auch heres ex re singulari oder ex re certa ist, da der Nießbrauch doch nur ein besonderer Bestandtheil des Vermögensrechts ist, welches selbstständig einem Dritten, ohne Aufhebung des Eigenthums, zustehen kann. Doch kann nach der Absicht des Testators hierunter auch eine wahre Erbeseinsetzung enthalten sein, wovon im folgenden Paragraphen 42, II, Nr. 6 die Rede sein wird. Dagegen hat derjenige, dem nur eine bestimmte Sache oder Summe im Testamente zu seinem Erbtheile ausdrücklich angewiesen worden ist, bei einer Schuldklage eines Erbschaftsgläubigers, durch welche sein besonderes Erbtheil nicht berührt werden kann, gar kein rechtliches Interesse, denn er hat zur Bezahlung der Schulden, soweit nämlich der übrige Nachlaß dazu ausreicht und die ihm angewiesene bestimmte Sache davon nicht ergriffen wird, nichts beizutragen [23]), da er unmittelbar für die Schulden des Erblassers nicht haftet [24]). Das Nähere über die Betheiligung der Le-

20) Leyser, Medit. 21 l. c.

21) Ibid. med. 25.

22) Zu vergl. das Erk. des Obertr. vom 3. Januar 1862 (Arch. f. Rechtsf. Bd. XLV, S. 1).

23) Pr. des Obertr. 1867, vom 30. April 1847 (Entsch. Bd. XV, S. 188); Erk. dess. vom 17. Dezember 1852 (Archiv f. Rechtsf. Bd. VIII, S. 130).

24) Arg. L. 1 C. si certum petatur (IV, 2).

gatare bei solchen Prozessen wird unten, in dem Abschnitte von Vermächtnissen vorgetragen werden. Alle übrigen sich hieran gemeinrechtlich noch knüpfenden Fragen, z. B. ob der Erbe an dem judicium familiae erciscundae Theil zu nehmen habe, was nach Umständen wohl möglich, vielleicht nothwendig ist; ob er erst durch die Erbschaftsantretung sein Recht erwerbe und auf seine Erben transmittire, was nach preußischem Rechte nicht der Fall ist; ob er sich die Falcidia abziehen lassen müsse, haben kein Interesse.

2. Unter der Wirkung der Regel nemo pro parte etc. steht im römischen Rechte auch der Fall, wenn alle Erben auf bestimmte Sachen oder Quantitäten eingesetzt sind. „Pone duos esse heredes institutos, unum ex fundo Corneliano, alterum ex fundo Liviano, et fundorum alterum quidem facere dodrantem bonorum, alterum quadrantem: erunt heredes ex aequis partibus, quasi sine partibus instituti[25].“ — „Si duo sint heredes instituti, unus ex parte tertia fundi Corneliani, alter ex besse ejusdem fundi, Celsus expeditissimam Sabini sententiam sequitur, ut detracta fundi mentione quasi sine partibus heredes scripti hereditate potirentur, si modo voluntas patrisfamilias manifestissime non refragatur[26].“ Die also eingesetzten Erben erhalten mithin nicht bloß die ihnen angewiesenen Theile, sondern auch die ganze übrige Erbschaft, kraft jener Regel, auf deren Grunde das jus accrescendi der Berufenen beruhet. Dies ist als etwas sich von selbst Verstehendes vorausgesetzt, der Jurist erörtert nur den Theilungsgrundsatz und sagt, es bestehe Einverständniß darüber, daß jeder Erbe das ihm besonders Angewiesene als ein Vorvermächtniß herausnehme und daß im Uebrigen die Erbschaft so getheilt würde, als wenn sie Alle ohne nähere Bestimmung ihrer Antheile eingesetzt worden wären. — Dieser Fall ist im preußischem Rechte nach einem Prinzip nicht zu entscheiden, weil die Grundlage des Zuwachsrechts, jene Regel nemo pro parte etc. abgeschafft ist. Vorgesehen ist der Fall, wie folgt:

> „Hat der Testator, durch eine unter seinen eingesetzten Erben regulirte Theilung, den Nachlaß nicht völlig erschöpft, so fällt das Uebrige sämmtlichen wirklich eingesetzten Miterben anheim. (§§. 254, 255)[27].“

Die Theilungsrechte sind ebenso, wie im römischen Rechte geschehen,

25) L. 35 pr. D. de heredibus instituendis (XXVIII, 5).

26) L. 9, §. 13 D. eodem.

27) A. L.R. I, 12, §. 264.

bestimmt[28]), aber welche Personen als „wirklich eingesetzte Miterben" anzusehen seien, das ist eine Frage thatsächlicher Natur, welche durch Willensinterpretation festgestellt werden muß, wie die Verweisung auf die §§. 254, 255 anordnet. Hier heißt es: „Hat Jemand einer oder mehreren Personen seinen Nachlaß dergestalt beschieden, daß die Absicht, ihnen den ganzen Inbegriff desselben allein zuwenden zu wollen, daraus erhellet; so sind die gesetzlichen Erben für gänzlich ausgeschlossen zu achten. Wenn also auch in Verfolg der Verordnung, bei einer unter den eingesetzten Erben regulirten Theilung, ein oder anderes zum Nachlasse gehöriges Stück oder Antheil übergangen worden, so können dennoch die Intestaterben darauf keinen Anspruch machen. (§. 264 sqq.)" Das bisher Gesagte bezieht sich auf den Fall, wenn allen in den Inbegriff Berufenen bestimmte Sachen oder Quantitäten zugewiesen worden sind und noch Etwas übrig bleibt, was wohl fast immer eintreten wird und wenn der Ueberrest auch nur in Schulden, die noch zu theilen wären, bestände. Die in dem Testamente regulirte Theilung kann aber auch in der Zuweisung von Quoten in der Weise geschehen, daß das Ganze nicht erschöpft, daß z. B. Ein Zwölftel übrig ist. Auf diesen Fall finden dieselben Bestimmungen Anwendung, wie der §. 255 in den Worten vorschreibt: „Wenn also auch — ein oder anderes zum Nachlasse gehöriges Stück oder Antheil übergangen worden 2c."

II. Ein weiteres Erforderniß einer gehörigen Art der Erbeseinsetzung ist die ernste Absicht gegenwärtig zu testiren[29]) und seine desfallsige Willenserklärung, wodurch die Erbesernennung erfolgt, allgemein verständlich kund zu geben. Das Nähere hierüber ist schon oben (§§. 19, 20) vorgetragen. Dazu gehört namentlich die deutliche und bestimmte Bezeichnung der Person des Erben. Ist daher zwar ein Erbe genannt, die Benennung aber auf Mehrere passend, und auch aus einer hinzugefügten Bezeichnung, Beschreibung oder aus anderen Umständen nicht zu erkennen, wer gemeint sei, so gilt die Einsetzung nicht. „Heres institui, nisi ut certe demonstretur, nemo potest[30])." — „Quoties non apparet, quis heres institutus sit, institutio non valet, quippe evenire potest, si testator complures amicos eodem nomine habeat, et ad designationem no-

---

28) A. L.R. I, 12, §§. 265, 266.

29) L. 24 D. de testam. militis (XXIX, 1); L. 31 D. qui testam. facere poss. (XXVIII, 1).

30) L. 9, §. 9 D. de heredibus instituendis (XXVIII, 5).

minis singulari nomine utatur, nisi ex aliis apertissimis probationibus fuerit revelatum, pro qua persona testator senserit [31])." Treten in Folge einer solchen Erbeseinsetzung mehrere Prätendenten auf, von welchen ein Jeder der Gemeinte zu sein behauptet, so ist darüber ein äußerlicher Beweis nach römischem Rechte ohne Einschränkung zulässig. „Si controversia sit de nomine inter plures, qui probaverit, sensisse de se defunctum, ille admittetur [32])." Auch das Landrecht schließt den äußerlichen Beweis darüber, wer hier gemeint sei, nicht aus, doch wird derselbe nicht direkt geführt werden können, etwa durch Eidesdelation, weil zur Auskennung des eigentlich Gemeinten dem Richter bestimmte Auslegungsregeln vorgeschrieben sind. Es soll darauf gesehen werden: welcher mit dem Erblasser in näherer Verbindung und Bekanntschaft gestanden hat, wobei Familienverbindungen den bloßen Amts- oder freundschaftlichen Verhältnissen vorgehen sollen [33]). Das sind äußere Umstände, über welche, wenn sie streitig sind, nothwendig Beweis geführt werden muß. Daß andere Umstände nicht berücksichtigt werden sollen, um das Geschehene, soweit es dunkel ist, nach der Willensmeinung des Urhebers zu erklären [34]), ist nicht vorgeschrieben. Deshalb werden auch sonstige Aeußerungen des Testators über seine undeutliche Verfügung als Beweismittel zulässig sein müssen. Das ist sogar als Auslegungsregel für dunkele einseitige Willenserklärungen ausdrücklich vorgeschrieben: „Hat der Erklärende seinen Willen bei anderer Gelegenheit deutlich geäußert, so muß das Dunkele einer streitigen Erklärung dieser deutlichen Aeußerung gemäß verstanden werden [35])." Auf diese Vorschrift ist unter den Auslegungsregeln bei letztwilligen Dispositionen zusätzlich verwiesen [36]), wodurch die Frage außer Zweifel gestellt ist. — Mißlingt der Beweis, so tritt nunmehr nicht die römische Regel ein, d. h. die Verfügung ist nicht ungültig, sondern Alle, auf welche die Beziehung gedeutet werden kann, werden als Miterben zu gleichen Theilen angesehen [37]). — Uebrigens bedarf es zur Gültigkeit der Erbeseinsetzung nicht der Benennung des Erben mit seinem Eigennamen; ein nomen appellati-

31) L. 62, §. 1 D. eodem.

32) L. 33, §. 1 D. de conditionibus et demonstrationibus (XXXV, 1).

33) A. L.R. I, 12, §§. 540 u. 541.

34) L. 168, §. 1 D. de reg. juris: „Quod factum, cum in obscuro sit, ex affectione cujusque (puta testatoris) capit interpretationem."

35) A. L.R. I, 4, §. 71.

36) Ebend. I, 12, §. 556.

37) Ebend. §. 542. — Zu vergl. oben, §. 29, Nr. 10, lit. a.

vum mit einer unterscheidenden Bezeichnung oder Beschreibung genügt. „Si quis nomen heredis quidem non dixerit, sed indubitabili signo eum demonstraverit, quod pene nihil a nomine distat, non tamen eo, quod contumeliae causa solet addi: valet institutio[38].“ Das ist auch preußisches Recht, so daß man z. B. seine Frau, seine Tochter, seinen Oheim, ohne Hinzufügung des Namens einsetzen kann[39]); auf eine beschimpfende Bezeichnung wird im Gesetz nicht Rücksicht genommen[40]); der in solcher Weise Honorirte kann selbstverständlich die Zuwendung verschmähen, ohne daß dieselbe erst vom Gesetzgeber „odio scribentis pro non scripta habetur[41]).“ — Auch unrichtige Bezeichnungen und Irrthum im Beweggrunde schaden der Erbeseinsetzung nicht, wenn es nur sonst außer allem Zweifel ist, wen der Testator gemeint habe. (Oben, §. 20.)

III. In der Art und Weise der direkten Erbeseinsetzung geht das preußische Recht von den Grundsätzen des römischen Rechts, wenigstens von der gemeinen Meinung, theilweise ab. Das ältere römische Recht machte die Gültigkeit der Erbeseinsetzung von dem Gebrauche gewisser Worte und der lateinischen Sprache abhängig, es mußten verba directa (solemnia, civilia), die befehlende Form, gebraucht werden. Es heißt: „Solemnis autem institutio haec est: Titius heres esto. Sed et illa jam comprobata videtur: Titium heredem esse jubeo. At illa non est comprobata: Titium heredem esse volo; sed et illae a plerisque improbatae sunt: heredem instituo, item heredem facio[42]).“ Eine Verordnung der Kaiser Constantin, Constantius und Constans, v. J. 339, schaffte den Gebrauch dieser Formeln ab durch folgende Verfügung: „Weil es unwürdig ist, wegen eitler Gebräuche Testamente und letztwillige Verfügungen Verstorbener ungültig sein zu lassen, ist beschlossen, diejenigen abzuschaffen, deren man sich nur zum Schein bedient und bei den Worten der Erbeseinsetzung nicht für ein nothwendiges gesetzliches Erforderniß zu halten, ob sie in befehlenden und direkten oder indirekten (verbis

---

38) L. 9, §. 8 D. de hered. instituendis (XXVIII, 5). — Zu vergl. L. 54 D. de legatis I.

39) M. vergl. A. L.R. a. a. O. §§. 522, 526—531, 550—553.

40) So gar empfindlich mögen doch wohl auch die Römer nicht immer gewesen sein. In der L. 48, § 1 D. de hered. instituendis (XXVIII, 5) heißt es: „Illa institutio valet: filius meus impiissimus male de me meritus.“

41) L. 54 D. de legatis I.

42) Gaji Inst., II, §. 117; Ulpiani Fragm., tit. XXI.

inflexis) Worten geschieht. Daher macht es keinen Unterschied, ob gesagt wird: ich mache zum Erben, oder: ich setze zum Erben ein, oder: ich will, ich beauftrage, ich wünsche, oder: er sei, oder: er wird sein, sondern es soll eine jede Erbeseinsetzung gelten, in welchen Ausdrücken dieselbe auch erklärt, oder in welche Redeweise sie auch gefaßt sein mag, wenn nur daraus die Willensmeinung klar erhellet. Auch bedarf es nicht formulirter Worte, wenn eine bereits hinsterbende anstoßende Zunge sie ausstößt. Auch die Nothwendigkeit, sich bei Errichtung letztwilliger Verordnungen bestimmter feierlicher Worte zu bedienen, wird aufgehoben, damit eben die, welche über ihr Vermögen zu bestimmen begehren, volle Freiheit haben mögen, — sich dabei beliebiger Worte zu bedienen [43])." Der Gebrauch einer anderen Sprache als der lateinischen wurde erst hundert Jahre später (439) gestattet [44]). Hiernach ist es genug, daß die Absicht des Testators, sich einen s. g. direkten Erben, d. h. einen Nachfolger in seinen gesammten Nachlaß nach seinem Tode zu ernennen, unzweifelhaft aus den gebrauchten Worten erhelle. — Dieses ist denn auch preußisches Recht. „Jede Erklärung eines Testators, woraus erhellet, daß er, nach seinem Tode, den Inbegriff seines Nachlasses einer oder mehreren Personen zuwenden wolle, ist für eine Erbeseinsetzung zu achten [45])," ganz so wie in jener Verordnung ([43]) eingeführt worden ist. Es kommt daher bei der Erbeseinsetzung allein darauf an, Ausdrücke zu gebrauchen, welche es deutlich zu erkennen geben, die Absicht des Testators sei gewesen, den ernannten Erben auf den gesammten Nachlaß als einen Inbegriff zu berufen und folglich alle Intestaterben als solche auszuschließen. „Hat Jemand einer oder mehreren Personen seinen Nachlaß dergestalt beschieden, daß die Absicht, ihnen den ganzen Inbegriff desselben allein zuwenden zu wollen, daraus erhellet; so sind die gesetzlichen Erben für gänzlich ausgeschlossen zu erachten [46]). Hiernach ist klar, daß es eine gehörige Erbeseinsetzung ist, wenn es z. B. heißt: Titius soll mein Erbe mit Ausschluß jeder anderen Person sein, oder: ich hinterlasse mein gesammtes Vermögen meinen beiden Freunden Mävius und Sempronius, oder: ich vermache meinem Neffen

43) L. 15 C. de testamentis et quemadmodum (VI, 23).

44) L. 21 in fine C. eodem: „Illud etiam huic legi prospeximus inserendum, ut etiam graece omnibus liceat testari."

45) A. L.R. I, 12, §. 4.

46) Ebend. §. 254.

mein ganzes Vermögen, oder: ich will, daß Sejus nach meinem Tode mein gesammtes Vermögen erhalte. Sind aber die Ausdrücke der Art, daß sie nicht auf eine Zuwendung des Ganzen deuten lassen, z. B. wenn dem Honorirten ohne Einsetzungsworte ein bestimmtes Gut zugewiesen ist, etwa mit den Worten: mein Rittergut, worin wesentlich mein Vermögen besteht, vererbe ich hiemit auf meinen Freund A., und ist auch nicht etwa besonders der Intestaterbe von jeder Theilnahme ausgeschlossen; so ist die ganze Verfügung ein Intestatkodizill, der nächste Verwandte ist Intestaterbe und A. ist bloßer Vermächtnißnehmer.

Soweit ist Uebereinstimmung zwischen dem preußischen und gemeinen Rechte. In dem letzteren trifft man hierbei jedoch noch auf die vielfach behandelte Frage: ob der in conditione positus für eingesetzt zu halten sei, und man giebt nach der gemeinen Meinung die freilich nicht unbestrittene Regel: positus in conditione non positus est in dispositione[47]). Der Satz bezieht sich auf den Fall, wo Jemand zum Erben eingesetzt ist, wenn ein bestimmter Anderer bei dem Anfalle der Erbschaft nicht vorhanden sein werde. Dann nennt man diesen Anderen in conditione positus. Z. B. Titius soll mein Erbe sein, wenn Mävius vor mir verstorben sein wird. Mävius ist hier in conditione positus und es fragt sich: ob er als Haupterbe eingesetzt ist. Mühlenbruch verneint dies nach einer ausführlichen Erörterung[48]). Oder: „Titius heres esto; si Titius sine liberis mortuus sit, Maevius heres esto. Sind die Kinder, welche in conditione positi, dem Titius substituirt? Hugo Grotius sagt: „Titio ante testatorem moriente, liberos Titii Maevio substituto potiores esse[49])." Oder: ich setze den A. zu meinem Erben ein; wenn er aber ohne Kinder sterben wird, so soll die Erbschaft auf den B. fallen. Auch hier sind die Kinder des A. in conditione positi und es ist darüber gestritten

47) Andr. Gail, Obs., Lib. II, obs. 136, Nr. 18, 19; Leyser, Medit. ad Pand., sp. 363, m. 1; Höpfner, Kommentar über die Institutionen, §. 474, Note 4, u. §. 603, Note 2; Schweppe, das röm. Privatrecht (4. Ausg. von Mejer), Bd. V, S. 809 a. E.; v. Wening-Ingenheim, Lehrbuch, Bd. III, S. 455 (1. Ausg. Buch V, §. 66); bedingt auch Heister, Diss. de liberis, positis in conditione, comprehensis etiam in dispositione. Hal. 1754; Mühlenbruch, in Glück's Kommentar, Bd. XL, S. 235 ff. — Dagegen: Schifflet., de jur. fideicommiss., cap. 14; Goeddaei Comment. in L. 148 D. de verbor. sign. (L, 16); Voet, Commentar., Lib. XXXVI, tit. 1, nr. 67 und der dort angef. Hugo Grotius, ad jurisprud. Holland., cap. 20, nr. 4, 5; Just. Henn. Boehmer, Exercit. ad Pand., Tom. I, Nr. IV, u. A.

48) Glück, Kommentar, Bd. XL, S. 235 ff. u. 245.

49) Voet, Commentar. l. c.

worden: ob sie eingesetzt, resp. ob sie Fideikommißerben seien. Von einer Seite ist es verneint, von anderer Seite bejahet worden [51]). Das Landrecht übergeht die Frage, es hat nur den allgemeinen Grundsatz: „jede Erklärung, woraus erhellet, — — ist für eine Einsetzung zu achten (⁴⁵).“ Daß zu einer solchen Anordnung dispositive Worte erforderlich seien, wie auch noch für das neuere römische Recht behauptet wird, weil die Willenserklärung des Testators sonst nicht mit hinreichender Gewißheit zu erkennen sei [52]), ist in Preußen niemals Gesetzesvorschrift gewesen, und schon die vorlandrechtliche Praxis hat jene Regel verworfen, in einem solchen Falle, welcher vor einem Jahrhunderte bei dem Obertribunale zur Entscheidung kam. Der Testator hatte verordnet: Ich instituire pro heredibus meiner verstorbenen Schwester hinterlassenen drei Kinder, als Nichte von Widowski und beide Nichten Motzfeldt dergestalt, daß daferne eine oder beide Nichten Motzfeldt ohne Hinterlassung von Leibeserben mit Tode abgehen möchten, alles dasjenige, so dieselbe von mir ererbt und ihnen zugekommen, den Kindern der v. Widowski zufließen soll. Die eine der „beiden Nichten“ starb vor dem Testator und hinterließ zwei eheliche Kinder und es traten die Kinder der v. Widowski als Fideikommissarien auf, wogegen die Kinder der Erblasserin als vorgehende Substituten ihrer Mutter in der testamentarischen Anordnung: „daferne eine oder beide Nichten — ohne Hinterlassung von Leibeserben mit Tode abgehen möchten“, eingesetzt zu sein vermeinten. Die Instanzgerichte erkannten solches nicht an, das Obertribunal aber sprach denselben das prätendirte Erbrecht zu, aus folgenden Gründen: „In den Worten des Testators liegt ein doppelte Substitution. Die eine ist ganz klar eine substitutio fideicommissaria, nämlich der Widowskischen Kinder auf den Fall, wenn ihre Tanten, die beiden Motzfeldts ohne Hinterlassung von Leibeserben versterben würden; die andere Substitution aber, nämlich der Kinder der gedachten beiden Motzfeldts in Absicht dieser Letzteren als ihrer Mutter ist implicite in eben gedachter Klausel: „wenn die beiden mit instituirten Nichten desselben ohne Hinterlassung von Leibeserben versterben möchten“, enthalten. Diese letztere Substitution kann zwar de jure romano antiquo nicht behauptet werden, nach welchem ad formalia testamenti gehörig war, ut institutio heredis debeat fieri verbis expressis, dispositivis et so-

51) Höpfner, Kommentar, §. 603, Note 2 und die dort angeführten Fachinaeus, controversiarum jur., Lib. IV, cap. 51. und Harprecht.

52) Mühlenbruch a. a. O. S. 245.

lemnibus, mithin liberi in conditione positi nicht pro institutis, sondern pro praeteritis gehalten werden mußten. — Nachdem aber de jure romano novo juxta L. 15 C. de testamento ([43]) bei der institutione heredis weder verba solemnia noch expressa weiter nöthig sind, und daher im Grunde betrachtet kein Unterschied ist: ob die Institution verbis directis, oder inflexis geschehen, so kann auch die obige aus dem aufgehobenen jure romano antiquo hergeflossene Regel heut zu Tage nicht weiter stattfinden; sondern es ist genug, si quomodocunque de voluntate vel expressa vel tacita testatoris heredem instituere volentis konstire, wohin denn vornehmlich gehöret: — si heredi sub conditione, si sine liberis decesserit, substitutum est, liberi etiam in conditione positi in dispositione comprehensi censentur. — Dies ist nun im Testamente qu. offenbar geschehen: der Testator hat darin der revidentischen Kinder Mutter, so damals noch unverehelicht war, zu seiner Miterbin pro tertia parte ausdrücklich eingesetzt, und hinzugefügt, daß ihre Erbportion, wenn sie ohne Leibeserben mit Tode abginge, auf ihrer Schwester Widowski Kinder fallen solle. In dieser Kondition sind also des Klägers Kinder zu der Erbportion ihrer Mutter mit gerufen, und bei der Nichtexistenz dieser Kondition fällt die substitutio fideicommissaria der Widowskischen Kinder auf sothane Erbportion hinweg, mithin liegt in sothaner Kondition ein implicita et tacita institutio der klägerischen Kinder, deren Dasein die Widowskischen Kinder nach der Absicht des Testators von dem Anfall derjenigen Erbportion, so der Testator der Mutter der klagenden Kinder zugeschrieben, exkludiren soll. Hieraus folgt, daß die Kinder des Klägers ihrer Mutter vom Testator substituirt worden [53])." — Diese Jurisprudenz hat sich nach der Einführung des Landrechts nicht geändert, im Gegentheil, die Fassung der entscheidenden Bestimmung des Landrechts ([45]) erinnert an die vorstehende, zur Zeit des Beginnes der Abfassung des Gesetzbuches noch neue Entscheidung. Auch das heutige Obertribunal hat erkannt: die testamentarische Anordnung, „daß für den Fall, wenn der eingesetzte Erbe ohne eheliche Descendenz vor dem Testator versterben möchte, ihm derjenige von seinen Brüdern substituirt sein solle, welcher die meisten Güter des Vaters erbe", enthalte eine rechtsgültige Substitution [54]). Die Entscheidung bezieht sich hauptsächlich auf die scheinbar mangelhafte Bezeichnung der Person des

53) Erk. des Obertr. vom 23. Januar 1766 (Hymen, Beiträge zur juristischen Literatur, Bd. III, S. 26 ff.).

54) Erk. vom 3. April 1857 (Archiv f. Rechtsf. Bd. XXIII, S. 354).

Substituten zweiten Grades, denn die Anordnung bestellt in erster Linie dem Instituten einen Substituten in der Person der ehelichen Descendenz desselben, und dieser ist in conditione positus, und diesem Substituten ist in zweiter Linie gleichfalls ein Substitut in der Person des mit Namen nicht genannten Bruders des Testators bestellt, dieser ist also ein substitutus substituto, von welchem die Regel gilt: substitutus substito est substitutus institututo, im Fall nämlich der Erste wegfällt[55]). — Auch in der Verordnung: „Sollte einer meiner Notherben dieses Testament mit Erfolg anfechten, so bestimme ich ausdrücklich, daß derselbe nur den Pflichttheil erhalten solle," ist der Notherbe in conditione positus, aber doch nach preußischem Rechte ([45]) rechtgültig instituirt[56]).

b) Einsetzung mehrerer Erben (Miterben).

§. 42.

aa) Ueberhaupt.

I. „Der Erblasser kann in seinem Testamente einen oder mehrere Erben zu seinem Nachlasse nach Gutbefinden ernennen[1])." Der Satz ist eine Kopie des §. 4 Inst. de heredibus instituendis (II, 14): „Et unum hominem, et plures, usque in infinitum, quot quis heredes velit, facere licet," ein bloßer Lehrsatz, welcher nur besagt, daß keine Grenze der Zahl von einzusetzenden Erben vorgeschrieben sei, sondern darin Alles dem Belieben des Testators überlassen sei, was noch niemals bezweifelt worden ist. — Ein einziger Erbe auf das Ganze ist ein Alleinerbe, von den Römern heres ex asse[2]) genannt, von as (ursprünglich eine Kupfermünze vom Gewicht eines Pfundes)[3]), welches eine Einheit oder ein ungetheiltes Ganze, daher eine ganze Erbschaft bedeutet. Mehrere mit qualitativ gleichem Rechte in eine ganze Erbschaft Berufene heißen im röm.

55) §. 3 Inst. de vulgari substit. (II, 15); L. 27, 41 pr., L. 47 D. eodem (XXVIII, 6); L. 69 D. de acquir. vel omitt. hereditate (XXIX, 2).

56) Zu vergl. Erk. des Obertr. vom 4. Dezember 1844 (Entsch. Bd. XII, S. 419), und vom 15. Juni 1860 (Archiv f. Rechtsf. Bd. XXXVII, S. 287).

1) A. L.R. I, 12, §. 44.

2) L. 72 D. de hered. instituendis (XXVIII, 5); L. 19 D. de liberis et posthumis (XXVIII, 2).

3) Dergleichen Kupfermünzen haben auch die europäischen Staaten der neuern Zeit gehabt. Schwedische Kupferthaler z. B., welche in ihrem Gewichte dem Werthe eines Thalers entsprechen, finden sich in manchen Münzsammlungen, u. a. in Königswart.

Rechte coheredes [4]); wir nennen sie Miterben [5]), die quantitativen Rechte sind hierbei gleichgültig.

II. „Sind ohne nähere Bestimmung, mehrere Personen zu Erben eingesetzt worden, so erwerben sie die Erbschaft zu gleichen Theilen," sagt das Landrecht [6]). Dies ist eine inkorrekte Uebertragung des röm. Rechts:

„Si plures instituantur heredes, — satis constat, nullis partibus nominatis ex aequis partibus eos heredes esse [7])." — „Heredes juris (universi) [8]) successores sunt, et, si plures instituantur, dividi inter eos a testatore jus oportet: quod si non fiat, omnes aequaliter heredes sunt [9])." — „Conjunctim heredes institui, hoc est, totam hereditatem singulis datam esse, partes autem concursu fieri [10])."

Die Ungenauigkeit der Uebertragung liegt in den Worten: „so erwerben sie die Erbschaft zu gleichen Theilen." Das kann zu einer unrichtigen Auffassung des Begriffs führen, welchen zu ändern durchaus nicht in der Absicht der Verfasser gelegen hat. Erworben wird die Erbschaft als jus, als nomen juris gedacht, einem Jeden auf das Ganze, Theile entstehen nur im Inhalte durch das Zusammentreffen mit Anderen auf das Ganze, oder wie der Jurist ([10]) sagt: „partes autem concursu fieri." Diesen Bestandtheil des Begriffs dürfen wir nicht fallen lassen, nur alsdann erscheint das Anwachsungsrecht als eine nothwendige Folge des Erbrechts, aus der Berufung eines Jeden auf das Ganze. Jene Worte können daher nur sagen wollen: „so theilen sie die Erbschaft zu gleichen Theilen", denn erworben haben sie solche schon ungetheilt. — Hat der Testator Theilungsvorschriften gegeben, welche nicht ganz klar sind, so geben die Rechtsquellen für gewisse Dunkelheiten an, wie der Wille des Testators zu verstehen sei. Folgende Fälle erfordern nähere Erwägung:

1. Der Fall, wenn Mehrere zusammen (verbunden, conjun-

---

4) Gajus, IV, §. 42; Ulpian., XIX, §. 16; Paulus, III, 6, §. 1; L. 32 D. de vulg. et pup. substit. (XXVIII, 6); L. 14, §. 1 D. ad L. Falc. (XXXV, 2); L. 7, 16 C. de collation. (VI, 20); L. 28, §. 1 D. de excusation. (XXVII, 1); Gajus, II, §. 243; L. 70, §. 2 D. de legatis II.

5) A. L.R. I, 12, §§. 262, 264, 269, 272, 274, 275, 281, 292; I. 17, §§. 125, 126, 137, 147, 149, 167.

6) I, 12, §. 261.

7) §. 6 Inst. de heredibus instituendis (II, 14).

8) L. 24 D. de verbor. signif. (L, 16); L. 62 D. de regul. juris (L, 17); L. 11 D. de diversis temporal. praescript. (XLIV, 3).

9) L. 9, §. 12 D. de heredibus instituendis (XXVIII, 5).

10) L. 80 D. de legatis III.

ctim) auf einen und denselben Theil des Nachlasses ohne nähere Bestimmung angewiesen worden sind. Man nennt diese „conjuncti coheredes“. Von diesen gilt für ihren gemeinschaftlichen Antheil eben derselbe Grundsatz, welcher für alle Miterben vorgeschrieben ist, wenn Alle, ohne nähere Bestimmung, zusammen auf das Ganze berufen worden sind, wovon so eben vorhin gesprochen worden ist. Man nennt in diesem Falle sämmtliche Miterben auch wohl conjuncti coheredes [10], weil sie eben conjunctim auf das Ganze eingesetzt sind; gewöhnlich aber werden unter conjuncti heredes die zusammen auf den nämlichen Erbtheil Eingesetzten verstanden. Wahre conjuncti in diesem Sinne sind nur diejenigen, welche durch eine reelle Konjunktion oder Realkonjunktion, im Gegensatze von einer bloßen Verbalkonjunktion, verbunden sind (re et verbis conjuncti). „Hat der Testator einem oder etlichen von den eingesetzten mehreren Erben ihre Erbportionen ausdrücklich angewiesen, andern aber keinen dergleichen Antheil bestimmt: so erhalten Letztere den Ueberrest, und zwar, wenn ihrer mehrere sind, zu gleichen Theilen [11].“ Diese auf den ungetheilten Ueberrest Angewiesenen sind re conjuncti. Ferner: „Sachen und Rechte, welche mehreren Erben zusammen auf ihre Erbportion ungetheilt angewiesen worden (re et verbis conjuncti), fallen, beim Abgange des Einen dieser Mitgenossen, nur den Anderen, mit Ausschließung der übrigen Erben, anheim [12].“ Dies ist die praktische Wirkung der wahren (reellen) Konjunktion. „Heredes sine partibus, utrum conjunctim an separatim scribantur, hoc interest, quod, si quis ex conjunctis decessit, hoc non ad omnes, sed ad reliquos, qui conjuncti erant, pertinet; sin autem ex separatis, ad omnes, qui testamento eodem scripti sunt heredes [13].“ Allein eine thatsächliche Frage bleibt es, ob der Testator die Absicht gehabt habe, in dieser Art Mehrere mit einander auf das Ganze eines bestimmten Theils der Erbschaft zu berufen, und diese Absicht wird nicht immer aus den gebrauchten Ausdrücken oder der Fassung der Erklärung mit Gewißheit und ohne Zweifel erkannt werden können. Hierauf beziehen sich nun die Unterscheidungen der römischen Juristen hinsichtlich der Form, Art und Weise der Berufung, um mit Hülfe derselben die Absicht des Testators festzustellen. „Triplici modo conjunctio intelligitur:

11) A. L.R. I, 12, §. 268.

12) Ebend. §. 284.

13) L. 63 D. de heredibus instituendis (XXVIII. 5). — Zu vergl. L. 20. §. 2; L. 59. §. 2; L. 66 D. eodem.

aut enim re per se conjunctio contingit, aut re et verbis, aut verbis tantum [14]).“ Diese verschiedenartigen Konjunktionen werden durch Beispiele erklärt. „Nec dubium est, quin conjuncti sint, quos et nominum et rei complexus jungit, veluti: Titius et Maevius ex parte dimidia heres sunto, vel ita: Titius Maeviusque heredes sunto, vel: Titius cum Maevio ex parte dimidia heredes sunto. — Videamus autem, ne, etiam si hos articulos detrahas: et, que, cum; interdum tamen conjunctos accipi oporteat, veluti: Lucius Titius, Publius Maevius ex parte dimidia heredes sunto; Sempronius ex parte dimidia heres esto, ut Titius et Maevius veniant in partem dimidiam, et re et verbis conjuncti videantur. — Lucius Titius ex parte dimidia heres esto; Sejus ex parte, qua Lucium Titium heredem institui, heres esto; Sempronius ex parte dimidia heres esto. Julianus (ait), dubitari posse, tres semisses facti sint, an Titius in eundem semissem cum Gajo Sejo institutus sit; sed eo quod Sempronius quoque ex parte dimidia scriptus est, verisimilius esse, in eundem semissem duos coactos, et conjunctim heredes scriptos esse ([10]) [15]).“ In allen diesen Fällen soll, wenn die Verordnung so lautet wie vorausgesetzt ist, das Vorhandensein einer reellen Konjunktion nicht bezweifelt werden. — Auch die nur re conjuncti, d. h. solche, welche zu dem nämlichen Gegenstande, aber doch in getrennten oder verschiedenen Sätzen berufen sind, gelten als wahre Verbundene. „Julianus quoque refert: si quis ita heredem scripserit: Titius ex parte dimidia heres esto, Sejus ex parte dimidia. Ex qua parte Sejum institui, ex eadem parte Sempronius heres esto: dubitari posse, utrum in tres semisses dividere voluit hereditatem, an vero in unum semissem Sejum et Sempronium conjungere? Quod est verius, et ideo conjunctim eos videri institutos. Sic fiet, ut Titius semissem, hi duo quadrantes ferant [16]).“ Der Zweifelsgrund bestand hier wie in dem letzten Beispiele der vorhergehenden Stelle darin, ob nicht der Testator aus Versehen die Erbschaft überschwert, nämlich drei semisses (Hälften) angewiesen haben möchte, und deshalb der Fall ebenso zu behandeln sei, als wenn der Testa-

14) L. 142 D. de verbor. significatione (L, 16).

15) Zu dem Schlußsatze vergl. m.: L. 59, §. 2 D. de hered. instit. (XXVIII, 5).

16) L. 15 pr. D. eodem.

tor die Zahl der Theile, welche das Ganze hat, überschritten habe. Dem Juristen ist jedoch, wie er am Schlusse der vorigen Stelle hervorhebt, der Umstand entscheidend, daß der Testator bestimmt von Hälften spricht und es nicht wohl denkbar sei, er habe aus Versehen jedem der drei Ernannten eine Hälfte zuweisen wollen. — Verbis tantum conjuncti gelten nicht für Verbundene. Diese sind solche, welche zwar in Einem Satze genannt, aber zugleich auf bestimmte Antheile für Jeden, also getheilt, angewiesen sind. „Interdum haec adjectio: „Aeque heredes sunto“, testatoris voluntatem exprimit, ut puta: Primus[17]) et fratris mei filii aeque heredes sunto; nam haec adjectio declarat, omnes ex virilibus partibus institutos, ut et Labeo scripsit: qua detracta semissem fratris filii, semissem Primus haberet[18]).“ Wäre also das aeque nicht beigefügt worden, so würden die fratris filii ungetheilt auf die zweite Hälfte eingesetzt, also wahre conjuncti gewesen sein. Noch ein anderer Fall, wo die Fassung zweifelhafter ist, wird angeführt: „Si ita quis heredes instituerit: Titius heres esto, Cajus et Maevius aequis ex partibus heredes sunto, quamvis „Et“ syllaba conjunctionem faciat; si quis tamen ex his decedat, non alteri soli pars adcrescit, sed omnibus coheredibus pro hereditariis portionibus, quia non tam conjunxisse, quam celerius dixisse videatur[19]).“ Also: Cajus und Maevius sind zwar durch die Konjunktion „et“ für eine Hälfte des Ganzen verbis verbunden, aber sie sind durch die Beifügung: „aequis ex partibus“, auf bestimmte Theile, keinesweges aber, wie man es meistens versteht, auf gleiche Theile bloß dieser Hälfte[20]) angewiesen, daher ist anzunehmen, daß sich der Testator nur kürzer habe ausdrücken wollen; Cajus und Maevius sind nach dem Wortverstande nicht wahre conjuncti. Das Landrecht übergeht, wie gesagt, diese Kasuistik, es überläßt die Feststellung der Absicht des Testators der freien Thätigkeit des Richters und bestimmt nur die rechtliche Folge der Thatsache ([11 u. 12]). Die vorgetragenen römischen Bestimmungen haben daher für das preußische Recht nicht die Kraft eines Gesetzes, aber sie haben den Werth einer wissenschaftlichen Autorität, der um so höher steht, als sie von den Lehrmeistern unserer ganzen Wissenschaft und von den Quellen unseres vaterlän-

17) Nomen proprium.

18) L. 13 pr. D. de hered. instituendis (XXVIII, 5).

19) L. 66 D. eodem.

20) Dem widerspricht die Hauptentscheidung in der vorigen Stelle (Note 18), wonach Alle Virilportionen erhalten.

dischen Rechts ausgeht. — Die römische Eintheilung des Ganzen (as) in Zwölftheile (unciae), worauf die Erörterungen der römischen Juristen fußen, interessirt uns nicht, weil sie nicht volksthümlich geworden und kein Testator, es müßte denn ein Sonderling sein, dieselbe seinem Testamente zu Grunde legt; auch war daran kein römischer Testator gebunden, die Vertheilungsweise stand ganz in seinem Belieben [21]).

2. Von dem Falle, wenn von mehreren zu „Erben" berufenen Personen Einer oder Einige auf bestimmte Sachen oder Summen beschränkt sind, ist schon vorhin (§. 41, I, nr. 1) gehandelt worden; dieser Eine, oder diese Einige werden, den andern Miterben gegenüber, für Legatarien gehalten. Sind aber Alle auf bestimmte Sachen oder Quantitäten eingesetzt, so wird nach römischem Rechte angenommen, die Zuwendungen eines Jeden seien Vorvermächtnisse und im Uebrigen seien Alle zu gleichen Theilen berufen [22]), weil es eine nothwendige Folge der Regel nemo pro parte etc. ist und weil die Prälegate nicht als Erbquoten betrachtet werden, somit Alle als zu gleichen Theilen berufen erscheinen. Das preußische Recht hat diesen Grundsatz, nämlich den Theilnehmungsgrundsatz, angenommen, vorausgesetzt, daß aus der Willenserklärung die Absicht des Testators erhelle, die Berufenen auf den ganzen Inbegriff des Nachlasses einzusetzen und somit die Intestaterben gänzlich auszuschließen. Dies ist also hier eine Frage thatsächlicher Natur, während es nach römischem Rechte die nothwendige Folge einer Rechtsregel ist. Die gesetzliche Bestimmung, unter Voraussetzung jener Thatsache, lautet, ganz in Uebereinstimmung mit dem römischen Rechte:

„Wenn der Erblasser, ohne Bestimmung von Erbquoten, den ganzen Nachlaß, bis auf einen — Ueberrest, unter die mehreren Erben vertheilt hat, so haben dieselben an diesen Ueberrest gleichen Anspruch [23])."

Noch eine Nebenfrage tritt in diesem Falle, wenn Alle auf bestimmte Sachen oder Summen berufen sind und die Erbschaft dadurch nicht erschöpft ist, entgegen, nämlich die: wie es hinsichtlich der Erbquoten vom Ueberreste zu halten, wenn Einige der Miterben

---

21) L. 13, §. 1 D. eodem: „Paterfamilias distribuere hereditatem in tot partes potest, quot voluerit." Der Ausdruck „unciae" galt geradezu für „Erbtheile". Pauli rec. sent., L. III, tit. 4 B, §. 6; §. 5 Inst. de hered. instit. (II, 14).

22) L. 9, §. 13; L. 35 pr. et §. 1; L. 78 D. eodem.

23) A. L.R. I, 12, §. 266.

re et verbis conjuncti sind; ob diese auch in Ansehung der Erbschaft für conjuncti gelten, oder ob sie Virilportionen erhalten. Von drei eingesetzten Erben z. B. ist der Eine allein auf eine bestimmte Sache eingesetzt und die beiden Anderen sind es mit einander als wahre Verbundene auf eine andere: fällt hier nun der Ueberrest in zwei Portionen, die eine für den Einen, die andere für die beiden Anderen zusammen? oder erhalten alle Drei gleiche Portionen? Die Frage entscheidet das römische Recht sehr bestimmt für die erste Alternative:

„Attius fundi Corneliani heres esto (mihi), duo Titii illius insulae heredes sunto. Hic habebunt duo Titii semissem, Attius semissem, idque Proculo placet. Quid tibi videtur? Respondit: vera est Proculi opinio [24]."

Hiernach wird es als etwas Unzweifelhaftes angesehen, daß die Verbindung von Miterben auch durch gemeinschaftliche Einsetzung auf eine bestimmte Sache in dem in Rede stehenden Falle ausgedrückt werden könne. Im preußischen Rechte besteht kein Grund, warum die Frage nicht ebenso sollte entschieden werden.

3. Die mehreren Erben sind alle auf Quoten eingesetzt, aber die Zahl der Theile eines Ganzen ist nicht erschöpft. Dann akkrescirt der vakante Theil allen Miterben nach dem Verhältnisse ihrer Erbtheile:

„Denique, si minus distribuit, potestate juris in hoc revolvitur: ut puta si duos heredes ex quadrante scripserit. Nam hereditas eis residua accedit, ut ex semissibus videautur scripti. — Sed si alter ex quadrante, alter ex semisse scripti sunt: qui accedit quadrans, pro partibus hereditariis eis adcrescit [25]."

„Videamus, si pars aliqua vacet, nec tamen quisquam sine parte sit heres institutus, quid juris sit: veluti si tres ex quartis partibus heredes scripti sunt. Et constat, vacantem partem singulis tacite pro hereditaria parte accedere, et perinde haberi, ac si ex tertiis partibus heredes scripti essent [26]."

Von diesem Grundsatze wird folgende Anwendung gemacht: „Lucio

---

24) L. 11 D. de hered. instituendis (XXVIII, 5). — Zu vergl. L. 59, §. 2 D. eodem.

25) L. 13, §§. 2, 3 D. eodem.

26) §. 7 Inst. eodem (II, 14).

Titio ex duabus partibus, Publio Maevio ex quadrante scriptis heredibus, assem in dodrantem esse divisum respondi; modum enim duarum partium ex quadrante declarari, quod veteres numis Titio legatis, numorum specie non demonstrata, ceterorum legatorum contemplatione receperunt [27]." Die zwei Theile, auf welche Titius eingesetzt ist, sind unbestimmt, der Theil aber, zu welchem Publius Mävius berufen, ist auf einen quadrans (ein Viertel) bestimmt, also, sagt der Jurist, hat der Testator unter einem Theil Ein Viertel der Erbschaft gemeint, Titius soll deren zwei und Mävius Einen haben; Ein Viertel bleibt vakant, dieses wächst den Dreien nach Verhältniß ihrer Erbquoten zu, folglich erhält davon Titius zwei Theile (gleich dem sechsten Theil eines As) und Mävius einen Theil oder $\frac{1}{12}$ des As. Das As ist somit von dem Testator nicht in Zwölftel (uncias), sondern in Neuntel (in dodrantem) getheilt, wovon Titius noch einmal soviel erhält als Mävius, nämlich der Erste $\frac{6}{9}$ und der Andere $\frac{3}{9}$. Wegen des angenommenen Maßes für die unbestimmten duae partes des Titius beruft der Jurist (Papinian) sich auf die Analogie einer alten Praxis, wonach man bei Geldvermächtnissen ohne Bestimmung der Münzsorte die nämliche Münzsorte annimmt, die in demselben Testamente bei anderen Vermächtnissen genannt worden ist. — Den Grundsatz hat das L.R. aufgenommen:

„Hat der Testator durch eine unter seinen eingesetzten Erben regulirte Theilung den Nachlaß nicht völlig erschöpft, so fällt das Uebrige sämmtlichen wirklich eingesetzten Miterben anheim. — Wenn die mehreren Erben in gewisse, nur im Verhältnisse gegen das Ganze bestimmte Theile oder Quoten eingesetzt sind, erwerben sie einen solchen Anfall nach Verhältniß dieser Erbtheile [28]."

Wie die Größe des unbestimmt gebliebenen Verhältnißtheils, auf welchen Einer der Miterben eingesetzt ist, zu finden und zu bestimmen sei, ist unentschieden geblieben, es kann daher die Anwendung, welche Papinian von dem Grundsatze auf einen solchen Fall macht, als Beispiel dienen.

4. Es ist mehr als das Ganze vertheilt. Hierbei ist zu unterscheiden:

a) Die Ueberschwerung ist durch Zuwendung bestimmter Sachen oder Summen (Legate oder Prälegate) geschehen. Dabei mag ein Erbe eingesetzt worden sein, oder nicht, beide Fälle stehen nach preußischem Rechte ganz gleich; denn ist die letztwillige Verordnung nur ein

27) L. 78, §. 1 D. eodem.

28) A. L.R. I, 12, §§. 264, 265.

Intestatkodizill, so ist der nächste Intestaterbe der wirkliche Erbe; aber beide Erben erhalten nach preußischem Rechte nichts. „Wenn der Testator einigen nicht in gewissen Quoten eingesetzten Erben soviel einzelne Stücke oder Summen angewiesen hat, daß der Nachlaß dadurch ganz erschöpft wird, und für die anderen Miterben nichts übrig bleibt: so können Letztere von ihren mit einzelnen Stücken oder Summen bedachten Miterben keine Abgabe verlangen. — Vielmehr findet in einem solchen Falle eben das statt, was verordnet ist, wenn der Nachlaß durch Vermächtnisse erschöpft worden [29])." Dies ist neues Recht. Im römischen Rechte steht die Sache anders, indem der Erbe die falcidische Quart, welche das Landrecht aufgehoben hat [30]), abziehen kann.

b) Es sind an die einzelnen Miterben bestimmte Antheile (Quoten) vertheilt, aber zusammengerechnet mehr, als das Ganze Theile hat. Hier muß pro rata eine Reduktion eintreten.

„— Si plures heredes scripti in portionibus sint, tacite singulis decrescere: ut si verbi gratia quatuor ex tertiis partibus heredes scripti sint, perinde habeantur, ac si unusquisque ex quarta parte heres scriptus fuisset [31])."

„Sed si excesserit (testator) in divisione duodecim uncias, aeque pro rata decrescet; utputa me ex duodecim unciis heredem, te ex sex scripsit, ego hereditatis habeo bessem, tu trientem [32])."

Man nimmt bei der Reduktion an, daß so viele Theile in dem Ganzen seien, als der Testator wirklich zugetheilt hat. Dies wird in folgender Stelle ausgeführt:

„Si duos ex asse heredes instituerit, tertium autem ex dimidia et sexta. — Labeo ait, in viginti uncias assem dividendum, octo laturum ex dimidia et sexta scriptum, illos duos duodecim [33])."

Zwei conjuncti sollen das As (12 Unzen), ein disjunctus die Hälfte davon (6 Unzen) und ein Sechstel (2 Unzen), zusammen 8 Unzen haben. Der Testator hat also, so wird angenommen, seine Erbschaft in 20 Theile zerlegt, wovon die conjuncti 12 und der disjunctus 8 erhalten. — Ein anderer Fall wird eben so entschieden. „Ti-

29) A. L.R. I, 12, §§. 275, 276. — Zu vergl. §. 333.

30) Ebend. §§. 276, 333, 467.

31) §. 7 Inst. de heredibus instituendis (II, 14).

32) L. 13, §. 4 D. eodem.

33) L. 13, §. 6 D. eodem.

tius ex parte tertia, deinde asse expleto: idem ex parte sexta, in quatuordecim uncias hereditatem dividendam Trebatius ait[34])." Also: Titius ist auf ein Drittel eingesetzt und nachdem das Uebrige des As an Andere vergabt worden, wird ihm noch ein Sechstel zugeschrieben. Der Jurist sagt: der Testator habe das Ganze in vierzehn Theile zerlegt, wovon Titius sechs Theile und die Anderen achte erhalten. Ebenso, wenn Zwei auf das Ganze und Andere wieder auf das Ganze berufen sind, erhalten die Zwei zusammen die eine und die Anderen die andere Hälfte[35]). — Diese Berechnungs- und Vertheilungsart vollzieht sich sehr einfach und könnte auch für das heutige preußische Recht, welches darüber schweigt, gelten. Allein Justinian, welcher die Sache anders auffaßt, hat Folgendes verordnet: Er geht davon aus, daß die alten Juristen über die Berechnungen in dem vorliegenden Falle sehr zweifelhaft gewesen seien. Diese will er beseitigen und sagt dann. „Da es klar zu Tage liegt, daß derjenige, welcher dem Einen anfangs eine Sache ganz, nachher aber wieder einem Anderen die Hälfte dieser Sache vermacht hat, von seiner früheren Absicht abgewichen ist, indem er die zweite Hälfte einem Anderen überwiesen hat, so ist auch für den vorliegenden Fall der einfachste Ausweg gefunden. Wenn also Jemand ein Ackerstück oder eine Erbschaft dem Ersten ganz, dem Zweiten aber zur Hälfte hinterlassen hat, so sollen sie beide zur Hälfte Eigenthümer der vermachten Sache oder der Erbschaft sein. Und hätte Jemand dem Ersten die ganze Sache, dem Zweiten aber ein Drittel derselben hinterlassen, so sollen nach der obigen Vorschrift von dem Acker oder der Erbschaft dem Ersten zwei Drittheile verbleiben, der dritte Theil oder vier Zwölftel aber auf den Zweiten übergehen. Und so soll es überall gehalten werden, sowohl bei Erbschaften als Vermächtnissen und Fideikommissen, und der Wille des Testators nur auf diese Weise ausgelegt werden[36])." Justinian nimmt also für ausgemacht und gewiß an, der Testator habe in soweit, als er denselben Gegenstand, den er zuerst Jemandem ganz zugewendet, hinterher noch einem Anderen angewiesen habe, seine erste Meinung geändert[37]). Deshalb habe die zweite Anord-

34) L. 13, §. 7 D. eodem.

35) L. 13, §. 5 D. eodem: „Sed si duos ex asse heredes scripserit, alios ex duodecim unciis, an aeque distributio fiat, apud Labeonem quaeritur. Et putat Labeo, et illos ex semisse, et hos, qui ex duodecim unciis scripti sunt, ex semisse heredes fore; cui sententiae assentiendum puto."

36) L. 23 pr. C. de legatis (VI, 37).

37) „Manifestum est, eum, qui ab initio duodecim uncias rei cuidam reliquit, alii autem postea sex, recessisse a priore voluntate, voluisse autem minui eam sex unciis."

nung den Vorzug vor der ersten, und der zuerst Bedachte behalte nur soviel als nach Abzug des dem Zweiten Zugewendeten übrig bleibe. Man nennt dies die Abzugstheorie. Konsequent durchgeführt, würde daraus folgen, daß, wenn in Einem Zuge ein Gegenstand ganz dem Ersten, und nachher gleichfalls dem Zweiten zugetheilt würde, der Erste gar nichts erhalten müßte. Hierin ist jedoch Justinian inkonsequent, denn er verordnet im §. 1 derselben Entscheidung, daß, wenn zuerst Einem und darauf auch einem Anderen die ganze Sache zugeschrieben worden sei, dann Jeder nur die Hälfte der Sache erhalten solle. Diese Verfügung des Testators soll also nur dieselbe Wirkung haben wie die, durch welche er dem Ersten die nämliche Sache ganz und dem Anderen halb angewiesen hat. — Die Verordnung hat denn von jeher eine vielfache Meinungsverschiedenheit der Ausleger über den Sinn derselben und ihr Verhältniß zu den Bestimmungen der Pandekten zur Folge gehabt[38]). Einige[39]) halten dafür, daß das Pandektenrecht durch diese Verordnung gänzlich beseitigt sei, und dafür spricht allerdings der Wortlaut: „Cum computationes multae introducebantur, et multis ratiocinationibus dignae: nos hujusmodi computationes quasi superfluas, et contrarias voluntati testatoris, omnes esse sopiendas censemus." Gegen diese Ansicht wird geltend gemacht, daß Justistian's Verordnung (vom Jahre 530) älter sei als die Abfassung der Pandekten, und daher deutlich gefaßte Stellen aus den Schriften der Juristen nicht in die Pandekten aufgenommen worden sein würden, welche man für bereits abgeschafft gehalten. Allein dieser Schluß ist trügerisch, da viele Stellen in den Pandekten vorkommen, die nur eine rechtsgeschichtliche Bedeutung haben. — Andere nehmen an, daß die Pandektenstellen und Justinian's Verordnung sich auf verschiedene Fälle bezögen und deshalb nebeneinander bestehen könnten. Die Vereinigungsversuche sind jedoch in den Voraussetzungen verschieden. Donellus und seine Anhänger[40]) nehmen an, daß die Pandektenstellen von Fällen zu verstehen, wo der Testator seiner Vertheilung den alten römischen as und

---

38) Darüber ausführlich: Schrader, civilistische Abhandlungen, Bd. II, Nr. IV (Auslegung des letzten Willens, wenn der Erblasser mehr als ein Ganzes vertheilt hat, mit besonderer Rücksicht auf L. 23 C. de legatis), §. 5.

39) Duarenus, Commentar. ad tit. D. de hereditatibus instituendis, cap. III; — Cujac., Comment. ad hanc leg., welcher den Umstand geltend macht, daß die L. 23 eine der 50 Decisionen sei.

40) Donellus, Comment. jur. civil., Lib. VI, c. 22, §. 8; — Vinnius, Commentar. in Inst. II, 14, §. 7; — Brunnemann, Commentar. in Cod., ad h. leg. 23, u. A.

dessen Eintheilung zum Grunde gelegt habe und in das Dupondium übergegangen sei; die Justinian'sche Konstitution komme zur Anwendung, wenn dem Einen ein Ganzes, einem Anderen ein bestimmter Theil des nämlichen Ganzen ausdrücklich hinterlassen worden. Allein diese Voraussetzung trifft nicht zu, denn in den Pandekten sind absulute Theile des Ganzen genannt und doch wird das Reduktionsprinzip darauf angewendet [41]), und umgekehrt setzt Justinian einen Fall, wo der Testator sich der alten technischen Theilbezeichnungen (as, uncia etc.) bedient hat, und doch wendet er auch auf diesen seine Abzugstheorie an. — Giphanius und die ihm Beifall geben, legen ein entscheidendes Gewicht auf das „früher" und „später" (ab initio — deinde) in der Justinian'schen Verordnung [42]); deshalb müsse die Abzugstheorie nach dem Kodex zur Anwendung kommen, wenn verschiedene, das Ganze übersteigende, Anordnungen dergestalt nach einander getroffen seien, daß die Annahme einer Willensänderung damit vereinbar sei [43]). Aber auch dieser Grund ist nicht entscheidend, weil dieselben Ausdrücke schon in einer Pandektenstelle vorkommen, und doch das Reduktionsprinzip auf den Fall angewendet wird [44]). Hiergegen wird gesagt, es sei vorauszusetzen, daß hier (in dem Testamente) diejenigen, deren Portionen das Ganze überschreiten, unmittelbar hintereinander aufgeführt worden seien, so daß man die unmittelbar nach einander Genannten als zugleich berufen betrachten müsse. Dieser Ausweg ist wiederum nicht offen. Denn Justinian geht gerade von der nämlichen Voraussetzung aus, nichts läßt erkennen, daß er nicht die wesentlich erforderlich gewesene unitas actus voraussetze, weil er sonst nicht von der Auslegung eines gültigen Testaments hätte handeln können; es ist auch durch nichts angedeutet, daß das deinde erst nach Unterbrechung des Zusammenhanges, etwa an einer anderen Stelle oder am Ende vorgekommen sei. Das deinde zeigt es nicht an, sonst müßte es ja auch in jener Pandektenstelle ([44]) dieselbe Bedeutung haben, mithin würden die Voraussetzungen wieder die gleichen sein. Mühlenbruch zieht aus dem Inhalte der Pandektenstellen und

---

41) L. 13, §§. 6 et 7 D. de heredibus instituendis (XXVIII, 5), u. §. 7 i. f. Institut. eodem (II, 14).

42) „— eum, qui ab initio duodecim uncias rei cuidam reliquit, — — voluisse minui eam sex unciis."

43) Giphan., explanat. difficilior. leg. Cod. ad L. 23 C. de legatis. — Schrader a. a. O. (m. s. Note 38), S. 242 u. folg.

44) L. 13, §. 7 D. de hered. instituendis (XXVIII, 8): „Titius ex parte tertia, deinde, asse expleto, idem ex parte sexta."

der Konstitution das Resultat, daß, wenn ein Testator bei der Vertheilung an die einzelnen Miterben die arithmetischen Theilbegriffe überschreitet, im Zweifel (wenn nicht die Absicht des Testators näher ausgedrückt ist, denn alle Bestimmungen sind ja nur Willensinterpretationen) anzunehmen sei, daß eine verhältnißmäßige Verminderung aller Theile eintreten solle (nach dem Reduktionsprinzip der Pandekten), daß aber, wenn die auf das Ganze gerichtete Disposition hinterher durch Theilbestimmungen gemindert werde, die Minderung vollständig zu verstehen sei, d. h. daß die später Genannten die ihnen überwiesenen Theile ohne Abzug erhalten [45]), nach der Abzugstheorie des Kodex. In jedem einzelnen Falle kommt es hierbei auf den Wortlaut der Verfügung des Testators an, um dessen Absicht zu erkennen.

Diese ausführliche Darlegung des Rechtsstandes zur Zeit der Abfassung des Allg. Landrechts war für den praktischen Zweck des vorliegenden Werkes nöthig, um das Verständniß der vorfindlichen Bestimmungen des Landrechts vorzubereiten; denn der bisher behandelte Fall ist übergangen und muß nach Analogie der Bestimmungen für einen verwandten Fall entschieden werden, welcher unter der folgenden Nummer näher erwogen werden soll. Es ist bestimmt:

> „Hat der Testator die Masse durch Bestimmung von Erbquoten dergestalt erschöpft, daß für den oder diejenigen, deren Antheil unbestimmt geblieben ist, nichts mehr übrig sein würde: so müssen die anderen Erben, dem= oder denselben, nach Verhältniß ihrer Antheile, so viel abgeben, als erforderlich ist, sie demjenigen gleichzusetzen, dem im Testamente der kleinste Theil beschieden worden [46])."

Zuvörderst ist festzustellen, daß diejenigen, deren Antheil unbestimmt geblieben ist, nicht als conjuncti angesehen werden dürfen; denn conjuncti sind nur solche, welchen zusammen auf ihre Erbtheile bestimmte Sachen und Rechte (Quoten) ungetheilt angewiesen worden sind [47]); hier aber ist von solchen Miterben die Rede, deren Antheil unbestimmt geblieben ist, also vom entgegengesetzten Falle. Diese sind also disjuncti, und wenn das auch aus der Fassung der Stelle nicht klar wäre, so könnte es doch in allen Fällen der Testator ausdrücklich bestimmen; und von dieser Voraussetzung soll hier bei der Betrachtung der Stelle ausgegangen werden. Demgemäß nehmen wir also an, daß Jeder derjenigen, deren Antheil unbestimmt geblieben

---

45) Glück, Kommentar, Bd. XL, S. 130.

46) I, 12, §. 269.

47) Ebend. §§. 268 u. 284.

ist, eine solche Portion zu erhalten hat, wie sie der, dem der kleinste Antheil beschieden ist, erhalten soll. Damit haben wir genau den Fall gewonnen, mit dessen Behandlung wir uns hier beschäftigen. Nun kann ausgefunden werden, ob das Landrecht das Reduktionsprinzip des Pandektenrechts, oder die Abzugstheorie des Kodex, oder ein bisher unbekanntes drittes Berechnungs- und Vertheilungssystem angenommen hat. Zur bessern Klärung trennen wir die Fälle, wo die Rechte eines Pflichttheilserben zur Geltung gebracht werden, von denjenigen, wo das nicht der Fall ist, denn in den beiderartigen Fällen wird die Entscheidung nicht die gleiche sein.

aa) Die vorher vollständig vorgetragene Stelle ([46]) bezieht sich auf Fälle, in welchen von Pflichttheilsberechtigungen gar keine Rede ist, und es fragt sich, was für ein Prinzip darin anerkannt worden sei. Hier tritt uns die ganz vereinzelte Meinung Merkel's entgegen, welcher zum §. 269 in seinem Kommentar zum Allg. Landrechte sagt: „Natürlich darf also derjenige, dem im Testamente der kleinste Theil beschieden worden, gar nichts abgeben. Confer. §. 448, Tit. 2, Th. II.“ Das wäre ein drittes bisher ganz unbekanntes System. Seine Beweisgründe sind die Natürlichkeit und der Inhalt des in Bezug genommenen §. 448. Die angerufene Natürlichkeit muß ohne weiteres, als eine allgemeine nichtssagende Redensart, bei Seite gelegt werden. Die Natur der Sache kann uns nichts lehren, denn die Sache ist ja hier das Prinzip: ob arithmetische, oder geometrische Proportionen, oder irgend ein Drittes, und dieses Prinzip soll erst gefunden werden. Der §. 448 dagegen muß in Betracht kommen. Dieser lautet:

> „Auch der minder Begünstigte, welchem der Uebergangene gleich gesetzt werden soll, kann sich diesem Beitrage, nach Verhältniß seiner Erbquote, nicht entziehen.“

Es ist dort die Rede von der Aufbringung des Pflichttheils eines aus Irrthum übergangenen Notherben und man könnte aus dieser Bestimmung e contrario folgern, daß, wenn es sich nicht um die Aufbringung des einem wieder zum Vorschein gekommenen Notherben gebührenden Pflichttheils handelt, alsdann der am mindesten Begünstigte Nichts beizutragen habe. Darauf scheinen auch die Ausdrücke des §. 444 a. a. O., von welchem der §. 448 eine Fortsetzung ist, hinzudeuten, indem er sagt: „Wenn erhellet, daß die Uebergehung eines Kindes oder Enkels nur daher rühre, weil der Erblasser das Dasein desselben nicht gewußt, oder selbiges aus Irrthum für todt gehalten habe: so muß der Uebergangene aus dem Nachlasse

soviel erhalten, als im Testamente dem am mindesten begünstigten Erben ausgesetzt worden." Allein dieser Ausdruck: „so muß der — — so viel erhalten, als im Testamente dem am mindesten begünstigten Erben **ausgesetzt** worden", beweiset für die Fälle, wo kein Pflichttheilsberechtigter konkurrirt, nichts, denn es kann dabei gedacht sein, der beschiedene mindeste Antheil werde dem Pflichttheil entsprechen, und ob der mit dem mindesten Antheile Bedachte zur Aufbringung des gleichen Antheils für den Pflichttheilsberechtigten etwas beizutragen habe, bleibt hier ganz unentschieden, der mindest Bedachte kann ja selbst ein Pflichttheilsberechtigter sein. Es wird sich aber weiterhin (Nr. 5, lit. d gegen Ende) zeigen, daß der §. 444 eben denselben Sinn hat, welchen der §. 269 ausdrücken soll. Die Entscheidung über die Aufbringung des Pflichttheils erfolgt, zum Beweise, daß man daran gedacht und darüber im §. 444 noch nichts bestimmt habe, weiterhin im §. 446: „Ist dem am wenigsten Begünstigten weniger beschieden, als der Pflichttheil des Uebergangenen ausmachen würde: so muß Letzterer den Pflichttheil erhalten," und der §. 448, welcher den Beweis für Merkel's Behauptung liefern soll, fügt hinzu: „auch der minder Begünstigte, welchem der Uebergangene gleichgesetzt werden soll (nämlich nach §. 444, nun wird er aber vielleicht besser gesetzt), kann sich diesem Beitrage nicht entziehen," wenn, wie selbstverständlich, er nicht selbst ein Pflichttheilsberechtigter ist, der nicht mehr als seinen Pflichttheil erhalten hat. Hieraus ist sonach für Merkel's neues prinziploses System gar nichts zu beweisen; was in diesen Bestimmungen für unsere Frage materiell enthalten ist, wird unter bb gesagt werden. Die Merkel'sche Meinung aber ist in sich widersinnig, sie führt zur Absurdität, und ist deshalb unausführbar, folglich unzuläſſig, wie folgendes Beispiel klar zeigt. Jemand, der 24000 Thlr. nachläßt, hat testirt: ich setze meine drei Brüder A. B. C. zu meinen Universalerben ein, mit der Bestimmung, daß A. $\frac{5}{12}$, B. $\frac{4}{12}$, C. $\frac{3}{12}$ meines Nachlasses erhalten sollen. Auch berufe ich gleichzeitig meine vier übrigen Brüder D., E., F. und G. zu meinen Universalerben. Darnach sollen erhalten: A. $\frac{5}{12}$ = 10,000 Thlr.
B. $\frac{4}{12}$ = 8000 „
C. $\frac{3}{12}$ = 6000 „
} macht 24,000 Thlr.

D., E., F. und G. haben ebenfalls Jeder zu erhalten 6000 Thlr., macht 24,000 Thlr.

Dazu soll, nach Merkel, C. nichts beitragen, folglich können alle drei auf bestimmte Quoten Eingesetzten nichts erhalten, oder wenn

C. nichts beitragen soll, können sie nicht so viel wie C. erhalten. Schweikart bringt zur Illustration des so eben vorhin vorgeführten §. 444, Th. II, Tit. 2 nach der Merkel'schen Meinung folgendes schlagende Beispiel: „Jemand, welcher vier Söhne hat, die Seefahrer sind, glaubt, daß sie in einem Schiffbruche umgekommen seien. Er hat zwei Freunde zu Erben eingesetzt, und von seiner aus 3000 Thlrn. bestehenden Hinterlassenschaft dem Einen 2000 Thlr. und dem Anderen 1000 Thlr. angewiesen. Fänden sich nun die Söhne wohlbehalten wieder ein, so würde jeder 1000 Thlr. fordern können, alle zusammen also 4000 Thlr., während nur 3000 Thlr. vorhanden sind, und es würde solchergestalt nicht nur der Mindestbegünstigte, sondern auch der Meistbegünstigte (welchem doch der Gesetzgeber offenbar mehr zugedacht hatte) leer ausgehen[48])." — Diese Berechnungsart schließt sich somit durch ihre Unmöglichkeit von selbst aus, und es bleiben nur die beiden aus dem römischen Rechte überlieferten übrig, von welchen nothwendig die eine oder die andere gemeint sein wird. Die entscheidende Stelle, der oben mitgetheilte §. 269 ([46]) verordnet, daß, wenn für die in unbestimmt gebliebene Antheile eingesetzten Miterben nichts übrig ist, weil durch die den anderen Miterben zugewiesenen Erbquoten das Ganze erschöpft ist, diese anderen Miterben, also auch der Mindestbedachte, nach Verhältniß soviel abgeben müssen, als erforderlich ist, sie dem Mindestbedachten gleichzusetzen. Man hat den Sinn dieser Vorschrift doppelsinnig finden wollen, indem dieselbe sich entweder so verstehen lasse, daß die unbestimmt Berufenen so viel erhalten sollen, wie dem Mindestbegünstigten nach den Worten zugeschrieben ist; oder nur so viel, wie diesem Letzteren schließlich nach der Abgabe des für die unbestimmt Eingesetzten Erforderlichen verbleibt[49]). Wäre die Vorschrift im Sinne der ersten Alternative aufzufassen, so würde sie die Justinian'sche Abzugstheorie einführen, d. h. es würde, wenn von zwei Erben der Eine auf $\frac{2}{3}$, der Andere auf $\frac{1}{3}$ berufen worden wäre, für den unbestimmt eingesetzten dritten Miterben Ein Drittel vom Ganzen vorweg abzuziehen sein, und für die beiden auf Quoten Eingesetzten würden $\frac{2}{3}$ des Ganzen übrig bleiben, wovon der Eine $\frac{4}{9}$ und der Andere $\frac{2}{9}$ zu erhalten hätte. Das Resultat wäre mithin, daß der unbestimmt Berufene $\frac{1}{9}$ mehr erhielte als der Mindestbegünstigte. Dies

48) Juristische Wochenschrift, Jahrg. 1836, S. 341.

49) C. Witte, Grundzüge des preußischen Erbrechts (Breslau 1830), S. 7; v. Rönne, in Klein's System des preußischen Civilrechts (Halle 1830), Bd. I, S. 382, in der Note.

stände mit dem Wortlaute des Gesetzes im Widerspruch, denn dieses will, daß bei der Theilung der unbestimmt Berufene mit demjenigen, dem im Testamente der kleinste Antheil beschieden worden, gleich zu stehen komme. Das giebt der Gesetzgeber durch ein hinzugefügtes Beispiel noch besonders deutlich zu erkennen. „Sind die Erbquoten der übrigen Erben gleich groß bestimmt, so müssen sie an den, dessen Antheil unbestimmt geblieben ist, so viel abgeben, daß er mit jedem von ihnen gleich viel erhält[50]." Sind z. B. drei Erben jeder auf Ein Drittel eingesetzt, ein Vierter aber auf einen unbestimmt gebliebenen Antheil, so erhält jeder der vier Erben Ein Viertel[51]). Wer nun mit der dieser Nr. b vorausgeschickten Rechtsgeschichte an unsere beiden Paragraphen 269 und 270 tritt, dem kann es keinen Augenblick zweifelhaft sein, daß darin das Reduktionsprinzip der Pandekten angenommen worden ist.

bb) Ist der unbestimmt Berufene ein Pflichttheilsberechtigter, so kommt das Reduktionsprinzip nicht zur Anwendung, wenn die Erbquote des Mindestbegünstigten nach der Reduktion nicht mehr oder doch eben so viel beträgt als der Pflichttheil. „Hat der Erbe, dessen Antheil in dem Falle des §. 269 unbestimmt geblieben ist, einen Pflichttheil zu fordern, so muß ihm dieser, ohne Rücksicht: ob er mehr oder weniger, als der Erbtheil des am mindesten begünstigten Miterben beträgt, ergänzt werden[52]." In dieser Bestimmung ist anstößig das „oder weniger" und das „ergänzt werden". Beträgt der Pflichttheil „weniger" als die Erbquote des Mindestbegünstigten nach der Reduktion, so kann der Pflichttheilsberechtigte bei Anwendung des Reduktionsprinzips nur gewinnen und es läßt sich von einer Ergänzung des Pflichttheils nicht sprechen, da der Pflichttheilsberechtigte ja mehr als den Pflichttheil erhält. Die Bestimmung erhält jedoch ihre Bedeutung bei folgendem Gedankengange des Gesetzgebers: für den oder die nach Erschöpfung oder Ueberschwerung der Masse durch Anweisung bestimmter Erbquoten noch eingesetzten Erben, deren Antheil unbestimmt geblieben, ist eigentlich nichts mehr vorhanden; da jedoch der letzte Wille des Testators nicht vereitelt werden soll, so sieht man die geringste angewiesene Erbportion als Einheit an und verstärkt den Divisor durch Hinzurechnung von soviel Einheiten, als noch Miterben ohne Zuweisung

50) A. L.R. I, 12, §. 270.

51) M. vergl. Schweikart, Betrachtung über den §. 269 des Allg. Landrechts, Th. I, Tit. 12, in der Juristischen Wochenschrift, Jahrg. 1836, S. 198 ff.

52) I, 12, §. 272.

von bestimmten Antheilen vorhanden sind (Reduktionsprinzip oder Berechnung nach geometrischen Proportionen). Da durch diese Vergrößerung des Divisors alle Portionen sich verhältnißmäßig vermindern, so hängt es vom Zufalle ab: wieviel den unbestimmt Berufenen zufallen wird. Dieser Zufälligkeit dürfen die Pflichttheilsberechtigten nicht ausgesetzt sein. Darum soll nicht erst experimentirt, vielmehr soll unbedingt der Pflichttheil der unbestimmt Eingesetzten, wenn diese Pflichttheilsberechtigte sind, vom Ganzen vorweg für sie abgezogen werden. Der Sinn der Bestimmung sonach, daß hier immer nach arithmetischen Begriffen gerechnet, d. h. daß die Abzugstheorie des Kodex angewendet werden soll, das wird an einer anderen Stelle so ausgedrückt: „Zur Entrichtung oder Ergänzung des einem — Kinde zukommenden Pflichttheils müssen die übrigen Erben —, nach Verhältniß ihrer Portionen, beitragen[53]." Dieser verhältnißmäßige Beitrag verwirklicht sich durch den vorgängigen Abzug vom Ganzen, indem durch die Verminderung des Ganzen sich von selbst auch die Portionen desselben verhältnißmäßig vermindern.

Eine beiden Fällen (aa und bb) gemeinsame Bemerkung über Prälegate ist noch beizufügen. Die den eingesetzten Miterben, oder Einzelnen von ihnen vor den Uebrigen, vorausbeschiedenen bestimmten Sachen oder Summen werden als Legate behandelt[54]. „Prälegate (§. 262)," heißt es nun, „welche Einem oder dem Anderen der übrigen[55] Erben ausgesetzt sind, kommen bei der Ausgleichung gar nicht in Anschlag[56]." Das Gleiche soll gelten, wenn dem nach Erschöpfung des Ganzen durch bestimmte Quoten ohne nähere Bestimmung des Antheils eingesetzten Erben eine Sache oder Summe aus dem Nachlasse, als ein Prälegat beschieden worden ist; auch dieser soll seinen Antheil nach der Bestimmung des §. 269 (litt. aa) ohne Anrechnung des Prälegats erhalten[57]. Wie ist es damit zu halten, wenn dieser nachträglich berufene Erbe ohne bestimmten An-

53) A. L.R. II, 2, §. 434. Zu vergl. §. 448.

54) I, 12, §. 262.

55) Unter den übrigen Erben werden hier diejenigen verstanden, welche auf bestimmte Quoten eingesetzt sind, im Gegensatze zu denjenigen, welche nach Erschöpfung des Ganzen noch zu Miterben berufen sind, ohne daß ihnen ein bestimmter Antheil zugewiesen ist. §. 269 verbunden mit §§. 270, 271 a. a. O.

56) Ebend. §. 271.

57) Ebend. §. 273.

theil ein Pflichttheilsberechtigter ist? Dessen Antheil wird nicht nach der unter lit. aa ausgefundenen Berechnungsart bestimmt, sondern sein Pflichttheil wird nach dem unter litt. bb angegebenen Grundsatze vom Ganzen vorweg abgezogen. Darf auch diesem das Prälegat nicht angerechnet werden? Jemand testirt z. B.: „Ich vermache meinem Freunde A. meine Pferde, meinem Freunde B. meine Bibliothek, meinem Sohne Michel 1000 Thlr. und setze meinen Freund A. auf $\frac{2}{3}$, meinen Freund B. auf $\frac{1}{3}$ meines Nachlasses zu meinen Universalerben ein. Auch meinen Sohn Michel berufe ich zu meinem Erben.“ Der Sohn Michel hat ein Drittel des Ganzen als Pflichttheil zu fordern, welches nach dem Grundsatze litt. bb vorweg abgezogen wird. Dürfen ihm darauf die 1000 Thlr. angerechnet werden? das wird durch die Bestimmungen über den Fall, von welchem hier gehandelt wird, nicht entschieden. Dagegen findet sich in der Lehre vom Pflichttheile diese Bestimmung: „Alles was einem Kinde auf den Sterbefall, es sei unter welchem Namen es wolle, von den Eltern zugewendet wird, ist auf den Pflichttheil anzurechnen [58].“ Darnach müssen die 1000 Thlr. auf den Pflichttheil, nämlich auf das Drittel vom Ganzen, von welchem die Prälegate nicht vorher abgezogen werden dürfen, angerechnet werden. Die Theilung würde sich in diesem Falle wie folgt stellen bei einem Nachlasse von 9000 Thlr. ohne Abzug der Legate: der Pflichttheilserbe erhält, mit Einschluß des Legats, 3000 Thlr.; A. zum Voraus die Pferde = 500 Thlr., B. die Bibliothek = 1000 Thlr., bleiben zum Vertheilen unter die beiden Erben 4500 Thlr., wovon dem A. $\frac{2}{3}$ mit 3000 Thlr. und dem B. $\frac{1}{3}$ mit 1500 Thlr. zufallen.

5. Der Testator hat Einen oder Mehrere auf bestimmte Erbtheile, Andere ohne Bestimmung an Antheilen eingesetzt. Nun können folgende Fälle eintreten:

a) Das Ganze ist durch die bestimmten Theile nicht erschöpft. Dann erhalten die ohne bestimmten Antheil den Ueberrest zu gleichen Theilen:

„Item quod Sabinus ait, Si cui pars adposita non est, (excutiamus): Duos ex quadrantibus heredes scripsit, tertium sine parte: quod assi deest, feret. Hoc et Labeo [59].“

„Partibus autem in quorundam personis expressis, si quis alius sine parte nominatus erit, si quidem aliqua pars

---

58) A. L.R. II, 2, §. 396.

59) L. 17 pr. D. de heredibus instituendis (XXVIII, 5).

assi deerit, ex ea parte heres fiet, et si plures sine parte scripti sunt, omnes in eandem partem concurrent[60]."

Das Gleiche drückt das Landrecht so aus: „Hat der Testator einem oder etlichen von den eingesetzten mehrern Erben ihre Erbportionen ausdrücklich angewiesen; anderen aber keinen dergleichen Antheil bestimmt: so erhalten Letztere den Ueberrest, und zwar, wenn ihrer mehrere sind, zu gleichen Theilen[61]."

Ob diejenigen, welche ohne Anweisung eines bestimmten Theiles eingesetzt sind, für eigentliche conjuncti gelten, ist eine Frage mehr thatsächlicher Natur, worüber Labeo unentschieden war. „Unde idem (Labeo) tractat: si duos ex undecim, duos sine parte scripsit; mox unus ex his, qui sine parte fuerunt, repudiaverit: utrum omnibus semuncia, an ad solum sine parte scriptum, pertineat? Et variat. Sed Servius omnibus adcrescere ait: quam sententiam veriorem puto: nam quantum ad jus accrescendi, non sunt conjuncti, qui sine parte instituuntur. Quod et Celsus probat[62]." Es kommt auf die Absicht des Testators und daher auf die Fassung der Willenserklärung an. Hat der Testator sich z. B. so ausgedrückt: „A. soll auf die Hälfte meines Nachlasses, B. auf Ein Drittel mein Erbe sein; auf den noch übrigen Theil meines Nachlasses berufe ich C. und D. zusammen zu meinen Erben"; so wird doch kaum ein Zweifel darüber sein können, daß C. und D. für wahre conjuncti gelten müssen.

b) Das Ganze ist durch die Zutheilung bestimmter Quoten erschöpft oder überschritten und außerdem sind noch Andere ohne Bestimmung des Theils oder der Theile zu Erben eingesetzt. Ist dabei der römische As mit seiner technischen Eintheilung nach 12 Unzen zum Grunde gelegt, so verdoppeln oder verdreifachen die Römer den As mit seinen Theilen und gehen, wie man sagt, in das Dupondium mit 24 Unzen oder in das Tripondium mit 36 Unzen, über. Wäre z. B. Titius auf 10 Unzen, Sejus auf 6 Unzen und außerdem noch Einer oder der Andere ohne nähere Bestimmung eingesetzt, so erhalten die Letzteren das, was vom As noch übrig ist. Da aber A. und B. schon 4 Unzen mehr, als der As hat, erhalten sollen, so geht man in das Dupondium mit 24 Unzen über, d. h. die Erbschaft zerfällt in 24 Theile, wovon A. 10, B. 6 und die ohne Zuweisung eines bestimm-

---

60) §. 60 Inst. eodem (II, 14).
61) I, 12, §. 268.
62) L. 17, §. 1 D. eodem.

ten Theils die übrigen 8 Theile erhalten[63]). Dadurch tritt ebendieselbe verhältnißmäßige Verminderung der bestimmten Theile oder die Anwendung der geometrischen Proportion ein, von welcher unter der vorigen Nummer 4 lit. b gehandelt worden ist. Heutzutage kommt die römische Bezeichnung der ganzen Erbschaft und deren Eintheilung nicht mehr zur Anwendung, wenigstens im Bereiche des preußischen Rechts nicht, unseren Testatoren kommt es nicht in den Sinn, in das Dupondium oder Tripondium überzugehen. Der Fall, welcher vorliegend erörtert ist, ist der eigentliche des unter der vorigen Nummer 4 lit. b zur Anwendung gebrachten §. 269 des Landrechts und dort zugleich mit erwogen.

c) Der Testator hat das Ganze seiner künftigen Verlassenschaft durch Zuweisung bestimmter Quoten vollständig und genau richtig vertheilt, nicht mehr und nicht weniger, und fügt nun hinzu: Auf das, was noch übrig ist, setze ich den Soundso zu Erben ein. Dieser Fall wird im römischen Rechte anders behandelt als im preußischen. Die Römer fassen diese Anordnung auf als eine Berufung auf einen Gegenstand, welcher gar nicht vorhanden ist. „Si ita scripsisset, expleto asse: ex reliqua parte heres esto, — cum nihil reliquum est, ex nulla parte heres institutus est[64]).“ Das Landrecht nimmt an, daß, da der Wille des Testators bestimmt dahin ausgesprochen sei, der Soundso solle etwas erben, dieses auch ernstlich zu nehmen sei, und deshalb dieser Wille auch nicht vereitelt werden dürfe. Daher soll der ausdrücklich auf den Ueberrest, wenngleich ein solcher in Wirklichkeit nicht vorhanden, Eingesetzte doch mit demjenigen, welcher auf den geringsten Theil eingesetzt worden, gleich betheilt werden. Hier, im preußischen Rechte, sollte man denken, sei dies nur eine Willensinterpretation, denn auch die römischen Juristen setzen bei ihrer Auffassung voraus, der Testator habe nicht ein Anderes zu erkennen gegeben, in welchem Falle angenommen wird, er sei in das Dupondium übergegangen, d. h. die Erbschaft müsse nun nach dem Reduktionsprinzip in so viele Theile gelegt werden, daß der in den Ueberrest Eingesetzte den alsdann verbleibenden Rest erhalten könne. Aber ohne solche Willensäußerung ist das Abgehen von seiner wörtlichen Anordnung nicht gerechtfertigt. Er kann ja den Soundso mit Vorbedacht auf einen Ueberrest eingesetzt haben, der gar nicht vorhanden ist, um ihn in einer schonenden Form zu

63) §. 8 Inst. eodem; L. 17, §§. 2, 4 et 5. L. 18 D. eodem. — Zu vergl. L. 87 D. eodem.

64) L. 17, §. 3 D. eodem. — Zu vergl. L. 12 D. de bonor. poss. secundum tabulas (XXXVII, 11).

mystifiziren, wozu er seine Gründe hatte. Er kann den Soundso für einen Erbschleicher erkannt, und sich vorgenommen haben, ihn durch eine solche gegenstandslose Erbeseinsetzung zu strafen; er konnte ja schonungslos sagen: meinen liebenswürdigen Freund Soundso setze ich zur Anerkennung seiner unausgesetzten Bemühungen um mich ebenfalls zum Erben ein auf Nichts. Welche Macht soll hier berechtigt sein, diesem Willen zuwider ihm doch willkührlich einen Theil der Erbschaft zu geben? Der preußische Gesetzgeber hat diesen Willen durchbrochen und aus souveräner Machtvollkommmenheit über das nachgelassene Vermögen des Testators willkührlich verfügt, durch folgende Verordnung:

„Uebrigens finden die Vorschriften (über den Fall, wenn der Testator die Masse durch Bestimmung von Erbquoten dergestalt erschöpft hat, daß für den- oder diejenigen, deren Antheil unbestimmt geblieben ist, nichts mehr übrig sein würde) Anwendung, wenngleich der Testator einen solchen Erben ausdrücklich nur in den Ueberrest eingesetzt (genau unser Fall, es folgt aber noch:), oder alle Abzüge von den Antheilen der übrigen Miterben ausdrücklich verboten hätte [65]."

Hierzu kann die Rechtswissenschaft nur schweigen, hier hört die Willensinterpretation auf. Ein juristischer oder philosophischer oder sittlicher Grund zu solchem Eingriff in die Testirfreiheit ist nicht findbar.

d) Dem Testator, welcher das Ganze durch Zuweisung von Quoten an die eingesetzten Erben vergabt hat, werden Kinder nachgeboren, deren er jedoch durch eventuelle Bestimmung des Theilnehmungsverhältnisses gedacht hat, denn sonst würde das ganze Testament rumpirt werden. Das römische Recht zeigt uns in drei Fällen, wie es diesen Fall behandelt. Der eine Fall ist dieser: Jemand verordnet: Wird mir ein Sohn geboren, so soll dieser auf zwei Drittheile meines Vermögens und meine Frau auf den übrigen (dritten) Theil Erbe sein; wird mir aber eine Tochter geboren werden, so soll diese auf Ein Drittel, auf Uebrige (zwei Drittel) aber meine Frau Erbe sein. Es werden ihm aber Zwillinge, ein Sohn und eine Tochter geboren. Der Jurist (Julian) sagt: Streng genommen (subtili juris regula) sollte das Testament umgestoßen (rumpirt) werden; da jedoch der Testator der Frau jedenfalls etwas zuwenden wollte und das Verhältniß für beide Fälle dasselbe bleibt, möge ihm ein Sohn oder eine Tochter geboren werden, ist man aus höheren Rücksichten (hu-

65) I, 12, §. 274.

manitate suggerente) davon abgegangen und hat entschieden, daß das Ganze in sieben Theile zu theilen, von welchen der Sohn vier, die Frau zwei Theile und die Tochter Einen Theil zu erhalten habe. Denn auf diese Weise werde der Wille des Erblassers erfüllt, welcher dahin ging, daß der Sohn noch einmal soviel wie die Frau, und die Frau noch einmal soviel wie die Tochter erhalten solle [66]). — Diesem ähnlich ist der andere Fall. Jemand hatte in seinem Testamente verfügt, daß, würde ihm ein Sohn geboren, dieser Erbe sein solle; würden es zwei Söhne sein, so sollten sie zu gleichen Theilen erben, ebenso wenn zwei Töchter ihm geboren würden. Würde aber ein Sohn und eine Tochter geboren werden, so bestimme er dem Sohne zwei Theile der Erbschaft, der Tochter den dritten Theil derselben. Es wurden ihm zwei Söhne und eine Tochter geboren. Nun entstand die Frage: wie in diesem Falle die Theile gemacht werden sollten, indem die Söhne zwar gleiche Theile, aber ein Jeder noch einmal soviel als die Tochter erhalten solle. Die Entscheidung war: hier müßten fünf Theile aus dem Vermögen gemacht werden, wovon die Knaben je zwei Theile, das Mädchen einen Theil zu erhalten hätten [67]). — Der dritte Fall war folgender: Jemand verordnete in seinem Testamente: Meine Tochter Titia soll meine Erbin sein; wird mir aber noch so lange ich lebe, oder auch nach meinem Tode ein Kind geboren, so sollen, wenn eines oder mehrere männlichen Geschlechtes geboren werden, diese auf die Hälfte und den vierten Theil meines Vermögens Erben sein; wird mir aber ein Kind, oder werden mir mehrere Kinder weiblichen Geschlechts geboren, so sollen diese auf den vierten Theil des Vermögens Erben sein. Darauf wurde ein Sohn geboren. Man fragte nun: zu welchem Theile dieser Nachgeborene Erbe sei? Es wurde geantwortet: diese Erbschaft muß nun in sieben Theile gelegt werden. Von diesen wird die Tochter vier, der Nachgeborene drei Theile erhalten, weil der Tochter das Ganze, dem Nachgeborenen aber nur Dreiviertheil gegeben wurden, die Tochter also Ein Viertel mehr als der Nachgeborene haben solle. Da nun im vorliegenden Falle der Tochter ein As, dem Nachgeborenen ein dreiviertel As gegeben wurden, so werden einundzwanzig Theile gemacht, wovon die Tochter zwölf, der Sohn neun Theile hat [68]). In der Schlußberechnung entsprechen zwölf Unzen vier Vermögenstheilen, neun Unzen drei Vermögenstheilen. — In allen drei Fällen wird bei der Ver-

66) L. 13 pr. D. de liberis et posthumis (XXVIII, 2).

67) L. 81 pr. D. de heredibus instituendis (XXVIII, 5).

68) L. 47, §. 1 D. eodem.

theilung die Verminderung der Erbtheile aller Erben wieder nach der geometrischen Proportion oder nach dem Reduktionsprinzip angewendet.

Das preußische Recht gedenkt des zur Erwägung stehenden Falles gar nicht, es läßt immer, jedoch erst nach Verlauf eines bestimmten Zeitraums nach der Geburt des Posthumus Ruption des Testaments eintreten, wenn der Erblasser in diesem Zeitraum nicht gestorben ist, oder, wenn er ihn überlebt, in dieser Zeit in Ansehung der Nachgeborenen nichts verfügt hat[69]). Hätte also der Testator den möglichen Fall, daß ihm Kinder nachgeboren würden, schon vorgesehen, wäre mithin der Fall, von welchem hier gesprochen wird, vorhanden, so ist kein Zweifel, daß es bei seiner Verfügung sein Bewenden haben müßte und es nur auf eine seinem Willen entsprechende Ausführung ankommen würde, wobei denn die vorgetragene Behandlungsweise der römischen Juristen von Nutzen sein kann, da ja das dabei angewendete Theilungsprinzip, wie vorhin gezeigt worden, im Landrecht angenommen ist. Wir müssen uns jedoch noch mit dem Falle beschäftigen, wo der Testator an etwaige Nachgeborene nicht gedacht hat und die Zeit, wo die Ruption des Testamentes eintreten soll, noch nicht gekommen, also das Testament auszuführen ist: ein Fall, welcher außerhalb aller Rechtsprinzipien zu liegen scheint, indem es von dem Zufalle: ob der an der Grenze des bestimmten Zeitraums (eines Jahres) sterbende Testator in der letzten Minute dieses Zeitraums stirbt, oder noch den ersten Augenblick des folgenden Jahres erlebt, abhängig gemacht wird, ob das Testament in Kraft bleibt, oder ob es rumpirt ist. Doch scheint es auch nur so. Denn die Zeitbestimmung ist an die Stelle der römischen Vorschrift getreten, daß das Testament als lieblos von dem Nachgeborenen angefochten werden könne, wenn der Testator das Testament noch hätte ändern können, dieses zu thun aber unterlassen hatte. Das Landrecht giebt zur Abänderung die bestimmte Frist von einem Jahre und nimmt erst nach deren Ablauf an, daß der Testator das Testament hätte ändern können, dies zu thun aber absichtlich unterlassen habe, knüpft hieran aber nicht bloß das Anfechtungsrecht des Nachgeborenen mit der Beschwerde wegen lieblosen Testaments, sondern die Nichtigkeit des ganzen Testaments[70]). In dem Falle jedoch, wo das Testament bei Kräften bleibt, schließt es sich dem römischen Rechte an, welches bestimmt:

69) II, 2, §§. 454, 455 verb. mit §§. 450, 451.

70) II, 2, §. 454 verb. mit §. 450.

„Si mater filiis duobus heredibus institutis, tertio post testamentum suscepto, quum mutare idem testamentum potuisset, hoc facere neglexisset, merito, utpote non justis rationibus neglectus, de inofficioso querelam instituere poterit. Sed quum eam in puerperio vita decessisse proponas, repentini casus iniquitas per conjecturam maternae pietatis emendanda est. Quare filio tuo, cui nihil praeter maternum fatum imputari potest, perinde virilem portionem tribuendam esse censemus, ac si omnes filios heredes instituisset. Sin autem heredes scripti extranei erant, tunc de inofficioso testamento actionem instituere non prohibetur[71]."

Wenn also die Testatrix ihre Kinder eingesetzt hatte und darauf nach der Geburt eines Posthumus im Wochenbette starb, so ist anzunehmen, sie habe ihr Testament nicht mehr ändern können, würde aber, wenn sie es vermocht hätte, mit gleicher mütterlichen Liebe des Nachgeborenen gedacht haben. Diesem unglücklichen Hinderniß ist dadurch abzuhelfen, daß es so anzusehen, als wenn die Mutter alle ihre Söhne zu Erben eingesetzt hätte. Wenn aber die eingesetzten Erben Fremde sind, so hat der Nachgeborene unbedingt die Anfechtungsklage wegen Lieblosigkeit, auch wenn die Testatrix von einem schleunigen Tode nach der Geburt überrascht worden. Als Grund muß hierbei gedacht werden, die Testatrix habe lange vor dem Eintreffen des Ereignisses gewußt, daß sie nach dem gewöhnlichen Laufe der Natur einen geborenen Erben haben werde und es daher Lieblosigkeit sei, wenn sie nicht in Zeiten die zu Erben berufenen Fremden ihrem Sprößling aus dem Wege räume. Daraus erklärt sich auch der Ausspruch Ulpian's, daß selbst der Posthumus, dessen Geburt erst nach dem Tode der Mutter auf künstlichem Wege befördert worden, die Lieblosigkeitsklage gegen das mütterliche Testament anstellen könne[72].

Nach dieser Vorbereitung treten wir an die Bestimmungen des Landrechts, bemerken aber voraus, daß darin die beiden Fälle, wo nur Kinder des Testators, und wo Fremde zu Erben eingesetzt waren, ohne Unterscheidung zusammen geworfen sind, woraus sich die Zweifelhaftigkeit der Ausdrücke erklären wird. — In Beziehung auf die vorliegende Frage sind folgende Bestimmungen gegeben:

---

71) L. 3 C. de inofficioso testamento (III, 28).

72) „Simili modo et eum, qui post testamentum matris factum exsecto ventre extractus est, posse queri dico." L. 6 pr. D. de inofficioso testamento (V, 2).

„Werden dem Erblasser, nach dem errichteten Testamente, Kinder, oder Enkel die zur unmittelbaren Erbfolge berechtigt sind, geboren, und er verstirbt nach Verlauf Eines Jahres, ohne in Ansehung ihrer etwas verfügt zu haben: so — verliert das Testament seine Kraft; es wird also in einem solchen Falle den Kindern die gesetzliche Erbfolge eröffnet [72a]).“

Das stimmt mit dem vorausgeschickten römischen Rechte genau überein, nur daß hier eine bestimmte Frist gegeben ist, nach deren Verlauf angenommen werden soll, der Erblasser habe sein Testament abändern können, aber solches zu thun aus Lieblosigkeit unterlassen. Weiter:

„Ist aber der Erblasser vor Ablauf Eines Jahres nach der Geburt eines solchen Kindes oder Enkels verstorben: so — muß der Uebergangene aus dem Nachlasse so viel erhalten, als im Testamente dem am mindesten begünstigten Erben ausgesetzt worden [73]).“

Hier ist ohne Unterschied des persönlichen Verhältnisses der Erben zum Erblasser vorausgesetzt, daß der Antheil des am wenigsten Begünstigten (nach der durch den Zutritt des Uebergangenen mit einem gleichen Antheil nothwendigen Reduktion) noch wenigstens soviel betrage wie der Pflichttheil des Uebergangenen. Dann tritt dieser mit dem gleichen Antheil in Konkurrenz, und es erfolgt nun die Vertheilung nach geometrischen Proportionen (Reduktionsprinzip). In Beziehung auf diesen Fall hat daher der §. 444 eben denselben Sinn, wie der §. 269, Tit. 12 [74]). Es ist zum besseren Verständniß des §. 444 das gleiche Beispiel, welches den §. 269, Tit. 12 erläutern soll (§. 270) (Note 50), auch hier beigefügt im §. 445, welcher lautet:

„Ist nur ein Erbe, oder sind mehrere zu gleichen Theilen eingesetzt: so muß der Uebergangene so viel, als jeder der Eingesetzten erhalten.“

72a) II, 2, §. 454 verb. mit §§. 450, 451.

73) Ebend. §. 455 verb. mit §. 444. — Diese geräumige Frist von einem Jahre ist aus L. 21, 26 pr., L. 38, §. 1 D. de testamento militis (XXIX, 1) übertragen. Danach sollte ein Soldatentestament, worin der Testator das Civilrecht nicht berücksichtigt hatte, nach der Entlassung desselben so lange in Kraft bleiben, bis er seinen letzten Willen ändern können, und dazu war eine Jahresfrist bestimmt, mit deren Verlauf das die Civilrechte verletzende Testament seine Kraft verlor. Diese Frist ist auch zur Abänderung der privilegirten Testamente, welche in Zeiten herrschender Epidemien oder Kriegskalamitäten formlos errichtet worden, im §. 201, Tit. 12, Th. I beibehalten.

74) M. s. oben den Text zur Note 46 und vergl. Schweikart, Rechnungsfehler, in der Juristischen Wochenschrift, Jahrg. 1836, S. 341.

Der Nachgeborene erhält mithin einen Kopftheil, also tritt eine Verminderung aller Antheile wiederum durch Anwendung des Reduktionsprinzips (nach geometrischen Proportionen) ein. Bei dieser Vertheilung nach Köpfen ist wieder kein Unterschied gemacht, ob die eingesetzten Erben Fremde (extranei) oder Kinder des Erblassers sind, und doch muß auf diesen Umstand Rücksicht genommen werden, wenn man den §. 445 richtig, d. h. dem Willen des Gesetzes entsprechend anwenden will; denn nur in dem Falle, wenn sämmtliche Erben Kinder des Testators sind, paßt die Vorschrift. Wären die eingesetzten Erben alle fremde Personen und mehr als Zwei, so würde der §. 445 unanwendbar sein. Gesetzt, es wären 3 fremde Erben zu gleichen Theilen auf das Ganze eingesetzt und es träte der Nachgeborene mit einem Kopftheile hinzu, so würde er Ein Viertheil der ganzen Erbschaft erhalten. Er hat aber den dritten Theil als Pflichttheil zu fordern, folglich muß die Abzugstheorie angewendet und ein Drittel für den Nachgeborenen vom Ganzen vorweg abgezogen werden, so daß die drei Eingesetzten nur die übrigen Zweidrittel unter sich nach Köpfen zu theilen haben. Hierdurch reduzirt sich der Theil eines Jeden von einem Drittel oder drei Neuntel auf zwei Neuntel. Dieselbe Berechnungsart kommt zur Anwendung, wenn die eingesetzten Erben auf ungleiche Portionen angewiesen sind und dem am wenigsten Begünstigten nicht mehr beschieden ist, als der Pflichttheil des Nachgeborenen ausmachen würde, und zwar so viel mehr, daß nach erfolgter Reduktion noch so viel bleibt, daß es dem Pflichttheile gleich kommt. Dies ist in folgenden Bestimmungen verordnet:

> „Ist dem am wenigsten Begünstigten weniger beschieden, als der Pflichttheil des Nachgeborenen ausmachen würde: so muß Letzterer den Pflichttheil erhalten. — Zu dieser Abfindung des Nachgeborenen müssen die eingesetzten Erben und Legatarien, nach Verhältniß ihrer Portionen, beitragen. — Auch der Minderbegünstigte, welchem der Nachgeborene gleichgesetzt werden soll, kann sich diesem Beitrage, nach Verhältniß seiner Erbquote, nicht entziehen [75]."

Hierin ist weiter nichts enthalten als der Justinian'sche Rechnungsgrundsatz: der Pflichttheil wird vorweg vom Ganzen abgezogen; den Ueberrest vertheilen die eingesetzten Erben unter sich nach Verhältniß ihrer Erbquoten. Dadurch geschieht es von selbst, daß auch der Minderbegünstigte, nach Verhältniß seiner Erbquote, bei-

75) A. L.R. II, 2, §§. 446—448, 434 verb. mit §. 455.

trägt. Dabei ist jedoch wieder an die Zusammenwerfung der fremden Erben mit den Pflichttheilsberechtigten in der Behandlung des hier vorliegenden Falles zu erinnern. Ist der Mindestbegünstigte ebenfalls ein Pflichttheilsberechtigter und beträgt der ihm beschiedene Theil nicht mehr als sein Pflichttheil, so kann er sich diesem Beitrage allerdings entziehen. Dies geschieht dadurch, daß auch sein Pflichttheil vom Ganzen vorweg abgezogen wird und er demnächst bei der Vertheilung des Restes unter die übrigen Erben, nach Verhältniß ihrer Antheile, nicht weiter konkurrirt. Der Wortlaut des §. 447 verbunden mit dem §. 434: „Zu dieser Abfindung — müssen die eingesetzten Erben und Legatarien — beitragen," schreibt vor: die Erben und Legatarien sollen gleichzeitig oder gemeinschaftlich „nach Verhältniß ihrer Portionen" zur Abfindung des Nachgeborenen beitragen. Die Fassung des Paragraphen ist jedoch nicht korrekt und erregt deshalb Zweifel. Man kann denken: Von „Portionen" der Legatarien kann nicht wohl gesprochen werden, weil portio gleichbedeutend mit pars ist und einen Theil des Ganzen bezeichnet [76]), Legate aber nicht in Theilen des Ganzen der Erbschaft zugewendet werden, wenigstens in der Regel nicht. Dann ist es den Gesetzen der Logik nicht entsprechend, ganz verschiedenartige Verhältnisse zusammenzuwerfen. Legatarien sind Erbschaftsgläubiger, denjenigen Erben gegenüber, welche einen Pflichttheil nicht zu fordern haben, unbedingt. Wird nun gesagt: die eingesetzten Erben und **Legatarien** haben nach Verhältniß ihrer Portionen zur Abfindung des Nachgeborenen beizutragen, so ist das so zu verstehen, daß die Legatarien ihr Recht, den fremden Erben gegenüber, nicht verlieren. Hiernach kommen die Legatarien bei jener Abfindung erst dann zur Mitleidenschaft, wenn für die fremden Erben nichts mehr übrig ist. Die Berechnung ist dabei einfach. Der Pflichttheil des oder der Nachgeborenen und der auf den Pflichttheil etwa schon Eingesetzten, wird vom Ganzen, nachdem die Schulden abgerechnet worden, vorweg abgezogen. Von dem Ueberrest werden zunächst die Legate berichtigt, und was dann noch übrig ist, gehört den fremden Erben. Könnten aber von dem nach Abzug der Pflichttheile verbleibenden Reste die Legate nicht mehr vollständig berichtigt werden, so kommen nun die Legatare ebenfalls zu Beträgen nach Verhältniß ihrer Legate, d. h. sie fallen mit der Summe, welche zu ihrer vollständigen Befriedigung fehlt, aus und dieser Ausfall wird auf die Einzelnen nach Verhält-

76) M. s. die Stellen in Dirksen, Manuale latinitatis fontium juris civilis Romanorum, v. Portio.

niß des Betrages ihrer Legate vertheilt. So ist es auch von einer Seite aufgefaßt worden [77]), und dafür hat man sich auf den §. 334, Th. I, Tit. 12 berufen, wo vorgeschrieben ist, daß, wenn der Nachlaß zu Bezahlung der Schulden, Ergänzung des Pflichttheils, oder Berichtigung der Vermächtnisse nicht zureicht, alsdann, also erst dann, die Legatarii, nach Verhältniß der ihnen geschehenen Zuwendungen, dazu mit beitragen, oder Abzug leiden müssen. Aber diese Auffassung ist unrichtig, die Absicht des Gesetzgebers ist wirklich die, daß die Erben und Legatarii gleichzeitig und gemeinschaftlich verhältnißmäßig beitragen sollen [77a]). Im Entwurfe war dieser Gedanke präciser ausgedrückt, dort lautet der entsprechende §. 324:

> „Zur Entrichtung oder Ergänzung des einem solchen Kinde zukommenden Pflichttheils müssen die übrigen Theilnehmer, sowohl Erben als Legatarien, nach Verhältniß ihrer Portionen, beitragen."

Und vollends klar erhellet der Gedanke aus der dazu gegebenen Anmerkung. Nachdem darüber gesprochen worden, daß es nicht in der Natur der Sache liege, die ganze Disposition oder doch die Erbeseinsetzung für ungültig zu erklären, wenn nicht der Pflichttheilserbe gehörig berücksichtigt worden, heißt es weiter: „Nur soviel kann das Gesetz mit Grunde vermuthen, daß der Erblasser, wenn er sich den Fall einer Schwächung der Masse durch den von dem enterbten Kinde hinweg zu nehmenden Pflichttheil gedacht hätte, den Testamentserben mit Legaten und anderen Abgaben weniger belastet haben würde, woraus folgt, daß die Abfindung des Kindes mit seinem Pflichttheil nicht den Erben allein, sondern auch die Legatarien, nach Verhältniß ihrer Theilnehmung an der Masse, treffen müsse [78])." Hieraus ist der Sinn des §. 447 verbunden mit §. 434 klar und es folgt daraus, daß in dem §. 334, Tit. 12, Th. I die Worte: „Ergänzung des Pflichttheils", gestrichen werden müssen, weil die Frage: wie und von wem der fragliche Pflichttheil aufzubringen sei, erst hier in der Lehre vom Pflichttheile entschieden wird. Die Berechnung wird darnach etwas komplizirter, es kann nun nicht die Abzugstheorie, sondern es muß das Reduktionsprinzip zur Anwendung kommen und dabei konkurriren Quantitäten mit arithmetischen Größen. Deshalb muß die ganze Erbschaft in ihrer Quantität festgestellt und die Quo-

---

77) Bielitz, Kommentar, Bd. V, S. 530.

77a) M. s. auch Gärtner a. a. O. S. 441.

78) Gedr. Entwurf, Th. I, Tit. 2, §. 324 u. Note zu §. 322 (Th. I, Abs. 1, S. 212).

ten müssen in Quanta aufgelöst werden. Z. B. Jemand setzt den A. und den B. zu Erben ein und legirt 1000 Thlr. Nun kommt ein übergangener Notherbe zum Vorschein. Die Erbschaft enthält rund 16000 Thlr., Schulden 6000, bleiben 9000. Der Notherbe muß also 3000 erhalten. Von der reinen Erbschaft von 9000 gehen 1000 Legate ab, bleiben für jeden Erben 4000 Thlr. Die in solcher Weise sich vertheilenden 9000 Thlr. sollen für den Notherben 3000 nach Verhältniß ihrer Raten zusammenbringen oder abgeben, folglich muß dazu jeder Erbe $\frac{4}{9}$ und der Legatar $\frac{1}{9}$ von 3000 hergeben, also dieser $333\frac{1}{3}$, von Jenen jeder $1333\frac{1}{3}$. — Das Obertribunal ist jedoch der erstgedachten Ansicht und hat durch ein Präjudiz als Rechtssatz besonders festgestellt: „Legatarien sind zum Pflichttheil nicht unbedingt, sondern nur bei unzureichendem Nachlasse nach Verhältniß ihrer Legate beizutragen oder Abzug zu erleiden schuldig," und will den §. 434 mit dem §. 334 dadurch in Einklang bringen, daß es in dem ersteren hinter dem Worte „müssen" noch die Worte: „falls der Nachlaß nicht zureicht", einschaltet [78a]). Soviel ist richtig, daß beide Stellen aus ihrem Zusammenhange gerissen sind und daher die Bestimmung bei ihrer Wiederholung an einem anderen Orte die Einheitlichkeit verloren hat. Aber welche von beiden die lex fugitiva sei, daher aus der anderen berichtigt werden müsse, das ist die Frage, bei deren Lösung die von dem Gesetzverfasser selbst gegebene Erläuterung doch wohl ein überwiegendes Gewicht haben muß, wenn man ihm nicht willkührlich eine andere Absicht unterschieben will, als er gehabt zu haben ausdrücklich erklärt hat. Hiervon hat das Obertribunal in den Motiven zu jenem Präjudiz gar keine Notiz genommen.

6. Von mehreren eingesetzten Erben ist der Eine für seinen Theil auf den Nießbrauch des ganzen Nachlasses, der Andere oder die Anderen auf die Proprietät angewiesen. Ueber diesen Fall besteht unter den gemeinrechtlichen Juristen kein Einverständniß. Der Streit bewegt sich um die Frage: ob der auf den Nießbrauch Berufene ein wahrer Erbe in universum jus, oder nur ein heres ex re certa sei. Man unterscheidet gewöhnlich den Fall, wenn der in die Proprietät eingesetzte Erbe die Erbschaft ausschlägt, von dem Falle, wenn derselbe die Erbschaft annimmt. a) In dem ersten Falle soll der im Nießbrauch eingesetzte Erbe alleiniger Universalerbe sein, wegen der Regel: nemo pro parte etc. Dieser Grund fällt im preußischen Rechte fort, es kann in Beziehung auf diese Frage allein der Absicht

78a) Pr. 2541, vom 22. Mai 1854 (Entsch. Bd. XXVIII, S. 86 ff.). Ebenso Erk. vom 15. Februar 1856 (Arch. f. Rechtsf. Bd. XIX, S. 355).

des Testators nachgegangen werden. Erhellet aus seiner Erklärung, daß er die Intestaterben habe ganz ausschließen wollen, so akkreszirt dem Nießbrauchserben unzweifelhaft die Proprietät. b) In dem zweiten Falle streitet man darüber: ob der Proprietätserbe als unbedingt, oder als unter der Bedingung: wenn er den Tod des Nießbrauchserben erlebe, eingesetzt zu betrachten sei. Die Vertreter der zweiten Alternative lassen, wenn die Bedingung nicht eintritt, die Proprietät dem Nießbrauchserben anfallen und diesen dann Alleinerbe des Ganzen sein. Aus den Gründen für die eine und die andere Meinung ist für das Verständniß des preußischen Rechts keine Belehrung zu schöpfen, denn diese Unterscheidung findet sich darin nicht. Wenn z. B. Jemand so testirt: „Ich setze meine Ehefrau zur Erbin im Genusse und Gebrauche meines ganzen Vermögens ein, nach ihrem Tode soll mein Neffe mein Erbe sein"; so wird man den Neffen nicht für einen bedingt eingesetzten Erben, sondern für einen Nacherben, beziehungsweise fideikommissarischen Erben, die Ehefrau aber für den direkten Universalerben zu halten haben, wenn man der Willensmeinung des Testators entsprechen will. Die Frage ist jedoch: ob der auf den Nießbrauch Eingesetzte nach preußischem Rechte für einen wahren Erben, oder für einen bloßen Vermächtnißnehmer zu halten sei, z. B. wenn so testirt ist: „Ich setze meine Ehefrau, meine Nichte Seja und meinen Neffen Sempronius zu meinen Universalerben auf mein ganzes Vermögen ein; meiner Ehefrau und meiner Nichte weise ich den Nießbrauch vom ganzen Vermögen ungetheilt an, mein Neffe erhält die Proprietät." Hierdurch sind eigentlich allen Erben gewisse Rechte zu ihrem Erbtheile angewiesen, denn es können nicht bloß Sachen, sondern auch Rechte auf die Erbportionen angewiesen werden [79]); und die Erbschaft ist durch diese Vertheilung völlig erschöpft, es ist nichts übrig, was die Frage veranlassen könnte: wem es zukomme. Daher paßt auf den vorliegenden Fall der schon oben (§. 41, I, Nr. 1) erwogene §. 263 nicht mit seiner Verordnung: „Derjenige, welchem nur eine bestimmte Sache oder Summe im Testamente zu seinem Erbtheile ausdrücklich angewiesen worden, wird im Verhältnisse gegen die übrigen Erben, als ein bloßer Legatarius betrachtet." Von den Erben, von welchen der Eine auf den Nießbrauch, der Andere auf die Proprietät des ganzen Inbegriffs angewiesen ist, steht keiner zu dem anderen in dem

79) A. L.R. I, 12, §. 284.

Verhältnisse eines Legatarius zum Erben, im Gegentheil, Jeder ist wahrer Erbe, sowohl im Verhältnisse zu dem Andern, wie im Verhältnisse gegen jeden Dritten, insbesondere auch gegen die Erbschaftsgläubiger. Denn hier ist die ganze Erbschaft qualitativ vertheilt, d. h., um mit einigen Neueren zu sprechen, sie ist in ihre Hauptbestandtheile: den Usufruktus und die Proprietät, zerlegt[80]), und jedem der auf das Ganze eingesetzten Erben ist ein solcher Hauptbestandtheil zugewiesen, der Ehefrau und der Nichte konjunktim der Usufruktus und dem Neffen die Proprietät. Daraus folgt, daß allen das Anwachsungsrecht gegenseitig zusteht, den beiden Nießbrauchserben zunächst als Verbundenen unter sich, mit Ausschließung des Proprietätserben, sodann unter Allen in Beziehung auf Nießbrauchsrecht und Proprietät. Es folgt ferner, daß bei Ansprüchen, welchen aus der Erbschaft Genüge geleistet werden soll, Alle, sowohl die Nießbrauchserben wie der Proprietätserbe, passiv legitimirt sind, und daher der Ausspruch des Obertribunals vollständig juristisch begründet ist: daß, wenn Jemand den Nießbrauch eines ganzen Nachlasses hat, die Klage auf Zahlung einer Nachlaßschuld nicht bloß gegen die Substanzerben, sondern auch gegen den Nießbraucher zu richten sei[81]).

§. 43.

bb) Recht des Zuwachses (jus accrescendi) für Miterben.

Korte, Entwickelung der Lehre vom jus accrescendi nach preußischem Rechte. (Ulrich, Archiv, Bd. II, S. 476 ff.)

I. Das im Erbrechte vorkommende „accrescere" und „jus accrescendi", welches in der heutigen Rechtssprache „Zuwachsrecht" genannt wird, ist kein selbstständiges Recht, welches besonders erworben werden müßte, man kann es eigentlich überhaupt nicht ein Recht nennen, es ist nur eine Wirkung der Berufung Mehrerer auf ein ungetheiltes Ganze, sei dieses Ganze die Erbschaft oder ein Legat. Das Verhältniß ist, bei richtiger Auffassung, einfach. Daher ist es zum Verwundern, wie darüber eine so zahlreiche Literatur, wie wir sie im gemeinen Rechte haben, und so gelehrte aber recht langweilige Abhandlungen, wie uns in Menge geboten werden, haben entstehen können. Die Sache ist diese: Wird Jemand auf das Ganze einer Erbschaft oder eines Legats berufen, so hat er, wenn er es annimmt, eben das Ganze; wird noch ein Anderer gleichzeitig

---

80) Höpfner, Kommentar über die Institutionen, §. 287, S. 302.

81) Erk. vom 3. Januar 1862 (Archiv f. Rechtsf. Bd. XLV, S. 1).

dazu berufen, so hat dieser auch das Ganze, wenn er es annimmt, und nun werden Beide nur räumlich, quantitativ, beschränkt, sie müssen sich danach einrichten und in der Ausübung theilen. „Conjunctim heredes institui — hoc est, totam hereditatem — singulis datam esse, partes autem concursu fieri*).“ Fällt aber der Zweite hinweg, d. h. nimmt er die Berufung nicht an, so hat der Erste keine räumliche Beschränkung, er braucht mit Niemand seine Lage zu theilen. Dieses nennt man „jus accrescendi“, wo doch von einer Vermehrung, von einem Anwachsen eines anderen Gegenstandes, nichts vorkommt. Man hat daher auch gesagt, dies sei eigentlich ein jus non decrescendi [1]). Dem liegt allerdings ein richtiger Gedanke zum Grund. Doch vermag ich in der bloßen Wirkung eines Rechts, welches man hat, in dem Naturale des Rechtsverhältnisses, ein besonderes Recht nicht zu erkennen. Man sieht auch nicht ab, wohin oder an wen hier etwas dekreszíren könnte. Die Erweiterung des Rechts dessen, welcher die Berufung angenommen hat, durch den Wegfall des ausschlagenden Anderen, ist eine rechtliche Nothwendigkeit, geschieht ipso jure und kann nicht abgewiesen werden, denn der akkreszirende Theil ist bereits in dem schon erworbenen Ganzen eventuell enthalten und bedarf keiner neuen Erwerbung.

„Qui semel aliqua ex parte heres extiterit, deficientium partes etiam invito adcrescunt [2]).“

„Si duo sint heredes instituti, Primus et Secundus — quodsi Secundus noluerit hereditatem adire, vel bonorum possessionem accipere: recidit bonorum possessio ad Primum, nec erit ei necesse petere bonorum possessionem, sed ipso jure ei adcrescet: heredi enim scripto, sicut portio hereditatis, ita et bonorum possessio adcrescit [3]).“

„In his — si quidem coheredes sunt omnes —: hoc, quod fuerit quoquo modo evacuatum, si in parte hereditatis vel partibus consistat, aliis coheredibus cum suo gravamine pro hereditaria parte, etiam si jam defuncti sunt, acquiratur: et hoc nolentibus ipso jure adcrescat, si suas portiones jam agnoverint, cum sit absurdum,

*) L. 80 D. de legatis III (XXXII).

1) Witte, in Weiske's Rechtslexikon, Bd. I, S. 272.

2) L. 53, §. 1 D. de adquirenda vel omittenda heredit. (XXIX, 2). — Zu vergl. L. 31 u. L. 35 pr. D. eodem; L. 9 D. de suis et legit. (XXXVIII, 16).

3) L. 2, §. 8 D. de bonor. possess. secundum tabulas (XXXVII, 11). — Zu vergl. L. 6 pr. D. de bonor. possessionibus (XXXVII, 1).

ejusdem hereditatis partem quidem agnoscere, partem vero respuere, secundum quod in — decisionibus statutum est[4])."

Hieraus fließen die im Wesentlichen damit übereinstimmenden Anordnungen des Landrechts:

„Wenn von mehreren ernannten Erben nur einer oder der andere nicht Erbe sein kann oder will, so wächst der solchergestalt erledigte Erbtheil, in Ermangelung eines Substituten, den übrigen Erben zu. — Dieser Zuwachs geschieht nach eben dem Verhältnisse, nach welchem der Hauptnachlaß, vermöge des Testaments, oder vermöge der Gesetze, unter die Miterben zu vertheilen ist. (§. 261 ff.) — Erben, die nur als Legatarii betrachtet werden müssen, haben an dergleichen Zuwachse keinen Antheil. (§§. 256, 257, 258, 262, 263.) — Sachen und Rechte, welche mehreren Erben zusammen auf ihre Erbportionen ungetheilt angewiesen worden, fallen beim Abgange des Einen dieser Mitgenossen, nur dem Anderen, mit Ausschließung der übrigen Erben, anheim. — Derjenige, dem die Gesetze einen solchen Zuwachs anweisen, kann denselben, wenn er seinen eigenen Erbtheil behalten will, nicht ablehnen. — Er darf aber denjenigen, welchen aus solchem Zuwachse Vermächtnisse beschieden sind, nicht weiter[5]) gerecht werden, als der angefallene Erbtheil selbst hinreicht[6])."

Daran kann der Testator, nach römischem Rechte, nichts ändern, wegen der Regel: nemo pro parte etc.; was er dem widersprechend verordnet hat, gilt für nicht geschrieben; nur indirekt, durch Anordnung von Substitutionen kann er das jus accrescendi verhindern[6a]). Anders nach dem preußischen Rechte. Da das Landrecht diese Regel abgeschafft hat, so kann der Testator den Zuwachs verbieten. Dies

---

4) L. unica §. 10 C. de caducis tollendis (VI, 51).

5) Die vakante Portion akkreszirt „cum suo gravamine", nach der soeben angeführten L. unica (Note 4). Ob die onera mit übergingen, war streitig. Vergl. L. 61, §. 1 u. L. 29, §§. 1 et 2 D. de legatis II.

6) I, 12, §§. 281 — 284, 286, 287.

6a) Pauli receptae sententiae, IV, 8, §. 26 i. f.; L. 2, §. 8 D. de bonor. poss. sec. tab. (XXXVII, 11). Ist also dem Entsagenden ein Substitut bestellt, so ist das Akkreszenzrecht ausgeschlossen. Darauf beziehen sich die Worte des §. 281: „in Ermangelung eines Substituten". Bielitz kommentirt zum §. 281: „wenn Jemand zwei Personen zu Erben eingesetzt, nachher aber, im Fall sie nicht Erben sein könnten oder wollten, einen Anderen ihnen substituirt hat, so geht der, durch die Entsagung des einen Erben erledigt werdende Erbtheil auf den Miterben über, und das Erbrecht der Substituten tritt erst nach dem Wegfalle beider Erben ein." Dies ist das gerade Gegentheil von dem, was Rechtens ist. A. L.R. a. a. O. §. 459.

muß jedoch ausdrücklich geschehen. Dann fällt die erledigte Erbportion jedesmal an den Intestaterben [7]). In diesem Falle hat der Erblasser den Inbegriff seines Vermögens nicht als einzelnes Ganze angesehen, sondern nur über die darin befindlichen einzelnen Stücke, Summen und Rechte, d. h. über den faktischen Inhalt, nicht über das Erbrecht verfügt [8]), es ist keiner von den Bedachten in das Ganze, in universum jus defuncti, berufen, sie sind sämmtlich nur Legatarien und wahrer Erbe ist der Intestaterbe, freilich zu einer Erbschaft, welche durch Vermächtnisse erschöpft ist. Insofern läßt sich also doch nicht eigentlich sagen, daß das Landrecht durch die Zulassung des Verbots des Anwachsungsrechts das vorangegangene (römische) Recht abgeändert habe; das Verbot ist nur ein entscheidendes Merkmal, daß der Testator nicht die Absicht gehabt habe einen Universalerben einzusetzen. Er hat dann nur ein Intestatkodizill errichtet und unter dieser Voraussetzung gilt auch nach römischem Recht kein Zuwachsrecht in Beziehung auf das Ganze der Erbschaft, wenngleich der ganze Nachlaß durch Vermächtnisse erschöpft worden ist. Das wesentliche Prinzip des Zuwachsrechts für Universalsuccessoren im preußischen Rechte ist hiernach, daß den auf das Ganze (in den ganzen Inbegriff) Berufenen die Erbschaft ausschließlich verbleibt, wenn auch Einzelne von ihnen nicht zur Succession gelangen [9]). Aber die formelle Grundlage des jus accrescendi im preußischen Rechte ist eine andere als im römischen Rechte, nur der nächste Grund ist der gleiche.

II. Der Grund des Anwachsungsrechts wird gemeinrechtlich aus der Regel: nemo paganus pro parte testatus, pro parte intestatus decedere potest, hergeleitet. Bei der testamentarischen Succession ist dies zwar nicht unrichtig, erklärt aber nicht das Anwachsungsrecht der Legatare und Intestaterben, es muß daher ein anderes allgemeineres Prinzip vorhanden sein, von welchem die Anwachsung beherrscht wird. Bevor dasselbe bezeichnet wird, möge die preußische Gesetzgebung erforscht werden: woher sie zu diesem Rechte komme, nachdem sie die Regel nemo pro parte etc. ausdrücklich abgeschafft hat. Darüber giebt Suarez in der Rechtfertigung der

7) I, 12, §. 285.

8) I, 2, §. 33, verb. mit I, 12, §§. 4 u. 5.

9) Das Prinzip des römischen Rechts beschränkt sich auf die aus dem gleichen Rechtsgrunde zusammen Berufenen, und schließt die aus einem anderen Rechtsgrunde zu Berufenden aus, wegen der Regel: nemo paganus pro parte etc. §. 5 Inst. de bonor. possessione (III, 9); L. 3, §. 9, L. 4, §. 5 D. eodem (XXXVII, 1); L. 1, §. 10 D. de success. edicto (XXXVIII, 9)

Abschaffung dieser Regel Aufschluß. Nachdem er den vermeintlichen Mangel der Vernunftmäßigkeit der Regel und die Widersinnigkeit und Absurdität der Folgen davon auseinandergesetzt, fährt er fort: „Zwar konnte scheinen, daß aus eben diesem Grunde auch das ganze jus accrescendi hätte aufgehoben werden sollen, indem dasselbe ursprünglich in der Absicht erfunden worden, zu verhindern, daß die Portion des defizirenden Miterben nicht an die heredes ab intestato fallen möge. Allein das jus accrescendi hat außer diesem noch einen andern vernunftmäßigen Grund, nämlich die Präsumtion, daß der Testator diejenigen, die er im Testamente zu seinen Erben ernannt, mehr geliebt habe, als seine heredes ab intestato. Da es nun bei der ganzen Bearbeitung des neuen Gesetzbuches regierender Grundsatz war, die bisherigen Rechte soviel als möglich beizubehalten, und nicht ohne die erheblichsten Ursachen Neuerungen darin vorzunehmen, so ist auch das jus accrescendi §§. 281—287 konservirt, und nur durch Aufhebung der allzu subtilen Unterscheidungen zwischen den verschiedenen Arten der Konjunktionen möglichst zu simplifiziren gesucht worden [10]." Der Grund des jus accrescendi im preußischen Rechte ist also nicht ein Rechsprinzip, sondern eine Thatsache und noch dazu eine nur vermuthete Thatsache, nämlich ein Mehr oder Weniger von Liebe; dieses Recht hat daher keinen organischen Zusammenhang mit anderen Grundsätzen im Rechtssysteme, nach dieser Auffassung; dasselbe erscheint danach als ein zufällig angehängtes Beiwerk, welches zu einem nützlichen Zwecke von irgend einem spekulativen Kopfe ausgedacht, erfunden worden ist. Die Revisoren haben dazu schon bemerkt, daß ein solcher Grund die Beibehaltung des jus accrescendi nicht rechtfertige, weil sich selten allgemeine Vermuthungen dafür aufstellen ließen, was Jemand gethan haben würde, wenn irgend eine Begebenheit nicht eingetreten wäre; auch hätte bei der Annahme, daß der Testator seine im Testamente ernannten Erben mehr als seine Intestaterben geliebt habe, der verworfene Grundsatz, daß Niemand pro parte testatus, pro parte intestatus sterben könne, beibehalten sein müssen. Sie selbst verzichten jedoch stillschweigend auf die Lösung der Frage nach dem Grunde [11]. Bei den preußischen Gesetzesverfassern finden wir also keinen juristischen Grund für das jus accrescendi ohne jene Regel. Kehren wir daher zur Quelle zurück. Der unmittelbare Grund

10) Vorträge über die Schlußrevision, in den Jahrb. Bd. XLI, S. 79.
11) Gesetzrevision, Pensum XVI, S. 153.

des jus accrescendi ist schon im Anfange dieses Paragraphen bestimmt angegeben als die Wirkung der Berufung Mehrerer in das Ganze; jeder Mitgenosse ist dadurch eventuell auch allein in das Ganze berufen[12]). Bei der testamentarischen Succession ist davon der entferntere Grund jene Regel, weil sie die absolute Folge hat, daß der eingesetzte Erbe immer Erbe auf das Ganze wird, daß mithin, wenn Miterben vorhanden sind, der nächste Grund des jus accrescendi immer eintreten muß. Insofern läßt sich aus jener Regel der Grund des Anwachsungsrechts allerdings ableiten, sie ist, um den Ausdruck hier zu gebrauchen, die causa remota. Aber auch da, wo die Regel nicht gilt, kann der Grund des Anwachsungsrechts eintreten, nur muß er nicht in jedem Falle eintreten; der Wille des Testators kann die Voraussetzung des Anwachsungsrechts herstellen, und er stellt sie dadurch her, daß er die von ihm berufenen Erben als Universalerben in das Ganze einsetzt. Der Unterschied zwischen dem römischen und dem preußischen Rechte besteht in dieser Beziehung also nur darin, daß im römischen Rechte das vorausgesetzte Rechtsverhältniß kraft eines Rechtsgrundsatzes zwingender Natur, selbst wider den erklärten Willen des Testators, ipso jure, eintrat, während im preußischen Rechte die Sache lediglich in den subjektiven Willen des Testators gestellt ist, ganz so wie dies schon im römischen Rechte bei dem Soldatentestamente der Fall war.

III. Das Erbtheil eines Miterben kann nicht mehr vakant werden und dem Anderen anwachsen, nachdem es bereits erworben worden[13]). Aber in Beziehung auf die rechtliche Nothwendigkeit des Anwachses der vakanten Portion macht es keinen Unterschied: ob der Andere, welchem anwächst, seinen Antheil bereits erworben habe, oder nicht, weil im ersten Falle der Anwachs ipso jure selbst gegen den Willen des Erben geschieht[14]), und im anderen Falle der Erbe niemals nur einen Theil der Erbschaft annehmen und den anderen ausschlagen kann[15]). Wem also der Anwachs nicht gefällt,

12) M. s. Witte a. a. O. — Mühlenbruch, in Glück's Fortsetzung, Bd. XLIII, S. 251.

13) L. 88 in f. D. de hered. instituendis (XXVIII, 5): „— non potest — efficere, ut, qui semel heres existit, desinat heres esse." — L. 7, §. 10 in f. D. de minoribus (IV, 4): „— sine dubio heres manebit, qui heres existit."

14) S. den Text zu Note 2, 3 u. 4. Das Obertr. hat dies so ausgedrückt: Der Erbe kann dem Anwachsungsrechte nach Ablauf der Frist zur Entsagung der ihm ursprünglich angefallenen Erbschaftsquote nicht entsagen. Erk. vom 20. Juni 1857 (Arch. f. Rechtsf. Bd. XXIII, S. 247). Der Ausdruck ist nicht recht geschickt, von Entsagung kann da nicht mehr gesprochen werden, wo schon erworben ist.

15) A. L.R. I, 9, §. 395; I, 12, §. 286.

kann ihn dadurch ablehnen, daß er seinen Erbtheil (die Erbschaft) ausschlägt, so lange er solche noch nicht erworben hat. Näher zu bestimmen bleibt, mit welchem Zeitpunkt die Erwerbung nach preußischem Rechte als geschehen zu betrachten sei, da es keiner Antretung bedarf. Der §. 386 (Note 6) drückt sich unbestimmt aus. Er sagt: „Derjenige, dem die Gesetze einen solchen Zumachs anweisen, kann denselben, wenn er seinen eigenen Erbtheil behalten will, nicht ablehnen." Was man behalten will, muß man schon haben. Das ist aber im preußischen Rechte der Fall, man hat mit dem Eintritte des Todes des Erblassers das Erbrecht ipso jure erworben [16]). Daher ist der Ausdruck: „wenn er — behalten will", ganz korrekt, der Erbe muß sich von der Erbschaft abstiniren, wenn er ihrer ledig sein will. Der Ausdruck: „wenn er — behalten will, kann er den Zuwachs nicht ablehnen", enthält keine Zeitbestimmung über die Dauer dieser Befugniß, der Erbe kann darnach — so könnte man glauben — zu allen Zeiten den ihm lästigen Zuwachs los werden, wenn er sich von seinem ursprünglichen Erbtheil abstinirte, so lange nämlich dessen faktischer Inhalt noch unverändert wäre. So ist es jedoch nicht, vielmehr kann die „Entsagung" mit rechtlicher Wirkung gegen Dritte nur innerhalb der Ueberlegungsfrist geschehen [17]). Also nach Ablauf dieser Frist kann der Zuwachs eines vakant gewordenen Erbtheils nicht mehr abgelehnt werden. Dies ist die Regel, welche, wenn sie ausnahmelos wäre, sehr drückend werden könnte, z. B. dann, wenn die Vakanz erst nach Verlauf der Ueberlegungsfrist eingetreten wäre, was sehr gut geschehen kann, weil die entfernt wohnenden Erben eine viel längere Ueberlegungsfrist haben als die anwesenden oder sich in der Nähe aufhaltenden Erben [18]). Der entfernte Erbe kann mithin die Erbschaft noch ausschlagen, lange nachdem der Anwesende dieselbe unwiderruflich erworben hat. Dergleichen Fälle kennt auch das römische Recht. Der suus heres konnte abstiniren, oder ein Miterbe konnte sich gegen seine Antretung restituiren lassen. Den auf diese Weise erledigten Erbtheil behandelte man im Wesentlichen so, wie wenn er von diesem Zurücktretenden nie erworben worden wäre, d. h. man sah es so an wie wenn der andere Miterbe, der bereits angetreten hätte, diesen

16) Ebend. I, 9, §. 368.

17) Ebend. §. 412. — Zu vergl. Erk. des Obertr. vom 25. November 1853 (Entsch. Bd. XXVI, S. 253) und das vorhin in der Note 14 angeführte Erk. vom 20. Juni 1857.

18) A. L.R. a. a. O. §§. 384, 385.

vakant gewordenen Erbtheil ursprünglich gleich mit erworben hätte. Allein man nahm aus Billigkeit an, die ganze Erbschaft sei nun erst dem Miterben, welcher bereits erworben hatte, angefallen, und gestattete in der Regel, daß er jetzt noch das Ganze annehmen oder ausschlagen könne, weil ihm nicht zuzumuthen sei, er habe die Möglichkeit voraussehen müssen, daß der von dem Miterben bereits erworbene Antheil wieder vakant werden könne.

„Cum hereditate patris neccessarius heres se abstineat, conditio coheredi, sive suo, sive extraneo, defertur, ut aut totam agnoscat, aut a tota recedat: et ita se abstinere potest propter alium, qui (nicht dieser alius sondern jener coheres) per suam personam non poterat [19]).“

Das Gleiche ward bei der Restitution eines extranei zugestanden:

„Si minor annis, posteaquam ex parte heres extitit, in integrum restitutus est: D. Severus constituit, ut ejus partis onus coheres suscipere non cogatur, sed bonorum possessio creditoribus detur [20]).“

Von diesem anomalen Rechte wird jedoch keine Anwendung gemacht, das Abstinenzrecht wird dem Erben nicht zugestanden, wenn ihm nicht zugemuthet wird, daß er für die Belastungen des vakanten Erbtheils eintreten, nämlich auf mehr eintreten solle, als er ohne den Zuwachs zu leisten gehabt haben würde. Denn es heißt in der Stelle, welche ihm die Wahl läßt, das Ganze anzunehmen oder auszuschlagen ([19]), weiter: „Si tamen creditores dicant, se contentos esse ejus portione, quia non potest exonerari, nisi deferatur conditio, et alterius parte abstinere se creditores debent, ut ejus actiones ei, qui convenitur, dentur.“ Man versteht diese dunkle Stelle meistens so, daß der Miterbe sich die Erklärung der Gläubiger gefallen lassen, daß sie mit seinem Erbtheile sich begnügen wollen, ihm dagegen der zuwachsende Theil unbeschwert überlassen sein solle [21]). Sie kann aber auch so verstanden werden, daß der Miterbe, dem der vakante Theil zuwächst, seinen Theil behalte und nur die darauf fallende Schuldenlast trage, d. h. daß er seinen ursprünglichen Theil mit den darauf ruhenden Bela-

19) L. 55 D. de acquirenda vel omittenda hereditate (XXIX, 2). Vergl. L. 56 D. eodem u. L. 79 D. ad SC. Trebell. (XXXVI, 1).

20) L. 61 D. de acquirenda vel omittenda hereditate (XXIX, 3).

21) M. s. Witte a. a. O. (Note 1) S. 274; Mühlenbruch, in Glück, Bd. XLII, S. 367, Note 84; Bd. XLIII, S. 135.

stungen (die Voraussetzung ist, daß die Schulden ipso jure nach Verhältniß der Erbtheile getheilt sind, was im preußischen Rechte nicht zutrifft) behalten müsse, die Gläubiger aber in den vakanten Erbtheil sich immitiren lassen können. Das ist auch der Sinn der eben angeführten zweiten Stelle (20): „— constituit, ut ejus partis onus coheres suscipere non cogatur, sed bonorum possessio [22]) creditoribus detur." — Das Landrecht hat sich dieser Meinung angeschlossen, jedoch in seiner Weise, da es eine Theilung der Schulden nach Verhältniß der Erbtheile, von Rechts wegen, den Gläubigern gegenüber, nicht kennt. Die Abstention und die Restitution kennt es nicht, es schreibt aber, ohne vorgängige Erklärung der Gläubiger, vor: „er (der Erbe) darf aber denjenigen, welchen aus solchem Zuwachse Vermächtnisse beschieden sind, nicht weiter gerecht werden, als der angefallene Erbtheil selbst hinreicht [23])." Ehe an die Berichtigung der Vermächtnisse zu denken, ist die Befriedigung der Gläubiger selbstverständlich, es muß daher der dazu erforderliche Antheil nach Proportion der Erbtheile den Legataren vorweg entzogen werden, und was an ihrer demnächst folgenden Abfindung aus dem Ueberreste fehlt, damit fallen sie aus. Es kommt also eine Art von beneficium separationis unter Erbtheilen in Anwendung [24]).

IV. Das Prinzip der Akkreszenz ist durch das Landrecht vereinfacht. Die römischen Juristen waren über die Vertheilung einer vakant gewordenen Portion unter die übrigen Erben verschiedener Meinung, namentlich war kein Einverständniß in dem Falle, wenn der Testator Einzelne auf Theile berufen, und diesen gegenüber Mehrere ohne Bezeichnung der Portion zusammen berufen hatte. Einstimmig waren sie zwar darin, daß die Frage, wie der Testator die Erbschaft vertheilt wissen wollte, eine Willensfrage sei und man daher der vermuthlichen Absicht desselben zu folgen habe; aber wenn in dem gedachten Falle eine ausdrückliche Vorschrift fehlte, so überließ man sich bei Entscheidung der Fragen: ob er die mehreren ohne Bezeichnung der Portionen Berufenen nur Einem der einzeln Eingesetzten zusammen habe gleichstellen wollen; ob er, wenn er noch einen Zweiten zu demselben Theile, auf welchen er den Ersten eingesetzt hatte, berief, Beiden zusammen nur jenen Einen Theil habe

22) D. h. eine missio in bona debitoris, Behufs des Verkaufs zu ihrer Befriedigung.

23) I, 12, §. 287.

24) Witte a. a. O. S. 274.

geben, oder ob er dadurch nur ausdrücken wollen, Jeder solle an dem Ganzen einen gleich großen Antheil haben; ob er endlich, wenn er einen Theil der dem Ersten zugewiesenen Portion wieder einem Zweiten zugewendet hatte, dadurch Beide in Ansehung jenes Theiles konkurriren zu lassen, oder ob er die erste Erbeseinsetzung für jenen Theil zu Gunsten des Zweiten (nach der Abzugstheorie) zurückzunehmen beabsichtigt habe[25]), — hierüber überließ man sich subjektiven Vermuthungen, die selten zu dem gleichen Resultate führten und daher keine übereinstimmenden Entscheidungen über die Vertheilung des Zuwachses zur Folge hatten. Alle diese Ungewißheiten sind im Landrechte beseitigt. Nach einer Meinung soll jedoch die wahre Verbindung Mehrerer zu einer bestimmten Erbportion auch Einfluß auf die Vertheilung einer vakant gewordenen Portion haben, wenn der Testator nicht etwas Anderes vorgeschrieben hat. Crelinger, welcher dies behauptet, sagt: „Z. B. Jemand testirt: „die drei Kinder des X. sollen meine Erben zu $\frac{1}{2}$ sein, ferner soll B. mein Erbe zu $\frac{1}{4}$ und C. mein Erbe zu $\frac{1}{4}$ sein." Fällt alsdann eines jener Kinder weg, so ist es zweifelhaft, ob dessen Antheil seinen Geschwistern allein, oder auch den übrigen Miterben akkreszire. Nach der richtigen Ansicht muß das Erstere angenommen werden, denn sie sind gleichfalls re et verbis verbunden, indem die res durch die gemeinschaftlich angewiesene Erbrate repräsentirt wird, und der Erblasser jene drei Kinder zu einem Individuo im Gegensatze der übrigen Miterben konstituirt hat, so daß alle in dem Rechtskreise jenes Individui vorfallenden Veränderungen den Rechtskreis der übrigen Miterben nicht berühren[26])." Allein diese Ausführung läuft darauf hinaus, daß die drei Kinder des X. wirklich re et verbis conjuncti seien. Um diese thatsächliche Frage handelt es sich aber nicht, vielmehr nur um die Rechtsfrage: wie der vakant werdende Kopftheil des Einen dieser drei Kinder unter den übrigen Erben zu vertheilen sei, wenn darüber, wie in dem Beispiele der Fall ist, das Testament gar nichts enthält. Das Landrecht schreibt nirgend vor, daß der Anwachs des Theiles eines conjunctus nur den übrigen conjuncti zufallen solle und daran die übrigen Miterben keinen Theil haben; es wird weiterhin gezeigt werden, daß das Landrecht das Gegentheil will. Crelinger versucht auch nicht, diese Frage durch Beweis in seinem Sinne zu lösen, er bringt nur den §. 284 bei und setzt stillschweigend als ausgemacht

25) Diese Fragen hebt scharfsinnig Witte a. a. O. S. 298, 299 besonders hervor.

26) Crelinger, System des preußischen Erbrechts, S. 218.

voraus, derselbe enthalte die Entscheidung, und geht dann ohne weiteres zu der faktischen Frage über: welche Eingesetzten für wahre conjuncti zu erachten seien. Der §. 284 muß daher näher erwogen werden. Er lautet:

„Sachen und Rechte, welche mehreren Erben zusammen auf ihre Erbportionen ungetheilt angewiesen worden, fallen beim Abgange des einen Mitgenossen nur den Anderen, mit Ausschließung der übrigen Erben, anheim.“

Hierin ist von der Vertheilung einer vakant gewordenen Erbquote unter den übrigen auch auf Erbquoten eingesetzten Erben gar keine Rede. Diese mehreren Erben, die auf bestimmte „Sachen und Rechte“, welche Sachen und Rechte keine arithmetischen Größen sind, berufen worden, werden im Verhältnisse zu den auf Quoten eingesetzten Erben als Legatarien angesehen, und es findet auf sie der Grundsatz von Kollegatarien Anwendung, wonach, wenn ein Mitgenosse ausfällt, dessen Antheil nicht in die Erbschaft zurückfällt, sondern dem anderen Mitgenossen verbleibt[27]), weil „conjunctim legari hoc est, — tota legata singulis data esse, partes autem concursu fieri[28])“, folglich mit dem Wegfalle der Konkurrenz auch die Theile verschwinden, oder vielmehr zu entstehen verhindert sind.

Das Landrecht weiß nichts von der Berücksichtigung einer Verbindung mehrerer Miterben zu einer und derselben Erbportion bei der Vertheilung einer vakant gewordenen Erbportion unter die übrigen Miterben. Das jus accrescendi, sagt Suarez (oben Nr. II), ist §§. 281—287 konservirt und nur durch Aufhebung der allzu subtilen Unterscheidungen zwischen den verschiedenen Arten der Konjunktionen möglichst zu simplifiziren gesucht worden. Daher ist von den conjunctim auf Quoten eingesetzten Erben bei dem Zuwachsrecht gar keine Rede, nur bei Legaten wird darauf Rücksicht genommen. Der Grundsatz lautet: „Wenn von mehreren ernannten Miterben nur einer oder der andere nicht Erbe sein kann oder will, so wächst der solchergestalt erledigte Erbtheil, in Ermangelung eines Substituten, den übrigen Erben zu[29]).“ Das heißt, er fällt nicht an den Intestaterben, was bei Abschaffung der Regel: nemo pro parte etc., hätte in Frage gestellt werden können, da jetzt alles auf den subjektiven Willen des Erblassers gestellt ist. Hier wird nun vermuthet, daß, wenn der Testator die er-

27) A. L.R, I, 12, §. 263 verb. mit §. 360.
28) L. 80 D. de legatis III (XXXII).
29) A. L.R. I, 12, §. 281.

nannten Erben auf das Ganze, in universum jus, eingesetzt hat, er auch die erledigt werdenden Erbtheile habe an den Intestaterben wollen kommen lassen. Ueber die Vertheilungsart heißt es nun: „Dieser Zuwachs geschieht nach eben dem Verhältnisse, nach welchem der Hauptnachlaß, vermöge des Testaments, oder vermöge der Gesetze unter die Miterben zu vertheilen ist[30]).“ Dabei ist auf den §. 261 u. flg. hingewiesen. Der §. 261 schreibt vor: „Sind, ohne nähere Bestimmung, mehrere Personen zu Erben eingesetzt worden, so erwerben sie die Erbschaft zu gleichen Theilen.“ Die folgenden Paragraphen enthalten Bestimmungen über die Behandlung der Prälegate und über die Fälle, wenn das Ganze erschöpft oder überschritten ist; hierher gehört mithin nur der §. 261, welcher das Gesetz enthält, nach welchem der erledigte Erbtheil vertheilt werden soll, wenn das Testament darüber schweigt. Die Vertheilung geschieht hiernach zuerst nach eben dem Verhältnisse, nach welchem der Nachlaß im Testamente vertheilt ist; sind im Testamente keine Verhältnißtheile angegeben, so geschieht die Vertheilung nach der Kopfzahl. Ist z. B. verordnet: Zu meinen Erben ernenne ich den A. und den B. zusammen auf die Hälfte, und außerdem den C. und den D.; so sind der A. und der B. zwar conjuncti auf die Hälfte, aber dies ist ohne Einfluß auf die Vertheilung eines erledigten Theiles. Der A. und B. müssen sich nach Köpfen theilen in ihre Hälfte, und C. und D. gleichfalls in die andere Hälfte, sie erhalten also jeder Ein Viertel bei der Theilung. Entsagt A., also einer der Verbundenen, so erhält sein Viertel nicht B. allein, sondern es wird in drei Theile zerlegt, wovon jeder der drei noch vorhandenen Erben Einen erhält. Denn die Unterscheidung der Konjunktionen hierbei sind abgeschafft, weil sie auf trüglichen Vermuthungen beruhen; der Testator hat darüber seinen Willen nicht erklärt.

V. Einige Fälle sind besonders zu betrachten.

1. Wenn ein Berufener mehr erhält als ihm ausdrücklich zugewiesen worden, weil der Testator über seinen Nachlaß nicht vollständig verfügt hatte und das Uebrige den wirklich Eingesetzten nach Verhältniß ihrer Theile oder Quoten zufällt[31]). Dieser Fall soll mit dem Anwachsungsrechte nicht verwechselt werden, weil unter Anwachsungsrecht das Recht der zu einem Ganzen mit Anderen berufe-

---

30) Ebend. §. 282.

31) Ebend. §§. 264, 265, 254, 255. — §. 7 Inst. de hered. instit. (II, 14); L. 13, §. 2 D. eodem (XXVIII, 5).

nen Successoren, in den erledigten Antheil eines Mitberufenen einzutreten, zu verstehen [32]). Gleichwohl wird bei diesem Anfalle der Ausdruck „accrescere" gebraucht [33]), und auch anerkannt, daß der Grund der Anwachsung in beiden Fällen der gleiche sei; man zeigt auch den praktischen oder theoretischen Unterschied nicht auf, welcher zwischen dem erledigten oder noch ledigen Antheil in Beziehung auf die Anwachsung vorhanden sein könnte. Daß der erledigte Theil belastet sein kann, ist etwas zufälliges, und daß von einem Akkreszenzrechte nur da die Rede sein könne, wo der Eine bereits zu der demnächst dem Anderen akkreszirenden Quote wirklich berufen war, wird durch die Legalstellen ([33]), die ja in der That doch davon bei dem ledig gebliebenen Antheile reden, widerlegt. Für das preußische Recht ist aus dieser Lehre nichts zu gewinnen.

2. Wenn einem für den Fall, daß er überhaupt, oder doch in dem, die Succession entscheidenden Momente existent und erbfähig sein sollte, eine Quote bestimmt ist, und der vorausgesetzte Fall nicht eintritt, z. B. wenn einzelne der eingesetzten Erben vor dem Erblasser verstorben, oder schon damals nicht mehr lebten [34]), oder wenn der bedachte Posthumus nachher nicht zur Welt kam [35]). Hier soll es gleichfalls kein Akkreszenzrecht sein, durch welches die zugleich Berufenen in den so erledigten Theil eintreten [36]). Hiergegen ist alles das zu sagen, was vorhin zu Nr. 1 gesagt worden, namentlich wird in Betreff des nicht existent werdenden Posthumus der Ausdruck „accrescere" gebraucht, indem es in der angeführten L. 31 ([35]) heißt: „Heredi cum posthumo instituto reliquae partes adcrescunt, quae posthumo datae sunt, si certum sit non esse praegnantem, licet heres ignoret." Dieser Fall wird als vollständig unter das eigentliche Akkreszenzrecht fallend angesehen [37]). Dem Falle, wo Einer der gehörig Berufenen vor dem Erblasser stirbt, wird auch von anderer Seite mit der Bemerkung widersprochen, daß dafür, diesen Wegfall nicht als Ursache eines eigentlichen Anwachsungsrechts gelten lassen zu wollen, sich schwerlich ein genügender Rechtferti-

---

32) Mühlenbruch a. a. O. Bd. XLIII, S. 245; Witte a. a. O. S. 271.

33) L. 13, § 3 D. eodem: „— si alter ex quadrante, alter ex semisse heredes scripti sunt, qui accedit quadrans (nämlich der vakante) pro partibus hereditariis iis accrescit." — Vergl. §. 7 Inst. eodem.

34) L. un. § 3 C. de caducis tollendis (VI, 51).

35) L. 31 D. de acquirenda vel omittenda hereditate (XXIX, 2).

36) Witte a. a. O. S. 271.

37) M. vergl. L. 15, §. 1, L. 16, §. 2 D. de legatis I; L. 7 pr. D. de rebus dubiis (XXXIV, 5).

gungsgrund anführen lassen dürfte; hier erblicke man nicht bloß ähnliche Erscheinungen, sondern in der That träten ganz die nämlichen Wirkungen ein, wie wenn das Wegfallen sich nach des Erblassers Tode ereigne. Denn wolle man darauf ein Gewicht legen, daß das Anwachsungsrecht mit Nothwendigkeit erfolge [39]), so trete diese rechtliche Nothwendigkeit ja auch in Beziehung auf das Recht eines Mitberufenen, den ihm selbst zugewandten und noch nicht erworbenen Theil zu erhalten, ein: entweder müsse er den anwachsenden Theil mit annehmen, oder auch seinen eigenen ausschlagen. Lasse man daher nicht jedes Eintreten in die Stelle eines Mitberufenen, zu welcher Zeit das Wegfallen auch erfolgt sein möge, als Anwachsungsrecht gelten, so müsse man noch einen Schritt weiter und zum Begriffe des Anwachsungsrechts erfordern, daß der, welchem akkreszirt, seine Quote bereits erworben habe; allein eine solche Beschränkung des Begriffs werde selbst von den Vertheidigern jener Ansicht verworfen [40]). Diese Widerlegung ist vollständig hergesetzt, um den Leser in die Lage zu bringen, selbstständig zu befinden, ob nicht die vorgebrachten Gründe auch in Beziehung auf die übrigen bezeichneten Fälle geltend gemacht werden können. Dem sei indeß wie ihm wolle, im preußischen Rechte ist ein Unterschied unter diesen Fällen in keiner Richtung findbar.

3. Wenn das Einem von mehreren Berufenen Zugewandte pro non scripto gilt, also von Anfang an ungültig ist, oder wenn es später wegen eintretender passiver Testamentsunfähigkeit des Bedachten ungültig wird, z. B. wenn er schon zur Zeit der Testamentserrichtung erbunfähig war oder ihm nach der Einsetzung die Erbfähigkeit zur Strafe entzogen wird, oder aus einem anderen Grunde die Zuwendung von Anfang ungültig ist. Auch in diesen Fällen soll nach einer Meinung ([36]) ein eigentliches Akkreszenzrecht nicht eintreten, nach einer anderen Meinung ([40]) sind diese Fälle dem Akkreszenzrechte mindestens sehr nahe verwandt, nur soll der Umstand, daß dergleichen Zuwendungen so betrachtet werden, als wären sie nie ausgesprochen, die eigenthümliche Folge begründen, daß, wenn aus diesem Grunde ein Erbtheil oder eine andere testamentarische Zuwendung hinwegfällt, „natürlich" von der Erfüllung der Auflagen, womit das Weggefallene belastet ist, nicht weiter die Rede sein könne.

---

39) L. 35 pr., L. 53, §. 1 D. de acquir. vel omittenda heredit. (XXIX, 2); L. 9 D. de suis et legitim. (XXXVIII, 16); L. un. §. 10 C. de caducis tollendis (VI, 51).

40) Mühlenbruch a. a. O. Bd. XLIII, S. 246.

Diese Wirkung würde, wenn sie wirklich eintreten müßte, freilich eine erhebliche Verschiedenheit zwischen den Fällen dieser Art, und zwischen den Anordnungen, welche durch das Wegfallen eines an sich gültig Berufenen erledigt werden, begründen, welche auch für das preußische Recht ein Interesse hätte. Z. B. Jemand verfügt so: Ich ernenne meinen Freund A. und meinen Freund B., sowie meine außerehelich geborene Tochter N. zu meinen alleinigen Intestaterben; meine Tochter N. soll gehalten sein, ihren Erbtheil nach ihrem Tode an ihre Tochter Elise zu restituiren. Hiernach ist die Tochter N. nur Fiduziarerbin, ihr Erbtheil ist mit einem Fideikommiß zu Gunsten ihrer Tochter Elise beschwert. Die Einsetzung der Tochter N. ist jedoch nichtig, weil der Testator mit dieser seiner unehelichen Tochter N. blutschänderischen Umgang gepflogen hat und deshalb bestraft worden ist[41]). Fällt nun mit der Erbeseinsetzung derselben auch die auf den Erbtheil gelegte Last hinweg, so erhalten die beiden anderen Erben A. und B. den ganzen Nachlaß Jeder zur Hälfte, andernfalls müssen sie davon das der Tochter N. zugedachte Drittel an deren Tochter Elise herausgeben. Daher darf auf die Feststellung der behaupteten Verschiedenheit, für welche nur die „Natürlichkeit" als Beweisgrund angegeben wird, hier nicht verzichtet werden. Die Natur der Sache führt nicht zu der nöthigen Ueberzeugung, es muß deshalb auf die Rechtsquellen zurückgegangen werden. Dort findet sich zuvörderst folgende Stelle:

> „Quod quis sibi adscripserit, si alii restituere a testatore jussus est, cum onere fideicommissum id apud heredem remanet, quamvis pro non scripto esset[42]).

Dies ist gerade unser Fall. Die Erbeseinsetzung des Testamentsschreibers gilt für nicht geschrieben, aber das auf den wegfallenden Erbtheil gelegte Fideikommiß muß von dem Miterben, der nun die ganze Erbschaft allein hat, entrichtet werden. Die wegfallende Erbquote verbleibt zwar bei dem Miterben, aber mit der aufgelegten Belastung. Dann heißt es in einer andern Stelle:

> „Si non pro non scripto habitus sit servus alicui legatus, cui servo per fideicommissum libertas adscripta est: quaestionis est, num fideicommissa libertas debeat intercidere? et an, si servus petat fideicommissam libertatem ab eo, penes quem remansisset, pro non scripto habito legato,

41) A. L.R. I, 12, §. 35.

42) L. 5 D. de his quae pro non scriptis habentur (XXXIV, 8).

quod erat relictum ei, qui eum rogatus fuerat manumittere; vel si ipse servus, ut supra dictum est, fuit legatus: an libertas non debeat intercidere? Et putem, debere dici, fideicommissam libertatem salvam esse, licet ad eum nihil pervenerit, qui eum rogatus erat manumittere, cogetur igitur libertatem praestare is, ad quem pervenit legatum, quia libertas fideicommissa nullum impedimentum pati debet[43]."

Also Jemandem ist ein Sclave legirt und dem Legatar ist als Fideikommiß aufgelegt, diesen Sclaven freizulassen. Dieses Legat gilt aus irgend einem Grunde für nicht geschrieben und es wird gefragt, ob dieses auch von dem darauf gelegten Fideikommisse anzunehmen sei. Es wird geantwortet: Nein. Derjenige, bei welchem das Legat (der Sclave) verblieben ist (der Erbe), kann gezwungen werden, den Sclaven freizugeben. Diese Fälle stehen hiernach in der That alle unter der Herrschaft desselben Prinzips, welchem die Fälle, wenn nach dem Tode des Erblassers ein Erbtheil durch Ablehnung des Bedachten erledigt wird, unterworfen sind.

Das bisher Vorgetragene ist auch gültiges Recht nach dem preußischen Landrechte. Die in dem Beispiele eingesetzte Tochter N., welche wegen Erbunfähigkeit nicht Erbe sein kann, hat einen Substituten in ihrer Tochter Elise. Diese ist zwar Fideikommissaria, aber in der fideikommissarischen Substitution ist die gemeine Substitution enthalten[44]).

3. Von den Pflichttheilsberechtigten.

A. L.R. II, 2, §§. 391—480, 501—518; II, 1, §§. 631—633. — Gärtner, das Notherbenrecht in seiner Bedeutung u. nach seinen Folgen im Allgemeinen Landrechte (unvollendet); in Simon's Zeitschrift für wissenschaftliche Bearbeitung des preußischen Rechts, Bd. II, S. 392 flg.

§. 44.

Einleitung.

Zur Unanfechtbarkeit der Erbeseinsetzung ist endlich erforderlich, daß der Testator die Rechte der Pflichttheilsberechtigten gehörig berücksichtige. Seine Willkühr als der eigentliche Grund des Erbrechts wird zu Gunsten gewisser Personen aus seiner Familie ausnahmsweise durchbrochen durch positive Gesetzesvorschriften von zwingender

43) L. 26, §. 6 D. de fideicommissariis libertatibus (XL, 5).

44) I, 12, §. 58: „Unter der fideikommissarischen Substitution wird allemal die gemeine — verstanden."

Natur, dergestalt, daß die Verletzung derselben theilweise Ungültigkeit, unter Umständen auch wohl gänzliche Hinfälligkeit seiner Anordnungen zur Folge hat. Der Grund zu diesem Eingriffe in die Testirfreihet ist das öffentliche Interesse, wovon schon oben im §. 4 gehandelt worden ist. Man nennt die Personen, welche absolut, gegen den Willen des Testators, berücksichtigt werden müssen, heredes necessarii, Pflichttheilserben, Pflichttheilsberechtigte, auch nothwendige Erben oder Notherben. Gegen den Namen „Notherben" hat man eingewendet, daß er gegen alle Analogie gebildet sei, man würde dafür sprachrichtiger „Nachlaßnöthiger" sagen können [1]). Von dem Standpunkte des römischen Rechts aus, von woher dieser Einwurf kommt, ist derselbe unbegründet, denn nach diesem Rechte waren die sui und Sclaven wirkliche Notherben, wahre Nothhelfer, denn sie mußten, wenn kein Anderer wollte, Erben sein, keinesweges in ihrem, sondern in des Erblassers Interesse, weil es für schimpflich galt, keinen Erben zu haben [1a]). Im preußischen Rechte freilich ist die Bezeichnung unpassend. — Zu diesen Personen, welche unabhängig von der Willkühr des Erblassers dessen Erben kraft des Gesetzes, gleichsam angeborene Erben sind, gehören nicht diejenigen, welche absolut oder in Beziehung auf den Erblasser erbunfähig sind, „qui institui heredes jure non possunt [2])." Die Erbfähigen aber, insofern sie zu den Pflichttheilsberechtigten zählen, treten den von dem Testator eingesetzten fremden Erben ipso jure als wahre Miterben hinzu, mögen sie im Testamente ohne ausdrückliche Erbeseinsetzung bedacht, oder ganz übergangen sein; sie bedürfen der Ernennung zum Erben durch den Willen des Testators nicht, sie können aber auch ebensowenig durch Uebergehung Seitens desselben ihrer Erbeseigenschaft entkleidet werden. Nur durch ausdrückliche Enterbung aus einer gesetzlichen Ursache können sie mit voller rechtlichen Wirkung ausgeschlossen werden. Ob sie nach preußischem Rechte, im Falle sie übergangen oder nur mit einem Vermächtnisse bedacht worden, den rechtlichen Charakter eines Erben haben, ist angezweifelt worden, weil „derjenige, welcher die Pflichttheilsklage durchsetzt, nirgends Erbe genannt, vielmehr dem Erben entgegengesetzt wird [3])." Das ist richtig, im

1) Schweppe, römisches Privatrecht, §. 951 u. Note 2 dazu.

1a) Pr., §. 1 et 2 Inst. de acquirenda vel omitt. hered. (II, 19); Gajus, Inst., II, §. 154.

2) L. 3, §. 10 D. de bonor. possess. contra tabulas (XXXVII, 4).

3) Mühlenbruch, in der Fortsetzung von Glück, Bd. XXXVIII, S. 54.

Landrechte kommt der Ausdruck „Pflichttheilserbe" nicht vor, aber das Landrecht spricht von dem in seinem Pflichttheile enterbten Kinde [4]). Wer enterbt werden kann, der muß nothwendig ohne erlittene Enterbung Erbe sein, nämlich in seinem Pflichttheil, von dem er nicht enterbt ist. Es wird auch von einem bis auf die Hälfte des Pflichttheils enterbten Kinde gesprochen [5]). Also muß es doch wohl in dem Gegenstande, in welchem es bis auf die Hälfte enterbt werden kann, vorher Erbe im Ganzen sein und nachher Erbe in der Hälfte bleiben. Darnach wäre denn der Pflichttheilsberechtigte auch Pflichttheilserbe. Daher nennt das Landrecht auch den, dem der Erblasser nicht mehr als einen ihm gebührenden Pflichttheil verlassen hat, einen Erben [6]), und an einer anderen Stelle, bei Gelegenheit der Pupillar-Substitution, erwähnt es eines ererbten Pflichttheils [7]), folglich muß der, welcher den Pflichttheil ererbt hat, ein Pflichttheilserbe sein. Endlich bedient sich das Landrecht des gleichbedeutenden Ausdrucks „nothwendige Erben, denen nach den Gesetzen ein Pflichttheil gebührt" [8]). Und das höchste Gericht hat den Pflichttheilsberechtigten, den Nachlaßgläubigern gegenüber, nach kontradiktorischer Verhandlung der Frage, für einen wirklichen Erben erachtet [9]), also dadurch einen Rechtsgrundsatz festgestellt [10]).

Auf eine vorgängige Darstellung der verwickelten, unklaren und vielfach streitigen Lehre des römischen Rechts über das Verhältniß der Pflichttheilserben ist hier verzichtet, weil daraus für das preußische Recht keine Belehrung zu schöpfen ist. Denn die Redaktoren des Landrechts haben die römische Theorie verlassen und ein selbstständiges System geschaffen, dessen Rechtfertigungsgründe und Grundzüge in Folgendem angegeben sind: „Die Lehre des römischen Rechts von der Legitima und von Exheredationen ist durch die unendliche Menge von Distinktionen zwischen den Fällen, wenn der, welchem

---

4) II, 2, §. 432, §. 391 verb. mit §§. 399 u. 410.

5) Ebend. §. 412.

6) I, 17, §. 122.

7) II, 2, §. 544.

8) I, 11, §. 1113.

9) Erk. vom 22. März 1858 (Entsch. Bd. XXXVIII, S. 201 ff.).

10) Schon vorher findet sich dieselbe Auffassung des Rechtsverhältnisses eines Pflichttheilsberechtigten in einer Anzahl von Judikaten des Obertr., in welchen der Pflichttheilsberechtigte „Pflichttheilserbe", und im Verhältnisse zu den eingesetzten Testamentserben Miterbe genannt wird. Entscheidungen, Bd. XXII, S. 247; Bd. XXXIII, S. 49, 50. — M. vergl. auch das jüngere Erk. vom 28. April 1864 (Arch. f. Rechtsf. Bd. LIV, S. 123).

eine Legitima gebührt, übergangen, oder wenn er ausdrücklich enterbt worden; wenn die Enterbung mit oder ohne Anführung einer Ursache geschehen; wenn die angeführte Ursache gesetzmäßig ist oder nicht; wenn sie wahr oder falsch befunden wird; wenn der Testator die Legitima mittelst einer förmlichen Einsetzung oder ohne dieselbe hinterlassen hat; wenn die Legitima vollständig oder in einem unzureichenden Betrage bestimmt ist, — zu einer der komplizirtesten im ganzen römischen Rechtssystem geworden, zumal es in allen diesen Fällen wiederum einen großen Unterschied macht: ob der, in dessen letztwilliger Verordnung eine solche Disposition getroffen ist, zu den Ascendenten, Descendenten, oder Geschwistern gehört. — Gleichwohl gründen sich alle diese Distinktionen und die davon abhängenden zum Theil sehr wichtigen praktischen Folgen entweder auf Ueberbleibsel der alten jurisprudentiae formulariae, oder auf Hypothesen Stoischer Philosophie, oder gar auf bloße Fiktionen, wie z. B. bei der querela inofficiosi, welche ganz auf der Voraussetzung beruhet, daß ein Vater, welcher seinem Kinde den ihm gebührenden Pflichttheil ohne rechtmäßigen Grund entzieht, in diesem Augenblicke von Sinnen gewesen sei. Eben so wenig kann der Grundsatz des römischen Rechts, daß, wenn ein Vater auch nur Eins seiner Kinder übergangen oder demselben die Legitimam nicht titulo institutionis honorabili hinterlassen, oder dasselbe aus einer nicht gesetzmäßigen oder nicht gegründeten Ursache enterbt hat, alsdann das ganze Testament, oder doch die ganze Erbeseinsetzung auch in Ansehung der übrigen Kinder und Eltern über den Haufen falle, nach den Regeln eines vernunftmäßigen Räsonnements vertheidigt werden, da ja offenbar nicht folgt, daß, weil der eine Theil der testamentarischen Verordnung nicht gelten kann, um deswillen auch alle übrigen, worin nichts gesetzwidriges enthalten ist, ungültig sein müßten, und da, wenn man diese Vorschrift als eine Strafe für die Uebertretung des Gesetzes ansehen will, diese Strafe nicht den Uebertreter, sondern die ganz unschuldigen Miterben und Legatarien treffen würde. — Es war also nothwendig, diese verwickelte Theorie, die schon zu vielen weitläuftigen und verderblichen Prozessen Anlaß gegeben hat, zu simplifiziren und auf einfache, dem gesunden Menschenverstande einleuchtende Grundsätze zurückzubringen. Das Gesetzbuch hat daher angenommen:

daß Eltern ihren Kindern, und Kinder, die ohne Descendenz versterben, ihren Eltern die Legitimam zu hinterlassen schuldig sind;

daß sie ihnen dieselbe nur aus den im Gesetz ausdrücklich bestimmten Ursachen entziehen oder schmälern können;

daß, wenn die gesetzmäßigen Ursachen nicht vorhanden sind, derjenige, welchem die Legitima gebührt, dieselbe aus dem Nachlasse vollständig erhalten müsse; daß aber auch in diesem Falle das Testament in allen übrigen Stücken seine Gültigkeit behalte und zu befolgen sei.

Auf diese Art ist das Recht desjenigen, welchem die Gesetze eine Legitimam beilegen, mit der unstreitigen Befugniß eines jeden Testatoris, über den Rest seines Vermögens nach Gutbefinden zu disponiren, vereinigt worden [11])."

Ungeachtet dieser ausgesprochenen Absicht, sich vom römischen Rechte entfernt zu halten, bilden doch römische Rechtsbegriffe, wie sie zu jener Zeit herrschten, bei vielen Einzelnheiten die Grundlage, weil man unter dem Einflusse der geläufig gewordenen Lehrbegriffe des römischen Rechts stand und dadurch unwillkührlich beherrscht wurde, es muß daher bei den betreffenden Anordnungen auf deren Herkunft, soweit sie erkennbar ist, zurückgegangen werden.

§. 45.

a) Erwerbung des Pflichterbtheils.

I. Ist der Pflichttheilserbe in dem Testamente bedacht, gleichviel, ob mit ausdrücklicher Erbeseinsetzung, oder ohne eine solche mit Zuwendung einer Quote vom Ganzen oder eines sonstwie bezeichneten Vortheils, so ist über die Erwerbung kein Zweifel, der zugedachte Vortheil wird ipso jure erworben und wenn er unzureichend ist, so findet sich die Ausgleichung bei der Theilung. Es ist hier nur einer Ungenauigkeit in der Auffassung des Rechtsverhältnisses Seitens der Praxis zu gedenken. Unbestritten ist, daß dem Pflichttheilserben der ihm von dem faktischen Inhalte der Erbschaft gebührende Antheil auf jede beliebige Weise zugewendet werden kann. Er braucht nicht zum Erben eingesetzt zu werden, es braucht ihm auch keine Quote vom Ganzen angewiesen zu werden, man kann ihm bestimmte Sachen oder Summen (Legate) vermachen, oder Schenkungen und was ein Erbe sich sonst anrechnen lassen muß, zur Abfindung anrechnen [1]), das betrifft nur die Theilung des faktischen Inhalts des Nachlasses, berührt aber gar nicht die Erbesqualität, diese wird

11) Schlußvorträge, in den Jahrbüchern, Bd. XLI, S. 163.

1) L. 25 pr. D. de inofficiosi testamenti (V, 2); §. 6 Inst. eodem (II, 18). — A. L.R. II. 2, §§. 393—396.

durch eine solche Abfindung nicht genommen und kann nicht genommen werden durch die Willkühr des Erblassers. Man kann ja ex certa re zum wirklichen Universalerben eingesetzt werden. Hier tritt uns folgender Ausspruch des Obertribunals entgegen: Der auf den Pflichttheil, als einen bestimmten Theil des Nachlasses, eingesetzte Pflichttheilserbe gilt als Erbe im gesetzlichen Sinne; der Pflichttheilsberechtigte, welchem der Pflichttheil in einer bestimmten Sache oder Summe ausgesetzt ist, ist als Legatar anzusehen [2]). So ausgedrückt ist der Ausspruch eine Verirrung. Dadurch wird es ja in die Willkühr des Testators gestellt, ob er den Pflichttheilserben als Erben gelten lassen, oder ihn seiner Erbeseigenschaft entkleiden will. Diese Macht hat er aber nicht. Der Unterschied hat auch praktische Folgen. Einestheils giebt es vererbliche Rechte, welche, wie oben (§. 6) aufgezeigt worden ist, keinen Geldwerth haben und woran einem Legatar niemals Theilnehmungsrechte zukommen, anderntheils aber kann sich ein Legat nicht vergrößern, ein Pflichttheil aber kann es durch Zuwachs, z. B. wenn eins der Kinder die Erbschaft ausschlägt [3]), oder wenn später zum Vorschein kommt, daß dem Erblasser von außen etwas angefallen war, wovon man bei der Erbtheilung noch nichts wußte, und nun die zum Pflichttheil ausgesetzte bestimmte Summe unzulänglich ist. Dieser Ausspruch gründet sich auf die Bestimmung des §. 263 [4]), I, 12, wonach derjenige von mehreren Miterben, welchem nur eine bestimmte Sache oder Summe im Testamente zu seinem Erbtheile ausdrücklich angewiesen worden, im Verhältnisse gegen die übrigen Miterben als ein Legatarius betrachtet wird. Aber das heißt, daß er bei der Vertheilung des noch vorhandenen Ueberrestes des jetzt bekannten faktischen Inhaltes der Erbschaft nicht weiter konkurrirt; übrigens wird ihm dadurch die Eigenschaft eines wahren Universalerben nicht genommen [5]). Ließe sich darüber aber auch streiten, so ist die Anwendung des §. 263 auf das Verhältniß des Pflichttheilserben ganz unzulässig. Denn die Voraussetzung des §. 263 ist die Herrschaft des subjektiven Willens des Testators, und der §. 263 entscheidet bloße Willensfrage im vermuthlichen Sinne des Testators. Vor dem Pflichttheilserben dagegen muß dieser Wille verstummen, hier gilt er eben gar nichts, mit der einzigen Ausnahme, daß dieser Erbe sich der Willkühr des Testators

2) Erk. vom 28. April 1864 (Arch. f. Rechtsf. Bd. LIV, S. 123).
3) A. L.R. II, 2, §. 392.
4) Angeführt ist der §. 269, augenscheinlich ein Schreib- oder Druckfehler.
5) M. vergl. oben, §. 41, I, Nr. 1 und §. 42, II, Nr. 2.

hinsichtlich der Art, wie ihm der faktische Inhalt seines Erbtheils angewiesen werden soll, unterwerfen muß [6]). Dies betrifft also allein und lediglich die thatsächliche Abfindung wegen des Antheils an der vorliegenden Theilungsmasse, hat aber mit dem für den Testator ganz unerreichbaren Erbrecht des Pflichttheilserben gar nichts zu thun; der Pflichttheilserbe bleibt wahrer Erbe im eigentlichen Rechtssinne, nicht durch den Willen des Testators, sondern aus eigenem Rechte kraft des Gesetzes, wenn er auch für seinen Theil, d. h. für seine Erbquote nur auf eine bestimmte Sache oder Summe angewiesen ist [7]). Daran ist im Landrechte nichts geändert, auch dadurch nicht, daß der §. 396, II, 2 des A. L.R., abweichend von der Novelle 115, Kap. 3 pr., angeblich den Eltern die Zuwendung des Pflichttheils quovis modo gestattet und nicht den titulus präzeptorisch macht [8]). Dies sagt der §. 396 nicht, sondern er bestimmt, daß Alles, was einem Kinde auf den Sterbefall, es sei unter welchem Namen es wolle, von den Eltern zugewendet wird, auf den Pflichttheil anzurechnen ist. Durch diese Befriedigungsart oder „Abfindung" wegen des ihm von der Masse gebührenden Antheils kann der Pflichttheilserbe seines Erbrechts nicht verlustig und seiner Erbeseigenschaft nicht entkleidet werden, dies ist nur durch ausdrückliche rechtmäßige Enterbung rechtlich möglich. Diesen Zweck erreichte das römische Recht durch Beseitigung des Testaments und Eröffnung der Intestaterbfolge, wenn der Pflichttheilserbe nicht ausdrücklich als Erbe eingesetzt worden war [9]). Das Landrecht dagegen geht von der Rechtswahrheit aus, daß es der ausdrücklichen Einsetzung des nothwendigen Erben zum Testamentserben gar nicht bedarf; der nothwendige Erbe ist von Rechts wegen Erbe, wenn er nicht ausdrücklich enterbt worden ist. Deshalb läßt das Landrecht den Pflichttheilserben, wenn er nicht eingesetzt worden ist, einfach dem Testamentserben hinzutreten und das Testament im Uebrigen bestehen [10]). Hierin allein besteht die Abweichung des Landrechts

---

6) A. L.R. II, 2, §. 396 verb. mit §. 516 u. II, 1, §. 633.

7) „Sancimus — non licere penitus patri vel matri, avo vel aviae, proavo vel proaviae, suum filium vel filiam, vel ceteros liberos praeterire, aut exheredes in suo facere testamento, nec si per quamlibet donationem, vel legatum, vel fideicommissum, vel alium quemcunque modum eis dederit legibus debitam portionem." Nov. 115, Cap. 3 pr.

8) So sagt das Obertr. a. a. O. (s. Note 2) S. 123.

9) Nov. 115, Cap. 5 pr.: „Caeterum si qui heredes fuerint nominati: etiam si rebus certis jussi fuerint esse contenti, hoc casu testamentum — nullatenus solvi praecipimus."

10) Oben, §. 44, Text zur Note 11.

von der Novelle 115 in Beziehung auf diesen Punkt. Der Pflichttheil besteht sonach in allen Fällen in einer wahren Erbquote, auf welche das etwa zugewiesene Legat nur angerechnet werden kann; Legat kann der Pflichttheil in keinem Falle sein, weil der Testator es nicht in seiner Macht hat, den nothwendigen Erben in einen bloßen Legatarius zu verwandeln.

II. Im Falle der Uebergehung oder ungültiger Enterbung ist über die Erwerbung der dem Pflichttheilserben angefallenen Erbschaft eine eigenthümliche Auffassung zum Vorschein gekommen. Der Urheber dieser Ansicht ist Gärtner in der zu §. 44 angeführten Abhandlung. Er geht S. 426 von dem richtigen Vordersatz aus: die Pflichttheilsberechtigten treten in allen Fällen, wo in dem Testamente des Erblassers ihr Recht auf den Nachlaß nicht vollkommen berücksichtigt ist, als Erben ab intestato auf Höhe der Pflichttheils-Quote auf, und fährt dann fort: „Aber es wird ihnen die Erbschaft nicht unmittelbar — durch den Tod des Erblassers — deferirt. Denn die Existenz von Verwandten nimmt überhaupt nicht die Befugniß zu testiren [11]). — — Hieraus folgt, daß in jedem Falle die causa testamenti, wenn auch nicht in allen Beziehungen potior, doch wenigstens prior ist, als ein jeder auf Verwandtschaftsrecht sich gründende Erbfolge-Anspruch [12]). Das Gesetz deferirt daher bei dem Vorhandensein eines Testamentes den eingesetzten Erben allein die Erbschaft [13]). — Sie (die Pflichttheilsberechtigten) erwerben daher die Erbschaft nur vermittelst eines richterlichen Urtheiles, welches ihr Notherbenrecht und die Verletzung desselben durch das Testament anerkennt, und zu deren Aufhebung die Erbschaft, nach Verhältniß ihrer Pflichttheilsquote, ihnen deferirt." — Dieser Gedanke ist ganz unjuristisch. Was der Richter durch sein Urtheil anerkennen soll, muß schon vorhanden sein; kein richterliches Urtheil kann eine Erbschaft deferiren oder erwerben, dieser Gedanke ist widersinnig; der Richter kann nur aussprechen,

11) Dieser Grund beweist für die Frage gar nichts. Denn die Testirfreiheit wird durch das Erbrecht der Notherben — diese werden unter den „Verwandten" gemeint — allerdings in tantum genommen; der Pflichttheil ist gleichsam ein Vorbehalt zu Gunsten des Notherben, über welchen der Testator zu Gunsten eines Fremden zu verfügen gar kein Recht hat. Das sagt der §. 391 des A. L.R. II, 2 ausdrücklich: „Alles, was vorstehend von der Befugniß der Aeltern, über ihr Vermögen — nach Willkür zu verfügen, festgesetzt ist, versteht sich jedoch mit Vorbehalt des — Pflichttheils."

12) Auch diese Schlußfolgerung ist falsch, sie widerspricht der thatsächlichen Wirklichkeit. Der Grund des Erbfolgerechts des Notherben ist früher als die causa testamenti.

13) Das ist eben nur wahr „mit Vorbehalt des Pflichttheils". Note 11.

was schon wirklich ist, hier also, daß dem Pflichttheilserben, wenn es ihm bestritten wird, die Erbschaft deferirt und erworben sei. Die Klage, mittelst welcher dieser Ausspruch erwirkt werden kann, wird nach Namen und Charakter im Gesetze nicht näher bestimmt, welches im Landrecht überhaupt vermieden wird. Gärtner nennt sie Pflichttheilsklage, aber von ihrem Prinzip spricht er nicht, wenn man nicht das, was er weiterhin, S. 437, sagt, darauf beziehen will: „Es ist" — heißt es — „in dem Vorigen entwickelt, daß das Recht der Notherben erst vermittelst eines, ihren Anspruch gegen das Testament für begründet anerkennenden, Urtheils den Charakter eines wirklichen Erbrechtes, eines Rechtes auf das Vermögen des Erblassers annehme. Bis zu diesem Urtheil ist also die causa testamenti in jeder Beziehung die potior causa; die testamentarischen Erben sind die alleinigen und wirklichen Erben, daher die Eigenthümer des Nachlasses[14]); das Recht des Pflichttheilsberechtigten ist nur ein Anspruch zur Theilnahme an dem Nachlasse, nur ein Forderungsrecht[15]). Aus diesem Grunde, und weil dieses Forderungsrecht, als auf eine Quote des Nachlasses gerichtet, auf den ganzen Nachlaß sich bezieht[16]), kann die Pflichttheilsklage nur gegen denjenigen angestellt werden, welcher als Repräsentant des Erblassers und als Eigenthümer der Erbschaft, diesem zunächst persönlichen Rechte allein genug zu thun vermag, d. h. gegen den, oder wenn mehrere ernannt sind, gegen die testamentarischen Erben[17]). Ist aber auf diese Klage ein obsiegendes Urtheil ergangen, so nimmt, eben weil der klagende Notherbe dadurch als Erbe anerkannt[18]) ist

14) Daß dieses nicht wahr sei, ist schon in der Note 11 u. 13 bemerkt. Wenn das wahr wäre, so würde ja der Pflichttheilserbe nicht direkter Nachfolger des Erblassers, sondern ein Singularsuccessor des schon vorhandenen Eigenthümers des Nachlasses sein: eine Ungereimtheit.

15) Bisher hat die ganze juristische Welt geglaubt, das Recht zur Theilnahme bei Theilung einer Sache sei ein Ausfluß des Eigenthums oder eines anderen dinglichen Rechts an derselben.

16) Das wäre also wohl, juristisch bezeichnet, die actio familiae erciscundae — die Erbtheilungsklage. — Aber dieser kann sich nur der bedienen, welcher schon als Miterbe anerkannt ist.

17) Die Repräsentation des Erblassers hat bei dem Austrage dieser Sache gar nichts zu schaffen, sonst müßte der Pflichttheilserbe gegen sich selbst mit klagen; der ist ebenfalls ein Repräsentant des Erblassers in dessen vermögensrechtlichen Verhältnissen, wie jeder Miterbe. Der Erbe oder Miterbe klagt gegen Jeden, der ihm sein Erbrecht bestreitet und der zugleich die Erbschaft besitzt, also nicht in der Eigenschaft als Repräsentanten des Erblassers, sondern in der als Erbschaftsbesitzer.

18) Darauf gerade ist ja eben die hereditatis petitio gerichtet und die Verurtheilung zur Herausgabe der Erbschaft oder des betreffenden Theiles ist davon nur die Folge.

und mithin durch dasselbe alle Rechte eines Erben erworben hat, der Anspruch des Notherben die Natur eines dinglichen Rechtes an. Die Notherben können daher alsdann, sofern sie von den, allerdings zunächst dazu verbundenen, Testamentserben nicht befriedigt werden, ihr Recht auf die Pflichttheilsquote verfolgen, sowohl durch die hereditatis petitio gegen jeden Erbschaftsbesitzer, als auch durch Vindikation einzelner Erbschaftsstücke, soweit diese überhaupt dem rechtmäßigen Erben zusteht, d. h. gegen diejenigen, welche dieselben entweder unmittelbar durch das Testament, oder von einem Erben oder Legatar ex causa lucrativa erhalten haben — §. 496, Tit. 9, Th. I und §. 850, Tit. 18, Th. II —, endlich durch Kondiktion der empfangenen Geldsummen oder cedirten Rechte gegen die Legatare." — Dies die neue Theorie. Die Schlußpartie von der Vindikation ist in Beziehung auf einen übergangenen Notherben überhaupt unverständlich, da die angeführten Stellen von der Vindikation einzelner bestimmter Sachen nicht sprechen und auch nicht findbar ist, wie ein Miterbe auf eine Quote vor der Theilung des Ganzen soll zur Vindikation eines einzelnen Erbschaftsstücks kommen können. Uebrigens aber ist die ganze Theorie eine ungeheuerliche, und die einzelnen Sätze sind ohne juristische Wahrheit. Durch eine persönliche Klage gegen den Erblasser, vertreten durch seinen Repräsentanten, den Testamentserben, soll erst der Titel zum Erbrecht erworben werden durch das beifällige Urtheil des Richters, und dann soll auf Grund dieses Titels das dingliche Recht, das Erbrecht nämlich, durch ein weiteres beifälliges Urtheil erworben werden. Jedes ist ein Hysteron-proteron, wonach auch derjenige eine hereditatis petitio anstellen kann, welcher zur Zeit der erhobenen Klage noch kein Erbrecht hatte. Gleichwohl hat diese Vorstellung wunderbarer Weise bei dem Obertribunal eine Art von Anklang gefunden. Nachdem dasselbe in der schon vorhin erwähnten Entscheidung[19]) ganz juristisch ausgeführt, daß der Pflichttheilsberechtigte ein wahrer Erbe und die von ihm angewendete Klage eine wahre Erbschaftsklage, die hereditatis petitio partiaria sei, daß, wie die Testamentserben dem Erblasser kraft dessen letzten Willens succedirten, wie sie den Verstorbenen aus dem Testamente beerbten, so der Pflichttheilsberechtigte unmittelbar auf Grund des Gesetzes neben ihnen in den Nachlaß des Verstorbenen mit eingetreten sei, ja daß sein Anrecht ein so starkes und von der Willkühr des Erblassers unabhängiges sei, daß der Letztere ihm den Pflicht-

19) Oben, §. 44, Text zur Note 9.

theil ohne gesetzmäßigen Grund nicht entziehen oder schmälern könne, verläßt es diesen juristischen Gedankengang plötzlich und fährt fort: „Soviel ist richtig, daß das gesetzliche Erbrecht des im Testamente enterbten Pflichttheilsberechtigten nicht schon durch den Tod des Erblassers allein und ohne Weiteres ins Leben und in Wirksamkeit tritt; nothwendiger Weise muß er sich erst erklären, daß er von seinem Rechte Gebrauch machen, das Testament anfechten, also Erbe sein wolle. Wenn alsdann in Folge dessen in soweit und ihm gegenüber das Testament rechtskräftig für ungültig erklärt, und sein gesetzliches Miterbrecht also judikatmäßig festgestellt ist, so tritt er auf diesem Wege und kraft des richterlichen Urtels in die Reihe der übrigen Erben ein[20].“ Dies ist also dieselbe Idee von der Nothwendigkeit einer gewissen Art präparatorischer Klage, wodurch er erklärt, „daß er von seinem Rechte Gebrauch mache“, und mittelst welcher er ein Judikat erwirken muß, wodurch das Testament in Beziehung auf ihn für ungültig erklärt und sein gesetzliches Miterbrecht also judikatmäßig festgestellt wird, so daß er kraft des richterlichen Urtels in die Reihe der übrigen Erben eintritt. Eine unjuristische Vorstellung. Wenn Jemand erklärt, daß er von seinem Rechte Gebrauch machen wolle, so muß er dieses Recht schon haben und es nicht erst noch durch ein rechtskräftiges Erkenntniß zu erwerben suchen. Das wäre etwa so, als wenn ein Darlehnsgeber präparatorisch darauf klagen müßte, anzuerkennen, daß er ein Darlehnsgläubiger sei, und erst darauf das Recht hätte, auf Bezahlung zu klagen. Also eine Präjudizialklage, wie bei den quaestionibus status. Der Uebergang in diese unjuristische Idee hat auch das Obertribunal zu Widersprüchen mit sich selbst geführt. Hier sagt es, der Pflichttheilserbe trete „kraft des richterlichen Urtheils in die Reihe der übrigen Erben ein“, kurz vorher, auf derselben Seite hatte es das Richtige gesagt: „er trat neben jenen (den Testamentserben) unmittelbar auf Grund des Gesetzes — in den Nachlaß mit ein.“ Es hat hier weiter gesagt: „das gesetzliche Erbrecht des im Testamente (ungültig) enterbten Pflichttheilsberechtigten tritt nicht schon durch den Tod des Erblassers allein und ohne Weiteres ins Leben und in Wirksamkeit, nothwendigerweise muß er sich erst erklä-

20) Entsch. des Obertr. Bd. XXXVIII, S. 202. Schon in einem älteren Erk. vom 22. Mai 1854 hat es dem Gärtner die Worte: „Der Noterbe ab intestato hat ein wahres Forderungsrecht, ein qualifizirtes Erbrecht“ in einem Zuge nachgeschrieben, ohne daß es ihm aufgefallen, daß dieses zwei Begriffe sind, welche sich einander ausschließen. (Entsch. Bd. XXVIII, S. 95.) Ein Ding kann nicht ein wahres Forderungsrecht und ein Erbrecht zugleich sein. Hat der Pflichttheilserbe nur eine Forderung, so kann seine Klage keine hereditatis petitio sein.

ren, daß er — — Erbe sein wolle", — eine willkührliche, unerweisbare Behauptung. Weiterhin sagt es wieder ganz richtig (S. 205): „— Die Vorschrift des §. 397: Sobald der Erblasser verstorben oder für todt erklärt ist, fällt die Erbschaft an denjenigen, welchen rechtsgültige Willenserklärungen des Erblassers oder in deren Ermangelung die Vorschriften der Gesetze dazu berufen, — paßt auf den gegenwärtigen Fall vollkommen. Freilich hat die ꝛc. in ihrem Testamente nur ihre drei Geschwister in ihrem Testamente zu Erben eingesetzt, den Pflichttheilsberechtigten (Ehemann) aber enterbt; dasselbe ist jedoch, so weit Letzterer dadurch in seinem Pflichttheile verletzt worden, — ungültig. Auf Höhe des ehemännlichen Pflichttheils — ermangelt es daher recht eigentlich an einer rechtsgültigen Willenserklärung der Erblasserin; hinsichtlich seines Pflichttheils berufen ihn in der That die Vorschriften der Gesetze zur Erbschaft seiner Ehefrau."

Hiermit ist dargelegt, daß die Erwerbung der Erbschaft von Seiten des übergangenen oder ungültig enterbten Pflichttheilserben sich gerade so und nicht anders vollzieht, wie bei jedem anderen Erben.

III. Die für den Pflichttheilserben anwendbaren Rechtsmittel sind verschieden, je nachdem seiner im Testamente mit der Zuwendung eines Vermögensvortheils gedacht, oder er ganz übergangen oder gar enterbt ist.

1. Ist seiner als eines Honorirten, gleichviel unter welchem Titel, gedacht, so kann er der Erbschaft aus dem Testamente nicht entsagen und seinen Erbtheil aus dem gesetzlichen Titel fordern, vielmehr muß er, wenn er nicht überhaupt die Erbschaft ganz ausschlagen will, testamentarischer Miterbe, für den er nun erachtet wird, bleiben; aber wenn ihm weniger angewiesen ist, als sein freier Pflichttheil beträgt so kann er dessen Ergänzung verlangen oder die ihm ungebührlich aufgelegte Last oder Einschränkung abwerfen [21]). Dies wird, da er als anerkannter Miterbe der Erbschaftsklage nicht mehr bedarf, mit der Erbtheilungsklage durchgeführt, denn diese hat auch Gegenstände, die streitigen Quantitäten festzustellen und über die Berechnung der Antheile und deren Anweisung eine Entscheidung herbeizuführen [22]). Würde ihm aber die in Anspruch genommene Quote, durch welche das ihm gebührende Quantum bestimmt wird,

---

21) A. L.R. I, 9, §§. 401, 402; I, 12, §§. 641, 642; II, 2, §§. 432, 433.
22) A. G.O. I. 46, §. 12.

bestritten, so müßte er zur hereditatis petitio particularis greifen, um dadurch die Zuerkennung seines Anspruchs auszuwirken[23]). Dies ist so zu verstehen, daß das Prinzip dieses Rechtsmittels seiner Klage zum Grunde gelegt wird, denn die Benennung kommt in den Rechtsbüchern nicht vor. Eine besondere Pflichttheilsergänzungsklage kennt das preußische Recht nicht; das Gesetz berührt diese technischen Fragen überall nicht, es bestimmt nur das dem Pflichttheilserben gebührende Recht im Grundsatze:

„Behauptet ein in seinem Pflichttheile enterbtes, verkürztes, oder sonst belastetes Kind, daß ihm ein solcher Nachtheil aus einer nicht gesetzmäßigen, oder nicht gegründeten Ursache zugefügt worden: so muß demselben rechtliches Gehör darüber verstattet werden."

„Findet der Richter die Beschwerde gegründet: so muß dem Kinde sein Pflichttheil aus der Erbschaft verabfolgt, oder ergänzt, oder die darauf gelegte Last oder Einschränkung durch Urtel und Recht für aufgehoben erklärt werden[24])."

Hierin ist enthalten: Gleichstellung der ungültigen Enterbung, der Uebergehung, der Verkürzung oder Belastung im Pflichttheile hinsichtlich der prozessualischen Behandlung, also keine spezifische querela inofficiosi testamenti, keine querela nullitatis, keine actio ad supplendam legitimam; die Erbschaftsklage und die Erbtheilungsklage entübrigen alle diese verschieden nüanzirten Spezialklagen, weil die verschiedenen Wirkungen, welche damit verbunden sind, im preußischen Rechte wegfallen. Weiter ist darin enthalten: das Rechtsprinzip, daß der unter den Honorirten im Testamente genannte Pflichttheilserbe zwar als eingesetzter Erbe anzusehen sei, aber die Quote oder das der Quote entsprechende Quantum, welche ihm als ein Minimum gebührt, aus eigenem Rechte, nicht aus dem letzten Willen, wenn dieser hinter dem Minimum zurückbleibt, fordert. Natürlich muß hierüber, wenn ihm das bei der Theilung nicht zugestanden wird, wie über einen Incidentpunkt „durch Urtel und Recht" entschieden werden, und dieser Entscheidung muß auch „rechtliches Gehör darüber" vorausgehen; man darf also in diesen Ausdrücken nicht etwa eine Bestimmung über die prozessualische Behandlung solcher Streitigkeiten, oder über die Parteistellungen (denn das judicium familiae erciscundae ist ja duplex), oder in den Worten: „behauptet (das Kind), daß ihm ein solcher Nachtheil aus einer nicht gesetzmäßigen, oder nicht

23) Ebenda §§. 2—6 u. §. 12.

24) A. L.R. II. 2, §§. 432, 433.

gegründeten Ursache zugefügt worden", eine anomale Bestimmung über die Beweislast suchen. Alle diese prozessualischen Fragen, worüber in der folgenden Nr. gesprochen werden soll, bleiben unberührt.

2. Ist der Pflichttheilserbe übergangen oder ausdrücklich enterbt[25]), und die Testamentserben erkennen ihn gleichwohl als ihren Miterben auf den Pflichttheil an, so verläuft die Sache in denselben Bahnen, wie sie in der vorigen Nummer bezeichnet worden sind. Bestreiten sie ihm aber sein Erbrecht, so hat er dasselbe mit der hereditatis petitio partiaria geltend zu machen[26]), und zwar, wie oben aufgezeigt worden, ohne vorgängige persönliche Klage. Damit ist nicht gesagt, daß bei der Verfolgung des Pflichterbtheils nicht eine Präjudizialklage nothwendig werden könnte. Das ist allerdings der Fall wie bei der hereditatis petitio überhaupt, namentlich wenn das in Anspruch genommene Erbrecht deshalb nicht anerkannt wird, weil man das Standesverhältniß, mit welchem das Pflichttheils-Erbrecht verknüpft ist (das Verwandtschaftsverhältniß, die Ehe), bestreitet. Zur Begründung dieser Erbschaftsklage ist nur die bestimmte Angabe des dem Pflichttheilserbrechte zum Grunde liegenden Standesverhältnisses, der Uebergehung oder Enterbung, und die Hinweisung auf den entsprechenden Rechtsgrund über die Zuständigkeit des Pflichttheils erforderlich. Diese drei Momente bilden das Fundament der Klage, welches der Kläger zu beweisen hat. Die Behauptung, daß die Entziehung des Pflichttheils „aus einer nicht gesetzmäßigen, oder nicht gegründeten Ursache" geschehen sei, gehört nicht zur Begründung der Klage, wenigstens ist die Erwähnung dieses Umstandes in der Form der positiven Behauptung einer Negative und die Beweisantretung darüber zu vermeiden und nur als Verneinung der Befugniß erzählend einzuflechten, wenn man dessen gedenken will.

a) Kläger ist der Pflichttheilsberechtigte oder, wenn er den Anfall der Erbschaft erlebt hat, sein Erbe. Denn diese Klage hat nicht den Charakter der römischen Inoffiziositätsklage als einer actio quae vindictam spirat (§. 7 Nr. 4 lit. d), vielmehr ist sie wirklich in bonis und vererbt sich folglich wie jedes andere bereits erworbene Vermögensrecht. Hat er es durch Verzicht oder Verjährung wieder verloren, so kann es nicht auf seine Erben übergehen, da Jemand ein Recht, welches er selbst nicht mehr hat, auch nicht vererben kann[26a]);

25) Beide Fälle sind gleichgestellt. Ebenda §§. 441, 443 u. 432.

26) Das hat auch das Obertribunal angenommen: „Der Anspruch (des ohne Grund enterbten Ehemannes) hatte nicht die Natur einer bloßen actio suppletoria, sondern war eine wirkliche Erbschaftsklage, die hereditatis petitio partiaria." (Entsch. Bd. XXXVIII, S. 202.)

26a) L. 34 in fine C. de inoff. testamento (III, 28): „— repletio quartae aber der Descendent desselben tritt nach solcher Ausschlagung ex persona propria ein [26b]). Stirbt der Pflichttheilserbe vor dem Erblasser, so kann er sein Erbrecht, dessen Anfall er nicht erlebte, als nicht erworben auch nicht vererben. Wenn er aber Kinder hinterläßt, die nun selbst, aus eigenem Rechte, Pflichttheilserben ihres Großvaters oder ihrer Großmutter sind, so können sie als solche ihren Pflichttheil ex persona propria fordern. Hier tritt nun eine besondere Bestimmung entgegen, gerade in der Lehre von den Folgen einer Verletzung im Pflichttheile, welche lautet: „Ist aber ein im Testamente eingesetztes Kind vor dem Erblasser verstorben: so treten dessen (seine) Abkömmlinge ganz an seine Stelle, wenn auch ihrer im Testamente nicht ausdrücklich gedacht worden [26c]).“ Diese Abkömmlinge bedürfen aber gar nicht der Stelle ihres vorverstorbenen Parens, sie können daher nicht auf das verwiesen werden, was diesem viel zu wenig angewiesen ist, und worin sie sich, wenn ihrer Mehrere sind, noch theilen müßten. Die Bestimmung gehört mithin entweder gar nicht hierher, oder sie ist auf einen Fall zu beziehen, wo die dem Kinde beschiedenen Vortheile so bedeutend sind, daß alle seine Kinder als selbstständig zum Pflichttheile berechtigte aber übergangene Enkel des Testators wegen ihrer Pflichttheile mehr als völlig gedeckt sind; so daß es für sie vortheilhafter ist, die ihrem verstorbenen Parens zugedacht gewesene Zuwendung anzunehmen als ihren Pflichttheil in der Eigenschaft unmittelbar erbberechtigter Enkel des Testators zu fordern. Ich beziehe die Bestimmung als im wohlmeinenden Sinne getroffen auf die zweite Alternative, weil sonst ein Enkel als Uebergangener vielleicht zum eigenen Pflichttheile viel weniger erhalten könnte, als dem vor dem Tode des Erblassers weggefallenen Parens zugedacht worden war, und weil durch diese Bestimmung die Theodosianische Transmission [27]), zugleich unter Entscheidung einer noch heute gemeinrechtlich nicht erledigten Kontroverse, in das preußische Recht eingeführt wird, welche zum Zweck hatte zu verhindern, daß, wenn Jemand seine eigenen Descendenten eingesetzt und diese vor der Erwerbung der Erbschaft gestorben waren, den von ihnen hinterlassenen Kindern, also den Enkeln des Testators, dadurch der großelterliche Nachlaß entzogen würde,

---

patris nepoti superest, — — nisi pater adhuc superstes vel repudiavit querelam, vel quinquennio tacuit.“

26b) A. L.R. II, 2, §§. 352—355.

26c) Ebenda §. 443.

27) L. unica C. de his qui ante apertas tabulas (VI, 52).

weshalb man dieses Recht aus dem Gesichtspunkte einer gesetzlichen Substitution der Descendenten [28]) des Berufenen betrachtete. Davon wird im dritten Buche das Nähere folgen. Hier wird nur hervorgehoben, daß die Bestimmung in einem solchen Zusammenhange getroffen ist, daß sie bei unrichtiger Auffassung zum Nachtheile der Enkel gereichen kann, während sie gerade den Vortheil derselben bezweckt. Das Ergebniß dieser Erwägungen ist also, daß die Bestimmung in dem Falle, wenn der eingesetzte Descendent des Testators nur auf seinen Pflichttheil oder weniger berufen und mit Hinterlassung von Descendenten vor dem Erblasser verstorben ist, nicht zur Anwendung kommt, wenn die jetzt unmittelbare Erben des Testators gewordenen Enkel sich solches nicht wollen gefallen lassen, daß diese vielmehr nun aus eigenem Rechte ihre Pflichttheile fordern können. — Wir kehren zurück auf den Fall, wo der durch das Testament verletzte Notherbe den Erblasser überlebt und somit sein Pflichttheilserbrecht ipso jure erworben hat, demnächst aber stirbt, ohne irgendwie gehandelt zu haben. Nun ist diese angefallene Erbschaft ein Bestandtheil seines Vermögens geworden und geht auf alle seine Erben jeder Art mit über, wenn ihnen nicht etwa noch die Ausschlagung wegen Nichtverlaufs der Deliberationsfrist freisteht [29]) und sie davon Gebrauch machen. Hat aber der Pflichttheilserbe seinem Erbrechte entsagt, so fällt diese Erbschaft demjenigen oder denjenigen an, welche den Testator ab intestato nothwendig beerbt haben würden, wenn ihr Erblasser den Tod des Testators nicht erlebt hätte [30]). Dann sind diese die legitimirten Kläger. Hievon scheinen jedoch die Ascendenten eine bedingte Ausnahme machen zu sollen, doch ist dies wirklich nicht der Fall. In Beziehung auf diese ist bestimmt:

> „Haben die Abkömmlinge des Verstorbenen sich ihres Erbrechts begeben: so können, w e n n d i e s e d e n E r b a n f a l l e r l e b e n, die Ascendenten einen Pflichttheil nur insoweit fordern, als die Entsagung ausdrücklich zu ihren Gunsten geschehen ist [31]).“

Darin ist die Rede von einem bei Lebzeiten des Erblassers von den Abkömmlingen zu Gunsten der Ascendenten geschlossenen renunziativen Erbvertrage, und aus diesem sollen die Ascendenten, insoweit darin zu ihren Gunsten die Entsagung geschehen, den Pflichttheil

---

28) Auf Ascendenten findet dies Recht gar keine Anwendung. A. L.R. a. a. O. §. 517.

29) A. L.R. I, 9, §. 397.

30) Ebenda §. 406. Vergl. II, 2, §. 437 u. §. 355.

31) A. L.R. II, 2, §. 505.

fordern dürfen. Das ist etwas sich von selbst verstehendes; dieser Pflichttheil ist nicht ein ab intestato durch Entsagung des Nächsten angefallener, sondern ein eigener vertragsmäßiger; die Descendenten haben damit eben über ihr Erbrecht verfügt und können, wenn sie den Anfall erleben, dadurch nichts mehr erwerben, folglich sich davon auch nicht abstiniren und auf solche Weise für den Nächstfolgenden vakant werden lassen. Der Fall, wo sie nach erlebtem Anfalle ihrem Rechte einseitig entsagen, wird also von dieser Bestimmung gar nicht berührt.

Anders steht die Sache, wenn der Pflichttheilsberechtigte im Testamente rechtmäßig enterbt ist. Es heißt:

> „Hinterläßt der Verstorbene zwar Verwandte in absteigender Linie, die er aber aus einer wahren und gesetzmäßigen Ursache enterbt hat; so muß er denjenigen Ascendenten, welche das Gesetz in Ermangelung der Abkömmlinge zur Erbfolge ruft, den Pflichttheil verlassen [32]."

Das Gleiche gilt für Enkel, wenn ihre Eltern von den Großeltern enterbt worden sind [33]). In diesem Falle sind die Pflichttheilsberechtigten unmittelbare Pflichttheilserben des Testators, ebenso wie wenn zwischen ihnen und dem Testator stehende Näherberechtigte vor dem Erblasser verstorben wären; sie verfolgen daher ihren Pflichttheil nicht als Erben des Enterbten, sondern ex persona propria. Dazu ist es nicht erforderlich, daß die faktische Frage: ob die Enterbungsursache wirklich wahr und gesetzmäßig sei, durch einen Vorprozeß festgestellt werde [34]), weil dem in Anspruch genommenen Erben der Einwand, daß die Enterbung nichtig sei, nicht zusteht; er würde dadurch seinen eigenen Erbtitel angreifen, wenigstens in tantum, also sich für einen theilweise falschen Erben erklären. Dagegen würde der Enterbte selbst als Prinzipal-Intervenient aufzutreten berechtigt sein.

Frage ist: wie es hinsichtlich der Klagelegitimation zu halten sei, wenn mehrere gleichberechtigte Notherben vorhanden und auf gleiche Weise in ihrem Pflichttheile verletzt sind. Z. B. Jemand hat seine vier Söhne ohne Angabe eines Grundes enterbt und einen Fremden zum Universalerben eingesetzt, und Einer der Söhne hätte das Testament anerkannt oder wollte für sich das Pflichttheilsrecht nicht verfolgen, also nicht mitklagen. Sind hier die übrigen Drei

---

32) Ebenda §. 504.

33) Ebenda §. 354.

34) So meint Gärtner a. a. O. in der Note 68.

auf das Ganze, oder nur auf ihre ursprünglichen Antheile zu klagen legitimirt? Wäre kein Testament vorhanden, oder könnte durch die Klage der Pflichttheilserben die ganze Erbeseinsetzung beseitigt werden, so würde kein Zweifel sein, daß die Portion desjenigen, welcher die Erbschaft ausschlüge, den Uebrigen zuwüchse. Nun kann ja aber die Intestatfolge auch pro parte eröffnet werden, landrechtlich nach Willkür des Testators und nach römischem Rechte dann, wenn das übergangene Kind gegen den Einen der beiden eingesetzten fremden Erben mit der Lieblosigkeitsklage durchdringt, gegen den Zweiten aber unterliegt. „Filius, qui de inofficiosi actione adversus duos heredes expertus, diversas sententias judicum tulit, et unum vicit, ab altero superatus est, et debitores convenire, et ipse a creditoribus conveniri pro parte potest, et corpora vindicare, et hereditatem dividere: verum enim est, familiae erciscundae judicium competere, quia credimus eum legitimum heredem pro parte esse factum, et ideo pars hereditatis in testamento remansit. Nec absurdum videtur, pro parte intestatum videri [35].“ Daher galt bei der Querel, wenn der nothwendigen Erben mehrere waren, das Akkreszenzrecht, wenn der Eine oder der Andere entweder nicht klagen wollte, weil er sich seines Klagerechts begeben, oder zwar geklagt hatte, den Prozeß aber nachher nicht fortgesetzt oder demselben renunzirt, oder sein Klagerecht durch Verjährung verloren hatte. „Si duo sint filii exheredati, et ambo de inofficioso testamento egerint, et unus postea constituit non agere, pars ejus alteri accrescit. Idemque erit, etsi tempore exclusus sit [36].“ — „Filio, qui de inofficioso matris testamento contra fratrem institutum de parte ante egit et obtinuit, filia, quae non egit, aut non obtinuit, in hereditate legitima fratri non concurrit [37].“ Dem enterbten Bruder, welcher mit Erfolg geklagt hat, während die Schwester nicht klagte oder nicht obsiegte, gehört nun die Hälfte der Erbschaft, für welche die Intestatfolge eingetreten ist, allein, mit Ausschluß der Schwester, vermöge Akkreszenzrechts; denn bei der Querel galt der Grundsatz: wer nicht klagt, obwohl er hätte klagen können, ist so anzusehen, als ob er gar nicht existire [38], daher zählt hier die Schwester nicht. — Sollte denn nicht das Gleiche auch im

35) L. 15, §. 2 D. de inofficioso testamento (V, 2). Die vielen Versuche, diese Stelle mit der Regel: nemo pro parte etc. in Einklang zu bringen, interessiren hier für unseren Zweck nicht.

36) L. 23, §. 2 D. eodem.

37) L. 16 pr. D. eodem. Zu vergl. L. 17 pr. D. eodem.

38) Glück, Kommentar, Bd. VII, S. 432, u. S. 434, Note 8.

preußischen Rechte gelten und also die Entsagung eines der vier Notherben des gesetzten Falles ebenfalls die Folge haben, daß seine Portion den Uebrigen zuwüchse? Hiergegen ist zwar gesagt worden, das Akkreszenzrecht bei der Querel gelte nur, weil dieselbe, ihrem Grunde nach, auf Rescission des Testamentes gerichtet sei und in Folge dieser Rescission die Erbschaft ab intestato deferirt werde, weshalb die auf gleiche Weise zur Intestatsuccession berufenen Notherben durchaus in dem Verhältnisse der Miterben zu einander ständen [39]). Doch kann dieses nicht der eigentliche Grund sein, warum im preußischen Rechte nicht das Akkreszenzrecht unter mehreren Notherben gilt. Denn auch die s. g. Pflichttheilsklage des preußischen Rechts geht auf die Rescission des Testamentes pro parte hinaus, da ja der Testamentserbe in der That von derjenigen Quote verdrängt wird, auf welche die Notherben ab intestato an seine Stelle treten, und das römische Recht sagt, daß eine solche partielle Rescission auf das Akkreszenzrecht unter den Notherben keinen Einfluß habe ([37]). Auch der Umstand, daß das preußische Recht nicht die ganze Intestatfolge für die Notherben eintreten läßt, sondern nur auf eine pars quotae, auf eine Quote der Intestatquote, vermag hierbei nichts zu ändern, weil darin nur eine Verminderung des Erbtheils liegt, den die Notherben ab intestato erhalten müssen. Das zeigt uns das römische Recht. Denn nach der Einführung der s. g. Legitima verhielt es sich mit dem Anwachsungsrecht noch gerade ebenso wie vorher. — Dann hat man den Grund auch in der rechtlichen Natur des Akkreszenzrechts gesucht. „Denn das ist eben das Unterscheidende der Akkreszenz von der Succession, daß die letztere ein Rechts- und Sacherwerb, erstere aber nur ein Sacherwerb ist, daß, während die letztere (die Succession) zugleich den Titel zum Erwerbe giebt, erstere (die Akkreszenz) gerade die Existenz des Titels, die Befugniß zum Erwerbe der Sache, voraussetzt [40]).“ Der Gedanke mag geistreich sein, aber juristisch ist er nicht, doch dunkel. Die Akkreszenz ist gar kein besonderer Erwerb, sie bedarf keiner neuen Delation, sie ist schon in der Succession selbst enthalten und vollzieht sich ganz von selbst, ohne Wissen und Wollen, selbst wider Willen dessen, dem zuwächst [41]), dadurch, daß

39) Gärtner a. a. O. S. 457.

40) Derselbe a. a. O. S. 454.

41) „Heredi — — reliquae partes accrescunt — — —, licet heres ignoret.“ L. 31 D. de acquirenda vel omittenda hereditate (XXIX, 2). — „Et — nolentibus ipso jure accrescat, si suas portiones jam agnoverint, quum sit absurdum, ejusdem hereditatis partem quidem agnoscere, partem vero respuere.“ L. un. §. 10 C. de caducis tollendis (VI, 51). — „Qui semel

die anfangs räumlich beengte Succession nach Wegfall dieser Beengung ihrer Natur gemäß sich von selbst ausdehnt, gleichsam wie ein im Fruchtbehälter eingezwängt gewesenes Geschöpf nach Sprengung des Eies. In der rechtlichen Natur des Anwachses kann aber unmöglich die Lösung der thatsächlichen Frage gefunden werden: ob in dem vorliegenden Falle das Recht dazu wirklich vorhanden sei. Darüber muß das gegebene Recht entscheiden, und von diesem Standpunkte aus muß das Anwachsungsrecht unter den Notherben im preußischen Rechte allerdings verneint werden. Das Zuwachsrecht beruht, wie vorhin dargelegt ist, darauf, daß Jeder von mehreren Berufenen auf die Totalität des Gegenstandes, auf das Ganze angewiesen ist und nur räumlich durch die Konkurrenz der übrigen Gleichberechtigten beschränkt wird. Die erst im späteren römischen Rechte eingeführte Legitima, wodurch die gänzliche Beseitigung der testamentarischen Erbeseinsetzung bei Vernachlässigung der Notherben verhindert werden sollte, bestand anfangs in dem vierten Theile der Erbschaft (Quarta), welche den Notherben ohne Unterschied ihrer Zahl, zusammen als ihr Intestaterbtheil zur Vertheilung unter sich zugewiesen ward.

> „Quod autem de quarta diximus, ita intelligendum est, ut sive unus fuerit, sive plures, quibus agere de inofficioso testamento permittitur, una quarta eis dari possit, ut ea pro rata eis distribuatur, id est pro virili portione quarta [42]).“

Das Viertheil selbst also sollte nach der Kopfzahl vertheilt werden. Damit war das jus accrescendi gegeben; sämmtliche Notherben waren auf das ganze Viertheil angewiesen. Dieser Begriff blieb derselbe, als später die Größe der Legitima mit Rücksicht auf die größere oder mindere Zahl der Notherben geändert wurde [42a]). Diesen Rechtsstand hat das Landrecht nicht beibehalten, dieses weiset vielmehr jedem Notherben seinen Theil an:

> „Der Pflichttheil ist, wenn nur Ein oder zwei Kinder vorhanden sind, Ein Drittel; wenn drei oder vier Kinder vorhanden sind, die Hälfte, und wenn mehr als vier Kinder vorhanden sind, zwei Drittel desjenigen, was jedes Kind zum Erbtheile

aliqua ex parte heres exstiterit, deficientium partes etiam invitus excipit, i. e. tacite ei deficientium partes etiam invito accrescunt.“ L. 53, §. 1 D. de acquirenda et omittenda hereditate.

42) §. 6 Inst. qui de inofficioso agunt (II, 18).

42a) Novelle 18, Kap. 1. Hierüber streiten jedoch die gemeinrechtlichen Rechtsgelehrten. Glück, Kommentar, Bd. VII, S. 29 ff.

erhalten haben würde, wenn die gesetzliche Erbfolge Statt gefunden hätte[43])."

Hierdurch ist jedes Kind für sich auf eine Quote seiner Intestaterbquote angewiesen, es kann daher nie mehr erhalten und da es hinsichtlich dieses seines Pflichttheils mit keinem Anderen in Gemeinschaft steht, so ist auch jedes für sich allein auf diesen seinen Pflichttheil zu klagen legitimirt[44]). Das Resultat ist darnach ein ganz anderes als nach römischem Rechte, auch wenn wir von den größeren Quoten des preußischen Rechts absehen und gleiche Quoten setzen, also z. B. für 2 Kinder $\frac{1}{4}$ der Intestaterbportion annehmen. Jedes Kind erhielte dann $\frac{1}{8}$. Fällt Eins davon hinweg, so bleibt es dabei nach preußischem Rechte: das stehen bleibende Kind erhält nur sein Achtel, das Achtel des ausfallenden Kindes verbleibt in der Erbschaft des Testamentserben. Nach römischem Rechte erhält nun das eine übrige Kind die ganze Quart, so als wenn es von Anfang allein gewesen wäre.

b) Beklagter ist der Besitzer der Erbschaft, welcher dem Kläger das Erbrecht auf den Pflichttheil bestreitet. Es ist gleichviel, ob derselbe Besitzer pro herede oder pro possessore oder pro legatario, z. B. als Nießbraucher, ist. Es verhält sich damit hier ebenso wie bei der Vindikationsklage, wie ja auch das Landrecht die hereditatis petitio unter die Grundsätze von der rei vindicatio in der That, und nicht mit Unrecht stellt[45]). Dies ist auch von der Praxis richtig aufgefaßt und angewendet. Ein Ehegatte hatte mit Belastung des Pflichttheils seiner Ehefrau Testamentserben eingesetzt und einer anderen Person „die unbeschränkte Dispositionsbefugniß über die Substanz seines Nachlasses eingeräumt", und befand sich im Besitze der Erbschaft. Ob diese Person gleichfalls als Erbe oder nur als Legatar anzusehen gewesen[46]), ist bei der hier vorliegenden Frage gleichgültig. Die übergangene Wittwe richtete ihre s. g. Pflichttheilsklage gegen diesen Erbschaftsbesitzer und dieser machte den Einwand der mangelnden Passivlegitimation, weil die Klage nur gegen die Testamentserben, nicht gegen ihn als Legatarius (ob er nur dieses war, ist eine hier unerhebliche Frage) hätte gerichtet werden können.

43) II, 2, §. 392.

44) Zu diesem Resultat gelangt schließlich auch Gärtner auf seinem Wege, a. a. O. S. 456.

45) I, 15, §. 3. Darin ist im Prinzip volle Uebereinstimmung mit dem römischen Rechte.

46) Ueber diese Frage s. m. oben, §. 42, II, Nr. 6.

Dieser Einwand wurde für unzulässig erachtet, weil die Miterben den Pflichttheil der Klägerin nicht von der zu Gunsten des beklagten Besitzers darauf gelegten Last befreien könnten und auch nicht legitimirt sein würden, der verlangten Entlastung zu widersprechen. Dies folge aus den allgemeinen Grundsätzen über die Passivlegitimation dessen, der sich im Besitze der beanspruchten Sache und des dem Anspruche des Klägers entgegenstehenden Rechts befinde. Dies müsse selbstverständlich auch von dem Legatar gelten, dem ausdrücklich die den Pflichttheil einschränkenden und belastenden Rechte beschieden worden seien. Die Behauptung, daß gegen die sämmtlichen Testamentserben die Pflichttheilsklage, d. h. also jede Pflichttheilsklage ohne Unterschied, gerichtet werden müsse, und daß der Beklagte (der Besitzer) ohne ein alle Erben bindendes Erkenntniß nicht ohne Gefahr irgend einen Erb- oder Pflichttheil herausgeben könne, entbehre der gesetzlichen Begründung [47]). Dies ist durchaus juristisch. Der Erbschaftsbesitzer hat in der Litisdenunziation das Mittel, sich gegen Reklamationen der eigentlichen Erben zu decken. Freilich muß nach erstrittenem Erbrecht des Pflichttheilsberechtigten das Theilungsverfahren eintreten, wobei alle Betheiligten zugezogen werden müssen, aber das berührt diese Frage nicht und auch nicht das Recht des Besitzers in Beziehung auf die übrigen Testamentserben, da er, diesen gegenüber, im Genusse seines Rechts auf die Erbschaft, nach Ausscheidung des Pflichttheils, verbleibt. — Die Bestimmung, daß zur Entrichtung oder Ergänzung des zukommenden Pflichttheils die übrigen Erben und Legatarien beitragen müssen [48]), hat auf die Passivlegitimation bei dieser Erbschaftsklage keinen Einfluß, sie ist eine bloße Theilungsvorschrift, welche bei dem judicium familiae erciscundae zur Beachtung kommt. Die verwandte Bestimmung, daß, wenn der Erblasser den dem enterbten Kinde entzogenen Erbtheil einem der Miterben oder Legatarien ausdrücklich beschieden hat, dieser allein das zur Ungebühr enterbte Kind abfinden muß [49]), hat dieselbe Bedeutung. Sollte dieses eine den Pflichttheilserben angehende Vorschrift sein, so würde dadurch der Pflichttheil unrechtmäßig beschwert oder belastet werden, und dies steht nicht in der Willkür des Erblassers, dieser kann an dem von seinem Willen völlig

47) Erk. des Obertr. vom 30. September 1861 (Arch. f. Rechtsf. Bd. XLIII, S. 134).

48) A. L.R. II, 2, §. 434. Ueber den Sinn dieser Stelle s. m. oben, §. 42, II, Nr. 5, lit. d a. E.

49) A. L.R. a. a. O. §. 435.

unabhängigen Rechte des Notherben gar nichts zu dessen Nachtheil ändern und ihm nicht vorschreiben, an wen er sich halten und mit wem er Prozesse führen soll; der Notherbe kann seine Pflichtportion aus der Erbschaft vorweg vor jedem fremden Erben und Legatar fordern und sich, wie vorhin dargethan ist, an den Besitzer der Erbschaft halten, wodurch solchen Legatarien an ihren Rechten nichts entgeht, da sie diese durch accessorische Intervention wahren können [50]). Die Klage des Notherben gegen den einzelnen Miterben oder Legatar, der nach dem Willen des Erblassers die Abfindung des Enterbten hergeben soll, würde den Kläger auch durchaus nicht zum Ziele führen, so wenig wie den Eigenthümer einer Sache, der seine Vindikationsklage gegen Jemanden anstellte, der die Sache nicht hinter sich hat und daher gar nicht in der Lage ist, den Kläger an dessen Eigenthume zu beeinträchtigen und zu befriedigen. Das sich hieraus ergebende nothwendige Erforderniß zur Passivlegitimation zeigt zugleich, unter welcher Voraussetzung der Enterbte seine Klage gegen den einzelnen Miterben oder Legatar zu richten hat.

c) Dem Beklagten stehen, außer der vorher erwähnten Präjudizialeinrede, folgende Einwendungen zu:

aa) Die Enterbung sei aus einer gesetzmäßigen und gegründeten Ursache geschehen. Diese Einrede kann nur dadurch begründet werden, daß die Ursache von dem Testator selbst im Testamente angegeben ist, sonst würde die Enterbung ohne Grund geschehen, also ungültig sein: „— — non licere penitus patri vel matri — — suum filium vel filiam — — exheredes in suo facere testamento, — — nisi forsan probabuntur ingrati, et ipsas nominatim ingratitudinis causas parentes suo inseruerint testamento [51]).“ — „— — non licere liberis parentes suos — quolibet modo a rebus propriis — eas omnino alienare, nisi causas, quas enumeravimus, in suis testamentis specialiter nominaverint [52]).“ Hätte also auch der Notherbe die Enterbung aus einer gesetzlichen Ursache wohlverdient, der Testator aber die bestimmte Angabe derselben in seinem Testamente unterlassen, so könnte die Exception dadurch, daß der Testator sie bei einer anderen Gelegenheit ausgesprochen habe, oder daß der beklagte Testamentserbe selbst eine rechtmäßige Ursache bezeichnete, nicht begründet werden. Merkwürdigerweise sagt das Land=

50) Ebenda I, 12, §§. 298, 299.

51) Novelle 115, Kap. 3 principio.

52) Ebenda, Kap. 4 princ.

recht bei der Bezeichnung der Enterbungsgründe nicht ausdrücklich, daß in dem Testamente die Enterbungsursache bestimmt (nominatim) angegeben werden müsse, doch darf nicht bezweifelt werden, daß dies als selbstverständlich vorausgesetzt worden ist. Denn abgesehen von der Natur der Sache, deren Anrufung oft gemißbraucht wird, unterscheidet das Landrecht die Fälle, wo gar kein oder kein gesetzmäßiger Grund angegeben ist, von solchen, wo ein gesetzmäßiger Grund angeführt ist, und behandelt die Fälle der ersten Art als unzulässige Verletzungen im Pflichttheile[53]; und außerdem ist bezüglich auf die Enterbung aus guter Absicht ausdrücklich verordnet: „In allen Fällen aber muß die gesetzmäßige Ursache der Einschränkung ausdrücklich angeführt sein[54].“ Daß zur Begründung einer Exception ebenso, wie zur Substantiirung einer Klage nach preußischem Prozeßrechte die Beweisantretung gehört, ist bekannt. Gegen die Einrede läßt sich repliciren: α) die Enterbungsursache sei nicht namentlich angeführt; β) die Enterbung sei nicht in der gehörigen Form geschehen und deshalb ungültig (§. 50).

bb) Der Kläger habe das Testament ausdrücklich anerkannt[55]. Hiergegen läßt sich repliciren: α) der Kläger sei bei der erklärten Anerkennung nicht handlungsfähig, z. B. noch nicht großjährig gewesen. Dagegen ist die Replick, daß die Anerkennung nicht von ihm, dem Kläger, sondern von seinem gesetzlichen Vertreter (Vormunde, Vater) ausgegangen sei, ohne daß derselbe dazu obervormundschaftliche Approbation gehabt habe, unzulässig[56]. β) Der Kläger habe seine Verletzung und sein Recht zur Zeit der Anerkennung noch nicht gekannt. Diese Replick muß durch Angabe bestimmter Umstände, aus welchen die behauptete Unkenntniß gefolgert werden kann, begründet werden, z. B. daß aus dem Testamente für sich allein die Schmälerung des Pflichttheils nicht ersichtlich sei, sondern erst aus dem später errichteten Inventarium habe erkannt werden können[57]; oder daß das Testament zur Zeit der Anerkennung noch nicht publizirt gewesen[58]) oder dem abwesenden Kläger der Inhalt desselben erst später bekannt gemacht worden sei. γ) Die Anerken-

---

53) II, 2, §§. 432 u. 441.

54) Ebenda §. 422.

55) Ebenda §. 438. Zu vergl. I, 12, §. 611.

56) Erk. des Obertr. vom 13. Juli 1860 (Arch. f. Rechtsf. Bd. XXXVIII, S. 176).

57) Pr. des Obertr. 251, vom 29. Mai 1837 (Präj.-Samml. Bd. I, S. 169).

58) Erk. des Obertr. vom 22. April 1864 (Arch. f. Rechtsf. Bd. LIV, S. 117).

uung sei nicht dem Beklagten gegenüber geschehen. Denn auf die Anerkennung kann sich nur derjenige berufen, welchem gegenüber sie geschehen ist[59]). δ) Dem Anerkenntnisse fehle die schriftliche Form und sei daher nicht bindend. Denn ein solches hat die rechtliche Natur entweder eines Verzichtes auf das Erbrecht und auf die Pflichttheilsklage zu Gunsten des Testamentserben, oder — wenn eine Abfindung dafür gegeben wurde — eines Vergleiches über den streitigen Theil der Erbschaft[60]). Hieraus ergiebt sich, daß ein stillschweigendes Anerkenntniß durch konkludente Handlungen unerheblich ist. Die Ausnahme, welche in Beziehung auf ungültige Testamente dahin vorgeschrieben ist, daß es einem ausdrücklichen Anerkenntnisse gleich zu achten, wenn der Erbe Vermächtnisse aus dem Testamente ohne Vorbehalt bezahlt, oder wenn der Legatarius ein solches Vermächtniß ohne Vorbehalt angenommen hat[61]), gilt nicht bei der s. g. Pflichttheilsklage, weil die bloße Annahme eines dem Pflichttheilserben im Testamente ausgesetzten Legats als eine Abschlagszahlung auf den Pflichttheil, also nicht als Anerkennung des Testamentes aufgefaßt wird[62]). Durch eine Klage, die sich ausdrücklich auf das Testament gründet und aus demselben einen Erbtheil fordert, wird aber das Testament zugleich auch wirklich anerkannt, so wie die Erbschaft ex testamento angetreten.

cc) Der Anspruch sei verjährt. Die Bestimmung lautet:

„Wenn der Enterbte die Verfügung der Eltern zwei Jahre lang, nachdem er Kenntniß davon erhalten, gerichtlich nicht angefochten: so ist seine Befugniß dazu durch Verjährung erloschen[63])."

Um bestimmen zu können, welche Repliken gegen den Einwand der Verjährung zulässig sind, müssen drei Vorfragen gelöst werden, nämlich: welche Bedeutung diese Fristbestimmung habe; auf welche Klagefälle sie zu beziehen, da nur von dem Enterbten gesprochen wird; was unter dem Anfangspunkt „nachdem er Kenntniß davon erhalten", zu verstehen. Vorauszuschicken ist die Erklärung der Verfasser des Gesetzbuches über das, was man sich hierbei gedacht habe. Suarez berichtet darüber: „Nach römischen Rechte mußte die querela inofficiosa testamenti innerhalb fünf Jahren angestellt werden; die

59) Erk. des Obertr. vom 24. Juli 1848 (Jur. Wochenschrift, Jahrg. 1848, S. 363).

60) Angenommen von dem Obertribunale in demselben Erkenntnisse.

61) A. L.R. I, 12, §. 612.

62) A. L.R. II, 2, §. 439. — Erk. des Obertr. vom 3. Juni 1848 (Entsch. Bd. XVI, S. 314).

63) A. L.R. a. a. O. §. 440.

querela nullitatis aber dauerte dreißig Jahre. Im Gesetzbuche §. 440 ist die Frist zur Anstellung der Klage, wegen Enterbung, überhaupt auf zwei Jahre, nachdem der Enterbte Kenntniß davon erhalten hat, eingeschränkt. Der Grund der Abweichung liegt darin: weil einestheils derjenige, welcher weiß, daß er enterbt worden, keine vernünftige Ursache haben kann, mit Anstellung seiner Klage fünf oder gar dreißig Jahre zu zögern, und weil anderntheils aus solcher Zögerung den übrigen Interessenten großer Nachtheil erwächst, indem sie über den Nachlaß nicht mit Sicherheit disponiren, sich nicht theilen, die Legate nicht berichtigen können ꝛc., so lange sie noch nicht wissen: ob nicht vielleicht der Enterbte das Testament anfechten und durch ein erhaltenes obsiegliches Urtel eine gänzliche Veränderung in der Lage der Sache bewirken werde [64])."

α) Die zweijährige Frist wird von einer Seite für eine Präklusiv- oder Erklärungsfrist, für eine Deliberationsfrist gehalten. Gärtner sagt: „Diese zwei Jahre des §. 440 sind in der That die Deliberationsfrist der Notherben, zumal da sie auch in der Beziehung diesem Charakter entsprechen, daß mit ihrem Ablauf ein entschiedener — Zustand eintritt. — — Sind demnach diese zwei Jahre die Deliberationsfrist der Notherben, so ist damit auch der Anfang der sechsmonatlichen Frist zur Einreichung des Inventars, behufs der Erhaltung der Benefizialerben-Qualität für sie, gegeben; sie beginnt nämlich für die Pflichttheilserben mit dem Ablaufe jener zweijährigen Frist [65])." Diese Auffassung ist nicht ohne Einfluß auf die Praxis einzelner Gerichte geblieben. Das Appellationsgericht zu Münster hat in einem zu seiner Entscheidung gekommenen Falle die zwei Jahre des §. 440 für eine bloße Präklusiv- oder Erklärungsfrist erklärt, deren Lauf auch gegen Minderjährige anfange [66]). Dieselbe Meinung ist dann auch in Parteischriften bei anderen Streitigkeiten geltend gemacht worden [67]). Diese Ansicht stimmt weder mit dem Wortlaute des Gesetzes, noch mit den Motiven zu demselben überein; denn der §. 440 sagt: „so ist seine Befugniß dazu (zur Anfechtung) durch Verjährung erloschen", und Suarez berichtet, daß es die Absicht gewesen sei, die römischen

64) Vorträge über die Schlußrevision des Allg. Landrechts, in den Jahrb. Bd. XLI, S. 166.

65) Simon's Zeitschrift, Bd. II, S. 433, 434. — Wie der Vordersatz irrig ist, so ist auch die Folgerung daraus in Betreff des Anfangs der Deliberationsfrist trügerisch.

66) Erk. vom 5. November 1859 (Entsch. des Obertr. Bd. XLIV, S. 190).

67) Arch. f. Rechtsf. Bd. XLIII, S. 136.

Fristen zur Anstellung der Querelen von 5 und resp. 30 Jahren (welche ganz unbestritten wahre Verjährungen sind) auf eine einzige kurze von zwei Jahren zu beschränken. In letzter Instanz ist denn auch diese Frist für eine Verjährungsfrist erkannt worden [68]. Dem ist beizupflichten. Diese Verjährung ist jedoch für die s. g. Pflichttheilsklage, welche immer gegen das Testament ist, festzuhalten. Eine auf das Testament gestützte Klage, wodurch keine Anfechtung des Testamentes bezweckt wird, unterbricht die Verjährung der Pflichttheilsklage nicht, wenngleich die dadurch erwirkte Entscheidung vorbereitend für die Pflichttheilsklage war [69]; denn es kann immer nur diejenige Klageverjährung, welcher die wirklich angestellte Klage unterliegt, unterbrochen werden. Ob der Antrag auf gerichtliche Regulirung des Nachlasses die Verjährung unterbreche, ist im Allgemeinen nicht zu bestimmen, sagt das Obertribunal; wenn der Anspruch des Klägers von der Beschaffenheit sei, daß er bei dieser Regulirung nothwendig zur Sprache kommen müsse, so unterbreche ein solcher Antrag, möge er ausgehn von welchem Interessenten er wolle [70]. Im Allgemeinen muß jedoch die Frage verneint werden, denn die Erbtheilungsklage ist nicht auf Verfolgung des bestrittenen Erbrechts gerichtet, sondern geht lediglich auf Theilung der unstreitigen Gemeinschaft, sie setzt die Gemeinschaft der Erbschaft als präjudiziell ausgemacht voraus. Daher muß der s. g. Antrag auf Erbtheilung nothwendig etwas in Anspruch nehmen, was gegen den Inhalt des Testamentes hinausgeht und von anderen Interessenten nicht anerkannt wird, wenn die Verjährung der Pflichttheilsklage unterbrochen worden sein soll, denn dann enthält eben die gegen das Testament verstoßende Prätension schon die Pflichttheilsklage selbst. — Der Begriff der Verjährung wird jedoch nicht konsequent durchgeführt, denn man hat angenommen, daß die Klageanmeldung den Lauf der Verjährung nicht unterbreche, weil nach dem Wortlaute des §. 440 eine wirkliche Anfechtung des Testamentes binnen zwei Jahren erforderlich sei und Suarez in seiner Erklärung diesen Zeitraum als Frist

---

68) Erk. des Obertr. vom 30. September 1861 (Arch. f. Rechtsf. a. a. O.). Zu vergl. Entsch. des Obertr. Bd. XLIV, S. 192; Motive im Pensum XIII der Gesetzrevision S. 117 u. 172, Nr. 46 (S. 199); auch Erk. des Obertr. vom 25. Mai 1853 (Arch. f. Rechtsf. Bd. IX, S. 186).

69) Erk. des Oberlandesgerichts zu Hamm vom 14. April 1828 u. des zu Münster vom 11. April 1829, bestätigt durch das Erk. des Obertr. v. 13. März 1830, letzteres ohne Angabe von Gründen. (Ulrich, neues Archiv, Bd. I. S. 282.)

70) Erk. v. 24. August 1848 (Rechtsfälle Bd. IV, S. 273).

zur Anstellung der Klage wegen Enterbung bezeichne [71]). Eine solche Wortauslegung bei Ausdrücken, durch welche man augenscheinlich gar nicht daran dachte, die allgemeinen Grundsätze über die Klagverjährung zu modifiziren, kann eine Beiseitesetzung dieser Grundsätze bei der Verjährung der Pflichttheilsklage, wenn die Fristbestimmung in §. 440 eine wirkliche Verjährung ist, nicht rechtfertigen. Auch die Erwägung, daß die in dem betreffenden Falle mehrmals wiederholte Anzeige, man „beabsichtige" wegen Verletzung im Pflichttheile klagbar zu werden, die Absicht des Gesetzgebers: den übrigen Betheiligten die Nachtheile zu ersparen, welche aus einer langen dauernden Ungewißheit darüber: ob das Testament werde angegriffen werden oder nicht, und aus solcher Zögerung nothwendig entstehen müßten, vereiteln würde [72]), fällt nicht ins Gewicht, weil einem ein Nachtheil durch eine vorgängige gehörige Klageanmeldung nicht entstehen kann, wenn solche prozeßmäßig behandelt wird. Jene Anzeige war jedoch keine gehörige Klageanmeldung und die Verfügung des Richters darauf, daß davon dem Gegner Mittheilung zu machen, ohne etwas weiteres zu verordnen, verstieß gegen die Prozeßordnung [73]), welcher ein Verfahren, wonach eine Anmeldung ganz nach dem Gutbefinden des Klägers auf beliebige Zeit bei Seite bleiben und doch Unterbrechung wirken kann, gänzlich unbekannt ist. Eine derartige s. g. Klageanmeldung ist nicht bloß bei der Pflichttheilsklage unwirksam, sondern sie muß bei jeder anderen Klage wirkungslos bleiben. — Weil, wie gesagt, diese Verjährung für die Pflichttheilsklage, mittelst welcher der ganz oder theilweise entzogene Pflichttheil gegen das Testament verfolgt wird, festzuhalten ist, so kann dieselbe auch nicht der Klage, mit welcher Jemand ein Miteigenthum, worüber der Testator mit verfügt hat, gegen das Testament und gegen den Testamentserben in Anspruch nimmt, entgegen gesetzt werden [74]). In diesem Falle ist der Gruud des Einwandes replikando zu bestreiten.

β) Nach der Fassung der Bestimmungen ist es unklar, was für Fälle dieser Verjährung unterliegen sollen. In den §§. 432—436 ist von einem Kinde die Rede, welches in seinem Pflichttheile ent-

---

71) Erk. des Obertr. v. 14. September 1860 (Arch. f. Rechtsf. Bd. XXXVIII, S. 220).

72) Ebenda S. 223.

73) A. G.O. I, 4, §§. 6 ff.

74) Erk. des Obertr. v. 17. September 1860 (Arch. f. Rechtsf. Bd. XXXIX, S. 53).

erbt, verkürzt, oder sonst belastet ist, und zwar aus einer angegebenen nicht gesetzmäßigen, oder nicht gegründeten Ursache. Daran schließt sich der §. 440, wonach der Enterbte die Verfügung binnen zwei Jahren anfechten soll. Hierauf bestimmen die §§. 441 u. 442, daß, wenn Eltern ein Kind zwar enterbt, aber gar keine Ursache der Enterbung, oder einen nicht gesetzmäßigen (dieser Fall findet sich schon im §. 432 vorgesehen) Grund angeführt haben, die Vorschriften §. 432 — 436 Anwendung finden sollen, und eben das soll gelten, wenn ein Kind oder Enkel in der letzten Willensverordnung übergangen worden. Der §. 440 über die Verjährungsfrist ist hier also nicht in Bezug genommen. Man war nun ungewiß, ob die zweijährige Verjährungsfrist nur auf die Klage eines aus einer zwar angeführten aber nicht gesetzmäßigen, oder zwar gesetzmäßigen aber nicht gegründeten Ursache Enterbten, oder auch auf die Klage eines ohne Angabe eines Grundes Enterbten (§. 441), sowie auf die Klage eines Uebergangenen (§. 442), und endlich auch auf die Ergänzungsklage eines Verkürzten oder Belasteten Anwendung finden solle. Das Bedenken hinsichtlich der Enterbten und Uebergangenen war wohl nicht erheblich, zumal der ohne gesetzmäßigen Grund Enterbten in beiden Paragraphen, 432 und 441, gedacht war, diese also mit ihrer Klage ganz gewiß einer und derselben Verjährung unterworfen waren, und es nur einer nachlässigen Fassung zugeschrieben werden kann, daß die ohne Angabe eines Grundes Enterbten und die Uebergangenen, die doch mit Jenen sich in ganz gleicher Lage befanden und eben so gut wie Jene gleich wissen konnten, daß sie nichts erhalten sollten, nicht ebenfalls ausdrücklich auf den §. 440 verwiesen worden. Allein in Beziehung auf die Ergänzungsklage der zwar Honorirten aber im Pflichttheile Verletzten oder Belasteten hatte der Zweifel seine Berechtigung. Denn die ratio dubitandi beruhet hier in dem wesentlichen Umstande, daß nicht selten, bei umfangreichen und zerstreuten Verlassenschaften, eine sehr geraume Zeit dazu gehört, um seitens des Honorirten zu der Ueberzeugung zu gelangen, daß er im Pflichttheile wirklich verletzt worden sei. Dazu kann in manchen Fällen wohl die ganze zweijährige Verjährungsfrist nicht ausreichen. Denn man darf die Schwierigkeiten nicht übersehen, welche einem mit einem Legat bedachten Pflichttheilserben, der nicht zum Mitbesitz der Erbschaft gelangen kann, entgegentreten. Dieser ist ganz in den Händen des Testamentserben, und hat keine andere Grundlage für seine Untersuchung, als das Inventarium, welches der Testamentserbe errichten und auflegen muß. Dazu kann er aber, da die Frist dazu erst nach Ablauf der Deliberationsfrist, die 3 Monate betragen kann, beginnt, von dem Richter eine wer weiß wie lange Frist erwirken, da die gesetzliche Frist von 6 Monaten verhältnißmäßig verlängert werden kann, wenn die Erbschaft besonders weitläufig und verwickelt ist [75]). Ist endlich das Inventarium fertig aufgelegt, so kann eine lange Zeit nothwendig sein, dasselbe zu prüfen, da zu berücksichtigen ist, daß ein solcher Pflichttheilserbe nur auf Nebenwegen Erkundigungen über die Richtigkeit des Inventariums, den angegebenen Werth der verschiedenen Landgüter, Bergwerke, Fabriken ꝛc., einzuziehen vermag, um seine Erinnerungen dagegen zu machen [76]). Erst nach Erledigung solcher Erinnerungen, worüber möglicherweise ein langwieriger Prozeß geführt werden muß, kann es zur eidlichen Manifestirung des Inventariums kommen [77]), worüber Jahre vergehen können, und erst dann hat der Pflichttheilserbe die Möglichkeit errungen, sich die erforderliche Ueberzeugung zu verschaffen und danach seine Entschlüsse zu fassen. Man kann es daher nicht gerade weise finden, daß die Ergänzungsklage mit der Inoffiziositätsklage der gleichen kurzen Verjährung von zwei Jahren unterworfen sein soll. Auch der Anfangspunkt der Verjährung, welcher abweichend vom römischen Rechte auf den Tag der erlangten Kenntniß gelegt ist, gewährt gegen die hieraus entstehenden Gefahren des Rechtsverlustes keinen sichern Schutz. (S. die folg. lit. γ.) — Die durch diesen Zweifel entstandene Rechtsungewißheit hat die Praxis nun überwunden. Man hat nämlich angenommen, daß unter dem Ausdrucke „Enterbung" nicht bloß die völlige Entziehung jedes Erbtheils (die gänzliche Enterbung), sondern auch die Verkürzung und unrechtmäßige Belastung des Pflichttheils (§. 432) zu verstehen sei [78]). Darin liegt an sich nichts Widersinniges, denn eine Verkürzung im Pflichttheile ist eine Enterbung, aber doch nur pro parte, und ob diese unter dem Ausdruck „Enterbung" nach dem Sprachgebrauche zu verstehen sei, ist zweifelhaft. Indeß ist durch diesen Ausweg, wenn man dabei bleibt, die Rechtsungewißheit beseitigt. Man hat auch als Rechtsgrundsatz festgesetzt, daß die Erlöschung der Ansprüche

75) A. L.R. I, 9, §§. 424, 425.

76) Ebenda §. 441.

77) A. G.O. I, 22, §§. 30—32.

78) Ulrich, Archiv a. a. O. (Note 69), S. 279. — Erk. des Obertr. vom 23. Juni 1856 (Arch. f. Rechtsf. Bd. XXI, S. 292). Zu vergl Erk. v. 25. Mai 1853 (Arch. f. Rechtsf. Bd. IX, S. 186).

des auf solche Weise enterbten Kindes binnen zweier Jahre sich nicht auf den Fall beziehe, wenn eine bloße, durch das Testament für sich allein nicht ersichtliche Schmälerung der Legitima behauptet wird [79]), und daß die Erlöschung der Ansprüche eines so enterbten Kindes binnen zwei Jahren erst von der Zeit an beginne, mit welcher der Benachtheiligte Kenntniß von der in der letztwilligen Verfügung enthaltenen Schmälerung seines Pflichttheils erhalten habe [80]). Allein damit ist in Fällen der erwähnten Art für die Rechtssicherheit gar nichts gewonnen, denn die Feststellung dieses Zeitpunktes ist in diesen Fällen unmöglich und man hat die Replik, daß es weitläufiger Ausmittelungen über die Bestandtheile des Nachlasses und über den Werth der vorhandenen Landgüter bedurft habe, um sich die Ueberzeugung von einer vorhandenen Verletzung im Pflichttheile zu verschaffen, von der Richtertafel aus kurzweg damit niedergeschlagen, „daß hierzu die Frist von zwei Jahren genügt habe" [81]). Hieraus erhellet wohl genugsam, daß die neue Rechtserfindung des Landrechts, wenn sie so aufgefaßt oder vielmehr ergänzt wird, wie es die Praxis gethan hat, völlig unpraktisch ist. Aber die Motive von Suarez passen in der That nicht auf die jetzt besprochene Ergänzungsklage (actio expletoria) und er spricht auch nur von der „Enterbung", es fehlt hier die Berücksichtigung der Ergänzungsklage nach den Bedürfnissen der Lebensverhältnisse und deshalb würde die hier allerdings nöthige Nachhülfe den Lebensbedürfnissen besser entsprochen haben, wenn man die zweijährige Verjährung nicht der Ergänzungsklage durch eine gezwungene Wortinterpretation angezwängt hätte.

γ) Der Lauf der Verjährung begann nach römischem Rechte mit dem Tage der Antretung der Erbschaft von Seiten des Testamentserben. „Ante aditam hereditatem nec nascitur querela [82]), — et ita tempora inofficiosi querelae incipiunt currere ab adita hereditate [83])." Denn schlug der Testamentserbe die Erbschaft aus, so trat von selbst die Intestatfolge ein, und es bedurfte nicht mehr der Querel. Wäre dieser Grundsatz im preußischen Rechte anzuwenden, so müßte die Pflichttheilsklage mit Ablauf der Deliberationsfrist

79) Pr. des Obertr. 251, vom 29. Mai 1837 (Präj.-Samml. I, S. 169).

80) Erk. des Obertr. vom 25. Mai 1853 (Arch. f. Rechtsf. Bd. IX, S. 186).

81) Archiv f. Rechtsf. Bd. XXXVIII, S. 222.

82) L. 8, §. 10 D. de inofficioso testamento (V, 2).

83) L. 36, §. 2 C. eodem (III, 28). Entscheidung einer Kontroverse durch Justinian, nach der Meinung Ulpians, gegen Modestin, „qui a morte testatoris illico cursum de officioso querelae temporibus dabat." — Zu vergl. L. 34 i. f. C. eodem.

entstanden sein, weil vorher der Testamentserbe als solcher mit keiner Klage behelligt werden darf[84]) und er ja auch jeden gerichtlichen Angriff durch Ausschlagung der Erbschaft völlig vereiteln kann. Die Verfasser des Landrechts haben jedoch auch hier den Boden des historischen Rechts verlassen und den Anfang der Verjährung auf den Tag festgesetzt, „nachdem er (der Enterbte) Kenntniß davon erhalten“[85]). Bei dem Enterbten kann dieser Tag nicht unbestimmbar sein, er ist gegeben mit der ihm gewordenen Publikation des Testamentes oder Zustellung einer Abschrift desselben, oder sonstigen Bekanntmachung, wiewohl es auch in Beziehung auf ihn unjuristisch ist, ihm die Deliberationsfrist, während welcher er zu klagen verhindert ist, anzurechnen. Bei einem Honorirten dagegen, welcher aus dem Testamente nicht ersehen kann, daß er in seinem Pflichttheile verletzt worden, ist dieser Tag in vielen Fällen gar nicht festzustellen, wie vorhin aufgezeigt worden ist (lit. β am Ende). — Zur Begründung des Einwandes der Verjährung ist hiernach nur erforderlich, daß der Beklagte den Tag angebe und, wo nöthig, beweise, an welchem dem Kläger der Inhalt des Testamentes authentisch bekannt gemacht worden ist. Dann ist es Sache der Replik, daß der Kläger seine Verletzung erst später erkannt habe und erkennen können. Wie diese Replik zu substantiiren sei, läßt sich im Allgemeinen nicht sagen, es kommt auf die besonderen Umstände jedes einzelnen Falles an.

dd) Der Kläger sei vollständig abgefunden. Diese Einrede gründet sich auf den Grundsatz, daß der Pflichttheil quovis modo nicht bloß verlassen, sondern schon inter vivos zugestellt werden kann. „Igitur quartam quis debet habere, ut de inofficioso agere non possit, sive jure hereditario, sive jure legati, vel fideicommissi, vel si mortis causa ei quarta donata fuerit, vel inter vivos[86]).“ Das Landrecht hat diesen Grundsatz aufgenommen und die Einzelnheiten näher bestimmt. Danach kann auf den Pflichttheil angerechnet werden: 1) der wirkliche Betrag der dem Kinde gegebenen Ausstattung[87]); 2) Geschenke, die in Grundstücken, Gerechtigkeiten oder ausstehenden Kapitalien, worunter auch auf den Inhaber lautende Staatspapiere und Bankgiro-Anweisungen begriffen sind, bestanden haben[88]). Dies versteht sich nur von rei-

84) A. L.R. I, 9, §. 386.

85) Ebenda II, 2, §. 440.

86) §. 6 Inst. de inofficioso testamento (II, 18). — Zu vergl. L. 8, §. 6 D. eodem, und Novelle 18, Kap. 1.

87) A. L.R. II, 2, §. 393 verbunden mit §. 303 u. flg.

88) Ebenda §. 393 verbunden mit §. 328. — Pr. des Obertr. 1317a, b.

nen Schenkungen (donationes simplices), nicht auch von remuneratorischen Schenkungen und Schenkungen zu einem Zwecke (sub modo)[89]. 3) Bezahlte Schulden des Enterbten, zu deren Anerkennung und Bezahlung der Erblasser nicht schuldig war, mochten sie an sich gültig kontrahirt sein oder nicht; die Anrechnung dieser Post muß jedoch der Erblasser angeordnet haben, sonst ist der Testamentserbe dazu nicht befugt[90]. Auch Enkel, welche die Großeltern unmittelbar beerben, müssen sich die Anrechnung dessen, was der Verstorbene ihrer Eltern, wenn er Erbe des Testators geworden wäre, sich würde haben anrechnen lassen müssen, auf den Pflichttheil ex persona propria anrechnen lassen, wenn sie auch nur Benefizialerben ihrer Eltern geworden sind[91]. 4) Alles was einem Kinde auf den Sterbefall, es sei unter welchem Namen es wolle, von den Eltern zugewendet wird[92]. — Ob die den Töchtern aus der mütterlichen Erbschaft gebührende Gerade, und das den Söhnen aus der väterlichen Erbschaft zum Voraus gebührende Heergeräthe auf den Pflichttheil anzurechnen sei, ist gemeinrechtlich von jeher streitig gewesen[93]. Von einer Seite[94] wird es bejahet, weil die dazu gehörigen Stücke zu dem Vermögen des Erblassers gehörten, bei Bestimmung des Pflichttheils aber der ganze Nachlaß des Verstorbenen, so wie er nach Abzug der Schulden bei dessen Tode gewesen, in Anschlag gebracht werden müsse. Andernseits[95] wird behauptet, daß die Gerade, so wie das Heergeräthe, zuvor von der Erbmasse abzuziehen, und dann, nach Abzug derselben, der Pflichttheil zu bestimmen sei, weil sonst die Brüder an der Gerade der Schwestern, und diese an dem Heergeräthe der Brüder theilnehmen würden, welche doch davon ausdrücklich ausgeschlossen seien. Da nun aber doch die Gerade wie die Heergeräthe wirklich sich im Eigenthum der

---

19. Juni 1843 (Präj.-Samml. I, S. 167; Jur. Wochenschrift 1843, S. 717); Erk. des Obertr. vom 12. Januar 1857 (Entsch. Bd. XXXIV, S. 245).

89) Erk. des Obertr. vom 19. Juni 1843 (Jur. Wochenschr. 1843, S. 767).

90) A. L.R. a. a. O. §. 395. — Erk. des Obertr. vom 15. Mai 1857 (Arch. f. Rechtsf. Bd. XXV, S. 113).

91) M. vergl. das in der vor. Note angeführte Erk. vom 15. Mai 1857.

92) A. L.R. a. a. O. §. 396.

93) Glück, Kommentar, Bd. VII, S. 106.

94) Barth, Dissensuum in Praxi, praeprim. jure Saxon. occurrent., Centur. IX, Diss. 804; Böhmer, auserlesene Rechtsf., Bd. I, resp. 10, quaest. 2 u. 3, S. 64 ff.

95) Carpzov, Jurisprud. for., P. III, const. 11, defin. 3; Hartung, Diss. juris de imputatione geradae in legitimam, Vitembergae 1713, Cap. VI, §§. 5, 6.

Eltern befinden, so ist man darin einverstanden, daß die Gerade den Töchtern, und das Heergeräthe den Söhnen auf den Pflichttheil anzurechnen sei, und daß der dadurch sich ergebende Vortheil demjenigen zufalle, der das übrige Vermögen, außer dem Pflichttheile, erbe [96]). Das Landrecht ist hiervon abgegangen und hat bestimmt: „Gerade, Niftel, Heergeräthe, Lehne, Fideikommisse, und überhaupt Alles, was die Kinder nicht von den Eltern, sondern nur durch die Eltern erhalten, ist darunter (nämlich unter dem, was dem Kinde auf den Pflichttheil anzurechnen ist) nicht mitbegriffend [97]).“ Es ist also angenommen, diese Gegenstände seien so wenig im vollen Eigenthum der Eltern, wie Lehen und überkommene Familienfideikommisse. Daraus müßte denn nothwendig folgen, daß Gerade und Heergeräthe auch nicht für die Schulden der Eltern angegriffen werden dürften. Darin widerspricht sich aber das Landrecht, denn es schreibt den richtigen Rechtssatz vor: „Wo das Vermögen durch Schulden erschöpft wird, findet weder Gerade, Niftel noch Heergeräthe Statt [98]).“ Also müssen diese Gegenstände doch in bonis der Schuldner sein. Die Vorschrift des §. 397 ([97]) ist daher eine Inkonsequenz. Ob bei der Konstituirung der Erbmasse die Gerade und Heergeräthe auszusondern, oder mit anzusetzen seien oder nicht, ist unbestimmt geblieben, es muß jedoch aus den vorhin angegebenen Gründen und als Konsequenz des §. 397 ([97]) das Letztere angenommen werden. — Hiernach hat der Beklagte die Einrede durch bestimmte Angabe der Zuwendungen zu begründen. Dieses allein genügt jedoch noch nicht, die Klage gänzlich zu entkräften und eine „lediglich“ Abweisung des Klägers zu erwirken. Dazu gehört noch die Auflegung der ganzen Erbmasse, um den Richter in die Lage zu bringen, sich zu überzeugen, daß der Kläger für seinen Pflichttheil wirklich vollständig abgefunden sei und es ihm daher an Grund zu klagen gänzlich fehle. Dieses Erforderniß wird nur bei sehr einfach zusammengesetzter und unbestrittener Masse, welche eine klare Uebersicht ermöglicht, nachzuweisen sein. Bei einigermaßen mannigfaltiger Zusammensetzung der Hinterlassenschaft entstehen, zumal wenn einzelne Bestandtheile streitig sind, Verwickelungen, welche in diesem Erbrechtsprozesse nicht zum Austrage gebracht werden können, sondern nur im Erbtheilungsverfahren zu erledigen sind. Dann

---

96) Glück a. a. O. S. 107 u. die in der Note 71 angef. Schriftsteller Carpzov, Wernher, Berger ed. Haubold, Leyser, Kind.

97) II, 2, §. 397.

98) II, 1, §. 522.

wird der Richter erkennen müssen, daß der Kläger als Miterbe auf den Pflichttheil anzuerkennen, der Betrag desselben und dessen eventuelle Ergänzung aber in dem Erbtheilungsverfahren festzustellen sei, d. h. der Beklagte wird diesen Prozeß verloren haben. Daher kann der Beklagte der hereditatis petitio partiaria in einem solchen Falle dadurch die Spitze abbrechen und somit alle weiteren Verhandlungen abschneiden, daß er den Kläger pure als Miterben anerkennt und ihm die Konkurrenz bei dem Erbtheilungsverfahren einräumt. Der verständige Richter wird dann bald erkennen, daß es bei der Anerkennung des Klägers als Miterben auf den Pflichttheil zu belassen und die Feststellung dieses Pflichttheils oder dessen Ergänzung zum Erbtheilungsverfahren zu verweisen. Und wenn, von diesem Standpunkte aus, der Beklagte einwendet:

ee) dem Kläger sei sein Miterbenrecht auf den Pflichttheil und sein Theilnahmerecht bei der Erbtheilung niemals bestritten worden, so wird das, von Rechts wegen, die Folge haben müssen, daß der Richter dieses in seinem Urtel, wenn der Kläger solches einräumen muß, feststellt, aber dem Kläger die Kosten des ganz unnöthig veranlaßten Prozesses über eine unstreitige Frage zur Last legt, da der Kläger in seinem Rechte gar nicht verletzt worden ist.

§. 46.

b) Einzeln berechtigte Personen.

Das preußische Recht kennt nur drei Arten pflichttheilsberechtigter Personen: Descendenten, Ascendenten, Ehegatten. „Geschwister haben von einander keinen Pflichttheil zu fordern [1].“ Diese Abänderung des römischen Rechts wurde damit gerechtfertigt, daß die legitima fratrum weder in der Natur der Sache, noch in der Analogie der Rechte, noch selbst in der bloßen Billigkeit gegründet sei, und daß sie nur zu unnützen Prozessen darüber: was persona turpis sei, Veranlassung gebe [2]). Und weiter: „Die legitima fratrum hat nicht den geringsten natürlichen oder billigen Grund. Sie ist schon im römischen Rechte auf den seltenen Fall, wenn eine persona turpis ihnen vorgezogen worden, eingeschränkt. Der schwankende Begriff, was, besonders nach unsern heutigen Sitten und Denkarten, persona turpis sei, und die vielen Besonderheiten, die de jure romano bei der querela inofficiosi fratrum stattfinden, würden eine Menge von Bestimmungen nöthig gemacht haben, deren man aber durch

1) A. L.R. II, 3, §. 33.

2) Note im gedruckten Entwurf zum §. 24, Tit. 3, Abth. 1.

Abschaffung der ganzen wider die Analogie laufenden römischen Theorie füglich entübrigt sein kann [3])." Dadurch ist das gegenseitige Pflichttheilserbrecht auf den engsten Kreis der Familie: auf die Erzeuger und Erzeugten, und auf die Erzeugenden beschränkt.

I. Die Descendenten des Vaters müssen aus einer rechten Ehe abstammen; Kinder aus einer Ehe zur linken Hand und aus einer unehelichen Zeugung haben in dem Nachlasse des Vaters kein Erbrecht [4]), mit Ausnahme derjenigen unehelichen Kinder, welche von dem Vater legitimirt worden sind [5]). In dem Nachlasse der Mutter haben aber auch jene Kinder und deren eheliche Abkömmlinge gleich den ehelichen Kindern ein nothwendiges Erbrecht, nur erhalten die ehelichen, wenn sie mit unehelichen konkuriren, dasjenige zum Voraus, was die Mutter von dem Vater derselben oder dessen Ascendenten, durch Erbverträge, letztwillige Verordnungen, gesetzliche Erbfolge oder Schenkungen von Todes wegen, überkommen hat [6]). — Adoptirte stehen den leiblichen Descendenten gleich, so lange das Verhältniß der Adoption zwischen ihnen und den Adoptiveltern nicht wieder aufgehoben ist, auch treten die Abkömmlinge des Adoptirten in das Verhältniß, wie Blutsverwandte in absteigender Linie des Adoptirenden, mögen sie schon vorhanden sein oder erst nachher geboren werden [7]).

Ursprünglich war der Pflichttheil der Kinder stets ein Viertel der Erbschaft, mochten ihrer so viele sein wie immer. Darin theilten sie sich nach Köpfen, beziehungsweise in Linien. Justinian erhöhte die Legitima mit Rücksicht auf die Anzahl der Kinder, und zwar auf ein Drittel des Nachlasses, für vier oder weniger, und auf die Hälfte des Vermögens, wenn mehr als vier Kinder vorhanden. Aber diese Quote wurde wieder allen zusammen ungetheilt zugewiesen, um sie unter sich gleichmäßig zu theilen: „— — ut si quidem unius est filii pater aut mater, aut duorum vel trium vel quatuor: non triuncium eis relinqui solum, sed etiam tertiam propriae sub-

---

3) Suarez, Schlußvorträge, in den Jahrb. Bd. XLI, S. 146.

4) A. L.R. II, 2, §§. 585 u. 655.

5) Ebenda §§. 597 ff. u. §. 603. — Novelle XII, Kap. 4 und Novelle LXXXIX, Kap. 8.

6) A. L.R. II, 2, §§. 586, 587 u. §§. 656, 657. — Pr. des Obertr. 2273, vom 19. Februar 1851 (Entsch. Bd. XX, S. 307); Erk. vom 16. Oktober 1848 (Rechtsfälle, Bd. IV, S. 399). — Zu vergl. R. des Just.Min. vom 29. April 1837 (Jahrb. Bd. XLIX, S. 435) u. L. 29, §. 1 D. de inofficioso testamento (V, 2).

7) A. L.R. II, 2, §§. 681, 707, 715. Zu vergl. §. 456. — §. 2 Inst. de inofficioso testam. (II, 18); L. 3, §. 1 D. de liberis et posthumis (XXVIII, 2); L. 1 pr. D. de bon. poss. contra tab. (XXXVII, 4).

stantiae partem, h. e. uncias quatuor; si vero ultra quatuor habuerint filios, mediam eis totius substantiae relinqui partem, ut sexuncium sit omnimodo quod debetur, singulis ex aequo quadriuncium vel sexuncium dividendo et hoc non sub injusta circumstantia rerum, — sed quod contigerit unumquemque per omnia aequum esse in qualitate et quantitate [8])." Damit war das Akkreszenzrecht gegeben. Das Landrecht vergrößert abermals den Pflichttheil, theilt aber Jedem besonders seinen Theil zu, wodurch eine wesentliche Abänderung des römischen Rechts bewerkstelligt worden ist, wie es scheint, unbewußt. Zur Rechtfertigung der Vergrößerung wird von den Verfassern gesagt: „Das Quantum legitimae ist nicht immer dasselbe gewesen. Vor dem Kaiser Justinian war die Legitima ohne Rücksicht auf die Anzahl der Kinder überhaupt ein Viertel. Justinian setzte die Quoten auf ein Drittel und die Hälfte, je nachdem mehr oder weniger Kinder da sind; weil natürlich die Erbportionen, wovon die legitima partem quotam ausmacht, sich immer mehr verkleinern, je mehr Kinder dergleichen Portionen zu erhalten haben, und es also billig ist, daß darnach die Quoten sich vergrößern müssen. Von diesem richtigen Grundsatze ist das Gesetzbuch aus- und nur noch einen Schritt weiter gegangen, indem es bei einem oder zwei Kindern ein Drittel, bei drei oder vier die Hälfte und bei mehr als vier Kindern zwei Drittel angenommen hat. Man hat dabei zugleich die Absicht gehabt, durch diese Abweichung vom jure romano einen Mittelsatz zu etabliren, in welchem vielleicht diejenigen Provinzen, in deren besonderen Gesetzen die Legitima anders bestimmt ist, wie z. B. in Preußen, wo sie gar drei Viertel ausmacht, sich vereinigen würden. Die Absicht, warum die Gesetze den Kindern die Legitima konservirt wissen wollen, ist doch unstreitig die, damit Kinder, die nach der Natur und der darauf gegründeten Intestaterbfolge den ganzen Nachlaß ihrer Eltern zu erwarten haben, dieser Hoffnung nicht ohne erheblichen Grund, aus bloßer Willkür oder Eigensinn des Vaters, verlustig gehen, wenigstens so viel davon erhalten möchten, als nöthig ist, um in dem Stande, zu welchem sie geboren, in der Lebensart, dem Berufe oder Gewerbe, in welche sie durch Erziehung oder väterliche Bestimmung gesetzt worden, einige Unterstützung ihres weitern Fortkommens zu finden. Darin liegt es, daß die Legitima nicht zu niedrig bestimmt werden

---

8) Novelle XVIII. Kap. 1.

müsse. Wenn die Tochter eines Adeligen, der 50,000 Thlr. Kapital und 5 Kinder verläßt, statt der 10,000 Thlr., die sie ab intestato zu erwarten hatte, nur $\frac{2}{3}$ mit 6666$\frac{2}{3}$ erhält, so ist sie schon schlimm genug, aber doch etwas besser daran, als wenn sie de jure romano nur 5000 Thlr. erhalten hätte [9])." Die Vorführung der ganzen Erwägung war nöthig, um aufzuweisen, daß die Abänderung eines Rechtsprinzips durch die gewählte Fassung gar nicht im Bewußtsein gewesen, also auch nicht beabsichtigt worden ist, denn dieser Punkt wird gar nicht berührt, das Mehr oder Weniger ist für das Prinzip gleichgültig. Die getroffene Bestimmung ist nun diese:

„Der Pflichttheil ist, wenn nur Ein oder nur zwei Kinder vorhanden sind, ein Drittel; wenn drei oder vier Kinder vorhanden sind, die Hälfte, und wenn mehr als vier Kinder vorhanden sind, zwei Drittel desjenigen, was jedes Kind zum Erbtheile erhalten haben würde, wenn die gesetzliche Erbfolge Statt gefunden hätte [10])."

Damit ist das Akkreszenzrecht ausgeschlossen, denn jedes Kind ist abgesondert auf eine Quote der Quote, die ihm ohne Dasein des Testamentes zu Theil hätte werden müssen, zum Pflichttheile angewiesen. Man hat also das Gegentheil von dem verordnet, was man beabsichtigte: man wollte die Kinder begünstigen, man hat aber den fremden Testamentserben günstiger gestellt. Nun ist auch die Aufnahme des römischen Grundsatzes, daß bei der Frage: ob der Pflichttheil die Hälfte, oder zwei Drittel, oder nur Ein Drittel der Intestatportion des Notherben betrage, auch die Enterbten mitgezählt werden [11]), widersinnig, weil damit der Vortheil der Pflichttheilsberechtigten bezweckt und nach römischem Rechte auch erreicht wird [12]), nach dem Landrechte aber ihnen diese Vorschrift zum Nachtheil und dem fremden Testamentserben zum Nutzen gereicht. Z. B. Jemand hat 5 Kinder und hinterläßt rund 30,000 Thlr. In einem Testamente hat er einen Fremden zum Universalerben, oder eine Fremde zur Universalerbin eingesetzt, von seinen Kindern hat er drei rechtmäßig enterbt, zwei übergangen. Die übergangenen fordern die Legitima. Diese beträgt bei der Mitzählung der Enterbten zwei

---

9) Suarez, Schlußvorträge, in den Jahrb. Bd. XLI, S. 165.

10) A. L.R. II, 2, §. 392.

11) Ebenda §. 417: „Ein rechtmäßig enterbtes Kind wird bei Berechnung des Pflichttheils der übrigen mitgezählt." Zu vergl. L 8, §. 8 D. de inofficioso testam. (V, 2).

12) Man sagt gewöhnlich: Exheredatus numerum facit ad augendam — legitimam. Francke, das Recht der Notherben u. Pflichttheilsberechtigten (Götting. 1831), S. 212.

Drittel, und zwar nach römischem Rechte zwei Drittel der Erbschaft, welche Justinian den sämmtlichen Pflichttheilsberechtigten zur Vertheilung unter sich zuweist. Jedes übergangene Kind erhält also 10,000 Thlr. als Pflichttheil. Nach preußischem Rechte erhält aber Jeder nur $\frac{2}{3}$ derjenigen Portion, welche ihm bei der Theilung ab intestato zugefallen sein würde, also, da die Enterbten mitzählen, weil sie ab intestato gleichfalls mitgetheilt haben würden, von 60,000 Thlr. zwei Drittel, oder 40,000 Thlr. Müßten aber die Enterbten nicht zur Vergrößerung der Quote mitzählen, so würden die beiden Notherben zwar nur Ein Drittel als Pflichttheil erhalten, aber ihre Intestatportion würde bei der Theilung durch Zwei auch 15,000 Thlr. betragen, folglich würden sie Jeder 5000 Thlr. als Pflichttheil erhalten. Wegen der für das preußische Recht nicht passenden Mitzählung der Enterbten verliert hier also jedes Kind 1000 Thlr., und jene Testamentserbin, welche wohl den Kindern das Herz des Vaters abwendig gemacht hat, gewinnt dieselben. — Eine entgegengesetzte Vorschrift giebt das Landrecht in Betreff der legitimirten Kinder. Hier heißt es: „Hatte der Vater zu der Zeit, als er das uneheliche Kind legitimiren ließ, schon eheliche Descendenten, und verläßt er in der Folge Einem derselben nur den Pflichttheil; so wird bei dessen Berechnung das legitimirte Kind nicht mitgezählt [13]).“ Dies ist neu erfundenes Recht, welches den Keim unabsehbarer Streitigkeiten in sich trägt. Man ist dazu auf folgende Weise gekommen: Anfangs beabsichtigte man, einem Vater, der eheliche Descendenz hat, die Befugniß zur Legitimation seines unehelichen Kindes ganz abzusprechen. Suarez fand dies hart, weil doch nur das jus quaesitum der ehelichen Kinder zu schützen sei, dieselben aber ein solches nur in Ansehung der Legitima hätten, es mithin genüge, wenn bei künftiger Berechnung der Legitima eines tempore legitimationis schon vorhanden gewesenen Kindes auf den Legitimirten nicht reflektirt werde. Gleichwohl brachte der gedruckte Entwurf die Vorschrift: „Sind eheliche Descendenten vorhanden, so findet die Legitimation, mit der Wirkung einer Erbfolge, nicht statt [14]).“ Mehrere Monenten waren jedoch der Meinung, daß die Einschränkung keinen Grund habe und Suarez trat ihnen, in Uebereinstimmung mit seiner früheren Aeußerung, bei, worauf der §. 441 des Entwurfs unterdrückt und an dessen Stelle der heutige §. 607 gesetzt wurde [15]). Hiernach ist der Zweck der

13) A. L.R. a. a. O. §. 607.

14) Th. I, Abth. 1, Tit. 2, §. 441, S. 231.

15) Motive zur Gesetzrevision, Pensum XV, S. 163.

Vorschrift des §. 607 der, die zur Zeit der Legitimation schon vorhandenen ehelichen Descendenten in Ansehung der Legitima, als eines schon erworbenen Rechts, gegen Schmälerung desselben durch Hinzutritt des Legitimirten als Miterben, zu schützen. Daraus folgt zuerst, daß alle Nachgeborenen, d. h. alle erst nach der Legitimation erzeugten Descendenten, sich auf diese Anordnung gar nicht berufen und deren Anwendung in ihrem Interesse nicht fordern können. Dann folgt weiter, daß, wenn ein schon vorhanden gewesenes und ein erst nachgeborenes Kind von dem Vater auf den Pflichttheil eingesetzt worden sind, das zweite die Berechnung seines Pflichttheils nicht auf gleiche Weise wie das erste verlangen kann. Vielmehr muß der Pflichttheil des ersten ohne Rücksicht auf den Legitimirten berechnet werden, wogegen der Pflichttheil des zweiten mit Rücksicht auf die Konkurrenz des Legitimirten als Miterben festzustellen ist. Aber in diesem Schutzmittel hat man sich vergriffen, es gereicht unter Umständen demjenigen, dessen „jus acquisitum“ man dadurch schützen wollte, zum offenbaren Schaden, wie folgender Erbfall zeigt. Jemand hatte, als er seinen unehelichen Sohn Cajus legitimiren ließ, schon zwei eheliche Kinder, Sejus und Seja. Später wurden ihm noch zwei eheliche Kinder geboren, Sempronius und Titia. Er setzte sämmtliche fünf Kinder zu Erben ein, die Söhne Sejus und Sempronius jedoch nur auf den Pflichttheil und starb mit einer Verlassenschaft, deren theilbarer Inhalt sich auf rund 60,000 Thlr. belief. Bei Berechnung des Pflichttheils des Erstgeborenen Sejus wurde, nach der Vorschrift §. 607, auf Cajus gar keine Rücksicht genommen, so als wenn er nicht existirte. Der Kinder waren also vier und der Pflichttheil für Sejus die Hälfte seiner Intestatportion, also die Hälfte des Viertels vom Ganzen oder ein Achtel = 7500 Thlr. Bei Berechnung des Pflichttheils für Sempronius mußte Cajus mitgezählt werden. Nun waren 5 Kinder vorhanden, der Pflichttheil eines jeden betrug aber zwei Drittel der Intestatportion, hier also $\frac{2}{3}$ von 12,000 Thlr. oder 8000 Thlr. Der Pflichttheil des Sempronius war also um 500 Thlr. größer als der des Sejus, dessen „jus quaesitum“ doch durch die Nichtmitzählung des Cajus geschützt werden sollte; nun war er gerade dadurch zu Schaden gekommen und schlechter gestellt worden als der zurückgesetzte Sempronius. Dies führt denn auf die Frage: ob der §. 607 eine absolute, sämmtliche Erbinteressenten bindende, oder allein nur den Vortheil des vor der Legitimation geborenen Descendenten bezweckende Vorschrift enthalte. Im zweiten Falle würde dieser Descendent nach Gutfinden diese Berechnungsart ablehnen können, im ersten Falle würden die übrigen Erben, welche dabei augenscheinlich Vortheil haben, die Anwendung zu fordern berechtigt sein. Nach der vorhin mitgetheilten Entstehungsgeschichte der Vorschrift und nach der ausdrücklich ausgesprochenen Absicht, daß durch dieselbe der betreffende Descendent gegen Schmälerung seines Pflichttheils geschützt werden solle, nicht aber den übrigen Erben damit eine Begünstigung zugedacht sei, läßt sich wohl nicht bezweifeln, daß es diesem Descendenten unbenommen ist, die zu seinem Vortheil angeordnete Berechnungsart, wenn er dabei seinen Vortheil nicht findet, abzulehnen, und daß den übrigen Erben gar kein Recht zusteht, die Anwendung derselben in ihrem Interesse zu fordern.

Zu Gunsten der Descendenten ist von der Regel: „hereditas viventis non datur," für den Fall, wenn die Eltern sich scheiden und Einer von denselben für den schuldigen Theil erklärt worden ist, oder wenn beide Eltern gleich schuldig sind, eine Ausnahme gemacht worden. In diesem Falle sollen die Eltern schuldig sein, ihren Kindern noch bei Lebzeiten einen Pflichttheil auszusetzen [16]). Diese neu erfundene Anomalie wird wie folgt gerechtfertigt: „Gegen Kinder, deren Eltern von einander geschieden worden, entsteht in den Gemüthern eines der Eltern, und gemeiniglich beider, Kaltsinn und Abneigung. Dies kann die Eltern, besonders im Falle einer anderweitigen Heirath und daraus erzeugter Kinder, nur allzuleicht disponiren, den Kindern aus der getrennten Ehe ihr Vermögen zu entfremden, und solches entweder dem zweiten Ehegatten, oder den mit selbigem erzeugten Kindern, oder gar einem Fremden zuzuwenden. Diese Besorgniß, die vielleicht an sich noch nicht dringend genug sein würde, eine Ausnahme von der Regel: quod viventis nulla sit hereditas, zu rechtfertigen, wird es bei dem schuldigen Theile dadurch, weil die von-selbigem gegebene Ursache zur Scheidung allemal einen gewissen Grad des Verderbnisses im moralischen Charakter voraussetzt. Hier muß also der Staat für die Abwendung eines solchen den Kindern aus der Schuld der Eltern bevorstehenden Nachtheils sorgen [17])." Auf die Aussetzung dieses Pflichttheils muß jedoch besonders erkannt werden, entweder schon in dem Ehescheidungsurtel nur auf den ausdrücklichen Antrag des unschuldigen Ehetheils, oder des den Kindern zu bestellenden Kurators, insofern dieselben noch

16) A. L.R. II, 2, §§. 457, 458, 460.

17) Gedr. Entwurf, Th. I, Abth. 1, Tit. 2, Note zum §. 333, S. 214.

minderjährig sind, sonst müssen sie selbst auftreten, oder auch erst nach rechtskräftig getrennter Ehe, jedoch in jedem Falle nur dann, wenn der schuldige Ehegatte sich der Verschwendung des Vermögens verdächtig gemacht hat, oder — wie es gleich darauf wieder heißt — wenn er überführt wird, daß er sein Vermögen zu verschwenden anfange [18]). Damit ist der ganzen Anordnung wieder die Spitze abgebrochen. — „Dieser den Kindern ausgesetzte Pflichttheil wird das wahre Eigenthum derselben [19]).“ Aber dasselbe ist nicht unbeschränkt. Denn derjenige, aus dessen Vermögen der Aussatz geschehen, behält die Verwaltung und den Nießbrauch davon auf Lebenslang. Daher können, so wird weiter verordnet, die Kinder, weder unter Lebendigen, noch von Todes wegen (warum nicht von Todes wegen?) darüber verfügen, so lange derjenige, aus dessen Vermögen der Pflichttheil ausgesetzt worden, noch am Leben ist [20]). Aber auch schon bei dessen Leben kann das Kind die Ausantwortung des ihm ausgesetzten Pflichttheils, statt der ihm sonst gebührenden Ausstattung, fordern, wenn es, noch nicht ausgestattet, aus der väterlichen Gewalt geht, und eine besondere Wirthschaft errichtet (das und wird also konjunktim zu verstehen sein); alsdann erlangt es darüber ein uneingeschränktes Eigenthum [21]). Auch eine singulare Erbfolgeordnung in dieses Vermögen ist angeordnet, für den Fall, daß das Kind stirbt, bevor es das uneingeschränkte Eigenthum davon erworben hat. Hinterläßt das Kind erbfähige Abkömmlinge, so vererbt es dieses Pekulium (so kann man dieses Vermögensstück wol nennen, denn es wird abgesondert gedacht von seinem sonstigen Vermögen, was ja durch Anfall von Außen bedeutend sein kann) auf seine Abkömmlinge nach den Regeln der gesetzlichen Erbfolge, denn testiren kann es darüber nicht [22]); stirbt es ohne erbfähige Abkömmlinge, so tritt keine Vererbung ein, sondern es „wächst der Pflichttheil seinen vollbürtigen Geschwistern und deren Abkömmlingen zu“ [23]) (etwas ganz Abnormes, da nach der Erwerbung eines Erbtheils von einem Zuwachs gar keine Rede mehr sein kann, sondern nur von einer Transmission oder Vererbung auf die eigenen

18) Anh. z. A. L.R. (II, 2, §. 460) §. 92, entnommen aus der C.V. vom 30. Dezember 1798, Abschn. III, §§. 2 u. 3 (Rabe, Samml., Bd. V, S. 266); u. A. L.R. a. a. O. §§. 476—480.

19) A. L.R. a. a. O. §. 461.

20) Ebenda §§. 462, 465.

21) Ebenda §§. 469, 470.

22) Ebenda §. 466 verbunden mit §. 465.

23) Ebenda §. 467.

Erben), und wenn dergleichen Geschwister oder Geschwisterkinder nicht vorhanden, so erben denselben nicht etwa die Ascendenten, sondern „er fällt in das Vermögen des Aussetzenden zurück, und der andere Theil der geschiedenen Eltern hat darauf keinen Anspruch [24]).“ Das Institut ist ebensowenig lebensfähig wie das des Erbschatzes, es ist auch begrifflich nicht definirbar, denn nur mißbräuchlich heißt dieser Pflichttheil „das wahre Eigenthum der Kinder“.

II. Ascendenten, welche erbberechtigt sein wollen, müssen leibliche Ascendenten des Erblassers sein, Adoptiveltern haben nach preußischem Rechte kein Erbrecht [25]). Die leiblichen Ascendenten von väterlicher Seite müssen durch Zeugung in rechter Ehe mit dem Erblasser verbunden sein; der uneheliche Vater [26]) und der Vater zur linken Hand [27]) haben ohne Legitimation des Kindes [28]) kein Erbrecht in dem Nachlasse desselben. — Der Pflichttheil ist bei jedem Verwandten in aufsteigender Linie, ohne Unterschied der Zahl, die Hälfte des ihm nach der gesetzlichen Erbfolge zukommenden Antheils, er muß ungeschmälert, ohne Einschränkung durch Bedingungen, und ohne Beschwerung mit Lasten hinterlassen werden [29]). Ueber die Art uud Weise, wie den Ascendenten der Pflichttheil zu hinterlassen sei, und über die Wirkung der in dieser Hinsicht mangelhaften Verordnung, ist hier nichts vorgeschrieben, wie es doch für Descendenten geschehen ist, aber es ist ausdrücklich bestimmt, daß alles dieses auch für die gleichen Fälle in Ansehung der Ascendenten gelten solle [30]).

III. Der überlebende Ehegatte hat die Hälfte der ihm ab intestato gebührenden Erbportion als Pflichttheil zu fordern [31]), wenn die Ehe bis an den Tod des Erblassers gedauert hat. Ist vorher eine rechtskräftige Scheidung erfolgt, so bestimmt diese über die vermögensrechtlichen Verhältnisse [32]). Auch hier ist über die Art und Weise, wie der Pflichttheil zu hinterlassen sei und über die Wirkung der in dieser Hinsicht mangelhaften Verordnung nichts bestimmt, es ist aber verordnet, daß von diesem Pflichttheile alles, was von

24) A. L.R. a. a. O. §. 468.
25) Ebenda §. 694.
26) Ebenda §§. 658, 659.
27) Ebenda §§. 588, 589.
28) Ebenda §§. 603, 609.
29) Ebenda §§. 502, 503.
30) Ebenda §. 516.
31) A. L.R. I, 1, §. 631.
32) Darüber s. m. oben, §. 5, Nr. 2, lit. d, S. 51.

der Legitima überhaupt verordnet ist, gilt [33]). Darnach versteht sich, daß auf den Pflichttheil, welchen ein überlebender Ehegatte aus dem Nachlasse des zuerst Verstorbenen fordert, die allgemeinen Vorschriften vom Pflichttheile überhaupt, welche die Einforderung, Belastung und Einziehung desselben, sowie die Anrechnungen darauf, soweit sie auf einen Ehegatten passen [34]), betreffen, Anwendung finden. Die Vorschrift hat jedoch das Mißverständniß veranlaßt, daß auch die Bestimmungen über die Folgen der Uebergehung eines Kindes oder Enkels des Erblassers aus Irrthum in der letzten Willensverordnung und die Folgen der Agnation eines Posthumus eintreten müßten, daß also, wenn der Testator binnen Jahresfrist nach der Kenntnißnahme von seinem Irrthume oder von der Geburt eines Posthumus sein Testament nicht ändere, dasselbe rumpirt und die Intestaterbfolge eröffnet sei [35]), oder auch, daß die Heirath nach Errichtung des Testamentes, gleich einer Adoption, das Testament sofort, eben dadurch, umstoße [36]). Aus diesem Mißverständnisse forderte eine Wittwe aus dem Nachlasse ihres verstorbenen Ehemannes, welcher vor Eingehung der Ehe mit ihr ein Testament errichtet und dieses nach der Heirath nicht geändert hatte, wiewohl der ihm damals unbekannten Ehefrau darin nicht gedacht worden war, ihre Intestaterbportion, in der Meinung, daß das Testament seine Kraft verloren habe, weil der Erblasser nach errichtetem Testamente noch einen pflichttheilsberechtigten Erben in ihrer Person erhalten habe, und nach Ablauf eines Jahres verstorben sei, ohne in Beziehung auf sie etwas angeordnet zu haben. Nach der allgemeinen Fassung des §. 633 ([33]), wonach von dem Pflichttheile der Ehegatten Alles, was von der Legitima überhaupt verordnet ist, gelten soll, hat diese Meinung an sich durchaus nichts Ungereimtes oder in sich Widersinniges, sie verstößt nur gegen das historische Recht. Denn die Lieblosigkeitsklage, deren Wirkung das Landrecht in Beziehung auf irrthümliche Uebergehung eines Kindes und auf agnatio posthumi (geschehe sie durch Geburt oder Adoption [[36]]) beibehalten hat, ist niemals den Ehegatten zugestanden worden, sie konnten, wenn sie

33) A. L.R. a. a. O. §. 633. — Der auf den Pflichttheil eingesetzte Ehegatte kann außer demselben nicht noch sonstige dem Ueberlebenden im Gesetze vorbehaltene Vortheile fordern. Der Pflichttheil umfaßt daher nicht das Voraus der §§. 628 ff. a. a. O. — Erk. des Obertr. vom 1. Oktober 1852 (Arch. f. Rechtsf. Bd. VI, S. 357).

34) Nov. 53, c. 6 pr.: „si legatum aliquod reliquerit ei vir minus quarta parte, compleri hoc —."

35) A. L.R. II. 2, §§. 450 — 454.

36) Ebenda §. 456.

übergangen oder unrechtmäßig enterbt worden waren, nicht die testamentarische Erbeseinsetzung umstoßen, sondern nur als Pflichttheilsberechtigte neben den Testamentserben in die Erbschaft eintreten, namentlich auch die Wittwe [37]). Hinsichtlich der entfernteren Ascendenten hat das Landrecht dieselbe aufgehoben durch die Bestimmung: „Diese können, wenn ihrer im Testamente nicht gedacht worden, nur den Pflichttheil fordern [38]);" bei den Ehegatten hat man diese Einschränkung der allgemeinen Hinweisung auf die Vorschriften über die Legitima überhaupt zu treffen übersehen. Indessen hat die Praxis ohne dies das Richtige ausgefunden und die geltend zu machen versuchte Meinung durch Abweisung des Anspruchs in allen Instanzen verworfen [39]).

§. 47.

c) Ordnung der Pflichttheilsberechtigten.

Derjenige an sich Pflichttheilsberechtigte, welcher die Pflichttheilsklage mit Erfolg anstellen will, muß zugleich, wenn kein Testament vorhanden wäre, zu den nächsten Intestaterben gehören und die Erbschaft ganz oder zum Theil in Anspruch nehmen können. Die eine Eigenschaft ist ohne die andere nicht hinreichend. So haben z. B. alle Ascendenten ohne Unterschied des Grades ein Pflichttheilserbrecht [1]), aber wenn der Erblasser weder Descendenten noch Eltern, jedoch vollbürtige Geschwister oder Geschwisterkinder, die keinen Pflichttheil zu fordern haben, und Großeltern oder weitere Ascendenten, welche alle Notherben sind, hinterläßt, so sind diese durch die Geschwister und deren Abkömmlinge ganz ausgeschlossen [2]). Daher gilt die Ordnung der Intestaterbfolge auch für die Pflichttheilsberechtigten und es treten in jedem einzelnen Falle nur diejenigen mit ihrem Pflichttheilsanspruche zur Geltendmachung desselben ein, welche ohne Vorhandensein des Testamentes zugleich die nächsten Intestaterben oder doch Miterben ab intestato sein würden [3]), wie nach preußischem Rechte z. B. in dem Falle, wenn der Verstorbene nur

37) Nov. 53, c. 6 pr.: „— sancimus providentiam fieri harum (uxorum) et in successione morientis, et hujusmodi uxorem cum filiis vocari, et — quartam partem ejus substantiae accipere eam —."

38) A. L.R. II, 2, §. 518.

39) Pr. des Obertr. 944, vom 16. November 1840 (Entsch. Bd. VII, S. 1).

1) A. L.R. II, 2, §. 501. — Nov. 115, Kap. 4. — Erk. des Obertr. vom 1. April 1848 (Entsch. Bd. XVI, S. 476).

2) A. L.R. a. a. O. §§. 492 u. 518.

3) L. 6, §. 1, L. 8, §. 8, L. 19 D. de inoff. testam. (V, 2).

halbbürtige Geschwister oder davon Abkömmlinge, und aufsteigende Verwandte weiterer Grade hinterläßt [4]). Daraus folgt, daß alle entfernteren Descendenten, die in dem vorliegenden Falle nicht zur Intestatsuccession kommen würden, in diesem Falle von dem zwischen ihnen und dem Erblasser stehenden näheren Descendenten auch auf den Pflichttheil ausgeschlossen sind [5]), wenn er nämlich die ihm zugedachten Vortheile annimmt, oder darüber verfügt, z. B. durch Entsagung zu Gunsten einer anderen Person: sonst, wenn er die Verfolgung seines Pflichttheils verschmäht, tritt der nächstfolgende Pflichttheilsberechtigte ex persona propria ein [6]); daß ferner die Ascendenten zu ihrem Pflichttheilsrechte so lange nicht gelangen können, als Descendenten vorhanden sind [7]), mithin auch durch Adoptirte und Legitimirte davon ausgeschlossen werden. Hinsichtlich der Legitimirten war die Frage bei der Abfassung des Landrechts schwankend. Der gedruckte Entwurf forderte die Einwilligung der Verwandten in aufsteigender Linie und schlug den Satz vor: „Wird diese Einwilligung nicht beigebracht, so bleibt den Ascendenten ihr Recht auf den Pflichttheil, von dem künftigen Nachlaß des legitimirenden Sohnes, vorbehalten [8])." Hiergegen erhoben sich Monenten, und Suarez, der sich mit ihnen einverstanden erklärte, bemerkte, daß es des Konsenses der Ascendenten nicht zu bedürfen scheine; sie hätten auf die Legitima des Sohnes noch kein jus acquisitum, und ihnen ein jus contradicendi beizulegen, weil doch das Vermögen, so der legitimirende Sohn von ihnen erbe, dereinst auf den Legitimirten falle, scheine zuweit zu gehen [9]). In Folge dessen wurden die §§. 442, 443 des Entwurfs gestrichen und es ist so bei der Bestimmung des römischen Rechts verblieben, wonach die Ascendenten durch ein legitimirtes Kind des Sohnes unbedingt ausgeschlossen werden. „Nam sicut in ceteris ab initio legitimis oportet etiam in his (per nostrum rescriptum legitimatis) fieri successiones [10])." — Es folgt aus jenem Grundsatze endlich, daß entferntere Ascendenten durch nähere, alle weiteren Ascendenten aber

4) A. L.R. II, 2, §. 493.

5) L. 3, §. 1 et 3, L. 4, §. 1, L. 6, §. 1 D. de bonor. poss. contra tab. (XXXVII, 4).

6) Oben, §. 45, III, Nr. 2, lit. a, Text zur Note 26 b.

7) L. 15 D. de inofficioso testamento (V, 2).

8) Th. I, Abth. 1, Tit. 2, §§. 442, 443, S. 232.

9) Motive zur Gesetzrevision, Pensum XV, S. 163.

10) Nov. 89, cap. 11, §. 2 in fine. Zu vergl. Nov. 12, cap. 4; Nov. 89, c. 8 pr., cap. 9, §. 1.

durch vollbürtige Geschwister des Erblassers und deren Abkömmlinge (obgleich dieselben gar kein Notherbenrecht haben) verhindert werden (4). — Der hinterbliebene Ehegatte ist keiner Folgeordnung unterworfen, er konkurrirt unbedingt immer mit allen Erben jeder Art und jedes Grades, er ist sogar Alleinerbe, wenn keine nahen Blutsverwandten, d. h. solche Verwandten, welche von dem Erblasser nicht weiter als im sechsten Grade verwandt sind, Erben sein können oder wollen [11]), so daß er in diesem Falle gegen den fremden Testamentserben auf die Hälfte der ganzen Erbschaft Pflichttheilserbe ist. — Bei Beurtheilung der Frage: wer im gegebenen Falle als Pflichttheilserbe aufzutreten berechtigt sei, ist nicht auf die Zeit der Testamentserrichtung [12]), sondern auf die des Todes des Testators zu sehen, denn nach diesem Zeitpunkte richtet sich die Ordnung der Intestaterbfolge [13]).

§. 48.

d) Berechnung des Pflichttheils.

Grundsatz ist: der Pflichttheil wird von der reinen Erbmasse unter Anrechnung dessen, was der Pflichttheilsberechtigte bereits vom Erblasser darauf erhalten hat (§. 45, III, Nr. 2, lit. c, Absatz dd), oder ihm im Testamente besonders angewiesen ist, ausgeschieden. Ist der Pflichttheilserbe auf seine ausreichende Quote eingesetzt, oder ist er unrechtmäßig enterbt, oder ist er übergangen, und ist ihm nichts anzurechnen, so konkurrirt er wie jeder andere Miterbe mit seiner Quote bei der Erbtheilung und es bedarf keiner besonderen künstlichen Berechnung bei der Ausmittelung seines Pflichttheils. Ist er dagegen auf eine bestimmte Sache oder Summe angewiesen, oder sind ihm Anrechnungen zu machen, so muß eine besondere Rechnung nach folgenden Grundsätzen aufgemacht werden, an welchen die Vorschriften des Testators nichts ändern können, verstanden, wenn dieselben zum Nachtheil des Pflichttheilserben ausschlagen.

1. Die ganze Erbschaft, und zwar in dem Zustande, wie sie sich in dem Augenblicke des Todes des Erblassers befand *), jedoch nach Ausscheidung der Gerade, Niftel und Heergeräthe, welche, wiewohl irriger Weise, als nicht zum Vermögen des Erblassers gehörig

11) A. L.R. II, 1, §§. 621, 622, 627.

12) L. 13 D. de injusto, rupto (XXVIII, 3); L. 6 pr. D. de inoff. testam. (V, 2).

13) Arg. A. L.R. I, 12, §. 43; I, 11, §. 452; I, 9, §. 406.

*) L. 6 C. de inofficioso testamento (III, 28).

und daher nicht von den Eltern, sondern nur durch die Eltern zu empfangen angesehen werden **), muß in eine Summe aufgelöst werden. Dies kann nur dadurch geschehen, daß die einzelnen vermögensrechtlichen Bestandtheile derselben verwerthet oder nach ihrem Werthe festgestellt werden. Auf welchem Wege das Letztere geschehen müsse, ob durch Versilberung, oder durch Versteigerung unter den Erbinteressenten, oder durch eine Taxe, oder durch Annahme des Erwerbungspreises, das gehört in das Kapitel von der Erbtheilung; in keinem Falle sind hierüber die Vorschriften des Testators bindend für den Pflichttheilserben, da der Testator ja eben keine Macht hat, den Pflichttheil direkt oder indirekt zu schmälern, wogegen die anderen Miterben kein Recht haben, dagegen sich zu erheben, wenn der Pflichttheilserbe die Vorschrift anzunehmen in seinem Interesse für gut findet.

2. Von der festgestellten Gesammtsumme sind die Schulden des Erblassers abzuziehen. „Quartam autem accipietur, scilicet deducto aere alieno, et funeris impensa [1]." Hierdurch ist festgestellt, daß der Pflichttheilserbe für die Schulden mit haftet, denn sie werden ihm eben vorweg abgezogen. Dies ist auch von der preußischen Praxis festgestellt [2]). Daraus folgt, daß, wenn nicht alle Schulden berücksichtigt worden sind, wenn später noch Schulden, nach Vertheilung der Erbmasse, zum Vorschein kommen, die Gläubiger sich an den Pflichttheilserben in derselben Weise wie an jeden anderen Erben halten können. Es ist gesagt worden, daß mit den Erbschaftsgläubigern der Pflichttheilserbe nicht im Rechtsverhältnisse stände, sondern nur die Testamentserben [3]). Das ist ein vollständiger Irrthum. Woher soll der Schuldner (der Erblasser) ein Recht haben, durch seine testamentarischen Anordnungen seine Gläubiger an Personen zu verweisen, wie es ihm einfällt? Sie haben das unantastbare Recht, sich an seine Verlassenhaft zu halten und sich an diejenigen zu wenden, welche sich dieselbe quovis titulo angeeignet haben. Davon kann auch derjenige Pflichttheilserbe, welcher durch ein Legat zu seiner Zufriedenheit abgefunden worden ist, also derjenige Erbe, welcher für seine Erbportion auf eine bestimmte Sache oder Summe eingesetzt worden ist, den Gläubigern gegenüber, keine

**) A. L.R. II, 2, §. 397. Vergl. Witte, Intestaterbrecht, §. 68.

1) L. 8, §. 9 D. de inofficioso testamento (V, 2). — Zu vergl. L. 39, §. 1 D. de verborum significatione (L, 16).

2) Erk. des Obertr. vom 22. März 1858 (Entsch. Bd. XXXVIII, S. 199).

3) R. des J.M. vom 4. Mai 1840 (J.M.Bl. S. 155).

Ausnahme machen. Im Verhältnisse zu den übrigen Erben freilich wird er als ein Legatar angesehen, das heißt aber nur, diese übrigen Erben sollen, ihm gegenüber, für die Schulden, soweit der noch übrige Nachlaß langt [4]), aufkommen, den Gläubigern gegenüber ist diese Anordnung nicht bindend, sie brauchen sich an diese Verfügungen ihres Schuldners nicht zu kehren, sie halten sich an diejenigen, welche den Nachlaß ganz oder zum Theil hinter sich haben, mögen sie sich dann mit ihren Genossen darüber ausgleichen. Begreiflich ist es nicht, wie man auf den Gedanken zu kommen vermag, daß die Gläubiger sich durch den Schuldner sollen vorschreiben lassen müssen, an welchen von seinen Erben sie sich halten sollen. — Zu bemerken ist hier noch, daß bei der Berechnung des Pflichttheils der Kinder aus geschiedenen Ehen auch die dem Unschuldigen aus dem Vermögen des Schuldigen gebührende Abfindung als eine Schuld vorweg in Abzug kommt [5]). Alle diese Vorschriften haben nur bindende Kraft für die Erbinteressenten, für keinen Dritten.

3. Alles, was dem Pflichttheilsberechtigten angerechnet werden darf, wird so behandelt, als ob es noch sich im Vermögen befände. Gemeinrechtlich ist darüber kein Zweifel [5a]). Durch den bloßen Abzug von der Pflichttheilssumme ohne vorherige Einrechnung in die Gesammtmasse wird der Pflichttheilserbe, einem fremden Testamentserben zum Vortheil, in seinem Pflichttheile verletzt. Gesetzt, der Testator ernennt sein einziges Kind und einen Fremden zu seinem Testamentserben, setzt aber das Kind auf den Pflichttheil. Das Kind hat bei Lebzeiten des Vaters von ihm ein Kapital von 1000 Thlr. geschenkt erhalten und der Nachlaß beträgt 5000 Thlr. Von dieser Summe würde der Pflichttheil Ein Drittel oder 1666 Thlr. 20 Sgr. betragen, folglich würde das Kind, wenn ihm darauf das Geschenk von 1000 Thlr. abgerechnet würde, nur noch 666 Thlr. 20 Sgr. zu fordern haben. Wird aber das Geschenk als in der Masse befindlich behandelt, so gebührt dem Kinde Ein Drittel von 6000 Thlr., also 2000 Thlr., es muß also nach Anrechnung des Geschenks noch 1000 Thlr. erhalten. Die landrechtliche Ausgleichung unter Descendenten (Kollation) ist hier unanwendbar, auch schreibt hier das Landrecht

---

4) A. L. R. I, 12, §§. 332, 334.

5) Ebenda II, 2, §. 459.

5a) L. 25 pr. in fine D. de inoff. testam. (V, 2): „— conferri oportere id, quod donatum est."

ausdrücklich Anrechnung, nicht Ausgleichung vor [6]) und die Anrechnung setzt Einwerfung dessen, was angerechnet werden soll, in die Theilungsmasse voraus.

4. Bei Beurtheilung der Frage: ob der Pflichttheil Ein Drittel, die Hälfte oder zwei Drittel der Intestatportion betrage, werden alle Personen gezählt, welche den Testator beerbt haben würden, wenn er testamentslos verstorben wäre, also auch die rechtmäßig Enterbten [7]). Nach gemeinem Rechte zählt man auch den hinterbliebenen Ehegatten (die arme Wittwe) mit, weil dies eine nothwendige Folge des Grundsatzes, daß der Pflichttheil nur in einem Theile der Intestatportion bestehe, sei und daher der partem faciens auch als numerum faciens mitgezählt werden müsse [8]). Darüber besteht jedoch kein Einverständniß, von Mehreren wird es bestritten, jedoch unter Voraussetzung einer dem Ehegatten zustehenden Statutarportion [9]). Dieser Grund würde also auf den hinterbliebenen Ehegatten, welcher nicht aus einem Statute, sondern nach gemeinem Rechte Miterbe ist, nicht passen. Andere führen aber auch aus, daß der überlebende Ehegatte, sofern er mit den Verwandten des Erblassers succedirt, sei es nach gemeinen oder statutarischen Rechten, ohne Zweifel als Miterbe anzusehen sei [10]). — Die Gründe für die Mitzählung sind auch im preußischen Landrecht vorhanden, denn nach demselben ist der Ehegatte unzweifelhaft Miterbe ab intestato, welcher partem macht, und müßte daher auch numerum machen. Aber der Wortlaut steht doch entgegen, es werden nur die Kinder gezählt: „Der Pflichttheil ist, wenn nur Ein oder zwei Kinder vorhanden sind, Ein Drittel; wenn drei oder vier Kinder vorhanden sind, die Hälfte; und wenn mehr als vier Kinder vorhanden sind, zwei Drittel" u. s. w. Hätte der überlebende Ehegatte mitgezählt werden sollen, so würde, statt Kinder, „Erben" zu sagen gewesen sein. Justinian bedient sich zwar in der Verordnung, wodurch er die Legi-

6) §§. 393—396 a. a. O.

7) Ebenda §. 417. — Zu vergl. L. 8, §. 8 D. de inofficioso testam. (V, 2).

8) Glück, Kommentar, Bd. VII, S. 66 u. S. 102 ff.

9) Cocceji, Jus controversum, L. V, tit. 2, Qu. 30: „An in computatione legitimae quoque numeretur uxor quae portionem statutariam habet? Negatur: quia legitima est portio portionis ab intestato debitae, ab intestato vero uxor non succedit, indeque portionem non facit. Si ergo quatuor sint liberi, ex uxore, quae portionem statutariam habet, legitima non est semis, sed triens." — Malblanc, in Digest. P. II, Sect. 2, §. 701. — Hoffacker, Princip. jur. civ. (2. Ausg. von Gmelin), Tom. II, §. 1716, pag. 900.

10) Glück a. a. O. S. 104 u. die dort in der Note 60 angef. Rechtslehrer. Auch Thibaut, System, Th. II, §. 913; Schweppe, röm. Privatrecht, §. 956; Mackeldey, Lehrbuch, §. 657 u. A.

tima der Kinder mit Rücksicht auf die Anzahl derselben vergrößert[11]), auch des Ausdrucks Kinder (filii), doch schließt er mit den Worten: „hoc observando in omnibus personis, in quibus ab initio antiquae quartae ratio de inofficioso lege decreta est.“ Die antiquae quartae ratio paßte zwar nicht auf den hinterbliebenen Ehegatten, denn diese hatten zu jener Zeit kein anderes wechselseitiges Erbrecht als das prätorische ex edicto unde vir et uxor, nach welchem sie mit andern Miterben nicht konkurriren konnten; indeß machte Justinian in einer bald folgenden Verordnung von demselben Jahre (537) die arme Wittwe zur wahren Miterbin der Kinder des Erblassers in quartam partem substantiae[12]), so daß es nahe liegt, diese Miterbin bei Bestimmung der Größe des Pflichttheils der Kinder mitzuzählen. Diese formellen Gründe fehlen im Landrecht, und die Meinung, daß aus jenen innern Gründen der überlebende Ehegatte doch mitgezählt werden müsse, würde schwerlich Beifall finden; wenn aber doch, würde ich mich nicht verdrießen.

5. Ergiebt die nach diesen Grundsätzen aufgemachte Rechnung, daß der Pflichttheilserbe bereits vollständig abgefunden ist, so muß er abgewiesen werden[13]). Die Berechnungsart selbst, nach Gemeinem Rechte, ist streitig. Da Justinian sich so ausdrückt, daß den sämmtlichen Kindern zusammen die gebührende Pflichttheilsquote ungetheilt ausgewiesen und dann für jedes Einzelne dessen Antheil durch eine besondere Theilung gefunden werden soll[14]), so behaupten Viele, es müsse zuerst der ganze Pflichttheil für Alle vom Gesammtvermögen berechnet und derselbe dann erst unter die mehreren Pflichttheilserben getheilt werden. Andere wollen, daß man zuerst den Intestaterbtheil des Einzelnen suche, und von diesem das Drittel, die Hälfte und beziehungsweise die Zweidrittel als Pflichttheil ansehe[15]). In Fällen, wo alle Intestaterben auch Pflichttheilsberechtigte sind, haben beide Berechnungsarten das gleiche Ergebniß. Sind unter den Intestaterben auch Personen vorhanden, welche einen Pflichttheil nicht fordern können, z. B. wenn weitere Ascendenten mit halbbürtigen Geschwistern oder deren Descendenten zusammentreffen, so geben die beiden Berechnungen ein verschiedenes Resultat. Für unsere Aufgabe kann es umgangen werden, dieses durch Bei-

11) Novelle 18, Kap, 1.
12) Novelle 53, Kap. 6.
13) Vergl. oben, §. 45, III, Nr. 2, lit. c, Abs. dd.
14) Novelle 18, Kap. 1.
15) Glück, Kommentar, Bd. VII. S. 29 ff.

spiele zu zeigen; denn nach preußischem Rechte kann darüber: welche Berechnungsart zur Anwendung kommen müsse, nicht gestritten werden: das Gesetz sagt ausdrücklich, der Pflichttheil sei ein Theil der Intestatportion, welche jedem Einzelnen zugefallen sein würde, also muß zuerst die Intestatportion für Jeden gefunden werden.

e) Ausschließung von dem Pflichttheile.

aa) Gründe der Ausschließung.

§. 49.

α) Zur Strafe.

I. Der Pflichttheilsberechtigte kann von seinem Pflichttheile ganz, in einem Falle nur bis zur Hälfte, wegen Unwürdigkeit, Undankbarkeit und Lieblosigkeit ausgeschlossen werden. Dazu ist allein der Erblasser befugt aber nicht verpflichtet, daher kann kein Miterbe die Ausschließung gegen den Andern verlangen, insoweit nicht der Erblasser selbst davon Gebrauch gemacht hat. Das ältere römische Recht forderte zur Gültigkeit der Enterbung nicht die Anführung eines Ausschließungsgrundes, auch waren die Gründe nicht gesetzlich bestimmt, sondern wenn das Testament mit der querela inofficiosi testamenti angefochten wurde und der Testamentserbe den Einwand der rechtmäßigen Enterbung durch Angabe einer causa ingratitudinis begründete, blieb die Entscheidung über die Erheblichkeit derselben in den einzelnen Fällen dem Ermessen des Richters überlassen [1]). Dieser Willkür hat Justinian Schranken gesetzt. Er verordnete, daß fortan kein Testator seine Descendenten oder Ascendenten ausschließen dürfe, ohne daß eine bestimmte Ursache im Testamente namentlich angeführt und von dem eingesetzten Erben erwiesen werde; und daß, da die Gründe, aus welchen die Kinder für undankbar erklärt werden dürften, in verschiedenen Gesetzen zerstreut und nicht deutlich ausgesprochen gefunden würden, und einige von ihnen nicht einmal für den Undank genügend zu sein schienen, andere aber, obwohl sie genügend seien, übergangen worden, nur die in diesem Gesetze namentlich zusammengefaßten die rechtmäßigen Gründe des Undanks sein sollten, so daß es Niemandem erlaubt sein solle, durch andere als die hier genannten Gründe die Ausschließung zu rechtfertigen [2]). Das Landrecht ist dieser Verordnung fast durch-

---

1) L. 3, L. 5, §. 1 D. de inofficioso testam. (V, 2). Zu vergl. L. 13, L. 17 pr. D. eodem; Pauli, Sent. rec., L. V, tit. 16, §. 2; Plinii epist. V, 1

2) Nov. 115, cap. 3 pr.: „— nisi forsan probabuntur ingrati, et ipsas nominatim ingratitudinis causas parentes suo inseruerint te-

gängig gefolgt, es hat die Vorschrift, daß die Ausschließungsursache eine rechtmäßige und im Testamente selbst namentlich angegeben (legitima et adjecta) sein müsse [3]), und daß aus keinen anderen Gründen als den im Gesetze angeführten die gänzliche Enterbung stattfinden könne [4]), aufgenommen, auch sind die einzelnen Gründe meistens beibehalten, nur daß dieselben der heutigen Zeit angepaßt, und nach den Anforderungen unserer Sittlichkeit beschränkt oder erweitert sind. Die einzelnen Ausschließungsgründe sind folgende:

A. Für Descendenten.

a) Zur gänzlichen Ausschließung. Die Novelle Justinian's führt vierzehn auf, wovon die meisten auf beide Geschlechter, einige auf Söhne und Enkel allein, und eine (die eilfte, Ablehnung der Ehe mit einem der Tochter von den Eltern bestimmten Manne) ausschließlich auf weibliche Descendenten geht. Das Landrecht hat die Zahl auf neun vermindert. Es versteht sich, wird aber noch ausdrücklich gesagt, daß aus einem dieser Gründe der Pflichttheil auch bloß geschmälert, durch Bedingungen eingeschränkt oder mit Lasten beschwert werden könne [5]), nur muß die Ursache hierbei ebenso wie bei der gänzlichen Enterbung justa et adjecta sein. Sonst z. B. braucht der Pflichttheilserbe eine Bestimmung des Erblassers, daß er sich alles bei dessen Lebzeiten von demselben Empfangene anrechnen lassen soll, nur insoweit gefallen zu lassen, als die Gesetze eine solche Anrechnung verordnen und das Empfangene als Vorauszahlung auf den Pflichttheil ebenfalls angesehen wissen wollen; oder eine Bestimmung des Erblassers, daß er die Kosten der Erziehung, Verpflegung und Bekleidung seiner Kinder aus eigenen Mitteln zu bestreiten habe, wenn gleich die Revenüen des eigenen freien Vermögens der Kinder dazu ausreichen [6]); oder die Bestimmung desselben, daß er, „wenn er den Pflichttheil beanspruchen

---

stamento. Sed quia causas, ex quibus ingrati debeant judicari, in diversis legibus dispersas et non aperte declaratas invenimus (quarum aliquae nec dignae nobis ad ingratitudinem visae sunt, aliquae vero, cum essent dignae, praetermissae sunt), ideo necessarium esse perspeximus, eas nominatim praesenti lege comprehendere: ut praeter ipsas nulli liceat ex alia lege ingratitudinis causas opponere, nisi quae in hujus constitutionis serie continentur." Aehnlich lautet der Eingang zu Kap. 4 in Ansehung der Ascendenten.

3) Oben, §. 45, III, Nr. 2, lit. c, Abs. aa.

4) A. L.R. II, 2, §. 410: „Nur aus diesen §§. 399—409 angeführten, nicht aber aus andern, wenn auch denselben gleich oder ähnlich scheinenden Ursachen, kann die gänzliche Enterbung eines Kindes stattfinden."

5) Ebenda §. 411. Ebenso in Ansehung der Ascendenten, §. 514.

6) Erk. des Obertr. vom 17. September 1851 (Archiv f. Rechtsf. Bd. II, S. 350).

werde", denselben nicht in Natur, sondern nur nach gerichtlicher Taxe von dem eingesetzten Erben zu fordern berechtigt sein solle, denn diese Verordnung enthält eine Einsetzung auf den Pflichttheil schlechthin, also auf eine Quote der Verlassenschaft und macht den Pflichttheilserben zum Miterben auch im Verhältniß zu den übrigen Testamentserben, also zum Miteigenthümer der Erbschaft [7]). Die neun Gründe sind:

1. Wenn das Kind des Hochverraths, oder „des Lasters" der beleidigten Majestät gegen die Person des Oberhauptes im Staate, schuldig erkannt worden [8]). Auf die Beleidigung gegen den Regenten kann dies nicht bezogen werden; dieser hat keine Majestät. Dem römischen Rechte ist dieser Enterbungsgrund ganz unbekannt, er ist neu erfunden.

2. Wenn es Einem der leiblichen oder Stiefeltern nach dem Leben getrachtet hat [9]). Dies ist bei Justinian die fünfte Ursache, wo sie lautet: „Si vitae parentum suorum veneficiis, aut alio modo insidiari tentaverint," und bezieht sich unbestreitbar auf beide Geschlechter. Die Ausdehnung auf Stiefeltern ist neu, denn Stiefeltern sind nicht „parentes" im römischen Rechtssinne, wohl aber Adoptiveltern [10]). Unter dem „trachten" ist ebenso wie unter dem „tentaverint" der Versuch verstanden, welcher durch äußere Handlungen zur That geworden ist.

3. Wenn es Eins der leiblichen Eltern eines Verbrechens, auf welches eine härtere als Geld- oder bloße bürgerliche Gefängnißstrafe verordnet ist, wider besseres Wissen, fälschlich in Gerichten angeschuldigt hat [11]). Bei Justinian lautet dieser Grund, der dort der dritte ist: „Si eos (die Eltern) in criminalibus causis accusaverit, quae non sunt adversus principem, sive rempublicam [12])." Dieser wird nach gemeinem Rechte auf die Söhne eingeschränkt, weil Frauen in der Regel eine öffentliche Anklage nicht erheben konnten. Das paßt auf unsere Rechtszustände nicht. Der Grund zur Enterbung ist zwar in seinem Prinzip vom Landrechte anerkannt, aber so modifizirt, daß er auf unsere Zustände paßt und auf beide Geschlechter anzuwenden ist. Damit sind die gemeinrecht-

7) Vergl. Erk. des Obertr. vom 9. November 1853 (Archiv f. Rechtsfälle Bd. XI, S. 318).

8) A. L.R. II, 2, §. 399.

9) Ebenda §. 400. — Nov. 115, Kap. 3, §. 5.

10) Zu vergl. Pufendorf, Obs., Tom. II, obs. 5, 7.

11) A. L.R. a. a. O. §. 401.

12) Nov. 115, Kap. 3, §. 3.

lichen Kontroversen hierüber abgeschnitten; jede falsche Denunziation, bei Gerichte oder beim Staatsanwalte, fällt unter diesen Enterbungsgrund, wenn sie eine Strafhandlung zum Gegenstande hat, welche, wenn sie gegründet wäre, die bezeichnete Strafe zur Folge haben würde; er ist aber auch auf falsche Denunziationen eingeschränkt, während der dritte Justiniansche Grund keinen Unterschied zwischen wahren und falschen Anklagen macht und nur die Anklage auf Hochverrath überhaupt ausnimmt, weil diese Jedermanns Pflicht war, wenn er nicht als Mitwisser der Strafe des Hochverraths unterliegen wollte. Eigentlich enthält dieser landrechtliche Enterbungsgrund eine Verschmelzung des dritten und des siebenten Justinianschen. Der letztere lautet nach der Vulgata: „Si delator (συκοφάντης im Original) contra parentes filius extiterit, et per suam delationem gravia eos dispendia fecerit sustinere.“ Hier ist also von einem falschen Angeber die Rede und das ist der eigentliche Inhalt der landrechtlichen dritten Enterbungsursache und die dritte Justiniansche von der öffentlichen Anklage ist ganz unterdrückt, mit Recht, denn nach der preußischen Rechts- und Gerichtsverfassung kann eine peinliche Privatanklage zur Zeit noch nicht vorkommen und war zur Zeit der Abfassung des Landrechts überhaupt ganz undenkbar.

4. Wenn es sich an einem der leiblichen Eltern mit Thätlichkeiten, außer dem Falle einer wirklichen Nothwehr, vergriffen hat [13]). Dies ist der erste Grund Justinians, welchen er so ausdrückt: „Si quis parentibus suis manus intulerit [14]).“ Dieser bezieht sich ganz unzweifelhaft auf Söhne und Töchter. Unter dem „Vergreifen“ ist nach dem heutigen Sprachgebrauche die körperliche Mißhandlung, früher Realinjurie genannt, zu verstehen. Wie leicht oder schwer sie sei, ist gleichgültig, nur muß damit die Absicht eines Angriffs in feindseliger Absicht verbunden sein, daher der Fall der Nothwehr nicht unter dieses Gesetz fällt, worüber nach Gemeinem Rechte kein Einverständniß war, weshalb das Landrecht diese Anzweiflung ganz ausdrücklich abgewiesen hat.

5. Wenn es die Ehre des Erblassers mit groben Schmähungen angetastet hat [15]). Justinian drückt dies so aus: „Si gravem et inhonestam injuriam eis ingesserit [16]).“ „Schmähung“ ist

13) A. L.R. a. a. O. §. 402.
14) Nov. 115, Kap. 3, §. 1.
15) A. L.R. a. a. O. §. 403.
16) Nov. 115, Kap. 3, §. 2.

kein juristisch-technischer Ausdruck, man muß daher auf den gemeinen Sprachgebrauch zurückgehen. Nach diesem ist „schmähen" ein edlerer Ausdruck für schimpfen, schänden, ehrenrührige Handlungen fälschlich in boshafter Absicht nachreden, eine Art von schwerer Injurie im Sinne des Landrechts, namentlich Pasquille, Verleumdungen [17]). Das Landrecht entscheidet hier durch die Fassung dieser Bestimmung zugleich eine gemeinrechtliche Streitfrage, nämlich die: ob der eine Parens wegen einer dem andern Parens zugefügten Schmähung, die ihn nicht trifft, den Descendenten enterben könne. Das Landrecht entscheidet die Frage mit Nein, durch die Worte: „Wenn das Kind die Ehre des Erblassers — angetastet hat." Hieran knüpft sich eine zweite Frage: ob Eltern ihre Kinder auch dann noch enterben dürfen, wenn sie denselben ihr Vergehen verziehen haben. Diese Frage läßt sich jedoch auch bei andern Enterbungsgründen erheben, sie wird daher am Schlusse dieses Paragraphen wieder aufgenommen werden.

Es macht keinen Unterschied, ob die Nr. 2 bis 5 beschriebenen Beleidigungen den Eltern von dem Kinde unmittelbar, oder auf dessen Anstiften durch Andere zugefügt worden sind [18]).

6. Wenn Kinder mit dem anderen Theile der leiblichen oder Stiefeltern blutschänderischen oder ehebrecherischen Umgang gepflogen haben [19]). Dies ist die sechste Enterbungsursache Justinian's, welche lautet: „Si novercae suae, aut concubinae patris filius sese immiscuerit [20])." Die Konkubine fällt bei uns ganz aus, denn das Konkubinat war eine erlaubte und ehrbare Geschlechtsverbindung, die römische Ehe zur linken Hand, um ein heutiges ähnliches Verhältniß zu bezeichnen, folglich kann dieser Grund, da er eine erlaubte Geschlechtsverbindung zwischen dem beleidigten Ascendenten und seiner Geschlechtsgenossin voraussetzt, nur Anwendung finden, wenn der Descendent mit seiner Stiefmutter fleischlichen Umgang hatte, nicht aber auch dann, wenn der Sohn mit der Beischläferin des Vaters, wenn auch beide beständig beisammen leben, unerlaubten Umgang treibt. Justinian beschränkt diesen Grund ausdrücklich auf den Sohn, worunter auch der Enkel verstanden wird, und schließt damit die Tochter und Enkelin hinsichtlich des fleischlichen Umganges mit dem Stiefvater aus, das Landrecht aber

17) A. L.R. II, 20, §§. 576, 579.

18) A. L.R. II, 2, §. 404. Zu vergl. unten, B, Nr. 4.

19) Ebenda §. 405.

20) Novelle 115, Kap. 3, §. 6.

schreibt ihn für beide Geschlechter vor, indem es von Stiefeltern spricht.

7. Wenn das Kind durch grobe Verbrechen dem Erblasser einen beträchtlichen Theil seines Vermögens entzogen hat [21]). Für beträchtlich wird ein solcher Schade angesehen, wenn er wenigstens den Betrag des dem Kinde sonst zukommenden Pflichttheils erreicht [22]). Bei Beurtheilung dieser Frage ist auf den Vermögenszustand unmittelbar vor der Beschädigung zu sehen. Ein solcher Schade kann z. B. durch Brandstiftung oder Durchstechung der Deiche und Dämme bei Hochwasser zugefügt werden. Eine einigermaßen entsprechende Enterbungsursache findet sich in Justinian's Verordnung nur in der siebenten (Nr. 3), wonach eine erhebliche Vermögensbeschädigung gleichfalls zum Enterbungsgrunde gemacht, aber als Mittel nur eine bestimmte unerlaubte Handlung, nämlich die falsche Denunziation, bezeichnet ist. Das Landrecht setzt an Stelle dieses einen bestimmten Mittels allgemein grobe Verbrechen.

8. Wenn das Kind den Erblasser, als derselbe nothleidend gewesen, nicht hat unterstützen wollen [23]). Das österreichische Gesetzbuch, §. 768, Nr. 2, drückt dies so aus: „wenn es den Erblasser im Nothstande hülflos gelassen hat." Justinian behandelt das Prinzip in seiner zwölften und dreizehnten Enterbungsursache, aber nur in Anwendung auf zwei bestimmte Fälle, nämlich: wenn die Descendenten den wahnsinnigen Erblasser vernachlässigen, ihm die nöthige Hülfe und Pflege nicht angedeihen lassen, bei welcher Enterbungsursache selbstverständlich die später erfolgte Wiederherstellung des Geisteskranken vorauszusetzen ist [24]); und wenn die über achtzehn Jahre alten Descendenten den in feindliche Gefangenschaft gerathenen Erblasser nicht eilen loszukaufen [25]). Eine direkte Anwendung hiervon wäre nur noch auf Schuldgefangene zu machen, denn von der Kriegsgefangenschaft, woran Justinian gedacht haben

21) A. L.R. a. a. O. §. 406.

22) Ebenda §§. 406, 407.

23) Ebenda §. 408.

24) Novelle 115, Kap. 3, §. 12: „Si quis de praedictis parentibus furiosus fuerit, et ejus liberi, vel quidam ex his — obsequium ei et curam competentem non praebuerint: si quidem a tali sanatus fuerit, erit ei potestas, utrum velit filium vel filios — ingratum vel ingratos in suo scribere testamento."

25) §. 13 eodem: „Si unum de praedictis parentibus in captivitate detineri contigerit, et ejus liberi, sive omnes, sive unus, non festinaverint eum redimere, siquidem valuerit calamitatem captivitatis evadere: in ejus sit potestate, utrum hanc causam ingratitudinis testamento suo velit adscribere."

mag, kann in dieser Beziehung heutzutage wohl schwerlich die Rede sein. Aus diesen beiden Nothfällen ist die achte Enterbungsursache des Landrechts entstanden, und zwar in einer so allgemeinen Fassung, daß die Tragweite dieses Enterbungsgrundes nicht zu übersehen ist. Vorausgesetzt ist selbstverständlich, daß der Descendent, dessen Hülfe in der Noth angerufen wird, in der Lage sein muß, diese Hülfe bringen zu können und daß er es unterlassen nur weil er nicht wollte. Was unter dem „Nothleiden" hier zu verstehen sei, ist nicht näher bestimmt, im engeren Verstande denkt man sich darunter Mangel leidend an den unentbehrlichsten Erhaltungsmitteln des zeitlichen Lebens, und einen weiteren Begriff hat wohl die Gesetzgebung mit dem Ausdrucke hier nicht verbinden wollen [25a]). Es hängt hiermit eine andere Bestimmung zusammen, welche die Auffassung unterstützt. Justinian verordnet nämlich in derselben Stelle ([24]) weiter: Wenn ein Fremder sich der leidenden Eltern in ihrem hülflosen Zustande annehmen will, so soll er an diejenigen, welche als Intestaterben, oder durch ein schon errichtetes Testament zur Erbschaft derselben berufen sind, eine schriftliche Aufforderung ergehen lassen, die Pflege der Eltern zu übernehmen. Wenn sie dieselben aber auch nach dieser Aufforderung vernachlässigen und der Fremde sie in sein Haus aufnimmt und auf eigene Kosten bis an den Tod verpflegt hat, so soll er, wenn er auch ein ganz Fremder sein sollte, zur Nachfolge des Verpflegten gelangen, und die Einsetzung Jener umgestoßen sein, da sie unwürdig seien. Diese Verordnung hat das Landrecht in dem Titel von Armenanstalten aufgenommen: „Auch die ehelichen Nachkommen oder eine Ehefrau verlieren den Pflicht- oder vertragsmäßigen Erbtheil zum Besten der Anstalt, wenn sie, bei hinlänglichem Vermögen, ihren hülflosen Eltern, oder dem Ehemanne, die gesuchte Unterstützung versagt haben [26])."

9. Wenn es, bei erhaltener ehrbarer Erziehung, durch grobe Laster, schändliche Aufführung, oder durch die Wahl einer niederträchtigen Lebensart, sich bei seinen Standesgenossen öffentlich entehrt hat [27]). Auch diese Enterbungsursache geht auf die Abkömmlinge beider Geschlechter und faßt die vierte, zehnte und eilfte Justinianische zusammen, die vierte: wenn er mit Giftmischern als Giftmischer verkehrt; die zehnte: wenn der Sohn sich wider den Willen der Eltern unter die Thierkämpfer und Mimen begeben

25a) M. vergl. auch A. L.R. §. 513 a. a. O.

26) II, 19, §. 54. — Zu vergl. §. 61 hinsichtlich der Aufforderung.

27) Ebenda II, 2, §. 409.

hat und bei diesem Gewerbe verbleibt, falls nicht etwa auch die Eltern dasselbe betrieben haben; die eilfte, welche ausschließlich nur auf Töchter und Enkelinnen geht: wenn die Eltern ihrer Tochter oder Enkelin einen Mann geben und ein den Kräften ihres Vermögens angemessenes Heirathsgut für sie bestellen wollen, jene aber nicht will, sich vielmehr einem schlechten Lebenswandel ergiebt. — Ob im vorkommenden Falle die öffentliche Entehrung in den Augen der Standesgenossen durch das eine oder andere der bezeichneten Mittel geschehen sei, ist, wie eine andere Thatsache, von dem Richter nach den ihm vorgelegten Beweisen festzustellen. Es ist aber, sagt Suarez, nicht jedes grobe Verbrechen eine gerechte Enterbungsursache. Seinen Gegner im Duell tödten, sei ein grobes Verbrechen, aber nicht eine gerechte Ursache der Enterbung. Es komme nicht auf ein einzelnes Verbrechen an, sondern auf solche Verderbniß der Sitte und Lebensart, die einen niederträchtigen und malitiösen Charakter bezeichnet [28]). Dazu ist zu bemerken, daß das Gesetz überhaupt ein begangenes Verbrechen als solches hier nicht zur Enterbungsursache macht, sondern diese in die eigene öffentliche Entehrung als das Ergebniß eines frevelhaften, verbrecherischen oder lasterhaften und schändlichen Lebens setzt, und dazu muß noch kommen, daß die Eltern nicht durch eine vernachlässigte Erziehung die Mitschuld tragen.

b) Zur Ausschließung bis auf die Hälfte des Pflichttheils. Dies ist neues Recht. Das Landrecht giebt den Eltern die Befugniß, ihre Kinder zwar nicht ganz, aber bis auf die Hälfte des Pflichttheils auszuschließen, aus zwei Gründen:

1) Wenn ein Kind ohne ertheilte, oder von dem Richter ergänzte Genehmigung der Eltern heirathet [29]). In diesem Falle kann der Vater, wenn er die Ungültigkeit der Ehe nicht rügen will, oder nicht rügen kann, das ungehorsame Kind bis auf die Hälfte des Pflichttheils enterben [30]). Der Mutter steht diese Befugniß nur dann zu, wenn nach des Vaters Tode ein Kind, gleichviel ob minder- oder großjähriges, ohne ihre Einwilligung heirathet [31]). Hiernach wird, wenn bei des Vaters Leben ein Kind ohne seine Einwilligung heirathet und er das Kind nicht enterbt, die Mutter nicht befugt sein, für sich, von ihrem Nachlasse, das Kind zu enterben, weil der Vater

28) Motive zur Gesetzrevision, Pensum XVI, S. 310.

29) A. L.R. II, 2, §. 412.

30) Ebenda II, 1, §§. 995, 996, 998.

31) Ebenda §. 1000.

durch sein Stillschweigen Verzeihung gewährt hat. Die Mutter wird aber auch dann, wenn der Vater das Kind enterbt hat, nächstdem auch nicht befugt sein, das Kind auch noch von ihrem Nachlasse zu enterben, weil es nur dem Vater allein zustand, den Ungehorsam zu rügen.

2. Wenn ein Kind durch unehelichen Beischlaf die Einwilligung der Eltern in seine Heirath erzwingen wollen. Hier gilt das Gleiche wie in dem ersten Falle; nur Einer der Eltern, zunächst der Vater, und wenn dieser zu der Zeit des Ereignisses nicht mehr lebte, kann den Ungehorsam des Kindes bestrafen [32]).

B. Für Ascendenten. Das Landrecht stellt sieben Gründe auf, aus welchen Ascendenten von ihren Descendenten enterbt werden können. Sie beziehen sich alle auf beide Eltern und treffen mit denjenigen, welche Justinian [33]) vorgeschrieben hat und deren sich acht finden, wenig überein. Es sind folgende:

1. Wenn dieselben des Hochverraths, oder des Lasters der beleidigten Majestät gegen die Person des Oberhauptes im Staate, schuldig erkannt worden [34]). Dieser stimmt mit Nr. 1 für Descendenten überein.

2. Wenn sie dem Erblasser oder dessen Ehegatten, oder Abkömmlingen, nach dem Leben getrachtet haben [35]). Dieser entspricht dem zweiten für Descendenten und dem zweiten Justinianschen [36]).

3. Wenn sie durch üble Behandlung der Gesundheit des Erblassers einen erheblichen und dauernden Schaden boshafter Weise zugefügt haben [37]). Die Mißhandlung, sie werde ausgeführt durch Mittel wie immer, muß nicht bloß vorsätzlich, sondern sie muß in der boshaften Absicht, dadurch einen bestimmten äußern Erfolg zum dauernden Nachtheil der Gesundheit des Kindes zu erreichen, verübt worden sein [38]). Justinian kennt einen ähnlichen Grund nicht.

4. Wenn sie denselben eines groben Verbrechens, worauf in

32) Ebenda II, 2, §. 413.

33) Novelle 115, Kap. 4.

34) A. L.R. II, 2, §. 506.

35) Ebenda §. 507. Zu vergl. oben, A, a, Nr. 2.

36) Nov. 115, Kap. 4, §. 2: „Si venenis aut maleficiis, aut alio modo parentes filiorum vitae insidiati probabuntur."

37) A. L.R. a. a. O. §. 508.

38) Motive zur Gesetzrevision, Pensum XVI, S. 322.

den Gesetzen Zuchthaus- oder Festungsstrafe verordnet ist, wider besseres Wissen, fälschlich in Gerichten angeschuldigt haben [39]). Dieser stimmt mit Nr. 3 für Descendenten überein und entspricht der ersten Enterbungsursache Justinian's für Ascendenten [40]).

Bei den letzten drei Enterbungsursachen soll es ebenfalls, wie es für Descendenten vorgeschrieben ist, keinen Unterschied machen, ob die Beleidigungen dem Kinde von den Eltern unmittelbar, oder durch Andere zugefügt worden [41]). Die Vorschrift ist auffallend. Wenn darin nur die intellektuelle Urheberschaft der Beleidigungen gemeint wird, so scheint sie überflüssig zu sein, da es wohl kaum denkbar ist, daß man den Vater in dem Falle, wenn er einen Banditen zur Ermordung des Sohnes dingt, oder den Sohn, wenn er dies zur Ermordung des Vaters thut, nicht für ebenso unwürdig halten würde, wie es geschehen müßte, wenn er zur Ersparung des Banditenlohnes persönlich die Sache in die Hand genommen hätte. Man ist daher geneigt, darin noch nach einem anderen Gedanken zu suchen, etwa dem, daß ein anderer Descendent oder Ascendent durch die dem Angegriffenen widerfahrene Beleidigung als mittelbar mit beleidigt auch für sich einen Grund, von seinem Nachlasse den Beleidiger des Bruders ꝛc. auszuschließen, haben solle. (M. s. unten, Nr. II, 1.) Dies ist jedoch aufzugeben, weil das Gegentheil schon durch die Fassung der unmittelbar vorhergehenden §§. 507—509, auf welche sich die Vorschrift bezieht, entschieden ist, denn die Enterbungsbefugniß ist nur demjenigen Erblasser gegeben, welchem selbst die Unbill zugefügt worden ist. Man hat sonach in der Vorschrift nur eine Vorbeugung der Zweifel zu finden, welche aus dem Verbote, andere den ausdrücklich angeführten gleich oder ähnlich scheinende Ursachen als gerechte Enterbungsgründe gelten zu lassen [42]), hätten entstehen können und gewiß entstanden sein würden.

5. Wenn der enterbte Ascendent mit dem Ehegatten des enterbenden Kindes, während der Ehe, ehebrecherischen Umgang gepflogen hat [43]). Dieser Grund entspricht der Nr. 6 für Descendenten und der Justinianschen dritten, welche sich nur auf den

39) A. L.R. a. a. O. §. 509.

40) Nov. 115, Kap. 4, §. 1: „Si parentes ad interitum vitae liberos suos tradiderint."

41) A. L.R. a. a. O. §. 510. Zu vergl. §. 404.

42) Ebenda §. 410.

43) Ebenda §. 511.

Vater bezieht[44]), während die Vorschrift des Landrechts auf beide Eltern geht.

6. Wenn der Enterbte bei der körperlichen oder sittlichen Erziehung des Enterbenden die nach den Gesetzen ihm obliegenden Pflichten gröblich verletzt hat[45]). Diese Enterbungsursache kennt Justinian nicht.

7. Wenn er sich der gesetzmäßigen Obliegenheit zur Ernährung des ohne grobes Verschulden in Mangel und Elend gerathenen Kindes, bei eigenem hinreichenden Vermögen dazu, vorsätzlich entzogen hat[46]). Das „sich vorsätzlich entzogen hat" faßt die Weigerung der Unterstützung auf erfolgte Aufforderung in sich und es ist gleichgültig, ob die Entziehung gegen den richterlichen Zwang nicht gelungen ist. Dieser Grund entspricht der Nr. 8 für Descendenten. Was dort in Beziehung auf nothleidende Eltern gesagt worden ist, gilt auch hier. Justinian verweiset in Betreff eines wahnsinnigen Kindes auf seine Vorschrift von wahnsinnigen Eltern[47]).

C. Für Ehegatten. Das römische Recht kann Enterbungsursachen für Ehegatten nicht kennen, weil das vollkommnere civilrechtliche wechselseitige Erbrecht der Eheleute erst durch das Landrecht geschaffen worden ist. Dieses schreibt dabei vor, daß ein Ehegatte dem Anderen den ihm gebührenden Pflichttheil wegen solcher Verschuldungen schmälern, belasten, mit Bedingungen beschweren oder gar entziehen könne, die ihn berechtigt haben würden, sich von ihm scheiden zu lassen[48]). Die Scheidungsgründe also, welche zugleich Enterbungsursachen sollen sein können, müssen „Verschuldungen" des Enterbten sein. Darnach ist zu beurtheilen, ob Unvermögen, unheilbare körperliche Gebrechen, Raserei und Wahnsinn[49]) rechtmäßige Enterbungsursachen sind.

II. Noch bleiben zwei allgemeine Fragen, bezüglich auf die Enterbungsgründe, näher zu erörtern.

1. Die eine Frage ist die: ob die Enterbungsursachen, wenn sie auch nur einen der Descendenten, oder einen der Ascendenten unmittelbar berühren, dennoch auch einem Anderen einen gerechten

---

44) Nov. 115, Kap. 4, §. 3: „Si pater nurui suae — sese immiscuerit."

45) A. L.R. a. a. O. §. 512. — Zu vergl. oben, lit. a, Nr. 9.

46) A. L.R. a. a. O. §. 513.

47) Nov. 115, Kap. 4, §. 6: „— — omnia et hic observari praecipimus, quae de parentibus furiosis superius disposuimus."

48) A. L.R. II, 1, §. 632.

49) Ebenda §§. 696—698.

Grund zur Ausschließung des Beleidigers von seinem eigenen Nachlasse geben, z. B. ob die Mutter den Sohn enterben kann, weil dieser sich gegen ihren Ehemann vergangen hat, oder der Sohn den Vater, weil dieser seiner Tochter, der Schwester des Testators, eine Schmach angethan hat, welche für die verletzte Tochter selbst ein Grund sein würde, den Vater von ihrer Verlassenschaft auszuschließen. Die gemeinrechtlichen Juristen sind hierüber nicht einverstanden, viele kommen auf die Frage auch nur bei der einen oder der anderen Enterbungsursache [50]). Für die bejahende Meinung wird geltend gemacht, das Gesetz spreche nicht überall von dem Enterbungsrecht des Beleidigten, sondern ganz allgemein von dem Rechte der Eltern, undankbare oder schlecht gesinnte Kinder, welche sich das bezeichnete Vergehen zu Schulden kommen lassen, sowie von dem Rechte der Kinder, lieblose oder unwürdige Eltern auszuschließen. Dagegen sagt man von der anderen Seite, die Allgemeinheit des Ausdrucks beweise hier nichts. Denn wenn z. B. das Gesetz sage: Kinder können enterbt werden, wenn sie die Eltern beleidigen, so liege es sehr nahe, dies so zu verstehen: Eltern können ihre Kinder enterben, von denen sie beleidigt sind; beide Eltern sollten dieses Recht haben. Es wird dann weiter ausgeführt, daß der Gesetzgeber nicht wollte, daß schlechtes und liebloses Betragen gegen den einen Ascendenten auch dem Anderen ein Recht zur Ausschließung gebe. Indeß wird doch eingeräumt, daß in einem Falle das Kind ausdrücklich für berechtigt erklärt worden, den einen Ascendenten von der Erbschaft auszuschließen, weil dieser dem Anderen nach dem Leben getrachtet hatte [51]). Indeß ist dieses Alles für das preußische Recht nicht maßgebend, weil die ganze Ausführung auf die Fassung des Gesetzes, nämlich auf die Novelle 115, gebaut ist. Es kommt daher auf die Fassung jeder einzelnen Bestimmung an. Wenn das Gesetz eine That des Notherben, ohne Beziehung auf einen Erblasser, absolut für einen Enterbungsgrund erklärt, so kann jeder Ascendent und beziehungsweise jeder Descendent davon gegen den Uebelthäter Gebrauch machen. Dahin gehört in erster Linie der erste Enterbungsgrund für Descendenten, wie für Ascendenten: wenn ein Descendent oder Ascendent des Hochverraths, oder des Lasters

50) Im allgemeinen ist die Frage erörtert bei v. Buchholz, über die gesetzlichen Enterbungsursachen der Kinder u. der Eltern, in dessen juristischen Abhandlungen aus dem Gebiete des heutigen römischen Rechts (Königsberg 1833), S. 144 — 148, und von Mühlenbruch, in der Fortsetzung von Glück, Bd. XXXVII, S. 171 ff.

51) Nov. 115, Kap. 4, §. 5.

der beleidigten Majestät für schuldig erkannt worden. Ferner gehört dahin z. B. das Enterbungsrecht gegen einen Descendenten wegen einer niederträchtigen Lebensweise oder wegen Handlungen, wodurch er sich entehrt (Nr. 9 für Descendenten): in diesem Falle kann ohne Zweifel ein jeder Ascendent einen solchen Descendenten enterben. Wenn dagegen das Enterbungsrecht wegen einer beleidigenden Handlung nur dem davon betroffenen Erblasser zugesprochen ist, wie z. B. in den Fällen Nr. 5, 7, 8 für Descendenten und bei den meisten Enterbungsursachen für Ascendenten, da kann kein Anderer von derselben, ihn nicht unmittelbar berührenden, That einen Enterbungsgrund für sich machen, um diesen Notherben von seiner Verlassenschaft auszuschließen. Auf diese Weise sind die Verfasser des Landrechts, im Bewußtsein der Frage, darauf bedacht gewesen, durch die Fassung der einzelnen Gründe und durch das Verbot der Ausdehnung auf gleich oder ähnlich lautende Fälle, den gemeinrechtlichen Streitigkeiten vorzubeugen.

Uebrigens setzen alle als Enterbungsursachen bezeichnete Handlungen oder Thatsachen eine Verschuldung des Auszuschließenden voraus, dieser muß daher in einem zurechnungsfähigen Zustande sich befunden haben[52]) und bei verübten Thätlichkeiten nicht zur Selbstvertheidigung gegen ungeziemende Angriffe, z. B. von Seiten des Vaters auf die Keuschheit der Tochter, genöthigt gewesen sein ([13]), der Enterbende muß daher bei der Thatsache, welche er zur Ursache der Ausschließung machen will, keine Mitschuld tragen (A, Nr. 9 u. B, Nr. 7).

2. Die Enterbungsursache muß zur Zeit der Testamentserrichtung vorhanden sein oder noch fortwirken. Es fragt sich daher, ob eine Enterbung noch wegen einer Beleidigung zuläßig sei, nachdem dieselbe verziehen worden. Darüber gehen die Meinungen sehr verschieden auseinander. Einige behaupten, daß die geschehene Versöhnung das Recht zur Enterbung nicht nehme, weil jeder Erlaß strikt genommen werden müsse. Andere unterscheiden, ob die Enterbung vor oder nach der Versöhnung geschehen ist, und halten dafür, daß sie zwar im erstern Falle ihre Wirkung nicht verliere, in dem letzteren aber bewirke, daß das Testament als pflichtwidrig angefochten werden könne. Denn wenn die Aussöhnung vor der Errichtung des Testaments geschehen sei, so könne darum keine Enterbung weiter stattfinden, weil sich der Beleidigte nun alles Rechts

52) L. 33, §. 1 C. de inoff. testam. (III, 28): „— Quum enim infantem suum non posse ingratum a matre sua vocari scripsit."

begeben habe, welches ihm sonst gegen den Beleidiger zugestanden haben würde. Wenn dagegen die Enterbung vor der Aussöhnung geschehen sei, so könne sie dadurch nicht ungültig, mithin das Testament deshalb nicht als pflichtwidrig angefochten werden, weil es bei der Enterbung genüge, daß der Erblasser zur Zeit des errichteten Testaments eine rechtmäßige Ursache hatte, und einem gehörig eingesetzten Testamentserben die Erbschaft nicht nuda voluntate wieder genommen werden könne, ohne ein neues Testament zu machen [53]); auch sei die Annahme, daß wirklich eine Versöhnung und Verzeihung erfolgt sei, doch immer sehr bedenklich, wenn es der Beleidigte bei der verordneten Enterbung bewenden lasse. Noch Andere leugnen schlechterdings, daß bei erfolgter Aussöhnung noch eine Enterbung stattfinden könne, der Erbe möge dem Enterbten vor oder nach dem Testamente sein Vergehen verziehen haben [54]). Dieses war der Stand der Frage, welchen die Verfasser des Landrechts vorfanden. Sie haben sich der zweiten Meinung angeschlossen und verordnet:

> „Die in einem Testamente geschehene Enterbung besteht so lange, als der Erblasser dies Testament nicht widerrufen, oder seinen Willen, die Enterbung wieder aufzuheben, nicht deutlich erklärt hat."
>
> „Die bloße Versöhnung mit dem Kinde, so wie dessen Wiederaufnehmung in das väterliche Haus, ist für einen Widerruf der Enterbung noch nicht zu achten [55])."

Aus der vorausgeschickten Dogmengeschichte wird der Sinn dieser Verordnungen klar. Welche Wirkung die bloße Wiederaufhebung der Enterbung auf die Theilnehmungsrechte des enterbt gewesenen Notherben habe, muß in jedem einzelnen Falle nach dem stehen gebliebenen Inhalte des Testaments beurtheilt werden. Im Allgemeinen läßt sich nur sagen, daß der Notherbe, dessen Enterbung ohne nähere Bestimmung zurückgenommen worden ist, wie ein Uebergangener oder Nachgeborener den Testamentserben als Miterbe kraft des Gesetzes hinzutritt.

Ein Versprechen, nicht enterben zu wollen, ist, insofern es sich nicht auf Beleidigungen, welche in der Vergangenheit liegen, bezieht,

53) L. 23 pr. D. de liberis et postumis (XXVIII, 2): „Filio, quem pater post emancipationem a se factam, iterum arrogavit, exheredationem antea scriptam nocere dixi."

54) Zahlreiche Schriftsteller sind nach diesen verschiedenen Hauptmeinungen gruppirt bei Glück, Kommentar, Bd. VII, S. 217 u. flg., und für zwei Mittelmeinungen jüngeren Datums, die für uns kein Interesse haben, bei Mühlenbruch, in der Fortsetzung von Glück, Bd. XXXVII, S. 186.

55) A. L.R. II, 2, §§. 414 u. 416.

völlig wirkungslos, weil man einen künftigen Dolus nicht in Voraus erlassen kann [56]); auch findet keine Kompensation einer enterbungswürdigen Handlung mit sehr verdienstlichen Handlungen des Notherben statt [57]).

III. Soll zwar keine Ausschließung das Notherben vom Pflichttheile geschehen, der Pflichttheil jedoch geschmälert, mit Lasten beschwert, mit Bedingungen belastet, oder die Verfügung des Notherben darüber unter Lebendigen oder von Todeswegen eingeschränkt werden, so ist dieses Alles nur aus dem einen oder dem anderen der vorhin beschriebenen Enterbungsgründe, welcher im Testamente angegeben sein muß, zulässig [58]). Hiervon giebt es eine Ausnahme vermittelst der sog. Socinischen Kautel [59]). Will ein Testator einen Pflichttheilserben mit dergleichen Lasten beschweren, so muß er die Vorschrift beobachten, ihm nicht den bloßen Pflichttheil, sondern noch irgend einen Vortheil darüber, etwa einen größeren Erbtheil, oder Erlaß der Anrechnungen auf den Pflichttheil zuwenden und dabei ausdrücklich verordnen, daß, wenn er sich der Beschwerung seines Erbtheils nicht unterwerfe, er mit dem bloßen Pflichttheile und dem, was ihm darauf noch zukomme, abgefunden sein solle. Die Wirkung hiervon ist, daß, wenn der Pflichttheilserbe annimmt, er die ihm aufgelegten Belastungen und Einschränkungen, wie ein fremder Testamentserbe, dulden muß. Allein nach Gemeinem Rechte braucht er darauf nicht einzugehen, er kann alle Belastungen abwerfen, und seinen freien, uneingeschränkten Pflichttheil fordern. Hiervon ist das Landrecht abgegangen. Es sagt:

> „Verlassen Eltern einem Kinde sein volles Erbtheil, verfügen aber dabei, daß selbiges für die Enkel erhalten werden soll: so muß das Kind sich dieser Verordnung unterwerfen, und kann statt dessen den Pflichttheil nicht wählen [60])."

Diese Anomalie wird wie folgt gerechtfertigt: „Durch die sogenannte Cautelam Socini konnten Eltern ihre Kinder in der Disposition über den Pflichttheil einschränken, wenn sie ihnen mehr als den Pflichttheil hinterließen. Dem Kinde aber steht frei, dies

---

56) A. L.R. I, 16, §. 400. — L. 23 D. de regulis juris (L, 17).

57) Zu vergl. Mühlenbruch a. a. O. Bd. XXXVII, S. 186, 187.

58) A. L.R. II, 2, §. 418.

59) Heinrich Wilhelm Koch, über die Socinische Kautel. Gießen 1786. Der Name kommt von einem italienischen Rechtsgelehrten Marianus Socinus, gestorben 1556, der jedoch nicht der Erfinder, sondern der Begutachter der Kautel ist. M. s. das Weitere darüber bei Glück a. a. O. Bd. VII, S. 86 ff.

60) A. L.R. a. a. O. §. 430.

mehrere Erbtheil fahren zu lassen und die bloße Legitimam, ohne die verordnete Einschränkung, zu wählen. Hiervon ist das Gesetzbuch, §. 430, darin abgegangen, daß, wenn Eltern einem Kinde sein volles Erbtheil verlassen, dabei aber verfügen, daß selbiges für die Enkel erhalten werden solle, das Kind sich dieser Verordnung unterwerfen müsse und statt dessen den Pflichttheil nicht wählen könne. Diese Abweichung scheint durch die offenbare Billigkeit gerechtfertigt zu werden. Bei einer solchen Disposition liegt kein Haß oder Widerwille gegen das Kind, keine unnatürliche Begünstigung eines Fremden zu dessen Nachtheile, sondern höchstens nur ein Mißtrauen in die Oekonomie und Sorgfalt des Kindes bei der Konservation des ihm zugefallenen Vermögens zum Grunde. Ein Vater, der seinem eigenen Kinde 20,000 Thlr. von dem großväterlichen Vermögen entziehen und dieselben einem Fremden zukommen lassen wollte, bloß um mit diesem Opfer sich die freie Disposition wegen der übrigen 10,000 Thlr. zu erkaufen, würde durch diese Handlung selbst das Mißtrauen des Testators gegen seine Wirthschaftlichkeit, oder gegen seine Zuneigung für sein eigenes Kind nur allzusehr rechtfertigen, und verdient nicht, daß er dabei durch die Gesetze unterstützt werde [61])." Diese anomale Bestimmung kann nur auf den vorausgesetzten Fall: Zuwendung des vollen Erbtheils und fideikommissarische Substitution der Enkel des Testators, angewendet werden; wird dem Kinde weniger hinterlassen, oder werden ihm andere substituirt, so ist ihm die Wahl seines unbeschwerten Pflichttheils statt der beschwerten Zuwendung nicht zu versagen [62]). — Von der Enterbung aus guter Absicht unterscheidet sich dieser Fall dadurch, daß bei ihm keine Ursache im Testamente angegeben zu werden braucht, wie bei der exheredatio bona mente (§. 50).

§. 50.

β) Aus guter Absicht.

I. Das Pandektenrecht kennt Fälle, wo die Ausschließung des Notherben nicht durch eine causa ingratitudinis zur Strafe desselben gerechtfertigt zu sein brauchte, sondern aus dem Gesichtspunkte des Wohlwollens und aus Rücksicht auf das wahre Wohl des Enterbten für zulässig erachtet wurde. Die Enterbung aus einem solchen Be-

---

61) Suarez, Schlußvorträge, in den Jahrbüchern, Bd. XLI, S. 165, Nr. 2.

62) Zu vergl. Erk. vom 27. Juni 1856 (Entsch. Bd. XXXIII, S. 97).

weggrunde nannte man eine exheredatio non mala mente [1]), oder non notae causa, — non notae gratia [2]), wofür heut zu Tage die Benennung „exheredatio bona mente, — Enterbung aus guter Absicht", gebräuchlich ist. Diese Art der Ausschließung der Notherben ist in der neuen Verordnung Justinian's ganz übergangen und wegen der ausdrücklichen Bestimmung desselben: „non licere penitus patri vel matri — — — liberos praeterire, aut exheredes in suo facere testamento, — — nisi probabuntur ingrati" [3]), wird von Vielen geleugnet, daß seitdem eine exheredatio bona mente als eigenthümliches Rechtsinstitut noch gelten könne, vielmehr behauptet, daß Justinian die Enterbungen in guter Absicht abgeschafft habe [4]). Indeß ist die gewöhnlich über die exheredatio bona mente angenommene Meinung durch die Praxis und durch Partikulargesetze bestätigt. Dieselbe geht im Ganzen dahin, daß man seine Notherben wirksam enterben könne, auch wenn keiner der in der Novelle 115 bestimmten Gründe vorhanden ist, falls dabei das eigene Beste des Ausgeschlossenen bezweckt wird, und auch durch die Art der Verfügung erreicht werden kann; und daß aus gleichem Grunde denn auch die Hinzufügung von Bedingungen und Zeitbestimmungen, oder sonstiger Beschwerungen, bei der Zuwendung der Erbschaft oder des Pflichttheils gestattet sei [5]). Dieser Meinung hat sich auch das Landrecht angeschlossen, doch mit mehr oder weniger Modifikationen.

II. Die Personen, welche aus wohlwollender Absicht enterbt werden können, sind:

1. Descendenten, mögen sie noch in väterlicher Gewalt sein oder nicht, auf welchen Unterschied nach preußischem Rechte in Beziehung auf das Pflichttheilserbrecht nichts ankommt; auch steht das Recht beiden Eltern zu [6]).

2. Ascendenten. Wegen deren Enterbung aus guter Ab-

---

1) L. 12, §. 2 D. de bonis libertorum (XXXVIII, 2): „Si quis non mala mente parentis exheredatus sit."

2) L. 18 D. de liberis et postumis (XXVIII, 2): „Multi non notae causa exheredant filios, nec ut eis obsint, sed ut eis consulant —." — L. 47 pr. D. de bonis liberorum (XXXVIII, 2): „— exheredationem nepotis, quae non notae gratia, sed alio consilio adjecta est —."

3) Novelle 115, Kap. 3 pr. — Zu vergl. Kap. 4 pr.

4) Aeltere und neuere Schriftsteller für diese Ansicht sind verzeichnet bei Glück a. a. O. Bd. VII, S. 257, Note 36, u. Bd. XXXVII, S. 394, Note 83.

5) Mühlenbruch, bei Glück a. a. O. Bd. XXXVII, S. 393; Francke, Notherbenrecht, S. 423.

6) A. L.R. II, 2, §. 419.

sicht finden ebendieselben Vorschriften Anwendung, welche wegen dieser Art von Enterbung bei Kindern gegeben worden sind [7]).

Ehegatten gehören nicht zu denjenigen, welche aus guter Absicht enterbt werden können.

III. Die Enterbung aus guter Absicht kann nach preußischem Rechte niemals eine Ausschließung von dem Pflichttheile sein, sie kann nur in einer bedingten Berufung dazu, in einer Einschränkung oder Untersagung des Verfügungsrechts über denselben, sowohl unter Lebenden als von Todes wegen [8]), bestehen, namentlich kann der Pflichttheil mit einem Fideikommiß belastet werden, doch nur zum Besten der Abkömmlinge, oder, wenn der Enterbte kinderlos versterben sollte, zum Besten seiner Geschwister und deren Abkömmlinge [9]); auch kann verordnet werden, daß die gegenwärtigen und künftigen Gläubiger des Enterbten sich an die Substanz des Pflichttheils zu halten nicht berechtigt sein sollen [10]); jedenfalls muß ihm aber der Nießbrauch gelassen werden, und an diesen können sich seine Gläubiger nur insofern halten, als derselbe zum nothdürftigen Unterhalte nicht erforderlich ist [11]). Diese Bestimmung folgt aus dem Prinzip, daß der Erblasser berechtigt ist, seinen Notherben in dessen Verfügungsrechte soweit einzuschränken, daß der Lebensunterhalt desselben gesichert bleibe. Diese berechtigte Absicht würde vereitelt werden, wenn der zu seinem Besten Enterbte durch Schuldenmachen über die Revenüen unbeschränkt verfügen dürfte, er würde durch Verschwendung in Elend kommen und dem öffentlichen Armenfonds zur Last fallen [12]). Ist sein Unterhalt außer diesem Nießbrauche gegen Gläubiger gesichert, so ist eben der Nießbrauch dazu nicht erforderlich und in soweit er nicht erforderlich ist, bleibt er den Gläubigern zugänglich [13]). Aber es muß besonders hervorgehoben werden, daß das Gesetz, welches die Gläubiger abwehrt, sich nur auf den Fall bezieht, wenn dem Notherben sein Verfügungsrecht über den ihm gebührenden Pflichttheil aus einer gerechten Ursache genommen

7) Ebenda §. 517.

8) Ebenda §§. 419, 423, 426.

9) Ebenda §§. 426, 427.

10) Ebenda §. 424.

11) Ebenda §§. 425, 429. Zu vergl. L. 12, §. 2 D. de bonis libert.; L. 16, §. 2 D. de curat. fur.

12) Zu vergl. Erk. des Obertr. vom 6. Juli 1859 (Archiv f. Rechtsfälle Bd. XXXV, S. 30).

13) M. vergl. Erk. des Obertr. vom 8. November 1853 (Archiv f. Rechtsf. Bd. X, S. 287); Erk. vom 21. Januar 1861 (Archiv f. Rechtsf. Bd. XLV, S. 221).

ist, keineswegs auf den Fall, wenn ihm sein ganzer Erbtheil hinterlassen und dieser mit einem Fideikommiß beschwert ist, also auf den Fall, welcher im vorigen §. 49, Nr. III besprochen worden ist. Wollte hier der Testator verordnen, daß die Gläubiger des Notherben sich nicht an die Erbschaft desselben, weder an die Substanz noch an die Einkünfte davon sollten halten können, so würde das ein thörichtes Unternehmen sein; was er darüber sagt, ficht die Gläubiger nicht an: wie soll er dazu kommen, dritten Personen Gesetze vorzuschreiben? Es ist auch hier, bei der Enterbung aus guter Absicht, gar nicht von einer Anordnung des Testators, durch welche die Gläubiger sich müßten binden lassen, die Rede, sondern das Gesetz ordnet das an, der Testator hat nicht die Macht, darüber ein Gesetz zu geben. Nun tritt uns hier aber eine wunderbare Entscheidung des Obertribunals entgegen. Ein Testator hatte seiner Tochter den ganzen ihr gebührenden Erbtheil zugewendet, aber ihr ihre Kinder auf die Substanz substituirt oder wie es ausgedrückt ist, „die Substanz deren Kindern zugewendet, und der Tochter nur den lebenslänglichen Nießbrauch mit der Anordnung ausgesetzt, daß keiner von deren Gläubigern seine Befriedigung aus dem Nießbrauche fordern und erhalten dürfe." Die Gläubiger hatten sich aber doch daran nicht gekehrt, und darob wurden sie von der Tochter in Anspruch genommen. Das Gericht erster Instanz wies sie ab, das Appellationsgericht gab ihr aber Beifall, weil „die Gläubiger der klagenden Tochter nach den Bestimmungen des Testaments gänzlich ausgeschlossen seien." Also die Gläubiger sollen durch den Willen eines Testators von dem Erbtheil, von welchem das Kind nicht enterbt worden — denn wäre es enterbt, so hätten die Gläubiger eben keinen Gegenstand, an den sie sich halten könnten — ausgeschlossen sein! Davon weiß die Rechtsgeschichte gar nichts. Das Obertribunal hat diese Entscheidung bestätigt, weil über die Frage: ob den Eltern eines „aus guter Absicht enterbten Kindes", welchem nicht bloß der Nießbrauch seines Pflichttheils, sondern der Nießbrauch seines ganzen Erbtheils hinterlassen ist, die Befugniß zustehe, die Gläubiger des Kindes davon gänzlich auszuschließen, die §§. 425 u. 429 (Text zu Note 11) keine Bestimmung enthielten, und daher der Appellationsrichter durch seine Entscheidung dieselben nicht verletzt habe [14]). Es liegt jedoch in diesem Falle gar keine Enterbung, weder in guter noch in böser Absicht, vor, einem

14) Erk. vom 15. September 1862 (Entsch. Bd. XLVIII, S. 237).

Testator steht in keinem Falle ein Recht zu, irgend einem Gläubiger eine Vorschrift zu machen, woran er sich halten oder nicht halten könne, die §§. 425 und 429 enthalten das Gesetz, daß die Gläubiger eines in guter Absicht in seinem Pflichttheile aus einem rechtmäßigen Grunde eingeschränkten Notherben sich nur bedingungsweise an die Revenüen des Pflichttheils sollen halten können; und wenn der Richter gegen diese Rechtsgrundsätze und Rechtsbestimmungen die Gläubiger auch von den Revenüen des ganzen Erbtheils zurückweiset, so sind die §§. 425 und 429 auf einen Fall, für welchen sie nicht gegeben sind, angewendet, und die ganze Entscheidung ist jeder rechtlichen Begründung baar, also nichtig.

IV. Die Enterbung aus guter Absicht, eigentlich nur die Beschränkung im Pflichttheil, ist nur aus einer rechtmäßigen Ursache, welche im Testamente bestimmt angegeben sein muß[15]), zulässig. Die ausdrückliche Anführung des Grundes ist deshalb nothwendig, weil nur dadurch das Urtheil über die Rechtsgültigkeit der Verfügung eine bestimmte Grundlage und Richtung erhält[16]). Auch hier liegt der Beweis der Wahrheit dem eingesetzten Erben ob, soweit es eines solchen Beweises bedarf, denn in vielen Fällen wird die Thatsache, welche die Enterbungsursache darstellt, offenkundig sein.

Das Pandektenrecht bezeichnet drei Fälle, in welchen die Enterbung aus guter Absicht wirksam sein soll: a) wenn die Kinder blödsinnig, b) wenn sie verschwenderisch sind[17]). Eine förmliche Prodigalitätserklärung und Interdiktion wird nicht für erforderlich gehalten, es genügt, daß der Vater den Sohn für einen Verschwender erklärt hat. „Sed per omnia judicium testatoris sequendum est, ne, quem pater vero consilio prodigum credidit, eum Magistratus — idoneum putaverit[18]).“ Und weiter c) wenn die Kinder noch unmündig sind, und der Vater besorgt, daß das ihnen hinterlassene Vermögen in unsichere Hände kommen möchte. Man sicherte hier die Kinder gegen Verlust dadurch, daß

15) L. 16, §. 2 D. de curatoribus fur. (XXVII, 10): „— addita causa necessitateque judicii sui.“ — Zu vergl. L. 3, §. 3 D de usuris (XXII, 1). — A. L.R. II. 2, §. 422: „In allen Fällen aber muß die gesetzmäßige Ursache der Einschränkung ausdrücklich angeführt sein.“

16) Gemeinrechtlich ist man über die Nothwendigkeit der Anführung des Grundes nicht einig und streitet daher darüber: ob im Zweifel für eine exheredatio mala mente oder bona mente zu präsumiren sei. Diese Präsumtion und der Streit darüber fällt hinweg, wenn die Anführung nöthig ist. Zu vergl. Mühlenbruch a. a. O. Bd. XXXVII, S. 463.

17) L 12, §. 2 D. de bonis libertorum (XXXVIII, 2); L. 16, §. 2 D. de curat. fur. (XXVII, 10).

18) L. 16, §. 3 D. de curatoribus furioso (XXVII, 10.).

man sie bona mente enterbte und dem eingesetzten Erben auflegte, dieselben während ihrer Unmündigkeit zu verpflegen und ihnen nach erreichter Mündigkeit die Erbschaft als ein Fideikommiß zu restituiren [19]. Dieses Mittel ist bei der heutigen obrigkeitlichen Fürsorge für vaterlose Unmündige ganz überflüssig geworden. — Ob die Enterbung aus guter Absicht bloß auf diese Fälle eingeschränkt sei, ist eine sehr bestrittene Frage. Einige behaupten diese Einschränkung, Andere verneinen die Frage wegen der in den Stellen gebrauchten Partikeln „utputa", „utputa pone", welche bewiesen, daß die gesetzten Fälle nur Beispiele seien. Für das preußische Recht ist die Frage ohne Interesse, in dem Landrechte ist die Zahl der Enterbungsgründe auch hier eine geschlossene. Die Zahl ist gleichfalls drei, die Fälle sind jedoch nicht die gleichen des römischen Rechts; der dritte Fall, die causa impubertatis fällt ganz aus und die Verschuldung des Notherben tritt als neuer Grund hinzu. Die landrechtlichen Fälle sind folgende:

1. Wenn das Kind dergestalt in Schulden versunken ist, daß durch selbige sein Pflichttheil ganz, oder doch so weit, daß ihm davon der nöthige Unterhalt nicht übrig bliebe, verzehrt werden würde [20].

2. Wenn das Kind sich einer unordentlichen und verschwenderischen Wirthschaft schuldig gemacht hat [21]. Doch wird die bloße Versicherung des Testators schwerlich genügen, die Feststellung der Thatsache wird dem eingesetzten Erben erleichtert werden, wenn der Testator Einzelnheiten angiebt, aus welchen, wenn sie bewiesen werden, auf eine unordentliche und verschwenderische Wirthschaft zu schließen ist. Eine förmliche gerichtliche Prodigalitätserklärung fordert das Gesetz nicht, man darf daher nicht etwa an eine vorgängige Präjudizialklage denken.

3. Wenn ein Kind, wegen Wahn- oder Blödsinnes, seinen Sachen selbst vorzustehen unfähig ist [22]. Dies kann nur durch eine förmliche Wahn- oder Blödsinnigkeitserklärung festgestellt werden. Zu diesem Enterbungsgrunde fehlt heut zu Tage das Bedürfniß eben so gänzlich, wie bei der Unmündigkeit des Notherben.

V. Das Landrecht schreibt, wenn Eltern ihre Kinder solcher-

19) L. 18 D. de liberis et postum. (XXVIII, 2); L. 12, §. 2 D. de bonis libertorum (XXXVIII, 2). — Zu vergl. L. 25 C. de inoff. testam. (III, 28).

20) A. L.R. II, 2, §. 419. — So auch das östr. bürgerl. Ges.B. §. 773.

21) A. L.R. a. a. O. §. 420 u. auch östr. Ges.B. a. a. O.

22) A. L.R. a. a. O. §. 421. Das östr. Ges.B. kennt diesen Enterbungsgrund nicht.

gestalt in der Verfügung über ihren Erbantheil eingeschränkt haben, besondere Maßregeln zur Sicherung dieser Einschränkungen vor. Dieselben sollen 1) auf die unbeweglichen Güter, welche davon berührt sind, eingetragen, und 2) öffentlich bekannt gemacht, auch soll 3) dem Kinde, nach Befinden der Umstände, ein Kurator bestellt werden [23]). Um Ausführung der Eintragung hat der Erbschaftsrichter von Amts wegen die Hypothekenbehörde, unter Uebersendung einer Ausfertigung des Testaments, zu requiriren; die öffentliche Bekanntmachung hat er ebenfalls von Amts wegen zu verfügen, sie gehört zur vollständigen Publikation des Testaments und wird, da für dieselbe kein besonderer Modus vorgeschrieben ist, nach Analogie des §. 231, Thl. I, Tit. 12 des Allg. Landrechts zu bewerkstelligen sein, und wenn es einer Bevormundung bedarf, so ist davon der persönliche Richter des betreffenden Kindes, dem ja auch von dem Testamente Nachricht gegeben werden muß, in Kenntniß zu setzen.

§. 51.

bb) Form der Ausschließung.

Das römische Recht hat den Grundsatz: „codicillis hereditas neque dari, neque adimi potest [1]).“ Eine letztwillige Verfügung, wodurch ein Notherbe ausgeschlossen werden soll, kann also wirksam nicht in einem Kodizill geschehen, auch nicht eine Enterbung in guter Absicht, wenn auch Einzelne die Zulässigkeit der bona mente exheredatio, oder doch der Hinzufügung von Bedingungen oder Zeitbestimmungen, so wie die Einschränkung der Enterbung auf bestimmte Theile oder Summen in Kodizillen annehmen [2]). Das Landrecht scheint sich diesem Grundsatze nach dem Wortlaute seiner Bestimmungen, welche hier folgen, anzuschließen.

1) §. 379, Th. II, Tit. 2. „Soll durch letztwillige Verordnungen der Eltern den Kindern und weiteren Abkömmlingen ihr Erbrecht genommen werden: so muß dergleichen letztwillige Verordnung mit allen gesetzlichen Erfordernissen eines gültigen Testaments versehen sein. (§. 431.)“

2) §. 431. „Alle letztwilligen Verfügungen, wodurch den Kindern ihr Pflichttheil genommen, geschmälert, oder belastet werden soll, müssen, bei Strafe der Nichtigkeit, in der Form eines

---

23) A. L.R. a. a. O. §. 428.

1) §. 2 Inst. de codicillis (II, 25). — Zu vergl. L. 25 C. eodem (VI, 36).

2) Mühlenbruch, in Glück, Bd. XXXVII, S. 461, und die bei Glück, Bd. VII, S. 267 in der Note 63 angeführten Schriftsteller.

wirklichen Testaments abgefaßt sein, und die Form einer privilegirten Disposition unter Kindern ist dazu nicht hinreichend."
Dieses Gesetz ist wirklich so aufgefaßt worden, daß nach dem Ausdruck desselben, bei Vernachlässigung dieser Vorschrift, nicht die Klage auf den Pflichttheil, sondern eine von selbst eintretende Nichtigkeit der ganzen Verfügung Statt fände, so daß mithin die rein gesetzliche Erbfolge eintrete. Darin hat man eine Inkonsequenz gefunden. Denn der preußische Gesetzgeber habe nur die Idee zu realisiren gesucht, daß der Notherbe bloß ein Recht auf seinen Pflichttheil habe, wenn der Erblasser ihm nicht mehr zuwenden wolle, und daß es völlig gleichgültig sei, wie dieser seinen entgegenstehenden Willen ausgesprochen habe. Damit sei die Fassung des §. 431 schwer zu vereinigen [3]). Diese Auffassung ist auch die meinige [4]). Die Auffassung der Praxis in letzter Instanz ist eine andere. Darnach will der §. 431 nicht die ganze Disposition der Eltern unter Kindern dergestalt umstoßen, daß die rein gesetzliche Erbfolge eintrete; die leitend gewesene Idee des Gesetzgebers: „daß derjenige, welchem die Legitima gebührt, dieselbe aus dem Nachlasse vollständig erhalten müsse; daß aber auch in diesem Falle die in an sich formell rechtsgültiger Form errichtete Disposition in allen übrigen Stücken ihre Gültigkeit behalte und zu befolgen sei" [5]), wird durch den §. 431 nicht durchbrochen, vielmehr bezieht sich die angeordnete Nichtigkeit nur auf diejenige elterliche Verfügung, wodurch dem einen oder dem anderen Kinde der Pflichttheil genommen, geschmälert oder belastet werden soll. Der höchste Gerichtshof hat dies als Rechtsgrundsatz durch ein Präjudiz, welches lautet: „Wenn in einer an sich formell gültigen dispositio parentum inter liberos ein Kind in seinem Pflichttheile geschmälert oder belastet worden ist: so besteht die rechtliche Folge nicht darin, daß die ganze letztwillige Verordnung nichtig wird, sondern nur darin, daß die darin enthaltene Verfügung, soweit als solche den Pflichttheil schmälert oder belastet, außer Kraft tritt; das gravirte Kind darf mithin in solchem Falle nicht die Ausantwortung seines vollen gesetzlichen Erbtheils, sondern nur die Ergänzung seines Pflichttheils verlangen [6])," festgestellt [7]). Zwar wird durch diese Auffassung die

3) Mühlenbruch a. a. O. Bd. XXXVIII, S. 51.

4) Preußisches Privatrecht, §. 861.

5) Suarez, Schlußvorträge, in den Jahrbüchern, Bd. XLI, S. 164.

6) Pr. des Obertr. 1650, vom 20. November 1845 (Präj.-Samml. I, S. 168, u. Ulrich, Arch., Bd. XII, S. 236).

7) Vorher hatte er im entgegengesetzten Sinne erkannt. Erk. vom 27. September 1841 (Ulrich a. a. O. S. 235).

Inkonsequenz, welche in dem §. 431 liegt, etwas abgestumpft, allein die Bedenken, zu welchen die nicht glückliche Fassung führt, werden dadurch nicht beseitigt. Denn wenn der im Pflichttheil Verletzte mehr erhalten muß, als ihm in der privilegirten Disposition beschieden ist, so können doch die übrigen Verfügungen unmöglich bei Kräften bleiben und ausgeführt werden. Dagegen wird der Grundsatz, daß es völlig gleichgültig, wie der Erblasser seinen Willen, dem Notherben mehr nicht als den Pflichttheil zukommen zu lassen, ausgesprochen hat, durch den §. 431 nicht berührt, denn dieser Grundsatz spricht von der Art und Weise, wie der Pflichttheil hinterlassen oder zugewendet worden, ob durch Erbeseinsetzung, oder Vermächtniß, oder durch Schenkung; der §. 431 aber hat es mit der äußern Form der Willenserklärung zu thun. Daher läßt sich in dieser Hinsicht eine Inkonsequenz in dem Paragraphen überall nicht erblicken.

Die bisher besprochene Nichtigkeit der privilegirten Disposition der Eltern unter Kindern setzt voraus, daß die betreffende Verfügung bezweckt, einem der Kinder den Pflichttheil zu nehmen, zu schmälern oder zu belasten. Wenn daher in dieser Form z. B. angeordnet worden ist, daß, wenn das eine oder andere der als Erben anerkannten Kinder mit den vorgeschriebenen Grundsätzen der Theilung nicht zufrieden sein sollte, ihm die Forderung des Pflichttheils freigestellt sei: so kann diese Verordnung wegen Mangels der Form eines wirklichen Testaments nicht angefochten werden [8]). Liegt dieser Zweck in der Verordnung nicht vor, so kann nur auf Ergänzung des Pflichttheils geklagt werden [9]). Aber es ist überhaupt nicht ausfindbar, welchen Nutzen die Anfechtung der Disposition einem im Pflichttheile absichtlich verletzten Kinde bei der Auslegung, welche der §. 431 gefunden hat ([6]), bringen könnte, wenn doch nicht die reine Intestaterbfolge eintreten soll, sondern der Verletzte immer nur seinen Pflichttheil zu fordern berechtigt ist; hierzu bedarf es keiner Nichtigkeitserklärung der letztwilligen Verfügung. Auch diese Erwägung drängt zu der Meinung, daß die Vorschrift des §. 431: „alle letztwillige Verfügungen — — müssen, bei Strafe der Nichtigkeit, in der Form — — abgefaßt sein," nur dann Sinn und Bedeutung hat, wenn die reine Intestaterbfolge im Falle der mangelnden Form eröffnet werden soll. Die Interpretation des Obertribunals befriedigt somit in keiner Beziehung.

Unter „der Form eines wirklichen Testaments" ist übrigens nicht,

8) Erk. des Obertr. vom 7. November 1859 (Entsch. Bd. XLII, S. 253).

9) Erk. dess. vom 5. Dezember 1860 (Arch. f. Rechtsf. Bd. XXXIX, S. 270).

wie der oben erwähnte römische Grundsatz besagt, eine letztwillige Disposition zu verstehen, welche im Gegensatz zu einem Kodizill mit dem technischen Namen „Testament" zu bezeichnen ist, vielmehr soll die Enterbung nur in der äußeren Form ausgesprochen werden, in welcher ein Testament, wenn es gültig sein soll, errichtet werden muß; eine Erbeseinsetzung braucht nicht mit der Enterbung verbunden zu werden: der Zweck dieser äußeren Form ist Gewißheit des ernsten Willens.

§. 52.

f) Widerruf der Ausschließung.

I. Die in einem Testamente rechtmäßig geschehene Enterbung zur Strafe besteht so lange, als der Erblasser dies Testament nicht widerrufen, oder seinen Willen, die Enterbung wieder aufzuheben, nicht deutlich erklärt hat [1]). Daß das ganze Testament widerrufen werde, ist nicht erforderlich, es genügt der Widerruf der Enterbung allein. Dazu genügt, wie bereits vorgetragen ist, nicht die bloße Versöhnung mit dem Kinde [2]), sondern die Willensänderung, die Zurücknahme der Enterbung muß ausdrücklich und „deutlich" ausgesprochen werden. In der äußern Form dieser Erklärung hat jedoch das Gesetz ein Nachsehen, es soll die Form der Verfügung der Eltern über die Theilung der Erbschaft unter den Kindern genügen [3]). Diese Form ist auch bei der Zurücknahme der Enterbung von Ascendenten und Ehegatten anwendbar, denn das Gesetz unterscheidet nicht, und wenngleich dasselbe sich unmittelbar nur auf Kinder bezieht, so ist doch bezüglich auf den Pflichttheil der Ehegatten und deren Ausschließung davon ganz allgemein verwiesen auf alles, was von der Legitima der Kinder überhaupt verordnet ist [4]). Bei Ascendenten fehlt die Verweisung darauf in dieser Allgemeinheit, es wird nur hinsichtlich der Folgen der ungebührlichen Enterbung, und der Enterbung aus guter Absicht auf jene Vorschriften Bezug genommen [5]). Allein das kann nicht entgegenstehen, die in Rede stehende äußere Form auch für die Zurücknahme der Enterbung eines Ascendenten als ausreichend zu erachten, da kein vernünftiger Grund denkbar ist, warum die gleiche Beglaubigung, welche bei Kindern genügt, nicht gelten soll, wenn in der Erklärung das Wort „Vater" statt „Sohn" steht.

1) So schreibt der §. 414 des A. L.R. a. a. O. vor.

2) §. 416 a. a. O. — Zu vergl. oben, §. 49, II, Nr. 2.

3) A. L.R. a. a. O. §§. 415 u. 380 a — 380 d.

4) A. L.R. II, 1, §. 633.

5) Ebenda, Tit. 2, §§. 515, 516.

II. Es ist nicht überflüssig zu betrachten, wie sich die Erbfolge regeln muß, wenn wirklich nur die Enterbung eines Notherben, ohne weitere Bestimmung, zurückgenommen worden ist. Z. B. ein Vater verordnet: „Zu meinem Universalerben setze ich meinen Sohn Natan ein. Meinen zweiten Sohn Ephraim enterbe ich gänzlich, weil er mich geschlagen hat." Später erklärt er in gehöriger Form: „Die in meinem Testamente ausgesprochene Enterbung meines zweiten Sohnes Ephraim nehme ich hiermit zurück." Nun ist Ephraim weder enterbt noch eingesetzt, aber auch nicht „ganz mit Stillschweigen übergangen worden". Was hat er nun zu fordern, den gleichen Erbtheil wie Natan, oder nur den Pflichttheil? Gewiß nur den Pflichttheil. Denn er ist doch mit Bewußtsein übergangen, oder steht doch einem mit Bewußtsein Uebergangenen praktisch gleich, er ist nicht testamentarisch bedacht, das Testament bleibt in Kraft, ex testamento hat er nichts zu fordern, und contra tabulas kann er ex lege nur den Pflichttheil in Anspruch nehmen, er steht mithin gerade so wie der, dessen Name gar nicht genannt worden ist[6]).

§. 53.

g) Uebergehung aus Irrthum.

I. Besondere Bestimmungen hat das römische Recht über eine durch Irrthum veranlaßte Uebergehung eines Notherben, wenn der Testator entweder seinen Notherben für gestorben hielt, oder auch das Vorhandensein desselben gar nicht kannte. Beide Fälle werden verschieden behandelt, doch sind die Meinungen darüber verschieden. Nach der gewöhnlichen Meinung sollen in beiden Fällen die Vermächtnisse aus einem durch die Querel rescindirten Testamente aufrecht erhalten werden. Dafür beruft man sich auf eine Entscheidung des Kaisers Hadrian in einem Falle, wo die Mutter, verleitet durch einen solchen Irrthum, ihren todt geglaubten Sohn übergangen hatte. Eigentlich liegt einem solchen Testamente ein wesentlicher Irrthum zum Grunde, dasselbe müßte also nach allgemeinen Grundsätzen als gar nicht vorhanden betrachtet werden[1]). Der Kaiser entschied jedoch, der todt geglaubte Notherbe solle an die Stelle des eingesetzten fremden Erben treten, die Vermächtnisse aber

---

6) Ebenda §. 442: „Eben das (die Verabfolgung des Pflichttheils aus der Erbschaft) gilt, wenn ein Kind oder Enkel in der letzten Willensverordnung ganz mit Stillschweigen übergangen worden."

1) L. 25 pr. D. de liberis et postumis (XXVIII, 2): „De errore autem patris, qui intercessisse proponeretur, apud judicem agi oportere."

sollten entrichtet werden [2]). Welche Klage hier der Notherbe anstellen könne, ob die Querel oder eine andere, ist nicht ausgemacht. Ulpian [3]) hält die Querel für begründet, Paulus ([2]) leugnet dies, weil, wenn ein Testament der Lieblosigkeit beschuldigt wird, aus dem Testamente gar nichts gelte, nach der Entscheidung Hadrian's aber doch die Freiheitsertheilungen und Vermächtnisse gewährt werden sollten. Daher soll nach einer anderen Meinung das Rechtsmittel, welches der Hadrianschen Entscheidung zum Grunde liegt, ein außerordentliches sein, welches solchen Notherben zu Hülfe kommt, die nicht, wie der Suus, ihr Notherbenrecht ungehindert verfolgen können. Vollständig ausgedrückt wird diese Meinung so: Wenn der Testator, in dem Irrthume befangen, daß sein Notherbe verstorben sei, denselben ausschloß oder überging, so sollten zwar, in Folge einiger kaiserlicher Entscheidungen, die Vermächtnisse bei Kräften bleiben; da hierin aber in jedem Falle etwas Anomales liegt, so darf man diese Entscheidungen nur auf solche Notherben beziehen, deren Uebergehung das Testament nicht ipso jure null und nichtig machte, die sich also nur gewisser Impugnativmittel gegen das Testament bedienen konnten, — und die Klage, wodurch dies bewirkt wurde, war nicht die querela inofficiosi testamenti, weil diese, wenn sie auch wegen irrthümlicher, aber dennoch liebloser Ausschließung angestellt wurde, Vernichtung aller testamentarischer Anordnungen zur Folge hatte [4]). Dies bezieht sich auf den Fall, wenn der Testator den Notherben irrthümlich für verstorben hielt. — Der andere Fall, wenn nämlich der Testator von dem Vorhandensein des Notherben überhaupt nichts wußte, dessen Dasein ihm aber nach der Testamentserrichtung zur Kenntniß kam, wurde wie der Fall des Postumus behandelt, an welchen der Testator bei der Testamentserrichtung nicht dachte. Hierbei wurde unterschieden, ob der Testator nach der Kenntnißnahme noch Zeit hatte, das Testament noch abzuändern, oder nicht. In dem ersteren Falle wird präsumirt, er habe seine sämmtlichen Kinder einsetzen wollen. Der zum Vorschein gekommene Notherbe und der Nachgeborene treten also, als mit eingesetzt, den eingesetzten Erben zu gleichen Theilen ipso jure hinzu und alle sonstigen Anordnungen, namentlich Vermächtnisse, bleiben in Kraft. Unterblieb jedoch die Abänderung, obgleich sie möglich war, so wurde die

2) L. 28 D. de inoff. testamento (V, 2).

3) L. 27, § 4 D. eodem: „De testamento matris, quae existimans periisse filium, alium heredem instituit, de inofficioso queri potest.“

4) Mühlenbruch, in Glück, Bd. XXXV, S. 386.

Querel gegeben, und die Intestaterbfolge eröffnet [5]). — Danach ist die gewöhnliche Meinung, daß in allen Fällen, wenn der Testator aus Irrthum über das Leben oder das Dasein des Notherben denselben übergeht, nur die Erbeinsetzung rescindirt wurde, die Vermächtnisse aber gültig blieben.

II. Das Landrecht hat, nach seinem Standpunkte, folgerichtig alle gleich behandelt. Auch ist die Aneignung der römischen Idee, es sei anzunehmen, daß der Testator, der Eins seiner Kinder in der Meinung, es sei umgekommen oder nicht vorhanden, nicht bedacht hat, alle seine Kinder habe bedenken wollen, und auch das übergangene bedacht haben würde, wenn er an dessen Vorhandensein gedacht hätte, daß man daher seinem Willen dadurch zu Hülfe kommen müsse, daß man das hinterher zum Vorschein gekommene Kind in die Reihe der eingesetzten Erben ipso jure eintreten lasse, anstatt das Testament wegen eines wesentlichen Irrthums für nichtig zu erklären, nicht unlogisch. Dieser Idee entspricht daher die Anordnung, daß ein daher übergangenes Kind, weil der Erblasser das Dasein desselben nicht gewußt, oder selbiges aus Irrthum für todt gehalten habe, sowie die nach errichtetem Testamente ihm nachgeborenen Kinder oder Enkel, aus dem Nachlasse so viel erhalten sollen, als im Testamente dem am mindesten begünstigten Erben ausgesetzt worden, wenigstens aber den Pflichttheil, und daß in allen anderen Stücken eine solche letztwillige Verordnung bei Kräften bleibe [6]).

Aber das Landrecht verfällt bei dieser Materie in eine andere Inkonsequenz. Dasselbe hat durch Abschaffung der römischen Regel: nemo pro parte etc., an deren Stelle eine andere Regel gesetzt, nämlich die: daß die gesetzliche Erbfolge nicht eintritt, insoweit der Erblasser über seinen Nachlaß testamentarisch verfügt hat und zu verfügen berechtigt war. Daraus folgt, daß die Intestaterbfolge der testamentarischen an die Seite tritt, d. h. mit ihr konkurrirt: a) insoweit er den Testamentserben nicht auf das Ganze berufen hat, und b) insoweit er den Pflichttheil seiner Notherben unberücksichtigt gelassen hat. Also nur insoweit, sonst bleibt der letzte Wille, dem Prinzip zufolge, völlig unangetastet. Daher können folgerichtig die absichtlich Uebergangenen nur ihren Pflichttheil fordern, und die absichtlich im Pflichttheil Verletzten nur dessen Ergänzung [7]). Hiervon geht das Landrecht bei der Uebergehung aus Irrthum plötzlich ganz ab

5) L. 3 C. de inofficioso testamento (III, 28); L. 6 pr. D. eodem (V, 2).

6) A. L.R. II, 2, §§. 444—449 u. 455.

7) Ebenda §§. 432, 433.

und verfällt wieder in die mit Vorbedacht abgeworfene alte Theorie der Lieblosigkeit. Denn es verordnet, daß, wenn der Testator nach entdecktem Irrthume sein Testament nicht abändert, da er es doch abändern konnte — wozu es eine Jahresfrist festsetzt —, alsdann das ganze Testament seine Kraft verliere und den Kindern die gesetzliche Erbfolge eröffnet werde [8]). Damit ist hier der Grundsatz, daß in Ansehung desjenigen Vermögens, welches nach Abzug der Legitima übrig bleibt, lediglich der im Testamente erklärte Wille des Erblassers entscheidet, völlig über den Haufen geworfen; denn je länger der Testator bei seinem letzten Willen beharrt, desto bestimmter legt er an den Tag, daß er es bei der Uebergehung mit Bewußtsein bewenden lassen wolle. Sein Wille soll hier also nicht geachtet werden. Zu dieser Inkonsequenz ist ein vernünftiger Grund nicht aufzufinden, sowie, beiläufig bemerkt, auch nicht abzusehen ist, wie an solchem Willen das Hinzukommen eines Pflichttheilsberechtigten durch Adoption, durch welche unmittelbar das Testament seine Kraft verlieren soll [9]), etwas ändern kann.

B. Von den Substitutionen.

A. L.R. I. 12, §§. 50—60, §§. 458 ff. — II, 2, §§. 521 u. flg. — II, 4, §§. 23 u. flg.

§. 54.

1. Begriffsbestimmung, Eintheilung und Verhältniß zu einander.

I. **Substitution** ist eine Art von Erbeseinsetzung auf einen gewissen Fall, nicht immer an die Stelle eines Anderen [1]), und daher muß sie nothwendig in einer solchen letzten Willensverfügung angeordnet werden, welche in der Form errichtet ist, welche für die Erbeseinsetzung vorgeschrieben ist, also in einem Testamente in der ordentlichen, oder in einer privilegirten Form [2]); die divisio parentum inter liberos, die ja überhaupt Erben nicht ernennt, sondern die Intestaterbfolge zur Grundlage hat, ist dazu nicht geeignet. Näher läßt sich der mit dem Ausdruck „Substitution" zu verbindende Begriff nicht bezeichnen, denn man belegt mit diesem Namen mehrere nach Natur und Zweck wesentlich verschiedene Institute,

---

8) Ebenda §§. 450, 451 u. 454.

9) Ebenda §. 456.

1) Bei der Pupillarsubstitution ist der Substitut nicht eigentlich Substitut eines erst eingesetzten Erben, sondern selbst direkter Erbe des Pupillen.

2) A. L.R. I, 12, §. 50; II, 2, §. 525.

welche sich nicht unter einen verständlichen Gattungsbegriff bringen lassen. Auch das Merkmal, daß Substitutionen letztwillige Verordnungen seien, welche im Gegensatze zu Institutionen mehrere Personen nicht zugleich und nebeneinander, sondern nach einander honoriren, trifft bei der Pupillar-Substitution nicht zu.

II. Eine Substitution kann angeordnet werden sowohl in Beziehung auf die Universalsuccession als auch auf Vermächtnisse [3]). Man unterscheidet folgende Arten:

1. Die substitutio vulgaris s. directa, das Landrecht nennt sie eine gemeine Substitution [4]); sie besteht darin, daß der Erblasser sich selbst, für seinen eigenen Nachlaß, einen Erben und diesem einen Substituten bestellt. Die Wirksamkeit dieser (direkten) Substitution tritt nur dann ein, daß der zuerst ernannte Erbe die Erbschaft nicht erwirbt; hat er sie erworben, so ist die Substitution ipso jure erloschen. Der zur Succession Berufene zweiter Stufe heißt substitutus im Gegensatze zum institutus und muß gleiche Erbfähigkeit haben.

2. Die substitutio fideicommissi [5]), von den Neuern substitutio fideicommissaria s. obliqua s. precaria genannt, dem Landrechte als fideikommissarische Substitution bekannt [6]). Sie kommt auch nur bei der Berufung eines Nachfolgers in den eigenen Nachlaß des Testators vor, und besteht in der Anordnung, daß der Institutus den ihm zugewendeten Vortheil an einen Anderen (den Substituten) wieder herausgeben soll; sie setzt also voraus, daß der eingesetzte direkte Erbe (heres fiduciarius) die Erbschaft aus dem Testamente wirklich erworben habe, weil es sonst an der Person fehlt, von welcher restituirt werden soll; sie ist daher keine Substitution im eigentlichen Rechtssinne, sondern eine mittelbare Zuwendung. (Vergl. Nr. III.)

3. Die substitutio pupillaris, Pupillarsubstitution, d. i. die Ernennung eines Erben im Nachlasse der unmündigen Kinder von Seiten der Eltern; sie besteht also darin, daß Eltern ihren unmün-

---

3) L. un. §. 7 in fine C. de caducis tollendis (VI, 51): „— ut heredibus substitui potest, ita etiam legatariis. Videamus an idem fieri possit et cum mortis causa donabitur, ut id promittat ille alteri, si ipse capere non poterit? Quod magis est, quia in posterioris quoque personam donatio confertur.“ — A. L.R. I, 12, §§. 50, 51, 53 u. §§. 458, 461.

4) §. 51 a. a. O. Vulgaris oder gemeine Substitution genannt, weil sie jeder Testator anordnen kann, im Gegensatze der Pupillarsubstitution, welche nur dem Vater kraft väterlicher Gewalt zusteht.

5) L. 57, §. 2 D. ad Sct. Trebellianum (XXXVI, 1).

6) §. 53 a. a. O.

digen Kindern das Testament machen. Gemeinrechtlich wird hierbei noch eine substitutio quasi-pupillaris s. Justinianea, s. exemplaris, d. i. wenn Vater oder Mutter ihren wahnsinnigen Kindern das Testament machen, angenommen. Die Sache kennt auch das Landrecht, in weiterer Ausdehnung des Rechts auch auf Testamente für Blödsinnige, sowie für Taube und Stumme, aber eingeschränkt auf den Vater; die Benennung kommt nicht vor [7]).

III. Bei dem Unterschied in den Wirkungen der verschiedenen Substitutionen ist bei einem unbestimmten oder dunkeln Ausdruck des Testators die Frage von Wichtigkeit, welche Art der Substitution er gemeint habe. Man ist dann auf die Findung des vermuthlichen Willens durch Auslegung der Erklärung angewiesen, wobei die Regel leitend sein muß, daß auf den Ausdruck kein entscheidendes Gewicht gelegt werden darf, denn es kann eine direkte Erbeseinsetzung durch verba obliqua und umgekehrt eine fideikommissarische durch verba directa oder imperativa verordnet werden [8]). Es kommen Fälle vor, in welchen unter den gebrauchten Ausdrücken beide Arten verstanden werden können. Jemand hatte verordnet: Ich setze Titium und nach seinem Ableben seine eheleiblichen Kinder zu meinen Universalerben ein [9]). Es liegt auch kein Widerspruch in der Bestimmung, daß je nach den vorwaltenden Umständen die Substitution entweder als die eine oder die andere bestehen solle, folglich ist es nicht widersinnig, wenn der Richter durch Willensauslegung feststellt, der Testator habe dieses anordnen wollen [10]). Indeß kommt für solche zweifelhafte Fälle das kanonische Recht mit einer Präsumtion zu Hülfe. Dem Pabst Bonifaz VIII war (1298) folgender Fall zur Entscheidung vorgelegt worden: Jemand hatte einen Sohn und eine Tochter, beide unmündig, und eine Ehefrau. Die Tochter setzte er auf einen bestimmten Theil seines Nachlasses zur Erbin ein, den Sohn ernannte er zum Erben seines ganzen übrigen Vermögens und der Ehefrau setzte er ein Vermächtniß aus. Dabei bestimmte er, daß, wenn die Tochter, ohne Kinder zu hinterlassen, mit Tode abginge, ihr Antheil dem Sohne zufallen, und wenn dasselbe Ereigniß den Sohn träfe, die Tochter an dessen

---

7) A. L.R. II, 2, §§. 545 ff.

8) L. 15 C. de testamentis (VI, 23). Zu vergl. L. 2 C. communia de leg. et fideicommiss. (VI, 43).

9) Ludolph, Observat. forens., P. II, obs. 132, not. 1. — Aehnliche Beispiele bei Leyser, Med. ad Pand., Sp. 362, m. 1. 2.

10) Zu vergl. Mühlenbruch, in Glück, Bd. XL, S. 253.

Stelle treten sollte, daß aber, wenn Sohn und Tochter, ohne Kinder zu hinterlassen, sterben würden, die Armen Christi als eingesetzte Erben betrachtet werden sollten. Der Testator starb und nach ihm starben der Sohn und die Tochter hintereinander vor erlangter Mündigkeit, die Mutter aber überlebte sie. Der Pabst entschied: der ganze Nachlaß fällt den Armen zu. Denn die oben erwähnten Substitutionen von dem Sohne an die Tochter und umgekehrt, und von Beiden an die Armen, müssen als unmittelbare Pupillarsubstitutionen betrachtet werden, da bei Substitutionen, dafern nur, wie im vorliegenden Falle, die Worte derselben und die eingesetzten Personen diese Deutung zulassen, die Auslegung stets für die unmittelbare und nicht für die mittelbare Substitution geschehen muß [11]). Die Entscheidung ist richtig, aber in den Gründen hat sich der Pabst vergriffen. Die Verordnung des Testators enthielt eine wirkliche Pupillarsubstitution, aber nur für das Vermögen, welches die Unmündigen von ihm erben würden. Soweit ist die Pupillarsubstitution, wie sich im folgenden Paragraphen zeigen soll (die eigentliche Pupillarsubstitution ist die Ernennung eines Erben des Unmündigen für das Vermögen, was er nicht von dem Vater her hat), nichts weiter als eine gewöhnliche fideikommissarische Substitution, also eine mittelbare Zuwendung, die eine Erwerbung der Erbschaft des Vaters, folglich eine Ueberlebung desselben voraussetzt, keineswegs eine unmittelbare, nämlich eine vulgaris oder gemeine, welche voraussetzt, daß der Institutus den Anfall nicht erlebt und daher der Substitutus als unmittelbarer Erbe für ihn eingetreten ist. Aber der Entscheidungsgrund, obgleich auf den Fall nicht passend angewendet, hat für uns ein praktisches Interesse, indem man darin die Gründung einer Präsumtion gefunden hat: die Auslegung muß stets für die unmittelbare und nicht für die mittelbare Substitution geschehen. Dieses findet sich wesentlich im Landrecht wieder: „Wenn es zweifelhaft ist: ob der Erblasser eine gemeine (d. i. eine direkte) oder eine fideikommissarische Substitution verordnet habe, so wird nur jene vermuthet [12]).“ Für diese Bestimmung ist nun die Quelle nachgewiesen. Es darf aber nicht übersehen werden, daß der Pabst keinesweges etwas Neues, eine dem gemeinen Rechte unbekannte rechtliche Vermuthung einführen will, er beruft sich nur darauf,

11) Cap. 1 de testamentis in 6. (III, 11).

12) A. L.R. I, 12, §. 59.

daß stets die Auslegung für die unmittelbare Substitution geschehen müsse, warum? sagt er nicht. Er läßt aber doch sogleich einer anderen Auslegung Raum, denn er fährt fort: „quamquam directa interdum ad fideicommissum ex causa trahatur,“ also er räumt ein, daß zuweilen der Fall eintritt, daß man aus bewegenden Ursachen auch auf die unmittelbare (gemeine) Substitution die Grundsätze anwendet, welche über die mittelbare gelten [13]). Das Ergebniß hiervon ist, daß, wenn aus der Anordnung des Testators erheilet, er wollte, die substituirten Kinder sollten jedenfalls an ihres Vaters Stelle treten, der allgemeine Ausdruck auch gegen jene Präsumtion im Sinne der Absicht des Testators zur Geltung kommen muß; mit anderen Worten: wenn die Absicht des Testators, fideikommissarisch substituiren zu wollen, erweislich, oder nach den gebrauchten Ausdrücken mit überwiegender Wahrscheinlichkeit anzunehmen ist; so muß die Disposition für eine fideikommissarische erachtet werden, wenngleich der Testator sich anderer Ausdrücke bedient hat, als solcher, wie sie bei fideikommissarischen Anordnungen gewöhnlich [14]). — Nur das ist gewiß, daß, wenn die Anordnung für eine direkte (gemeine) Substitution erkannt werden muß, sie nicht zugleich auch als fideikommissarische gelten kann, weil sie mit dem Moment, wo der Institut die Erbschaft erworben und somit den Substituten ausgeschlossen hat, ipso jure erloschen ist [15]). Das Landrecht hat dies außer Zweifel gestellt durch die Bestimmung: „die gemeine Substitution verliert ihre Wirkung, sobald der erste Erbe oder Legatarius die Erbschaft oder das Vermächtniß auf eine rechtsbeständige Art übernommen hat;“ er transmittirt jedoch sein Recht zur Annahme auf seine Erben, wenn er den Anfall erlebt hat, jedoch während der Ueberlegungsfrist, ohne sich erklärt zu haben, verstorben ist [16]). In diesem Punkte befindet sich dasselbe also mit dem römischen Rechte ganz im Einklange. In derselben Stelle ist aber zugleich verordnet: „unter der fideikommissarischen Substitution wird allemal die gemeine verstanden.“ Also, wenn Jemand verordnet: ich setze den A. zu meinem Universalerben ein, bestimme jedoch, daß er die Erbschaft an B. herausgeben soll, und nun A. vor dem Erblasser stirbt oder nach dessen Tode die Erbschaft ausschlägt;

13) Ein solcher Fall ist in der L. 76 D. ad Sct. Trebellianum (XXXVI, 1) enthalten. Die Entscheidungsgründe des Papstes sind nicht logisch.

14) Mühlenbruch a. a. O. S. 256.

15) L. 5 C. de impub. et al. subst. (VI, 26); L. 6 C. de legat. (VI, 37).

16) A. L.R. I, 12, §§. 463 u. 465. Zu vergl. §. 58.

so tritt der Fideikommissarius als gemeiner Substitut unmittelbar in die Stelle des Erben und erwirbt die Erbschaft ipso jure ohne alle Vermittelung. Das ist das Gegentheil von dem was nach römischem Rechte gilt. Hiernach kann der Universalfideikommissarius nur dann Anspruch auf die Erbschaft machen, wenn der Institut wirklich Erbe geworden ist; fällt der direkte Erbe aus, so ist das Testament destitut und das Fideikommiß vereitelt[17]). Inkonsequent ist jedoch die Anordnung des Landrechts nicht, es bringt den Willen des Testators, der den Intestaterben ausschließt, mit Aufrechthaltung des Testaments, unmittelbar zur Geltung, indem es annimmt, der Testator, der seinen Nachlaß schließlich dem Fideikommissar zuwenden wollte, würde sich entsprechender ausgedrückt haben, wenn er an den Fall gedacht hätte. Deshalb läßt das Landrecht nicht erst, wie es nach seiner Theorie vielleicht logischer gewesen wäre, die Erbschaft an den Intestaterben fallen, sondern den Fideikommissarius gleich als direkten Substituten an die Stelle des Instituten treten. — Bei diesen Bemerkungen über das Verhältniß der fideikommissarischen Substitution zur gemeinen muß es an diesem Orte bewenden; das Nähere über dieselbe kann nur im Zusammenhange erst weiterhin in dem Abschnitte von der indirekten Erbfolge vorgetragen werden.

Das Landrecht verordnet weiter: die Pupillarsubstitution kann zwar als eine gemeine, aber die gemeine nicht als eine Pupillarsubstitution gelten[18]). Das Nähere über diese Bestimmung wird in dem folgenden §. 56, Nr. I vorgetragen.

§. 55.
2. Gemeine Substitution.

I. Gemeine (direkte) Substitution (Vulgarsubstitution, substitutio vulgaris, institutio heredis secundi) heißt die Verordnung des Testators, daß, wenn der erst eingesetzte Honorirte den ihm zugedachten Vortheil nicht annehmen könnte oder wollte, eine bestimmte andere Person an dessen Stelle berufen sein solle. „Quod si ex aliqua causa primus heres hereditatem meam adire noluerit, vel non potuerit: tunc in locum ejus secundum heredem substituo Vitalem[1])." Die Schule nennt den Fall:

---

17) L. 57, §. 2 D. ad Sct. Trebellianum (XXXVI, 1). — Gajus, II, §. 251.

18) A. L.R. a. a. O. §. 60.

1) L. 3 C. de heredibus instituendis (VI, 24). — Ebenso A. L.R. I, 12, §. 51.

wenn er nicht Erbe sein will, den casum noluntatis auch voluntatis, und den: wenn er nicht Erbe sein kann, den casum impotentiae, oder auch potentiae [2]). Bedient sich der Testator dieser Worte für beide Fälle, oder sagt er: wird er nicht Erbe werden, welcher Ausdruck beide Fälle umfaßt, so ist die Substitution auf beide Fälle zu beziehen. Wenn er aber nur für einen dieser Fälle substituirt, z. B.: ich setze meinen Freund A. zum Erben ein; sollte er mein Erbe nicht sein wollen, so substituire ich ihm den B., so läßt sich zweifeln, was geschehen solle, wenn A. nicht Erbe sein kann, weil er vielleicht vor dem Erblasser verstorben war. Daß der Testator die Substitution beliebig auf den einen oder den anderen Fall beschränken kann, ist außer Zweifel; wenn er aber sich nicht ausdrücklich und bestimmt ausgesprochen hat, so streitet man gemeinrechtlich darüber: ob der andere Fall selbstverständlich in dem einen ausgedrückten Falle mit begriffen sei [3]). Eine Entscheidung darüber geben die Quellen nicht. Das Landrecht entscheidet den Streit wie folgt:

> „Wenn gleich die im Testamente enthaltene gemeine Substitution nur auf den Fall gerichtet ist, daß der erst eingesetzte Erbe nicht Erbe sein könnte, so ist doch darunter auch der Fall, wenn er nicht Erbe sein wollte, und umgekehrt, zu verstehen [4])."

Vorausgesetzt ist selbstverständlich, daß der Testator nicht das Gegentheil verfügt hat. Aber auch diese Entscheidung hat einen Streit veranlaßt. Die Substitution findet sowohl bei Erbschaften als bei Vermächtnissen und Schenkungen von Todes wegen statt [5]). Die Entscheidung spricht jedoch nur von dem Erben und man hat deshalb die Beziehung derselben auf Legatare bestritten. Dieser Streit ist durch ein Präjudiz des Obertribunals dahin entschieden, daß die Bestimmung sich auch auf den Fall beziehe, wenn ein Legatar das Legat nicht annehmen kann oder will [6]). — Jede Substitution ist eine bedingte Erbeseinsetzung [7]); bei der gemeinen Substitution besteht die Bedingung darin, daß der erste Erbe, oder wie er auch

2) Höpfner's Kommentar, §. 500.

3) M. s. darüber Mühlenbruch a. a. O. S. 301 und die dort angeführten Schriftsteller.

4) I, 12, §. 52.

5) Ebenda §§. 51 u. 458. — L. 50 pr., L. 77, §. 13 D. de legatis II; L. un. §. 7 in fine C. de caducis tollendis (VI, 51).

6) Pr. 1953, vom 20. Dezember 1847 (Präj.-Samml. I, S. 72; Rechtsfälle, Bd. III, S. 244).

7) L. 1, §. 13, L. 11, §. 5 in fine D. ad Legem Falcid. (XXXV, 2); L. 41, §. 6 D. de vulgari et pupill. (XXVII, 6).

genannt wird, der erst eingesetzte Erbe [8]) nicht succediren sollte; succedirt er, so ist die Bedingung nicht eingetreten und die Substitution fällt hinweg ([16]). Aus der Bezeichnung des Institutus als ersten Erben oder erst eingesetzten darf nicht gefolgert werden, daß er in der Einsetzungsklausel zuerst genannt werden müsse. Der Ausdruck: „Titius heres esto, si Secundus heres non erit; Secundus heres esto," wird für eine vollgültige Institution des Secundus erklärt, durch den Zusatz: „placet, primo gradu Secundum esse institutum [9])."

II. Der Substitut, als eventueller Erbe, muß, wie sich von selbst versteht, die gleiche Erbfähigkeit haben, welche zur Erbeseinsetzung erforderlich ist. Dieselbe wird beurtheilt nach dem Zeitpunkte, wo der Substitutionsfall eintritt [10]). Bei erfolgendem Eintritt des Falles treten zwei Fragen hervor, welche nicht ungelöst bleiben können. Die eine betrifft die Verhältnisse und Bedingungen, unter welchen der Substitut an die Stelle des Instituten tritt, die andere bezieht sich auf das Akkreszenzrecht bei mehreren Miterben. Es versteht sich, daß hierüber der Testator in seiner substituirenden Verfügung die umfassendsten Anordnungen nach seiner Willkür treffen kann. Ist dies nicht geschehen, so muß auf die vorhandenen gesetzlichen Bestimmungen über diese Materie zurückgegangen werden. Diese sind im Landrechte dürftig.

1. Ueber die erste Frage ist bestimmt: „Wer einem Erben oder Legatario durch gemeine Substitution nachgesetzt worden, hat, so weit der Testator nicht ein Anderes ausdrücklich verordnet, mit demjenigen, welchem er nachgesetzt ist, gleiche Rechte und Pflichten [11])." Von Bedingungen, unter welchen der erste Erbe eingesetzt worden, ist nicht Rede. Soll nun auf diese ebenfalls die Bestimmung analogisch angewendet werden? Das würde in manchen Fällen nicht möglich sein. Gesetzt, der Testator verfügt: „ich setze meinen Freund A. zu meinem Erben ein, unter der Bedingung, wenn er die Tochter meines Freundes B. binnen 6 Monaten nach meinem Tode geheirathet haben wird. Sollte er nicht mein Erbe werden, so substituire ich ihm die Tochter meines Freundes C. Der erst ein-

8) A. L.R, a. a. O. §§. 50—52, 463. Auch die Römer nennen den ersten Erben primus, den Substituten secundus heres. L. 28 D. de hered. instituendis (XXVIII, 6); Sueton., vita Octavii, cap. 101.

9) L. 28 D. de hered. instituendis.

10) A. L.R. a. a. O. §. 460. Zu vergl. §. 43 ebd. — L. 6, §. 2, L. 40, §. 1 D. eodem.

11) Ebenda §. 458.

gesetzte A. wird nicht Erbe und die Tochter des C. tritt an seine Stelle. Diese kann die Bedingung nicht erfüllen, folglich müßte die Substitution ungültig sein und die Intestaterbfolge eintreten, während doch der Testator die Intestaterben ausschließen wollte. Dem beugt das römische Recht weise vor durch folgenden Rechtsgrundsatz: „Sub conditione heredi instituto si substituamus, nisi eandem conditionem repetemus, pure eum heredem substituere intelligimus [12].“ Etwas anderes wird auch für das preußische Recht nicht übrig bleiben, wenn man nicht willkürlich den nicht undeutlich erklärten Willen bei Seite setzen will. Denn daß er die Ausschließung der Intestaterbfolge unter allen Umständen sichern wollte, hat er durch die Ernennung eines Nacherben deutlich an den Tag gelegt, und daß er hierbei nicht die Bedingung der ersten Einsetzung ausdrücklich beseitigte, war augenscheinlich Gedankenlosigkeit, oder er hielt den Wegfall für selbstverständlich. Dies ist auch richtig, weil die an die erste Erbeseinsetzung geknüpfte Bedingung nur eine Bedingung für den Eintritt des Instituten ist, dergestalt, daß, wenn diesem ein Substitut bestellt ist und er die Erbschaft deshalb nicht erwerben kann, weil die Bedingung unerfüllt bleibt, der Substitut unbedingt eintritt [13]; er ist ja eben für solchen Fall substituirt.

2. Bezüglich auf das Anwachsungsrecht ist bestimmt: „Der Substitut geht in demjenigen, worin er substituirt worden, nicht nur den Intestat-, sondern auch den im Testamente ernannten Miterben vor [14].“ Zur Anwendung dieser Bestimmung ist scharf zu beurtheilen, „worin er substituirt worden“, was nicht immer auf der Hand liegt. Unter andern kommen folgende Fälle vor, die noch nicht die verwickeltsten sind. a) Der Testator hat Einem Erben mehrere substituirt. Dieses ist entweder in der Absicht geschehen, daß jeder folgende dem vorhergehenden substituirt sein soll, so daß der erste Substitut dem Instituten, der zweite Substitut dem ersten, der dritte dem zweiten u. s. w. substituirt sein soll. Man nennt dies heredes secundo, tertio, quarto gradu scribere, wobei die Regel gilt: substitutus substituto est substitutus instituto. Hier müssen erst die Vorangestellten, gleichviel wer zuerst, weggefallen sein, ehe der Nachgesetzte an die Reihe kommt [15]. Hinsichtlich des

12) L. 73 D. de heredibus instituendis (XXVIII, 5).

13) L. 27 pr. D. eodem: „Si te solum ex parte dimidia pure, ex altera sub conditione heredem instituero et substituero tibi: non existente conditione substitutum ex ea parte heredem fore Celsus ait.“

14) A. L.R. a. a. O. §. 459.

15) §. 3 Inst. de vulgari substitut. (II, 15); L. 27, L. 4 pr., L. 47 D.

Akkreszenzrechts steht es so als wenn nur Ein Substitut vorhanden wäre: das jus accrescendi der Miterben ist durch die Substitution ausgeschlossen, so lange noch ein Substitut vorhanden ist, denn jeder davon geht den Intestat- so wie den testamentarischen Miterben in demjenigen vor, „worin er substituirt worden", soweit nicht das Gegentheil ausdrücklich vorgeschrieben ist [16]). Sind die Mehreren zugleich Einem substituirt, so treten sie zu gleichen Rechten zusammen an dessen Stelle, und haben unter sich, mit Ausschließung der Miterben, das Anwachsungsrecht, denn sie sind „darin substituirt worden", und zwar zusammen, gemeinschaftlich. b) Der Testator hat Einen an die Stelle mehrerer Erben substituirt, z. B. meine Söhne A. B. und C. sollen meine Erben sein; sollten sie es nicht werden, so substituire ich ihnen meinen Neffen D. Hier ist D. für die ganze Erbschaft, nicht für die Antheile der einzelnen Miterben substituirt, er kann daher erst dann eintreten, nachdem alle eingesetzten ersten Erben weggefallen sind, mithin geht das Anwachsungsrecht der Miterben dem Rechte des Substituten vor [17]), wenn nichts darüber bestimmt ist, welches z. B. so geschehen kann, daß der Testator beim Wegfalle Eines Miterben von dessen Erbportion einen Theil dem gemeinschaftlichen Substituten zuweiset, wodurch bewirkt wird, daß es in Ansehung des Uebrigen bei dem gesetzlichen jus accrescendi der Miterben verbleibt. c) Der Testator kann jedem der von ihm zuerst berufenen Erben einen besonderen Substituten bestellen, z. B. meine Söhne A. B. und C. setze ich zu meinen Erben ein; sollten sie nicht Erben werden, so substituire ich dem A. meinen Neffen D, dem B. meinen Vetter E, und dem C. meinen Vetter F. Hier tritt jeder Substitut in die Erbportion ein, „worin er substituirt ist", d. h. das jus accrescendi der Miterben ist durch die Substitutionen ausgeschlossen.

Werden Miterben einem wegfallenden Miterben substituirt, welches auf mannigfaltige Weise geschehen kann, so wird die Sache etwas verwickelter. Sehr gewöhnlich ist die gegenseitige Substitution sämmtlicher Miterben. Man nennt diese reciproca substi-

de vulg. et pupill. substit. (XXVIII, 6); L. 69 D. de acquir. vel omitt. heredit. (XXIX, 2). — A. L.R. a. a. O. §. 56.

16) L. 2, §. 8 D. de bonor. poss. sec. tab. (XXXVII, 11); L. un. §§ 3, 4, 7 C. de caducis toll. (VI, 51); Paulus, rec. sent., Lib. IV, tit. 8, §. 26 i. f.

17) L. 10 C. de imput. et aliis substitution. (VI, 26). Hierüber ist jedoch kein Einverständniß. Einige, z. B. Schweppe, röm. Privatrecht, §. 811 (S. 103, Bd. V der 4. A.) wollen auch hier bei der Regel bleiben, daß der Substitut dem jus accrescendi der Miterben vorgeht.

tutio [18]), Neuere nennen sie auch s. mutua, s. compendiosa oder breviloqua [19]). Bei dieser Art von Substitution gilt Folgendes: a) Nur diejenigen werden zugelassen, welche als Instituirte ihren Theil wirklich angetreten haben [20]). b) Wenn der ausfallende Instituirte einen in demselben Redesatze mit ihm Verbundenen (conjunctum) neben sich hat, so schließt dieser die übrigen Miterben in dem Theile des Wegfallenden aus [21]). c) Die mehreren wechselseitig substituirten Miterben theilen die vakant gewordene Portion, in welche sie wirklich eintreten, nach Verhältniß ihrer Institutionsportionen [22]). Konkurrirt mit ihnen eine zugleich substituirte fremde Person, so erhält diese einen Kopftheil und das Uebrige theilen die Miterben nach Verhältniß ihrer Portionen [23]). Welchen größeren Vortheil eine solche gegenseitige Substitution der Miterben vor dem gesetzlichen jus accrescendi gewähren könnte, wird nur aus dem älteren römischen Rechte verständlich: sie war ein Mittel zu dem Zwecke, Kaduzität aus dem Papischen Gesetze zu verhüten [24]). Daher bestreiten denn auch mehrere Rechtslehrer [25]), daß nach der Aufhebung der leges caducariae diese Substitution noch irgend einen Nutzen habe, und daß noch ein wesentlicher Unterschied zwischen ihr und dem jus accrescendi heut zu Tage bestehe. Die preußische Rechtsgesetzgebung übergeht diese Art von Substitution mit Stillschweigen.

III. Die Wirkung der gemeinen Substitution tritt ein, sobald es entschieden ist, daß der erst eingesetzte Erbe oder Legatar die ihm zugedachte Zuwendung nicht erwirbt. So lange also die Erwerbung aus der Institution noch möglich ist, kann die Substitution nicht wirksam werden. „Quamdiu institutus admitti potest, substituto locus non est, nec ante succedere potest, quam excluso

---

18) L. 4, §. 1 D. de vulg. et pupill. (XXVIII, 6): „— si pater duos filios impuberes heredes instituat, eosque invicem substituat, in utrumque casum reciprocam substitutionem factam videri, D. Pius constituit.“ Das „utrumque casum“ bezieht sich auf die Pupillarsubstitution. M. vergl. §. 56.

19) Diese Ausdrücke stützen sich auf L. 8 C. de impuber. et aliis substit. (VI, 26); L. 37, §. 1 D. de hered. instit. (XXVIII, 5).

20) L. 23 D. de vulg. et pupill. (XXVIII, 6). Die L. 76, §. 1 D. de acqu. vel omitt. (XXIX, 2) geht auf einen anderen Fall.

21) L. 41, §. 4 D. eodem.

22) L. 5, 24 u. L. 41, §. 1 D. eodem.

23) L. 32 D. eodem.

24) L. unica pr. C. de caducis tollendis (VI, 51).

25) Z. B. Thomasius, in nova Addit. ad Ulr. Huberi praelect. jur. civ., T. I, oder ad inst. tit. de vulg. subst. §. 2, p. m. 197.

herede instituto [26]).“ Daher kann die Substitution auch durch die Transmission des Rechts zur Erwerbung der Erbschaft auf die Erben des Erben vereitelt werden, wenn der Institutus auch vor der Erwerbung der Erbschaft verstorben ist. Gemeinrechtlich ist dies streitig [27]), nach dem Landrechte ist es unzweifelhaft. Zwar gilt die Regel: hereditas nondum adita (acquisita) non transmittitur ad heredes heredis [28]), auch im preußischen Rechte, allein hiernach wird die Erbschaft mit dem Anfall ipso jure erworben, und es verhält sich daher in Ansehung der Transmission des Rechts zur Uebernahme ganz allgemein so wie es nach römischem Rechte sich bei dem Suus verhielt, der die Erbschaft auch noch vor der Erklärung: ob er sich abstiniren wolle oder nicht, auf seine Erben transmittirte [29]), daher sich jene Streitfrage auch nicht auf den Vorzug der sog. transmissio ex jure suitatis bezieht. Das Landrecht bestimmt folglich ganz konsequent: wenn der eingesetzte, den Erblasser überlebende Erbe vor dem Ablaufe der Ueberlegungsfrist, ohne sich zu erklären, stirbt, so gehen dessen Erben dem Substituten vor und haben die ganze Ueberlegungsfrist, um sich zu erklären, ob sie die auf sie transmittirte fremde Erbschaft ausschlagen oder annehmen [30]). Erst nachdem sie derselben entsagt haben, ist solche dem Substituten angefallen. Das Recht aber, für solchen Fall die Erbschaft aus der Substitution anzunehmen, transmittirt er, wenn er den Testator überlebt und noch innerhalb der gesetzmäßigen Ueberlegungsfrist des ersten Erben vor demselben stirbt, gleichfalls auf seine Erben [31]).

Tritt der Substitutionsfall ein, so erhält der Substituirte in der Regel genau denselben Theil, welchen derjenige erhalten haben würde, dem er substituirt ist. Ist dieser Theil also durch Zuwachs vermehrt, oder war der, welchem substituirt worden, einem andern Miterben substituirt, so fällt dieses Alles dem Substituten gleichfalls zu [32]), auch kommt ihm der später eintretende Zuwachs zu [33]).

26) L. 69 D. de acquirenda vel omittenda hereditate (XXIX, 2). — A. L.R. a. a. O. §§. 51, 463.

27) Die Streitfrage wird ausführlich behandelt von Thibaut, Versuche, Bd. I, Abth. 13.

28) L. 7 C. de jure deliberandi (VI, 30); L. un. §§. 5, 13 C. de cad. toll. (VI, 51).

29) L. 3 C. de jure deliberandi (VI, 30).

30) A. L.R. a. a. O. §. 465 und Tit. 9, §. 397.

31) I, 12, §. 462 u. I, 9, §. 383.

32) L. 27, L. 41 pr. D. de vulg. et pupill. substit. (XXVIII, 6); §. 3 Inst. de vulg. substit. (II, 15).

33) L. 59, §. 3 D. de hered. instituendis (XXVIII, 5).

Daraus folgt aber auch, daß er alle darauf gelegte Lasten tragen, namentlich die darauf lastenden Vermächtnisse und Auflagen entrichten und leisten muß [34]). Der Testator kann jedoch die Substitution auch auf einen bestimmten Theil der Portion des Vorerben einschränken, und das Uebrige stillschweigend dem Zuwachsrechte der Miterben überlassen, er kann auch die Substitution selbst an Bedingungen knüpfen, auf welche dann die Grundsätze Anwendung finden, welche von bedingten Erbeseinsetzungen gelten, denn die Substitution ist eben auch eine Erbeseinsetzung, wenn auch nur eine eventuelle. Alles dieses hat das Landrecht zusammengefaßt und so ausgedrückt: „Wer einem Erben oder Legatario durch gemeine Substitution nachgesetzt worden, hat, soweit der Testator nicht ein Anderes ausdrücklich verordnet, mit demjenigen, welchem er nachgesetzt ist, gleiche Rechte und Pflichten [35]).“

IV. Das Substitutionsrecht kann erlöschen sowohl aus der Person des Vorerben, als aus der Person des Nacherben.

1. Aus der Person des Vorerben fällt das Substitutionsrecht hinweg, wenn dieser für sich selbst, oder wenn dessen Erbe vermöge eines Transmissionsrechts die Erbschaft annimmt [36]). Dies wird im Landrechte ausdrücklich bestätigt [37]). Hierbei treffen wir jedoch auf eine dunkle Bestimmung, wonach der Substitut wieder in seine vorigen Rechte treten soll, wenn der erste Erbe in den Fall kommt, daß er sein erworbenes Recht wieder aufgeben kann oder muß. Hierzu müssen wir den historischen Boden zu gewinnen suchen, um die Bestimmung zu verstehen und auf eine Wirklichkeit zurückzuführen. In Beziehung auf das aufgeben können findet man bei den gemeinrechtlichen Juristen die Frage behandelt, wie es hinsichtlich des Substituten zu halten sei, wenn ein Erbe, welcher durch Antretung die Erbschaft erworben hat, sich dagegen restituiren läßt. Ob nun das Substitutionsrecht wieder auflebe? Diese Frage ist von jeher viel bestritten worden. Diesen Streit können wir aber auf sich beruhen lassen, denn diese Restitution hat das Landrecht abgeschafft [38]).

---

34) L. 74, L. 126, §. 1 D. de leg. I; L. 4 C. ad Sct. Trebell. (VI, 49). — L. 27 pr., L. 73 D. de hered. instit. (XXVIII, 5).

35) I, 12, §. 458.

36) L. 5 C de impuberum et aliis substit. (VI, 26); L. 7 D. de acquir. vel omitt. heredit. (XXIX, 2).

37) I, 12, §§. 463 u. 465.

38) A. G.O. I, 16, §. 15: „allermaßen eine Verletzung, welche Pflegebefohlenen in dem Geschäfte selbst, welches der Anlaß oder Gegenstand des Prozesses ist, widerfahren sein soll, — keine Restitution begründet.“

Dagegen ist nachgelassen, daß ein Erbe, welcher eine Erbschaft während der gesetzlichen Ueberlegungsfrist ohne Vorbehalt angetreten hat, eine dergleichen Erklärung noch bis zum Ablaufe dieser Frist, in gerichtlicher Form, wieder zurücknehme [39]). Dies sollte ein Remedium gegen die Nachtheile einer übereilten Antretung sein [40]), also ein Surrogat der Restitution. — Was das aufgeben müssen betrifft, so hat man wohl an die Fälle gedacht, wo nach römischem Rechte wegen Indignität eine Ereption durch den Fiskus erfolgen konnte. Der Fiskus schloß jedoch den Substituten aus [41]). Diese Art von Konfiskation fällt im preußischen Rechte hinweg [41a]), folglich müssen die Ereptorien in den wenigen Indignitätsfällen, welche beibehalten sind, anderen Erben zufallen. Diese Fälle sind: a) wenn der Erbe oder Legatarius, durch Vorsatz oder grobes Versehen, den Tod des Testators verursacht hat; so wird derselbe, auch ohne ausdrücklichen Widerruf, des ihm zugedachten Vortheils verlustig, wenn ihm der Erblasser das Versehen (vorsätzliche Tödtung kann also mit Erfolg nicht verziehen werden) nicht verziehen hat [42]); b) wenn der in einem Testamente Bedachte den Testator an dem Widerrufe seines Testaments hindert, so verliert er alle darin ihm zugedachten Vortheile [43]); c) das Gleiche geschieht dem, welcher ein Testament, oder eine andere letztwillige Disposition verheimlicht [44]). — Hieraus wird die Beziehung der Bestimmung klar, worin es heißt: „Kommt der erste Erbe oder Legatarius auf eine oder die andere Art in den Fall, daß er sein erworbenes Recht wieder aufgeben kann oder muß; so tritt der Substitut wieder in seine vorigen Rechte [45]). Ist derselbe alsdann schon verstorben, so fällt das wieder aufgelebte Substitutionsrecht an seine Erben, auf welche er dasselbe transmittirt hat, indem die Sache so angesehen wird, als hätte der unwürdige Institut von Anfang die Zuwendung nicht erwerben können und als wäre der Substitut sogleich an dessen Stelle getreten.

39) A. L.R. I, 9, §. 416.

40) Gegen die Bestimmung, die sich schon im gedr. Entwurfe befand (Tit. 6, §. 337), waren mehrere Erinnerungen eingegangen. Suarez war gegen dieselben und sagte: „Warum soll eine Uebereilung so hart bestraft werden?“ Motive der Gesetzrevision, Pensum XVI, S. 15.

41) L 12 D. de his quae ut indignis (XXXIV, 9); L. 15 pr. D. de Sct. Silaniano (XXIX, 5).

41a) A. L.R. II, 16, §§. 17 u. 18.

42) A. L.R. I, 12, §§. 599 u. 600.

43) Ebenda §. 607.

44) Ebenda §. 608.

45) Ebenda §. 464.

Daraus folgt, daß derselbe die Erbschaft, welche zu ergreifen er selbst nur faktisch verhindert war, auf seine Erben transmittirt hat. Diesen läuft jedoch erst von da an, wo ihnen die Indignität des Vorerben und in Folge derselben der Anfall der Erbschaft bekannt wurde, die Deliberationsfrist. Das Rechtsmittel, welches ihnen gegen den Vorerben, wenn er sich im Besitz der Erbschaft befindet, zusteht, um sich dieselbe thatsächlich zu verschaffen, ist die Erbschaftsklage (hereditatis petitio).

2. Aus Gründen, welche in der Person des Nacherben selbst liegen, erlischt die Substitution, wenn derselbe vor dem Testator stirbt, oder zur Zeit des Eintritts des Substitutionsfalles nicht erbfähig ist. Hierin ist Uebereinstimmung des Landrechts mit dem römischen Rechte[46]). In dem Falle dagegen, wo Beide, der Vorerbe und der Nacherbe, den Testator überleben, der Nacherbe aber vor dem Vorerben stirbt, ehe dieser sich über die Annahme der Erbschaft erklärt hat, also während der Zeit, wo der erste Erbe deliberirt, weicht das Landrecht von dem römischen Rechte wesentlich ab. Gemeinrechtlich wird angenommen, daß in diesem Falle die Substitution erloschen sei und daß daher, wenn darauf der Vorerbe schließlich die Erbschaft ausschlägt, die Erben des vor ihm verstorbenen Substituten auf dieselbe keinen Anspruch machen können. Denn ihr Erblasser habe den Fall, auf den er substituirt war, wenn nämlich der Vorerbe nicht Erbe sein will, nicht erlebt[47]). Nach preußischem Rechte steht es hiermit ganz anders. Wer den Anfall einer ihm zugedachten Erbschaft erlebt, erwirbt sie auch eben dadurch von Rechts wegen in der rechtlichen Beschaffenheit und unter den Voraussetzungen, unter welchen sie ihm zugedacht ist. Bei der Substitution sind der Vorerbe und der Nacherbe wirklich eingesetzte Erben, Jener prinzipiell, Dieser eventuell. Ueberleben sie den Testator, so haben sie Beide ihr Erbrecht in seiner rechtlichen Qualität wirklich erworben, sie transmittiren daher dasselbe auch auf ihre Erben, wenn sie sterben, bevor sie dasselbe haben in Besitz nehmen mögen oder können und ohne dasselbe ausgeschlagen zu haben. Deshalb ändert es hierin nichts, wenn der Nacherbe auch vor dem Vorerben verstirbt, denn er ist nicht Erbe des Vorerben, sondern eventueller Erbe des

46) Ebenda §§. 462, 460. — L. 9 i. f. D. de suis et legitimis (XXXVIII, 16); L. 45, §. 1 D. de vulgari et pupill. (XXVIII, 6).

47) Mühlenbruch, bei Glück, Bd. XL, S. 366; Höpfner, Kommentar, §. 502, Nr. 5, welcher dafür keine Legalstelle nachweiset; Mackeldey, Lehrbuch, §. 669, Nr. 6, welcher sich auf L. un. §. 4 C. de caducis tollendis (VI, 51) beruft, wo jedoch darüber nichts steht.

Testators, und die Bedingung, von welcher das Schicksal seines Erbrechts schließlich abhängt, schwebt noch. In dieser Lage geht sein Erbrecht in nothwendiger Konsequenz des Gesetzes auf seine Erben über. So ist es auch ausdrücklich verordnet:

> „Hat aber der Substitut den Testator überlebt, und ist erst innerhalb der gesetzmäßigen Ueberlegungsfrist des eingesetzten Erben verstorben; so gehet das Recht aus der Substitution auf seinen Erben über [48].)"

Schlägt demnächst der eingesetzte Erbe die Erbschaft aus, so treten die Erben des Substituten an dessen Stelle. Soweit ist Alles klar. Nun aber sagt der unmittelbar vorhergehende §. 461:

> „Ist der Erbe oder Legatarius mit seinem Substituten zugleich umgekommen, so können die Erben des Letzteren aus der Substitution keinen Anspruch machen. (Tit. 1. §. 39.)"

In dem allegirten §. 39 ist vorgeschrieben, daß, wenn zwei oder mehrere Menschen ihr Leben in einem gemeinsamen Unglücke, oder sonst dergestalt zu gleicher Zeit verloren haben, daß nicht ausgemittelt werden kann, wer zuerst verstorben sei, angenommen werden soll, es habe keiner den Andern überlebt. Was soll das hier bedeuten? Wie kommt diese Frage bei der Substitution in Betracht, da der Substitut den Instituten nicht zu beerben hat? Bezieht man die Bestimmung auf den Fall, wo beide vor dem Testator versterben, so ist es ganz gleichgültig, welcher von Beiden vor dem Anderen verstorben ist, denn keiner hat den Anfall erlebt, es kann also keiner etwas auf seine Erben transmittiren. Bezieht man sie auf den Fall, wenn Beide den Testator überleben, so ist es wiederum einflußlos, ob einer von Beiden den Tod des Anderen überlebt hat, denn Beide haben das ihnen angefallene Erbrecht auf ihre Erben transmittirt und dabei versteht sich, daß unter diesen dieselbe Ordnung stattfindet wie unter den beiden eingesetzten Erben, nämlich dem Vorerben und dem Nacherben selbst, d. h. die Erben des Vorerben haben den Vorzug vor den Erben des Nacherben, diese treten mithin erst dann ein, wenn jene ausgeschlagen haben. Darnach ist die Bestimmung ganz bedeutungslos. Forscht man jedoch nach dem Gedanken, welchen die Verfasser bei dieser Bestimmung gehabt haben, so tritt es wohl außer Zweifel, daß sie dieselbe auf den Fall, wo Beide vor dem Testator verstorben sind, bezogen haben, ohne sich klar zu machen, daß damit etwas ausgesprochen würde, was sich ganz von

48) A. L.R. I, 2, §. 462. — Zu vergl. I, 9, §§. 369, 370.

selbst versteht. Diese Beziehung wird angedeutet dadurch, daß unmittelbar nach der ausgesprochenen Bestimmung (§. 461) der Gegensatz ausgedrückt wird: „Hat **aber** der Substitut den Testator überlebt" (§. 462). Also muß wohl bei dem ersten Satz daran gedacht worden sein, daß der Substitut den Testator **nicht** überlebt habe. Dies findet Bestätigung in dem gedruckten Entwurfe. Hier findet sich der §. 461 fast wörtlich in dem §. 283, Thl. II, Abth. 2, Tit. 9, aber mit einem anderen Allegat. Dort lautet er:

„Ist der Erbe oder Legatarius mit dem Substituten zugleich umgekommen (144), so können die Erben des Letzteren aus der Substitution keinen Anspruch machen [49]."

Das Allegat 144 muß ein Druckfehler sein. Das Paragraphen-Zeichen fehlt und wenn man solches hinzusetzt, so weiset es auf §. 144, der gar nicht paßt, es ist dort vorgeschrieben, daß bei der Testamentspublikation die Siegel 2c. vorgezeigt werden müssen. Wird aber angenommen, daß statt des Zeichens „§" aus Fehler die 1 gesetzt worden ist, so erhalten wir „§. 44", und dort heißt es: „Die Pupillarsubstitution kann zwar als eine gemeine, aber die gemeine nicht als eine Pupillarsubstitution gelten." Und in der Lehre von der Pupillarsubstitution wird verordnet: „Wenn der, welcher in den Nachlaß des Kindes substituirt worden, vor dem Kinde verstirbt, so geht das Recht aus der Substitution auf seine Erben nicht über [50]." Das Kind ist hier der Erblasser, für welchen der Vater testirt hat. Hiermit dürfte die Beziehung des §. 461 nachgewiesen sein.

§. 56.

3. Pupillar-Substitution.

I. Der Begriff der Pupillarsubstitution ist im Allgemeinen bereits angegeben (§. 54, II, Nr. 3); es ist jedoch dazu noch das Nähere nachzuholen. Die Berechtigung, über das Vermögen, welches die Kinder von den Eltern erben, auf den Fall, wenn die Kinder die Jahre der Mündigkeit nicht erreichen sollten, letztwillig zu verordnen, steht nicht bloß beiden Eltern, diesen sogar wenn sie nur den Pflichttheil hinterlassen, sondern auch jedem anderen Erblasser, welcher einem Unmündigen etwas zuwendet, zu; Jeder, welcher einen Unmündigen einsetzt, kann ihm direct und auch fideikommissarisch substituiren, direkt so, daß dem Kinde für den Fall, wenn es die

49) Th. II, Abth. 2, S. 401.

50) A. L.R. II, 2, §. 543.

Jahre der Mündigkeit nicht erreichen werde, ein Anderer substituirt wird [1]); fideikommissarisch so, daß der Unmündige eingesetzt wird, mit der Bestimmung, daß nach dessen vor Erreichung der Mündigkeit eingetretenem Tode die Erbschaft einem Dritten ausgeliefert werden solle [2]). Das ist auch preußisches Recht [3]). Allein eine eigentliche Pupillarsubstitution ist dies nicht, denn ein solcher Substitut ist unmittelbarer oder mittelbarer Erbe des Testators selbst; die Pupillarsubstitution dagegen ist ein Testament für den Unmündigen [4]), und der Pupillarsubstitut ist eigentlich gar kein Substitut, sondern der direkte Erbe des Unmündigen [5]). Die eigentliche Pupillarsubstitution besteht somit in der Einsetzung eines direkten Erben eines Unmündigen für dessen gesammtes Vermögen, möge es ihm angefallen sein, von woher wie immer. In diesem Begriffe der Pupillarsubstitution liegt nun, daß sie über die Jahre der Impubertät (der eigenen Testamentsmündigkeit) keine Geltung haben könne [6]); dagegen ist es dem Testator unbenommen, der Verfügung eine kürzere Dauer zu geben, z. B. „si filius meus intra decimum annum decesserit, Sejus heres esto [7]).“ Es können auch Abstufungen eintreten mit verschiedenen Einsetzungen, z. B.: „wenn mein Sohn vor dem zehnten Jahre stirbt, soll Titius sein Erbe sein; wenn er nach dem vollendeten zehnten Jahre und vor vollendetem vierzehnten Jahre stirbt, so soll Mevius sein Erbe sein [8]).“ Das sind indeß Seltenheiten. Fragen muß man aber doch, wie man dazu gekommen, eine solche direkte Erbeseinsetzung (Institution) „Substitution“ zu nennen, woraus mancherlei Mißverständnisse entstanden sind. Man erklärt dies so: der Testator kann, nach Belieben, seinem unmündigen Kinde einen Vulgar- und auch einen Pupillarsubstituten, gleichzeitig oder auch in verschiedenen Urkunden, bestellen. Ernennt er für beide

---

1) L. 33 D. de vulgari et pupillari substitutione (XXVIII, 6).

2) §. ult. Inst. de pupillari substitutione (II, 15).

3) A. L.R. II, 2, §§. 521, 522: „Eltern sind berechtigt, über das Vermögen, welches die Kinder von ihnen erben, — — — gleich jedem anderen Erblasser, letztwillig zu verordnen.“

4) L. 2 pr. D. de vulg. et pupill. substitutione: „Moribus introductum est, ut quis liberis impuberibus testamentum facere possit.“ Pr. i. f. et §. 2 Inst. de pupill. subst. (II, 15).

5) Pr. Inst. eodem: „— si extiterit heres filius, et ante pubertatem decesserit, ipsi filio sit heres substitutus.“ Zu vergl. §. 2 eodem; L. 10. §. 5 D. eodem. — Mühlenbruch a. a. O. S. 263.

6) L. 7, L. 14 D. de vulg. et pupill. subst., §. 8 Inst. eodem.

7) L. 21, L. 38, §. 1 D. de vulgari et pupill. subst.

8) L. 38, §. 2; L. 43, §. 1 D. eodem.

Fälle einen Substituten, so nennt man dies eine substitutio duplex, im Gegensatze der simplex, wenn nur für den einen oder den anderen Fall allein substituirt worden ist [9]). Die duplex heißt auch substitutio in utrumque casum [10]), die Vulgarsubstitution eine substitutio in casum vulgarem ([10]) oder primum und die Pupillarsubstitution eine substitutio in secundum casum [11]), auch wird der secundus casus, im Gegensatze zum primus, als sequens casus bezeichnet [12]). Nun war es gewöhnlich, daß der Vater nicht bloß einen Erben für sein unmündiges Kind einsetzte, sondern dasselbe zugleich auch zu seinem Erben ernannte und ihm einen Vulgarsubstituten in der Person des Pupillarsubstituten (eigentlich Pupillarinstituten) bestellte, also in utrumque casum substituirte ([9]). In diesem Falle war der Pupillarerbe zugleich auch secundus heres des Testators selbst, also wahrer Substitut des Pupillen im Nachlasse des Testators, so daß er, wenn das Kind Erbe des Vaters nicht wurde, weil es vor ihm in der Unmündigkeit verstorben war, Erbe beider Erblasser, nämlich als Vulgarsubstitut des Kindes Erbe des Vaters, und als Pupillarsubstitut direkter Erbe des Kindes, wenn dieses schon Vermögen halte, wurde. So und weil man früher den Erben des Pupillen, dessen Vermögen eigentlich ein Theil des väterlichen Vermögens war, sich als Nacherben des Vaters gedacht habe, erklärt man es, daß man auch auf die Einsetzung eines Erben für das Kind den Begriff einer Substitution anwandte, da in den gewöhnlichen Fällen dieser Erbe zugleich wirklicher Substitut im Nachlasse des Vaters war [13]). Hieran knüpft sich die weitere Frage: wie es zu halten, wenn der Testator nur den einen Fall in dem Testamente genannt hat, z. B. er hat gesagt: ich setze meinen unmündigen Sohn zum Erben ein; sollte er nicht Erbe werden, so substituire ich ihm den Titius. Dies ist eine bloße Vulgarsubstitution, welche erlischt, wenn der Sohn Erbe wird. Stirbt demnächst das Kind in der Unmündigkeit, so ist in Frage gekommen: ob es von

9) L. 1, §. 1 D. eodem: „Heredis substitutio aut duplex est, aut simplex, veluti: Lucius Titius heres esto; si mihi Luc. Titius heres non erit, tunc Sejus heres mihi esto; si heres non erit sive erit, et intra pubertatem decesserit, tunc Cajus Sejus heres esto.“

10) L. 4 D. eodem.

11) L. 8 C. de impub. et aliis substit. (VI, 26): „— exprimere debueras, maritus quondam tuus, quem — proponis, secundum heredem scripsisse, utrumne in primum casum, an in secundum filio suo — substituerit.“

12) L. 45 pr. D. eodem.

13) M. vergl. Mühlenbruch a. a. O. S. 262.

den Intestaterben beerbt werde, oder ob in jener Substitution auch die Pupillarsubstitution enthalten sei. Und umgekehrt: wenn der Ausdruck des Testators auf eine Pupillarsubstitution geht, ist alsdann der Substitut dem Kinde auch im Nachlasse des Vaters für substituirt zu erachten? Hieraus entsteht bei den Neuern die Eintheilung in expressa und tacita substitutio. Ob es wirklich eine stillschweigende Substitution gebe, ob also der casus primus den casus secundus und umgekehrt der secundus den primus in sich schließe, darüber wurde schon zu Cicero's Zeit vor dem Centumviralgericht in dem als causa Curiana aus der geschichtlichen Ueberlieferung bekannten Rechtsfalle gestritten [14]). Die testamentarische Verordnung enthielt eine verfehlte Vulgarsubstitution, der eingesetzte Posthumus, dem für den Fall substituirt wurde, wenn er unmündig sterben sollte, wurde gar nicht geboren und nun machte der Intestaterbe Anspruch auf die Erbschaft des Testators. Der Streit wurde zu Gunsten des Substituten, auf Grund der Willensauslegung entschieden [15]). In der Folge wurde für eine stillschweigende, in der Vulgarsubstitution enthaltene, Pupillarsubstitution gesetzlich entschieden. „(Placuit) substitutionem impuberi, qui in potestate testatoris fuerit, a parente factam ita: si heres non erit, porrigi ad eum casum, quo posteaquam heres exstitit, impubes decessit, si modo non contrariam defuncti voluntatem extitisse probetur [16]).“ Der andere Fall: ob der auf eine Pupillarsubstitution lautende Ausdruck stillschweigend auch die Anordnung einer Vulgarsubstitution enthalte, ist streitig [17]). Dieser Streit hat für das preußische Recht kein näheres Interesse, die bisherige Darstellung genügt zum Verständniß der vorfindlichen Bestimmung vollständig und damit ist der Zweck der nur bis zu diesem Punkte vorgetragenen Rechtsgeschichte erreicht. Das Landrecht hat den unstreitigen Fall, nämlich daß der casus primus (die Vulgarsubstitution) auch den casus secundus (die Pupillarsubstitution) stillschweigend enthalte, verworfen, ohne daß dafür irgendwo ein Grund sich angegeben fände, und den anderen, den streitigen, umgekehrten Fall aufgenommen:

---

14) Dieser Fall wird von Mühlenbruch a. a. O. S. 267 ff. ausführlich vorgetragen; vor ihm ist derselbe von Püttmann in Probabil. Lib. II, p. 90 sq. ausführlich erzählt.

15) Cicero, Orat. pro Caecina, c. 18.

16) L. 4 C. de impuberum et aliis substit. (VI, 26).

17) Die betreffende Stelle, auf welche sich beide Theile für ihre Meinung berufen, ist die L. 4 D. eodem, und die Gründe für und wider gibt Mühlenbruch a. a. O. S. 269 u. flg. an.

„Die Pupillarsubstitution kann zwar als eine gemeine, aber die gemeine nicht als eine Pupillarsubstitution gelten [18]."

Die gemeinrechtliche Regel: die substitutio simplex gilt als duplex, wenn nicht in den Verhältnissen, z. B. bei der gegenseitigen Substitution Mündiger und Unmündiger, oder in dem Ausdrucke des Testators ein Grund liegt, anzunehmen, der Testator habe nur für den bezeichneten einen Fall substituiren wollen, ist ausgeschlossen; der Testator muß nun immer beide Fälle deutlich bezeichnen, wenn er für beide substituiren will.

II. Die Anordnung einer eigentlichen Pupillarsubstitution, d. h. die Einsetzung eines unmittelbaren Erben des Unmündigen in dessen eigenthümlichem, nicht vom Testator ererbtem Vermögen, steht allein dem Vater zu [19]). Dieses Recht gilt im römischen Rechte als eine Erweiterung, als ein Ausfluß der väterlichen Gewalt [20]). Das nehme ich auch für das preußische Recht an [21]). Es ist richtig, das Landrecht hat das nicht ausdrücklich gesagt. Daher hat man es bestritten und das in Rede stehende Recht als ein solches bezeichnet, welches zu den von der väterlichen Gewalt unabhängigen Rechten gehöre. Als solche Rechte werden dann zwei aufgezählt: 1. die Pflicht des Kindes, zu seiner Verheirathung die Einwilligung des Vaters einzuholen; 2. das fragliche Recht des Vaters, über den Nachlaß seines Kindes durch Pupillarsubstitution zu verfügen [22]). Allein diese beiden Rechte haben keinen gemeinsamen Boden. Die Pflicht des Kindes, die Einwilligung zu seiner Verheirathung nachzusuchen, wurzelt in dem Familien-Interesse, welches nicht zuläßt, daß unwürdige Personen in die Familienverbindung ohne Genehmigung des Familienhauptes eingeführt werden, und außerdem liegt diese Pflicht auch in der Ehrerbietung, welche der Pflegling oder Zögling seinem Pfleger und Erzieher schuldig ist. Aus dem ersten Grunde muß daher die Einwilligung, wenn der Vater nicht mehr vorhanden ist, von der Mutter, und wenn auch diese nicht mehr vorhanden, von den etwa noch vorhandenen weitern Ascendenten, nach der Nähe des Grades, eingeholt werden, und aus dem zweiten Grunde muß ein verlassen gewesenes Pflegekind diesen Konsens von seinem auch

18) A. L.R. I, 12, §. 60.

19) Ebenda II, 2, §. 523.

20) L. 2 pr. D. de vulg. et pupill. (XXVIII, 6): „— emancipatis non possumus" (testamentum facere).

21) Privatrecht, §. 822, Nr. 1.

22) v. Daniels, preuß. Privatrecht, Bd. III, S. 38, Note 1 u. Bd. II, S. 79, Nr. 144.

mit ihm gar nicht blutsverwandten Pflegevater zu erlangen suchen [23]). Auf welches Prinzip aber das Recht des Vaters, eine Pupillarsubstitution für sein unmündiges Kind anzuordnen, zurückgeführt werden könnte, wenn nicht auf die väterliche Gewalt, das ist wohl schwer, befriedigend nachzuweisen. v. Daniels meint a. a. O., am richtigsten dürfte man sich die Befugniß des Vaters vorstellen als eine Erweiterung der Rechte an dem Vermögen des Kindes, welche in der väterlichen Gewalt an sich zwar enthalten, jedoch nicht unzertrennlich mit dieser verbunden sind, wobei auf die Fälle verwiesen wird, wo dem Vater Verwaltung und wohl auch Nießbrauch des Vermögens durch das Gesetz entzogen sind. Allein die Rechte des Vaters an dem Vermögen des Kindes sind selbst nur Ausflüsse der väterlichen Gewalt, wie ja hierbei zugestanden wird, und wenn das Substitutionsrecht des Vaters als eine Erweiterung der Rechte an dem Vermögen des Kindes aufgefaßt werden soll, so ist dies ganz dieselbe, welche das römische Recht als eine Erweiterung der väterlichen Gewalt selbst ansieht. Die v. Daniels'sche Auffassung der Rechte des Vaters an dem Vermögen des Kindes als eines selbstständigen, absoluten, entbehrt jedes juristischen Grundes, das positive Recht kennt ein solches absolut für sich bestehendes Recht nicht; sie führt auch zu ganz falschen Schlüssen, wie namentlich der ist, daß die Substitutionsbefugniß des Vaters nach der Meinung v. Daniels' wegfallen soll [24]), wenn ihm der Nießbrauch zur Strafe, weil er den Eintritt eines Falles, wo er Sicherheit bestellen muß, anzuzeigen verabsäumt hat, entzogen wird [25]), ohne sonst seine väterliche Gewalt und was im Uebrigen daraus folgt, anzutasten. Der Verlust der Substitutionsbefugniß in diesem Falle ist nirgends angeordnet und folgt auch aus keinem richtigen Rechtsgrundsatze. Daß aber auch nach preußischem Rechte die Substitutionsbefugniß des Vaters als ein Ausfluß der väterlichen Gewalt anzusehen sei, ist aus folgenden Umständen zu schließen: 1. Die Verfasser des Landrechts waren sich des römischen Rechtsprinzips bewußt, daß die Pupillarsubstitution auf der patria potestas beruhe. Man hätte zwar, weil die Gründe nicht mehr auf unsere heutigen Zeiten und Sitten paßten, die ganze Pupillarsubstitution abschaffen können. Da sie inzwischen einmal auch bei uns recipirt sei, so sei es für rathsamer befunden worden, sie beizubehalten, indeß „ist die diesfällige Befugniß des

23) A. L.R. II, 2, §§. 249, 250; II, 1, §§. 48—52, u. §§. 999, 1000.
24) a. a. O. Bd. III, S. 39 am Ende der Note 1.
25) A. L.R. II. 2, §. 200.

Vaters auf den Fall eingeschränkt worden, da er billige und vernünftige, selbst dem Interesse des Kindes gemäße Gründe haben kann, unter den Verwandten desselben Einen vor dem Anderen zu begünstigen[26])." Im Prinzip ist also nichts geändert. 2. Dem entsprechend ist nur dem Vater die Befugniß beigelegt worden; die uneigentlich s. g. Pupillarsubstitution der Mutter, wenn sie ein Kind unter der Bedingung einsetzt, daß dasselbe das Alter der Mündigkeit erreichen werde, und für den Fall, daß dies nicht eintreffe, ihm einen Substituten ernennt, ist nur eine bedingte Vulgarsubstitution, welche schon das römische Recht der Mutter gestattet[27]). Weiter geht das Landrecht auch nicht, denn es beschränkt die Befugniß der Mutter, pupillariter zu substituiren, ausdrücklich auf dasjenige Vermögen, was das Kind von ihr selbst erben soll[28]). 3. Wenn das Kind, nach errichteter Substitution, von einem Dritten mit Bewilligung des Vaters förmlich an Kindesstatt angenommen wird, so erlischt die väterliche Gewalt des leiblichen Vaters, aber auch die Substitution[29]). — Hiernach läßt sich die Beibehaltung des römischen Prinzips im Landrechte aus juristischen Gründen nicht bestreiten. Dagegen steht es mit den Konsequenzen mißlich. Diese sind:

1. Auch die weiteren Ascendenten, der Großvater, Urgroßvater, können ihren Enkeln, Urenkeln ꝛc. pupillariter substituiren, vorausgesetzt, daß sie nicht nach dem Tode des Testators in die Gewalt ihres Vaters fallen[30]). Ein solcher Fall könnte eintreten, wenn ein Sohn, ohne aus der väterlichen Gewalt entlassen zu werden, heirathete, mit seiner Familie in der Familie des Vaters verbliebe und mit Hinterlassung von Kindern vor dem Vater stürbe. Dadurch wären die Enkel unmittelbare Notherben des Großvaters geworden. Darüber besteht keine Meinungsverschiedenheit. Aber von einer väterlichen Gewalt des Großvaters über die Kinder des in seiner Gewalt verstorbenen Sohnes ist im ganzen Landrechte keine Rede. Daher ist denn auch behauptet worden, die Kinder eines solchen Sohnes

26) Gedr. Entwurf, Th. I, Abth. 1, Tit. 2, Note zu Abschn. 7, S. 223. M. vergl. Suarez, amtl. Schlußvorträge, in den Jahrbüchern Bd. XLI, S. 142, wo jedoch die Bemerkungen nicht so treffend sind, wie in jener Anmerkung.

27) L. 33 pr. D. eodem: „Si mater ita testetur, ut filium impuberem, cum erit annorum quatuordecim, heredem instituat, eique pupillaribus tabulis, si sibi heres non erit, alium substituat: valet substitutio."

28) A. L.R. a. a. O. §. 521 verb. mit §. 544.

29) Ebenda §. 542. — Zu vergl. §§. 681, 694, 696 — 700.

30) L. 2 pr. D. eodem: „— nepotibus etiam possumus, et deinceps, si qui recasuri non sunt in patris potestatem."

stünden in der Gewalt ihres Vaters [31]), und die Praxis hat in letzter Instanz als Grundsatz festgestellt: „Die Befugniß zur Anordnung einer Pupillarsubstitution steht den Eltern, nicht den Großeltern und entfernteren Verwandten in der aufsteigenden geraden Linie zu [32]).“ Aber der Kern der Frage kommt bei der Feststellung dieses Rechtsgrundsatzes doch nicht zur Sprache. Denn die Erwägungen drehen sich lediglich um die beabsichtigte Erweiterung des Instituts auf andere Personen als auf den Vater des Unmündigen, und dabei kam man zu dem Resultat, daß die Erweiterung, im Gegensatze zum römischen Rechte, im Landrechte nicht über die Mutter hinausgehe, obwohl die der Mutter beigelegte Befugniß wesentlich nichts neues und also, wie vorhin aufgewiesen worden, keine Erweiterung ist. Daher ist der angenommene Rechtssatz richtig, aber unsere Frage: ob nicht auch der Großvater in dem vorausgesetzten Falle, wo der Sohn sich noch in seiner Gewalt befand und mit Hinterlassung von Kindern in dieser Rechtsabhängigkeit starb, diesen seinen Enkeln pupillariter zu substituiren befugt sei, — diese Frage wird durch das Präjudiz nicht berührt, es lag nur der Fall, wo die Großmutter ihrem Enkel in den Schranken der der Mutter beigelegten Befugniß substituirt hatte, zur Entscheidung vor. Unsere Frage ist noch eine offene, deren Lösung noch von der Zukunft erwartet wird. Ob diese Lösung in dem hier angedeuteten Sinne ausfallen werde? wer könnte das versprechen; im Landrechte wird nicht mit Begriffen gerechnet. — Uebrigens haben Großeltern doch immer dieselben Befugnisse, welche jedem Fremden zustehen, welcher einem Unmündigen etwas hinterläßt.

2. Wer die väterliche Gewalt verwirkt hat [33]), kann nicht die Befugniß zur Anordnung einer Pupillarsubstitution haben. Das steht im Landrechte auch nicht geschrieben, ist aber unabweisbare Konsequenz des Prinzips.

III. Die Befugniß des Vaters, einem unmündigen Kinde einen Erben zu ernennen, ist folgenden Einschränkungen unterworfen:

1. Enterbten Kindern kann nur dann substituirt werden, wenn

---

31) v. Daniels sagt Bd. III, S. 38: „Wenn auch der Vater selbst noch der väterlichen Gewalt unterworfen ist, so entzieht ihm diese Rechtsabhängigkeit nicht die Rechte der väterlichen Gewalt über seine eigenen Kinder, sondern ist nur von Einfluß auf die Ausübung derselben.“ — Aber wie soll dieser beschränkende Einfluß denn in die Erscheinung treten?

32) Pr. des Obertr. 490, vom 25. Juni 1838 (Präj.-Samml. I, S. 170 und Entsch. Bd. IV, S. 14). Dies harmonirt nicht mit dem A. L.R. I, 1, §§. 40, 41.

33) A. L.R. a. a. O. §§. 255—259. — Zu vergl. unten, Nr. V, 2, lit. b.

sie aus guter Absicht enterbt sind [34]). Diese Bestimmung ist ohne alle praktische Bedeutung; sie ist gedankenlos aufgenommen. Nach älterem römischen Rechte war die Enterbung eines Unmündigen möglich, weil damals die Enterbung rein formeller Natur war, sie brauchte nur in der vorgeschriebenen Form ausgesprochen, eine Ursache brauchte nicht angegeben zu werden. Aber nachdem seit der Novelle 115 die Enterbung zur Strafe nur aus einem Vergehen zulässig ist und die äußere That nur dann wirksam sein kann, wenn sie von einer zurechnungsfähigen Person ausgeht, so ist kaum denkbar, daß ein Unmündiger jemals in diese Lage kommen kann. Es bleibt daher von selbst nur die Enterbung aus guter Absicht übrig. Nach römischem Rechte war diese möglich, wenn sie überhaupt nicht aus Haß, sondern aus Wohlwollen zum Besten des Kindes geschah. Aber nach dem Landrecht ist auch diese Enterbung eines Unmündigen nicht denkbar, weil sie nur aus bestimmten Ursachen geschehen darf, die bei einem Unmündigen nicht eintreten können [35]). Uebrigens wird schon nach römischen Rechte von Manchen bestritten, daß einem Enterbten pupillariter substituirt werden könne [36]).

2. Das römische Recht gestattete nicht, daß die Pupillarverlassenschaft eines Enterbten mit Vermächtnissen belastet würde, nach der Regel: ab exheredati substituto inutiliter legatum datur [37]). Dagegen war es nicht nöthig, die Notherben des Pupillen zu berücksichtigen, weil — so wird ausgeführt — ja der Vater testirt habe, und dieser nicht Notherben zu berücksichtigen brauche, die nicht die seinigen seien, wie z. B. die Mutter des Pupillen; hinwiederum sei es aber Testament des Sohnes und könne deshalb auch von einem Notherben des Vaters nicht angefochten werden [38]). Allein nach einer von Mehreren vertheidigten Meinung soll dieser Satz, wiewohl er im kanonischen Rechte erneuert ist ([38]), durch das veränderte Notherbenrecht der Nov. 115 implicite ganz aufgehoben sein, so daß nach dem neueren Rechte bei der Pupillarsubstitution die Notherben des Pupillen nicht unberücksichtigt bleiben dürften [39]). Die Verfasser

---

34) Ebenda §. 524.

35) Ebenda §§. 419 ff.

36) Vinnius, Commentar. ad Institut., L. II, tit. 15, §. 4, Nr. 4.

37) L. 125, §. 1 D. de legatis I; L. 24 C. de legatis (VI, 37).

38) L. 8, §. 5 D. de inoff. testam. (V, 2). — Cap. 1 in f. de testamentis in 6. (III, 11).

39) Zimmern, in seinen u. Neustetel's römischrechtlichen Untersuchungen, S. 86; Francke, Notherbenrecht, S. 456 ff.; Hellfeld, Jurisprud. for., §. 1455; Stryk, cautel. test., cap. XVIII, membr. II, §. 18 u. 21.

des Gesetzbuchs fanden daher den Boden für ihre Neuerungen vorbereitet[40]). Diese gehen jedoch viel weiter als die Anhänger jener Meinung. „Denjenigen, welchen ein Pflichttheil aus dem Nachlasse des Kindes gebühret, kann ihr gesetzlicher Erbtheil, auch in einer von dem Vater für das Kind errichteten Disposition, nicht genommen oder geschmälert werden[41]).“ Unter dem gesetzlichen Erbtheil ist nicht der Pflichttheil, sondern die ganze Intestatportion zu verstehen. So hat sich diese Bestimmung erst bei der Umarbeitung des gedruckten Entwurfs entwickelt, in welchem nur von dem Pflichttheile die Rede war. Dort lautet die Stelle: „Denjenigen, welchen nach den Gesetzen ein Pflichttheil aus dem Nachlaß des Kindes gebührt, kann auch der Vater solchen, in der für das Kind errichteten Disposition, nicht entziehen[42]).“ Bei der Umarbeitung verschwand das Wort „solchen“ und es erschien an dessen Stelle der Ausdruck „gesetzlichen Erbtheil“. Dies ist auch die Auffassung der Praxis[43]). Dadurch ist in dem Falle, wenn das Kind seine Mutter oder weitere erbberechtigte Ascendenten hinterläßt, die Pupillarsubstitution gegenstandslos geworden. Die Enterbung eines solchen Ascendenten, selbst vom Pflichttheile, ist zulässig aus Gründen, welche das Kind, falls es selbst sein Testament gemacht hätte, zur Enterbung berechtigt haben würden[44]).

3. Geschwistern voller oder halber Geburt und Geschwisterkindern des Kindes darf, außer dem Falle, wenn Gründe vorhanden sind, aus welchen das Kind selbst, wenn es letztwillig verfügen könnte, zur Enterbung berechtigt sein würde, nicht mehr als die Hälfte ihres gesetzlichen Erbtheils an dem Nachlasse des Kindes entzogen werden[45]). Also Geschwister und Geschwisterkinder können aus gesetzlichen Ursachen enterbt werden. Aber wo finden sich denn solche Enterbungsursachen aufgezeichnet? An diese hat man nicht gedacht, es giebt deren keine, analoge Anwendung der für andere Personen vorgeschriebenen Ursachen ist un-

---

40) Daß sie diese Meinung für praktisches Recht hielten, geht aus den Vorträgen über die Schlußrevision hervor. Dort berichtet Suarez: „Hier ist von dem jure romano hauptsächlich darin abgewichen, daß nach §§. 532—537 der Vater nur unter den Verwandten des Kindes disponiren kann; wohingegen er de jure romano auch einen ganz Fremden, salva tantum legitima, zum Erben des Kindes einsetzen konnte.“ (Jahrb. Bd. XLI, S. 142.)

41) A. L.R. a. a. O. §. 530.

42) Th. I, Abth. 1, S. 224, §. 393.

43) Erk. des Obertr. vom 25. März 1861 (Entsch. Bd. XLV, S. 257).

44) A. L.R. a. a. O. §. 531.

45) Ebenda §§. 532—534.

zulässig. Das Kind selbst, wenn es verfügen könnte, braucht auch keine Enterbungsgründe, mithin paßt hier die Verweisung auf den §. 531 gar nicht.

4. Was den Geschwistern und Geschwisterkindern entzogen werden darf, muß anderen Blutsverwandten zugewendet werden. Dieser Abzug oder, wenn Geschwister und Geschwisterkinder nicht vorhanden sind, der ganze Nachlaß kann an die vorhandenen entfernteren Verwandten, aber nur an diese, mit Ausschließung jedes mit dem Kinde nicht in Blutsverwandtschaft stehenden Fremden, nach Gutbefinden vertheilt werden; Zuwendungen an Fremde gelten für nicht geschrieben und sind bloß Fremde zur Erbfolge berufen, so ist die Verordnung ungültig[46]). Die Bestimmungen bezüglich auf die Fremden müssen wohl selbstverständlich unter der Voraussetzung verstanden werden, daß noch Blutsverwandte des Kindes, gleichviel in wie entferntem Grade, vorhanden sind, sonst müßte die Ungereimtheit geltendes Recht sein, daß beim Mangel von Blutsverwandten die Anordnung einer Pupillarsubstitution ganz unzulässig sei, damit der Nachlaß des unmündig Verstorbenen dem Fiskus anheimfalle. Auch fällt es auf, daß je entfernter die Verwandtschaft ist, je vortheilhafter die Verwandten gestellt worden sind. Eltern und Großeltern können aus rechtlichen Gründen gänzlich enterbt werden, Geschwister und Geschwisterkinder könnten es nach der Absicht des Gesetzgebers auch noch, wenn er nicht vergessen hätte, die Enterbungsursachen anzugeben; aber entferntere Verwandte können absolut gar nicht ausgeschlossen werden, sie mögen sich gegen den Erblasser aufgeführt haben wie immer. Dies ist eine seltsame Rechtserfindung, logisch nicht verständlich und praktisch nicht befriedigend.

5. Die Beschränkungen finden nur Anwendung, wenn in dem eigenthümlichen Vermögen, mit Einschluß des vom Vater ererbten Pflichttheils des Kindes, dem Kinde ein Erbe ernannt wird; was der Vater dem Kinde über den Pflichttheil hinaus zuwendet, ist keinerlei Beschränkung in der Belastung mit Substitutionen und sonstigen Auflagen unterworfen. Die sog. Pupillarsubstitution der Mutter, in Ansehung des von ihr dem Kinde hinterlassenen Pflichttheils, unterliegt den gleichen Beschränkungen[47]).

IV. Daß die Anordnung einer Pupillarsubstitution nur in einer Urkunde errichtet werden kann, welche mit den Förmlichkeiten eines Testaments versehen, ist schon gesagt (§. 54, I). Es ist jedoch über

46) Ebenda §§. 535 — 539.

47) Ebenda §. 544.

die Art und Weise, wie die Pupillarsubstitution geschehen könne, noch Folgendes zu bemerken:

1. Nach römischem Rechte muß der Vater, welcher gültig substituiren will, schlechterdings zugleich sich selbst ein gültiges Testament errichten, folglich, da dies ein wesentliches Erforderniß eines Testaments ist, sich einen Erben ernennen[48]), gleichviel, ob beide Erbeseinsetzungen in einem Akte oder zwei verschiedenen Testamentshandlungen geschehen[49]), nur muß dann das väterliche Testament zuerst gemacht werden, sonst gilt das Testament für den Sohn nicht[50]). Diese Formalität hat das Landrecht abgeschafft, es steht dem Vater frei, die Substitution in seinem eigenen Testamente zu errichten, oder auch ein besonderes Testament für sich, und ein besonderes für den Sohn zu machen, oder auch über seinen eigenen Nachlaß gar nicht letztwillig zu verfügen, und dennoch für das Kind allein einen Erben einzusetzen[51]). Dies wird so gerechtfertigt: „Es läßt sich kein hinreichender Grund angeben, warum der Vater, welcher dem Unmündigen substituiren will, nothwendig auch für sich selbst, es sei vorher oder zu gleicher Zeit, ein Testament errichten müßte. Das römische Recht giebt selbst deutlich zu erkennen, daß substitutio pupillaris eine eigene, von dem Testamente des Vaters ganz verschiedene, und also von selbigem, in Ansehung ihrer Gültigkeit, ganz unabhängige letzte Willensverordnung enthalte[52]).“ Diese Bemerkung ist zwar nicht richtig, es wurden nur die beiden Verlassenschaften, die des Vaters und die des Sohnes, als zwei verschiedene angesehen, welche Gegenstand nur Eines Testaments waren, wenn hierüber auch zwei Akte errichtet waren[53]); indeß ist das für uns gleichgültig. Denn das Landrecht hat einmal positiv verordnet: „Auch wenn die Verfügung des Vaters über seinen eigenen Nachlaß, und über das Vermögen des Kindes, nur in Einer Verordnung enthalten ist, wird dennoch jede dieser Verfügungen als eine für sich selbst bestehende Disposition angesehen[54]).“ Dies hat nachgenannte Folge:

48) §. 5 Inst. de pupill. subst. (II, 15); L. 1, §. 3, L. 2, §. 1 D. eodem.

49) L. 16, §. 1 D. eodem.

50) L. 2, §. 4 u. §. 7 D. eodem. Doch bestanden hierüber Zweifel. L. 2, §§. 4, 5. D. eodem.

51) A. L.R. a. a. O. §§. 525 — 527.

52) Anm. zu §. 399, Th. I, Abth. 1, Tit. 2, S. 224 des gedr. Entwurfs.

53) Gajus, Inst. II, §. 180; §. 2 Inst. de pupill. substitut. (II, 15); L. 2, §. 4 D. eodem; L. 2, §. 2 D. de hered. vel act. vendita (XVIII, 4); L. 28 D. de reb. auct. jud. poss. (XLII, 5).

54) A. L.R. a. a. O. §. 528.

2. Wenn der Vater seine eigenen Notherben zugleich dem Kinde zu Erben ernennt, z. B. die Brüder des Unmündigen, so werden sie dadurch auch Notherben in Beziehung des Unmündigen [55]), d. h. sie können die Erbschaft des Bruders, dem sie substituirt sind, nicht ausschlagen, „constat enim, unum esse testamentum, — usque adeo, ut, quos quis sibi facit necessarios, eosdem etiam filio faciat [56]).“ Wer also des Testators Erbschaft, muß wegen der Untrennbarkeit beider Erbeseinsetzungen auch die Erbschaft des Unmündigen antreten. Im preußischen Rechte fällt mit der Ursache auch die Wirkung hinweg: „Wenn also gleich der Vater eben denjenigen, welchen er zu seinem eigenen Erben einsetzt, auch in dem Vermögen des Kindes substituirt, so steht es diesem dennoch frei, nur die eine von beiden Erbschaften anzunehmen, und der andern zu entsagen [57]).“

3. Auch bei der Anordnung der Pupillarsubstitution gilt die preußische Rechtsregel: quislibet pro parte testatus pro parte intestatus decedere potest. Der Vater kann daher den Substituten auf einen beliebigen Theil, auf eine Quote des Ganzen, oder auf einen gewissen Bestandtheil Vermögens nach der Art des Anfalls und der Erwerbung, z. B. auf das, was von Jemandem geschenkt oder legirt worden ist, beschränken. Ist keine Beschränkung beigefügt, so gilt die Regel: der Pupillarsubstitut erhält das gesammte Vermögen des Unmündigen, mag es herkommen von wem es wolle [58]). Aber der Substitut hat nicht bloß ein Recht auf das Ganze, sondern er muß auch, wie jeder Erbe, das Ganze entweder annehmen oder ausschlagen [59]).

V. Die Pupillar-Substitution erlischt aus folgenden Gründen:

1. Durch Eintritt der Mündigkeit oder des etwa früheren Zeitpunkts, auf welchen die Substitution gestellt ist (I). Ist ein späterer Termin gesetzt, so schadet das der Gültigkeit der Verordnung nicht. Die Folge ist nur, daß mit dem Ablaufe der Jahre der Unmündigkeit die Substitution von selbst erlischt. „Licet longius tempus comprehensum fuerit, tamen finietur substitutio puber-

55) L. 10, §. 1 D. de vulgari et pupill. substit. (XXVIII, 6).

56) L. 2, §. 4, L. 10, §. 2 D. eodem.

57) A. L.R. a. a. O. §. 529.

58) „Itaque — si quid — pupillo ex hereditatibus, legatisve aut donationibus propinquorum atque amicorum acquisitum fuerit, id omne ad substitutum pertinebit.“ §. 4 Inst. eodem; L. 10, §. 5 D. eodem.

59) A. L.R. I, 9, §. 395. — L. 10, L. 35 pr., L. 80, §. 1 D. de acquir. vel omitt. hered. (XXIX, 2).

tate [60])." Das Landrecht drückt dies so aus: „Ebenso verliert dergleichen Verordnung ihre Kraft, sobald das Kind, für welches sie errichtet worden, die Jahre der Unmündigkeit zurückgelegt hat. — Es macht dabei keinen Unterschied, ob ein solches Kind selbst letztwillig verordnet hat oder nicht [61])." Der Zusatz ist beigefügt, weil, wenn das Kind nach erlangter Mündigkeit, ohne selbst disponirt zu haben, stirbt, es zweifelhaft sein könnte, ob nach seiner Intention die gesetzmäßige, oder die von dem Vater angeordnete Succession in seinen Nachlaß stattfinden solle [62]). Damit ist die gemeinrechtliche Frage abgeschnitten: ob die Substitution über die Jahre der Unmündigkeit hinaus nicht als fideikommissarische Substitution wirken könne; mehrere haben für die Bejahung der Frage sich auf einen angeblichen deutschen Gerichtsgebrauch berufen [63]) Dem tritt die Bestimmung des Landrechts entgegen.

2. Wenn der Unmündige, welchem pupillariter substituirt worden, sich zur Zeit des Todes des Vaters nicht mehr in dessen Gewalt befindet. Dieser Rechtssatz wird im römischen Rechte als ein allgemeiner hingestellt:

> „Quum filiae, vel nepoti, qui locum filii tenuit, aut post testamentum coepit tenere, parens substituit, si quis ex his mortis quoque tempore non fuit in familia, substitutio pupillaris fit irrita [64])."

Der Satz findet sich nicht in den preußischen Gesetzbüchern, aber er ist ein konsequenter Folgesatz des im preußischen Rechte bestrittenen Prinzips, daß die Befugniß zur Pupillarsubstitution ein Ausfluß der väterlichen Gewalt, durch die väterliche Gewalt bedingt ist. Davon ist unter Nr. II gehandelt worden. Mit diesem Prinzip steht und fällt dieser Folgesatz, und wir müssen uns klar machen, wie die daraus weiter fließenden Konsequenzen behandelt werden sollen, wenn das Prinzip nicht anerkannt wird. Ein besonders hervorgehobener Ausfluß desselben im römischen Rechte ist:

a) Die Pupillarsubstitution des leiblichen Vaters erlischt durch die Adoption (Adrogation) des Kindes, dem substituirt worden

---

60) L. 14 D. de vulg. et pup. subst. (XXVIII, 6). — Zu vergl. §. 8 in f. Inst. eodem (II, 15); L. 76 D. ad SCt. Trebell. (XXXVI, 1).

61) A. L.R. a. a. O. §§. 540, 541.

62) Anm. zu §. 399, Th. I, Abth. 2, Tit. 2 des gedr. Entw., S. 225.

63) z. B. Lauterbach, Coll. theor. pract. L. 28, tit 6, §. 25; Wernher, lectiss. comment. ad Dig. XXVIII, 6, §. 16; Höpfner, Kommentar, §. 507, Note 2.

64) L. 41, §. 2 D. de vulg. et pupill. subst. (XXVIII, 6).

ist[65]), weil die väterliche Gewalt des leiblichen Vaters aufgehört hat. Diesen Satz hat das Landrecht aufgenommen: „Wenn das Kind, nach errichteter Substitution, von einem Dritten mit Bewilligung des Vaters förmlich an Kindesstatt angenommen wird, so erlischt die Substitution[66]).“ Wir stehen hier vor der Wahl zwischen zwei Eventualitäten: entweder die einzelnen Sätze in den inneren Zusammenhang eines vorhandenen organischen Ganzen zu bringen, oder uns mit Bruchstücken eines zusammenhanglosen Konglomerats abzufinden.

b) Ebenso muß konsequent die Pupillarsubstitution erlöschen, wenn die väterliche Gewalt dem Testator auf andere Weise verloren geht. Ein solcher Verlust tritt von Rechtswegen ein, wenn der Vater in langwierige Strafgefangenschaft gerathen ist; wenn er gerichtlich für einen Verschwender erklärt wird; wenn er durch Entweichung aus dem Lande sich seinen Unterthanenpflichten entzieht; wenn er vorsätzlich die Kinder hülflos und ohne Aufsicht verlassen hat, in welchen Fällen die väterliche Gewalt nie wieder erlangt werden kann[67]). Hierher gehört auch der Fall,

c) wenn das Kind vor dem Vater stirbt.

3. Wenn der Pupillarsubstitut vor dem Pupillen stirbt, ohne Unterschied, ob er selbst schon Erbe des Vaters geworden war[68]) oder nicht, denn das Recht aus der Substitution geht in jenem Falle nicht auf seine Erben über, weil das Landrecht die Pupillarverlassenschaft mit der des Vaters als zu einem Ganzen verbunden nicht ansieht[69]).

4. Wenn der Pupillarsubstitut die Verlassenschaft des Pupillen ausschlägt, was ihm unbedingt freisteht[70]).

5. Wenn die Bedingungen, von welchen der Vater die Substitution abhängig gemacht hat, nicht eintreten. Hierher gehört z. B. der Fall, wenn ein Unmündiger und sein ihm substituirter Bruder

65) L. 17, §. 1 D. de adoption. (I, 7); L. 19 pr. D. eodem; L. 40 D. de vulg. et pupill. Man kam dagegen durch Kautionsleistungen dem Substituten zu Hülfe.

66) A. L.R. a. a. O. §. 542.

67) Ebenda §§. 555—559. — Zu vergl. oben, Nr. II a. E. Nr. 2.

68) In diesem Falle erhielten nach L. 59 D. de acquir. vel omitt. hered. (XXIX, 2) seine Erben auch den Nachlaß des Pupillen.

69) A. L.R. a. a. O. §§. 528 u. 543.

70) Ebenda §. 528. — Nach römischem Rechte war das nicht der Fall. Darüber s. m. Mühlenbruch a. a. O. Bd. XL, S. 419—446. Für uns hat die Frage gar kein praktisches Interesse, da der Boden derselben, nämlich daß auch einem Enterbten substituirt werden könne, im Landrechte entzogen ist.

zugleich gestorben sind, oder, wenn sich Zwei gegenseitig als Erben substituirt und zugleich ums Leben gekommen sind. Die Frage ist nun: ob der Bruder den Bruder beerbe, oder nicht; oder im zweiten Falle: ob sie Erben geworden, oder ob, wenn ihnen aufgelegt war, einander die Erbschaft herauszugeben, Einer der Erbe des Andern. Der Jurist entscheidet: sei nicht zu ermitteln, wer zuerst verstorben, so werde angenommen, es habe keiner den Anderen überlebt, die Voraussetzung bei der Substitution sei also nicht eingetreten, folglich sei die Substitution erloschen [71]). Das Landrecht hat diese Entscheidung aufgenommen, sie ist aber in die Lehre von der Vulgarsubstitution gerathen, wo sie nicht paßt (s. oben, §. 55, IV, Nr. 2); sie muß hier zur Anwendung kommen. Der gleiche Fall liegt vor, wenn zwei Unmündige dem Pupillen substituirt, oder auch als Erben des Testators restituirt sind, und ein Dritter dem Längstlebenden substituirt ist, demnächst aber Beide in einer gemeinen Todesgefahr umkommen. Auch hier ist die Substitution erloschen, wenn der Eintritt der Bedingung, daß Einer den Anderen überlebt habe, unerwiesen ist [72]). Doch ist auch gesagt worden, in dem gesetzten Falle war keiner der Letztlebende, Beide waren Letztlebende, folglich trete der Substitut in die Stelle Beider, wie es auch geschehen sein würde, wenn Einer den Anderen überlebt hätte; denn alsdann hätte der Ueberlebende den Vorverstorbenen und darauf der Substitut den Letztverstorbenen, also mittelbar ebenfalls Beide beerbt. Diese Meinung billigt der Jurist in der angeführten Stelle ([72]). So wird auch die Frage ganz bestimmt in anderen Stellen entschieden, namentlich in folgender: „Ex duobus impuberibus ei, qui supremus moreretur, heredem substituit; si simul morerentur, utrique heredem esse respondet, quia supremus non is demum, qui post aliquem, sed etiam post quem nemo sit, intelligatur, sicut et e contrario proximus non solum is, qui ante aliquem, sed et is, ante quem nemo sit, intelligitur [73])." Der wesentliche Entscheidungsgrund ist der Wille des Testators, welcher dahin gehe, daß die Erbschaft schließlich der Substitut erhalten solle, wenn er beide Erben überlebe. Die landrechtliche Stelle [74]) entscheidet diese Frage gar nicht, die Frage wird

71) L. 18 pr. D. de rebus dubiis (XXXIV, 5).

72) L. 34 pr. D. ad SCt. Trebellianum (XXXVI, 1).

73) L. 34 pr. D. de vulgari et pupill. subst. (XXVIII, 6). — Zu vergl. L. 10, §. 1 D. de rebus dubiis (XXXIV, 5); L. 11 pr. D. de bon. poss. sec. tabulas (XXXVII, 11).

74) I, 12, §. 461.

überhaupt nirgend berührt, es ist aus der L. 18 pr. D. de rebus dubiis (71) nur der Satz aufgenommen, daß, wenn mehrere Menschen ihr Leben in einem gemeinsamen Unglücke, oder sonst, dergestalt verloren haben, daß nicht ausgemittelt werden kann, welcher zuerst verstorben sei, angenommen werden soll, es habe keiner den Anderen überlebt [75]). Wie es dann in dem soeben besprochenen Falle hinsichtlich des den gleichzeitig Umgekommenen bestellten Substituten zu halten sei, bleibt unentschieden. Ich werde nicht behaupten, daß man fehle, wenn man sich von den Gründen der alten Römer überzeugen lasse und den Fall so wie sie entscheide. Denn der aus dem Willen des Testators entnommene Grund [76]) scheint doch schlagend zu sein, wenn man auch auf die etwas sophistisch scheinende Ausführung, daß Beide Letztverstorbene seien, kein entscheidendes Gewicht legen will.

Am Schlusse der Lehre von der Pupillarsubstitution mag noch die Bemerkung beigefügt werden, daß es für unser Rechtsleben wohl ersprießlicher gewesen sein möchte, wenn die Verfasser des Gesetzbuchs ihren Gedanken, daß man die ganze Pupillarsubstitution hätte abschaffen können, hätten zur That werden lassen, und das Institut abgeworfen hätten, wie es mit richtigem Takt auch das österreichische Gesetzbuch gethan hat [77]). Die römischen Rechtszustände, aus welchen das Institut erwachsen ist, nämlich Erwerbsunfähigkeit des Kindes für sich selbst, und das Agnatenverhältniß, vermöge dessen der persönliche Schutz des Pupillen, mit Ausschluß der Staatsaufsicht, ganz in den Händen der bekannten Erben desselben ruhete, und deshalb Veranlassung wurde, durch das Mittel der Pupillarsubstitution den Erben geheim zu halten, um auf diesem Wege etwaige Gefahren für die Sicherheit des Kindes von dieser Seite abzuhalten, — diese Zustände sind in Deutschland nie vorhanden gewesen, uns fehlen die Voraussetzungen des Instituts und wir können mit demselben nicht operiren. Daher fehlt uns das eigentliche Verständniß für viele daraus entspringende Fragen, ein Verständniß, welches theilweise schon den Juristen des Justinianschen Zeitalters abhanden gekommen war. Daraus erklärt sich die große Lückenhaf-

75) I, 1, §. 39.

76) L. 9 pr. D. de rebus dubiis (XXXIV, 5). Die Entscheidung in derselben beruht im Wesentlichen darauf, daß der mit Sicherheit zu erkennende Wille des Testators den bloßen Buchstaben überwiege. Zu vergl. Mühlenbruch a. a. O. S. 467.

77) Bürg. Ges.=B. §. 609.

tigkeit der landrechtlichen Gesetzgebung in dieser Materie und die vollständige Prinziplosigkeit derselben, bei welcher denn auch eine konsequente Entwickelung des Instituts und Ausfüllung der Lücken nicht zu denken ist. Doch darf deshalb das Streben darnach, da uns einmal dieses unpraktische Institut zur juristischen Bildung überliefert ist, nicht aufgegeben werden, wenn dasselbe auch nur geringe Aussicht auf Erfolg hat.

§. 57.

4. Quasipupillar-Substitution.

I. Die Quasi-Pupillarsubstitution (substitutio ad exemplum pupillaris, substitutio exemplaris auch Justinianea genannt) ist die Errichtung eines Testaments für ein wegen Geisteskrankheit, Taubstummheit, Taubheit oder Stummheit*) selbst dazu unfähiges Kind, ohne Rücksicht auf dessen Alter. Der Grund zur Befugniß dazu ist nicht väterliche Gewalt, sondern faktische Unfähigkeit des Kindes, außer dem Falle der Unmündigkeit. Auch dieses Institut ist aus dem römischen Rechte aufgenommen, jedoch ebenfalls mit Modifikationen. Die eigene Unfähigkeit des Kindes vermochte keinen der Eltern zu berechtigen, einem großjährigen, nicht in ihrer Gewalt stehenden Kinde einen Erben in dessen eigenes Vermögen zu ernennen, sie konnten nur über das Vermögen, welches sie selbst dem Kinde hinterließen, durch Vulgar- oder fideikommissarische Substitutionen letztwillig Vorsorge treffen, auch konnte dazu die exheredatio bona mente als Mittel dienen. Man konnte sich jedoch durch Erwirkung eines kaiserlichen Spezialprivilegiums ein weitergehendes Recht verschaffen [1]. Justinian hat dieses Recht durch ein allgemeines Gesetz allen Ascendenten, von den entfernteren nur denjenigen, von deren Vermögen der betreffende Descendent zur Zeit des Todes des Ascendenten den Pflichttheil unmittelbar zu fordern berechtigt ist, so daß also ein zum Pflichttheil näher Berechtigter nicht zwischen Beiden steht, beigelegt [2]. Dabei ist selbstverständlich und auch unbestritten, daß, wenn der Vater, vermöge seiner väterlichen Gewalt, einem solchen Kinde für die Jahre der Unmündigkeit pupillariter substituirt, diese Substitution, soweit sie wirksam ist, jede

---

*) A. L.R. II, 2, §§. 543 u. 546.

1) L. 43 pr. D. de vulg. et pupillari substitutione (XXVIII, 6): „— qui filium habebat mutum puberem, impetravit a principe, ut muto substituere ei liceret"

2) L. 9 C. de impuberum et aliis substitut. (VI, 26) Im Auszuge befindlich in §. 1 Inst. de pupillari substit. (II, 16).

Quasi-Pupillarsubstitution ausschließt [3]). Darnach hat, außer dem letztgedachten Falle, das Recht, auf diese Art zu substituiren, jeder Ascendent des unfähigen Kindes, wenn dieses zu ihm in dem Verhältnisse eines unmittelbaren Intestaterben steht. Dieses Recht beruht sonach nicht auf einem Prinzip, sondern auf einem Ausnahmegesetze (Privilegium), kann daher auf andere Personen oder andere ähnliche Fälle als die bezeichneten nicht angewendet werden, z. B. nicht auf Verschwender.

II. Das Landrecht giebt dieses Recht beiden unmittelbaren ehelichen Eltern, der Mutter jedoch erst dann, wenn und soweit der Vater bis zu seinem Tode davon keinen Gebrauch gemacht hat [4]). Damit sind die gemeinrechtlichen Zweifel und Streitigkeiten in dem Falle, wenn mehrere Ascendenten auf diese Art letztwillig verordnet haben, abgeschnitten. Die Substitution der Mutter würde daher, wenn der Vater im dispositionsfähigen Zustande noch lebte, wo der Erbfall einträte, unwirksam sein. Die entfernteren Ascendenten sind übergangen. Dagegen ist der Fall der unehelichen Mutter eines unfähigen Kindes nicht ausgeschlossen, da dieses von ihr einen Pflichttheil zu fordern hat [4a]).

III. Gegenstand der letztwilligen Verordnung beider Eltern für ein unfähiges Kind ist dessen ganzes Vermögen [5]).

IV. Die Art und Weise dieser Verordnung ist die gleiche, wie bei der Pupillarsubstitution hinsichtlich der Personen, welche zu Erben des Unfähigen berufen werden dürfen; Nichtblutsverwandte dürfen also bei Strafe der Nichtigkeit nicht honorirt werden, auch darf das Kind nicht enterbt sein, es sei denn aus guter Absicht [6]).

V. Die Verordnung tritt von Rechtswegen außer Kraft oder bleibt unwirksam in folgenden Fällen:

1. Wenn zur Zeit des Todes des Testators eine Unfähigkeit des Kindes aus den bezeichneten Ursachen (*) nicht vorhanden ist; daß sie zur Zeit der Errichtung des Testaments noch nicht vorhanden

---

3) Vergl. Vinnius, Commentar. ad §. 1 Inst. eodem, Nr. 4.

4) II, 2, §§. 545, 549.

4a) Nicht entgegen ist §. 551; er spricht von einem männlichen Kinde.

5) Ebenda §. 545, Worte: „eben so", u. §. 549.

6) Ebenda §. 550. — L. 9 C. l. c.: „Vel si filii aut alii descendentes ex hujusmodi mente capta persona sapientes sint, non liceat parenti, — alios, quam ex eo descendentes unum, vel certos, vel omnes, substituere. Sin vero etiam liberi testatori vel testatrici sint sapientes, ex his vero personis, quae mente captae sunt, nullus descendat, ad fratres eorum unum, vel certos, vel omnes, eandem fieri substitutionem oportet."

war, schadet der Gültigkeit und Wirksamkeit nicht [7]); denn die Substitution geschieht ja nur unter der Voraussetzung oder auf den Fall, daß das Kind in dem Zustande der Unfähigkeit sterben sollte, ähnlich wie die Pupillarsubstitution unter der Bedingung angeordnet wird, wenn der Pupill in der Unmündigkeit sterben sollte. Die Stelle (7) ist jedoch aus einem anderen Grunde anstößig. Sie sagt: „Ist eine solche Unfähigkeit der Kinder, selbst letztwillig zu verordnen, bei dem Ableben des Vaters wirklich vorhanden, so gilt die Substitution" u. s. w. Das Ableben des Vaters ist jedoch nicht der Zeitpunkt, wo nach den Erben des lebenden Unfähigen gefragt wird; dieser soll ja der Erblasser und in der Unfähigkeit gestorben sein. Das für diesen errichtete Testament kommt ja auch bei dem Ableben des Vaters nicht zur Publikation, außer wenn dasselbe in der Urkunde, welche über das väterliche Testament errichtet ist, enthalten wäre, was nicht nothwendig ist; der Vater kann für sich selbst auch testamentlos sterben, so daß das Testament des lebenden Unfähigen gar nicht bekannt werden und die Frage über dessen künftige Wirksamkeit gar nicht erhoben werden kann. Auch würde, wenn das Kind in diesem Zeitpunkt wirklich an einer solchen Unfähigkeit litte, damit für die künftige Wirksamkeit des Testaments gar nichts entschieden sein; in dieser Beziehung ist alles auf die Zeit des Todes des Unfähigen gestellt. Aus dem Gemeinen Rechte kann der Anstoß zu der Bestimmung nicht gekommen sein; was für ein juristischer Gedanke dabei zum Grunde liegt, ist nicht bekannt und auch nicht zu ergründen. Die Gesetzrevisoren waren der Meinung, der §. 547 (der im gedruckten Entwurfe noch nicht vorkommt) scheine einer Abänderung zu bedürfen, aber aus einem ganz anderen Grunde, als dem der Unpaßlichkeit, sondern „weil die Bestimmung dem Grundsatze widerspricht, daß das, was von Anfang an ungültig ist, durch die veränderten Umstände nicht gültig wird." Dies ist ganz unzutreffend, der Fall einer von Anfang an ungültigen Testamentshandlung ist gar nicht vorhanden, die vorliegende Erbeseinsetzung ist eine bedingte, nämlich unter der Bedingung verordnete, wenn das Kind im Wahnsinn 2c. versterben sollte. Von woher für eine solchergestalt bedingte letztwillige Verordnung eine von Anfang vorhandene Ungültigkeit kommen soll, das müßte nachgewiesen werden. Die Revisoren lassen ihre Meinung von der Nothwendigkeit einer Abänderung auch wieder fallen und sagen: „Aus den Materialien — —

7) A. L.R. a. a. O. §. 547.

ergiebt sich aber, daß Suarez und v. Grolmann deshalb diese in dem Entwurf noch nicht befindliche Bestimmung in Vorschlag gebracht haben, weil sich, wie z. B. bei der Epilepsie, oft vorher sehen lasse, daß die Blödsinnigkeit eintreten werde. — Dieser Grund scheint auch genügend, und die gedachte Bestimmung dürfte daher beizubehalten sein [8])." Die rechtliche Bedeutung des §. 547 ist sonach nicht findbar.

2. Wenn das geisteskranke Kind, ehe es noch in Wahn- oder Blödsinnigkeit verfiel, ein rechtsbeständiges Testament errichtet hat, so kann ihm nicht mehr quasi pupillariter substituirt werden, das eigene Testament des Kindes, wenn es auch im Wahnsinn verstorben ist, kommt zur Ausführung und das elterliche Testament tritt gar nicht in Wirksamkeit [9]).

3. Nach römischem Rechte wurde die Substitution rumpirt, wenn dem Kinde ein nothwendiger Erbe geboren wurde; ob er schon verheirathet war oder nachher heirathete, war unerheblich, weil die Ehefrau nicht Notherbin des Mannes war. „Igitur etiam agnatione sui heredis dicendum est, rumpi substitutionem, quia nihil interest, alium heredem institueret ipse filius postea (sc. nach der Wiedergenesung), an jure habere coeperit suum heredem [10])." Das Landrecht bestimmt hierüber Folgendes: „Dergleichen Substitution verliert ihre Kraft, wenn das Kind, mit Hinterlassung einer Ehefrau oder ehelicher Abkömmlinge, verstirbt [11])." Es weicht also in folgenden Stücken ab: a) Es ist gleichgültig, ob das Kind schon vor Errichtung der Substitution einen Abkömmling hatte, oder erst nachher erhielt, es ist aber erforderlich, daß dieser Abkömmling das Kind, dem substituirt worden ist, überlebt. b) Auch ein hinterbliebener Ehegatte, mag dieser sich vor oder nach Errichtung der Substitution mit dem Kinde verheirathet haben, hindert die Wirksamkeit der Substitution. Buchstäblich geht die Bestimmung nur auf eine Ehefrau. Aber man muß annehmen, daß die Verfasser gerade nicht an den Fall gedacht haben, es könne auch eine wahn- oder blödsinnige Frau mit Hinterlassung eines Ehemannes kinderlos versterben, so müßte die Möglichkeit gegeben sein, daß zwar nicht

---

8) Motive zur Ges.-Revision, Pensum XVI, S. 330.

9) A. L.R. a. a. O. §. 548. Zu vergl. I, 12, §. 11. — §. 1 Inst. quibus non est permissum (II, 12): „— certe eo, quod ante furorem fecerint, testamento valente: nam neque testamentum recte factum, neque ullum aliud negotium recte gestum, postea furor interveniens perimit."

10) L. 43 pr. D. de vulg. et pupill. substitutione (XXVIII, 6).

11) A. L.R. a. a. O. §. 551.

die Ehefrau, wohl aber der Ehemann um den Pflichttheil, welche beide Ehegatten gegenseitig von einander zu fordern haben, durch die Substitution gebracht werden könne. — Auch der Ausdruck „ehelicher Abkömmlinge" ist nur auf den männlichen Unfähigen zu beziehen und kann daher das uneheliche Kind einer blödsinnigen Tochter, welcher der Vater substituirt hat, nicht von seinem Pflichttheilsrechte ausschließen, vielmehr muß auch ein solches Kind die Wirksamkeit der großväterlichen Substitution hindern [12]).

4. Wenn das Kind stirbt, nachdem der Zustand, welcher es unfähig machte, selbst für sich ein Testament zu errichten, wieder weggefallen war. „Potest dici, eatenus id (nämlich das Substituiren) tribuere voluisse, quatenus filius ejus (patris) in eadem valetudine perseverasset, ut, quemadmodum jure civili pubertate finitur pupillare testamentum, ita Princeps imitatus sit jus in eo, qui propter infirmitatem non potest testari. Nam, et si furioso filio substituisset, diceremus, desinere valere testamentum, quum resipuisset, quia jam posset sibi testamentum facere [13])." Das „qui propter infirmitatem non potest testari" giebt das Landrecht wieder durch den Ausdruck: „welche wegen Wahn- oder Blödsinnes eine eigene letzte Willensverordnung nicht errichten können [14])", und verordnet demnächst: „Dergleichen Substitution verliert ihre Kraft, wenn das Kind wieder zu Verstande kommt [15])." Wer also aus einer solchen letztwilligen Verordnung Anspruch auf den Nachlaß des verstorbenen Kindes machen will, muß beweisen, daß dasselbe „propter infirmitatem", als welche Wahn- oder Blödsinn, Taubstummheit, Taubheit oder Stummheit anerkannt sind, selbst nicht habe testiren können. Wird dieser Beweis erbracht, so ist es Sache des Beklagten, einwandsweise darzuthun, daß das Gebrechen vor dem Tode des Erblassers wieder gehoben worden sei. Wird diese Thatsache bewiesen, so ist der Umstand, daß der Erblasser dennoch wegen Rückfalls in dem Zustande des Unvermögens gestorben, unerheblich, weil durch den Eintritt eines Rückfalles die erloschene Substitution nicht wieder auflebt,

---

12) L. 29, §. 1 D. de inoff. testamento (V, 2): „De inofficioso testamento matris spurii quoque filii dicere possunt" — Ebenso nach A. L.R. a. a. O. §. 656: „Auf den Nachlaß der Mutter hat das uneheliche Kind derselben ein gleiches gesetzliches Erbrecht mit den ehelichen Kindern." Auch dessen ehelichen Kindern, also den ehelichen Enkeln der unehelichen geisteskranken Großmutter. Pr. des Obertr. 2273, vom 19. Februar 1851 (Entsch. Bd. XX, S. 307).

13) L. 43 pr. D. de vulg. et pupill. substitutioue.

14) A. L.R. a. a. O. §. 545.

15) Ebenda §. 552.

wenn auch das Kind in der Zwischenzeit nicht selbst verfügt hat [16]). Behufs näherer Bestimmung müssen die gesetzlich anerkannten Gebrechen einzeln betrachtet werden.

a) Wahnsinn. Dieser muß der Art sein, daß er ununterbrochen anhält, oder, wie es Justinian ausdrückt, der Sohn oder die Tochter muß mente captus oder mente capta **perpetuo** sein [17]). Denn „Personen, die nur zuweilen ihres Verstandes beraubt sind, können in lichten Zwischenräumen von Todes wegen rechtsgültig verordnen [18]).“ Der periodische Wahnsinn hindert daher nicht die Testamentserrichtung und berechtigt folglich nicht, einem solchen Geisteskranken pupillariter zu substituiren. Anders steht es mit der Testamentifaktion des periodisch Wahnsinnigen, wenn er als ein Wahnsinniger unter Vormundschaft gestellt worden ist: eine solche Person kann auch in lichten Zwischenräumen, so lange die Vormundschaft dauert, nicht testiren, das Hinderniß ist hier jedoch nicht faktischer Natur, sondern es ist ein juristischer Akt, nämlich die Interdiktion; diese berechtigt also unbedingt zur Pupillarsubstitution und dieselbe bleibt auch wirksam, wenn das Kind stirbt, ohne daß es aus der Vormundschaft entlassen worden war [19]). Es können aber nicht alle Wahn- und Blödsinnige unter Vormundschaft gestellt werden, namentlich nicht Kinder, welche unter väterlicher Gewalt stehen, und nicht Ehefrauen [20]). Bei diesen kann daher die Entlassung aus derselben als Erlöschungsgrund für die Pupillarsubstitution nicht vorkommen ([19]).

b) Blödsinn. Dieser ist nicht periodisch, er hindert immer an der Errichtung einer letztwilligen Verordnung, daher macht hierbei auch der Hinzutritt der Interdiktion nicht einen so bedeutenden Unterschied wie bei dem periodischen Wahnsinn, aber sonst verhält es

---

16) Ebenda §. 553.

17) L. 9 C. de impuberum et aliis substitutionibus (VI, 26).

18) A. L.R. I, 12, §. 20.

19) A. L.R. II, 2, §. 552: „Dergleichen Substitution verliert ihre Kraft, wenn das Kind wieder zu Verstande kommt und daher der Vormundschaft entlassen wird.“ Die Bestimmung faßt zwei Gründe zusammen: die Heilung und die Entlassung aus der Vormundschaft oder Aufhebung der Interdiktion. Hat Bevormundung (Interdiktion) stattgefunden, so ist deren Aufhebung allein entscheidend; war keine Vormundschaft angeordnet worden, so kann auch keine Entlassung daraus erfolgen, und es kommt dann lediglich auf die Thatsache der Wiederherstellung des Kindes an, welche der Intestaterbe zu beweisen hat. Auf die Verbindung beider als Ursache und Wirkung durch das „Daher“ ist kein Gewicht zu legen, sie ist für den Fall der Bevormundung überflüssig, und für den andern Fall ohne Bedeutung. Der Gedanke ist dem Verfasser nicht klar gewesen.

20) A. L.R. II, 18, §. 12.

sich damit hier so wie dort, d. h. ist Bevormundung eingetreten, so wird nach der thatsächlichen Wahrheit der Ursache von der Anordnung an bis zur Entlassung aus derselben nicht gefragt; hat keine Vormundschaft stattgefunden, so muß in jedem gegebenen Falle das Vorhandensein der Krankheit und beziehungsweise das Aufhören, als Thatsache festgestellt werden.

c) Taubstummheit, Stummheit, sowie Taubheit. Diese Gebrechen setzen die Substitution nur dann außer Wirksamkeit, wenn sie bis zum Tode des Kindes ein Hinderniß gewesen sind, selbst ein Testament zu errichten [21]). Dies ist daher bei dem Streite über die Gültigkeit der Substitution als entscheidendes Moment festzustellen. Ist das Kind wegen dieser Gebrechen unter Vormundschaft gestellt worden und in dem Zustande der Interdiktion gestorben, so hat die Substitution rechtliche Kraft und der Einwand, daß der Verstorbene thatsächlich in der Lage gewesen sei, sich gemeinverständlich zu machen, daß er z. B. habe schreiben und Geschriebenes lesen können, ist unzulässig, weil die Interdiktion auch noch mangelhafte Entwickelung der Geistesfähigkeit zur Unterlage gehabt haben kann, genug daß er für handlungsunfähig erklärt worden und es dabei bis zum Tode verblieben ist. Hatte die Obrigkeit aber keinen Grund gefunden, dem Kinde bonis zu interdiciren, dann entscheidet die Thatsache: ob es habe schreiben und Geschriebenes lesen können, oder nicht. Konnte es es, so war es auch fähig, selbst ein Testament zu errichten, wenn es solches für gut fand, und in diesem Falle ist das für das Kind von einem der Eltern errichtete Testament völlig unwirksam, es muß die Intestaterbfolge nach ihm eintreten [22]).

5. Wenn der, welcher in den Nachlaß des Kindes substituirt worden, vor dem Kinde stirbt; das Recht aus der Substitution geht auf seine Erben nicht über, die Intestaterbfolge tritt ein [23]).

VI. Am Schlusse dieser Materie findet sich folgende Satzung: „Uebrigens hindert die Pupillarsubstitution in keinem Falle die über das Vermögen des Kindes unter Lebendigen zu treffenden Verfügungen, sobald das Beste des Kindes dergleichen erfordert [24]).“ Das ist juristisch nicht verständlich. Daß ein Testator — und das Kind ist ja Testator durch Vertretung — durch seine letztwilligen, einseitigen Anordnungen über seinen Nachlaß in seinen Verfügungen unter Le-

21) Ebenda II, 2, §§. 545—547.

22) Oben, §. 17, III, Nr. 3, S. 174 ff.

23) A. L.R. a. a. O. §. 550, verbunden mit §. 543.

24) Ebenda §. 554.

benden, abgesehen von inoffiziösen Schenkungen, nicht beschränkt wird, ist ja noch niemals bezweifelt worden und kann auch nicht bezweifelt werden, er kann ja alle seine Anordnungen jeden Augenblick ganz zurücknehmen, also auch indirekt durch Verfügungen unter Lebenden vereiteln. Welche Veranlassung also zu dieser Satzung geführt haben kann, ist unauffindbar; auch die Meinungen der gemeinrechtlichen Rechtslehrer, oder praktische Rechtsanwendungen lassen die Beziehung dieser Bestimmung auch nicht auf das Entfernteste errathen; es ist nicht zu finden, welchem Streite, oder welchem Mißverständnisse dadurch entgegen getreten werden soll.

VIII. Von den Formen letztwilliger Verordnungen.

§. 58.
Geschichtliche Uebersicht.

I. Um die Erbfolge nach eigenem individuellen Willen zu ordnen und die Intestaterbfolge ganz oder theilweise auszuschließen, genügt es nicht, daß der Erblasser dazu befähigt sei und seinen Willen darüber ausspreche, sondern die Erklärung oder Verlautbarung dieses Willens muß auch die gesetzlich vorgeschriebenen Erfordernisse haben. Der Inbegriff dieser Erfordernisse heißt die Form, die äußere Form der letztwilligen Verordnung; und hat zum Zweck, Gewißheit und Wahrheit der Willenserklärung außer Zweifel zu setzen. Ursprünglich hatten die Römer zwei Testamentsformen: die testamenta calatis comitiis, und in procinctu. Diese waren öffentliche Testamente. Später kam, weil jene Formen nicht immer angewendet werden konnten, ein Privattestament in der Mancipationsform hinzu und jene beiden öffentlichen Formen kommen außer Gebrauch. Nun gab es zwei Formen: Mancipation nach Civilrecht (testamentum per aes et liberam) [1]), und der noch später aufgekommene schriftliche Aufsatz bei sieben versiegelnden Zeugen nach dem prätorischen Edikt [2]). Unter den Kaisern wurde eine neue Form eingeführt, nämlich die Erklärung des letzten Willens zu gerichtlichem Protokoll; diese sollte gleiche Wirksamkeit haben wie jene Formen. Wann und wie, ob durch Gewohnheit oder durch kaiserliche Verordnung, dieses Recht eingeführt worden, ist ungewiß, in den auf uns gekommenen Quellen wird es als bekannt vorausgesetzt [3]). Dieses gerichtliche Testament, judi-

1) §. 1 Inst. de testamentis ordinandis (II, 10).

2) §. 2 Inst. eodem.

3) L. 4 C. Theod. de testamentis (IV, 4); L. 18, L. 19 C. eodem (VI, 23).

ciale testamentum oder testamentum publicum, quod fit apud acta, war ein mündliches, welches vollständig dem Protokolle der Behörde einverleibt werden mußte und folglich auch in deren Gewahrsam verblieb. Die Mancipationsform war außer Gebrauch gekommen. Dagegen wurde noch eine zweite Art öffentlicher Testamente eingeführt, welche mit der gerichtlichen gleiche Geltung haben sollte, nämlich die Ueberreichung des schriftlich verfaßten Testaments mittelst einer Bittschrift an den Kaiser [4]). Beide Formen erfordern die offene Erklärung des letzten Willens und die Kenntnißnahme von dem Inhalte Seitens des Richters oder des Fürsten. Die Uebergabe eines verschlossenen Testaments gab demselben nicht die Eigenschaft eines formell gültigen Testaments. Die gemeinrechtliche Praxis ist jedoch hiervon abgegangen und läßt die Uebergabe eines schriftlichen und versiegelten Testaments zu, mit derselben Wirkung, wie wenn dasselbe nach mündlicher Erklärung dem gerichtlichen Protokolle einverleibt worden wäre [5]); sie gestattet auch, daß der Testator nicht an der Gerichtsstelle erscheine, sondern den Richter ersuche, zu ihm zu kommen oder, wenn das Gericht ein Kollegium ist, eine Gerichtsdeputation zu ihm zu senden, um derselben sein Testament mündlich zu Protokoll zu erklären, oder sein schriftlich verfaßtes und versiegeltes Testament zur gerichtlichen Verwahrung zu übergeben [6]). Die geltenden Formen, welche die Verfasser des Landrechts vorfanden, waren also die beiden beschriebenen Arten des öffentlichen Testaments, und das Privattestament vor sieben Zeugen.

II. Suarez mag nun selbst darüber sprechen, was die Verfasser dabei gedacht, davon abgeworfen oder beibehalten haben, und aus welchen Gründen. Er berichtet: „I. In Ansehung der Form der Testamente sind 1. die testamenta privata solennia coram septem testibus abgeschafft; 2. ist festgesetzt: daß letztwillige Verordnungen in der Regel gerichtlich errichtet werden müssen. — Die Abänderung ad 1 dürfte wohl kaum eine besondere Vertheidigung erfordern, da alle denkenden Rechtslehrer darin längst einig sind, daß

---

4) L. 19 C. l c.: „Omnium testamentorum solemnitatem superare videtur, quod insertum mera fide precibus — etiam conscientiam principis tenet."

5) Lauterbach, Coll. th. pract. L. XXVIII, tit. 1, §. 51; Stryk, D. de testamento principi vel judici oblato, §§ XXX, XXXI u. Caut. testamentorum Cap. VII, § 35. — Just. Claproth, theor.-prakt. Rechtswissenschaft von freiwilligen Gerichtshandlungen, §. 106 u. §. 110. — Hofacker, Princip. jur. civ. Rom. Germ., Tom. II, §. 1277. — Höpfner, Kommentar, §. 443, S. 470 (7. Aufl. von Weber) u. v. A.

6) Stryk, Caut. testam., Cap. VII, §§. 34, 35; Claproth a. a. O. §. 112; Hofacker l. c. §. 1278; Höpfner a. a. O. u. v. A.

die römische, aus der alten republikanischen Staatsverfassung entlehnte Form auf unsere Zeiten und Verfassungen gar nicht passe, und wegen der vielen dabei zu beobachtenden Pointillen zu Prozessen und frivolen Anfechtungen letztwilliger Dispositionen schädlichen Anlaß gebe [7]). — Ad 2 ist es aber auch gewiß, daß in unseren Zeiten die Simplizität unserer alten deutschen Vorfahren bei Errichtung ihrer letzten Willen, welche Stryk loco alleg. so sehr empfiehlt, nicht so ganz beibehalten werden könne, ohne das Vermögen und die Verlassenschaften der Verstorbenen den Erdichtungen, Unterschiebungen, Verfälschungen und anderen Kunstgriffen listiger Betrüger und Erbschleicher Preis zu geben. Testamente erfordern schon um deswillen einen stärkeren und zuverlässigeren Beweis über die Gewißheit des Willens, folglich auch eine bestimmtere und festere Form, als Kontrakte unter Lebendigen, weil die Wahrheit und Richtigkeit der Testamente allemal erst nach dem Tode des Erblassers zur Sprache kommt, wo Niemand mehr vorhanden ist, der über die Sache Auskunft geben, und die Mittel, vorgefallene Betrügereien und Unrichtigkeiten ans Licht zu bringen, suppeditiren kann. Aus diesen Gründen ist die gerichtliche Errichtung oder Niederlegung der Testamente als Regel vorgeschrieben worden. Das Hauptbedenken gegen diese Festsetzung könnte darin bestehen, daß solchergestalt testamenti factio zu sehr erschwert werde [7a]). Folgende Betrachtungen werden aber dies Bedenken heben können: a) Copia judicis ist in einem Staate, wie der unsrige, fast überall leicht und ohne Mühe zu haben. b) Für die Fälle, wo ein von einer tödtlichen Krankheit plötzlich übereilter Mensch nicht mehr Zeit hätte, sich an ein ordentlich besetztes Gericht zu wenden, ist durch die Vorschrift §§. 93 — 99 gesorgt, wonach Testamente im Nothfalle auch vor Dorfgerichten und kleinen Magiströten unter gewissen Präkautionen gültig errichtet werden können. c) Testamenta privilegiata aus dem römischen Rechte sind beibehalten, z. B. die testamenta militaria §§. 177 — 197; testamenta tempore pestis §§. 198 — 204; testamenta peregrinantium §§. 205 — 207; testamenta parentum inter liberos, Part. II, Tit. 2, §§. 378 — 390. d) Außer diesen Fällen verdient die facultas testandi eben keine vorzügliche Begünstigung. II. Auch die Form der Kodizille ist verändert. Denn 1. sind Kodizille ab intesta-

7) Dazu ist Stryk, de caut. testament., cap. I, §§ 10 u. 11 allegirt.

7a) Nicht hierin allein, sondern in den oktroyirten großen Kosten, welche viele wenig bemittelte Leute, die ihre Habseligkeiten gern einer geliebten Person hätten zuwenden mögen, geradezu von der Testamentifaktion ausschließen.

to in Ansehung der äußeren Solennitäten den eigentlichen Testamenten völlig gleich gesetzt; 2. die codicilli testamento confirmati sind sehr eingeschränkt, §§. 161 — 174. Ad 1 hat man die Analogie des römischen Rechts, welches bei codicillis ab intestato auch schon fünf Zeugen und andere Solennitäten, z. B. unitatem actus, erforderte, vor sich. Bei beiden Punkten aber spricht die gesunde Vernunft für die getroffene Abänderung. Es ist in der That sonderbar, daß nach heutiger Gesetzgebung und Praxis zur Ernennung eines Erben so viel Umstände und Förmlichkeiten erfordert werden, und daß dagegen, wenn nur erst ein Testament vorhanden und darin die facultas codicillandi reservirt ist, jeder Zettel oder Wisch, der unter des testatoris Sachen oder Skripturen gefunden wird, gelten muß; also daß durch dergleichen nachgemachte und untergeschobene Zettel fast über den ganzen Nachlaß (besonders wenn der Abzug der Quartae im Testamente verboten ist) zum Nachtheile des sehr schön und förmlich eingesetzten Erben disponirt werden kann. Es sind daher in dem Gesetzbuche alle letztwillige Dispositiones, sie mögen die Erbeseinsetzung selbst, oder Verfügungen über einzelne Stücke, Theile oder Summen des Nachlasses betreffen, an einerlei äußere Form gebunden worden. Nur für den Fall mußte gesorgt werden, wenn ein Sterbender in seinen letzten Stunden noch irgend einem Freunde, einem Domestiken, der ihn zum Exempel in der letzten Krankheit gepflegt ꝛc., ein Andenken oder eine Belohnung hinterlassen wollte; und dies ist durch die §§. 161 — 174 geschehen [8])."

III. Also die letztwilligen Verordnungen ohne Unterschied, ob sie ein eigentliches Testament vorstellen oder Kodizille sind [9]), sind in der Regel an einerlei Form gebunden und zwar an die gerichtliche, und nur für einige Fälle ist davon ausnahmsweise abgewichen worden. Diese Ausnahmen lassen sich nur im Zusammenhange mit der regelmäßigen Form übersichtlich vortragen, es wird daher auch von der Form der Kodizille, obwohl diese in den Abschnitt von der indirekten Erbfolge gehören würden, hier gehandelt werden. Die Darstellung wird folgenden Gang nehmen: Unter der Abtheilungsüberschrift: A. Von einseitigen letztwilligen Verordnungen, werden 1. die gerichtlichen und zwar a) mit regelmäßigen, b) mit unregelmäßigen und zwar aa) mit vermehrten Förmlichkeiten, bb) mit verminderten Förmlichkeiten; 2. die außergerichtlichen, dargestellt werden, und

---

8) Suarez, amtliche Vorträge bei der Schlußrevision des Allg. Landrechts, in den Jahrbüchern, Bd. XLI, S. 76 ff.

9) A. L.R. I, 12, §. 66.

unter der Abtheilungsüberschrift B. Von wechselseitigen letzten Willensverordnungen, wird sich die Materie von wechselseitigen Testamenten anschließen.

A. Von einseitigen letztwilligen Verordnungen.

1. Die gerichtlichen.

A. Krull, Handbuch für den preußischen Richter zum Gebrauche bei Ab- und Aufnahme letztwilliger Dispositionen. Breslau 1835.

§. 59.

a) Mit regelmäßiger Form.

I. Gerichtliche Errichtung einer letztwilligen Verordnung besteht in der Handlung, wodurch Jemand seinen letzten Willen dem Gerichte mündlich zu Protokoll vorträgt, oder schriftlich verfaßt und versiegelt übergiebt, in der Absicht, denselben gerichtlich aufbewahren zu lassen und ihm dadurch öffentliche Glaubwürdigkeit zu verschaffen [1]. Deshalb ist es ein wesentliches Erforderniß, daß der Testator diese Handlung in Person verrichte; er kann sich dazu weder durch einen Bevollmächtigten vertreten lassen, noch kann er den aufgeschriebenen letzten Willen dem Gerichte brieflich zur Verwahrung übersenden. Gemeinrechtlich wird darüber gestritten [2]. Das Landrecht entscheidet den Streit wie folgt: „Jedes Testament oder Kodizill muß in der Regel vom Testator selbst den Gerichten übergeben, oder zum gerichtlichen Protokolle erklärt werden [3]." Bei gerichtlichen Testamenten ist dies jedoch eine Regel ohne Ausnahme, die Einschränkung „in der Regel" hat hier keine Bedeutung, nirgend ist eine Ausnahme statuirt, nur bei dem privilegirten Testamente der Gesandten im Auslande (§. 61, Nr. VI), und bei einer Art der außergerichtlichen Testamente kommt eine Ausnahme vor (§. 62, Nr. I). Dagegen ist es nicht erforderlich, daß der Testator an ordentlicher Gerichtsstelle die Rechtshandlung vollziehe, es ist ihm gestattet, den Richter zu sich einzuladen oder, bei einem kollegialischen Gerichte, zu ersuchen, eine Deputation abzuordnen. Dieses Ansuchen kann schrift-

---

1) L. 19 C. de testamentis (VI, 23): „Sicut — securus erit, qui actis cujuscunque judicis — mentis suae postremum publicavit (erklärt, verlautbart hat) judicium: ita nec de ejus unquam successione tractabitur, qui nobis mediis, et toto jure, quod in nostris est scriniis constitutum, recte succedit."

2) Ausführlich vorgetragen ist der Streit bei Glück, Kommentar, Bd. XXXIV, S. 191 u. flg.

3) I, 12, §. 66. Das Prinzip enthält schon L. 123 D. de reg. juris: „Nemo alieno nomine lege agere potest." — Zu vergl. L. 29 C. de testamentis (VI, 23).

lich oder auch mündlich durch Abgeordnete, welche sich weiter nicht zu legitimiren haben, noch besonderer Eigenschaften zu dieser Bestellung bedürfen, angebracht werden und bedarf gar keiner Begründung durch Angabe von Hindernissen, der Wille des Testators allein genügt; es bedarf auch keiner formellen Feststellung dieses Willens, welche eben darin liegt, daß der Testator darauf seine Willensverordnung wirklich errichtet hat[4]), dadurch hat er die Abordnung der Deputation genehmigt. Es kommt auch nichts auf die Tageszeit oder auf die besondere Eigenschaft des Tages an, die Testamentshandlung kann bei Tage oder Nacht und an jedem Feiertage rechtsgültig vollzogen werden. — In der Regel steht es in der Wahl des Testators, ob er seinen letzten Willen mündlich zu Protokoll erklärt, oder schriftlich verfaßt und versiegelt bei Gericht niederlegen will. Folgende Personen haben diese Wahl nicht, sondern müssen nothwendig ihren Willen mündlich verlautbaren: a) Mündige Personen unter 18 Jahren[5]); b) Blinde und Personen, welche nicht schreiben und Geschriebenes lesen gelernt haben; c) Personen, welche dies zwar gelernt haben, aber wegen Verstümmelung oder Lähmung nicht schreiben können; bringen sie einen Aufsatz mit, so kann dieser die Stelle der ausführlichen mündlichen Erklärung in der Art vertreten, daß er ihnen vorgelesen wird und sie sich mit dem Inhalte einverstanden erklären[6]). Der Grund ist Ungewißheit des Willens bei einem unterkreuzten oder gar nicht unterzeichneten versiegelt übergebenen Aufsatz. Eigentlich ist schon die Form der Uebergabe eines versiegelt übergebenen Schriftstücks eine Abirrung von dem Zwecke der Form, Gewißheit und Wahrheit des Willens zu sichern; dieser Zweck kann durch Verwahrung des Schriftstücks bei Gericht nicht erreicht werden, weil das Gericht sich nicht überzeugen kann, daß der Inhalt mit dem Willen des Testators identisch ist. Dazu wäre erforderlich, daß dem Testator der Inhalt vorgehalten und verständigt würde und er sich darauf mit demselben einverstanden erklärte. Außerdem kann der Richter die Quelle des Inhalts nicht feststellen, folglich ist durch die Verwahrung des vielleicht falschen Fabrikats für die Gewißheit des Willens nichts gewonnen. Es sollte wenigstens eine eigenhändige Niederschreibung des Testators bei dieser Form ein wesentliches Erforderniß sein.

---

4) A. L.R. a. a. O. §§. 67—71. — Zu vergl. A. G.O. II. 4, §. 4 Schles. Arch. Bd. V, S. 227; Claproth a. a. O. S. 195.

5) A. L.R. a. a. O. §. 17.

6) Ebenda §§. 113, 114.

II. Der Richter, vor welchem die Testamentshandlung vollzogen wird, muß dazu kompetent sein. Es ist aber ein jedes ordentliche Gericht erster Instanz dazu kompetent, wenn es auch nicht der persönliche Richter des Testators ist (quicunque judex [1])[7]. Daher schadet es der Gültigkeit der Testamentshandlung nicht, wenn der Richter auch außerhalb seines Sprengels, auf Verlangen, die letztwillige Verordnung eines Testators an= oder aufnimmt[8]. Ist das Gericht ein formirtes, so kann die Handlung vor versammeltem Kollegio in dessen Sitzung vollzogen werden[9]; soll aber die Handlung durch eine Deputation vorgenommen werden, so muß der Vorsitzende des Gerichts, oder in Verhinderungsfällen dessen Stellvertreter, die Mitglieder dieser Deputation durch eine schriftliche Verfügung ernennen und sie mit der Auf= oder Annahme des Testaments beauftragen. Nach deutschem Gerichtsgebrauche kann der Richter die s. g. freiwillige Gerichtsbarkeit in seiner eigenen Sache ausüben. In Anwendung desselben ist es dem Vorgesetzten eines Gerichts gestattet, vor demselben, wenn es außer ihm noch gehörig besetzt ist, gültig zu testiren und die Deputation zur Auf= oder Annahme seines eigenen Testaments selbst gültig zu ernennen[9a]. Die Original=Resolution desselben über die Ernennung der Deputation wird als Kommissorium dem deputirten Richter zugestellt. Als gewöhnlich wird vorausgesetzt, es liege ein schriftliches Exhibitum dazu vor, denn die Vorschrift lautet: „Die Originalvorstellung, oder das über das Anbringen der Abgeordneten aufgenommene Protokoll, wird mit der darauf von dem Vorgesetzten des Gerichts wegen Ernennung der Deputation getroffenen Verfügung dieser Deputation zugestellt[10].“ Eine solche schriftliche Vorlage ist jedoch kein wesentliches Erforderniß, der Testator kann kurzer Hand den Gerichtsdirigenten antreten und sein Anliegen vorbringen, der Dirigent kann darauf ohne Weiteres das Kommissorium auf einen Papierbogen schreiben, z. B.: „Der N. will sein Testament an ordentlicher Gerichtsstelle mündlich

7) Verordnung vom 2. Januar 1849, §§. 22, 25. — A. L.R. a. a. O. §. 72; Anh. dazu, §. 29.

8) A. L.R. a. a. O. §. 73. — Erk. des Obertr. vom 11. Oktober 1861 (Archiv f. Rechtsf. Bd. XLV, S. 20). — Ueber die Kompetenz der Auditeure solcher Truppentheile, welche sich im Auslande befinden, oder nach der Mobilmachung ihre Standquartiere verlassen haben, zur Aufnahme letztwilliger Verordnungen s. m. G. vom 8. Juni 1860 (G.S. S. 240).

9) A. G.O. II, 4, §. 3 u. §. 5. — A. L.R. a. a. O. §. 87.

9a) A. L.R. a. a. O. §. 90. — Zu vergl. Claproth a. a. O. §. 107.

10) A. G.O. a. a. O. §. 4.

errichten. Herr Kreisrichter A. und Sekretär B. werden mit der Aufnahme dieses Testaments hierdurch beauftragt", und dem Richter-Kommissar zustellen. Eine solche Anordnung aber ist wesentliches Erforderniß. „Einzelne Mitglieder oder Subalternen können also, ohne dergleichen besonderen Auftrag, zur Auf- oder Abnahme eines letzten Willens sich nicht gebrauchen lassen," sagt das Gesetz [11]). Ob die Ernennung für jeden einzelnen Fall geschehen müsse, oder ob sie durch eine allgemeine Verfügung auf einen bestimmten Zeitraum für alle in demselben vorkommenden Fälle in Voraus geschehen dürfe, das ist die Frage. Der Justizminister hat dieses aus Bequemlichkeitsrücksichten angeordnet [12]) und dieses durch folgende Vorschrift gerechtfertigt: „Die Deputation einzelner Gerichtspersonen geschieht in der Regel nur für einen gewissen bestimmten Fall. Es können aber auch, besonders an größeren Orten, und bei zahlreicher besetzten Gerichten, zu gewissen Arten von Handlungen beständige Deputationen ein- für allemal ernannt werden [13])." Die Anwendbarkeit dieser Bestimmung auf Testamentshandlungen ist bestritten worden. Dieselbe, das kann dagegen geltend gemacht werden, befindet sich im Tit. 2, wo von dem Verfahren bei den Handlungen der freiwilligen Gerichtsbarkeit überhaupt gehandelt wird. Darauf folgen besondere Vorschriften im Tit. 3 über das Verfahren bei Aufnehmung und Bestätigung der Verträge und anderer Verhandlungen unter Lebendigen, und im Tit. 4 besondere Vorschriften über das Verfahren bei Aufnehmung der Testamente und anderer letztwilligen Verordnungen. Insofern unter diesen besonderen Vorschriften auch über die Ernennung der Deputationen Vorsehung getroffen ist, bleibt hier jene allgemeine Bestimmung außer Anwendung. Dieser Fall ist bezüglich auf die Testamentsdeputationen vorhanden, folglich muß diesen Spezialbestimmungen nachgegangen werden. Das Gesetz kann durch Geschäftsinstruktionen der Staatsbehörden nicht abgeändert werden. Dasselbe schreibt ausdrücklich einen „besonderen Auftrag" auf Anmeldung des Testators vor; dies ist der Gegensatz von jenem allgemeinen Auftrage [14]). Diese Gegengründe sind bis jetzt nicht widerlegt; das Obertribunal hat jedoch ent-

11) A. L.R. a. a. O. §. 89.

12) R. vom 13. Juli 1843 (J.M.Bl. S. 190); Geschäftsregl. vom 18. Juli 1850 (J.M.Bl. S. 238).

13) A. G.O. II, 2, §. 3.

14) A. G.O. II, 2, §. 4: „Von der Regel, daß einzelne Gerichtspersonen ohne dergleichen allgemeinen oder besonderen Auftrag 2c."

schieden: einzelne bestimmte Gerichtspersonen können für einen gewissen Zeitraum zur An- und Aufnahme sämmtlicher Testamente ein für allemal gültig bestellt werden [15]). In keinem Falle kann ein von einem nicht vorher beauftragten Richter an- oder aufgenommenes Testament, welches nur ein außergerichtliches sein würde, da die einzelnen Gerichtsmitglieder keine Jurisdiktion haben, durch nachfolgende Genehmigung des Gerichtsdirigenten in ein gültiges gerichtliches Testament verwandelt werden; es bleibt ein von einer Privatperson aufgenommenes, wenn es auch beim Gerichte verwahrt wird.

Jede Testamentsdeputation muß aus einem richterlichen Mitgliede des Gerichts, dessen Stelle der Aktuarius oder Gerichtsschreiber niemals, auch nicht aus Auftrag des Richters, vertreten kann, und Einem vereideten Protokollführer, dessen Stelle auch von einem zweiten Richter oder von zwei, vor der Testamentshandlung vereideten Schöppen, aber nicht durch bloße Urkundszeugen vertreten werden kann, bestehen, bei Strafe der Nichtigkeit des Testaments [16]). Auch der Protokollführer muß in dem Kommissorium in der Regel von dem Dirigenten ernannt worden sein, doch ist nachgelassen, daß, wenn dieses unterblieben oder der benannte Protokollführer nicht zu haben und die Zuziehung eines vereideten Protokollführers ohne vorgängige Ernennung von Seiten des Dirigenten durch das richterliche Mitglied der Deputation erfolgt ist, hieraus keine Ungültigkeit der Testamentshandlung entsteht [17]). Das Gesetz ([16]) legt Nachdruck auf die Zahl der Protokollführer; die Deputation soll wenigstens aus Einer zur Justiz verpflichteten Gerichtsperson und „Einem" vereideten Protokollführer bestehen. Diesem Zahlwort ist eine ganz abnorme Deutung gegeben worden. Man müsse annehmen, heißt es in einem vom Obertribunale bestätigten Appellationsurtel, daß der Gesetzgeber unter diesem Ausdrucke jeden vereideten Protokollführer und nicht ausschließlich den jedesmaligen Aktuarius eines (soll heißen: des) Gerichts, von welchem ein Testament aufgenommen oder angenommen werden soll, im Sinne gehabt habe [18]), — also irgend

15) Erk. vom 12. November 1852 (Archiv f. Rechtsf. Bd. VI, S. 376).

16) A. L.R. I, 12; §§. 82—86 u. §. 139.

17) K.O. vom 24. März 1839 (G.S. S. 155). — Erk. des Obertr. vom 12. November 1852 (Archiv f. Rechtsf. Bd. VI, S. 376).

18) Erk. des Obertr. de publ. den 19. Januar 1819 (Jahrb. Bd. XIV, S. 275, 277). Es soll jedoch dem Obertr. keineswegs zugeschoben werden, daß es auch diese Ausdeutung getheilt habe, denn das Revisionsurtel ist, wie es damals noch zulässig war, ohne Gründe.

einen Protokollführer, wo er zu finden sei, etwa ad exemplum eines vacirenden freien Künstlers. Diese Auslegung ist irrig. Der §. 82 will weiter nichts als einer gemeinrechtlichen Ungewißheit ein Ende machen, denn es war darüber keine allgemeine Bestimmung vorhanden, aus wieviel Personen eine Testamentsdeputation bestehen müsse, nur darüber war man einverstanden, daß eine so wichtige Handlung wie die Testamentserrichtung, wobei so gar leicht Menschlichkeiten vorfallen könnten, unmöglich auf den Glauben eines einzigen Menschen gestellt werden könne [19]). Das Landrecht entscheidet: ein richterliches Mitglied des Gerichts, und ein zum Aktenschreiberdienst verpflichteter Subalterne des Gerichts, welches das Testament an- oder aufnehmen soll, genügen; daß diese Personen Beamte eben desselben Gerichtes sein müssen, ist als selbstverständlich vorausgesetzt, eine Entscheidung über diese Frage will der §. 82 nicht treffen und darf nicht willkürlich hineingedeutet werden. Auf dem Wege könnte man bald zu dem Thema kommen, daß mangelnde Mitglieder und Beamte Seitens des einen Gerichts von einem anderen Gerichte beliebig nach Bedarf geborgt werden könnten, etwa wie ein Wirthschaftshof vom Nachbar Erntearbeiter leiht.

III. Die Mitglieder der Deputation dürfen sich nicht in Verhältnissen oder Umständen befinden, welche in dem gegebenen Falle ihre Glaubwürdigkeit beeinträchtigen. Im Allgemeinen müssen sie sich daher der Ausübung ihres Amts in Fällen enthalten, wo das eigene Interesse, oder die Sache ihrer Ehegatten und solcher Personen, mit denen sie in auf- oder absteigender Linie, oder bis zum vierten Grade der Seitenlinie verwandt oder verschwägert sind, ins Spiel kommen. Sie stehen bei der Auf- oder Annahme eines Testaments in dem Amtsverhältnisse eines Notars, und den Notaren ist zur Pflicht gemacht, sich in Fällen dieser Art keiner Notariatsverrichtungen anzumaßen [20]). Insbesondere wird Unfähigkeit zur Amtsverrichtung anzunehmen sein a) wenn der Richter Intestaterbe des Testators ist [21]); oder b) wenn dieser ihn in einem mündlichen Testamente zum Erben ernennen will [22]). — Die Zuwendung eines Legats in einem solchen Testamente macht nicht unfähig, sie muß nur bei Strafe der Ungültig-

---

19) M. s. unter Andern hierüber: Claproth a. a. O. §. 107, S. 183, u. meine Anm. 88 zu §. 84 des A. L.R. a. a. O.

20) A. G.O. Th. III, Tit. 7, §. 26 a. E., verbunden mit Tit. 3, §. 13. — Zu vergl. Not.-Ordnung vom 11. Juli 1845, §. 5.

21) A. L.R. a. a. O. §. 75.

22) Ebenda, u. §§. 134 u. 135.

keit dieses Passus besonders am Rande oder bei der Unterschrift von dem Testator, oder, wenn er nicht schreiben kann, von zwei glaubwürdigen Zeugen eigenhändig beglaubigt werden[23]) —; oder c) wenn er mit dem Testator in offenbarer Feindschaft lebt, weil ihm dann eine volle Glaubwürdigkeit mangelt[24]). — Der Umstand, daß der Richter mit dem Testator in einem Verwandtschafts- oder Schwägerschafts-Verhältnisse steht, namentlich daß er mit dem Testator im vierten Grade verschwägert ist, soll nach dem Ausspruche des Obertribunals „für sich allein" keine Ungültigkeit des Testaments begründen[25]). — Auch folgender Fall gehört hierher: Ein Richter hatte den Testator berathen, darauf allein ein Testament aufgesetzt, sich darin ein Legat zugeschrieben, und auch Unrichtigkeiten gemacht; der Testator hatte das Schriftstück unterschrieben und darauf hatte man den Aufsatz versiegelt. Demnächst zog der Richter zwei Schöppen zu, bildete mit diesen ein Gericht und der gerichtliche Akt der Testamentsannahme wurde vollzogen. Dieses Testament wurde wegen Unglaubwürdigkeit als ungültig angefochten, das Obertribunal erachtete jedoch das Verfahren für zulässig und hielt das Testament aufrecht. Denn in der ersteren Beziehung sei der Richter nicht in seiner richterlichen Qualität thätig gewesen, er habe nur als Privatperson gehandelt; seine richterliche Thätigkeit sei erst eingetreten bei dem Akte der Annahme, bei der das Gericht durch Zuziehung der Schöppen besetzt gewesen sei[26]). Daß dieser Richter sich ein Legat zugeschrieben hatte — ob mit oder ohne Wissen des Testators? wer konnte das wissen, ist auch unerheblich — und demnach darüber, also in seinem Interesse, in seiner eigenen Sache, eine gerichtliche Urkunde errichtet, ist unerwogen geblieben; eine solche Urkunde hat aber nach bekannten Grundsätzen über Errichtung von gerichtlichen und notariellen Urkunden gar keinen öffentlichen Glauben und als außergerichtliches Testament hatte dieses Schriftstück keine Gültigkeit, nach römischem Rechte ist das, was ein Testamentsschreiber sich selbst

23) Ebenda §§. 136—138.

24) Ebenda §. 75 u. A. G.O. I, 10, §. 233, Nr. 3.

25) Pr. 2276, vom 5. März 1851 (Entsch. Bd. XX, S. 132). Der Justizminister v. Kircheisen hat die Frage für zweifelhaft gehalten und die Entscheidung abgelehnt, aber das betreffende Gericht angewiesen, die Testamentshandlung des noch lebenden Testators vor einem anderen Richter wiederholen zu lassen, auch den Fall zum Behuf der künftigen Legislation in Gemäßheit des Anh. z. A.L.R. §. 2 anzuzeigen. R. vom 8. Mai 1815 (Jahrb. Heft X, S. 3). Mit dem §. 13, Tit. 3, Th. III der A. G.O. ist das Präj. nicht vereinbar, auch ist der Mangel der vollen Glaubwürdigkeit vor Gericht unter nahen Verwandten nach dem Gesetz nicht zu bestreiten.

26) Erk. vom 24. August 1841 (Schles. Archiv, Bd. V, S. 219 u. 231).

zuschreibt, gleichviel ob mit oder ohne Wissen des Testators, nicht bloß ungültig, sondern der Schreiber ist auch der Strafe der Lex Cornelia verfallen [27]). Dieses Gesetz ist zwar nicht aufgenommen, aber der Grund der Ungültigkeit, daß Niemand für sich selbst, zu seinem Vortheil, eine öffentliche Urkunde herstellen kann, in seiner eigenen Sache Zeugniß geben kann, besteht auch im preußischen Recht in voller Kraft.

IV. Verfahren. Die Einheit der Handlung in Ansehung des Orts, des Tages, der Zeit und der Beurkundung (unitas actus) bei der Testamentserrichtung ist nach preußischem Rechte kein wesentliches Erforderniß. Es soll aber, zur Vermeidung künftiger Prozesse, wenn, wegen vorgekommener Zwischenfälle, die Handlung unterbrochen und zu einer anderen Zeit fortgesetzt werden muß, der Anlaß der Unterbrechung, so wie die Zeit, wann sie abgebrochen und wann sie fortgesetzt und beschlossen, im Protokolle genau niedergeschrieben werden [28]). Vom praktischen Gesichtspunkte ist nicht einzusehen, warum zur Vereinfachung der Sache das unvollendet gebliebene Protokoll nicht als werthlos zu den Akten gelegt und nach der Beseitigung des Zwischenfalles, wenn längere Zeit darüber hingeht, die Handlung von Vorne angefangen werden sollte. Gerade wenn die Urkunde über die Testamentshandlung dergleichen Unterbrechungen nachweist und dabei der eine oder der andere Umstand dunkel geblieben ist, kann daraus ein Grund zu Prozessen hergenommen werden, während, wenn bei der Wiederaufnahme des Akts eine vollständige Wiederholung erfolgt und die Handlung aus Einem Guß ununterbrochen dargestellt wird, jeder Vorwand zur Anfechtung aus der Unterbrechung abgeschnitten ist. — Das über die Handlung aufgenommene Protokoll muß mit allen Erfordernissen eines gerichtlichen Protokolls versehen sein [29]). Dieses Protokoll hat für die Aufnahme wie für die Abnahme eines Testaments folgende gemeinsame Punkte:

1. Begonnen wird mit Angabe des Orts (wozu auch die Bezeichnung des Hauses und in großen Orten und Häusern mit vielen

---

27) L. 1, §. 7; L. 6 pr., L. 10, 14, 15 D. de lege Cornelia (XLVIII, 10); L. 2, L. 3 C. de his qui sibi adscribunt (IX, 23).

28) A. L.R. I, 12, §. 150.

29) Ebenda §. 104. — A. G.O. II, 4, §. 3: „das gehörig aufgenommene und unterschriebene Protokoll“; §. 4: „vorschriftsmäßige Aufnehmung des Protokolls“; §. 5: „Aufnahme eines vollständigen Protokolls darüber“. — Die Erfordernisse eines solchen Protokolls sind vorgeschrieben in der A. G.O. II, 2, §§. 43—48; Anh. dazu, §. 423.

Bewohnern auch die der Wohnung gehört) und der Zeit, wo und wann der Aktus vorgenommen worden ist[30]). Im Eingange wird erzählt, daß die bestimmte Person sich zur Errichtung ihres Testaments bei der ein= für allemal zur Aufnahme von Testamentshandlungen ernannten Kommission eingefunden habe, wobei auf die Verfügung des Dirigenten Bezug genommen wird, oder, wenn eine Spezial-Deputation ernannt worden ist, daß die bestimmte Person dieselbe ausgewirkt habe und daß diese Person vor ihr erschienen, oder, wenn die Deputation in deren Wohnung abgeordnet worden, daß sie sich dahin verfügt habe; ferner wird im letzteren Falle erzählt, in welchem Zustande sie den Testator angetroffen habe, und ob derselbe sie beifällig aufgenommen, um festzustellen, daß die Bestellung der Deputation, die bisher ganz unbeglaubigt war, wirklich von ihm ausgegangen. (Vgl. Nr. 3.)

2. Darauf folgt die Feststellung der Identität seiner Person. Dieser Punkt erfordert Vorsicht, wenn kein Mitglied der Deputation den Testator kennt, besonders in großen Städten, wo sehr oft die Bewohner desselben Hauses sich nicht kennen. Es ist schon da gewesen, daß ein Betrüger auf den Namen eines Bewohners des nämlichen Hauses ein Testament gemacht und sich zu dessen Erben eingesetzt hat. Deshalb kann die genaue Bezeichnung der Wohnung und der Umstände, unter welchen der Testator angetroffen worden ist (er könnte ja auch ein Gast des angeblichen Testators sein, also in derselben Wohnung angetroffen werden), sehr wichtig sein zur Aufdeckung des Betruges. Ein gewöhnliches Mittel ist die Rekognoscirung durch andere Personen, welche selbstverständlich der Deputation bekannt sein müssen. Man zieht deren gern Zwei zu, weil zwei klassische Zeugen einen vollständigen Beweis liefern. Sind jedoch dergleichen Rekognoscenten nicht zu gestellen, so muß die Deputation nach anderen Mitteln, etwa Legitimationspapieren und dergl. fragen, oder sich durch sonstige Nachfragen möglichst zu überzeugen suchen, daß die Person diejenige sei, für welche sie sich ausgiebt. Die gesetzliche allgemeine Anweisung hierüber lautet wie folgt: „Das Gericht muß sich vergewissern, daß die Parteien, welche die Handlung vornehmen wollen, diejenigen wirklich sind, für die sie sich ausgeben. Wenn daher fremde und im Gerichte von Person nicht hinlänglich bekannte Parteien sich zur Vollziehung eines Aktus melden, so muß der Richter darauf bestehen, daß ihm andere bekannte und unverdächtige Leute gestellt werden, welche die Identität der sich angebenden Parteien aus eige-

30) A. G.O. a. a. O. §. 43, Nr. 1.

ner Kenntniß bezeugen; oder er muß sich auf andere glaubwürdige Art von dieser Identität versichern[31]." Bei Handlungen unter Lebenden soll, wenn dieser Punkt nicht zur Zufriedenheit des Richters sich sofort erledigen läßt, der Akt vorläufig beanstandet werden. Das läßt sich jedoch bei Testamentshandlungen nicht thun, der Tod wartet nicht. Deshalb finden sich hierbei, in dieser Beziehung, folgende besondere Vorschriften: „Ist derjenige, welcher sich zur Aufnehmung oder Niederlegung eines letzten Willens meldet, dem Richter von Person nicht hinlänglich bekannt, so muß Letzterer vor allen Dingen sich zu überzeugen suchen, daß der Testirende derjenige wirklich sei, für den er sich ausgiebt. — Daß, und wie solches geschehen sei, muß, gleich allen übrigen zur Sache gehörigen Vorfällen, im Protokolle umständlich vermerkt werden. — Kann der Richter von der angegebenen Qualität des Testators keine Gewißheit erlangen, so ist es genug, wenn dieses, und für wen derselbe sich ausgegeben, auch was er etwa zu seiner Legitimation beigebracht hat, in dem Protokolle bestimmt angezeigt worden[32]." Das „so ist es genug" bezieht sich nur auf die Rechtfertigung des Richters, keineswegs auf die Frage: ob die Identität der Person für gerichtlich festgestellt zu erachten; diese Feststellung bleibt der Zukunft vorbehalten und der Richter kann zur Erleichterung der künftigen Beweisführung vielleicht wichtiges beitragen, wenn er die etwa aufgelegten Legitimations-Papiere mit Bewilligung des Testators in Original zu den Akten bringt.

3. Demnächst soll die Deputation „es ihr erstes Geschäft sein lassen, den angegebenen Testator zu vernehmen: ob es wirklich seine Absicht sei, ein Testament zu machen, und ob es mit seinem deshalb angebrachten Gesuche seine Richtigkeit habe[33]." Die Erklärung des Testators hierüber ist im Protokoll umständlich zu vermerken. Der Zweck dieser Nachforschung ist, die Freiheit des Willens festzustellen.

4. Nunmehr hat der Richter sich mit der Feststellung der Geistesfähigkeit des Testators zu beschäftigen, was auf eine dem Testator nicht auffallende Weise geschehen muß. Um sich hierüber ein Urtheil zu bilden, dazu wird in gewöhnlichen Fällen schon die bisher nothwendig gewesene Unterhaltung mit dem Testator hinlänglichen Stoff geben; das Landrecht weiset den Richter im Allgemeinen an,

31) §. 23 a. a. O.

32) A. L.R. I, 12, §§. 142—144.

33) A. G.O. II. 2, §. 4, Abs. 2.

durch schickliche Fragen zu erforschen zu suchen: ob der Testator sich in Ansehung seiner Geisteskräfte in einem solchen Zustande befinde, daß er seinen Willen gültig äußern könne; und den Befund darüber im Protokolle zu vermerken [34]). Diese Untersuchung und Feststellung schließt die Anfechtung der letztwilligen Verordnung aus dem Grunde der Willensunfreiheit, oder Willensunfähigkeit nach dem Tode des Testators aus, es sei denn, daß eine pflichtwidrige Kollusion des Richters behauptet werden könnte [35]). — Bezüglich auf zweierlei Personen, nämlich periodisch Geisteskranke, und Mündige unter achtzehn Jahren so wie Verstandesschwache, giebt das Landrecht dem Richter einige speziellere Anweisungen.

a) Hat der Richter erfahren, daß der Testator zuweilen an Abwesenheiten des Verstandes leide, aber, weil er nicht unter Vormundschaft gestellt (ihm nicht bonis interdicirt) ist, an sich doch testirfähig ist; so muß er sich vollständig überzeugen, daß derselbe in dem Zeitpunkte, wo er sein Testament aufnehmen läßt, oder übergiebt, seines Verstandes wirklich mächtig sei; und wenn er dieses zweifelhaft findet, muß er einen Sachverständigen zuziehen [36]). Geschieht dieses, so versteht es sich, daß er die von diesem vorgenommene Exploration und dessen darauf gegründetes Gutachten über die Geistesfähigkeit des Testators umständlich im Protokolle aufzeichnen und von dem Sachverständigen unterschreiben lassen und, wenn das Gutachten ungünstig ausfällt, die Testamentshandlung abbrechen muß. Ob sie zu einer anderen Zeit wieder aufgenommen oder fortgesetzt und abgeschlossen werden könne, wird sich nach dem Ausspruche des Sachverständigen richten. — Kann eine solche Untersuchung wegen Dringlichkeit des Falles nicht unternommen werden, so soll der Richter zwar die Handlung vollziehen, er soll aber zugleich alle Umstände, welche ihn über die Fähigkeit des Testators zu einer gültigen Willensäußerung zweifelhaft machen, in dem Protokolle mit vorzüglicher Sorgfalt vermerken [37]). Dadurch wird der Zukunft überlassen, zu beurtheilen, ob die verzeichneten Umstände geeignet sind, einen solchen Zweifel zu begründen. Sind dergleichen Umstände keine vorhanden, so gehört es sich, dieses gleichfalls zu vermerken, wenn er zweifelt.

b) Bei Personen unter achtzehn Jahren, ingleichen bei solchen,

34) A. L.R. a. a. O. §§. 145, 146.

35) Ebenda §§. 23, 24.

36) Ebenda §§. 147, 148. Zu vergl. §§. 20 a. a. O.

37) Ebenda §. 149.

wo wegen hohen Alters, Krankheit, oder Mangels an Unterricht und Erziehung, geschwächte Verstandeskräfte zu besorgen sind, soll der Richter sich durch schickliche Fragen besonders, so viel als möglich, zu überzeugen suchen, daß dieselben nicht durch List und Ueberredung zu der getroffenen Disposition verleitet worden[38]). Hierzu ist nöthig, daß der Testator dem Einflusse derjenigen Personen, welche auf ihn einwirken können, ganz entzogen wird. Die Gegenwart des Erben bei der Testamentserrichtung ist zwar kein Nichtigkeitsgrund, man kann den Erben dadurch bezeichnen, daß man, indem man auf eine anwesende Person zeigt, z. B. sagt: dieser soll mein Erbe sein[39]). Allein in Fällen der vorausgesetzten Art ist es rathsam oder vielmehr durch die Vorsicht geboten, Erben und Vermächtnißnehmer, überhaupt Alle, welche bei der Handlung nicht mitzuwirken haben, zu veranlassen, abzutreten, um den Erblasser völlig frei reden zu lassen und gegen unbefugte Dazwischenreden oder Erklärungen und Auslegungen seiner Aeußerungen Seitens der Anwesenden zu sichern, falls er nicht selbst ausdrücklich deren Gegenwart verlangt. Es gehört auch zur Gewißheit des letzten Willens, nicht zu den Förmlichkeiten, daß die Deputationsmitglieder den Testator sehen und sprechen hören können, sonst könnte auch eine andere Person das Organ der Willenserklärung, die man als diejenige des schweigenden Testators niederschriebe, sein. Daß sämmtliche Mitglieder der Deputation auch während der Niederschreibung des Protokolls ununterbrochen beisammen und zugegen blieben, wird nicht für erforderlich gehalten; man hat angenommen, es erzeuge allein noch keine Nichtigkeit eines zum gerichtlichen Protokolle erklärten Testaments, wenn einer der bei dessen Aufnahme zugezogenen Gerichtsschöppen sich während der Verhandlung nicht ununterbrochen bei derselben anwesend befunden hat, sofern nur das vollständig besetzte Gericht bei der Vorlesung, Genehmigung und Vollziehung des Protokolls zugegen gewesen ist[40]), auch braucht das Protokoll nicht in Gegenwart des Testators, d. h. unmittelbar unter dessen Augen, geschrieben zu werden[41]).

38) Ebenda §. 152.

39) L. 58 pr. D. de heredibus instituendis (XXVIII, 5): „Nemo dubitat, recte ita heredem nuncupari posse: hic mihi heres esto, cum sit coram qui ostenditur.“

40) Pr. des Obertr. 1779, vom 10. September 1846 (Entsch. Bd. XIII, S. 197).

41) Erk. dess. vom 24. August 1841 (Schles. Archiv, Bd. V, S. 220 ff.). Auch die Ueberschreibung und Versiegelung braucht nicht nothwendig in Gegenwart des Testators zu geschehen. Erk. dess. vom 16. Jan. 1863 (Entsch. Bd. XLIX, S. 141).

5. Nach dieser Feststellung der Personalien und der Testirfähigkeit des Testators wird zum meritorischen Theil der Handlung übergegangen. Bei der Besprechung dieses Gegenstandes muß der Richter von Amtswegen darauf Rücksicht nehmen: ob und inwieweit der Testator über sein Vermögen zu verfügen berechtigt, oder was er in dem einen oder dem anderen Falle zu beobachten schuldig sei[42]. Namentlich muß er sich nach etwa vorhandenen Pflichttheilserben erkundigen und erinnern, daß diese nicht im Pflichttheile verletzt werden dürften; wenn deren Einer enterbt werden soll, darauf dringen, daß der Grund dazu bestimmt angegeben werde und, falls es erforderlich, vorstellen, daß der angegebene Grund kein gesetzmäßiger sei. Läßt sich der Testator nicht belehren, so muß seine Verordnung so niedergeschrieben werden, wie er sie erklärt, mit dem Beifügen, daß dies auf ausdrückliches Verlangen nach stattgefundener Belehrung geschehen sei. Dunkele oder zweifelhafte Bestimmungen müssen durch Rückfragen aufgeklärt und dann so gefaßt werden, daß der Gedanke oder die Absicht des Testators genau und bestimmt ausgedrückt wird. Weiter als es die Rechtsbeständigkeit und Deutlichkeit der Verordnungen erfordert, darf der Richter in seinen Forschungen nicht gehen; er muß sich namentlich jeder Beeinflussung des Willens und der freien Entschließung des Testators enthalten, z. B. der Erinnerung an Diesen oder Jenen, etwa an Kirchen, milde Anstalten, Armen u. s. w. Das Landrecht drückt dies gut so aus: „Bloß neugieriger Fragen, und noch vielmehr solcher, wodurch Jemand, der nicht zu den nothwendigen Erben, welchen ein Pflichttheil zukommt, gehört, dem Testator zur Bedenkung im Testamente oder Kodizille an die Hand gegeben wird, muß der Richter sich gänzlich enthalten[43].“

6. Das weitere Verfahren richtet sich darnach, ob das Testament bereits fertig übergeben, oder zu Protokoll erklärt werden soll.

A. Ein bereits schriftlich abgefaßtes Testament oder Kodizill kann dem Gerichte versiegelt und auch offen übergeben werden. Ein dergleichen Aufsatz muß, bei Strafe der Nichtigkeit, von dem Testator selbst eigenhändig geschrieben und auch unterschrieben, oder, wenn von anderer Hand geschrieben, was auch von dem Erben oder von einem Vermächtnißnehmer geschehen kann, wenn er nur nicht zugleich als Richter dem Aufsatz auch den Charakter einer öffentlichen

---

42) A. L.R. a. a. O. §. 151.

43) Ebenda §. 154.

gerichtlichen Urkunde beilegen soll (Nr. III a. E.), wenigstens unterschrieben sein [44]).

a) Soll die Uebergabe vor versammeltem Gerichte in ordentlicher Sitzung geschehen (was jetzt ganz abgekommen ist), und der Testator gestellt sich in der Sitzung, so wird ihm das verschlossene Testament abgenommen; er wird befragt: ob er dieses Testament eigenhändig ge- oder wenigstens unterschrieben habe; wenn er dies verneint, wird das Schriftstück zurückgewiesen; wenn er es bejahet, von dem Vorsitzenden des Gerichts dasselbe präsentirt, darauf in Gegenwart des Testators mit einer kurzen Registratur dahin überschrieben:

daß hierin die letztwillige Disposition des N. N. enthalten sei, welche derselbe, unter dem Dato der Registratur, vor versammeltem Gerichte zur gerichtlichen Verwahrung übergeben habe,

diese Registratur von dem Vorsitzenden und dem Aktuarius unterschrieben, und dem Siegel des Testators das Gerichtssiegel beigedrückt. Ueber den Hergang wird ein vollständiges Protokoll aufgenommen, in welchem die allgemeinen vorbereitenden Feststellungen über Identität der Person, Geistesfähigkeit und Verfügungsbefugniß des Testators, dann die Beschreibung der Beschaffenheit des Testaments, namentlich die ihm von dem Testator etwa gegebene Ueberschrift und die Zahl der Siegel bemerkt, und die von dem Testator auf die Frage nach der Unterzeichnung gegebene Antwort enthalten, endlich der hinzugefügten Ueberschrift und des beigedruckten Siegels des Gerichts Erwähnung gethan, und zuletzt dasselbe von dem Testator, dem Gerichtsdirigenten und dem Aktuarius unterzeichnet werden muß, denn es soll ein *vollständiges* Protokoll sein, wozu die Unterschrift der Partei gehört [45]).

Der Vermerk im Protokolle betreffend die Befragung des Testators über dessen Unterschrift unter dem versiegelten Aufsatz ist so wesentlich, daß, wenn das Protokoll darüber nichts enthält, die Testamentshandlung nichtig ist, wenngleich sich findet, daß derselbe wirklich von dem Testator unterschrieben worden. Darüber streitet jedoch das Obertribunal mit sich selbst, indem es später ausgeführt und zur Anwendung gebracht hat, die Vorschrift, daß der Richter den Testator über die Unterschreibung des Aufsatzes ausdrücklich ver-

44) §§. 101, 139 a. a. O. — Pr. des Obertr. vom 16. Mai 1836, Nr. II (Entsch. Bd. I, S. 81). — Erk. dess. vom 24. August 1841 (Schles. Archiv, Bd. V, S. 219 ff.).

45) A. G.O. II, 2, §. 5; A. L.R. a. a. O. §§. 101—103 u. §. 139, besonders §. 103 a. E., u. §. 157.

nehmen müsse, sei unwesentlich, sie enthalte nur eine Anweisung für den Richter, um dem etwa vorhandenen Mangel noch abzuhelfen [46]). Die jüngere Ansicht ist die richtige. Bei der ersten kann man keinen vernünftigen Zweck finden. Denn ist der Aufsatz unterschrieben, so erhält durch den Vermerk der Bejahung der Frage der Aufsatz keine größere Glaubwürdigkeit, wenn die Unterschrift nicht von dem Testator herrührt; man kann nichts rekognosciren, was einem nicht in demselben Augenblick vorgezeigt worden ist, und wenn die Unterschrift ganz fehlt, so wird sie durch die Bejahung nicht ersetzt, auch nicht durch die unter der Ueberschrift auf dem Umschlage stehende Unterschrift. Jede wesentliche Form muß ihren vernünftigen Zweck haben.

Auch über die Stelle, an welcher die Unterschrift des Testators in dem Protokolle vorkommen soll, ist Meinungsverschiedenheit hervorgetreten. In einem Falle befand sich die Unterschrift desselben nicht am Schlusse, sondern unter dem auf die Verhandlung mit ihm sich beziehenden Abschnitte des Protokolls. Darauf folgte noch ein anderer Vermerk, welcher enthielt, daß zur Verhandlung, und zu deren Vollziehung Seitens des Testators, zwei Zeugen zugezogen worden, daß dieselben dabei zugegen gewesen seien, und daß sie den im Protokolle vorgetragenen Hergang der Sache, sowie die vorstehende eigenhändige Unterschrift des Testators bescheinigten. Daraus leitete das Appellationsgericht die Ungültigkeit des Testaments her, weil es im §. 103 zuletzt heißt: „und dieses Protokoll von dem Testator mit unterzeichnen lassen.“ Sehr richtig erklärte dies das Obertribunal für eine unrichtige Anwendung des §. 103, da nicht einleuchte, wie die Gesammtheit der mit dem Testator gepflogenen Verhandlung und die zu ihrer Vollständigkeit gehörige Unterschrift des Letzteren durch die Zeugen solle beglaubigt werden können, bevor diese Unterschrift geleistet worden [47]).

Wenn der Testator die gerichtliche Siegelung und Inventur seines Nachlasses verbittet, so muß dessen nicht nur in dem Protokolle gedacht, sondern auch dieser Erklärung in der auf den Umschlag des Testaments zu setzenden Ueberschrift und in der dem Testator zu ertheilenden Hinterlegungs-Bescheinigung ausdrücklich erwähnt wer-

46) Pr. des Obertr. 213, v. J. 1836 (Präj.-Samml. I, S. 73). Widersprechend ist das Erk. dess. vom 25. Januar 1849, Nr. II (Entsch. Bd. XVII, S. 224). Dort wird gesagt: „Die Vorschrift des §. 102 ist unwesentlich“ (S. 229). Dieser Satz ist auch später in einem Erk. vom 8. Mai 1854 (Archiv f. Rechtsf. Bd. XIII, S. 83) aufrecht erhalten.

47) Erk. vom 16. Januar 1863 (Entsch. Bd. XLIX, S. 143).

den[48]), damit von diesem Verbote schon vor der Publikation des Testaments Kenntniß genommen werden könne.

b) Wird zur Abnahme des Testaments eine Deputation angeordnet und derselben das Testament versiegelt übergeben, so ist das Verfahren von dem soeben beschriebenen (a) nicht verschieden; nur hat die Deputation das aufgenommene Protokoll, nebst dem übergebenen Testament, mittelst einer besonderen Anzeige dem Gerichte zur Annahme ad depositum[49]) zu überreichen. — Uebergiebt der Testator sein Testament oder Kodizill offen und unversiegelt und erklärt auf Befragen, daß der Aufsatz als ein schriftliches Testament gelten solle, so darf der Richter bloß nachsehen: ob derselbe von dem Testator unterschrieben sei; und muß, wenn dies nicht ist, die Unterschrift zunächst bewerkstellen lassen. Mit der Vorlesung hat der Richter sich nicht zu befassen[50]); er muß aber die Erklärung des Testators, daß dieser Aufsatz seine letzte Willensmeinung enthalte, unter demselben, entweder mit eigener Hand oder durch den Aktuarius nach seinem Diktat, verzeichnen, diesen Zusatz dem Testator vorlesen und mit demselben und dem Aktuarius unterschreiben. Darauf soll der Aufsatz, in Gegenwart des Testators, mit dem Gerichtssiegel versiegelt, überschrieben, und mit Aufnehmung des Protokolls über die Handlung, wie vorhin beschrieben, verfahren werden[51]). Aber es ist kein wesentlicher Formfehler, wenn die Einsiegelung des offen übergebenen Aufsatzes **nicht vor** der Aufnahme des Uebergabe-Protokolls bewirkt wird; die Einsiegelung kann, unbeschadet der Gültigkeit des Testaments oder Kodizills, auch **nach** Abfassung des Protokolls erfolgen und es können dann beide Urkunden in Einen Umschlag verschlossen werden; woraus denn logisch folgt, daß ein wesentlicher Formfehler auch darin nicht gefunden werden kann, wenn die Abnahmeverhandlung unmittelbar hinter dem gedachten Aufsatze, auf demselben Blatte Papier begonnen und auf solche Weise mit jenem in Verbindung gesetzt worden. Die Gewißheit und Identität der Willensverordnung kann dadurch verstärkt, nicht aber geschwächt werden. Daher ist es Nichtigkeit, wegen dieser Verbindung das Testament, wie es in einem Falle geschehen, für ungültig zu erklä-

48) A. G.O. II, 4, §. 7.

49) Ebenda §. 6.

50) Die gemeinrechtliche Praxis verlangt, daß der Aufsatz dem Testator vorgelesen und von ihm sowohl dem Inhalte als der Unterschrift und dem etwa beigefügten Siegel nach genehmiget, beziehungsweise anerkannt werde. **Claproth** a. a. O. §. 110, S. 191.

51) A. L.R. a. a. O. §§. 108—110.

ren [52]). Es versteht sich, daß, wenn also verfahren worden ist, in der Anzeige, womit die Deputation das Testament dem Gerichte überreicht, gemeldet werden muß, wo das nicht sichtbare Abnahme-Protokoll geblieben. — Unterbleibt aber der Vermerk unter dem offen und unversiegelt übergebenen Aufsatze: „daß derselbe die letzte Willensmeinung des Testators enthalte"; so hat diese Unterlassung die Nichtigkeit des Testaments zur Folge; dieser Mangel kann nicht durch eine Erklärung im Annahmeprotokolle ersetzt werden [53]). Ein innerer Grund dazu ist nicht aufzufinden.

B. Will der Testator seinen letzten Willen vor versammeltem Gerichte oder vor einer gehörig abgeordneten Deputation mündlich zu Protokoll erklären, so wird darüber ein vollständiges Protokoll aufgenommen und dasselbe von dem Testator, sowie von dem Vorsitzenden und dem Aktuarius, beziehungsweise von allen Mitgliedern der Deputation unterzeichnet [54]). Fehlt eine dieser Unterschriften, so ist das Testament ungültig. Ob der Beweis zulässig sei, daß eine Unterschrift bei der Eröffnung des Testaments gefehlt habe und erst später hinzugefügt worden, oder daß bei Aufnahme des Testaments nur Eine Gerichtsperson zugegen gewesen, und das Protokoll von der zweiten Gerichtsperson erst nachträglich unterschrieben worden sei, ist nicht unstreitig. Das Obertribunal hält dafür, daß, wenn das Protokoll zwei Unterschriften aufweise, dagegen der Gegenbeweis nicht zulässig sei [55]). Indeß ist dies nicht unbedingt als richtig anzuerkennen. Denn wenn z. B. bei der Einsiegelung die Unterschrift des Richters unter dem Protokoll fehlt, so mangelt es demselben an den Erfordernissen und Eigenschaften einer gerichtlichen Urkunde, und über diesen Mangel muß der Beweis zugelassen werden [56]). — Das Protokoll kann nach Anleitung eines von dem Testator offen übergebenen schriftlichen Aufsatzes abgefaßt werden, welcher demnächst dem Testator wieder zurückzugeben ist [57]). — Bei mündlichen Testamenten soll der Richter allen Zweideutigkeiten, in Bestimmung der Erben und deren Substitution; des Erbtheils, welchen jeder erhalten soll; der Bedingungen, welche der Testator festsetzt, und was sonst zu Zweifeln Anlaß geben könnte, durch fleißiges Nachfragen und wie-

52) Anh. z. A. L.R. §. 33. — Erk. des Obertr. vom 16. Januar 1863 (Entsch. Bd. XLIX, S. 140).

53) Erk. dess. vom 20. November 184[illegible] (Entsch. Bd. XIX, S. 159).

54) A. L.R. a. a. O. §. 105 u. A. G.O. II, 4, §§. 3 u. 4.

55) Erk. vom 25. Juni 1852 (Archiv f. Rechtsf. Bd. VI, S. 220 ff.).

56) A. G.O. I, 10, §. 126.

57) A. L.R. a. a. O. §§. 107 u. 111.

derholtes Erinnern möglichst vorzubeugen bemüht sein; bei Hauptumständen Korrekturen und Rasuren vermeiden, vielmehr die nöthigen Zusätze oder Verbesserungen am Schlusse des Protokolls, oder in einer am Rande beizufügenden Registratur bemerken und dergleichen Registratur ebenso vollständig wie das Protokoll selbst vollziehen und vollziehen lassen; endlich soll er in wesentlichen Stellen sich aller Abkürzungen enthalten, auch die vorkommenden Summen mit Buchstaben ausschreiben [58]).

Das gehörig aufgenommene und allseitig unterschriebene Protokoll wird in Gegenwart des Testators sogleich mit dem Gerichtssiegel, welchem der Testator noch sein eigenes oder ein anderes selbstgewähltes Petschaft beifügen kann, versiegelt und überschrieben. Die Ueberschreibung besteht in einer kurzen Registratur, welche lautet:

> daß hierin die letztwillige Disposition des N. N. enthalten sei, welche derselbe unter dem Dato der Registratur, vor versammeltem Gerichte (vor der unterzeichneten Deputation) zum Protokolle erklärt habe.

Diese Ueberschrift wird von denselben Gerichtspersonen, welche das Protokoll unterschrieben haben, unterzeichnet. Nun wird eine besondere kurze Registratur aufgenommen, welche bei den Akten bleibt, und enthält:

> daß unter dem Dato derselben der N. N. vor versammeltem Gerichte (vor der unterzeichneten Deputation) erschienen sei, und seinen letzten Willen erklärt habe; daß das hierüber aufgenommene Protokoll in seiner Gegenwart versiegelt und wie folgt (hier wird die Ueberschrift des eingesiegelten Protokolls wörtlich eingerückt und zugleich die Zahl der Siegel, womit es versehen worden, bemerkt) überschrieben, und zur gerichtlichen Verwahrung angenommen worden sei [59]).

Mit dieser gleichfalls Seitens der Gerichtspersonen unterschriebenen Registratur wird das versiegelte Testament in das Büreau des Gerichts oder vielmehr in das Asservatorium, durch die Deputation selbst, abgegeben [60]).

Die Einsiegelung und Ueberschreibung ist keine wesentliche Formalität, sondern nur ein Schutzmittel zur Sicherung des bereits durch

---

58) Ebenda §§. 153, 155 u. 156; A. G.O. II, 2, §. 44, Abs. 2. — Zu vergl. Schles. Archiv, Bd. V, S. 219 ff.

59) A. L.R. a. a. O. §§. 105 u. 106; A. G.O. II, 4, §§. 3 u. 4.

60) Muster zu Testamentsverhandlungen s. m. in meinem Formularbuche, Nr. LXXVIII.

gehörige Vollziehung des Protokolls fertig gewordenen Testaments und der Identität desselben. Deshalb wird das Testament dadurch allein nicht ungültig, daß auf dem Umschlage desselben nicht bemerkt ist, daß dasselbe in Gegenwart des Testators überschrieben und versiegelt worden, oder daß bei den Testamentsakten eine Registratur über den Versiegelungsakt fehlt[61]; auch dadurch nicht, daß der Richter das Testament bis zur Publikation in seinem Privatgewahrsam behalten hat[62]; noch dadurch, daß ein vorschriftsmäßig aufgenommenes Testament oder Kodizill bis zum Tode des Testators unversiegelt bei den gerichtlichen Akten aufbewahrt worden ist, wenn über dessen Identität kein Zweifel obwaltet[63]. Kann doch auch in einer, zur Aufnahme eines anderen Rechtsgeschäfts, z. B. eines Gutsüberlassungs- und Altentheils-Vertrags, bestimmten Verhandlung ein Testament gültig errichtet werden, wenn die in Betreff der gehörigen Besetzung des Gerichts, und der Aufnahme gerichtlicher letztwilliger Dispositionen bestehenden gesetzlichen Vorschriften beobachtet sind[64]. Das wesentliche Erforderniß aber ist, daß das gehörig errichtete Testament von dem Augenblicke seiner Vollendung an bis zur Publikation in ununterbrochener Gewahrsam des Gerichts verbleibe. Wenn daher z. B. ein wechselseitiges Testament unter Eheleuten nach dem Tode des erstversterbenden aus der gerichtlichen Verwahrung entfernt und dem überlebenden Ehegatten zurückgegeben worden ist, so verliert es eben dadurch hinsichtlich beider Eheleute seine Gültigkeit und erhält auch seine Kraft nicht wieder, wenn gleich es hiernächst von dem überlebenden Ehegatten dem Gerichte wieder übergeben wird[65].

7. Mehrerer Sicherheit wegen ist angeordnet, daß jedes gerichtlich aufgenommene oder übergebene Testament und Kodizill in dem Deposito des Gerichts aufbewahrt werden soll. Ueber die erfolgte Niederlegung wird dem Testator ein Rekognitionsschein ertheilt[66].

---

61) Erk. des Obertr. vom 25. Juni 1852 (Arch. f. Rechtsf. Bd. VI, S. 201). — Zu vergl. Anh. z. A. L.R. (§. 139 a. a. O.) §. 33.

62) §. 33 des Anh. z. A. L.R. a. a. O. — Erk. des Obertr. vom 24. August 1841 (Schles. Archiv, Bd. V, S. 220).

63) §. 33 a. a. O. — Pr. des Obertr. 1586, vom 13. Juni 1845 (Entsch. Bd. XI, S. 263).

64) §. 33 a. a. O. — Pr. des Obertr. vom 21. Dezember 1848, Nr. II (Entsch. Bd. XVII, S. 192).

65) Erk. dess. vom 8. Mai 1854 (Archiv f. Rechtsf. Bd. XIII, S. 83).

66) A. L.R. a. a. O. §. 112. — A. G.O. II, 4, §§. 3 u. 4 a. E., §§. 5 u. 8.

b) Mit unregelmäßiger Form.

§. 60.

aa) Mit vermehrten Förmlichkeiten.

I. Blinde, des Lesens und Schreibens unerfahrene, ingleichen solche Personen, welche aus irgend einem Grunde auch nicht einmal ihren Namen unter das Protokoll zu setzen im Stande sind, können nur mündlich zum Protokoll testiren. Doch steht ihnen frei, einen schriftlichen Aufsatz ihres letzten Willens unversiegelt mitzubringen. Diesen soll der Richter dem Testator vorlesen, auch was derselbe dabei erklärt hat, in einem dem Aufsatze beizufügenden, und mit ihm zu versiegelnden Protokolle bemerken [1]). So lautet die gesetzliche Vorschrift. Dieselbe sagt, „der Richter" muß den Aufsatz dem Testator vorlesen. Das Obertribunal versteht dieses so: nicht der Richter selbst muß den Aufsatz vorlesen, sondern er kann auch eine der bei dem Akte mitwirkenden Personen veranlassen, die Vorlesung in seiner Gegenwart vorzunehmen [2]). Da kann denn freilich etwas anderes vorgelesen werden, als darin steht, und nicht gelesen werden was wirklich darin steht, ohne daß es der Richter weiß, der, wenn er selbst es gelesen hätte, vielleicht Veranlassung gefunden hätte, durch Nachfrage eine nähere Erklärung des Testators zu erwirken. Das Gesetz legt nicht ohne Grund dem Richter die Pflicht auf, dem Blinden das Schriftstück vorzulesen, um ihn zu veranlassen, sich wirklich mündlich über seinen letzten Willen zu erklären. Und weiter heißt es, es solle in einem dem Aufsatze, der als schriftliches Testament ohne Unterschrift gelten soll, beizufügenden Protokolle bemerkt werden, was der Testator bei der Vorlesung erklärt hat. Was ist unter dem Beifügen zu verstehen? Genügt die Beilegung eines Protokolls ohne Herstellung eines sichtbaren äußeren Zusammenhanges mit dem schriftlichen Testamente ohne Unterschrift, oder müssen zur Sicherung der Identität wenigstens die Anfangsworte des Protokolles auf jenem ganz unbeglaubigten und unbezeichneten Aufsatze stehen? Das Obertribunal sagt in seinem soeben erwähnten Präjudiz ([2]): „Es ist in solchem Falle nicht nothwendig, daß der Aufsatz von den zugezogenen beiden Unterschriftszeugen vollzogen

---

1) A. L.R. a. a. O. §§. 113, 114.

2) Pr. des Obertr. Nr. 2502, vom 24. Februar 1854 (Entsch. Bd. XXVII, S. 329).

und damit nach §. 109 verfahren werde [3]), vielmehr nur erforderlich, daß nach erfolgter Verlesung des Aufsatzes dasjenige, was der Testator darüber erklärt, in dem aufzunehmenden Protokolle verzeichnet und dies Protokoll, von den beiden Unterschriftszeugen vollzogen, mit dem Aufsatze versiegelt wird, weil der §. 114 (¹) keineswegs festsetzt, daß, wenn der Blinde einen offenen Aufsatz, der sein Testament enthalten soll, übergiebt, damit nach Vorschrift des §. 108 [4]) verfahren werden solle [5]), vielmehr nur gesagt ist, daß dem Blinden auch freistehen solle, einen solchen offenen Aufsatz nach Maßgabe des §. 108 zu übergeben, das Allegat **also** (nicht logisch) nur den Zweck hat, den Fall zu bezeichnen, wie der Wille des Blinden dahin gehe, daß der Aufsatz als ein schriftliches Testament gelten solle. Die dann zu beobachtende Form bestimmt der §. 114 (¹)." Unsere Frage ist umgangen. Der §. 114 betrifft keine Förmlichkeit, sondern die Feststellung einer Thatsache, nämlich die Gewißheit des Willens, die Sicherung der Identität des Aufsatzes, der zwar vorgelesen und genehmigt worden sein mag, aber gar nicht gezeichnet zu werden braucht, wenn die Meinung des Obertribunals eine juristische Wahrheit enthielte. Wo findet sich an einem von keinem Menschen unterschriebenen oder gezeichneten Schriftstück ein Merkmal, um nach langer Zeit zu erkennen, daß das Schriftstück, welches nach der Eröffnung zur Zeit der Ausfertigung sich bei den Akten befindet, eben dasselbe ist, welches dem Testator bei der Testamentseröffnung vorgelesen und darauf mit eingesiegelt (oder auch nicht mit eingesiegelt, sondern schon damals mit einem falschen vertauscht) worden. Das vermag kein Mensch dem Blatte anzusehen und die Person, welche es dem Inhalte nach zu erkennen vermöchte, der Testator, ist todt.

Hat eine der bezeichneten Personen, zu welchen auch diejenigen gehören, welche nicht mit Schriftzeichen eines allgemein bekannten Alphabets zu schreiben verstehen, nicht aber solche, welche zu schreiben und Geschriebenes zu lesen im Stande sind, aber die Unterschrift des Protokolls nur mit unterstützter oder geführter Hand leisten können [6]), auf vorbeschriebene Weise mündlich oder mit Zugrundelegung

3) „Sodann muß er die Erklärung des Testators, daß dieser Aufsatz seine letzte Willensmeinung enthalte, unter demselben verzeichnen."

4) „Will der Testator, daß ein solcher Aufsatz als ein schriftliches Testament gelten solle, so darf der Richter bloß nachsehen: ob derselbe von dem Testator unterschrieben sei; und muß, wenn dieses nicht ist, die Unterschrift fördersamst bewerkstelligen lassen."

5) Eine solche Vorschrift würde Unsinn sein und darum ist sie „keineswegs festgesetzt".

6) Erk. des Obertr. v. J. 1818 oder 1819, mitgetheilt in Simon's Rechtssprüchen, Bd. I, S. 262.

eines schriftlichen Aufsatzes testirt, so müssen zur Vollziehung des Protokolls, nach der Vorlesung desselben, zwei Zeugen, gleichviel ob sie von dem Testator oder Richter gewählt worden, zugezogen werden. In deren Gegenwart hat der Testator sein Handzeichen unter das Protokoll zu zeichnen und die Zeugen haben ihre Namen darunter zu setzen; die Erklärung des Testators vor denselben, daß die schon vorhandenen Handzeichen von ihm gezogen worden seien, ist nicht hinreichend; wäre es etwa schon vor dem Eintritt der Zeugen geschehen, so müßte die Zeichnung vor ihren Augen wiederholt werden; die Hinzufügung einer Bescheinigung Seitens der Zeugen, die Handzeichen seien von dem Testator statt der Unterschrift gemacht worden, ist außer ihrer Namensunterschrift unter den Handzeichen nicht erforderlich [7]). Vermag der Testator auch nur ein bloßes Handzeichen nicht beizufügen, so ist es genug, daß er in Gegenwart der beiden Zeugen sagt, er sei dazu nicht im Stande, das Protokoll sei ihm vorgelesen worden, er genehmige dessen Inhalt [8]). Der Zuziehung eines Unterschriftsbeistandes, der den Namen für ihn zu schreiben hätte, bedarf es nicht [9]).

Diese Testamentszeugen können nicht Frauenspersonen sein ([6]) und müssen überhaupt folgende Eigenschaften haben: 1) die Eigenschaft gültiger Instrumentszeugen, wozu gehört: a) daß sie preußische Staatsbürger und im Vollgenusse der bürgerlichen Ehrenrechte sind [10]); b) daß sie lesen und schreiben können. Diese Eigenschaft fordert die A. G.O. und die Notariatsordnung ([10]) ausdrücklich für Notariatszeugen; das Landrecht fordert für Testamentszeugen überhaupt die Eigenschaften gültiger Instrumentszeugen, in keinem Gesetze aber finden sich dieselben bestimmt und das Landrecht sagt nicht geradezu, daß die Testamentszeugen des Lesens und Schreibens kundig sein müssen; es schreibt nur vor, daß das Handzeichen des Testators in allen Fällen, wo er das Protokoll nicht selbst unterschreiben kann, durch zwei dabei zugezogene glaubwürdige Männer bezeugt werden muß [11]). Vorhin ist bereits gesagt, daß

---

7) A. L.R. a. a. O. §§. 115, 122. — Pr. des Obertr. Nr. 491, vom 25. Juni 1838 (Präj.-Samml. I, S. 73); Erk. dess. vom 30. Mai 1856 (Entsch. Bd. XXXIII, S. 338).

8) A. L.R. a. a. O. §§. 116, 122.

9) Erk. des Obertr. vom 4. Oktober 1854 (Archiv f. Rechtsf. Bd. XV. S. 59).

10) A. G.O. III, 7, §. 63; Notariatsordnung vom 11. Juli 1845, §. 7; Str.G.B. §. 12, Nr. 4.

11) I, 12, §. 115.

dieses dadurch geschehe, daß sie ihre Namen unter jenes Handzeichen setzen. Jedenfalls müssen sie also wenigstens ihren Namen schreiben können. Damit ist auch der höchste Gerichtshof einverstanden, indem er ausgeführt hat, daß die Vorschrift der Notariatsordnung ([10]) sich nur auf Notariatszeugen, welche statt des vorgeschriebenen zweiten Notars zugezogen worden sind, beziehe und außer diesem Falle nicht Anwendung finde, daß daher, wenn die bei Aufnahme eines Testaments, welches der Testator nicht unterschreiben kann, zugezogenen beiden Männer den Vermerk über das vom Testator beigefügte Handzeichen nicht selbst attestirt haben, und auch daraus, daß sie bloß ihren Namen schreiben, sonst aber weder lesen noch schreiben können, eine Nichtigkeit des Testaments nicht hergeleitet werden könne[12]). Ferner gehört dazu: c) Zeugenfähigkeit, jedoch nur überhaupt, so daß die zugezogene Person nicht zur Ablegung eines jeden Zeugnisses unfähig ist[13]). Personen, welche zum Zeugnisse gar nicht zugelassen werden, sind: Rasende, Wahn- und Blödsinnige; solche, welche nur zuweilen des Gebrauches ihres Verstandes beraubt sind, können in lichten Zwischenräumen zugelassen werden, doch ist dies höchst bedenklich bei Testamentsaufnahmen; Blinde; Taube, wenn sie auch lesen und schreiben können, denn sie können nicht hören was der Testator sagt; Taubstumme, Eidesunmündige[14]). Dagegen sind eidesmündige Minderjährige, Verschwender, Dienstboten des Richters als solche, und andere Personen, welche als Zeugen in Prozessen nicht volle Glaubwürdigkeit haben, an und für sich taugliche Testamentszeugen[15]). Insonderheit dürfen die Testamentszeugen bei dem Testamente, zu welchem sie zugezogen werden, 2) kein persönliches Interesse haben. Deshalb sind namentlich untauglich: a) diejenigen, welche selbst in dem Testamente oder Kodizille zum Erben eingesetzt, oder mit einem Vermächtnisse darin bedacht worden sind[16]). Es fragt sich: ob der Ehegatte, der Vater oder der Vormund des eingesetzten Erben oder Ver-

---

12) Pr. 2669, vom 30. Mai 1856 (Entsch. Bd. XXXIII, S. 338). Im gegebenen Falle würde es jedoch mit der Rekognoscirung der Unterschrift von Seiten eines Mannes bedenklich sein, der bloß die Buchstaben seines Namens malen kann, dergleichen Malung sieht jedesmal anders aus.

13) A. L.R. a. a O. §. 118: „Insonderheit muß ihnen keiner derjenigen Mängel entgegenstehen, wegen welcher Jemand zur Ablegung eines jeden Zeugnisses überhaupt, nach Vorschrift der Prozeßordnung unfähig ist."

14) A. G.O. I, 10, §§. 227, 230, Nr. 13.

15) A. L.R. a. a. O. §. 121. — Erk. des Obertr. vom 29. Dezember 1851 (Entsch. Bd. XXII, S. 133.

16) A. L.R. a. a. O. §. 119.

mächtnißnehmers ein tauglicher Zeuge ist. Hinsichtlich der Ehegatten und der bezeichneten Verwandten hat noch niemand die Tauglichkeit zu Testamentszeugen behauptet, aber in Betreff des Vormundes ist es geschehen. Schon vor dem Landrechte hatte die damalige Gesetzkommission auf eine Anfrage entschieden, daß der Vormund des instituirten Erben als ein gültiger Testamentszeuge zu erachten sei [17]). Die Gründe sind nicht bekannt, vermuthlich würden sie bei der Entscheidung unserer Frage nicht ins Gewicht fallen, weil die sieben Zeugen bei dem römischen Testamente Solennitätszeugen waren, wogegen unsere zwei Testamentszeugen Veritätszeugen sind, welche nicht zur Ablegung eines jeden Zeugnisses nach der Prozeßordnung in dem gegebenen Falle unfähig sein müssen. Nun steht aber der Vormund eines Pupillen an der Stelle des fehlenden Vaters desselben und leibliche Verwandte in auf- und absteigender Linie können nicht Beweiszeugen sein. Hält man die Analogie davon bei dem Verhältnisse des Vormundes zu seinem Mündel für unzutreffend, so ist damit für die Bejahung der Frage nichts gewonnen, denn der Bevollmächtigte ist in der Sache seines Machtgebers für denselben ein eben so untüchtiger und daher unzulässiger Beweiszeuge wie der Vater für den Sohn [18]). Das Obertribunal hat jedoch gegen beide Instanzgerichte als Rechtsgrundsatz angenommen, daß der Vormund eines im Testamente eingesetzten Erben als gültiger Instrumentszeuge (ein Testamentszeuge und ein Instrumentszeuge sind nicht identisch) bei der Aufnahme des letzten Willens eines des Schreibens unfähigen Testators zugezogen werden könne [19]). Die Gründe sind unzutreffend und nichts weniger als überzeugend, die inneren Rechtsmomente werden nicht berührt. Was sich dagegen sagen läßt, bleibt hier unwiederholt [20]). b) Diejenigen, welche in den eigenen Privatangelegenheiten des Richters, wegen naher Verwandtschaft oder persönlicher Verbindung mit selbigem, ein Zeugniß für ihn abzulegen nach den Gesetzen unfähig sein würden [21]).

II. Taube und Stumme, insofern sie an sich testirfähig sind [22]), müssen in der Form von Fragen des Richters und Antworten des Testators darauf ihren letzten Willen kundgeben. An Stum-

---

17) Konklusum vom 25. November 1783 (Rabe, Samml., I, 7, S. 375).

18) A. G.O. I, 10, §. 230, Nr. 11.

19) Pr. 2083, vom 21. Dezember 1848 (Entsch. Bd. XVII, S. 192).

20) M. s. darüber meine Anm. 17 zu §. 118, I, 12 des A. L.R.

21) A. L.R. a. a. O. §. 120.

22) Oben, §. 17, S. 175.

me, welche hören können, kann der Richter die in das Protokoll nach und nach geschriebenen Fragen mündlich richten und sie veranlassen, darauf die Antworten unmittelbar in das Protokoll unter oder, bei gebrochenem Bogen, neben die Fragen zu schreiben. Umgekehrt bei Tauben, welche sprechen können, muß er die in das Protokoll gesetzte Frage dem Testator zu lesen geben und ihm überlassen, ob er die Antwort selbst dazu setzen, oder ob er sie mündlich aussprechen wolle, damit dieselbe von der Deputation eingetragen werde. In diesem Falle muß die niedergeschriebene Antwort dem Testator zum Durchlesen vorgelegt und ihm überlassen werden, dazu abändernde oder ergänzende Zusätze zu machen [23]). Hat der Testator die Schlußfrage: ob und was er noch hinzuzufügen, zu erinnern rc. habe, gehörig beantwortet, so wird das Protokoll, wie gewöhnlich, gehörig vom Testator und von der Deputation vollzogen und in seiner Gegenwart vorschriftsmäßig versiegelt und überschrieben. — Das Appellationsgericht zu Breslau hatte ein Testament deshalb für ungültig erklärt, weil es unterblieben, durch eine am Schlusse schriftlich vorgelegte Frage und durch eine vom Testator hierauf schriftlich ertheilte Antwort festzustellen, ob er den Inhalt der über die Uebergabe und Annahme des Testamentes aufgenommenen Verhandlung seiner Willensmeinung gemäß gefunden habe. Diese Frage sei nach §. 44. Tit. 2, Th. II der A. G.O. nöthig gewesen, wenn jene Verhandlung vorschriftsmäßig habe zum Abschluß gelangen sollen; die Unterlassung erscheine als ein wesentlicher Formfehler, nach §. 123 und §. 139 dieses Titels des A. L.R. — Das Obertribunal erklärte durch diese Ansicht die angeführten Gesetze für verletzt. Unter den nach §. 123 ([23]) an den Testator schriftlich zu richtenden Fragen und den von ihm zu ertheilenden Antworten ließen sich nur diejenigen begreifen, durch welche dessen letzter Wille, der Inhalt seiner Verfügung von Todes wegen im Speziellen, ermittelt und kund gegeben werden solle. Die Formvorschrift besage nicht, daß der Testator dasjenige, was er auf solche Weise bereits erkennbar gemacht habe, noch in anderer Weise als durch die nach Vor- oder Durchlesung des Protokolls bereits erfolgte Beifügung der Unterschrift bestätige, daß von ihm namentlich in Gestalt einer schriftlichen Antwort noch die besondere ausdrückliche Erklärung eingeholt werde, wie er das theilweise von ihm selbst Niedergeschriebene auch wirklich genehmige. Der §. 44 der A. G.O. a. a. O. sei durch den §. 123 des A. L.R. dieses

---

23) A. L.R. a. a. O. §. 123.

Titels ([23]) verändert und näher bestimmt[24]), danach fehle es in concreto nicht an dem im §. 23 des Anh. zum A. L.R. (zu §. 139 d. T.) vorausgesetzten vorschriftsmäßigen Protokolle[25]).

III. Jeder kann seinen letzten Willen in jeder ihm bekannten Sprache schriftlich abfassen[26]). Wenn aber der Testator der Sprache des Richters nicht mächtig ist, so müssen bei der Uebergabe des schriftlichen Testaments, oder, wenn mündlich zu Protokoll testirt werden soll, bei der Erklärung des letzten Willens zwei Sprachkundige, welche der Sprache des Testators und auch der der Gerichtspersonen mächtig sind, zugezogen werden. Hinsichtlich des Verfahrens soll zwischen Wenden und Personen anderer Nationalität unterschieden werden.

1. Bei Personen von anderer als wendischer Abkunft müssen zwei Sprachkundige mitwirken. Diese müssen die Eigenschaften gültiger Testamentszeugen (Nr. I, Absatz 2) haben. Kann es sein, so sollen sie vereidete Dolmetscher sein, worunter das Gesetz hier solche Leute versteht, welche bei irgend einem Gerichte, oder einer anderen öffentlichen Anstalt, zum Uebersetzen aus einer in die andere Sprache förmlich angestellt und verpflichtet sind, folglich einer besonderen Vereidigung in einzelnen Fällen nicht bedürfen[27]). Fehlt es an solchen öffentlichen Personen, so können sprachkundige Zeugen zugezogen werden, welche vor oder nach der Handlung mit dem für Dolmetscher vorgeschriebenen Eide belegt, vorher jedoch von dem Richter mit Beihülfe eines Sachverständigen geprüft werden müssen[28]). Ist die Sprache des Testators dem einen Mitgliede der Deputation bekannt, welches für gewiß zu halten ist, wenn dasselbe im Protokolle oder auch nachträglich versichert, daß es der Sprache des Te-

---

24) Der §. 44 a. a. O. steht in dem Titel von dem Verfahren bei den Handlungen der freiwilligen Gerichtsbarkeit überhaupt und bezieht sich auf Parteien, welche hören und sprechen können, und deren Erklärungen der Richter dem Protokollführer diktirt oder, wenn nur Schöppen mitwirkten, selbst geschrieben hat. „In beiden Fällen muß der Richter das Protokoll den Parteien langsam und deutlich vorlesen, und sie befragen: ob sie den Inhalt desselben der eigentlichen Verhandlung und ihrer Willensmeinung gemäß finden." Hat es Sinn, Tauben und Stummen die Vorlesung und Befragung zu machen? Bei dieser Person ist eben das schriftliche Befragungs- und Beantwortungsverfahren vorgeschrieben und es ist in der That kurios, zu verlangen, einer solchen Person, die soeben ihre Antwort selbst geschrieben hat, noch die schriftliche Frage vorzulegen: ob sie das, was sie geschrieben hat, auch wirklich genehmige.

25) Erk. des Obertr. vom 16. Januar 1863 (Entsch. Bd. XLIX, S. 145).

26) A. L.R. a. a. O. §. 124.

27) Ebenda §§. 125, 130 u. 131.

28) Ebenda §§. 125, 131, 132. — A. G.O. Th. I, Tit. 10, §. 215; Th. II, Tit. 2, §§. 40 u. 41. — V. vom 28. Juni 1844, §. 4 (G.S. S. 249).

stators völlig mächtig sei; so ist die Zuziehung nur Eines Dolmetschers oder Zeugen hinreichend [29]).

Nachdem solchergestalt die Deputation zusammengesetzt worden, so wird mit der Abnahme eines schriftlichen Testamentes wie gewöhnlich verfahren. Will aber der Testator seinen letzten Willen mündlich zu Protokoll erklären, so muß seine Erklärung in seiner eigenen Sprache, in Gegenwart der Gerichtspersonen, durch die beiden Sprachkundigen aufgenommen, und von diesen in die dem Richter bekannte Sprache übersetzt werden. Beide Protokolle werden alsdann, wie gewöhnlich, zusammen eingesiegelt und aufbewahrt [30]). Ist der letzte Wille des Testators in seiner Sprache niedergeschrieben und dieses Protokoll von ihm unterzeichnet, so behält derselbe seine Kraft, wenngleich der Testator vor vollendeter Uebersetzung (folglich auch vor der Versiegelung des Testamentes) gestorben wäre [31]). Die unterlassene zwiefache Niederschreibung des Testaments, sowohl in deutscher als in der Muttersprache des Testators, soll jedoch keine Nullität begründen [32]). Dies ist die dunkel gehaltene Entscheidung auf eine Anfrage in einem Falle, wo das Testament eines Polen nur in deutscher Sprache niedergeschrieben worden war, und daraus entsteht die Frage: welches Exemplar denn als das Original, und welches als die Uebersetzung anzusehen sei. Die Anfrage wird so vorgetragen, als wenn das deutsche Exemplar das Original sein müßte und das in der Muttersprache des Testators niedergeschriebene Protokoll nur die Uebersetzung aus dem Deutschen in das Polnische. Es wird nämlich gesagt: „obgleich — nirgend in den Gesetzen verordnet ist, daß die Unterlassung der Niederschreibung eines testamenti nuncupativi in der Muttersprache des Testators die Nichtigkeit der Handlung selbst nach sich ziehen solle", und „daß er eine kostspielige Nachholung der Uebersetzung in die polnische Sprache nicht verlangen wolle", worauf denn ausweichend geantwortet wurde, „daß die unterlassene zwiefache Niederschreibung des Testaments, sowohl in deutscher, als in der Muttersprache des Testators, eine Nullitat nicht begründen kann [33])." Allein der in der Anfrage vorausge-

---

29) A. L.R. a. a. O. §. 129; Anh. §. 25. — Erk. des Obertr. v. 8. April 1853 (Archiv f. Rechtsf. Bd. IX, S. 90). — Zu vergl. A. G.O. II, 2, §. 38; R. vom 11. Juni 1824 (Jahrb. Bd. XXIII, S. 184).

30) A. L.R. a. a. O. §§. 125—127.

31) Ebenda §. 128.

32) Anh. z. A. L.R. (§. 127 a. a. O.) §. 31.

33) Anfrage der Regierung zu Bialystock vom 24. Oktober 1798 u. R. vom 12. November 1798 (Rabe, Samml., Bd. V. S. 236).

setzte Mangel der angedeuteten Bestimmung ist nicht vorhanden, der §. 126 a. a. O. ([30]) verordnet wörtlich: „Will Jemand, dessen Sprache der Richter nicht versteht, mündlich zum Protokolle testiren; so muß seine Erklärung in seiner **eigenen** Sprache — **aufgenommen**, und von diesen (Dolmetschern) in die dem Richter bekannte Sprache übersetzt werden." Und in §. 128: „Ist der letzte Wille des Erblassers in seiner Sprache niedergeschrieben und von ihm unterzeichnet, so behält derselbe seine Rechtskraft, wenngleich der Testator vor vollendeter Uebersetzung gestorben wäre." Daraus erhellet wohl klar genug, daß das Gesetz davon ausgeht, es müsse die Erklärung des Testators in der Sprache aufgenommen werden, in welcher er solche gegeben hat. Dies ist dann nach bekannten Sprachbegriffen die Originalerklärung, und davon, sagt das Gesetz, soll eine Uebersetzung in die Sprache des Richters gemacht werden. Nach dem Gesetze ist mithin unzweifelhaft dasjenige, was in den Worten und in der Sprache des Testators unmittelbar aus dessen Munde vernommen und niedergeschrieben worden ist, das Originaltestament, welches er auch allein zu unterzeichnen hat. Daß die Nichtbeachtung dieser Form Nichtigkeit des Testaments zur Folge habe, ist allerdings gleichfalls verordnet[34]).

2. Wenden erfreuen sich dieser Fürsorge nicht, weil von Seiten der Staatsverwaltung und Gesetzgebung nichts geschehen müsse, was der wendischen Sprache den bisher nicht gehabten Charakter einer Schriftsprache beilegen könnte. Deshalb dürfen Testamente und Kodizille der Wenden nicht in wendischer, sondern nur in deutscher Sprache niedergeschrieben werden. Bei der Aufnahme derselben muß der wendische Prediger und ein dieser Sprache mächtiger Schulze oder Gerichtsmann zugezogen und Jeder auf seinen Amtseid verwiesen werden. Durch diese wird der Wille des Testators vernommen, dem Richter bloß mündlich übersetzt und von Letzterem deutsch niedergeschrieben; die Vorlesung oder Vorhaltung erfolgt durch den Prediger in wendischer Sprache. Daß und wie alles dieses geschehen, muß im Protokolle niedergeschrieben und dieses Protokoll von dem Prediger und dem zweiten Sprachkundigen mit unterschrieben werden[35]).

IV. Testamente, in welchen den Gerichtspersonen etwas hinterlassen wird. Geschieht dieses in einem schriftlich

---

34) A. L.R. a. a. O. §. 139 u. Anh. dazu, §. 33.

35) Anh. z. A. G.O. (II, 2, §. 37) §. 422. — R. vom 25. September 1795 (N. Ed.-Samml. Bd. IX, S. 2621; Rabe, Samml., Bd. VIII, S. 148).

und versiegelt übergebenen Testamente, so bedarf es weiter einer besonderen Form nicht. Bei einem mündlichen Testamente wird unterschieden: 1. Es soll zum Erben eingesetzt werden: a) der Richter: dann darf er sich mit der Aufnehmung gar nicht befassen; er muß den Testator anweisen, sich für das Geschäft einen anderen Richter zu erwirken [36]); b) eine der übrigen bei der Handlung von Amts wegen mitwirkenden Personen, also der Protokollführer, oder ein Schöppe. Diese soll der Richter davon sofort entfernen und nach den Vorschriften der §§. 83 und 84 durch andere ersetzen [37]). Dort ist eben von der Ersetzung des Protokollführers durch die beständigen Gerichtsschöppen, und die Ersetzung dieser beständigen durch andere bloß ad hoc vereidigte Schöppen die Rede. Es kommen aber als von Amts wegen nothwendig mitwirkende Personen noch vor: c) Dolmetscher, sprachkundige Zeugen, Testamentszeugen. Diese sind hier übergangen, müssen aber unzweifelhaft von der Handlung aus dem Grunde entfernt werden, weil sie als Zeugen in propria causa nicht gültige Testamentszeugen sein können (Nr. I, Abs. 2). Es können aber noch Mitwirkende vorkommen, welche nicht von Amts wegen mitwirken, z. B. Beistände, welche der Testator mitbringt. Diese wird der Richter nicht entfernen können, und wenn der Testator sie zu Erben einsetzt, wird diese Einsetzung nicht ungültig sein, da die Mitwirkung eines Beistandes eine ganz überflüssige Formalität ist und ein Testament deshalb, weil über die absolut nothwendigen Formalitäten hinaus noch andere in casu überflüssige Formen angewendet sind, nicht ungültig ist [38]). 2. Es soll ein Vermächtniß ausgesetzt werden: a) dem Richter, b) einer der übrigen mitwirkenden Personen, und zwar ist hier die Bestimmung nicht auf die übrigen bei der Handlung von Amts wegen mitwirkenden Personen eingeschränkt. Dann wird die betreffende Person nicht von der Handlung entfernt, aber es ist ein wesentlich nothwendiges Erforderniß, daß der Testator eigenhändig, oder wenn er nicht selbst schreiben kann, durch zwei glaubwürdige Zeugen, entweder bei der Unterschrift, oder am Rande neben der gehörigen Stelle bezeuge: die Aussetzung des Vermächtnisses sei wirklich seine Absicht. Wird dieses Formale verabsäumt, so ist das Vermächtniß, nicht das ganze Testament, unkräftig [39]). Die Vorschrift in Betreff der Zeugen lautet

---

36) A. L.R. a. a. O. §. 134.

37) Ebenda §. 135.

38) Erk. des Obertr. vom 16. Januar 1863 (Entsch. Bd. XLIX, S. 148).

39) A. L.R. a. a. O. §§. 136—138.

wörtlich: „Kann der Testator nicht selbst schreiben, so muß dieser Vermerk von zwei glaubwürdigen Zeugen eigenhändig beigeschrieben werden.“ Es darf also nicht Einer von ihnen allein den Vermerk schreiben und Jeder denselben unterschreiben, sondern Jeder muß für sich den Vermerk eigenhändig schreiben und seinen Namen darunter setzen. — Auch ist streitig geworden: ob hier, bei den Vermächtnissen, nicht ebenso wie bei der Erbeseinsetzung geschehen ist ([37]), die vorgeschriebene Formalität auf diejenigen Mitwirkenden, welche bei der Handlung von Amts wegen mitwirken, zu beziehen und deren Beobachtung auf Vermächtnisse an diese zu beschränken sei. Darauf ist als Rechtsgrundsatz festgestellt worden: „Die gesetzliche Vorschrift über die, bei Vermächtnissen, welche in einem gerichtlich aufgenommenen Testamente einer dabei mitwirkenden Person ausgesetzt werden, zu beobachtende besondere Form ist nicht auf die bei Anfertigung des Protokolls unmittelbar thätigen Personen zu beschränken, vielmehr kann dieselbe auch auf Andere, welche bei der gerichtlichen Verhandlung selbst zu dem Zustandekommen der letztwilligen Verfügung mitgewirkt haben, Anwendung finden[40]). Aus diesem Grunde wurde das Legat, welches der Testator dem Beistande, welchen er sich mitbrachte, ausgesetzt hatte und bei welchem der vorgeschriebene Vermerk fehlte, für ungültig erklärt[41]).

Wie es in dem dritten Falle, wenn der Testator einen schriftlichen Aufsatz offen übergiebt und erklärt, daß er denselben als ein schriftliches Testament übergeben wolle (§. 59, IV, Nr. 6, lit. A, b), zu halten sei, ist unbestimmt gelassen. Man kann sagen, es sei zu verfahren, wie bei einem versiegelt übergebenen Testamente: denn die Gerichtspersonen könnten nicht wissen, was der Aufsatz enthalte, sie dürften ihn ja nicht lesen; dieses Nichtwissen sei der logische Grund, warum sie bei einem versiegelt übergebenen Testamente ihr Amt verrichten dürften. Von anderer Seite läßt sich dagegen sagen, das Nichtwissen sei nicht zu bewahren, die offenen Augen gewährten unwillkürlich einen Einblick, auch sei das Nichtwissen etwas zufälliges und wahrscheinlich auch in vielen Fällen, wo das Testament versiegelt übergeben werde, gar nicht vorhanden, deshalb müsse man sich an das vorgeschriebene Formale halten, daß das Testament, bei dessen Abnahme der darin honorirte Richter amtlich wirken darf, versiegelt übergeben werden muß. Diese Meinung hat mehr für sich.

---

40) Pr. des Obertr. Nr. 2329, vom 10. Dezember 1851 (Entsch. Bd. XXI, S. 357).

41) Zu vergl. hierüber meine Anm. 29 zu §. 136 des A. L.R. a. a. O.

§. 61.

bb) Mit verminderten Förmlichkeiten.

I. Das Soldaten-Testament. Dieses ist von den privilegirten Testamenten das vorzüglichste und älteste. Man versteht darunter nach römischem Rechte das zu Gunsten des Soldatenstandes von den äußeren civilrechtlichen Solennitäten und auch von anderen Erfordernissen einer rechtsbeständigen letzten Willensverordnung entbundene Testament, so daß die Soldaten testiren konnten quomodo volent, quomodo poterunt*); nach preußischem Rechte kann man darunter aber nur ein zum Vortheile des Soldatenstandes von den für ordentliche Testamente vorgeschriebenen äußeren Förmlichkeiten befreites Testament verstehen. Ueber die Errichtung militärischer Testamente bestanden im preußischen Staate bis zum Jahre 1860 verschiedene Gesetzgebungen. In den Landestheilen, wo das Gemeine Recht gilt, kamen die Vorschriften des gemeinen resp. römischen Rechts zur Anwendung; im Gebiete des Allg. Landrechts galten die Vorschriften der §§. 177 bis 197, Th. I, Tit. 12 und der §§. 36 bis 38 des Anhangs zu demselben, eine Kabinetsordre vom 24. April 1812 (G.S. S. 129), die Bekanntmachung vom 27. August 1812 (G.S. S. 174) und der §. 418 des Anhangs zur A. G. O. (II, 2, §. 7), und in der Rheinprovinz die Vorschriften des französischen Civilgesetzbuches in den Artikeln 981 bis 984, 988 bis 997. Alle diese verschiedenen Vorschriften sind aufgehoben und an deren Stelle ist das Gesetz vom 8 Juni 1860 getreten [1]).

1. Das Privilegium, militärisch zu testiren, besteht nicht in Abweichungen von dem materiellen Rechte, wie es nach römischem Rechte der Fall war, sondern es besteht allein darin, daß die betreffenden Militärpersonen bei Errichtung ihrer letztwilligen Verordnungen den für ordentliche Testamente vorgeschriebenen Förmlichkeiten nicht unterworfen sind, sondern nur die nachfolgenden Bestimmungen zu beobachten haben [2]). Das Privilegium betrifft also nur die äußere Form, nicht auch die sogenannten solemnitates internae.

2. Dieses Privilegium steht in Kriegszeiten oder während eines Belagerungszustandes [3]) nachbenannten Personen zu:

a) sämmtlichen zum Soldatenstande gehörenden Personen ohne

---

*) L. 1 pr. D. de testamento militis (XXIX, 1).

1) Gesetz, betreffend die Befugniß der Auditeure zur Aufnahme von Akten der freiwilligen Gerichtsbarkeit, der Förmlichkeiten der militärischen Testamente rc., Abschnitt II (G.S. von 1860, S. 241).

2) §. 4 dieses Gesetzes.

3) Gesetz vom 4. Juni 1851.

Unterschied; b) den Beamten der Militärverwaltung, welche in dem, dem Militär-Strafgesetzbuche unter Lit. A beigefügten Verzeichnisse als Militärbeamte aufgeführt sind[4]); c) allen mit Inaktivitätsgehalt entlassenen, allen zur Disposition gestellten und allen mit Pension verabschiedeten Offizieren; d) den Militärlehrern und Zöglingen der militärischen Bildungsanstalten, so weit darüber durch besondere Vorschriften nichts anderes bestimmt ist; e) allen Personen, welche den kriegführenden Truppen zugetheilt sind, oder zu deren Gefolge gehören; f) den zu den kriegführenden Truppen des preußischen Heeres zugelassenen fremden Offizieren und deren Gefolge; g) den Kriegsgefangenen. — Das Privilegium beginnt für diese Personen, in Kriegszeiten oder während eines Belagerungszustandes privilegirte militärische Testamente zu errichten, von der Zeit, wo sie entweder ihre Standquartiere oder, im Falle ihnen solche nicht angewiesen gewesen sind, ihre bisherigen Wohnorte im Dienste verlassen oder in denselben angegriffen oder belagert werden. — Kriegsgefangene und Geißeln haben diese Befugniß, so lange sie sich in der Gewalt des Feindes befinden[5]). — Bei allen wird jedoch Testirfähigkeit und der Wille, wirklich jetzt zu testiren, gerade so wie bei Civilpersonen und Errichtung eines ordentlichen Testaments, vorausgesetzt.

3. Man hat eine ordentliche und eine privilegirte Form für militärische Testamente.

A) Ordentlicher Weise können letztwillige Verordnungen der zu solchen Truppentheilen, welche sich im Auslande befinden, oder nach der Mobilmachung ihre Standquartiere verlassen haben, gehörigen Personen errichtet werden:

a) entweder vor dem Auditeur des Truppentheils und einem an Stelle des Protokollführers zugezogenen zweiten Auditeur, oder einem für den speziellen Fall oder ein- für allemal vereideten Offizier oder Unteroffizier;

b) oder auch vor einem kommandirten Kriegsgericht, aus einem Offizier und einem Auditeur bestehend.

Diese Testamente werden so angesehen, als ob sie innerhalb des Rechtsgebiets des Allgemeinen Landrechts von einem Civilgerichte aufgenommen wären; sie werden niedergelegt und aufbewahrt

4) Gesetz-Samml. von 1845, S. 377.

5) Ges. vom 8. Juni 1860, §§. 4 u. 5. — Das Testamentsprivilegium beschränkt sich also auch nach preußischem Rechte, wie im römischen, auf die im Kriege begriffenen Militärpersonen. Zu vergl. L. 17 C. de testamento (VI, 21); Pr. Inst. eodem (II, 11).

bei den Gerichten erster Instanz, in deren Bezirk der betreffende Truppentheil sein Standquartier hat; ist dasselbe im Bezirke des Appellationsgerichtshofes zu Köln, so bei dem Kreisgerichte zu Wesel, wohin dieselben von den Auditeuren zu senden sind und wo sie dereinst publizirt und in gewöhnlicher Weise zur Ausführung gebracht werden [6]).

B) Privilegirte militärische Testamente sind von den Nr. 2 bezeichneten Personen in gültiger Form errichtet:

a) wenn sie von dem Testator eigenhändig geschrieben und unterschrieben sind, oder

b) wenn sie von dem Testator eigenhändig unterschrieben und von zwei Zeugen oder einem Auditeur oder Offizier mit unterzeichnet sind. Ist in diesen beiden Fällen die Zeit der Errichtung angegeben, so streitet die Vermuthung bis zum Beweise des Gegentheils, für die Richtigkeit dieser Angabe; eine gleiche Vermuthung streitet dafür, daß das Testament während des die privilegirte Form zulassenden Ausnahmezustandes errichtet ist, wenn dasselbe während dieser Zeit oder innerhalb vierzehn Tagen nach deren Aufhören einer vorgesetzten Militärbehörde zur Aufbewahrung übergeben ist, oder wenn dasselbe in dem Feldnachlaß des Testators aufgefunden wird, was also voraussetzt, daß derselbe noch im Felde gestorben [7]);

c) wenn von einem Auditeur oder Offizier, unter Zuziehung zweier Zeugen oder eines zweiten Auditeurs oder Offiziers, über die mündliche Erklärung des Testators eine schriftliche Verhandlung aufgenommen und diese dem Testator vorgelesen, sowie von dem Auditeur oder Offizier und den Zeugen unterschrieben ist. Die Unterschrift des Testators wird nicht verlangt. Die Form der früheren bloß mündlichen Testamente während eines Treffens rc. ist unterdrückt worden. Die hiernach vorschriftsmäßig aufgenommene Verhandlung hat in Betreff ihres Inhalts und der in ihr angegebenen Zeit der Aufnahme die Beweiskraft einer öffentlichen Urkunde [8]).

Bei Verwundeten oder Kranken können die in den Fällen b und c erwähnten Auditeure und Offiziere durch Militärärzte oder höhere Lazarethbeamte oder Militärgeistliche vertreten werden [9]), und die in

6) Ebenda §§. 1 — 3.

7) Das war nach dem A. L.R. §. 183, verbunden mit §. 196 a. a. O. dunkel. Der §. 8 des G. v. 8. Juni 1860 hat den Gedanken klar gestellt.

8) §. 6 Abs. 1, §. 8 Abs. 1 des gedachten Gesetzes.

9) Ebenda §. 6, Absatz 2.

eben diesen Fällen vorkommenden Zeugen sind Beweiszeugen; sie brauchen also nicht die Eigenschaft von Instrumentszeugen zu haben, können mithin auch Ausländer und Frauenspersonen sein, und endlich **kann** die Aussage Eines derselben für vollständig beweisend angenommen werden; dies ist also in das Ermessen des Richters gestellt[10]). Selbstverständlich muß verlangt werden, daß die Zeugen die Sprache, in welcher der Testator vor ihnen redete, verstanden.

Dergleichen privilegirte militärische Testamente sind dem ordentlichen persönlichen Gerichte des Testators zur Aufbewahrung und weiteren gesetzlichen Veranlassung zu übersenden. Gehört dies Gericht zum Bezirke des Appellationsgerichtshofes zu Köln, so geschieht die Uebersendung an den Generalprokurator bei demselben, der durch den betreffenden Landgerichtspräsidenten die Hinterlegung bei einem Notar, nach Maßgabe der für holographische Testamente bestehenden Vorschriften, veranlaßt[11]). Einstweilen können die im Felde errichteten Testamente in der Feldkriegskasse aufbewahrt werden[11a]).

4. Privilegirte militärische Testamente (Nr. 3, lit. B) verlieren ihre Gültigkeit:

a) mit dem Ablaufe eines Jahres von dem Tage ab, an welchem der Truppentheil, zu dem der Testator gehört, demobil gemacht ist, oder der Testator aufgehört hat, zu dem mobilen Truppentheil zu gehören, oder als Kriegsgefangener oder Geißel aus der Gewalt des Feindes entlassen ist. Der Lauf dieser Frist wird suspendirt durch anhaltende Unfähigkeit des Testators zur Errichtung einer anderweiten letztwilligen Verordnung[12]). Die Frist ist aus dem römischen Rechte herüber genommen[13]). — Hatte der Testator vorher schon ein gemeinschaftliches Testament errichtet, so wird dasselbe durch das privilegirte Testament ebenso zerstört, als wenn er ein neues ordentliches Testament errichtet hätte, und wird dadurch, daß das privilegirte Testament durch Zeitablauf seine Kraft verliert, nicht wieder hergestellt, der Testator muß nunmehr von Neuem nach den Vorschriften des gemeinen Rechts testiren[14]). — Stirbt der Testator

---

10) Ebenda §. 7.

11) Ebenda §. 11. — Code civil, Art. 1007.

11a) K.O. vom 11. Juli 1833 (G.S. S. 289).

12) §. 9, Abs. 1 u. 2 des gedachten Gesetzes.

13) §. 3 Inst. de militari testamento (II, 11): „Et quod in castris fecerint testamentum non communi jure, sed quomodo voluerint, post missionem intra annum tantum valebit.“

14) L. 36, §. 4 D. de testamento militis (XXIX, 1): „Miles jure com-

vor der Demobilmachung, oder vor seiner Entlassung, oder innerhalb der Jahresfrist nachher, ohne ein anderes regelmäßiges Testament gemacht zu haben, so behält das militärische Testament stets seine Kraft, wenn auch die Bedingung der Erbeseinsetzung erst nach Ablauf des Jahres erfüllt wird, daher auch die Wirksamkeit einer Pupillarsubstitution an diese Frist nicht gebunden ist [15]). Eine Frage ist, wie es zu halten, wenn der Soldat, welcher militärisch testirt hat, innerhalb des Jahres nach seiner Entlassung kein anderes Testament errichtet, aber vor Ablauf desselben wieder zu seinem abermals mobil gemachten Truppentheil eingezogen wird, wie dies im Jahre 1815 vielfältig der Fall war: behält dann das privilegirte militärische Testament über das Jahr hinaus auch durch die Dauer des neuen Feldzuges und ein Jahr lang nach der neuen Entlassung oder Demobilisirung seine Kraft, ohne daß es besonders bestätigt worden? Darüber schweigt das Gesetz. Paulus war anfangs in Zweifel. „Me movebat, quod alia militia est posterior." Doch entschied er schließlich: „Sed humanius est dicere, valere testamentum, quasi conjuncto munere militiae." Dieser Grund, daß beide Dienstzeiten gleichsam in einer Verbindung stehen, wird wohl auch für uns ausreichen, die Frage zu bejahen. — Wenn der Tod des Testators als innerhalb des Jahres eingetreten nicht nachweisbar ist, so soll es hinsichtlich der Gültigkeit des Testamentes dem wirklich erfolgten Tode gleich geachtet werden, wenn der Testator innerhalb des Jahres vermißt und in einem Verfahren auf Todeserklärung, oder, in dem Bezirke des Appellationsgerichtshofes zu Köln, auf Abwesenheitserklärung festgestellt wird, daß er seit jener Zeit verschollen ist. Das Testament kommt dann zur Ausführung, gleich als ob er im Laufe des Jahres verschollen wäre, wenn das Urtel auch erst später gesprochen wird [16]). Ferner verliert es seine Kraft

b) durch Desertion des Testators; sie wird durch ertheilten Pardon nicht wieder hergestellt [17]). — Nach römischem Rechte verlor das privilegirte Soldatentestament auch durch schimpfliche Entlassung seine Gültigkeit, „quod hoc jus praemii loco merentibus tribu-

---

muni testatus, postea testamento jure militiae super bonis omnibus facto, post annum militiae vita decesserat: prioris testamenti, quod ruptum esse constabat, non redintegrari vires constitit."

15) L. 38 pr. D. eodem: „Et ideo, si heredi filio substituerit, nihil interest, quando filius moriatur: sufficit enim patrem intra annum obiisse."

16) Ges. vom 8. Juni 1860, §. 9, Absatz 3.

17) Ebenda §. 10.

tum est[18]." Das preußische Soldatenrecht kennt gleichfalls eine schimpfliche Entlassung zur Strafe in der Gestalt der Ausstoßung aus dem Soldatenstande, und es ist kein Grund aufzufinden, warum ein Ausgestoßener das dem mit Ehren Dienenden gegebene Soldaten-Privilegium genießen soll.

c) Durch Widerruf in denselben Formen, in welchen militärisch testirt werden kann. „Sicut hereditatem miles nuda voluntate dare potest, ita et adimere potest[19]."

5. Das gleiche Privilegium, in den beschriebenen Formen und mit derselben Wirksamkeit militärisch zu testiren, haben alle zur Besatzung eines in Dienst gestellten Schiffes oder Fahrzeuges gehörenden Personen der königlichen Marine und alle anderen auf einem solchen Schiffe oder Fahrzeuge befindlichen Personen, von dem Augenblicke an, wo das Schiff oder Fahrzeug wirklich in Dienst gestellt ist und den Hafen verlassen hat. — Die Frist von einem Jahre wird von dem Tage an gerechnet, an welchem das Schiff oder Fahrzeug außer Dienst gestellt ist, oder der Testator aufgehört hat, zu demselben zu gehören[20]. Es macht keinen Unterschied, wenn das Schiff im Frieden, etwa nur zur Uebung, ausgelaufen ist.

II. Das Testament der Seereisenden. Das römische Recht weiß hiervon nichts. Byzantinische Kaiser nach Justinian haben jedoch Rücksicht auf eintretende Nothfälle genommen und verordnet, daß z. B. Reisende, welche sich an Orten befinden, wo nicht die regelmäßige Zahl von Zeugen beizubringen sei, auch fünf oder drei, ja im Falle der Todesgefahr selbst zwei Zeugen genügen sollten[21]. Hieraus ist von mehreren Neuern, nicht ohne Widerspruch der mehrsten Rechtsgelehrten, der Rechtssatz hergenommen, daß, wenn sich der Testator in einer Lage befinde, in welcher er die vorgeschriebenen Formalitäten nicht beobachten könne, wie z. B. auf der Reise, auf einem Schiffe, es genüge, wenn nur der Beweis des letzten Willens hergestellt werde[22]. Man nennt dies das testamentum peregrinantium. Dieses haben die Verfasser des Land-

18) L. 26, §. 1 in fine D. de testamento militis.

19) L. 15, §. 1 D. eodem.

20) §. 12 des angef. Gesetzes.

21) Novellae Leonis, Nov. 41 in fine, u. Nov. 43 in fine. Ziemlich ausführlich hierüber: Schilter, Praxis juris romani, exercitatio XXXVIII, §. 137.

22) z. B. Mevius, Commentar. ad jus Lub. P. II, tit. 1, art. 2, nr. 59—62; Struve, Synt. jur. civ., exerc. XXII, §. 22; Hellfeld, Commentar., §. 1486.

rechts, wie Suarez ausdrücklich hervorhebt (§. 58, II), aufgenommen, aber was sie aufgenommen haben, beschränkt sich auf Seefahrer.

Wer auf einem Schiffe wirklich in See sich befindet, kann sein Testament auf militärische Art errichten, d. h. er kann in einer der Formen außergerichtlich testiren, welche oben, Nr. I, 3, lit. B beschrieben sind[23]). Der Vorgesetzte des Schiffs vertritt dabei die Stelle des Offiziers, wenn eine der beiden Formen gewählt wird, wobei ein solcher oder ein Auditeur mitzuwirken hat. — Ein solches Testament gilt aber nur, wenn der Testator wirklich auf der See, ehe das Schiff einen Hafen erreicht, oder zwar erst nach dem Einlaufen, jedoch so kurz darnach verstirbt, daß er vor einem ordentlich besetzten Gerichte seine Verordnung nicht hat wiederholen oder bestätigen können[24]). Wie diese Thatsache festzustellen, müssen die Umstände ergeben. Ein Hauptbeweismittel wird in manchen Fällen die Schiffsverklarung sein. Wenn das Gesetz von „einem ordentlich besetzten Gerichte", vor welchem der Testotor sofort nach dem Einlaufen des Schiffs in einen Hafen sein Testament wiederholen oder bestätigen soll, spricht, so denkt es dabei selbstverständlich an ein preußisches Gericht, denn in ganz Europa außer den preußischen Häfen, noch weniger in den anderen Welttheilen, finden sich Häfen, in welchen ein ordentlich besetztes Gericht zur Auf- oder Annahme von Testamenten anzutreffen wäre. In wörtlicher Anwendung der Vorschrift muß das Testament so lange seine Kraft behalten, bis das Schiff in einen solchen Hafen einläuft, wo die Befolgung derselben möglich ist. — Das Gesetz sagt, der Vorgesetzte des Schiffs vertrete die Stelle des Offiziers. Vorgesetzter des Schiffs ist, ohne Rücksicht auf seinen sonstigen Rang, derjenige, welcher augenblicklich das Kommando hat. Will also der Schiffer selbst vor dem Vorgesetzten des Schiffs und Zeugen testiren, so geschieht dies vor dem Seemanne, an welchen er das Kommando abgetreten hat. — Die analoge Anwendung des Privilegiums auf die Besatzung von Flußfahrzeugen ist ganz unzulässig[25]), weil es eine feststehende, von den mehrsten und angesehensten Rechtsgelehrten anerkannte und auch gesetzlich be-

23) Ges. vom 8. Juni 1860, §. 14 am Ende.

24) A. L.R. a. a. O. §§. 205 — 207.

25) Bielitz, in seinem Kommentar, Bd. III, S. 44, meint, es leide keinen Zweifel, daß die hier (§§. 205 — 207) gegebenen Vorschriften auch bei Testamenten, die auf Flußschiffen oder Schiffen im Seehafen errichtet werden, ebenfalls gelten müssen. — Die Anwendung auf Schiffe, welche im Hafen liegen, hat nicht einmal die Analogie für sich; selbst auf Kriegsschiffen, welche in Dienst gestellt sind, beginnt das Privilegium erst, wenn das Schiff den Hafen verlassen hat. Oben, Note 20.

stätigte[26]) Regel ist, daß Privilegien nicht analogisch auszudehnen sind[27]). Die Erweiterung der Testamentsprivilegien durch eine ausdehnende Auslegung und Anwendung auf andere Fälle und Personen verstößt gegen die ausgesprochene Absicht des Gesetzgebers (§. 58, II).

III. Das Testament der Civilpersonen im Falle einer Kriegsgefahr. Insofern Personen des Civilstandes, wegen Kriegsgefahr, sich des richterlichen Amts zu bedienen verhindert sind, wird dies als ein Nothfall anerkannt, in welchem solchen Personen das Privilegium gegeben ist, auf dieselbe Weise außergerichtlich zu testiren, welche für privilegirte militärische Testamente (I, 3, lit. B) vorgeschrieben ist[28]). Die Stelle des Richters oder Offiziers kann in solchem Falle vertreten: eine einzelne auch nicht deputirte Gerichtsperson, oder der Prediger oder Kaplan des Orts, oder der Arzt des Orts, wo der Testator sich befindet, oder auch ein Rechtsanwalt oder Notarius[29]). Das Privilegium fängt an von dem Tage, da wegen der obwaltenden Kriegsgefahr die Gerichte des Orts geschlossen worden, und endet mit dem Tage, wo der ordentliche Gang der gerichtlichen Geschäfte wieder hergestellt ist; und das errichtete privilegirte Testament behält ein Jahr lang nach diesem Tage seine Kraft[30]); es kann in der Verwahrung des Testators bleiben.

IV. Das Testament zur Zeit ansteckender Krankheit (testamentum tempore pestis conditum). Dieses ist unter den Kaisern Diocletian und Maximian im Jahre 290 aufgekommen. Die Verordnung[31]) ist dunkel und unbestimmt, und unterliegt deshalb vielen Zweifeln und Streitigkeiten. Die Auffassung, welche die meisten Anhänger gefunden hat, ist folgende: Da, wo die Pest oder eine andere ansteckende Krankheit herrsche, sei die Nothwendigkeit einer gleichzeitigen Zuziehung der Zeugen erlassen; es genüge, wenn die Zeugen einzeln nach einander (nach einer anderen

---

26) Einl. z. A. L.R. §. 57: „Außerdem sind alle dergleichen (Privilegien und Freiheiten) besondere Gesetze und Verordnungen so zu erklären, wie sie mit den Vorschriften des gemeinen Rechts — am nächsten übereinstimmen."

27) Stryk, Cautel. testament., cap. XI, §. 11. — Westphal, Untersuchung der Frage, ob ein ohne die vorgeschriebene Form gemachtes Testament des vorhanden gewesenen außerordentlichen Nothfalls wegen gültig sei? Halle 1791. Weber, Erläut. der Pandekten nach Hellfeld, XXIX, 1, §. 1486. — Mühlenbruch, in der Fortsetzung von Glück, Bd. XL, S. 286 ff.

28) A. L.R. a. a. O. §. 198. — K.O. vom 8. Oktober 1831 (G.S. S. 225).

29) A. L.R. a. a. O. §. 200.

30) Ebenda §§. 199, 201.

31) L. 8 C. de testamentis (VI. 23).

Auffassung: wenn sie abgesondert von dem Testator in einem Nebengemach gleichzeitig und zusammen) bei der Testamentshandlung zugezogen würden, so daß hiernach das Erforderniß der s. g. unitas actus nicht brauche streng beobachtet zu werden, wogegen die sonstigen Erfordernisse eines rechtsbeständigen Testaments vorhanden sein müßten [32]). Diese älteste Ansicht ist auch in Partikulargesetzgebungen übergegangen [33]), und auch das Landrecht hat das Privilegium aufgenommen, nur haben für dasselbe die Verschiedenheit der Meinungen über die Einzelnheiten in Betreff der Form gar kein Interesse, weil es eine andere Form auch hier vorschreibt, als sie das gemeine Recht bestimmt und die Kontroversen sich nur auf diese beziehen.

Das preußische Landrecht hatte das Privilegium nur für den Fall eingeführt, wenn der Ort oder die Gegend wegen der ausgebrochenen Krankheit gesperrt worden [34]), später ist dasselbe auch auf den Fall ausgedehnt worden, wo einzelne Häuser und Straßen wegen der darin herrschenden ansteckenden Krankheiten abgesperrt, und die Bewohner sich des richterlichen Amts zu bedienen dadurch behindert sind [35]). Dazu genügt, wenn das Haus, in welchem der kranke Testator lag, mit polizeilichen Warnungstafeln versehen war. Eine weitere Absperrung des Zuganges ist nicht erforderlich, um das Privilegium für die Bewohner des Hauses in Wirksamkeit treten zu lassen und ein demselben gemäß während der Dauer der bezeichneten Sperre errichtetes Testament aufrecht zu halten [36]).

1. Das Privilegium in derselben Weise, wie in dem vorhergedachten Falle Nr. III, nimmt von der Zeit seinen Anfang, da der Ort, die Gegend, die Straße, oder das Haus, wegen der ausgebrochenen Krankheiten gesperrt worden ist und endet mit dem Tage der Wiederaufhebung der Sperre; das Testament bleibt auch hier auf ein Jahr nachher gültig [37]). Aber das Privilegium findet außer dem Falle, wo wegen ausgebrochener ansteckender Krankheiten die Staatsbehörde eine Sperre veranlaßt hat, keine Anwendung, namentlich kann der Umstand, daß der Testator selbst mit einer solchen

32) Mühlenbruch a. a. O. S. 262 und die in der Note 42 das. angef. Schriftsteller.

33) Namentlich in das östr. bürg. Gesetzbuch, §. 598; in die sächs. Const. elect. P. III, cap. 4.

34) I, 12, §§. 198—204.

35) K.O. vom 12. Juli 1831, Nr. 1 (G.S. S. 156).

36) Erk. des Obertr. vom 22. März 1850 (Entsch. Bd. XIX, S. 164).

37) A. L.R. a. a. O. §§. 199, 201.

Krankheit befallen gewesen, die Verabsäumung der regelmäßigen Förmlichkeiten nicht entschuldigen; das formlose Testament ist in diesem Falle ebenso ungültig, als wenn ein Formmangel auf einem Versehen beruhete[38]). Das ist freilich eine Nothwendigkeit, da in solchem Falle jede Gewißheit für den Anfang und für das Ende des Ausnahmezustandes, und also auch für die Dauer der Gültigkeit des unregelmäßigen Testaments fehlen, also eine Rechtsungewißheit eintreten würde. In einem solchen Falle ist freilich der Unglückliche in einer verlassenen Lage. Dieser Verlassenheit will zwar das Gesetz durch die Anordnung zu Hülfe kommen: „Dagegen können aber auch die Gerichte in der Regel sich nicht entziehen, von solchen Kranken ihre letztwilligen Verordnungen in ihren Wohnungen, unter Anwendung der erforderlichen Vorsichtsmittel, auf- oder anzunehmen[39]).“ Diese Weisung verliert jedoch wieder die Spitze in der sich anknüpfenden Bestimmung: „Doch kann, wenn dem Richter aus der vorzunehmenden Handlung eine offenbare und augenscheinliche Lebensgefahr bevorstehet, derselbe sich dieser Gefahr zu unterziehen nicht gezwungen werden[40]).“ Wie soll dem Kranken geholfen werden, mag der Richter mit oder ohne „eine offenbare und augenscheinliche Lebensgefahr“ seine Amtsverrichtung verweigern? Unter solcher Lebensgefahr soll freilich nur eine solche Gefahr gemeint sein, die an sich, und nicht bloß in der individuellen Meinung eines oder des anderen Subjekts vorhanden ist, weil sonst wenige Fälle übrig bleiben würden, wo nicht ein hypochondrischer und für sein Leben allzu ängstlich besorgter Richter Kranken und Sterbenden sein Amt versagen möchte[41]). Aber diese Auslegung ist ohne allen praktischen Nutzen. Die Konsequenz davon könnte doch nur sein, daß der Richter, wenn seine Furcht sich als unbegründet erwiese, zur Amtsverrichtung gezwungen werden könnte. Das könnte aber nicht ohne vorherige Feststellung der Thatsache durch Sachverständige geschehen und unterdeß könnte der Kranke wohl schon gestorben sein; wenn aber die Untersuchung auch ein dem Richter ungünstiges Resultat ergäbe und der Richter doch nicht aus Todesfurcht sein Amt verrichten wollte, so würde immer nichts gewonnen sein, und die Sache würde sich höch-

38) Ebenda §. 202.

39) Ebenda §. 203. „Unter Anwendung der erforderlichen Vorsichtsmittel“ soll doch wohl eine Erlaubniß sein, sich von dem Pestkranken fern zu halten, etwa in einem anderen Gemach, wie jene Zeugen. S. Text zu Note 32.

40) §. 204 a. a. O.

41) R. vom 3. Oktober 1796 (N. C. C. Tom. X, S. 713; Rabe, Samml., Bd. III, S. 562).

stens in einen unfruchtbaren Entschädigungsprozeß verlaufen. Die Sache bleibt also in beiden Fällen dieselbe: dem Kranken kann nicht geholfen werden.

2. Denjenigen Personen, welche bei der Errichtung des privilegirten Testaments im Falle der Kriegsgefahr die Stelle des Richters oder Offiziers vertreten können (29), treten hier noch hinzu: die bei den angeordneten Schutzdeputationen bestellten Aerzte, Polizeibeamten, stellvertretenden Offiziere, und die Schutzkommissions-Vorsteher[42]. Ueber die Aufbewahrung fehlt auch für diesen Fall eine besondere Bestimmung.

V. Das Testament der Landbewohner in dringenden Fällen (testamentum rure confectum oder rusticanorum). Dieses Privilegium hat Justinian im Jahre 534 durch eine besondere Konstitution ebenfalls von unbestimmter Fassung eingeführt[43]. Darin ist, nachdem gesagt worden, der Kaiser wolle der Einfalt der Landleute, welche wegen ihrer Schriftunkunde sich bei ihren letztwilligen Verfügungen an so viele gesetzliche Subtilitäten nicht binden könnten, durch gegenwärtiges Gesetz zu Hülfe kommen, — verordnet: In denjenigen Ortschaften, in denen selten des Schreibens kundige Personen aufzufinden seien, solle den Landleuten gestattet sein, ihre alte Gewohnheit statt des Gesetzes beizubehalten, jedoch in der Art, daß, wo Schreibkundige aufgefunden werden könnten, sieben Zeugen, welche zum Zeugniß nothwendig berufen worden sein müßten, zuzuziehen seien, und ein Jeder für sich selbst die Unterschrift verrichten müsse. Sollten soviel Schreibkundige nicht zu finden sein, alsdann sollten sieben Zeugen auch ohne Unterschrift als Zeugen zuzuziehen gestattet sein. Sollten in dem Orte sieben Zeugen nicht vorhanden sein, so würde gestattet, auch nur fünf Zeugen zuzuziehen, weniger aber nicht. Sollten von den Zeugen nur einer, zwei oder mehrere schreiben können, so sollte diesen erlaubt sein, für die Schreibensunkundigen, jedoch in deren Gegenwart, die Unterschrift zu verrichten; die Zeugen müßten aber den Willen des Testators selbst kennen lernen, und besonders wen oder welche er zu seinen Erben wolle; und dieses müßten sie nach seinem Tode eidlich bekräftigen. — Diese Verordnung läßt zuvörderst unbestimmt: welchen Personen dieses Privilegium zustehen solle und es ist daher gemeinrechtlich zweifelhaft: ob nur den eigentlichen Bauern, oder allen Landbewohnern, oder allen, welche auf dem Lande testiren wollen. Dann ist viel-

42) K.O. vom 12. Juli 1831, Nr. 2 (G. S. S. 156).

43) L. 31 C. de testamentis et quemadmodum (VI, 23).

fache Meinungsverschiedenheit darüber vorhanden, welche Bewandtniß es mit der ganz unbekannten antiqua consuetudo habe und wie dieselbe mit der neuen Vorschrift zu vereinigen sei. Dieses alles hat jedoch für das preußische Recht nur ein antiquarisches Interesse, nichts davon gewährt uns Belehrung.

Das Landrecht hat dieses Privilegium nicht aufgenommen, sondern ein ganz neues an dessen Stelle gesetzt und dafür auch den alten Namen nicht beibehalten. Auf die Erinnerung eines Monenten, daß es noch andere species von testamentis privilegiatis gebe, welche übergangen worden, verwies Suarez auf die aufgenommenen Privilegien. nannte aber statt des testamenti rure confecti das Testament vor den Dorfgerichten §§. 93 ff. und bemerkte, daß dort auch theils vom testamento peregrinantium gehandelt worden, so daß in dieser Materie keine Lücke mehr übrig zu sein scheine[44]). Das neu erfundene Institut des Testaments vor Dorfgerichten ist also an die Stelle des testamentum rure confectum und bezüglich der Landreisenden an die Stelle des testamentum peregrinantium gesetzt worden. Darüber ist Folgendes bestimmt:

1. Der Grund dieses Privilegiums ist nicht die Absicht, der Unwissenheit der Landleute zu Hülfe zu kommen, sondern die Bedingung der Inanspruchnahme desselben ist ein Nothfall, „wenn nämlich dergestalt Gefahr im Verzuge vorhanden ist, daß die Herbeiholung nicht abgewartet werden kann[45])." Die Voraussetzung ist daher, daß an dem betreffenden Orte ein ordentliches Gericht nicht besteht, und daß auch der etwa bestellte Einzelnrichter in dem kritischen Zeitpunkte abwesend ist, weshalb auch die Bewohner kleiner Städte unter dieser Voraussetzung Anspruch auf das Privilegium haben, nur daß hier der Magistrat an die Stelle des Dorfgerichtes tritt. Auch ist damit der Zweifel erledigt, auf welche Personen sich das Privilegium bezieht: jeder Fremde, welcher sich vorübergehend an einem solchen Orte aufhält und in den vorausgesetzten Nothfall kommt, kann auf dasselbe Anspruch machen.

2. Das Dorfgericht, welches ein Testament an= oder aufnehmen will — also auch annehmen kann es ein schriftliches und versiegelt übergebenes Testament —, muß mit einem Schulzen (wenn der Ort mehrere Schulzen desselben Gemeindeverbandes hat, genügt doch Ein Schulze, die Gegenwart des anderen Schulzen ist jedoch unschädlich), zweien bereits ein= für allemal vereideten Schöppen (wenn deren

44) Jahrbücher, Bd. XLI, S. 17.

45) A. L.R. a. a. O. §§. 93 u. 98.

mehrere vorhanden, genügen doch zwei), und einem vereideten Gerichtsschreiber besetzt sein [46]). Diese Personen brauchen keine andere Eigenschaft zu haben als ihre amtliche, namentlich ist es kein wesentliches Erforderniß, daß sie (außer dem Gerichtsschreiber) alle schreiben und Geschriebenes lesen können. Daher wird dadurch allein, daß die beisitzenden Schöppen das von dem Gerichtsschreiber aufgenommene Protokoll wegen Schreibensunkunde nicht mit ihrer Unterschrift vollzogen haben, es nicht ungültig [47]). Der dem Dorfgerichte mangelnde ordentliche Gerichtsschreiber kann durch einen Rechtsanwalt, oder durch einen Notarius, oder durch den Prediger (Pfarrer), oder einen von einer benachbarten Gemeinde requirirten vereideten Gerichtsschreiber ersetzt werden [48]). Ein fehlender Schöppe dagegen kann nicht durch einen Schöppen aus einer anderen Gemeinde ersetzt werden, weil die Schöppen Gemeindemitglieder sein müssen [49]) und Ein Schöppe ist in keinem Falle zur Bildung der Dorfgerichte genügend [50]), weshalb der Schulze, wenn ein Schöppe fehlt, den Antrag um Aufnahme des Testaments abzulehnen hat.

3. Die Deputation des Magistrats in kleinen Städten, wo kein ordentliches Gericht ist, muß zusammengesetzt sein aus dem Bürgermeister oder dessen Stellvertreter, und aus zwei Magistratsmitgliedern. Einer besonderen Vereidigung derselben zu dieser Amtsverrichtung, außer dem geleisteten Amtseide, bedarf es nicht, auch bedarf es außer diesen Dreien nicht der Zuziehung eines besonderen Protokollführers oder Gerichtsschreibers, wodurch sich diese Deputation von einem gehörig besetzten Dorfgerichte unterscheidet. Aber die Stelle des einen Magistratsmitgliedes kann durch den Stadtsekretär, oder einen vereideten Gerichtsschreiber, oder durch einen Rechtsanwalt, oder durch einen Notar, oder durch den Prediger (Pfarrer) ersetzt werden [51]).

In den kleinen Städten des Großherzogthums Posen, in welchen die Städteordnung nicht eingeführt ist, müssen die Deputationen der Magisträte zur An- und Aufnahme der letztwilligen Verord-

---

46) Erk. des Obertr. vom 13. März 1838 (Entsch. Bd. IV, S. 80).

47) Pl.-Beschl. des Obertr. (Pr. 1876) vom 14. Juli 1847 (Entsch. Bd. XV, S. 17). — Es giebt viele Landgemeinden, deren Schulze selbst nicht schreiben oder doch außer seinem Namen nicht schreiben, noch weniger Geschriebenes lesen kann.

48) A. L.R. a. a. O. §. 94. — Erk. des Obertr. vom 13. März 1838 (Entsch. Bd. IV, S. 80).

49) A. L.R. II, 7, §. 74.

50) Ebenda §§. 73, 79, 82. — R. vom 29. April 1805 (Mathis, Bd. I, S. 149).

51) A. L.R. a. a. O. §. 99. — K.O. vom 21. Januar 1833 (G.S. S. 13).

nungen gebildet sein aus dem Bürgermeister oder dessen Stellvertreter und aus zwei Rathmännern; die Stelle eines Rathmannes kann, außer den so eben, am Schluß des vorigen Absatzes, genannten Personen, auch durch ein Mitglied des Stadtraths, oder durch einen zur interimistischen Verwaltung einer vakanten katholischen Pfarrstelle von der geistlichen Behörde abgeordneten Kommendarius besetzt werden. Sämmtliche Mitglieder einer solchen Deputation müssen des Lesens und Schreibens der deutschen Sprache kundig sein. Versteht und spricht der Testator nur polnisch und muß daher das Protokoll in polnischer Sprache aufgenommen und demselben eine deutsche Uebersetzung beigefügt werden, und es sind wenigstens zwei Mitglieder der Deputation der polnischen Sprache mächtig, so hat die Deputation selbst das Protokoll in polnischer und deutscher Sprache aufzunehmen; ist dagegen nur Ein Mitglied der polnischen Sprache kundig, so muß Ein vereideter Dolmetscher, und versteht kein Mitglied polnisch, so müssen zwei vereidete Dolmetscher zugezogen werden [52]).

4. Für das Verfahren vor diesen Dorfgerichten und Magistratsdeputationen giebt es keine Anweisung; es ist davon ausgegangen, daß sie sich nur mit solchen Handlungen zu befassen haben, bei welchen es auf keine Rechtskenntnisse. sondern auf bloße Beglaubigung ankommt [53]). Ihnen liegt daher auch wegen der Folgen ihrer Versehen und Mißgriffe in der Allgemeinheit, wie der Richter wegen des durch seine Schuld entstehenden Verlustes gerecht werden soll [54]), eine Verantwortlichkeit nicht ob, sondern diese ist auf den Fall beschränkt, wenn sie die aufgenommene Verhandlung zur Beurtheilung der Gesetzmäßigkeit oder näherer Berichtigung nicht ohne Zeitverlust dem Richter vorlegen [55]). Hierin besteht das einzige Korrektiv bei Mißgriffen der Dorfgerichte. Ihnen ist zur Pflicht gemacht, das von ihnen an- oder aufgenommene Testament oder Kodizill, worüber das Protokoll nicht nothwendig von dem Gerichtsschreiber eigenhändig geschrieben zu werden braucht, sondern auch diktirt werden kann [56]), dem Gerichtshalter ohne Zeitverlust einzuhändigen, welcher sie über den eigentlichen Hergang der Sache, auf ihre Pflicht — wie das Gesetz sagt — vernehmen, und das Proto-

52) K.O. vom 6. November 1834 (G.S. S. 181).

53) A. L.R. II, 7, §. 83. — A. G.O. II, 2, §. 8.

54) A. L.R. I, 12, §. 140.

55) Ebenda II, 7, §. 83; A. G.O. a. a. O. §. 8, Abs. 2. — Pr. des Obertr. 422, vom 13. März 1838 (Entsch. Bd. IV, S. 30).

56) Erk. des Obertr. vom 30. November 1863 (Archiv f. Rechtsf. Bd. LII, S. 133).

koll darüber, nebst der Disposition selbst, in dem gerichtlichen Deposito verwahren muß[57]). Diese Vorschrift ist dahin deklarirt, daß zwar den Dorfgerichten die Verpflichtung obliegt, ein von ihnen auf oder angenommenes Testament oder Kodizill dem Gerichtshalter, wenigstens durch eines ihrer Mitglieder, persönlich einzuhändigen, jedoch die Rechtsbeständigkeit des Testaments oder Kodizills von dieser persönlichen Einhändigung desselben an den Gerichtshalter nicht abhängig ist[58]). Also die persönliche Einhändigung seitens eines Mitgliedes des Dorfgerichts an den Richter ist kein wesentliches Erforderniß, es kommt denn auch vor, daß dergleichen Testamente unter den gewöhnlichen Briefen in dem Briefkasten des Gerichts gefunden werden, ohne daß man erfährt, wer sie dahin gebracht hat[59]). Selbstverständlich fällt damit auch die vorgeschriebene ([57]) Vernehmung des Ueberbringers über den eigentlichen Hergang der Sache hinweg. „Ist der Testator alsdann noch am Leben, und zu einer gültigen Willensäußerung noch fähig; so muß der Gerichtshalter ihm das mit den Gerichten über den Hergang der Sache aufgenommene Protokoll vorlegen, und die Richtigkeit des darin enthaltenen Hergangs der Sache von ihm genehmigen lassen[60])". Dieses Protokoll ist nicht zur Existenz gekommen, wenn die persönliche Einhändigung unterblieben ist, und da überdies der Richter unter solchen Umständen nicht wissen kann: ob das Subjekt, welches vernommen werden sollte, noch am Leben ist oder nicht, also sowohl das Objekt, worüber die Vernehmung geschehen soll, fehlt, als auch das noch bestehende Leben des gefährlich krankgewesenen Subjekts unbekannt ist, so muß es bei der sothanen Einsendung des Testamentes, welches gewöhnlicherwaßen ad depositum zu nehmen ist, sein Bewenden haben. Und dieses um so mehr, als die unterbliebene Vernehmung des Testators für sich allein gleichfalls keine Nichtigkeit der letztwilligen Verordnung selbst bewirkt, sondern nur den Gerichtshalter, welcher sie aus grobem oder mäßigem Versehen verabsäumt hat, wegen der Kosten eines daraus entstehenden

---

57) A. L.R. I, 12, §. 95.

58) Dekl. vom 10. Juli 1846 (G.S. S. 263).

59) Das Pr. des Obertr. Nr. 273, vom 29. Mai 1837, erklärt ein Testament, welches von den Dorfgerichten nicht persönlich eingehändigt, sondern dem Richter nur zugesendet worden ist, für nichtig (Entsch. Bd. III, S. 119). Dasselbe ist durch die Deklaration (Note 58), welche als solche rückwirkende Kraft hat, beseitigt und hätte daher in der Präj.-Samml. I, S. 73 (Berlin 1849) ausgelassen werden können.

60) A. L.R. a. a. O. §. 96.

Prozesses verantwortlich macht [61]). In dem besprochenen Falle ist jedoch weder eine Verabsäumung noch ein Versehen des Richters vorgekommen, für die Verabsäumung und Versehen der Dorfgerichtspersonen — diese haben eben die Ordnung nicht beobachtet — ist kein Anderer verantwortlich. — Hiernach bleibt nur ein wesentliches Erforderniß nach vollzogener Handlung vor dem Dorfgerichte übrig: die sofortige Beförderung des auf- oder angenommenen Testamentes oder Kodizills an das ordentliche Gericht; ist sie unterblieben, so ist die letztwillige Verordnung null und nichtig, gleich einem formlosen außergerichtlichen Aufsatz [62]).

Die Magisträte in kleinen Städten sind in dieser an die Dorfgerichte gerichteten Anweisung übergangen und daher mag es gekommen sein, daß bei ihnen ein solches von ihnen aufgenommene Testament bis nach dem Tode des Testators aufbewahrt worden ist, was denn die Vernichtung desselben zur Folge gehabt hat ([62]). Indeß fehlt es nicht an dieser Anweisung. Es ist ausdrücklich gesagt: Was vorstehend von Testamenten vor Dorfgerichten verordnet ist, gilt auch von Testamenten, welche in kleinen Städten — vor dem Polizeimagistrate — aufgenommen worden [63]), und außerdem ist ganz allgemein in Beziehung auf Handlungen der freiwilligen Gerichtsbarkeit vor Dorfgerichten vorgeschrieben: Was von Dorfgerichten verordnet ist, gilt auch von den Polizeimagisträten in kleinen Städten, wenn dieselben mit keiner zur Justiz verpflichteten Gerichtsperson versehen sind [64]).

5. Das aus dieser Anstalt hervorgehende Testament oder Kodizill hat nicht eine vorübergehende, nur den Nothstand durch dauernde, sondern eine bleibende Gültigkeit. Es fällt von selbst in die Augen, daß das neue Institut des s. g. dorfgerichtlichen Testaments kein Privilegium, sondern eine örtliche Testamentserrichtungs-Anstalt ist. Denn die Beschränkung auf den Fall, „wenn dergestalt Gefahr im Verzuge vorhanden ist, daß die Herbeikunft des ordentlichen Richters nicht abgewartet werden kann“, ist nur eine Redensart. Wenn eine solche Gefahr wirklich nicht vorhanden war, so wird darum das dennoch aufgenommene Testament nicht für ungültig erklärt werden,

---

61) Ebenda §. 97.

62) M. s. den von Mathis, Bd. I, S. 147 ff., mitgetheilten Rechtsfall, besonders S. 149.

63) A. L.R. a. a. O. §. 99.

64) A. G.O. II, 2, §. 9. — Auch das R. des J.M. vom 10. Juni 1833 führt dieses aus (Jahrb. Bd. XLI, S. 427).

wenn dieser Umstand auch bewiesen werden könnte; denn dieser Umstand ist nicht als Nichtigkeitsgrund bezeichnet. Aber derselbe entzieht sich, besonders nach einem gewissen Zeitverlauf, vollständig der thatsächlichen Feststellung. Man kann getrost aus einer großen Stadt nach dem nächsten Dorfe fahren und dort über Nacht unter dem Vorwande einer plötzlich eingetretenen Krankheit ein rechtsbeständiges dorfgerichtliches Testament machen.

VI. Das Testament der preußischen Gesandten und gesandtschaftlichen Personen bei fremden Höfen während ihres Aufenthalts im Auslande[65]). 1. Dieses Privilegium haben nur die königlichen Gesandten, Minister-Residenten und Geschäftsträger und alle zur Gesandtschaft gehörigen Personen, welche im Staatsdienst stehen, für ihre Person; es steht aber weder den Ehefrauen, noch Kindern derselben, noch überhaupt solchen zur Gesandtschaft gehörigen Personen zu, die nicht im Staatsdienste sich befinden[66]). 2. Das Privilegium besteht darin, daß, wenn sie nicht in den Formen, welche die Gesetze des Orts, wo sie sich befinden, vorschreiben, ihre letztwillige Verordnung errichten wollen, was ihnen freigestellt ist ([66]), sie frei von den Gesetzen des Orts, in folgender Weise rechtsbeständig testiren können: a) Die letztwillige Verordnung muß eigenhändig vom Testator ge- und unterschrieben, auch datirt sein. b) Dieser Aufsatz muß mittelst eines vom Testator geschriebenen Annahmegesuchs, worin Tag und Jahr vermerkt ist, an das Ministerium der auswärtigen Angelegenheiten eingesendet werden. c) Durch dasselbe muß er, sammt dem Annahmegesuch, bei dem Stadtgericht zu Berlin niedergelegt werden, welches darüber den gewöhnlichen Depositionsschein auszufertigen hat. d) Die Gültigkeit einer solchen privilegirten Willensverordnung fängt von dem Zeitpunkt an, wo dieselbe der Post oder demjenigen Kourier oder auch Reisenden übergeben worden ist, durch welchen zugleich die Einsendung der gesandtschaftlichen Berichte bewirkt wird. Wird eine dieser Förmlichkeiten verabsäumt oder die Einsendung durch eine nichtamtliche Person bewirkt, so ist der letzte Wille nichtig[67]). 3. Ein mit Beobachtung dieser Förmlichkeiten errichtetes, auf amtlichem Wege eingesendetes und vorschriftsmäßig niedergelegtes Testament behält seine Gültigkeit bis auf ein Jahr nach der auf geschehene Rückberu-

---

65) Gesetz vom 3. April 1823 (G.S. S. 40).

66) §§. 1 u. 4 a. a. O.

67) §§. 2 u. 3 a. a. O. — Ges. vom 26. April 1851, Art. III, Nr. 2 (G.S. S. 182).

fung erfolgten Rückkehr in die preußischen Staaten[68]). Wie es zu halten, wenn der Testator verabschiedet wird und sich im Auslande bleibend niederläßt, also nicht zurückkehrt, ist unbestimmt geblieben. Nach allgemeinen Grundsätzen muß die Gültigkeit erlöschen, sobald er im Auslande seinen bleibenden Wohnsitz genommen hat, weil die Voraussetzung des Privilegiums, daß er nach der Rückberufung zurückkehren werde, nicht zutrifft. 4. Die Testirfähigkeit des Testators und die Rechtsgültigkeit des Inhalts des Testaments wird, wie bei allen privilegirten Testamenten, so auch bei diesem nach gemeinem Rechte beurtheilt[69]).

VII. Verordnungen der Eltern unter den Kindern[70]). Die Geschichte dieses Instituts bis auf Justinian ist verworren und dunkel; die Spezialliteratur über diesen Gegenstand ist außerordentlich zahlreich, aber für das preußische Recht nicht ausgiebig. Mühlenbruch, welcher sich damit sehr eingehend beschäftigt hat, faßt schließlich den Stand dieser Rechtsmaterie vor der Novellengesetzgebung Justinians im Wesentlichen etwa so zusammen: Eltern hätten ebenso, wie jeder Testator eine Erbtheilung wirksam verfügen kann, ebenfalls ohne Testament bestimmen können, wie die Kinder als Intestaterben mit einander theilen sollen. Eine besondere Form dafür gab es nicht, nur mußte ein vollständiger Beweis dafür vorhanden sein, später sei die neue Kodizillarform zu beobachten gewesen. Eltern hatten das Privilegium, ohne ein förmliches Testament oder Kodizill eine vorläufige Erbtheilung in einem schriftlichen Aufsatze zu verfügen[71]). Justinian beginnt seine Gesetzgebung[72]) mit der Beschreibung einer schlechten Praxis. Oft nämlich verwikkelten Eltern, wenn sie ihr Vermögen unter ihre Kinder letztwillig vertheilt hätten, um Uneinigkeiten unter denselben vorzubeugen, dieselben in größere und schwierigere Streitigkeiten. Statt in ihren Verordnungen alle Gegenstände zu vertheilen, oder doch wenigstens die Erbtheile genau zu bestimmen, zeichneten sie zwar die einzelnen Erbtheile selbst aus, sie thäten dies jedoch nicht im Zusammenhange, sondern auf einzelnen Zetteln, die von Anderen bereits beschrieben und des Aufhebens nicht werth seien, auch sei der übrige Theil nicht von ihrer Hand geschrieben, sondern von einem bestochenen Schrei-

68) G. vom 3. April 1823, §. 5.

69) Ebenda §. 6.

70) A. L.R. II, 2, §§. 378—390.

71) Glück, Kommentar, Bd. XLII, S. 163.

72) Novelle 18, Kap. 7, v. J. 536.

der oder sonst Jemandem, so daß unzählige Streitigkeiten darüber entständen, ob das Geschriebene mit dem Willen des Vaters, oder von einem Anderen, der Zwistigkeiten zu veranlassen und Einen vor dem Anderen zu begünstigen beabsichtigte, verfaßt worden sei. — Ein auffallendes Bild des Rechtszustandes. — Justinian fährt nun fort: Um diesem Uebelstande ein Ende zu machen, verordnen wir, daß, wer sein Vermögen ganz oder theilweise unter seine Kinder vertheilen will, die Theilungsgegenstände, wo möglich, in seinem Testamente ausdrücklich nennen soll, um Streitigkeiten unter den Kindern zu vermeiden. Wird er daran durch Umstände verhindert, so kann er die Vertheilung durch eine darüber verfaßte Urkunde vornehmen und hat dieselbe entweder selbst zu unterschreiben oder von den Kindern, unter welchen die Vertheilung geschehen soll, unterschreiben zu lassen. — Geschieht dieses nicht, erfolgt vielmehr nur eine ungewisse und unbezeugte Vertheilung, so ist die Anordnung null und nichtig und die Kinder wie der Theilungsrichter können das Vermögen theilen, gleich als wenn gar nichts hierüber bestimmt wäre, und die zweifelhafte und ohne Zeugen gefertigte Schrift völlig unberücksichtigt lassen [73]). — Hierin ist also nur von einer voraus angeordneten Vertheilung, unter den als Intestaterben gedachten Kindern, die Rede und es wird nur eine gewisse Form, nämlich zusammenhängender schriftlicher Aufsatz mit Namensunterschrift der Eltern oder der Kinder, freilich ziemlich dunkel und unbestimmt, bei Strafe der Nichtigkeit der Vorschriften, angeordnet. Die hieraus entnommene Authentika [74]) drückt den Inhalt der Verordnung kurz so aus: Zur Form der bloßen Erbtheilungen der Eltern gehöre ein schriftlicher Aufsatz und die Unterschrift der Eltern oder der Kinder. Ueber das s. g. testamentum privilegiatum parentum inter liberos ist noch Schweigen. Hierüber folgte 541 das in der Novelle 107 enthaltene umfassendere Gesetz de ultimis voluntatibus inter liberos confectis. In der Einleitung geschieht der Verordnungen der früheren Kaiser Konstantin und Theodos Erwähnung. Konstantin habe be-

---

73) Der Nachsatz, betreffend die Wirkung der Verabsäumung der neuen Form, lautet in der Vulgata: „Si vero aliquis hoc non egerit, sed dispersam (sic ut plerumque) sine testimonio subscriptionem fecerit: sciat nihil hinc filiis sese praebiturum utilitatis; sed quasi nihil sit factum, divident substantiam filii, in certas et plerumque sine testimonio conscriptiones non sequentes: neque judicibus causae (quos judices familiae erciscundae leges appellant) has sequi cogendis.“

74) Auth. si modo, ad L. 26 C. fam. ercisc. (III, 36): „Si modo subjiciatur huic scripturae, vel ipsius parentis, vel omnium, inter quos fit partitio, liberorum subscriptio.“

stimmt[75]), daß die letzten Willen Verstorbener, wenn diese Eltern seien, durchaus unter den Kindern gelten sollten, auch wenn sie nicht deutlich seien, aber doch aus gewissen Merkmalen, Namen und irgend einer Schrift entnommen werden könnten. Dasselbe setze auch eine Verordnung von Theodos fest[76]), indem sie dasselbe nicht bloß hinsichtlich der Väter, sondern auch hinsichtlich der Mütter und der Ascendenten beiderlei Geschlechts verfüge. Indem die Menschen von dieser Erlaubniß Gebrauch gemacht hätten, seien sie in eine so große Undeutlichkeit gerathen, daß ihre Verfügungen mehr der Weissager als der Ausleger bedurft hätten. Denn obwohl sie weder die Personen nenneten, noch die Kennzeichen der Sachen, und vielleicht nicht einmal die Quantität, hielten sie es doch für würdig, dergleichen dem Errathen und Vermuthen zu überlassen. Da er nun wolle, daß Alles deutlich uud klar in den Gesetzen, namentlich in Betreff der letztwilligen Verfügungen, bestimmt sei, bedürfe es einer Verbesserung jener Gesetze. Der nun folgende Inhalt hat drei Kapitel. Darüber ist Einverständniß, daß darin ein eigentliches testamentum inter liberos, wovon im 1sten und 2ten Kapitel gehandelt wird, von der bloßen Erbtheilung, auf welche sich das dritte Kapitel bezieht, unterschieden ist. A. Hinsichtlich der Erfordernisse des testamenti parentum inter liberos wird, wie bei allen privilegirten Testamenten, das Vorhandensein der aktiven und passiven Testamentsfähigkeit, sowie die physische Testirfähigkeit vorausgesetzt. Als äußere Form ist vorgeschrieben: a) Wenn ein Schreibkundiger eine Verfügung bloß unter seinen Kindern treffen will, so soll er in dem schriftlichen Aufsatz darüber zuerst die Zeit, sodann auch die Namen der Kinder eigenhändig schreiben, und außerdem noch die Theile, auf welche er sie zu Erben einsetzt, angeben, jedoch nicht durch Zahlenzeichen, sondern mit Buchstaben vollständig ausgeschrieben. Will er auch eine Theilung des Vermögens vornehmen, oder einige oder alle Einsetzungen auf gewisse Sachen machen, so soll er auch die Kennzeichen dieser Sachen dazuschreiben. b) Wenn der Testator dritte Personen einmischen will, also entweder seiner Ehefrau, oder fremden Personen Legate, oder Fideikommisse hinterlassen will, so soll er auch dies eigenhändig schreiben und vor Zeugen (deren Zahl ist nicht genannt und daher streitig) erklären, daß er Alles, was in der Verfügung enthalten, sowohl nach einander geschrieben habe, als auch für gültig gehalten wissen wolle. — Die übrigen Förmlichkeiten der Testa-

75) L. 26 C. eodem. — L. 1 Theod. C. eodem (II, 24).

76) L. 21 C. de testament. (VI, 23). — Nov. Theod. L. 1, tit. 16, §. 5.

mente sind nicht erforderlich, aber unerläßlich erforderlich ist eine schriftliche Testamentsurkunde und daß der Testator wenigstens die Punkte eigenhändig niederschreibe, in Beziehung auf welche das Gesetz solches ausdrücklich vorschreibt[77]). Es giebt aber drei verschiedene, dieser Meinung entgegenstehende Ansichten. Nach der einen soll ein testam. par. inter liberos auch mündlich vor Zeugen errichtet werden können, und es soll genügen, wenn Dasein und Inhalt durch Zeugen erwiesen werden kann[78]). Nach der anderen soll das Testament, von einem Notarius oder einem Dritten, im Auftrage des Testators, ohne weitere Solennitäten aufgesetzt, als testamentum nuncupativum in scripturam redactum gelten[79]). Nach einer dritten wird zwar ein testamentum nuncupativum privilegiatum verworfen, es soll aber hinreichen, daß der Testator den von einem Anderen geschriebenen Aufsatz auch nur unterschreibt[80]). Außerdem sind noch viele andere Punkte streitig, welche für unseren Zweck, den Zusammenhang des preußischen Rechts mit dem gemeinrechtlichen nachzuweisen und das erstere aus dem letzteren, insoweit es darin wurzelt, zu entwickeln, unerheblich sind. Auch kann die Frage: ob diese privilegirte Disposition die rechtliche Natur eines wahren Testaments oder nur die eines Kodizills ab intestato habe, auf sich beruhen, denn das Landrecht hat dieselbe, wie sich sogleich ergeben wird, nicht aufgenommen. Dagegen waren, um eine verständigende Uebersicht herzustellen, die verschiedenen Ansichten über die Form nicht zu übergehen. Hinzu tritt noch die durch Maximilian's Notariatsordnung vom Jahre 1512 eingeführte Form, welche nicht ohne Einfluß auf die Vorschriften des Landrechts gewesen zu sein scheint. Dort heißt es im Titel von Testamenten, §. 1: „Es sollen auch die Notarien Sorg und Fleiß tragen, in Beschreibung der Testamenten und letzten Willen, in Ansehung des großen Nachtheils, so andern daraus entstehen mag.“ Nachdem darauf im §. 2 gesagt ist, daß zu einem Testamente sieben Zeugen nöthig seien, heißt es weiter: „Aber in Testamenten, so Vater und Mutter zwischen ihren Kindern machen, in dem Falle, da kein ander ihr Testa-

77) Dies ist namentlich die Ansicht Mühlenbruch's a. a. O. S. 178.

78) Vinnius, select. juris quaest., Lib. II, §. 18 und die dort genannten Schriftsteller.

79) A. Gail, Observat. prael., Lib. II, obs. 112, nr. 12; Faber, Error. pract., Dec. 36, err. 3, u. A.

80) Stryk, de jure testandi inter liberos (in collect. Frankf. Vol. II, nr. XIX), cap. III, nr. 35 sqq. — Leyser, Med. ad Pand., Sp. 367, nr. 4. — Pufendorf, Obs., Tom. III, obs. V, §. 2.

ment zuvor gemacht, solches abgethan würde — —, da wird solch Anzahl der Zeugen nachgelassen bis auf zween Zeugen[81])." Von den verschiedenen Ansichten über die Auffassung dieser Stelle geht eine dahin, daß darin die Mitwirkung eines Notars vorausgesetzt werde, wie die Verbindung derselben mit dem §. 1, welcher sich ausdrücklich an die Notare wende, ergebe, daß daher hier eine neue privilegirte Testamentsform vor Notar und zweien Zeugen eingeführt worden sei[82]). — B. Im dritten Kapitel kommt Justinian wieder auf seine frühere Bestimmung in der Novelle 18, Kap. 7 von den einfachen Vertheilungen der Erbschaft unter den Kindern, welche, ohne Testamente zu sein, für den Fall der Intestaterbfolge angeordnet werden, zurück. Er läßt es bei der dort vorgeschriebenen Form bewenden, wonach die Theilung, wenn kein ordentliches Testament errichtet wird, in einem schriftlichen Aufsatz geschehen kann, welcher die zu vertheilenden Gegenstände angiebt und entweder von dem Verordnenden selbst, oder von den Kindern unterschrieben ist: die eine von beiden Unterschriften genügt; wenn aber auch beide, Eltern und Kinder, unterschreiben, was unschädlich ist, so ist der Vater oder die Mutter dadurch an diese Disposition doch nicht unwiderruflich gebunden[83]), wogegen die Kinder, wenn der Erbfall eintritt, gegen ihre Genehmigung nicht ankämpfen können.

Nach dieser geschichtlichen Grundlage treten wir an die Bestimmungen des Landrechts über diesen Gegenstand und suchen folgende Punkte, die nicht in allen Beziehungen unangezweifelt sind, klar zu stellen.

1. Rechtliche Bedeutung dieser privilegirten Disposition nach preußischem Rechte, welches nur eine Art derselben kennt. Das Landrecht giebt einer solchen Verordnung keinen Namen, sondern sagt nur: „Eltern können durch letztwillige, entweder in der Form eines wirklichen Testaments, oder auch einer privilegirten Disposition unter Kindern abgefaßte Verordnungen, ihren Nachlaß unter die Kinder ungleich vertheilen[83a])." Suarez nennt unter den privilegirten Testamenten, welche in das Landrecht aufgenommen worden seien, unter Nr. 6 ein testamentum parentum

81) In der alten lateinischen Uebersetzung lautet die Stelle: „In parentum autem inter liberos, ubi nullum aliud testamentum procedit, quod infirmandum sit — —, remittitur numerus testium usque ad duos."

82) Oesterley, Darstellung des deutschen Notariats, Bd. II, S. 551 ff.

83) L. 26 in fine C. fam. erciscundae (III, 36).

83a) II. 2, §. 383.

inter liberos, wovon im Personenrechte gehandelt worden[84]). Dort kommt nur an der oben bezeichneten Stelle ([70]) etwas über die Erbfolge der Descendenten aus letztwilligen Verordnungen vor und es muß aus dem Inhalte der Bestimmungen entnommen werden, ob beide privilegirte Verordnungen nebeneinander, wie sie im gemeinen Rechte vorkommen, oder mit einander verschmolzen, oder nur Eine von ihnen Aufnahme gefunden haben, und ob im letzteren Falle die aufgenommene Art die rechtliche Natur eines wahren Testaments habe, oder nur als bloße Disposition unter den Intestaterben, als codicillus ab intestato gelte. Die bestimmenden Stellen lauten Th. II, Tit. 2:

§. 378. Von vorstehenden Gesetzen über die Erbfolge der Kinder und weiteren Abkömmlinge (§§. 300—376) können die Eltern durch letztwillige Verordnungen abweichen.

§. 379. Soll dadurch den Kindern und weiteren Abkömmlingen ihr Erbrecht genommen werden: so muß dergleichen letztwillige Verordnung mit allen gesetzlichen Erfordernissen eines gültigen Testaments versehen sein.

§. 380. Betrifft hingegen die Verordnung nur die Grundsätze, oder die Art der Theilung unter den Kindern: so rc.

§. 381. Ist in einer solchen ohne die Förmlichkeiten eines eigentlichen Testaments abgefaßten letztwilligen Verordnung zu Gunsten des überlebenden Ehegatten, oder auch eines Dritten etwas verfügt: so wird dasselbe für nicht geschrieben angesehen.

§. 382. Die Verordnung selbst aber bleibt, soweit sie die Kinder betrifft, dennoch bei Kräften.

Hieraus ist völlig klar, daß das Landrecht nur die sog. divisio parentum inter liberos, d. h. diejenige Verordnung der Eltern aufgenommen hat, durch welche gar nicht festgesetzt werden soll, wer erben solle, sondern bei welcher vielmehr als schon bestimmt vorausgesetzt wird. Die Frage hierbei ist: wodurch dieses festgesetzt sein müsse. Gewöhnlich denkt man dabei an die Intestaterbfolge[85]) und nach der Fassung der Bestimmungen ist dies auch von den Verfassern derselben geschehen[85a]). Allein wenn ein Vater durch ein regelmäßiges Testament alle seine Kinder, ohne nähere Bestimmung, zu Erben eingesetzt hat, und er hinterdrein eine Erbtheilung unter

---

84) Vorträge über die Revision der Monita, in den Jahrbüchern, Bd. LII, 17.

85) Man vergl. von den Juristen der damaligen Zeit u. A.: Höpfner §. 460 a. E.; Hellfeld §. 1483.

85a) A. L.R. a. a. O. §. 390.

ihnen in der privilegirten Form anordnet, soll diese Verordnung ungültig sein, weil nicht durch die Gesetze der Intestaterbfolge, sondern durch ein früheres Testament bestimmt ist, wer erben solle? Dafür giebt es keinen logischen und keinen juristischen Grund. Man kann auch für die Aufrechthaltung nicht darauf sich berufen, daß in solchem Falle ja die Intestaterbfolge mit der testamentarischen Erbfolge zusammenfalle, also die Voraussetzung der divisio parentum inter liberos vorhanden sei. Das würde etwas zufälliges sein, der Testator kann ja auch noch Andere zu seinen Erben berufen haben, und in den meisten Fällen wird dies auch geschehen, und wenn auch nur die Ehefrau neben den Kindern zur Miterbin eingesetzt worden sein sollte. Die Voraussetzung einer solchen in Rede stehenden privilegirten Verordnung ist also nur die, daß sie die anderswie bereits bestimmte Erbfolge nicht anrühre.

2. Auf welche Descendenten sich diese Verfügungen beziehen können, ob nur auf Kinder ersten Grades, oder auch auf Enkelkinder, ist gemeinrechtlich nicht außer Streit, weil Justinian in der Novelle 107, Kap. 1 nur von Kindern (παῖδες) spreche und darunter nur Kinder ersten Grades zu verstehen seien[86]). Indessen ist die große Mehrheit der Juristen für die Meinung, daß alle Descendenten des Testators ohne Unterschied des Grades gemeint sind, insoweit ihnen kein näherer Descendent in der Beerbung des Testators im Wege steht. Nach dem Landrechte kann dieser Zweifel nicht aufkommen, da in den oben stehenden Bestimmungen „Kinder und weitere Abkömmlinge" nebeneinander genannt werden.

3. Die Form dieser privilegirten Verordnung ist eine dreifach verschiedene:

a) Ein von dem Erblasser eigenhändig geschriebener und unterschriebener Aufsatz[87]). Dies ist die Form, welche, wie wir oben gesehen haben, Justinian in der Novelle 18, Kap. 7 u. Nov. 107, Kap. 3 für die bloße Erbtheilung der Eltern unter Kindern vorgeschrieben hat, nur daß sie hier dadurch erschwert ist, daß der Erblasser auch den ganzen Aufsatz schreiben soll.

b) Eine mündlich, vor einem Notar und zweien Zeugen zu Protokoll gegebene Erklärung ([87]). Dies ist die von der Maximilian'schen Notariatsordnung, nach der oben hervorgehobenen Auffassung, neu eingeführte Form.

---

86) Nach Ulpian., L. 6 D. de testam. tutel (XXVI, 4) — Zu vergl. §. 5 Inst. qui testamento tutor. dari poss. (I, 14).

87) A. L.R. a. a. O. §. 380a.

c) Ein von dem Erblasser zwar nicht eigenhändig geschriebener, aber doch auf allen Blättern (wenn auch nicht auf beiden Seiten des Blattes) und am Schlusse unterschriebener Aufsatz, welchen er vor einem Notario und zweien Zeugen als die seinige, unter der ausdrücklichen Versicherung, sie vorher durchgelesen zu haben, anerkennt, und dieses Anerkenntniß unter dem Originale gehörig verzeichnet wird. Der Notarius soll sich aber vergewissern, daß der Erblasser Geschriebenes lesen könne, und wie dieses geschehen, in der aufzunehmenden Registratur mit bemerken; doch soll die Unterlassung dieses Vermerks der Gültigkeit der Verordnung nichts schaden, wenn die Fähigkeit des Verordnenden, Geschriebenes zu lesen, auf andere Art bewiesen werden kann [88]). Doch ist es selbstverständlich, daß der Notar bei der Beurkundung dieser Erklärung die Vorschriften der Notariatsordnung beobachten muß und daß daher auch die Zeugen nicht allein tüchtige Beweiszeugen seien, sondern auch die Eigenschaft der Notariatszeugen haben müssen, denn die Urkunde soll nach der Absicht des Gesetzes ein Notariatsakt sein. Diese Form ist neu erfunden. Sie war im umgearbeiteten Entwurfe zum Gesetzbuche noch nicht vorgeschrieben. Suarez berichtete also in den Vorträgen über die Revision der Monita nur über die beiden ersten Formen, fügte aber hinzu, es sei bei dem ersten Modo (a) erinnert worden, daß es wohl auch für hinlänglich zu erachten sei, wenn nur die Disposition von dem Erblasser auf allen Seiten unterschrieben worden, falls auch der Text selbst kein holographum wäre. Allein dies scheine bedenklich, da es so viel Leute gebe, die nur ihren Namen, weiter aber nichts, schreiben, und auch kein Geschriebenes lesen könnten; denen mithin eine solche Disposition leicht untergeschoben, und das Falsum dabei um so schwerer entdeckt werden könnte, als aus bloßen Unterschriften nicht einmal comparatio literarum stattfinde. Dagegen könne man diesen beiden modis privilegiatis noch einen dritten beifügen, 3. wenn der Erblasser eine zwar nicht von ihm selbst geschriebene, aber doch auf allen Blättern unterschriebene Disposition vor einem Notario und zwei Zeugen als die seinige, unter der Versicherung, daß er solche selbst durchgelesen habe, anerkenne, und dies Anerkenntniß unter dem Originale gehörig verzeichnet werde. Doch würde in diesem Falle der Notarius sich vorher versichern müssen, daß der Disponent wirklich schreiben und Geschriebenes lesen könne [89]). Dieser Vorschlag fand Beifall und kam durch Einschal-

88) Ebenda §§. 380 b — 380 d.

89) Suarez, revisio monitorum, in den Jahrb. Bd. LII, S. 52.

tung dreier Paragraphen (380b, 380c, 380d) zur Ausführung. Eine Erleichterung ist hierin wohl nicht zu finden.

Eine auf diese Weise errichtete Verordnung bleibt in der Gewahrsam des Verordnenden, ist also eine außergerichtliche, welche hier, und nicht in dem folgenden §, wohin sie eigentlich gehörte, nur deshalb ihren Platz gefunden hat, um sie als eine privilegirte nicht von den übrigen privilegirten zu trennen. Daß eine solche Erbtheilung nicht gerade in einer dieser außergerichtlichen Formen errichtet werden muß, sondern auch zum gerichtlichen Protokoll erklärt und selbst mit einem anderen gerichtlich oder notariell vollzogenen Rechtsgeschäfte, z. B. mit einem Kauf- oder Ueberlassungsvertrage, gültig verbunden werden könne, läßt sich nicht bezweifeln, wenn nur die Vorschriften der Notariatsordnung beobachtet werden [90]).

4. Gegenstand der Verordnung in der privilegirten Form kann nur die Vertheilung des künftigen Nachlasses unter die Descendenten sein. Es darf daher keine Verfügung darin getroffen werden, welche bezweckt, einem Kinde den Pflichttheil zu nehmen, zu schmälern oder zu belasten, wohl aber kann die Vertheilung ungleich geschehen, und wenn es sich dabei zufällig, ohne ausgesprochene Absicht einer Verletzung, trifft, daß das eine oder das andere Kind etwas zu kurz kommt, so kann die Vertheilung nicht wegen Mangels der Form eines wirklichen Testaments angefochten, sondern es kann nur Ergänzung des Pflichttheils gefordert werden [91]). Es darf ferner keine Einmischung einer anderen Person, etwa des Ehegatten oder eines anderen Verwandten oder eines Fremden, wenn auch nur mit einem Legat, bei dieser Vertheilung vorkommen, eine solche Zuwendung wird für nicht geschrieben erachtet [92]). Die Vertheilung braucht jedoch nicht den ganzen Nachlaß zu erschöpfen, sie kann sich auf einzelne Stücke beschränken; was ungetheilt bleibt, fällt sämmtlichen Erben nach den Grundsätzen der gesetzlichen Erbfolge zu [93]), wobei denn die Zuwendungen aus der Vertheilung als Präcipua, nicht als Prälegate, die hier nicht stattfinden, zu behandeln sind. Das Landrecht spricht ausdrücklich nur von den Regeln der gesetzlichen Erbfolge ([93]), weil man an den Fall nicht dachte, daß die Erbfolge

90) Zu vergl. Erk. des Obertr. vom 17. März 1852 (Archiv f. Rechtsfälle Bd. VI, S. 68).

91) A. L.R. a. a. O. §§. 383, 379, 431. — Erk. des Obertr. vom 7. November 1859 (Entsch. Bd. XLII, S. 253) und vom 5. Dezember 1860 (Archiv f. Rechtsf. Bd. XXXIX, S. 270).

92) A. L.R. a. a. O. §§. 381, 382.

93) Ebenda §. 390.

schon durch ein förmliches Testament, in welchem jede Vertheilung ausgelassen worden, bestimmt sein könnte. Liegt dieser Fall vor, so muß bei der Vertheilung des ungetheilt Gebliebenen nach dem im Testamente bestimmten Einsetzungsmodus verfahren werden, weil die Regeln der Intestaterbfolge den testamentarischen Willen des Erblassers nicht ausschließen können [94]. — Ein anderer wichtiger Punkt ist, daß diese privilegirte Disposition die Vertheilung der künftigen Verlassenschaft nicht nach Quoten bewerkstelligen kann, z. B. durch die Vorschrift: mein Sohn A. soll ein Viertel, meine Tochter B. soll drei Viertel erhalten. Das würde eine Erbeseinsetzung in sich schließen und die Grundsätze der gesetzlichen Erbfolge beseitigen. Die Vertheilung hat es aber niemals mit der Bestimmung der Erbquoten zu thun, diese müssen schon vorher feststehen; der Theilungsrichter, dessen Geschäft der Erblasser in einer divisio parentum übernimmt, kann eher sein Amt nicht verrichten, bevor nicht die Erbquoten, entweder durch Gesetz oder Testament bestimmt, unstreitig sind, denn sein Geschäft besteht nur in der Vertheilung der einzelnen, in der Erbschaft befindlichen Gegenstände. Daher kann die elterliche Erbtheilung, wenn sie eben nichts anderes, kein Testament sein soll, auch nur auf die Theilung der einzelnen Erbstücke und Schulden gerichtet sein [95]. — Gemeinrechtlich ist es streitig: ob durch eine bloße divisio parentum eine Verbindlichkeit zur Kollation angeordnet werden könne. Diese Frage wird im Landrechte ausführlich in dem Sinne, welche dasselbe mit dem Begriffe der Konferenda verbindet, erledigt. Die Eltern können verfügen:

a) daß die noch unausgestatteten Kinder vor den ausgestatteten weniger, als die Ausstattungen oder Schenkungen der letzteren betragen, oder auch gar nichts zum Voraus nehmen sollen, welche Anordnung dem gemeinrechtlichen Erlasse der Kollationsverbindlichkeit, welcher in der divisio parentum gültig geschehen konnte [96], gleichkommt [97]. Sie können bestimmen:

b) wie hoch die Ausstattungen oder Schenkungen, die einige Kinder von ihnen erhalten haben, bei der Theilung mit den übrigen

---

94) Vergl. L. 21 in f. C. famil. erciscundae (III, 36): „— — quae nulli generaliter vel specialiter adsignavit (pater) facta divisione, in adjudicando patris sequetur voluntatem."

95) M. vergl. Göschen, Vorlesungen, §. 902, Bd. V, S. 297. — Mühlenbruch a. a. O. S. 237 ff.

96) L. 39, §. 1 D. familiae erciscundae (X, 2); Nov. 18, cap. 6; Nov. 48, c. 1. — Zu vergl. Erk. vom 19. Juni 1843 (Jur. Wochenschrift, 1843, S. 765).

97) A. L.R. a. a. O. §. 384.

angerechnet werden sollen, wenn kein Werth bei der Ausstattung oder Schenkung bestimmt worden ist, und keine Verletzung im Pflichttheile stattfindet [98]), welchenfalls eine Ergänzung desselben erfolgen müßte. Sie können

c) eins oder das andere von den Kindern verpflichten, sich auch solche von ihnen erhaltene Gelder oder Sachen, oder auf sie verwendete Kosten, auf ihren Erbtheil anrechnen zu lassen, d. h. einzuwerfen, auf welche sonst bei der gesetzlichen Erbfolge keine Rücksicht genommen wird; sie müssen jedoch in beiden Fällen (b u. c) den Betrag entweder in der Disposition selbst, oder durch Bezug auf eine von ihnen anderswo geschehene Anzeichnung, hinlänglich bestimmen, widrigenfalls der Befehl der Anrechnung selbst für nicht geschrieben erachtet wird [99]); aber sie können, auch durch förmliche letztwillige Verordnungen, nicht ein Kind verpflichten, etwas von demjenigen, was dasselbe einmal von ihnen eigenthümlich erhalten hat, wieder herauszugeben [100]).

5. Die Wirkung dieser privilegirten Disposition, wenn sie sich in den vorgeschriebenen Grenzen der bloßen Erbvertheilung hält, ist, daß sie auch gegen den Willen des einen oder des anderen Kindes ausgeführt werden muß und wegen etwaiger Verletzung im Pflichttheile nicht angegriffen, vielmehr nur die Ergänzung desselben mit der Erbtheilungsklage verlangt werden kann, wozu denn jeder der Uebrigen verhältnißmäßig beitragen muß, in sofern das Fehlende nicht aus demjenigen, was ungetheilt geblieben, entnommen werden kann. Da, wie gesagt, die Erbschaft in solcher Erbtheilung nicht nach Quoten geschehen darf, so kann hierbei auch kein jus accrescendi vorkommen [101]), sondern wenn ein Miterbe ausfällt, so bildet das, was ihm zugetheilt war, einen unvertheilt gebliebenen Gegenstand, welcher nach dem zur Anwendung kommenden Modus unter alle Uebrigen nachträglich vertheilt wird. Was der Eine mehr als der Andere erhält, kann, wie gesagt, nicht als Prälegat, sondern nur als Voraus angesehen werden, einestheils aus dem formellen Grunde, daß in einer Erbvertheilung überhaupt Legate, also auch Prälegate nicht vermacht werden können, anderentheils aber aus dem materiellen Grunde, weil dem Legatar von dem Erben in der Regel keine Gewähr zu leisten ist, wogegen die Miterben wegen der

98) Ebenda §. 385, verb. mit §§. 340, 341.

99) Ebenda §§. 386—388, verb. mit §. 329.

100) Ebenda §. 389. — Hierdurch wird der §. 313 a. a. O. nicht berührt.

101) Zu vergl. L. 33 D. familiae erciscundae (X, 2).

ihnen bei der Theilung zugewiesenen Sachen einander zur Gewährleistung gehalten sind[102]).

VIII. Das gemeine Recht hat noch zwei privilegirte Testamente: das sog. testamentum ad pias causas und das sog. testamentum posterius imperfectum. 1. Das von Neueren sog. testamentum ad pias causas stammt aus dem kanonischen Rechte und besteht darin, daß die einer Kirche oder einer milden Stiftung gemachten letztwilligen Zuwendungen rechtsbeständig sein sollen, wenn sie auch nur vor zwei oder drei Zeugen mündlich erklärt worden sind[103]). In dieser Form kann die pia causa zur Erbin eingesetzt oder auch nur mit einem Vermächtnisse bedacht werden. Ueber die Eigenschaften der Zeugen ist nichts bestimmt, man streitet daher darüber: ob die Zeugen der Solennität oder des Beweises wegen zuzuziehen seien. In der vorlandrechtlichen Zeit hatte das Obertribunal angenommen, daß das kanonische Recht die Zeugen bloß probationis, nicht solennitatis gratia erfordere und daß daher der Beweis auch per aequipollens, namentlich durch einen, von dem Erblasser eigenhändig geschriebenen und unterschriebenen Aufsatz vollständig geführt werden könne[104]). Außerdem ist noch manches Andere streitig. Das kann jedoch alles auf sich beruhen, denn das Landrecht hat dieses Privilegium nicht aufgenommen. Suarez erwähnt desselben in seiner revisio monitorum, auf die Erinnerung eines Monenten, daß es noch andere species von testamentis privilegiatis (als die aufgenommenen) gebe, nach Aufzählung der aufgenommenen mit folgenden Worten: „und 7) das testamentum ad pias causas ist eo ipso, da dessen nicht erwähnt wird, für aufgehoben zu achten, verdient auch wohl nicht, beibehalten zu werden[105])." 2. Unter dem testamentum posterius imperfectum versteht man ein solches, wodurch die in einem früheren feierlichen Testamente übergangenen oder ausgeschlossenen Intestaterben eingesetzt sind und also das frühere aufgehoben wird[106]). Dieses spätere Testament zu Gunsten der Intestaterben sollte vim rumpendi haben, wenn es auch nur vor fünf vereideten Zeugen mündlich erklärt worden war[107]). Es war

102) A. L.R. I, 17, §§. 97, 98. — L. 77, §. 8 D. de legatis II; L. 33 D. famil. erciscundae (X, 2).

103) C. 11 X. de testamentis (III, 26).

104) Erk. vom Januar 1772, und vom 16. Februar 1780 (Hymen, Beiträge, Bd. VI, S. 5 u. flg.).

105) Jahrbücher, Bd. LII, S. 17.

106) L. 2 D. de injusto, rupto, irrito facto testamento (XXXVIII, 3): „— et posteriore non perfecto superius rumpitur."

107) L. 21, §. 5 C. de testament. (VI, 23).

also als Testament imperfekt, da die neuere Kodizillarform genügen sollte, freilich mit einer hinzugefügten Vereidigung der Zeugen, welche sehr im Dunkeln ist, da Niemand weiß, wo und wem die Zeugen den Eid hätten leisten sollen. Diese privilegirte Testamentsform hat im preußischen Rechte gar keinen Boden und ist deshalb übergangen.

2. Die außergerichtlichen.

§. 62.

I. Das Testament vor dem Landesherrn. Eine zweite Art öffentlicher Testamente, neben der gerichtlichen, wurde von dem Kaiser Honorius durch eine Konstitution vom 18. Februar 413 eingeführt[1]). Sie bestand darin, daß man seinen letzten Willen mit einer Bittschrift dem Kaiser übergeben konnte. Dieses Recht sollte, nach einer Erneuerung dieses Gesetzes durch den Kaiser Valentinian III, Jedem zustehen, und ein solcher letzter Wille sollte ohne Form so vollgültig sein, wie jedes andere feierlich errichtete Testament, kraft der Wissenschaft und Gewahrsam des Kaisers. Es heißt dort: §. 1. „Sed quoniam Leonius, vir spectabilis, munitus veteribus constitutis, nostram supplex maluit exspectare sententiam, occasionem novandae legis amplectimur, salubri definitione censentes, ut, sive inter se conjugum, seu quorumcunque consensus, oblatis serenitati nostrae precibus optaverit, morte praeventis heredem superstitem fieri oportere personam, hoc ita ratum firmumque permaneat, ut nihil robustius aestimetur. §. 2. Et in augustam (nostram) notitiam pervenisse sufficiat, etiamsi nullum processerit ex hac parte responsum[2]).“ Man nennt dies ein testamentum principi oblatum. Die Form besteht eben darin, daß der letzte Wille schriftlich mittelst einer Bittschrift dem Kaiser überreicht werden mußte, sei es durch wörtliche Einschaltung in dieselbe, oder in der Gestalt einer Beilage. Von dieser Form sagt das Gesetz ([1]): „omnium testamentorum solemnitatem superare videtur.“ Dies bezieht sich jedoch nur auf die äußere Form der Errichtung, auf die solemnitas ordinationis; die wesentlichen Erfordernisse eines Testamentes, namentlich die Testirfähigkeit[3]), werden vorausgesetzt, auch muß

1) L. 19 C. eodem. — Walch, de testamento principi oblato. Jenae 1777.

2) Novella Valentiniani III. de testamentis v. J. 446 (Ritter, Collect. Novellarum Constitut. Imp. Justiniano anterior., Lib. II, tit. 4, pag. 108 sqq.; in Hugo, jur. civil. Antejustin., Tom. II, pag. 1320 sqq.).

3) L. 19 C. l. c.: „Omnibus enim praestandum esse censemus, ut libero

die innere Testamentsform in Ansehung der Erbeseinsetzung und der Enterbung beobachtet werden, wie ganz ausdrücklich hervorgehoben wird: „Ne tamen hoc testamenti genus plus justo muniisse credamur, si quis sibi vel inofficiosi querelam, vel praeteriti competere duxerit actionem, hanc utramque secundum juris et legum statuta servamus [4].“ — Wo die Bittschrift dem Kaiser übergeben werden mußte, ob es in seiner Ministerversammlung geschehen mußte, ob es auch außerhalb derselben in Gegenwart seines Gefolges zulässig war, oder ob sie auch dem Prinzeps allein überreicht werden konnte, ist streitig, eine Bestimmung darüber findet sich nicht. Bekannt ist nur, daß das Testament in dem kaiserlichen Archive niedergelegt wurde und daß hierauf der Charakter der Oeffentlichkeit der Testamentsurkunde beruhte, wie die Worte andeuten: „toto jure, quod in nostris est scriniis constitutum, teste succedit (1).“ Ein solches Testament konnte, wie jedes andere, willkürlich wieder zurückgenommen werden: „Voluntates etenim hominum audire volumus, non jubere, ne post sententiam nostram inhibitum videatur commutationis arbitrium, cum hoc ipsum, quod per supplicationem auribus nostris intimatur, ita demum firmum sit, si ultimum comprobetur, nec contra judicium suum defunctus postea venisse detegatur (1)“. Der heutige Gebrauch dieser Testamentsform in den Ländern des Gemeinen Rechts mag wohl sehr selten sein, Einige meinen sogar, ein solches Testament könne in Deutschland nicht mehr vorkommen, weil die deutschen Fürsten ihrem Geheimen Staatsrathe nicht mehr vorständen. Diese Rechtsgelehrten gehen nämlich von der Meinung aus, der römische Prinzeps habe nur in der Mitte seines versammelten Konsistoriums ein Testament angenommen. Das weiß man nicht, ist jedoch nicht wahrscheinlich, da ein solches Testament nichts anders war als oblatae preces, zu deren Ueberreichung wohl schwerlich die Zulassung in die Rathsversammlung erforderlich war. Bittschriften nehmen die deutschen Fürsten überall und jederzeit, wo und wann sie zugänglich sind, an und es fehlt ihnen, wenn sie öffentlich erscheinen, niemals an der Begleitung höchster Staatsbeamten, welchen dergleichen Bittschriften sofort in Verwahrung und zur weiteren Veranlassung überwiesen werden.

arbitrio, cui testandi facultas suppetit, successorem suum oblatis precibus possit declarare.“

4) Novella Valentiniani §. 6.

Das Landrecht hat diese Testamentsform aufgenommen. Nach der Randbemerkung: „3) Von privilegirten Testamenten, a) solchen, die dem Landesherrn übergeben worden [5])," zählt es dieselbe zu den privilegirten Testamenten. Dieses Testament ist aber kein Privilegium. Man wüßte auch nicht, wem dasselbe gegeben sein sollte: ob dem Landesherrn zur Annahme, oder dem Testator zur Uebergabe. Die Befugniß hierzu hat aber jeder Mensch, versteht sich, wenn der Landesherr zur Annahme geneigt ist; was aber Jedermann thun mag nach gemeiner Rechtssatzung, ist kein Privilegium. Die Bestimmung ist ganz allgemein, wie die des römischen Rechts: „Eine letztwillige Verordnung, welche der Landesherr — angenommen hat, ist gültig [6])." Eine Beschränkung dieser Form auf gewisse Personen oder auf gewisse Nothfälle findet sich nirgend, die Form ist nach der Theorie eine allgemeine wie die gerichtliche. — Ein wesentliches Erforderniß zur Gültigkeit ist es, daß „der Landesherr selbst die Verordnung aus den Händen des Testators angenommen hat." Dies ist nicht so zu verstehen, daß der Landesherr mit eigener Hand dem Testator das Schriftstück unmittelbar abgenommen haben müsse, er kann auch durch Einen aus seiner Begleitung dem Testator das dargereichte Schriftstück abnehmen lassen; das Wesentliche dabei ist das persönliche Zusammentreffen des Testators mit dem Landesherrn, so daß von diesem nicht eine Deputation zur Abnahme abgeordnet oder von dem Testator nicht ein Beauftragter zur Uebergabe gesendet wird; denn es soll nur „die geschehene persönliche Uebergabe glaubhaft bezugt sein ([6])." Eine Ausnahme hiervon machen Personen, welche zur Familie des Landesherrn gehören. Diese haben das Privilegium, daß sie ihre Disposition dem Haupte der Familie schriftlich einreichen können, nur muß hinzukommen, daß dieselbe dem Kabinetsarchive, oder einem Gerichte zur Aufbewahrung zugefertigt worden ist [7]). — Auf welche Weise der Aufsatz entstanden sein müsse, ob derselbe von dem Testator eigenhändig geschrieben, oder doch wenigstens unterschrieben sein müsse, darüber fehlt jede Bestimmung. Als selbstverständlich muß wohl angenommen werden, daß der Testator ihn unterschrieben habe, wiewohl darin nichts widersinniges liegen würde, wenn der Testator persönlich den Aufsatz offen oder versiegelt und überschrieben mit der Erklärung, daß darin sein Testament enthalten sei, überreichte und dieser Aufsatz vermöge der vor

5) Marginale zu §. 175, Th. I, Tit. 12.

6) Ebenda §. 175.

7) Ebenda §. 176.

dem Landesherrn mündlich ausgesprochenen Anerkennung als ein gültiges Testament auch ohne Unterschrift angesehen würde. Der Fall wird indeß schwerlich jemals vorkommen. — Eine praktische Schwierigkeit liegt bei einem von dem Testator dem Landesherrn persönlich überreichten Testamente in der Feststellung der Identität der Person nach Verlauf einer langen Zeit. Die Person, welche sich den Zutritt zur Uebergabe des Testaments ausgewirkt hat, kann eine ganz andere Person als der angebliche Testator, er kann ein Betrüger sein, der sich selbst zum Erben des angeblichen Testators eingesetzt hat. Mit der Feststellung der Identität kann und wird der Landesherr sich nicht befassen, was ja ohne eine ausführliche Verhandlung und schriftliche Protokollirung unausführbar sein würde. Daher ist das Institut unpraktisch. — Auch über die Publikation und darüber: wie man nach dem Tode des Testators in den Besitz der Urkunde gelangen könne, ist nichts bestimmt; man wird sich an das Ministerium durch das ordentliche Gericht des Erblassers zu wenden haben.

II. Gewisse Arten der Kodizille. Der landrechtliche Begriff der Kodizille ist schon oben (§. 15) angegeben. Hier muß jedoch die Eintheilung der Kodizille nach Gemeinem Rechte nachgeholt werden, weil damit die außergerichtliche Form einer gewissen Art zusammenhängt, und die Eintheilung ist auf die Entstehung dieser Art der letztwilligen Verordnungen zurückzuführen. Vor Augustus war das Testament die ausschließliche und nothwendige Form für sämmtliche letzte Willenserklärungen. Unter August kam durch Gewohnheit eine zweite Art auf. Darüber erzählt Justinian folgende Geschichte[8]): „Ante Augusti tempora constat jus codicillorum in usu non fuisse, sed primus Lucius Lentulus, ex cujus persona etiam fideicommissa coeperunt, codicillos introduxit. Nam cum decederet in Africa, scripsit codicillos testamento confirmatos, quibus ab Augusto petiit per fideicommissum, ut faceret aliquid, et cum Divus Augustus voluntatem ejus implesset, deinceps reliqui, auctoritatem ejus secuti, fideicommissa praestabant, et filia Lentuli legata, quae jure non debebat, solvit. Dicitur Augustus convocasse prudentes, inter quos Trebatium quoque, cujus tunc auctoritas maxima erat, et quaesisse: an posset hoc recipi, nec absonans a juris ratione codicillorum usus esset, et Trebatium suasisse Au-

8) Pr. Inst. de codicillis (II, 25).

gusto, quod diceret, utilissimum et necessarium hoc civibus esse propter magnas et longas peregrinationes, quae apud veteres fuissent, ubi, si quis testamentum facere non posset, tamen codicillos posset. Post quae tempora, cum et Labeo codicillos fecisset, jam nemini dubium erat, quin codicilli jure optimo admitterentur.“ Zum Verständniß des „scripsit codicillos testamento confirmatos“ muß hinzugedacht werden, daß Lentulus in Italien, vor seiner Abreise nach Afrika, ein solennes Testament errichtet hatte, welchem er zum ersten Male die s. g. Kodizillarklausel wegen der etwa in seinem Nachlasse vorfindlichen Nachzettel hinzufügte, etwa in der Formel: „si quos codicillos ad testamentum meum pertinentes reliquero, rati sunto [9]).“ Der Name codicilli, welchen der Erfinder dieser formlosen Nachzettel gegeben hat, ist dann beibehalten. Der um mehr als ein Jahrhundert jüngere **Paulus** lehrte über die verschiedenen Arten, welche sich mit der Zeit ausgebildet hatten, in einer Monographie über die Kodizille Folgendes [10]): „Conficiuntur codicilli quatuor modis: aut enim (1) in futurum confirmantur (z. B. mit der Klausel in dem Testamente: die künftig von mir noch gemachten Kodizille bestätige ich hiermit, oder sollen Kraft haben); aut (2) in praeteritum (z. B. die bereits von mir gemachten Kodizille bestätige ich); aut (3) per fideicommissum testamento facto (z. B. mit der bekannten Klausel: wenn mein Testament nicht als ein solches gelten sollte, so soll es als ein Kodizill gelten — die eigentlich s. g. Kodizillarklausel); aut (4) sine testamento (das bekannte Kodizill ab intestato). Damit sind wir auf dem Punkte angelangt, von welchem aus uns die Bestimmungen des preußischen Rechts verständlich sind; was noch über die Formen übrig ist, belehrt uns nicht.

Das preußische Recht nimmt zuvörderst auf das codicillum in praeteritum confirmatum (Nr. 2) gar keine Rücksicht, es versteht sich von selbst, daß, wenn ein Erblasser ein gesetzlich zugelassenes Kodizill gemacht hat, und hinterdrein noch ein Testament errichtet, worin das Kodizill nicht zurückgenommen oder sonst indirekt unwirksam gemacht worden ist, dasselbe neben dem Testamente bestehen bleibt. Die dritte Art, die eigentlich s. g. Kodizillarklausel, ist dadurch ver-

---

9) **Theophilus**, Paraphrasa Graeca Inst. ad pr. eodem. — Zu vergl. die Konfirmationsklauseln in: L. ult. D. de fideicommiss. libert. (XL, 5); L. 18 D. de jure codicillorum (XXIX, 7); L. 28, §. 1 D. de liber. legata (XXXIV, 3). — Zu vergl. **Fein**, Fortsetzung von **Glück**, Bd. XLIV, S. 26.

10) L. 8 pr. D. de jure codicillorum (XXIX, 7).

schwunden, daß sie in jedem Testamente als selbstverständlich enthalten erachtet wird. Es bleiben also nur übrig der codicillus in futurum confirmatus und der codicillus ab intestato, und diese beide Arten sind aufgenommen, der codicillus ab intestato jedoch nur mit einer großen Einschränkung.

Voraus ist zu erinnern, daß auch bei diesen beiden zugelassenen Arten von außergerichtlichen Kodizillen die physische Testirfähigkeit und die aktive wie passive Testamentifaktion so vollständig wie bei der Errichtung eines Testaments vorhanden sein muß [10a]).

1. Der codicillus in futurum testamento confirmatus war ursprünglich in das Landrecht nicht aufgenommen. Es war vorgesehen, daß nur Theilungsvorschriften, außer dem Falle der divisio parentum etc., in bloß außergerichtlichen Aufsätzen alsdann gültig sein sollten, wenn sich solche der Testator in seinem Testamente ausdrücklich vorbehalten hätte [11]). Außerdem war vorgeschrieben: „Hat der Erblasser in seinem Testamente ausdrücklich verordnet, daß keine schriftlichen Aufsätze, welche sich in dem Nachlasse finden möchten, gültig sein sollen; so hat es dabei sein Bewenden, auch wenn diese in dem gerichtlichen Testamente enthaltene Erklärung in dem außergerichtlichen Kodizille widerrufen wäre [12]).“ Bis dahin hatte eine konstante Praxis dergleichen in einem rechtsgültigen Testamente vorbehaltene Kodizille, so weit darin an der direkten Erbfolge nichts geändert war, für eben so vollgültig erachtet [13]), wie das Testament, aus welchem sie ihre Kraft hatten, selbst, und es entstand die Frage: ob durch die beiden Bestimmungen ([11 u. 12]) das bestehende Recht abgeändert worden sei. In der Absicht der Verfasser mochte dies wohl gelegen haben, denn Suarez äußert sich über die im Testamente vorbehaltenen Kodizille sehr ungünstig. Es sei in der That sonderbar, daß nach heutiger Gesetzgebung und Praxis zur Ernennung eines Erben soviel Umstände und Förmlichkeiten erfordert würden, und daß dagegen, wenn nur erst ein Testament vorhanden und darin die facultas codicillandi reservirt sei, jeder Zettel oder Wisch, der unter des Testators Sachen oder Skripturen gefunden werde,

---

10a) L. 6, §. 3 D. de jure codicillorum: „Codicillos is demum facere potest, qui testamentum facere potest.“ — L. 8, §. 2 D. eodem: „Codicilli totiens valent quotiens quis testamentum facere potuit.“

11) A. L.R. I, 12, §. 171.

12) Ebenda §. 163.

13) M. s. die verschiedenen Präjudikate des Kammergerichts und des Obertribunals aus der Mitte des vor. Jahrhunderts in Hymen, Beiträge zur jurist. Literatur, Bd. IV, S. 52 ff. — Zu vergl. Stryk, Usus mod., L. XXIX, tit. 7, §. 3 und Caut. testam. cap. 16, §. 22.

gelten müsse, also daß durch dergleichen nachgemachte und untergeschobene Zettel fast über den ganzen Nachlaß zum Nachtheile des sehr schön und förmlich eingesetzten Erben disponirt werden könne. Deshalb seien die condicilli testamento confirmati sehr eingeschränkt, wobei er auf die §§. 161 — 174 verweiset [14]). Allein es ist doch nicht ausdrücklich eine Rechtsänderung verordnet worden, vielmehr läßt sich die Meinung, daß es in dieser Beziehung beim Alten geblieben sei, nicht geradezu für unberechtigt erklären. Denn der §. 161 giebt durch gar nichts zu erkennen, daß er sich auf testamentarisch bestätigte Kodizille beziehe, er spricht nie von Kodizillen ab intestato. Verordnet nun der §. 163, daß, wenn der Erblasser in seinem Testamente ausdrücklich verordnet habe, daß keine schriftlichen Aufsätze, welche sich in dem Nachlasse finden möchten, gültig sein sollen, es dabei sein Bewenden habe, so ist der Schluß aus dem Gegensatze nicht unlogisch, daß die ausdrückliche Verordnung, daß schriftliche Aufsätze gelten sollen, nicht verboten sei. Und in der That erkennt der §. 171 die Zulässigkeit einer solchen Verordnung an, indem er bestimmt, daß auch außer dem Falle einer divisio parentum Theilungsvorschriften in bloß außergerichtlichen Aufsätzen gültig sind, wenn es der Erblasser sich ausdrücklich vorbehalten hat. Denn eine dergleichen Erbvertheilung ist nichts anderes als ein codicillus testamento confirmatus und dazu ein solches, welches sehr wesentlich und empfindlich für den einen oder den anderen Erben eingreifen und dessen Berufung indirekt illusorisch machen kann. Die Gesetzgebung hat denn auch bald diese Rechtsungewißheit durch ein bestätigtes Gutachten der Gesetzkommission vom 23. Oktober 1800 beseitigt [15]), und daraus folgende ergänzende Bestimmung in den Anhang zum Allg. Landrecht aufgenommen:

§. 35 (zu §. 163 d. T.). „Behält sich der Erblasser in seinem rechtsbeständigen Testamente die Befugniß vor, dasselbe durch außergerichtliche Aufsätze zu ergänzen, oder abzuändern, und es finden sich dergleichen im Nachlasse, so haben sie mit dem Testamente gleiche Kraft. — Ob dergleichen Kodizille außer der eigenhändigen Unterschrift des Testators noch mit anderen Erfordernissen versehen sein müssen, hängt von den Bestimmungen ab, welche das Testament des Erblassers dieserhalb enthält."

---

14) Schlußvorträge, in den Jahrbüchern, Bd. XLI, S. 70.

15) R. vom 3. November 1800 (Neues Arch. Bd. I, S. 402 und Rabe, Samml., Bd. VI, S. 338). — Ueber die Kontroverse selbst s. m. den in Stengel's Beiträgen Bd. XII, S. 225 beurtheilten Rechtsfall.

Damit ist denn der formlose codicillus in futurum testamento confirmatus des vorjustinianischen Rechts vollständig wiederhergestellt. Er hat gesetzlich kein anderes wesentliches Erforderniß als die eigenhändige Unterschrift des Testators. Hierzu sind noch folgende Punkte zu bemerken:

a) Die Bestätigung künftiger außergerichtlicher Kodizille kann in jeder letzten Willenserklärung geschehen, welche in der ordentlichen Form eines Testaments errichtet worden ist[16]), also nicht allein in einer letzten Willenserklärung mit einer Erbeseinsetzung, sondern auch in einer solchen ohne Erbeseinsetzung.

b) Das außergerichtliche[16a]) testamentarische Kodizill hat, dem Testamente, zu welchem es gehört, gegenüber, eine accessorische Natur, und fällt mithin nach der kodizillarrechtlichen Fiktion, als ein Theil desselben, zusammen, wenn das Testament nicht bestehen kann[17]). Alle Gründe der Ungültigkeit der Hauptverordnung stoßen auch die testamentarischen Kodizille um[18]). Das Kodizill kann also nicht ohne das Testament bestehen. Umgekehrt aber kann das Kodizill aus besonderen Gründen ungültig sein, ohne daß dadurch die Gültigkeit des Testaments berührt wird. Dergleichen besondere Gründe sind: aa) wenn der Testator, welcher sich künftige Kodizille in seinem rechtsgültig errichteten Testamente vorbehalten hat, später handlungsunfähig, z. B. wahnsinnig wird und in diesem Zustande ein bestätigtes Kodizill errichtet[19]); bb) wenn das Kodizill allein auf gültige Weise widerrufen worden ist[20]); cc) wenn das Kodizill für falsch oder verfälscht erklärt wird[21]); dd) wenn ein Formmangel vorhanden ist, z. B. die eigenhändige Unterschrift fehlt, oder ein von dem Testator selbst vorgeschriebenes anderes Erforderniß nicht beobachtet worden ist; ee) wenn es an Vollständigkeit der Erklärung in Ansehung des Inhalts fehlt, was man imperfekt im eigentlichen Sinne nennt[22]).

16) A. L.R. a. a. O. §§. 66, 175. — Pl.-Beschl. (Pr. 2714) des Obertr. vom 4. März 1861 (Entsch. Bd. XLV, S. 1). — Zu vergl. L. 5 D. de jure codicillorum (XXIX, 7).

16a) Hat es die ordentliche Testamentsform, so ist es selbständig.

17) „Behält sich der Erblasser in seinem rechtsbeständigen Testamente die Befugniß vor —.“ Anh. §. 35. — L. 3, §. 2; L. 10, §. 16 D. eodem. — L. 1 C. de codicillis (VI, 36).

18) Zu vergl. L. 12 pr. D. de injusto rupto (XXVIII, 3).

19) L. 2, §. 3 D. de jure codicillorum (XXIX, 7).

20) L. 1, §. 5 D. de his quae in testam. delentur (XXVIII, 4).

21) L. 5, §. 14 D. de his quae ut indignis (XXXIV, 9).

22) §. 7 Inst. quibus modis testam. infirm. (II, 17): „— imperfectum testamentum sine dubio nullum est.“

c) Auch von dem bestätigten Kodizill gilt die Rechtsregel: codicillis hereditas neque dari neque adimi potest[23]). Die Anwendung des ersten Theils hiervon besteht darin, daß in einem Kodizille kein Erbe ersten Grades berufen werden kann (§. 15), es kann aber auch nicht eine Vulgarsubstitution zur Ergänzung des Testaments in dem Kodizill nachgeholt werden, da dieselbe eine bedingte direkte Erbeseinsetzung ist[24]). Ebenso wenig ist darin eine Pupillar=Substitution rechtlich möglich[25]). Gegen diesen Grundsatz würde es aber auch verstoßen, wenn eine im Testamente angeordnete bedingte Erbeseinsetzung in dem Kodizille in eine unbedingte verwandelt würde, oder wenn der testamentarisch bestimmten Bedingung eine neue Bedingung hinzugefügt würde, oder wenn man an die Stelle der testamentarischen Bedingung eine andere setzte; denn das würde nicht allein gegen den ersten Theil, sondern auch gegen den zweiten Theil der Rechtsregel: hereditas codicillis adimi non potest, anlaufen, da hierdurch die testamentarische Einsetzung aufgehoben und eine andere angeordnet werden würde. Auch läßt sich eine im Testamente aus irgend einem Grunde ungültig verordnete Erbeseinsetzung durch eine nachträgliche Erklärung im Kodizille nicht heilen. Kurz, die Erbeseinsetzung muß im Kodizille ganz unberührt bleiben. — Dagegen konnte nach römischem Rechte eine fideikommissarische Substitution in einem Kodizille allerdings gültig geschehen, selbst die Anordnung eines Universalfideikommisses[26]), obgleich der Universalfideikommissar ein Universalsuccessor (heredis loco) war[27]). Und dieses Alles ist auch nach preußischem Rechte zulässig, wenn nur die letzte Willensverordnung eine gültige ist. — Der zweite Theil jener Rechtsparömie „codicillis hereditas adimi non potest" verhindert: aa) einem Intestaterben die Erbschaft zu entziehen. Nach römischem Rechte ist dieser Fall nicht denkbar bei einem testamento in futurum bestätigten Kodizill, weil ja dasselbe die bereits gesche=

23) §. 2 Inst. de codicill. (II, 25); L. 2 C. eodem (VI, 36); L. 76 D. ad SC. Trebellianum (XXXVI, 1). — Pr. des Obertr. 1201 vom 17. Oktober 1842 (Entsch. Bd. VIII, S. 272). Vergl. unten Nr. 2 des Textes.

24) A. L.R. a. a. O. §. 50. — §. 2 Inst. eodem; L. 6 pr. D. eodem; L. 7 C. eodem.

25) A. L.R. II, 2, §§. 525, 526. — Pr. Inst. de pupill. subst. (II, 16); L. 76 D. ad SC. Trebell. (XXXVI, 1).

26) §. 2 Inst. de codicillis (II, 25). — Gajus, II, §. 273; Ulpian., Fragm. XXV, §. 11.

27) §. 3 Inst. de fideicommiss. hered. (II, 23); L. 44, §. 1 D. ad SC. Trebell. (XXXVI, 1); L. 68 pr. in f. D. eodem; L. 5, §. 1 D. quod cum eo (XIV, 5). — Gajus, II, §. 251.

hene Einsetzung eines Testamentserben voraussetzt, wodurch der Intestaterbe schon ausgeschlossen ist. Nach preußischem Rechte könnte dies vorkommen, wenn nämlich der Erblasser eine letzte Willensverordnung ohne Erbeseinsetzung gerichtlich errichtet und sich darin künftige Beizettel vorbehalten hätte. Nun könnte es kommen, daß, wenn er zwei Brüder hätte, welche ihn nothwendig Beide ab intestato beerben würden, falls er keinen Testamentserben hinterläßt, er in einem Nachzettel verordnete: „mein Bruder Wilhelm soll nicht mein Erbe sein." Das wäre ebendasselbe als wenn er geschrieben hätte: „mein Bruder Friedrich soll mein Alleinerbe sein." Er verhindert ferner bb) die gültige Enterbung eines Notherben[28]; cc) die Ausschließung eines testamentarischen Erben; daher kann die testamentarische Erbeseinsetzung nur durch ein späteres Testament abgeändert werden[29]; er macht endlich dd) die Verwandlung einer unbedingten Erbeseinsetzung in eine bedingte durch ein Kodizill unmöglich, weil dadurch dem Testamentserben auf den Fall, daß die Bedingung ausfiele, die Erbschaft entzogen werden könnte.

d) Die unter dem vorhergehenden Buchstaben (c) abgehandelte Rechtsregel hat in der preußischen Praxis Anfechtung gefunden. In dem oben mitgetheilten §. 35 des Anh., wodurch die durch das Landrecht zweifelhaft gewordenen bestätigten Kodizille außer Streit gesetzt worden sind, wird der Ausdruck gebraucht: „so haben sie (die außergerichtlichen Aufsätze) mit dem Testamente selbst gleiche Kraft", und vorher gehen die Worte: „Behält sich der Erblasser — die Befugniß vor, das Testament durch außergerichtliche Aufsätze zu ergänzen, oder abzuändern." Jemand hatte in seinem Testamente vorbehalten, dasselbe durch außergerichtliche Aufsätze abzuändern und zu ergänzen, mit der Verordnung, daß dergleichen Aufsätze, wenn sie sich in seinem Nachlasse fänden, gleiche Kraft haben sollten, als ob sie dem Testamente wörtlich einverleibt worden seien. Er machte von dem Vorbehalte Gebrauch und hinterließ einen solchen Aufsatz, worin er die testamentarische Erbeseinsetzung aufgehoben und andere Personen zu seinen Universalerben ernannt hatte. Diese nahmen die Erbschaft in Anspruch, sich auf den §. 35 berufend, wonach der Testator, wenn er sich solches vorbehalte, befugt sei, durch einen außergerichtlichen Aufsatz das gerichtliche Testament

28) A. L.R. II, 2, §§. 379, 431, 500. — Gajus, II, §. 237. — §. 2 Inst. de codicillis (II, 25); L. 14 C. de testam. (VI, 23).

29) A. L.R. I, 12, §. 579. — §. 2 Inst. quib. mod. testam. infirm. (II, 17); Gajus, II, §. 144; Ulpian., XXIII, 2. — L. 4 C. de his quae ut indignis (VI, 35).

abzuändern und zu ergänzen, und wodurch dergleichen Nachträgen ganz ausdrücklich mit dem Testamente selbst gleiche Kraft beigelegt worden sei. Das Gesetz beschränke die Befugniß zur Abänderung des Testaments nicht auf gewisse Theile oder Bestimmungen desselben, es gestatte die Abänderung ganz allgemein und die Abänderung der Erbeseinsetzung sei nicht ausgeschlossen. Es sei willkürlich und daher unzulässig, eine solche Unterscheidung und Beschränkung in das Gesetz hineinzulegen. — Gegen diese Ausführung läßt sich kaum etwas aufbringen, wenn man einräumen müßte, daß der §. 35 eine willkürlich erfundene, absolute, für sich allein dastehende Satzung enthielte. Da jedoch der Inhalt einen organischen Zusammenhang mit allen übrigen Begriffen des Erbrechts hat, und alle zusammen sich innerlich bedingen, ergänzen und zu einem Ganzen verbinden, so können die Worte des §. 35 nicht aus ihrer Verbindung mit dem Ganzen herausgerissen und nach dem gemeinen Sprachgebrauch verstanden werden. Müssen sie dagegen in Beziehung zu jenen Rechtsbegriffen, mit welchen sie zusammen gehören, gelassen werden, so ist die Ausführung unjuristisch. Dieselbe hat auch an keiner Stelle Beifall gefunden. Gegenstand und Inhalt des §. 35 ist, außer der Formvorschrift, weiter nichts als die Entscheidung der Frage: ob das testamento in futurum bestätigte Kodizill, oder, wie wir es nennen, das vorbehaltene Kodizill, als Institut im preußischen Rechte Geltung habe, oder nicht. Ueber sein Verhältniß zu anderen Arten von letzten Willensverordnungen, namentlich zum wirklichen, in ordentlicher Form errichteten Testamente, und über seinen materiellen Wirkungskreis lag eine Frage, wie aus dem Gutachten der Gesetzkommission (15) klar erhellet, nicht vor, es fehlte daher Veranlassung und Absicht, hierüber eine Bestimmung zu treffen, es kann daher hierüber aus den Ausdrücken des §. 35 gar nichts herausgesucht werden. Das Obertribunal hat bei Entscheidung dieses Rechtsfalls sich veranlaßt gefunden, als Rechtsgrundsatz festzustellen: „In vorbehaltenen Kodizillen darf die in dem Testamente geschehene Erbeseinsetzung nicht geändert werden [30].“ Damit ist die Uebereinstimmung des preußischen Rechts mit dem Gemeinen in dieser Beziehung außer Zweifel gesetzt. Der Ausdruck des §. 35: „haben mit dem Testamente gleiche Kraft“, sagt nur dasselbe, was nach Gemeinem Rechte unbestritten feststeht:

---

30) Pr. 1201, vom 17. Oktober 1842 (Präj.-Samml. I, S. 74, u. Entsch. Bd. VIII, S. 272). — Zu vergl. Erk. des Obertr. vom 22. Mai 1857 (Archiv f. Rechtsf. Bd. XXIV, S. 333).

dergleichen Kodizille stehen und fallen mit dem Testamente, aus welchem sie ihre Kraft erhalten haben; ihre rechtliche Natur und Wirksamkeit als Kodizille, welche an einem anderen Orte bereits bestimmt ist[31]), wird dadurch gar nicht berührt, aber Eins folgt daraus, daß sie nicht, wie die Intestat-Kodizille (Nr. 2), in ihrer Wirksamkeit quantitativ beschränkt sind; es kann darin über jeden Vermögensgegenstand, ohne Rücksicht auf die Größe seines Werths, verfügt werden.

e) Aus den im §. 35 gebrauchten Worten: „und es finden sich dergleichen (vorbehaltene Kodizille) im Nachlasse", ist die Behauptung hergenommen worden, es gehöre zu den wesentlichen Formalitäten, daß der Erblasser den Aufsatz zur Zeit seines Todes in seinem eigenen Verschlusse oder in seiner persönlichen Gewahrsam habe, so daß das Kodizill ungültig sei, falls es vom Erblasser einem Dritten zur Verwahrung übergeben worden und bei diesem bis zu des Erblassers Tode verblieben. Die Behauptung entbehrt jedes Rechtsgrundes. Ueber die Aufbewahrung der außergerichtlichen Kodizille ist gar nichts bestimmt; hinsichtlich der außergerichtlichen Intestatkodizille (§. 161 d. T.) ist nicht einmal des Ortes ihrer Auffindung erwähnt, und es ist völlig gleichgültig, wo außergerichtliche Kodizille bis zum Tode des Erblassers und beziehungsweise bis zur Einreichung bei Gerichte behufs Publikation aufbewahrt worden sind; eine bestimmte Aufbewahrungsart oder ein Aufbewahrungsort ist als Formalität nicht vorgeschrieben und es würde der Gültigkeit der Verordnung gar nichts schaden, wenn der Erblasser den Aufsatz weder bei sich aufgehoben, noch einem Dritten anvertraut, sondern unmittelbar dem Honorirten selbst eingehändigt hätte. Im Nachlasse findet der Aufsatz sich vor, weil ihn der Erblasser hinterlassen hat, gleichviel, wer ihn zur Zeit des Todes des Erblassers in der Hand hält; der Erblasser ist mit Hinterlassung eines Kodizills verstorben und das allein ist, auf was es ankommt. Die unjuristische Behauptung hat auch bei keinem Richter Anerkennung gefunden[31a]).

f) Von demjenigen Theile einer letzten Willensverfügung, welcher nicht vermögensrechtliche Bestimmungen, sondern Anordnungen anderer Art, namentlich vormundschaftliche Anordnungen enthält, wird unter Nr. 2, a, lit. cc, Abs. β das Erforderliche nachgewiesen werden.

2. Der codicillus ab intestato, das Intestatkodizill in zwei

31) A. L.R. I, 12, §. 5.

31a) Erk. des Obertr. vom 6. Dezember 1861 (Arch. f. Rechtsf. Bd. XLIII, S. 248).

unbedeutenden Ausnahmen. Dieses steht im Gegensatze zu den testamentarischen Kodizillen, indem es, während die letzteren Accessorien ihres Testaments sind, volle Selbstständigkeit hat. Paulus bezeichnet den Charakter desselben mit den Worten: „vicem testamenti exhibent [32]", das Intestatkodizill vertritt die Stelle eines Testaments bei der Intestaterbfolge, wobei also die Erbeseinsetzung als bereits gegeben ausfällt, so daß es nur Verordnungen enthält, die der Testator getroffen haben könnte, wenn er dieselben Personen, welche nun ab intestato berufen sind, eingesetzt hätte. Dabei besteht eine Gleichheit hinsichtlich der Erfordernisse der physischen Testirfähigkeit und der aktiven Testamentifaktion. Dieses vorausgesetzt kann dann also der Erblasser, vermöge seiner indirekten letztwilligen Liberalität, durch das Intestatkodizill seine Intestaterben (abgesehen von Notherben) ganz nach Gefallen belasten, denn er hätte ja Fremde zu seinen Erben berufen können. Dieses wird ganz positiv von den römischen Juristen ausgedrückt:

„Si quis quum testamentum nullum habebat, codicillis fideicommissa hoc modo dedit: quisquis mihi heres erit bonorumve possessor, ejus fidei committo, fideicommissa praestari debent, quia paterfamilias, qui testamenti factionem habet et codicillos faceret, perinde haberi debet ac si omnes heredes ejus essent, ad quos legitima ejus hereditas vel bonorum possessio perventura esset. — Sed et si post codicillos factos natus quis esset proximus agnatus vel suus heres, fideicommissum praestari debebit; intelligitur enim is quoque heres scriptus, et ideo non perinde habendus est, ac si rupisset codicillos [32a]." Denselben Gedanken drückt Paulus so aus: „Sed ideo fideicommissa dari possunt ab intestato succedentibus, quoniam creditur paterfamilias sponte sua his relinquere legitimam hereditatem [33]."

Dergleichen Belastungen des Intestaterben beschränken sich jedoch auf dasjenige, was der Intestaterbe von dem Erblasser wirklich erhält, der Erblasser kann mithin z. B. nicht eine Sache des Erben oder eines Dritten mit der Wirkung vermachen, daß der Intestaterbe

32) L. 16 D. de jure codicillorum (XXIX, 7).

32a) L. 3 pr. §. 1 D. eodem.

33) L. 8, §. 1 D. eodem. — Zu vergl. L. 16 u. L. 19 D. eodem; L. 6, §. 1 D. de leg. III; L. 92, §. 2 D. de leg. I.

solche dem Vermächtnißnehmer anschaffen müßte; nach römischem Rechte konnte man auch nicht Legate, sondern nur Fideikommisse in einem Intestatkodizille verlassen[34]. Dieser Unterschied besteht im preußischen Rechte nicht; der einzige materielle Unterschied zwischen einem wahren Testamente und einem Intestatkodizille besteht allein darin, daß in dem letzteren keine direkte Erbeseinsetzung enthalten ist, doch enthalten sein könnte, aber dann hieße die Urkunde eben ein Testament und nicht ein Kodizill, die Unterscheidung zwischen Testament und Kodizill ist mithin nur nominell, denn es besteht im Landrechte auch kein formeller Unterschied zwischen Testament und Kodizill, wenigstens in der Regel nicht, denn die Vorschrift lautet: „Jedes Testament oder Kodizill muß in der Regel vom Testator selbst den Gerichten übergeben, oder zum gerichtlichen Protokolle erklärt werden[35].“ Hiervon finden nur zwei unbedeutende Ausnahmen statt, von welchen sogleich näher gesprochen werden soll (unter a und b). Diese sind eigentlich nicht als im Rechtssystem begründete Ausnahmen anzusehen, sondern sie sind positiv bewilligte Benefizien, vermittelst welcher dem Erblasser, wegen Geringfügigkeit des Gegenstandes, erhebliche Kosten und Umstände nachsichtsvoll erlassen sein sollen. Das österreichische bürgerliche Gesetzbuch, welches ebenfalls keinen formellen Unterschied zwischen Testament und Kodizill kennt, sondern nur diese zwei verschiedenen Benennungen beibehalten hat, je nachdem die letzte Willenserklärung eine Universalsuccession oder nur eine Singularsuccession anordnet[36], läßt keine derartige Ausnahme zu, schreibt aber auch für die äußere Form nicht Formalitäten vor, welche durch Kostspieligkeit und Beschwerlichkeit drückend sind[37]. Hierdurch nun hat im preußischen wie im römischen Rechte der Rechtssatz: „codicillis hereditas dari non potest“, seine praktische Bedeutung verloren, nur daß er für das preußische Recht noch in Betreff der außergerichtlichen Kodizille seine Geltung hat. Wir gelangen jetzt zu den gedachten beiden Rechtswohlthaten.

a) Letzte Willensverordnungen, welche, wenn deren mehrere vorhanden sind, zusammengenommen nicht

---

34) L. 43 D. de manum. testam. (XL, 4). — Zu vergl. §. 1 Inst. de codicillis (II, 25).

35) A. L.R. I, 12, §. 66.

36) §. 553: „Wird in einer letzten Anordnung ein Erbe eingesetzt, so heißt sie Testament; enthält sie aber nur andere Verfügungen, so heißt sie Kodizill.“

37) Bürg. Ges.-B. §§. 577 u. flg.

über mehr als den zwanzigsten Theil des Nachlasses verfügen, können außergerichtlich errichtet werden[38]). Hierdurch sollte für den Fall gesorgt werden, wenn ein Sterbender in seinen letzten Stunden noch irgend einem Freunde, einem Domestiken, der ihn z. E. in der letzten Krankheit gepflegt ꝛc., ein Andenken oder eine Belohnung hinterlassen wolle[39]). Die Formen dafür nehmen auf den Zustand in den letzten Stunden gerade nicht viel Rücksicht.

aa) Die Voraussetzung ist, daß ein Testament nicht vorhanden, oder, wenn vorhanden, darin eines künftigen außergerichtlichen Kodizills nicht Erwähnung geschehen sei. Ist eines solchen gedacht worden, so kann dies in einem verbietenden, oder in einem bestätigenden Sinne geschehen sein. Hat der Testator den schriftlichen Aufsätzen, welche sich in seinem Nachlasse finden oder nach seinem Tode zum Vorschein gebracht werden möchten, die Gültigkeit abgesprochen, so gelten dieselben nicht, wenngleich in denselben die testamentarische Erklärung widerrufen, und der Gegenstand noch so gering wäre[40]). Ist dagegen die Befugniß zur Errichtung solcher außergerichtlichen Verordnungen vorbehalten, so findet auf dieselben die Beschränkung hinsichtlich des Betrages des Gegenstandes keine Anwendung, und es kann keine Reduktion bis auf den zwanzigsten Theil des Nachlasses verlangt werden.

bb) Für diese außergerichtlichen Kodizille sind zwei Formen vorgeschrieben: entweder α) ein von dem Erblasser eigenhändig geschriebener und unterschriebener Aufsatz, worin Jahr und Tag, wo er errichtet worden, nothwendig angegeben sein muß[41]); oder β) ein von einem Notar, unter Zuziehung eines Zeugen, aufgenommenes, von dem Erblasser, dem Notar und dem Zeugen unterschriebenes Kodizill[42]). Ob der Zeuge ein bloßer Beweiszeuge sein könne, oder die Eigenschaften eines Instruments- oder Notariatszeugen haben müsse, ist unbestimmt gelassen und auch aus dem Rechtsfalle, welcher zu dieser nachträglich eingeführten zweiten Form Anlaß gegeben hat, nicht zu ersehen[43]). Da es hier jedoch nur auf die Ge-

38) A. L.R. I. 12, §. 161.

39) Suarez, Schlußvorträge (Jahrb. Bd. XLI, S. 76).

40) A. L.R. a. a. O. §. 163.

41) Ebenda §§. 161, 162. Dabei scheint man Justinian's testamentum parentum im Sinne gehabt zu haben.

42) Anh. z. A. L.R. (§. 162 d. T.), §. 34.

43) R. vom 6. Februar 1801 und der demselben zum Grunde liegende Bericht vom 24. Januar 1801 (Rabe, Bd. VI, S. 451).

wißheit des Willens, nicht auf Solennitäten ankommt, so wird auch ein völlig glaubwürdiger Beweiszeuge genügen. γ) Ein eigenhändig ge= und unterschriebenes Privattestament, welches wegen unterbliebener gerichtlicher Niederlegung als Testament nicht zu Recht bestehen kann, ist ebenfalls als ein rechtsgültiges Intestatkodizill hinsichtlich der darin ausgesetzten Legate bis zum zwanzigsten Theil des Nachlasses anerkannt worden[44]. Dagegen hat ein früher gerichtlich deponirtes, aber zurückgenommenes, jedoch aufgehobenes Testament, auch in Beziehung auf die darin ausgesetzten, den zwanzigsten Theil des Nachlasses nicht übersteigenden Legate, nicht die Kraft eines im Nachlasse vorgefundenen Intestatkodizills[45].

Wo und von wem das Kodizill bis zum Tode des Erblassers aufbewahrt worden, ist völlig gleichgültig[46].

cc) Ueber den Inhalt oder Gegenstand eines solchen Kodizills ist besonders vorgeschrieben:

α) Legate bis zum zwanzigsten Theile des Nachlasses können mehrere in Einem Kodizill oder in mehreren Kodizillen vermacht werden. Zur Begründung des Anspruchs auf Entrichtung dieser Legate ist die Behauptung, daß dieselben den zwanzigsten Theil des Nachlasses nicht übersteigen, nicht erforderlich, sondern der Erbe muß einwenden und beweisen, daß dieser Theil überstiegen sei. Den Beweis muß er durch Auflegung eines „vollständigen Verzeichnisses des ganzen Nachlasses" führen[47]. Gegen das aufgelegte Inventarium stehen den Legatarien alle Erinnerungen offen, welche Miterben und Gläubiger gegen das Inventarium des Erbschaftsbesitzers vorzubringen berechtigt sind und schließlich muß der Beklagte auf Verlangen der Kläger den Manifestationseid schwören. Gelingt ihm der Beweis, so werden alle durch dergleichen Kodizille vermachte Legate, die vermachten Renten mit ihrem Kapitalswerthe zu fünf Prozent kapitalisirt ([44]), zusammengerechnet, wobei also die in dem etwa vorhandenen gerichtlichen Testamente ausgesetzten Legate nicht in Anschlag kommen, und die Gesammtsumme wird auf den Betrag des zwanzigsten Theils des nach Abzug der Schulden verbleibenden Nachlasses reduzirt. Dieser Betrag wird auf alle Legatare nach Verhältniß ihrer Legate vertheilt[48].

---

44) Erk. des Obertr. vom 7. Februar 1859 (Entsch. Bd. XL, S. 108).
45) Erk. dess. vom 28. Dezember 1849 (Entsch. Bd. XIX, S. 171).
46) Erk. dess. vom 6. Dezember 1861 (Arch. f. Rechtsf. Bd. XLIII, S. 248).
47) A. L.R. a. a. O. §§. 161 u. 164.
48) Ebenda §§. 165—168.

β) „Auch Verordnungen wegen des Begräbnisses, wegen Bevormundung der Kinder, und anderer dergleichen das Vermögen nicht betreffenden Punkte, können in solchen außergerichtlichen Aufsätzen gültig getroffen werden [49]).“ Die Verordnung „wegen Bevormundung der Kinder“ bedarf einer näheren Erwägung. Die ganze Bestimmung ([49]) betrifft die Klasse von letztwilligen Verfügungen, welche nicht vermögensrechtliche Anordnungen enthalten, namentlich die Ernennung von Vormündern und Kuratoren, welche bestätigt werden müssen [50]), Erlaubniß zur Veräußerung der auf Minderjährige vererbten Immobilien, Anordnungen über die Erziehung der Kinder, Verbot der Versiegelung und Inventarisirung des Nachlasses u. dergl. Das Gemeinsame dieser Klasse von letztwilligen Verfügungen bezüglich auf die Kinder besteht darin, daß sie Anordnungen enthalten, welche sonst von der Vormundschaftsbehörde hätten getroffen werden müssen, und welche sich entweder auf den Nachlaß oder auf die Kinder des Erblassers beziehen. Diese Verfügungen geben an sich keine absolut bindende Norm für den Vormund und die Vormundschaftsbehörde, eine Abweichung davon ist gestattet, wenn sie im Interesse der Pflegebefohlenen liegt, namentlich wenn Thatsachen zum Vorschein kommen, welche dem Erblasser unbekannt waren und ihn, hätte er sie gekannt, wahrscheinlich von der getroffenen Anordnung abgehalten haben würden. In solchen Fällen ist die Behörde befugt, die Bestätigung eines selbst vom Vater ernannten Vormundes zu versagen, von der Anordnung des Vaters über die Erziehung der Kinder abzugehen, den vom Vater bestimmten Betrag der Erziehungsgelder abzuändern u. s. w. [51]). Wichtig sind dergleichen Anordnungen über Veräußerungen von Grundstücken der Pflegebefohlenen. Die oratio D. Severi [52]) verbot, landwirthschaftliche Grundstücke derselben ohne Dekret des Prätors zu veräußern, „nisi ut id fiat parentes testamento vel codicillis caverint.“ Eine solche Veräußerungsanordnung konnte also wirksam auch in einem Kodizill getroffen werden, ohne Unterscheidung der verschiedenen Arten der Kodizille. Es fragt sich nun, wie es damit im preußischen Rechte steht, der Ausdruck: „auch Ver-

49) Ebenda §. 169. — Zu vergl. II, 18, §. 177.

50) A. L.R. II, 18, §§. 172, 173.

51) Ebenda §§. 179, 180, 184, 185. — Zu vergl. L. 8—10 D. de confirm. tut. (XXVI, 3); L. 4, §. 1 D. de testam. tutela (XXVI, 2) — L. 1, §. 1 D. ubi pupill. educari (XXVII, 2); L. 7 D. de annuis leg. (XXXIII, 1); L. 21, §. 4 D. eodem. — L. 2, §. 3 D. ubi pupillus educari (XXVII, 2).

52) L. 1, §. 2 D. de rebus eor. (XXVII, 9).

ordnungen wegen Bevormundung der Kinder" ist so allgemein, daß man darunter auch die den Vormündern gegebenen Administrationsbefugnisse begreifen kann, und die dem ernannten Vormunde ertheilten Vollmachten nach logischen Gesetzen von seiner Ernennung sich nicht wohl trennen lassen, da sie eben einen Bestandtheil seiner Ernennung ausmachen. Eine Spezialbestimmung des Landrechts hierüber giebt auch keinen nähern Aufschluß. Es heißt: „Hat der Erblasser der Pflegebefohlenen die Veräußerung selbst verordnet: so bedarf es keiner weiteren Untersuchung über die Nützlichkeit derselben" (und also keines besonderen Dekrets der Obervormundschaft) [53]). Ueber die Art und Form der Verordnung ist Schweigen. In dieser Beziehung kommt in Betracht, daß diese Erklärung des Erblassers nur dem obervormundschaftlichen Dekret gleichgestellt ist, daß sie eigentlich nur der Vormundschaftsbehörde eine Amtsverrichtung, nämlich die Untersuchung über die Nützlichkeit der Veräußerung und die Verantwortlichkeit für ihren Beschluß erläßt und daß der Erbe selbst den Willen des eigenen Erblassers, also seinen eigenen Titel angreifen müßte, wenn er die Veräußerung, welche der Erblasser in einer formlosen Verfügung angeordnet hatte, wegen Formmangels später widerrufen oder wenn er die Vormundschaft, weil sie den unzweifelhaften Willen des Erblassers ausgeführt, zur Rechenschaft ziehen wollte. Das würde widersinnig sein. Hierzu kommt noch ein formeller Grund. Zur Zeit der Einführung des Landrechts war der Rechtssatz geltend ([52]), daß der Erblasser die Veräußerung auch durch „codicilli" anordnen konnte und daß der allgemeine Ausdruck „codicilli" auf alle Arten von Kodizillen bezogen wurde [54]). Daran hat das Landrecht nichts geändert, vielmehr sich ebenfalls eines ganz allgemeinen Ausdrucks bedient: „Hat der Erblasser die Veräußerung selbst angeordnet," während es doch nahe lag, hier etwas darüber zu sagen, wenn es bei dem bestehenden Rechte nicht verbleiben sollte, wie es bei einer anderen vormundschaftlichen Anordnung geschehen ist, zu welcher wir jetzt übergehen. Hieraus wird denn als Resultat gewonnen, daß auch in außergerichtlichen Intestatkodizillen die Veräußerung der auf die Pflegebefohlenen von dem Erblasser vererbten Immobilien angeordnet werden kann [55]).

---

53) A. L.R. II, 18, §. 564.

54) Bachofen, ausgewählte Lehren des römischen Civilrechts, Bonn 1848, 4te Abhandl. „Das Veräußerungsverbot der oratio Severi", S. 121 ff.

55) Damit stimmt auch eine kurz vor Einführung des Landrechts getroffene Entscheidung der Gesetzkommission vom 17. Februar 1791 überein, welche auf die Anfrage: in welcher Art ein Vater die Veräußerung der seinen Kindern zufallen-

Die soeben angedeutete andere vormundschaftliche Anordnung besteht in der Befreiung des Vormundes von den gesetzlich vorgeschriebenen Einschränkungen der vormundschaftlichen Verwaltung. „Dergleichen Befreiung“ — sagt das Gesetz — „kann aber nur durch eine gerichtliche Erklärung, oder in einem förmlichen gerichtlich aufgenommenen oder niedergelegten Testamente verordnet werden, auch ist nur ein solcher Erblasser, welcher den Pflegebefohlenen mehr, als einen ihnen schuldigen Pflichttheil zuwendet, dazu berechtigt [56].“ Diese Befreiung wird also als eine Belastung des Erben angesehen. Außer Zweifel ist nach dieser Vorschrift, daß dieselbe nicht in einem außergerichtlichen Intestatkodizill angeordnet werden kann, und an testamentarisch vorbehaltene oder konfirmirte Kodizille konnte nicht gedacht werden, weil das Landrecht diese Art von letzten Willensverordnungen nicht zuließ. Nicht lange jedoch nach der Einführung des Landrechts kam die Gesetzgebung von jener Ansicht zurück und führte das Institut der codicilli testamento confirmati nachträglich ein, mit der ausdrücklichen Bestimmung, daß dergleichen, das Testament abändernden oder ergänzenden außergerichtlichen Aufsätze mit dem Testamente selbst gleiche Kraft haben [57]. Damit ist auch die Formvorschrift über die Befreiung von den gesetzlichen Beschränkungen der vormundschaftlichen Administration erweitert, da sie nicht isolirt steht. Denn diese Befreiung ist an sich ein geeigneter Gegenstand einer kodizillarischen Anordnung, kann sie ja in einer einfachen gerichtlichen Erklärung geschehen; haben also die codicilli testamento confirmati mit dem Testamente selbst, zu welchem sie gehören, gleiche Kraft, so muß darin auch die in Rede stehende Befreiung rechtsgültig angeordnet werden können.

b) Zwei Fälle mündlicher, ganz formloser letztwilliger Verordnungen.

aa) Vermächtnisse, deren Entrichtung der Erblasser dem gegenwärtigen Testaments- oder Intestaterben mündlich aufgetragen hat. Diese Verordnung ist eine Nachbildung des von den Neueren sogenannten legatum s. fidei-

---

den Immobilien verordnen könne? konkludirt hatte: daß ein Vater auch ohne Errichtung eines förmlichen Testaments oder Kodizills verordnen könne, daß und wie die seinen Kindern nach seinem Tode zufallenden Grundstücke veräußert werden sollen, und daß zur Gültigkeit einer solchen Verordnung ein mehreres nicht erfordert werde, als daß der Wille des Erblassers rechtlich erwiesen worden. (Rabe, Samml., Bd. XIII, S. 202.)

56) A. L.R. II, 18, §§. 682, 683.

57) Oben, Nr. 1 des Textes u. §. 35 des Anh. z. A. L.R. (§. 163 d. T.).

commissum heredi praesenti injunctum aus einer Verordnung Justinians (oben §. 31, Nr. III). Das Landrecht verordnet, daß ein solches dem anwesenden Erben aufgetragenes Vermächtniß bis auf den zwanzigsten Theil seiner, dieses Erben, Erbportion gültig sein und von ihm entrichtet werden solle [58]). Auf das Ganze ist dem Vermächtnisse Gültigkeit aus dem Grunde nicht beigelegt worden, weil dies nicht geschehen könne, ohne die Gewißheit und Zuverlässigkeit der letztwilligen Dispositionen, für welche doch die Gesetze mit so vieler Circumspektion sorgen und sorgen müssen, den Betrügereien und Kunstgriffen boshafter Erbschleicher Preis zu geben; indem es einem solchen Menschen nicht schwer fallen würde, zwei Zeugen zu suborniren, welche eidlich aussagen, daß der Erblasser seinem gegenwärtigen Erben wer weiß wie viel Legate, die vielleicht den Betrag des Nachlasses erschöpfen, aufgelegt habe [59]). Dieser Fall betrifft nur die Belastung des Erben für seine Person, zu welchem der Erblasser gesprochen hat. — Der Fall kann auch der sein, daß das Vermächtniß nicht dem Einen gegenwärtigen Erben allein aufgelegt, sondern aus dem ganzen Nachlaß entrichtet, also von allen Miterben getragen werden soll. Dadurch werden auch diejenigen Miterben, welche bei dieser mündlichen Anordnung nicht zugegen waren, dennoch soweit verpflichtet, als das Vermächtniß den zwanzigsten Theil des ganzen Nachlasses nicht übersteigt [60]). Dies ist eine gegen die Meinung der meisten Rechtsgelehrten jener Zeit und auch gegen die Gerichtspraxis ausgefallene Entscheidung. Das mündlich aufgetragene Vermächtniß setzt die Gegenwart des Erben, welcher belastet werden soll, voraus, so daß er selbst den Willen des Erblassers hören und die Verordnung auf seine gewissenhafte Treue nehmen kann. Daher sind abwesende Erben gar nicht in der Lage, einen Auftrag zu erfüllen, der ihnen gar nicht gemacht worden ist, nur der unmittelbar Beauftragte ist nach Verhältniß seines Erbtheils durch den ihm gewordenen Auftrag verpflichtet, sein Zugeständniß kann wider die Abwesenden zum Beweise eines an sie nicht gerichteten Fideikommisses nicht hinreichen [61]). „Nam praesentia heredis, atque adeo, cum plures uno sint, singulorum praecise requiritur, quum legis ult. C. de fideicommissis ratio non tam

58) I, 12, §. 172.

59) Suarez, revisio monitorum, in den Jahrb., Bd. LII, S. 16.

60) A. L.R. a. a. O. §. 173.

61) M. s. die gleichlautenden Erk. des Kammergerichts vom 18. Januar 1762 u. vom 16. September 1763 (Hymen, Beiträge, Bd. V, S. 127).

eo, ut mendacium coerceatur, collineet, quam testatoris voluntate, ejusdemque tacita heredis acceptatione sustineatur: quae ratio exulat in absente [62]). Von den Monenten waren gegen diese Bestimmung ([60]) auch Bedenken aus dem bestehenden Rechte, wonach nur der gegenwärtig gewesene Erbe allein pro rata hereditaria vinkulirt werden könne, und überdies hervorgehoben, daß durch ein Kollusion zwischen dem Miterben und dem angeblichen Legatario die übrigen abwesend gewesenen Erben zu sehr verkürzt werden könnten. Es wurde jedoch konkludirt, daß dergleichen Legat ex massa bezahlt werden müsse ([59]). Dabei ist denn aber die Bestimmung des Gesetzes nicht zu übersehen, daß dergleichen Vermächtnisse verpflichten, „wenn der Auftrag erwiesen werden kann" ([58]). Wie der Beweis zu führen sei, ist unbestimmt geblieben (oben, §. 31, Nr. III a. E.) und wenn demzufolge die allgemeinen Beweisregeln zur Anwendung kommen müssen, so ist der gegenwärtig gewesene Miterbe, der den Auftrag erhalten haben will, den übrigen zwei Erben gegenüber kein glaubwürdiger Zeuge. Denn wenn er zugesteht, daß ihm der Erblasser die Entrichtung eines Legats von 1000 Thlrn. aus der Masse aufgetragen habe, so weiset er dadurch 666⅔ von sich ab, ist also ein Zeuge in seiner eigenen Sache. — Noch ein dritter Fall ist vorgesehen, nämlich der, wenn der einem gegenwärtigen Erben geschehene Auftrag das Vermächtniß einer bestimmten Sache, welche im Testamente einem abwesenden Miterben beschieden worden, zum Gegenstande hat. Dieser Auftrag soll gegen den Letzteren keine verbindliche Kraft haben [63]). Wenn die Worte: „gegen den Letzteren" fehlten, so würde die Bestimmung klar sein. Nun muß man fragen: also soll der Auftrag doch sonst, aber wohl nur gegen den Auftragempfänger verbindliche Kraft haben? Und worin soll dessen Verbindlichkeit bestehen? Das ist im Allgemeinen zu sagen, es wird auf den Willen des Erblassers ankommen. War dem Erblasser die Vergabung der Sache im Bewußtsein, und er trug dem gegenwärtigen Erben auf, dieselbe dem Legatar zu verschaffen, so hat dieser Erbe für seine Person die Verbindlichkeit, welche ihm das Legat einer wissentlich vermachten fremden Sache auflegt [64]).

---

62) Berger, Oec. juris, pag. 433, Nota 8; Leyser, Med. ad Pand., Sp. 401, m. 2; Stryk, Caut. testam., cap. 21, m. 1, §. 42, u. A. — Schilter, Praxis jur. Rom., hat im Appendix 2 zu exercit. 40 eine entgegengesetzte schlecht motivirte Entscheidung.

63) A. L.R. a. a. O. §. 174.

64) Ebenda §§. 377 u. 378.

bb) Die mündliche Willenserklärung des Vaters, daß den Kindern auf ihr eigenthümliches Vermögen Kosten, welche er auf die Kinder verwendet hat und welche sonst nicht angerechnet werden, dennoch angerechnet werden sollen. Diese Anordnung müssen sich die Kinder insoweit gefallen lassen, als die Verwendungen den Nießbrauch, welchen der Vater von ihrem Vermögen hatte, übersteigen. Ein wesentliches Erforderniß dazu ist es aber, daß er eine deutliche, bestimmte und gewisse Willenserklärung ausspreche; die bloße Aufzeichnung der auf ein Kind verwendeten Kosten ist z. B. für eine solche Erklärung nicht zu achten[65]).

§. 63.

B. Von wechselseitigen letzten Willensverordnungen.

A. L.R. I, 12, §§. 614—616; II, 1, §§. 447, 482—492. — Sommer, Beiträge zur Lehre von wechselseitigen Testamenten der Ehegatten (Ulrich, Archiv, Bd. II, S. 233 flg.) — J. S. Stryke, de testamentis conjugum reciprocis. Halae 1702. — Hasse, Fortsetzung des Aufsatzes über Erbverträge, im Rhein. Museum für Jurisprudenz, Bd. III (1829), S. 239—278, 490—558. — C. G. Biener, Opusc. acad. ed. F. A. Biener, Vol. II, Lips. 1830, quaest. cap. XL, XLI, p. 182—186; cap. XLIV u. XLV, p. 191—196. — Mühlenbruch, in der Fortsetzung von Glück, Bd. XXXV, S. 50—75, u. Bd. XXXVIII, S. 214—250. — Heimbach, in Weiske's Rechtslexikon, Bd. X, Leipzig 1856, S. 889—907. — Dr. Gustav Hartmann, zur Lehre von den Erbverträgen u. von den gemeinschaftlichen Testamenten, Braunschweig 1860, S. 87 u. flg.

I. Eine von mehreren Personen gemeinschaftlich errichtete Testamentsurkunde, worin jede ihren letzten Willen bestellt und eine die andere, in Rücksicht der von dieser geschehenen Erbeseinsetzung, zu ihrem Erben ernennt, wird von vielen gemeinrechtlichen Juristen[1]) und auch von dem Allg. Landrechte[2]) ein wechselseitiges Testament genannt. Eine solche wechselseitige Erbeseinsetzung in einer gemeinschaftlich errichteten Testamentsurkunde findet sich auch in der bekannten in das Justinianische Recht nicht übergegangenen Verordnung des Kaisers Valentinian III über das dem Kaiser übergebene Testament als zuläßig und gültig anerkannt[3]). Dagegen werden bloße gemeinschaftliche Testamente, die sog. testamenta mere simul-

65) Ebenda II, 2, §§. 287, 289—291. — Zu vergl. oben, §. 31, No. III.

1) Mühlenbruch a. a. O. Bd. XXXV, S. 50 und die in der Note 8 genannten Schriftsteller.

2) A. L.R. a. a. O. §. 614.

3) Jus civ. ante Justin. ed. Berol., Nov. 63, p. 1320, u. Jac. Godofredi Cod. Theod., Tom. VII, P. II, in Append. pag. 109 edit. Ritter.

tanea oder mutua, auch wohl duplicia, in welchen keiner den anderen berücksichtigt, im Landrechte nicht anerkannt, und umgekehrt werden verschiedene Testamentsakte, worin jeder Testator den Anderen zu seinem Erben einsetzt, also reciproke Testamente, die nicht zugleich gemeinschaftliche oder simultanea sind, nicht als wechselseitige Testamente angesehen. „Wenn zwei Personen einander in verschiedenen Instrumenten zu Erben einsetzen, ohne daß die eine der Einsetzungen auf die andere sich bezieht: so ist jede dieser Verordnungen als ein für sich bestehendes Testament anzusehen [4]." Aber wenn sich jede der Erbeseinsetzungen wirklich auf die andere bezieht, so sind die verschiedenen Testamente doch sogenannte korrespektive und dadurch bedingt, daß keiner sein Testament vor dem Tode des anderen heimlich zurücknimmt.

II. Das Institut der wechselseitigen Testamente ist als ein unfertiges aus dem gemeinrechtlichen Juristenrechte in das Landrecht aufgenommen, es fehlt ihm die natürliche und bewußte Ausbildung und ist gebildet aus einer willkürlichen unorganischen Verbindung sich von einander abstoßender Rechtsgrundsätze aus verschiedenen deutschen und römischen Rechtsmaterien. In der Lehre über die rechtliche Beurtheilung solcher Testamente ist Verwirrung, man schwankt zwischen den Extremen Testament und Erbvertrag herum, und wenn nun gar noch die unbestimmten dunkeln Ausdrücke der ungelehrten Testatoren hinzukommen, so ist es in vielen gegebenen Fällen unmöglich, mit Sicherheit zu erkennen, ob das vorliegende Rechtsgeschäft ein Testament oder ein Erbvertrag sei [5]. In dieser Verlegenheit greift das Landrecht, welches die Lehre in manchen Punkten selbstständig behandelt, doch auch hier zu dem von Vielen empfohlenen [5a]) Behelf einer Vermuthung: „Wenn es nach der Fassung zweifelhaft ist: ob Eheleute einen Erbvertrag, oder nur ein wechselseitiges Testament haben errichten wollen; so wird Letzteres vermuthet [6]." Weit ersprießlicher würde es jedoch dem Rechtsleben geworden sein, wenn man dem wirklich rechtsverständigen Gedanken Suarez's: „Die Leute können ja Jeder besonders testiren, oder ein

---

4) A. L.R. I, 12, §. 616.

5) Sehr gut hierüber Beseler, Erbverträge, Th. II, Bd. 1, §. 13.

5a) Wernher, lect. comm. ad Pandect., II, p. 511 (Bamberg. 1779); Siebenkees, Abhandlung von letzten Willen (Nürnberg 1792), S. 192, und von Neuern z. B. Hasse a. a. O. S. 269; Mühlenbruch, XXXV, S. 66; Heimbach a. a. O. S. 893 a. E. u. A.

6) II, 1, §. 447. — Das baierische Landrecht, III, 4, §. 11, Nr. 7 hat die entgegengesetzte Vermuthung.

pactum hereditarium errichten" [7]), konsequente Folge gegeben und den ganzen Wirrwarr ausgeschlossen hätte, wie es neuere Gesetzgebungen schon vorher gethan hatten [8]) und auch nachher thaten [9]). Man ist indeß bei der Halbheit stehen geblieben, das Geschäft auf Ehegatten zu beschränken, in zwei Stellen:

„Wechselseitige Testamente, wodurch Einer den Andern, in Rücksicht der von diesem geschehenen Erbeseinsetzung, zu seinem Erben ernennt, können nur unter Eheleuten errichtet werden [10])."

Diese Einschränkung rechtfertigt Suarez so: „Dergleichen testamenta reciproca unter Fremden sind ein gewöhnlicher Kunstgriff der Erbschleicherei; und es entstehen daraus, wenn der eine von beiden Testatoren seinen Willen einseitig ändert, Kodizille macht, mehrere Legate verläßt ꝛc., mancherlei Weiterungen. Wollen Leute einander wechselseitig bedenken, so können sie es in besonderen Testamenten, deren jedes für sich errichtet worden, thun. Wollen sie sich gegenseitig wegen solcher Zuwendungen sicher stellen, so ist es weit natürlicher, daß sie sogleich ein pactum hereditarium errichten. Nur bei Eheleuten, besonders wenn communio bonorum unter ihnen stattfindet, lassen sich taugliche Gründe zur Errichtung eines solchen testamenti reciproci gedenken [11])." — Die andere Stelle bezieht sich unmittelbar auf Eheleute:

„Nur Eheleuten ist es erlaubt, wechselseitige Testamente über ihren Nachlaß zu errichten. (Th. I, Tit. 12, §. 614 sqq.)"

„Um Betrug und Ueberlistung zu vermeiden, sollen nur solche Testamente als wechselseitige gelten, welche in Einem Instrumente errichtet worden [12])."

Sind sie in verschiedenen Instrumenten errichtet, so sind sie deshalb

---

7) Revisio monitorum, Jahrb., Bd. LII, S. 47.

8) Rev. Stadtrecht von Lübeck, Lib. II, tit. 1, §. 10: „Wenn ein Mann und seine Ehefrau ein Testamentum reciproce machen, ob dasselbe wol nach beschriebenen Rechten beständig, so wird doch solch Testament nach Lübischem Rechte nicht zugelassen."

9) Code civil, Art. 968: „Un testament ne pourra être fait dans le même acte par deux ou plusieurs personnes, soit au profit d'un tiers, soit à titre de disposition reciproque et mutuelle." — Sardin. G.B. 1837, Art. 699; Holländ. G.B. Art. 977.

10) I, 12, §. 614.

11) Schlußvorträge, in den Jahrbüchern, Bd. XLI, S. 81. Und in der revisio monitorum trägt er nach: „Der Grund davon ist in den vielen Betrügereien zu suchen, welche mit solchen Testamenten gespielt werden können. Wenn z. B. der Eine sein Testament heimlich revozirt, und dann lauert, ob er den Anderen oder dieser ihn überleben werde." (Jahrb. Bd. LII, S. 47.)

12) II, 1, §§. 482, 483.

nicht ungültig, es finden darauf nur die Grundsätze von wechselseitigen Testamenten nicht Anwendung, sondern es wird jede dieser Verordnungen als ein für sich bestehendes Testament angesehen [13]). Es ist auch aus den Worten des §. 614 ([10]): „wechselseitige Testamente, wodurch Einer den Anderen — zu seinem Erben ernennt", gefolgert worden, das Landrecht kenne keine wechselseitigen Kodizille, diese seien unzulässig [14]). Die Schlußfolgerung ist nicht richtig, die Bestimmungen haben nicht eine bestimmte Art von letzten Willenserklärungen zum Gegenstande, sondern sie verhalten sich lediglich über die der Lehre von der äußeren Form angehörige Frage: ob mehrere Personen ihren letzten Willen in einem einzigen gemeinschaftlichen Instrumente bestellen dürfen; und in der Praxis kommen sehr viele wechselseitige letzte Willenserklärungen vor, worin Eheleute sich gegenseitig ihr Vermögen zuweisen, ohne daß darin eine direkte Erbeseinsetzung enthalten wäre und ich habe noch nie von einem Falle gehört oder gelesen, wo eine solche letzte Willensverordnung wegen mangelnder Erbeseinsetzung angefochten worden wäre. Gemeinrechtlich wird die Zulässigkeit eines gemeinschaftlichen Kodizills nicht in Zweifel gezogen.

III. Hinsichtlich der Form ist vorgeschrieben, daß es gleichgültig sei, von wem dergleichen Testamente, wenn sie schriftlich errichtet werden, geschrieben sind, und daß es genüge, wenn sie von beiden Theilen unterschrieben und dem Gerichte übergeben worden [15]); kann Einer von ihnen nicht schreiben, so müssen Beide mündlich zu Protokoll testiren. Es kommt auch darauf nichts an, ob die wechselseitige Erbeseinsetzung in verbundener Rede geschieht, z. B. in der Weise: „Wir setzen uns wechselseitig einander zu Erben ein", oder ob im Singular, zuerst der Eine und darauf der Andere den Anderen zu seinem Erben ernennt [16]). — Die Theorie des Landrechts ist nach der bisherigen Darlegung, daß das gemeinschaftliche Testament ein wechselseitiges (reciprocum) heißt, wenn jeder Testator den Anderen zu seinem Erben einsetzt, und daß das gemeinschaftliche Testament nur dann zugelassen ist, wenn es zugleich ein wechselseitiges ist ([2]). Nun ist die Frage: was unter dieser wechselseitigen Erbeseinsetzung zu verstehen sei; ob die Testatoren sich gegenseitig ex

---

13) I, 12, §. 616.

14) Evelt, in Ulrich, Neues Archiv, Jahrg. 1839, S. 86.

15) A. L.R. II, 1, §. 484.

16) Erk. des Obertr. vom 9. Juli 1851 und vom 9. Juni 1852 (Archiv f. Rechtsf. Bd. V. S. 9).

asse instituiren müssen, oder ob die Einsetzung auf eine Quote genüge. Die erste Alternative muß wohl unbedenklich schon nach allgemeinen Grundsätzen des Erbrechts verneint werden, da ja sonst solchen Ehegatten, welche Kinder oder Eltern haben, welche wegen des Notherbenrechts nicht übergangen werden dürfen, der Gebrauch des wechselseitigen Testaments ganz unmöglich gemacht sein würde, was doch schwerlich zu behaupten sein wird. Also muß es zulässig sein, neben den Ehegatten auch dritte Personen zu Miterben in dem wechselseitigen Testamente zu berufen; und dies ist im Landrecht auch wirklich vorausgesetzt[17]). Dann aber läßt sich jene theoretische These praktisch vereiteln, wenigstens größtentheils umgehen. Denn wie groß muß die Quote des Ehegatten sein, damit das Testament noch als ein wechselseitiges gelten könne? Kann der eine oder andere Testator den andern Ehegatten nicht bloß dicis causa ohne nähere Bestimmung einsetzen, ihm aber so viel fremde Miterben auf bestimmte Antheile geben, daß dadurch sein Nachlaß erschöpft wird oder daß dadurch so gut wie Nichts für ihn übrig bleibt? Oder Jeder von den Ehegatten den Anderen nicht ganz und gar als Erben auslassen und nur mit Legat bedenken, als Erben aber Dritte, z. B. seine Kinder einsetzen? Damit wäre die ganze Theorie durch die Praxis beseitigt. Und in der That ist dieses wirklich der Fall. Dergleichen Fälle sind gar nicht so selten, wo in einem wechselseltigen Testamente z. B. der Mann die Kinder zu Erben einsetzt und der Frau den Nießbrauch des Vermögens vermacht oder ihr ein Witthum anweiset, und es verlangt Niemand, daß ein solches Testament wegen mangelnder wechselseitiger Erbeseinsetzung für ungültig erklärt werde. Diese Rechtslage führt nun dahin, daß der im §. 614 ([10]) gebrauchte Ausdruck: „wechselseitige Testamente, wodurch Einer den Anderen, in Rücksicht der von diesem geschehenen Erbeseinsetzung, zu seinem Erben ernennt", nur als „wechselseitige Zuwendung von Todes wegen" aufzufassen ist, und daß der Ausdruck nicht in der Absicht gebraucht ist, den bereits festgestellten allgemeinen Grundsatz, daß die feierliche Erbeseinsetzung nicht so, wie nach gemeinem Rechte, ein wesentliches Erforderniß zur Gültigkeit einer letztwilligen Verordnung, wodurch man über alle Bestandtheile des Vermögens verfügt, hier indirekt wieder abzuändern. Dafür spricht insbesondere, daß der Gegenstand dieser Bestimmung nicht entfernt die innere Form der verschiedenen Arten

---

17) §§. 492, 493 a. a. O.

von letzten Willenserklärungen, sondern lediglich die äußerliche Form eines gemeinsam errichteten Instruments über den letzten Willen zweier Personen war, und daß, wie schon vorhin erwähnt worden, gemeinschaftliche wechselseitige Kodizille nirgend für unzulässig erklärt sind. Diese Meinung findet selbst unter den gemeinrechtlichen Juristen von der Partei, welche, gerade so wie das Landrecht, die gemeinschaftlichen Testamente nur dann, wenn sie wechselseitige sind, für wirksam erklärt, Vertretung. Arndts [18]) nimmt an, daß eine gegenseitige ausdrückliche Erbeseinsetzung für den Begriff des wechselseitigen Testaments „nicht schlechthin nothwendig sei", daß es hinreiche, wenn Eheleute z. B. nur die Kinder instituirten, sich gegenseitig aber den Nießbrauch ihres Vermögens zuwendeten.

IV. Der verworrenste Punkt ist die einseitige Widerruflichkeit. Hierbei schwanken die verschiedensten Meinungen herum zwischen den Extremen der unbedingten Unwiderruflichkeit auch beim Leben beider Theile, und der freiesten Widerruflichkeit auch nach dem Tode des Erstverstorbenen. Zum Verständniß unserer landrechtlichen Bestimmungen ist eine kurze geschichtliche Uebersicht der Meinungen hierüber unerläßlich.

Olradus oder Oldradus de Ponto [19]) war der erste, welcher auf das Wesen des aus der vorjustinianschen Verordnung Valentinians III (³) hergenommenen Instituts einging. In Nr. 174 seiner Consilia ([19]) sagt er: „Dico breviter, licet fuerit unicum pergamentum, in quo ambo conjuges sunt testati, juris tamen potestate duo censentur, sicut duo fuerunt testantes. (Nun folgt ein nicht glücklich gewähltes Gleichniß von der Pupillarsubstitution. Darauf weiter:) — Nulli dubium est, quin superstes suum testamentum mutare potuerit." Also er behauptet den Satz, daß zwei Personen ihr Testameut nur äußerlich in einer gemeinsam errichteten Urkunde bestellt hätten und Jeder sein Testament widerrufen könne, auch wenn der Andere verstorben sei. Dies wurde und blieb die opinio communis bis auf Schilter. Dieser erkennt zwar die gemeine Meinung auch noch als richtig an, aber er findet es unrecht, daß der überlebende Ehegatte, nachdem er die Erbschaft des Vorverstorbenen aus dem gemeinschaftlichen Testa-

---

18) Pandekten, §. 500. — Auch Hartmann a. a. O. S. 144, u. Schilter, Praxis jur. rom., Exercit. 39, §. 58.

19) Er war ein berühmter Rechtsgelehrter von Lodi in Italien und um 1320 Konsistorial-Advokat in Rom. Man hat von ihm Consilia, welche im hohen Ansehen standen; die gewöhnliche Bezeichnung derselben ist: Oldradi Pontani Laudensis Consilia.

mente angenommen, von seiner eigenen zu Gunsten der Verwandten desselben getroffenen Verfügung wieder solle abgehen können. Er stellt die Frage: utrum testamenta conjugum reciproca invita altera, viva adhuc parte, vel etiam ea morte a superstite revocari et mutari possit? und antwortet: Quod utrumque communiter asserunt Doctores. Neque temere secundum jus romanum, quo voluntates ultimae semper sunt revocabiles, lege quamvis per conventionem posita: qualis omnino his conjugum testamentis reciprocis subest, saltem tacite. Neque in eo assentimus Carpzovio, quod simpliciter negat, haec conjugum testamenta mutua jure pacti subsistere, sed in vim ultimae voluntatis. Imo vero utrumque verum est: nam ultimae conjugum voluntates reciprocae in praevio consensu mutuo, de sese vel suis invicem instituendo fundantur ac subsistunt; igitur secundum communem juris naturae regulam non nisi mutuo dissensu possunt revocari: multo minus poenitere superstite licebit, re non amplius integra, sed ex parte defuncti per mortem adimpleta. Quamvis autem jus Quiritum ab ista norma aequitatis recedat, et pacta talia irrita habeat: tamen Leo imperator nov. XIX testatur usu etiam Romani fori, Constantinopoli praesertim, desiisse pactorum talium invaliditatem, et etiam ante suam sanctionem in republica nullum locum habuisse. — Atqui hoc ipsum multo magis juri ac moribus Germanorum convenit. Itaque ex hac ratione recte saltem limitatur juris Romani regula, atque restringitur ad superstitis solius bona, exceptis defuncti, de quibus in heredum illius praejudicium testari superstes nequit[20]). Schilter legt also dem wechselseitigen Testamente der Eheleute, da sie doch vorher darüber sich vereinigt haben müßten, einen stillschweigenden Vertrag unter und giebt dem Geschäfte dadurch einen erbvertragsmäßigen Charakter. Man wird daher durch das Ergebniß seiner Ausführung überrascht, wenn er nicht, wie man erwarten mußte, die Unwiderruflichkeit überhaupt verlangt, sondern nur die Widerruflichkeit der Verfügung des Ueberlebenden festhält, welche vor ihm schon Andere angenommen hatten, worüber er sich selbst auf Richter[21]) und Brunnemann[22]) be-

20) Praxis juris Romani, Exerc. XXXIX, §§. 57, 58.

21) Decis. XXII, 17.

22) Comment. in Pand., L. 22 de leg. III, Nr. 4 et ad L. 77 ad SC. Trebellianum (XXXVI, 1). — M. s. auch Vultejus, Consilia Marpurgensia, Vol. IV, cons. 1 et 21.

ruft. Hiergegen schlägt er als Hülfsmittel Cautelen vor: „Denique cautela uti possumus, — conjuges actis insinuent, ibique invicem sibi stipulentur, omnia in ea contenta sese inconvulse servaturos: hoc enim facto revocatio aut mutatio invita altera locum non habet, ut auctoritatibus ac praejudicio JCtorum Lipsiensium confirmat Richter [23]).“ Daß wenn der eine Ehegatte seine Verfügung widerrufen habe, die des Anderen auch nicht mehr bestehe, war ein von Brunnemann ([22]) aufgenommener Satz, welchen bereits Mevius ausführlich begründet hatte: „Cui consequens est, ut revocato per alterutrum conjugum testamento, aliud quoque omnino revocatum videri debeat, sicut contingit in omnibus actibus correspectivis, quorum corruente uno alterum corruit. Idque eo confirmatius statuendum, quia tunc utriusque heredibus non solis, sed cum conjuge, nec de solis suis, sed de communibus, confusis et commixtis bonis prospectum voluit. Unde satis in liquido est, neutrum ex conjugibus ita testaturum fuisse, si de suis bonis plus testatus fuisset, ut alterius heredes de suis bonis participarent, si sui non eodem jure ex alterius hereditate fruerentur. Cessante institutionis causa cessat ipse institutio, substitutio. Et cum testator certi quid disponit, id velle censetur rebus in eodem statu, de quo loquitur, manentibus. — Idem ex eadem ratione observandum, quando evidenter constat, ideo conjuges fecisse reciprocum testamentum, ut unus ab alio heres institueretur. Tunc revocante uno alterius revocatum censetur, et vice versa, tanquam quod non sit servata aut impleta conditio, ob quam fit institutio [24]).“ Eine ähnliche Stellung wie Schilter nimmt J. S. Stryke in seiner oben angeführten Abhandlung v. J. 1702 zu der Lehre ein. Nachdem er von der Form der wechselseitigen Testamente und über die Erbverträge gesprochen, geht er zu den Wirkungen eines solchen Testaments über und leitet seinen Vortrag so ein, als wolle er, wie Schilter, beide Rechtsgeschäfte in ihren Wirkungen für einerlei erklären, fällt dann aber, gleich ihm, plötzlich ab und endet mit der Mevius'schen Ausführung, daß durch den einseitigen Widerruf des Einen auch das Testament des Anderen hinfalle, wobei selbstverständlich vorausgesetzt ist, daß noch beide Theile

---

23) Aus dessen Dec. XXII, 20 fügt er die betr. Relatio seinem §. 58 l. c. bei.

24) Commentarii in jus Lubecense, P. II, tit. 1, Art. X, nr. 39 — 44 (ed. 3. pag. 325).

am Leben sind. Soweit reicht die Geschichte bis zur Erscheinung des Landrechts, dessen Bestimmungen sich also hier anschließen. Der spätere Umschwung der herrschenden Meinung über die rechtliche Natur der Wirkung des wechselseitigen Testaments, welche zuerst sich der Ansicht, daß jede gegenseitige Disposition über die künftige Erbfolge unter jeder Form für einen wahren Erbvertrag gehalten werden müsse [25]), zuwendete, dann aber wieder in das entgegengesetzte Extrem der unbedingten freien Widerruflichkeit, auch nach dem Tode des Erstverstorbenen [26]), umschlug, trat lange nach der Einführung des Landrechts ein. Bevor die Bestimmungen des Landrechts selbst folgen, muß noch einer, in der Mitte des vorigen Jahrhunderts aufgekommenen, Ansicht gedacht werden, welche sich die Verfasser des Landrechts gleichfalls angeeignet haben. Sie bezieht sich nicht auf alle Arten von wechselseitigen Dispositionen, sondern nur auf eine solche, worin beide Eheleute über ihr beiderseitiges Vermögen wie über ein Ganzes verfügen, indem sie sich gegenseitig einsetzen und dabei bestimmen, wer nach dem Tode des Längstlebenden der Erbe sein soll. Diese Ansicht, welche man Hommel zuschreibt und großen Beifall gefunden hat, besteht darin, daß der Ueberlebende durch die Antretung der Erbschaft aus einem solchen Testamente auch seine eigene Verfügung bindend, und das Ganze daher unwiderruflich mache [27]). Man bezieht diese Ansicht auf dasjenige Testament, welches die Neueren ein korrespektives zu nennen pflegen, d. i. ein solches, worin die Erbeseinsetzung eines Jeden mit Rücksicht auf die Gegenseitigkeit, also bedingt geschieht, so daß, wenn die Voraussetzung, daß es bei der gegenseitigen Erbeseinsetzung verbleiben werde, nicht zutrifft, d. h. wenn der Eine seine Verfügung einseitig, ohne des Anderen Wissen und Willen, widerruft, auch die Verfügung des Anderen eben dadurch unkräftig wird, wie Mevius oben ausführt. Der durch den Erbschaftsantritt eintretenden Unwiderruflichkeit der eigenen Verfügung liegt folgende Ansicht zum Grunde. Jeder der Testirer hat über das beiderseitige Vermögen wie über ein Ganzes verfügt, es ist ein Universal-Fideikommiß vorhanden, welches beide Vermögen begreift. Jeder der Testatoren hat zugleich über das Vermögen des Anderen verfügt, was an sich gemeinrechtlich erlaubt

25) v. Bülow u. Hagemann, praktische Erörterungen, Bd. IV, Nr. 29, §§. 7 u. 8.

26) Hasse a. a. O. S. 500—549. — Diesem wieder entgegen: Mühlenbruch a. a. O. Bd. XXXVIII, S. 214 ff.

27) Hommel, Rhapsod., quaest. I, 166. — Beseler, Erbverträge, II, 4, §. 13, S. 334.

ist[28]), und wird die Verfügung durch Erbschaftsantretung, welche eine obligatio quasi ex contractu begründet, unwiderruflich wirksam. Nunmehr ist dem Sinne der Disposition gemäß das beiderseitige Vermögen als ein einziges, und zwar dem Fideikommißrechte unabänderlich unterworfenes anzusehen, weil der Erbe, sobald er die Erbschaft angetreten hat, in vermögensrechtlicher Hinsicht mit dem Erblasser für Eine Person anzusehen ist. Daher konnte der Erblasser das Vermögen des Erben auf den Fall, daß der Erbe die Erbschaft annimmt, ebenso wie das eigene mit einem Fideikommiß beschweren, wofür der Erbe das von ihm angenommene Aequivalent in der Verlassenschaft des Erblassers hat[29]).

V. Hier schließen sich die landrechtlichen Bestimmungen, welche wesentlich das Geschichtliche aufgenommen haben, wie folgt, an.

1. Den wechselseitigen Testamenten ist ihr rechtlicher Charakter hinsichtlich der Widerruflichkeit gewahrt, sie sind in ihrer Wirksamkeit an sich nicht den Erbverträgen gleichgestellt.

2. Es ist reine Willensfrage: ob die Eheleute einen Erbvertrag oder nur ein wechselseitiges Testament haben errichten wollen. Die angewendete äußere Form und der gebrauchte Name entscheidet hierüber gar nichts.

a) Haben beide Theile sich in einer, nach Art eines Erbvertrages, errichteten Vereinbarung unter dem Namen eines Erbvertrages über ihre künftige wechselseitige Erbfolge die Befugniß, von dem Erbvertrage nach Gutbefinden abzugehen, vorbehalten, so wird das Geschäft nur als ein Testament angesehen[30]). Denn die Versiegelung und Aufbewahrung der Urkunde im gerichtlichen Depositorio gehört nicht zu den wesentlichen Förmlichkeiten eines Testaments, wie oben in der Darstellung der äußeren Form der Testamente schon gesagt ist.

b) Umgekehrt sind die unter dem Namen eines wechselseitigen Testaments errichteten und versiegelt bei Gericht niedergelegten letztwilligen Verordnungen, worin beide Theile sich des Widerrufs ausdrücklich begeben haben, als Erbverträge anzusehen[31]). Dies ist die von Schilter (Nr. IV) anempfohlene Klausel.

c) Ist es nach den gebrauchten Ausdrücken und der ganzen

28) L. 25 C. de fideicommissis (VI, 42).

29) Mühlenbruch a. a. O. Bd. XXXV, S. 69, u. Bd. XXXVIII, S. 238 und die dort angeführten Schriftsteller.

30) A. L.R. I. 12, §. 635.

31) Ebenda II. 1, §. 494. -- Zu vergl. J. St. Pütter, auserlesene Rechtsfälle, I. 42.

Fassung der Erklärung, wobei Name und äußere Form gar nicht zu berücksichtigen sind, zweifelhaft, welches Geschäft man gewollt hat, so wird ein Testament angenommen [32]).

3. Dergleichen wechselseitige Testamente, in sofern dieselben nicht etwa als ein wirklicher Vertrag errichtet, und mit der für Erbverträge vorgeschriebenen Form versehen, d. h. in rechtsgültiger Form zu Stande gekommen sind (vergl. Nr. 2), können, ohne Unterschied zwischen bloßen reciproken und sogenannten korrespektiven Testamenten, einseitig ganz nach Willkür widerrufen werden; durch solchen Widerruf eines der Ehegatten wird jedoch zugleich auch das Testament des Anderen vernichtet [33]). Eine Ausnahme hiervon nehmen Viele an, wenn dem Anderen der Widerruf bekannt geworden, derselbe aber dennoch sein Testament unabgeändert gelassen hätte. Dann soll sein Testament bei Kräften bleiben, und die Vermuthung für die Korrespektivität desselben dadurch hinwegfallen, d. h. man soll dann annehmen, es lägen zwei Testamente vor, welche sich gegenseitig nach der Absicht der Testatoren nicht bedingen sollten, so daß aus dem Widerrufe des Einen noch nicht folge, daß auch der Andere das seinige widerrufen habe [34]). Von dieser Ausnahme hat das Landrecht Etwas aufgenommen: „Hat jedoch der andere Ehegatte weder seines Orts ausdrücklich widerrufen, noch eine andere letztwillige Verordnung errichtet, so bestehen diejenigen Vermächtnisse, welche er in dem wechselseitigen Testamente anderen als solchen Personen, die bloß mit dem Widerrufenden als Verwandte oder besondere Freunde verbunden sind, ausgesetzt hat [35]).“ Hierdurch hat man eine Kontroverse entscheiden wollen [36]). Aber kontrovers ist hier Alles, sogar das Institut selbst. Bei der landrechtlichen Bestimmung ([35]) kommt es auch nicht darauf an, ob der andere Theil von dem Widerrufe etwas erfahren habe oder nicht, es genügt die Thatsache, daß er sein Testament unverändert hat beste-

32) A. L.R. a. a. O. §. 447. — In den allermeisten Fällen wissen die Leute selbst nicht, was sie wollen, weil sie als Rechtsunkundige sich der Verschiedenheit der beiden Geschäfte nicht bewußt sind. Daher ist das wechselseitige Testament nicht volksthümlich, man kennt es eben nicht, weil es nicht aus dem Rechtsbewußtsein entstanden ist.

33) Ebenda §. 485. — Das Letztere nimmt das östr. Ges.-B. §. 1248 nicht an.

34) Mühlenbruch a. a. O. Bd. XXXV, S. 67, Nr. 3 und die in der Note 39 daselbst angeführten Schriftsteller. Diese Ansicht liegt auch dem östr. G.-B. §. 1248 zum Grunde.

35) A. L.R. a. a. O. §. 486.

36) Suarez, Schlußvorträge, Jahrb. Bd. XLI, S. 118.

hen lassen. Dies erhellet aus der Entstehungsgeschichte. In dem Entwurfe zum A. L.R. fehlte die Bestimmung, es war ohne Einschränkung im §. 393, Th. II, Tit. 9 desselben nur bestimmt, daß wechselseitige Erbeseinsetzungen schon durch den Widerruf Eines der Eheleute vernichtet würden. Dies fand Suarez, in Folge der Bemerkung einiger Monenten, hart und unbillig, weil, wenn der eine Ehegatte von dem Widerrufe des Anderen nichts erfahre, und also in der Meinung, daß das wechselseitige Testament noch gültig sei, sterbe, seine Legatarien wider seinen Willen um die ihnen zugedachten Vortheile kommen könnten. Da nun der Widerruf bei einem anderen Richter erfolgen könne, als bei demjenigen, bei welchem das Testament deponirt worden, und also der gemachte Vorschlag, daß der Richter, bei welchem der Widerruf erfolgt, davon Mittheilung zu machen habe, nicht ausführbar sei und nicht der Sache Genüge leiste, so schlug Suarez vor: daß diejenigen Legate gelten sollten, welche der nicht widerrufende Theil zum Besten Anderer als der Verwandten und Freunde des Widerrufenden ausgesetzt hat; denn bei diesen könne man keine Rücksicht auf die Dispositionen des Widerrufenden vermuthen. Nach diesem Vorschlage wurde der §. 486 eingeschaltet [37]). Was durch denselben durch positive Satzung festgestellt wird, versteht sich nach der gemeinrechtlichen Theorie von selbst. Danach wird durch den Widerruf des Einen die letztwillige Verordnung des anderen Ehegatten keineswegs ipso jure vernichtet; sie gewährt nur dem Widerrufenden keinen Anspruch auf ein Erbrecht daraus, weil er die Bedingung seiner Erbeseinsetzung nicht erfüllt hat. Daraus ergiebt sich selbstverständlich, daß die Vermächtnisse, die von jener Bedingung nicht berührt werden, an die Legatare entrichtet werden müssen.

Bloße Aenderungen und Zusätze bei Vermächtnissen und anderen dergleichen Verfügungen bewirken niemals die Vernichtung des gegenseitigen Testaments: sie sind aber für ungültig erklärt, in sofern sie bloß einseitig gemacht worden, und zum Nachtheile des überlebenden Ehegatten abzielen [38]). Bei dieser Bestimmung ist wieder die Idee, daß dergleichen Testamente die Wirkung von Erbverträgen hätten, auch wenn sie nicht eigentlich sogenannte korrespektive sind, herrschend gewesen, denn selbst aus der Ansicht, daß korrespektive Testamente wirklich und immer bedingte seien, kann niemals eine

37) Motive der Ges.-Revision, Pensum XVI, S. 243.

38) A. L.R. a. a. O. §§. 487 u. 488.

Ungültigkeit der einseitig getroffenen Verfügung, sondern nur das folgen, daß die gegenseitige Erbeseinsetzung wegen diesseitiger Nichterfüllung der Bedingung unwirksam bleibt[39]); die Bestimmung paßt also nicht in das angenommene System. „Aenderungen und Zusätze — sind ungültig, in sofern sie bloß einseitig gemacht worden", sagt die Bestimmung. Wie ist es damit, wenn man sich einseitige außergerichtliche oder auch gerichtliche Kodizille vorbehalten hat: sind dann die darin zum Nachtheile des überlebenden Ehegatten getroffenen Aenderungen und Zusätze bei Vermächtnissen auch ungültig, weil einseitig? Das ist schlechthin zu verneinen, weil in dem Vorbehalte künftig zu errichtender einseitiger Kodizille die Erklärung enthalten ist, daß man durch das wechselseitige Testament nicht gebunden sein wolle, eine Erklärung, welche das gerade Gegentheil von dem, was man bei einem sogenannten korrespektiven Testamente voraussetzt und dessen Nichteintreffen Ungültigkeit der eigenen Verfügung zur Folge hat, deutlich ausspricht.

4. Wechselseitige Testamente sind zwei in einem und dem nämlichen Instrumente äußerlich verbundene Testamente zweier Personen. Jeder Testator muß daher volle physische Testirfähigkeit und Testamentifaktion haben. Daher kann das eine Testament gültig und das andere wegen Mängel an der inneren Form von Anfang ungültig sein oder auch später aus irgend einem Grunde, z. B. durch Uebergehung eines Notherben aus Irrthum und Versäumung der zur Abänderung gegebenen Jahresfrist, oder durch Adoption, ungültig werden. Die Frage ist: ob dadurch das an sich gültige Testament des anderen Ehegatten ebenfalls ipso jure vernichtet ist, oder ob dasselbe erst widerrufen werden muß, um außer Wirksamkeit gesetzt zu werden. Eine ausdrückliche Bestimmung darüber hat das Landrecht nicht und das gemeine Recht kommt uns nicht zu Statten, weil man darüber uneins ist. Nach der Analogie vom Widerruf ([33]) ist jedoch anzunehmen, daß beide Testamente nur mit und nebeneinander bestehen und daher die Hinfälligkeit des einen Testaments, sei es aus einem Grunde wie immer, die Unwirksamkeit des anderen Testamentes von selbst nach sich ziehe, in soweit nämlich der andere Ehegatte, dessen Verwandten und besonderen Freunde darin begünstigt sind, wogegen die, anderen als solchen Personen zugedachten, Vermächtnisse bestehen bleiben ([35]).

5. „Wenn die Ehe unter den wechselseitig testirenden Eheleuten

---

39) Zu vergl. oben die Ausführung von Mevius.

durch Scheidung getrennt worden, so verliert das ganze wechselseitige Testament von selbst seine Gültigkeit [40])." Der Nachdruck ist hier auf „das Ganze" zu legen; sämmtliche darin enthaltenen letztwilligen Verfügungen beider Eheleute verlieren durch die Ehetrennung ihre Kraft. Daß die wechselseitige Erbeseinsetzung vereitelt werde, ist nicht zweifelhaft, denn jede während der Ehe verordnete auch einseitige testamentarische Zuwendung des einen Ehegatten an den anderen wird durch die Ehescheidung aufgehoben, weil dem Begünstigten zur Zeit des Erbanfalls die vorausgesetzte Eigenschaft fehlt. Bielitz aber sagt, diese Frage sei zu verneinen, weil der §. 489 ([40]) nur die Ungültigkeit eines wechselseitigen Testaments ausspreche, einseitige Testamente überhaupt nur durch Widerruf oder Zurücknahme ungültig würden, und selbst bei außergerichtlichen Legaten bloße Vermuthungen, daß der Testirer seinen letzten Willen habe ändern wollen, keine Rücksicht verdienten [41]). Diese Gründe treffen die Sache nicht. Ulpian sagt: „Sed ut legatum valeat, mortis tempore uxorem esse debere, Proculus scripsit: et verum est. Separatio enim tollit legatum [42])." Und weiter: „Uxori legavit, quae ejus causa parata sunt, et ante mortem divortit: non deberi, quia ademta videantur, Proculus ait; nimirum facti quaestio est: nam potest nec repudiatae adimere voluisse [43])." Also kann der Testator seinen Ehegatten mit der Zuwendung selbst auf den Fall der Scheidung allerdings haben bedenken wollen, allein dies ist jedesmal eine facti quaestio, welche aus dem Inhalte der Erklärung, oder aus den Umständen zu beurtheilen ist. Damit stimmt im Wesentlichen auch das Landrecht überein: „Ist die Person des Legatarii bloß durch sein Verhältniß gegen den Erblasser bezeichnet, so kann nur der, welcher zur Zeit des Todes in einem solchen Verhältnisse mit dem Erblasser gestanden hat, das Legat von dem Erben fordern; es wäre denn, daß aus dem Inhalte der Verordnung, oder sonst aus den Umständen erhellete, daß der Testator nicht bloß auf dies Verhältniß, sondern zugleich auf persönliche Zuneigung, bei

40) A. L.R. a. a. O. §. 489. — Vor Einführung des Landrechts sind über die Frage difforme Erkenntnisse ergangen, in revisorio aber doch der im §. 489 festgestellte Grundsatz angenommen worden. Hymen, Beiträge, Bd. II, S. 112 flg.

41) Kommentar zum Allg. Landrecht, Bd. V, S. 192, Nr. 9.

42) L. 49, §. 6 D. de legatis III.

43) L. 3 D. de auro, argento (XXXIV, 2).

Aussetzung des Legats Rücksicht genommen hat [44]." Zwischen Legat und Erbtheil ist in Hinsicht der Zuwendung und Entziehung im Falle der Scheidung paritas rationis [45]). Die in Rede stehende Aufhebung jeder während der Ehe zu Gunsten des geschiedenen Gatten errichteten letztwilligen Verfügung durch die Scheidung tritt auch ein, ohne daß dabei zwischen dem schuldigen und unschuldigen Theile unterschieden wird; die geschiedenen Eheleute werden wegen ihres künftigen Erbrechts vollständig auseinandergesetzt: der schuldige verliert das seinige zur Strafe, der unschuldige wird dafür von dem schuldigen abgefunden und die gleichschuldigen Eheleute kompensiren mit einander: keiner hat an den Anderen einen Anspruch.

Durch die rechtskräftig gewordene Ehescheidung verliert, sagt das Gesetz ([40]), das ganze wechselseitige Testament von selbst seine Gültigkeit, es bedarf also keiner besonderen Handlung zur Vernichtung, namentlich keines Widerrufs und keiner Zurücknahme. Daraus folgt, daß, wenn die geschiedenen Eheleute sich wieder mit einander verheirathen, dadurch ihr ehemaliges wechselseitiges Testament, wenn es auch nicht widerrufen und nicht zurückgenommen worden, nicht wieder hergestellt werden kann. Diese Ehe ist eine andere, eine neue, keine fortgesetzte.

6. Ist durch den Tod des einen Ehegatten dem Anderen die Erbschaft aus dem wechselseitigen Testamente angefallen, so steht es in der freien Wahl des Ueberlebenden, ob er die Erbschaft behalten oder ob er sich abstiniren will. Schlägt er die Erbschaft aus, was jedoch innerhalb der gesetzlichen Deliberationsfrist geschehen muß, so ist die Folge davon die, daß der Ueberlebende über sein eigenes Vermögen von Todes wegen wie unter Lebenden frei verfügen kann [45a]), daß er aber aus der Verlassenschaft des Verstorbenen keinen gesetzlichen Erbtheil, sondern nur das, was ihm etwa durch Eheverträge zugesichert worden, zu fordern berechtigt ist [46]). Nimmt er aber die Erbschaft aus dem Testamente an, was, wie gesagt, von selbst ge-

---

44) I, 12, §§. 546, 547.

45) Zu vergl. L. un. §. 1 D. de bonor. poss. unde vir et uxor (XXXVIII, 11).

45a) Quistorp, rechtliche Bemerkungen, II, S. 61.

46) A. L.R. II, 1, §§. 490, 491; I, 9, §§. 401—405. — Zu vergl. I, 12, §. 642. — Bielitz sagt a. a. O. ([41]) Nr. 9: Der §. 490 legt dem überlebenden Ehegatten nur bei einem wechselseitigen Testamente das Recht bei, der Erbschaft aus dem Testamente zu entsagen, und die gesetzliche Erbfolge zu wählen. Das ist unverständlich. Der §. 490 enthält davon kein Wort, aber der §. 491, verb. mit I, 9, §. 401, sagt das gerade Gegentheil.

schehen ist, wenn er vor Ablauf der Deliberationsfrist nicht entsagt [47]); so ist nun zufolge der Hommel'schen Ansicht (Nr. IV a. E.) der Zustand eingetreten, welcher eine so ausgiebige Quelle von Prozessen geworden ist. Die landrechtlichen Bestimmungen darüber im Tit. 1, Th. II lauten wie folgt:

§. 492. Nimmt er die Erbschaft aus dem Testamente an; so kann er auch von seinen eigenen Verordnungen nicht wieder abgehen, in so fern aus der Fassung oder aus den Umständen erhellet, daß der Erstverstorbene ihm seinen Nachlaß, in Rücksicht auf diese Verfügungen, zugewendet habe.

§. 493. Dies wird hauptsächlich bei solchen Verordnungen des überlebenden Ehegatten vermuthet, welche zum Besten der gemeinschaftlichen Kinder, oder der Verwandten oder besonderen Freunde des Erstverstorbenen abzielen.

Der Gegenstand dieser Bestimmungen ist dasjenige wechselseitige Testament, welches man ein korrespektives nennt, sie beziehen sich nicht auf die einfachen wechselseitigen Testamente (testamenta reciproca). Bei diesen ist das Verhältniß einfach. Nimmt der Ueberlebende die Erbschaft an, so erhält er das ihm in dem Testamente des Verstorbenen zugedachte Vermögen und hat nur die ihm gemachten Auflagen in der Weise zu erfüllen, wie es geschehen müßte, wenn er aus einem einseitigen Testamente Erbe desselben geworden wäre, er kann aber auch, wenn die Belastungen ihn in seinem Pflichttheile verletzen, Ergänzung oder Befreiung seines Pflichttheils fordern. Sein eigenes Testament dagegen wird dadurch für ihn nicht bindend. War der Verstorbene allein darin zum Erben eingesetzt, so ist dasselbe durch dessen Tod destituirt; waren noch Andere darin bedacht, so ist der Ueberlebende durch nichts gehindert, sein Testament nach Gefallen abzuändern, zu widerrufen oder zurückzunehmen.

Was dagegen das korrespektive Testament betrifft, so entsteht vor Allem

A. die quaestio facti, ob das im gegebenen Falle vorliegende Testament ein solches sei. Dieses soll

a) aus der Fassung oder aus den Umständen erhellen, also durch Willensauslegung festgestellt werden; und

b) vermuthet werden bei solchen Verordnungen des Ueberlebenden, welche zum Besten der gemeinschaftlichen Kinder, oder der Verwandten oder besonderen Freunde des Erstverstorbenen abzielen.

---

47) Erk. des Obertr. vom 1. November 1847 (Archiv f. Rechtsfälle Bd. III. S. 63); A. L.R. I, 9, §§. 397, 398, 414.

Wie sich beide Feststellungsmodi zu einander verhalten, ist unklar. Gegen Vermuthungen ist der Gegenbeweis zulässig. Durch welche Mittel könnte ein solcher geführt werden? Und weiter: wie soll gefunden werden, welchen Antheil die Willensauslegung an der Ueberzeugung des Richters, und welchen Einfluß die Vermuthung bei der Feststellung der Thatsache gehabt habe, um ein Beweisthema für den Gegenbeweis gegen die Vermuthung zu gewinnen? Diese Betrachtung führt zu der Ueberzeugung, daß man hier nicht eine Vermuthung hat gründen, sondern eine Interpretationsregel hat geben wollen. Denn wenn die Vermuthung auch auf die einseitige Absicht dessen, der binden wollte, gerichtet wird, so ist damit durch die Entkräftung derselben nichts gewonnen.

B. Ist das Testament wirklich ein korrespektives, so kommen folgende Grundsätze zur Anwendung:

a) Das Vermögen beider Eheleute, nämlich die Verlassenschaft des Verstorbenen und das Vermögen des Ueberlebenden, werden durch die Erbschaftsantretung zu Einem Vermögen verschmolzen, was ja ein unstreitiger allgemeiner Rechtsgrundsatz ist[48]). Diese ganze Masse ist durch die korrespektive Erbeseinsetzung und durch die Antretung der Erbschaft in ein Universal-Fideikommiß verwandelt, welches beider Ehegatten Vermögen in sich begreift. Jeder der Testatoren hat hier zugleich über das Vermögen des Andern verfügt, der Ueberlebende muß daher diesen Willen des Verstorbenen als seinen eigenen Willen anerkennen, wenn er dessen Erbe geworden ist[49]). Auch die jüngere Praxis des Obertribunals hat in Uebereinstimmung mit der älteren wiederholt als Rechtsgrundsatz anerkannt, daß, wenn Eheleute sich in einem wechselseitigen Testamente, bei welchem die Voraussetzungen des §. 492 vorhanden sind, zu Erben ihres ganzen Nachlasses eingesetzt und zugleich angeordnet haben, daß bestimmte Personen nach dem Tode des letztlebenden Ehegatten dessen Nachlaß erben sollen, dann der überlebende Ehegatte, welcher die Erbschaft aus dem Testamente angetreten hat, an die Anordnungen des Testa-

---

48) L. 22 D. de usurpation. et usucap. (XLI, 3); Nov. 48 in Praef. — A. L.R. I, 9, §. 418.

49) Mühlenbruch a. a. O. Bd. XXXV, S. 69; Pütter, auserlesene Rechtsfälle, Bd. I, Th. 2, resp. XLII, §. 6, S. 440 ff. — Berger, Oeconomia juris, Lib. II, tit. 4, th. 22, Nota 4. — M. s. auch die von dem Obertr. in revisorio durch das Erk. vom 2. März 1802 bestätigten Entscheidungen des Berliner Stadtgerichts vom 8. November 1799 und des Kammergerichts vom 8. Januar 1801.

ments über die Vererbung seines Nachlasses als Fiduziarerbe gebunden ist[50]).

b) Lautet die Verfügung so allgemein, wie soeben vorausgesetzt ist, und ist nicht gesagt, auf welchen Zeitpunkt bei der Beurtheilung des zu einem Universal-Fideikommiß gemachten Vermögens zu sehen sei, ob dasjenige Vermögen, wie es zur Zeit der Testamentserrichtung, oder wie es zur Zeit des Todes des Erstversterbenden, oder wie es bei dem Tode des Letztlebenden beschaffen, gemeint sei, so wird angenommen, daß die Bestandtheile dieses Fideikommisses nach der Todeszeit des Letztlebenden bestimmt werden, weshalb auch der von diesem gemachte neue Erwerb, aus welchem Grunde wie immer derselbe sich auch ereigne, dazu gehört. Denn das zu einem Ganzen verschmolzene beiderseitige Vermögen ist eine universitas juris, quae et accessionem et decessionem in se recipit[51]), und nimmt daher auch den künftigen Erwerb in sich auf[52]). Gleichwie der künftige Fideikommißerbe des Letztlebenden sich mit dem durch Schuld desselben oder durch Unglücksfälle bedeutend verminderten Vermögen begnügen müßte, so gebührt ihm auch das vermehrte Vermögen, worüber der Letztlebende von Todes wegen zu verfügen nicht berechtigt ist. Dieser Meinung hat sich auch die Praxis der preußischen Gerichte angeschlossen. In einem Falle, wo Eheleute, die nicht in Gütergemeinschaft lebten, ein korrespektives Testament in dem hier gemeinten Sinne errichtet hatten und der Ueberlebende die Erbschaft daraus annahm, machte derselbe später eine Erbschaft, an welche die Testatoren nicht gedacht hatten. Ueber dieses ererbte Vermögen verfügte der Letztlebende in einem besonderen Testamente, in der Meinung, daß das wechselseitige Testament nur über das beim Tode des Erstverstorbenen vorhanden gewesene gemeinschaftliche Vermögen verfüge, er aber über ein später erworbenes, lange nachher durch den Tod seiner Schwester ihm zugefallenes neues, eigenes Vermögen in dem gegenwärtigen zweiten Testamente verfügen wolle. Ueber die Gültigkeit dieses zweiten Testaments kam es zum Prozesse. Die beiden Instanzgerichte erklärten dasselbe für ungültig und das Revisionserkenntniß des Obertribunals bestätigte diese Entscheidungen aus folgenden Gründen: „Jene Meinung erscheint un-

50) Erk. des Obertr. vom 9. Juli 1851 (Entsch. Bd. XXIII, S. 193). — Zu vergl. Erk. vom 1. Oktober 1838 (Schles. Archiv, Bd. III, S. 573).

51) L. 178, §. 1 D. de verbor. significatione (L, 16).

52) Mühlenbruch. Bd. XXXV, S. 74, u. Bd. XXXVIII, S. 226. — Hasse a. a. O. S. 265 u. 274. — Bynkershoek, Quaest. jur., L. III, cap. 10, in verb. „Cum ambo“ etc.

richtig; mit dem fraglichen Ausdrucke des wechselseitigen Testaments von dem gesammten gemeinschaftlichen Vermögen der Eheleute ist nicht der eingeschränktere Sinn eines Vermögens, welches die Eheleute damals, und bis an den Tod des Erstversterbenden gleichzeitig besessen, sondern nach dem Zusammenhange der ganzen Stelle[53]) der weitere Sinn eines beiderseitigen, auch die zukünftigen Erwerbungen des Ueberlebenden bis an dessen Tod in sich schließenden, und eine gemeinsame Masse darstellenden, und deshalb als gemeinschaftlich bezeichneten Vermögens, zu verbinden. Denn von einem während der Ehe gemeinschaftlich gewesenen Vermögen konnte nicht die Rede sein, da eine provinzielle Gemeinschaft der Güter nicht existirte; es sollte vielmehr das Verhältniß auch für die Folgezeit bis zum Ableben des Ueberlebenden bestimmt, und den Descendenten die Erbfolge überhaupt in den künftigen Nachlaß des Ueberlebenden zugesichert werden. Darauf deutet schon die Einsetzung der Descendenten zu Universalerben hin, die also im natürlichen Wortverstande den ganzen künftigen Nachlaß in sich fassen muß; darauf deutet ferner die Bestimmung, daß der Ueberlebende im ruhigen Besitz und Genuß des gesammten gemeinschaftlichen Vermögens ohne einige Sicherstellung wegen des, bei seinem Ableben nachzulassenden Vermögens bleiben solle, und daß die Descendenten sich mit dem begnügen sollten, was bei dem Ableben des Letztlebenden von dem gemeinschaftlichen Vermögen vorhanden sein würde. — Wäre es die Meinung der Testatoren gewesen, die dem Ueberlebenden künftig noch zufallenden neuen Vermögenserwerbungen von der Disposition auszuschließen, so hätten sie dieses ausdrücklich erklären müssen, und da sie dies nicht gethan haben, so kann man nur sagen, daß — sie an den Fall künftiger neuer Vermögenszuwüchse nicht besonders dachten —; allein daraus folgt nur —, daß dies künftige Vermögen nicht ausgeschlossen ist, weil sonst das sehr unklare Resultat hervorgehen würde, daß es über einen Theil des künftigen Nachlasses an einer Disposition fehlte und die Nothwendigkeit begründet wäre, nach dem Tode des Letztlebenden — wenn es diesem gefiele, über jenen Theil des Nachlasses anderweit zu verfügen —

53) Diese lautete, daß der von ihnen Beiden zuletzt Lebende, so lange er lebte, in dem ruhigen Besitz und Genuß des gesammten gemeinschaftlichen Vermögens ohne einige Sicherstellung wegen des bei seinem Ableben nachzulassenden Vermögens bleiben, ihre Descendenten aber sich mit dem begnügen — sollten, was nach dem Ableben des Letztlebenden von ihnen alsdann noch von dem gemeinschaftlichen Vermögen vorhanden sein würde.

eine Ermittelung zu veranstalten, was von dem sogenannten gemeinschaftlichen Vermögen noch vorhanden und was später erworben sei. Eine solche Unterscheidung ist dem wechselseitigen Testamente fremd[54])." — Hierdurch ist nun das vorhin als von der opinio communis angenommene Prinzip, daß auf das Vermögen zu sehen sei, welches sich bei dem Tode des Letztlebenden vorfinde, wenn die Testatoren nicht ausdrücklich etwas Anderes angeordnet haben, als auch nach dem preußischen Rechte geltend ausdrücklich anerkannt, und die sonstige Ausführung zielt nur darauf ab, die Thatsächlichkeit nachzuweisen, daß hier ein korrespektives Testament im Sinne des §. 492 vorliege, und daß die Testatoren etwas von dem Prinzip Abweichendes nicht verfügt hätten.

Hiermit ist aufgewiesen, daß auch nach preußischem Rechte der Ueberlebende, welcher die Erbschaft aus dem korrespektiven Testamente angetreten hat, keineswegs über die von ihm nachher gemachten neuen Erwerbungen von Todes wegen besonders verfügen kann, daß er es vielmehr bei seinen in dem wechselseitigen Testamente getroffenen Verfügungen schlechthin bewenden lassen muß, wenn in demselben darüber nichts Anderes vorgesehen ist. Allein diese Festigung des Willens des Ueberlebenden vollzieht sich nicht lediglich durch dessen Antretung der Erbschaft aus dem wechselseitigen Testamente; vielmehr gehört dazu auch noch, daß diejenigen, welche nach dem Tode des Letztlebenden fideikommissarisch oder bedingt zur Erbschaft berufen sind, dieselbe geradeso, wie sie ihnen geboten wird, unbedingt annehmen. Wenn daher z. B. die Notherben des Erstverstorbenen sich mit ihrer Berufung nach dem Tode des Ueberlebenden nicht zufrieden stellen, die fideikommissarische Erbschaft aus dem Testamente ausschlagen und ihren Pflichttheil aus dem Nachlasse des Erstverstorbenen fordern und auch erlangen; so ist der Letztlebende an seine eigenen Verordnungen zu deren Gunsten nicht gebunden, vielmehr hat er nun freie Hand, über seinen dereinstigen Nachlaß, wie es ihm gefällt, zu verfügen. Dieser Rechtssatz ist, als nach preußischem Rechte gültig, in letzter Instanz gegen die abweichende Meinung des Appellationsgerichts, von der Praxis festgestellt. Eheleute hatten sich in ihrem wechselseitigen Testamente zu Universalerben mit der

54) Diese Erkenntnisse sind mitgetheilt in der Jurist. Wochenschrift vom J. 1835, S. 436 u. flg. Das Erk. I. Instanz des Berliner Stadtgerichts ist vom 31. Oktober 1831, das des Oberappellationssenats des Kammergerichts vom 8. Mai 1832, das bestätigende Revisionserkenntniß des Obertribunals ist ohne Datum, es wird nur gesagt: „das am 25. eröffnete Urtel des Obertribunals", Monat und Jahr sind in der Feder geblieben.

Bestimmung eingesetzt, daß nach dem Tode des Letztlebenden von ihnen dasjenige, was alsdann von ihrem Vermögen noch übrig sei, die Tochter der Ehefrau aus einer früheren Ehe und eine Enkelin derselben haben sollten. Die Frau starb zuerst und der hinterbliebene Ehemann trat die Erbschaft aus dem wechselseitigen Testamente an. Die Tochter aber und die Enkelin gingen darauf nicht ein; sie forderten und erhielten ihren Pflichttheil aus dem Nachlasse ihrer Mutter beziehungsweise Großmutter. Der Wittwer errichtete nun ein zweites Testament, und überging die Stieftochter und die Stiefenkelin. Diese traten dann nach dem Tode ihres Stiefvaters als Erbprätendenten aus jenem wechselseitigen Testamente ihrer Mutter resp. Großmutter auf. Das Gericht erster Instanz wies sie ab, das Appellationsgericht (Hamm) erkannte ihnen den Anspruch zu, das Obertribunal jedoch vernichtete dessen Erkenntniß und bestätigte das Urtel erster Instanz. „Die Klägerinnen," heißt es in den Gründen, „können ihren vermeintlichen Anspruch nur auf das gemeinschaftliche Testament ihrer Mutter rc. gründen. Ihre rücksichtlich des Nachlasses beider Eheleute fideikommissarische, beziehungsweise bedingte Erbeseinsetzung auf das übrig bleibende Vermögen läßt sich nur als untrennbarer Vortheil, welcher den Klägerinnen durch diese letztwillige Verordnung ihrer Mutter rc. zugewendet war, betrachten. Eben deshalb ist auch die aus dem §. 492 d. T. herzuleitende Verpflichtung des überlebenden Ehegatten, von seinen eigenen Verordnungen nicht wieder abzugehen, nur als die der Erbeseinsetzung des Ehemannes stillschweigend und kraft des Gesetzes beigefügte Beschränkung zu Gunsten der Klägerinnen zu betrachten. In der Wahl des Pflichttheils, als einer Erbfolge im Widerspruche gegen das Testament des zur Hinterlassung eines Pflichttheils Verbundenen, ist schon an und für sich eine Abstandnahme von den Zuwendungen des Testaments enthalten. Wenn daher der Pflichttheil zum vollen Betrage gefordert und erlangt worden ist, so folgt, daß nicht nebenher noch auf eine weitere Zuwendung aus dem Testamente Anspruch gemacht werden kann, daß vielmehr dieser Pflichttheil als der Ersatz und die volle Abfindung für alle im Testamente enthaltenen Zuwendungen anzusehen ist. Die Klägerinnen sind also durch den Pflichttheil bezüglich ihres ganzen, ihnen im Testamente zugewendeten eventuellen Anspruchs auf das nach dem Tode der Testatoren übrig bleibende Vermögen völlig abgefunden; sie haben aber deshalb auch keine weitere Berechtigung, die spätere Disposition des Stiefvaters anzufechten und dem Beklagten sein auf dieser Disposition beruhendes Erbrecht streitig zu machen. Wenn der Stiefvater die Erbschaft aus dem wechselseitigen Testamente auch angetreten hatte und daher nach §. 492 allerdings verbunden gewesen wäre, von seinen eigenen Verordnungen nicht wieder abzugehen, so konnte dies doch dann nicht weiter maßgebend sein, nachdem die im Testamente fideikommissarisch, beziehungsweise bedingt instituirten Erben dem eingesetzten Haupterben den ihm zugedachten alleinigen Besitz der Erbschaft streitig machten und, statt sich mit jener in Aussicht gestellten testamentarischen Succession zu beruhigen, den gesetzten Pflichttheil verlangten. Der §. 492 setzt doch, indem er die Annahme aus dem Testamente erfordert, zugleich voraus, daß dem instituirten Ehegatten diese Erbschaft, wie sie im Testamente bestimmt worden, nicht streitig gemacht und vielmehr belassen wird [55])."

c) Die freie Verfügung des Ueberlebenden unter Lebenden wird durch die Antretung der Erbschaft aus dem korrespektiven Testamente nicht gehindert, es sei denn eine Verfügung in fraudem der Substituten in medio, oder die Dispositionsbefugniß durch den Inhalt der letztwilligen Verordnung, auf welchen es freilich in jedem gegebenen Falle zuerst ankommt, ausdrücklich eingeschränkt. Dieser Satz findet sich im Landrechte nicht geradezu ausgesprochen, und im römischen Rechte kann er nicht vorkommen, weil diesem das ganze Institut unbekannt ist, und unter den gemeinrechtlichen Juristen, soweit diese auf die Frage kommen, besteht darüber kein Einverständniß [56]), aber das Testamentsrecht bringt denselben mit sich, weil der Testator durch seine letztwillige Verordnung niemals seine Dispositionsbefugniß unter Lebenden verliert. Die preußische Rechtsliteratur berichtet

55) Erk. des Obertr. vom 15. April 1864 (Entsch. Bd. LII, S. 163). Der Kern der Entscheidung liegt im Schlußpassus und läßt sich vielleicht juristisch kurz so ausdrücken: Die Kinder haben die ihnen im mütterlichen Testamente indirekt zugedachte Erbschaft ausgeschlagen und als direkte Erben ihren gesetzlichen Pflichttheil contra tabulas gefordert; sie sind also Testamentserben gar nicht geworden. Außerdem aber hatten sie kein Erbrecht gegen den Stiefvater, und da sie als Pflichttheilserben der Mutter aus deren Nachlaß abgefunden waren, so mangelte ihnen gänzlich jeder Rechtsgrund zu irgend einem Erbschaftsanspruch auf den Nachlaß des Stiefvaters. Das wechselseitige Testament war für sie nicht vorhanden, weil sie es abgelehnt und mit Erfolg für sich beseitigt hatten.

56) v. Quistorp, rechtliche Bemerkungen, Th. II, Bem. XVI, Note 1, S. 63; u. Bemerk. XIV, S. 44 ff. hält die ganze Einsetzung für ein fideicommissum ejus, quod superfuturum est, und will dasselbe nach der Novelle 108, Kap. 1 u. 2 beurtheilt wissen; Hasse a. a. O. (Rhein. Archiv, Bd. III, S. 268) §. 24 weiset nach, daß diese Novelle auf das korrespektive Testament nicht passe, was richtig ist.

einen Rechtsfall, in welchem über diese Frage im Jahre 18$\frac{09}{10}$ vor preußischen Gerichten verhandelt und in allen drei Instanzen gleichförmig, aber nach Gemeinem Rechte entschieden worden ist, weil das Testament noch vor Einführung des Allg. Landrechts errichtet worden war [57]). Die wechselseitige Einsetzung der Eheleute lautete dahin,

> daß der Ueberlebende den Nachlaß des Vorversterbenden nach seinem Gefallen nutzen und gebrauchen, auch, wenn er es seiner Bequemlichkeit gemäß finde, von den Grundstücken, welches ihm beliebe, verkaufen könne, nach seinem Ableben aber das übrig bleibende sämmtliche Vermögen den benannten fünf Geschwistern des Ehemannes, und den sechs Geschwistern der Ehefrau, zur Theilung unter sich in capita zufallen solle.

Der Mann starb zuerst und die Wittwe trat die Erbschaft an. Sie verschenkte 975 Thlr. in Bankobligationen und nach ihrem Tode wurde diese Schenkung von den nach des Letztlebenden Tode berufenen Substituten, beziehungsweise Erben, angefochten und in allen Instanzen für ungültig erklärt. Die Entscheidung ist irrig, wenigstens nach den angegebenen Gründen. Die Richter nehmen an: beide Eheleute hätten das gemeinschaftliche Vermögen nur als eine Masse betrachtet, und so wie die Erbeinsetzung, so sei auch die Substitution wechselseitig in des Einen und des Anderen Nachlaß mit gleichem Rechte der Substituten geschehen, und bestimmt, daß diese das übrig bleibende sämmtliche gemeinschaftliche Vermögen beider Eheleute erben sollten, woran sie wider den Sinn des Testaments verkürzt werden würden, wenn die Schenkung bestehen sollte. — Diese Rechtsidee ist dunkel und verworren; sie setzt etwas als wirklich voraus, was juristisch nicht möglich ist. Niemand kann über eines Anderen Vermögen testiren, das thut selbst der Vater in der Errichtung einer Pupillarsubstitution nicht, indem nach der Rechtsidee der Vater auch hier über sein eigenes Vermögen verfügt, da Kind und dessen Habe ihm gehören. Bei Errichtung eines wechselseitigen Testaments verfügt also Jeder über sein eigenes Vermögen, mögen Ausdrücke verschlungen sein wie sie wollen. Daraus ergiebt sich klar, daß die wechselseitige Verfügung in Beziehung auf das eigene Vermögen des Letztlebenden eine simple Erbeseinsetzung ist, da er nicht sein eigener Fiduziarerbe sein kann, und daß nur das ihm zugefallene Vermögen des Vorverstorbenen Fideikommiß ist. Abgesehen von der rechtlichen Unmöglichkeit eines Universal-Fidei-

---

7) Matthis, juristische Monatsschrift, Bd. X, S. 417 ff.

kommisses über das beiderseitige Vermögen ist die Entscheidungsnorm aus einer Verordnung des römischen Rechts, nämlich aus Justinians Novelle 108 hergenommen, die auf wechselseitige oder korrespektive Testamente gar nicht paßt und nicht passen kann, weil Justinian das in Rede stehende Institut gar nicht kannte. Er setzt eine gewöhnliche fideikommissarische Substitution voraus, also ein Testament, worin der Erblasser den eingesetzten Erben verpflichtet, die Erbschaft einem Dritten, der eine dem Fiduziarerben ganz fremde Person ist oder doch sein kann, zu restituiren. Bei der Erbeseinsetzung des Ueberlebenden in einem korrespektiven Testamente verhält es sich in Beziehung auf sein eigenes Vermögen ganz anders. Hier sind diejenigen, welche von dem Vorverstorbenen als seine Fideikommissarien bezeichnet sind, zugleich die eigenen direkten Erben des Letztlebenden. Wie will man also juristisch die Behauptung begründen können, daß diese Erben des Letztlebenden, die kein anderes Recht haben, als was ihnen das Testament ihres Erblassers giebt, wenn sie seine Erbschaft antreten, die Verfügungen ihres Erblassers unter Lebenden anzufechten berechtigt seien? Dazu haben sie außerhalb des Testaments keinen Stützpunkt, sie müssen ja vielmehr die Verfügungen ihres Erblassers, die Rechtsgeschäfte desselben unter Lebenden erfüllen, soweit es noch nicht geschehen. Außerdem ist in dem vorliegenden besonderen Fall auch die angewendete Novelle 108 irrig mißverstanden, wenn daraus behauptet worden, diese Verordnung gestatte dem Fiduziar keineswegs, „über den vierten Theil, noch weniger über drei Theile des Nachlasses durch Schenkungen zu disponiren [58]).“ Dies ist an sich unverständlich, denn die Novelle verordnet, daß der Fiduziar Ein Viertel der Erbschaft dem Fideikommissar übrig lassen müsse, Nothfälle ausgenommen, wo er auch in dieses letzte Viertel eingreifen darf, daß er dagegen über drei Viertel „quemadmodum perfectis dominis competit“ verfügen könne. Das heißt doch nicht, daß ihm verboten sei, Schenkungen daraus zu machen! Da dem so ist, so hätte, um danach eine richtige Entscheidung zu treffen, das Verhältniß der Schenkung zum ganzen Vermögen in Betracht gezogen werden müssen [59]). Daran konnte man

58) Ebenda S. 423.

59) Nur wenn das letzte Viertel durch die Schenkung angegriffen worden war, konnte die Schenkung mit Erfolg angegriffen werden, wenn überhaupt die Novelle anwendbar war. „Si vero contigerit quartam, et non habeat (fiduciarius) ad supplementum aliam substantiam: tunc damus ei (fideicommissario) et contra emptores, aut aliter accipientes res in rem et hypothecas ex autoritate hujus legis, ut liceat complere sibi fideicommissum ex rerum vindicatione, hoc quod in legatis jam dedimus, et ex constitutione (L. 1 C. de leg. VI. 43)

freilich bei der Auffassung der Verordnung nicht denken. Und, um es zu wiederholen, der überlebende Ehegatte ist hinsichtlich seines eigenen Vermögens aus seinem eigenen Testamente ja überhaupt nicht Fiduziar, sondern Erblasser. — Diese Beurtheilung des vorgetragenen Rechtsfalles hat den Zweck, aufzuweisen, daß aus den Entscheidungen desselben kein Präcedenzfall und kein Präjudiz für das preußische Recht entnommen werden kann, mag ihr Werth aus dem Standpunkte des gemeinen Rechts dahin gestellt bleiben. Für das preußische Recht bringt er keine Belehrung.

Das Landrecht nun kennt keine Einschränkung des Verfügungsrechts des Letztlebenden inter vivos, es sagt nur, daß derselbe, wenn er die Erbschaft aus dem korrespektiven Testamente annimmt, „auch von seinen eigenen Verfügungen nicht wieder abgehen kann", woraus auch folgt, daß er nicht befugt ist, über die Erbtheile solcher einzelnen von mehreren gemeinschaftlich ernannten Miterben, welche vor dem erstverstorbenen Ehegatten mit Tode abgegangen sind, und also den Erbanfall nicht erlebt haben, anderweitig letztwillig zu verfügen, so daß deren Erbtheile den übrigen fideikommissarischen, beziehungsweise direkten Miterben zuwachsen, wenn der Zuwachs nicht ausdrücklich verboten ist[60]). Kurz, er muß sein Testament unverändert stehen lassen, in der freien Verfügung über sein Vermögen unter Lebenden ist er nicht beschränkt. Hiergegen hat man sich vom Parteistandpunkte aus auf die Bestimmung des §. 168 des Anh. z. A. L. R. (zu II, 18, §. 689) berufen, wo gesagt wird: „Die dem überlebenden Ehegatten eingeräumte freie Disposition des Vermögens begreift das Recht, die Substanz zu vermindern oder zu verzehren, nicht in sich. Es muß daher die §. 688 verordnete Konkurrenz des vormundschaftlichen Gerichts auch in einem solchen Falle eintreten. Der Mutter ist ein Ehrenvormund an die Seite zu setzen, dem Vater nur dann, wenn es der Richter aus besonderen Gründen für nöthig hält." Diese Bestimmung bezieht sich lediglich auf die vormundschaftliche Verwaltung des Vermögens minorenner Kinder. Die Cleve-Märkische Regierung war über ihr Verhalten in solchem Falle zweifelhaft und trug vor: Es ereigne sich oft, daß ein Ehegatte in einer letztwilligen Disposition, oder auch in den Ehepakten dem Ueberlebenden nicht allein den Nießbrauch seines Vermögens

---

in rem ei donantes, et fideicommissi persecutionem (L. 178, §. 2 D. de verbor. significatione [L, 16]). Nov. 108, cap. 2. Es konnte also auch nur die Ergänzung der Quarta aus der Schenkung gefordert werden

60) Erk. des Obertr. vom 22. April 1864 (Entsch. Bd. LI, S. 236).

verstatte, sondern auch die Befugniß ertheile, mit dem Vermögen schalten und walten zu können wie es ihm beliebe. Hier entstehe die Frage: was diese Klausel für rechtliche Wirkungen habe. Ihres Ermessens wäre die Folge bloß die, daß der überlebende Ehegatte von den Einschränkungen der vormundschaftlichen Administration befreit werde, wovon ein Erblasser den von ihm ernannten Vormund entbinden kann; übrigens aber würde auf den Grund einer solchen Disposition dem überlebenden Ehegatten die Macht nicht gebühren, die Vermögenssubstanz anzugreifen und zu verzehren. Darauf wurde geantwortet, was der §. 168 des Anh. enthält[61]). Diese Bestimmung hat also mit der Verfügungsbefugniß eines zum Erben eingesetzten Ehegatten über das ererbte und über sein eigenes Vermögen gar nichts zu thun. Die Gerichtspraxis erkennt auch in letzter Instanz die Uneingeschränktheit des Ueberlebenden an. Eheleute hatten sich mit folgenden Worten wechselseitig zu Erben eingesetzt und dem Längstlebenden Erben berufen:

> „Wir rc., welche wir in kinderloser Ehe leben, setzen uns wechselseitig zu Erben unseres dereinstigen Nachlasses ein, so daß der oder die Ueberlebende von uns mit dem Nachlasse des zuerst Versterbenden frei walten und schalten kann, wie es dem oder der Ueberlebenden beliebt." Dann folgen Bestimmungen über beiderseitige Nacherben.

Der Ehemann starb zuerst, die Wittwe trat die Erbschaft an und schritt dann zur zweiten Ehe. Nun traten die Nacherben mit dem Anspruche auf, die überlebende, anderweit verheirathete Ehefrau in ihren Verfügungen unter Lebenden über das gemeinschaftliche Vermögen einzuschränken. Damit wurden sie abgewiesen und das Obertribunal sagt: „Diese Bestimmung schließt eben wegen der Erbeseinsetzung die völlige Dispositionsbefugniß des überlebenden Ehegatten in sich; dieselbe ist durch jenen Zusatz „so daß" u. s. w. noch mehr bekräftigt[62])." Also nicht in diesem Zusatz, sondern in der Erbeseinsetzung und in der Erwerbung der Erbschaft liegt die völlige Dispositionsbefugniß des überlebenden Ehegatten und Erbin des Erstverstorbenen.

d) Wenn in dem korrespektiven Testamente der überlebende Ehegatte zum Erben des Erstversterbenden eingesetzt wird, und beide

61) R. vom 18. Januar 1796 (Rabe, Samml., III, S. 237; Stengel, Beiträge, II, S. 326).

62) Erk. des Obertr. vom 16. Mai 1859 (Archiv f. Rechtsf. Bd. XXXIV, S. 52).

Eheleute übereinstimmend für den Eintritt des Todes des Ueberlebenden ihre beiderseitigen Verwandten zur Nachfolge berufen, der Ueberlebende auch die Erbschaft aus diesem Testamente antritt, so erwerben die nach dem Tode des Letztsterbenden Berufenen dadurch, daß sie den Tod des Erststerbenden erleben, schon das Erbrecht auf den künftigen Nachlaß des Letztsterbenden, welches sie als ein zu ihrem Vermögen bereits gehöriges Recht auf ihre Erben transmittiren, wenn sie vor dem überlebenden Ehegatten sterben [63]). Die Transmission soll jedoch — so ist angenommen — nicht stattfinden, wenn die beiderseitigen Verwandten die gemeinschaftlichen Kinder der Testatoren sind und dieselben ohne Hinterlassung von Descendenten vor dem Ueberlebenden sterben. Dann soll die eigene Verordnung des Ueberlebenden destituirt sein, wenn die Kinder auch sonstige Erben hinterlassen haben, und dem Ueberlebenden soll die Befugniß zustehen, über seinen eigenen Nachlaß anderweit letztwillig zu verfügen; die sonstigen Erben der verstorbenen Kinder sollen eine solche letztwillige Disposition nur dann anfechten können, wenn der Inhalt des wechselseitigen Testaments deutlich ergiebt, daß der Erstverstorbene auch solchen entfernteren Verwandten resp. Erben der Kinder den Nachlaß habe zugewendet wissen wollen [64]). Diese Ausnahme beruhet also auf Willensauslegung. — Durch den Grundsatz, daß diejenigen nach dem Tode des letztlebenden Ehegatten Berufenen, welche den Tod des Erststerbenden erleben, ihr Erbrecht auf ihre Erben transmittiren, wenn sie vor dem Letztlebenden sterben, ist nicht entschieden, daß sie Alle als fideikommissarische Substituten dem Letztlebenden nachfolgen; dieses hängt davon ab, ob sie von dem Erststerbenden in sein Vermögen berufen oder doch ebenfalls von ihm dazu berufen sind. Sind sie nur von dem Letztlebenden und in dessen Vermögen berufen, so succediren sie diesem als dessen direkte Erben und dann können sie auch ihr Erbrecht nicht transmittiren, wenn sie vor ihrem Erblasser sterben. So sagt auch das Obertribunal: „Wenn Eheleute sich in einem wechselseitigen Testamente zu Erben ihres ganzen Nachlasses eingesetzt und zugleich angeordnet haben, daß bestimmte Personen nach dem Tode des letztlebenden Ehegatten dessen Nachlaß erben sollen, so ist der überlebende Ehegatte, welcher die Erbschaft aus dem Testamente angetreten hat, an die Anordnungen des Te-

---

63) Erk. des Obertr. vom 1. Oktober 1838 (Schles. Archiv, Bd. III, S. 573). — Zu vergl. Mittermaier, Grundsätze des deutschen Privatrechts (5. A.) §. 462 (§. 410), Nr. IX.

64) Pr. des Obertr. 2463, vom 1. Juli 1853 (Entsch. Bd. XXVI, S. 58).

staments über die Vererbung seines Nachlasses in Ansehung des Nachlasses des verstorbenen Ehegatten als Fiduziarerbe, in Ansehung seines eigenen Vermögens aber nur in sofern gebunden, als die Voraussetzungen des §. 492, Tit. 1, Th. II des Allg. Landrechts vorhanden sind [65])." Daß er an seine eigenen Anordnungen über sein eigenes Vermögen gleichfalls als Fiduziarerbe gebunden sein, mit andern Worten, daß er sich von dem anderen Ehegatten zum Erben auch seines eigenen Vermögens einsetzen und sich einen fideikommissarischen Substituten bestellen lassen solle, ist nirgend gesagt und erscheint widersinnig. Das Obertribunal hat auch wiederholt ausgeführt, daß die in einem solchen Testamente angeordnete fideikommissarische Substitution sich nur auf den Todesfall des zuerst versterbenden Ehegatten beziehen und in Betreff des eigenen von dem überlebenden Ehegatten zu hinterlassenden Vermögens nur eine gewöhnliche Erbeseinsetzung enthalte, da, so lange der überlebende Ehegatte am Leben ist, er sein eigenes Vermögen nicht als Erbe, mithin auch nicht als Fiduziarerbe besitzen kann [66]).

Wenn in einem wechselseitigen Testamente jeder der Testatoren seine nächsten Verwandten ohne nähere Bestimmung einsetzt, und es entsteht die Frage: welche die nächsten Verwandten eines Jeden sind, d. h. auf welchen Zeitpunkt bei der Beurtheilung dieser Frage zu sehen; so ist zu unterscheiden. Das Testament des Erstversterbenden kann ganz nach der Intention des Testators zur Ausführung kommen. Tritt der Ueberlebende als Haupterbe die Erbschaft nicht an, so sind die von dem Testator eventuell Berufenen als Vulgar-Substituten seine direkten Erben geworden und der überlebende Ehegatte hat freie Hand, es bei seinem Testamente zu belassen oder dasselbe abzuändern. Wird er aber Erbe des Verstorbenen aus diesem Testamente, so sind die von dem Erblasser auf den künftigen Todesfall des Ueberlebenden Berufenen Fideikommissarien in sein, des Erblassers, eigenes Vermögen und haben dieses eventuelle Erbrecht mit dem Tode ebenso gewiß erworben, wie sie direkte Erben des Erblassers geworden sein würden, wenn der vor ihnen berufene Ehegatte die Erbschaft ausgeschlagen hätte; sie transmittiren also dieses Recht auf ihre Erben, wenn sie den Tod des Fiduziar nicht erleben. — Was das eigene Testament des Ueberlebenden nach dem Erb-

65) Erk. vom 9. Juli 1851 (Entsch. Bd. XXIII, S. 193).

66) Ebenda S. 196; Pl.-Beschl. vom 3. Oktober 1849 (Entsch. Bd. XVIII, S. 28 u. 34—36); Erk. vom 12. September 1862 (Arch. f. Rechtsf. Bd. XLV, S. 333); Erk. vom 23. Mai 1864 (Archiv f. Rechtsf. Bd. LIV, S. 203).

schaftsantritt aus dem Testament des Vorverstorbenen betrifft, so ist dasselbe nun ein einseitiges Testament, in welchem der unmittelbar berufene Erbe, der Prinzipalerbe, ausgefallen, aber durch die Substituten, oder vielleicht auch durch Miterben, ersetzt worden ist. Diese sind nun zu direkten Erben des Ueberlebenden in dessen ursprünglich eigenes Vermögen berufen. Wer von diesen zur Erbschaft gelangen kann, hängt davon ab, wer den Tod des überlebenden Ehegatten als ihres unmittelbaren Erblassers erlebt; vorher ist ihnen nichts angefallen, sie können also nichts transmittiren; nur kann der Erblasser an seinen Verordnungen nichts ändern. Aber diesen seinen direkten Erben als solchen gegenüber ist er dazu auch nicht gehalten; dieses zu fordern haben sie nur dann ein Recht, wenn sie solches aus dem Testamente des vorverstorbenen Ehegatten für sich herleiten können: hat dieser sie nicht bedacht, so können sie ihrem Testator ebenso wenig wie wenn sie in einem einseitigen Testamente eingesetzt wären, die Zurücknahme, den Widerruf oder die Abänderung seines Testamentes wehren.

e) Aus der Unwiderruflichkeit der eigenen Verordnungen des Ueberlebenden folgt nicht, daß dieselben überhaupt nicht mehr durch das Eintreten von anderweiten Umständen rückgängig werden könnten, welche nach allgemeinen gesetzlichen Vorschriften Testamente zu entkräften geeignet sind. So hat man angenommen[67]); ausdrücklich gesagt ist es im Landrechte nicht und ausgemacht ist es nach Gemeinem Rechte auch nicht. Von einer Seite wird gesagt: die fideikommissarische Erbschaft werde nur denen deferirt, welche zur Zeit des Todes des Letztlebenden noch am Leben, und die nächsten Verwandten des Testators sind. Diese nächsten Verwandten könnten denn auch postumi sein, wenn etwa der Ueberlebende zur anderen Ehe geschritten wäre, und in derselben noch Kinder erzeugt hätte. Da nun auch diese als nächste Verwandte in dem wechselseitigen Testamente bedacht seien, mithin nicht für präterirt gehalten werden könnten; so lasse sich nicht wohl einsehen, wie durch diese Geburt von Kindern aus einer zweiten Ehe das Testament des überlebenden Ehegatten, so weit es sein ursprüngliches Vermögen betrifft, rumpirt werde[68]). Indeß ist es ja nicht nothwendig, daß der Letztlebende seine nächsten Verwandten berufen habe, seine Verfügung kann ja auch anders lauten. Daher wird von anderer

67) Erk. des Obertr. vom 23. Mai 1864 (Archiv f. Rechtsf. Bd. LIV, S. 200).

68) Mühlenbruch, in Glück's Fortsetzung, Bd. XXXV, S. 75.

Seite behauptet, daß durch die Geburt von Kindern des Letztlebenden aus seiner jetzigen zweiten oder einer späteren Ehe, das Testament, so weit es sein ursprüngliches Vermögen beträfe, rumpirt würde, ja daß auch durch Adoption dergleichen bewirkt werden könne[69]. Für das preußische Recht beruft man sich auf die Analogie von Erbverträgen, in Beziehung auf welche bestimmt ist: „So weit Testamente wegen nicht eintreffender Bedingungen, wegen des von dem Erben verursachten Todes des Erblassers, oder wegen Dazwischenkunft ehelicher Kinder, so wie überhaupt durch Zufall entkräftet oder vereitelt werden; so weit werden unter eben den Umständen auch Erbverträge rückgängig[70].“ Man folgert, dieses müsse um so mehr von wechselseitigen Testamenten gelten, als selbst Erbverträge, die sich ihrer Wirkung nach von wechselseitigen Testamenten gerade dadurch unterscheiden, daß bei ihnen von vornherein der einseitige Widerruf ausgeschlossen ist, durch derartige Umstände aufgehoben werden können ([67]). Dies ist denn auch um so eher anzuerkennen, als wechselseitige Testamente, außer der ihnen entzogenen Widerruflichkeit, in allen übrigen Stücken ihre Eigenschaft als Testamente behalten und es daher der Analogie von Erbverträgen nicht bedarf, zumal die dieselben betreffende Bestimmung ([70]) ja nur die Grundsätze von Testamenten auf Erbverträge überträgt. Folgende Fälle sind hervorzuheben:

aa) Das Testament des Ueberlebenden ist aus irgend einem Grunde von Anfang nichtig. Dann müssen seine Intestaterben, welche statt der Testamentserben eintreten, den Nachlaß des Vorverstorbenen nebst allen An- und Zuwüchsen an die Substituten, welche der Vorverstorbene bestellt hatte, herausgegeben: denn die Sache ist durch die Hinfälligkeit des Gegentestaments des Ueberlebenden in die Lage gekommen, als wenn er pro possessore die Erbschaft in Besitz genommen hätte, da sein Erbtitel ein bedingter war und die Bedingung nicht erfüllt worden ist. Nun müßte, könnte man denken, der Zustand hergestellt werden, welcher eingetreten sein würde, wenn der Ueberlebende nicht angetreten hätte. Das würde jedoch nicht gerecht sein, denn dadurch würde der Ueberlebende, der ja nie daran dachte, die Erbschaft aus dem Testamente auszuschlagen und damit auch sein Intestatrecht einzubüßen, ganz schuldlos um sein ganzes Erbrecht kommen. Deshalb muß die Sache so genommen werden,

---

69) Hasse, im rheinischen Museum, Bd. III, S. 257 u. 271. — v. Dalwigk, Erbrecht (Wiesbaden 18$\frac{20}{22}$), Th. I, S. 131.

70) I, 12, §. 647.

als wäre der hinterbliebene Ehegatte von dem Verstorbenen in dessen Testament übergangen worden; der Letztlebende muß daher mit seiner statutarischen Portion ab intestato an die Seite der von dem Vorverstorbenen berufenen Erben zweiten Grades als Miterbe treten. Hat er kein statutarisches Erbrecht, so gebührt ihm der gemeinschaftliche Pflichttheil, wie ihn das Landrecht vorschreibt.

bb) Der überlebende Ehegatte verheirathet sich wieder und stirbt demnächst mit Hinterlassung seines zweiten Ehegatten. Dann hat dieser, nach Analogie von der Agnation eines Notherben, aus dem eigenen Nachlaß des Verstorbenen denjenigen gesetzlichen Erbtheil zu fordern, welchen ihm der Verstorbene nicht entziehen konnte. Darüber ist gestritten und widersprechend erkannt worden. Ein Ehepaar hatte sich in ihrem wechselseitigen Testamente gegenseitig zu Erben eingesetzt, dergestalt, daß derjenige von ihnen, welcher den Anderen überlebte, den ganzen Nachlaß des zuerst Verstorbenen erben und erhalten sollte. Zugleich hatten sie demjenigen von ihnen, der den Anderen überleben würde, für seinen Todesfall in dasjenige, was alsdann von ihrem beiderseitigen Vermögen vorhanden sein würde, ihre Tochter und drei Enkel fideikommissarisch substituirt und angeordnet, daß diese Substitution den Ueberlebenden in keiner Weise beschränken sollte, über den Nachlaß des zuerst Verstorbenen unter Lebenden zu disponiren. Die Ehefrau starb zuerst und der Wittwer nahm die Erbschaft an; demnächst heirathete er die zweite Frau. Diese begehrte, den Kindern der ersten Ehe gegenüber, nach dem Tode ihres Mannes aus dessen Nachlaß die statutarische Erbportion. Der erste Richter wies sie ab. Er leitete aus den §§. 492, 493 a. a. O. her, daß der Verstorbene das von der ersten Frau ererbte Vermögen nur mit der Bedingung belastet besessen habe, dasselbe, so weit es bei seinem Tode noch vorhanden, den Kindern erster Ehe herauszugeben, und daß sein Vermögen auch nur mit dieser Bedingung belastet vererbt werden konnte. Die Folgerung in letzter Beziehung wurde von den höheren Richtern, mit Recht, für unrichtig erklärt; die in dem wechselseitigen Testamente angeordnete fideikommissarische Substitution der Kinder könne sich nur auf den Todesfall des zuerst versterbenden Ehegatten hier also der Ehefrau, beziehen, und enthalte in Betreff des eigenen von dem überlebenden Ehegatten zu hinterlassenden Vermögens nur eine gewöhnliche Erbeseinsetzung, da, so lange der überlebende Ehegatte lebte, er sein eigenes Vermögen nicht als Erbe besitzen konnte (66). In Bezug auf dieses Vermögen seien daher die Kinder nur als einfach ernannte Erben zu betrachten;

und wenn auch der Erblasser nicht befugt war, von dieser Einsetzung der Kinder wieder abzugehen, so sei dadurch doch nicht ausgeschlossen, daß seine zweite Ehefrau durch Eingehung der Ehe mit ihm auf seinen Nachlaß ein gesetzliches Erbrecht erwerben konnte. — Der Appellationsrichter sprach demnach der Wittwe die geforderte Hälfte des Nachlasses zu, und das Obertribunal bestätigte dies auf die dagegen eingelegte Revision, verordnete jedoch zuvor die Aussonderung dessen, was sich darin aus dem Nachlasse der ersten Ehefrau befinden möchte, weil der Erblasser dieses nur als Fiduziar besessen habe und darauf die Kinder vermöge der fideikommissarischen Substitution ein ausschließliches Recht hätten [71]).

cc) Dem Ueberlebenden werden nach der Annahme der Erbschaft aus dem wechselseitigen (korrespektiven) Testamente noch erbberechtigte Kinder geboren. Dann kommt der Testator in eine eigenthümliche Lage. Vorgeschrieben ist: Konnte er das Testament nicht mehr abändern, welches angenommen wird, wenn er vor Ablauf eines Jahres nach der Geburt des Kindes stirbt, so tritt der Posthumus in die Reihe der berufenen Erben mit einer Portion, welche der des am mindesten im Testamente Begünstigten gleichkommt, niemals aber mit wenigerem als sein Pflichttheil beträgt; stirbt er nach Ablauf des Jahres, so verliert das Testament seine Kraft (es ist rumpirt) und die Intestaterbfolge tritt ein [72]). Nun ist aber der Testator hier gar nicht in der Lage, seine Verordnungen ändern zu können, „er kann von seinen eigenen Verordnungen nicht wieder abgehen [73]).“ Was also thun, wenn er daran denkt? Das Gerathenste ist, er läßt der Sache ihren natürlichen Verlauf, er thut nichts, weil er dann am Besten den streitsüchtigen Fideikommissarien den Boden zu Prozessen mit Erfolg entzieht, ohne doch seinem Nachgeborenen allzu großen Nachtheil zuzufügen. Denn sind die Fideikommissarien auch seine Kinder, so tritt ihnen ja der Nachgeborene mit gleichem Rechte in allen Fällen ipso jure hinzu; sind sie ihm Fremde, so kann der Nachgeborene nur gewinnen. Stirbt er innerhalb des Jahres, so muß der Nachgeborene wenigstens den Pflichttheil erhalten; stirbt er später, so tritt Intestatsuccession ein. Betrachten wir also den letzten Fall. In demselben hat man bestritten, daß das Testament durch die Geburt des Posthumus rumpirt werde. Was hier gesagt

---

71) Erk. des Obertr. vom 12. September 1862 (Arch. f. Rechtsf. Bd. XLV, S. 331 ff.).

72) A. L.R. II, 2, §§. 454, 455 verb. mit §§. 444—451.

73) Ebenda II, 1, §. 492.

wird, bezieht sich lediglich auf die Verfügungen des Letztlebenden über seinen eigenen Nachlaß, gerade so wie das, was in dem vorhergehenden Falle bb vorgetragen ist. Also man hat in solchem Falle dem Posthumus jedes Anrecht auf den Nachlaß seines Parens auf Grund des §. 492 ([73]) streitig gemacht. Dies ist so konstruirt worden: Der §. 454 bestimmt:

„Werden dem Erblasser, nach errichtetem Testamente, Kinder oder Enkel, die zur unmittelbaren Erbfolge berechtigt sind, geboren; und er verstirbt nach Verlauf Eines Jahres, ohne in Ansehung ihrer etwas verfügt zu haben: so finden die Vorschriften §. 450, 451 Anwendung." — Diese lauten:

§. 450. „Ist jedoch der aus Irrthum Uebergangene nach errichtetem Testamente zurückgekehrt; oder sonst dem Erblasser das Dasein oder Leben desselben erweislich bekannt geworden; und hat der Erblasser nach diesem Zeitpunkte Ein Jahr verstreichen lassen, ohne in Ansehung seiner etwas zu verfügen: so verliert das Testament seine Kraft." §. 451. „Es wird also in einem solchen Falle den Kindern die gesetzliche Erbfolge eröffnet."

Nun sagt der Widersacher: Der §. 450 passe nicht, weil ein zur Zeit der Errichtung des Testaments bereits lebender Erbe nicht übergangen sei, und der §. 454 zeige schon durch die Allegation der §§. 450, 451, daß an Kinder einer zweiten Ehe nicht gedacht sei. Darauf sagt das Obertribunal mit einer klassischen Herablassung, was jeder einigermaßen geschulte Menschenverstand ohne Fingerzeigung sieht: „Das Allegat der §§. 450, 451 bezieht sich nicht auf deren Voraussetzungen, sondern, wie im §. 454 ausdrücklich bemerkt ist, auf die Vorschriften derselben [74])." Weiter wird nun vorgebracht: wenn dem auch so wäre, so ständen doch dem selbstständigen Rechte dieser Kinder die durch den Tod des einen Ehegatten und den Erbesantritt des anderen bereits erworbenen Rechte Dritter (der im Testamente bedachten Personen, namentlich der Verwandten des Erstverstorbenen) entgegen; dieser Konflikt werde dadurch gelöst, daß der §. 454 für den vorausgesetzten Fall durch die §§. 481 und 482, Tit. 2 a. a. O. ausgeschlossen würde. Diese bestimmen:

„Auch durch Verträge kann die Erbfolge der Kinder bestimmt werden. — Dergleicheu Verträge, welche die Eltern unter sich oder mit einem Dritten geschlossen haben, müssen die Kinder sich gefallen lassen; insofern sie dadurch in dem aus dem künftigen

74) Erk. vom 23. Mai 1864 (Archiv f. Rechtsf. Bd. LIV, S. 201).

Nachlasse der Eltern ihnen gebührenden Pflichttheile nicht verkürzt werden."

Diese Bestimmung enthält kein Wort davon, daß der §. 454 für den vorausgesetzten Fall ausgeschlossen sein solle, sie sagt in Beziehung auf Erbverträge ganz das nämliche, was die Gesetze auch über Testamente sagen: die Kinder müssen sich die Testamente der Eltern gefallen lassen, insofern sie dadurch in ihrem Pflichttheile nicht verkürzt werden. Das ist nicht in Frage, sondern hier handelt es sich darum, was dann geschehen solle, wenn die Verkürzung doch wirklich vorhanden ist. Darüber geben die hier vorgeführten §§. 481, 482 gar keinen Aufschluß, darüber entscheidet der Grundsatz: wenn ein Testator oder ein Erbpaciscent in seiner Verordnung über seinen eigenen künftigen Nachlaß seine pflichttheilsberechtigten Erben aus Irrthum übergeht und binnen einem Jahre nach erkanntem Irrthume in Ansehung dieser Notherben nichts verfügt; so verliert das Testament seine Kraft und der Erbvertrag wird in Beziehung auf seinen Nachlaß rückgängig[75]), d. h. in beiden Fällen tritt die Intestaterbfolge in den eigenen Nachlaß, nach Ausscheidung dessen, was der Erblasser als Fiduziar besaß, ein. Nachgeborene Kinder, welche in der Verordnung für den eventuellen Fall nicht bedacht sind, können auch aus Irrthum übergangen werden und sind es in den allermeisten Fällen. Bei ihnen liegt der Irrthum in der Zukunft, indem man an solche gar nicht denkt, oder, wenn doch, annimmt, sie werden nicht vorkommen, und diese Annahme erweiset sich dann in der Zukunft als ein Irrthum, der bei verschollenen und irrig für todt gehaltenen Kindern in der Vergangenheit liegt. Das Obertribunal widerlegt demnach den zweiten Angriff sehr richtig so: „Wenngleich der überlebende Ehegatte sich durch die Annahme der Erbschaft des Erstverstorbenen nach den §§. 492, 493 außer Stande gesetzt hat, die Erbeseinsetzung der Verwandten des Vorverstorbenen einseitig zu deren Nachtheil zu widerrufen[76]), so konnte er doch auch andererseits durch diesen Umstand allein dem Kinde aus der später von ihm eingegangenen Ehe dessen gesetzliches Erbrecht auf seinen Nachlaß nicht entziehen, und es muß eben deshalb auch die gesetzliche Folge eintreten, daß dies Kind den von seinem Parens zu Erben berufenen Personen gegenüber die Eröffnung der Intestaterbfolge verlangen und in so weit die Entkräftung des Testaments be-

75) Pl.-Beschl. (Pr. 2145) des Obertr. vom 3. Oktober 1849 (Entsch. Bd. XVIII, S. 37, 38).

76) M. vergl. das im folgenden Passus dd Gesagte.

wirken kann. In Bezug auf den Nachlaß des Ueberlebenden sind daher allerdings alle gesetzlichen Voraussetzungen vorhanden, unter denen die Dazwischenkunft nachgeborener Kinder diese Wirkung nach §. 454 ([72]) äußern kann. Gerade weil die Voraussetzungen des §. 454 vorliegen, so kann von einer Anwendung der §§. 481, 482 nicht die Rede sein (es fehlt umgekehrt gerade die Voraussetzung des §. 482 — Nichtverkürzung des Pflichttheils), und es erledigt sich daher auch die aufgestellte Behauptung, daß das nachgeborene Kind sich mit dem Pflichttheil begnügen müsse [77])."

dd) Der Ueberlebende hat nach der Antretung der Erbschaft aus dem wechselseitigen Testamente einen Anderen förmlich an Kindesstatt angenommen, ohne wegen der Erbfolge desselben etwas verfügt zu haben. Dann verliert das Testament in Beziehung auf die Berufungen zu dem ursprünglich eigenthümlichen Nachlasse des Ueberlebenden eben dadurch seine Kraft und es wird, wie in dem vorhergehenden Falle cc, die Intestaterbfolge eröffnet [78]). Es wiederholt sich also die Voraussetzung des vorhergehenden Falles cc, der Testator habe seine letztwillige Verordnung abändern können, aber solches zu thun unterlassen. Diese Voraussetzung trifft jedoch in beiden Fällen nicht zu, durch die Anwendung der Bestimmungen in den §§. 454 und 456 (litt. cc und dd) auf korrespektive Testamente und Erbverträge [79]) werden die betroffenen Personen in unabwendbare Verlegenheit gesetzt, diese Bestimmungen sind so, wie man sie anwendet, den Testatoren eine Scylla und Charybdis: ändern sie ihre Anordnung nach dem Eintritte einer Agnation ab, so gilt die Abänderung nicht (Text zu Note [76]); ändern sie solche nicht ab, so verliert das Testament seine Kraft. Aber warum will man hier absolut die juristische Logik ausschließen? man braucht nur auf das Prinzip der §§. 454 und 450 zurückzugehen und nicht die Bedeutung der darin bestimmten Jahresfrist zu übersehen. Das Prinzip, wie es schon oben (§. 53) aufgewiesen worden, ist: wenn ein Testator einen Notherben aus Irrthum übergangen hat und ist vor seinem Ende nicht mehr in der Lage, nach erkanntem Irrthume seine Verfügung zu ergänzen, so wird sie als ergänzt von Rechts wegen angenommen, so, als wenn er den Uebergangenen mit eingesetzt hätte, weil er, wenn er nicht im Irrthum befangen gewesen wäre, desselben mit gleicher Liebe gedacht haben würde; konnte aber die

77) Archiv f. Rechtsfälle, Bd. LIV, S. 204.

78) A. L.R. II, 2, §. 456.

79) Ebenda II, 1, §. 444. Zu vergl. I, 12, 647.

Verordnung entsprechend geändert werden und es wurde unterlassen, so wird Lieblosigkeit angenommen und die Erbeseinsetzung umgestoßen. Die facti quaestio über die Thunlichkeit der Abänderung ist in jenen Paragraphen zu einer Fiktion in Verbindung mit einer Frist gemacht worden: dies ist die Bedeutung der Zeitbestimmung von einem Jahre; vor dessen Ablauf wird dieses, nach dem Ablaufe wird jenes angenommen, wenn nämlich eine quaestio besteht. Nun ist es aber schon eine feststehende Thatsache, daß in den in Rede stehenden Fällen der Testator überhaupt, wegen eines objektiven Hindernisses, gar nicht im Stande ist, „von seinen Verordnungen wieder abzugehen"; die Unterscheidung: ob der Testator vor oder nach Ablauf eines Jahres verstorben[80]), hat daher keinen Sinn. Die juristische Konsequenz gebietet daher, daß ohne Rücksicht darauf, zu welcher Zeit der Testator nach erkanntem Irrthume verstorben, die Sache so genommen werden muß, wie es vorgeschrieben ist für den Fall, wo er starb, ohne daß ihm noch eine ergänzende Verfügung in Ansehung des nachgeborenen oder des todt geglaubten und wieder erschienenen Kindes möglich war, d. h. der Uebergangene gilt für mit berufen (scriptis heredibus accrescit) und erhält so viel, wie dem am mindesten begünstigten Erben im Testamente ausgesetzt worden, wenigstens aber den Pflichttheil, sonst aber bleibt das Testament in allen anderen Stücken bei Kräften[81]).

IX. Von der Ungültigkeit der Testamente.

§. 64.

A. Einleitung.

Unter ungültigen Testamenten im Allgemeinen werden hier letztwillige Verordnungen verstanden, welche entweder gänzlich wirkungs-

---

80) Der §. 454, II, 2 sagt: „Werden dem Erblasser nach errichtetem Testamente Kinder — geboren; und er verstirbt nach Verlauf Eines Jahres, ohne in Ansehung ihrer etwas verfügt zu haben: so verliert das Testament seine Kraft." Das Obertribunal sagt a. a. O. (Note 77). „Die gesetzlichen Voraussetzungen des §. 454 sind vorhanden. Denn zur Zeit der Errichtung des wechselseitigen Testaments war das nachgeborene Kind noch nicht vorhanden, wohl aber bei dem länger als ein Jahr nach der Geburt des Kindes erfolgten Tode des Vaters, ohne daß dieser Verfügung zu seinen Gunsten getroffen hatte." Zehn Zeilen vorher ist gesagt: er konnte es nicht, denn es heißt: „der überlebende Ehegatte (hatte) sich durch die Annahme der Erbschaft des Erstverstorbenen — außer Stande gesetzt, diese Erbeseinsetzung — einseitig (zum Nachtheil der Verwandten des Vorverstorbenen) zu widerrufen." Und doch soll es entscheidend sein: ob er abänderte oder nicht abänderte, obgleich nicht abändern konnte?

81) A. L.R. II, 2, §§. 444—449, 455. — Zu vergl. oben, §. 53.

los sind, oder nur in Ansehung einer oder der anderen Verfügung nicht zu Recht bestehen können. Man führt die Gründe der Ungültigkeit auf zwei Klassen zurück, indem man die schon von Anfang vorhandenen Mängel und die erst nach rechtsgültiger Errichtung der Verordnung eintretenden Nichtigkeitsgründe unterscheidet. Die Gründe der ersten Klasse entspringen entweder 1. aus subjektiven Mängeln, oder 2. aus einer fehlerhaften Willenserklärung, oder 3. aus dem Inhalte derselben. Neuere nennen ein Testament, welches aus einem der Gründe dieser ersten Klasse wirkungslos ist, testamentum nullum in genere [1]). In den Quellen ist die Bezeichnung dafür nicht immer dieselbe, es wird ein Testament ohne einen solchen Fehler testamentum jure perfectum, auch jure factum genannt, und ein solches, welches aus einem solchen Grunde kraftlos ist, heißt testamentum non jure factum oder imperfectum. Von diesem sagt Afrikanus: „— — non jure factum testamentum id appellatur, in quo si omnia rite facta essent, jure factum diceretur [2]).“ Dies kann sich freilich auch auf einen Formfehler beziehen [3]). Daher kommt der bei vielen Neueren aufgestellte Gegensatz zwischen äußeren und inneren Mängeln, auf welchen der Unterschied zwischen injustum und nullum testamentum gegründet wird [4]), welcher Unterschied jedoch die sämmtlichen Ungültigkeitsgründe der ersten Klasse nicht erschöpft.

Die Gründe der zweiten Klasse, welche erst nach der Testamentserrichtung eintreten, sind Umstoßung (testamentum ruptum), Entkräftung (testamentum irritum) und Vereitelung (testamentum destitutum), doch wird bisweilen der eine Ausdruck auch für den anderen gebraucht, namentlich wird der Ausdruck irritum für destitutum [5]) und für ruptum [6]) gebraucht [7]).

---

1) Weber, Erläuterung der Pandekten nach Hellfeld. Bd. II, zu Lib. XXVIII, Tit. 3, §. 1426, S. 227. — Mühlenbruch, Forts. von Glück, Bd. XXXVIII, S. 119.

2) L. 6 pr. D. de lege Cornelia (XXVIII, 10). Vergl. L. 2, §. 1 D. testamenta quemadmodum aper. (XXIX, 3).

3) Wie in der L. 1 D. de injusto (XXVIII, 3). Vergl. L. 18 D. de leg. III.

4) Z. B. bei Hellfeld, Jurisprudentia, §. 1426.

5) L. 1 D. de injusto, rupto (XXVIII, 3). — L. 20 pr. D. bonorum poss. contra tabulas (XXXVII, 4); L. 50 pr. D. de manumiss. testamento (XL, 4).

6) L. 4 D. de his quae in testam. del. (XXVIII, 4); L. 15 pr. i. f. D. de test. mil. (XXIX, 1).

7) Ueber den technischen Gebrauch dieser Ausdrücke lehrt Gajus, Inst. II, §. 146: „Hoc autem casu (wenn das Testament durch capitis diminutio des

Die Wirkung der Gründe beider Klassen ist nach römischem Rechte in der Regel gänzliche Kraftlosigkeit der getroffenen Verfügung[8]), ausgenommen die Fälle, wo gegen das Notherbenrecht eines Pflichttheilsberechtigten verstoßen ist, und die Regel erheblichen Modifikationen unterliegt (§. 44 ff.); das Testament wird hier rescindirt (testamentum rescissum); auch gilt der Grundsatz, bei Erbeseinsetzungen wie bei Vermächtnissen, daß die ungültig errichtete Verordnung nicht konvalescirt, wenn auch später der Ungültigkeitsgrund hinwegfällt[9]), welches jedoch eine Ausnahme leidet, wenn der Ungültigkeitsgrund in dem Gegenstande der Verfügung oder in der mangelhaften Fähigkeit des Honorirten liegt, und die Zuwendung unter der Bedingung der künftigen Fähigkeit geschehen ist und die Bedingung eintritt[10]). Den Grundsatz hinsichtlich der Nichtkonvalescenz einer von Anfang ungültigen Handlung hat zwar auch das preußische Recht[10a]), wendet ihn jedoch nicht konsequent an ([18]).

Das Allgemeine Landrecht kennt die Kunstausdrücke nicht, die Sache aber kommt unter mancherlei Modifikationen vor, weshalb die vorliegende Darstellung sich den gemeinrechtlichen Lehren anschließen muß.

§. 65.

B. Von der anfänglichen Ungültigkeit.

Die Gründe, welche der Rechtsgültigkeit einer letztwilligen Verordnung schon bei ihrer Errichtung entgegen stehen, sind, wie vorhin (§. 64) angedeutet worden ist, dreifacher Art und sollen jetzt näher betrachtet werden.

I. Die subjektiven Mängel beruhen meistens in der Testamentsunfähigkeit, entweder in der aktiven, wovon schon oben (§. 17) gehandelt worden ist, oder in der passiven, worüber sich oben der §. 18 verhält, oder auch in beiden zugleich. Außerdem beruhen sie in der

---

Testators entkräftet wird) inrita fieri testamenta dicemus, cum alioquin et quae rumpuntur, inrita fiant (et quae statim ab initio non jure fiunt, inrita sunt), sed et ea, quae jure facta sunt, et postea propter capitis diminutionem inrita fiunt, possunt nihilominus rupta dici. Sed quia sane commodius erat, singulas causas singulis appellationibus distingui, ideo quaedam non jure fieri dicuntur, quaedam jure facta rumpi, vel irrita fieri." Diese Stelle hat Justinian in seine Institutionen, §. 5 quibus modis testam. infirm. (II, 17) wörtlich aufgenommen.

8) L. 2, §. 1 D. testam. quemadmodum aper. (XXIX, 3). — L. 2 D. de his quae in testam (XXVIII, 4).

9) L. 29, L. 210 D. de reg. juris (L, 17).

10) L. 1, §. 2 D. de regula Caton. (XXXIV, 7).

10a) A. L.R. I. 3, §. 43.

fehlenden Willens- oder Handlungsfähigkeit, wovon schon im §. 18 Nr. III die Rede war. Darauf kann hier zurückverwiesen werden. Inwiefern Testamente, welche aus einem Grunde dieser Art ungültig sind, nach preußischem Rechte durch Wegfall des Mangels rekonvalesciren, ist dort bereits angegeben. Dieselben haben in den Quellen keinen besonderen Kunstnamen, auch giebt es keine besondere Anfechtungsklage, weil es weder nöthig noch möglich ist, dasjenige, was nichtig ist, also nicht besteht, durch eine Klage erst umzustoßen [11]); vielmehr wird das nichtige Testament von demjenigen, welchem es entgegen stehen würde, wenn es kräftig wäre, als nicht vorhanden behandelt, d. h. er macht sein Erbrecht mit der Erbschaftsklage geltend und wenn der Gegner ihm das Testament vorrückt, so wird die Gültigkeit desselben bestritten. Bei Neueren [12]) heißt das aus einem Grunde dieser Art ungültige Testament testamentum nullum in specie, zu dessen Umstoßung eine eigene Klage unter dem Namen querela nullitatis angegeben wird [13]), wofür sich keine Unterstützung findet; die Meinung ist durch einen Fall der Nichtigkeit dieser Art, den der Präterition, veranlaßt [14]). — Daß die Nichtigkeit eines solchen Testamentes auch nach preußischem Rechte excipiendo und replicando geltend gemacht werden kann, ist selbstverständlich, das preußische Prozeßrecht gestattet aber auch, das Testament mittelst der gemeinrechtlich angegebenen Nullitätsquerel ([13]) anzufechten und umzustoßen, d. h. durch Richterspruch ausdrücklich für ungültig erklären zu lassen. Es tritt hierin die rein gesetzliche Erbfolge ein.

II. Die zweite Art der Ungültigkeitsgründe beruht in der mangelhaften Beschaffenheit der Willenserklärung. Der Mangel besteht entweder 1) in einer unfreien Willensbestimmung (§. 19), oder 2) in einer unselbstständigen Willenserklärung (§. 20 und 28), oder 3) in einem undeutlichen und unverständlichen Ausdruck (§. 20, Nr. I und II), oder 4) in der Unvollständigkeit der Erklärung in Ansehung der Form oder des Inhalts (§. 20, Nr. III), in welchem Falle das Testament testamentum imperfectum im eigentlichen Sinne genannt wird [15]), oder 5) in einem wesentlichen Formfehler [testa-

11) Vergl. v. Savigny, System, Bd. IV, S. 540 u. oben, §. 19, I, Nr. 2, lit. a u. Note 56a.

12) Z. B. bei Höpfner, Kommentar, §. 514.

13) Ebenda §§. 535 u. 344; Menken, de actionibus, Sect. 3, C. 2, membr. 2; Thibaut, §§. 302, 966—968 der 8. Ausg.

14) v. Savigny, Bd. IV, S. 540, Note g. Gajus II, §. 123.

15) L. 6 pr. D. de lege Cornelia (XLVIII, 10): „Hoc (sc. quod tenetur

mentum non jure factum[16]), auch injustum[17])], wovon schon oben §§. 58 ff. gehandelt worden ist. Nach preußischem Rechte konvalescirt das von Anfang ungültige Testament in dem fünften Falle, wenn die Gesetzgebung über die Testamentsform sich nach Errichtung des fehlerhaften Testamentes ändert und zur Zeit des darüber entstandenen Streits die nach dem neueren Gesetze erforderlichen Förmlichkeiten bei dem Testamente angetroffen werden[18]). In Ansehung der Anfechtung eines aus einem Grunde dieser Art ungültigen Testamentes gilt das bei Nr. I Gesagte. — Daß die wegen Formmangels von Anfang ungültige Verordnung durch eine formgemäße spätere Wiederholung in Wirksamkeit gesetzt werden kann, wird ausdrücklich gesagt: „Legata inutiliter data Papinianus putat — confirmari per repetitionem, id est per hanc scripturam postea forte in codicillis factam . . .[19])," welches das Landrecht so ausdrückt: „Wird die Handlung in der gesetzmäßigen Form wiederholt, so gilt sie nur von dem Zeitpunkte dieser Wiederholung an[20])." Die hier hinzugefügte Zeitbestimmung hat nur bei Handlungen unter Lebenden Bedeutung; bei letztwilligen Verordnungen wird lediglich auf die Zeit des Todes des Erblassers gesehen; findet sich dann eine gültige Bestätigung der mangelhaften Verordnung vor, so ist das Datum derselben ganz gleichgültig.

Besonders auf das testamentum injustum oder nullius momenti bezieht sich die gemeinrechtliche Frage: ob ein solches durch Anerkennung der Intestaterben konvalescire. Nach einer sehr gewöhnlichen Meinung soll dies der Fall sein. Unter Anderen sagt Hellfeld in seiner Jurisprudenz nach Ordnung der Pandekten, im §. 1427: „Convalescunt tamen hujusmodi nulla et injusta testamenta, si heredes ab intestato illa sponte agnoscant." Dabei beruft man sich auf L. 16, §. 1 C. de testamentis (VI, 23), wo allerdings gesagt wird: „Illud etiam adjiciendum est, ut qui ex testamento vel ab intestato heres exstiterit, etsi voluntas

---

poena) tamen tunc verum est, quum perfectum testamentum erit; caeterum si non signatum fuerit. . ." Dies ist also der Gegensatz von perfectum, folglich imperfectum. Ein solches ist z. B. auch das privilegirte Testament einer gesandtschaftlichen Person, welche stirbt, bevor dasselbe zur Post gegeben worden war. Oben, §. 61.

16) L. 1 pr. D. de injusto. rupto (XXVIII, 3): „Testamentum — non jure factum dicitur, ubi solennia juris defuerunt."

17) L. 2, §. 1 D. testam. quemadmodum aper. (XXVIII, 3); L. 9, §. 1 C. de suis et legitimis (VI, 55).

18) A. L.R. Einl. §. 17; I, 12, §. 563.

19) L. 19 pr. D. de legatis I. Vergl. L. 32 pr. D. eodem.

20) I. 3, §. 44.

defuncti circa legata vel fideicommissa, seu libertates legibus non sit subnixa, tamen si sua sponte agnoverit, implendi eam necessitatem habeat." Ferner wird Gewicht gelegt auf L. 2 C. de fideicommissis (VI, 42), wo es heißt: „Et si inutiliter fideicommissum relictum sit: tamen si heredes, comperta voluntate defuncti, praedia ex causa fideicommissi avo tuo praestiterunt: frustra ab heredibus ejus de ea re quaestio tibi movetur, cum non ex ea sola scriptura, sed ex conscientia relicti fideicommissi defuncti voluntati satisfactum esse videatur [20a])." — Von anderer Seite wird diese Meinung als mit anderen Rechtsgrundsätzen unvereinbar, bekämpft: „Quae ab initio inutilis fuit institutio, ex postfacto convalescere non potest [20b])." In diesem Falle sei etwas Rechtsgültiges gar nicht vorhanden, eine Klage sei zur Wegräumung des leeren Scheins nicht nöthig und auf den Willen und die Thätigkeit einer dabei betheiligten Person komme nichts an [20c]). Zwar sei es außer Zweifel, daß der Intestaterbe durch Anerkennung des nichtigen Testaments auf sein Recht wirksam verzichten könne, sein gesetzliches Erbrecht wider den Testamentserben geltend zu machen, wie in den andererseits beigebrachten Stellen angedeutet sei; aber ein Konvalesciren des Anfangs ungültigen Testaments dürfe man dies nicht nennen. Der eingesetzte Erbe behalte die Erbschaft nicht als solcher, oder aus dem Testamente, sondern in Folge des Verzichts der Intestaterben, welche im Rechtssinne als die wahren Erben zu betrachten seien. Denn da ein Testament im Rechtssinne nicht vorhanden sei [20d]), so könne man auch nicht sagen, daß aus dem Testamente succedirt werde. Der verzichtende Intestaterbe verfüge über die Erbschaft, gerire sich also dadurch als Erben, d. h. es liege in seiner Erklärung eine Antretung der Erbschaft und die ausgesprochene Verzichtleistung sei als Uebertragung eines bereits erworbenen Erbrechts anzusehen und aufrecht zu erhalten. Der eingesetzte Erbe behalte dann die Erbschaft gleichsam ex jure cesso, wobei der ausscheidende Notherbe nach wie vor als Intestaterbe zu denken. Dies sei noch vielmehr der Fall, wenn sich der Intestaterbe mit dem Testamentserben vergleiche. Er verfüge

20a) Vergl. L. 23 C. de fideicommissis (VI, 42).

20b) L. 210 D. de reg. juris (L, 17). Vergl. L. 29 D. eodem.

20c) v. Savigny, System, Bd. IV, S. 540.

20d) L. 2, §. 1 D testam. quemadm. aper. (XXIX, 3): „Testamentum proprie illud dicitur, quod jure perfectum est; sed abusive testamenta ea quoque appellamus, quae falsa sunt, vel injusta, vel irrita, vel rupta, itemque imperfecta solemus testamenta dicere."

dadurch über sein Recht auf eine Art, daß sein Wille, die Erbschaft erwerben zu wollen, dadurch auf eine unzweifelhafte Weise an den Tag gelegt sei [20e]). — Anders verhält es sich mit einem an sich gültigen aber als inoffizios zu rescindirenden Testament, wenn der verletzte Notherbe das Testament anerkennt: dann bleibt dasselbe bei Kräften und kann weiterhin nicht mehr angefochten werden. „Si conditioni parere testator heredem jussit in persona filii, vel alterius, qui eandem querelam movere potest, et sciens is accepit, videndum, ne ab inofficiosi querela excludatur: agnovit enim judicium (den Willen des Testators). — Et potest dici, excludi eum [21]).“ — Der Unterschied zwischen beiden Fällen besteht darin, daß bei einem nichtigen Testamente der Intestaterbe, welcher durch Anerkennung des Testaments, d. h. durch Verzichtleistung auf sein Erbrecht und Uebertragung desselben auf den eingesetzten Erben, den Ansprüchen der Gläubiger unterworfen ist und unterworfen bleibt, gleich einem Erbschaftsverkäufer [22]), in dem zweiten Falle aber die Gläubiger sich nur an den Testamentserben halten können.

Wie verhält sich zu dieser Frage das Allgemeine Landrecht? Wir haben darüber zwei Stellen:

a) den §. 611, Th. I, Tit. 12: „Der Erbe und Legatarius, welcher eine letztwillige Verordnung einmal anerkannt hat, kann deren Gültigkeit nicht mehr anfechten.“ Diese Vorschrift bezieht sich erstens allgemein auf den Erben, mag er ex testamento oder ab intesto Erbe sein. Der Testamentserbe kann ein Interesse an der Beseitigung des Testaments haben, weil er, wenn es beseitigt wird, die Erbschaft ab intestato, ohne Belastung, würde erwerben können. Ein Extraneus kann schwerlich zur Anfechtung legitimirt sein, er braucht nur die Erbschaft auszuschlagen. Doch kann nach Annahme der Erbschaft sich die Ueberlastung derselben herausstellen und sein Interesse in der Anfechtung ungültiger Vermächtnisse und anderer Auflagen bestehen. Diese kann er auch nach der Anerkennung

---

20e) Mühlenbruch, in der Fortsetzung von Glück, Bd. XXXVIII, S. 135 u. Bd. XXXVII, S. 269. — A. D. Weber, Erläut. der Pandekten, Bd. II, §. 1427, S. 229. — Alb. Phil. Fricke, D. de testamento nullo insequuta heredum ab intestato adprobatione nunquam in formam validi testamenti reconvalescente. Helmst. 1771. — Jos. Averanii Observat. seu Interpret. juris, Lib. I, c. 10, nr. 23 sqq. — M. s. auch Franke, im Archiv f. civil. Praxis, Bd. XIX, S. 198 ff.

21) L. 8, §. 10 D. de inofficioso testam. (V, 2). Vergl. L. 12. §. 2, L. 32, §. 1 D. eodem.

22) L. 2 C. de hered. vel act. vendita (IV, 39).

noch anfechten, wenn ihm die Ungültigkeitsgründe erst später bekannt geworden sind [23]). Zweitens bezieht sich die Bestimmung auch auf Legatarien. Die ganze Anordnung ist dunkel, man erkennt nicht, an was für Fälle man gedacht hat. Ein Legatarius kann eine Legitimation zur Anfechtung des Testamentes nur haben, wenn er Intestaterbe sein würde, falls ihm das Testament nicht entgegenstände; außerdem könnte er nur bei einer Ueberbürdung sich von dieser freizumachen ein Interesse haben, in welchem Falle sein Angriff auch nur auf diese einzelne Verfügung sich zu beschränken hätte: für die Anfechtung der Gültigkeit des ganzen Testamentes von einem fremden Legatar läßt sich schwerlich ein Fall ersinnen, die Bestimmung erscheint daher fast gegenstandslos.

Die Unterscheidung der absoluten Nichtigkeit und der Anfechtbarkeit (Rescission) eines an sich gültigen Testamentes ist übergangen, doch wird die Vorschrift auf nichtige Testamente bezogen werden müssen, da sich die Vorschrift über zu rescindirende inoffiziose Testamente an einer anderen Stelle findet (lit. b). Welche Wirkungen die Anerkennung des ungültigen Testamentes habe, wird auch nicht gesagt. Der oben angeführte Grundsatz: „quae ab initio" etc., findet sich nicht wiederholt, der Satz: „Eine Handlung, die wegen Verabsäumung der gesetzmäßigen Form von Anfange an nichtig war, kann in der Folge niemals gültig werden" [24]), trifft nur injusta oder nullius momenti testamenta, und von diesen muß nach preußischem Rechte in der Regel das Gleiche gelten, wie nach römischen Rechte, wenn nicht die vorhin erwähnte Ausnahme in Folge der Veränderung in der Gesetzgebung über die Förmlichkeiten eintrat. Hinsichtlich der aktiven Testirfähigkeit ist besonders bestimmt: „Die Fähigkeit oder Unfähigkeit eines Erblassers muß nach dem Zeitpunkte, wo er seinen letzten Willen errichtet hat, beurtheilt werden. — War zu dieser Zeit der Erblasser, wegen eines natürlichen Mangels, seinen letzten Willen zu erklären unfähig, so bleibt die Verordnung ungültig, wenn auch dieser Mangel in der Folge gehoben worden [25])." Auch hierdurch ist die Konvalescenz eines aus dieser Ursache von Anfang ungültigen Testamentes ausgeschlossen. Nach alle dem findet sich kein Grund, dem Anerkenntnisse eines von Anfang nichtigen Testaments eine andere Wirkung zuzuschreiben, als es nach der vorhin vorgetragenen zweiten Mei-

23) A. L.R. I, 12, §. 613.
24) I, 3, §. 43.
25) I, 12, §§. 11, 12.

nung gemeinrechtlich hat, und auch diese Wirkung ist nur einem erst nach der Publikation des Testamentes erklärten Anerkenntnisse beizulegen [26]). Der Annahme dieser Wirkung nach preußischem Rechte steht auch die Fassung des §. 611 zur Seite. Er sagt nur: derjenige Erbe oder Legatarius, welcher eine letztwillige Verordnung anerkannt hat, kann deren Gültigkeit nicht weiter anfechten; er sagt nicht, daß das ungültige Testament durch das Anerkenntniß gültig werde. Das Anerkenntniß steht nur dem Anerkennenden in Beziehung auf denjenigen, welchem gegenüber die Anerkennung geschehen ist, und in Betreff derjenigen Ungültigkeitsgründe, welche ihm bei der Anerkennung bekannt waren, entgegen [27]); jeder Dritte, welcher dabei betheiligt ist, kann das Testament nach wie vor als nicht vorhanden behandeln und sich an denjenigen halten, welcher ab intestato Erbe sein würde [28]). „Privatis pactionibus non dubium est, non laedi jus ceterorum; quare transactione, quae inter heredem et matrem defuncti facta est, neque testamentum rescissum videri posse, neque manumissis vel legatariis actiones suae ademptae [29]).“ Die zweite Stelle ist

b) der §. 438, Th. II, Tit. 2: „Wenn der Enterbte das Testament einmal ausdrücklich anerkannt hat, so kann er dasselbe in der Folge nicht mehr anfechten.“ Hierbei findet sich keine Schwierigkeit, die Bestimmung bezieht sich lediglich auf ein inoffiziöses Testament und befindet sich ganz im Einklang mit dem Gemeinen Rechte: das Testament wird als ein gültiges vorausgesetzt, welches nur auf Antrag des verletzten Notherben in tantum rescindirt werden könnte und welches absolut bei Kräften bleibt, wenn der Verletzte im Bewußtsein des ihm zugefügten Nachtheils das Testament anerkennt.

Eine bestimmte Form für die Anerkennung eines ungültigen oder wegen Lieblosigkeit anfechtbaren Testaments kennt das Gemeine Recht nicht; man nimmt auf Grund der Aeußerung von P a u l u s: „recusari hereditas non tantum v e r b i s sed etiam r e potest, et alio q u o v i s j u d i c i o v o l u n t a t i s“ [30]), an, daß die Anerkennung durch jede formlose wörtliche oder stillschweigende Erklä-

26) Erk. des Obertr. vom 22. April 1864 (Archiv f. Rechtsf. Bd. XLIV, S. 117).

27) A. L.R. a. a. O. §. 613.

28) Vergl. Erk. des Obertr. vom 24. Juli 1848 (Jur. Wochenschr. v. J. 1848, Sp. 363).

29) L. 3 pr. D. de transactionibus (II, 15).

30) L. 95 D. de acquir. vel omitt. heredit. (XXIX, 2).

rung gültig geschehen könne, weil die Ablehnung einer Erbschaft, wie sie in der Anerkennung des Testamentes zu finden sei, an eine bestimmte Form nicht gebunden ist. Namentlich wird die Annahme eines Legats in Beziehung auf ein als inoffizios anfechtbares Testament für eine solche konkludente Handlung ausdrücklich anerkannt [31]); eine andere Stelle drückt sich widersprechend und schwankend aus [32]). Die sich daran knüpfenden Vereinigungsversuche [33]) sind für unseren Zweck ohne Interesse, wie sich sogleich ergeben wird. — Eine wirksame Anerkennung des Testamentes wird gemeinrechtlich auch darin gefunden, wenn der Intestaterbe den letzten Willen des Erblassers vollzieht und dem eingesetzten Erben die Erbschaft oder die vermachten Gegenstände dem Vermächtnißnehmer überliefert [34]). — Von alle dem ist für das preußische Recht keine unmittelbare Anwendung zu machen. Daß die ausdrückliche Anerkennung des fehlerhaften Testamentes nach den Grundsätzen des Landrechts an die Form der Entsagungen oder Verzichte gebunden ist, darf nicht bezweifelt werden, da mündliche Willensäußerungen in der Regel nicht verbindlich machen. Und einer ausdrücklichen Anerkennung ist nur eine einzige juristische Thatsache, und zwar auch noch mit großer Reserve, gleichgestellt, im Allgemeinen ist eine stillschweigende Anerkennung nicht für bindend erklärt und in Formsachen ist eine analoge Anwendung auf andere konkludente Handlungen, oder auf andere als honorirte Personen nicht zulässig [35]). Jene Thatsache ist die Zahlung und beziehungsweise die Annahme eines Legats. Der Grundsatz lautet: „Einem ausdrücklichen Anerkenntnisse ist es gleich zu achten, wenn der Erbe Vermächtnisse aus dem Testamente ohne Vorbehalt bezahlt, oder wenn der Legatarius ein solches Vermächtniß ohne Vorbehalt angenommen hat [36]).“ Dieser Grundsatz findet auf den verletzten Notherben in Beziehung auf sein Recht, die Ergänzung oder Entlastung seines Pflichttheils zu fordern, keine Anwendung. Das ihm ausgesetzte Legat muß er sich gefallen und

31) L. 8, §. 10, L. 12, §. 2, L. 31, §. 3, L. 32, §. 1 D. de inoff. testam. (V, 2); L. 3 i. f., L. 14 pr. D. de bon. poss. contra tabulas (XXXVII, 4).

32) L. 5 pr. D. de his quae ut indignis aufer. (XXXIV, 9).

33) Eine Uebersicht davon ist bei Mühlenbruch, in der Fortſ. von Glück, Bd. XXXVIII, S. 141—147.

34) L 2 C. de fideicommissis (VI, 42); L. 2 C. si adv. solut. (II, 33); L. 6 C. de cond. indeb. (IV, 5); L. 9 i. f. C. ad leg. Falcid. (VI, 50).

35) Vergl. Erk. des Obertr. vom 3. Juni 1848 (Entsch. Bd. XVI, S. 307); Erk. vom 14. Februar 1859 (Entsch. Bd. XLI, S. 204).

36) A. L.R. I, 12, §. 612.

anrechnen lassen, denn er kann quovis titulo auf das, was ihm vermögensrechtlich als Pflichttheil gebührt, abgefunden werden; aber wenn er es annimmt, so wird er dadurch allein an der Nachforderung der Ergänzung oder Entlastung seines Pflichttheils nicht ausgeschlossen [37]).

Irrthum des Anerkennenden über das Nichtvorhandensein von Ungültigkeitsgründen entkräftet das Anerkenntniß. „Si post divisionem factam testamenti vitium in lucem emerserit, ex his, quae per ignorantiam confecta sunt, praejudicium tibi non comparabitur. Ostende igitur hoc apud Correctorem —, testamentum vel fide veri deficere, vel juris ratione stare non posse, ut infirmata scriptura, quae testamenti vice prolata est, solidam successionem obtineas [38]).“ Der Fall war, daß der nächste Intestaterbe mit Entfernteren oder Fremden in einem ungültigen Testament berufen war und mit ihnen nach Vorschrift des Testamentes theilte, hinterher aber sich ergab, daß das Testament ungültig, weshalb der Intestaterbe von seinem gesetzlichen Erbrechte Gebrauch machen wollte und bei dem Kaiser anfragte, ob ihm darin die in der Theilung liegende Anerkennung des Testamentes hinderlich sein könnte. Das Landrecht hat das in der Antwort enthaltene Prinzip aufgenommen: „Doch muß dem Legatario sowohl als dem Erben rechtliches Gehör (wegen Umstoßung des Testamentes) verstattet werden, wenn sie nachweisen können, daß die Gründe, aus welchen sie die Verordnung anfechten wollen, erst nach dem Anerkenntnisse zu ihrer Wissenschaft gelangt sind [39]).“ Eine exceptionelle Vorschrift über die Beweislast ist hier nicht gegeben, wie man nach der Fassung denken könnte; eine Negative, das Nichtwissen, läßt sich direkt nicht beweisen.

Die gemeinrechtlich streitige Frage: ob der Intestaterbe seines Vermächtnisses verlustig gehe, d. h. es nicht fordern dürfe, oder wenn er es bereits empfangen, zurückgeben müsse, wenn er das Testament ohne Erfolg angreift, fällt nach dem Landrechte hinweg. Die erfolglose Anfechtung ist als Indignitätsgrund nicht anerkannt.

Eine dem Römischen und Gemeinen Rechte ganz fremde An-

37) A. L.R. II, 2, §. 439: „Die bloße Annahme eines im Testamente ausgesetzten Vermächtnisses ist für ein solches Anerkenntniß noch nicht zu achten.“ Erk. des Obertr. vom 1. Juli 1859 (Archiv für Rechtsf. Bd. XXXIV, S. 123). Vergl. Erk. dess. vom 8. März 1858 (Ensch. Bd. XXXVIII, S. 212) u. vom 3. Juni 1848 (Entsch. Bd. XVI, S. 314).

38) L 4 C. de jure et facti ignor. (I, 18).

39) I, 12, §. 613.

wendung von der Wirkung der Anerkennung eines fehlerhaften Testamentes hat die preußische Praxis auch auf Indignitätsfälle gemacht. Das Obertribunal hat als Präjudiz festgestellt: „Die Vorschrift des §. 611 findet auch auf die in den §§. 605—607, Th. I, Tit. 12 erwähnten Fälle Anwendung, in denen nicht die Gültigkeit einer solchen Verordnung überhaupt angefochten, sondern nur die Unwürdigkeit (Indignität) desjenigen, der die Errichtung eines Testamentes oder dessen Widerruf verhindert hat, geltend gemacht wird [40]." Dieses Präjudiz ist fehlsam. Die Anerkennung eines unförmlichen oder sonst nichtigen Testaments und deren Wirkung hat mit dem Nachsehen der Strafwürdigkeit eines Unwürdigen, dem das aus dem gültigen Testamente gültig Erworbene zur Strafe wieder entrissen werden kann, keine Spur von Zusammenhang, Verwandtschaft oder Analogie; die Lehre von der Indignität ist ja eine von der Ungültigkeit der Testamente wesentlich verschiedene Materie.

Der Fall, wenn der Intestaterbe und der Testamentserbe sich über ein streitiges Testament vergleichen, hat zwar manche Folgen mit der Anerkennung und Verzichtleistung gemeinsam, aber er hat auch manches Eigenthümliche, weshalb darüber am Schlusse dieses Abschnittes besonders gehandelt werden soll. (§. 69.)

III. Aus dem Inhalte entspringt Ungültigkeit einer letztwilligen Verordnung gleich von Anfang in folgenden Fällen:

1. Wenn derselbe an sich unausführbar ist. Dies ist namentlich der Fall bei einer Erbeseinsetzung oder sonstigen Zuwendung unter einer nicht eingetretenen conditio in praesens vel in praeteritum collata. Hiervon ist schon oben, im §. 24, IV, Nr. 4 (S. 265), ausführlich gehandelt.

2. Wenn das Notherbenrecht des Suus, nach heutigen Ansichten das eines Pflichttheilsberechtigten durch Uebergehung (Präterition) verletzt ist. In diesem Punkte weicht das Allgemeine Landrecht von dem römischen Rechte sehr weit ab. Nach den römischen Rechtsgrundsätzen bestanden die Wirkungen der Präterition darin, daß das ganze Testament von Anfang ipso jure null und nichtig war. „Filio praeterito, qui fuit in patris potestate, neque libertates competunt, neque legata praestantur, si praeteritus fratribus partem hereditatis avocavit [41]." Die Prokulianer wollten zwar

---

40) Pr. 2634, v. 4. Juli 1855 (Entsch. Bd. XXXI, S. 18).

41) L. 17 D. de injusto, rupto (XXVIII, 3). Vergl. L. 15 pr. D. de legat. praest. (XXXVII, 5); L. 32 D. de liberis (XXVIII. 2); L. 1, §. 9 D. si tab. nullae (XXXVIII, 6).

das Testament aufrecht erhalten wissen, wenn der Präterirte vor dem Testator gestorben war[42]); allein nach der Ansicht der Sabinianer kam die Regel: quod ab initio vitiosum est, non debet tractu temporis convalescere, auch in dieser Frage schließlich zur allgemeinen Geltung[43]). Es ward sonach in allen Fällen die Intestaterbfolge eröffnet, der Präterirte forderte seinen Erbtheil mit der hereditatis petitio ab intestato und wenn der Testamentserbe sich auf das nichtige Testament berief, so hatte freilich das Gericht über die Nichtigkeit desselben zu befinden, aber es bedurfte keiner besonderen vorgängigen Nullitätsklage, von welcher auch die Quellen nichts wissen. Neuere sprechen hier vorzugsweise von einer sog. querela nullitatis ex jure antiquo[44]), welche, wie gesagt, das jus antiquum nicht kennt, weil das, was absolut nichtig ist, nicht erst durch ein eigenes Rechtsmittel angegriffen zu werden braucht. Das aus diesem Grunde ungültige Testament heißt gewöhnlich vorzugsweise testamentum nullum oder nullum in specie, im Gegensatze eines testamentum rescissum, welches, an sich gültig, als inofficiosum, rescindirt wird, wenigstens in tantum bezüglich auf die Erbeseinsetzung; die testamenta rescissa beschränken sich jedoch nicht auf diesen Fall, indem die Rescission sich auch auf Ungültigkeitsursachen der zweiten Klasse gründet[45]).

Das Landrecht hat diese gemeinrechtliche Theorie fallen lassen; die Verfasser haben sich bemüht, in der Lehre von dem Notherbenrecht ein durchaus selbstständiges Werk zu schaffen. An der Spitze steht der Grundsatz: Alle letztwillige Verfügungen, wodurch den Notherben ihr Pflichttheil genommen, geschmälert oder belastet werden soll, müssen, bei Strafe der Nichtigkeit, in der Form eines wirklichen Testaments abgefaßt sein, und selbst die Form einer privilegirten Disposition unter Kindern ist dazu nicht hinreichend[46]). Ist diese Form nicht beobachtet, so tritt nach den Worten des Gesetzes Nichtigkeit der ganzen Verordnung von selbst ein und es findet die rein gesetzliche Erbfolge statt; ist dagegen der Form entsprochen, so hat eine Verletzung des Rechts eines Notherben, welcher Art sie sei, keinen Einfluß auf die Rechtsbeständigkeit des Testaments, es

42) Gajus, Inst. Lib. II, §. 123.

43) L. 7 D. de liberis et posth. (XXVIII, 3); Pr. Inst. de exhered. liberor. (II, 13).

44) Höpfner, Kommentar, §. 525; Glück, Kommentar, Bd. VII, §. 551, S. 292.

45) M. s. Mühlenbruch, Forts. von Glück, Bd. XXXVIII, S. 123.

46) II, 2, §§. 431, 500; II, 1, §. 633.

kommt nichts darauf an, ob der Pflichttheilsberechtigte ganz übergangen, oder ob er mit oder ohne Erbeseinsetzung zwar bedacht aber ungenügend bedacht, oder ob er mit oder ohne Anführung einer Ursache enterbt worden ist, oder nicht: er kann in allen Fällen, wo er ohne einen angeführten oder einen zwar angeführten aber nicht nachweisbaren gesetzmäßigen Grund in seinem Pflichttheilsrechte verletzt worden ist, nur seinen Pflichttheil oder dessen Ergänzung fordern [47]). Das Gesetz spricht in Beziehung darauf von einer Anfechtung des Testaments behufs Erlangung des Pflichttheils: „Wenn der Enterbte das Testament einmal ausdrücklich anerkannt hat, so kann er dasselbe in der Folge nicht mehr anfechten. — In allen anderen die Enterbung nicht betreffenden Stücken bleibt die letztwillige Verfügung bei Kräften [48]).“ Man könnte daher an jene rescindirende Inoffiziositätsquerel denken, die sich eben nur gegen die den Notherben beeinträchtigende einzelne Verfügung des Testators zu richten hätte und diese Auffassung findet Unterstützung in den §§. 432 und 433 a. a. O.:

> „Behauptet ein in seinem Pflichtheile enterbtes, verkürztes, oder sonst belastetes Kind, daß ihm ein solcher Nachtheil aus einer nicht gesetzmäßigen, oder nicht gegründeten Ursache zugefügt worden: so muß demselben rechtliches Gehör darüber verstattet werden.“
>
> „Findet der Richter die Beschwerde gegründet: so muß dem Kinde sein Pflichttheil aus der Erbschaft verabfolgt, oder ergänzt, oder die darauf gelegte Last oder Einschränkung durch Urtel und Recht für aufgehoben erklärt werden.“

Die Bezeichnung des Rechtsmittels als Beschwerde erinnert an die gemeinrechtliche Querel und die Anweisung des Verletzten mit seinem Pflichttheile auf die Erbschaft deutet an, daß der Pflichttheil für einen Erbtheil gehalten wird und nicht als eine gesetzliche Schuld, welche der Testamentserbe zu bezahlen hätte, angesehen werden kann [49]). Der Notherbe tritt nicht als Gläubiger auf, er muß vielmehr selbst den Erbschaftsgläubigern Rede stehen, bevor er etwas erhalten kann,

---

47) II, 2, §§. 432, 442.

48) Ebenda §§. 438, 436.

49) So faßt Mühlenbruch in der Forts. von Glück, Bd. XXXVIII, S. 53, 54 die Sache auf. Auch Gärtner, in Simon's Zeitschrift für wissenschaftliche Bearbeitung des preußischen Rechts, Bd. II, S. 437 flg., geht von einem Forderungsrechte des Notherben aus, welches sich dann durch das obsiegende Urtel in ein dingliches Recht verwandeln soll, ein Gedanke, welcher als unjuristisch auch von Mühlenbruch, a. a. O. Note 16, verworfen wird.

er greift vielmehr vermöge seines, von dem Willen des Testators ganz unabhängigen gesetzlichen Erbrechts (§. 4), das Testament an und will, indem er selbst als Erbe auftritt, den Testamentserben verdrängen und an dessen Stelle treten, zwar nicht, wie nach römischem Rechte, ganz und gar, sondern insoweit jener ihm in seinem gesetzmäßigen Pflichttheile im Wege steht. Daher ist es gerechtfertigt, den Notherben als wahren Erben, und sein Rechtsmittel als eine Erbschaftsklage (hereditatis petitio partiaria) anzusehen. Der Umstand, daß der Pflichttheilserbe sich durch jede ihm unter einem anderen als dem erbrechtlichen Titel gemachte Zuwendung abfinden lassen muß, berührt die rechtliche Natur seines Rechts gar nicht, sondern betrifft lediglich die Anweisung des vermögensrechtlichen Bestandtheils seines Erbrechts und gehört dem Erbtheilungsverfahren an; das Erbrecht hat aber noch andere Bestandtheile als vermögensrechtliche. Ausführlich ist über die ganze Frage schon oben (§§. 45 flg.) gehandelt worden.

Soweit sind die landrechtlichen Bestimmungen konsequent nach der Idee und Absicht der Verfasser, welche darüber sagen: „Die Dispositionen weichen hin und wieder von den Vorschriften des römischen Rechts ab. Nach diesem, und nach der gemeinen Meinung seiner Ausleger ist, wenn ein Kind übergangen, oder ohne gesetzmäßige Ursache enterbt worden, das ganze Testament unkräftig; und ist die Enterbung aus einer zwar gesetzmäßigen, aber in Fakto nicht gegründeten Ursache geschehen, so wird wenigstens die ganze Erbeseinsetzung aufgehoben. Diese Dispositionen haben in der Natur der Sache keinen Grund. Daraus, daß Eltern den Kindern ihren Pflichttheil nicht sollen entziehen können, folgt offenbar nur so viel, daß, wenn sie solches dennoch thun, die Disposition, so weit sie gesetzwidrig ist, ungültig sei, und also den verkürzten Kindern zu dem, was das Gesetz ihnen anweist, verholfen werden müsse. Nicht aber folgt daraus eine Nichtigkeit der Verordnung, so weit sie dem Gesetze nicht zuwider ist. Noch weniger läßt es sich aus der Natur der Sache herleiten, daß um deswillen, weil in der Person des Erben eine Veränderung vorgefallen, die im Testamente enthaltenen Vermächtnisse 2c. unkräftig werden müßten [50])." In einem Falle aber verfallen die Verfasser in eine auffallende Inkonsequenz, nämlich im Falle der Uebergehung eines Notherben aus Irrthum.

---

50) Anm. zu §. 322 des Entwurfs, Th. I, S. 211. — Auch hieraus erhellet, daß man daran gar nicht dachte, den Pflichttheil des Notherben in ein bloßes Forderungsrecht gegen den Testamentserben zu verwandeln.

Hier ist vorgeschrieben, daß der Uebergangene, wenn er nach errichtetem Testamente zurückkehrt oder sonst zum Vorschein kommt, ipso jure den Testamentserben hinzutreten soll, jedoch nur, wenn der Testator innerhalb eines Jahres nach erkanntem Irrthume stirbt; stirbt er später, so soll das Testament seine Kraft verlieren und den Kindern die gesetzliche Erbfolge eröffnet sein[51]). Diese Inkonsequenz wird in der angeführten Note so gerechtfertigt: es lasse sich in diesem Falle mit überwiegender Wahrscheinlichkeit nicht bestimmen: was er gethan haben würde, wenn ihm, dem Testator, die Existenz des Kindes zur Zeit des errichteten Testamentes bekannt gewesen wäre; hier bleibe nur der Ausweg übrig, die Disposition ganz aufzuheben und die gesetzliche Erbfolge eintreten zu lassen. Aber hiernach ist die Vorschrift, daß das Testament nicht von Anfang ungültig sein, sondern es erst durch Ablauf eines Jahres, man weiß nicht ob von selbst oder durch Rescission, werden soll, eine zweite Inkonsequenz, wenn der gültige letzte Wille gerade dadurch, daß der Testator denselben durch sein langes Beharren dabei bestätigt hat, seine Kraft verlieren soll, nachdem es doch einmal als Grundsatz proklamirt ist, daß der letzte Wille nur, insoweit er gesetzwidrig ist, nicht bestehen kann. Darin läßt sich keine Logik entdecken. Der Fall ist schon oben im §. 53 ausführlich abgehandelt. Hier ist nur noch das Rechtsmittel näher zu besprechen. Die meiste Aehnlichkeit hat der Fall mit dem inoffiziosen Testamente im römischen Rechtssinne und dessen gänzlicher Recission mittelst der querela inofficiosi testamenti. Denn das Testament ist von Anfang giltig und bleibt noch ein Jahr nach Erkennung des Irrthums, d. h. so lange, bis es dem Testator möglich war, eine Abänderung zu treffen, gültig. Erst wenn es sich herausstellt, daß er dies nicht wollte, soll Inoffiziosität angenomen werden. So steht es mit diesem Falle im römischen Rechte, wie im §. 53 nachgewiesen worden ist. Nun würde nach dem angenommenen und kundgegebenen Grundsatze der Verfasser dieser Umstand keineswegs die Umstoßung des ganzen Testamentes zur Folge haben können, aber es ist mit Verläugnung des Grundsatzes ohne logischen Grund beliebt worden, das Testament gänzlich außer Kraft zu setzen. Das kann nicht wörtlich verstanden werden, denn das Testament ist von Anfang gültig und kann nur aus einem später eintretenden Ereignisse umgestoßen (rescindirt) werden. Als ein solches wird die nach Ablauf eines Jahres fingirte Lieblosigkeit des Testators

51) A. L.R. II, 2, §§. 444—451.

angesehen, wie im §. 53 nachgewiesen ist. In diesem einzigen Falle hätte also die dem irrthümlich Präterirten zustehende Klage die rechtliche Natur und Wirkung der alten römischen querela inofficiosi testamenti. Die querela nullitatis ex antiquo jure der Neueren paßt nicht, weil Nullität nicht vorliegt (Nr. I). Daher behält dieses Testament ohne allen Zweifel auch seine Kraft, wenn der betheiligte Notherbe dasselbe anerkennt. (Oben, Nr. II, Absatz 2 a. E.). Das Gleiche gilt, wenn die Anfechtung innerhalb der Verjährungsfrist versäumt wird.

C. Von der erst nach Errichtung des Testaments eintretenden Ungültigkeit.

§. 66.

1. Von dem testamentum ruptum.

Rumpirt wird ein Testament aus zwei Gründen: in Folge des veränderten Willens des Testators und durch das Eintreten einer im Testamente nicht erwähnten Person in die Stellung eines Notherben des Testators (Agnation eines Nacherben). Darauf gründen einige Neuere [1]) die Unterscheidung zwischen testamentum vere ruptum und t. praesumtive ruptum, die zwar ohne praktische Realität und hinsichtlich der Vermuthung nach römischem Rechte ohne Wahrheit ist, aber nicht ohne Einfluß auf das Landrecht gewesen zu sein scheint, worauf ich bei Nr. II wieder zurückkommen werde.

I. Das römische Recht hat den Grundsatz: „ambulatoria est voluntas defuncti usque ad vitae snpremum exitum [2]).“ Das Allgemeine Landrecht drückt dasselbe so aus: „Jede einseitige letztwillige Verordnung kann von dem Testator, bis zu seinem Ableben, nach Gefallen, ganz oder zum Theil widerrufen und abgeändert werden [3]).“

1. Darauf beziehen sich einige Kontroversen. Unter den gemeinrechtlichen Rechtsgelehrten ist

a) darüber Streit: ob nicht der Testator seinen Willen durch Hinzufügung der s. g. derogatorischen Klausel (clausula derogatoria) für alle Zukunft binden, und sich der Befugniß zur Abänderung

1) Z. B. Hellfeld, §. 1428; A. D. Weber, Erläuterung der Pandekten Bd. II, §. 1428.

2) L. 4 in f. D. de adimendis vel transferendis legatis (XXXIV, 4). Zu vergl. L. 6 C. qui testam. facere poss. (VI, 22); L. 19 C. de testamentis (VI, 23).

3) I, 12, §. 564.

oder Aufhebung seines Testamentes mit rechtlicher Wirksamkeit begeben könne. Man versteht unter dieser Klausel gewöhnlich die Nebenbestimmung, wodurch künftige Verfügungen im Voraus für ungültig erklärt, besonders die mit dem Inhalte der gegenwärtigen Verfügung, der sie beigefügt ist, nicht verträglich sind, wodurch diese also abgeändert oder aufgehoben wird; indessen wird auch wohl umgekehrt die in einer späteren Verfügung enthaltene Erklärung darunter verstanden, daß eine frühere Verfügung ganz oder theilweise nicht mehr gelten solle. Mit diesen beiden Begriffen darf nicht verwechselt werden die s. g. clausula privatoria oder cassatoria, worunter in der Regel die Erklärung des Testators verstanden wird, daß ein Honorirter der Vortheile aus dem Testamente verlustig gehen solle, wenn er dasselbe anfechten oder die darin vorgeschriebenen Modalitäten und Auflagen nicht erfüllen würde[4]). Dieser Streit fällt im preußischen Rechte ganz aus, denn „jede einseitige letztwillige Verordnung kann von dem Testator nach Gefallen widerrufen und abgeändert werden (3);" jede einseitige Erklärung, wodurch er sich selbst verbietet, eine vorhergehende Verfügung zu widerrufen, ist eben auch eine einseitige Verordnung, woraus noch Niemand ein Recht erlangt hat, und eine bloße Entsagung oder ein Verzicht auf die Ausübung des Rechts zu testiren ist wirkungslos. (Oben, §. 17, Nr. II, 2.) Im Prinzip ist hieran kein Zweifel, Jeder kann seine letztwilligen Verordnungen, selbst die derogatorischen Bestimmungen, nach Gefallen wieder aufheben oder abändern, aber unter einer Beschränkung hinsichtlich der Form. Wenn nämlich der Erblasser in seinem förmlichen Testamente ausdrücklich verordnet hat, daß keine schriftlichen Aufsätze, welche sich von ihm vorfinden möchten, gültig sein sollen (clausula derogatoria), so soll es dabei verbleiben, auch wenn diese in dem gerichtlichen Testamente enthaltene Erklärung in dem außergerichtlichen Kodizille widerrufen wäre[5]). Die Bestimmung ist also nur gegen die außergerichtliche Form gerichtet; man wollte nicht, daß „jeder Zettel oder Wisch, der unter des Testators Sachen oder Skripturen gefunden wird, gelten muß[6])." In der gerichtlichen Form eines Testaments ist die Wiederaufhebung unbenommen.

Hieran schließt sich die verwandte Frage: ob es rechtliche Wirkung habe, wenn der Testator in seinem förmlichen Testamente be-

---

4) Mühlenbruch a. a. O. Bd. XXXVIII, S. 170, 171, u. wörtlich nach ihm: Heimbach sen. in Weiske, Rechtslexikon Bd. X, S. 933.

5) A. L.R. I, 12, §. 163.

6) Suarez, in den Schlußvorträgen, Jahrbücher, Bd. XLI, S. 76.

stimmt hat, daß künftige Dispositionen nur unter gewissen Bedingungen, z. B. wenn diese oder jene Form dabei beobachtet, dieses oder jenes Merkmal dabei anzutreffen sei, gelten sollten. Eine solche Bestimmung ist gleichfalls eine Selbstbeschränkung seines letzten Willens. Zwar sagt man, es müsse Jedem freistehen, die Bedingungen zu bestimmen, unter welchen er die von ihm ausgehenden letztwilligen Verfügungen nur für wirksam gehalten wissen wolle, und wenn man dem Testator diese Befugniß zugestehe, warum sollte er denn nicht auch in Beziehung auf künftig erst mögliche Verfügungen dergleichen Anordnungen wirklich treffen können? Man sollte meinen, dies sei vielmehr zu begünstigen, indem hierin ein Fingerzeig liegen könne, er fürchte, daß er durch Zudringlichkeiten zur Aenderung seines gegenwärtigen letzten Willens bestimmt werden möge[7]). Allein diese Befugniß ist nicht in Frage; wenn der Testator sich darnach richtet, so geht das Niemanden etwas an. Die Frage ist, ob er sich danach richten muß, ob er selbst sich ein Gesetz vorschreiben kann, wodurch er an seine Erklärung absolut gebunden ist, und ob nicht lediglich sein letzter Wille gelten muß. Die Römer dachten darüber anders als manche Neuere ([7]). Marcianus sagt: „Licet in confirmatione codicillorum paterfamilias adjecerit, ut non alias valere velit, quam sua manu signatos et subscriptos, tamen valent facti ab eo codicilli, licet neque ab eo signati, neque manu ejus scripti fuerint; nam ea, quae postea geruntur, prioribus derogant[8]).“ Diese Stelle ist wegen anderer Stellen[9]) den Auslegern zweifelhaft gewesen, indeß neigen bessere Ausleger schließlich dahin, den römischen Juristen die Meinung zuzuschreiben, daß eine Vorschrift des Testators über die Form eines künftigen letzten Willens ihn nicht binde und auf die Rechtsbeständigkeit des in der gesetzlich vorgeschriebenen Form errichteten späteren letzten Willens keinen Einfluß habe[10]). — Die Redaktoren des Landrechts hatten diese Frage nicht berührt. Das Breslauer Pupillen-Kollegium hatte Zweifel über die Gültigkeit der Kodizille, welche nicht gerichtlich deponirt worden, deren Gültigkeit aber der Testator in seinem gerichtlich deponirten Testamente verordnet hat. Das Gutachten der Gesetz-

---

7) Mühlenbruch a. a. O. S. 202. — Voet. ad Pand. L. XXVIII, lit. 3, §. 10, verb.: „Ex hisce vero“.

8) L. 6, §. 2 D. de jure codicillorum (XXIX, 7). Vergl. L. 89 pr. D. de leg. II.

9) L. 12, §. 3, L. 14 pr. D. de leg. I; L. 22 pr. D. de legatis III.

10) Mühlenbruch a. a. O. S. 207. — Ant. Faber, Error. pragm. Dec. XXXVII, err. 9, nr. 2.

kommission stimmte für die Gültigkeit und daraus ist der erste Absatz des Anhangsparagraphen 35 (zu §. 163, I, 12) entstanden, was hier weiter nicht interessirt. Das Hofreskript, wodurch das Rechtsgutachten approbirt wurde, fügte den Zusatz bei, daß die Entscheidung der Frage: ob das Kodizill oder der Nachzettel, außer der eigenhändigen Unterschrift des Testators, von demselben nach dessen ganzen Inhalte eigenhändig geschrieben sein müsse, davon abhängig bleibe: ob im Testamente disponirt worden, daß zur Gültigkeit des Kodizills oder des Nachzettels dieses Requisitum erforderlich sein solle, wie denn überhaupt in Ansehung solcher Kodizille oder Nachzettel, wenn sie gültig sein sollten, alle im Testamente wegen derselben vorgeschriebenen Erfordernisse beobachtet sein müßten[11]. Hieraus ist der zweite Absatz jenes §. 35 entstanden, welcher lautet: „Ob dergleichen Kodizille außer der eigenhändigen Unterschrift des Testators noch mit anderen Erfordernissen versehen sein müssen, hängt von den Bestimmungen ab, welche das Testament des Erblassers dieserhalb enthält.“ Hiernach ist der Testator an seine Vorschriften über die Form und Erfordernisse der Nachzettel gebunden, so lange er dieselben in der ordentlichen Form der Testamente (gerichtlich) nicht zurückgenommen oder abgeändert hat, was ihm unbenommen ist.

b) Eine weitere Frage ist: ob die Unwiderruflichkeit eines Testamentes vertragsmäßig mit rechtlicher Wirkung festgestellt werden könne. Daß dies nach römischem Rechte unmöglich sei, darüber findet sich keine Meinungsverschiedenheit, denn es ist ein feststehender Grundsatz desselben: „nemo — sibi potest legem dicere, ne a priore (voluntate) recedere ei liceat[12].“ Und in der That widerspricht das Gegentheil der rechtlichen Natur des Testamentes als eines letzten Willens. Allein nach den Grundsätzen des deutschen Rechts hält man die Bejahung der Frage da, wo Erbverträge zulässig sind, für unbedenklich. Dadurch hört jedoch das Testament auf, Testament zu sein, und wird ein Vertrag. Dies wird auch von einer großen Anzahl der bedeutendsten Rechtsgelehrten angenommen. „Quemadmodum,“ sagt Kind[13], „igitur pacta successoria omnis

11) R. vom 3. November 1800 (Neues Arch. Bd. I, S. 402; Rabe, Samml. Bd. VI, S. 341).

12) L. 22 pr. D. de legatis III.

13) Quaestiones forenses, T. I, cap. 59, u. Note 9 der 2. A. — M. s. auch: Mevius, ad jus Lub., L. II, tit. 1, ad Rubr. nr. 110. — Ad. Struve, Synt. juris civil., exerc. XXX, th. 19, u. exerc. XXXVIII, th. 48. — Sam. Stryk, Cautel. testam., cap. XXIV, §§. 13. 15, 16. Id., Us. mod. Pand.,

generis apud Germanos licita sunt, ita quoque pactum, quo testator juri conditum testamentum immutandi ac per posterius rumpendi renunciavit, ex moribus Germanorum haud illicitum est, atque vim obligandi tribuit, adeo, ut testamentum, invitis iis, quibus ex pacto jus natum est, mutari nequeat." Dergleichen Pakta sind der Hauptsache nach als wahre Erbverträge zu betrachten und es versteht sich daher auch von selbst, daß, wenn für Erbverträge gewisse Formen vorgeschrieben sind, diese auch bei den pactis de non mutando vel revocando testamento beobachtet werden müssen [14]). So war der Stand des Gemeinen Rechts zur Zeit der Abfassung des Allgemeinen Landrechts.

Im A. L.R. ist die Frage geradezu nicht berührt, aber die Zulässigkeit des Verzichts auf den Widerruf ist nicht zu bezweifeln (s. unten §. 77), auch ausdrücklich im Prinzip anerkannt bei den wechselseitigen Testamenten der Eheleute: „Wechselseitige Testamente, worin beide Theile sich des Widerrufs ausdrücklich begeben haben, sind als Erbverträge anzusehen [15])." Beide Theile sollen sich des Widerrufs begeben haben, dann soll das Testament als Erbvertrag angesehen werden. Man könnte also denken, wenn nur der eine Theil sich des Rechts zum Widerruf begäbe und dieses der andere Theil acceptirte, ohne seinerseits gleichfalls auf den Widerruf zu verzichten, alsdann für diesen kein vertragsmäßiges Recht gegründet worden sei. Das ist jedoch nicht anzunehmen; es giebt keinen Rechtsgrund, welcher der Verbindlichkeit der von dem einen Theile dem Anderen gegenüber abgegebenen und von diesem acceptirten Erklärung entgegengestellt werden könnte. Ein solches Testament ist auf der einen Seite ein einseitiger Erbeinsetzungsvertrag, und auf der anderen Seite ein bloßes Testament; wird dasselbe von dieser Seite widerrufen, so bleibt es nur als einseitiger Erbeinsetzungsvertrag stehen. Ist es den Eheleuten gestattet, von Anfang einen einseitigen Erbeinsetzungsvertrag zum Besten des einen Ehetheils zu schließen, woran Niemand zweifelt, und ist es überdies allgemein gestattet, wechselseitige Erbverträge zu schließen, worin nur der eine Theil sich des Widerrufes begiebt, der andere sich aber denselben vorbehalten

---

Lib. XXVIII, tit. 3, §§. 3, 4. — Leyser, Med. ad Pand. sp. 43, m. 6, 7; sp. 352, m. 6 u. sp. 359, m. 8. — Böhmer, Introd. in jus Digest. L. XXVIII, tit. 3, §. 10. — Hellfeld, Jurispr. §. 1428. — Mühlenbruch a. a. O. §. 209.

14) Kind l. c. — Mühlenbruch a. a. O. S. 211, Note 62.

15) II, 1, §. 494.

darf [15a]); so kann dies auch nicht in der Form eines Testamentes in der angegebenen Weise unerlaubt sein. Aus dem Ausdrucke im §. 494 ist ein Verbot nicht zu nehmen, dieses müßte geradezu ausgesprochen sein, auch läßt sich die nicht korrekte Fassung mit Wahrscheinlichkeit auf ihren Ursprung zurückführen. Leyser sagt in seinem allegirten specimen 43 ([13]): „Tale enim pactum, cum nihil inhonesti contineat, jure Germanico — utique valebit. Agnoscit hoc nobiscum Brunnemannus ad L. 22 de legatis 3, Nr. 9, agnoscunt idem Strykius in Cautel. testamentorum c. 24, §. 23 et Schilterius Exerc. ad D. 39, §. 58, atque conjugibus, qui reciproca testamenta condunt, hanc utilissimam cautionem praescribunt, ut invicem sibi stipulentur, se omnia in testamentis suis contenta irrevocabiliter servare velle.“ Augenscheinlich wollen diese Schriftsteller daraus keine Bedingung der Gültigkeit der Stipulation machen, daß beide Theile invicem sich Unwiderruflichkeit versprechen lassen, und so ist auch der Ausdruck des §. 494 aufzufassen. — Das Prinzip ist hiernach im Allg. Landrecht anerkannt. Wie dasselbe aber unter anderen Personen als Eheleuten zur praktischen Anwendung gebracht werden soll, ist nicht so leicht gesagt. In der Testamentsurkunde selbst kann das Paktum mit dem anderen Theile nicht abgeschlossen werden, weil nur Eheleute in einer gemeinschaftlichen Urkunde letztwillige Erklärungen niederlegen dürfen; und auch vom Standpunkte des Gemeinen Rechts wird behauptet: „in ipso testamento celebrari hoc pactum nefas [16]).“ Von dieser Seite wird daher gerathen, den Vertrag vor Errichtung des Testaments, oder erst nach demselben einzugehen. Auf welche Weise aber die Ausführung gesichert werden soll, ist nach preußischem Rechte nicht wohl anzugeben. Der Testator kann sein bei Gericht deponirtes Testament, trotz eines solchen Pakts, nach Gefallen wieder zurücknehmen und vernichten, wie soll nach seinem Tode der Inhalt desselben und daß es formgemäß errichtet worden, zumal wenn es ein mündliches war, bewiesen werden? Das mündlich zu Protokoll gegebene Testament ist mit der Zurücknahme und Vernichtung spurlos verschwunden und die Gerichtspersonen sind nach Jahren nicht mehr vorhanden oder wissen von dem Inhalte gar nichts mehr. Ein solches Paktum ist völlig unpraktisch, es führt nur zu Verwirrungen und erfolglosen Prozessen. Mir ist auch in meiner

---

15a) I, 12, §. 639.

16) Kind l. c. Zu vergl. Mühlenbruch a. a. O. S. 212.

langjährigen Praxis kein Fall desselben vorgekommen. Die preußische Testamentsform hindert, den Inhalt eines Testamentes zum Gegenstande eines Vertrages zu machen, weil dieser Inhalt unbekannt ist, und mit dem Paktum selbst schlechterdings nicht in Verbindung gebracht werden kann. Möglich wäre es, daß der Testator sein s. g. Testament mündlich zu Protokoll erklärte, sich darin des Widerrufs begäbe, und das andere Vertragssubjekt, Erben oder Vermächtnißnehmer sistirte, damit dieses in derselben Urkunde seine Acceptation erklärte. Aber dieser Akt würde ein förmlicher Erbvertrag sein, welcher eine dem entsprechende Aufschrift nach der Versiegelung erhalten müßte, damit der Erblasser denselben nicht einseitig zurücknehmen und vernichten könnte.

c) Eine dritte gemeinrechtlich ebenfalls nicht ausgemachte Frage betrifft den einseitigen Widerruf der wechselseitigen Testamente (s. g. testamenta reciproca). Darüber ist das Erforderliche schon oben, §. 64, vorgetragen.

2. Der Widerruf eines Testamentes besteht in der Willenserklärung des Testators, daß das Testament fortan außer Kraft gesetzt werde, und kann in Form ausgesprochener oder geschriebener Worte, oder durch gleichbedeutende Handlungen geschehen. Die erstere Aufhebungsart heißt verbalis revocatio, die andere realis revocatio.

a) Bloßer Widerruf durch Worte allein ist nach römischem Rechte keine Aufhebungsart eines formell errichteten Testamentes, weil nach der Rechtsregel: codicillis hereditas adimi non potest[17]), durch eine Erklärung von Todes wegen, der das caput et fundamentum des Testamentes (eine Erbeseinsetzung) fehlte, eine bestehende Erbeseinsetzung nicht aufgehoben werden konnte. Dazu war die Errichtung eines neuen Testamentes erforderlich. Man[18]) betrachtet dies nur als eine Folgerung des allgemeinen Rechtsgrundsatzes: nihil tam naturale est, quam eo genere quidque dissolvere, quo colligatum est; doch bezieht sich derselbe ursprünglich nur auf obligatorische und Besitz-Verhältnisse, nicht auf letztwillige Verordnungen; und es ist wohl juristisch richtiger, den Satz als eine Folge aus der rechtlichen Natur des römischen Testamentes anzusehen. Der Theil der römischen Rechts- und Kontroversen-Geschichte, welche sich auf die Wiederaufhebung eines Testamentes bezieht, ist

---

17) L. 27, §. 1 D. de condit. instit. (XXVIII, 7); — L. 4 C. de his quae ut indignis (VI, 35): „hereditas in testamento data per epistolam vel codicillos adimi verbis directis non potuit."

18) So auch Mühlenbruch a. a. O. Bd. XXXVIII. S. 251 ff.

lang und verworren, und dazu für unser Recht nicht lehrreich. Für unsern Zweck genügt es, die letzte Verordnung Justinians vorzuführen, um die Aeußerungen der Verfasser des Landrechts über das Fallenlassen des römischen Rechts in dieser Materie zu verstehen. Justinian fand eine Verordnung seines Vorgängers Honorius vor, wonach ein Testament von selbst seine Wirksamkeit verlieren sollte, sobald es zehn Jahre alt geworden. Als Hauptgrund wird angegeben, daß nach Ablauf von zehn Jahren vielleicht kein einziger Testamentszeuge mehr vorhanden, mithin es an Mitteln fehlen würde, die Echtheit und den Inhalt des Testaments gehörig festzustellen[19]). Justinian hob dies wieder auf und verordnete wie folgt: „Sancimus, si quis legitimo modo condidit testamentum, et post ejus confectionem decennium perfluxerit, si quidem nulla innovatio vel contraria voluntas testatoris apparuerit, hoc esse firmum. Quod enim non mutatur, quare stare prohibeatur? quemadmodum enim qui testamentum fecit, et nihil voluit contrarium, intestatus efficiatur? Si autem in medio tempore contraria testatoris voluntas ostenditur, si quidem perfectissima est secundi testamenti confectio, ipso jure prius tollitur testamentum. Sin autem testator tantummodo dixerit, non voluisse prius stare testamentum, vel aliis verbis utendo contrariam aperuerit voluntatem, et hoc vel per testes idoneos non minus tribus, vel inter acta manifestaverit, et decennium fuerit emensum, tunc irritum est testamentum tam ex contraria voluntate, quam ex cursu temporali. Aliter enim testamenta mortuorum per decennii transcursionem evanescere nullo patimur modo, prioribus constitutionibus, quae super hujusmodi testamentis evacuandis latae fuerant, penitus antiquandis. Dat. XV. Kalend. April. Constantinop. Lampadio et Oreste VV. CC. Conss. (530)[20]).“ — Nach der gewöhnlichen Auffassung dieser Verordnung ist darin vorgeschrieben, daß ein Testament weder allein durch den Verlauf von zehn Jahren, noch allein durch den veränderten Willen des Testators außer Kraft trete, sondern daß entweder nur a) durch ein neues Testament, oder b) durch einen Widerruf vor wenigstens drei tüchtigen Zeugen oder ohne Zeugen zum gerichtlichen Protokolle, und zwar in Verbindung mit dem Verlaufe von zehn

19) L. 6 C. Theod. de testamentis et codicillis (IV, 4).
20) L. 27 C. de testamentis (VI, 23).

Jahren, seine Wirksamkeit verliere. Daran knüpfen sich jedoch viele Kontroversen [21]).

Das Allg. Landrecht geht darauf nicht ein, sondern verordnet: „In der Regel kann Jemand nur auf eben die Art, wie er testiren kann, auch die einmal errichtete Disposition widerrufen [22]).“ Suarez sagt hierüber: diese Vorschrift stimme mit der Lehre des R. R. überein, nur mache letzteres eine Ausnahme, wenn von Zeit des errichteten Testaments [23]) zehn Jahre verflossen sind, und läßt alsdann einen Widerruf coram tribus testibus zu [24]). Daß die Vorschrift keinesweges mit dem R. R. übereinstimme, zeigt eine oberflächliche Vergleichung mit der vorhergehenden Darstellung. Das ist jedoch für das praktisch gültige Recht gleichgültig, uns kommt es nur darauf an, festzustellen, was unter „eben der Art, wie er testiren kann“, zu verstehen sei. Man könnte denken, es seien beide ordentliche Testamentsformen anwendbar: die mündliche zum gerichtlichen Protokolle vor gehörig besetztem Gerichte, Versiegelung und Deponirung; und ein versiegelt dem Gerichte übergebener Privataufsatz mit Beobachtung der Förmlichkeiten bei der Abnahme desselben. Das ist jedoch nicht gemeint und kommt auch nicht vor; die Vorschrift will sagen: der bloße Widerruf, soll er wirksam sein, muß vor einem gehörig besetzten Gerichte von dem Testator in Person mündlich zu Protokoll erklärt werden, und bei der Aufnahme der Erklärung hat der Richter mit derselben Vorsicht zu verfahren, welche ihm bei der Aufnahme eines mündlichen Testamentes zur Pflicht gemacht ist; auch hat er die Vorschriften wegen Zuziehung von Dolmetschern zu beobachten, wenn die Gerichtspersonen die Sprache des Testators nicht verstehen; die notarielle Form ist unzulässig [25]). Mit dem Momente, wo das Protokoll von dem Testator und den Gerichtspersonen in derselben Weise, wie es für das Protokoll über ein mündliches Testament vorgeschrieben, vollzogen worden, ist die Kraft des Testamentes erloschen; der Zurückgabe des Testamentes bedarf es zur Wirksamkeit des Widerrufes nicht. Das Protokoll bleibt bei den Gerichtsakten und wird für den Testator auf Verlangen ausgefertigt. — Diese Form des Widerrufs muß auch beobachtet werden

21) Darüber s. m. besonders: Mühlenbruch a. a. O., S. 275 u. flg.

22) I, 12, §. 587.

23) Der Anfangspunkt ist auch streitig. Die Einen rechnen von Errichtung des Testamentes, die Anderen vom Tage des Widerrufs.

24) Schlußvorträge, in den Jahrbüchern, Bd. XLI, S. 83.

25) Erk. des Obertr. vom 3. Februar 1844 (Schles. Arch. Bd. V, S. 239).

bei dem Widerrufe eines unter den gesetzmäßigen Erfordernissen einmal errichteten privilegirten Testamentes, wenn der Widerruf unter Umständen geschieht, wo das Privilegium nicht mehr Anwendung findet [26]).

Von dieser ordentlichen Form des Widerrufs finden folgende Ausnahmen statt:

α) Wenn der Testator zur Zeit des Widerrufs sich in Umständen befindet, unter welchen er eine privilegirte Disposition errichten könnte, kann er mit eben den Erfordernissen, wie sie die privilegirte Disposition verlangt, auch eine vorher förmlich und gerichtlich errichtete Verordnung widerrufen; doch dauern die Wirkungen eines solchen Widerrufes in privilegirter Form nur so lange, wie die Gültigkeit eines unter gleichen Umständen errichteten privilegirten Testamentes dauern würde [27]). Diese Bestimmung weicht in zwei Beziehungen von dem römischen Rechte erheblich ab. Erstlich darin, daß alle diejenigen, welche privilegirte Testamente machen können, auch in eben dieser privilegirten Form widerrufen können [28]), wogegen nach römischem Rechte nur der Soldat dieses Privilegium hat [29]). Zweitens ist die Bestimmung darin unlogisch, daß der Widerruf durch Ablauf einer gewissen Zeit wieder erlöschen, folglich das von Anfang rechtsgültig umgestoßene (rumpirte) Testament ipso jure wieder zu Kräften kommen soll, was nach römischem Rechte nicht denkbar ist und gegen den eigenen Grundsatz des Landrechts über die Nichtigkeit und die Konvalescenz nichtiger Rechtsakte verstößt.

β) Wenn der Widerruf eine Kodizillardisposition, namentlich ein bloßes Vermächtniß betrifft. Hierbei ist gemeinrechtlich streitig: ob der Widerruf ebenfalls nach der Justinian'schen Vorschrift vor wenigstens drei Zeugen oder zum gerichtlichen Protokolle erklärt werden und der Ablauf von zehn Jahren hinzutreten, oder ob die ordentliche Kodizillarform mit Zuziehung von fünf Zeugen beobachtet werden müsse, oder ob der formlos ausgesprochene und bewiesene Wille des Testators genüge [30]). Das Landrecht macht hierüber selbstständig neues Recht, ohne auf eine dieser Meinungen einzugehen.

---

26) A. L.R. I, 12, §. 589. — Vergl. L. 34, §. 1 D. de test. mil. (XXIX, 1).

27) Ebenda §§. 588, 590.

28) Dieses behauptet zwar Westphal, von Testamenten, §. 917; die Behauptung ist aber nicht gegründet.

29) L. 34, §. 3 D. de test. milit. (XXIX, 1)

30) Darüber ausführlich: Mühlenbruch a. a. O. S. 320 u. flg. — Vergl. Cocceji, Jus controv. Lib. XXXIV, tit. 4, qu. 1.

αα) Wenn bloße, in einer förmlich gerichtlich errichteten Disposition ausgesetzte Vermächtnisse widerrufen werden sollen, so kann dies in einer von nachbezeichneten Formen geschehen:

entweder in einer vor einem Notario und zweien Zeugen abgegebenen Erklärung;

oder in einem außergerichtlichen, aber von dem Testator eigenhändig geschriebenen und unterschriebenen Aufsatze;

oder in einem außergerichtlichen Aufsatze, der von dem Erblasser zwar nur unterzeichnet, in welchem aber zugleich der Bewegungsgrund des Widerrufs angegeben ist, wenn dieser demnächst bewiesen wird [31]).

ββ) Wenn es sich um den Widerruf einer außergerichtlichen Verordnung handelt, so „kann der Inhalt derselben durch bloße entgegengesetzte Willenserklärungen widerrufen werden, sobald über dergleichen Erklärung des Erblassers nur ein in gewöhnlichen Fällen hinreichender Beweis geführt werden kann", nur „bloße Vermuthungen, daß der Testator seinen Willen habe ändern wollen, verdienen keine Rücksicht" [32]). Von einer Form ist keine Rede, es genügt daher eine bestimmte mündliche Erklärung. Aber der Beweis muß hiernach vollständig geführt werden, eine Ergänzung des mangelhaften Beweises durch Eid ist damit ausgeschlossen, Vermuthungen (praesumptiones ad hominem) kommen nicht in Betracht.

b) Eine Realrevokation ist in folgenden Handlungen enthalten:

aa) Errichtung eines neuen Testamentes oder eines Erbvertrages [32a]). Nach römischem Rechte hebt ein späteres Testament (testamentum ultimum, tabulae supremae, supremum judicium, suprema voluntas) das frühere ipso jure auf, ohne daß es eines ausdrücklichen Widerrufs in jenem bedarf. „Si perfectissima est secundi testamenti confectio, ipso jure prius tollitur [33])." Das war nach römischen Rechtsgrundsätzen eine rechtliche Nothwendigkeit, weil die Erbeseinsetzung immer auf das Ganze ging, folglich die spätere Einsetzung die frühere gänzlich verdrängte. Das Allg. Landrecht muß bei der Verwerfung dieses Rechtsgrundsatzes von dem römischen Rechte abweichen. Zwar verlangt dasselbe

---

31) A. L.R. I, 12, §§. 593—595.

32) Ebenda §§. 597, 598.

32a) Erk. des Obertr. vom 1. Februar 1799 (Matthis, Bd. III, S. 175).

33) L. 27 C de testamentis (VI, 23). — §. 2 Inst. quibus mod. testam. infirm (II, 17); Gajus, Inst. II, §. 144; Ulpian., Fragm. XXIII, §. 2.

keinen ausdrücklichen Widerruf des früheren Testamentes in dem späteren, wie es einige andere Partikulargesetzgebungen thun [34]), aber es stellt die Sache auf die Thatsachenfrage: ob die erste Erbeseinsetzung abgeändert worden, und macht dann daraus eine Willensfrage. „Wird ein neues Testament übergeben, und daran die im vorigen enthaltene Erbeseinsetzung abgeändert, so verliert das frühere Testament seine Gültigkeit. — Es fallen daher auch die in dem früheren Testamente ausgesetzten Vermächtnisse weg; in sofern dieselben nicht in dem späteren ausdrücklich wiederholt oder bestätigt sind; die dem früheren Testamente beigefügte sog. Kodizillarklausel ist aber hierbei ganz wirkungslos. — Hat aber der Testator in dem späteren Testamente deutlich erklärt, daß auch die Erbeseinsetzung des früheren bei Kräften bleiben, und also der später eingesetzte Erbe nur zugleich mit dem früher benannten sein Erbe sein sollte: so bestehen auch die Legate aus dem früheren Testamente, in sofern selbige durch das spätere nicht ausdrücklich aufgehoben sind [35])." Was unter der Abänderung der früheren Erbeseinsetzung zu verstehen, ist schon oben, im §. 21, vorgetragen, daher darauf zurückgewiesen werden kann. Dort ist auch bereits über die Folgen der Ungültigkeit des späteren Testamentes gehandelt. Nachzutragen ist hier noch, welche Wirkung im Falle der Ungültigkeit desselben der darin enthaltene ausdrückliche Widerruf des früheren Testamentes, oder der Mangel eines solchen Widerrufs habe.

Man streitet darüber: ob nicht durch den beigefügten Widerruf das frühere Testament aufgehoben sei, wenn auch das spätere Testament nicht zu Recht bestehen könne. Dieser Frage wird nach gemeinrechtlichen Prinzipien verneint, weil einem Testamente, welches nicht nach dem Willen des Testators bestehen kann, überall keine Wirkungen zugeschrieben werden dürften [36]). Das beruhet jedoch darauf, daß nach römischem Rechte durch bloßen wörtlichen Widerruf allein ein Testament nicht umgestoßen werden kann, woraus denn folgt, daß, wenn das neue Testament als solches null ist, der übrig blei-

---

34) Z. B. Frankf. Reformat. Th. IV, Tit. 7, §. 2; Code civil. Art. 1036.

35) I, 12, §§. 572—574 u. §. 576.

36) Mühlenbruch a. a. O. S. 336, Note 20 a. E., auf Grund des §. 7 Inst. quibus modis testam. infirm. (II, 17): „Ex eo autem solo non potest infirmari testamentum, quod postea testator id noluerit valere: usque adeo, ut et si quis post factum prius testamentum posterius facere coeperit, et aut mortalitate praeventus, aut quia eum ejus rei poenituit, id non perfecerit, divi Pertinacis oratione cautum sit, ne alias tabulae priores jure factae irritae fiant, nisi sequentes jure ordinatae et perfectae fuerint: nam imperfectum testamentum sine dubio nullum est."

bende Widerruf gar keine Wirkung hat. Das Landrecht hat jenen römischen Rechtssatz nicht aufgenommen und steht daher zur vorliegenden Frage anders. Sind in dem späteren Testamente, welches als ein unvollkommenes nicht bestehen und daher das frühere auch nicht rumpiren kann, die Erfordernisse eines gültigen Widerrufes anzutreffen, so ist das frühere doch ungültig [37]).

Die andere Frage ist: ob der Mangel des ausdrücklichen Widerrufes nicht die Folge habe, daß das frühere Testament wieder gültig werde, wenn das spätere seine Wirksamkeit verliert, z. B. rumpirt oder destitut wird. Nach dem römischen Rechte ist dies unbedingt zu verneinen. „Posteriori testamento superius rumpitur, nec interest, an exstiterit aliquis heres ex eo, an non exstiterit [38]).“ Diesen Rechtssatz hat das Landrecht aufgenommen: „Außer dem Falle, wo der Testator in der irrigen Meinung, der in dem früheren Testamente eingesetzte Erbe sei verstorben, ein neues Testament macht (welches wegen dieses Irrthums von Anfang nichtig ist), — kommt das frühere Testament, welches durch ein späteres aufgehoben worden, wenn auch dieses letztere nicht bestehen kann, dennoch nicht wieder zu Kräften, sondern es findet die gesetzliche Erbfolge statt [39]).“ Dabei versteht sich, daß das spätere Testament nicht von Anfang so hinfällig sein darf, daß dabei auch nicht einmal die Erfordernisse eines gültigen Widerrufes anzutreffen sind; denn wenn es so nichtig ist, so kann dadurch das frühere Testament nicht rumpirt werden [40]). Hinsichtlich der Wirkung der freiwilligen Zurücknahme des späteren Testaments wird auf den §. 21, Nr. II, 5 zurückgewiesen.

bb) Zuwendung einer vermachten Sache durch eine spätere Verordnung an eine andere Person. „Sicut adimi legatum potest, ita et ad alium transferri, veluti hoc modo: quod Titio legavi, id Sejo do lego: „quae res in personam Titii tacitam ademtionem continet [41]).“ Nur der hervorgehobene Satz gehört hierher; das Landrecht drückt ihn so aus: „Einer ausdrücklichen Aufhebung ist es gleichzuachten, wenn der Testator eben dieselbe bestimmte Sache, welche er in dem früheren Testa-

---

37) I, 12, §§. 580, 581.

38) §. 2 Inst. quibus modis testam. infirm. (II, 17).

39) I, 12, §. 580.

40) Ebenda §. 581.

41) L. 5 D. de adimendis, vel transfer. leg. (XXXIV, 4). — Vergl. §. 1 Inst. eodem (II, 21).

mente einem Legatario vermacht hat, in dem späteren einem Anderen zuwendet[42]." Die Bedeutung dieser Rechtshandlung beruht mit der Wirkung der Errichtung eines neuen Testamentes in Betreff des früheren Testamentes auf gemeinsamem Grunde, nämlich darauf, daß es dem Eigenthümer freisteht, über einen Rechtsgegenstand einseitig so oft zu verfügen, wie er will, und daß selbstverständlich die letzte Verfügung über den nämlichen Gegenstand alle früheren ausschließt, in soweit nämlich die letzte Verfügung den Gegenstand erschöpft. Soweit dieses nicht der Fall ist, verbleibt es bei der vorhergehenden Verfügung.

cc) Physische Zerstörung einer letztwilligen Verordnung oder ihres Inhaltes. Dahin gehört:

α) die Zurücknahme eines gerichtlich an- oder aufgenommenen Testamentes. Gemeinrechtlich ist dieser Aufhebungsmodus streitig. Gewöhnlich verneint man die Frage: ob die Zurücknahme eines gerichtlichen Testamentes aus dem Gerichte dessen Gültigkeit ohne Weiteres und abgesehen von dem Willen des Testators vernichte[43]. Man sagt, wenn ein Testament vor einer öffentlichen Behörde, oder einer aus Mitgliedern derselben bestehenden Deputation verlautbart und eine Urkunde darüber aufgenommen ist, so habe es dadurch allein und nicht durch die Verwahrung im Archive die Bedeutung eines feierlichen letzten Willens erhalten; durch die Zurücknahme aus dem öffentlichen Archive verliere es allerdings die Kraft einer archivarischen Urkunde, seiner selbstständigen Natur als Testament könne dies aber keinen Eintrag thun. Die Aufnahme ins Archiv sei keine Testamentshandlung. — Diese Gründe gelten für das preußische Recht nicht. Nach diesem ist es ganz unbestritten eine wesentliche Bedingung der Giltigkeit des gerichtlichen Testamentes, daß die darüber errichtete Urkunde von ihrer Errichtung an bis zur Publikation in der Gewahrsam des Gerichts verbleibe und es kommt nichts darauf an, daß die gerichtliche Verwahrung nicht als Testamentshandlung gelten kann. Es kommt auch gar nichts auf den Willen und die Absicht an, welche der Testator mit der Zurücknahme verbindet. Wenn er auch will, daß das zurückempfangene Testament seine Kraft behalte, so ist dasselbe doch mit dem Augenblicke, wo er mit demselben aus der Gegenwart des Richters sich entfernt hat, vernichtet: die Zurücknahme an sich steht der physischen Zerstörung gleich, es ist

42) I, 12, §. 575.

43) Glück, Kommentar, Bd. XXXIV, S. 218 ff., u. Mühlenbruch, Fortsetzung dess., Bd. XXXVIII, S. 302 ff.

daher auch ganz überflüssig und bedeutungslos, mit der Zurücknahme einen Widerruf zu verbinden. Selbst wenn über die Zurückgabe kein Protokoll aufgenommen worden wäre, würde das Testament unkräftig sein, und deshalb ist es unerheblich, wenn das Protokoll nicht alle Erfordernisse eines vor gehörig besetztem Gerichte vollzogenen Akts hat. Dieses Alles ergeben die §§. 565, 566 d. T.: „§. 565. Wenn der Testator ein gerichtlich niedergelegtes Testament oder Kodizill zurücknimmt, so verliert dasselbe seine Gültigkeit. §. 566. Es macht dabei keinen Unterschied, wenngleich der zurückgenommene Aufsatz noch unentsiegelt, oder sonst unverändert, in dem Nachlasse vorgefunden wird." Ein solcher Aufsatz hat in Beziehung auf die darin enthaltenen, den zwanzigsten Theil des Nachlasses nicht übersteigenden Legate, auch nicht die Wirkung einer im Nachlasse vorgefundenen Privatdisposition des Erblassers. Selbst durch die in einem späteren Testamente des Erblassers, lediglich mittelst einer allgemeinen Bezugnahme auf das zurückgenommene, im Nachlasse aufbewahrte Testament, erfolgte Anordnung von Legaten können die in dem zurückgenommenen Testamente ausgesetzten Vermächtnisse rechtliche Wirksamkeit nicht erlangen [44]. „Soll ein zurückgenommenes Testament oder Kodizill anderweitig gerichtlich übergeben werden; so ist dabei alles das zu beobachten, was bei der Uebergabe eines Testamentes oder Kodizills überhaupt vorgeschrieben worden [45]." Dies ist dahin aufgefaßt worden, daß darunter diejenigen Förmlichkeiten zu verstehen sind, welche bei der ersten und ursprünglichen Errichtung eines letzten Willens, die durch die Uebergabe eines schriftlichen Aufsatzes erfolgt, zu beobachten sind. Es kann daher das wieder übergebene Testament nur als ein solcher schriftlicher „Aufsatz" nach §§. 101 ff. (welcher offen und unversiegelt übergeben wird) behandelt werden, selbst wenn es noch äußerlich in unverändertem Zustande und mit den Gerichtssiegeln verschlossen wäre; es kann also ein des Schreibens Unkundiger in dieser Weise gar nicht testiren, sondern er muß nach Vorschrift des §. 113 seinen letzten Willen jederzeit mündlich zu Protokoll erklären [46].

Eine Spezialbestimmung über die Zerstörung des Testamentes hat das Landrecht aus dem römischen Rechte aufgenommen. Dort heißt es mit Bezug auf die physische Zerstörung: „Pluribus tabulis

---

44) Erk. des Obertr. vom 28. Dezember 1849 (Entsch. Bd. XIX. S. 171).

45) A. L.R. a. a. O. §. 567.

46) Pr. des Obertr. 2172, vom 31. Dezember 1849 (Entsch. Bd. XIX, S. 178).

eodem exemplo scriptis, unius testamenti voluntatem eodem tempore dominus solenniter complevit: si quasdam tabulas in publico depositas abstulit atque delevit, quae jure gesta sunt, praesertim cum ex ceteris tabulis, quas non abstulit, res gesta declaretur, non constituentur irrita [47]." Und an einer anderen Stelle: „Si quis in duobus exemplaribus fecerit testamentum, et aliud exstet, aliud non exstet, tabulae exstare videntur, petique potest bonorum possessio [48]." Diesen Satz wendet das Landrecht, nicht unpassend, auf die Zurücknahme gerichtlich niedergelegter Testamente an: „Wenn ein und ebendasselbe Testament bei mehreren Gerichten niedergelegt worden, und bei einem derselben, ohne Zurücknahme, bis zum Absterben des Testators aufbewahrt geblieben ist: so bleibt dasselbe bei Kräften, wenngleich die bei den übrigen Gerichten niedergelegten Exemplare zurückgenommen wären [49]." Dies ist jedoch nicht der ganze Inhalt jener Bestimmung, denn in der ersten Stelle ([47]) heißt es weiter: „Paulus notat: sed si, ut intestatus moreretur, incidit tabulas, et hoc probaverint hi, qui ab intestato venire desiderant, scriptis avocabitur hereditas." Also auf die Absicht des Testators soll es ankommen. Wollte er das Testament ganz vernichten, um intestatus zu sterben, so hat auch das übrig gebliebene Exemplar keine Kraft. Die vis rumpendi ist hier also der bloße Wille des Testators, denn physisch zerstört ist das Testament in mehreren Exemplaren nicht, so lange noch ein einziges Exemplar davon unversehrt vorhanden ist. Wie dies mit dem Grundsatze: „ex eo autem solo non potest infirmari testamentum, quod postea testator id noluit valere [50]," zu vereinigen sei, ist nicht einleuchtend, denn der Grund, daß bei der sog. Realrevokation lediglich der Wille des Erblassers in Betracht komme, trifft hier nicht zu, weil das Testament nicht zerstört worden, vielmehr in einem vollgültigen Exemplar noch vorhanden ist. Doch kann dieses Bedenken bei unserem Zwecke auf sich beruhen, für das preußische Recht ist es entscheidend, daß dieser anstößige Theil der römischen Bestimmung nicht aufgenommen ist und daß auf die Absicht, in welcher der Testator das Testament zurückgenommen hat, gar nichts ankommt, so zwar, daß die Zurückgabe vernichtende Kraft hat, selbst wenn der Testator zur Zeit des Zurückempfanges sich in

---

47) L. ult. D. de his, quae in test. delent. (XXVIII, 4).

48) L. 1, §. 5 D. de bon. poss. sec. tabulas (XXXVII, 11).

49) I, 12, §. 568.

50) §. 7 Inst. quibus modis testam infirm. (II, 17).

einem nicht völlig handlungsfähigen Zustande befand. Das war bezweifelt worden. Eine Person, welche nach Errichtung eines Testamentes für Verschwender erklärt worden war, hatte in diesem Zustande der Interdiktion die Zurückgabe desselben verlangt. Das Gericht hatte Bedenken, ob es zur Herausgabe befugt sei und fragte darüber bei Hofe an. Der Bescheid lautete, daß, da die Zurücknahme eines Testamentes für den Testator gar keine präjudizirliche Handlung sei, es ganz unbedenklich erscheine, dem Prodigus sein Testament zurückzugeben [51]). Die Wirksamkeit der Zurückgabe wird also nicht in Zweifel gezogen. Die Entscheidung ist älter als das Landrecht, sie ist aber demnächst in den Anhang dazu aufgenommen, wo sie lautet: „Verlangt der Verschwender die Zurückgabe seines vor der Prodigalitätserklärung niedergelegten Testaments: so ist diesem Gesuche zu willfahren [52]).“

Da die körperliche Zurückgabe des Testamentes oder Kodizills aus dem Verwahrsam des Gerichts das Wesentliche ist, so kann dieselbe auch zu Händen eines mit gerichtlicher Vollmacht versehenen Bevollmächtigten geschehen [53]); doch sollen nur für abwesende Testatoren Spezialbevollmächtigte zugelassen werden; befindet sich der Testator an dem Orte selbst, wo das Gericht seinen Sitz hat, so muß er den Termin zur Zurückgabe in Person abwarten, oder die Rückgabe in seiner Behausung, zu eigenen Händen, durch eine Deputation nachsuchen [54]). Das Verfahren selbst ist nach der Vorschrift [55]) folgendes: Die Zurückgabe muß der Testator nachsuchen, das Gesuch kann er persönlich zum Protokolle, oder durch einen mit gewöhnlicher Vollmacht versehenen Mandatarius, oder auch schriftlich anbringen. Auf dieses Gesuch muß ein Termin zur Zurückgabe schriftlich anberaumt, und der Testator vorgeladen werden, in diesem Termine entweder in Person, oder durch einen mit gerichtlicher Spezialvollmacht versehenen Mandatarius zu erscheinen, das Testament aus den Händen des Gerichts zurückzuempfangen, und die wegen geschehener Niederlegung erhaltene Rekognition zurückzugeben, oder dieselbe zu amortisiren. Zugleich mit dieser Vorladung muß auch eine Verordnung an die Depositarien erlassen werden, in

---

51) R. vom 2. September 1793 (N. C. C. Tom IX, No. 67 de 1793, u. Rabe, Samml. Bd. II, S. 474).

52) Anh. §. 42 (zu I, 12, §. 565).

53) A. L.R. I, 12, §. 571; Ges. vom 11. Juli 1845 (G. S.S. 495).

54) A. G.O. II, 4, §. 9, Absatz 4.

55) Ebenda §. 9 u. Anh. dazu, §. 429.

dem anberaumten Termine das Testament aus der gerichtlichen Verwahrung herauszunehmen, und an das Gericht abzuliefern. Befindet sich der Testator nicht an dem Orte selbst, wo das Gericht seinen Sitz hat, d. h. in einem anderen Gerichtsbezirke außerhalb dieses Ortes, so kann das Testament auch an das Gericht jenes Ortes, wo der Testator sich aufhält, zur Aushändigung an ihn mit der Post gesendet werden. — In dem Termine muß dem Testator, wenn er erscheint, das versiegelte Testament zur Erklärung: ob es wirklich dasjenige sei, welches von ihm ehemals niedergelegt worden, vorgezeigt, ihm sodann zurückgegeben, über die ganze Verhandluug ein Protokoll aufgenommen und selbiges von dem Testator, oder seinem gerichtlichen Spezialbevollmächten, mit unterschrieben werden. — Diese Vorschriften sind alle unwesentliche: das wirklich zurückgegebene Testament bleibt nicht gültig, wenn auch keine derselben gehörig beobachtet worden ist.

Durch die bloße Zurückforderung allein, auch wenn der Testator darin zugleich ausdrücklich erklärt hat, daß er die Disposition aufheben oder abändern wolle, wird die Disposition noch nicht entkräftet, wenn nicht die Erfordernisse eines förmlichen Widerrufes (Nr. 2) dabei anzutreffen sind. Deshalb ist den Gerichten zur Pflicht gemacht, alle dergleichen, die Rückgabe eines Testamentes betreffenden Verfügungen ganz vorzüglich zu beschleunigen [56].

β) Eigentliche Vernichtung der letztwilligen Disposition oder ihres Inhaltes. Diese kann nach preußischem Rechte mit Willen des Testators nur bei außergerichtlichen Verordnungen vorkommen; sie vollzieht sich:

αα) durch äußere Zerstörung der Urkunde, z. B. Verbrennen, Zerschneiden oder Zerreißen;

ββ) durch Auslöschen ihres Inhaltes, etwa durch eine chemische Säure. Die betreffende Stelle lautet: „Wenn in außergerichtlichen Depositionen ein Vermächtniß ganz, oder auch nur der Name des Legatarii, die Sache oder das Quantum, welche vermacht worden, weggestrichen, ausgelöscht, oder sonst unleserlich gemacht sind: so ist das Legat für aufgehoben zu achten [57]." Damit ist nicht gesagt, daß nicht auch in gerichtlich deponirten Dispositionen bei deren Errichtung vorgekommene Durchstreichungen oder sonstige Tilgungen die Wirkung der Ungültigkeit haben könnten, denn es ist selbstverständlich, daß das, was sich nicht mehr im Testamente bei der Ver-

56) A. L.R. I, 12, §§. 569, 570. — A. G.O. a. a. O. §. 9 am Ende.
57) I, 12, §. 596.

fektion desselben befindet, auch nicht als in demselben angeordnet betrachtet werden kann. „Si legi non possunt, quae inconsulto deleta sunt, dicendum est, non deberi: sed hoc ita demum, si ante consummationem testamenti factum [58].“ Also selbst das, was aus Versehen unleserlich gemacht worden ist, bleibt ungültig, wenn es bei der Konsummation der Disposition (Vollziehung des Akts) dabei gelassen worden ist. Davon handelt es hier sich jedoch nicht; hier ist die Rede von den nach der Errichtung vorgekommenen Tilgungen, und diese müssen in der Absicht, die Verordnung aufzuheben, unternommen worden sein [59]). Unsere Stelle erwähnt der Absichtlichkeit nicht; daß jedoch eine von dem Testator unbeabsichtigte oder sonst zufällige Zerstörung der Disposition oder eines Theiles ihres Inhaltes der Gültigkeit nicht schade, darf aus allgemeinen Rechtsgrundsätzen als unzweifelhaft angenommen werden und erhellet überdies daraus, daß die Ausmittelung des Inhaltes eines durch Zufall verlorenen Testaments oder Kodizills durch einen vollständigen Beweis zulässig erklärt ist [60]). Daß die Verfasser in diesem Punkte von den Grundsätzen des bis dahin gültig gewesenen Rechts hätten abgehen wollen, dafür läßt sich kein Grund aufweisen. Nach römischem Rechte ist es aber unbestritten, daß ein nicht mit dem Willen des Testators zerstörtes Testament oder Kodizill, vorausgesetzt, daß Dasein und Inhalt bewiesen werden kann, dem praktischen Resultat nach dennoch gilt, indem der Prätor daraus dem Testamentserben eine wirksame bonorum possessio secundum tabulas gab. „Semel autem extitisse tabulas mortuo testatore desideratur, tametsi exstare desierint: quare, etsi postea interciderunt, bonorum possessio peti poterit [61]).“ — „Si linum, quo ligatae sunt tabulae, incisum sit, si quidem alius contra voluntatem testatoris inciderit, bonorum possessio peti potest. — Si rosae sint a muribus tabulae, vel linum aliter ruptum, vel vetustate putrefactum, vel situ vel casu, et sic videntur tabulae signatae — —, dicendum est, signatas tabulas exstare, quamvis vel incisa vel rosa sit pars uni [62]).“ Eben so wird den Vermächtnißnehmern die Legatsklage gegeben [63]).

58) L. 1, §. 2 D. de his quae in testam delent. (XXVIII, 4).

59) L. 8, §. 3, L. 2, §. 7 D. de bonor. poss. sec. tab. (XXXVII, 11); L. 2 D. de his quae in testam. delent. (XXVIII, 4); L. 30 C. de testam. (VI, 23).

60) I, 12, §§. 602, 603.

61) L. 1, §. 3 D. de bonor. poss. sec. tabulas (XXXVII, 11).

62) L. 1, §§. 10, 11 D. eodem.

63) L. 2 D. de his quae in test delent. (XXVIII, 4).

Ueber den Beweis giebt es in Beziehung auf die vorliegende Frage keine besondere Bestimmung. Gemeinrechtlich ist man darin einverstanden, daß die Beweislast über das Vorhandensein oder Vorhandengewesensein und über den Inhalt der fraglichen Disposition, sowie darüber, daß das Verschwinden oder Zerstören ohne den Willen des Testators geschehen, demjenigen obliege, welcher durch die Vertilgung eine ihm in der fraglichen Disposition gemachte Zuwendung verlieren würde [64]). Indessen ist wohl sachgemäß, hier drei Thatsachen auseinander zu halten, nämlich: das Vorhandengewesensein im Falle des gänzlichen Verschwindens; die Theilnahmlosigkeit des Erblassers an der Vertilgung; und den Inhalt der vernichteten Verfügung. 1. Der Beweis des Daseins kann nur schwierig sein im Falle des gänzlichen Verschwindens. Die Verfügung kann möglicherweise dem Erben, dem dadurch eine Last aufgelegt wurde, in die Hände gerathen sein, der Erblasser kann sie auch selbst vertilgt haben. Daß der Vermächtnißnehmer über das Vorhandengewesensein einen vollständigen Beweis zu führen habe, ist nicht vorgeschrieben; der Beweis muß daher wie in gewöhnlichen Fällen geführt werden können. 2. Bei dem Beweise, daß der Berufene — wie es die Klassiker ausdrücken — den Willen des Erblassers für sich habe [65]), wird es wesentlich auf die konkreten Umstände des Falles ankommen, besonders, wenn positiv die Art und Weise nachgewiesen werden kann, wie der Verlust der Urkunde oder die Zerstörung des Inhaltes entstanden. Justinian hat in dieser Beziehung zur Erledigung der „controversiae veteribus juris interpretatoribus exortae" bestimmt, daß, wenn der Testator selbst der Urheber sei, die Disposition nicht gelte; wenn aber die Zerstörung durch einen Dritten oder durch Zufall geschehen, dadurch die rechtliche Wirkung der Disposition nicht aufgehoben werde [66]), wodurch denn ohne Weiteres angenommen (fingirt) ist, daß im ersten Falle der Erblasser seinen Willen geändert habe, im zweiten Falle hingegen sein Wille unverändert geblieben sei. Für das preußische Recht hat dies selbstverständlich keine unmittelbare Geltung, aber nach allgemeinen Grundsätzen über die Beweisführung werden die bezeichneten Thatsachen immer das Gewicht von Indizien für oder wider das

64) Mühlenbruch, Forts. von Glück, Bd. XXXIX, S. 105 u. die in der Note 81 u. 82 genannten Schriftsteller.

65) Z. B. L. 1, §. 8 D. si tab. testam. nullae (XXXVIII, 6): „Si heres institutus non habeat voluntatem, quia incisae sunt tabulae" etc. — Vergl. L. 11, §. 2 i. f. D. de bonor. poss. sec. tab. (XXXVII, 11).

66) L. 30 C. de testamentis (VI, 23).

Beweisthema haben und wenn der Dritte gar der Erbe oder sonst eine Person ist, welche bei der Zerstörung der Disposition ein Interesse hat, wird dieser Umstand gewiß nicht den Schluß rechtfertigen, die Zerstörung sei mit des Erblassers Willen geschehen. 3. Der Beweis des Inhalts ist die schwierigste Aufgabe des Klägers, besonders wenn die Urkunde gänzlich verschwunden ist und Zeugen dabei nicht zugezogen waren. Das Landrecht schreibt hierüber allgemein vor: „Geht ein — Kodizill durch Zufall verloren; so ist die Ausmittelung des Inhalts durch Beweis zulässig; doch wird dazu ein vollständiger Beweis erfordert, welcher durch einen Erfüllungseid nicht ergänzt werden kann 67).“ „Zufall“ heißt hier jede Begebenheit, welche ohne Willen des Erblassers den Verlust ꝛc. zur Folge hat, das Gegentheil von diesem Willen. Stellt sich heraus, daß derjenige, welcher bei dem Verschwinden der Disposition einen Vortheil hat, vorsätzlich selbst dieselbe abhanden gebracht hat, so werden die daran geknüpften nachtheiligen Folgen für ihn eintreten müssen 68).

II. Durch das Eintreten einer in dem Testamente gar nicht erwähnten Person in das Verhältniß eines Notherben des Testators wird das Testament rumpirt, und zwar, wie Einige dafür halten, durch den vermutheten Willen des Testators, daher diese hier von dem testamentum praesumtive ruptum sprechen (s. oben im Anfang), in folgenden Fällen:

1. Wenn dem Testator nach Errichtung des Testamentes ein schon bei seinem Leben konzipirtes Kind oder Enkelkind, welches, wenn es schon vor seinem Tode geboren gewesen wäre, sein unmittelbarer Notherbe gewesen sein würde, geboren wird (postumus, qui agnascendo rumpit testamentum) 69), oder wenn ein Enkelkind erst nachher, durch den Tod seines Parens, unmittelbarer Erbe des Testators wird. Dadurch wird das Testament, nach römischem Rechte, gänzlich zerstört. „Ex rupto testamento nihil deberi, neque peti posse, explorati juris est 70).“ Auch die Kodizillarklausel ist hier wirkungslos, was jedoch streitig ist, nur wird die Ruption dadurch, daß der Posthumus vor dem Testator wieder ver-

67) I, 12, §§. 602, 603.

68) A. G.O. I, 10, §. 120. Vergl. A. L.R. I, 5, §. 170.

69) L. 3 pr. §. 3 D. de injusto, rupto (XXVIII, 3); §. 1 Inst. quibus modis testam. infirm. (II, 17). Vergl. Gajus, Inst. II, §§. 138—143. — A. L.R. I, 1, §. 10; I, 9, §. 371.

70) L. 1 in f. C. de post. heredibus instit. (VI, 29). Vergl. L. 15 in f. D. de injusto, rupto (XXVIII, 3).

storben ist, durch den Prätor unwirksam gemacht, indem er dem eingesetzten Erben eine bonorum possessio secundum tabulas ertheilt [71]), also im praktischen Erfolge das Testament aufrecht hält.

Der Stand des preußischen Rechts ist ein wesentlich anderer. Zuvörderst scheidet der Fall, wenn ein Enkelkind erst nach der Testamentserrichtung dadurch, daß sein zwischen ihm und dem Testator stehender Parens vor dem Erblasser stirbt, ein unmittelbarer Notherbe des Testators wird, ganz aus, denn es ist bestimmt: „Ist aber ein im Testamente eingesetztes Kind vor dem Erblasser verstorben: so treten dessen Abkömmlinge ganz an seine Stelle, wenn auch ihrer im Testamente nicht ausdrücklich gedacht wäre [72]).“ Dagegen wird der Fall, wenn der Posthumus vor dem Erblasser wieder verstorben ist, ganz eben so behandelt wie nach prätorischem Rechte. In der Lehre vom Pflichttheile und von der Ruption des letzten Willens wird darüber nichts gesagt, nur ist stillschweigend vorausgesetzt, daß der Nachgeborene den Erbanfall erlebt habe, indem darüber Anordnung getroffen ist, was er aus der Erbschaft erhalten soll [73]). Dagegen ist des Falles im Eherechte bei den Erbverträgen der Eheleute gedacht. „So lange dergleichen gerichtliche Erklärung (wodurch Erbverträge unter Eheleuten durch gegenseitige Bewilligung wieder aufgehoben werden sollen) nicht erfolgt ist, besteht ein solcher Erbvertrag, wenngleich aus der Ehe Kinder erzeugt worden, die aber vor den Eltern wieder verstorben sind. — Sind aber bei dem Tode des einen Ehegatten Kinder oder weitere Abkömmlinge aus dieser Ehe vorhanden, und ist ihretwegen in dem Erbvertrage nichts bestimmt: so finden eben die Vorschriften statt, wie in dem Falle, wenn in einem Testamente wegen nachgeborener Kinder nichts verordnet ist. (Tit. 2, Abschnitt 5) [74]).“ Das Gleiche gilt unzweifelhaft auch von einseitigen letzten Willensverordnungen.

Wenn ein nachgeborner Notherbe den Erblasser überlebt, so wird das Testament gänzlich rumpirt und den Kindern die gesetzliche Erbfolge eröffnet, aber nicht sofort mit der Geburt des Posthumus, sondern erst dann, wenn der Erblasser Ein Jahr lang hat verlaufen lassen, ohne in Ansehung des Nachgeborenen etwas verfügt zu haben. Darüber ist schon oben (§. 46) das Erforderliche vorgetragen. Die vis rumpendi liegt also nicht in der postumi agnatio, sondern

71) L. 12 pr. D. eodem.

72) II. 2, §. 443.

73) Ebenda §. 455.

74) II. 1, §§. 443, 444.

sie beruhet auf dem muthmaßlichen Willen des Testators, welcher nach Verlauf eines Jahres angenommen wird. Darin kommt die Ansicht derjenigen, welche hier von testamentum praesumtive ruptum sprechen (s. im Anfange dieses Paragraphen), zur Verwendung. Der Wahrscheinlichkeitsschluß jedoch, welcher auch selbst den unumstößliche juristische Gewißheit begründenden Vermuthungen zu Grunde liegen muß, hat hier keine Wahrscheinlichkeit; denn diese wird daraus geschöpft, daß der Testator ein ganzes Jahr hat vergehen lassen, ohne etwas an seinem letzten Willen zu ändern. Soll nun grundsätzlich in Ansehung des Vermögens, welches nach Abzug des Pflichttheils übrig ist, lediglich der im Testamente erklärte letzte Wille des Erblassers bestimmend sein, so ist nicht abzusehen, woher die Wahrscheinlichkeit kommen soll, daß der Erblasser seinen Willen geändert habe, wenn er bei demselben im Bewußtsein der veränderten Umstände beharrt. Man sollte denken, je länger er dabei beharrt, desto bestimmter lege er dadurch die Absicht an den Tag, daß er es dabei bewenden lassen wolle[75]). — Daß die irrthümliche Präterition eines Notherben ganz gleiche Folgen habe, wie die postumi agnatio, ist gleichfalls schon gesagt (§. 53). Die Wirkung ist Nullität des ganzen Testaments. Dies ist ein Fall für die Anwendbarkeit der querela nullitatis einiger Neuern, wovon schon an einigen Stellen gesprochen worden ist; sie ist gut, wenn man unnöthigerweise einen nutzlosen präparatorischen Prozeß führen will, indem man über das Dasein der Nullität eine Präjudizialfrage macht; Nutzen davon hat allein die Gerichtskasse und die Advokatur. Die geeignete, auf das Endziel direkt gehende Klage ist die hereditatis petitio ab intestato ex causa rupti testamenti.

2. Wenn der Testator einen Anderen adoptirt (quasi-agnatio sui heredis). Römisches Recht ist dieses: „Si quis post factum testamentum adoptaverit sibi filium —, omnimodo testamentum ejus rumpitur quasi-agnatione sui heredis[76]).“ — „Verum est, adoptione filii filiaeve testamentum rumpi: quoniam sui heredis agnatione solet rumpi[77]).“ Diesen Fall hat das Landrecht, auffallender Weise gegen seinen mehrmals ausgesprochenen Grundsatz über die unbeschränkte Testirfreiheit, mit Vorbehalt der Legitima, ohne alle Modifikation aufgenommen. „Hat

75) Vergl. darüber Mühlenbruch, Forts. von Glück, Bd. XXXVIII, S. 56, Note 25.

76) Gajus, Inst. II, §. 138.

77) L. 8 D. de injusto, rupto (XXVIII. 3). — Vergl. L. 18 D. eodem.

Jemand, nach errichtetem Testamente, einen Anderen förmlich an Kindesstatt angenommen, ohne wegen der Erbfolge desselben etwas verfügt zu haben; so verliert das Testament eben dadurch seine Kraft[78])." In diesem Falle soll also sofort, ipso jure, das Testament seinem ganzen Inhalte nach umgestoßen und die Intestaterbfolge eröffnet sein. Ein Grund solcher ungleichen Behandlung der quasi-agnatio postumi ist nicht findbar, auch nirgend angedeutet. An die Bestimmung, wodurch für diesen Fall das römische Recht beibehalten ist, knüpfen sich einige Bemerkungen.

a) Das vorhandene Testament wird umgestoßen, wenn der Testator einen Anderen adoptirt, „ohne wegen der Erbfolge desselben etwas verfügt zu haben." Wäre also der zur Zeit der Testamentserrichtung noch nicht Adoptirte in dem Testamente auf den Fall berufen, „wenn ihn der Testator adoptiren sollte", so bliebe das Testament bei Kräften. Wie steht es aber mit der für diesen Fall ausgesprochenen Enterbung der bestimmten Person? die Enterbung ist doch gewiß eine Verfügung „wegen der Erbfolge". Das römische Recht, welches hier unverändert aufgenommen, erklärt eine solche Enterbung eines Fremden für gar nicht ausgesprochen, für eine ganz bedeutungslose Handlung, welche die Ruption des Testaments nicht hindern kann, wenn der vorzeitig Enterbte demnächst durch Adoption in das Verhältniß eines Notherben zu dem Testator tritt[79]). Wie verhält es sich damit nach dem Landrechte? Das wissen wir nicht. Nach logischen Gesetzen muß man sagen: das unverändert in seinem Prinzip aufgenommene römische Recht kann nicht willkürlich zerrissen werden, die Buchstabengläubigkeit aber wird sagen: der Erblasser hat wegen der Erbfolge desselben verfügt, in diesem Falle soll nach dem Buchstaben das Testament nicht umgestoßen werden, also tritt nicht die gesetzliche Erbfolge ein, sondern der Adoptirte kann nur den Pflichttheil fordern. Das würde vermuthlich auch der Absicht der Verfasser des Landrechts entsprechen; gedacht haben sie an diese Frage nicht.

b) Nach neuerem römischen Rechte steht die Legitimation un-

---

78) I, 12, §. 456.

79) L. 132 pr. D. de verbor. oblig. (XLV, 1): „Exheredationem vel emancipationem res in extraneo ineptas." — Gajus, Inst. II, §. 140: „Nec prodest, sive haec, sive ille, qui adoptatus est, in eo testamento sit institutus institutave, nam de exheredatione ejus supervacuum videtur quaerere, cum testamenti faciendi tempore suorum heredum numero non fuerit." — Vergl. L. 8, §. 8 D. de bonor. poss. contra tabul. (XXXVII, 4); L. 23 pr. §. 1 D. de liberis et postumis (XXVIII, 2).

ehelicher Kinder der Adoption in dieser Hinsicht gleich, da auch diese nicht ordine naturali, sondern novo facto der väterlichen Gewalt des Testators unterworfen werden [80]). Das Landrecht übergeht diesen Fall der quasi-agnatio und analogisch wird sich nicht behaupten lassen, daß die Legitimation das vorhandene Testament des Vaters umstoße, zumal die desfallsige Bestimmung in Betreff der Adoption einen singulären Charakter hat. Der Legitimirte wird daher nur den Pflichttheil zu fordern haben [81]).

3. Auch andere Notherben als postumi, welche nach Errichtung des Testamentes in dieses Verhältniß zu dem Testator treten und in dem Testamente übergangen sind, können das Testament anfechten, nur ist die Frage, von welcher Art das Impugnativmittel sei. Nach preußischem Rechte kommen als solche Notherben vor: Ascendenten, z. B. in dem Falle, wenn der Testator Eltern und Kinder hat und in seinem Testamente nur die Kinder bedenkt, die aber dann vor ihm sterben; und Ehegatten in einer erst nach Errichtung des Testaments des einen Ehetheils eingegangenen Ehe. Im neueren römischen Rechte fallen die Eheleute als Notherben aus [82]); nur Ascendenten und in einem bestimmten Falle auch Geschwister erscheinen in demselben als Notherben. Hinsichtlich dieser Notherben, welche keine sui heredes sind, ist von der Ruption, sofern darunter eine ipso jure eintretende Vernichtung des ganzen Testamentes verstanden wird, gar keine Rede, ihnen steht nur eine Rescission des Testamentes durch contra tabulas bonorum possessio oder mittelst der inofficiosi querela zu [83]).

Das Allg. Landrecht erwähnt ebenfalls dieser Notherben gar nicht in der Lehre von den Folgen der Uebergehung und des erst nach der Testamentserrichtung eingetretenen Notherben-Verhältnisses (quasi-agnatio), es finden sich in Betreff ihrer nur folgende Bestimmungen:

a) in Betreff der Ascendenten:

„Auch gilt von der Befugniß der zur Ungebühr enterbten, oder übergangenen, oder im Pflichttheile belasteten Eltern, alles das, was für die gleichen Fälle, in Ansehung der Kinder, §§. 432 sqq. verordnet ist.“

---

80) Vergl. L. 28, §. 1 u. L. 13 D. eodem.

81) A. L.R. II, 2, §. 603.

82) Nach älterem Rechte war die Ehefrau in strenger Ehe ein heres suus des Mannes. Gajus, Inst. II, §. 139.

83) L. 6 pr. §. 4 D. de bonorum poss. contra tab. (XXXVII, 4); L. 3 C. de inoff. testam. (III, 28).

„Nur treten in dem Falle, wenn die im Testamente eingesetzten Eltern ersten Grades vor dem Erlasser verstorben sind, deren Eltern nicht an ihre Stelle. (§. 443.)“

„Vielmehr können diese, wenn ihrer im Testamente nicht gedacht worden, nur den Pflichttheil, und auch diesen nur in sofern fordern, als bei dem Ableben des Erblassers keine vollbürtigen Geschwister, noch deren Kinder vorhanden sind [84].“

Durch den dritten Satz (§. 518) ist die Frage über die Ruption ausdrücklich entschieden, denn er bezieht sich gerade auf einen Fall der Quasiagnation und Uebergehung des erst nach der Testamentserrichtung in sein Verhältniß eingetretenen Notherben: das Testament wird nicht umgestoßen, der Uebergangene hat nur seinen Pflichttheil zu fordern, ebenso wie es das röm. Recht bestimmt. Daß dieser Grundsatz auch in dem Falle gilt, wenn der Testator ein Kind und noch den Vater hat, in seinem Testamente aber nur das Kind bedenkt und den Vater übergeht, und demnächst das Kind den Erbanfall nicht erlebt, erhellet aus dem zweiten Satz (§. 517) in Verbindung mit dem dritten.

b) In Beziehung auf Eheleute:

„Uebrigens gilt von diesem Pflichttheile alles, was von der Legitima überhaupt im folgenden Titel verordnet ist [85].“

Die Fassung dieser Bestimmung ist so allgemein, daß sie die gesammte Pflichttheilslehre umfaßt, nach dem Buchstaben könnte also wohl behauptet werden, und es ist auch wirklich behauptet worden, daß die Eingehung einer Ehe nach Errichtung eines Testamentes dieses Testament rumpire. Ein Wittwer hatte nämlich testirt und seine Kinder aus der durch den Tod getrennten Ehe zu Erben eingesetzt. Darauf verheirathete er sich wieder und starb, ohne wegen der Erbfolge der zweiten Frau etwas verfügt zu haben. Die Wittwe kam wegen ihres Erbtheils mit den eingesetzten Erben in Streit; sie behauptete, das Testament habe, gemäß der Bestimmung §. 454, Tit. 2 in Verbindung mit dem soeben angeführten §. 633 ([85]), seine Kraft verloren, weil der Erblasser nach errichtetem Testamente noch einen Notherben in ihrer Person erhalten habe, und nach Ablauf eines Jahres verstorben sei, ohne in Ansehung ihrer etwas zu verfügen. Die angerufene Bestimmung paßt jedoch auf den Fall nicht, der §. 454 sagt nur: „Werden dem Erlasser nach errichtetem Testamente Kinder, oder Enkel, die zur unmittelbaren Erbfolge

84) II, 2, §§. 516—518.

85) II, 1, §. 633.

berechtigt sind, geboren" u. s. w. Nur die Analogie der Adoption (78) würde geltend zu machen gewesen sein, wenn überhaupt hier analoge Anwendungen von Bestimmungen über verwandte Fälle zulässig wären, was nicht zugestanden werden darf. Denn die Klassiker stellten in der That die Eingehung einer Ehe nach Errichtung eines Testamentes der Adoption gleich: „Si quis post factum testamentum adoptaverit sibi filium, — omnimodo testamentum ejus rumpitur quasi-agnatione sui heredis. — Idem juris est, si cui post factum testamentum uxor in manum conveniat, — nam eo modo filiae loco esse incipit, et quasi sua est [86])." Sieht man nun der Sache auf den Grund, so muß jene Behauptung schlechthin verworfen werden. Die Voraussetzung jeder Ruption eines Testamentes durch Agnation oder Quasiagnation ist, daß die Person, welche nach Errichtung eines Testamentes in das Verhältniß eines Notherben zum Testator tritt, die Eigenschaft eines heres suus hat, also in die väterliche Gewalt des Testators kommen muß. Andere Notherben, welche nicht in dieses Abhängigkeitsverhältniß treten, wie Ascendenten und Geschwister, rumpiren das Testament niemals [87]), welches bedeutet, daß sie gegen das in Kraft bleibende Testament nur ihren gesetzlichen Erbtheil (die Legitima) verlangen können. Von dieser Voraussetzung weiß das Landrecht nichts, es unterscheidet denn auch nicht nach einem Prinzip diejenigen Notherben, durch deren Agnation ein Testament rumpirt wird, von jenen, durch deren Eintritt in ihr Verhältniß als Notherben solches nicht geschieht, es kennt auch den Begriff des heres suus im römischen Rechtssinne nicht, es fehlt dem Landrecht mithin der juristische Boden, auf welchem der römische Rechtsbegriff der Ruption steht. Folgerecht müßte daher die Umstoßung eines Testamentes durch nachträgliches Eintreten einer Person in die Stellung eines Notherben zum Testator gar nicht vorkommen. Inkonsequenterweise soll aber dieser Eintritt gewisser bestimmter Personen die Ruption zur Folge haben; diese Personen sind indeß zusammengeworfen aus den Notherben beider Klassen: es sind als solche Personen bezeichnet Kinder und Enkel ohne Unterschied, ob sie in der väterlichen Gewalt des

---

86) Gajus, Inst. §§. 139, 140. — Vergl. Ulpian., Fragm. tit. XXIII, §§. 2, 3.

87) Ulpian. l. c. §. 2: „Rumpitur testamentum mutatione, id est, si postea aliud testamentum jure factum sit. Item agnatione, id est, si suus heres agnascatur, qui neque heres institutus, neque, ut oportet, exheredatus sit." §. 3. „Agnascitur suus heres aut agnascendo, aut adoptando, aut in manum conveniendo, aut in locum sui heredis succedendo, velut nepos mortuo filio —".

Testators standen oder nicht, und Adoptirte, ebenfalls ohne diesen Unterschied; wogegen Legitimirte, wenn sie auch in der väterlichen Gewalt stehen, Ehegatten und Ascendenten nicht genannt sind. Es beruhet hier also Alles auf positiven und singulären Satzungen, und dergleichen willkürliche Vorschriften leiden keine analoge Anwendung auf andere Fälle und andere Personen. Aus diesen Gründen war die Anfechtungsklage jener Wittwe völlig unzulässig, auch ist dieselbe in allen Instanzen abgewiesen und das Obertribunal hat aus Anlaß dieser Sache folgendes Präjudiz festgestellt: „Auf den Pflichttheil, welchen ein überlebender Ehegatte aus dem Nachlasse des zuerst verstorbenen fordert, finden die allgemeinen Vorschriften vom Pflichttheile überhaupt, welche die Einforderung, Belastung und Entziehung desselben, sowie die Anrechnungen darauf betreffen, Anwendung; nicht aber die Bestimmungen über die Folgen der Uebergehung eines Kindes oder Enkels des Erblassers in der letzten Willensverordnung [88])." Unter den gemeinten Bestimmungen sind nach dem Vorgetragenen diejenigen verstanden, welche sich auf die Ruption eines Testaments durch Agnation oder Quasiagnation eines solchen Notherben, welcher kein Kind oder Enkel des Erblassers ist, beziehen, namentlich die §§. 454, 456, Tit. 2, Th. II des Allgemeinen Landrechts.

§. 67.

2. Von dem testamentum irritum factum.

Die Bezeichnung: testamentum irritum, wird von den Klassikern immer nur in Verbindung mit einem Verbum gebraucht, welches den Begriff des Werdens, Gewordenseins, ausdrückt, als: irritum fit, irritum factum, in irritum constituitur, ad irritum recidit, u. dergl. [1]). Als wirkende Ursache wird angegeben irgend eine Veränderung in dem bürgerlichen Status. „Irritum fit testamentum, si testator capite diminutus fuerit [2])," und „irritum fit testamentum, quoties ipsi testatori aliquid contigit [3])," sagt Ulpian, worauf er Beispiele der capitis diminutio maxima folgen läßt. Diese ganze Materie gehört im heutigen Gemeinen

---

88) Pr. 944, vom 16. November 1844 (Entsch. Bd. VII, S. 1).

1) §. 5 Inst. quibus modis testam. infirm. (II, 17); L. 1 pr. D. de injusto, rupto, irrito facto (XXVIII, 3), L. 38, §. 4 D. de hered. inst. (XXVIII, 5); L. 42 D. de vulg. et pupill. (XXVIII, 6); Ulpian, Fragm. XXIII, 1, u. 6; Gajus, Inst. II, §. 146 sqq. u. v. a. Stellen. M. s. Dirksen, Manuale latinitatis, v. irritus.

2) Ulpian., Fragm. XXIII, §. 4.

3) L. 6, §. 5 D. de injusto, rupto (XXVIII, 3).

Rechte wie im preußischen zu den Rechtsantiquitäten. Es gehören jedoch hierher auch die Fälle, in welchen gewisse Personen wegen unerlaubter Handlungen zur Strafe für testirunfähig erklärt werden. In wiefern dadurch bereits errichtete Testamente ihre Gültigkeit verlieren, sowie, daß nach preußischem Rechte die Entziehung der Testamentifaktion als selbstständiges Strafmittel nicht vorkommt, ist bereits vorgetragen [4]). Zwei einzelne Fälle finden sich jedoch im preußischen Rechte, wo etwas dem Aehnliches als Folge der Bestrafung wegen gewisser bestimmter Verbrechen eintritt. Diese sind folgende:

a) Der wegen Hochverraths oder Landesverraths zum Tode oder zu lebenslänglichem Zuchthause rechtskräftig Verurtheilte verliert die Fähigkeit, über sein Vermögen unter Lebenden und von Todes wegen zu verfügen [5]). Als Grund dieser Bestimmung wird angegeben, daß die Gefährlichkeit der Verbrecher, von denen hier die Rede sei, es nothwendig mache, daß der Staat sie außer Stand setze, durch Uebertragung ihres Vermögens auf Gleichgesinnte die gegen ihn gerichteten Angriffe fortzusetzen oder doch thätig zu unterstützen [6]). Um diesen Zweck zu erreichen, hätten auch die bereits früher errichteten letztwilligen Verfügungen für ungültig erklärt werden müssen und in der That hatte der Entwurf von 1843 §. 149 zugleich die Ungültigkeit nicht nur aller nach Eröffnung der Untersuchung getroffenen Verfügungen, sondern auch der schon früher errichteten letztwilligen Verordnungen vorgeschlagen und diese Bestimmung eben auf die Besorgniß gegründet, daß die Verbrecher vielleicht durch die von ihnen vor oder nach Verübung des Verbrechens errichteten letztwilligen Verordnungen ihr Vermögen Personen zuwenden könnten, welche gleiche staatsgefährliche Gesinnungen wie sie hegten, um denselben dadurch die Mittel zu künftigen hochverrätherischen Unternehmungen zuzuwenden [7]). Der Entwurf von 1850 hatte die Vorschrift im §. 63 durch folgenden Satz wieder aufgenommen:

„Zugleich werden durch ein solches Urtheil alle früher von ihm errichteten letztwilligen Verordnungen — ungültig."

Daß dieser Zusatz in den Kammern gestrichen wurde [8]), und daß

---

4) Oben, §. 17, II, Nr. 4.

5) Straf-Ges.-Buch §. 73, Abs. 2.

6) Bericht der II. Kammer zu §. 63 des Entwurfs.

7) Immediat-Kommission 1843, II, S. 9, 158. — Goltdammer, Materialien zum Strafgesetzbuch Bd. II, S. 72.

8) Zusammenstellung der Abänderungs-Anträge rc. §. 63, Kommissionsbericht der II. Kammer, S. 52—54; der I. Kammer S. 13.

die bereits früher errichteten letztwilligen Verordnungen nicht für ungültig erklärt sein sollen, ist bereits oben nachgewiesen [9]).

b) Das privilegirte militärische Testament verliert durch Desertion des Testators seine Gültigkeit, und diese wird durch den erhaltenen Pardon nicht wieder hergestellt [10]). Das in ordentlicher Form errichtete Testament eines Soldaten wird hierdurch nicht berührt.

§. 68.

3. Von dem testamentum destitutum.

I. Destituirt (destitutum) heißt ein Testament, wenn die eingesetzten Erben und ihre etwa vorhandenen Substituten sämmtlich die Erbschaft ausschlagen, oder aus irgend einem Grunde, etwa Mangel der passiven Testamentsfähigkeit, nicht erwerben können. Ein solcher Grund kann auch die Nichterfüllung der Bedingung sein, unter welcher die Erbeseinsetzung erfolgt ist. Gemeinrechtlich führt man gewöhnlich die Destitutionsgründe auf zwei Klassen zurück: entweder der Erbe kann die Erbschaft nicht erhalten, oder er mag sie nicht haben.

1. Nicht erhalten kann der eingesetzte Erbe die Erbschaft: a) wenn er vor dem Erblasser gestorben ist, nach gemeinem Rechte auch dann, wenn er vor dem Erbschaftserwerbe mit Tode abgeht, in welchem zweiten Falle jedoch die sog. transmissio ex capite in integrum restitutionis in gewissen Fällen erfolgen kann, so daß es seinem Erben noch ermöglicht wird, die Erbschaft anzutreten [1]). Dieses Mittel fällt im preußischen Rechte ganz aus und die Transmission geschieht in dem vorausgesetzten Falle, wenn der eingesetzte Erbe in der Zeit nach dem Erbanfalle und vor seiner Erklärung über die Annahme der Erbschaft stirbt, immer ipso jure [2]), weil jeder Erbe die Erbschaft ipso jure erwirbt [3]), gleich dem römischen suus heres. Ferner kann der Erbe die Erbschaft nicht erhalten, b) wenn er zur Zeit des Anfalls die Erbfähigkeit verloren hat [4]); oder c) wenn die Bedingung der Erbeseinsetzung nicht eintritt: „— — aut condi-

---

9) M. s. §. 17, III, Nr. 4, lit. c, S. 180.

10) Ges. vom 8. Juni 1860 §. 10 (G.S. S. 240).

1) L. 4 in f., L. 5 D. de bonor. poss. contra tabulas (XXXVII, 4); — L. 30 pr., L. 86 pr. D. de acquir. vel omitt. heredit. (XXIX, 2).

2) A. L.R. I, 9, §§. 370, 397.

3) Ebenda §§. 367, 368.

4) §. 4 Inst. de hered. qual. et different. (II, 19); L. 6, §. 2, L. 49, §. 1 D. de hered. instit. (XXVIII, 5). — Ebenso A. L.R. I, 12, §. 43.

tione, sub qua heres institutus est, defectus sit: — paterfamilias intestatus moritur [5]).“

2. Will der eingesetzte Erbe die Erbschaft nicht haben, so kann er dies nach röm. Rechte ausdrücklich durch Worte oder stillschweigend durch Handlungen zu erkennen geben. „Recusari hereditas non tantum verbis, sed etiam re potest, et alio quovis judicio voluntatis [6]),“ wobei sich versteht, daß, wenn eine solche Erklärung wirksam sein soll, die Erbschaft bereits angefallen [7]), und, wenn sie bedingt deferirt ist, die Bedingung bereits eingetreten sein muß [8]). In diesem Punkte stimmt das preußische Recht wieder nicht mit dem römischen überein: nach jenem kann die Ausschlagung nicht durch eine stillschweigende Erklärung geschehen, der Erbe muß die Erbschaft ausdrücklich ablehnen [9]), weil er sie bereits ipso jure erworben hat, sich ihrer also wieder entledigen muß, wenn er von seinen Verbindlichkeiten als Erbe wieder befreit werden will. Der römische heres extraneus konnte von einer bereits erworbenen Erbschaft nur ausnahmsweise durch das außerordentliche Rechtsmittel der Restitution wieder loskommen, wenn er einen der gewöhnlichen Restitutionsgründe für sich hatte [10]); der suus heres, mit dem der preußische Erbe in gleicher Lage ist, mußte von dem für ihn besonders eingeführten sog. beneficium abstinendi Gebrauch machen [11]). So wie der suus das Benefizium ausdrücklich anrufen mußte, so hat der mit ihm in gleicher Lage befindliche preußische Erbe positiv zu handeln und die ipso jure bereits erworbene Erbschaft ausdrücklich abzuweisen, welche Abweisung, Entsagung genannt, dann, wenn sie rechtzeitig geschehen ist, nach positiven Satzungen rückwirkende Kraft hat, so als wenn die Erbschaft niemals angefallen wäre. Gegen die Folgen der Versäumung der Entsagung giebt es keine Restitution; das beneficium abstinendi war an keine Frist gebunden. Doch kann auch nach preußischem Rechte in zwei Fällen eine still-

5) §. 2 Inst. quib. mod. test. infirm. (II, 17). — Vergl. Gajus, Inst. II, §. 144 u. A. L.R. I, 9, §. 369.

6) L. 95 D. de acquir. vel omitt. heredit. (XXIX, 2).

7) L. 13 pr. D. eodem. — Vergl. L. 4 C. de repud. vel abstin. hered. (VI, 31).

8) L. 13 pr. D. eodem, verb. „caeterum heres institutus sub conditione“ etc. — Vergl. §. 2 D. ibid. u. L. 1, §. 13 D. ad Leg. Falcid. (XXXV, 2).

9) A. L.R. I, 9, §§. 398 — 400.

10) L. 7, §. 5 D. de minor. (IV, 4); L. 21, §§. 5, 6 D. quod metus causa (IV, 2).

11) §. 2 Inst. de heredum qual. et different. (II, 19); L. 7, §. 1 D. de acquir. vel omitt. hered. (XXIX, 2).

schweigende Ausschlagung der Erbschaft vorkommen, einmal, wenn der Erbe unter dem ausdrücklichen Zusatz: wenn er die Erbschaft annehmen will, berufen und dann, wenn er unter einer Potestativbedingung eingesetzt ist. Verhält er sich mit Bewußtsein passiv, d. h. erklärt er sich nicht, oder erfüllt er die Bedingung absichtlich nicht, so erwirbt er die Erbschaft nicht.

Die Destitution eines rechtsgültigen Testamentes hat nach römischen Rechte zur Folge, daß die reine Intestaterbfolge eintritt, nicht allein in Ansehung der Universalsuccession, sondern es fallen auch alle Nebenbestimmungen des Testaments, namentlich Vermächtnisse, Vormundschaftsernennungen rc. hinweg. „Si nemo hereditatem adierit, nihil valet ex his, quae testamento scripta sunt [12].“ Das Landrecht dagegen verordnet I, 12:

§. 277. „Ist nur Ein Erbe ernannt worden, und kann oder will derselbe nicht Erbe sein: so fällt in Ermangelung eines Substituten der ganze Nachlaß an die Intestaterben.“

§. 278. „Ein Gleiches geschieht, wenn zwar mehrere Erben eingesetzt sind, diese aber insgesammt die Erbschaft nicht annehmen können oder wollen, und kein auf diesen Fall ernannter Substitut vorhanden ist.“

§. 279. „In beiden Fällen (§§. 277, 278) treten die Intestaterben nur an die Stelle der eingesetzten Erben, und müssen, gleich diesen, den Verordnungen des Erblassers in Ansehung der Vermächtnisse und sonst Genüge leisten.“

§. 280. „Nur wenn die Verordnung des Erblassers eine bloß auf die Person des eingesetzten Erben sich beziehende Handlung betrifft, kann der an seine Stelle tretende gesetzliche Erbe weder zu dieser Handlung, noch zu einer dafür zu leistenden Vergütung angehalten werden.“

Diese wesentliche Rechtsveränderung wird wie folgt gerechtfertigt: „Die allzugroße Abhängigkeit der Legate von dem Bestehen oder Fallen der Erbeseinsetzung ist geändert. Nach römischem Rechte fielen alle Legate weg, nicht nur, wenn das Testament wegen Vernachlässigung der äußeren Solennitäten nichtig war, sondern auch, wenn dasselbe wegen eines Mangels in der Erbeseinsetzung nicht aufrecht erhalten werden konnte, oder wenn es durch die Repudiation des eingesetzten Erben bei Ermangelung eines Substituti destituirt wurde; und nur unter gewissen Umständen konnten die in einem solchen Te-

12) L. 9 D. de testament. tutela (XXVI, 2). — Vergl. §. 2 in f. Inst. de lege Falcidia (II, 22); L. 73 pr. in f. D. eodem (XXXV, 2).

stamente verordneten Legate und Fideikommisse durch die Clausulam codicillarem konservirt werden. Inzwischen war diese Lehre, besonders in Ansehung des Testamenti destituti bisher schon streitig (cf. Cocceji in jure controv. Lib. 28, Tit. 3, qu. 14)[13]); und die darin liegende Unbilligkeit gab nicht nur zu vielerlei Edikten de bonorum possessione secundum tabulas[14]), sondern auch zur Erfindung der Clausulae codicillaris[15]) Anlaß. An sich ist auch gar kein vernünftiger Grund abzusehen, warum deswegen, weil der eingesetzte Erbe die Erbschaft nicht annehmen kann oder will, auch die Legatarii der von dem Testator ihnen zugedachten Vortheile verlustig gehen sollen. Es ist vielmehr der Intention des Testators, welcher den von ihm vorzüglich geliebten, und seinen Verwandten vorgezogenen Testamentserben mit dergleichen Vermächtnissen dennoch gravirt hat, völlig gemäß, daß, wenn dieser nicht Erbe wird, sondern der Nachlaß an die Intestaterben gelangt, diese noch viel mehr als jener, da sie minder geliebt sind, diese Lasten übernehmen müssen. Deswegen ist in den §§. 277—280 verordnet, daß, wenn in Ermangelung des eingesetzten Erben der Nachlaß an die Intestaterben gelangt, diese dennoch den Verordnungen des Erblassers in Ansehung der Vermächtnisse und sonst Genüge leisten sollen. Neues wird dadurch in effectu eigentlich nicht festgesetzt, weil die Clausula condicillaris schon jetzt eben die Wirkung hat, und wenn dieselbe in irgend einem Testamente wegbleibt, solches lediglich der Unwissenheit oder Sorglosigkeit des Konzipienten zuzuschreiben ist[16])." — Den Grundsätzen des Allg. Landrechts ist die vom römischen Rechte abweichende Bestimmung wohl entsprechend, hauptsächlich, weil die Kodizillarklausel als in jedem Testamente stillschweigend enthalten angesehen wird, eine Meinung, welche um die Zeit der Entstehung

13) Dort ist nur die Frage gestellt: an, deficiente herede, legata debeantur, si clausula codicillaris non sit addita; sie wird von Cocceji verneint, im anderen Falle bejaht: „nam heres ab intestato propter clausulam adjectam videtur rogatus, ut legata etc. praestet: modo ejus solennia adsint."

14) Diese konnte bei dem testamentum destitutum unmöglich vorkommen u. ist auch nicht vorgekommen. Wer hätte denn hier Erbe secundum tabulas mittelst der bon. poss. sein sollen? Das Testament u. die Erbeseinsetzung war durchaus gültig, der Erbe konnte oder wollte aber nicht erben, folglich konnte der Prätor auch nach seinem Edikt die B. P. nicht geben secundum tabulas.

15) Diese Klausel, deren Benennung in den Quellen nicht vorkommt, ist gar keine Erfindung, sondern die Sache ist ein Erzeugniß der Wissenschaft, wie sehr viele Rechtsgrundsätze. Vergl. L. 3 D. de testam. mil. (XXIX, 1); L. 1 D. de jure codicill. (XXIX, 7); L. 41, §. 3 D. de vulg. et pupill. (XXVIII, 6); L. 8 C. de codicillis (VI, 36); L. 11 C. de testam. manum. (VII, 2).

16) Suarez, Schlußvortr., in den Jahrbüchern, Bd. XLI, S. 80.

des Landrechts von den meisten Schriftstellern, die sich mit der Streitfrage: ob die Kodizillarklausel bei Testamenten subintelligirt werde, beschäftigten, vertreten wurde [17]). Da nun die s. g. Kodizillarklausel die Erklärung des Erblassers, gleichviel in welchen Ausdrücken gefaßt, ist, daß ein von ihm errichtetes Testament als Kodizill gelten oder ausgeführt werden solle, wenn es als Testament nicht aufrecht erhalten werden könne, oder wie sie in einem Testamente aus Justinian's Regierungszeit v. J. 552 ausgedrückt ist: „quodsi jure civili vel praetorio aut cujuslibet novellae legis interventu forsitan valere nequiverit, ab intestato vice codicillorum meorum valere volo [18]);" so ist selbst nach gemeinrechtlichen Grundsätzen, das Vorhandensein der Klausel vorausgesetzt oder angenommen, nicht zu bezweifeln, daß auch ein destituirtes Testament als Intestatkodizill ausgeführt werden muß [19]); so daß zwischen dem preußischen Rechte und nach der jetzt herrschenden Auffassung des Gemeinen Rechts in der vorliegenden Frage nur der Unterschied besteht, daß nach dem ersteren die Kodizillarklausel als im Testamente selbstverständlich enthalten angenommen wird.

II. In einer anderen Hinsicht besteht jedoch bei dem testamentum destitutum zwischen beiden Rechtssystemen eine prinzipielle Verschiedenheit. An sich steht es nämlich dem testamentarisch berufenen Erben nach römischem Rechte frei, die ihm angetragene Erbschaft auszuschlagen, ohne daß ihn, als etwanigen Intestaterben, deshalb ein Nachtheil trifft. Er kann daher, wenn er der nächste gesetzliche Erbe ist, die Erbschaft ab intestato erwerben, nur soll die Umgehung des Testamentes nicht in der Absicht geschehen, um die Vermächtnißnehmer um dasjenige zu bringen, was ihnen in dem destituirten Testamente zugedacht war. Gegen solche Ränke war ein eigenes Edikt des Prätors gerichtet, worin es hieß: „Praetor voluntates defunctorum tuetur, et eorum calliditati occurrit, qui omissa causa testamenti ab intestato hereditatem partemve ejus possident, ad hoc, ut eos circumveniant, quibus quid ex judicio defuncti deberi potuit, si non ab intestato possideretur hereditas; et in

17) Fein, in der Forts. von Glück, Bd. XLV, S. 191 und die dort in der Note 58 genannten Schriftsteller; ferner Carpzov, Jurispr. P. III, c. 4, dist. 38 u. Resp. Lib. VI, resp. 7; — Zepper, de codicillis, cap. 4, nr. 138 sqq.; Heißler, von der Wirkung der stillschweigenden Kodizillarklausel 2c., in der Samml. seiner Abhandl. I.

18) Spangenberg, im Archiv für civilistische Praxis, Bd. V, S. 169.

19) L. 6 pr. D. si quis omissa causa (XXIX, 4); L. 14 C. de fideicommissis (VI, 42); L. 1 C. de fideicommiss. libertat. (VII, 4).

eos actionem pollicetur[20])." Diese Klage ist die actio utilis ex testamento, mittelst welcher der Erbschaftsbesitzer nicht bloß auf Leistung der Singular-Vermächtnisse, sondern auch auf Herausgabe der Universal-Fideikommisse gezwungen werden konnte, so als wenn er die Erbschaft ex causa testamenti in Besitz genommen hätte[21]). Dieses Edikt ist durch Auslegung der Klassiker in seinen einzelnen Ausdrücken mit vielem Fleiß näher bestimmt und durch konsequente Anwendung des ihm zum Grunde liegenden Prinzips (der ratio edicti) auf Fälle ausgedehnt, welche von dem Wortlaute nicht getroffen waren. Andererseits suchte man, zur Sicherung gegen Mißdeutungen, unter Beachtung des Prinzips, die Fälle genauer zu bestimmen, auf welche das Edikt nicht anzuwenden, obgleich der Wortlaut darauf zu passen schien. Diese Arbeit hat für das preußische Recht keinen praktischen Werth, das Landrecht geht seinen eigenen Weg.

Das Allg. Landrecht schließt den Testamentserben, welcher die Erbschaft aus dem Testamente ausschlägt, geradezu, ohne jenen Umweg, von der Intestaterbfolge aus, worauf ja im praktischen Erfolge auch jene prätorische Dazwischenkunft hinausläuft. Dasselbe verordnet: „Dem in einem rechtsgültigen Testamente ernannten Erben steht es nicht frei, der Erbschaft aus dem Testamente zu entsagen, und den Nachlaß als gesetzlicher Erbe in Besitz zu nehmen[23])." Diese Bestimmung ist konsequent. — Denn nach den Grundsätzen des Allg. Landrechts kann man zwischen der testamentarischen und der Intestaterbfolge darum nicht wählen, weil nach dem oben (§. 3) nachgewiesenen Grunde des Erbrechts beide Erbrechtstitel auf gleichem Grunde, nämlich auf dem Willen des Erblassers beruhen. Daher die Ausschlagung der Erbschaft aus dem Testamente als Ablehnung der Verlassenschaft des Erblassers überhaupt aufgefaßt wird: der Erbe kann nicht seinen eigenen Willen zu seinem Erbrechtstitel machen.

§. 69.

D. Von der Wirkung des Vergleichs über ein beanstandetes Testament und der Durchführung der Anfechtung.

I. Im Allgemeinen ist ein zwischen verschiedenen Erbpräten-

20) L. 1 pr. D. si quis omissa causa testamenti ab intestato, vel alio modo possideat hereditatem (XXIX, 4).

21) L. 28, 29 D. eodem.

22) Dieses Erforderniß zu einem destituirten Testamente ist zutreffend aus dem röm. Rechte festgehalten, nur ein testamentum perfectum oder jure factum, ex quo heres exsistere poterit, kann destituirt werden. L. 1 D. de injusto, rupto (XXVIII, 3). Vergl. Gajus, Inst. II, §. 144; §. 2 Inst. quibus modis testam. infirm. (II, 17).

23) I, 9, §. 401. — Vergl. I, 12, §§. 641, 642; II, 1, §§. 490, 491.

denten über die streitige Gültigkeit oder den Inhalt eines Testamentes geschlossener Vergleich den dabei nicht zugezogenen Legatarien und Gläubigern nicht präjudizirlich. Ueber den hierüber geltenden Grundsatz haben die Kaiser Antonius und Verus reskribirt: „Privatis pactionibus non dubium est, non laedi jus caeterorum: quare transactione, quae inter heredem et matrem defuncti facta est, neque testamentum rescissum videri posse, neque manumissis, vel legatariis actiones suae ademptae. Quare quidquid ex testamento petunt, scriptum heredem convenire debent [1])." Indessen ist hinsichtlich der Anwendung dieses Grundsatzes nicht zu übersehen, daß derjenige Legatarius oder Gläubiger, welcher nach einem solchen Vergleiche ohne dessen Beachtung den Testamentserben als solchen belangt, in den Fall kommen kann, die Gültigkeit des Testamentes zu beweisen. In dieser Beziehung wollen mehrere gemeinrechtliche Juristen unterschieden wissen zwischen Testamenten, die an sich gültig sind und nur rescindirt werden können, und solchen, die schon vor Anstellung der Klage ipso jure wieder zerstört worden. Bei einem Testamente der ersten Kategorie erkläre der Intestaterbe durch den Vergleich, daß er die Rescissionsklage nicht gebrauchen oder nicht durchführen wolle und die Wirkung davon sei, daß das Testament bei Kräften, folglich der Eingesetzte Erbe bleibe, wobei denn auf den materiellen Inhalt des Vergleichs und ob der Intestaterbe darnach viel oder wenig erhalte, gar nichts ankomme. Bei den durch Klage zu rescindirenden Testamenten stehe allemal fest, wer Erbe sei; so lange die Rescission nicht erfolgt, sei es der Eingesetzte, das Recht des Intestaterben möge bezweifelt oder unbestritten sein. Nicht eben so stehe es bei nichtigen Testamenten. Werde Ungiltigkeit des Testamentes von der einen Seite behauptet, von der anderen bestritten, so stehe nichts fest, als die gegenseitigen Behauptungen. Hierauf könne ein Vergleich überall keinen direkten Einfluß haben; denn durch Privatübereinkunft könne weder ein ungültiges Testament in ein gültiges verwandelt, noch die Eigenschaft eines Erben vernichtet und auf einen Anderen übertragen werden ([1]). Da indeß dergleichen Vergleiche nicht verboten werden könnten, so müsse es eine Norm geben, um darnach das rechtliche Verhältniß dritter, nicht mit transigirender, Personen zu bestimmen. Diese sei in dreifacher Weise möglich: Entweder betrachte man das Testament als ein vollgültiges, bis das Gegentheil festgestellt sei, und dies sei

---

1) L. 3 pr. D. de transactionibus (II, 15).

der konsequentere Ausweg nach der Regel, daß ein faktisch bestehender Zustand als ein rechtlicher anzusehen und zu schützen sei, wenn nicht die Unrechtmäßigkeit desselben nachgewiesen werde [2]). Oder umgekehrt, man betrachte das Testament als ein nichtiges: diese Möglichkeit habe unter der Voraussetzung, daß das Recht des Testamentes bestritten sei, gar keine Gründe für sich. Oder man behandle die Transigenten wie wenn sie Miterben wären. Daß sich der dritte Weg mit der Voraussetzung eines Vergleichs über ein seiner Gültigkeit nach bestrittenes Testament vertrage, dafür lasse sich anführen, daß keines der behaupteten Rechte feststehe, das eine also das andere auch nicht überwiegen könne, sondern das Prinzip der Theilung gleichbegründeter Rechte zur Anwendung kommen müsse [3]). Dieser Ausweg sei der in den Rechtsquellen gebilligte, und nur in Ansehung der an sich gültigen, durch Klagen zu rescindirenden Testamente fänden sich die oben angegebenen Resultate anerkannt [4]). Also es wird nach römischem Rechte behauptet:

1. Bei einem zu rescindirenden Testamente (testamento inofficioso) habe ein Vergleich zwischen dem Erben und dem Querulanten auf die Rechte der Legatare und Gläubiger gar keinen Einfluß; nur der eingesetzte Erbe könne von ihnen belangt werden, möge der Vergleich enthalten was er wolle. Dies beweiset man durch die im Anfange des Paragraphen mitgetheilte Stelle ([1]) und durch die L. 29, §. 2 D. de inofficioso testamento (V, 2), wo es heißt: wenn der Querulant mit dem Testamentserben sich vergleiche, „tamen testamentum in suo jure manet, et ideo datae in eo libertates atque legata — — suam habent potestatem.“

2. Bei einem vor Anstellung der Klage nichtigen Testamente hat ein Vergleich zwischen dem eingesetzten Erben und dem Intestaterben die Wirkung, daß beide Theile den Legataren und Gläubigern gegenüber als Miterben behandelt werden. Dafür beruft man sich auf die L. 14 D. de transactionibus (II, 15), welche auf ein nichtiges Testament (injustum oder irritum) zu beziehen sei:

„Controversia inter legitimum et scriptum heredem orta est, eaque transactione facta, certa lege finita est; quaero, cre-

---

2) L. 2, L. 21 D. de probationibus (XXII, 3); L. 4 in f. C. de edendo (II, 1). Vergl. L. 10 pr. D. de inoff. testam. (V, 2).

3) L. 4, §. 1 D. si cui plus (XXXV, 3): „Si duo ex testamento hereditatem in solidum sibi vindicent, forte quod ejusdem nominis sint, tam in possessorem quam in petitorem competunt actiones et creditoribus et legatariis.“ — Ebenso nach A. L.R. I, 12, §§. 542, 543.

4) Mühlenbruch, in der Forts. von Glück, Bd. XXXVIII, S. 151 ff.

ditores quem convenire possunt? Respondit: si iidem creditores essent, qui transactionem fecissent (hier ist etwas ausgefallen; man ergänzt: id observandum de aere alieno, quod inter eos convenisset). Si vero alii creditores essent: propter incertum successionis pro parte hereditatis, quam uterque in transactione expresserit, utilibus actionibus conveniendus est."

Ueber die Beziehung dieser Stelle und über deren Vereinigung mit der zu 1 gedachten L. 3 giebt es mehrfache Meinungsverschiedenheiten unter denjenigen, welche nicht unterscheiden zwischen nichtigen und denjenigen Testamenten, welche als lieblose zu rescindiren, sondern als sich von selbst verstehend voraussetzen, daß bei den einen wie bei den anderen Testamenten ein Vergleich in Beziehung auf das Verhältniß zu dritten Personen nothwendig die nämlichen rechtlichen Folgen erzeugen müsse. Die Einzelnheiten können auf sich beruhen, das Gesagte genügt unserm Zweck.

Nach dieser Uebersicht wenden wir uns zu den Bestimmungen des Allgemeinen Landrechts. Sie lauten:

„Haben Intestaterben mit solchen, die durch Testamente oder Verträge eingesetzt worden, sich verglichen: so werden dadurch die Rechte der Legatarien, insofern diese die Gültigkeit des Testaments oder Erbvertrags nachweisen können, nicht verändert."

„Diese können daher auch an den dem Intestaterben abgetretenen Theil des Nachlasses sich halten, wenn der Ueberrest zu ihrer Befriedigung nicht ausreicht [5])."

Zunächst ergiebt sich aus dem Wortlaut, daß hier zwischen nichtigen und inoffiziösen Testamenten nicht unterschieden wird, daher die Folgen eines Vergleichs bei allen Testamenten die gleichen sind. Sodann ist es wohl nicht zu bezweifeln, daß durch den Vergleich die Rechte nicht bloß der genannten Legatarien, sondern auch die eines jeden nicht zugezogenen Dritten, insbesondere der Gläubiger, nicht verändert werden, und daß daher die Gläubiger, die hier nicht genannt sind, nicht durch den §. 441 in ihrer Wahl, an wen sie sich halten wollen, wenn die Theilnehmer sich vor Erfüllung ihrer gemeinschaftlichen Verbindlichkeit in den Nachlaß getheilt haben [6]), beschränkt werden. Zuletzt ist hervorzuheben, daß der materielle Inhalt der landrechtlichen Bestimmung das Gegentheil von dem der römischen

---

5) A. L.R. I. 16, §§. 440, 441.

6) I, 17, §§. 131 ff. — Vergl. I, 11, §. 461 ff.

feststellt. Nach der letzteren soll der Intestaterbe, auf Grund des Vergleichs, als Miterbe angesehen werden, „propter incertum successionis“, also wenn die Gültigkeit des Testamentes nicht bewiesen wird; denn beweist sie der Legatar, so geht es, wie die andere Stelle (1) ausspricht, lediglich nach dem Testamente, dann fehlt das „incertum successionis“ dem Legatar oder Fideikommissar gegenüber. Das Landrecht sagt im Gegentheil: die Rechte der Legatarien bleiben unverändert, „insofern diese die Gültigkeit — nachweisen können“, und „daher“, d. h. wenn sie den Nachweis führen, können sie sich subsidiarisch auch an den dem Intestaterben abgetretenen Theil des Nachlasses halten, „wenn der Ueberrest zu ihrer Befriedigung nicht hinreicht“. Führen sie also den Beweis der Gültigkeit nicht, so erhalten sie gar nichts, weder von dem Einen noch von dem Anderen. Das Landrecht hat hier seine Grundlage ganz und gar verlassen, es macht ganz neues Recht. — Dieses bezieht sich nur auf Fälle, wo ein Testament seinem ganzen Inhalte nach in seiner Gültigkeit bestritten wird, die Veränderung in der Person des eingesetzten Erben berührt die Rechte der Legatare nicht. — Die Rechte der Gläubiger sind von der Bedingung des Nachweises der Gültigkeit des Testamentes nicht abhängig, insofern sie ihre Befriedigung aus dem Nachlasse suchen: in diesem Falle ist jeder Erbschaftsbesitzer ihnen gegenüber passiv legitimirt. Aber wenn sie sich an die Person des eingesetzten Erben halten wollen, z. B. in einem Falle, wenn er den Nachlaß auf Grund des Vergleichs an den Intestaterben verabfolgt hat, und dieser damit verschwunden ist, ohne die Schulden zu bezahlen: dann müssen sie die Gültigkeit der Erbeseinsetzung beweisen.

II. Wird in Folge der Anfechtungsklage des Intestaterben gegen den eingesetzten Erben auf kontradiktorisches Verfahren [7]) das Testament durch Richterspruch für ungültig erklärt, so müssen die Vermächtnißnehmer das Erkenntniß unbedingt auch wider sich gelten

---

7) Wird gegen den eingesetzten Erben in contumatiam erkannt, so hat dies gegen die Legatarien keine Wirkung, weil „hoc casu non creditur jus ex sententia judicis fieri“, sondern die Nachlässigkeit des Erben den Richterspruch begründe; dessen Saumseligkeit aber Anderen nicht schaden dürfe. Die L. 14, §. 1 D. de appellat. (XLIX, 1) sagt hierüber: „Quotiens, herede non respondente, secundum adversarium sententia datur, rescriptum est, nihil nocere neque legatis, neque libertatibus: et hoc Divorum fratrum epistola continetur ad Domitianum in haec verba: Quod absente possessore, nec quoquam nomine ejus respondente pronuntiatum est, non habet rei judicatae auctoritatem, nisi adversus eum solum, qui adesse neglexerit: quare his, qui testamento libertates, vel legata, vel fideicommissa acceperunt, salvae sunt actiones, si quas habuerunt, perinde ac si nihil esset judicatum, et ideo adversus eum, qui vicit, permittimus eis agere.“ — Vergl. L. 17, §. 1, L. 18 D. de inoff. testamento (V. 2).

lassen: dieses Urtheil wirkt in rem[8]). Die Hauptstelle darüber lautet:

„Si ex causa de inofficiosi cognoverit judex, et pronuntiaverit contra testamentum, nec fuerit provocatum[9]), ipso jure rescissum est, et suus heres erit, secundum quem judicatum est, et bonorum possessor, si hoc contendit: et libertates ipso jure non valent, nec legata debentur; sed soluta repetuntur, aut ab eo qui solvit, aut ab eo qui obtinuit; et haec utili actione repetuntur. Fere autem, si ante controversiam motam soluta sunt, qui obtinuit repetit; et ita Divus Hadrianus et Divus Pius rescripserunt[10]).“

Daß diese Wirkung nicht eintritt, wenn der eingesetzte Erbe sich hat in contumaciam verurtheilen lassen, ist schon gesagt ([7]); sie tritt aber auch nicht ein, wenn der Eingesetzte zwar antwortet, aber die Sache so böswillig oder so nachlässig führt, daß aus dieser Ursache der Kläger gewinnt. Um den nachtheiligen Folgen davon vorzubeugen, steht es den Legatarien frei, gegen das dem Eingesetzten nachtheilige Urtheil aus eigenem Rechte zu appelliren, woran sie auch nicht durch einen zwischen den Parteien kollusorisch eingegangenen Vergleich gehindert werden[11]); sie können aber auch die Appellation unterlassen und die causa appellationis klagend bei demselben Richter geltend machen[12]); sie sind auch berechtigt, schon in erster Instanz accessorisch zu interveniren. „Si suspecta collusio sit legatariis inter scriptos heredes et eum, qui de inofficioso testamento agit, adesse etiam legatarios, et voluntatem defuncti tueri, constitutum est; eisdemque permissum est etiam appellare, si contra testamentum pronunciatum fuerit[13]);“ und weiter: „Unde damus licentiam legatario (si hoc prodesse sibi putaverit) litis participem fieri: ut ne aliquam forte negligentiam seu proditionem heredi possit objicere[14]).“ Dies bezieht sich auf eine legirte litigiose Sache.

---

8) Sententia quae jus facit inter omnes.

9) D. h. ohne daß appellirt worden ist, was die Legatarien thun konnten.

10) L. 8, §. 16 D. de inoff. testamento (V, 2). — Vergl. L. 28 i. f. D. eodem.

11) L. 5, §§. 1, 3, L. 14 pr. D. de appellat. (XLIX, 1). — Vergl. L. 50, §. 1 D. de legat. I.

12) L. 5, §. 2 D. de appellat.: „Idem rescripsit, legatarios causam appellationis agere posse.“ Vergl. §§. 3, 4 ibid. et L. 14 pr. D. eodem: „— — ut possint appellare; sed et agere causam apud ipsum judicem, qui de testamento cognoscit, si suspicantur non ex fide heredem causam agere.“

13) L. 29 pr. D. de inoff. testamento (V, 2).

14) Nov. 112, cap. 1.

Das über diese Lehre sehr wortkarge Landrecht setzt das Prinzip über die Wirkung eines gegen den eingesetzten Erben ergangenen nachtheiligen Erkenntnisses voraus, indem die einzige Bestimmung hierüber lautet:

„Die Vertheidigung des Nachlasses gegen die darauf gemachten Ansprüche kommt zwar hauptsächlich dem Erben zu; und was gegen diesen erkannt worden, das müssen die Legatarii auch gegen sich gelten lassen. — Doch steht den Legatariis frei, sich bei den die Masse betreffenden Prozessen, so weit sie ein wirkliches Interesse nachweisen können, zu melden; und gegen die der Masse nachtheiligen Erkenntnisse die gesetzmäßigen Rechtsmittel, allenfalls auch ohne Beitritt des Erben, jedoch auf ihre Kosten, zu verfolgen [15]."

Geradezu berührt die Bestimmung unsere Frage nicht, sie betrifft vielmehr die Ansprüche der Gläubiger oder Vindikanten an die Masse; denn wenn gesagt wird, daß die Legatarien gegen die der Masse nachtheiligen Erkenntnisse Rechtsmittel einlegen können, so ist damit ein Erkenntniß, wodurch auf Antrag des Intestaterben zum Nachtheil des eingesetzten Erben das Testament für ungültig erklärt wird, nicht getroffen, da dieses Erkenntniß „der Masse" nicht nachtheilig ist; es berührt nur die Person des Erben: es kann aber und es wird gewöhnlich auch die Rechte der Legatarien verändern oder gar aufheben. Die Praxis bezieht nun diese Bestimmung auch auf Rechtssprüche, welche die Frage: wer der rechte Erbe sei, feststellen [16]. Diese Rechtsanwendung muß mit großem Beifall aufgenommen werden, indem sie das lückenhafte Landrecht durchaus folgerichtig ergänzt. Sie gründet sich wesentlich auf römisches Recht, denn es heißt nach Anführung zweier Pandektenstellen [17]: Implorant könne den klagenden Gläubigern nach Gemeinem Rechte nicht den Einwand entgegensetzen, das rechtskräftige Urtel, durch welches H. v. J. für den einzigen Intestaterben seines Bruders erklärt worden, sei nicht von ihnen unmittelbar erstritten worden. Dasselbe muß auch für das preußische Recht angenommen werden, da das Verhältniß der Gläubiger und Legatarien zu dem Erben hier an sich dasselbe wie im Gemeinen Rechte, und eine, obigen Grundsätzen widersprechende Vorschrift im preußischen Rechte nicht enthalten sei. Im Gegentheil bestimme §. 298, Th. I, Tit. 12: „Die Vertheidigung des Nach-

15) I, 12, §§. 298, 299.

16) Erk. des Obertr. vom 12. Februar 1858 (Entsch. Bd. XXXVII, S. 344).

17) L. 50, §. 1 D. de legat. I u. L. 3 pr. D. de pignor. (XX, 1).

lasses" u. s. w. Diese Vorschrift zeige eine Uebereinstimmung des preußischen Rechts mit dem Gemeinen in Bezug auf das rechtliche Verhältniß der Legatare zu einem, über Ansprüche an den Nachlaß entstandenen und rechtskräftig entschiedenen Prozesse, und es rechtfertige sich der Schluß, daß das preußische Recht auch rücksichtlich der Wirkungen, welche ein rechtskräftiges Erkenntniß über das Recht zur Erbfolge auf die Legatare sowohl wie auf die Gläubiger hat, von dem Gemeinen Rechte nicht abweichen wolle. — Das gegen den Erben erwirkte nachtheilige Erkenntniß macht Recht gegen die nicht zugezogenen Legatarien auch dann, wenn der Notherbe auf Ergänzung des Pflichttheils geklagt hat, selbst in dem Falle, daß die Legatarien beizutragen verpflichtet sind[18]). Sie können aber auch von den Erbschaftsgläubigern nicht mit belangt werden; denn sie sind zur Theilnahme bei den Erbschaftsklagen weder aktiv noch passiv legitimirt[19]). Machen Einzelne von ihnen von ihrer Befugniß, bei einem die Masse oder einzelne Stücke betreffenden Prozesse zu unterveniren oder zu appelliren[20]), Gebrauch, so nehmen sie nur, ein Jeder für sich, ihr Sonderinteresse wahr, und daher kommt das von Einem derselben gegen einen Nachlaßgläubiger erstrittene günstige Urtheil den übrigen Legataren nicht zu Gute[21]).

Zweiter Abschnitt.

Von Erbverträgen.

A.L.R. I, 12, §§. 617—656; II, 1, §§. 439—480.

Hasse, im rheinischen Museum für Jurisprudenz, Jahrg. II, S. 149—218. — Beseler, die Lehre von den Erbverträgen, I. Bd. Göttingen 1837; II Bd., ebd. 1840. Dazu: Albrecht, in den kritischen Jahrbüchern für deutsche Rechtswissenschaft, von Richter u. Schneider, Jahrg. 6 (Leipzig 1842), S. 321—353. — Buddeus, in Weiske's Rechtslexikon, Bd. IV (Leipzig 1843), S. 27—48. — Dieck, in der allg. Encyclopädie von Ersch und Gruber, Th. 40 (Leipzig 1844), S. 394—423. — Trummer, in seinem Hamburger Erbrecht, Bd. II (Hamb. 1852), S. 191—328. Dazu: Beseler, im System des gemeinen deutschen Privatrechts, Bd. II, S. 520. — Gustav Hartmann, zur Lehre von den Erbverträgen. Braunschweig 1860.

18) Erk. des Obertr. v. 15. Febr. 1856 (Arch. f. Rechtsf. Bd. XIX, S. 355).

19) Vergl. Entsch. des Obertr. Bd. XV, S. 189 u. flg.

20) A. G.O. Th. I, Tit. 18, §. 10, Abs. 2 u. §. 11. — Erk. des Obertr. vom 17. Juli 1860 (Entsch. Bd. XLIII, S. 147).

21) Erk. dess. vom 12. April 1853 (Arch. f. Rechtsf. Bd. IX, S. 99).

§. 70.
A. Einleitung.

I. Der Erbvertrag ist die andere Form, in welcher der Erblasser seinen Willen über seine dereinstige Beerbung ausdrücklich kund geben kann. (Vergl. oben, §. 3 und 12). Der Gegenstand dieses Vertrages ist nicht etwa, wie ältere Juristen vermeinten, der künftige Nachlaß einer lebenden Person, sondern, wie seit Hasse's Durchforschung der Lehre allgemein angenommen ist, die Beerbung derselben [1]), ein Delationsgrund zur Erwerbung der Erbschaft, gleich dem Testamente. Die Verfasser des Allg. Landrechts stehen noch unter dem Einflusse der alten Auffassung, indem sie davon ausgehen, daß man Anderen durch Erbverträge „Rechte auf den künftigen Nachlaß einräumen" könne [2]); indeß ist doch durchgehends die Fassung der Bestimmungen der Art, daß sie der Fortentwickelung des Instituts nicht entgegen stehen. Dieses Institut ist ein Produkt der Wissenschaft der neueren Zeit; es hat keine Quellen in dem geschriebenen Rechte, an deren Stelle treten vielmehr die Literatur und die Literärgeschichte in Verbindung mit der Praxis. Deshalb ist es zum Verständniß der landrechtlichen Vorschriften unumgänglich, aus diesen Repräsentanten der Quellen [3]) das Wesentlichste vorauszuschicken.

Darüber ist man einig, daß das römische Recht Erbverträgen im heutigen Rechtssinne jede Rechtswirkung versagte. Indeß erblickten schon italienische Juristen, welche mit den deutschen Rechtsansichten und Gewohnheiten hinsichtlich der Vergabungen von Todes wegen nicht unbekannt blieben, einzelne Ausnahmen oder Umwege, vermöge welcher den vertragsmäßigen Vererbungen unter römischen Formen Gültigkeit zugestanden wurde, so daß die deutsche Jurisprudenz die Lehre von den Erbverträgen in einer gewissen Entwickelung von den Italienern überliefert erhielt, deren Ansichten, wie Beseler nachweist [4]), die Grundlage für die weitere Fortführung des Instituts wurden. Die Auffassung der Glossatoren ergiebt sich besonders

---

1) Hasse's Abhandlung über Erbvertrag, Kap. 1, §. 1, im rhein. Museum, Jahrg. II, S. 150.

2) A. L.R. I, 12, §. 617: „Auch durch Erbverträge kann ein Kontrahent dem andern, oder beide einander wechselseitig, Rechte auf ihren künftigen Nachlaß einräumen."

3) Eine gründliche Untersuchung und Nachweisung hat Beseler geliefert in seiner Lehre von Erbverträgen, Bd. I, §. 1 u. §§. 5, 6, welche der hier folgenden gedrängten Uebersicht zum Grunde liegt.

4) S. 120 u. flg. a. a. O.

aus der Glosse Improbatur zur L. 3 C. de collationibus (VI, 20), wenn Accursius den Inhalt richtig gegeben hat. Die Stelle lautet:

„Improbatur, quia est de futura successione: quod sive sit succedendo [5]), sive de non succedendo, non valet: ut supra de pactis, L. pactum quod dotal.: et L. fin. de inoff. testam.; L. siquando §. 1; et ff. de suis et legitimis, L. fin. — Sed quid si juravit? Respondetur secundum P.(lacentinum) tenet [6]). Sed tu dic contra, ut s. de legibus et constitut. L. non dubium i. f., et de nupt. Auth. quod eis. Item quid si cum uxore mea faciam pactum, ut ex ea nati non succedant? Dicunt quidam, ut Py. (Pillius) [7]), valere ut per L. Friderichi imperatoris, L. imperialem, §. fin. in tit. de prohib. feud. alien. per Frid. — Tu dic contra [8]), ut s. de transact., L. transactione matris. Item opponitur cum valeat pactum, ut pater filio non succedat, ut ff. si a parente quis manumissus, L. 1 §. si vel parens, quae est contra, quare non hic? Scl. non ita debetur patri filii hereditas, sicut patris filio, ut ff. de inoff. testam., L. nam etsi. Vel dic, pater per pactum admittebatur, scilicet si contracta fiducia emanciparet, sic etiam per contrarium pactum repellitur, ut instit. de legit. agn. succ. §. fin. Vel verius [9]) ibi, non vi pacti repellitur: sed quia deliquit, accipiendo pretium emancipationis: ut arg. supra, de oper. lib., L. si quam.“

Hier wird der Erbeinsetzungsvertrag wie auch der Erbverzicht für ungültig erklärt, die entgegengesetzte Ansicht des Placentinus ist indessen in Betreff des Erbverzichtes von Bonifaz VIII bestätigt worden [10]). In der Glosse zu der am Ende der vorstehenden Stelle allegirten Institutionenstelle heißt es aber einlenkend: „Contracta fiducia. Sic dicendo: jus succedendi in bonis tuis mihi reservo: vel etiam sic: emancipo te contracta fiducia,“ wo-

5) Hierzu notirt Jason Mainus: „Istud non valet: quia est contra bonos mores.“

6) Dazu vermerkt Bartolus: „et bene.“

7) Die Sigle des Pillius, sowohl in Glossen, als in den bei anderen Schriftstellern vorkommenden Citaten, ist abwechselnd Pi. u. Py. v. Savigny, Geschichte des röm. Rechts im Mittelalter, Bd. IV, S. 272.

8) Hierzu ist notirt: „Et bene de jure communi, ubi non esset usus in contrarium, alias secus. Bar., P. Saly, Alexander et Jason.“

9) Hierzu ist notirt: „Istam sequitur Alexan. et Jas. licet imo reprehendat eam.“

10) Cap. 2 de pactis in 6.

durch der s. g. konservative Erbvertrag anerkannt wird. Dies beruhete jedoch auf dem Mißverständnisse, als habe sich der Vater nach dem §. 8 cit. Inst. bei der Emancipation sein Erbrecht gegen den Sohn vorbehalten können[11]). Demnächst ist es Bartolus, welcher, sich der Glosse anschließend, den ersten Versuch macht, die Lehre von den Erbverträgen in ein System zu bringen[12]). Er sagt: „Ultimo cum quaeritur, an valeat pactum de futura successione, plenius quam doctores distingue et dic: Aut fuit pactum pro jure successionis servando, aut pro jure successionis amittendo seu perdendo, aut pro jure successionis acquirendo, aut de eo, quod acquiretur per successionem certo modo disponendo." An einer anderen Stelle[13]) behandelt er nach derselben Eintheilung folgende Fragen: An valeat pactum de futura successione conservanda? Utrum valeat pactum de perdendo jure succedendi? An valeat pactum de succedendo? Utrum valeat pactum de hereditate obventura certo modo disponenda. Baldus schloß sich dem an, indem er folgende Eintheilung macht: „Quadruplex est pactum futurae successionis: scilicet conservandae, renunciandae, deferendae, et certo modo disponendae[14])." Der erste Deutsche, welcher diese Lehre der italienischen Juristen aufnahm, Zasius († 1535), behielt unter ausdrücklicher Berufung auf Bartolus dessen System bei und handelte die Lehre von den Erbverträgen unter folgenden vier Titeln ab: Cap. 1. Pactum successionis reservandae; Cap. 2. Pactum successionis amittendae, h. e. de non succedendo; Cap. 3. de pactis successionis acquirendae; Cap. 4. de pactis circa futuram successionem[15]). — Mit diesen Benennungen verband man folgende Begriffe: 1. Der konservative Erbvertrag bezweckte, das Erbrecht, welches Jemandem nach Gemeinem Rechte zustand, und ihm wegen eines Verbrechens oder durch partikularrechtliche Vorschriften (ob juris quendam rigorem), z. B. wenn ein Statut die Frauen von der Erbfolge ausschloß, genommen, zu erhalten. Durch diesen Vertrag sollte er sich sein Erbrecht wieder verschaffen können. 2. Mit der zweiten Art war der Erbverzicht (Entsagungsvertrag) ge-

11) Beseler a. a. O., S. 122; Pistoris, Obs. jur. Lib. IV, qu. 4, nr. 18.

12) Commentar. ad L. 61 D. de verbor. oblig. (XLV, 1).

13) Ad Leg. finalem C. de pactis (II, 3).

14) Im Kommentar zu derselben Stelle.

15) Comment. in Digestum novum, ad Legem Stipulatio hoc modo, 61 de verb. obl. (XLV, 1). Seine opera omnia sind zuerst herausgegeben zu Lüttich 1548, in 6 Bänden, fol., zum 3. Mal Frankfurt 1590, 4 Vol. fol.

meint. 3. Die dritte Art begriff den akquisitiven Erbvertrag, von Beseler Erbeinsetzungsvertrag genannt. 4. Mit der vierten Bezeichnung ist ein Vertrag über die Verlassenschaft eines noch lebenden Dritten gemeint [16]).

Die Nachfolger von Zasius blieben Anfangs bei dieser Eintheilung stehen, mit der Zeit wurden jedoch daran Veränderungen vorgenommen. Zuerst war es sein Zeitgenosse Hartmann Pistoris, welcher daran Anstoß nahm, daß die Verträge über die Erbschaft eines Dritten ohne Unterscheidung mit denjenigen auf gleiche Linie gestellt würden, wodurch die Paciscenten selbst sich über ihre eigene Verlassenschaft Erbrechte einräumten. Er unterschied nun hauptsächlich zwischen pacta de hereditate tertii viventis und de successione in propriis paciscentium bonis, und theilte die zweite Hauptklasse in drei Unterarten, nämlich: in pacta de successione vel hereditate conservanda, dann amittenda und acquirenda; die Bezeichnung der ersten Hauptklasse als pacta dispositiva verwarf er als unpassend [17]). Etwa 50 Jahre später findet sich bei Knipschildt [18]) eine andere oberste Eintheilung, indem er alle Erbverträge in pacta affirmativa de succedendo, vel negativa de non succedendo zerfallen läßt. Samuel Stryke theilt ein Vierteljahrhundert später die Erbverträge über die eigene Verlassenschaft der Paciscenten in vier Arten, indem er zu den drei soeben genannten noch eine vierte: die pacta de hereditate restituenda, worunter er die vertragsmäßig bestellten Fideikommisse, namentlich die Familienfideikommisse und noch andere Geschäfte versteht, hinzufügt [19]). In der Mitte des vorigen Jahrhunderts theilt Kreittmayr in seinen Anmerkungen über den Codicem Maximil. Bavar. civilem [20]) die Erbverträge nach dem Gegenstande in pacta successoria universalia und particularia, und Hebestreit führt das seit Pistoris ([17]) vergessene pactum successorium dispositivum wieder ein, aber nicht in der von Bartolus und Nachfolgern damit verbundenen Bedeutung, sondern in Beziehung auf denjenigen Dritten, welchem durch einen Vertrag, den er selbst nicht mit geschlos-

16) Vergl. Beseler a. a. O. S. 11.

17) Hartmann. Pistoris, Observationes singulares et quaestiones, IV Libri (zuerst Lips. 1579) Lib. IV, qu. 1.

18) Tractatus de fideicommissis familiarum nobilium (von Stammgütern), zuerst Argent. 1626, Cap. VI, nr. 38.

19) Tractatus de successione ab intestato (zuerst Francof. ad Viadr. 1669). Diss. VIII, cap. 1, §. 10 u. Cap. 9.

20) Th. III, Kap. 11, §. 1.

sen hat, ein Erbrecht zugewendet wird[21]), etwa im Sinne des Stryke'schen pactum de hereditate restituenda. „Das sind nun die Elemente, aus welchen die neueren Schriftsteller, von welchen diese Lehre behandelt ist, die Eintheilung derselben zusammengestellt haben[22]).“

II. Als die ersten, welche die Reihe dieser Schriftsteller eröffnen, erscheinen die Verfasser des Allgemeinen Landrechts, denn Runde tritt erst einige Jahre später auf. Da die Eintheilung von Bartolus auch von den deutschen Juristen, nach dem Vorgange von Zasius, im Wesentlichen beibehalten worden ist, so vergleichen wir das Allg. Landrecht mit Zasius, um festzustellen, welche Arten von Erbverträgen das Landrecht aufgenommen hat. 1. Im ersten Kapitel handelt Zasius wie Bartolus von dem pactum successionis reservandae. Darunter werden zwei Fälle begriffen: erstens der Fall, den Bartolus allein im Auge hat, nämlich: wer wegen eines begangenen Verbrechens sein Successionsrecht verlieren würde, kann es sich durch Vertrag erhalten, welcher Satz durch die L. ult. C. de revocandis donationibus (VIII, 56) begründet wird. Dieser Fall ist im Allg. Landrechte übergangen. Zweitens: wer ein Successionsrecht hat oder auf ein solches hofft, kann es sich durch Vertrag sichern. Dieser Satz wird aus §. 8 Inst. de legitima agnat. successione (II, 2) hergeleitet und dazu benutzt, um den bei den Erbverzichten der adligen Töchter gewöhnlichen Vorbehalt auf den ledigen Anfall, und eine Art der damals in Deutschland üblichen Ehestiftungen unter den Schutz des Gemeinen Rechts zu bringen, denn im Allgemeinen wird jede Erbeseinsetzung in Eheverträgen für unzulässig und wirkungslos erklärt; nur solche Beredungen, wodurch der Rückfall der Güter des einen Theils an seine Verwandten bedungen wird, werden aus jenem Gesichtspunkte anerkannt, weil darin bloß der Vorbehalt ihres Erbrechts liege[23]). Auch dieser Fall und die Beziehung sind spurlos verschwunden, weil sowohl Erbverträge unter Eheleuten wie Erbverzichte mit und ohne Vorbehalt unbedingte Geltung haben, mithin diese Art von Erbverträgen gegenstandslos geworden sind.

2. Das zweite Kapitel handelt von dem Entsagungs-

---

21) Adam. Franc. Hebestreit, vindiciae veri valoris pactorum successivorum, tam jure Romano, quam Germanico, adversus errores interpretum (Erfordiae 1768) Cap. 2.

22) Beseler a. a. O. S. 13.

23) Vergl. Beseler a. a. O. S. 127.

vertrage oder dem Erbverzicht, wobei hinsichtlich der Gültigkeit derselben unterschieden wird: ob er beschworen worden ist, oder nicht, wegen des cap. 2 de pactis in 6. Das Allgemeine Landrecht nimmt diese Art von Erbverträgen auf, ohne ihre Gültigkeit an irgend welche Bedingung oder Unterscheidung zu knüpfen [24]), eine bestimmte Benennung legt es ihnen nicht bei.

3. Das dritte Kapitel hat den akquisitiven Erbvertrag zum Gegenstande. Dieser wird, gemäß dem römischen Rechtsgrundsatze, für unzulässig erklärt, selbst wenn er beschworen, jedoch mit zwei Ausnahmen: wenn über den Erwerb nur mittelbar, in Folge eines gültigen Hauptvertrages pacisciert wird, z. B. wenn die Söhne durch den Verzicht der Töchter zur Erbschaft gelangen, auf Grund eines Arguments aus der L. 23 D. de actione emti venditi; und wenn der Vater mittelst eines Vertrages seine Erbschaft unter die Kinder vertheilt, was für eine besonders modifizirte ordinatio parentum inter liberos gehalten, woraus die Rechtsgültigkeit hergeleitet wird. Eine dritte Ausnahme, Eheverträge betreffend, ist schon unter Nr. 1 erwähnt. — Das Allg. Landrecht führt die Gültigkeit unbedingt und allgemein ein und nennt diesen Vertrag schlechthin Erbvertrag [25]). Beseler nennt ihn Erbeinsetzungsvertrag und diese Benennung werde ich beibehalten. — Das Landrecht hat aber auch nach der Kreittmayr'schen Unterabtheilung der Erbverträge in pacta successoria universalia und particularia den Vertrag, in welchem die Berufung nur auf einen bestimmten Theil des Nachlasses festgesetzt ist, als Erbvertrag anerkannt [26]). Damit ist jedoch nicht der Vertrag über Zuwendung einer einzelnen Sache von Todes wegen gemeint, welchen Hasse [27]) Vermächtnißvertrag nennt, sondern es soll damit der römischen Rechtsregel: nemo pro parte etc., auch in Beziehung auf Erbverträge entgegengetreten werden, so wie dieselbe in der Lehre von Testamenten ganz ausgeschlossen ist [28]). Der Vertrag also, welchen die gemeinrechtlichen Schriftsteller nach der herrschenden Lehre als partikulären oder singulären Erbvertrag bezeichnen und worunter sie einen Vertrag verstehen, durch den einem der Paciscenten ein Vermächtniß unwiderruflich zugesichert wird, ist im Landrecht übergangen, woraus jedoch nicht auf die Unzulässigkeit

24) Entwurf Th. II, Tit. 9, §§. 416, 415; A. L.R. I, 12, §. 649.
25) Entwurf a. a. O. §. 399; A. L.R. a. a. O. §. 617.
26) Entwurf a. a. O. §. 406 u. A. L.R. a. a. O. §. 629.
27) Rhein. Museum, Jahrg. II, S. 150, 189 ff. u. Jahrg. III, S. 1 u. 13.
28) A. L.R. I, 12, §. 45. — Vergl. oben §. 3, I, Nr. 2; §. 13 u. §. 41.

desselben nach den Grundsätzen des Allg. Landrechts geschlossen werden darf.

4. Das vierte Kapitel betrifft die Verträge über die Verlassenschaft noch lebender dritter Personen. Zasius bleibt auch hier bei der Methode der Italiener und läßt Abweichungen von dem römischen Princip über die Erbverträge nur in sofern zu, als sie aus dem römischen Rechte selbst, oder aus dem kanonischen Rechte vermeintlich gerechtfertigt werden können. — Das Landrecht nimmt auch diesen Vertrag auf und weist ihm zwei Gegenstände zu, nämlich die Entsagung einer künftigen Erbschaft zu Gunsten eines Anderen, und die im Voraus angeordnete Theilung einer künftigen Erbschaft [29]). Der erste Vertrag gehört eigentlich zu den Entsagungsverträgen (Nr. 2). Hebestreit gab jedoch, wie oben gesagt ist, dieser Art von Verträgen die Bedeutung in Beziehung auf den Dritten, welchem durch den Vertrag, an dem er selbst keinen Theil genommen hat, ein Erbrecht zugewendet wird. Auch diese Idee spiegelt sich im Landrecht wieder, durch die Bestimmung: „Zu Gunsten eines Fremden gelten dergleichen Verträge nur alsdann, wenn derjenige, über dessen Nachlaß verfügt werden soll, dem Vertrage als Mitkontrahent ausdrücklich beitritt [30]).“ — Im Anschluß an dieses System folgt die Darstellung der Lehre in der Anordnung, welche das vorgedruckte Inhaltsverzeichniß nachweist. — Das Literargeschichtliche wird den einzelnen Arten des Erbvertrages vorangeschickt werden.

B. Von Erbverträgen über die eigene Verlassenschaft der Paciscenten.

I. Von dem Erbeinsetzungsvertrage.

§. 71.

1. Literargeschichtliches.

Aus dem in dem vorhergehenden Paragraphen Gesagten erhellt, daß die italienischen Juristen und ihre deutschen Nachfolger der ersten Zeit im Allgemeinen an dem römischen Verbot der Erbverträge festhielten, aber die Stellen des röm. Rechtes, in welchen man Ausnahmen zu finden vermeinte, zur Beschränkung des Verbots benutzten. Die nächsten Nachfolger von Zasius in der Entwickelung und Fortbildung dieser Lehre gingen noch einen Schritt weiter, indem man sich

29) Entwurf zum Ges.-Buch a. a. O. §§. 416 u. 418; A. L.R. a. a. O. §. 649.

30) A. L.R. a. a. O. §. 650.

des einheimischen Rechts nicht bloß bediente, um eine im fremden Rechte begründete Ausnahme zu unterstützen, sondern unter Umständen in jenem allein, namentlich in der allgemeinen Gewohnheit einen hinreichenden Grund fand, für einzelne Arten des Erbvertrages von dem römischen Prinzip abzuweichen [1]). Sichard († 1552), wohl der nächste Nachfolger von Zasius, entscheidet die Frage: Pacta inter conjuges de futura successione, an et quomodo valeant, singulariter in folgender Weise: „Sed cum pactum de futura successione acquirenda, vel affirmativum, sit contra bonos mores, et inducat votum captandae mortis (sc. nach römischen Rechtsansichten), ut jam diximus: sequitur, quod non possit confirmari juramento. Ex quo oritur quaedam pulcherrima et difficillima, quo pacto hodie sustineantur pacta illa de succedendo in contractibus matrimonialibus, ubi saepissime videmus sic caveri, ut mortuo altero ex conjugibus superstes totum habeat, vel tantum habeat, vel ut pars bonorum perveniat ad proximos agnatos. Quae pacta sine controversia sunt de futura successione, an sint toleranda, vel an sint valida. Neminem video, qui ad hoc recte respondeat. Vos autem dicite singulariter, quod illi contractus matrimoniales habeant quandam speciem testamentorum, vel ad minimum ultimae voluntatis. Ita habemus Gl. sing. fin. in L. licet supr. de pactis [2]), et ideo defertur illo casu hereditas non vi pacti, quia pactis non potest deferri hereditas; sed defertur vi cujusdam ultimae voluntatis, per quas ultimas voluntates solas deferuntur hereditates. Ex quo aliud sequitur, quod si habent instar ultimarum voluntatum, quod semper possunt revocari per eos, qui sic contraxerunt, et ab iis, quibus nondum quae-

---

1) Beseler, a. a. O. S. 133 unten.

2) Die Lex licet 19 C. de pactis (II, 3) hat den bekannten Fall: Zwei Soldaten paciscîren im Angesichte eines bevorstehenden Treffens: wenn einer von ihnen bliebe, so solle der Ueberlebende dessen Vermögen haben. Die Bedingung trat ein und dem Ueberlebenden wird auf die Anfrage von den Kaisern Diocletian u. Maximian geantwortet: es werde vermöge des militärischen Privilegiums angenommen, daß, obwohl unter Nichtsoldaten eine solche Schrift nicht einmal als eine Art Schenkung auf den Todesfall wirksam sei, doch der Inbegriff des Vermögens des Verstorbenen auf ihn übertragen sei. Dies ist so ausgedrückt: „etiam rerum ejus compendium ad te delatum esse.“ Die Gl. hierzu lautet: „Compendium, scilicet universitatis, non solum quodlibet emolumentum singulare. Sed quaeritur an sit testamentum? Quidam quod sic (dazu ist notirt: Ista placet Bart., Salyce et Jas.), ut hic innuit in fine L. Alii contra, et dicunt simpliciter ultimam voluntatem.“ „Additio. Ista gl. est sing. secundum Ang. (Angelus, Bruder des Baldus) in L 3 §. genera ff. de acquir. poss., et secundum Jas. hic ad hoc quod dabilis est ultima voluntas in genere.“

situm jus est: cum voluntates hominum sint ambulatoriae usque ad ultimum spiritum vitae, per jura vulgata [3]." — Joh. Fichard, ein um zehn Jahre jüngerer Zeitgenosse Sichard's, Advokat bei dem Reichskammergericht und später Syndikus in Frankfurt, läßt sich in seinen Advokatenschriften (Consilia) gleichfalls über die akquisitiven Erbverträge in Ehestiftungen mehrmals vernehmen, ist aber schwankend und widerspricht sich. Er hat überhaupt keine selbstständige Meinung, daher seine Auslassungen nur als Zeugnisse über den Stand der Frage in der Praxis zu seiner Zeit beachtungswerth sind. In einem der ersten seiner Parteischriften oder Gutachten spricht er, weil das im Interesse seiner Partei liegen mochte, den Erbverträgen in Ehestiftungen die Gültigkeit ab, macht schließlich aber eine Wendung und meint: totam hanc causam perquam esse ambiguam et disputabilem, weshalb er zum Vergleiche räth [4]. In einem späteren Gutachten [5]) läßt er das Paktum unter Landleuten gelten, aus Billigkeit, wobei er die Thatsache einräumt, daß das Geschäft sehr oft vorkomme. In einem noch späteren Consilium bestreitet er nicht geradezu die von anderen Juristen behauptete Gültigkeit einer solchen Erbeinsetzung [6]); später kommt er jedoch, troß dieses Anerkenntnisses, auf seine erste Meinung ([4]) wieder zurück mit der Modifikation, daß die Erbverträge in Ehestiftungen nur in vim ultimae voluntatis gelten und also nur dann zur Anwendung kommen, wenn keiner der Paciscenten von seinem Widerrufsrechte Gebrauch gemacht hat [7]). Die letzte Meinungsäußerung enthält also einen Anschluß an Sichard's Theorie ([3]). — Von denjenigen Rechtsgelehrten, welche die Gültigkeit der akquisitiven Erbverträge selbstständig auf deutsche Gewohnheit gründeten, ist der hervorragendste ein anderer, etwa 25 Jahre jüngerer Zeitgenosse Sichard's, der durch seine Observationes practicas bekannte churkölnische Kanzler Andreas Gail († 1581). Dieser sagt: „Etsi de jure communi tunc demum ad successionem vocentur conjuges, quoties omnis — — propinquorum legitima deficit successio, tamen consuetudinem valere, quod defuncti conjugis hereditas

3) Dict. et Praelect. in C. ad L. 3 de pactis (II, 3), nr. 6.

4) Consilia (zuerst Francf. 1568—1569). Tom. I, cons. 35.

5) Tom. II, cons. 53.

6) Cons. 59 ibidem: „Wenn gleich die Meinung der berührten Rechtsgelehrten passiren sollte, videlicet quod pacta de futura successione dotalibus instrumentis inserta, saltem ex vi communis consuetudinis possint esse valida, welches ich alhie nicht bestreiten will ꝛc."

7) Consilia, Tom. II, cons. 82.

non extantibus liberis, neque pactis dotalibus in contrarium confectis, superstiti ab intestato deferatur. — Possint enim conjuges consuetudinis rigorem, si quis sit, aut testamento, aut pactis dotalibus prorsus tollere, et de rebus suis pro arbitrio disponere [8])." Weiter: „Pactis hereditatem dari non posse notum est. — Fallit singulariter in mutuo et vicissitudinario pacto, puta, si inter duos vel plures conventum sit, quod alterutro sine liberis mortuo, ad superstitem bona perveniant, tale enim pactum valet." Von diesem Paktum wird die Gültigkeit zwar aus dem römischen Rechte hergeleitet. Denn die Zuwendung sei gegenseitig, wodurch die Furcht vor der Nachstellung nach dem Leben aufgehoben werde; dann sei der Gegenstand dieses Vertrages nicht die künftige Succession, weil die bona nicht als künftige Erbfolge, sondern als bedingte Obligation, wenn der Eine ohne Kinder vor dem Anderen sterben würde, versprochen würden. „Bona in pactum deducta statim ex obligatione et ex causa donationis inter vivos debentur, sed exactio ob conditionem appositam ad tempus mortis differtur et suspenditur [9])." Aber dies ist nicht sein letztes Wort. Gleich in der folgenden Observation 127 über die Pacta successionis inter illustres personas führt er aus: „Pacta — de mutua successione in casu deficientium liberorum masculorum inter Principes, Comites, Barones Imperii, adeoque inter Nobiles Germaniae, in usu sunt frequenti, et consuetudine hominum memoriam excedente confirmata valent. Etsi autem omnia pacta futurae successionis regulariter utroque jure, tanquam contra bonos mores — prohibita sunt, — hoc tamen in personis illustribus non habet locum, sed inter eas pacta et statuta familiarum, sive in personam promittentis, sive super bonis post mortem reliquendis, concipiantur, non attenta distinctione —, et ex consuetudine Germaniae valent." Einen Grund, warum die consuetudo Germaniae „inter ignobiles et rusticos" keine Geltung haben soll, weiset er nicht nach, er behauptet nur, daß das „pactum futurae successionis inter privatos utroque jure prohibitum [10])." Sein Zeitgenosse Mynsinger a Frundeck (Reichskammergerichts-Assessor) dagegen sagt: „Contraria tamen sententia, quam notissima quoque Germaniae consuetudine invaluisse

8) Observat. Lib. II, obs. 124, nr. 1 u. 3.

9) Ibidem, obs. 126.

10) Ebenda nr. 7, pag. 180 der Ausg. v. 1771.

videmus, verior est, et in Camera quoque Imperii judicando firmato, tale scilicet pactum (de futura successione) inter conjuges initum valere, quia reciprocum et vicissitudinarium est, in quo nullum sit mulieri praejudicium: quam tenuit [11])." An einem anderen Orte beweist derselbe die Gültigkeit eines Statuts, nach welchem kinderlose Ehegatten sich gegenseitig beerben, durch den Satz, daß dergleichen ja auch durch Verträge ausgemacht werden könne und man doch a pacto ad legem schließen dürfe. „Validum est in jure argumentum a pacto ad legem. Si ergo pacto induci potest, ut conjuges invicem succedant, non extantibus liberis, ergo idem statuto potest fieri et consuetudine [12])." — H. Pistoris († 1601) hält, wie Sichard und Gail, das römische Verbot der Erbverträge als Regel fest und schließt sich hinsichtlich der „pacta gentilitia, quae vulgariter Erbvereinigung vocantur" ebenfalls der Gail'schen Lehre von der „consuetudine hominum memoriam excedente", vermöge welcher dieselben „in usu frequenti sunt et — valent", an; wogegen er eine gleiche gemeine Rechtsgewohnheit in Betreff der akquisitiven Erbverträge überhaupt nicht anerkennt [13]). Dieselbe Lehre findet sich, mit ausdrücklicher Berufung auf Hartmann Pistoris Quaest juris, Lib. IV, qu. 2, noch bei Carpzov, in der Jurisprudentia forensis [14]) und, betreffs des Erbeinsetzungsvertrags unter Eheleuten, in seinen Responsen [15]). Bis hierher also ist noch immer das römische als gemeines Recht festgehalten.

Als der erste, welcher der gemeinrechtlichen Geltung der Erbverträge, auf Grund einheimischer Rechtsquellen unter Lossagung von dem römischen Verbote Vorschub geleistet hat, wird genannt [16]) Franz Hotmann († 1590), ein französischer Jurist, aber von deutscher Abkunft. Er hat dies nicht in einem seiner professionellen Werke als Prinzip hingestellt und nachgewiesen, sondern zur Begründung eines von ihm verlangten Rechtsgutachtens über eine Erb-

11) Observationes imperialis Camerae, Cent. II, obs. 33.

12) Responsa juris, resp. 14.

13) Quaestiones juris, Lib. IV, qu. 2: — „Et quamvis aliqui consuetudine aliter receptum esse profiteantur, tamen de particulari loci alicujus consuetudine loquuntur." — „et quantum ego quidem memoria repetere possum, quotiescunque in judiciis de pactis ejusmodi reciprocis incidet quaestio, illa semper juxta juris communis regulas non valere, judicatum fuisse memini."

14) Zuerst Francof. ad V. 1638, 4., P. II, const. 35, def. 17; — P. III, const. 5, def. 22.

15) Responsa juris elect. (Lips. 1642), Lib. V, tit. 1, resp. 6.

16) Beseler a. a. O. S. 118.

verbrüderung hingestellt. Er bezeichnet das Geschäft so: „Unus alteri et alter alteri jure donationis inter vivos irrevocabiliter promittit; — donantes et nunc prout ex tunc sibi et e converso et eorum descendentibus" etc., und sagt dann weiter: „hujusmodi donationes inter vivos reciproce factas valere: praesertim, ut familiae conserventur, vel si inter cognatos et agnatos fiunt [17])." Hierin ist ein Wendepunkt nicht zu erkennen, denn daß pacta gentilitia (Erbvereinigungen, wie sie Gail nennt) oder Erbverbrüderungen nach althergebrachtem Gewohnheitsrechte als gültig anzuerkennen seien und auch anerkannt würden, das sagt schon Gail, daher bringt Hotmann nichts Neues. Aber der Jena'sche Professor Bartholomäus Musculus gab 1686 eine Abhandlung unter dem Titel: Classis prima conclusionum civilium, de successione conventionali et anomala, heraus [18]), mit welcher Succession er, unter Berufung auf Hotmann, die vertragsmäßige Erbfolge meint [19]). Darin läßt sich weiter nichts finden als eine Ausdehnung der Sichard'schen Lehre von der „species testamentorum vel ad minimum ultimae voluntatis", die dem contractus matrimonialis beigelegt wird [20]), auf alle Erbverträge, denn die dadurch begründete successio ist „anomala, naturam ultimarum voluntatum participans" ([19]), wobei der Satz festgehalten wird: „pactis privati hominis successio regulariter non defertur [21])." — David Mevius († 1670) ist der erste deutsche Rechtsgelehrte, welcher die Gültigkeit der vertragsmäßigen Erbfolge, als im gemeinen deutschen Gewohnheitsrecht begründet, ganz entschieden als ein Rechtsprinzip hinstellt, aber erst einige Jahre vor seinem Tode, nachdem er bis dahin ein Anhänger der alten Theorie gewesen war, nach welcher er eine ausführliche Abhandlung über die Erbverträge geschrieben hat [22]). „Jure civili duplex statuitur

17) Consil. I, fol. 7 et fol. 48 seqq. (apud Eustatium Vignon Atrebat. [Arras oder Artois] 1586, cons. 72). Derselbe bemerkt: „Idem ex communi opinione refert, hanc legem (nämlich die L. 19, die sich nur auf Soldaten bezieht, deren pacta successoria für gültig erklärt werden) ad paganos extendi communi omnium gentium usu."

18) Zuerst zu Frankfurt, dann neu aufgelegt: Jena 1607, Osnabrück 1674 u. 1675.

19) „Definimus successionem anomalam, quod sit successio a communi et regulari jure civili, feudali vel saxonico per speciale personarum pactum aut locorum statuta et consuetudines exorbitans, naturam ultimarum voluntatum participans." Membr. I, concl. 1.

20) S. oben den Text zu Note 3.

21) Concl. 3, membr. I.

22) Ad rubricam tituli 1, Part. II des Commentar. ad jus Lubecense. (Zuerst Lips. 1642.)

successio, ex testamento et ab intestato. Ex consuetudine aut statutis aliquot locorum novam speciem accessisse videmus, quando scilicet hereditas pactis datur et distribuitur, quam conventionalem vulgo vocant." Dabei beruft er sich gleichfalls auf Hotmann, cons. 73, num. 34. — „Tertiam (speciem successionis) quam ex pactis nasci dictum, quod spectat, jus civile penitus improbat, hoc utens axiomate: pacta de futura successione tanquam contra bonos mores inita, nulla et improba esse." Doch „inter illustres personas — pacta familiaria de successionibus, Erbvereinigungen, Erbverbrüderungen, communiter approbantur, tanquam juri non adversa, — tum exemplo militum (L. 19 C. de pactis), quorum privilegiis praedictas illustres personas gaudere communiter judicatum est." Dafür beruft er sich auf die oben erwähnte Observation 127 Gail's. „Sed de validitate horum pactorum, an et quando existat, superest contentiosa dissertatio [23])." Aber gleichwohl sind die pacta successoria im gemeinen Gebrauch. „Ut exactius haec considerem, quia quotidiana, et tamen non parum intricata, discernenda sunt pacta de tertii alicujus hereditate et de ipsorum paciscentium successione." Nun folgt die Eintheilung nach Bartolus und Zasius. „Paciscentium de propria hereditate triplex se aperit intentio, dum vel de acquirenda, vel de conservanda, vel denique de amittenda satagunt, unde et triplex pactorum species exsurgit. Et primo quidem, quantum ad jus civile pertinet, pacto de succedendo, omnimodo prohibita et nulla sunt. — Nec interest, an de successione omnium, an parte bonorum, imo etiam certarum rerum conventum sit. — Eademque obtineri videntur de jure civili, etsi vel reciproca sint et mutua, ita ut invicem succedendi modum paciscentes determinent. — Non excipiuntur personae, sibi alias succedentes. Nam nec si parentes et liberi de successione conveniant, pactum subsistit. — Non sentiendum aliud, si vel in pactis dotalibus contractui matrimoniali talis conventio de succedendo adjicitur. In summa, neque per directum, neque per obliquum, nec principaliter, nec in consequentiam pactiones de succedendo jure civili valide ineuntur." Dies bezieht sich jedoch nicht auf einen Vertrag de bonis promissis, post mortem ab herede succedente praestandis. — Das pactum de conservanda hereditate hat dieselbe Bedeutung, welche ihm Hartmann Pistoris, der auch angeführt ist, beilegt. „Terti-

23) Num. 117 — 119 l. c.

um circa hereditates pactum fit de non succedendo, et aeque improbatur, ac quod de succedendo initur.“ Nun macht er eine Wendung. „Quae hactenus dicta sunt, ex stricta juris civilis ratione descendunt. A qua jus Canonicum, statuta et usus quotidianus longe recesserunt, ex quibus multae pactorum de hereditate vel successionibus invaluere species, quae in praxi sustinentur, etsi jure civili non sint perinde congruae.“ Dahin zählt er das pactum de non succedendo, vel quo renuntiatur successione, wenn es beschworen ist, doch kann auch die Versicherung an Eidesstatt, oder auf fürstlichen, herrlichen, oder adeligen Ehren den förmlichen Eid ersetzen; das pactum reciprocum seu vicissitudinarium, quo inter duos pluresve convenit, ut alterutro mortuo sine liberis, ad superstitem bona deveniant (nach Gail, obs. 126), praesertim inter conjuges, doch soll dadurch die testamenti facultas nicht präkludirt werden; das „pactum de successionibus, quod super rebus certis, vel aliqua hereditatis parte, aut certo bonorum genere, veluti de obventis a patre aut matre in casum mortis acquirendis interponitur;“ „eae pactiones de succedendo vel non succedendo, quae contractui alicui principali, qui per se justus et legitimus est, velut sequela apponuntur. — Ex hoc principio sustinentur pacta, quae adjici solent divisionibus bonorum, ut ad certas personas post mortem deveniant; pacta dotalia de mutua conjugum successione.“ Ferner sind ausnahmsweise gültig pacta successoria, welche nach Ortsstatuten und Gewohnheiten gelten, z. B. die „unio prolium diversi matrimonii, quam consuetudo Germaniae recepit et probavit. — Sed parentibus testandi facultatem non adimit, — qua tamen illis non licet abuti, ut vel in magnum alterutrius matrimonii liberorum detrimentum fraudulenter quid ordinent.“ — Inwieweit dieses Alles die ursprünglich eigene Ansicht des David Mevius ist, läßt sich nicht feststellen, denn er hat die ihm von seinem Großvater und Vater, Thomas und Friedrich Mevius, „quondam in Academia Gryphisvaldensi Juris Professores“, überlieferten Manuskripte von Observationen über das Lübische Recht mit benutzt [24]). Thatsache ist, daß er seit Errichtung des Tribunals zu Wismar (1653) diese Auffassung ganz verlassen hat [24a]).

---

24) Dedicatio vom 17. November 1763, vor der Ausg. v. 1679.

24a) Hartmann, zur Lehre von den Erbverträgen, S. 26, erkennt dies nicht an; die gelegentliche Aeußerung in den Decisionen (s. die folg. Note 25) soll von Mevius nicht anders gemeint sein als die frühere ausführliche Erörterung

Gelegentlich der Behandlung der Frage: ob der unbeschworene Erbverzicht gelte, sagt er: „— in Germania hodie per mores vulgatum est, ut non attenta amplius juris civilis veteris constitutione pacta successoria valeant, nec juxta hanc amplius jus dicatur, nisi ubi receptum reperitur. Non probata reliqua juris civilis observantia mores sequimur[25].“ — Stryke u. Schilter traten ihm bei. Samuel Stryke unternahm noch vor Mevius' Tode den von diesem allgemein hingestellten Rechtsgrundsatz ausführlich zu begründen in seinem zuerst 1669 erschienenen Tractatus de successione ab intestato, diss. VIII, und wiederholte das Wesentliche in seinem später (Pars prima zuerst 1690) erschienenen Usus modernus Pandectarum in folgender Weise: „Quod attinet pacta acquisitiva, quae concernunt successionem ipsorum paciscentium, jus nostrum militibus tantum illa indulsit (dabei citirt er die vorhin erwähnte [Note 2] L. 19 C. de pactis), et ne quidem pactis dotalibus de futura successione conceptis assistebat, L. 15 C. h. t. et L. 5 C. de pactis convent. Sed Germaniae moribus haec pacta de acquirenda successione, sive reciproca sive non (das sive non war noch nicht behauptet worden) fere generaliter probata esse, nullus ambigo; quamvis et hic non desint, qui, talia pacta consuetudine probari posse, negent, quos adducit Klock, Vol. 3, Cons. 114, num. 48 seq. (Das war die Periode des Kampfs zwischen den römischen und deutschen Elementen.) Attamen num. 51 recte subjicit: moribus omnium gentium introductum fuisse tertium genus heredum, veteribus Jctis incognitum, quos conventionales appellant. (Dabei beruft er sich, außer auf Hahn, de jure rerum, Helmst. 1639, und Heige, Quaestiones juris, tam civilis quam Saxonici, Vitemb. 1601, welche zur Entscheidung nichts beitragen, auch auf den vorhin erwähnten Musculus de successione anomala ([18]), der keineswegs, wie schon der Titel seiner Schrift anzeigt, den in Rede stehenden Rechtsgrundsatz als einen gemeinrechtlich gültigen vertritt.) Ut adeo prima in successione quaestio: an adsint pacta successoria? Si non: an testamentum? Si nec hoc, ad successionem legitimam recurritur. Et illam praxin tunc in Germania fere ubique obtinere, si jurata sint pacta successoria, tra-

---

zum Lübischen Rechte (oben, Note 23). Wäre dem so, so stände es mit dem Entwickelungsgange der Lehre ganz und gar nicht anders.

25) Decisiones summi Tribunalis Wismariensis (zuerst Stralsund. 1664. 4), Pr. III, dec. 270.

dit Mevius ad Jus Lubecense, P. II, tit. 1, n. 90 in fine[26])." Dieses Allegat ist richtig nach seinem Inhalte, denn Mevius sagt zwar dort, nachdem er Nr. 89 unter dem Rubrum des pacti de non succedendo (vom Erbverzicht) bemerkt: „Et juramento adjecto ceteris pactis de succedendo eadem vis a nonnullis tribuitur, quam pacto de non succedendo Jus canonicum in dicto Cap. quamvis de pactis in 6. tribuit"; Num. 90: „Sed communis sententia rectius existimat juris Canonici dispositionem singularem extra suos terminos non esse extendendam, ideoque nec isto juramento convalidare pacta successoria —, nisi consuetudo aliud receperat;" aber er fügt das Zeugniß bei: „ut hodie fere ubique in Germania, quae non naturaliter turpia, sed per jus civile tantum prohibita sunt, cum jurata sustinentur." Dieses Zeugniß: „ut hodie fere ubique in Germania consuetudo pacta successoria — receperat", ist wichtig, obgleich er zu dieser Zeit der consuetudo noch keine gemeinrechtliche Geltung zugestehen will, was dann später, wie gesagt, doch geschehen ist ([25]). — Johann Schilter unternimmt eine wissenschaftliche Begründung des Instituts der Erbverträge[27]). Die Frage, ob und in wieweit pacta de hereditate viventium Geltung hätten, dürfe nicht nach dem römischen Rechte, sondern müsse nach heutigem Rechte beurtheilt werden. Nach jenem Rechte sei die Ungültigkeit nicht zu bezweifeln. Aber „in praesenti quaestione, utrum prohibitio juris Romani pactorum successoriorum, salvis moribus Germanicis horumque ratione, recipi possit, inquirendum in rationem juris Romani eaque cum ratione juris Germanici conferenda. — Summa autem ratio juris Romani est ista, quod hujusmodi pactum sit adversus bonos mores et jus gentium. Cur porro et quatenus a JCtis Romanis contra bonos mores et jus gentium esse dicantur, tres adferunt rationes, quarum prima est, quod haec pacta contineant votum captandae mortis; altera, quod moribus ac jure Romano hereditates lege tantum et testamentis, non vero pactis deferantur; tertia, quod haec pacta liberam testandi facultatem impediant. — Videamus, an istae rationes speciales ita in universum contra bonos mores et contra jus gentium universale pacta haec esse conficiant." Er führt nun aus, daß nach seiner

26) Usus modernus Lib. II, tit. 14, §. XVIII.

27) J. Schilter, Praxis juris Romani in foro Germanico (zuerst 1675), exercitatio VIII, §§. 35—41.

Meinung keiner dieser Gründe die Erbverträge zufolge deutscher Sitten und Rechtsanschauungen als pacta contra bonos mores et jus gentium qualifizire und kommt dann zu folgendem Ergebniß: „Ex his jam satis, arbitror, intelligitur, quam remotae sint rationes juris Quiritum a principiis juris Germanici et moribus nostris: neque temere igitur pacta successoria etiam privatorum, licet nec jurata, ex peregrinis principiis esse a jurisconsultis genuinis irritanda, aut pro invalidis declaranda, multo minus autem conscientiis laqueos injiciendos, et pacta haec jurejurando confirmata invalida pronuntianda: quasi revera juri naturali essent contraria. — Et qua ratione inter personas illustres hujusmodi pacta pro validis haberi possent, si juri naturae essent contraria? Jus porro civile etiam in summo principum et statuum foro Spirensi et Viennensi esse receptum constat: quidni ergo et hac in parte obligaret personas illustres, nisi hactenus nunquam esset receptum. Sed rigidi juris Romani introductores, videntes, ausui suo principes fidei suae inhaerentes, contraventuros, privatorum tantum pacta lacessere voluerint. Omnium vero minime haec pacti species irrita est: Si tibi promisero dare M. in casum, quo hereditas tertii ad me pervenerit. — Ex quo pacto quidem jure Romano actio non dabatur, ex generali pactorum natura, sed hodie nec illa obstat, nec specialis hujus pacti, quae per se nihil vitii aut criminis continet. Quidni igitur et pacta de conservanda hereditate valeant? — Quod adeo verum esse videtur, ut licet peculiaris consuetudo loci non appareat, non tamen secundum jus Romanum judicandum, sed potius juxta mores generales Germanorum, et horum rationem summam jurique naturae proximiorem, fidem esse servandam. Egregie itaque jurisconsulti Jenenses in Responso de anno 1636 apud Richter. d. dec. XXVI, 33 removent a jure civili universalem consuetudinem Germaniae, eaque pactis dotalibus valide hereditates deferri. Ibi: So mag doch dergleichen Ehepakt, vermöge allgemeiner in Deutschland hergebrachter und üblicher Gewohnheit nicht umgestoßen werden." — Auch Berger[27a]) sagt: „Cetera pacta successoria, affirmativa, jure civili improbari, sed universali Germaniae consuetudine sustineri, ad effectum, non modo successionis, sed et impediendi facultatem testandi. Quamobrem

---

27a) Oecon. jur. (zuerst 1719) L. II, tit. 4, th. 48, Nota 1.

pactum, inter aviam et nepotes, ne ea bona sua ullo modo in praejudicium nepotum alienet, initum subsistit." — Gleichzeitig vertritt Leyser[28]) die Behauptung, daß die Gründe, welche bei den Römern das Verbot der Erbverträge veranlaßt hätten, für Deutsche nicht passen, auch schließt er sich der neuen Meinung an, daß die Rechtmäßigkeit der Erbverträge aus einer beständigen allgemeinen Rechtsgewohnheit vor und nach der Rezeption des römischen Rechts herzuleiten sei, auch bringt er für das allgemeine Gewohnheitsrecht ein Responsum der Wittenberger Juristen von 1710 bei, worin gesagt wird, „daß nach den heutigen, durch ganz Deutschland eingeführten Rechten die successiones universales nicht allein durch Testamente, Kodizille und Schenkungen auf den Todesfall, sondern auch per contractus und pacta inter vivos hinterlassen werden können;" und ebenda ein anderes Responsum der Helmstädter Juristen von 1716, worin es heißt: „Nun stehet zwar dem angeführten Aufsatz unterschiedenes im Wege, weshalben selbiger vor kein wahrhaftes Testament geachtet werden mag. — — Wannenhero besagter Aufsatz unmöglich als ein Testament bestehen — kann. — Alldieweil aber in vielberühmtem Instrument eigentlich ein pactum successorium enthalten ist, — — dergleichen pacta successoria denn in ganz Teutschland gültig seind, und denenjenigen, so sich darinnen gründen, eben das Recht, welches ein eingesetzter Erbe aus dem Testamente hat, geben; So mag"[29]) u. s. w. — Mag auch die Meinung, nach welcher die Gründe des römischen Verbots der Erbverträge in der sittlichen Versunkenheit der Römer zu finden seien, irrig sein, wie sie es denn auch wohl in der That ist[30]), so ändert der Umstand, daß der wahre Grund tiefer in dem Wesen des römischen Rechtssystems und in der Rechtsanschauung der Römer zu suchen ist, nichts darin, daß das deutsche Institut der Erbverträge seine selbstständige Begründung in der endlich als allgemein gültig anerkannten Rechtsgewohnheit finde und keiner Stütze des von ganz anderen Grundansichten ausgehenden fremden Rechts bedürfe. Mit dem Nachweise dieser selbstständigen Geltung beschäftigt sich ausführlich, nächst Schilter und Stryke, wieder Just. Hennig Böhmer[31]). Er folgt dem Gedankengange seiner Vorgänger. Pacta

28) Meditat. ad Pand., Tom. I (zuerst Lips. 1717), Spec. 43—45.

29) Ibidem, Spec. 43, med. 5.

30) M. s. darüber Hasse im rheinischen Museum, Jahrg. II, S. 158 ff.

31) Exercitatio de successione hereditaria conjugum ex pactis dotalibus; in Exercitationibus ad Digesta (1745—1764, 6 Vol. 4), tom. IV, exerc. 71.

successoria jure Romano nulla et invalida, non minus ac pacta conjugum successoria, aus den soeben vorhin angeführten drei Gründen, welchen er noch zwei hinzufügt: 4) „quod duo, bona post mortem suam in alium jure hereditario transferendi, modi in jure tantummodo deprehendantur: testamentum scilicet et lex; 5) denique quod successio esset juris publici ex lege publica adornata, quam pactis privatorum immutare eisque hanc subjicere non permissum censeretur[32])." — Die deutschen Rechtsansichten dagegen wären in dieser Materie von jeher von dem geraden Gegentheile ausgegangen, und man hätte nach alter deutscher Treue und Glauben auch solchen Beredungen, welche die künftige Succession betrafen, Kraft und Wirksamkeit beigelegt (wobei auf Stryke und Schilter Bezug genommen wird), und diese Geltung sei jenen Verträgen durch die Aufnahme des römischen Rechts in Deutschland nicht genommen worden. Der Nachweis dessen wird geführt aus den deutschen Volksrechten, und außerdem durch die Meinungen bewährter Rechtsgelehrter („et praeterea probatorum JCtorum sententiis"). Dergleichen Pakta habe man „traditiones, dationes, donationes, delegationes" etc. (welche nicht immer in einer körperlichen Uebergabe, sondern bisweilen auch in einer einfachen Beredung über den Uebergang der Güter nach dem Tode, bestanden hätten), genannt, worüber auf Stryke verwiesen wird. Von den Volksrechten wird angeführt: tit. 48 LL. Ripar.; tit. 13 LL. Angliorum et Werinorum; tit. 14, c. 9, Nr. 3 LL. Bajuvar., und aus der Praxis werden die Nrn. 48, 50, 75—78 der Markulf'schen Formeln hervorgehoben. — Von den Rechtsgelehrten führt er vor 1. Gail, dessen Meinung vorhin mitgetheilt ist; 2. Car. de Mean (ein belgischer Rechtsgelehrter), welcher in seinen Observationes ad Consuetudines Leodienses (Lüttich 1654), Tom. I, obs. 69, nr. 2 sagt: „Contraria et universalis gentium consuetudo hoc jus (Romanum) abrogavit, et pacta hujusmodi de hereditate viventis, praesertim intuitu matrimonii, et dum illud initur, concepta probavit." Böhmer bemerkt dazu treffend: „Haec consuetudo universalis — est ipsum jus antiquum Germaniae, quod non tam abrogavit jus Romanorum, sed impedimento fuit, quo minus unquam in usum deduci potuerit." 3. Ulrich v. Eyben. Dieser hebt in seinen Observat. pract. ad Inst. Justin. (Giess. 1663) p. 506 rüh-

---

32) Caput I, §. 4 l. c.

mend hervor: consuetudinem hanc Germaniae inter conditionis inferioris homines etiam, cum ratio a voto captandae mortis petita in Germanos propter fidem eorum et candorem cessare intelligatur. 4. Leyser ([29]). 5. Fontanella (ein spanischer Jurist, Advokat in Barcellona), welcher in seinem Tract. de pactis nuptialibus (Genevae 1627) auch die Frage berührt, aber für deutsches Recht nichts beibringt. 6. Stryke ([26]); 7. Schilter ([27]); 8. Struve, Syntagma jur. civil. exerc. 30, §. 19; 9. Lauterbach, Lib. XXIII, tit. 4, §. 10: „Moribus vero hodiernis tam Germaniae, quam aliarum gentium, et omnium fere locorum, pacta dotalia inter conjuges de universali successione, aut quota hereditatis sunt valida, — et secundum hanc consuetudinem in Camera inperiali judicatum esse memini, et similiter testantur Mynsinger, Gail." — Demnächst wendet sich Böhmer gegen die Meinung Einiger, nach welchen die alten deutschen Volksrechte und Rechtsgewohnheiten durch Aufnahme des römischen Rechts abgeschafft sein sollen, und schließt wie folgt: „Ex adductis — ut puto, satis superque apparet, Germanos in materia successionis pactitiae jus Romanum nunquam adoptasse, sed contra juris Romani scita, pacta quoque successoria de hereditate certi viventis ne quidem consentientis, quae jure Romano erant propudiosissima, admisisse validaque pronuntiasse. Quae cum ita sint, in propatulo est, pacta successoria, sive inter conjuges, sive inter alios quoscunque inita, merito approbanda, recipienda et defendenda, nec ea tamen ad quasdam species per modum exceptionis restringenda. — Quocirca ita rationes subducendas esse arbitror, ne a tramite juris aberremus: jure Romano pacta successoria regulariter fuisse prohibita, et si valuerunt, per modum exceptionis valuisse et assumta fuisse. Ast jure Germanico, quo hodie adhuc utimur, haec stet sententia: jure patrio semper et ubique pacta successoria vim suam habuerunt, et ad regulam et jus commune referenda sunt. Cavendum ergo, ne haec pacta ex juris Romani fontibus explicemus, sed ex his, unde vigorem adhuc suum habent —; alioquin nil nisi chaos aliquod infrunitum ex contradictoriis principiis fingitur, et jurisprudentiae Germanicae facies admodum depravatur [33])." — Auch Kreittmayr

33) Ibidem, §§. 11—14, u. Cap. II, §. 13, verb.: „Ex quibus apparere autumo satis luculenter, jura patria in materia pactitiae successionis hunc usque

machte die Meinung, daß nach dem deutschen Rechte und der opinio communior der Juristen die Erbverträge unbedingt gültig wären, zu der seinigen[34]). Gleichzeitig drang der Satz durch, daß der Eid zur gemeinrechtlichen Geltung des Erbverzichts nicht erforderlich sei, weil die adeligen Töchter, auf welche sich das Institut des Erbverzichts allein ursprünglich bezog, nach germanischem Rechte stets ipso jure durch den Mannsstamm von der Erbfolge ausgeschlossen würden, so daß ein besonderer Verzicht eigentlich nicht nöthig gewesen sei und daher nur die Bedeutung der Anerkennung des geltenden Rechts habe, woraus folge, daß die Klausel: „bis auf den ledigen Anfall", nichts bedeute, also die Erbtochter, d. i. die Tochter des ohne männliche Nachkommen sterbenden Besitzers, immer den Vorzug habe[35]). — Das Ergebniß dieser Geschichte ist, daß die Erbverträge als ein gemeinrechtliches Institut bald nach der Mitte des vorigen Jahrhunderts allgemein anerkannt wurden, und zwar einmal auf Grund eines allgemeinen Gewohnheitsrechts; dann, weil alle Verträge absolut klagbar und gültig seien; und endlich weil die ursprünglichen Prinzipien der alten Vergabungen von Todes wegen noch in Geltung ständen. Beseler[36]) fügt hinzu: „Sollten nun aber auch alle drei Gründe nicht ausreichen, um das, was durch sie bewiesen werden sollte, wirklich zu rechtfertigen: so können wir doch uns auf eine andere Thatsache berufen, welche der Lehre von den Erbverträgen ihre gemeinrechtliche Geltung sichert: ich meine die ganz unzweifelhafte communis opinio der Juristen, wie sie sich in der neueren Doktrin darstellt." Bezüglich auf diese gemeine Meinung ist zu erwähnen, daß noch in der Periode zwischen Stryke nnd Böhmer zwei Juristen der neuen Lehre entgegentreten und die alte Theorie, nach welcher das römische Verbot der Erbverträge die Regel sein soll und einzelne Arten derselben nur als Ausnahmen gelten, wieder aufzurichten suchen. Diese sind Samuel von Cocceji und der Erfurter Professor Conrad Wilhelm Strecker. v. Cocceji[37]) will

---

in diem ab omni tempore in Germania conservata, nunquam vero per juris Romani in Germania receptionem antiquata et abrogata fuisse."

34) Anmerkungen über den Codicem Maxim. Bavar. civ., Th. III, Kap. 11, §. 1, num. 3.

35) Senkenberg, Disqu. academica de successione filiarum in regnis et principatibus. Goett. 1736. — Pütter, auserlesene Rechtsf., Bd. I (Gött. 1768), Nr. 13, 99; Bd. II (Gött. 1774), Nr. 183, 184, 186; Bd. III (Gött. 1777 — 1791), Nr. 316, 328.

36) Lehre von den Erbverträgen, Bd. II, S. 171.

37) Jus controversum civile (zuerst Francof. & Lipsiae 1713), Lib. II, tit. 14, qu. 34 u. 35.

schlechthin gar keine pacta de transferenda hereditate jure universali selbstständig gelten lassen. Auch die Erbverbrüderung erkennt er als eine Ausnahme von dieser Regel nicht an, er läßt sie nur gelten, weil sie nicht über die Erbschaft, sondern über die Nachfolge in Land und Leute geschlossen wird; der konservative Erbvertrag und der Verzicht gilt nur wenn er körperlich beschworen ist. Nur sooft nicht unmittelbar über die Erbschaft, „sed de alio negotio agitur, etsi consequenter hereditas defertur, uti fit per unionem prolis, per arrogationem et adoptionem, per pactum de jure filii;" dann: „si agitur de hereditate, sed in casum quo delata fuerit;" ferner: „si juramentum accedat; inter milites, idque ex speciali favore militiae; inter personas illustres, utpote in quibus praesumtio fraudis et votum captandae mortis cessat, imprimis cum tot saeculorum usu id comprobatum sit, Gail. II, obs. 127, Nr. 2; hinc valent pacta confraternitatis, Erbverbrüderungen (kurz vorher wird dafür ein anderer Gültigkeitsgrund angegeben), pacta Ganerbiatus, Ganerbschaften, Expectativae;" weiter: „inter conjuges, qui in pactis dotalibus de mutua successione agere possunt; in omni pacto reciproco, nam ideo quia mutuum est omnem sinistram suspicionem desiderandi mortem alterius tollere videtur" (der alte oberflächliche Gedanke nach Gail II, 126, wozu Cocceji jedoch sagt: de quo tamen dubito, also hat er doch auch hier Verdacht); „si non de succedendo pactum initum est, sed per modum contractus bona alii donantur in casum mortis;" endlich: „si agatur de hereditate tertii incerti, v. g. hoc modo: quaecunque hereditas ad me perventura est, tum quia disponit de ea quatenus delata est, tum quia incerti mors captari nequit, modo non supprimatur in fraudem legis; vel si agatur de tertii certi hereditate, quae nobis lege debetur, tunc enim valet pactum, si tertius usque ad mortem consentiat, quia suo favori renuntiare potest, nec aliae rationes obstant; aut si paciscenti in bonis tertii jus aliquod competat, tunc enim de suo jure disponit, atque ita fideicommissarium, vivo quoque herede gravato, de re sibi fideicommisso relicta pacisci potest:" — in diesen Fällen finden Ausnahmen statt. — Strecker[38]), dessen Schrift ich nicht habe

38) Dissertatio inauguralis juridica de doctrina successionis pactitiae ejusque usu et abusu in Germania. Quam sub praesidio C. W. Strecker — — examini subjecit C. G. Lindner. Eigentlicher Widersacher ist also der Doktorande Lindner. Beseler a. a. O. S. 157, Note 26 sagt, das Exemplar, welches diesen Titel habe, und von ihm benutzt worden, sei erschienen zu Jena,

erlangen können, spricht sich, wie Beseler daraus mittheilt, auf ähnliche Art aus und leugnet ein allgemeines Gewohnheitsrecht, cum a speciali ad universale non valet consequentia. — Keiner von Beiden hat jedoch Beifall gefunden; Strecker (oder Lindner) ist der letzte Vertheidiger der alten Ansicht.

Die Verfasser des Landrechts haben sich der herrschend gewordenen neuen Meinung angeschlossen; das Landrecht eröffnet die Reihe seiner Bestimmung in dieser Lehre mit der Feststellung des Prinzips, daß Erbverträge unbedingt gültig sind [39]). Nach Beendigung der Lehre von Testamenten wird im unmittelbaren Anschluß daran fortgefahren: „Auch durch Erbverträge kann ein Kontrahent dem anderen, oder beide einander wechselseitig, Rechte auf ihren künftigen Nachlaß einräumen [40]).“ Damit ist zugleich die Unterscheidung zwischen einseitigen und wechselseitigen Erbverträgen in Beziehung auf ihre Gültigkeit von vorneherein beseitigt, und der seltsam scheinende Anfang des Gesetzes mit dem Ausdrucke „Auch“ erhält seine Erklärung aus der vorhergehenden Literärgeschichte; es soll eben dadurch der durch Jahrhunderte geführte Prinzipienstreit zum Abschluß gebracht werden.

§. 72.

2. Begriff.

Sieht man die Sache obenhin, ohne tieferen Blick auf den Grund, um das Wesen derselben zu erforschen, an, so vermeint man vielleicht in dem Erbvertrage nach der Auffassung der herrschenden, durch das Landrecht gesetzlich festgestellten Theorie ein juristisches Mißgebilde zu erkennen. Er soll eine vertragsmäßige und daher unwiderrufliche Einsetzung eines Erben per universitatem im Sinne des römischen, d. h. des heutigen, bei uns gültigen Rechts sein. Dies ist, wie man gesagt hat, ein Widerspruch in sich selbst. Eine solche Erbeseinsetzung könne nur eine letztwillige sein, nach dem damit verbundenen Begriffe, sie sei kein Geschäft unter Lebenden, sie beruhe lediglich auf dem letzten Willen. Der Vertrag sei kein letzter Wille. Wo bleibe der letzte Wille eines erbvertragschließenden Instituenten, wenn er seinen Willen vor dem Tode ändert? Und doch

1760; bei Eichhorn (Einleitung in das deutsche Privatrecht §. 341 [1. Ausg. §. 339] Note b) sei als Druckort u. Jahrzahl angegeben: Erf. 1738, wahrscheinlich der ersten Ausgabe. Bei Lipenius findet sich nur die eine Ausg. von Erf. 1738 angemerkt, unter dem Titel: „Conr. Guil. Streckeri Diss. de doctrina successionis pactitiae, ejusque usu et abusu in Germania. Erf. 1738“.

39) A. L.R. I, 12, §. 2.

40) Ebenda, §. 617. Vergl. §. 2.

solle der Erbvertrag kein Geschäft unter Lebenden, sondern eine Verordnung von Todes wegen sein? Dennoch hat die Sache ihren juristischen Sinn, wie am Schlusse dieses Paragraphen gezeigt ist.

Nach der neuen Lehre versteht man unter dem Erbeinsetzungsvertrage eine vertragsmäßige, ihrem Begriffe nach unwiderrufliche Berufung oder Ernennung des anderen Theils zum Erben des einen Theils, — zum Erben im Sinne des römischen Rechts, d. h. in omne jus defuncti, zum Universalerben. Gegenstand ist nicht eine Obligation auf Auslieferung der im Nachlasse befindlichen einzelnen Sachen und Rechte, nach dem Tode des Erblassers, sondern das Erbfolgerecht, so wie es einem Testamentserben zusteht. Der Erbvertrag ist daher nach der neuen Auffassung kein Geschäft unter Lebenden, dessen Erfüllung auf den Tod des Erblassers gestellt ist, sondern eine Rechtshandlung von Todes wegen, ein Testament in Vertragsform, welches sich von dem eigentlichen, dem einseitigen Testamente nur darin unterscheidet, daß es kein letzter Wille ist oder nicht zu sein braucht, daß es vielmehr unwiderruflich ist und seine Kraft behält, wenngleich der künftige Erblasser seinen Willen ändert, selbst wenn er den veränderten Willen in Form eines späteren Testamentes oder in Gestalt eines bloßen Widerrufes ausdrücklich und förmlich erklärt: ein solcher letztwilliger Akt ist ipso jure wirkungslos. Diesen Begriff hat das Landrecht zu einem gesetzlichen gemacht. Hinsichtlich des Gegenstandes setzt es fest:

„Aus einem wechselseitigen Erbvertrage erlangt — der Ueberlebende ein Erbrecht[1];"

an einer anderen Stelle:

„Der Theil des Vermögens, welchen die Ehefrau dem Manne auf den Todesfall durch Vertrag aussetzt, heißt das Ehevermächtniß. — Besteht das Ehevermächtniß aus einem nur in Verhältniß gegen das Ganze bestimmten Theil (pars quota) des Nachlasses: so hat der Mann die Rechte und Pflichten eines Miterben[1a];"

und über die Willensänderung ist verordnet:

„Letztwillige Verordnungen finden gegen den Inhalt eines Erbvertrages nicht Statt."

„Gerichtliche auf den Todesfall eingegangene Erbverträge können einseitig nur so, wie Verträge unter Lebendigen, widerrufen werden[2]."

---

1) I, 12, §. 631.

1a) II, 1, §§. 452, 455.

2) Ebenda §. 627, §. 634.

Die Unwiderruflichkeit oder der Verzicht auf die Befugniß, seinen letzten Willen bis zum Tode zu ändern, liegt im Begriff und ist daher ganz selbstverständlich; wer von der vertragsmäßigen Erbeseinsetzung wieder will abgehen dürfen, muß sich diese Befugniß ausdrücklich in dem Akte selbst vorbehalten, dann aber ist das Geschäft kein Erbvertrag, sondern „wird nur als ein Testament angesehen" und wird von den Regeln über den Widerruf eines gewöhnlichen Testamentes beherrscht [3]). Wie soll man sich die Gültigkeit einer Rechtshandlung, durch welche Jemand einem unveräußerlichen persönlichen Rechte nach einer Richtung allgemein entsagt, sich eine Selbstbeschränkung in seiner allgemeinen bürgerlichen Freiheit auflegt, sich der Testirfreiheit begiebt, um gar nichts, — erklären?

Gemeinrechtlich nimmt man als Rechtsgrund dieses abnormen Instituts ein allgemeines deutsches Gewohnheitsrecht an (§. 71). Die gewöhnliche Ansicht ist, die Erbverträge seien schon vor der Rezeption des römischen Rechts bei den Deutschen in Gebrauch gewesen und die Nichtanerkennung derselben in dem Corpus juris sei nicht durchgedrungen; das römische Recht habe nur noch die Wirkung der Repräsentation des Erblassers durch den Erben hinzugebracht. Die hierin liegenden thatsächlichen Behauptungen sind unbeweisbar. Bekannt ist im Gegentheil, daß die Deutschen den römischen Begriff eines Universalerben, welcher gleichsam in die Persönlichkeit des Erblassers hineinschlüpft, so daß die Gläubiger den Erben gerade so fassen konnten, als wenn sie ihren ursprünglichen persönlichen Schuldner leiblich vor sich hatten, gar nicht kannten: der Erbe, nämlich der gesetzliche Erbe, haftete nur mit den Gütern des Verstorbenen. Daß demnächst der Begriff der Universalrepräsentation in die deutsche Erbfolge wäre aufgenommen und angewendet worden, ist durch kein Beispiel nachzuweisen. Die vorkommenden Vergabungen von Todes wegen sind Singularsuccessionen und Rechtsgeschäfte unter Lebenden, welche erst mit dem Tode des Gebers vollständig zur Ausführung kommen. Den Erbverträgen im Sinne einer römischen Erbeseinsetzung tritt noch der Sachsenspiegel [4]) entgegen, nach ihm entspringt daraus nur ein persönlicher Anspruch auf Vollziehung der Auflassung, gegen den Versprechenden, von welchem er passiv nicht vererbt

3) Ebenda §§. 635 u. flg.

4) Buch II, Art. 30: „Wer ihm Erbe zusaget, nicht von Sippschaft oder Erbe, sondern von Gabe oder Gedinges wegen, das soll man halten vor unrecht, und nicht glauben, man möge denn gezeugen, daß das Gelübde vor Gerichte bestätiget sei" (nämlich durch Auflassung).

wird; der Erbe war ohne hinzugekommene Auflassung nichts schuldig. Könnte aber auch dargethan werden, daß im deutschen Rechte vor Aufnahme des römischen Rechts der Erbeinsetzungsvertrag als besonderes, vom obligatorischen Vertrage verschiedenes Institut in Gebrauch gewesen sei, so ist doch darauf hingewiesen worden, es sei nicht schwer nachzuweisen, daß sich dieses in Folge der Rezeption des römischen Rechts von Grund aus geändert habe; denn die zahlreichen Rechtsgeschäfte, welche die Consilien- und Responsen-Sammlungen des 16. u. 17. Jahrhunderts unter dem Namen von testamenta reciproca bieten, seien zum größeren Theile nichts anderes als wechselseitige Erbeinsetzungsverträge im Sinne der Neueren, und doch werde ganz konstant jeder nur in gehöriger Form erklärte Widerruf als gültig zugelassen [5]). Daraus wird denn der Beweis entnommen, daß der Erbeinsetzungsvertrag im Sinne der Neuern erst lange nach der Rezeption des römischen Rechts durch die Doktrin in das System des gemeinen Rechts eingeführt worden, wie denn auch die Literärgeschichte (§. 71) erst gegen das Ende des siebzehnten Jahrhunderts Spuren eines Umschwunges der Ansichten und Lehrmeinungen nachweiset. Aber viele der angesehensten Anhänger der herrschend gewordenen neuen Lehre halten das Prinzip der Widerruflichkeit fest, erklären noch immer eine unwiderrufliche Erbeseinsetzung für juristisch unmöglich, und gestatten deshalb nach wie vor unbedingt den Widerruf der pacta successoria oder pacta dotalia de succedendo, wogegen die unwiderruflichen pacta successoria als obligatorische Verträge, welche nicht die Erbfolge, sondern den Inhalt des Nachlasses ganz oder zum Theil zum Gegenstande haben, aufgefaßt werden [6]). Bei Leyser heißt es darüber: „Non infrequens est in foro quaestio, utrum pacta successoria ab uno etiam paciscentium, invito et ignorante altero, revocari mutarique queant. Neganda ea esse videbatur, si simplicitatem juris naturae, quam jus canonicum et mores patrii sequuntur, et qua omnia pacta honesta servari jubentur, spectes. Hic vero usus judiciorum a simplicitate illa recessit, atque subtilitatem aliquam ex jure Romano invexit. Distinguunt videlicet DD. inter pacta successoria, quae per modum conventionis seu contractus, et ea, quae per modum ultimae voluntatis ineuntur. Illa vocant, quando paciscentes verbis obligatoriis in pactis et

5) Hartmann a. a. O. S. 22 u. die dort in der Note 2 angeführten Schriftsteller. Vergl. auch oben, §. 71.

6) Darüber ausführlicher: Hartmann a. a. O. S. 27 u. 28.

contractibus inter vivos adhiberi solitis utuntur; haec, quando verba in testamentis et aliis ultimis voluntatibus consueta, e. g. „erben", „Erbschaft", reperiuntur [7]). Illa itaque, quae per modum conventionis inita sunt, immutabilia esse ajunt, haec autem, quae in vim ultimae voluntatis conficiuntur, obligationem nullam producere, adeoque pro lubitu mutari et revocari posse, perhibent." In dem dabei mitgetheilten Urtel der Wittenberger Juristen von 1711 wird gesagt: „Dennoch aber und dieweil bei denen pactis successoriis ein großer Unterschied zu machen, ob solche per modum contractus, oder aber in vim ultimae voluntatis aufgerichtet worden, gestalt in dem letzteren Falle, wenn nemlich die Paciscenten sich des Wortes „Erben", „Erbschaft", oder dergleichen bedienen, denselben jederzeit davon wieder abzugehen, und eine andere Disposition zu machen, frei steht," — welche Entscheidung von den Leipziger Scabinen bestätigt worden [8]). Hommel [9]) drückt den juristischen Gedanken so aus: „Hereditas ex pacto si petatur, ea non est, ut civilis hereditatis petitio, actio realis, sed personalis tantum adversus promittentis heredes instituenda, utpote ex pacto proveniens. Unde tertius possessor (rerum hereditariarum) a stipulatore securus est —." Der Vertragserbe ist also kein Erbe sondern ein Gläubiger mit einem Forderungsrecht gegen den Erben des Promittenten auf Herausgabe der Nachlaßgegenstände, welches Recht durch Pfand oder Bürgen sicher gestellt werden kann [10]) und auch als vererblich anerkannt wird [11]). — Die neue Lehre hat noch bis heute keine Festigkeit und es wird

7) Dabei wird verwiesen auf Carpzov, P. II, const. 43, def. 10; Stryk in Cautelis contractuum, Sect. III, c. 8, §§. 18, 19, 20 (wo ebenfals unterschieden wird, ob die pacta „per verba ultimae voluntatis, oder per verba simplicis pacti et contractus concepta"); Berger in Resolut. Lauterbachianis, p. 543.

8) Medit. ad Pand., Sp. 44, m. 2. Die gleiche Unterscheidung wird in dem Sp. 308, m. 1—6 gemacht. Dagegen ist im Sp. 43, m. 6, 7 der Satz zu begründen versucht: „Pactum a testatore de non mutando testamento suo initum valet et tollit facultatem aliter testandi."

9) Rhaps. quaest. (zuerst 1764), I, 117.

10) Berger, Oec. jur. L. 1, lit. 3, Note 11: — „cautionis auxilium in partes advocandum est, ut praedicta vidua liberis prioris matrimonii sive satisdare, sive, datis pignoribus, cavere debeat de servandis praestandisque post mortem bonis —. Ita quoque F. V. (Facultas Vitembergensis) respondit."

11) Boehmer, Exercit. ad Pand. Tom. II, exercit. 31, Cap. 2, §. 11, Nr. VII u. X; Hofacker, Principia juris civilis, Tom. II, §. 1403 u. Nota b, welchen auch Glück, Erläut. der Pand., Bd. VI, §. 542, Nr. 2, beitritt, ohne jedoch zu unterscheiden, denn er spricht nur von der Transmission des Erbrechts des vor dem Erblasser sterbenden heres pactitius. Vergl. auch v. Bülow u. Hagemann, praktische Erörterungen, IV, 71.

daran in der neuesten Zeit wieder gerüttelt. So bemerkt z. B. Walter[12]), daß in dem Begriffe der vertragsmäßigen Erbeinsetzung, wie er heutzutage hingestellt zu werden pflege, ein innerer Widerspruch enthalten sei; sie sei, wenn sie den Paciscenten schon bei Lebzeiten binden solle, kein rein letztwilliger Akt; wenn sie aber widerruflich sein solle, kein Vertrag; er bleibt indeß bei der herrschenden Lehre. Kraus[13]) behauptet sogar, daß es juristisch unmöglich sei, die Repräsentation eines Verstorbenen auf einen von seinem letzten Willen verschiedenen Willen zu gründen, daß das Recht durch die Anerkennung einer unwiderruflichen Erbeinsetzung sich selbst widerspreche. Aber auch diejenigen, welche im Prinzip übereinstimmen, weichen doch in vielen Einzelnheiten von einander ab, noch keinem ist es gelungen, den gerügten Widerspruch befriedigend zu lösen, und die juristische Konstruktion des Instituts im Einzelnen auf der anerkannten Grundlage wird für das Gemeine Recht noch von der Zukunft erwartet. Für das preußische Recht liegt dieses Stadium schon in der Vergangenheit, die Gesetzgebung hat das Institut auf der Grundlage der Unwiderruflichkeit bestätigt und auch in den meisten Einzelnheiten geregelt. Der Wissenschaft ist es anheimgegeben, den scheinbar vorhandenen Widerspruch zu beseitigen und die Bestimmungen im Einzelnen praktisch gangbar zu machen.

Die älteren Juristen, welche dem nun anerkannten Institute des Erbvertrages vermittelst der vielen, aus dem römischen Rechte gerechtfertigten, Ausnahmen vorarbeiteten, wollten doch, einzelne noch bis in die Mitte des vorigen Jahrhunderts, von dem Prinzip der Widerruflichkeit nicht ablassen. Dazu hatten sie, außer mancherlei aus der römischen Rechtsanschauung und Volksansicht hergenommenen Gründen, die für uns wegfallen, zweie, die einer besonderen Erwähnung bedürfen. Der eine war, daß sie die Unwiderruflichkeit eines solchen Vertrags, als gegen die guten Sitten verstoßend, für unzulässig hielten. Eine Hauptstelle, auf welche man hierbei fußte, ist der Ausspruch Julian's: „Improbus est, qui sollicitus est de vivi hereditate[14]).“ Diese bezieht sich jedoch nicht auf einen Erbvertrag in unserem Sinne, sondern auch einen Vertrag über den Nachlaß eines lebenden Dritten hinter dessen Rücken. Ein solcher Vertrag ist freilich auch nach unseren Ansichten über Sitte nichts-

---

12) Deutsches Privatrecht, Bonn 1855, §. 425, S. 483.

13) Zeitschrift für deutsches Recht, Bd. XIII, (1852), S. 134—139.

14) L. 2, §. 2 D. de vulg. subst. (XXVIII, 6). Vergl. L. 27, §. 4 D. ad SC. Trebell. (XXXVI, 1).

würdig und beleidigend für den künftigen Erblasser, und also gegen die gute Sitte, und wird auch nach unserem positiven Rechte verworfen [15]). Dagegen ist es an sich gar nicht unsittlich oder nur unanständig und beleidigend, von Jemandem die Berufung zu seiner eigenen künftigen Verlassenschaft anzunehmen [16]). Worin und auf welcher Seite soll hier die Unsittlichkeit liegen? Der andere Grund ist die Meinung, die Testirfreiheit sei ein unveräußerliches Gut der allgemeinen Menschenrechte [17]). Dies ist ein thatsächlicher Irrthum. Das Testament ist ein ganz positives Institut, welches erst durch die Aufnahme des römischen Rechts bei uns eingeführt worden ist und daher mit den natürlichen Menschheitsrechten gar nichts zu thun hat. Die Befugniß, ein Testament zu machen, die sog. libertas testamenti faciendi, ist somit ein Ausfluß der bürgerlichen Freiheit, sowie z. B. die allgemeine Befugniß, sich zu verheirathen (eine rechte Ehe zu schließen), oder ledig zu bleiben. Nun ist zwar die gänzliche Entäußerung der Freiheit, ein Testament zu machen, allerdings eine Beschränkung der bürgerlichen Freiheit, und in sofern auch wohl gegen die guten Sitten, als sie die Unabhängigkeit einer freien, handlungsfähigen Person in dieser Richtung aufhebt. Allein warum sollte die Beschränkung der Unabhängigkeit nach dieser Seite nicht eben so gut aus eigener freier Entschließung freigestellt sein, wie es Jedem, welcher über seine Person und sein Vermögen selbstständig verfügen kann, freisteht, sich für gewisse Zwecke zur Ehelosigkeit bindend zu verpflichten? Das ist denn thatsächlich der Fall, die Erbverträge sind dem römischen Prinzipe der Unzulässigkeit entzogen und nach unseren Ansichten einem eigenen Rechte unterworfen: die Unwiderruflichkeit ist uns ein Rechtsgrundsatz. Wunderlicher Weise hat man hier ein Bedenken darin gefunden, daß kein Klagerecht zum Schutze der Unwiderruflichkeit gegeben sei. Das Bedenken entsteht aus dem Irrthum, daß alle Verträge oder Kontrakte, wenn gültig, eine Klage auf Erfüllung erzeugen müßten, d. h. also, daß es nur obligatorische Verträge gebe. Der Erbvertrag ist aber kein obligatorischer Vertrag, er erzeugt keine Obligation und also auch keine Klage auf Erfüllung. Worin sollte die Erfüllung bestehen, der Vertrag ist schon mit der Perfektion erfüllt. Eine Verletzung könnte also nur in der Zuwiderhandlung gefunden werden und die Klage müßte also, wenn eine solche gedacht werden sollte, auf Unterlassung gehen.

15) A. L.R. I, 12, §§. 649 u. 650.

16) Vergl. hierbei Hasse a. a. O. S. 159.

17) Vergl. Beseler a. a. O. S. 177.

Ehe aber von einer solchen Klage Gebrauch gemacht werden könnte, wäre die That (Widerruf oder Testamentserrichtung) längst geschehen, und wenn ein Richter gefunden würde, der eine solche Klage annähme und ein ihr entsprechendes Urtheil fällte, so würde ein solches Urtheil unvollstreckbar sein. Der Grund hiervon ist: die Klasse von Verträgen, zu welchen der Erbvertrag zählt, gehört nicht in das Obligationenrecht, sondern in das Personenrecht: sie erzeugen keine Obligation, sondern, wie die Erbverbrüderung recht deutlich zeigt, ein Standesrecht; was diesem zuwider thatsächlich geschieht, ist an sich ohne rechtliche Bedeutung, folglich ist der Widerruf eines Erbvertrages, oder ein dem Erbvertrage zuwiderlaufendes Testament wegen Mangels der aktiven Testamentsfähigkeit ipso jure null und nichtig. Der Erbvertrag begründet zwischen beiden Theilen eine, zu den Statusverhältnissen gehörige, Verbindung, und zwar die engste Verbindung, vermöge welcher der eine Theil, nach dem Willen des Anderen, der Erbe des Letzteren, für den Fall des früheren Ablebens, in erster Stelle werden kann, wenn er will. (Vergl. oben, §. 3.) Der Erbvertrag ist nicht der einzige Modus einer solchen Verbindung; die Aufnahme eines Hülfsbedürftigen in eine Armenanstalt in der vorgeschriebenen Form steht ihm zur Seite[18]. Der Zustand der in eine solche willkürliche Verbindung getretenen Personen ist dann hinsichtlich der Beerbung der gleiche, wie nach einem Rechte, welches nur die gesetzliche Erbfolge kennt, ähnlich dem französischen Rechte, welches nur die nahen Verwandten als eigentliche Erben anerkennt und dem Erblasser bloß eine Quote der Verlassenschaft zur eigenwilligen Verfügung zugesteht. Dergleichen Vorbehalt ist auch demjenigen, welcher sich durch Vertrag einen künftigen Erben ernennt, freigestellt[19]. — Muß nun hiernach auch der innere Widerspruch, an welchem das Institut leiden soll, geleugnet werden, so mag doch nicht verschwiegen bleiben, daß die praktische Anwendung des Erbeinsetzungsvertrages, abgesehen von dem Vorkommen bei Ehestiftungen und bisweilen auch zwischen Eheleuten während der Ehe, eine ganz außerordentlich seltene Erscheinung ist; mir ist die Errichtung in meiner langen Praxis nicht ein einziges Mal vorgekommen. Darnach läßt sich für die Geltung dieses Instituts im weitesten Umfange kein Bedürfniß erkennen, und es könnte nicht schaden, wenn der Erbeinsetzungsvertrag bloß in die Eheverträge

---

18) A. L.R. II, 19, §§. 50—54 u. §§. 60—65.

19) A. L.R. I, 12, §§. 628—630.

verwiesen würde, wie im französischen Rechte geschehen [20]), oder wenn man ihn, wie es das österreichische Recht thut [21]), auf Eheleute beschränkte.

§. 73.

3. Eingehung.

I. Die Fähigkeit der vertragschließenden Personen soll zusammengesetzt sein aus den Erfordernissen der Testamentifaktion und aus der Fähigkeit, Verträge zu schließen. „Wer Erbverträge schließen will, muß mit den Eigenschaften versehen sein, welche sowohl zur Errichtung eines Testaments, als zur Abschließung eines Vertrages erforderlich sind [1]), widrigenfalls das ganze Geschäft nichtig ist. Dies ist noch in Beziehung auf beide Theile näher zu bestimmen.

1. Der erbeinsetzende Theil muß die aktive Testamentsfähigkeit, wie wenn er ein Testament errichten wollte, haben, und folglich befugt sein, durch Erbeseinsetzung über seinen dereinstigen Nachlaß gültig zu verfügen (§. 17), und gleichzeitig müssen damit die zur Vertragsschließung erforderlichen Eigenschaften in seiner Person zusammentreffen. Schließt ein Testamentsmündiger, dem die Vertragsfähigkeit abgeht, einen Erbeinsetzungsvertrag, so leuchtet ein, daß das Geschäft ihn nicht bindet, er also die Erbeseinsetzung willkürlich widerrufen kann. Wenn er aber ohne Widerruf stirbt, so wird gemeinrechtlich in Frage gestellt: ob dann nicht die Erbeseinsetzung wie aus einer einseitigen letztwilligen Verfügung gültig sei, vorausgesetzt, daß dabei die für Testamente vorgeschriebenen Formalitäten beobachtet worden sind. Ein Hinderungsgrund scheint der Gültigkeit nicht entgegen zu stehen, denn ein solches Geschäft stellt sich so dar wie ein einseitiges Testament, bei dessen Errichtung der eingesetzte Erbe zugegen war; die Gegenwart des Eingesetzten thut der Gültigkeit der Verfügung keinen Eintrag, der Testator kann ja die Person, welche er berufen will, dadurch bezeichnen, daß er auf sie mit der Hand hinweist und spricht: der soll mein Erbe sein; und der Umstand, daß diese Person sich zustimmend äußert, ist ganz gleichgültig in Beziehung auf die Gültigkeit der Erbeseinsetzung; auch ist die Gültigkeit nicht bedingt durch zugesicherte Unwiderruflichkeit, wenn nur thatsächlich der Widerruf unterbleibt. In der That hat

20) Code civil Art. 1082, 1093. — Ordonnanz von 1731, Art. 13. — Merlin, Repertoire de jurisprud. s. v. Institution contractuelle, §. 3.

21) Bürg. Ges.-B. §§. 602 u. 1249.

1) A. L.R. I, 12, §. 610. — Das österr. bürg. Gesetzb. §§. 1249, 1250 fordert nur die Fähigkeit, ein gültiges Testament zu machen, daher auch Pflegebefohlene, wenn sie testamentsmündig sind, über ihre Verlassenschaft ohne Mitwirkung der Vormundschaft vertragsweise verfügen können.

das Oldenburger Oberappellationsgericht als Grundsatz anerkannt, daß in dem gesetzten Falle der Eingesetzte zur Erbfolge gültig berufen sei [2]). Das Landrecht hat sich in dieser Frage für das Gegentheil entschieden: „Ermangeln dem Versprechenden die zum gültigen Kontrahiren erforderlichen Eigenschaften, so gilt der Erbvertrag auch nicht als eine einseitige letztwillige Verordnung, wenn gleich zu dieser letzteren der Kontrahent an sich nach den Gesetzen fähig wäre [3]).“ Es wird also von Anfang absolute Nichtigkeit angenommen. Daraus folgt, daß die Gültigkeit nicht durch nachträgliche Genehmigung zu einer Zeit, wo der Einsetzende vollständig verfügungs- und handlungsfähig ist, hergestellt werden kann; der Erbvertrag muß vollständig von Neuem gemacht werden.

Eine andere Frage ist: ob der Mangel der Fähigkeit, Verträge zu schließen, durch vormundschaftlichen, beziehungsweise väterlichen oder ehemännlichen Konsens ersetzt werden kann, so daß der unfähige künftige Erblasser unter Zustimmung seines Vormundes einen Erbeinsetzungsvertrag gültig schließen kann. Gemeinrechtlich besteht darüber kein Einverständniß; das Landrecht übergeht die Frage. Gemeinrechtlich ist die Beantwortung der Frage hauptsächlich davon abhängig, welcher Meinung man über die Fähigkeit der Minderjährigen, in Beziehung auf ihre Vermögen Verbindlichkeiten zu übernehmen, anhängt. Die Ansicht derjenigen, welche die Minderjährigen im Allgemeinen dazu für fähig halten und die daher auch deren Fähigkeit, einen Erbeinsetzungsvertrag selbstständig zu schließen, annehmen, interessirt uns nicht, weil nach preußischem Rechte den Minderjährigen jene Fähigkeit nicht zusteht. Diejenigen nun, welche von der Unfähigkeit der Minderjährigen ausgehen, meinen, es scheine zwar, daß sie zu Erbverträgen durch Zustimmung ihres Kurators, mit oder ohne obrigkeitliches Dekret, je nachdem man Erbverträge zu den Veräußerungen zähle oder nicht, befähigt werden könnten. Allein dagegen ließe sich mit gutem Grunde einwenden, daß Erbverträge (welche für den Bedachten immer nur ein lukratives Geschäft sind) [3a]), ebenso wie Schenkungen, über den Geschäftskreis der vormundschaftlichen Vermögensverwaltung hinausgehen [4]), wonach sich dann ergebe, daß Minderjährige überhaupt nicht Erbver-

2) Seuffert's Archiv, Bd. I, S. S. 253.

3) I, 12, §. 619.

3a) Hasse a. a. O., S. 311. Beseler a. a. O, S. 209 ff.

4) L. 3 C. de magistrat. conveniendis (V, 74): „Cum autem donationes a minoribus nec cum decreto celebrari possint etc.“ Das gilt auch nach preuß. Recht. A. L.R. II, 18, §. 233. — Das öst. bürg. G.B. §. 1250 läßt solches zu.

träge schließen könnten; und dieses Resultat scheine auch hinsichtlich seiner praktischen Brauchbarkeit nichts gegen sich, vielmehr viel für sich zu haben [5]). Diese Gründe gelten auch für das preußische Recht. Denn die allgemeinen Bestimmungen über die Ergänzung der mangelhaften Handlungsfähigkeit Minderjähriger beziehen sich nur auf obligatorische Verträge, wodurch eine persönliche Verbindlichkeit zwischen den Kontrahenten gegründet wird, was bei Erbverträgen nicht zutrifft, daher eine analoge Anwendung nicht am Orte ist und auch außerhalb des Bedürfnisses liegt, wonach sich denn ergiebt, daß es bei dem Wortlaute der Bestimmung über unsere Frage ([3]): „Ermangeln dem Versprechenden die zum gültigen Kontrahiren erforderlichen Eigenschaften, so gilt der Erbvertrag — nicht," sein Bewenden hat. — Betreffs der Ehefrauen muß noch Einiges erwähnt werden. Gemeinrechtlich wird darüber für und wider gesprochen, ob Frauenspersonen, welche unter Geschlechtskuratel stehen, des Beitritts ihres Kurators zu ihren Erbverträgen bedürfen. Diese Frage kann im preußischen Rechte, welches die cura sexus abgeschafft hat, nicht entstehen. Aber die Ehefrauen sind doch, vermöge ihrer untergeordneten Stellung in der Ehe, in ihrer Handlungsfähigkeit beschränkt; allein diese Beschränkung hat lediglich ihren Grund in den Rechten des Ehemannes über die Person und das Vermögen der Frau [6]); wo diese durch die Rechtshandlungen der Frau gar nicht berührt werden, wird die Frau von dem Manne gar nicht beherrscht. Durch einen Erbvertrag der Frau werden aber diese Rechte des Mannes durchaus gar nicht beeinträchtigt; die Frau übernimmt dadurch keine persönliche Verbindlichkeit (Obligation), sie beschränkt auch das Verwaltungs- und Nutznießungsrecht des Mannes auf ihr Vermögen in keiner Weise, denn mit ihrem Tode, nach welchem der Erbvertrag erst wirksam wird, sind diese Rechte des Mannes erloschen. Daher ist kein Grund findbar, vermöge dessen die preußische Ehefrau rechtlich verhindert sein könnte, mit einem Fremden einen Erbeinsetzungsvertrag rechtsgültig ohne die Zustimmung ihres Ehemannes abzuschließen.

2. Der Vertragserbe muß, dem Einsetzenden gegenüber, ebenso vollkommen successionsfähig sein, wie ein Testamentserbe (§. 18).

---

5) Albrecht, in Richter u. Schneider, Jahrbücher für deutsche Rechtswissenschaft, Jahrg. 6, S. 335. — Vergl. Hartmann a. a. O., S. 34. — Andere halten dafür, daß unter Zustimmung des Kurators Erbverträge geschlossen werden könnten. Z. B. Dieck, in der Encycl. von Ersch u. Gruber, Th. 40, S. 410, bei Anm. 19.

6) A. L.R. II, 1, §§. 196, 221, 231.

Das ist im Landrechte nicht gesagt, denn was über die persönlichen Eigenschaften, welche zur Schließung eines Erbeinsetzungsvertrages erfordert werden, dort vorkommt, bezieht sich nur auf den dereinstigen Erblasser (1 u. 3). Aber das Erforderniß der passiven Testamentsfähigkeit für den Eingesetzten ist selbstverständlich; außerdem würden die gesetzlichen Bestimmungen über die Ausschließung erbunfähiger Personen in fraudem legis alle umgangen werden können. Niemand wird behaupten, daß eine Gesellschaft, etwa eine Religionsgesellschaft als solche, welcher Korporationsrechte fehlen, oder eine Anstalt, welcher die juristische Persönlichkeit mangelt, durch einen Vertrag, obgleich sie bei dessen Abschließung gehörig vertreten worden, zum Erben eingesetzt werden kann. Das Ganze würde, trotz der richtigen Vertretung, nichtig sein. Dagegen ist auch hier, wie bei der testamentarischen Einsetzung, hinsichtlich der Erbfolgefähigkeit nur auf den Zeitpunkt des Anfalls zu sehen. Auch kann ein zur Zeit der Vertragserrichtung nicht Erbfähiger, gültig unter der Bedingung, daß er künftig erbfähig sein wird, eingesetzt werden.

Daß der Einzusetzende gleichfalls fähig sein müsse, sich durch Verträge verbindlich zu machen, ist nicht vorgeschrieben und nach der Natur der Sache nicht erforderlich. Die Acceptation legt ihm gar keine Verpflichtung auf, sie kann ihm nur Vortheile verschaffen, sonst steht ihm frei, künftig die Erbschaft auszuschlagen. Daher kann auch ein Unmündiger seine Erbeseinsetzung wirksam acceptiren [7]). Dies bezieht sich auf einseitige Erbeinsetzungsverträge. Bei wechselseitigen Erbverträgen, d. h. solchen, in welchen zwei oder mehrere Personen sich gegenseitig zu Erben einsetzen, so daß der Längstlebende den oder die Vorversterbenden beerbt, ist jeder der Paciscenten einsetzender Theil und muß daher mit allen den unter Nr. 1 bezeichneten Erfordernissen versehen sein.

II. Form. Gemeinrechtlich besteht für Erbverträge keine äußere Form und die Meinungen der Rechtsgelehrten gehen darüber weit auseinander, indem einige die mündliche Errichtung für genügend halten, weil im heutigen Rechte jeder Vertrag, als solcher, ohne alle Rücksicht auf Zweck und Inhalt, seine volle rechtliche Geltung habe und auch der Erbeinsetzungsvertrag unter dem Prinzipe des Vertrages stehe, folglich als formloser, wegen des erklärten Konsenses, rechtsbeständig und wirksam sein müsse [8]), während Andere die

7) Ebenda I, 4, §. 21. Vergl. I, 11, §. 1060.

8) Beseler a. a. O., §. 2, S. 27—34; §. 9, S. 233 ff. — Hasse a. a. O. S. 210 unter 8, u. S. 209, Anm. 75.

Schriftform fordern [9]) und noch Andere die Beobachtung einer der üblichen Testamentsformen für nothwendig halten, wegen der Erbeseinsetzung [10]). Die letztere Meinung ist die allein richtige, wenn es als ausgemacht angenommen wird, daß die Erbeseinsetzung der wahre Gegenstand des Erbvertrages ist.

Das Allg. Landrecht schreibt mit glücklichem Griff die ordentliche Testamentsform vor. „Erbverträge müssen, wie Testamente, gerichtlich abgeschlossen, oder von beiden Theilen persönlich den Gerichten übergeben werden. — Die privilegirte Form von Testamenten findet bei Erbverträgen nicht statt [11])." Hieran knüpfen sich folgende Bemerkungen:

1. Wenn der erbeinsetzende Theil nicht unterschreiben kann, aber ein Handzeichen zu ziehen im Stande ist, so muß dabei gerade so verfahren werden, wie wenn die Handlung eine Testamentserrichtung wäre. Die Handzeichen müssen also, bei Gefahr der Ungültigkeit des ganzen Akts, in Gegenwart zweier Zeugen, welche zur Unterzeichnung herbeizuholen sind, unter die beendigte Schrift gesetzt werden. Treten die Zeugen erst nach der Ziehung des Handzeichens ein, so muß diese Handlung noch einmal, so daß es die Zeugen sehen, wiederholt werden; denn die Erklärung des Paciscenten vor den Zeugen, daß die unter dem Schriftstück stehenden Zeichen von ihm gezogen worden, ist nicht hinreichend [12]). Die beiden Zeugen haben unter die Zeichen bloß ihre Namensunterschrift zu setzen; daß sie gleichzeitig bescheinigen, die Handzeichen seien von dem Paciscenten statt der Unterschrift gemacht worden, ist nicht erforderlich [13]). Diese Formalität ist bei einseitigen Erbverträgen nur wegen der Unterzeichnung desjenigen Theiles, welcher über seinen dereinstigen Nachlaß verfügt, nicht aber auch hinsichtlich des Anderen, der seine Einsetzung nur acceptirt, zu beobachten [14]).

2. Mit der Ausschließung der privilegirten Form von Testamenten sind auch die dorfgerichtlichen Erbverträge getroffen, denn

---

9) Eichhorn, deutsches Privatrecht (5. A.) §. 342; Dieck a. a. O. S. 410 ff.; Walter, deutsches Privatrecht, §. 431, Nr. IV, S. 492.

10) Bluntschli, deutsches Privatrecht, §. 195, Nr. 2 — Vergl. Hartmann a. a. O. S. 46 ff.

11) A. L.R. I, 12, §§. 621, 622. Ehe- u. Erbverträge zwischen Verlobten machen eine Ausnahme.

12) Pr. des Obertr. 491 vom 25. Juni 1838 (Präj.-Samml. I, S. 73).

13) Erk. des Obertr. vom 30. Mai 1856 (Entsch. Bd. XXXIII, S. 338). Vergl. Erk. dess. vom 17. Juni 1847 (Rechtsfälle, Bd. I, S. 276).

14) Erk. dess. vom 27. Mai 1847 (Entsch. Bd. XV, S. 180). Vergl. oben, I, Nr. 2, Abs. 2.

die dorfgerichtlichen Testamente sind die heutige Form der privilegirten testamenta ruri condita.

3. Hinsichtlich der Aufbewahrung, Eröffnung und Zurückgabe der Erbverträge ist das Gleiche zu beobachten, was bei Testamenten vorgeschrieben ist [15]). Dadurch, daß der Erbvertrag unversiegelt den Gerichten übergeben worden, wird die Versiegelung und überhaupt die bei den Testamenten vorgeschriebene Form nicht ausgeschlossen [16]). Allein die Versiegelung und die Niederlegung im Depositorio ist keine wesentliche, die Gültigkeit bedingende Formalität [17]). Die Ausfertigung kann vielmehr, auf Verlangen, sofort erfolgen, die Versiegelung des Originals ganz unterbleiben, nur muß jedenfalls das Original bei dem Gerichte (in der Registratur, oder im Depositorio) aufbewahrt werden [18]). Die Zurückgabe kann selbstverständlich nur an beide Theile geschehen, wie bei einem wechselseitigen Testamente. Aber wenn sie wirklich doch nur zu Händen des Einen, ohne Zustimmung des Anderen, geschehen ist? Dann ist der Erbvertrag zwar faktisch vernichtet, aber die Lage ist dann dieselbe wie bei der Vernichtung eines Testaments wider den Willen des Testators: der Beweis des Inhalts, wenn er vollständig geführt werden kann, was im Falle der gleich Anfangs geschehenen Ausfertigung leicht sein wird, ist mit voller Wirkung zulässig, wie bei einem Testamente.

4. Ueberhaupt soll auch bei der Aufnahme der Erbverträge der Richter alles das beobachten, was bei den Testamenten vorgeschrieben ist [19]); er muß also z. B. die Parteien, wenn sie ihren Erbvertrag schriftlich und versiegelt übergeben, auch vernehmen, ob sie denselben eigenhändig unterschrieben haben, und sich sowohl über ihre Identität, sowie über ihre Handlungsfähigkeit und Willensfreiheit Gewißheit zu verschaffen suchen.

5. Die Vertretung durch Bevollmächtigte ist nicht zulässig [20]). Bei dem Theile, welcher über seinen dereinstigen Nachlaß verfügen will, hat das seinen Grund, denn die Erbeseinsetzung muß von dem Erblasser unmittelbar selbst ausgesprochen werden. Aber welcher

15) A. L.R. I, 12, §. 623.

16) Anh. z. A. L.R. (I, 12, §. 623) §. 43.

17) Anh. §. 33 (zu I, 12, §. 139).

18) Anh. z. A. G.O. (II. 4, §. 15), §. 431; R. v. 2. Januar 1796 (Rabe, Samml. Bd. III, S. 226), vom 21. Juli 1800 (Rabe, Bd. VI, S. 211); u. vom 16. August 1840 (J.M.Bl. S. 282).

19) Pr. des Obertr. 1439, vom 10. Mai 1844 (Präj.-Samml. I, S. 75).

20) A. L.R. I, 12, §. 621, Worte: „von beiden Theilen persönlich —."

Rechtsgrund der Vertretung des bloß acceptirenden anderen Theils entgegenstehen könnte, ist nicht aufzufinden; es läßt sich nicht annehmen, daß der Satz sich auch auf einseitige Erbeinsetzungsverträge beziehen solle, um so weniger, als sonst dadurch eine ganze Klasse von an sich erbfähigen Personen mittelbar für unfähig erklärt sein würde, Vertragserben zu werden, nämlich alle Kinder (infantes) und alle juristischen Personen, ein Ergebniß, was wohl schwerlich vom Gesetzgeber beabsichtigt und in keiner Weise irgendwo auch nur angedeutet worden ist. Die Praxis hat auch in der That angenommen, daß die Testamentsform nur für die Erklärung des über seinen Nachlaß verfügenden Paciscenten vorgeschrieben ist [21]) und daß zum wirksamen Beitritt eines Dritten zu einem Erbvertrage, in welchem ihm Vortheile zugedacht worden sind, die gerichtliche Form der desfallsigen Erklärung durchaus nicht nothwendig sei [22]).

III. Inhalt. In dem Erbeinsetzungsvertrage kann im Allgemeinen verordnet werden wie in einem Testamente.

1. Hauptinhalt des Erbeinsetzungsvertrages ist, nach dessen Begriff, eben die Einsetzung des andern Theils zum künftigen Erben. Daraus entspringt für keinen Theil irgend eine Obligation, welche der Promittent dem Stipulator zu erfüllen hätte, sondern ein Erbfolgerecht für den Berufenen. Der künftige Erblasser hat, wie in einem Testamente, seinen Erben durch seinen Willen ernannt und diesen Willen nur zu dem Zweck an den Willen des Erben gesetzt und mit ihm einen Vertrag geschlossen, damit er diesen Willen nicht wieder ändern könne, worin ein Verzicht auf die Testirfreiheit und auf den Widerruf enthalten ist. Zu leisten ist nichts mehr übrig, denn die Ernennung des Erben ist vollendet; auch eine obligatio in non faciendo consistens besteht hier nicht, etwa die, nicht zu widerrufen, denn der Widerruf ist juristisch gar nicht möglich; er wäre ipso jure gänzlich nichtig [23]). — Die Einsetzung kann, ganz so wie in einem Testamente, auf das Ganze oder nur auf einen bestimmten Theil der Erbschaft gerichtet sein [24]); der Erblasser kann auch von Anfang mehrere Erben auf das Ganze einsetzen, in welchem Falle diese in das Verhältniß von Miterben treten. Ist die Einsetzung nur auf einen bestimmten Theil geschehen, so steht es dem

21) I, 12, §. 116 u. Erk. des Obertr. vom 27. Mai 1847 (Entsch. Bd. XV, S. 180). Vergl. §. 619 d. T., Worte: „Ermangeln dem Versprechenden" 2c.

22) Erk. des Obertr. vom 3. März 1817 (Simon's Rechtsspr. Bd. III, S. 112).

23) Hasse,, im rheinischen Museum, Jahrg. II, S. 204.

24) A. L.R. I, 12, §. 620. Vergl. §. 45.

Erblasser frei, in Beziehung auf den übrigen Theil noch einen zweiten Erbvertrag zu schließen, oder ein Testament zu errichten, oder es bei der Intestaterbfolge zu belassen [25]). In dieser Hinsicht ist eine Ausnahme für den Fall festgesetzt, wenn der Erbe oder die Erben auf das Ganze berufen und der Erblasser sich die Verfügung über eine gewisse Sache oder Summe vorbehalten, diese Verfügung aber nicht getroffen hat. Dann sollen diese einzelnen Sachen oder Summen den gesetzlichen Erben in absteigender Linie; falls diese nicht vorhanden, den Verwandten in aufsteigender Linie und den Geschwistern und Geschwisterkindern; wenn aber auch deren nicht vorhanden sind, dem Vertragserben zufallen [26]). — Welches Verhältniß in jenem Falle, wo der Vertragserbe nur auf einen bestimmten Theil eingesetzt ist, zwischen ihm und denjenigen, welche ex testamento oder ab intestato in den übrigen Theil der Erbschaft succediren, eintreten soll, mit anderen Worten: ob sie Alle wahre Miterben sein sollen, oder der Vertragserbe nur Legatar sein soll, ist eine Willensfrage, welche nach denselben Merkmalen festzustellen ist wie bei einem Testamente, in welchem der Testator nur über einen Theil seines Nachlasses verordnet hat, worüber das Erforderliche oben (§. 2, Nr. III) vorgetragen ist.

2. An die Erbeseinsetzung können sich anschließen: Bulgar-Substitutionen, fideikommissarische Substitutionen, Vormundschaftsbestellungen. Alle diese Nebenbestimmungen erzeugen keine Obligation. Die Vulgarsubstitution ist die Ernennung eines eventuellen Nacherben, welche, wenn sie vertragsmäßig geschehen soll, von dem Substituten acceptirt sein muß, sonst der Erblasser zum willkürlichen Widerruf befugt bleibt. Für den Substituten entspringt aus der Acceptation gar keine Obligation; erst wenn der Substitutionsfall eingetreten ist und der Substitut die Erbschaft nicht ausschlägt, entsteht für ihn aus der Erbschaftserwerbung die Verbindlichkeit, die Schulden zu bezahlen, wie für jeden Erben.

Bei der fideikommissarischen Substitution, auch bei einem Universal-Fideikommiß, entsteht die Verbindlichkeit zur Herausgabe des Fideikommisses für den Fiduziarerben nicht aus dem Vertrage, sondern aus der Annahme und Erwerbung (Antretung) der Erbschaft. Denn die Acceptation des Vertragserben enthält durchaus kein Versprechen von seiner Seite, also auch nicht die Uebernahme der Verbindlichkeit zur Restitution; diese Verbindlichkeit geht er erst durch die

25) Ebenda §. 629.

26) Ebenda §. 630 verb. mit I, 11, §§. 1087, 1088.

Uebernahme, oder genau gesprochen durch die Nichtausschlagung der mit dem Augenblick des Todes des Erblassers ipso jure erworbenen Erbschaft ein.

Auch Vermächtnisse und andere Auflagen können dem Vertragserben mit rechtlicher Wirkung in dem Vertrage gemacht werden, wenn dieser Vertrag zwar nicht gerichtlich in der Form geschlossen ist, welche das Gesetz mit Rücksicht auf das Verhältniß zwischen den Paciscenten vorschreibt, insbesondere in Ehe- und Erbverträgen, welche zwischen Verlobten in der ihnen nachgelassenen außergerichtlichen Form eingegangen sind: diejenige Form, welche für die wesentliche Hauptbestimmung, nämlich für die Erbeseinsetzung bindet, genügt auch für die Nebenbestimmungen. Dies ist bestritten worden. In einem Ehe- und Erbvertrage, welchen ein Brautpaar notariell schloß, hatte die Braut ihren Verlobten zu ihrem Erben eingesetzt, und ihm aufgelegt, an ihre Nichte ein Legat von 1000 Thlrn. zu zahlen. Die nachherige Frau starb vor ihrem Manne, und dieser wurde ihr Erbe, weigerte aber der Legatarin die Entrichtung der 1000 Thlr. und machte gegen die Gültigkeit des Vermächtnisses den Einwand der mangelnden Form. Die beiden Instanzgerichte erkannten diesen Einwand für gültig. „Die Verurtheilung des Beklagten" — heißt es in dem Erkenntniß erster Instanz des Kammergerichts, „kann nicht unbedingt auf die ganze Summe der 1000 Thlr. erfolgen, weil der Erbvertrag, worin das Vermächtniß für die Klägerin bestimmt worden, nicht gerichtlich, sondern nur vor Notarien errichtet ist; nach bekannten Vorschriften aber die in außergerichtlichen Verordnungen bestimmten Vermächtnisse den zwanzigsten Theil des Nachlasses nicht übersteigen dürfen. Daß Erbverträge zwischen Eheleuten auch vor einem Notar gültig geschlossen werden können, hat auf das der Klägerin, als einer fremden Person, in jenem Vertrage ausgesetzte Vermächtniß keinen Einfluß." Der Oberappellationssenat des Kammergerichts sagt: „Die affirmative Entscheidung der Frage: ob die in dem Erbvertrage zu Gunsten der Klägerin enthaltene einseitige letztwillige Verfügung mit der rechtsbeständigen Form versehen sei, kann daraus, daß der Vertrag unter den Kontrahenten in Rücksicht der Erbeseinsetzung gültig war, wenn er, wie geschehen, coram notario aufgenommen wurde, nicht gefolgert werden; denn das Gesetz sieht Erbverträge unter Eheleuten als Eheverträge an, und es ist ein besonderes Vorrecht derselben, daß sie coram notario errichtet werden können; ihre Kraft muß daher in dieser privilegirten Form auf die Eheleute und Verlobten beschränkt und keineswegs auf Andere, in Rücksicht welcher, nach allgemeinen Grundsätzen, keine Ausnahme stattfindet, ausgedehnt werden." Das Obertribunal sprach jedoch das Vermächtniß gültig. Die Gründe lauten: „Nach dem A. L.R. I, 12, §. 646 gilt ein Erbvertrag nur intuitu der Kontrahenten als Vertrag, und in Ansehung eines Dritten, welchem darin etwas zugedacht worden, und der dem Vertrage nicht mit Einwilligung der Hauptkontrahenten ausdrücklich beigetreten ist, hat er nur die Kraft einseitiger letztwilliger Verordnungen. Aus diesem Gesetz folgt aber, daß ein Dritter einem solchen Vertrage, mit Bewilligung der Hauptkontrahenten, beitreten kann, daß er alsdann auch in Ansehung seiner als Vertrag gilt. — Mit Bewilligung der Erblasserin ist Klägerin dem Vertrage nicht beigetreten, und die Erblasserin würde also befugt gewesen sein, das der Klägerin hinterlassene Legat der 1000 Thlr. zurückzunehmen, welches sie jedoch nicht gethan hat[27])." Die Meinung geht hiernach dahin, daß wie der Vertrag durch Beitritt des Dritten ein gültiger Erbvertrag geworden wäre, derselbe, ohne diesen Beitritt, eine gültige einseitige letztwillige Verordnung gewesen und, weil nicht widerrufen, auch geblieben sei. Daran schließt das Obertribunal noch das Argument: „Die Verlassenschaft der Erblasserin war ihm nur exclusive dieser 1000 Thlr. verschrieben; diese gehörten ihm also nicht, und zu deren Besitz stand ihm keine Befugniß zu." Dieses Argument ist nicht von Gewicht, denn es folgt daraus nicht, daß die Klägerin berechtigt war, dem Erben das abzufordern, was ihm nicht gehörte; sonst aber ist die Entscheidung in dem Vorhergehenden hinlänglich gerechtfertigt. In einer späteren Entscheidung hat jedoch das Obertribunal den umgangenen Rechtsgrundsatz geradezu dahin ausgesprochen, daß in einem notariellen Ehe- und Erbvertrage von den Brautleuten auch einem Dritten mit formeller Gültigkeit etwas von Todes wegen zugewendet werden kann[28]). Daß dem Vertragserben in demselben Vertrage, in welchem er selbst zum Erben gültig ernannt wird, zugleich auch Legate zu Gunsten eines Dritten aufgelegt werden können, das ergiebt auch die Bestimmung über die Gegenstände eines Erbvertrages, welche sagt: „Nur solche Sachen und Rechte, worüber Jemand durch einen letzten Willen zu verfügen berechtigt ist, kann er Anderen durch Erbverträge zuwenden[29])."

---

27) Erk. des Obertr. vom 3. März 1817 (Simon's Rechtssprüche, Bd. III, S. 106, 108 u. 111).

28) Erk. vom 9. November 1857 (Entsch. Bd. XXXVIII, S. 190).

29) I, 12, §. 620.

Denn die Zuwendung von Sachen und Rechten ist eben ein Vermächtniß und das „nur" soll die Grenze dieser Zuwendung festsetzen, damit aus der Vertragsform nicht hergeleitet werde, der Vertragserbe sei durch seine Acceptation zu Leistungen verpflichtet, welche ihm als Testamentserben nicht würden haben aufgelegt werden können, denn er übernimmt eben durch die Acceptation keine Verpflichtung, weder in Beziehung auf den Inhalt der Auflagen, noch zur Antretung der Erbschaft, er acceptirt nur den Verzicht des Erblassers auf die Testirfreiheit und auf etwaigen Widerruf. Zur Rechtsgültigkeit der dem acceptirenden Vertragserben aufgelegten Vermächtnisse abwesender Dritter ist auch deren späterer Beitritt nicht erforderlich. Erfolgt er doch mit Bewilligung beider Theile, wozu die gerichtliche Form nicht vorgeschrieben ist: so wird dadurch nur die Zurücknahme der Zuwendung ausgeschlossen, die sonst dem Erblasser freistehen würde [30]). Zwischen dem Vertragserben und dem Legatar entsteht, wenn der Erblasser ohne Widerruf der Zuwendung mit Tode abgegangen ist und der Erbe die Erbschaft antritt, dasselbe Verhältniß wie zwischen dem Testamentserben und den Legataren.

3. Ob die Enterbung eines Notherben im Erbeinsetzungsvertrage, versteht sich ohne dessen Zustimmung, denn sonst würde ein Entsagungsvertrag vorliegen, — geschehen könne, ist gemeinrechtlich nicht ausgemacht. Einige [31]) behaupten, Andere [32]) bestreiten es. Das Allg. Landrecht übergeht die Frage. Die verneinende Meinung ist auch für das preußische Recht als die richtige anzunehmen. Denn die Regel des römischen Rechts, daß Erbeinsetzungen und Enterbungen nur in eigentlichen Testamenten erfolgen können, ist auch im preußischen Recht Gesetz, auch gilt der Grundsatz, daß die Rechtsverhältnisse dritter Personen direkt nicht bestimmt werden dürfen. Zwar ist die Erbeseinsetzung nun auch durch einen Vertrag möglich gemacht worden und es können dritten Personen auch in Erbverträgen Vortheile zugewendet werden ([30]); aber daß ihnen auch

---

30) Ebenda §. 646: „Uebrigens gelten Erbverträge nur unter den Kontrahenten als Verträge; in Ansehung eines Dritten aber, dem darin etwas zugedacht worden, und der dem Vertrage nicht mit Bewilligung der Hauptkontrahenten ausdrücklich beigetreten ist, haben sie nur die Kraft einseitiger letztwilliger Verfügungen."

31) J. B. Mayer, Diss. an et quatenus principia juris Romani de successione necessaria etiam ad pacta successoria applicari possint (Goett. 1805) §. 18, Note X, p. 21 sq., ohne Angabe von Gründen.

32) Mühlenbruch, in der Forts. von Glück, Bd. XXXVIII, S. 98, 99; — Beseler a. a. O., S. 303, Nr. 5.

Rechte dadurch genommen werden können, ist nicht nachgelassen, vielmehr besteht die Bestimmung: „Alle letztwillige Verfügungen, wodurch den Kindern ihr Pflichttheil genommen, geschmälert, oder belastet werden soll, müssen, bei Strafe der Nichtigkeit, in der Form eines wirklichen Testaments abgefaßt sein [33]," unverändert und ohne Ausnahme. Daß unter „der Form eines wirklichen Testaments" nicht bloß die äußere Form, die ja auch bei Erbverträgen beobachtet werden muß; sondern diejenige einseitige letzte Willensverordnung, welche eigentlich Testament, im Gegensatz von Kodizillen und Erbverträgen, genannt wird, zu verstehen ist, darf wohl als unzweifelhaft angenommen werden. Wollte man es bezweifeln, so würde damit das Gegentheil, nämlich die Zulässigkeit der Enterbung durch Erbvertrag, nicht bewiesen sein; dieser Beweis müßte aber geführt werden, da die Enterbung in dieser Form ein besonderes Recht sein würde, indem als Grundsatz ausgesprochen ist: „durch Erbverträge kann ein Kontrahent dem Anderen, oder beide einander wechselseitig, Rechte auf ihren künftigen Nachlaß einräumen [34]); nirgend aber der, daß die Kontrahenten dergleichen Rechte dritten Personen auch nehmen können, wenn solche ihnen zustehen.

4. In Betreff der Wirkungen unzulässiger, dem Erbvertrage beigefügter Bedingungen, ist man gemeinrechtlich darin einverstanden, daß sie den Erbvertrag selbst ungültig machen, nicht wie beim Testament für nicht geschrieben gehalten werden [35]). Für das preußische Recht besteht kein Einverständniß. Daß das Allg. Landrecht keine Bestimmung enthalte, wodurch eine Rechtsverschiedenheit geboten würde, habe ich bereits oben nachgewiesen [36]). Diesem Nachweise ist noch etwas nachzutragen. Das Allgemeine Landrecht hat bezüglich auf die Aufhebung der Erbverträge folgenden Satz: „Soweit Testamente wegen nicht eintreffender Bedingungen — — entkräftet oder vereitelt werden; so weit werden unter eben den Umständen auch Erbverträge rückgängig (§§. 478 — 518) [37])." Diese Bestimmung ist von gemeinrechtlichen Schriftstellern auf die Zulässigkeitsfrage über die Bedingungen bezogen worden. Beseler sagt a. a.

33) A. L.R. II, 2, §. 431. Vergl. §. 379 ebenda.

34) I, 12, §. 617. — Vergl. §§. 1 u. 2 ebenda.

35) Albrecht, in Richter's u. Schneider's kritischen Jahrbüchern, Jahrg. 6 (Bd. XI) S. 336; Beseler a. a. O. S. 268, No. IV; v. Savigny, System, Bd. VIII, S. 492; Mittermaier, Grundsätze des deutschen Privatrechts (5. A.) §. 454, No. I; Bolley, Entwürfe von Gesetzen für Württemberg, S. 249, 315 u. A.

36) §. 23, II, Nr. 2, lit. a, Abs. bb, S. 241.

37) I, 12, §. 647.

Das Allgemeine Deutsche Handelsgesetzbuch

nebst den dazu
in Preußen erlassenen ergänzenden Bestimmungen,
insbesondere dem

Einführungsgesetze und der Instruktion.

Mit Kommentar herausgegeben
von
H. Makower.

Zweite, vollständig umgearbeitete und vermehrte Auflage.
1865. Preis 3 Thlr.

Das Allgemeine Preußische Berggesetz

vom 24. Juni 1865,
nebst Einleitung und Kommentar
von
R. Klostermann,
Oberbergrath.

1865. 1866. 1.—3. Lieferung. Preis 1 Thlr. 6 Sgr.
[Die 4. (Schluß-) Lieferung mit Register unter der Presse.]

Grundsätze der Finanzwissenschaft

mit besonderer Beziehung
auf den
Preussischen Staat
von
Carl Julius Bergius.

Inhalt: Einleitung. I. Von den öffentlichen Ausgaben. II. Von den öffentlichen Einnahmen. III. Von den Regalien. IV. Von den Domänen. V. Von der Besteuerung. VI. Von einzelnen Steuern. VII. Von den Staatsschulden. Ergänzungen. Register.

1865. Preis $2\frac{2}{3}$ Thlr.

Unter der Presse befindet sich:

Kritiken strafrechtlicher Entscheidungen

des Preußischen Ober-Tribunals.
Von
Dr. R. John,
Professor in Königsberg.

Mai 1866.

Druck von Fr. Frommann in Jena.

FSC
www.fsc.org
MIX
Papier | Fördert
gute Waldnutzung
FSC® C083411

Kolibri 360 GmbH
Ferdinand-Jühlke-Straße 7
99095 Erfurt, Deutschland
produktsicherheit@kolibri360.de